国家社科基金重大项目资助成果

中国农村调查

文献类（第2卷）上

徐　勇　邓大才　主编
刘金海　副主编

武汉出版社
WUHAN
PUBLISHING HOUSE

（鄂）新登字 08 号

图书在版编目（CIP）数据

中国农村调查．文献类．第 2 卷：全 2 册 / 徐勇，邓大才主编．—武汉：武汉出版社，2022.12

ISBN 978-7-5582-5565-6

Ⅰ．①中… Ⅱ．①徐… ②邓… Ⅲ．①农村调查－研究报告－中国 Ⅳ．① D668

中国版本图书馆 CIP 数据核字（2022）第 202136 号

主　　编：徐　勇　邓大才
责任编辑：李艳芬
助理编辑：王　玥
封面设计：刘　勍
出　　版：武汉出版社
社　　址：武汉市江岸区兴业路 136 号　　邮　　编：430014
电　　话：（027）85606403　　85600625
http://www.whcbs.com　　E-mail:whcbszbs@163.com
印　　刷：湖北新华印务有限公司　　经　　销：新华书店
开　　本：787 mm×1092 mm　1/16
印　　张：75.5　　字　　数：1890 千字
版　　次：2022 年 12 月第 1 版　　2022 年 12 月第 1 次印刷
定　　价：398.00 元（全 2 册）

关注阅读武汉
共享武汉阅读

总　序

1900年中国发生了一场震撼世界的事件，即义和团运动。这一运动的失败，标志着中国这样的一个庞大的农业帝国无论如何都难以应对工业文明兴起后“世界历史”的挑战。这一事件也说明制度与文明愈是悠久，其黏性就愈厚重，变革就愈困难，以至于中华民族只有到了最危险的时刻才“起来”。

进入20世纪后，起来的中国内忧外患，最基本的出发点则是一个农业农村农民国家的“家底”。这一家底是无法对抗工业文明的进入的，历史面临着“断裂”的危险，“保种保国”“救亡图存”成为仁人志士的共识。唯一出路是顺应世界大势，由农业大国向工业大国转变。但这一转变首先受到冲击的是农村和农民。以认识中国农村为基点，进而解释中国、解决中国问题的农村调查因此应运而生。

中国是一个古老的农业文明国家，但历史上从未有过专门的农村调查。进入20世纪以后，农村调查得到广泛关注，调查者之多和内容之丰富，是前所未有的，在世界上也是少见的，其成就十分突出。据不完全统计，仅仅在1925－1935年间，中国农村社会经济调查便达9000次。总体上看，20世纪的中国农村调查有如下特点：

其一，有很强烈的问题意识，即意识到农业、农村和农民问题是一个迫切需要解决的时代问题，不能按照原样继续下去了。而土地是农村的主要生产资料和农民的主要生活保障，在农业、农村与农民问题中具有至关重要的地位。20世纪中国农村调查最多的是与土地相关的问题。土地调查可以说是20世纪中国农村调查的一根主线，贯穿于整个世纪。

民国时期，一些教会学校中的外籍教授为指导学生实习，主持了具有现代意义的农村调查研究，最有代表性的是1920年起担任金陵大学农学院农业经济系教授，并兼任农业经济系主任的美国学者卜凯。他开启和主持了两次大规模的农村经济调查。第一次是1921－1925年间，共对7省17县的2866户农家进行调查，出版了《中国农家经济》。第二次是1929－1933年，组织对中国22省、168个地区、16786个农场和38256户农家的调查，在此基础上编写了《中国土地利用》一书。

孙中山先生作为先知先觉者，早在20世纪初就提出了“平均地权”的主张，后来又将“耕者有其田”作为政策。由孙中山先生缔造的国民党取得国家政权以后，也意识到农村问题的紧迫性，并专门成立了农村复兴委员会，进行了大量农村调查，特别是农村人口与土地调查。

中国共产党是以马克思主义理论为指导的政党，面对的是农村和农民国家这一基本国情。经过探索，中国共产党逐步认识到农村和农民问题的极端重要性。毛泽东指出：“谁赢得了农民，谁就会赢得中国”“谁解决了土地问题，谁就会赢得农民。”[1] 因此，由中国共产党所从

---

[1]《斯诺眼中的中国》，中国学术出版社，1982年版，第47页。

事的农村调查主要是围绕土地问题展开。中国共产党早期领导的革命为土地革命，即围绕土地展开的革命，所从事的农村调查与土地密切相关。最有代表性的是毛泽东所作的农村实地调查。

1941 年，中共中央专门作出《关于调查研究的决定》，推动了农村调查，取得了不少成果。最有代表性的是张闻天等四人进行的“杨家沟调查”。如果说以往的调查主要是一般农户，那么这一次则集中调查一个马姓地主，主要内容是土地、高利贷和商业剥削三者的结合。

由于中国共产党深刻认识到土地问题的极端重要性，获得政权与土地改革相伴随，围绕土地改革进行了一些调查。1960 年代初，由于指导思想的过快过急，造成经济严重困难，毛泽东特别强调调查，并要求中央领导人亲自去农村进行调查。在这一过程中，产生了一些调查报告。有代表性的是陈云“青浦农村调查”关于自留地的调查。

1978 年，一些地方出现土地包产到户和包干到户的做法，并得到中央主要领导人的支持。但是对这一做法存在很大争议。中央的农村政策研究机构专门组织人员进行农村调查，写出多份有价值的调查报告。其代表人物是号称“农村改革之父”的杜润生及其“九号院”团队。

其二，在农村调查中建立起“民族自觉”和“调查自觉”。

20 世纪的中国农村调查的主题是围绕中华民族自强而展开的。因为农村问题关系到国家兴衰，促使人们从民族自强的角度认识和解决农村问题，萌生出“民族自觉”意识，并形成了“调查自觉”。

对中国的研究和农村调查最早是外国人做的。这种现象也强烈刺激了中国人的自我意识和“调查自觉”。1920 年代末，在共产国际农民运动研究所东方部工作的匈牙利人马季亚尔写了一本《中国农村经济》，认为：中国自原始社会解体后，是一种由亚细亚生产方式决定的“水利社会”。在苏联留学的陈翰笙不同意这种观点，但因为缺乏对中国农村经济的广泛深入调查，没有确切有力的材料足以说服对方，从而萌生出要对中国农村经济进行实地调查研究的责任感。从 1920 年代末到 1930 年代，在陈翰笙主持下进行了一系列农村经济调查，并专门出版了《中国农村》刊物。

20 世纪 30 年代，中国社会学家们有了学术自觉。杨开道为瞿同祖所著《中国封建社会》一书作序时，曾指出：“中国社会科学的毛病，是只用国外的材料，而不用本国的材料。尤其社会学一门，因为目下研究的朋友，大半归自美国，熟于美洲社会情形，美洲实地研究。所以美国色彩甚浓，几乎成为一个只用美国材料，而不用中国材料、欧洲材料的趋势。这种非常状态，自然会引起相当反感的。”[1] 他们积极行动起来，开始从对于“西学”“国外材料”的兴趣，转向将社会学的理论和方法与中国的社会实际结合起来，对中国农村进行调查，以自觉地倡导本土社会的研究取向。

在中共党内，毛泽东是最有调查自觉意识的。毛泽东早在 1930 年就指出：“一切结论产生于调查情况的末尾，而不是在它的先头。”“没有调查，没有发言权。”“调查就像‘十月怀胎’，解决问题就像‘一朝分娩’。调查就是解决问题。”[2] 毛泽东是在反对主观主义和本本主义的

[1] 转引自张丽梅、胡鸿保：《引进与再造——social anthropology 在中国》，《思想战线》2015 年第 5 期。

[2] 《毛泽东农村调查文集》，人民出版社，1982 年版，第 1—3 页。

过程中，建立起高度的“调查自觉”的。1941 年 8 月 1 日，毛泽东在《关于调查研究的决定》中指出：“20 年来，我党对于中国历史、中国社会与国际情况的研究，虽然是逐渐进步的，逐渐增加其知识的，但仍然是非常不足：粗枝大叶、不求甚解、自以为是、主观主义、形式主义的作风，仍然在党内严重地存在着……党内许多同志，还不了解没有调查就没有发言权这一真理。还不了解系统周密的社会调查，是决定政策的基础。还不知道领导机关的基本任务，就在于了解情况和掌握政策。而情况如不了解，则政策势必错误。还不知道，不但日本帝国主义对中国的调查研究，是如何的无微不至，就是国民党对国内外情况，亦比我党所了解的丰富得多。”[1]

其三，产生了专门的调查机构和人员，采用多种调查方法，出现了多种不同的观点。

在 20 世纪，为推进农村调查，建立了专门的调查机构，有专门的人员进行调查。卜凯的调查培养了大批专门的调查人员。陈翰笙发起成立中国农村经济研究会将实地调查作为研究会的重要工作。李景汉被誉为中国农村专家，先后任职的中华教育文化基金会社会调查部、中华平民教育促进会定县试验区调查部、中国人民大学调查研究室都是专门的调查机构。陆学艺先生长期任职的中国社会科学院社会学研究所，专门建立有农村调查机构。

在农村调查中形成多种方法，既有西方的“洋办法”，也有自己在实践中创设的“土办法”。总体上看，包括三类：

一是完全运用西方的社会学科及其方法，如卜凯。卜凯特别强调，运用调查方法研究中国的农村问题能否取得良好的效果，关键在于：调查表的性质，调查员的能力，与农人的自身三者……前二者尤居首要。

二是在吸收西方社会科学方法基础上进行再创设，如费孝通。费孝通的调查有两个突出特点：一是典型调查，一是跟踪调查。对“江村”进行为期数十年的跟踪调查，对“云南三村”进行了 50 年后的重访，以持续不断解剖“麻雀”。

三是在实践中自己探索和掌握的方法，如毛泽东。毛泽东没有受到专门系统的调查训练，但在调查中自创了不少“土方法”。

由于立场、出发点和重点不同，农村调查中产生的观点丰富多彩。大体上可分为：一是以卜凯为代表的“技术学派”，认为中国农村落后是技术落后，改良技术即可。二是乡村建设者的“文化学派”，认为中国农村问题主要是“文化失调”和农民愚昧。三是以费孝通为代表的“产业学派”，认为中国农村落后在于单一的农业，土地改革只能解决生存不能解决富裕问题。四是以中国共产党为代表的“制度学派”，认为是生产关系，特别是土地制度造成农村落后，改变农村当从改变制度入手。

其四，在调查过程中产生和强化本土意识，开始建立起本土化理论。

中国作为一个传统的农业国家，依靠的是长期历史形成的规则自我运行，没有专门研究社会发展的社会科学，知识者高于乡村社会之上。近代以来，由于古老帝国无力应对“世界历史”的挑战，只有全面“向西方学习”，当西方人的“学生”。来自外国的思想文化为中国注入了前所未有的新思想新观念，但中国的主体性会日益失去。造成中国只有引进和照搬，缺乏消

[1]《毛泽东文集》第 2 卷，人民出版社，1993 年版，第 360—361 页。

化、吸收和提升。而调查是一种立足于当地实际对实际状况进行认识的行为，它必然促进调查者从所调查的对象出发。调查过程本身就是不断产生和强化本土意识的过程，也是能够建立起本土理论的过程。

卜凯是纯粹的西方学者。从事农村经济研究的卜凯来到中国后最为困难的是不了解中国农村。在中国大学教学中完全照搬美国不可行，他为之苦恼不已。他的妻子在中国多年，深感从中国实际出发的重要性，鼓励卜凯从调查着手。正是通过调查，卜凯不仅划时代地收集了中国近代农业经济的一套最完善的调查资料，并且对中国农业经济的看法长期影响着后来的学者。

陈翰笙在苏联留学时就对国际权威的论点提出质疑，回国后又不满卜凯的见解。他从马克思主义的观点出发，批评卜凯"自封于社会现象的一种表面，不会企图去了解社会结构的本身"，"着重研究生产力而不研究生产关系"。他的调查得出了中国社会半殖民地半封建性质的结论，并认为农民受到地主、外国资本和本地官僚买办的三重剥削压榨，已经完全破产，除了造反别无出路，从而为农村革命提供了学理上的合法性依据。

费孝通师从国际人类学大师，但并非老师的"跟班"，在开展以中国农村为对象的调查中，逐步产生和强化本土意识，并建立起具有本土性的理论，提出许多经典性的观点，如"差序格局"，最集中反映于《乡土中国》一书。

中国共产党是以马克思主义为指导的政党，而毛泽东则是将马克思主义与中国实际相结合的典范。重要原因就是毛泽东从中国实际出发，而不是从本本出发，在调查中不断产生和强化从实际出发的意识。中华人民共和国成立后，对于如何建设社会主义缺乏经验，出现了照抄照搬苏联模式的倾向，如人民公社。农村改革促使中国重新思考自己的发展道路，而农村改革的成功增强了走中国特色社会主义道路的自信。其中，围绕家庭承包开展的农村调查功不可没。

20 世纪的中国农村调查取得的成就无疑十分辉煌，但由于受时代限制，也存在相当大的局限性。这种局限性构成了中国在由农业国家向工业国家转变中受到重大挫折的重要原因之一。

1. "调查自觉"及其调查缺乏连贯性。

20 世纪中国农村调查主要集中于 20 世纪二三十年代。进入 50 年代，中国全面深刻地改造传统农村，最需要也最有条件开展大规模的农村调查，在此基础上作出改变农村的决策。但是，由于多种原因，农村调查的自觉意识大为淡化，甚至连以调查为主要基础的社会学科也被取消。1950 年代作出改造农村的重大决策缺乏严格科学的调查，更多的是一种主观认识，由此导致重大挫折。直到 1960 年代初，面临严重的经济困难，毛泽东才强调实际调查。但是，这时的调查主要依靠的是领导人，包括毛泽东身边的工作人员到农村了解情况。即使是根据实际情况调查提出的独立见解，也因为不符合某种理想标准而未能对决策产生影响。

2. 缺乏大型深度的基础性和战略性调查。

20 世纪是中国从一个传统农业大国向现代工业大国转变的历史时期，是重大的历史性转变，涉及诸多基础性和战略性问题，但 20 世纪的中国农村调查在基础性和战略性调查方面相当欠缺。

一是广度不够。因为紧迫实用的需要，农村调查主要是围绕土地问题，土地问题又主要围绕分配问题。农村其他方面调查严重不足。同时，调查主要采用的是典型调查。对于中国这样一个地域辽阔发展不均衡的国家的全面调查几乎没有，特别是中西部农村的调查更欠缺。这种典型调查很容易造成以“点”概“面”。

二是深度不够。农村调查主要是现象和实际状态调查，在一个地方的调查时间不长，访谈式的步步深入挖掘的调查不够。

三是厚度不够。由于强烈的反传统精神和“经世致用”意识，农村调查未能对影响和制约中国农村发展走向的根部和底色进行调查，并寻求规律性认识，如印度和俄国调查中发现的“村社制”根基。正因为如此，土地改革后盲目照搬照抄苏联的集体农庄制。

20 世纪中国农村调查的局限是时代所致。尽管如此，大量的农村调查为后人留下丰富的文献。我们从这些文献中可以更充分和深入地了解 20 世纪中国农村状况及巨大变迁。

历史总是在过往基础上前进的。站在新的历史高点上，21 世纪的农村调查要充分吸取 20 世纪调查的经验，努力弥补过往的不足，将中国农村调查提升到与时代相匹配的高度。将 20 世纪中国农村调查的文献加以整理汇集，既能够为 21 世纪中国农村调查提供借鉴，更可为中华民族从历史断裂边缘中奋进，日益走近世界舞台中央保留下一份珍贵的历史记录。

借本文献的出版，向为中国农村调查作出艰苦努力的前人致以敬礼！

徐 勇

2018 年 6 月

凡 例

作为教育部人文社会科学重点研究基地，华中师范大学中国农村研究院历来重视农村调查资料的收集、整理与利用，《中国农村调查・文献类》便是成果之一。在付梓出版之际，特做以下说明：

1. 本汇编旨在对20世纪20—50年代的农村调查资料进行收集、整理与汇编。

2. 为保证所选材料的原始性、真实性和客观性，尽可能地选用最早版本或是原刊版本，不得已才用新中国成立后的版本代之。这些均在导语中做了简要介绍。

3. 本丛编收录的农村调查资料，原版文字与图表多为繁体字竖排，为适应现代阅读习惯，我们将繁体字、异体字等改为简体规范汉字（特殊含义不在此列），并采用横排；原书中未进行断句的引文，为了避免改变原文语义，对这部分内容不断句、不加标点；原文已断句或未完全断句的引文，则保留原文断句或在原文基础上补齐断句，并按现代汉语习惯加标点。

4. 文献汇编编辑时力求贴近原文，尽量保持文字的原始性；为防止在重排图片时出错，将原文中比较清晰的图片，直接用于选编的书稿中；原文无法识别的字，用“【】”标记，每字一“【】”；为了阅读方便，对一些序号进行了调整，或以特殊格式示之；原文献尾注，均修改为页脚注，且每页单独排序；对一些参考性的注释也进行了原文校对；表格一般选用最简自动调整格式，或是调整到适宜阅读格式；表中数据统计差错，或与正文数据出入处，尽量维持原样；原表格后的注释或说明，均纳入到表格中的最后一行显示，并在字体上加以区分；明显错误的标点符号也作了相应修改；原文自序、原契文件及原格式排版者，排版及格式亦忠于原文（特殊者除外）；另外，一些格式今古有别，全部按照现代标准进行了校正。

5. 在出版方面，项目组组建了编辑和校对小组，严格审查、校审每一篇编选的材料。

6. 由于选编的材料出版年代久远，许多材料的印刷字体已变得模糊，再加上个别材料保存时间长，出现一定程度的残损，由此造成个别字词难以辨认在所难免。

7. 由于时间紧迫和编辑人员能力水平有限，难免有疏忽错漏之处，希望海内外学者、读者提出批评、建议，帮助我们提高这套丛书的编辑质量。

编辑说明

第 2 卷

《中国农村调查·文献类》第 2 卷为行政院农村复兴委员会六省调查专刊。

1933 年，国民党政府行政院设立农村复兴委员会，旨在为行政院提供制订农村政策参考依据，因此，农村调查面比较宽，调查内容比较全面。

虽然行政院农村复兴委员会成立宗旨在“救济农村”，然而，陈翰笙和孙晓村是该委员会六省调查三位设计者中的两位，六省调查的重点也是土地分配、土地使用/转移及变动、租佃关系及借贷、捐税田赋以及政治组织等，与中国共产党人的调查在本质上并无不同，故一同纳入此系列之中。

农村复兴委员会的六省调查分两批进行。1933 年，首先对浙江、江苏、陕西、河南四个省的农村情况进行调查。调查的范围主要是农村的土地分配和政治概况，调查的重点是土地所有制问题，并对农户按地权占有的形态，划分为地主、富农、中农、贫农等。1933 年底至 1934 年 2 月，农村复兴委员会又对广西、云南两省进行调查，除土地问题外，还对云南的自然环境、经济概况以及对某些县进行分类调查。

农村复兴委员会的六省调查有一个特点，即，在所有的调查报告后面，均附有（1）大量的调查表格，为原始统计之数据；（2）调查日记，内容生动具体，是调查报告的补充与注解。

农村复兴委员会的调查既有资料价值，亦有研究价值。除了为我们提供信息资料，有研究者还利用这些调查资料进行科学研究，如《浙江的土地分配》（孙晓村）和《江苏的土地分配和租佃制度》（张益圆）。不过，六省调查由于分两批进行，在调查框架及内容设置等方面存在着不同，在调查设计方面亦有所不同，需要研究者加以辨识。此外，为保持文献原貌，对本卷中由于作者阶级立场而导致的对中国共产党的诬称和对中国共产党人所从事的革命活动的诬蔑性描述，亦按惯例未予改动，请读者诸君阅读与使用时加以注意。

收入本卷时根据商务印书馆版本翻录，除一些地图及图片未收录外，删减了江苏、陕西和河南省调查之《序》，其他未有删减。

编者谨识

2021 年 12 月 30 日

目　录

浙江省农村调查

序[1]

本会举行农村调查此次系属初次，当时因成立之初，急欲粗知各省梗概，故在不充分之准备下，于浙、苏、陕、豫四省，用抽样调查方法，匆促举行。调查期间仅及二月，整理期间亦仅及二月，而调查对象亦仅及农村中土地分配及政治概况，本拟陆续补充，以期完备，因念我国农村调查材料太感缺乏，此匆促中之局部调查或亦为有心人所欲速睹，故姑为刊行，作为初稿，留待补充。

调查期间承各地官长人士竭力相助，本会同人殊深感谢。

调查所得之各地农村捐税及政治情况，因恐有略漏或失实之虞，为慎重起见，大半保留未遽发表，尤于捐税一项，将来拟切实调查，刊为专书，以为废除苛捐杂税之张本。

调查之设计者为陈翰笙、唐文恺二教授及孙晓村君，担任实际调查工作者，浙江为羊冀成、贺渡人、刘怀溥、杜岩双、王杰、张德嘉等六君，江苏为汪浩、廖逢秦、谢敏道、钱兆熊等四君，河南为张锡昌、夏益赞、黄可铭、刘端生等四君，陕西为王寅生、石凯福、黄国高、勾适生等四君。校阅报告者，浙江为唐文恺、徐佩琨二教授，江苏为武堉幹教授，河南为朱偰教授，陕西为陈念中教授。

本书为浙省调查报告，浙省调查区域包含龙游、东阳、崇德、永嘉四县。总计调查三十三村，一千四百余户，此外尚有邻县概况，调查计十七县。关于土地分配情形，在浙江虽不见有高度的集中，但就此次所调查之各县以观，则土地分配之矛盾实甚严重，使用土地者大都无土地所有权，有土地者大都不使用。浙江农村中佃户几占百分之七十，租佃情形，全省各县颇不一律，谷租钱租较为盛行，分租次之，力租则甚少见，至租额虽经二五减租之施行，但仍达相当高度。其他如预缴押租等恶习亦未完全废除。农民之经营面积甚小，其中东阳情形尤为特殊。浙江农村中政治结构，即自治组织较具规模，县政府与区公所，区公所与乡镇公所等关系均能保持敏捷之联络。至于捐税方面，田赋附加税病民殊甚，财政部虽曾一再通令田赋附加总额不得超过正税，但浙江仍不免有超过二三倍者。此可为略述者也。

民国二十二年十月三十日彭学沛序于南京五台山

---

[1] 浙江、江苏、陕西、河南四省调查之《序》相同，故后三省之《序》省略。——编者。

例　言

一、本会此次调查项目，系依照行政院议决之本会秘书处组织规则中所规定者，以农村中政治上、土地上之问题为限。

二、调查方法为抽样调查，先于一省中分区抽选若干县份，然后于每县作一概况调查，根据概况调查所得，选定县各经济区域之若干代表村而挨户调查之。此外，再就选定县之邻近各县作概况调查。

三、浙江此次计调查四县，其中在平原区者为崇德，在沿海区者为永嘉，在山区者为龙游东阳；此外，附带调查者尚有兰溪。挨户调查之代表村，计崇德九村，永嘉六村，龙游东阳各为八村，兰溪二村。

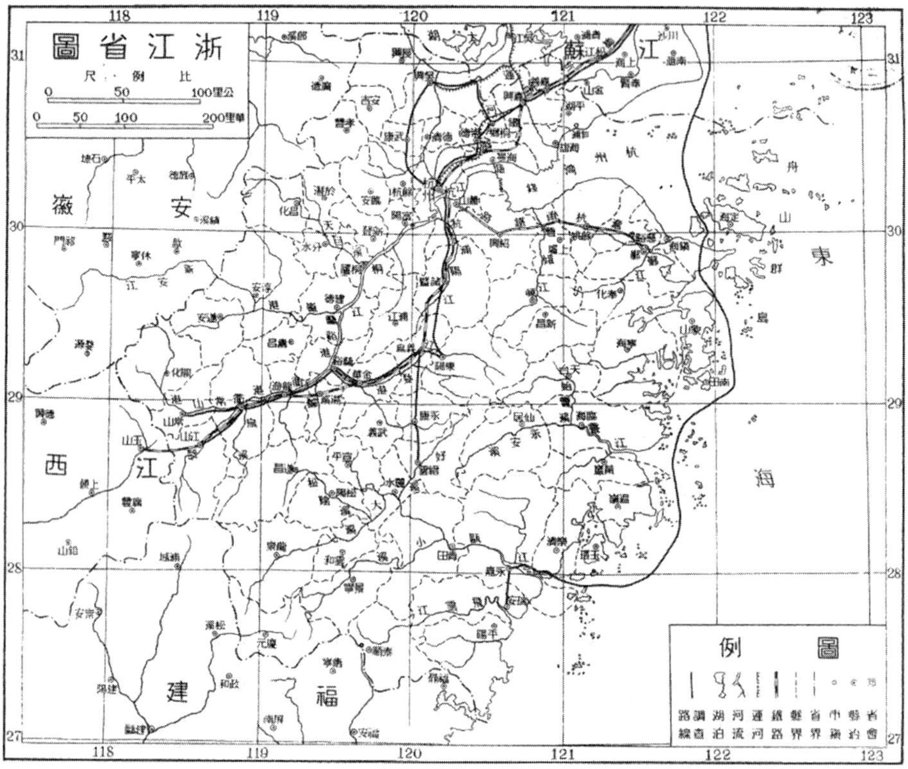

四、整理时村户分类，原拟就租佃关系与富力两种标准分别行之，藉观其比较，乃以时间关系，在本报告中者，仅为先就富力分类所制成之材料。大致所有农田大部或全部出租，坐收地租者为收租地主；所有农田大部或全部雇工经营，自己不参加田间工作者为经营地主；自己参加田间工作，同时雇长工一人以上或短工一百日以上，有扩大再生产之可能者为富农；自种自田，或租种多数租田，不雇工耕种，亦不被雇于人，仅足保持简单再生产者为中农；耕种少量自田或租田，即靠其他收入亦难维持生活，其再生产趋向缩小者为贫农；自己完全不耕种或仅耕种极少数农田，其大部或全部时间被雇佣为农业劳动者为雇农。但在浙江，典型农业工资劳动者之雇农尚少发见，故分类时与贫农相并。

一、浙江的自然环境与经济地位

（一）自然环境

浙江全省是在代表中国南部土壤性质的红土区域之内，只有西北一角属于磐层土区域。红土区域中，土壤因受雨量的洗刷，绝少石灰性的存在，其普遍的表象是不论底土表土，都现有一种特殊的红色并且是一种凝结的（非黏着的）胶质黏土，而且显着块状的组织；但是区域内的多数低谷之地，则因为历年集约种植及浸泡水中的结果，土壤颜色变为褐灰以至深灰；由于这种土壤的重要性格的限制，水稻是这个区域的主要作物。这一切特性的说明，我们移用于浙江时，并不发见与实际情形有所违反。

红土区域在中国是肥美的土壤之一，浙江在红土区域中亦为较肥美的地方，但因为其中有大部分是丘陵地，山谷中排水的沟渠非常狭小，同时雨量平均在五十至六十英寸之间，所以水利问题具有着严重的意义。每年五六月间季节雨时期，常有水灾发生，例如在我们惨痛的回忆中还活跃着的二十年度，则浙江七十五县中，竟有四十县以上因排水不良而遭受农业上的极大损失。

从地势上来分析，浙江一省实包括一部分的闽浙丘陵及一部分的淮运平原，通常也就根据这种情形分称浙东浙西。其实浙江还有一部分沿海区域，其土壤的变质程度及作物的特殊情形，构成这区域的独特的地位与性质。所以，较科学的分区，是应当将浙江划成三区：一、平原区，即钱塘江上游运河两岸及绍兴平原一带，浙西杭嘉湖各县如杭县、海宁、海盐、嘉兴、平湖、嘉善、桐乡、崇德、吴兴、德清等县，余杭、临安两县的一部分，及浙东的绍兴、萧山、余姚等县，都是属于这一区域的；二、山区，即浙东闽浙丘陵地及浙西天目山系一带，属于这区域的县份约在五十左右，占全省地面十分之七；三、沿海区，除浙西平原及萧绍平原有一部分亦可划入外，如慈溪、镇海、鄞县、定海、象山、南田、宁海、临海、黄岩、温岭、瑞安、玉环、乐清、永嘉、平阳等县都是属于这一区域的。

在浙江，普遍的主要作物，自然是稻，但各区域中因土质的相宜及习惯的沿袭，在农作方面各有其特殊的发展途径：平原区虽产茶产米产棉产稻，但特别发展的则是蚕桑；山区地面广大，米棉蚕桑虽都产量丰富，而究以茶的种植为各县地质所咸宜；沿海区的生产虽以渔盐为主，但在农作方面，因土质带有砂性，宜于植棉，所以棉花实在是该区域内的主要农作。

（二）农田面积

浙江省区面积，据翁文灏、丁文江及曾世英三君所推算，为十万一千零六十一平方公里，即合十万万一千零六十一万公亩；至农田亩数，据国府主计处民国二十一年所估计者，则为四千一百二十万零九千华亩，即合二万万五千三百十八万八千零九十六公亩；如其将这两种推算相比较时，则浙江的农田面积，仅占省区全面积的四分之一。但国府主计处所估计者，仅为主要农作物的面积，而植桑种茶等地亩都未在内，可见浙江土地利用的程度，当然并不止此。

人口总数，在二千万以上，其户数的估计，据国府主计处所报告者，为四百五十五万九千五百四十户，这数目与内政部民十七所调查的四百六十四万四千八百十五户颇相近似。又据主计处的估计，全户数中有三百十六万四千八百五十七家是农户，占全体的百分比为六十九又四，其每户平均农田亩数则为十三亩。

（三）主要作物

浙江省在全国有特殊重要的经济地位，同时也是较为繁荣富庶的一省，其在全国对外贸易尤其出口方面，占有极大的比重。普通数到浙江的生产时，米、棉、丝、茶各有丰富的产量，但在实际上，浙江的衣食两者并不能自给，构成浙江富庶的最大力量，还得首推丝茶，此外，在手工业方面，纸的出产，亦属相当重要。

1. 米麦

浙江虽是个稻田区域，但米的生产仅足够全省全年消费量的四分之三。浙江全省七十五县无不产稻，栽培面积约计二千三百四十余万亩，每年产米据浙江建设厅的估计约三千八百万担，而全省二千万以上的人口，每年食米消耗量，需五千二百万担，所以还需从外面输入一千四百万担。其次是小麦，小麦虽非浙江主要食品，但亦居相当重要地位。浙江各县均有小麦种植，惟大都视为副作，栽培面积据主计处二十一年度的估计约八百九十余万亩，年产一千万担左右，而全省消费额，依照浙民政厅的估计，每年约需一千四百余万担，所以也需仰给外面的输入。

2. 棉

全国有九个产棉的省份，浙江是其中的一省，棉田面积，占全国的百分之四·五一。省内产棉县份，有二十余县，大都在沿海区一带，内以余姚、慈溪等县的产量为最丰富。据前省立棉业改良场的调查统计，十九年全省植棉面积，计一百九十二万五千〇八十六亩，产皮棉四十七万七千七百九十三担，二十年略有增加，全省棉田计有一百九十八万一千一百八十七亩，产皮棉五十一万九千六百四十四担，似年有增加之势。但据中华棉业统计会的估计，则浙江全省棉田十九年有一百八十五万一千六百二十亩，二十年有一百九十八万四千一百八十九亩，而二十一年降至一百六十七万一千七百七十五亩；产量则十九年计产皮棉四十七万二千六百九十九担，二十年减至三十八万九千八百八十三担，二十一年则为四十一万七千一百六十四担。前两种估计虽有差异，但浙江所产皮棉通常总在四五十万担之间，而全省消费额数每年得需一百一十万担左右，所以，除本省所产外，尚须输入六七十万担。

3. 丝

成为浙江富庶的基础的，第一自然是蚕丝。浙江全省七十五县中，产蚕丝者五十八县，完全以养蚕为业者，亦不下三十余县。桑田面积占一百五六十万亩，每年约产干茧一百二十万担，生丝八九万担，论地位为全国之首，论成分占全国丝茧总额三分之一。民国十七年以前，中国出口商品中，丝居第一位，浙丝则占全国出口额百分之三十。

这一百二十万担的茧子，往常年份平均每担可卖五十元，则共值六千万元；八九万担的生丝如以十六年份的价格每担一百元计，则共值八九百万元。

然而这繁荣的时期，仅不过是民二、三至民十六这十余年间，民十六之后便开始衰落。但当时还只是慢性的衰落，所以民十九年生丝、干茧两项生产还在三千万元以上。直至民二十、民二十一两年，浙江蚕丝业乃进入急性的衰落之中，产量减缩的程度，几及往年十分之一二，价格则茧子往年每担可卖五六十元者，此时一降而为二十元，有甚至十余元者；生丝每担往年可卖一百元者，此时仅能卖三十余元。吴兴中国银行对此曾有一饶有兴味之报告，谓吴兴民十九年时茧行有九十四家，至民二十一年时，仅有一家开门。这类情形，不限于吴兴一隅，浙江全省丝茧的衰落情形，在任何一地方都可以得到类似的报告。

4. 茶

次于丝茧而成为浙江出口的大宗的，便是茶叶。浙江地多山区，而且气候适宜，所以在全国产茶区域中，占一重要地位。全省产茶区域有四十余县，产茶面积约九十余万亩，产茶数量，据前农商部的报告，一九一五年至一九一九年间，每年平均有二十五万余担，但这仅指出省到外埠的数字而言，若全部估计，则总在百万担左右，值银四五千万元。

浙江产茶，杭属的茶大都专销国内，有国外市场的是湖属绍属温属的茶。浙江输出国外的数量，如以最近二十年来看，经常在二十五万担至三十三万担之间，在全国茶叶出口额中所占的百分比，自百分之十六（如一九一五年）乃至六十八以上（如一九二〇），但是全国的出口数量，一九一七年以前常在一百万担以上，一九一七年以后，骤然跌入一百万担以内，十余年来，从未恢复到先前的程度。其间浙江茶叶的出口虽能保持平衡，但在全部茶叶出口遭受贸易上的不幸时，浙江局部即使能幸免，也恐是一时的。尤其是温属的红茶，在印度锡兰茶的竞争之下，年来已大不如前了。

5. 纸及其他

在手工业方面，浙江的纸，也在全省以及全国占一重要地位。浙江所产的手工纸占全国产纸额五分之二，年值银二千万元，产纸区域有四十三县之多，工人达十二万余人。此外，如年产二十万担的桐油，年值一千五百余万元的木材，都在浙江的经济地位上有重要的意义。

二、浙江农村经济概观

（一）土地分配

农业生产中唯一的主要工具是土地，所以从财产关系上来观察地权的分配情形，乃是研究农村中全部机构时最首要的一点。浙江的土地分配情形，到现在止，还不曾有全省的普遍调查与统计，但就过去所见到的材料及本会这次所调查的来论断，则浙江的土地分配确已在农业生产的发展上起着极大的障碍作用。土地的所有与使用成为分离的两件事，一方面生产者对土地无所有权，一方面土地所有者并不使用土地；因此，农村中必须支付出巨额的地租，使农业再生产的条件一天紧缩一天。

自然，这情形在浙江各地并不一致。一般说来，山区各县，地权集中达相当高度，如这次龙游调查的结果，发现在全村户中占百分之七的地主，占所有田亩中百分之七十二的土地，而村户中的过半数即百分之五十六的贫农，只占有百分之六的土地，这对比是多么惊人！又如东阳调查时发现祀产甚发达，地主大都在城中，因此农村中所见到者尽是贫无立锥之地的农民，东阳之所以有一村几乎是个纯粹佃农村者，即为这事实的一个反映。沿海区情形也大致相似，如永嘉则占村户中百分之一的地主，则在所有田亩中占百分之二十八的土地，百分之七十六的贫农却仅占百分之四十三的土地，这情形虽比较龙游好些，但大多数的生产者之没有生产工具一事，仍暴露得十分清晰。土地分配不平均的差度，在平原区较为降低，这在后面崇德的报告中可以看到；不过所谓差度较低者仅是指量的比较而言，在性质上，依然一样严重着，因为占全村户中百分之二的地主，在所有田亩中仍占到百分之二十二，而百分之六十七的贫农仅占有百分之三十六的土地啊！

土地分配还有一个动态方面，便是田产移转的情形；从这过程中，才得了解土地是在向哪一方面集中。在浙江，近几年来，这移转的情形并不十分显著，所有原来投向土地的购买的资本，因鉴于农村露骨地在崩溃着，非在最有利的条件下，是绝对裹足不前了。代表这现象的一个例子，便是五年以来，地价平均跌落百分之四十。

在病态的土地分配情形之下，土地使用也无从走上正常的道路。如以一个壮丁充分用他的劳动力时能耕种十亩南方的水田为标准而估计，则如我们所调查的各县中，中农以下，劳动力显然地没有得充分的使用。

（二）租佃制度

在浙江，租佃关系是农村社会中的主要关系。这成因，第一当然是由于土地分配的不均，地权集中在少数的地主手里，使大多数的农民不得不在租佃关系下讨生活；其次，浙江是一个集约经营的地方，在集约经营中，耕种者必须尽他劳动的最大强度，因此，租佃制度必然地成为最适宜的制度。

浙江农村中，佃农的成分要占到百分之七十上下，就这次所调查的各县中，最大的农业生产者群如中农及贫农，在其所使用的田亩中，租进的田亩平均占到百分之六十以至七十。在这样普遍的租佃关系中，其形式方面大致如下：租约制度普通是契约制，也有口头制的，包租制则仅限于学田、祭田、堂田、寺田等公共租田。此外，在浙江所成为特色者，就是有些县份永佃制度甚为发达。

在纳租形式方面，大都通行钱租及谷租，纯粹的钱租不甚多，有的钱租实在是折租。分租的形式尤其不多见，仅少数地方比较贫瘠的县份或荒年的时候，才通行分租的办法，其成数普通是各半。

有永佃制习惯的地方，其普通情形，佃户向田主租田，先纳租银若干元，以作永佃权取得的条件，于是田主不得随便撤换佃户耕种，除非佃户不清租时，即使撤换，亦要吐还佃银。享有永佃权的佃户还能将租田转顶于第三者，而取得顶银；有时还能转租于第三者，这第三者所缴纳的租金，有出人意料的高度，因为这地租中包含着两种租金，一是第三者付永佃权的，一是永佃权者付所有人的。所以浙江的永佃制从形式上看来，租额较一般为低，像似不仅有益于佃农，而且是一种很合理的制度。但实际情形不一定如法律上所规定者，这永佃田一经转租，完全表现一种人间极惨痛的剥削。

在浙江硬租（即板租）相当盛行，这是极苛刻的制度，因为他可以完全不问年岁的丰歉。镇海上虞一带有些地方还有预缴的恶习，此外，在平阳、于潜、镇海、南田、淳安等县还通行押租。至地租以外的勒索，是“田婆鸡”。

关于租额的高度，谷租通常占产量的一半，钱租则占地价百分之十，即其购买年为十年。

民十六年以来，浙江是二五减租办得最有成绩的地方，但据一般的估计，即使依照二五减租的办法，每亩有二石以上的收获时，佃农净得才能高于地主，二石以下，佃农收入逐渐减少；若到一石，则佃农所得真可怜到万分，不但劳力无报酬，甚至连成本都收不回来了。

（三）借贷

前面曾经说过浙江土地分配不均的情形，借贷关系实处于掮客地位。因为农村中土地所有的集中，其最重要的杠杆首推高利贷。农民在地租捐税等高压之下，经济地位日趋没落，唯一的出路，便是举债。浙江建设厅民十九年时曾根据合作社等报告而作估计，说浙江全省农民中有百分之八十是负债的；本年九月份的农林新报曾载有根据浙江三十七县报告而估计农民的负债情形，谓负债农户占农户总数百分之五十六；浙大农学院曾调查金华等八县，统计负债农户占百分之五八·八一，其负债额占财产额百分之三一·六〇，可见浙江农民中有百分之六十左右是负债的。

在浙江，借贷的方式，除普通借贷外，便是典当、合会、预卖或预押作物，借粮，赊账，田地抵押，田地典当等，其利息，如以年利来计算，则典当平均为二分；浙西通行的粮食典当也要一分八；合会在一分五以上；借粮在浙西称为“放农米”，简直是高利贷，有时竟至五分；商店赊账，普通利息在一分六左右，但赊米与叶有特殊的高度；田地抵押及典当高低不等，但通常亦在二分以上。至于普通借贷，利息三分乃是平常的事。这一切还比较不算最苛刻的，至于高利贷，则各地特殊情形，真举不胜举。而近年来随着资金的集中都市，高利贷更开始空前的高度。民十六年吴兴的《湖州月刊》第三卷七、八两号中关于高利贷情形有一个饶有兴味的统计：湖州借贷利率在二分至三分者占百分之二七，三分至五分者占百分之六〇，五分至六分者占百分之八，七分至八分者占百分之五，平均则在四分左右。

浙江省政府为改善这类高利贷的情形起见，曾对于农民金融机关作努力的建设，但直至目前为止，成立农民银行者仅有嘉兴、海宁等六县，资本最大的亦仅九万五千余元（海宁），其余都不过五六万元；成立农民借贷所者有嘉善、吴兴等二十一县，其中仅有五县资本在一万元以上，此外仅成立农行或借贷所筹备处者，仅七县，资本平均一二千元。在上述数字之中，限期成立的亦已列入，但全体资本总计仍不过六十万元。这样一个有限的数目是不够将农民从高利贷的铁蹄下解放出来的。而且有几处地方放款的本身利率并不很低，如去年四月出版的《浙江建设》月刊中，就载有衢县农行的放款利息有高至一分四厘者。

（四）田赋

田赋是农民普遍的负担，亦是农村大宗的支出，浙江田赋的一般高度，则大都超过地价税原则——地价的百分之一以上。就以农田来说，假若将其田价分最高与最低两种，则田价最高的农田每亩所负担的田赋，如海宁、嘉兴、崇德、平湖、长兴、吴兴、永康等县都在田价百分之二·五左右，嘉善甚至到百分之三以上；若就田价最低的农田来看，每亩所负担的田赋大都在田价百分之二以上，海宁、于潜、临安、鄞县等县在百分之三以上，新登、分水等县在百分之四以上，昌化、平湖、海盐等县在百分之五以上，嘉善、桐乡在百分之六以上，吴兴、安吉、桐庐在百分之七以上，余杭、武康在百分之九以上，嘉兴有些地方竟到百分之十二以上。

造成这般高度的，自然是附加税。浙江各县田赋附加税可分两种：一是按照田赋正税的银额而征收的，各附加税，如建设特捐、建设附捐、水利特捐、自治附捐、教育附捐、治虫经费、区公所经费、征收公费、公益捐、救济院经费、农民银行基金及特捐等；另一则按照田地山荡的亩分而征收者，各杂捐（亦名亩捐）如保卫团亩捐、村里税、教育亩捐，自治经费亩捐，名目繁多，不胜列举。这类杂捐，全省有七八十种不同的名目，不但名目不同，而且除极少数外，各县带征的税率，也完全悬殊。其结果是如海宁、桐乡等县上下期所带征的附捐数竟有二十种左右，各县最少的亦有八九种。名目一多，税额自然较重，于是浙江各县平均计算，附加税数额总超过一倍以至二倍，如淳安等县竟至三倍以上。浙江农村在这样的田赋制度下，受到了极大的摧残。

（五）商业资本的活动

浙江是商业资本比较发达的地方，这只消一看浙江农村中农产商品化的程度便可知道。自然，在过去一二十年中，尤其当丝茧的黄金时代，这商业资本的活动，也给予浙江农业生产上不少的刺激与鼓励，而造成当时短期的繁荣。但是，也就是从那时候开始，浙江的农产品进入一急剧的商品化的阶段中，一切都为市场而生产，而国际市场的支配关系也就在那时候形成。于是，随着日本丝印度茶的竞争，随着世界经济恐慌的到来，浙江农村也不可抵抗地被卷入于悲惨的命运之中，表现出空前的极度的衰落。这情形特别是在平原区最显得严重，如在崇德报告所见到的。

这商业资本的活动，一方面将浙江农产品卷进国际市场中去，一方面将外来的商品带进浙江来，其结果是人造丝与洋米等都在浙江得到了市场，单就人造丝来说，据杭州的统计，民十三年时，输入人造丝还只不过二十四担，至二十年，由水陆两道输入者达二万一千四百余担，尚有人造丝织物四千七百担。这就是说，由于商业资本发展的结果，浙江的丝茧不但在省外国外感到市场的压迫，甚至在省内都有些苦痛。

五六年之间，浙江从极富庶的阶段，一降而现出极度的衰落情形，这自然有其他的种种因子，但商业资本的活动确是促成这结果的重大力量。

三、各县报告

龙游县

一、全县概况

龙游是浙江东部山区中的一县；境内有群山分布，东南部尤多。山地面积约占全县总面积百分之五十。主要的山脉有二：一为杨树山脉，东行而入汤溪县。一为白鹤山脉，分两支，西行入衢县及寿昌县。不过这里所谓山地，大都渐已开辟；有的是阶田，有的种植竹木。所以山地虽多，还不至有害于农作。

全县气候温和；最高的时候，没有超过百度；最低的时候，也在三十度上下；所以在农作物方面，倒是非常合宜。湿度最高七十六度，最低四十四度。五六月之间，雨水很多；常常酿成水灾，一般低洼的田，因此不能种植早稻。今年就遭了一时的短水灾。夏季有时有西风；小麦常因此而受影响。再则秋霜有时降得很早，正值荞麦生机初旺的时候，则其侵害的结果，便要使麦穗“秀而不实”。

境内的土壤，黏土较多，大约占到百分之四十；壤土次之，占到百分之三十；沿衢港及灵山港一带为砂土。砂土易泄水分，难藏肥料；黏土易结硬块，难通空气，均不如壤土之佳。山上岩石，大都是石灰岩，业已次第种植使用。

河流有瀫溪，亦名衢港：发源于常山县，由衢县流入境内，横贯县境中部。又有灵山港：发源于括苍山，由遂昌县流入，经过东南一带，折流而入瀫溪。因为河床较深，所以瀫溪在龙游的交通运输上占有重要的地位。灵山港则仅春夏水大之时，方可行船，秋冬水浅，只通竹筏。那是只能载货的。瀫溪有支流二：筑溪、马报水，在县的东部，也通竹筏。至于可供田亩灌溉的，除以上各溪外，尚有若干小溪，大都分筑堰坝蓄水。西乡有堤茅溪之姜家坝，席家坝；南乡有灵山港之凤凰坝；东乡有筑溪之五十石坝，北乡则仅赖塘水而已。俗例于每年废历[1]四月初一日封坝，九月初一日启坝。但是堤塘堰坝年久失修，已失宣泄停蓄的效用，因此若久雨则洪水泛滥，久旱则溪流涸竭。现在东乡的五十石坝已经修理，鶏鸣坝亦已开始测量，但因经费无着，又无形搁置了。闻省水利局有拨款修筑之议，倘能全部加以修理，则影响于农作者，定必可观。

全县作物，因土壤的不同，及山地平原的分别，故各区颇不一致。东乡水稻较多，豆麦次之；西乡水稻与豆麦并产；北乡平原较多，故产米也最丰富。而南乡适相反，仅略产米麦及蕃薯黍菽而已。在龙游作物方面，还有一点值得说明的：就是山上的竹，因为气候的关系，便很繁盛的生长着；二年一伐，作为造纸原料，据说利益还在种田之上。

龙游的经济情形，可以分区来说明：从汤溪到衢县，要穿过龙游的中部，有一条大路，为闽赣皖入浙的孔道。并且与瀫溪并行。衢兰公路也差不多是同样的路线。沿着这路线的两边，有较多的平原和较肥的土地。所以东乡的湖镇，西乡的图石汪、马叶、詹家，可以说是商业区域。由寿昌县到遂昌县，也有一条从北到南的大道，可是没有同横的一条那样重要，所以也没有那样的商镇，不过北乡是米、粉干、炭、莲子的产地，为事实的需要，所以有茶圩、塔石头、蛮王殿、石佛等小镇。而南乡有纸、冬笋、桐油等出品，故灵山、溪口二镇，有时也可比美湖镇。庙下、沐尘则次之。因四县的毗连，道路的交错，土壤的歧异，作物的不同，便形成了四个不同的经济区域。这划分的情形，在后面的附图上可以看到。

二、土地分配

龙游土地分配的情形，在农村各社会层的对比中，可以简单地看出，我们这次按着经济区域的划分，在这不同的东西南北四区内，各自选择了两个在同样经济状况下较多数的村落，即楼下村、三元村、潼溪村、灵石村、石亘村、泉塘下村、华峰村、新王村等八村，都是挨户调查，共得三百十八户。这八村中，自然也有经济状况显著地不同的，但一般说来，全村户中，贫农总占到半数以上。列表如下：

[1] 废历，即阴历（亦称夏历）。——编者。

龙游八村村户分类表(民二十二年)

类别	户数	对总户数的百分比
地主	23	7.23
富农	19	5.98
中农	57	17.92
贫农及雇农	181	56.92
其他	38	11.95
总计	318	100.00

龙游是有大地主的地方，中小地主也很发达，不过大都居住在城市或市镇上，在农村中的比较少数。富农不多，仅将近全村户中百分之六，至中农贫农及雇农的百分数，则平均总在七十以上。

龙游现在虽通公路，但过去则究属浙江的内地。所以就民十七至民二十二年五年间的情形来看，农村社会还不见有急剧的崩溃的趋势。虽然这样，各类村户的地位，有的因为分家，有的由于田产移转的结果，还是有显著的上落。而地主的增加，及中农中竟有四分之一以上的人家降落而为贫农，尤其是可注意的事。表如下：

龙游八村村户五年间变迁表

民十七年		民二十二年					
类别	户数	地主	富农	中农	贫农及雇农	其他	总计
地主	20	28					23
富农	20		19	1			20
中农	76			56	22		78
贫农及雇农	154				159		159
其他	35					38	38
总计	305						318

（一）土地所有

龙游全县面积，计三千三百六十八方里。在粮册上的田亩数，共有四十五万六千零十二亩。从土地的性质说，有田地、山荡的不同，从土地的所有权说，有官产、庙产、族产、私产的区别。田地山荡的各别面积，不是本文的范围，现在先看官产、庙产、族产、私产的分配情形：官产约有八千七百余亩；庙产约有八百余亩；族产约有二千四百余亩；私产则约有四十四万三千九百余亩。全县的户口，共有三万三千余户，十一万余人。约略的估计，农户占到百分之八十。所以如其以县政府的粮册上的田亩数目作根据，而除去这次所调查到的官产庙产族产的数目，然后拿这百分之八十的农户来求所能得到的土地的平均数，则结果是每户得十六亩七分，每人得五亩。然而事实决不是这样的。就我们这次县概况调查中所得到的估计，龙游的土地分配情形大致如下：有田在千亩以上者五家；五百亩至一千亩者约二十家；二百亩至五百亩者约五十家；一百亩至二百亩者约二百家；田产最多者的亩数约有二千亩。

在我们这次调查的八村中，也有同样的情形，各类村户间的土地所有，呈现出一种高度的不平衡的情形。在所有田亩的总面积中，地主的所有占到百分之七二·九八；富农占百分之九·六五；中农占百分之一〇·五五；贫农及雇农则仅占百分之六·六。此外，其他占百分之〇·二二。这是说：全体农民的所有田亩，还不及地主的一半。而龙游农村中极大多数农民之被剥夺去生产工具这一事实，在这上面，便可以简单的看出。列表如下：

龙游八村村户所有田亩分配表(A)(民二十二年)

类别	所有田亩数	对总亩数的百分比
地主	3685.40	72.98
富农	486.50	9.65
中农	533.20	10.55
贫农及雇农	333.70	6.60
其他	11.10	0.22
总计	5049.90	100.00

自然，这情形，如与各类村户户数作对比时，则其严重的程度，更将清晰地衬托出来。就是村户中百分之七·二三的地主，在所有田亩中占到百分之七二·九八的土地；而百分之五六·九二的贫农及雇农，即过半数以上的村户，或三分之二的农民，却只占有百分之六·六的土地。这对比告诉我们的是：龙游农村中，土地集中在少数地主的手里，农民仅保有极可怜的一部分，而大多数的农民必须在租佃的关系下讨生活。列表如下：

龙游八村村户所有田亩分配表(B)(民二十二年)

类别	村户百分比	所有田亩百分比
地主	7.23	72.98
富农	5.98	9.65
中农	17.92	10.55
贫农及雇农	56.92	6.60
其他	11.95	0.22
总计	100.00	100.00

如其再从纵的方面观察，而与民十七年相比较时，则显然地可以看到，这五年来，地主层和贫农层均在扩大，户数及所有田亩数都有显著的增加。不过其中，地主户数仅增加了百分之〇·六七，而所有田亩数则增加了百分之九·四六；贫农的扩大，却与此异样：户数则增加了百分之六·四二，而所有田亩仅增加了百分之一·三七。至于中间层的富农与中农，则都开始减少，无论在户数上，或在所有田亩上。这现象的意义，就是呈现着龙游的农村中，土地问题的矛盾在一个日益尖锐化的过程中。中间层的大量分化，使农村中地主与贫农的对立，一天一天的清楚起来，现列表如下：

龙游八村民十七与民二十二所有田亩分配情形比较表

类别	户数百分比			所有田亩百分比		
	民十七	民二十二	增减	民十七	民二十二	增减
地主	6.56	7.23	+0.67	63.52	72.98	+9.46
富农	6.56	5.98	−0.61	18.20	9.65	−8.55
中农	24.91	17.92	−6.99	12.56	10.55	−2.01
贫农及雇农	50.49	56.92	+6.43	5.23	6.60	+1.37
其他	11.48	11.95	+0.47	0.49	0.22	−0.27

上述所有田亩分配的情形，如将各类村户每户及每人平均的所得来看时，则其矛盾性呈出同样的姿态。读者将在下表中清晰地看到，地主每户平均有一百六十亩，富农二十五亩，中农九亩，贫农则连两亩都不到；至每人平均亩数，地主将近二十亩，富农三亩，中农一亩六分，贫农则仅三分五厘。所以一般地来说，不论其平均所有田亩是每户的或是每人的，地主大约六倍于富农，十三倍于中农，六七十倍于贫农，具体见下表：

龙游八村各类村户每户及每人平均所有田亩数(民二十二年)[1]

类别	户数	人口数	所有田亩数	每户平均亩数	每人平均亩数
地主	23	185	3685.4	160.22	19.92
富农	19	149	486.5	25.6	3.26
中农	57	331	553.2	9.35	1.61
贫农及雇农	181	949	333.7	1.84	0.35
其他	38	155	11.1	0.27	0.07
总数/平均	318	1769	5049.9	15.87	2.85

我们这次虽仅调查得两个较大的地主，一个有土地五百十二亩者与一个有土地一千三百五十亩者，但龙游地权集中的程度仍可以看出。在下面那张所有田亩阶段分布表中，地主虽大都是在二十亩至五十亩之间，可是五十亩至一百亩者还有两家，二百亩至五百亩者，还有四家，因此，龙游在浙江可算是有中等地主与大地主的地方。至于富农，则在二十亩至三十亩之间者，占全体中百分之四十二以上，中农大部分在五亩至二十亩之间；贫农则半数以上都是无土地者，其次是有五亩以下者，再其次是有十亩以下者，至二十亩以下者只有五家。

这分布的情形，在五年以前，显然地有所不同；而其中最可注意的，便是地主中二百亩至五百亩之间的户数有很大的增加，富农则五十亩以上的已无存在，虽然四十亩至五十亩之间的有所增加，中农与贫农的分布情形，无大变动，如下二表：

[1] 此表原数据有误，根据结果进行了核算。——编者。

龙游八村各类村户所有田亩阶段分布表(民二十二年)

田亩阶段	地主		富农		中农		贫农及雇农		其他	
	户数	对总户数的%	户数	对总户数的%	户数	对总户数的%	户数	对总户数的%	户数	对总户数的%
0			1	5.2	15	26.5	99	54.7	33	87
0.1—4.99					5	8.6	53	29.3	4	10.5
5—9.99	1	4.35			13	22.9	24	13.2	1	2.5
10—19.99	4	17.39	3	15.8	16	28.4	5	2.8		
20—29.99	3	13.05	8	42.2	7	11.9				
30—39.99	4	17.39	3	15.8						
40—49.99	3	13.05	4	21	1	1.7				
50—99.99	2	8.69								
100—199.99										
200—499.99	4	17.39								
500 亩以上	2	8.69								
总计	23	100	19	100	57	100	181	100	38	100

龙游八村民十七与民二十二所有田亩分布阶段变动表

田亩阶段	地主		富农		中农		贫农及雇农	
	户数百分比		户数百分比		户数百分比		户数百分比	
	民十七年	民二十二年	民十七年	民二十二年	民十七年	民二十二年	民十七年	民二十二年
0			5	5.2	30.26	26.5	56.49	54.7
0.1—4.99					10.53	8.6	25.98	29.3
5—9.99	5	4.35			18.42	22.9	16.23	13.2
10—19.99	10	17.39	15	15.8	30.26	28.4	1.30	2.8
20—29.99	20	13.05	45	42.2	9.21	11.9		
30—39.99	15	17.39	15	15.8	1.32			
40—49.99	15	13.05	10	21		1.7		
50—99.99	10	8.69	5					
100—199.99	5							
200—499.99	10	17.39	5					
500 亩以上	10	8.69						
总计	100	100	100	100	100	100	100	100

在诸般的横面与纵面的观察之结果，龙游农村中地权的分配，有不可掩饰的矛盾性在。农业生产者群，大都是只有极可怜的有限的土地的贫农与全无土地者，使用与所有发生极端的不调和。而这情形，就最近五年间的过程来看，还日益深刻化，中农的地位时刻地在动摇着。

（二）田产移转

土地分配还须从它的过程上，即动态中去了解，这便是田产移转问题。因为农民唯一的生产工具是土地，所以在经济枯竭的时候，所恃以为流通周转的靠山者，也是这土地。要窥测农村经济的盈虚，农户的贫富，便可在田产的集中，分散种种移转的动态上分析。我们要了解农村中全部的经济情势，就必须将这些隐藏点，完全暴露出来。

研究龙游的田产移转之前，首先当有两种认识：第一，龙游的土地，就大体说，已集中在少数人手中，从中农以下，每一户所得到的极少，而且地价并不很高，所以农民非到万不得已时，是不愿将这可怜的有限的土地出卖。第二，近年以来，因赋税繁重，租额又低，又受二五减租的若干影响，一般的地主非在最有利的条件下，是不买土地的。为了这一种情形，所以田产买卖的数量尽管少，而其中所代表的却是最深刻的意义与动向。下面的表，便是龙游这次所调查的八村五年来田产移转的情形。

龙游八村各类村户民十七与民二十二所有田亩数增减表

村类户别		民十七	民二十二	增减原因						
				卖出	买进	典出	典进	赎出	赎回	其他
地主	收租	3893.1	3319.9		70.0			50.0		富农二户转入计增加田395亩又其他转入一户计增田11.8亩
	经营	355.5	365.5	10.0	20.0					
富农		930.3	486.5	13.8	35.0			48.0		有二户转入收租地主计移出田395亩又有一户转入中农计移出田22亩
中农		642.3	533.2	24.0	13.0	4.0				一户由富农转入计增加田22亩又有十五户转入贫农计移出116.1亩
贫农及雇农		268.1	333.7	63.8	9.5					由中农移入116.1亩承受祠田3.8亩
其他		25.1	11.1	2.2						一户转入收租地主计移出11.8亩
总计		5114.4	5049.3	113.8	147.5	4.0		98.0		3.8

这五年来田产移转中最可注意的，便是在贫农及雇农层中所卖出的田，占了他原有面积的百分之四十，照这样的趋势，那么，即使这情形不再严重化，也支持不到三年了。至于中农没落的情形，也不可轻视；户数的比例，前面已经说过，由中农递降为贫农者，有四分之一之多，而田产因附带归入贫农者，由这张表上显示，亦占其所有面积的百分之十八。

上述增减情形，有两种方式：一是典当，龙游称为活卖。它的优点在还有一个机会可以赎回，所以典当的价比出卖稍为低一点；但是它的弱点，就是农户失去了耕地，对于这个土地，在他的收入里面，已经完全不发生关系，而他仍旧要负担纳税的责任，况且现在一般农民的经济多是一年不如一年，又从那里取到这笔特殊的收入，来赎回这已经当出的田呢？徒然在典时减少了价值，即在龙游，通常仅得地价的百分之八十，而每年还多一种负担，即缴纳赋税。所以典当的行为，在受主方面，是纯粹有利的事。其次是买卖，买卖的手续，各地都相仿佛。最初的手续在卖者方面是先央中人向各方兜售，如其卖者是一个地主时，则必须先要问过他耕种的佃户，因为他有优先权，佃户表示不要之后，方能任意卖给旁人。等到承买有人，价格说妥，然后成立契据，移转产权，双方交割，实行推收。兹将买卖契据的式样，附录于下：

［立杜卖绝契　　人今因正用情愿央中将祖遗　　字号　水田/山地　亩　　分坐落于　　图　　庄东至　　南至　　西至　　北至　　四至分明尽行出卖与　　府为业三面言定当得时值价洋　　元自卖之后任凭买主开粮过户收租管业阴阳两宅掘荡开沟永斩葛藤永不回赎永不加价永无异言此系正项交易上下不瞒长幼并无重叠等情倘有言称卖主自行理直不涉买主之事恐后无凭立此杜卖绝契存照。（此处卖主签押）

立杜卖绝契人　　押

押

中　　人　　押

押

其洋当一并收足票不另书

代　　笔　　押

中华民国　　年　月　日

其粮在　　户下开除］

倘卖主自己能够写契，那么就无代笔这一项，而在契尾注明“亲笔无代”字样。典当的契，并没有改变它的形式，只在字句里，去了“杜绝”两字。

此外还有一种是抵押，这情形，在乡村中间虽名抵押但实际上等于信用借款，手续上虽亦有中人，然而所负的责任极小。凡出抵者，或自书一契，指定若干面积，或以红契（即原有之契）作抵，另附一借据，实等于借款而以此为担保品而已。他的田地，不但不移转所有权，就是使用权也很少移转的，所以有时同一面积，能向多方面抵押。弄得押款的总额，超过田亩本身的价值。抵押情形，前数年较多，现在因为内地资金一般地枯窘的结果，承受的人比较少了。各村对于抵押年限，多无一定。普通三年及一年最多，利息则按年清偿。利率年利二分，倘或拖欠，便要并入本金内复利计算。一契两抵的情形，实在很多，关于这类情形，农民是讳莫如深的。因为在未揭穿的时候，尚有经济信用，一经宣布，破产或许不足。

典当与买卖的中人，他对于受授双方，是负有沟通意见及银钱产业交割的责任的，倘有纠纷时，又是重要的证人，所以俗语说：“不做中，不做保，一世无烦恼。”但就为有这样的情形，所以他取的中金很重。普通是典价百分之一・五和卖价百分之三，设使交易的价格特别小，那么增加至百分之五，但交易的数额过大时，也可以递减至百分之二。这笔中金的支付者，是典主或买主；但是在典当方面，则尚有不同的情形：凡未到而赎者，其中金应由赎取者偿还。若其期限定为一年者，则由出典者支付，定为二年者由双方分担，三年以上者，全由承受者负担。

至于典当之后能备价赎回者，在过去的时期，约占典出亩数百分之六十，到了近年以来，则典者既少，能赎回者，更是绝无仅有的事，所以论移转的趋势，是倾向于直截了当的买卖。论移转的行为，则可说是进入停滞的状态。土地抵押典当买卖平均价格表见下：

龙游八村民十七与民二十二之土地抵押典当买卖平均价格表

价格类别	抵押			典当			贡宝		
年份	民十七	民二十二	指数	民十七	民二十二	指数	民十七	民二十二	指数
最高	40.2元	24.8元	62	64.3元	42.8元	67	82.5元	51.8元	63
最低	16.6	11.1	67	25.3	16.2	64	31.8	21	66
普通	27.1	16.5	61	45.2	29.2	65	55	35.7	65

指数民十七为100

最足以表示龙游农村社会中田产移转的一个趋势的，就是田地价格的低落：就民十七年与现在来比，工地的价格，不论其移转的方式如何，这五年间，平均跌落了百分之四十。

这农村中地价跌落的原因，分析起来说时，可说有四点：（一）受二五减租的影响；（二）田赋的过重；（三）粮食的价格低廉；（四）农村金融的枯竭。

现在再将龙游八村的田地抵押、典当及买卖价格民十七年与民二十二年的列表于下：

龙游八村民十七与民二十二两年每亩地抵押价格表(单位:元)

村名	楼下村		三元村		潼溪村		灵石村		石亘村		泉塘下村		华峰村		新王村	
年份	民十七	民二十二	民十七	民二十二	民十七	民二十二	民十七	民二十二	民十七	民二十二	民十七	民二十二	民十七	民二十二	民十七	民二十二
最高	40	20	40	30	32	24	40	25	50	30	30	20	30	20	60	30
最低	10	8	20	10	18	16	15	10	20	10	15	10	15	10	20	15
普通	20	12	30	15	25	20	30	15	30	20	20	1	22	15	40	20
与地价之比例	50%	40%	60%	50%	40%	50%	50%	40%	60%	50%	40%	50%	40%	40%	57%	50%

龙游八村民十七与民二十二两年每亩地典当价格表

村名	楼下村		三元村		潼溪村		灵石村		石亘村		泉塘下村		华峰村		新王村	
年份	民十七	民二十二	民十七	民二十二	民十七	民二十二	民十七	民二十二	民十七	民二十二	民十七	民二十二	民十七	民二十二	民十七	民二十二
最高	70	36	60	40	65	50	60	50	60	40	50	32	70	45	80	50
最低	15	10	24	15	35	30	25	15	20	15	24	10	30	15	30	20
普通	32	24	40	25	50	36	50	30	40	30	40	25	50	32	60	32
与地价之比例	80%	50%	60%	80%	83%	90%	80%	73%	80%	80%	80%	81%	83%	80%	85%	80%

龙游八村民十七与民二十二两年每亩地买卖价格表

村名	楼下村		三元村		潼溪村		灵石村		石亘村		泉塘下村		华峰村		新王村	
年份	民十七	民二十二	民十七	民二十二	民十七	民二十二	民十七	民二十二	民十七	民二十二	民十七	民二十二	民十七	民二十二	民十七	民二十二
最高	80	40	80	50	80	64	80	55	80	50	70	4.0	90	56	100	60
最低	20	15	30	20	40	36	30	20	25	16	30	15	40	20	40	26
普通	40	30	50	30	60	10	60	40	50	36	50	30	60	40	70	40

（三）土地使用

地权分配不均的结果，必然地影响及土地的使用，这在龙游农村中显然地可以看出；地主在他自身使用田亩的成分虽不重要，但每户平均使用田亩数却在三十四亩以上；富农则在三十亩以上；中农十八亩以上；贫农仅八亩余。（雇农虽出雇于人，为人耕种，但有时自身也使用极少数的田亩，故可与贫农并计）。民二十二年龙游八村各类村户每户平均使用田亩见下表：

龙游八村各类村户每户平均使用田亩表(民二十二年)

类别	户数	使用田亩数	每户平均使用田亩数
地主	23	799.9	34.78
富农	19	579.7	30.51
中农	57	1033.6	18.13
贫农及雇农	181	1477.1	8.18
其他	38	16.6	0.44

这情形如与民十七年相比较时，除富农的每户平均数降落五分之一外，其余大致无甚上落。列表如下：

龙游八村民十七与民二十二每户平均使用田亩表

类别	每户平均使用田亩数		指数	
	民十七年	民二十二年	民十七年	民二十二年
地主	31.73	34.78	100	103
富农	37.66	30.51	100	81
中农	17.18	18.13	100	106
贫农及雇农	8.12	8.18	100	101
其他	0.54	0.44	100	81

上面是以户为单位而看各类村户的平均使用田亩数，如以实际上参加田间工作者为单位而看其平均情形时，则可以得到更清晰的意义。因为普通估计，一个壮丁能耕种十亩南方的水田，再多则须加强他劳动至最强度，再少则劳动力有所浪费，所以这土地与劳动力的适当的配置，于农业生产上有极大的关系。而我们在龙游村中所调查得到的，对于这一层，却有饶有兴味的数字。如以参加田间工作者为单位，地主每人平均使用田亩数在五十三亩以上（自然，这数目不过表示一种趋势，在实际上一个人当然种不了如许的田亩，而必须配置上若干雇佣的劳动力的）；富农则为十五亩以上；中农则为十亩，正表示一种水平线的地位，贫农则仅六亩余，他们显然地还需要多种田地（这平均数中对于雇农是这样规定的：例如一家农户中有壮丁三人，二人出雇于人，一人在家使用少数土地，于是这农户可算是雇农，而仍使用土地者，其参加田间工作者仅一人，若自己纯粹不使用者，参加田间工作人当然没有）。见下表：

龙游八村各类村户参加田间工作者每人平均使用田亩表(民二十二年)

类别	参加田间工作的人数	使用田亩数	每人平均使用田亩数
地主	15	799.9	53.32
富农	38	579.7	15.25
中农	102	1033.6	10.13
贫农及雇农	229	1477.1	6.62
其他	3	16.6	5.53

如与民十七年相比较来看时，那么这五年来地主将田地出租的部分在扩大，富农与中农因降落的结果，平均率也减低，贫农层因中农落入之故每人平均使用亩数从六亩二分二，增至六亩六分二，这可怜的增加，距离贫农之得充分使用土地，还是很远很远。见下表：

龙游八村民十七与民二十二每人平均使用田亩表

类别	每人平均使用田亩数		指数	
	民十七年	民二十二年	民十七年	民二十二年
地主	72.99	53.32	100	73
富农	18.83	15.25	100	81
中农	10.53	10.13	100	96
贫农及雇农	6.22	6.62	100	106
其他	6.27	3.53	100	88

土地使用的情形，还可以从使用田亩阶段的分布中来观察，这虽然不能充分地说明经营面积的大小，但一般的田场的大小，却大致可以看到。龙游农村中，不但有大地主存在，而且地主中也很有经营的地主，所以有百分之三十四以上的地主使用田亩面积在五十亩至二百亩之间；富农中最多的还是二十亩至四十亩这一阶段；中农则在十亩至三十亩；贫农则在五亩至二十亩。列表如下：

龙游八村各类村户使用田亩各阶段分布表(民二十二年)

田亩阶段	地主		富农		中农		贫农及雇农	
	户数	对总户数的%	户数	对总户数的%	户数	对总户数的%	户数	对总户数的%
0	5	21.74					16	8.83
0.1—4.99	4	17.39			1	1.76	30	16.57
5—9.99	1	4.35			6	10.52	62	34.25
10—19.99	2	8.69	3	15.80	28	49.14	68	37.52
20—29.99	1	4.35	8	42.10	15	26.30	5	2.76
30—39.99	1	4.35	4	21.05	4	7.02		
40—49.99	1	4.35	3	15.80	3	5.26		
50—99.99	4	17.39	1	5.2				
100—199.99	4	17.39						
200—499.99								
500亩以上								
总计	23	100.00	19	100.00	57	100.00	181	100.00

五年以来，这使用田亩面积的阶段，显然有所变更，特别是富农中农贫农的田场并没有在扩大，足见农业生产中的矛盾不断地在生长着。变动情况如下表：

龙游八村各类村户使用田亩阶段变动表

各类村户 / 年别 / 田亩阶段	地主（户数百分比）			富农（户数百分比）			中农（户数百分比）			贫农及雇农（户数百分比）		
	民十七	民二十二	增减	民十七	民二十二	增减	民十七	民二十二	增减	民十七	民二十二	增减
0	20.00	21.74	+1.74							11.01	8.83	−2.21
0.1—4.99	15.00	17.39	+2.39				5.26	1.76	−3.5	16.23	16.57	+0.34
5—9.99	5.00	4.35	−0.65				9.21	10.52	+1.31	31.82	34.25	+2.43
10—19.99	10.00	8.69	−1.31	20.00	15.80	−4.2	52.63	49.14	−3.49	36.36	37.59	+1.23
20—29.99	5.00	4.35	−0.65	40.00	42.10	+2.10	21.06	26.30	+5.24	4.55	2.76	−1.7
30—39.99	5.00	4.35	−0.65	15.00	21.05	+6.05	9.21	7.02	−2.19			
40—49.99	5.00	4.35	−0.65	10.00	15.80	+5.80	2.63	5.26	+2.63			
50—99.99	25.00	17.39	−7.61	10.00	5.25	−4.75						
100—199.99	10.00	17.39	+7.39	5.00		−5.00						
200—499.99												
500以上												
总计	100	100	0	100	100	0	100	100	0	100	100	0

土地使用既因在病态的地权分配之下不能完成农业生产的向上的机能，尤其是贫农的不能充分使用土地，其结果便发生一般的离村情形。在下面的表中，可以看出贫农中出外工作人数之多，增减如下表：

龙游八村中农及贫农中出外工作人数的增减

村类户别	民十七年			民二十二年			百分比的增减
	有工作能力人数	出外工作人数	百分比	有工作能力人数	出外工作人数	百分比	
中农	192	4	2.03	144	5	3.47	+1.39
贫农及雇农	349	50	14.33	426	53	12.44	−1.89

龙游的土地使用情形，至少是相当地说明了近年来的农业生产并不曾得正确的发展。

(四) 租佃关系

土地分配的不平均的结果，大多数农民必须在租佃关系下讨生活；如以龙游八村中富农、中农及贫农三类农户的租佃成分加以分析，则富农中三分之二为自耕农，三分之一为半自耕农；中农中四分之一为自耕农，一半是半自耕农，其余四分之一强为佃农；贫农中一半以上为佃农，其余大都为半自耕农。我们知道，半自耕农并非完全脱离租佃的剥削的，所以龙游农村中的租佃关系实处于极重要的地位，它是与大多数的农民生活有着不可分的具有支配性的影响的。村户性质对照如下表：

龙游县各类村户性质对照表

村户类别	富农		中农		贫农	
	户数	百分比	户数	百分比	户数	百分比
自耕农	12	63.15	13	22.81	14	8.60
半自耕农	6	31.58	29	50.88	59	36.19
佃农	1	5.27	15	26.31	90	55.21
总数	19	100.00	57	100.00	163	100.00

在租佃关系中最看得清楚的一点，就是土地的所有与使用的矛盾性，更明白一点说，就是有土地者不使用，而使用者没有土地的所有权。这是使生产者与生产工具之间，成了对立的形态，生产者必须支付高度的地租作为得以使用这生产工具的代价，因此使农业的全部生产中，遭受了一种不可弥补的损失。在龙游，这矛盾的表现如下：地主所有田亩中有百分之七十八以上是出租的，反过来，富农使用的田亩有百分之十六以上是租来的，这情形一降而至中农时，则使用田亩中有百分之四十八以上是租来的，再降而至贫农时，则使用田亩中竟有百分之七十七以上是租来的。严重的情形，便可见一斑。民二十二年农田租出与租进如下表：

龙游八村各类村户农田之租出与租进表(民二十二年)

村户类别	所有田亩数	使用田亩数	租出		租进	
			田亩数	对所有田亩之%	田亩数	对使用田亩之%
地主	3685.4	799.9	2885.5	78.29		
富农	486.5	579.7			93.2	16.07
中农	533.2	1033.6			500.4	48.4
贫农及雇农	333.7	1477.1			1143.4	77.4
其他	11.1	16.6			5.5	33.1
总计	5049.9	3906.9	2885.5	57.1	1742.5	44.6

龙游的田，有永佃权的约占十分之三；普通的田，占十分之七。田租的种类，大概都是谷租，钱租很少；因为钱租都是“板租”，每亩每年缴纳若干，成为定额，而谷价有贵贱，年岁有丰歉，所以大部分都还维持着谷租。分租没有一定，在年岁十分歉收的时候才有的。是由业主就地匀分，平常则大概依各村习惯按每亩最高收获量四百斤斟酌年成的丰歉，而定四成五成六成的标准。

谷租的高度，平均占到收获量一半以上，这次所调查的八村中，以石亘村为最高。至于永佃田的租额比较来得低，平均占收获量的四分之一或三分之一，详情如下表：

龙游八村谷租额高度表(民二十二年)(以每亩为单位计算)

村名	全收获量	永佃田		普通租田			
		租额%	对收获量的%	最高租额	最低租额	普通租额	普通租额对全收获量的%
楼下村	350斤	90	25.71	240	120	180	51.42
三元村	320斤	80	25.00	200	140	160	50.00
潼溪村	280斤	80	28.57	200	100	160	57.14
灵石村	280斤	20	7.14	180	100	150	53.57
石亘村	300斤	90	30.00	240	120	180	60.00
泉塘下村	280斤	80	28.57	200	120	160	57.14
华峰村	300斤	70	23.33	200	120	160	53.33
新王村	300斤	90	28.12	240	140	180	56.22

租田手续，历来都很简单；从前是仅有口头订约，近来则渐有填写契约者，租期皆无一定，普通情形，不欠租不撤佃，而业主收回自种，则尚无限制，并未依照减租条例办理。

押租各村皆有：楼下村每担谷百斤，缴洋二元，多寡以此推算；三元村每亩三元；潼溪村每亩一元五角；灵石村每亩二元，石亘村三元；华峰村二元五角；泉塘下村四元；新王村四元。预缴及杂例，到还不多见。

三、政治情形

(一) 乡村政治

总理在建国大纲内，规定以县为自治单位，然其基本组织，为区公所与乡镇公所。兹将龙游自治组织及其任务，列述于下：

龙游自治区域，从前划为二十一区，计东乡分湖镇、希唐、社阳港、七都、状元五区。南乡分灵山、溪口、庙下、官村、沐尘五区。西乡分五都詹、图石汪、官潭头三区。北乡分新王、塔石头、塔下、叶泽随、石佛、蛮王、莲塘七区，暨城区共为二十一区。民十七后，筹备村里委员会，改分五区，以城区为第一区，东乡为第二区，南乡为第三区，西乡为第四区，北乡为第五区，厥后又改编为乡镇公所，计有乡镇一百五十七。

龙游五区，皆为五等，其区之组织，设区长一人，助理员一人，区丁二人，管理全区自治事务，并指挥监督各乡镇长办理自治事宜；年支经费一千四百十六元，由田赋项下带征自治附捐，附设区调解委员会，有委员五人。

乡镇公所之组织，设乡镇长一人，乡镇副一人；监察委员三人，调解委员三人。其下编户，五户为邻，五邻为闾，闾设闾长一人，邻设邻长一人。乡镇长副，系选举产生，而闾邻长则大概由乡镇长指定，故或有身为闾邻长而不自知者。乡镇公所年支经费三十六元，以户捐或地方原有公款拨充。从组织方面看，觉得现在稍有进步，就是调解委员会，也颇能负起他的责任，同时，他的长处，是调解结果，要双方同意，假使一方面认为不公允，便可不接受而不成立的，在事实上，自然少不了强人服从的事，可是在大体上，确能减少一点从前高压的程度。

各区关于自治事业，尚能认真办去，不过在人民没有认识自治意义的时候，不但不能自动来运用四权，便是被动式的也不能运用，所以这个基础，觉得是没有建筑在民众身上，只建筑在几个推行自治的机关身上。再进一步说，因为民众不健全，致使区公所也不能发挥运用他的能力，而变成一个空的机关了。

现在举办的事项，可归纳作自治、警卫、建设、教育、其他五项。

一、自治

复查户口、编钉门牌、人事登记、筹办积谷、整理仓储、制定公约、查禁烟毒、办理联保

二、警卫

训练基干队、成立常备队

三、建设

组织合作社、培植森林、修浚沟渠、建筑道路桥梁

四、教育

办理民众教育、识字运动

五、其他

清洁运动、筹募公债款项

由上面五类十八项目之内，再分为举办、设计、宣传三类。

一、举办事项

复查户口、编钉门牌、筹办积谷、办理联保、训练基干队、成立常备队、筹募公债款项

二、设计事项

整理仓储、制定公约、修浚沟渠、建筑道路桥梁、办理民众教育

三、宣传事项

人事登记、查禁烟毒、组织合作社、培植森林、识字运动、清洁运动

关于上述举办事项，固甚切要，不过在穷困的农民看来，则徒然感到纷扰而已。因为例如编钉门牌，则需门牌费一角，筹办积谷，每亩需纳谷二升，农民日食且不足，何有于积！训练基干队，又须在田亩上加附捐，成立常备队，又未能使民以时。而筹募公债款项，则更名目繁多，如筹募衢属难民工厂经费，劝募救国飞机捐，筹募建筑龙溪汽车路经费等是，总计举办七项之中，已有四项需钱，人民看不到立法之善，用意之深，而只知道这样那样层出不穷的需索。至如修浚水利、建筑道路、普及教育、组织合作、培植森林，这些与农民生计有密切关系的事，则又仅仅几次的宣传设计，便算完事。

关于警卫方面，有公安局、保卫团，保卫团复分基干队、常备队二项：

县公安局总辖各分局，按行政区域，每区各一，有警士一百二十六名，枪械一百零七枝，其经费取之于各种杂捐。

基干队亦依区分设，有队长及政治训练员管理之，计二百二十名，枪械齐备，各区常备队一万四千零三十二名，统归县保卫团指挥，然名存实亡，殊难召集。

（二）田赋

田赋为省税大宗，亦为最平均的负担。然从前皆征银两，农民无从知道核算，应纳多少，悉听乡间地保，柜上胥吏的告诉，故此中黑幕殊多。自去年起，化两为元，凡每亩应纳的正税

若干，附税若干，完全公开榜示，使人人知道，以清积弊，但田亩面积不同，肥瘠不同，科则不同，所以仍难公允。

历年以来，在政府方面，满拟刷新庶政，完成法治，故各种新政，次第举行，而附加之税，亦遂如雨后春笋之多。兹将龙游田赋征收数额，附录如下：

龙游县田赋一览表

税目	等级	正附税每亩并计			正税每亩税率			附税每亩税率			附税对正税的比率	亩额
		上期	下期	合计	上期	下期	合计	上期	下期	合计		
田	31	0.456	0.051	0.507	0.184	0.025	0.209	0.272	0.026	0.298	142	372.658
地	26	0.340	0.037	0.377	0.137	0.018	0.155	0.203	0.049	0.222	143	91.248
山	9	0.047	0.006	0.053	0.019	0.003	0.022	0.028	0.003	0.031	140	53.537
塘	26	0.030	0.004	0.034	0.012	0.002	0.014	0.018	0.002	0.020	143	17.423

读上表，即可知附加税的超过正税，其指数皆在一百四十以上。人民之负担，日益加重，若以谷百斤粜洋二元计算（新谷登场时的价格），则每亩田赋须谷二十五斤，普通每亩田产谷三百斤，那么实已值百税八了。这里有一田赋项下每元带征附加税细目一览表，见下：

浙江省龙游县田赋每元带征附加税细目一览表(单位:元)

税目/期别	建设特捐	建设附捐	特捐	自治附捐	教育附捐	治虫经费	征收公费	保卫团附捐	合计
上	0.556	0.083	0.389	0.111	0.083	0.056	0.090	0.111	1.479
下	0.303	0.091	0.152		0.091	0.030	0.037	0.333	1.037

这数字是以一元为单位，一亩田的正税是二角零九厘，所以附捐的数目，即为二角九分八厘。

在这八项附捐之内，仅有教育附捐及治虫经费，于农民有直接利益的。但这两款合计，仅及总数十分之一，而其他十分之九，农民惟有尽义务而已。而且征了这样多的建设特捐，建设附捐之后，一到建筑公路时候，政府对于农田，不给价不开粮，耕田等于没收，田赋仍须完纳，此外，路面两旁，复随便取泥，将两旁有用之田，悉成低洼，变为水荡，一路之成，不知损毁几万亩耕地面积，减少几万担作物产量，其影响于农村经济者，至大且巨，故农民皆有“木匠带枷自造成”之叹。

在上述几项之外，每亩尚有保卫团亩捐，亦在上期同时征收，其捐额如下：

田	地	山	荡
0.197	0.143		0.034

其次仅在去年征一次者，有保卫团服装费，亦在上期征收。

田	地	山	荡
0.111	0.073	0.030	0.015

以户为单位，以土地为条件而长期征收者，有自治户捐，以自有田满五亩，租田满十亩

者，缴大洋一元，多则依此类推。

而国难捐、飞机捐、戒烟所经费、难民工厂捐，正在摊派筹募之中，兹就已知者列表如下：

浙江省龙游县八村各种杂捐一览表

项目＼数额＼村名	楼下村	三元村	潼溪村	灵石村	石亘村	泉塘下村	华峰村	新王村
国难捐	20元	尚未开始	正在筹募	正在筹募	正在筹募	正在筹募	20元	25元
飞机捐	30元	25元	尚未开始	30元	15元	20元	20元	45元
戒烟所经费	尚未开始	20元	10元	10元	20元	尚未开始	尚未开始	尚未开始
难民工厂捐	尚未开始	尚未开始	尚未开始	尚未开始	尚未开始	尚未开始	尚未开始	尚未开始

说到公债，亦是照粮摊派，但以历年稍久，且经手者别有其人，故颇难得其确数，兹将各村所知情形，酌载如后：

龙游县八村各项公债摊派数额表

项目＼数额＼村名	楼下村	三元村	潼溪村	灵石村	石亘村	泉塘下村	华峰村	新王村
建设公债	100	70	未详	60	150	120	72	
清理旧欠公债	未详	100	未详	80	200	未详	100	未详
军需库券	未详	20				12		

从正税附税的总计，是五角零七厘，但加上保卫团的亩捐，及自治户捐（所有田每亩二角，使用田每亩一角）后，每亩已税到九角零四厘了。以前面所说的价格推算，实已征收百分之十五，而公债杂捐，尚未计算，如此，农民不问水旱灾歉，纳于政府者，总在百分之二十以上了，况且这百分之八十，是他的毛收入，若以肥料种子人工，农器之损失，一并计算，则农民所得者，又有几何。

现在我将龙游县从民元至十八年所缴上下忙田赋实数，记载如下，以觇历年来民力之匮乏，而作本段结束，试思政府追缴之严，胥吏催索之急，而历年旧欠，仍无起色，则民力疲弊，已暴露无遗了！

龙游（地丁）

年度	历年度征数	历年征起旧欠数	合计	折合洋元数
民元年	（两）36983	（两）—	（两）	66569
民二年	35183	3335	38518	69332
民三年	30559	3245	33804	60847
民四年	27975	5501	33476	60257
民五年	27508	2931	30439	54790

续表

年度	历年度征数	历年征起旧欠数	合计	折合洋元数
民六年	24844	7270	32114	57805
民七年	28683	5762	44355	79839
民八年	29315	11706	41021	73838
民九年	29503	2646	32149	57868
民十年	29509	8899	38408	69134
民十一年	33939	8802	42741	76911
民十二年	29601	6248	35849	64528
民十三年	30558	7717	38275	68895
民十四年	31612	8140	39752	71555
民十五年	28112	6142	34254	61657
民十六年	34889	12521	47410	85338
民十七年	31815	8155	39970	71946
民十八年	26943	4407	31350	56403

龙游抵补金

年度	历年度征数	历年征起旧欠数	合计	折合银元数
民元年	574	—	—	1723
民二年	2467	2115	2582	13746
民三年	1992	400	2392	11160
民四年	1840	573	2413	172065
民五年	1836	264	2100	8660
民六年	1614	636	2250	9238
民七年	1975	1379	3354	13484
民八年	2031	992	3023	12121
民九年	2045	746	2791	11164
民十年	2048	762	2810	10830
民十一年	2466	754	2220	12268
民十二年	2076	594	2670	9751
民十三年	2149	65	2799	9878
民十四年	2228	663	2891	9938

续表

年度	历年度征数	历年征起旧欠数	合计	折合银元数
民十五年	1925	524	2449	8155
民十六年	2533	1068	3601	11952
民十七年	2253	636	2889	9614
民十八年	1829	385	2214	7306

四、邻县

（一）概况

因为时间关系，不能作全省详细调查，所以在三个自然区域内，任取一县，以作标准，固然，任何人多不能肯定，某县为某区域内之典型代表县；但是我们总期望所调查者，是这区域的一般状况，至少是多数的情形。因此，在龙游调查完毕之后，再在四周的邻县如汤溪、遂昌、衢县、寿昌，作一度初步的观察，看他的状况，有无雷同，所取得的材料，是否普遍，并且衢县、寿昌是旧衢属，汤溪是旧金属，遂昌是旧处属。所以从这里又可推知各属之大略。

此外江山、常山，毗连衢县，同在一属，为浙江的边境县份。与闽赣接壤，乃交通孔道与出入咽喉，具浙江、福建、江西三省的特性，地属山区，又遭匪患，所以亦就近调查，以觇梗概。

汤溪在龙游之东，明代始置县，东西距四十五里，南北距一百一十里，面积约计二千五百九十五方里，境内多山，约占百分之四十。地势南乡最高，东乡次之，西北最低，故东南乡常患旱，西北乡常患水，南乡土壤悉含沙质，宜豆麦菽粟，东乡尽为瘠土，收获较少。西北两乡，山少土肥，宜五谷，甘蔗为两乡特产，有瀫溪、小龙溪、白沙溪，纵横境内，以溉田亩。

衢县在龙游之西，东西距七十五里，南北距二百二十里，面积约七千零四十五方里，亦多山，而南北两乡尤甚，故高原占百分之五十，西乡多壤土，北乡沙土，东西两乡多黏土。

河流有二即衢港、常港，蜿蜒曲折于境内，凡一百余里，故农民类皆引水成渠，以资灌溉。大小沟堰，有一百二十余，最著者有石室、东碛、扬赖等三堰，灌田二十余万亩。

寿昌据龙游之北，东西广一百一十里，南北袤九十里，面积约二千二百二十四方里，山占百分之七十，西北高而东南低，地硗瘠多沙土，宜植稻、麦、芝、黍、麻、烟、棉、瓜、果、蔬之物，有寿昌溪，长六十余里，支流十四，全县水利赖之。

遂昌位龙游之南，南北距一百四十里，东西广一百六十里，面积约七千六百六十一方里，全境皆山，占百分之九十，故山则重峦叠嶂，水则屈曲潆洄，形势西南高而东北低，土壤瘠者多而肥者少。东乡宜种豆麦，西北多植靛青，杉木及竹，为遂昌出产之大宗。

江山东接遂昌、衢县，南界闽之浦城，西邻赣之玉山、广丰，北毗常山，地连三省，民多客籍，东西广一百三十里，南北袤一百三十里，面积六千零五十九方里，地势西南高耸，东北低平，土壤瘠者过半，凡高山溪沿皆属之，宜植松、杉、樟、桐、柏、茶子及靛青、棉花等，而土壤宜植稻麦，且宜轮种，有大溪即瀫水源出仙霞诸岭，直穿县境，农民掘沟渠，筑堰坝以灌田。

常山东毗衢县，南接江山，西邻赣之玉山，北界遂安，广袤各八十里，面积三千四百八十九方里，全县多山，其趋势由西南倾向东北，仙霞岭之干脉，环绕北、西、南三面，惟常山港之两旁，则平原与丘陵错杂，南北两区多粒土，硗瘠不堪种植，东西两乡较佳，产稻麦及玉蜀黍，溪涧甚少，仅赖池塘。

各县之经界面积，地势土壤，均经略述，兹将气候、土地、租佃情形，及税额，分别类述于下。

(二) 气候

县名 / 温度	汤溪	衢县	寿昌	遂昌	常山	江山
最高	96	98	96	94	100	100
最低	20	28	28	40	20	30

各县气候大致相同，间有山深箐密之处，寒意较深。雨量每年平均在百日以上，其日数之分配，四季尚称均匀。久旱至一月以上者甚少，而淋雨至旬日者，除霉雨时期外亦殊罕觏。第所得雨量无适当比例，夏季与冬季雨日虽几相等，而雨量则多于冬季数倍。

月份 / 雨日	1	2	3	4	5	6	7	8	9	10	11	12
常山	5	10	10	14	17	12	5	5	7	4	8	2
龙游	2	11	12	10	16	15	4	10	8	5	11	7

上项记载，曾经三年，每年平均雨日，常山九十九日，龙游一百一十日，再观其雨量。

月份 / 雨量	1	2	3	4	5	6	7	8	9	10	11	12
常山	12.0	86.0	63.5	187.5	463.3	448.7	46.9	84.1	136.5	41.0	188.5	30.2
龙游	10.5	106.9	87.0	149.0	378.8	464.6	79.4	111.0	95.2	64.6	108.8	37.5

上述雨量，尚属初次记载，计每年雨量，常山为一七八八·二，龙游为一六九三·三，此项雨日雨量之记载，系浙江省水利局司其事（见《浙江建设月刊》第六卷第十一期水利专号）。

(三) 户口与面积

户口素无精确统计，即区公所成立后，为调查公民，改编乡镇，办理保甲，亦未能完全准确，第相差已不甚远，兹将各县政府之统计及魏颂唐先生之《浙江经济纪略》中所载者，互相参照，列表如下：

县名 / 户数	汤溪	衢县	寿昌	遂昌	常山	江山	备考
户数	24148	59627	12041	28961	28700	50911	浙江经济纪略
	24800	60062		26027	28451	52398	县政府调查
丁数	21100	59600	12000	29000	28700	54000	统计局调查
	124900	303009	63142	68197	134655	275973	县政府调查
口数	67656	173925	40176	50766	79987	158014	浙江经济纪略

读上表则每家约为五人，是可以肯定的了：

现在再将各县田亩面积汇载如下，以觇每户可得几亩与龙游有无巨大出入。

县名 / 户数	汤溪	衢县	寿昌	遂昌	常山	江山	备注
亩数	411100	842486	213967	163804	315763	715724	浙江财务审查委员会田亩数
亩数	409444	818169		164032			各县报厅田亩数
亩数	1656	26317		228			相差亩数

从各县户口与面积的数字计算，便明白了每户每人应得的亩数，其人口密度，大致相同。兹再列表于下：

县名 / 亩数	汤溪	衢县	寿昌	遂昌	常山	江山
每户平均	16.5	14.0	17.7	6.2	11.0	13.6
每人平均	3.2	2.7	3.3	1.4	2.3	2.6

各县情形以环境不同，故每户亩数，颇有参差，如寿昌境内多山，约占全面积百分之七十，第其邻县建德、淳安、龙游，较为富庶，故寿昌之民，颇有移殖者，是以户口稍稀，而所得平均亩数，遂为六县冠。遂昌亦多山，且占全面积百分之九十，然毗连者为宣平、松阳、龙泉，均地瘠民贫，故其民皆株守故土，而所得平均亩数，亦遂极少。余此四县，尚相平衡。

综上所述，已略知各县土地分配之状态，兹再将各县农户中农、贫农，每户所耕亩数，暨贫农在全户数内所得百分率之估计，列表于下：

类别 / 每户亩数 / 农户类别	汤溪	衢县	寿昌	遂昌	常山	江山
中农	20	15	20	20	15	15
贫农	5	6	8	5	8	5
贫农在全户口内之%	70%	4%	50%	50%	20%	70%

此种估计，吾人当然不能认为绝对满意，盖户口无准确之调查，土地无清晰之登记，收入支出之经济，又无详细之计算，自难尽得真相，但此不过助研究龙游之参考，并证明其确实性

而已。兹再将各县土地集中之情形约略言之，以为贫农甚多之反证：

类别 / 地主亩数 / 亩数	汤溪	衢县	寿昌	遂昌	常山	江山
100—199	575	600＋	200	117	300＋	200＋
200—499	135	300＋	125	1	50＋	100＋
500—1000	13	60＋	12	1	8	32
1000—……	1	3	3		2	5

从各县地主所有亩数在各阶段内的数字，并贫农所占的百分率互相对照，已经可以明白分配的概况，现在再将各县特点，附带说明。汤溪、衢县、寿昌、遂昌，官产无多，庙产千亩左右，族产甚多，然其总数未能确定。常山官产、庙产、族产均少，江山族产约占全面积百分之四十，故常山贫民较少，而江山占百分之七十了。汤溪因小地主甚多，所以贫农亦伙。从这几点看来，已可相信上述的估计，有相当价值了。

我们为要印证各县的估计，故在每县中，取一中等村落，再作一度农户的估计，以觇土地的分配，固然不若逐户调查之精确，不过比较全县估计总更可靠些。兹将各村情形，附录如下：

县名	汤溪	衢县	寿昌	遂昌	常山	江山
村名	上徐蒋村	村未调查	罗桐乡	高判村	冬字联合村	十五都村
地主	5	村未调查	8	7	3	5
富农	14	村未调查	15	3	9	7
中农	37	村未调查	23	33	18	13
贫农	74	村未调查	54	106	20	31
其他	15	村未调查	12	14	5	12
总计	145	村未调查	112	163	50	68

依据上表，则各村贫农，约占百分之六十以上了：

在上述各种数字中，如每户平均土地及贫农在农户内所占的百分率时，都与龙游无巨大的差异，所以龙游的土地分配，可以因各县之互证而益信，各县农户情形，可以龙游之答案而推求了。

在这里，我们再研究一下各县土地的价格，并十七年度的状态，来批判观察五年中的变化。

县别 / 附价格 / 等级	汤溪		衢县		寿昌		遂昌		常山		江山	
	民二十二	民十七	民二十二	民十七	民二十二	民十七	民二十二	民十七	民二十二	民十七	民二十二	民十七
最高	60	100			70	100	100	10	60	100	80	100
最低	30	50			20	30	40	50	15	30	35	40
普通	40	70			50	60	80	100	50	80	60	70

读上表，则现在之平均数，约为五十五元，而五年前为七十五元，其低度不过百分之二十。由此可以推想入山愈深，变化愈少，而遂昌无巨大之改变，其内因地少人多，求过于供。此外，因为交通不便，资本主义之压力，尚未极度侵入，故土地尚能维持其原有之效能与价值。若汤溪常山，则已减百分之四十了。

（四）租佃制度

其次，所研究的，即各县租佃制度，与夫租额大小，以观察佃业双方的关系，及制度之良否。

1. 永佃田的情形

汤溪的上徐蒋村，他的习惯，是没有永佃的，以全县计算，则占百分之三十，其名称为小田，可转佃及转卖，苟业主不偿还其小田之价值，不得收回。

衢县永佃田的估什，亦在百分之三十左右，其名称为小卖，可转佃转卖，业主不能过问。

寿昌永佃田较多，仍有百分之四十，罗桐乡亦称是，其名称为客田。有一般专营此种企业者，向地主取得永佃权，而转租与人。订立租批，每亩须缴押租一元，其租谷亦由经营者收取，而转纳于地主。

遂昌永佃田甚少，如高判村，竟无此种情形。

常山永佃田亦少。

江山永佃田约占百分之四十，其名称为小根。凡佃户付小根于业主者，日押缆钱，可转顶转卖，卖又分活卖、绝卖两种，其价格活卖二十元左右，绝卖三十元左右。

2. 租田的手续及押租与苛例

关于租田手续，在二五减租推行未力，及封建势力未完全崩溃的地方，业主是随时可以撤佃，而佃户是无所保障的，所以各县佃户和业主订契约的极少。押租有无及其金额，互有不同，汤溪、衢县、江山无押租及其他苛例，寿昌每亩须缴押租一元，遂昌每亩押租二元，其他须鸡一只（三亩以上）豆数升，常山押租分两种价格，据区长詹端冕说，谷租每亩四元，分租每亩二元，满五亩以上者，纳鸡一只，又据魏颂唐先生所编《经济纪略》中说，上田每亩二元，中田一元，下田无。

3. 缴租种类及租额

汤溪、衢县、寿昌、江山有谷租分租，遂昌、常山有钱租、谷租、分租三种，兹将其所缴钱数租额成数，汇列如下：

县别／数额／名称	汤溪			衢县			寿昌			遂昌			常山			江山		
	最高	最低	普通	最高	最低	普通	最高	最低	普通	最高	最低	普通	最高	最低	普通	最高	最低	普通
谷租（斤）	240	80	160	240	100	160	220	140	180	240	160	200	210	100	170	260	120	180
分租	6成	5成	5成	6成	4成	5成	6成	5成	5成	7成	5成	6成	5成	5成	5成	7成	5成	5成
钱租										9元	6元	8元	8元	3元	5元			

凡遇灾歉之年，则与业主对分，平时均照习惯缴租，大都均在三分之二以下、二分之一以上的这个阶段中。

4．作物之产量与价值

各县作物，大致相同，惟品目繁多，碍难备载。而特殊作物，不以年计者，如杉树桐树茶树竹笋等亦不列入。

名称＼产量＼县别	汤溪	衢县	寿昌	遂昌	常山	江山	平均价格
谷	300 斤	320 斤	350 斤	400 斤	360 斤	350 斤	（每 100 斤 3 元）
麦	70 斤	80 斤	80 斤	100 斤	80 斤	80 斤	3.5 元
豆	70 斤	60 斤	70 斤	60 斤	70 斤	60 斤	4.5 元
蕃薯	950 斤	900 斤	850 斤	920 斤	800 斤	850 斤	0.8 元
玉蜀黍	100 斤	110 斤	100 斤	120 斤	100 斤	120 斤	3.5 元

由上面各项数字比较的结果，在正产收入内，减去种子肥料的价值，和农具的消耗，除自耕农外，几全部供献给了业主，他的劳苦的报酬，不过是一点副产品的获得，而且在户口与面积里面，知道贫农的数量是这样多，地主的面积又是那样多，当然佃农的数目，也就不会少，因此，在另一方面，要研究业主的田租收入和赋税支出，而明白整个农村的经济，是进入何种状态。

（五）田赋

各县的赋税，因了过去科则的不同，已陷入不平之境，复以附捐之征收，又因地制宜各异其法。如黄岩之水利经费，每元带征一元七角八分，义乌之义东公路附捐，每元带征一元零八分，将六县之正赋附捐，列表如下：

汤溪县赋税表(单位:元)

类别		正税	附税	总计	正税对附加税的比率
田	金	0.193	0.270	0.463	139.89
	兰	0.178	0.248	0.426	139.32
	龙	0.150	0.210	0.360	140.00
	遂	0.110	0.154	0.264	140.00
地	金	0.035	0.048	0.083	137.14
	兰	0.037	0.051	0.088	137.84
	龙	0.136	0.190	0.326	139.70
	遂	0.041	0.057	0.098	139.00
山	金	0.012	0.017	0.029	141.66
	兰	0.012	0.017	0.029	141.66
	龙	0.015	0.021	0.036	140.00
	遂	0.005	0.007	0.012	140.00

续表

类别		正税	附税	总计	正税对附加税的比率
荡	金	0.009	0.013	0.022	144.44
	兰	0.011	0.015	0.026	136.36
	龙	0.013	0.018	0.031	138.46
	遂	0.081	0.113	0.194	139.50

衢县赋税表(单位:元)

类别		正税	附税	总计	正税对附加税的比率
田	民	0.198	0.280	0.478	141.41
	孔	0.176	0.247	0.423	140.30
	祭	0.027	0.041	0.068	151.85
地	民	0.102	0.145	0.247	142.15
	孔	0.090	0.127	0.217	141.10
山	民	0.021	0.030	0.051	142.86
	孔	0.019	0.027	0.046	142.10
荡	民	0.129	0.183	0.312	141.86
	孔	0.115	0.162	0.277	140.87

寿昌县赋税表(单位:元)

类别	田	地	山	荡
正税	0.238	0.059	0.016	0.050
附税	0.353	0.088	0.024	0.074
总数	0.591	0.147	0.040	0.124
正税对附加税的比率	148.32	149.15	150	148

遂昌县赋税表(单位:元)

类别	田	地	山	荡
正税	0.172	0.037		0.033
附税	0.255	0.055		0.049
总数	0.427	0.092		0.082
正税对附加税的比率	148.26	148.65		147.48

常山县赋税表(单位:元)

类别	田	地	山	荡
正税	0.193	0.185	0.017	0.178
附税	0.311	0.298	0.027	0.287
总数	0.504	0.483	0.044	0.465
正税对附加税的比率	161.14	161.08	158.82	161.23

江山县赋税表(单位:元)

类别	田	地	山	荡
正税	0.203	0.072	0.013	0.208
附税	0.438	0.155	0.028	0.449
总数	0.641	0.227	0.041	0.657
正税对附加税的比率	215.76	215.27	215.38	215.86

以上六表，是六县民众财赋负担一笔账。查各附税，均超过正税一倍以上，汤溪、衢县、寿昌、遂昌的指数，约在一百四十左右，常山在一百六十以上，而江山则竟超两倍。

各县附税的税率，属于省者，大致相同，属于县者，则视各县当地需要经费之程度，而定税率的重轻，因此便互有不同了，兹将上列附税之名称、金额，列表如下：

各县田赋每元带征附税细目一览表(单位:元)

县别	期别	税目												
		建设特捐	建设附捐	水利经费	特捐	自治附捐	教育附捐	治虫经费	征收公费	区公所经费	农民飞机捐	农民银行基金	其他	合计
汤溪	上	0.556	0.083		0.339	0.195	0.111	0.056	0.090		0.080			1.450
	下	0.303	0.091		0.152		0.091	0.030	0.037		0.080			0.724
衢县	上	0.556	0.083		0.389	0.083	0.178	0.056	0.090		0.080		0.045	1.500
	下	0.303	0.091		0.152		0.091	0.030	0.037		0.080			0.784
寿昌	上	0.556	0.083		0.417	0.083	0.139	0.056	0.090	0.040	0.020			1.484
	下													
遂昌	上	0.556	0.083		0.400	0.194	0.083	0.056	0.090		0.020			1.482
	下													
常山	上	0.556	0.083		0.428	0.334	0.083	0.056	0.090		0.020			1.650
	下	0.303	0.091				0.091	0.030	0.037		0.020			0.570
江山	上	0.556	0.083		0.389	0.167	0.083	0.056	0.090		0.020	0.278	0.556	2.278
	下	0.303	0.091		0.121		0.091	0.030	0.037		0.020	0.152		0.845

除上述附加的各种捐税以外，各县尚有亩捐，亦举其数字，以见农民负担之繁重。

各县亩捐一览表(单位:元)

县别	期别	税目	税额				
			田	地	山	荡	附注
汤溪	上	保卫团亩捐	0.060	0.060	0.030	0.030	
	上	教育亩捐	0.040	0.040	0.040		佃业各半
衢县	上	民治亩捐	0.040	0.040	0.040	0.040	
	下	保卫团亩捐	0.130	0.100	0.030	0.080	
常山	上	保卫团亩捐	0.294	0.282	0.027	0.024	
	上	教育亩捐	0.041	0.040	0.038	0.004	
江山	上	保卫团亩捐	0.309	0.309	0.309	0.309	
遂昌	上	保卫团亩捐	0.200	0.200	0.200	0.200	民二十一年份每亩征收三角
	上	自治亩捐	0.030	0.030	0.030	0.030	

以附税之总计，及亩捐之征收，恐任何一县，皆将超正税之两倍，其负担诚不可谓不重，然而其他公债军差，犹未在内。惜此项数字，未得完全统计，兹就已知者，举其一二，以例其余。如遂昌之高判村，约有田八百亩，凡建设公债，整理旧欠公债，二五库券，均摊派至二百元以上，又若常山之冬字联合村，约有田三百四十亩，而弥补军差捐，应摊五十元，准此以观，则每亩之数，不难冥索而得。

因此再以各县自民元至十八年所缴新税旧欠数额，来表示民力之穷困，和农村经济之枯竭，附表如下。

汤溪(地丁)

年度	本年度征数(两)	历年征起旧欠数(两)	合计(两)	折合银元数
民元年	20738	—	—	37328
民二年	20768	1474	22242	40036
民三年	15903	588	16491	29695
民四年	15891	3212	19103	34385
民五年	17536	2023	19559	35206
民六年	19587	1920	21507	38713
民七年	18335	2651	20986	37775
民八年	18450	3358	21808	39254
民九年	18029	2396	20425	36765
民十年	17171	2614	19785	35613
民十一年	15374	4574	19948	35906

续表

年度	本年度征数(两)	历年征起旧欠数(两)	合计(两)	折合银元数
民十二年	14745	4330	19075	34335
民十三年	16638	5148	21786	39215
民十四年	16232	4012	20244	36439
民十五年	14742	4300	19042	34276
民十六年	17566	7305	24871	44768
民十七年	13543	1237	14780	26604
民十八年	9965	4713	14678	26420

汤溪(抵补金)

年度	本年度征数(担)	历年征起旧欠数(担)	合计(担)	折合银元数
民元年	784	—	—	2352
民二年	897	180	1077	3231
民三年	739	26	765	3773
民四年	737	108	845	4193
民五年	798	101	899	3667
民六年	841	69	910	3662
民七年	788	106	894	3591
民八年	793	138	931	3732
民九年	775	99	874	3498
民十年	738	112	850	3253
民十一年	661	197	858	3278
民十二年	634	186	820	2984
民十三年	715	219	934	3308
民十四年	697	170	867	2977
民十五年	633	180	813	2716
民十六年	755	311	1066	3546
民十七年	582	51	633	2089
民十八年	428	203	631	2082

衢县(地丁)

年度	本年度征数(两)	历年征起旧欠数(两)	合计(两)	折合银元数
民元年	49163	—	—	88493
民二年	50728	3151	53879	96982
民三年	45656	1149	46805	84249
民四年	40977	710	41687	75037
民五年	44579	841	45420	81756
民六年	43940	585	44525	80145
民七年	46651	2693	49344	88819
民八年	45752	2102	47854	86137
民九年	45995	1147	47142	84856
民十年	46036	730	46766	84179
民十一年	48898	2525	51423	92562
民十二年	49954	960	50914	91645
民十三年	49063	190	49253	88655
民十四年	49869	2021	51890	93403
民十五年	50213	931	51144	92059
民十六年	49782	446	50228	90410
民十七年	51292	490	51782	93208
民十八年	49747	183	49930	89874

衢县(抵补金)

年度	本年度征数(担)	历年征起旧欠数(担)	合计(担)	折合银元数
民元年	—	—	—	—
民二年	3387	3432	6819	20457
民三年	3110	121	3231	15913
民四年	2788	48	2836	14176
民五年	3032	56	3088	12408
民六年	2990	39	3029	12127
民七年	3173	182	3355	13431
民八年	3112	134	3246	12996
民九年	3108	76	3184	12736

续表

年度	本年度征数(担)	历年征起旧欠数(担)	合计(担)	折合银元数
民十年	3131	49	3180	12094
民十一年	3327	166	3493	13287
民十二年	3400	66	3466	12495
民十三年	3337	12	3349	11725
民十四年	3392	118	3510	11955
民十五年	3416	58	3474	11482
民十六年	3386	27	3413	11263
民十七年	3492	32	3524	11629
民十八年	3388	12	3400	11220

寿昌(地丁)

年度	本年度征数(两)	历年征起旧欠数(两)	合计(两)	折合银元数
民元年	13807	—	—	24853
民二年	13899	499	14398	25916
民三年	12811	284	13095	23571
民四年	15144	374	15518	27932
民五年	15158	141	15299	27538
民六年	15218	145	15363	27653
民七年	15271	291	15562	28012
民八年	15266	124	15390	27702
民九年	13628	123	13751	24752
民十年	14916	1933	16849	30328
民十一年	15397	491	15888	28598
民十二年	15493	156	15649	28168
民十三年	15529	216	15745	28341
民十四年	15555	61	15616	28109
民十五年	15462	140	15502	27904
民十六年	15455	291	15746	28343
民十七年	15567	20	15587	28057
民十八年	14618	10	14628	26330

附注：抵补全从缺。

遂昌(地丁)

年度	本年度征数(两)	历年征起旧欠数(两)	合计(两)	折合银元数
民元年	—	—	—	—
民二年	—	—	—	—
民三年	13447	1661	15108	27194
民四年	13444	984	14423	25970
民五年	12573	892	13465	24129
民六年	12370	1652	14022	25240
民七年	12085	1821	13906	25031
民八年	12070	1881	13951	25112
民九年	11873	1788	13661	24590
民十年	11311	1738	13049	23488
民十一年	11355	3216	14571	26228
民十二年	11583	2742	14325	25785
民十三年	11344	1640	12934	23371
民十四年	12443	3632	16075	28935
民十五年	11664	1062	12726	22903
民十六年	12382	2884	15266	27480
民十七年	11100	1012	12112	21802
民十八年	10202	1636	11838	21308

遂昌(抵补金)

年度	本年度征数(担)	历年征起旧欠数(担)	合计(担)	折合银元数
民元年	—	—	—	—
民二年	—	—	—	—
民三年	13	0	13	65
民四年	13	0	13	65
民五年	13	0	13	52
民六年	13	0	13	52
民七年	13	0	13	52
民八年	13	0	13	52
民九年	13	0	13	52

续表

年度	本年度征数(担)	历年征起旧欠数(担)	合计(担)	折合银元数
民十年	13	0	13	49
民十一年	14	0	14	63
民十二年	13	0	13	47
民十三年	14	0	11	49
民十四年	13	0	13	44
民十五年	13	0	13	43
民十六年	13	0	13	43
民十七年	13	0	13	43
民十八年	13	0	13	43

常山(地丁)

年度	本年度征数(两)	历年征起旧欠数(两)	合计(两)	折合银元数
民元年	19844	—	—	35719
民二年	21076	1342	22418	40352
民三年	19449	229	19678	35420
民四年	20076	138	20214	36385
民五年	20557	40	20597	37075
民六年	21149	83	21232	38218
民七年	21005	37	21042	37872
民八年	20800	9063	29863	37553
民九年	20639	33	20672	37209
民十年	19850	66	19916	35849
民十一年	20410	117	20527	36949
民十二年	20801	65	20866	37559
民十三年	20421	0	20421	36758
民十四年	21234	484	21718	39093
民十五年	1347	309	1656	2981
民十六年	21185	397	21582	38848
民十七年	20790	87	20877	37579
民十八年	20166	0	20166	36299

常山(抵补金)

年度	本年度征数(担)	历年征起旧欠数(担)	合计(担)	折合银元数
民元年	—	—	—	—
民二年	408	408	816	2448
民三年	383	9	392	1942
民四年	396	2	398	1990
民五年	405	1	406	1625
民六年	417	1	418	1672
民七年	414	0	414	1656
民八年	414	1	415	1660
民九年	407	0	407	1628
民十年	391	1	392	1490
民十一年	403	2	405	1539
民十二年	410	1	411	1480
民十三年	404	0	404	1414
民十四年	417	5	422	1436
民十五年	414	1	415	1370
民十六年	418	2	420	1386
民十七年	410	0	410	1353
民十八年	398	0	398	1313

江山(地丁)

年度	本年度征数(两)	历年征起旧欠数(两)	合计(两)	折合银元数
民元年	33667	—	—	60601
民二年	34401	1897	36298	65336
民三年	34685	1396	36081	64946
民四年	34636	1968	36604	65887
民五年	34863	893	35756	64361
民六年	34624	1745	35811	64460
民七年	34066	931	34997	62995
民八年	34726	1868	36594	65869
民九年	34381	925	35306	63551

续表

年度	本年度征数(两)	历年征起旧欠数(两)	合计(两)	折合银元数
民十年	32776	806	33582	60448
民十一年	33720	3550	37270	67086
民十二年	33718	2626	36344	65419
民十三年	33346	3039	36385	65493
民十四年	34708	3475	38183	68730
民十五年	33788	1201	34989	62980
民十六年	34370	1944	36314	65365
民十七年	34086	1262	35348	63626
民十八年	33655	1700	35355	63639

江山(抵补金)

年度	本年度征数(担)	历年征起旧欠数(担)	合计(担)	折合银元数
民元年	—	—	—	—
民二年	1686	1723	3409	10227
民三年	1747	104	1851	9047
民四年	1739	89	1828	9052
民五年	1749	42	1791	7176
民六年	1741	32	1773	7097
民七年	1719	31	1750	7002
民八年	1739	71	1810	7241
民九年	1725	31	1756	7024
民十年	1653	27	1680	6389
民十一年	1694	150	1844	7021
民十二年	1696	114	1810	6547
民十三年	1685	131	1816	6392
民十四年	1743	145	1888	6449
民十五年	1703	44	1747	5774
民十六年	1724	74	1798	5938
民十七年	1710	48	1758	5802
民十八年	1701	71	1772	5848

东阳县

一、全县概况

东阳是旧金华府属的一县，现在杭州铁路虽未直接经过，但总可算杭江铁路沿线的区域，南与永康，西与义乌，北与诸暨，东北与嵊县、新昌等县相毗连。境内南北有两条大溪，北为东阳江，南为画溪，都发源于南乡的大盆山，自东西流汇合于义乌县界的佛堂镇，为钱塘江南源东派的上游，全县水利交通均赖于此。近年以来，水利失修，上游沙淤壅塞，河身日浅，偶遇急雨山洪。两岸田亩，即遭冲没，常见万顷良田，顿成荒凉沙洲，所以本地俗语甚至说："东阳两条烂肚肠，杀人不用枪。"可见这两条溪水的水利关系的严重了。

全县山地约占百分之八十五，其余都是平原，可以耕种的田亩仅有七十五万亩，山地土壤纯粹是极松脆的黄沙石之混合物，最容易被雨水冲刷，至于平原地土壤是黏土、沙土参半，到还肥沃；惟近山的田亩，因沙土所占的成分较大，还是不容易耕种的。

东阳的气候比较温和，最高为九十八九度，最低为三十度上下。雨量以四五月为最多，而各季则下雨的日子比较少，在温度方面，是很适宜于农作物的。

县境内多山，因之交通方面不甚便利，经济区域的划分，亦不大显著。但是以农作物生产的重心略有不同，可分三个区域：第一区是靠近县城的，地势平坦，土壤肥沃，农作物以稻麦玉蜀黍黄豆等为主要产品，牧畜产业，也颇发达。本区是全县中较为富庶的地方。第二区中，稻、麦、黄豆、玉蜀黍等物，也颇富裕，而湖溪、湖沿、湖庄、黄大坞、后山居几个地方所产的土绸，每年产量约十二万丈，值洋三十万元。不过本地不善育蚕，而制绸所需的原料，多来自诸暨的牌头客，所以不能有很大的利益。第三区是一个山区，气候寒冷，不宜农作，故谷类较少，但木材茶叶药材是本区生产的大宗，每年总值约有四十余万元。至于有名的金华火腿，东阳也是产地之一，所以饲养豚豕是一种很普遍的副业，每年腌肉火腿输出于外地销售的总量约值六十万元。

东阳因山地占百分之八十五的原故，可以耕种的面积便比较狭小，全年不足的粮食约需十二万三千七百五十五石。都由金华、兰溪、义乌、武义、浦江等县供给。外来商品亦侵入得很厉害，例如香烟全年销三十五万元，煤油约销一百一十万四千元，肥田粉约销一万三千四百余箱，值洋三十万元。由上述这些数字中，就不难看出东阳农村衰疲的若干方面。

二、土地分配

东阳全县，前面曾经说过，可以按照经济情形划分为三个区域，我们这次便在这三个不同的经济区域中抽选调查了泰里村、下溪头村、桑梓村、光里湖村、里塘村、马上桥村、三余村、祠堂后村等八村，共三百二十九户。依照每家的经济状况予以分类时，则其中地主只有一户，富农在全数中占不到百分之二，中农也只占百分之六，贫农及雇农最多，占百分之五十九以上，其他类村户竟也有百分之三十二。

东阳八村村户分类表(民二十二年)

类别	户数	对总户数的百分比
地主	1	0.30
富农	6	1.82
中农	20	6.08
贫农及雇农	196	59.50
其他	106	32.50
总计	329	100.00

构成东阳最特殊的一点，便是耕地显然地不够；在农村中其他类的村户之所以有这样多，就是由于这个原因。此外，上表中地主虽仅一户，但实际上在东阳并不是没有大地主的地方，不过地权的分配属性中，祀产最发达，而且所有地主大都居住在城区，纯粹的分村调查中是很难发见的，我们只能从后面的租佃关系中得悉其真相。

村户的情形，五年来无甚变动，只有中农因分家而多一户，贫农因分家多十户，其他因分家多十四户。

(一) 土地所有

东阳全县中的耕地，据民国二十一年国民政府主计局所统计，田亩总数为六十三万三千亩；据东阳县政府农田的统计为七十五万亩；又据魏颂唐君所编《民国二十一年浙江田赋一览表》中所载，东阳田类亩额为五十三万零七百二十四亩，地类亩额为十九万四千六百三十九亩，山类亩额为三十四万五千二百八十三亩，荡类亩额为五万五千六百一十六亩，田、地、山、荡四类亩额总计一百壹拾贰万六千二百六十二亩；而据东阳县政府粮册上的记载，称全县粮额共有一百零三万三千二百五十四亩；又民国十九年东阳土地陈报的结果，各类土地亩数统计为一百二十六万三千二百一十亩，内耕地仅七十八万一千一百八十九亩。上述各种统计，数字互有出入，但一般说来，东阳耕地约在七十八万亩上下。东阳人口的统计，总户数为十一万七千八百八十户；总人口为四十八万七千一百零二人。如将七十八万亩平均分配时，以户数计，则每户平均可得六亩七分，以人数计，则平均每人可得一亩六分。

实际上情形当然不是这样，在我们这次所调查的八村中，其所有田亩总数仅三百一十三亩三分六厘，而各类村户所有田亩的百分率，地主为百分之一三·七二；富农为百分之一八·四二；中农为百分之一六·五；贫农和雇农为百分之四二·〇九；其他村户为百分之九·二七。

东阳八村各类村户所有田亩分配表(A)(民二十二年)

类别	所有田亩数	对总亩数的百分比
地主	43	13.72
富农	57.7	18.42
中农	51.7	16.50
贫农及雇农	131.91	42.09
其他	29.05	9.27
总计	313.36	105.00

此种统计不分村别而综合观之，似乎东阳土地问题是一般的受着耕地面积狭小的限制，而土地分配并不见有过于不平均之弊，不过我们如将所调查的村子一个个的单独来观察，那么土地分配不均病征就露骨地表现出来了。例如泰里村全村计户三十七家，人口有一百三十三人，都是贫农、雇农及其他村户，连一个中农、富农都找不出来，而这群穷苦民众连立锥之地都没有，几乎是个佃农村，这不是很悲惨的事情吗？又如下溪头桑梓也是地主、富农、中农都没有，全是贫农、雇农和其他村户，其所有田亩总面积仅三十四亩，贫农和雇农所有的田亩占百分之九九·九七，在表面看来，似乎土地分配很平均了，其实这正反映土地分配的不均，而整个的农村都沦于贫农和雇农，不过地主和富农住在外村而没有调查罢了。我们拿本村各类村户农田之租出与租进的情形来一看，贫农和雇农所租进的田亩占使用田亩数百分之七九·三，就可以知道内涵的真实性了。再若马上桥村，地主以户数百分之一·九，而所有土地竟占百分之五一·八一，反之，贫农及雇农户数占百分之五十四，而所有田亩数仅占百分之四·二一，其土地分配之金字塔式的集中化也算尖锐了。

这情形，还应当和各类村户户数连起来看，则立刻便可发见，占所有田亩百分之十三以上的地主在村户总数中实仅占百分之〇·三；贫农及雇农虽在所有田亩中占百分之四十二，但他们是村户中的大多数。

东阳八村各类村户所有田亩分配表(B)(民二十二年)

类别	村户百分比	所有田亩百分比
地主	0.30	13.72
富农	1.82	18.42
中农	6.08	16.60
贫农及雇农	59.50	42.09
其他	32.30	9.27
总计	100.00	100.00

近溯五年来的情形时，不见有什么大的变动，只有富农在村户中的百分比相对地减少了，而他的所有田亩的百分比，都相对的增加了；此外，其他类村户也有相对的扩大。

东阳八村民十七与民二十二各类村户所有田亩分配情形比较表

类别	户数百分比			所有田亩百分比		
	民十七年	民二十二年	增减	民十七年	民二十二年	增减
地主	0.32	0.30	－0.02	14.15	13.72	－0.43
富农	1.90	1.82	－0.03	17.71	18.42	＋0.71
中农	6.10	6.08	－0.02	16.94	16.50	－0.44
贫农及雇农	61.60	59.50	－2.1	42.25	42,09	－0.16
其他	30.08	32.30	＋2.22	8.95	9.27	＋0.32

以上所说的是以各村户类别为单位来观察各类村户的全群占有田亩之百分率，因之可以明白农村里面社会层分化的情形是怎样，然而这还必须再从各类村户平均每户田亩数及每人平均田亩数中加以说明。

东阳八村各类村户每户及每人平均所有田亩表(民二十二年)

类别	户数	人口数	所有田亩数	每户平均亩数	每人平均亩数
地主	1	11	43.00	43.00	3.918
富农	6	47	57.70	9.616	1.227
中农	20	110	51.70	2.585	0.470
贫农及雇农	196	834	131.91	0.673	0.158
其他	106	345	29.05	0.274	0.084
总平均	329	1347	313.36	0.952	0.232

综观上表，以户计，平均地主每户所有田亩为四十三亩；富农为九亩六分一厘；中农为二亩五分八厘；贫农及雇农为六分七厘，其他村户为二分七厘。若以人计，则地主每人约有三亩九分一厘；富农约为一亩二分二厘；中农约为四分七厘；贫农和雇农约为一分五厘；其他村户约为八厘。我们知道东阳土地面积与人口的比例，平均每户可得八亩，每人可得二亩，现在所调查的结果，最多的地主平均每人也只有三亩，最少的贫农、雇农和其他村户平均每人仅有田亩八厘上下，这是如何可惊异的事情呀！同时由这方面耕地极度稀少的事实，固可得以明白地看出，同时有较大的地主的存在，亦可以反证出来。

如其再将各类村户所有田亩的阶段分布情形来观察，则可以说百分之六十以上的农民全是贫无立锥之地的赤贫者，因为这样的人家贫农中将近百分之六十，中农中也有百分之三十；至于富农虽亦有百分之三十三，但系另一意义。其次，所有田亩由一分至五亩者，中农中有百分之五十五，贫农中有百分之三十九以上。而其分布情形中最堪注意的一点，就是中农及贫农等的所有田亩没有超过十亩的，富农也只到三十亩为止，东阳农村中地权分配的零星情形，由此可知一斑了。

东阳八村各类村户所有田亩阶段分布表(民二十二年)

田亩阶段	地主		富农		中农		贫农及雇农		其他	
	户数	对总户数的%	户数	对总户数的%	户数	对总户数的%	户数	对总户数的%	户数	对总户数的%
0			2	33.33	6	30.00	117	59.65	82	77.36
0.1—4.99					11	55.00	77	39.28	24	22.64
5—9.99			2	33.33	3	15.00	2	1.07		
10—19.99			1	16.67						
20—29.99			1	16.67						
30—39.99										
40—49.99	1	100								
总计	1	100	6	100	20	100	196	100	106	100

五年以来，分布情形，地主与富农都无变动，中农与贫农显然在相对的降落地位，因为一分至五亩的阶段中，他们分布的户数都减低，而无土地一阶段中的却相对地见增高。

东阳八村民十七与民二十二所有田亩分布阶段变动表

田亩阶段	地主			富农			中农			贫农及雇农		
	户数百分比			户数百分比			户数百分比			户数百分比		
	民十七	民二十二	增减	民十七	民二十二	增减	民十七	民二十二	增减	民十七	民二十二	增减
0				33.33	33.33	—	26.31	30.00	+3.69	59.14	59.69	+0.55
0.1—4.99							57.90	55.00	—2.90	39.79	39.28	—0.51
5—9.99				33.33	33.33	—	15.79	15.00	—0.79	1.07	1.03	—0.04
10—19.99				16.67	16.67	—						
20—29.99				16.67	16.67	—						
30—39.99												
40—49.99	100.00	100.00										
总计	100.00	100.00	—	100.00	100.00	—	100.00	100.00	—	100.00	100.00	—

(二) 田产转移

在前面我们曾经说过中国农村中是靠土地这部机器为生产的主干。因此，由土地移转的滞速中，可以测得农村经济的盈衰，由土地价格的涨落中，可以知农村金融的枯润。

拿东阳的五年间情形来看，则各类村户间田产不见有显著的移转，而土地价格则有相当的跌落。土地渐渐集中在少数人手里，固然是农村的病态，但不能反过来便说田产没有移转便是正常，而有时正是更病态的表现。不过东阳同时还有一种特殊的原因，更使土地的转移不易实现；因为东阳是宗法社会的典型，家族思想最浓厚，因此每值富有之家，要分家的时候，都要提拨一部分为春祀秋祭追念祖宗之常产，即本地人所谓“公常田”。这种“公常田”在东阳各村落是很多的。所以东阳各类村户自有的田亩很少，而贫农很多就是这个道理；同时东阳土地不大流通化，和这种特殊的社会制度，是有密切关系的。

东阳农村中田产移转的情形，就我们这次所调查的八村来看，则共买进的田地只十四亩，典进的田亩更少，只有三亩；而卖出、典出两项，也仅有六亩多，这些数字真是小得可怜。我们进一步要问为什么东阳的土地流转这样的呆滞呢？其中有几个原因：（一）就是上面说过的，东阳是一个宗法关系很强的社会，有大部分土地是为一族一宗或一房所共有，这些公有土地是为追念祖先而提拨出来的，如果有不肖子孙而卖公产是很不名誉的事情，同时以所有权与同族同宗同房的人相关连。即欲出卖，而互相牵制，所有土地转移行为不易实现，此为土地不流动化的一个主因。（二）农村金融枯竭，大家都在闹着不景气，没有余力来购买土地，同时贫苦的农民差不多是赤贫者，根本没有土地出卖。有此二因，无怪田产转移的事实是很少的。

东阳八村各类村户民十七与民二十二所有田亩增减表

类别	民十七	民二十二	增减原因						
			卖出	买进	典出	典进	赎出	赎回	其他
地主	43	43							
富农	53.8	57.7	2	2.9		3			
中农	51.5	51.7	0.8	4.5					因分家分去 3.5 亩
贫农及雇农	12.41	131.91		23	0.8				因分家转入 2 亩
其他	27.2	29.05	1.25	4.3	1.2				
总计	303.91	313.36	4.05	14	2.0	3			

至于田产转移在乡村有三种不同的方式：（一）抵押。（二）典当。（三）买卖。现在将这三种方式依据当地的习惯作简单的说明于下：

抵押：因为在乡村中最主要的财产，就是土地，所以农民遇到自己经济拮据，向人举债的时候，债权人必定要求抵押品为债权的保障，才肯放心借款于债务人，而农民没有旁的财产可以做抵押品，只有将自有田单交给债权人作为借款的担保品了。严格说来，这种以田契抵押，不是一种物权的移转，而是一种债权的保证品而已。因为田地抵押借款成立后，那块作抵押的田地还是归债务人去耕种管业，债权人除在债务人没有还清债务以前，按期收取利息，对于那块作抵押的田地要负暂时监视的义务，如果债务人将已抵押田地另行典卖或抵借于第三人，那债权人随时有干涉之权。倘使债务人到期后，尚不能履行契约上所规定的义务，照普通情形是债权人得没收该田，直接执契管理田地，抵押的特质是收取利息，而不是收租，这是与典当根本不同的地方。同时田地抵押不要过粮，仍由债务人向官纳粮。说到抵押的手续，在东阳普通习惯都要书立契据，另附田单作抵。兹将抵田格式抄录如下：

立抵田契某某某今因要钱正用情愿央中将自己祖遗水田一则，计若干亩若干分坐落某字圩，凭中出抵与某某名下为抵，时值抵洋若干元正，当时一并交足，言定每月每元若干分若干厘，按月起息，不准拖欠分文，言定于某年某月回赎，如到期不赎，任凭受抵人将抵田过粮过户，出卖，耕种，永不反悔，恐后无凭，立此抵田契为据。

年　　月　　日立抵田契人○○○押

中人○○○押

至于每亩所能抵押款项多少，各地情形不同，而价格也有高下，兹将所调查所得，关于这方面的材料，列表于下：

东阳八村民十七与民二十二两年每亩地抵押价格表(单位:元)

村名	泰里		下溪头		桑梓		光里湖		里塘		马上桥		三余		祠堂后	
年份	民十七	民二十二	民十七	民二十二	民十七	民二十二	民十七	民二十二	民十七	民二十二	民十七	民二十二	民十七	民二十二	民十七	民二十二
最高	100	80	120	100	40	20	70	60	100	80	100	80	50	40	120	100
最低	40	32	80	60	20	10	40	22	60	40	60	40	30	20	70	60
普通	60	48	100	80	30	15	55	45	80	60	80	60	40	32	90	80
与地价之比例	35%	25%	50%	50%	35%	22%	50%	45%	42%	42%	53%	50%	27%	29%	50%	53%

典当：典当在东阳就是叫做活卖，系田产转移中一种最普通的方式。因为农民受着经济的压迫，常把自己田地典当出去，以为剜肉医疮的办法。同时典当也有两种不同的方式，有的田地典出后，还可由典人耕种，不过按期向受典人缴纳田赋而已，例如马上桥、光里湖两个村落，所谓典田就是这样。有的将田典出后，须由受典人自由处理，或自己或另招人承耕，都不一定专由出典人耕种。就像下溪头、桑梓、祠堂后、里塘、三余、泰里，这几个村落，习惯上的典田制度，就是这种情形。这种制度的优点，就是典出后，还保有取赎权，到经济较好的时候，可以备价回赎，不致一下就完全失掉其土地了。不过现在农村经济是走入没落的险途，贫苦的农民哪里有钱来回赎呢？所以这种希望也只是镜花水月可望而不可即了。可是典田制度还有一个最大缺点，即是粮不过户，仍由出典人向官纳粮，受典人是很占便宜。因为现在各县的田赋，都年复一年的在那里增加，而受典人没有一点负担，完全把担负租税的义务推在出典人肩上，是很不合理的。因此飞洒诡寄之事常有。所以各县田赋弄成有田无粮，有粮无田的纷乱现象，典田不过粮，也是其中一个重要的原因。至典田的手续都是央中书立契据，其格式抄录如下：

立卖契某某某今因要钱正用，情愿将祖遗水田若干亩若干分，坐落某坊某处某方，东至某处，西至某处，南至某处，北至某处，以上四至明白，凭中召到某某名下承买为业，三面言定，当时值卖价银若干元正。自卖之后，任凭买主管业，决无异词。此系正项交易，并无瞒昧重叠等情，倘有内外人言称不明，卖主自理，无涉买主之事，两相情愿，各无翻悔，言定不拘年分，可照原价回赎，恐口无凭，立此卖契为据。

年　　月　　日

立卖契○○○押

中人○○○押

代书○○○押

现再将各村典当每亩之价格，列表于后：

东阳八村民十七与民二十二两年每亩地典当价格表(单位:元)

村名	泰里		下溪头		桑梓		光里湖		里塘		马上桥		三余		祠堂后	
年份	民十七	民二十二	民十七	民二十二	民十七	民二十二	民十七	民二十二	民十七	民二十二	民十七	民二十二	民十七	民二十二	民十七	民二十二
最高	200	150	150	120	80	60	80	60	200	140	120	100	160	120	170	150
最低	120	90	100	80	40	30	50	25	120	90	80	60	80	50	90	80
普通	160	120	120	100	60	45	65	50	170	120	100	80	120	80	140	120
与地价之比例	70%	70%	75%	75%	75%	75%	70%	70%	90%	90%	60%	60%	75%	75%	70%	70%

买卖：买卖是田产转移最后的方式，即普通所谓卖绝契是也，这种买卖契约与典当契约在手续上并没有什么不同，然而就法律效果说，就大有区别。前者是土地卖出之后，一去不复返，后者系保有赎取权，日后还有物归原主的可能，所以卖绝契约的订立，是比较少数。同时卖买之先，据我们的调查有四分之三，是经过典当这一步手续的。由这点看来，可知现在农村经济日趋于崩溃破产之末路，而典出的田亩，大部分没有力量去回赎，只有找价杜绝以救目前的急需罢了，兹觅得卖绝契格式一份抄录如下：

立杜绝卖田契某某某今因要钱正用，情愿将祖遗某某户名下，共田若干亩若干分正，坐落某处，东至某处为界，西至某处为界，南至某处为界，北至某处为界。以上四至明白，凭中召到某某名下承买为业，当时三面言定时值卖价银若干元正，自卖之后，任凭买主过户管业纳粮拔赋，决无异词，其洋当中如数交讫，不少分文。日后有亲属人等阻说，卖主自行理直，不干买主之事，此系两相情愿，各无反悔。恐后无凭，立此杜绝卖契永远为据。

年　　月　　日

立杜绝卖契○○○押

中人○○○押

代书○○○押

以上卖绝契的文字语句，和典当大略相同，只是末尾没有附说保留取赎权及粮要过户，由卖主自己负担纳税的义务罢了。同时这两种田产转移的根本不同，就在这个地方。兹将各村卖买田亩价格列表于下：

东阳八村民十七与民二十二两年每亩地买卖价格表(单位:元)

村名	泰里		下溪头		桑梓		光里湖		里塘		马上桥		三余		祠堂后	
年份	民十七	民二十二	民十七	民二十二	民十七	民二十二	民十七	民二十二	民十七	民二十二	民十七	民二十二	民十七	民二十二	民十七	民二十二
最高	250	200	240	200	100	80	120	110	220	160	180	160	180	140	240	200
最低	150	120	160	120	70	60	87	80	130	100	120	100	120	90	130	100
普通	200	160	200	160	80	70	110	100	190	140	15	120	150	110	180	150

自然，东阳农村中这五年间的地价有显著的跌落，典当价格现在较十七年时跌落四分之一，买卖价格跌落五分之一，这原因是和一般的相同。

东阳八村民十七与民二十二土地抵押典当买卖平均价格表

价格类别	抵押			典当			买卖		
年份	民十七	民二十二	指数	民十七	民二十二	指数	民十七	民二十二	指数
最高	87.5	70	80	145	112.5	78	187.5	156.2	83
最低	50	35.5	71	85	63.1	74	120.8	96.2	80
普通	66.8	52.5	79	116.8	89.3	76	157.5	126.2	80

指数民十七为100

此外还有一点是值得注意的，就是东阳的土地价格特别高，这有一部分当然是由于土质肥沃，生产力大，地价因之昂贵。可是还有社会关系的存在，因为东阳有人满之患，每年出外工作者，总在十万上下，可见东阳地价昂贵，是人口稠密的结果。因此东阳虽受着上述各种的影响，而土地价格低落，还不算最剧烈，完全是因人口稠密，及交通不便，洋米不易输入的关系，否则土地价格更要下落了。

(三) 土地使用

东阳农村中的地权分配不平均及耕地缺少的结果，最在土地使用上表现得清楚，一种劳动与土地配置的不适当，在富农中农贫农各阶层中，都严重的呈现出来。富农每户平均使用田亩仅十三亩余，每参加田间工作者的平均数仅七亩余，中农则每户九亩余，每人七亩余，贫农则每户三亩余，每人亦三亩余。

东阳八村各类村户每户平均使用田亩表(民二十二年)

类别	户数	使用田亩数	每户平均使用田亩数
地主	1	24.500	24.500
富农	6	79.000	13.150
中农	20	199.400	9.970
贫农及雇农	169	712.415	3.634
其他	106	137.500	1.300

东阳八村各类村户参加田间工作者每人平均使用田亩数表(民二十二年)

类别	参加田间工作人数	使用田亩数	每人平均使用田亩数
地主	1	24.500	24.500
富农	10	79.000	7.900
中农	26	199.400	7.670
贫农及雇农	207	712.415	3.439
其他	25	137.500	5.500

这就是说，东阳大多数的农民不但自己没有土地，连租人家的土地来使用，以容纳过剩的劳力，也不容易，这是何等悲惨的事啊！因为如以贫农雇农平均每家只耕三亩左右的土地来论，我们晓得每亩田的全收获量大概是三担，三亩田最多也不过九担稻子，普通除了缴纳田主租额和种子肥料等费用要发去三分之二外，剩下来的只有三担，叫他们如何过活呢？同时由他们使用田亩的狭小，更可知道大多数农民的痛苦，非是自甘堕落而不肯做事，实是无事可做，而陷于半失业的火坑里，不能自救了，至于各类村户使用田亩的多寡和其经济地位有密切关系。因为耕种田亩决不是赤手空拳所能干的事，总多少要有相当资本——农具耕畜种子肥料等，才好去办。此外我们这次在东阳所调查的八个村落，分类综合来观察，无论是以户数为标准，或以参加田间工作者平均来计算，地主富农使用田亩最多，中农次之，贫农、雇农和其他村户最少，但是其他村户就参加田间工作者而言，平均使用田亩反较贫农、雇农为多，这是要加以说明的。因为其他村户的主要经济来源，不是农业生产，而是农业以外的收入，因此他们实际参加田间工作的人数，就上表的统计而言，其他村户总共有一百零六户，而参加田间工作的人，只二十四人，若以户数来计算，则使用田亩平均数为最少。如以参加田间工作人数来计算，则较贫农雇农为高，在表面上看来，似为反常的现象，其实这正是表示他们和农业的关系的疏淡。

这使用的平均亩数，如果拿五年前的情形来比较时，则除地主及其他两类村户外，在真正农业生产者方面的，都显然地在减退，这更充分地说明了东阳农村中土地与劳力间的矛盾，及其严重的程度。

东阳八村各类村户民十七与民二十二参加田间工作者每人平均使用田亩增减表

类别	每人平均使用田亩数		指数	
	民十七年	民二十二年	民十七年	民二十二年
地主	24.500	24.500	100	100
富农	13.150	7.900	100	60.08
中农	9.300	7.670	100	82.04
贫农及雇农	3.478	3.439	100	98.88
其他	5.022	5.500	100	109.52

东阳八村各类村户民十七与民二十二每户平均使用田亩增减表

类别	每人平均使用田亩数		指数	
	民十七年	民二十二年	民十七年	民二十二年
地主	24.500	24.500	100	100
富农	15.350	13.150	100	85.67
中农	10.770	9.970	100	92.57
贫农及雇农	3.796	3.634	100	95.73
其他	1.310	1.300	100	99.24

至于各类村户自身间的使用田亩分布阶段，富农六户分散在五亩至三十亩之间，中农二十户则在一分至二十亩之间，贫农及雇农一百九十六户，其中有一百四十一户在五亩以下。

东阳八村各类村户使用田亩各阶段分布表(民二十二年)

田亩阶段	地主		富农		中农		贫农及雇农	
	户数	对总户数的%	户数	对总户数的%	户数	对总户数的%	户数	对总户数的%
0							3	1.53
0.1—4.99					2	10	141	71.94
5—9.99			2	33.33	8	40	45	22.96
10—19.99			3	50.00	10	50	7	3.57
20—29.99	1	100	1	16.67				
总计	1	100	6	100.00	20	100	196	100

就五年间的情形看来，则富农中农贫农的使用田亩阶段都在相对的缩小，如富农在二十至三十亩一阶段者缩小一半，而在五亩至十亩之间者增加一半，中农及贫农都是同样的情形，这实在是东阳农业生产的前途的最大障碍。

东阳八村各类村户使用田亩阶段变动表

田亩阶段	地主（户数百分比）			富农（户数百分比）			中农（户数百分比）			贫农及雇农（户数百分比）		
	民十七	民二十二	增减	民十七	民二十二	增减	民十七	民二十二	增减	民十七	民二十二	增减
0										2.15	1.53	—0.62
0.1—4.99							5.26	10	+4.74	69.89	71.94	+2.05
5—9.99				16.67	33.33	+16.66	31.58	40	+8.42	23.12	22.96	—0.16
10—19.99				50.00	50.00	—	63.16	50	—13.16	4.84	3.57	—1.27
20—29.99	100	100	—	33.33	16.76	—16.66						
总计	100	100	—	100.00	100.00	—	100.00	100.00	—	100.00	100.00	—

自然，这情形虽各村大致相同，但是其程度略有差异，例如泰里、桑梓二村为最苦，最多的耕种田亩平均每户也不过二亩有奇，少的平均每户只有四分多一点。马上桥、三余虽是比较好一些的地方，然而地主和富农自己使用的田亩，也平均仅在十三亩至三十四亩之间。

使用田亩的平均数既是这样的微小，则经营的农场自然也同样都只在极细碎的阶段中。在我们所调查的八村二百多户人家中，竟无一家的使用田亩在三十亩以上，东阳农业经营的在停滞的状态中，即此一端，可见全部了。

所以如其根据使用田亩阶段的分布而总括的来看时，则全体村户中使用田亩一分至五亩的户数为最多，占百分之六六·一五，五至九亩九分者次之，占百分之一八，十至十九亩九分者就比较少，仅占百分之六·一，而使用田亩二十至二十九亩九分者更少，只是百分之〇·六了，同时自己没有土地而不使用土地者也占百分之九·一五的户数。本来改善农民生活的最高理想，是“要耕者有其田”，现在东阳则有许多农民要农民“有得耕”而不可得。就是侥幸得有使用田亩的机会，也多是耕地太少，劳力过剩。大有“英雄无用武之地”之叹。

在这样的土地使用之下，东阳农村中每年有许多人出外工作，但其情形各类村户间并不一样。地主以经济地位较好，可坐在家中收取地租过活，或自己耕种一部分的田地以维持一家的生活，所以用不着出外工作。富农中农系小康之家，可自耕自田以自食其力，因此出外工作者也还少。惟有贫农雇农自己既没有多少土地，同时又不容易租到田亩，逼着无法只得一部分人渐渐离开乡土向外觅食了。因此贫农和雇农的出外工作人数占其有工作能力者百分之二八·三六，正是表显这种趋势，至若其他村户大部分是因没有土地，必须离开农村，另谋生路，其出外工作人数自然最多，这是必然的现象。可是近年以来，都市工商凋敝，特别如绸织业之在浙江，失业人数增加，怎能容纳由农村中挤出的准工人呢？所以拿现在与民十七年比较，现在出外工作人数较民十七年时较少。所以这种出外工作人数减退的现象，并不是农村经济复苏的征兆，而是都市工商萧条的恶果。

现在将中农及贫农两类农村中的出外工作人数列表如下，并将两年作一比较：

东阳八村中农及贫农出外工作人数增减表

村户类别	民十七年			民二十二年			百分比的增减
	有工作能力人数	出外工作人数	百分比	有工作能力人数	出外工作人数	百分比	
中农	53	1	0.58	66	1	0.53	−0.05
贫农及雇农	497	56	32.18	495	−53	28.04	−4.14

（四）租佃关系

东阳农村中租佃关系占着主要的地位，就这次所调查得的农户来看，则富农六户中，有两户是自耕田，两户是半自耕田，两户是佃农；中农二十户中，有两户是自耕农，十二户是半自耕农，六户是佃农；贫农一百八十六户中，除一户仅出租极少数的土地外，有十户是自耕农，六十五户是半自耕农，一百一十户是佃农。

东阳八村各类村户性质对照表

村户类别	富农		中农		贫农	
	户数	百分数	户数	百分数	户数	百分数
自耕农	2	33.3	2	10.00	10	5.41
半自耕农	2	33.3	12	60.00	65	35.13
佃农	2	33.3	6	30.00	110	59.46
总计	6	100.00	20	100.00	185	100.00

租佃关系的本质，就是土地所有和土地使用的矛盾，换言之，即有土地者不使用，而使用土地者没有土地，因之发生剥削关系出来，租佃制度，就是此种关系的形态。如东阳农村中中农贫农租进田亩竟占使用田亩数百分之八十以上，就是富农租进的田亩也占使用田亩数百分之三十左右，反之，地主租出的田亩占所有田亩数百分之四三·〇二。这是十足表现土地所有与土地使用的矛盾状态，并且此种矛盾的存在，不仅是对于大部分无土地的农民构成一种残酷的剥削，同时对于农业生产的发展也给予很大的障碍。因为这种不合理的生产关系中，佃农要拿出大部分的收入，以地租的形式而分配于不劳而获的地主，而这笔资金本来可用为再生产扩大的基础的。

东阳八村各类村户农田之租出与租进表(民二十二年)

村户类别	所有田亩数	使用田亩数	租出		租进	
			田亩数	对所有田亩之%	田亩数	对使用田亩之%
地主	43	24.5	18.5	43.02		
富农	57.7	79	3	5.19	24.3	30.76
中农	51.7	199.4			147.7	74.07
贫农及雇农	131.91	712.415			581.005	81.55
其他	29.05	137.5			108.45	78.87
总计	313.36	1252.815	21.5	6.86	860.955	68.72

以上所说的就租佃关系作一个概括的观察，现在进而研究东阳租佃制度的实际状况，则对于本问题之认识当更为明晰，兹将调查所得，分述于下：

1. 缴纳地租的种类

东阳的纳租制度可分三种：（一）钱租。（二）谷租。（三）分租。试将各类田租所占成数列表于下：

东阳八村各类田租所占成数比较表

村名	钱租	谷租	分租
泰里	6%	94%	
下溪头		100%	
桑梓	5%	95%	
光里湖	10%	80%	10%
里塘	50%	50%	
马上桥	70%	25%	5%
三余	40%	60%	
祠堂后	40%	60%	

在东阳，谷租为最普通，平均约占百分之八十左右，这是因为东阳农村还带若干自给自足的自然经济的性质，以实物支付田租较为方便，而钱租则必须先以农作物交换货币，这对于佃农是不利的：因为一方面还要担负粮食价格涨落的危险，所以不如直截了当缴纳谷租为妥善，这谷租普通钱租很少的一个重要原因，不过这情形并不是各村一律，如马上桥、三余和祠堂后三村，便有半数佃租是用钱租的。分租本为谷租的一种，不过前者所纳田租是以收获量为标准，租额多少是没有一定的。在东阳这种分租平常时很少见，只有碰着水旱成灾，农产歉收的时候，佃户请田主来勘田，到收获时斟酌分租。

2. 租额的高下

在租佃关系底下，佃户每年应按照契约向地主缴纳定额地租，所以地租的多少，不但是佃业双方利害冲突的焦点，同时也是改善农民生活所必须考虑的一个目标，兹将东阳所调查八村的租额分钱租、谷租各列表于下：

东阳县七村钱租租额表

村名	每亩所纳租额			
	最高(元)	最低(元)	普通(元)	普通租额对田价的%
泰里	6	3	5	4.16
桑梓	6	3	5	7.14
光里湖	8	3	7	7
里塘	12	6	10	7.14
马上桥	10	6	8	6.66
三余	8	5	6.5	5.99
祠堂后	10	5	8	5.33

先就钱租来说，普通租额对田价的百分比，多的也不过占地价百分之七・一四，低的仅占百分之四・一六。平均占百分之五・七八。在表面看来，田租似乎很低，其实这是因为东阳耕地面积狭，人口稠密，土地供不应求，而造成土地价格特别昂贵的现象，因此田租对地价的百

分数变为很低了。不过就地价来比较租额的多寡，只能看出地主方面投资利益的大小，而不能衡量佃户所出租额的高下，所以还要看全收获究有多少，然后来决定田租的高下，才是真确的。现在再看谷租租额表，就可明白。

东阳县八村谷租租额表

村名	全收获量（斤）	普通所纳租额			
		最高（斤）	最低（斤）	普通（斤）	普通租额对收获量%
泰里	270	130	90	110	40.74
下溪头	300	120	90	110	36.66
桑梓	210	120	90	100	47.61
光里湖	250	110	80	95	38
里塘	400	200	160	180	45
马上桥	340	180	140	160	47.06
三余	280	160	90	120	42.85
祠堂后	420	220	110	170	40.47

细按上表，东阳的田租有的多至占全收获量的百分之四七·六一，少的也占全收获量的百分之三六·六六。平均是占百分之四二·二九，实不可谓不高。这还是就公常田的租额而言，至于那些恃强凌人的凶恶地主，所收的田租还要高得多，则佃户所受的剥削更为厉害了。

至于租田的期限，是没有一定的。在普通场合，是不欠租，不撤佃，但有时地主要退耕时仍可以种种理由而随时撤佃，这在佃户方面还仍未到达能享受法定保障的程度。

3. 租田的手续

在东阳，佃户向地主租田耕种，如缴钱租大多数只凭口头约定，而不必立正式租约，谷租则普通须央中向地主介绍，议定之后，即立租约，至于租约的内容是很简单，只载明租额，纳租期限和田亩面积、坐落等项而已。因为钱租多系预缴，在地主方面当没有拖欠田租的危险，所以无须藉租约以为控制佃户的凭证。而谷租要在收获后才能缴纳，因此地主为保障自己利益起见，要央中订立租约，才肯租田，同时口头说定的租约，因不受拘束，对于地主是很占便宜的，而且还可以随意而撤田。东阳因为耕地稀少，地主都是利用他们的优越地位，来剥削佃户，所以在租佃关系上的种种条件都是对于他们是有利的。

4. 地主额外的剥削

佃户除上述田租外，还要受地主种种的敲诈勒索，在东阳各处还有什么“田婆鸡”“田主马食谷”等名目，这些额外物品的勒索，大概以租额的多少为标准。例如泰里村每亩缴田婆鸡四两，桑梓村每十斤租谷缴田婆鸡一两，里塘村每两亩田送田婆鸡一只，这些陋规都是十足表现地主对于佃户的贪得无厌，同时也可说是封建社会的领主对于佃奴随意征发物品的一点遗迹。

在东阳，还有押租的恶例，对于佃户又要增加一重负担。我们所调查的八个村落中；有四个村落，如下溪头、桑梓、光里湖、马上桥，佃户向田主租田时，都须缴纳押租，少的每亩缴押租四元，多的竟缴押租四十元。试问穷苦的农民哪里有如许的金钱来付押租呢？结果只有借贷之一途，不过穷人借钱利息又是特别高，所以佃户一方面受高额地租的敲诈，一方面又受高利贷的剥削。

二五减祖的办法，实际在东阳还是白纸写的黑字，效果很少。

三、政治方面

（一）乡村政治

东阳自汉置县，历随唐而后定。从前自治区域，共十四区，其名称为城区、西部、甘泉、升苏、孝德、宁寿、玉山、斯孝、怀陋、仁寿、兴贤、孝顺、乘骢、瑞山等十四乡。自村里会成立，以经费缺乏，划分八区，有村二千一百九十三，民十九年改编乡镇公所，计有乡镇四百零七。

八个区公所，尽属五等区，年支经费一千二百元，在田赋项下带征，由县政府拨发，实际每月仅领到二十元，故工作停顿，景象萧瑟，时有断餐之虞。而主要的工作，即为筹划经费，于是有自治户捐之征收，又恐人民蒙蔽，以多报少，故奖励人民告密举发各人私产之多寡，所挟嫌积怨者，匿名谎报，而区公所即根据是项标准而征收之，人民未受自治之益，先蒙其累。再东阳面积广袤，距县甚远，人民有事，辄向区公所诉告，于是区公所俨然衙门，每件收状费一角，村中土乡绅之请托接洽撰状等事，即在区中行之，故虽仅月领二十元，而区长及职员之费用绰有余裕。

各种自治事业之进行，固在省政府同一领导之下，其所应办之事，自与他县一律。例如在第六区调查时所得的工作报告，计有十二项：（1）复查户口。（2）编钉门牌。（3）编练保卫团。（4）筹办积谷。（5）征工筑路。（6）劝募各种捐款。（7）查禁红丸烟毒。（8）修筑溪堤。（9）办理人事登记。（10）促办合作事业。（11）募款建筑区公所房屋。（12）其他县政府委办事项。固然条举目张，亦颇堂哉皇也，以为区公所确能策进自治工作，增加建设效能，但实际却并不如此，如第三区区长李士杰所填的报告“因县政府不肯负责筹措经费，所做者均是县府办事件，实无暇顾及自治事务”。据我们调查的结果，东阳自治确是如是情形。而四区处深山之中，更属形同化外。

警力甚薄。全县仅有长警七十七名，枪械一百零六枝，不能用者，居其半数，遍播全县则力弱，集中数处则不周，现设三分局及一派出所，幸有基干队一百四十四名，枪亦称是，分驻各处，以资守卫。各甲常备队团丁二千六百五十名，枪九十九枝，但不能召集，仅有其名，果认真编练，岂仅此数而已。

（二）田赋

东阳田赋，逐年增加，以税而言，如未过巨，然以税率而言，则已超正税两倍，兹将民二十一、民二十二年两年税率录附于下，人民负担之有增无已。

税目	年别	正税	附税	合计	亩数
会田	民二十一	0.225	0.432	0.657	7491
	民二十二	0.225	0.499	0.724	
官田	民二十一	0.220	0.422	0.642	30837
	民二十二	0.220	0.487	0.707	
伍田	民二十一	0.152	0.292	0.444	181603
	民二十二	0.152	0.337	0.489	
正田	民二十一	0.149	0.286	0.435	122945
	民二十二	0.149	0.330	0.479	
从田	民二十一	0.128	0.246	0.374	87133
	民二十二	0.128	0.283	0.411	
瑞田	民二十一	0.123	0.236	0.359	22905
	民二十二	0.123	0.271	0.394	
永田	民二十一	0.099	0.191	0.290	34718
	民二十二	0.099	0.220	0.319	
巫田	民二十一	0.086	0.165	0.251	43092
	民二十二	0.086	0.190	0.276	
官地	民二十一	0.078	0.151	0.229	3355
	民二十二	0.078	0.174	0.252	
民地	民二十一	0.037	0.071	0.108	191284
	民二十二	0.037	0.073	0.110	
官山	民二十一	0.037	0.071	0.108	9103
	民二十二	0.037	0.073	0.110	
民山	民二十一	0.015	0.029	0.044	336180
	民二十二	0.015	0.033	0.048	
官荡	民二十一	0.035	0.067	0.102	966
	民二十二	0.035	0.077	0.112	
民荡	民二十一	0.012	0.023	0.035	54650
	民二十二	0.012	0.026	0.038	

上表是显明地表示了，附税超正税的两倍，且今年的附税，比去年更多，又谁能说，明年的附税，不比今年多呢。下面是附税的种类，以税额一元为单位。

年别	期别	建设特捐	建设附捐	特捐	农民银行基金	教育附捐	治虫经费	征收公费	自治附捐	农民飞机捐	其他	合计
民二十一	上	0.556	0.083	0.306	0.111	0.083	0.056	0.090	0.028		0.794	2.107
民二十二	上	0.556	0.083	0.306	0.111	0.083	0.056	0.090	0.028	0.020	0.972	2.305
民二十一	下	0.303	0.091		0.061	0.091	0.030	0.037				0.613
民二十二	下	0.303	0.091		0.061	0.091	0.030	0.037		0.020		0.633

依据上列的数字，将上下期合计，则今年每元正税应加附税二元九角三分八厘。二十一年应二元七角二分，但尚有警卫经费三角六分未曾列入，故有正税一元者二十一年应缴四元零八分，二十二年应缴四元二角九分八厘。

其他零星捐税和公债，就所知之材料，加以整理，在二十年有建设公债，每村不明确数。仅知马上桥村为五十元，二十一年整理旧欠公债，亦仅知桑梓村为三十九元，而保卫团之开办费，祠堂后摊派百元。至若每年之冬防捐，并不因保卫团成立而取销，而一次之捐，如修建公安支局房屋捐十元，飞机捐十六元，均按田亩之多寡摊派征收，此类数字，诚属不全，然取一村而概其余，亦足以知大概。

总之附税之加，有增无已，而其他捐税，纷至沓来，人民负担，渐觉不胜，故二十一年之田赋，在十一月份止，已征者三万八千八百四十八元，未征者三万七千一百三十六元，欠者约占全额之半，兹将自民元至十八年所缴新旧田赋列后。

东阳(地丁)

年度	本年度征数(两)	历年征起旧欠数(两)	合计(两)	折合银元数
民元年	34999	—	—	62998
民二年	33613	2339	35952	64714
民三年	34254	2184	36438	65588
民四年	38110	3195	41305	74349
民五年	38846	1343	40189	72340
民六年	39150	1504	40654	73177
民七年	39540	2198	41738	75128
民八年	39337	2343	41682	75028
民九年	39028	1741	40769	73384
民十年	38932	1921	40853	73535
民十一年	28516	1477	29993	53987
民十二年	34567	4862	39429	70973
民十三年	36553	3218	39771	71588
民十四年	37388	3003	40391	72704

续表

年度	本年度征数(两)	历年征起旧欠数(两)	合计(两)	折合银元数
民十五年	36514	1918	38432	69178
民十六年	38288	2941	41229	74212
民十七年	39270	1095	40365	72657
民十八年	36723	1067	37790	68022

东阳(抵补金)

年度	本年度征数(担)	历年征起旧欠数(担)	合计(担)	折合银元数
民元年	1090	—	(担)	3270
民二年	1047	72	1119	3357
民三年	1067	67	1134	5536
民四年	1187	98	1285	6389
民五年	1210	41	1251	5025
民六年	1220	45	1265	5075
民七年	1232	70	1302	5216
民八年	1226	71	1297	5193
民九年	1216	51	1267	5071
民十年	1213	56	1269	4835
民十一年	889	45	934	3553
民十二年	1077	149	1226	4444
民十三年	1139	99	1238	4350
民十四年	1165	90	1255	4283
民十五年	1138	56	1194	3949
民十六年	1193	86	1279	4225
民十七年	1231	31	1262	4165
民十八年	1145	32	1177	3884

四、邻县

(一) 概况

东阳的邻县，东有天台、新昌，南有永康，西有义乌，北有诸暨、嵊县。以旧时的区域来说，新昌、诸暨、嵊县属于绍属，永康、义乌属于金属，天台属于台属。以浙江的三个自然区域来说，那么绍属半为平原，余则尽为山区。

新昌在吴越时置县，东西广二百二十里，南北长一百四十五里，计有面积四千七百八十三方里。逊清时城内设坊六，乡间分都三十九，民元改划自治区为六，现划为四区，有十二镇，二百零九乡。全境皆山，约占全面积百分之八十五，山脉多由县东南境伸入，故地势东南高而西北低。土壤沙土占十分之八，壤土其二。溪流甚多，有东溪、横溪、赤土、皇渡、澄潭、黄泽、郎渡等溪，久旱则涸，久雨则溢，无一定深度，不通舟楫。所恃以溉田者有二：一曰“碑”，由溪水泻注之处，砌石为洴，引水灌田；二曰荡，官者六，民者十一，储蓄水量，以资灌溉。农产以米麦豆烟茶为大宗，民食足敷七月，其余仰给邻县，蚕桑颇盛，年产百万左右。

诸暨秦时立县，面积一千一百余方里，在昔自治区域，分区域及七十一乡，顷则划为十区，有十九镇，三百三十八乡。全县平原占十之九，水田占十之七，故产米极富，土壤以壤土为最多，占十之六，黏土占十之二，砾土占十之二。河流有浦阳江、凤桐江，可通汽船，五泄溪可发水电，余则细流甚多，灌溉称便。农产物以稻为冠，玉蜀黍及大小麦次之，年产谷二百余万石，颇多余剩，然此尚系水利不修、田亩半芜之产量，若水利加以整治，耕种利用新法，尤可增加数倍。

嵊县始置于汉，其名曰剡，吴越时改称曰赡，宋改为嵊，今因之。形狭长，东西广一百七十六里，南北广七十里，面积五千余方里。民元自治区域，分二十二区，今则改划七区，计二十六镇，一百九十六乡，全境地多山少，地势南北高而东西低。四明山亦伸入县境，土壤大半均为壤土，细腻肥腴，百物皆适，以北乡为最，东北两乡次之，南乡最劣。河流有剡溪自北流入，横贯全境，可通舟楫，诸细流均汇合之，水利平原恃荡，沿溪恃碑。农产物以稻及黍麦为伙，但民食求过于供，年辄不敷。

永康在三国时，吴分乌伤县之地而立之，东西广二百六十五里，南北距百里，面积三千九百三十四方里。今划自治区为七区，计七镇一百四十五乡，全境山占百分之七十，故地势东南北三面皆高，惟西区则较低。土壤有壤土占十分之七，黏土占十分之二，砂土占十分之一。河流分南北二源，北源名华溪，南源名南溪，至县城而合，可以行舟，可以运货。灌溉有蓄水之荡，壅水之堰，计荡一百余面堰则七十六。农产以稻黍麦豆棉茶为大宗，民尚足自给。

义乌秦始立县，名曰乌伤，唐时改今名，至今因之，面积三千三百六十方里，前自治区划分为八，今则改为四区，有乡镇二百四十五。地势狭长，东南高而西北低，河道均属细流，灌溉全赖堰荡。土壤砂土最多，占百分之五十，黏土占百分之三十五，壤土占百分之十五而已。水田轮种三次，山陬则植果实，故除米麦豆菽之外，东乡产枣，南乡产蔗。

天台吴始置县，至晋而改始丰，复改台兴，迄宋而名天台，今仍之，东西广一百六十五里，南北袤九十里，共计面积五千二百五十方里。地处山中山脉分两支，蜿蜒入境，地势西北高而东南低，有大溪一，汇合山涧细流，屈曲山谷间，自西迤东，下达灵江而入于海，是以沿溪常遭水患，而高阜每忧干旱。灌溉全赖碑荡，土壤砾土约占全面积十分之七，砂土约十分之二，壤土约十之一。以土壤之不宜，故产米少而杂粮多，若以地域分之，则东西两乡多米而少杂粮，南北两乡则反之。

各县面积土壤河流山脉，已分述于前，兹将气候雨量户口田亩等项汇载于后。

(二) 气候与雨量

气候半为山乡，较浙西稍低，与龙游大致相类。

县名 / 温度	新昌	诸暨	嵊县	永康	义乌	天台
最高	98	102	98	100	98	96
最低	24	26	26	28	26	32

无烈风大雪，十月初降霜，至春杪而止，惟春雨最多，或连绵十余日，其余三季，雨日不多，颇适宜于农时。

月份 / 雨日 / 县名	1	2	3	4	5	6	7	8	9	10	11	12
新昌	2	11	10	12	18	18	4	11	8	7	7	5
诸暨	10	10	11	11	17	17	10	11	12	4	8	6
嵊县	9	12	10	13	14	12	9	9	11	6	7	9
东阳	3	10	13	16	18	17	5	17	8	6	11	8

雨日与雨量，初非绝对正比，夏季雨量每多于冬季雨量。

月份 / 雨量 / 县名	1	2	3	4	5	6	7	8	9	10	11	12
新昌	5.7	81.1	70.4	125.3	305.3	351.2	24.5	362.8	147.2	95.1	41.5	55.2
诸暨	83.2	159.1	126.2	157.7	271.3	228.4	134.6	153.8	168.5	46.9	96.5	55.3
嵊县	70.2	82.5	114.0	153.5	224.8	179.2	175.8	165.8	152.5	55.5	81.5	54.7
东阳	6.5	88.5	62.7	174.3	316.2	324.0	30.4	247.6	115.5	81.0	77.3	33.5

最大雨与最大雨率，每为造成雨灾之原因，对于水利工程，至为重要，而与农村经济，亦有密切的关系。

县名	最大雨量					最大雨率					
	年	月	日	公厘	小时	年	月	日	公厘	小时	每小时公厘
新昌	21	8	16	96.1		21	8	18	51.5	2.1	24.5
诸暨	21	8	31	105.2	15.0	20	5	28	21.4	0.3	71.3
嵊县	21	8	10	104.0	3.0	20	7	18	26.5	0.3	88.3
东阳	21	5	7	57.2	24.0	21	8	15	12.8	0.5	25.0

(三) 户口与面积

各县户口至难准确，第自区公所成立，乡镇闾邻编定后，调查较易，故现有之户数，尚可凭信，但人数则因人事登记未举办，或不尽实，用以私人调查和公家调查的数字对照之。

		新昌	诸暨	嵊县	永康	义乌	天台	
户数		60600	112900	104000	65700	64000	73200	统计局
		60781	112798	105567	67417	63572	73281	县政府
		60575	112863	103961	64725	63380	73222	浙江经济纪略
人数		238878	528322		277765	304041		县政府
		134782	300072	241562	145171	166760	146760	浙江经济纪略

各县人数，其相差之巨，有如此者，以常情之推测，及东阳之比较，当以县政府所报者较为可信。

田亩的面积，半出估计，即粮册上，亦不尽能可靠，且单位不一致，如山之面积单位，大于其他之面积单位，而官荒民荒，间有不在粮之上者，且新近开垦者或未增入，而山洪冲毁者或未减去，亦求其近如而已。

县名／调查者	新昌	诸暨	嵊县	永康	义乌	天台
浙江省财务审查委员会	315776	1136681	727099	422358	463587	238628
各县自填数	315776	918772	590398	669182	910000	
统计局	271000	985000	639000	364000	571000	329000
各县报厅原案	310518	1136579	738976	669182	916590	404929

读上表，其差动以十万计，不独统计局所取得之材料，未能准确，即财务审核委员会专以审核财务者，而与各县报财厅之数不同，不仅如此，即各县自填之数与其报厅之数，乃亦不尽相符合，如诸暨少二十余万亩，嵊县少十四万八千余亩，同一机关，同一事项，而不同乃如此，然在无可依据之时，仍不得不作为论列之资料，兹以各县所报之户口面积平均之，以求一个概念。

县名	新昌	诸暨	嵊县	永康	义乌
每户	5	8	5.6	9.9	1.4

在这个全户口的平均里，是不十分准确的，因为全县的户数，不尽是农户啊。现在把各县估计的其他职业户数列出来。

县名	新昌	诸暨	嵊县	永康	义乌	天台
其他户数	20%	10%	50%	40%	30%	40%

倘照这个百分比说起来，那么每户的亩数应当再增加，现在把各村的户数所占面积来研究一下。

县名	新昌	诸暨	嵊县	永康	义乌
村名	西山村	陶朱村	中渡村		鲇鱼乡
全户数	293	63	42		108
全亩数	1100	582	322		1263
地主	0	2	1		4
中农	26	17	5		18
贫农	38	31	28		45
雇农	132	5	2		16
其他	97	8	6		25

在这分村估计的里面，比较确实一些，新昌大概得四亩，诸暨得九亩，嵊县得八亩，义乌得十一亩，与平均尚不大远。

惟各县族产均多，就所知的约数而言，新昌有五万二十余亩，诸暨十六万亩，嵊县六万余亩，永康十二万余亩，义乌二十万亩。因族产甚多，故形成过半数的雇农与贫农，据新昌西山村的情形，族田占百分之八十，自田占百分之十六，寺庙产占百分之四。这百分之八十的族田，虽其租额较轻，亦何以异与地主。而嵊县中渡村三百二十二亩的田，自己所有者，只五十一亩而已，无惑乎东阳泰里村之尽为佃农，而各县离村人数之日多了。

推测各县情形，土地已集中祠产地主之手，但买卖行为，则一年少如一年，而其价值，大率减低百分之七十。

县别／年别／价值	新昌		诸暨		嵊县		义乌	
	22	17	22	17	22	17	22	17
最高	120	200	120	180	60	80	120	160
最低	70	120	80	120	20	40	80	100
普通	90	150	100	140	40	60	100	120

各县田地买卖，极为矛盾，农民所有，既已无多，极不愿再行出卖，而为穷困所迫，不得不忍痛出售以度目前的生活，地主见赋税之重，作物价格之贱，本不愿买，然或已借贷抵押于前，现在农民既无力偿还，殊有本利俱失之患，故不得不收买其地，以维成本，所以，尚有少数的买卖，但是价格却日趋低落。

各县作物，类以米麦豆杂粮为主要，其收获量与价格，实与农村经济有密切关系。

名称 \ 产量 \ 县别	新昌	诸暨	嵊县	义乌	每石平均价格
米	3.5	3.0	2.4	3.0	3.5
麦	1.5	1.2	0.9	1.5	4.0
豆	0.8	0.7	0.7	0.6	4.5
桑	500斤		800斤		百每斤1.[1]
红花		500斤			每百斤2.

每亩普通均为两熟，或种豆或种麦，而稻则每年必种；至杂粮如番薯、玉蜀黍等，则几为农民之主要食粮了。

（四）租佃制度

1. 永佃权的成分

据农民所称，凡属族产，苟不欠租，均可永远佃种，但非完全永佃田，故族产之确数不知，永佃田之亩数更无从臆测。且社会人士，平素未加注意，调查时所得报告，至不一律，大概为百分之四十，有分租谷租两种，分租三成，谷租一百二十斤。

2. 租田手续及押租与苛例

租田手续，口头与契约参半，其年限至无一定，当调查时，报告者或引以备一格，则或曰最长三十年，或曰十年五年，而所谓最短与普通，均曰一年，其实不欠租不撤佃，有佃至数世者，谚曰“租田当自产”，即表示此种程度。

押租各县均无，若其他苛例，则新昌在佃田之先，须缴钱二百文，天台须每亩缴纳麦租一斗半。

3. 缴租种类及租额

田租分三种，钱租谷租分租。

钱租，新昌、嵊县、永康、义乌皆有之，且须预缴，天台诸暨则无。

谷租，各县皆有，其租额视土性之肥瘠与田价之高下而定。

分租，除永佃田为三成外，其余率为五成，各县均有，天台且须分麦。

		新昌	嵊县	永康	义乌	诸暨	天台
钱租	最高	8	6	7	8	0	0
	最低	6	3	4	4	0	0
	普通	7	5	6	6	0	0
谷租	最高	200	180	180	150	240	200
	最低	120	120	140	90	120	120
	普通	180	160	160	120	180	150

附注：谷租概以斤计算

[1] 原文如此。——编者。

二五减租，迄未推行，且族田虽租额较低，自均为狡黠者取得承租之权（非永佃权），转租于丙，由丙方取得高额租谷而以低额纳之于甲，一转手间即从中取得利润，故族田制度之影响于农村者甚大，第一，使耕者不能自有其田。第二，在佃业双方产生一，第三者从中渔利，而造成高的租额。

（五）田赋

各县田赋，极不一律，且附税之加，只问用度是否需要，上峰是否允许，而不问人民之能否负担，今之附税，已尽超过一倍有余了。

新昌	田				地	山	荡
	碑田	泉田	坑田	天田			
正税	0.146	0.140	0.132	0.108	0.032	0.007	
附税	0.223	0.214	0.202	0.165	0.049	0.011	
总计	0.369	0.354	0.334	0.273	0.081	0.018	
正税与附税之比率	153	153	153	153	153	157	
亩数	34933	26247	49544	87379	58720	53695	

诸暨	田					地		山	荡
	额田	上田	新田	中田	下田	额地	新地		
正税	0.130	0.101	0.088	0.067	0.041	0.035	0.023	0.007	0.005
附税	0.196	0.152	0.132	0.102	0.062	0.052	0.035	0.011	0.008
总计	0.326	0.253	0.220	0.169	0.103	0.087	0.058	0.018	0.013
正税与附税之比率	151	150	150	152	151	149	152	157	160
亩数	758617	11025	17251	19578	10571	142124	9896	163697	3819

嵊县	田			地	山	荡
	一田	四田	由四田			
正税	0.150	0.132	0.119	0.029	0.007	0.001
附税	0.229	0.201	0.181	0.044	0.011	0.002
总计	0.379	0.333	0.300	0.073	0.018	0.003
正税与附税之比率	153	152	152	152	157	200
亩数	238818	193172	16020	149649	133825	7492

永康		正税	附税	总计	正税与附税之比率	亩数
田	官职	0.494	1.452	1.946	294	3560
	归附	0.298	0.858	1.150	288	2431
	僧道	0.276	0.811	1.087	294	5616
	义庄	0.218	0.641	0.859	294	7872
	学院	0.184	0.540	0.724	293	979
	新没	0.178	0.523	0.701	294	3490
	民田	0.145	0.426	0.571	294	398242
	废寺	0.116	0.341	0.457	294	165
地	白地	0.374	1.098	1.472	294	1
	秋租地	0.045	0.133	0.178	296	808
	民地	0.043	0.127	0.170	295	58846
	废寺地	0.030	0.089	0.119	297	77
	学院地	0.028	0.083	0.111	296	306
	沙基地	0.025	0.074	0.099	296	222
	新没地	0.023	0.066	0.091	296	698
山	新没山	0.023	0.068	0.091	290	1675
	秋租山	0.017	0.050	0.067	294	1383
	民山	0.012	0.035	0.047	292	137107
荡	归新荡	0.202	0.059	0.079	295	996
	学院荡	0.018	0.053	0.071	294	633
	秋荡	0.014	0.041	0.055	293	544
	民荡	0.009	0.026	0.035	290	43521

义乌		正税	附税	总计	正税与附税之比率	亩数
田	僧田	0.276	0.530	0.806	192	7211
	官田	0.248	0.478	0.726	193	20638
	升田	0.160	0.308	0.468	193	739
	明田	0.158	0.304	0.462	192	25396
	同田	0.158	0.304	0.462	192	73637
	崇田	0.149	0.286	0.435	192	41155
	双田	0.146	0.280	0.426	192	49732
	智田	0.144	0.276	0.420	192	71548
	缙田	0.144	0.276	0.420	192	59103
	龙田	0.142	0.272	0.414	192	47138
	永田	0.140	0.268	0.408	191	67286
地	官地	0.056	0.107	0.163	191	8138
	民地	0.039	0.073	0.112	187	171949
	升地	0.039	0.073	0.112	187	1395
山	官山	0.034	0.064	0.098	188	4350
	民山	0.014	0.027	0.041	193	202094
	升山	0.014	0.027	0.041	193	126
荡	官荡	0.032	0.062	0.094	194	3374
	民荡	0.017	0.023	0.035	192	61581

天台	田					地	山	荡
	海门卫屯田	屯田	官田	民田	屯改民田			
正税	0.261	0.252	0.227	0.149	0.149	0.067	0.017	0.031
附税	0.392	0.379	0.342	0.224	0.224	0.101	0.026	0.046
总计	0.653	0.631	0.569	0.373	0.373	0.168	0.043	0.077
正税与附税之比率	150	150	151	150	150	151	153	148
亩数	2545	1988	41734	188443	3916	83569	63368	7219

以上六县，税率各有大小，新昌、诸暨、嵊县、天台四县，其附税约为正税一倍半，义乌几为两倍，而永康且三倍了，此犹各村对其正税而言，若互相比较，则新昌一亩之赋税，仅为永康一亩的十分之二，换言之永康一亩所纳之赋税，已超过新昌五亩的赋税。

各县田赋每元带征附税细目一览表

县别	期别	建设特捐	建设附捐	水利经费	特捐	自治附捐	农民银行基金	教育附捐	救济院经费	治虫经费	征收公费	公益捐	农民飞机捐	区公所经费	其他	合计
新昌	上	0.556	0.083		0.389			0.111		0.056	0.090		0.020	0.222		1.527
	下															
诸暨	上	0.556	0.083		0.372		0.083	0.194		0.056	0.090	0.111	0.020	0.083		1.648
	下	0.303	0.091				0.045	0.091		0.030	0.037		0.020			0.617
嵊县	上	0.556	0.083		0.246	0.167	0.167	0.139		0.056	0.090		0.020			1.524
	下															
永康	上	0.556	0.083		0.339	0.167	0.084	0.250		0.040	0.090		0.020		1.366	2.995
	下	0.303	0.091		0.152		0.090	0.182		0.030	0.037		0.020		0.897	1.803
义乌	上	0.556	0.083		0.339	0.083	0.171	0.083		0.056	0.090		0.020		0.500	1.981
	下	0.303	0.091		0.100			0.091		0.030	0.037		0.020			0.678
天台	上	0.556	0.083		0.278	0.111		0.083		0.056	0.090		0.020		0.333	1.610
	下	0.303	0.091		0.243	0.097		0.091		0.030	0.037		0.020		0.151	1.063

各县附税的总计，有如此之多，一元正税，若新昌、嵊县各加一元五角余，诸暨二元二角六分，义乌、天台各二元六角余，至若永康，则加至四元七角九分八厘，较之正税，且五倍之，而此种捐税，对于农民，又有了多少利益呢？

至若亩捐，则新昌有保卫团捐，不分田地山荡每亩各收二角，嵊县保卫团捐，每亩二角八分。

其他公债杂捐，无县无之，惟农民不能完全记忆，经手者适或不在，致未能一一备举，姑就所知者记之。

新昌西山村

名称	年份	款额	摊派方式
公债	民十八年	60	向村中殷富者劝募
	民二十年	80	同上
军需	民十九年	160	田二亩起捐每亩二角
	民二十年	160	同上
	民二十一年	680	不论田地山荡每亩四角

诸暨陶朱村

名称	年份	款额	摊派方式
公债	民二十六年	100	依粮额均摊
	民二十一年	100	同上
公益捐	民十九年	120	五亩起捐每亩一角

嵊县中渡村

名称	年份	款额	摊派方式
公债	民十九年	20	向村中殷户摊派
	民二十年	20	同上

义乌泉儿头

名称	年份	款额	摊派方式
公债	民十七年	520	向村中殷户劝募
	民二十年	540	同上

赋税重，杂捐繁，各县农人，深感痛苦，现在所最期望者，为米价提高，税额减低，庶几劳力的结果，还可得一点代价，而历年所欠旧赋，更希望豁免，以轻负担，浙省各属，由省府派有追缴旧赋委员，坐镇各属，勒限严催，故催征之役，接踵于道，而农民更无宁日了。兹将各县新缴旧欠数额，自民元至民十八年者，调查附后。

新昌（地丁）

年度	本年度征数（两）	历年征起旧欠数（两）	合计（两）	折合银元数
民元年	10750	—	—	19350
民二年	11093	1563	12656	22781
民三年	12134	1805	13939	25090
民四年	12570	1497	14067	25321
民五年	12378	937	13315	23967
民六年	12492	930	13422	24160
民七年	12411	786	13197	23755
民八年	12359	768	13127	23629
民九年	12021	725	12746	22943
民十年	11831	789	12620	22716
民十一年	10809	626	11435	20583

续表

年度	本年度征数(两)	历年征起旧欠数(两)	合计(两)	折合银元数
民十二年	11530	2083	12613	24503
民十三年	11302	962	12264	22075
民十四年	11684	1078	12762	22971
民十五年	11144	722	11866	21359
民十六年	11733	1225	12958	23324
民十七年	11302	542	11844	21319
民十八年	10408	806	11211	20180

新昌(抵补金)

年度	本年度征数(担)	历年征起旧欠数(担)	合计(担)	折合银元数
民元年	—	—	—	—
民二年	27	30	57	171
民三年	29	3	32	154
民四年	30	3	33	165
民五年	30	1	31	125
民六年	30	1	31	124
民七年	30	1	31	124
民八年	30	2	32	128
民九年	29	1	30	120
民十年	29	1	30	114
民十一年	24	1	25	95
民十二年	28	5	33	120
民十三年	27	2	29	102
民十四年	28	2	30	102
民十五年	27	1	28	92
民十六年	28	2	30	99
民十七年	27	1	28	92
民十八年	25	2	27	89

诸暨(地丁)

年度	本年度征数(两)	历年征起旧欠数(两)	合计(两)	折合银元数
民元年	35748	—	—	66146
民二年	38676	6364	45040	81072
民三年	33849	3817	37696	67853
民四年	37065	10076	47141	84854
民五年	42903	6520	49423	88961
民六年	43973	6095	50068	90122
民七年	43717	4466	48183	86729
民八年	43095	4407	47502	85504
民九年	41298	4383	45681	82226
民十年	40113	5746	45859	82546
民十一年	21279	1905	23184	41731
民十二年	31057	12583	43640	13552
民十三年	38804	10004	48808	87854
民十四年	41213	9372	50585	91053
民十五年	38541	3866	42407	76333
民十六年	39572	4770	44342	79816
民十七年	31750	2250	34000	51200
民十八年	33627	5914	39541	71174

诸暨(抵补金)

年度	本年度征数(担)	历年征起旧欠数(担)	合计(担)	折合银元数
民元年	3175	—	—	9525
民二年	3342	549	3891	11673
民三年	2924	331	3255	15613
民四年	3202	869	4071	19889
民五年	3707	563	4270	17507
民六年	3799	524	4323	17371
民七年	3777	384	4161	16662
民八年	3724	380	4104	16423
民九年	3568	377	3945	15782

续表

年度	本年度征数(担)	历年征起旧欠数(担)	合计(担)	折合银元数
民十年	3466	494	3960	15148
民十一年	1838	163	2001	7614
民十二年	2683	1087	3770	13806
民十三年	3353	857	4210	14901
民十四年	3561	610	4171	14276
民十五年	3330	334	3664	12141
民十六年	3419	409	3828	12645
民十七年	2384	193	2577	8504
民十八年	2839	521	3350	11055

嵊县(地丁)

年度	本年度征数(两)	历年征起旧欠数(两)	合计(两)	折合银元数
民元年	32871	—	—	59168
民二年	35594	5057	40651	73172
民三年	45357	10249	55606	100091
民四年	35009	2309	37318	67172
民五年	34725	2918	37643	67757
民六年	34551	1147	35698	64256
民七年	33663	5559	39222	70600
民八年	32936	4079	37015	66627
民九年	32829	4241	37070	66726
民十年	31306	4318	35624	64123
民十一年	28151	1899	30050	54090
民十二年	25865	5686	31551	56792
民十三年	39828	13201	43029	77452
民十四年	30403	6865	37268	67082
民十五年	29038	5505	34543	62177
民十六年	32261	12099	44360	79848
民十七年	26153	1413	27566	49619
民十八年	22839	5514	28353	51035

嵊县(抵补金)

年度	本年度征数(担)	历年征起旧欠数(担)	合计(担)	折合银元数
民元年	—	—	—	—
民二年	45	45	90	270
民三年	45	—	45	225
民四年	39	—	39	195
民五年	39	3	42	171
民六年	41	1	42	168
民七年	40	43	83	332
民八年	39	4	43	172
民九年	39	4	43	172
民十年	37	4	41	157
民十一年	33	2	35	133
民十二年	31	6	37	134
民十三年	35	12	47	167
民十四年	36	7	43	147
民十五年	34	5	39	130
民十六年	38	11	49	162
民十七年	31	1	32	126
民十八年	27	6	33	109

永康(地丁)

年度	本年度征数(两)	历年征起旧欠数(两)	合计(两)	折合银元数
民元年	31541	—	—	56774
民二年	29999	949	30948	55706
民三年	20940	1506	22446	40403
民四年	25865	5641	31506	56711
民五年	27334	2914	30248	54446
民六年	27921	2920	30841	55514
民七年	28481	3387	31868	57362
民八年	28861	2859	31720	57096
民九年	29114	2691	31805	57249

续表

年度	本年度征数(两)	历年征起旧欠数(两)	合计(两)	折合银元数
民十年	29296	2373	31669	57004
民十一年	27594	1679	29273	52691
民十二年	28261	2634	30895	55611
民十三年	28659	3157	31816	57269
民十四年	29241	1464	30705	55269
民十五年	27948	1648	29594	53269
民十六年	29758	3530	33278	59900
民十七年	28322	1349	29671	53408
民十八年	26034	1793	27832	50098

永康(抵补金)

年度	本年度征数(担)	历年征起旧欠数(担)	合计(担)	折合银元数
民元年	405	—	—	1215
民二年	806	25	831	2493
民三年	698	34	732	3592
民四年	731	62	793	3961
民五年	754	61	815	3317
民六年	769	59	828	3333
民七年	780	64	844	3384
民八年	785	52	837	3351
民九年	791	46	837	3348
民十年	696	45	741	2825
民十一年	767	30	797	3030
民十二年	772	47	819	2958
民十三年	784	64	848	2980
民十四年	788	20	808	2751
民十五年	768	31	799	2641
民十六年	797	64	861	2844
民十七年	771	28	799	2637
民十八年	737	34	771	2544

义乌(地丁)

年度	本年度征数(两)	历年征起旧欠数(两)	合计(两)	折合银元数
民元年	31411	—	—	56540
民二年	28528	1349	29877	53779
民三年	31020	4138	35158	63284
民四年	34355	605	34960	62928
民五年	35153	445	35598	64076
民六年	34243	457	34700	62460
民七年	34402	1093	35495	63891
民八年	34473	761	35234	63421
民九年	34248	880	35128	63230
民十年	34850	6003	40853	73535
民十一年	28516	1477	29993	44761
民十二年	34177	2172	36349	65428
民十三年	34047	557	34604	62287
民十四年	34516	526	35042	63076
民十五年	33110	735	33845	60921
民十六年	34657	6270	40927	73669
民十七年	33585	445	34030	61254
民十八年	33498	1704	35132	63038

义乌(抵补金)

年度	本年度征数(担)	历年征起旧欠数(担)	合计(担)	折合银元数
民元年	795	—	—	2385
民二年	722	33	755	2265
民三年	785	103	888	4234
民四年	869	14	883	4415
民五年	875	9	884	3543
民六年	866	9	875	3495
民七年	871	25	896	3583
民八年	873	14	887	3549
民九年	869	18	887	3548

续表

年度	本年度征数(担)	历年征起旧欠数(担)	合计(担)	折合银元数
民十年	882	5	887	3372
民十一年	63	1	64	243
民十二年	865	72	937	3387
民十三年	862	14	876	3069
民十四年	873	13	886	3014
民十五年	838	17	855	2826
民十六年	877	151	1028	3435
民十七年	846	7	853	2817
民十八年	847	41	888	2930

天台(地丁)

年度	本年度征数(两)	历年征起旧欠数(两)	合计(两)	折合银元数
民元年	10365	—	—	18657
民二年	11404	1728	13132	28568
民三年	12375	3501	15871	19543
民四年	13463	1561	15024	27043
民五年	13695	867	14562	26212
民六年	13706	570	14276	25697
民七年	13692	690	14382	25888
民八年	13692	446	14138	25448
民九年	12786	101	12887	23197
民十年	12842	690	13532	24358
民十一年	12321	682	13003	23405
民十二年	12351	426	12777	22999
民十三年	11935	1415	13350	24080
民十四年	12304	2170	14474	26053
民十五年	9388	2070	11458	20424
民十六年	12376	3952	16328	29390
民十七年	11107	49	11156	20081
民十八年	9919	103	10022	18040

天台（抵补金）

年度	本年度征数（担）	历年征起旧欠数（担）	合计（担）	折合银元数
民元年	1356	—	—	4068
民二年	1492	226	1718	5154
民三年	1619	456	2075	9463
民四年	1761	403	1964	9678
民五年	1792	113	1905	7729
民六年	1794	78	1867	7489
民七年	1792	89	1881	7534
民八年	1792	57	1849	7397
民九年	1673	11	1684	6736
民十年	1681	88	1769	6740
民十一年	1613	89	1702	6479
民十二年	1616	56	1672	6036
民十三年	1562	307	1869	6627
民十四年	1611	280	1891	6501
民十五年	1228	269	1497	4998
民十六年	1619	512	2131	7046
民十七年	1453	6	1459	4815
民十八年	1298	13	1311	4326

崇德县

一、全县概况

崇德是在浙江的平原区，从杭县乘沪杭车到长安站，换坐民船到那边，还有一小时的路程。崇德和邻近的桐乡、德清、海宁、吴兴诸县，都是以蚕桑业著称的。在五年前，一般农民都还靠着蚕桑的收入来维持他们的生活。这几年丝绸业激急地衰落，已迫使他们走向悲惨的境地。从崇德二八〇户蚕桑业的平均收入五年中锐减百分之五七这事实上，已可窥见一斑。[1]

[1] 从调查村户中选择单纯以蚕桑为副业的280户统计。

崇德280户蚕桑业收入的比较

	民十七年	民二十二年
蚕桑业收入总数	17057.00元	7448.00元
每户平均收入数	61.13元	26.60元
每户平均收入指数	100	43

崇德全县面积一一一·七方里，已垦和未垦地五〇二七三五亩。在田赋册上，有粮地二九三五五七亩，人口四四三八二户，二〇三〇一二口。运河直通南北，里塘河，南、北、中三沙渚塘河横贯东西，加以细流曲港，密布四乡，给以农田灌溉上非常有利的条件。地处温带适中，气候温和；冬季霜雪稀少，惟旧历四五月间，风雨比较多些。

崇德全县，原分为五个自治区。因为土壤、地势、作物、租佃关系等等的差异，又可划分为三个经济区域。其中西北乡为一区，包括第二区全部及第三区一部分；西南乡为一区，包括第一区全部及县城；东乡为一区，包括第四第五两区全部及第三区的一部分。土壤方面，东乡为最肥沃，西南乡次之，西北乡又次之；地势亦以东乡为最高，西南乡较低，西北乡最低，因此常遭水灾。各区作物，除稻麦为三区共有外，蔬菜（特别是黄芽菜）是西北区的特产，烟叶、蚕豆、菊花、桑秧等，东乡的出产最多。此外，油菜、芋头、柏子等各区都出产一些。经济情形，西北、西南两乡多佃农，东乡则自耕农较多。

二、土地分配

我们就各个经济区域中，抽查了甲子埭、陈家村、庵河、杨家庄、果子园、姚家浜、白蔷里、五圣堂、桑园等九村，共得三九九户。

崇德九村村户分类表(民二十二年)

类别	户数	对总户数的百分比
地主	9	2.26
富农	3	0.75
中农	98	24.56
贫农及雇农	271	67.92
其他	18	4.51
总计	399	100.00

崇德无大地主，中小地主多数住在城里或镇上，在农村中的很少很少，九村中地主只占百分之二·二六，富农更少，贫农竟占了三分之二。其他村户中多数是小贩，或手工业者，自己既无土地耕种，亦不出雇于人；他们虽然住在农村里，和农业生产几完全脱离。

近五年来，受蚕业衰落、税捐繁重等等影响，许多中农沦为贫农，贫农激剧地增加。

崇德九村村户变迁表

民十七年		民二十二年					
类别	户数	地主	富农	中农	贫农及雇农	其他	总计
地主	9	9					9
富农	2		3				3
中农	118			97	25		122
贫农及雇农	231			1	245	1	247
其他	18				1	17	18
总计	384	9	3	98	271	18	399

注：总户数增加乃因分家及外面移入

民十七年时一一八户中农，现在因为分家关系多了四户，其中有二五户沦为贫农；而贫农变为中农的，只有一户。因此，民十七年时占村户总数中百分之三〇以上的中农，民二十二年时只有百分之二四·五，减少了百分之六·一七；贫农则从百分之六一·七二变为百分之六七·九二，增加了百分之六·二。

崇德九村民十七与民二十二各类村户比较表

类别	户数百分比		增减
	民十七年	民二十二年	
地主	2.34	2.26	－0.08
富农	0.52	0.75	＋0.23
中农	30.73	24.56	－6.17
贫农及雇农	61.72	67.92	＋6.20
其他	4.69	4.51	－0.18
总计	100.00	100.00	—

（一）土地所有

崇德全县二十九万三千五百五十七亩粮地中，公产一千二百八十亩，庙产四百四十五亩，其余二十九万一千八百三十二亩为私产。据县政府的报告，全县地主一百至二百亩者约一五〇户，二百至五百亩者一一户，五百亩以上者二户，田产最多者约六百亩。据我们九村三九九户实地调查的结果，乡村中各类村户所有田亩的分配情形如下：

崇德九村各类村户所有田亩分配表(A)(民二十二年)

村户类别	所有田亩数	对总亩数的百分比
地主	587.00	22.78
富农	118.30	4.59
中农	913.50	35.44
贫农及雇农	939.65	36.46
其他	18.75	0.73
总计	2577.20	100.00

正确的观察应该把各类村户所有田亩的百分比，和户数的百分比对照来看，则百分之二·二六的地主，占有了百分之二二·七八的土地；三分之二以上的贫农及雇农，仅有三分之一强的土地；中农的户数和地亩数，比较上成为适度的配合。

崇德九村各类村户所有田亩分配表(B)(民二十二年)

村户类别	对村户总数的百分比	对所有总亩数的百分比
地主	2.26	22.78
富农	0.75	4.59
中农	24.56	35.44
贫农及雇农	67.92	36.46
其他	4.51	0.73
总计	100.00	100.00

五年来地主的户数相对地减少，地亩数却相对地增加；富农因为分家关系，户数增加了百分之〇·二三，地亩减少了百分之二·三七，因有两户分家后搬往外村，未能调查清楚。中农地亩的减少，没有户数减少的快；贫农及雇农则户数的增加，比地亩的增加来得快。

崇德九村民十七与民二十二年各类户数所有田亩分配情形比较表

村户类别	户数百分比			所有田亩百分比		
	民十七年	民二十二年	增减	民十七年	民二十二年	增减
地主	2.34	2.26	－0.08	20.95	22.78	＋1.83
富农	0.52	0.75	＋0.23	6.96	4.59	－2.37
中农	30.73	24.56	－6.17	40.16	35.44	－4.72
贫农及雇农	61.72	67.92	＋6.20	31.31	36.46	＋5.15
其他	4.69	4.51	－0.18	0.62	0.73	＋0.11

把所有田亩分了阶段来看，贫农及雇农所有田亩多数在五亩以下；中农在十亩以下；富农在十五亩以上，最多的五十亩；地主在三十亩以上，最多的一户有一百七十八亩。

崇德九村各类村户所有田亩各阶段的分布表(民二十二年)

田亩阶段	地主		富农		中农		贫农及雇农	
	户数	对总户数的%	户数	对总户数的%	户数	对总户数的%	户数	对总户数的%
0							33	12.18
0.1—4.99					11	11.22	151	55.72
5—9.99					45	45.92	79	29.15
10—19.99			1	33.33	39	39.80	8	2.95
20—29.99					3	3.06		
30—39.99	4	44.45						
40—49.99	1	11.11						
50—99.99	2	22.22	2	66.67				
100—199.99	2	22.22						
总计	9	100.00	3	100.00	98	100.00	271	100.00

每户平均所有田亩，贫农及雇农三·四七亩，中农约三倍于贫农，富农几十二倍，地主十九倍。贫农每人平均田亩不到八分，中农不到二亩，富农有六亩左右，地主几及九亩。

崇德九村各类村户每户平均所有田亩数(民二十二年)

村户类别	亩数	所有田亩数	每户平均亩数
地主	9	587.00	65.22
富农	3	118.30	39.43
中农	98	913.50	9.32
贫农及雇农	271	939.65	3.47

崇德九村399户每人平均所有田亩数(民二十二年)

村户类别	人口数	所有田亩数	每人平均亩数
地主	66	587.00	8.89
富农	20	118.30	5.91
中农	494	913.50	1.84
贫农及雇农	1216	939.65	0.77

五年来所有田亩的阶段，有显著的变动。民国十七年时，还有一个一百八十亩的富农，逐渐买进田产，至民十九时已有二百亩；但分家的结果，每户仅得五十亩。因此现在富农中最高阶段已降下许多。中农中所有田亩少的户数相对地增多，所有田亩多的户数相对的有些降落。贫农是清楚地低阶段增加，高阶段减少：没有土地的户数，五年中增加了百分之二·四七，这是一个严重的问题。因为所有田亩的阶段降低，每户及每人平均田亩减少的倾向，亦跟着显著。

崇德九村中农、贫农及雇农民十七与民二十二两年所有田亩阶段比较表

田亩阶段	中农				贫农及雇农			
	民十七年		民二十二年		民十七年		民二十二年	
	户数	百分比	户数	百分比	户数	百分比	户数	百分比
0	—	—	—	—	23	9.71	33	12.18
0.1—4.99 亩	11	9.32	11	11.22	130	54.86	151	55.72
5—9.99	55	46.61	45	45.92	73	30.80	79	29.15
10—19.99	47	39.83	39	39.80	11	4.63	8	2.95
20—29.99	3	2.54	3	3.06				
30—39.99	2	1.70						
总计	118	100.00	98	100.00	237	100.00	271	100.00

崇德九村各类村户民十七与民二十二每户及每人平均所有田亩的增减表

村户类别	每户平均亩数		指数		每人平均亩数		指数	
	民十七年	民二十二年	民十七年	民二十二年	民十七年	民二十二年	民十七年	民二十二年
地主	66.33	65.22	100	98	10.66	8.89	100	83
富农	99.15	39.43	100	40	7.62	5.91	100	78
中农	9.70	9.32	100	96	2.01	1.84	100	92
贫农及雇农	3.76	3.47	100	92	0.86	0.77	100	89

地主田产的变动最少。富农田产的减少完全是分家的关系。中农和贫农分家的影响很小，主要是从买卖和典当中逐渐失去他们的土地。

（二）田产移转

五年中地主的田产仅减少了百分之一・六八。富农因分家关系减少了百分之五〇・四三，又买进了一些。中农出卖和典出的地有百分之一〇，买进仅百分之〇・三。贫农亦有百分之九的土地丧失，买进的仅百分之二。从下面的数字里，我们不难了解近几年来崇德农村中田产移转的倾向。

要了解田产移转情形，必须从借贷关系的解剖入手。浙西高利贷的事业多系米商兼营，这些商人对于农民的剥削是十二分聪明而苛刻。短期或低额的借款，利息虽重，通常是无须抵押的。借款的时期较长，款额较高，就必须以田产作抵。借债，是农民丧失土地的第一步。据一般的估计。崇德全县农民负债者，竟占百分之八十强。[1] 但调查时农民多不大愿意告诉人家，所以实际因借债而抵押的田亩数无从知道。

［1］ 据浙江建设厅《建设月刊》五卷十期所载调查报告。

崇德九村各类村户民十七与民二十二所有田亩增减表

村户类别			地主		富农	中农	贫农及雇农
			收租	经营			
民十七			597.00		198.30	1144.40	92.25
民二十二			587.00		118.30	1026.30	829.60
增减原因	卖出	亩数	10.00			79.30	56.55
		%	1.68			6.93	6.28
	买进	亩数			20.00	3.50	18.00
		%			10.08	0.30	2.02
	典出	亩数				35.30	24.10
		%				3.08	2,70
	典进	亩数					
		%					
	赎去	亩数					
		%					
	赎回	亩数					
		%					
	其他	亩数			分出 100.00	分出 7.00	
		%			50.43	0.61	
		备注			分家后不住本村者2户,地100亩,民二十二年中未列入	分家后不住本村者1户,地10亩,民二十二年中未列入	

以田产为抵，向人家借钱的时候，必须写契约，这是崇德和浙西各县多一致通行的习惯。契约上应该写明（1）抵借的款数。（2）利率多少，按年或按日计利，在何时付利。（3）何时还本。（4）作抵的田产的面积，四至和所在地。（5）到期不还本利，债权人怎样处理那块田地。抵田的方法，有好几种。有的仅立借契，有的立借契外还须另附卖契，有的直接用卖契作抵，契末注明抵借情形。据崇德九村调查所得，大都通行“央中立契”的办法，杨家庄和桑园村还有所谓“绝契活抵”，就是比较苛刻的债主想攫取农民土地的绝妙方法，因为如果债户到期不偿本利，便可根据绝契开粮过户。吴兴七里村、恭一庄都通行三年不还利便没收土地的习惯；杭县新兰乡、海宁湖濮南章乡到期不还利也可没收土地，并无年限的规定。

每亩田所能抵押的价格，在崇德普通仅十元至十三元，杭县二十五元，海宁十五元，吴兴五元至十五元，大概相当地价的一半左右。民十七年时抵价比现在可大三分之一，地价也同样较高。

崇德九村每亩田抵价表

村名	最多		最少		普通	
	民十七年	民二十二年	民十七年	民二十二年	民十七年	民二十二年
甲子埭	50元	—	20元	—	40元	—
陈家村	30	15元	10	5元	15	10元
庵河	30	13	16	5	25	9
杨家庄	40	20	10	5	20	10
果子园	—	—	—	—	—	—
姚家浜	30	10	10	3	20	5
白蔷里	30	15	10	5	20	10
五圣堂	40	15	15	10	20	13
桑园	25	25	13	12	20	13

崇德邻县每亩田抵价表

地点	最多		最少		普通	
	民十七年	民二十二年	民十七年	民二十二年	民十七年	民二十二年
海宁湖濮南章乡	25元	—	10元	—	15元	—
杭县新兰乡	50	40元	15	6元	35	25元
吴兴七星村	12	15	8	10	10	12
吴兴恭一庄	70	50	15	10	25	15
吴兴谭降	20	13	8	3	12	5

当农民用抵田借款的办法不足以解经济困厄的重围的时候，只得采第二步办法——典田。田地抵押出去以后，出抵的人还能管理那块土地，只要按期偿利，自己尽管耕种，受抵人对于这块田地仅有监视的权利。可是田地典当出去以后，管理的权便属诸受典人，出典人已和那块土地暂时脱离关系。

典当田地普通要央中写立典契，典契上重要的须写明典田面积、典价、赎取时期等项。也有直接写立卖契，注明何年回赎，到期不赎，便作卖绝的。崇德桑园和甲子埭两村，便是通行这个办法。典当时中佣普通百分之五，验契费每元三分，都归受典人出，赎取时这笔费用须由出典人偿还。期限普通五年，最长十年，亦有三年的。未到赎取的时期，出典人有力赎回者，在崇德各村是可以赎的；吴兴七里村和恭一庄都不能赎，吴兴谭降只要出典人愿认不到期的利息，亦可回赎。回赎时只要“洋契两交”使算完事。实际上农民出典的田产能回赎者甚少，在崇德各村不到十分之二，吴兴亦绝少。出典田产的，大多是贫困的农民，有的不到期，就想钱用，有的到了期无力赎回，结果惟有再向受典人，找些价，作为绝卖，和那块土地永远断绝关系。崇德九村的中农和贫农五年中典出了田地五九·四亩，但赎回的未见一亩。

每亩田的典价，在崇德约占田价十分之六七，吴兴不相上下，海宁杭县所调查的两村，都没有典当的习惯。崇德九村中典价调查清楚的只有甲子埭、庵河、杨家庄、五圣堂、桑园五村，其中两年都清楚的，只有两村。典价的降落，是跟着地价的降落而来的。

崇德五村每亩田典价表

村名	最多		最少		普通	
	民十七年	民二十二年	民十七年	民二十二年	民十七年	民二十二年
甲子埭	42元	29元	18元	13元	36元	24元
庵河	40	—	15	—	24	—
杨家庄	48	24	18	9	30	12
五圣堂	49	—	21	—	35	—
桑园	—	24	—	12	—	15

崇德邻县每亩田典价表

地点	最多		最少		普通	
	民十七年	民二十二年	民十七年	民二十二年	民十七年	民二十二年
吴兴七星村	20元	20元	10元	10元	15元	15元
吴兴恭一庄	70	50	20	10	25	15
吴兴谭降	30	15	12	5	19	8

出让田产的最后一步是绝卖。农民绝卖田地，大都先经典当，很少直接出卖的。海宁、杭县、吴兴各村，出卖前先经典当者六成至八成，仅有吴兴谭降一村为例外，直接出卖者竟占九成。崇德调查的九村中先典后卖者至少五成，多至九成，普通七成。双方央中说合，写立绝卖文契，得主交出田价，失主交出田单，买卖就算成交。除田价外，得主还须出十分之一的中费。买进的田地由买主开粮过户后，便可永远执业。

现在崇德邻县的田价，以吴兴的恭一庄为最高，每亩也不过百元，普通只十元至四十元。崇德九村中最高价格每亩只有四十元，普通是二十至三十元。与五年前相比，除吴兴的七里村外，田价差不多跌落了二分之一。为明了起见，我们把各村两年的普通田价，作成指数来观察。

崇德邻县每亩田卖价表

地点	最多		最少		普通	
	民十七年	民二十二年	民十七年	民二十二年	民十七年	民二十二年
海宁湖濮南章乡	50元	—	20元	—	30元	—
杭县新兰乡	90	70元	20	10元	60	40元
吴兴七里村	25	30	15	20	20	25
吴兴恭一庄	140	100	30	20	50	30
吴兴谭降	40	25	15	6	25	10

崇德九村每亩田卖价表

村名	最多		最少		普通	
	民十七年	民二十二年	民十七年	民二十二年	民十七年	民二十二年
甲子埭	70 元	36 元	30 元	16 元	60 元	30 元
陈家村	50	30	15	10	35	20
庵河	65	25	25	10	40	18
杨家庄	80	40	30	15	50	20
果子园	—	—	—	—	—	—
姚家浜	60	30	30	15	40	20
白蔷里	60	30	20	10	40	20
五圣堂	70	30	30	20	50	25
桑园	50	40	25	20	40	25

崇德邻县每亩普通田价的指数

地点	指数	
	民十七年	民二十二年
杭县新兰乡	100	67
吴兴七里村	100	125
吴兴恭一庄	100	60
吴兴谭降	100	40

崇德八村每亩普通田价的指数

村名	指数	
	民十七年	民二十二年
甲子埭	100	50
陈家村	100	57
庵河	100	45
杨家庄	100	40
姚家浜	100	50
白蔷里	100	50
五圣堂	100	50
桑园	100	60

田价的跌落，是整个农村经济崩溃的结果。以前置买田产最足以刺激商人、地主和官僚的兴趣，现在他们有了钱情愿存放在银行里生息，不愿再置田产。在崇德农村里，以前很有许多富商地主大批收买田产，近年来零星的买卖只在小地主和乡村中比较殷实的农家间进行，大批的买卖几乎已经绝迹。

崇德县九村中近二十年来大批收买田地事件表(民二十二年)

收买者	收买年月	收买亩数	收买地点	收买后用途
张公裕	逐年(早数年)	500＋亩	庵河	收租
吴公和	逐年(早数年)	300＋亩	庵河	收租
张和尚	民八年	1000 亩	庵河	收租
天竺和尚	逐年(早数年)	500＋亩	庵河	收租
海宁某官僚	民七年	100 亩	姚家浜	收租
蒋氏	逐年	50＋亩	五圣堂	收租
城中吴家	逐年	100 亩	五圣堂	收租
前村沈家	逐年	30－亩	五圣堂	收租
吴家酱园	逐年(最近无)	50 亩	桑园	收租
海宁张氏	逐年(最近无)	30 亩	桑园	收租
天竺和尚	逐年(最近无)	70 亩	桑园	收租
沈义庄	列年	30 亩	甲子埭	收租
陈氏祭产	列年	30 亩	甲子埭	收租

(三) 土地使用

崇德农民经营的农场面积非常狭小。贫农及雇农集中在五・〇至九・九亩这一阶段，中农集中在一〇・〇至一九・九亩这一阶段，富农最大的田场也不到四十亩。地主的田大部分出租，自己雇工经营的占很小部分。大规模的地主经营者在崇德九村中是绝无的。

崇德九村各类村户使用田亩各阶段分布表(民二十二年)

田亩阶段	地主		富农		中农		贫农及雇农	
	户数	对总户数的%	户数	对总户数的%	户数	对总户数的%	户数	对总户数的%
0	1	11.11					5	1.85
0.1—4.99					3	3.06	77	28.41
5—9.99	3	33.33			39	34.80	139	51.29
10—19.99	5	55.56	1	33.33	51	52.04	48	17.71
20—29.99			1	33.33	5	5.10	2	0.74
30—39.99			1	33.33				
总计	9	100.00	3	100.00	98	100.00	271	100.00

从每户平均使用田亩来看，比较更清楚。贫农每户仅使用六·六二亩，中农一一·一八亩，富农所有的农田并不完全自己耕种，所以每户平均使用面积也只二一·七六亩。地主因为养蚕的关系，所种小部分农田中，多数是桑田，即使种几亩稻田，也不过想得些柴草而已。

崇德九村各类村户每户平均使用田亩表(民二十二年)

村户类别	户数	使用田亩数	每户平均使用田亩数
地主	9	97.00	10.77
富农	3	65.30	21.76
中农	98	1080.00	11.02
贫农及雇农	271	1796.15	6.62

富农虽然自己也参加耕种，但大部分的劳作是让所雇的长工来负担的。中农和贫农都是自己耕种农田，但因为土地的缺乏，他们的劳动力并不曾得到充分的利用。实际参加田间工作的人（十六岁以上），中农每人平均耕种八·七八亩，贫农每人平均耕种五·三五亩。中农和贫农中有一部分过剩的劳力，已用到别的工作上去；从出外工作的人数上看来，可以了然。

崇德九村各类村户参加田间工作者每人平均使用田亩表(民二十二年)

村户类别	参加田间工作的人数	使用田亩数	每人平均使用田亩数
中农	123	1080.00	8.78
贫农及雇农	336	1796.15	5.35

崇德九村中农及贫农出外工作的人数表(民二十二年)

村户类别	有工作能力的人数	出外工作人数	对有工作能力人数的%
中农	239	7	2.93
贫农	632	52	8.22

民国十七年时，有一家使用农田五十亩以上的富农，分家的结果到现在使用都不到四十亩。中农和贫农使用田亩阶段的变动，亦很显然；即相对地低阶段减少，中间阶段增加，高阶段也减少。为明了起见，我们把表中的阶段重新划分一下，中农使用阶段的变迁，得到如下的结果。

崇德九村农民使用田亩的阶段民十七与民二十二两年的比较表

田亩阶段	富农				中农				贫农及雇农			
	民十七年		民二十二年		民十七年		民二十二年		民十七年		民二十二年	
	户数	百分比	户数	百分比	户数	百分比	户数	百分比	户数	百分比	户数	百分比
0									5	2.11	5	1.85
0.1—4.99 亩					3	2.54	3	3.06	68	28.69	77	28.41
5—9.99					49	41.53	39	39.80	114	48.10	139	51.29
10—19.99	1	50.00	1	33.33	58	49.15	51	52.04	49	20.68	48	17.71

续表

田亩阶段	富农				中农				贫农及雇农			
	民十七年		民二十二年		民十七年		民二十二年		民十七年		民二十二年	
	户数	百分比	户数	百分比	户数	百分比	户数	百分比	户数	百分比	户数	百分比
20—29.99			1	33.33	6	5.08	5	5.10	1	0.42	2	0.74
30—39.99			1	33.33	2	1.70						
40—49.99												
50—99.99	1	50.00										
总计	2	100.00	3	100.00	118	100.00	98	100.00	237	100.00	271	100.00

田亩阶段	民十七年		民二十二年		百分比的增减
	户数	百分比	户数	百分比	
0—9.99 亩	52	44.07	42	42.86	—1.21
10—19.99	58	49.15	51	52.04	＋2.80
20—	8	6.78	5	5.10	—1.68
总计	118	100.00	98	100.00	—

虽然使用十亩以下的户数减少了百分之一·二一，使用十亩以上的户数增加了百分之二·八九；但使用田亩在二十亩以上的人家，却也减少了百分之一·六八。这表示中农的田场并没有扩大的倾向。再看贫农及雇农的使用阶段的变动，恰巧和中农的变动有同一的倾向：

田亩阶段	民十七年		民二十二年		百分比的增减
	户数	百分比	户数	百分比	
0—4.99 亩	73	20.80	82	30.26	—0.54
5—9.99	114	48.10	139	51.29	＋3.19
10—	50	21.10	50	18.45	—2.65
总计	237	100.00	171	100.00	—

即使用五亩以下的户数减少百分之〇·五四，使用五亩以上的户数增加百分之三·一九；可是使用十亩以上的户数却也减少百分之二·六五。

崇德九村农户每户平均使用田亩增减表

村户类别	每户平均使用亩数		指数	
	民十七年	民二十二年	民十七年	民二十二年
富农	51.15	21.76	100	43
中农	11.18	11.02	100	98
贫农及雇农	6.68	6.62	100	99

一般说来，崇德农民使用农田的面积，是日见缩小的。下面的数字更可清楚地表现出来。富农每户使用面积从五一・一五亩减为二一・七六亩，减少了百分之六七，虽然我们所调查到的富农户数太少，但在这里至少可以意味到资本主义农业生产的前途是十分暗淡。

另一方面，贫农及雇农每人耕种的田亩数日见减少，而出外工作的人数日见增加，也是值得注意的问题。

崇德九村中农及贫农参加田间工作者每人使用田亩增减

村户类别	每人使用亩数		指数	
	民十七年	民二十二年	民十七年	民二十二年
中农	7.90	8.79	100	111
贫农及雇农	5.58	5.35	100	96

崇德九村中农及贫农出外工作人数增减表

村户类别	民十七年			民十八年			百分比的增减
	有工作能力人数	出外工作人数	百分比	有工作能力人数	出外工作人数	百分比	
中农	314	11	3.50	239	7	2.93	－0.57
贫农及雇农	578	32	5.54	632	52	8.22	＋2.66

（四）租佃关系

土地所有和土地使用的矛盾，在租佃关系上充分地表现出来。崇德九村的九十八户中农中，有百分之六〇以上是必须租进少量或多量土地来使用的“半自耕农”。贫农中须租田耕种的户数达百分之八十七左右，其中有百分之九・〇六是纯粹种租田的“佃农”。只有富农完全是“自耕农”。地主所有田亩中，出租的地亩占所有田亩的百分之八三・四七，自己使用的不到百分之十七。富农也只使用了一半多些的土地，百分之四四・八出租给人家耕种。中农和贫农中也有出租少量的土地，那是一部分劳动力不敷的人家不得已的事情；他们大都因“自田”太少，再向地主富农租进或多或少的农田来耕种。中农租田占使用田亩的百分之一六・四九，贫农使用农田中几乎有半数是租田。而且近五年来中农和贫农租进的农田有增无减。中农和贫农使用的面积并没有扩大，而使用田亩中租田的成分却增加了百分之三至百分之四，这无疑地告诉我们土地所有和使用间的矛盾，正在日益尖锐。

崇德九村各类村户性质对照表(民二十二年)

村户类别	富农		中农		贫农	
	户数	百分比	户数	百分比	户数	百分比
地主						
自耕农	3	100.00	39	39.80	38	14.34
半自耕农			59	60.20	203	76.60
佃农					24	9.06
雇农						
其他						
总计	3	100.00	98	100.00	265	100.00

崇德九村各类村户出租田亩数(民二十二年)

村户类别	所有田亩数	出租田亩数	出租对所有的百分比
地主	587.00	490.00	83.47
富农	118.30	53.00	44.80
中农	913.50	11.60	1.26
贫农及雇农	939.65	0.50	0.02

崇德九村中农及贫农租进田亩数(民二十二年)

村户类别	使用田亩数	租进田亩数	租进对使用的百分比
中农	1080.00	178.10	16.49
贫农及雇农	1796.15	857.00	47.71

崇德九村中农及贫农租进田亩对使用田亩百分比增减表

村户类别	民十七年			民二十二年			百分比的增减
	使用田亩数	租进田亩数	百分比	使用田亩数	租进田亩数	百分比	
中农	1319.15	176.75	13.39	1080.00	178.10	16.49	+3.10
贫农及雇农	1585.33	693.08	43.72	1796.15	857.00	47.71	+3.99

崇德租佃的制度，从调查的几村中只可知其梗概。各村都盛行定额谷租，惟庵河有百分之十的折租。崇德三县仅杭县新兰乡有百分之四十的钱租，其余海宁、吴兴调查各村所通行的都是谷租。租田的手续普通由佃户向地主口头说明已够，崇德各村都不用立租契，要立租契的是杭县新兰乡、吴兴七里村和恭一庄。租佃年限是没有一定的，所谓“不欠租，不撤佃”。田租

年年清，佃户尽可永远耕。但这与永佃不同，因为地主只要早一年通知，便可收回自种。崇德各村每亩的租额最高一石二，最低四斗，普通五斗六至七斗五，占产量的百分之二十五到百分之四十四。崇德邻县的租额，以杭县新兰乡为最高，普通每亩一石，几占产量百分之五十九，最高甚至一石四，差不多佃户全部的产量都要献给地主。海宁、吴兴各村的租额，和崇德不相上下。

崇德每亩租田租额表(民二十二年)

村名	每亩产量(米)	每亩租额(米)			普通租额对产量的百分比
		最高	最低	普通	
甲子埭	1.7石	1.20石	0.50石	0.75石	44.12
陈家村	2.0	0.90	0.60	0.70	35.00
庵河	1.7	1.20	0.40	0.70	41.17
杨家庄	2.2	0.67	0.52	0.56	25.45
姚家浜	1.8	0.75	—	—	—
五圣堂	2.0	1.30	0.40	0.72	36.00
桑园	1.7	0.90	0.40	0.74	43.53

注:白蔷里、果子园两村租额未详。

崇德邻县每亩租田租额表(民二十二年)

地点	每亩产量(米)	每亩租额(米)			普通租额对产量的百分比
		最高	最低	普通	
海宁湖濮南章乡	2.0石	0.75石	0.40石	0.60石	30.00
杭县新兰乡	1.7	1.40	0.30	1.00	58.82
吴兴七里村	2.0	0.60	0.40	0.45	25.50
吴兴恭一庄	1.5	1.00	0.30	0.60	40.00
吴兴谭降	1.2	0.80	0.40	0.55	44.83

田租大都在秋收后缴纳，没有预缴的情形；可是“押租”已很通行，在杭县新兰乡、崇德桑园、甲子埭、五圣堂、庵河等村，每亩都须缴纳押租五元，才得耕种。许多贫困的农民，往往就因为缴不出这五元的押租；只得老守着那狭小的田场，度他们饥寒的生活。

三、政治方面

(一) 乡村政治

崇德自治区域，从前划分为十二个，计城区、上墅、芝村、洲泉、太平、义马、石湾、羔羊、张褚、肇昌、东万、钱林等区。在逊清筹备自治时，有自治会，各区有自治委员，以代替过去乡董之职。民国肇造后，县议会参议会成立，至民十七年，始规划为村里委员会，十八年而区公所渐次成立，划分为五区，继又改编村里委员会为乡镇公所，今则仍是，计全县共有一百二十一乡六镇。

崇德区公所，别为二等，因户口繁庶，地位冲要，其事务亦随之而增加，故添设职员，递加经费，以促进一切自治事业，四等区有助理员一人，雇员一人，区丁二人，经费一千五百七十六元，五等区少一雇员与一区丁，经费一千一百七十六元。其来源在田赋项下每元带征七分，年征总额六千五百八十四元支配之。

乡镇公所，有乡长或镇长一人，另选一人副之，其经费按户口多寡，分三等发给，计甲等五元，乙等四元，丙等三元，亦由田赋项下每元带征六分一厘，年征总额五千七百三十八元，但据各乡乡长言，则此款从未领到。所有事务，由闾长协助办理，邻闾之组织，各县相同。

各区自治事业，由省政府颁布纲领，故举动一致，与龙游无甚区别。已办者如调查户口，编钉门牌，筹备积谷，举办保甲，成立保卫团等项，而水利道路教育卫生，亦仅从事宣传，无法举办。盖农村经济衰落，地方经费难筹，农民但望免于冻馁，他无所求，所谓主人翁之地位，早已漠然置之。兼以教育程度太低，故事业进展甚缓，无何种成绩可言。

全县警卫，有公安局及保卫团，县公安局设五分局，计有官佐十一员，长警一百二十七名，枪一百六十四枝。保卫团总团部下，有县基干队两分队，区基干队三分队，计官佐五员，团丁一百二十名，枪一百三十九枝。

警费由店屋住屋捐拨充，店屋按租价征百分之十五，住房按租价征百分之十。保卫团经费，由商店负担，商会征收，会同县政府及区公所发给。

（二）田赋

田赋为省税大宗，分上下两期，上期纳银，下期纳米。银每两以一元八角计算，米每石以三元三角折算，上期曰地丁，于四月一月开征，下期曰抵补金，于十月一日开征。自去年起改两为元，所有田赋科则及带征各项附税并税率，均由财务局于开征前印发各区坊乡镇公所实贴，并于征收柜前，竖立木牌，逐项揭载，晓谕大众。业户于开征前接到通知单后，亲自赴柜缴纳，并掣回串票，以为凭证。此举虽未能将积弊肃清，但多收之弊，实已捐除，兹将崇德全县田赋征收数额，附录如下。

税目	等级	正附税每亩总计			正税每亩税率			附税每亩总计			附税对正税的指数	亩数
		上期	下期	合计	上期	下期	合计	上期	下期	合计		
田	5	0.662	0.566	1.188	0.230	0.297	0.527	0.392	0.269	0.661	125	293557
荒田	9	0.477		0.477	0.812		0.812	1.289		1.289	134	366
地	3	0.611	0.566	1.177	0.226	0.297	0.526	0.385	0.269	0.654	125	203886
麦地	9	0.987		0.987	0.365		0.365	0.622		0.622	170	2098
荡	6	0.133	0.301	0.434	0.055	0.158	0.213	0.073	0.148	0.221	104	2472
升荡	9	0.081	0.303	0.384	0.030	0.159	0.189	0.051	0.144	0.195	103	180

在这个表内，是显明的知道附税超过了正税，我们归纳农民的意见，约有两种：一负担太重，除了人工种籽肥料以外，田熟不够完粮。二政令太烦，对于一切新政，并未感到若何利

益，所谓区公所，乡镇公所云者，不过多几个机关，多几层负担而已。试看一切附捐，实际影响于农民生活者，究有几何？

税目 期别	建设特捐	建设附捐	特捐	自治附捐	教育附捐	治虫经费	征收公费	保卫团附捐	水利经费	区公所经费	农民飞机捐	其他	合计
上	0.556	0.083	0.383		0.083	0.030	0.090		0.028		0.020	0.100	1.373
下	0.303	0.091	0.152		0.024	0.030	0.037			0.070	0.080	0.176	0.963

这表是以每元带征的，所以一亩田上下期的正税是五角二分七厘，它的附税就六角六分一厘。附税是年有增减的，在去年的上期一元七角零三厘，比今年多三角三分，下期比今年少五分九厘，总算今年的钱粮，比去年少二角七分一厘。兹将增减各项，列之于下。

期别	税目							合计
	自治附捐	农民银行基金	教育附捐	救济院经费	治虫经费	其他	农民飞机捐	
上	0.056	0.167	0.128	0.056	0.056		0.020	
下	0.030	0.091			0.045	0.061	0.080	
增						0.115	0.100	0.215
减	0.086	0.258	0.045	0.056	0.041			0.486

公债多由商店及城市殷户负担，乡间甚少摊派，且在乡间调查公债，是不容易得到准确的数目，经手者或因素无簿籍，无从记忆，或因意存欺诈，以少派多，而农民之视公债等于募捐，不知有偿还之日，故或存于经手之处，或随便毁弃，至抽签偿还之时，只为经手者中饱而已。据该县长言，曾亲见一老妇以十元之公债票剪鞋样，当局不察，以为如期抽签，分期发还，初于农民无损，而不知为农民莫大之弊害。这次崇德调查，只有几村知道一二种的摊派数额，录之以见其征甲子埭村金库券八十元，五圣堂村金库券一百元，庵河村二五公债一百十四元，均以有田五亩以上为标准。

其他杂捐，如门牌捐、积谷捐，均按户征收，而去年之军差，各乡均蒙其害，其名曰拉夫捐，兹将调查所及者，记之如下，五圣堂村四十七元，甲子埭村四十元，庵河村二十八元六角，桑园村三十五元，白蔷里村四十元，即穷如姚家浜，亦捐米六斗小洋十八角、柴两担、松板四块、木头四根，其烦苛琐碎，可以概见，而各乡较富者，虽未悉其确数，亦可推而知之。

赋税的征收，据说近年仅及总额之四成，而该县长言，若改局为科，则可征之七成，果办理之不善欤，抑民生之凋困所致。附民元至十八年所缴新旧田赋实数如下。

崇德(地丁)

年度	本年度征数(两)	历年征起旧欠数(两)	合计(两)	折合银元数
民元年	45812	—	—	82462
民二年	46495	7261	53756	96761
民三年	55425	12608	68033	122459
民四年	42054	717	42771	76988
民五年	45154	6638	51792	93226
民六年	38922	9202	48124	86623
民七年	38212	17861	56073	100931
民八年	25669	10552	36221	65198
民九年	34493	18466	52959	95326
民十年	29924	11429	41353	58549
民十一年	21857	12496	34353	61835
民十二年	37979	15776	53755	96759
民十三年	38870	14634	53504	96307
民十四年	33073	19536	52609	94696
民十五年	41917	11468	53385	96093
民十六年	43969	9991	53960	97128
民十七年	27830	8260	36000	64962
民十八年	26829	14151	40983	73769

崇德(抵补金)

年度	本年度征数(担)	历年征起旧欠数(担)	合计(担)	折合银元数
民元年	19285	—	—	27855
民二年	34462	20164	54626	163878
民三年	34241	5756	39997	188473
民四年	19363	6000	25363	123501
民五年	31489	2912	34401	140516
民六年	20831	7105	2736	116970
民七年	20322	17869	38191	153409
民八年	7491	13647	21138	84636
民九年	20055	24648	44703	178983

续表

年度	本年度征数(担)	历年征起旧欠数(担)	合计(担)	折合银元数
民十年	14326	15364	29690	116003
民十一年	11933	12782	24715	94297
民十二年	16994	22838	39832	149042
民十三年	22899	19019	41018	149249
民十四年	21481	1610	37671	130919
民十五年	24311	9489	33800	112697
民十六年	29022	11881	40903	135017
民十七年	13870	7051	20921	69123
民十八年	15657	14680	30337	100112

四、邻县

（一）概况

我们想在崇德的经济状况下面，去推想浙西的一般情形，究竟这个演绎法是否适用，就从它的邻县来判断它。

桐乡、德清、吴兴、海宁、杭县，都是相毗连的，同时桐乡与崇德是旧嘉属，德清、吴兴是旧湖属，杭县、海宁是旧杭属，浙西原本是杭、嘉、湖三属，那么这五县已经包括了。如果五县的情形，无甚差异，那么，在没有完全调查浙西的时候，就可拿崇德来做一个引证了。

桐乡在崇德之东，唐属嘉兴，五代时分隶嘉兴、崇德，宋元间属崇德，至明宣德五年，始析崇德之募化、千金、保宁、永新、清风、梧桐六乡而设立县治，面积九百六十四方里。地势南高而北低，以运河为限，河流四达，有烂溪绕其北鄙，长塘水沿其南陲；运河与沙渚塘水横贯中部，故舟楫便利，灌溉无虞。土壤瘠者多而肥者少，南乡多砂土，性松燥，宜种烟叶，北乡多黏土，性凝滞，宜种稻。蚕桑极盛，兼产桑秧，法于桑椹熟后，采椹酿烂，取其子播于泥中，敷以稻杆灰，俟芽出尺余，移种于田，翌年夏初发叶，摘去杂条，是为毛桑，又于翌年清明节时，剪桑树枝条三寸许，削尖接入，活后乃为大种桑，每于此时发售，培植长大，即可饲蚕。

德清在崇德之西，唐时始置县，面积六千一百三十八方里。地势西鄙多山，形高而斜，东北多水，势平而低，山有南北二脉，一自天目，一自武康。河流有天目发源之余不溪，其下游即苕溪，及余不分流，行于全境。土壤东肥西瘠，以余不溪分流为界，肥者约占百分之六十，故稻与桑秧极多，瘠土亦莳茶竹，蚕桑极富，几以饲蚕正业。境内多荡产鱼亦伙，年值十余万元，近以利厚蓄羊，年值亦十余万元。

吴兴在崇德之北，入于民国后合乌程、归安二县而成，面积约一万七千方里，地势平坦，全境港湾交错，交通甚便。县境西南与长兴、安吉、武康三县交界之处较多山岭，南苕溪西苕溪，即出于天目山中，经武康安吉而入境。汇于碧浪湖，经三十六港之宣泄，北流而入太湖，有时港流淤塞，全邑泛滥，在逊清同治年间，筹有水利基金三万四千元，为岁时修治之费。土壤多黏土壤土，即山地亦复甚佳，平地植稻麦桑树，山地间种竹木，居民专事蚕桑，在丝茧价值最贵时，年值一千七百余万，近则不过三四百万而已，其田几尽由客籍农民佃种。以河流地荡之多，故出鱼甚富，农家均兼蓄羊，家各四五头，盖有枯桑叶及青草以供食料，而年有胎羊皮行销国外，获利颇厚。

杭县在崇德之西南，入民国后，并仁和钱塘二县而一之，面积二千九百二十五里。地势西南高而东北低，山占百分之二十，皆由天目山脉蜿蜒而来。水利东临钱塘江，西通太湖，苕溪南渠河自西北境流入，上塘河下塘河新开运河，均分别北流入海宁德清县内，兼有西湖，淳含潴蓄，以备旱灾，故交通灌溉，均甚便益。土壤分壤土、黏土、沙土三种，平原多壤土，山地兼有黏土粒土，沿江一带，均为沙土。作物以稻、大小麦、豆、棉、桑、茶为大旨，蚕业亦盛，惟较之吴兴则有逊色。商业金融集中杭州市，有《杭州市经济调查》一书可供参考。

海宁在崇德之南，古曰盐官，面积一千九百余方里，全境皆为平原，虽有少许冈陵起伏，实卑卑无足道。河流极多，舟楫甚便，最著者如袁花塘河、梓江塘河、洛塘河、许公塘河、备塘河、上塘河、二十五里塘河，田亩之灌溉，全县之交通赖之。土壤西南境为沙质壤土，宜于麻棉，东北境为壤质砂土，宜于植桑，全县皆有饲蚕，田头地角，无一而不植桑，与德清相伯仲，年产丝七百万元，前年仅有百万元。今年春夏两次尚佳，大约值三百万元。

各县之面积土壤，山脉河流，水利作物，既已分述，兹将气候、土地、户口、租佃情形，及捐税负担，汇载如次。

（二）气候与雨量

浙西位于杭州湾之口，气候温和，较以浙东之温州，微有不同，盖彼已接近闽省，地邻热带，而此则无祁寒酷暑，温度适中，最热至百度，最冷至二十度，各县亦大致相类。

县名 温度	桐乡	德清	吴兴	杭县	海宁
最高	96	98	98	103	100
最低	24	26	25	22	24

浙江雨量，每年均在一公尺以上，而无超过二公尺者，杭县为一四三九公厘，兹将各雨量录附备考（以公厘为单位）。

站名 雨量 时期	杭县	海宁	德清	吴兴	桐乡	崇德
十九年	1396.2	1376.5	1419.3	1382.2		
二十年	1879.9	1603.5		1960.0	1769.7	
二十一年	1263.0	1151.4	1136.9	979.5		1132.6

已知全年雨量，再一观各月之雨量。

站名 \ 雨量 \ 月份	1	2	3	4	5	6	7	8	9	10	11	12
杭县	59.0	136.9	92.7	143.3	222.6	170.9	152.8	135.6	203.1	59.9	70.2	66.2
海宁	43.0	98.6	78.9	128.8	275.3	155.6	171.9	138.5	136.7	36.1	66.0	47.6
德清	38.8	61.2	94.5	119.4	256.5	223.5	112.5	127.9	94.8	54.4	42.8	51.8
吴兴	44.0	105.4	77.0	128.5	176.3	210.8	292.0	108.3	139.3	45.0	61.2	52.7
桐乡	62.1	297.7	55.5	111.5	200.7	103.7	449.5	94.4	246.2	16.5	86.3	45.6
崇德	35.0	71.8	52.0	96.5	296.8	136.5	90.7	210.8	60.2	39.7	39.5	33.1

但雨量与雨日，无适当比例，故将雨日载之如下（以每日降水量达十分之一公厘为雨日）。

站名 \ 雨量 \ 月份	1	2	3	4	5	6	7	8	9	10	11	12
杭县	8	12	10	10	12	9	8	9	12	6	10	10
海宁	9	12	10	13	14	12	13	8	13	4	8	10
德清	9	10	11	12	15	14	14	10	14	7	9	11
吴兴	7	9	8	12	13	12	13	13	12	7	10	12
桐乡	8	10	10	10	16	8	17	3	10	2	6	6
崇德	4	10	6	12	16	14	5	13	10	6	10	9

当夏秋之交，辄有最短时间之大雨量，此种暴雨，每随飓风而来，恒为造成各地水灾之原因。（注：下表中年月日为民国纪年法）

县名 \ 雨日 \ 月份	最大雨量					最大雨率					
	年	月	日	公厘	小时	年	月	日	公厘	小时	每小时公厘
杭县	十九	8	28	91.0	5.0	十九	7	3	28.4	1.0	28.4
海宁	二十	8	25	72.5	22.2	二十	8	23	24.0	0.7	34.3
德清	二十	9	3	115.8	23.7	二十	6	28	47.8	0.8	59.8
吴兴	二十	7	5	110.5	10.7	二十	7	5	110.5	10.7	13.3
桐乡	二十	8	25	91.0		二十	7	9	68.0	1.8	37.8
崇德	二十一	5	4	81.5	16.5	二十一	9	7	18.5	0.5	37.0

（三）户口与面积

户口与面积，素无精确统计，兹就各县所沿用者及统计局所公布者，互相参照，以资研究。

	杭县	海宁	德清	吴兴	桐乡	崇德	备考
户数	84639	84176	—	—	—	44382	县政府所报
	167062	77454	41509	169237	35013	43793	浙江经济纪略
	91700	81600	41500	109200	35000	43500	统计局
口数	391509	356452	—	—	—	203012	县政府所报
	346576	162040	77988	308041	72038	91100	浙江经济纪略

读了上表，真使人感想到中国统计的缺乏，杭县的户数，依县政府所报的，几少一半，而口数反多八分之一。海宁户口依县政府所报的仅多十一分之一，而口数之增加，超过一倍，假定一家五口计算，当然我们只能承认县政府所报的是相当的准确。

田亩的统计，亦有同样的情形，即在征收田赋的粮册上，已经有了小小的不同。

县名 调查者	杭县	海宁	德清	吴兴	桐乡	崇德	备考
浙江省财务审查委员会	1157381 亩	854026	544956	1576167	517353	502502	
各县报厅数	1450867 亩	916260	543824	1410018	520924	502559	
统计局	1206000 亩	899000	549000	2089000	597000	603000	

以各县呈报之亩数与财务审查委员会之亩数相较，吴兴差十六万余亩，杭县差三十万亩。以统计局公布之亩数与各县呈报之亩数相较，吴兴差五十余万亩，杭县则差二十余万亩。粮册之不确实，与土地之无精确计算，于此可见。如以各县呈报之数为准，而以统计局之户数除之，或可得一相当之概念。

	杭县	海宁	德清	吴兴	桐乡	崇德
每户	15.8	11.2	13	8.3	15	11.5

各县的庙产、族产，都无统计，我们知道庙产是没有多大的数，而族产实占一相当的地位，从粮柜上调查每户产业的亩数，极易错误，因为一家的产业，尽可分立几个户名，如某某堂，某某记，某某户，望之俨然数户，而不知其为一家，故此种数字，缺而不录。兹就各村调查所得者，虽非全豹，然其数则较为准确。

县名	杭县	海宁	吴县	
村名	新兰村	湖濮南章联合乡	恭一庄	辑里村
全户数	48	93	34	44
全亩数	334	1217	540	295
地主	6	30	0	0
中农	9	19	12	13
贫农	12	24	21	31

续表

县名	杭县	海宁	吴县	
雇农	13	13	1	
其他	8	17	0	

杭县贫农及雇农，约占百分之五十，海宁约占百分之三十，吴兴则约占百分之七十，这是显明蚕桑区域所受的苦痛，在过去因茧价高昂享受着优美的生活，到现在因它的没落而受了极大的影响。海宁地主特别多，因海宁交通便利的关系，几有百分之二十的人经商于外，所以他的田亩，便多佃种与人，而自己离开了农村，向都市去谋生活去了。

近来田地，极少买卖，非有田者不愿卖，实缘无人要买，这个原因，就是作物价格低落，田赋税率增加。

县别 / 年份 / 价格	杭县		海宁		吴兴	
	二十二	十七	二十二	十七	二十二	十七
最高	70	90	40	60	80	120
最低	15	30	18	24	20	30
普通	30	60	30	40	30	50

这是说明过去地价或有不同，而现在低落的趋势则一，并且他的价值，渐渐趋于一致，就是一亩田的收入，除了一切的开支，不过等于三十元的利息。但是一亩的作物究有多少产量，究有多少价值？

	杭县	海宁	吴兴	每石平均价格
米	20.5石	2.0石	2.0石	6.0元
麦	0.6石	0.4石	0.5石	4.0元
豆	0.8石	0.7石	0.9石	4.5

各县之田，种麦或不种豆，大概只为两熟，故其作物生产价格，每亩约为十五元，除去肥料种籽人工赋税或租米外，平均类须亏本，所以谷贱伤农，成了金科玉律。

（四）租佃制度

1. 永佃权的成分

各县甚少此种习惯，惟杭县略有之，其租额钱租五元，谷租八斗。

2. 租田手续及押租与苛例

租田手续，大半均为口头订约，初无所谓期限，若业主和善，佃户驯良，数世不易者有之，或业主贪狠，佃户刁劣，一年一易者亦有之，普通情形，即不欠租不撤佃。

押租一项，在杭县亩纳五元，海宁亩纳三元，然皆非全县一律，间或不纳亦有之，而其他各县，虽调查各村，无此情形，然不能遽谓其无有也。

“田婆鸡”及“麦租”等皆无，惟佃户住陇头田主之屋，则于收租时须备一餐丰盛之饭，以为一年屋值。

3. 缴租种类及租额

田租均为谷租，在昔有板租，不问水旱荒歉，年纳若干，其租额较一般为低，但粒米无收时，亦须缴纳。余则均为时租，视每年收成之丰歉，而定租额之高低，虽非到田分派，然颇分租之义，其成数约在五成以上，近年二五减租实行后，多由乡镇公所，估定该年收获成数，而以百分之三七·五缴纳。

（五）田赋

各县田赋，以科则不同，及附税不同，故不独县与县异，即同一县之田地，其捐税亦大不相同，初不以其为市镇之地与乡村之地而有所分别，故理财者，均主张地价税，顷杭州市业已实行，然反对者亦颇有人意者，其见解或有不同欤？

杭县

田	等级	正税	附税	合计	附税对正税的比例	亩额
前卫屯田	1	0.800	0.704	1.504	88	40
民田	6	0.511	0.563	1.074	110	392992
患田	7	0.495	0.536	1.031	108	38817
征田	10	0.453	0.521	0.974	115	237581
学田	18	0.339	0.367	0.706	108	395
折田	19	0.326	0.445	0.771	137	61055
右卫屯田	29	0.227	0.303	0.530	133	4
灶田	35	0.167	0.176	0.343	105	9220
下则田	36	0.153	0.209	0.362	137	8389
京折田	38	0.133	0.177	0.310	133	647
告折祭祠田	41	0.107	0.146	0.253	136	1194
先圣书院田	41	0.103	0.137	0.240	133	35
高坟田	42	0.095	0.115	0.210	121	112
四贤祠田	44	0.078	0.104	0.182	133	48
于坟田	44	0.076	0.097	0.173	128	
岳坟田	44	0.075	0.098	0.173	131	142
旌功田	47	0.041	0.056	0.097	137	713

地	等级	正税	附税	合计	附税对正税的比例	亩数
基地	2	0.564	0.638	1.208	113	6072
基地	5	0.499	0.589	1.088	118	3309
征地	10	0.355	0.391	0.746	110	102015
患地	10	0.344	0.372	0.716	108	8365
功旌基地	16	0.274	0.379	0.653	138	—
征地	17	0.269	0.314	0.583	117	98510
杭右卫屯地	18	0.255	0.345	0.600	135	1050
告折祠祭地	30	0.111	0.154	0.265	139	2212
先圣书院地	34	0.079	0.107	0.186	135	28
下则沙地	34	0.079	0.109	0.188	138	4104
仓园沙地	35	0.065	0.088	0.153	135	—
旌功地	40	0.015	0.021	0.036	138	129
民海沙地	41	0.004	0.005	0.009	125	—
折地	19	0.221	0.299	0.520	135	77643
杭前卫屯地	20	0.214	0.290	0.504	136	1712

山	等级	正税	附税	合计	附税对正税的比例	亩数
征山	6	0.059	0.067	0.126	114	61272
患山	6	0.057	0.064	0.121	112	4111
土山	7	0.044	0.054	0.098	123	113976
石山	8	0.030	0.034	0.064	113	69810
告则土山	9	0.024	0.033	0.057	138	26033
告则石山	10	0.011	0.015	0.026	136	26049
先圣书院山	11	0.004	0.005	0.009	125	519
旌功山	11	0.001	0.001	0.002	100	403

荡	等级	正税	附税	合计	附税对正税的比例	亩数
民荡	2	0.306	0.333	0.639	109	56476
患荡	2	0.305	0.324	0.629	106	3876
征荡	6	0.217	0.258	0.469	119	31692
旌功荡	27	0.002	0.003	0.005	150	118

海宁

	田	地			山	荡		
		深村地	南塘地	忠臣地		鱼荡	草荡	水荡
正税	0.414	0.405	0.314	0.120	0.075	0.357	0.167	0.070
附税	0.503	0.489	0.385	0.174	0.113	0.418	0.214	0.106
总计	0.917	0.894	0.699	0.294	0.188	0.775	0.381	0.176
附税对正税的比率	121	121	123	145	151	117	123	151
亩数	665378	198527	10955	23	15435	9420	9303	6719

吴兴

	田				地			山		荡	
	苕溪田	雪溪田	砂田	碑田	雪溪地	苕溪地	砂地	苕溪山	雪溪山	苕溪荡	雪溪荡
正税	0.572	0.568	0.472	0.326	0.142	0.126	0.091	0.045	0.027	0.059	0.039
附税	0.549	0.544	0.492	0.383	0.151	0.130	0.104	0.047	0.026	0.060	0.041
总计	1.121	1.112	0.964	0.709	0.293	0.256	0.195	0.092	0.053	0.119	0.080
附税对正税的比例	96	96	104	117	106	103	114	104	96	102	105
亩数	717121	608004	2503	15450	103221	79591	336	131327	253977	79612	42492

德清

	田				地		山	荡
	圩田	地田	荡田	山田	税地	山地		
正税	0.564	0.328	0.328	0.237	0.113	0.074	0.042	0.044
附税	0.591	0.341	0.341	0.248	0.143	0.095	0.049	0.054
总计	1.155	0.669	0.669	0.479	0.256	0.169	0.091	0.098
附税对正税的比例	105	104	104	105	127	128	117	123
亩数	367321	8590	228	561	78723		33367	55034

桐乡

	田	地	山	荡
正税	0.501	0.501	0.201	0.200
附税	0.704	0.632	0.228	0.226
总计	1.205	1.138	0.429	0.426
附税对正税的比例	141	126	113	113
亩数	430978		397	1342

上述五县之赋税，其税率互有大小，故将附税名称税率汇列一表，以觇各县事业之繁而捐税之琐细。

各县田赋每元带征附税细目一览表

县别	期别	建设特捐	建设附捐	水利经费	特捐	自治附捐	农民银行基金	教育附捐	救济院经费	治虫经费	征收公费	区公所经费	公益捐	农民飞机捐	其他	合计
杭县	上	0.556	0.083	0.028	民 0.325 患 0.295 钱 0.356	0.056		0.083	0.056	0.056	0.090			0.020		民 1.353 患 1.323 钱 1.384
	下	0.303	0.091		0.151			0.182		0.030	0.037	0.061		0.020		0.875
海宁	上	0.556	0.083	0.028	0.246	0.183		0.195		0.056	0.090			0.020	0.056	1.513
	下	0.303	0.091		0.106			0.227		0.030	0.037	0.061		0.020	0.030	0.903
吴兴	上	0.556	0.083	0.028	0.386			0.083		0.056	0.090			0.020	0.135	1.302
	下	0.303	0.091		0.091			0.091		0.030	0.037			0.020		0.663
德清	上	0.556	0.083	0.028	0.294			0.222	0.028	0.056	0.090			0.020		1.377
	下	0.303	0.091		0.121	0.091		0.076		0.030	0.037	0.046		0.020		0.815
桐乡	上	0.556	0.083	0.028	0.383		0.167	0.111		0.056	0.090			0.020		1.527
	下	0.303	0.091			0.091	0.091	0.227		0.030	0.037		0.045	0.020	0.033	1.070

农民银行基金，海宁是征收过了，而杭县海宁德清征了自治附捐，又征区公所经费，再海宁、吴兴、桐乡又征其他经费，此外各县尚有亩捐附录于后。

县别	期别	税目	税额				
			田	南田	地	山	荡
海宁	上	保卫团亩捐	0.040	0.029			0.012
	下						
吴兴	上	保卫团亩捐	0.100		0.080	0.040	0.060
德清	上	保卫团亩捐	0.040		0.040	0.040	0.040
	下	慈善教育亩捐	0.035		0.035	0.035	0.035

附税年有变迁，在昔未有统计，有二十一年起，嵊县魏颂唐君，年编《浙江财赋一览》一册，可资参考。至各县因年岁荒歉，租额繁重，积欠不纳者，固亦有之，鬻妻卖子而纳者，亦时有所闻，用将历年所缴新税旧欠数额，列表如下。

杭县(地丁)

年度	本年度征数(两)	历年征起旧欠数(两)	合计(两)	折合银元数
民元年	114632	—	—	206338
民二年	112266	4840	117106	210791
民三年	110994	5146	116140	209052
民四年	104236	8193	112429	202372
民五年	102015	3707	105722	190300
民六年	104954	11052	116006	208811
民七年	99535	8718	108253	19455
民八年	80249	7100	87349	157228
民九年	84126	18272	102393	184316
民十年	78213	17518	95731	172316
民十一年	61879	13053	74932	134878
民十二年	59250	60368	119618	215312
民十三年	64931	21044	85975	154755
民十四年	78139	52727	130866	235559
民十五年	62867	18112	80979	145762
民十六年	89654	68915	158569	285424
民十七年	59724	14893	74617	134311
民十八年	61120	29465	90585	163053

杭县(抵补金)

年度	本年度征数(担)	历年征起旧欠数(担)	合计(担)	折合银元数
民元年	24101	—	—	72303
民二年	43304	27766	71070	213210
民三年	45349	8724	54073	252917
民四年	41219	4591	45810	227926
民五年	37730	2941	40671	165169
民六年	41017	12080	53097	213133
民七年	37272	8518	45790	183698
民八年	24974	7483	32457	130007
民九年	28609	18868	47477	189998

续表

年度	本年度征数(担)	历年征起旧欠数(担)	合计(担)	折合银元数
民十年	24929	15426	40355	156501
民十一年	15497	12191	27088	105704
民十二年	21256	32543	53799	201987
民十三年	18563	17222	35785	127973
民十四年	24408	35949	60357	212183
民十五年	17030	15153	32183	108515
民十六年	33797	4568	78365	264035
民十七年	18351	10130	28481	95010
民十八年	17520	20158	37678	124337

海宁(地丁)

年度	本年度征数(两)	历年征起旧欠数(两)	合计(两)	折合银元数
民元年	65530	—	—	117954
民二年	70661	10805	81466	146639
民三年	62395	7472	69867	125761
民四年	46296	9179	55475	99855
民五年	52347	21253	73600	132480
民六年	57789	22128	73917	133051
民七年	53807	21351	75158	135284
民八年	36250	18636	54886	98795
民九年	48115	32161	80276	144497
民十年	40726	23090	63816	114869
民十一年	28985	23717	52702	94864
民十二年	37143	26432	63575	114435
民十三年	47340	25345	72685	130833
民十四年	51360	25585	76945	138501
民十五年	40362	20512	60874	109573
民十六年	57576	37645	95221	171398
民十七年	42409	11928	54337	97806
民十八年	40833	20725	61558	110804

海宁(抵补金)

年度	本年度征数(担)	历年征起旧欠数(担)	合计(担)	折合银元数
民元年	29533	—	—	88599
民二年	41129	13099	54228	162684
民三年	34251	1144	35395	174087
民四年	24397	5518	24015	147983
民五年	22292	10702	32994	142672
民六年	19852	18992	38844	155801
民七年	20369	19618	39987	159948
民八年	16334	17676	34010	136040
民九年	17308	19357	36665	146660
民十年	14269	19800	34069	133422
民十一年	13515	16008	29533	113470
民十二年	14841	15445	30286	112244
民十三年	25116	17200	42316	149833
民十四年	27785	12852	40637	139965
民十五年	18608	10804	27612	92040
民十六年	30581	23500	54081	179154
民十七年	11438	6216	17654	58327
民十八年	21639	11816	33455	110402

吴兴(地丁)

年度	本年度征数(两)	历年征起旧欠数(两)	合计(两)	折合银元数
民元年	52039	—	—	93670
民二年	73714	52831	126545	227781
民三年	90697	37331	128028	230450
民四年	85157	27732	112889	203200
民五年	96872	17507	114379	205882
民六年	97387	30553	127910	230292
民七年	99110	28887	127997	230393
民八年	15369	8016	23385	42093
民九年	94910	35556	130466	234839

续表

年度	本年度征数(两)	历年征起旧欠数(两)	合计(两)	折合银元数
民十年	68302	12846	81148	146066
民十一年	79992	22415	102407	184333
民十二年	92107	22034	114141	205454
民十三年	89830	15445	105275	189495
民十四年	85103	14210	99313	178764
民十五年	92437	12355	104790	188622
民十六年	101669	22578	124247	241645
民十七年	62383	7948	70331	126596
民十八年	74896	17417	92367	166261

吴兴(抵补金)

年度	本年度征数(担)	历年征起旧欠数(担)	合计(担)	折合银元数
民元年	41414	—	—	124242
民二年	95950	41502	137452	412356
民三年	87908	3822	91730	451006
民四年	81296	13437	94733	460725
民五年	94529	20160	114689	474100
民六年	96152	8303	104455	419002
民七年	95697	12321	108018	432661
民八年	11219	2995	14214	56187
民九年	95394	18055	113449	453796
民十年	37160	3279	40439	154324
民十一年	51559	6088	57647	219220
民十二年	72157	5962	78119	282555
民十三年	71916	6569	78485	275985
民十四年	46895	5932	52827	180803
民十五年	52148	4969	57117	188983
民十六年	67243	18508	85752	285786
民十七年	29835	4894	34729	116403
民十八年	38019	7454	45473	150061

德清(地丁)

年度	本年度征数(两)	历年征起旧欠数(两)	合计(两)	折合银元数
民元年	19060	—	—	34308
民二年	28402	15458	43860	78948
民三年	29127	2149	31276	56297
民四年	25755	7517	33272	59890
民五年	34922	1752	33674	66013
民六年	35502	100	35602	64084
民七年	34330	153	34483	62069
民八年	12220	97	12317	22171
民九年	28006	9975	37981	68366
民十年	15946	7290	23236	41825
民十一年	15632	12658	28290	50922
民十二年	22946	13889	36835	66303
民十三年	23483	16166	44649	80368
民十四年	33678	8754	42432	76379
民十五年	34654	5986	40640	73152
民十六年	34061	8134	42195	75951
民十七年	28680	4406	33086	59555
民十八年	23419	6785	30205	54369

德清(抵补金)

年度	本年度征数(担)	历年征起旧欠数(担)	合计(担)	折合银元数
民元年	7975	—	—	23925
民二年	27511	18919	46430	139290
民三年	22453	733	23186	114464
民四年	17497	3016	20513	99927
民五年	27393	2566	29959	122210
民六年	28002	205	28207	112835
民七年	26001	350	26351	105404
民八年	4884	13	4897	19588
民九年	22600	7451	30051	120204

续表

年度	本年度征数(担)	历年征起旧欠数(担)	合计(担)	折合银元数
民十年	12030	5740	17770	68674
民十一年	10989	6339	17328	65853
民十二年	19032	10166	29198	108108
民十三年	19361	7894	27255	96552
民十四年	22659	6131	28790	98502
民十五年	22059	4650	26709	89420
民十六年	21069	8552	29621	100850
民十七年	13840	5176	19016	62853
民十八年	12976	5556	18532	61156

桐乡(地丁)

年度	本年度征数(两)	历年征起旧欠数(两)	合计(两)	折合银元数
民元年	41039	—		73870
民二年	37367	4484	41851	75332
民三年	35205	3377	38582	69448
民四年	36228	1564	37792	68026
民五年	35612	1659	37271	67088
民六年	35611	789	36400	65536
民七年	29812	3247	33059	59506
民八年	19759	3418	23177	41719
民九年	18064	20108	38172	68710
民十年	23404	1993	25397	45715
民十一年	29584	14810	44394	79909
民十二年	27599	9423	37022	96759
民十三年	38870	2514	41384	74491
民十四年	31919	28918	60837	109507
民十五年	29050	11471	40521	72938
民十六年	31782	11586	43368	78062
民十七年	31474	4969	36443	65597
民十八年	14021	14609	28630	51534

桐乡(抵补金)

年度	本年度征数(担)	历年征起旧欠数(担)	合计(担)	折合银元数
民元年	19462	—	—	58386
民二年	29824	14100	43924	131772
民三年	25303	2124	27427	132887
民四年	25643	2414	28057	139377
民五年	27186	685	27871	112101
民六年	26468	2806	29274	117816
民七年	17435	3016	20451	82114
民八年	10174	6173	16347	65470
民九年	11686	11166	22852	91438
民十年	8830	17428	26313	103503
民十一年	18932	12785	31717	120603
民十二年	10711	9003	19714	73123
民十三年	20654	17355	38009	134826
民十四年	18639	24630	43269	155689
民十五年	18898	8486	27384	91507
民十六年	24670	14682	39352	133085
民十七年	8869	6900	15769	52805
民十八年	12089	4302	16391	54090

永嘉县

一、全县概况

永嘉是属于浙江沿海区的一县，地位正在瓯江的口子上，东南一角濒海，其他边境与瑞安、青田、缙云、仙居、黄岩、乐清等六县相毗连。全境因适当闽浙丘陵地的斜坡，所以山地居多，南部多平原。中部则河流所经区域，地势平坦，瓯江两岸，更形低下。

因为近海的关系，永嘉气候带有海洋性的成分，常年情形，均称适中；惟湿度则相当高，每年七八月间又常有飓风暴雨。

境内河流交叉，灌溉及交通，都尚称便利；但因地势关系，一旦如遇急雨或久旱，则灾象立成，因此在永嘉，排水与蓄水都必须视作重要的事项。

土壤方面，近山的区城及平原一带多为黏土，近海的区域多砂土，但一般的来说时，则大都是冲积土，其土壤中所含细沙成分，约在百分之二十至百分之三十左右。

作物以稻麦二种为主，豆的产额也丰富，常年计算：产米一百八十万担，产麦二十万担。此外，棉花种植面积近年亦渐扩大，而瓯柑的出产，虽属园艺，却占重要地位。

永嘉全县共分十区，面积大小与经济情形，各相殊异。第一区域为城区，工商业均甚发达，为全县货物进出口的中心地点。第二、第三、第四三区，地位适在南部平原一带，因地势平坦，水利较佳，故土地生产力占全县第一位，产米麦均甚丰富，其他副产亦皆发达；其中仅第三区中间有硗瘠的地方。第五、第六两区，前者在瓯江两岸，后者滨瓯江之地方甚多，受航业及水产的影响，经济情形，亦殊不恶，区内土壤肥沃，产米麦均丰富；惟一般地说来，经济地位仅属中上，次于第一、第二、第三、第四等四区。至其余四区，均为山地，面积虽占全县之半，但山岭崎岖，地质硗薄，加以森林未曾普遍发达，故经济地位，在全县中为最劣。其中仅第七区的南部比较尚可。

在这样经济区域划分之下，所以这一次所调查的六个代表村，即沙村、葡萄棚、朱涂、霞碧、徐家湾、澄田等六村，其分布区域即第二区、第四区、第五区、第七区、第八区及第十区。

二、土地分配

永嘉是一个有大地主的地方，这在后面所引用的概况调查中可以看出，但在这次六村的调查中，虽已得到土地分配的严重现象，地主则仍未被发现多少。这原因是很简单的，无非由于调查区仅及农村未到城市之故。可是另一方面，却也发现了真相，就是在全体村户中，贫农及雇农所占的百分比，非常之高，六村总起来看时，占百分之七十六以上，中农仅在百分之六以上，富农及地主都不到百分之二。自然，在这儿只是一个总的概念，至于贫农之贫的情形，还可在后面各项分析的统计中见到。

永嘉六村村户分类表(民二十二年)

类别	户数	对总户数的百分比
地主	4	1.33
富农	3	1.04
中农	18	6.12
贫农及雇农	223	76.38
其他	44	15.06
总计	292	100.00

(一) 土地所有

永嘉全县面积约一万二千方里，山地占到一半以上，平地约当全面积的十之三四。利用程度，据国府主计处的估计为八十二万三千亩，但这是仅就主要作物的面积统计而得，实际上当然不止此数。

永嘉人口，依据国府主计处、内政部及永嘉县政府的统计，大概有十五万余户，六十七万余人。其中农户约占百分之七十八。如以农民人数来平均全部耕地，则每人大约两亩。

所以永嘉也是耕地面积比较不足的县份，正唯其如此，永嘉的地权分配，呈现出一种不平衡的情形，农户中大多数都迫切地需要土地。

在永嘉地权的分配，据我们县概况调查中所得到的情形如下：全县公产有四千余亩，庙产六七百亩，族产四千余亩，大部分都是私产；这些私产中，有田一千亩以上的五六家，有田五百至一千亩的三十多家，有田二百至五百亩的百余家，有田一百至二百亩的二百余家。

自然，这仅是一种估计，但这估计，在质的方面有需说明之处，就是这些不一定全是农田，有一部分乃是山地。

这情形，和我们后来六村中挨户调查所得者，在说明永嘉地权分配不平均一点上，是相同的。就是我们这次虽没有把地主的调查做得很好，但在六村所有面积中，属于贫农及雇农的仅只百分之四十三，中农占百分之十七强，富农占百分之十有余，地主则占到百分之二十八以上。

永嘉六村各类村户所有田亩分配表(A)(民二十二年)

类别	所有田亩数	对总亩数的百分比
地主	261	28.42
富农	100.6	10.96
中农	159.5	17.37
贫农及雇农	396.25	43.14
其他	1	0.11
总计	918.35	100.00

但永嘉土地分配的严重性，还须从户数与地权的对照上才能得到更清晰的描写，就现在的情形来说，则六村综合起来看时，占全村户的百分之一·三八的地主却有所有田亩中百分之二八·四二的土地，百分之一·〇四的富农有到百分之一〇·九六的土地，百分之六·一二的中农有百分之一七·三七的土地，而百分之七六·三八的贫农及雇农则仅有百分之四三·一四的土地，此外，百分之一五·〇八的其他村户有百分之〇·一一的土地。这对比中所表现者，就是占农户中的大多数的贫农在急迫地需要着土地，以经济学上的术语来说时，便是大多数的真正的生产者，却没有生产的工具！

永嘉六村各类村户所有田亩分配表(B)

类别	村户百分比	所有田亩百分比
地主	1.38	28.42
富农	1.04	10.96
中农	6.12	17.37
贫农及雇农	76.38	43.14
其他	15.08	0.11
总计	100.00	100.00

上面的表，无疑地，只是表示了一个横面的静的观察，而这现象发展变化的过程，即是说，例如由民十七到民二十二的纵的过程，还没有显示出来。可是这正是最重要的一点，因为这五年来，地主的户数究竟有未在增多？富农能否保持他原有的地位？中农是否在降落而为贫农？贫农增多的来源是在哪一阶层中？这一次，必须有一个明白的答复。在下面我们将看到是永嘉农村社会五年来的变动并不剧烈，地主和富农都保持原有地位，中农中有一户降为贫农，贫农的增加大半由于分家。

永嘉六村各类村户五年间变迁表

民十七年		民二十二年					
类别	户数	地主	富农	中农	贫农及雇农	其他	总计
地主	4	4					4
富农	3		3				3
中农	19			18	1		19
贫农及雇农	213				222		222
其他	42					44	44
总计	281	4	3	18	223	44	292

永嘉虽以通商口岸著称，但商业关系比较高度的地方仅限于第一区、第三区和第二区的一部分，其余各区大半还逗留在半自足的状态中。所以五年以来，还不见有显著的变动痕迹，就以这六村的所有田亩的分配而论，在下表中所呈示者，地主可说无变动，富农的所有田亩相对地增加些，中农稍有没落的情形，贫农则户数及所有田亩都相对地增高一些。

永嘉六村民十七与民二十二所有田亩分配情形比较表

村户类别	户数百分比			所有田亩百分比		
	民十七	民二十二	增减	民十七	民二十二	增减
地主	1.42	1.38	－0.04	28.67	28.42	－0.25
富农	1.07	1.04	－0.03	10.71	10.96	＋0.25
中农	6.77	6.12	－0.65	19.24	17.37	－1.87
贫农及雇农	75.80	76.38	＋0.58	40.59	43.14	＋2.55
其他	14.94	15.08	＋0.14	0.79	0.11	－0.68

以占全村户中百分之一·三八的地主而有所有田亩中百分之二八·四二的土地，同时另一方面占到百分之七六·三八的贫农却仅有百分之四三·一四的土地。这情形，如将他们每户及每人所得的平均数计算出来看时，则永嘉农村社会中土地问题的矛盾更可暴露无遗。这平均数是这样的：地主每户平均能得到六十五亩以上，每人也能得到六亩左右，而贫农则每户都只能得到一亩七八分，至每人则仅四分有余，简直是贫到将无立锥之地了。

永嘉六村各类村户每户及每人平均所有田亩表(民二十二年)

类别	户数	人口数	所有田亩数	每户平均亩数	每人平均亩数
地主	4	47	261	65.25	5.55
富农	3	19	100.60	33.53	5.29
中农	18	116	159.50	8.86	1.37
贫农及雇农	223	971	396.25	1.77	0.41
其他	44	158	1.00	0.02	0.01
总平均	292	1311	918.35	3.14	0.7

可以辅助每户每人所分配得的土地的平均数所表示的意义，而同时还可说明永嘉农村社会中土地分配的另一情形的，便是将各类村户的所有田亩，分成若干阶段，然后观察它有怎样的一种分布。在这里边，我们将看到永嘉集中情形的若干方面。四个地主，一个是在十亩以上，一个是在二十亩以上，两个是在一百亩以上。这次地主的调查虽多遗漏，但就这一个分布中，还可看出相当的土地集中的程度。三个富农是在二十亩至四十亩之间，中农则在十亩至二十亩间的户数最多，至贫农则五亩以下的占绝对的大多数。这情形，民十七年时，即五年前，亦无甚显著的不同。

永嘉六村各类村户所有田亩阶段分布表(民二十二年)

田亩阶段	地主		富农		中农		贫农及雇农		其他	
	户数	对总户数的%	户数	对总户数的%	户数	对总户数的%	户数	对总户数的%	户数	对总户数的%
无土地者					2	10.53	96	43.05	43	97.96
0.1—4.99亩					3	15.79	100	44.84	1	2.04
5—9.99					5	26.32	22	9.87		
10—19.99					8	42.10	5	2.24		
20—29.99	1	33.33	1	33.33	1	5.26				
30—39.99			2	66.67						
40—49.99										
50—99.99										
100—199.99	2	66.67								
总计	3	100.00	3	100.00	19	100.00	223	100.00	44	100.00

永嘉六村各类村户民十七与民二十二所有田亩分布阶段的变动表

田亩阶段	地主			富农			中农			贫农及雇农		
	户数百分比			户数百分比			户数百分比			户数百分比		
	民十七	民二十二	增减	民十七	民二十二	增减	民十七	民二十二	增减	民十七	民二十二	增减
0							10.53	10.53	—	44.13	43.05	－1.08
0.1亩－4.99							15.79	15.79	—	43.66	44.84	＋1.18
5－9.99							21.05	26.32	＋5.27	10.33	9.87	－0.46
10－19.99							42.10	42.10	—	1.88	2.24	＋0.36
20－29.99	50.00	33.33	－16.67	33.33	33.33	—	10.53	5.26	－5.27			
30－39.99				66.67	66.67	—						
40－49.99												
50－99.99												
100－199.99	50.00	66.67	＋16.67									
总计	100.00	100.00	—	100.00	100.00	—	100.00	100.00	—	100.00	100.00	—

（二）田产移转

田产移转是土地分配的一种动态，在这里边，可以看到土地是向哪一类村户方面集中。永嘉的情形似乎不甚有显著的趋向，五年以来，中农卖出十七亩，贫农卖出二亩，典出二亩，然买进七亩多，其他村户卖出六亩。自然，这同时也就是农村崩溃的一个反映，浙江近年来这情形颇为普遍。

永嘉六村各类村户民十七年与民二十二年所有田亩增减表

类别	民十七	民二十二	增减原因				
			卖出	买进	典出	典进	其他
地主	269.00	261.00					－8(因一户分家减少八亩)
富农	100.60	100.60					
中农	180.50	159.50	－17.00				－4(因中农变贫农减少四亩)
贫农及雇农	380.85	396.25	－2.00	＋7.40	－2		＋4(因中农变贫农增加四亩)
其他	7.50	1.00	－6.50				＋8(因一户分家增加八亩)
总计	938.45	918.35	－25.50	＋7.40	－2		0

五年来的田产移转情形虽无显著的趋向，然而中农、贫农的土地上已背负着巨大的债务，乃是一种普遍的事实。而终究会构成土地的丧失的，便是这负债的结果。永嘉农村社会里，田地抵押乃是通常的借贷形式，每亩田所能抵押的款数约当地价的百分之五十左右。由抵押进为典当的时候，农民便开始丧失他的土地。典当的情形，在永嘉亦很普遍，平均估计，典价约占

地价的百分之七十至八十。

农民出卖田地前，普通总经过抵押手续的，其成分要占到百分之八十。至于已经典出的田地而能赎回者，那是很少很少的事。

近年来都市膨胀，内地资金枯竭的情形，只消看都市中银拆的跌落，便可得一反映。每到年底时，农村中借贷的困难与利率的高昂，一年开一年的新纪录。这自然影响到田产的移转，而在田产移转情形停滞下，便开始了地价的空前的跌落，无论抵押典当买卖的价格都跌落百分之四十左右。经济崩溃的结果，连农民手中仅有的土地，竟至不值钱了。

永嘉六村民十七与民二十二之土地抵押典当买卖平均价格表

价格类别	抵押			典当			买卖		
年份	民十七	民二十二	指数	民十七	民二十二	指数	民十七	民二十二	指数
最高	60 元	43.33	72	65.83 元	45 元	66	115	76.66	66
最低	30.33	18.80	62	39.16	20.5	52	49.17	29.16	53
普通	45.8	30.00	66	50.83	31.66	62	80.83	50	62

注:民十七年指数为 100

（三）土地使用

如果以一个壮丁充分用他的劳动力可以种到十亩南方水田为标准，那么永嘉农村中土地使用的情形也构成土地分配一个方面，受地权分配不均的影响，显现出劳力与土地不配合的矛盾与病态来，就是将各类村户的使用亩数对户数及参加田间工作人数作一平均分配时，则地主每户得二十二亩；富农每户得二十六亩余，每人得十三亩余；中农每户得二十一亩余，每人得九亩余；贫农每户得四亩七分，每人得三亩七分余。其间中农适为标准数，富农有一部分是雇人工的，贫农的平均数太低，劳动力显然地未得到充分的使用。

永嘉六村各类村户每户平均使用田亩数(民二十二年)

类别	户数	使用田亩数	每户平均使用田亩数
地主	4	88	22
富农	3	79.60	26.53
中农	18	379.50	21.08
贫农及雇农	223	1048.30	4.70
其他	44	18.75	0.43

永嘉六村各类村户参加田间工作者每人平均使用田亩表(民二十二年)

类别	参加田间工作的人数	使用田亩数	每人平均使用田亩数
富农	6	79.60	13.26
中农	40	379.50	9.49
贫农及雇农	282	1048.30	3.72

就五年间的情形来看，则富农无变动，中农则从每户平均数看时略有增加，但每人平均数降低十分之一，贫农则两者都有些微的减退。

永嘉六村各类村户民十七与民二十二每户平均使用田亩增减表

类别	每户平均使用田亩数		指数	
	民十七年	民二十二年	民十七年	民二十二年
地主	22	22	100	100
富农	26.53	26.53	100	100
中农	20.55	21.08	100	100
贫农及雇农	4.89	4.70	100	96
其他	0.53	0.43	100	81

永嘉六村各类村户民十七与民二十二参加田间工作者每人平均使用田亩增减表

类别	每人平均使用田亩数		指数	
	民十七年	民二十二年	民十七年	民二十二年
富农	13.26	13.26	100	100
中农	10.54	9.49	100	90
贫农及雇农	3.74	3.72	100	99

土地使用中可以研究的第二个方面，便是田场的大小问题。我们在下面表中所显示出来的使用田亩面积各阶段分布情形中，一眼便可看出，富农的使用面积在二十亩至三十亩之间，中农的使用面积最多者在十亩至二十亩之间，贫农的使用面积最多者在五亩以下，几乎是种密集的情形。再就全体村户来看，则二百九十二家总数中，使用田亩在五亩以下者有一百二十九家，几乎占到半数。这样要说明田场的全部情况及其经营形式，自然是异常不够，但细小零碎一层，却大致可以看出。至于五年之间，变动甚少，只有中农稍见扩大，但并未移动他集中的阶段，贫农则在缩小着。

永嘉六村各类村户使用田亩各阶段分布表(民二十二年)

田亩阶段	地主		富农		中农		贫农及雇农	
	户数	对总户数的%	户数	对总户数的%	户数	对总户数的%	户数	对总户数的%
0	1	25.00						4.04
0.1—4.99	1	25.00					118	52.91
5—9.99					1	5.56	74	33.18
10—19.99	1	25.00			8	44.44	21	9.42
20—29.99			3	100.00	5	27.78	1	0.45
30—39.99					2	11.16		
40—49.99					1	5.56		
50—99.99	1	25.00			1	5.56		
总计	4	100.00	3	100.00	18	100.00	223	100.00

永嘉六村各类村户使用田亩阶段变动表

田亩阶段	地主			富农			中农			贫农及雇农		
	户数百分比			户数百分比			户数百分比			户数百分比		
	民十七年	民二十二年	增减	民十七年	民二十二年	增减	民十七年	民二十二年	增减	民十七年	民二十二年	增减
0	25.00	25.00	—							5.63	4.04	—1.59
0.1亩—4.99	25.00	25.00	—							49.77	52.91	+3.14
5—9.99							5.23	5.56	+0.30	32.39	33.18	+0.79
10—19.99	25.00	25.00	—				42.11	44.44	+2.33	11.74	9.42	—2.32
20—29.99				100.00	100.00	—	31.58	27.78	—3.80	0.47	0.45	—0.02
30—39.99							10.53	11.10	+0.57			
40—49.99							5.26	5.56	+0.30			
50—99.99	25.00	25.00	—				5.26	5.56	+0.30			
总计	100.00	100.00	—	100.00	100.00	—	100.00	100.00	—	100.00	100.00	—

（四）租佃关系

永嘉农村中，租佃关系的重要，与其他各县无异，中农中百分之五十五以上是半自耕农，贫农中百分之五十是半自耕农，百分之四十是佃农，这就是说十个贫农中有九个是非租进田地来耕种不可的，也就是说，十个人中有九个人是要负担地租的。我们在进行六个村子的调查时，就觉得在农村中真正耕种田地的，十之八九都对于这生产工具是没有支配权的，最高的权力者并不在农村。果然，现在统计的结果，二百四十八家的挨户调查中，只有三十三家是无需租人田地的，十一家是雇农，此外的二百多家都是租佃关系下挣扎着。

永嘉六村各类村户性质对照表

类别	地主		富农		中农		贫农		雇农	
	户数	百分比	户数	百分比	户数	百分比	户数	百分比	户数	百分比
地主	4	100.00								
自耕农			3	100.00	6	33.33	20	9.44		
半自耕农					10	55.56	107	50.47		
佃农					2	11.11	85	40.09		
雇农									11	100.00
总计	4	100.00	3	100.00	18	100.00	212	100.00	11	100.00

但永嘉的租佃关系中有一点必须特别加以说明者，就是永佃制度比较发达，有许多田地上，地权形态分为田面权与田底权分属与两人，前者为永佃权，后者为所有权，是属于地主的。永佃制的情形有时非常复杂，有永佃权者在实际上尚有转租等情，其租额较普通为高，在这种场合上永佃制的意义完全丧失了。

因为地权分为田面权与田底权（在永嘉前者称小田，后者称大田）之故，所以要分析土地的所有与使用之矛盾时，还必须将大田小田的性质区别出来。

在下表中，我们将看到地主的所有田亩中有百分之九十六以上是出租的：但在他使用的八十八亩田地中，居然有七十八亩是租来的，这中间，要知道租来的七十八亩中有七十四亩是小田。此外富农中农都无甚出入。至贫农项下，则除使用田亩中有百分之七十三以上是租来的为当然情形外，其出租的一百十八亩（占所有田亩四分之一以上）有一百十一亩是大田。这样分析之后，下表中所显示的土地的所有与使用之矛盾性才完全清楚起来。

永嘉六村各类村户农田的租出与租进表(民二十二年)

类别	所有田亩	使用田亩	租出		租进	
			田亩数	对所有田亩数%	田亩数	对使用田亩数%
地主	261.00	88.00	251.00	96.18	78.00	88.63
富农	100.60	79.60	21.00	20.87		
中农	159.50	379.60	10.00	6.26	230.00	60.51
贫农及雇农	396.25	1048.30	118.00	29.77	770.05	73.45
其他	1.00	18.75			17.75	94.66
总计	918.35	1614.15	400.00	43.55	1095.80	67.88

佃租的种类，谷租最普通，力租仅于荒年时偶然有之，钱租则此次所调查的六村中仅沙村徐家湾二村中有一部分通行。

谷租租额，永佃田较低，通常占收获量百分之三十至四十，一般田地则总在收获量半数以上。

地租的支出已成为永嘉农民普遍的负担及农业生产发展的障碍。

三、政治方面

（一）乡村政治

永嘉自晋置郡，经唐及宋，入民国而为县，清末维新，始划自治区域，计分域区、永强、会昌、膺符、钟山、承化、水西、西内、仰山七都、孝义、临江、永安、江北、贤宰、龙沙、水东等十七区。民十七后，成立村里委员会，继改有二十九镇，二百九十乡，乡镇公所，全县划为十区，十九年五月，各区公所始先后成立，各区均为二等，有区长一人，助理员二人，雇员一人，区丁二人，月支经费一百七十八元，其来源为省款拨补与地丁附加，计省款年拨二千五百元，地丁附加每两五角，年得一万八千元，两共合计二万零五百元，乡镇闾邻之组织，与各县同，惟其经费，迄未规定，故皆不负责。

各区面积广大，北部半为山岭，交通不便，民智未开，而历年屡遭匪患，加以区公所经费积欠甚巨，职员生活，均难维持，故一切自治事宜，诸难进行，而乡镇长既无经费，又惧招怨，所有种种建设，均致停顿，基干队及常备队，枪械缺乏，剿匪困难。

自治事业，全省均由省府颁布纲领，奉令举办，惟永嘉以上述原因，稍形迟缓，计其工作，寥寥无几，相同者，如复查户口，肃清烟毒；筹备积谷举办常备队，余此则为治虫之宣传，及丽温路股之劝募而已，区长率不在区，（如编至七区九区均不在）助理类多闲散，虽全省自治，皆无显著之成积，而东阳与永嘉则尤甚也。

全县警卫，有公安局及保卫团，县公安局辖分局七，计有长警四百三十五名，枪二百四十四枝。保卫团分县区两种，各二百名，共有枪一百八十二支。常备队一千二百二十二名，枪支地方自备，未知确数。

警费由抵补金特捐、屠宰附税、警察捐、米谷牙照捐、清道捐、旅店捐、茶菜馆捐、桥棚捐、戏捐、戏台捐等十种捐款拨充，保卫团经费由田亩捐筹发，计每亩田征二角三分四厘，地征一角八分七厘，基地征一角二分二厘，山征一分四厘，荡征四分七厘。

（二）田赋

永嘉田赋，今年应征三万六千两，自二十年起，亦已化两为元，人民较为便利，惟面积辽阔，山路崎岖，距离最远者，若亲自至县投柜缴纳，往返须三日，若委托地保缴纳，恐犹有中饱之弊，盖乡民缴纳之后，只求官厅不再扰索，彼并不知应取回执照，以资凭证，故地保颇易从中浸蚀，将来倘能多设分柜，或亦便民清弊之一法。（附通告单及执照存根式样）

	田			地	山	荡
	上则田	中则田	下则田			
正税	0.180	0.174	0.156	0.140	0.008	
附税	0.278	0.269	0.244	0.220	0.016	
合计	0.458	0.443	0.400	0.360	0.024	
指数	154	155	156	157	200	
亩数	280849	260012	100536	50610	31625	

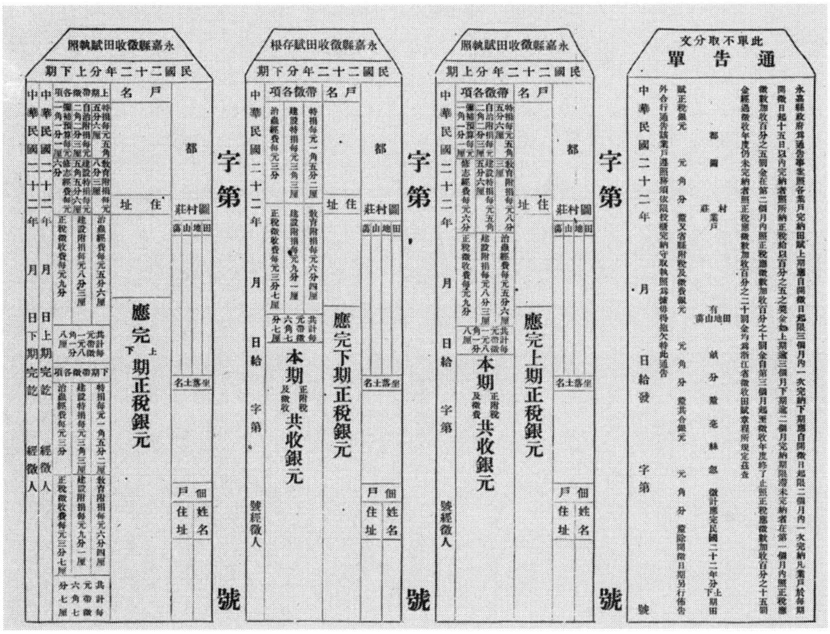

附税对正税，都超过了一倍有半，附税的名称及金额，在执照上都详细地载着，这里不再复述了。不过还有农民银行基金二角五分八厘，上期一角六分七厘，下期九分一厘，及农民飞机四分，上下期各二分未曾列入，实计每元带征二元零零五厘，但较之去年，已经减少了四角一分九厘咧。（减自治附捐二角七分七厘，中山公园附捐二角二分二厘，增修志经费六分，飞机捐二分。）

在上述附捐之外，犹有带征者，有保卫团亩捐，计田每亩征银二角三分四厘，地一角八分七厘，基地一角二分二厘，山一分四厘，荡四分七厘，自治亩捐，上则田四分三厘，中则田四分二厘，下则田三分九厘。串纸捐二分五厘，按户征收。而由各区自印收据征收者，有区保卫团附捐，三区每两征二元，一区、七区每两征三元，戈推、藤桥、戊西、戊东、戊南、戊北，每两征四元。

公债乡中无清确数字，故就县中调查其总数，以觇全县人民所负担者，共有几何？

民十七年——中央二五库券——十一万元

民十八年——浙江建设公债——十三万元

民十九年——中央关税库券——十二万元

民二十年——清理旧欠公债——四万元

筹募方法，召集商会代表及地方士绅开会，按股户财产及商店营业而定摊派之数额，据称每次只能募集全额十分之三云。

然各种附捐，若自治建设教育等费，多与农民无关，乡村学校之经费，仍须另行筹划，七区上塘乡霞碧村，去年摊派田亩捐二十一元，即为该村小学之用，中山公园附捐，每亩二角二分二厘，然而农民果得袒裼裸裎嬉憩其中吗？所以一般农民皆嫌捐税太重，同时感觉到尽了义务，得不着什么利益。

“马负千斤，蚁驼一粟”，各有各的力量，农民在资本主义、地主重税，几种压力的底下，早弄得筋疲力尽了，所以税率年有增加，而完纳的成数，反致递减，则农村经济，可想而知，兹附自民元至十八年之新缴旧欠田赋一览表，以资考证。

永嘉(地丁)

年度	本年度征数(两)	历年征起旧欠数(两)	合计(两)	折合银元数
民元年	33943	—	—	61097
民二年	31472	784	32256	58061
民三年	32028	586	32611	58700
民四年	31724	751	32475	58455
民五年	33461	770	34231	61616
民六年	35141	1493	36634	65941
民七年	35734	501	36236	65223
民八年	36148	466	36614	65905
民九年	34680	183	34863	62753
民十年	34903	198	35101	63182
民十一年	34475	196	34671	62408
民十二年	35181	685	35866	64559
民十三年	35405	260	35665	64197
民十四年	35951	2368	38319	68975
民十五年	30393	—	36393	65507
民十六年	36728	2502	39230	70614
民十七年	36777	180	36957	66522
民十八年	31379	—	31379	56492

永嘉(抵补金)

年度	本年度征数(担)	历年征起旧欠数(担)	合计(担)	折合银元数
民元年	—	—	—	—
民二年	8640	—	8640	25920
民三年	9024	222	9246	45786
民四年	8838	369	9207	45389
民五年	9505	396	9901	39850
民六年	10103	521	10624	42539
民七年	10316	195	10511	42060
民八年	10435	179	10614	42480
民九年	9846	80	9926	39712
民十年	9908	75	9983	37951
民十一年	9723	94	9817	37311
民十二年	9998	190	10188	36727
民十三年	10032	91	10183	35662
民十四年	10271	511	10782	36813
民十五年	10410	—	10410	34353
民十六年	10468	480	10948	36262
民十七年	10517	3	10520	34716
民十八年	8233	—	8233	27169

四、邻县

(一) 概况

永嘉邻县，东有乐清，南有瑞安，西有青田、缙云，北有仙居。乐清、瑞安，与永嘉同为温属，且滨海之地，较永嘉为多，青田、缙云为处属，而仙居则为台属，地虽近海，然境内峰峦遍布，又纯粹山区习惯了。

乐清于晋时置县，名乐成，隋唐间再废再复，迄后梁，始改今名。面积四千四百九十八方里，山脉来自括仓，东行为雁荡山，西为白龙山。河流遍境皆是，舟可四达，故灌溉交通，均称便利。地势斜长，东南之广，二倍于南北之距，东北及西北，多山而地高，东南与西南，滨海而地低。海岸甚长，渔捕甚易，惜所捕水产物，无养殖场所，类皆制成咸鱼，但制法拙劣，致不能得善价而沽。土质平原多壤土，山地多黏土，而沿海尽为沙土。

瑞安始名于唐，元升为州，明复之迄于今。东西广二百十里，南北袤六十七里，面积九千四百五十九方里。在昔自治区域，最初为九，后改为五，今仍之，计二十二镇二百另二乡。山脉自处州入境，分七支，蜿蜒全县，河流有飞云江，经白塔县城而入于海，细流有二，源出城北之集云山，北流着通永嘉，南行者通平阳，均为交通要道，地形西南北三面多山，东临东海，故西北高而东南低。土质黏土占十分之三，率为园地，砾土占十之五，山地属之，沙土占十分之二，河荡涂涨之地属之。农产物以谷麦豆粟杂粮为主，年岁丰稔，差可自足，一遇岁歉，便须仰给外县了。

青田唐始设县，明时割西南一角，别置景宁。东西广一百五十五里，南北距二百里，面积八千三百七十七方里，在昔自治区域，划分二十五区，今则改为四区，有三镇一百十二乡。山脉来自括仓，分南北两支，北支自缙云入境，占全县面积十分之五，南支自丽水入境，占全县面积十分之三。河流有大溪，在县城之南，汇众小溪而成之，长一百五十里，其宽阔之处约三十余丈，而深三丈余，水势湍急，舟行畏之，至其他山溪小涧，雨则洪流横泛，晴则涓滴无存，不利灌溉。地势层峦叠嶂，极少平原，在南田山巅，有一平原，广袤数十里，地独膏腴，土质硗薄，全县百分之八十，均为巉岩峻岭，无法耕植，仅有十余万亩，又大半为梯田，故农业产物以杂粮为大宗。

缙云置县于唐，析括仓东北之地与婺州南境而成之。东西距一百六十里，南北距一百七十里，面积五千一百一十五方里。昔自治区域，分为十六，今则改为四区，有二百十四乡镇。全境皆山，占百分之八十；故河流仅有一较大之溪，名曰好溪，元于县之东北，至东南境入丽水县界，水势湍急，易涨易消，其余小溪亦然，无益灌溉，池荡极少。地势东南高而西北低，形状长斜。土质田土尚肥为黏土，山土多瘠为沙土，间有杂土，可种玉蜀黍与番薯等物，西乡产纸，东乡产米及药村，南北两乡，多产杂粮；故民食以粮为大宗。

仙居置县于东晋，名曰安乐，吴越时更名永安，至宋始更今名。面积一万三千六十二方里，山占其七，溪流及沙滩又占其二，故田地不过全面积十分之一而已。河流有二，一自安仁岭发源，绕缙云而入境，名永安溪，一自界乌岭发源，迂回全县，汇合众流，名大安溪。山脉自缙云来，中分为三，一自括仓岭入境，一自安仁岭入境，一自永嘉入境，罗布全县，所以地势西北高而东南低，倾斜度或数百丈不等，是以众山溪涧，尽汇大安，而田亩只依山傍涧，垦辟梯田，土壤之肥而精者，仅田亩额内百分之三十，其余尽属砾土，但种杂粮。灌溉端赖堰坝，诚以地势倾斜，水难储积，非另筑堰坝以壅蓄之，便一泻无余了，产物以麦、粟、番薯为大宗，而民食年且不敷三分之二，每于农暇时，佣客于外。

上述各点，为各邻县之概况，兹再就气候雨量，户口面积，租佃情形，捐税负担，汇述如下。

（二）气候与雨量

温州接壤八闽，地已渐南，气候较暖，故名曰温。又滨东海，兼具海洋气候，是以其温度恒起变化。

县名 温度	乐清	瑞安	青田	缙云	仙居
最高	110	105	98	100	105
最低	32	36	32	32	35

气候较浙西为高，雨水尚合农时，惟夏秋间时有飓风，颇妨作物，雨日雨量，分表载述。

县名＼雨日＼月份	1	2	3	4	5	6	7	8	9	10	11	12
瑞安	3	9	12	12	14	16	6	10	12	5	7	4
青田	5	9	12	14	22	24	9	17	15	6	9	8
仙居	2	11	13	14	20	21	8	17	13	7	4	8

县名＼雨量＼月份	1	2	3	4	5	6	7	8	9	10	11	12
瑞安	29.9	132.0	136.3	146.1	230.7	288.8	131.8	235.5	268.0	62.5	198.3	88.0
青田	22.2	154.4	114.3	157.3	290.8	437.4	148.3	300.9	233.8	86.1	54.3	24.7
仙居	6.0	101.5	77.8	76.8	311.3	380.6	81.7	240.2	150.1	31.6	47.1	14.2

沿海每多飓风，而飓风之来，辄于最短时间降极大雨量，山区之水，无地藏积，便向低洼之处奔注，易酿水灾。

县名	最大雨量					最大雨率					
	年	月	日	公厘	小时	年	月	日	公厘	小时	每小时公厘
瑞安	二十	7	13	120.0		21	8	20	47.0	2.8	16.8
青田	二十一	8	25	88.3	24.0	21	8	9	32.5	1.3	25.0
仙居	二十一	6	16	51.3		21	8	5	38.5	0.8	45.6

(三）户口与面积

户口面积的数字，每种调查，多有一个不同的纪录，此次所得者，亦难免此例，故以调查所得与各种统计互相对照，以期比较的可信。

	乐清	瑞安	青田	缙云	仙居	调查者
户数	82200	113800	50400	54200	57400	统计局
	82240	113819	50439	50735	56645	浙江经济纪略
		113081	49994	46061		县政府
口数	204974×	504696	248175	180797	122130×	县政府有×号

上列三种户数，均无大差，尚堪置信，惟口数只瑞安、青田、缙云三县，或四人或五人，而其余一县，均不及三人，或原著者专指男丁而言，庶几近之。

田亩的数额，各主管机关所纪录者，亦颇有上下，粮册既为庄司（征收钱粮之史）所私有而土地陈报，又以人才不足，时间短促，多所捏造而不足依据，陆军测量局所测者，又荒山石田一并在内，现所要明了者，各县已垦的土地，究有几何。

调查者	乐清	瑞安	青田	缙云	仙居
统计局	549000 亩	734000 亩	189000 亩	195000 亩	457000 亩
浙江财务审查委员会	501772	482936	142515	5674976	304987
经县政府调查所得	—	—	142712	81021	—
浙江经济纪略	453400	485200	141892	322866	—
各县呈报财厅数	494553	463933	201808	5746569	308366

综观上表，乐清瑞安仙居缙云，其呈报之粮额与财务审查委员会之数目，相差不远，惟青田相差至六万余亩。但与统计局公布者相比，则瑞安差二十余万亩，仙居差十五万余亩，而缙云差五百余万亩。当然，缙云相差如此之大，自然是因为把荒山计算在内的缘故，但比在县政府调查所得的数目，又差了十一万亩，所以除缙云以外，依照各县呈报财厅的亩数来作根据，因为他有粮户的底册，并且每年征粮，总不能相差太远啊。而缙云的山地，纵有少许生产，但于农民生计，究无大补，故以统计局之亩数为准。现在以这个标准拿户数平均，看各户能得几亩。

县名	乐清	瑞安	青田	缙云	仙居
每户亩数	6	4	4	4	5

各县每户所得的亩数，平均约为四亩半，惟缙云之不以县府所报之数而根据统计局者，诚以县府中人言，普通每户种田约得五六亩，是则当然不能再信八万一千亩的数字了，然同为县府之报告而信其后一说者，因为是比较合理的缘故，试以各村土地分配的情形，来做一个佐证。

县名	瑞安	青田	缙云
村名	岭下村	九源村	梅亭
全户数	84	248	53
全亩数	325	1701	193
地主	3	12	2
中农	13	46	10
贫农	44	154	35
雇农		14	
其他	24	22	6

瑞安平均每户四亩，缙云不及四亩，而青田约得七亩，与各县户口与面积的比例，尚相符合。

各县田地价格，现均低落，其比率虽不尽同，而其趋势则一，盖卖者或以少数土地不足维持生活，欲离村而售其土地者，或以经济窘迫，借贷无门，为求生存而售其土地者，然当此经济枯竭之时，产物之价既廉，赋税之征又重，故其价格，遂不得不日形低落。

价格 \ 县别 年份	瑞安		青田		缙云	
	二十二	十七	二十二	十七	二十二	十七
最高	150	200	80	130	80	120
最低	60	100	40	80	40	60
普通	100	150	60	100	60	100

上述三县亩价，缙云与青田几相一致，瑞安较贵，但其降落之比率，大概均为十分之四，瑞安价值之贵，一因山多地少，供过于求，一因买卖付款，习惯均分三次，第一次卖契，第二次加契，第三次卖加尽契，卖之次数既多，于是价格累增而较贵。

各县作物，均以稻麦豆为大宗，兹记其产量与市价，以窥农家之收入。

	瑞安	青田	缙云	每百斤平均价格
稻	400	320	400	3.0 元
麦	120	150	130	4.0 元
豆	80	120	80	5.0 元
番薯	500	450	500	1.2 元

（四）租田制度

1. 永佃权的成分

永佃的习惯，青田缙云仙居皆有之，青田的永佃，俗名田皮，当佃户初向业主租田时，付佃洋若干，取得佃权，此后佃户或因穷困，或因人少，可转售及转佃与他人，转佃者，年收谷若干，名曰皮租。正租须纳粮，而皮租则否，故一般人，竞趋于皮租之购买，而农民一田二租，遂愈趋愈穷了。

缙云西乡，农田缺乏，佃田习惯佃户须先付承佃洋一二十元于业主，名曰买田脚，租谷照例缴纳，如佃户不愿继续承种，亦可转售于人。现此风稍杀，另立田皮田骨之名，买田皮者种田，买田骨者收租完粮，或买田皮者另佃于人，则每年收谷，三股均分，佃户田皮田骨，各得其一。

仙居西乡，亦称田皮，只可收租，不能别佃。

2. 租佃手续及押租与苛例

租佃手续，大半均由佃户立承佃据，乐清称扎约，瑞安称扎字，青田称佃批，缙云称租约，仙居称批约，口头者极为少数。

押租各县皆有，惟多少颇不一致，乐清以前每亩仅二三元，现在须十元以上，农民可自由觅顶，名曰盗倍，其田辗转顶佃，其租亦逐渐增加。瑞安每亩二元，青田亦每亩二元，缙云无押租，仙居每亩三元。

至其他恶例，虽不甚苛，然总系业主自谋利益，若瑞安于佃户承佃时，须送土仪几品，虽系联络感情，但已成为习惯。仙居除正项谷缴纳之外，尚须付麦租每亩一斗或斗半。

3. 缴租种类及租额

田租有钱租、谷租、分租三种，其租额亦互有大小，兹载之如下。

县名	钱租			谷租			分租			备考
	最高	最低	普通	最高	最低	普通	最高	最低	普通	
乐清	8	3	5元	250	160	200斤	?	?	?	
瑞安	6	3	5元	300	150	240斤	6	4		作物分两次，故分租亦两次，早四晚六。
青田				240	120	150斤	6	4	5	
缙云	10	3	7元	300	100	100斤	7	6	6	钱租须预缴，自二五减租后，田主均改钱租，以冀不减。
仙居	8	5	7元	300	100	200斤	?	?	?	

（五）田赋

各县赋税，以正税互有重轻，而附税亦各自为政，故颇有轩轾，兹录如下。

乐清

	田		地		山	荡		
	大粮田	熟田	大粮地	熟地		大粮池	荡	熟池
正税	0.184	0.153	0.139	0.090	0.048	0.159	0.095	0.083
附税	0.295	0.241	0.227	0.148	0.085	0.257	0.169	0.131
合计	0.479	0.394	0.366	0.238	0.133	0.416	0.264	0.214
附税对正税之比率	160	158[1]	163	164	177	162	178	158
亩数	38730	310793	3812	58206	4018	58	78768	168

瑞安

	田			地		山	荡	
	上田	中田	中中田	下地	下下地		山荡	沙涂
正税	0.219	0.211	0.201	0.189	0.166		0.083	0.073
附税	0.298	0.288	0.274	0.259	0.228		0.143	0.126
合计	0.517	0.499	0.475	0.448	0.395		0.226	0.199
附税对正税之比率	136	136	136	137	138		172	173
亩数	137545	92525	94150	57385	83040		2395	15893

[1] 原数字为95，根据计算调整为158。——编者。

青田

	田		地	山	荡
	学田	田			
正税	0.180	0.152			
附税	0.304	0.257			
合计	0.484	0.409			
附税对正税之比率	169	169			
亩数	201808				

缙云

	田	地	山	荡
正税	0.190	0.053	0.003	0.064
附税	0.546	0.152	0.009	0.145
合计	0.736	0.205	0.012	0.209
附税对正税之比率	287	287	300	226
亩数	101062	131419	5509538	4550

仙居

	田			地	山	荡
	上田	中田	下田			
正税	0.279	0.163	0.126	0.039	0.010	0.007
附税	0.326	0.188	0.147	0.08	0.011	0.010
合计	0.605	0.351	0.273	0.150	0.021	1.017
附税对正税之比率	117	115	117	117	110	143
亩数	1923	8687	204955	54623	33412	4766

上述各县，其附税类皆超正税一倍半以上，惟缙云则附税特重，且超三倍了。

各县田赋每元带征附税细目一览表

县别	期别	税目														
		建设特捐	建设附捐	水利经费	特捐	自治附捐	农民银行基金	教育附捐	救济院经费	治虫经费	征收公费	区公所经费	公益捐	农民飞机捐	其他	合计
乐清	上	0.556	0.083		0.528	0.083		0.083		0.056	0.090	0.167		0.020	0.111	1.777
	下	0.303	0.091		0.152			0.091		0.030	0.037	0.091		0.020		0.815
瑞安	上	0.556	0.033		0.556	117	0.167	0.083		0.056	0.090			0.020		1.788
	下	0.303	0.091		0.152		0.091	0.091		0.030	0.037	0.152		0.020		0.967
青田	上	0.556	0.083		0.578	0.167		0.083		0.056	0.090			0.020	0.056	1.689
	下															
缙云	上	0.556	0.033		0.510	0.167		0.139		0.056	0.090		0.111	0.020	1.140	2.872
	下															
仙居	上	0.556	0.083		0.278	0.056		0.083		0.056	0.090			0.020	0.167	1.389
	下	0.303	0.091		0.152	0.03		0.091		0.030	0.037			0.020	0.091	0.845

各县除了上述附税之外，尚有其他亩捐，如瑞安保卫团亩捐，每亩二角五分，又南岸（瑞安县内一部分）保卫团亩捐，每亩三角，皆另行征收。而乡镇公所尚有谷捐，据岭下村调查，自耕农每户二斤，佃农每户一斤，又有教育亩捐户各一斤，年分二次征收。青田县九源村二十一年保卫团捐六十六元，田亩捐三百四十元，皆按田亩摊派之。

各县田赋，年有增加，而积欠亦以年累进，盖民力实渐次亏耗，不仅外强中干而已，兹将自民元至十八年之赋税，凡新缴旧欠，均分列一表，以备参考。

乐清(地丁)

年度	本年度征数(两)	历年征起旧欠数(两)	合计(两)	折合银元数
民元年	23605	—	—	42489
民二年	23292	893	24185	43533
民三年	23543	726	24269	43631
民四年	21702	452	22154	39877
民五年	21824	637	22461	40430
民六年	21556	449	22005	39609
民七年	24112	558	24670	44406
民八年	23981	626	24607	44293
民九年	23098	571	23669	42604
民十年	23117	932	24049	43288
民十一年	22892	856	23748	42746
民十二年	22189	873	23062	41512
民十三年	23525	1436	24961	44930

续表

年度	本年度征数(两)	历年征起旧欠数(两)	合计(两)	折合银元数
民十四年	23794	715	24509	44117
民十五年	23456	568	24024	43243
民十六年	23314	692	24006	43211
民十七年	24251	1300	25551	45992
民十八年	19796	323	20119	36214

乐清(抵补金)

年度	本年度征数(担)	历年征起旧欠数(担)	合计(担)	折合银元数
民元年	4248	—	—	12744
民二年	4803	84	4887	14661
民三年	4910	604	5514	26362
民四年	5622	314	5936	29598
民五年	3390	368	3758	15388
民六年	5628	395	6023	24135
民七年	3632	442	4074	16298
民八年	3648	419	4067	16268
民九年	3330	485	3815	15260
民十年	3387	587	3954	15143
民十一年	3237	571	3808	14477
民十二年	3096	585	3681	13369
民十三年	3509	814	4323	15235
民十四年	962	33	995	3390
民十五年	3367	69	3836	12711
民十六年	943	27	970	3201
民十七年	3231	628	3859	12736
民十八年	1443	655	2098	6923

瑞安(地丁)

年度	本年度征数(两)	历年征起旧欠数(两)	合计(两)	折合银元数
民元年	17978	—	—	32360
民二年	24289	634	24923	44861
民三年	20126	298	20424	36763
民四年	19218	99	19317	34771
民五年	19156	131	19287	34717
民六年	19204	610	19814	35665
民七年	18562	651	19213	34583
民八年	19031	426	19457	35023
民九年	17538	499	17937	32286
民十年	18180	848	19028	34250
民十一年	16583	435	17018	30632
民十二年	17213	1220	18433	33179
民十三年	18323	4034	22357	40243
民十四年	18498	1497	19995	35991
民十五年	17619	6405	24024	33169
民十六年	18542	1538	20080	36144
民十七年	17792	548	18340	33012
民十八年	11421	458	11879	21382

瑞安(抵补金)

年度	本年度征数(担)	历年征起旧欠数(担)	合计(担)	折合银元数
民元年	135	—	—	405
民二年	5201	4163	9364	28092
民三年	9265	1456	10721	50693
民四年	8310	207	8517	42573
民五年	8682	504	9186	37240
民六年	8705	743	9448	37836
民七年	8158	653	8811	35247
民八年	8727	769	9496	37984
民九年	7417	380	7797	31188

续表

年度	本年度征数(担)	历年征起旧欠数(担)	合计(担)	折合银元数
民十年	8280	873	9153	34956
民十一年	6761	358	7119	27056
民十二年	7962	934	8896	32247
民十三年	8335	2943	11278	40249
民十四年	8535	1108	9643	31927
民十五年	7731	630	8361	27660
民十六年	8576	1173	9749	31188
民十七年	7960	246	8206	27080
民十八年	4253	425	4678	15437

青田(地丁)

年度	本年度征数(两)	历年征起旧欠数(两)	合计(两)	折合银元数
民元年	—	—	—	—
民二年	—	—	—	—
民三年	8348	—	8348	15026
民四年	9022	2355	11377	20479
民五年	9002	19	9021	16238
民六年	8948	15	8963	16133
民七年	8926	28	8954	16117
民八年	8911	4	8915	16047
民九年	8911	3	8914	16045
民十年	8593	12	8605	15489
民十一年	8548	18	8566	15419
民十二年	8445	94	8539	15370
民十三年	8597	111	8708	15674
民十四年	8581	237	8818	15872
民十五年	8430	4	8434	15181
民十六年	8508	382	8890	16002
民十七年	8544	—	8544	15379
民十八年	8115	3	8118	14612

缙云(地丁)

年度	本年度征数(两)	历年征起旧欠数(两)	合计(两)	折合银元数
民元年				
民二年				
民三年	17565	496	18061	32510
民四年	17061	311	17372	31270
民五年	17878	726	18604	33487
民六年	18370	133	18503	33305
民七年	18131	246	18377	33079
民八年	18229	193	18422	33160
民九年	17816	54	17870	32166
民十年	17796	146	17942	32296
民十一年	13352	7	13359	24046
民十二年	16354	473	16827	30289
民十三年	17209	589	17798	32036
民十四年	15198	157	15355	27640
民十五年	16468	1408	17876	31177
民十六年	16740	345	17085	30753
民十七年	13785	94	13879	24892
民十八年	14438	510	14948	26905

仙居(地丁)

年度	本年度征数(两)	历年征起旧欠数(两)	合计(两)	折合银元数
民元年	6889	—	—	12400
民二年	8378	2251	10629	19132
民三年	8843	2014	10857	19543
民四年	9670	2087	11757	21163
民五年	9857	1276	11133	20089
民六年	10151	992	11143	20057
民七年	9911	558	10469	18844
民八年	10074	717	10791	19424
民九年	8021	386	8407	15133

续表

年度	本年度征数(两)	历年征起旧欠数(两)	合计(两)	折合银元数
民十年	8677	1709	10386	18695
民十一年	8430	884	9314	16765
民十二年	8814	1556	10370	18666
民十三年	8639	170	9209	16576
民十四年	8852	764	9616	17309
民十五年	7350	514	7864	14155
民十六年	8890	803	9693	17447
民十七年	8324	147	8471	15248
民十八年	6938	457	7395	13311

仙居(抵补金)

年度	本半度征数(担)	历年征起旧欠数(担)	合计(担)	折合银元数
民元年	915	—	—	2745
民二年	1057	238	1295	3885
民三年	1116	254	1370	6342
民四年	1221	263	1484	7212
民五年	1244	159	1403	5705
民六年	1281	123	1404	5627
民七年	1251	69	1320	5282
民八年	1272	88	1360	5442
民九年	1012	46	1058	4233
民十年	1090	213	1303	4995
民十一年	1064	108	1172	4456
民十二年	981	191	1172	4260
民十三年	1091	71	1162	4079
民十四年	1117	93	1210	4127
民十五年	923	151	1074	3560
民十六年	1122	100	1222	4035
民十七年	1051	17	1068	3525
民十八年	882	51	933	3079

附 录

兰溪县

浙江调查，原定四县，兰溪调查可说是意外的获得，因为这是当时东阳调查完毕后前往龙游途中，在兰溪等待时所举行的。

兰溪在浙东，无论在交通上或市场上，均占极重要的地位；本年度起已定为浙江的自治实验县。为此，这兰溪的调查也有其特殊的意义。

兰溪全县可分为两个区域，西乡与北乡为一区，东乡与南乡为一区，所以调查范围仅及两村，代表西北乡者为新桥路村，代表东南乡者为皂洞村，挨户调查者计共八十户。

全县面积六千三百平方里，人口五万一千六百余户，二十六万六千余人，农民成分约占百分之八十以上。

土壤壤土较多，沙土次之，水利灌溉，尚称佳良。因此，稻、豆、麦三种作物产量都很丰富。

土地分配

在兰溪两村八十家农家的调查中，并没有得到地主；皂洞村三十七家中有三家富农，八家中农，二十五家贫农及雇农，一家其他村户；新桥路村四十三家中有三家富农，十二家中农，二十三家贫农及雇农，五家其他村户。合并起来看时，富农平均占百分之七·五，中农平均占百分之二十五，贫农及雇农平均占百分之六十，其他村户平均占百分之七·五。

这八十家村户，十七年时只有七十五家，现在的数目是分家的结果。不过在各类村户间还有若干的变迁，富农在民十七时仍是六家，中农当时有二十二家，有两家近年来降落为贫农。贫农当时仅四十一家，其增多是由于分家及中农降落，其他村户无变动。

两村的地权调查亩数，有三百九十四亩五分八厘；这些所有田亩的分配，六个富农占其中的百分之四二·七六，二十个中农占百分之三五·八五，四十八个贫农及雇农占百分之一九·八七，六个其他村户占百分之一·五二。这样分配的局面，五年来并无变更只有田价则跌落百分之三十，兰溪移转情形的停滞正和浙江一般的表象相似。

土地分配的问题，在局部的农村调查中，只能告诉一般趋势，而不能展示全部的局面，例如在这兰溪两村的调查中，问题并不在富农对中农，或中农对贫农之间。因为八十家村户就使平均分配这不到四百亩的所有田亩时，至多每家只能得五亩，每人只能得一亩。所以这平均数在富农也仅是每户二十八亩，每人二亩七分，中农则每户七亩余，每人一亩余，一到贫农则每户一亩余，每人三分余了。富农之中，最多者也只有田五十亩，中农没有过二十亩的，贫农甚至没有过十亩的。

这问题可见必须在农村以外来观察，兰溪并不是没有大地主的地方，据我们调查所得，全县庙产有二千四百余亩，族产五万六千余亩，至于私产方面，有田一千亩以上者有三四家（但最多不到二千亩），五百亩至一千亩者五家，二百亩至五百亩者十一二家，一百亩至二百亩者二十余家。这虽是估计性质，但兰溪土地分配情形由此可窥得若干。

而且，上述两村的所有田亩之中，富农方面有三分之一以上的田地是大田，即是说仅有田底权的。中农方面有四分之一的田地是大田，贫农方面也是这样情形。因此，在他们使用田亩中租来土地所占的成分，便达严重的高度，富农的使用田亩中，有百分之六十以上是租来的，中农的使用田亩中有百分之六十三以上是租来的，尤其是贫农使用田亩中的租来成分，竟达百分之八十六以上。这便是兰溪农村社会中土地分配的最清晰的一个缩影，大多数的生产者不能占有生产工具，农业生产力受着很大的束缚。

使用情形，比较还算正常，以参加田间工作者来计算，富农每人平均使用十一亩至十二亩，中农将近九亩，贫农则七亩余。其中情形皂洞村比较好些，新桥路村则较劣。至于田场大小，则富农以三十至四十亩之间者为最多，中农以十亩至二十亩之间者为最多，贫农则在五亩至十亩之间者为最多。可见土地分配的结果，土地使用也受着显著的影响的。

就是因为不能充分用他们的劳动力来使用土地之故，或则纵然可能而无利益之故，所以贫农方面有工作能力的人数中有百分之十的人出外去谋工作了。

土地分配的结果，使兰溪农村社会中租佃关系支配到一切农民的生活，在这次所调查的两村中，新桥路村四十三家村户中，除五家其他村户及十四家自耕农外，其余二十四家都是在租佃关系下讨生活者，至于皂洞村则除一家其他村户外，其余几乎尽是半自耕农及佃农。

关于租佃制度方面，则佃租种类中谷租甚为普通，钱租极少；租额则谷租约占收获量百分之六十以上。不过兰溪田地普通都是三熟，稻后种豆或麦，豆麦后再种玉蜀黍，所以比到全收获量时，还不算十分奇重。

其中皂洞村的情形比较特殊，永佃制甚为普通，通常每块田有田底田面（俗名大皮小皮，民田客田）之分。有田面的人不要出押租，无田面的人讨种田，就要出押租，这押租普通是十元，归有田面的人收取的。因此，讨种田的人“每石田”（即合二亩半）必须还二百斤谷租与田底人，还一百斤到四百斤谷租与田面人。遇荒年时，有田面者可不还租，但必须代纳钱粮；这田面如果转租给他人耕种时，则钱粮都可以转嫁给种田的人了。

不论从地权分配，土地与劳动力的配置及租佃关系上来看，在我们这次全部调查内，兰溪的农村社会比较还未在急剧的崩溃过程中。

到农村里去的一段日记

七月一日　星期六　晴

在微风吹着，波光漾着的早晨，由城站旅馆的侍役，送了一封信来。才知道调查团里的刘君怀溥、杜君岩双、贺君渡人，已于昨晚来杭。这两天正在盼望，因为孙晓村君的来信，说他们廿六号就可以到的。

当时我就到旅馆中去看望他们，真是一见如故。他们把带来的信、钱和一切规程条例，都忙不及地交待我；把各人在南京接洽的话，忙不及地告诉我。是充满了勇气、热忱，及同情与怜悯的心理，来调查浙江农村崩溃的真相。

团中连我一共是六人，在孙君的信中，知道刘君曾服务于中央研究院，杜君是在中大研究经济的，贺君是武大经济系的，对于农村经济，都是非常有兴趣去研究和探讨。又有王君杰及张君德嘉，王君家杭州，前几天曾见过，张君则在绍兴，亦是一个富于研究而熟悉农村情形者。

我打了一个电话给王君，请他来大家见一见面，以便商酌开始调查的日期，及出发的程序。张君住的地方，电报与电话，均不能通达，因此便派人去通知他。

团中的职务，本想等张君来了，再行推定。但是，有许多事情，就开始要做了。因此，就推定杜君担任文书，贺君担任会计，刘君审查表格，王君担任庶务，庶几各有专责，就可分头办事了。

至省政府谒鲁主席，以下午停止办公，仅投刺而返，故各厅亦遂改于后日往。

杜君籍浙之永康，杭州为旧游地，惟刘贺二君，刘初次莅杭，因邀至湖滨晚膳，并约王杜二君作陪，一尝西湖醋鱼之风味。

饭后泛湖，一叶轻浮，明星数点，风来水面，微带荷香，而塔光隐隐，山影沉沉，益显幽寂。从断桥入里湖，往西泠桥而出，中流容与，乐乃无艺。直至月丽中天，始各分道而返。

二日　星期日

昨夜把会里制好的各种表格，拿来研究一下，免得到了各县，临事张皇。并且对人谈话的时候，有一个中心；调查的时候，有一个注意点。觉得有几个地方，大家还要经过一度讨论，使得所有的意见一致。例如有工作能力者，不拘拘于十六岁之上，盖十三岁之童子，已臻臻乎与成人并驾矣。再若妇女，类多不能操作，亦不应混入有工作能力一栏之内。而副业，有以人为单位，有以户为单位，皆应分别注明，以清眉目。

骄阳依旧是威胁着，又值例假，各事不便进行。因至浙江财政人员养成所访魏颂唐先生，他是一位经济学者，是关心浙江财政而具有改革的热忱者，对于浙江情形，非常熟悉。故将会中所定之区域，与之商酌，以觇当否，庶在极短的时期，调查少数的县分，而得到全浙农村的真相。据魏先生的意见，崇德东阳，均尚妥善，惟处属一部分，近遭天灾匪患甚烈，其农民之痛苦，远甚他属，第农村崩溃的最大原因，固在彼而不在此。蒙赠《浙江经济纪略》六册，以供同人之参考。

下午袁君楚三来，世居杭县，习蚕桑，现为本村小学校长，人极诚悫，因检村土地概况调查表一册，倩其精确调查本村情形，以为崇德之旁证。

未几，刘贺二君游灵隐返，便道见过，因偕至逆旅。时王杜二君亦在，乃讨论表中各点，并整理一切非必需品，概不携带，而缺乏者，即便添购，更拟制丝茧调查表一种。

去绍人返，云张君今日必至，然候至夜车到后，未见莅临，乃托王君向各旅馆访问，亦云未见。

晚间拟一呈报起程日期先至崇德的文稿，并留一信与张君，预备在动身前，倘张君未至，则交付旅馆转达。

三日 星期一 晴

晨八时，至省政府，由秘书处一君出见，当告以调查团业已来浙，并谢其饬属保护之意，渠亦似甚厌烦者，遂兴辞出。

至民政厅，由汪秘书代见，对于浙江情形，殊为明了，于会中所定各县，亦颇赞同。当请转函各县，凡调查团到达之时，详为指导，善予协助，以收详尽确实之功。

至建厅，由江秘书会见，并以本团调查农村，更介绍合作，治虫之主管人员，一一详细见告。复以全省土壤成分及地质情形，又介绍与矿质调查所金主任相见，蒙赠各种出版书籍，惜关于土壤者太少，然盛意殊可感也。关于杭江路及公路之免费，可以通融，但须会中备一公函，以完手续。

返寓后，整理行装，并致孙君一函，关于免费事宜，请用公函接洽。并将呈文缮正，以便封寄。

一时许，张君来，全团大慰。于是共赴车站，预备坐沪杭路至长安，王君实行职务，照料行李，而贺君乃几失其铺盖。乘车时又发生一问题，即会中匆忙，函交部时，仅有刘杜贺三君之名，故余等三人，遂另行购票。

三时抵长安，入海宁县境。舍车而舟，舟殊小，然有三人拉纤，故行甚速。舟中趁客，类为乡农，与之杂语，虽不能知崩溃之原因，然类能知穷苦之真相，盖任意谈话，实较正式调查为方便，农民无所考虑，信口直言，与直接调查时之遮遮掩掩，多方顾忌，诳言搪塞者，相去远甚。途中约一时半，已望见县城雉堞了。

船中拥挤，汗流遍体，抵海昌旅馆，略事休息。继至县政府访毛县长，具述来意及调查方式，期于各个不同区域内，选择几个足以代表该区的典型村落，做一番挨户调查的工夫，庶几拿着这几个村落的数字，明了这几个村落的情形，便可以了解崇德的一般状况。

毛县长任事既久，下乡又多，故对于各区情形，了如指掌。复邀建设科诸君，公同商酌，依行政区域之五区，在一百廿六村中，择其经济户口使用土地各项情形，足为该区之多数状态者，确定数村，并规定其行程，以求便利。

调查丝茧产量之表格，亦托代为油印，乃各就寝。屋既湫隘，复多臭虫，殊不能成寐。

四日 星期二 上午阴晦下午晴

崇德全县，共分五区，有运河横贯其中。一区为城区，二三两区，地形较低，常遭水患；四五两区较高，故土地肥而副产多。今日决定先到二区，以便明日转往三区。

晨起甚早，各人将行李整理后，县政府诸君，亦陆续继至。计有徐科长、吴科员、沈督促员、孙指导员四人偕往，并拨一小汽船，以供乘坐。

晓雾未散，凉气侵人。徐科长籍鄞县，余则崇德土著也。故乡间情形，异常熟悉，此行得诸君之助，必能收良好之效果。沿途鸡犬桑麻，颇不寂寞，炊烟缕缕，袅袅出于树巅，断续蝉声，迎风噪于两岸，苟不受资本主义之威胁，封建余孽的摧残，固世外之桃源，壶中之日月也。

舟抵洲泉镇，至第二区公所，略事休息，今晚即将止宿于是也。何区长养疴家中，由助理员沈君招待，当以本团之使命相告，并以昨晚所决定之太平乡的杨家庄，南庄乡的庵河南村，征求意见，是否足以象征洲泉的一般乡村情形，诚以区公所辖境较少，则境内情形，自当格外清楚，据答颇为允当。

我们六个人，乃临时分为两组，分头出发。刘张王三君坐船赴太平乡，由孙沈二君伴之。余与贺君杜君步行至南庄乡，倩徐吴二君为助。

二村距区公所，各十余里，遥遥对峙。太平乡汽轮可直达，而南庄乡则水浅难行。洲泉为崇德大镇，商业颇盛，乡间地主，类居于是。凡附近市镇之村落，均较富庶，离镇远而在一处调查两村，又惧雷同，故南庄太平两乡，各踞一方，以求周知一区之情形也，后此选村，咸本斯意。

庵河南村者，以地有寿松庵故名。庵前小溪环绕，古树参差，景殊幽倩。但山门倾欹，莲座尘封，亦足征香火清淡，农村没落矣。

至乡长陈宝康家，适在茧厂服务，因使人速之来。时村中老幼，亦皆问讯来观，童稚挤于足前，面部呈露一种好奇的态度。妇女探头室内，现一种惊讶之色，以为官中人员下乡，又不知有何事故。青年男子，则赤脚着犊鼻袴，从田间来，强作解人曰，“此一行人，来催旧欠耳”。时省府严催旧欠，封屋拘人，雷厉风行，谈虎色变，故乡人咸以此相猜。时乡长亦至，乃详述中央眵念民生之至意，此次调查，实为决定救济农村对策之初步。一般闻者，或色然以喜，以为福音；或自作聪明，视为儿戏。盖北伐完成后，空头支票签出太多，一般人在失望之余，实已久不作此想矣。故在农民意见之中，但求无为之治而已。

填表时，有“工作人数，十六岁以上人数，出外人数，所有田亩数，租进租出田亩数”等等，群情又复惶惑。许多妇人谓：“将抽丁训练，（现正举办常备队）或征人口税，或征田亩税，故特下乡详细调查。否则，政府何不惮烦若是，于赤日炎炎之下，仆仆往来，为人民谋福利哉!”言虽无稽，实可痛心。而调查障碍，亦同时发生，皆讳不以真相见告。幸先从乡长入手，故较放心，而吴君为少数乡人所认识，加以解释，始勉强报告。

崇德为蚕桑区，自丝价惨落后，人民顿失其倚赖。谚曰：“上看蚕罢，下看田熟。”其收入实为岁入之大宗。每家饲蚕，均数十窗。俗以四斤大眠为一窗，“斤”三十二两，故普通农家，约饲二十窗，即合十六两秤一百六十斤，应采茧二百斤。贫家十窗，应采茧百斤。其他一切关于饲蚕的开支均无甚出入，而茧价竟低落四分之三，能不令人气短。兼以种子不良，防卫无术，每有数十窗蚕而采数斤茧者，故崩溃益速。

农民大都负债，田地类已抵出，或且负债之数，超过其资产之总值。妇女不事生产，仅司烹饪饲馌之劳。昔曾织布，日得微利，老者纺纱，少者织布，各治其事，以谋生活。今则此路断绝，仅织几匹厂布，得其余纱，以为工资，估其价值，约值一元。年得四五月织，其余纱即织为一家衣服之用。

加庵河东，共得五十二户，有陆惠昌、曹树干等代为解释，村长陪同调查，至三时后毕事，循故道而返。

刘君等在杨家村，有乡长俞汝定、杨乃先等协助，尚称顺利，计调查三十八户。然乡长之坦率无畏，农民之竭诚见告者，以孙沈二君为乡民所素识故也。

晚宿区公所，厅右为商会，左壁为公安分局，故每人遂得各据一榻，夜眠尚适。

五日　星期三　晴

将曙，起整行装，于晨光稀微中，鼓轮下驶。爽气迎人，清风拂面，晓烟笼树，旭日初升，景至佳美。余侪倚船舷而坐，心神清旷，见村妇或提壶而汲水，或携筐而采桑，农夫荷锄以耕，稚子鼓腹而歌，苟不知其穷愁之境遇，谁谓农村非乐国哉。

舟行二时，抵石门湾，人烟稠密，房屋栉比，亦崇德之商业汇萃区域也。第三区公所，即在于此。

昨日上午，曾以电话致戈区长，告以今日至颜井、羔羊二乡调查，嘱其通知乡长，在家协助。讵知今日适开乡长会议，二十一乡之乡长咸在，乃乘此机会，将调查之意义，选择村落之方式，详细告之，并以颜井、羔羊二乡之情形，是否能代表三区为问？结果，改羔羊乡为许桥乡，议既定，乃如昨分组出发。戈区长以事不克偕往，县政府诸君，仍蒙见助。

余侪至许桥乡之桑园村，自镇往约十里，步行阡陌间，烈日下蒸，汗流浃背。我等均穿短衫袴，盖长衫西服，易启乡人之疑惧，不如和光同尘，可得真相。

乡长杨子明，昔曾设塾课蒙，兼业堪舆，三家村之孔夫子也。村中情形，均颇熟悉，故各家均直言无隐。然每至一家，辄有妇人露其惊愕之色而呼曰："子明先生！何为哉？"乃曰："不要紧，将来救济你们。"始喃喃自语曰："我们反正只有几亩，你是知道的。"其意谓你今天同人来钉门牌，明天同人来写积谷，后天同人来收亩捐，满口谋幸福，次次要铜钿，反正只有这几亩田，让你们想光了就完事。

有一妇人当户而织，前往调查，则曰："我家儿子死了，孙子死了，只有一把老骨头，你们还来做什么？"杨乡长曰："政府为你们穷，故来调查，要救你们。"则曰："你只别再同了警察来吓我们就得了，我也不想好处，有好处我也不要。"其悻悻之色，几拒人千里之外。闻收门牌费时，确曾带警严催，故知安石新政，未始不佳，办理不善，便成怨府，一般执政者，深处堂奥，宁复知之。

刘君等至颜井乡之陈家村，得乡长朱阿忠、闾长谭锦扬、邻长张品全等暨孙沈二君之助，调查尚称顺利。失望而不信者，固属不少，因贫而望救者，亦复有之，饥者易为食，不识政府果将以何术抚绥我民也？

三区有一镇廿一乡，别为五等，上上者一，上中者四，中者八，颜井乡在也。中下六，许桥乡在也。下下者三。我侪当调查完毕时，以乡公所之田亩册与户口册，和挨户表对照，尚无不合。

返区后，因时间尚早，且预卜今夜月色甚佳，故决议返城，俾明晨可提早出发，但戈区长雅意留宾，以饭见款，乃扰之而别。船至中途，机器忽坏，团中诸人，或偃卧休息，或凭栏玩月，一日之疲倦，转因此而全忘。

六日 星期四 晴

今日迁至县政府暂住，盖毛县长以县府颇有空屋，且较高爽，比旅店之湫隘而多臭虫，相差甚远。因思每日在烈日之下奔波，而晚间不得一满足之睡眠，实有害于身体，兼影响工作，毛君既雅意见招，而同人亦颇高兴，乃迁入焉。

汽油用罄，而续购未至，乃静坐以待。参观监狱，管理颇善，狱室高燥，空气新鲜，非若他处之黑暗潮湿，秽气触鼻。囚犯人各有业，缝衣制履，或劈藤编竹，或结草为绳，且每周有三次训诲，以期感化，闻施行以来，颇著成效。

汽油购到，乃提前吃饭，庶可早时出发，充分调查。

今日至四区，由该区公民陈雅宜君陪同前往。人颇干练，前服务于教育局，近则推销改良蚕种，及为电灯厂经理，自能驾驶机器，一活动人物也。船出郭门约二里，以机坏不能发火，搁置中途，不能前进，时已下午二点，即欲改坐民船，速率更慢，纵抵四区，亦断难当日回城，乃不果往，步行而返。

填调查报告表呈报会中，并作致孙君函。同人亦竞作家书，以慰远念。

至农民银行访田君庆霓，渠为副经理兼调查课主任，对于各村情形，及合作事业，皆有清楚之认识。据云，农村没落，崇德以丝茧价格低跌为最大原因，合作社在崇德，已为成绩最好，数量最多之县。但一考核其内容，则借款以放债者有之，借款以结婚者有之，甚至由少数人化名成立，借款以游荡者亦有之。故最近任职以来，详细调查，力图改善，总期不为黠者所操纵，使农民直接蒙实际的利益为目的。

晚间，由毛县长偕至公园纳凉，其地有陈英士先生之纪念塔，近更募建吕晚村先生纪念亭，民族英雄，后先辉映，或亦足资游览者之观感欤？第面积太狭，蓬蒿不剪，遂有满目荒凉之气。

七日 星期五 晴阴

晨兴，天色甚佳，旋乃阴晦，今日仍继续昨日行程，至四区调查。此二乡为该区公民陈雅宜及区长陆庆恩所代选。

雇民船一，尾随于后，以备汽船中途损坏之用。舟行之时，始各分程，陆君与刘张王三君同行，余侪则与陈君偕。

果子园村，有三十二户，均甚贫苦，在去夏秋之交，曾有半数以上出外行乞者。观其房屋农具，均破败不堪，人亦奄奄不振。各户大都负债超过资产，使用田亩极少，复以无钱施肥，谷与桑叶，每亩不足两担。盖普通产量，谷则每亩三担以上，桑叶每亩五担，在丝茧之黄金时代，每亩可得十五担，今昔相去，乃有七倍，收入既少，经济益困。故农民闻调查目的，为将来救济农村张本，故皆欣然相告，至一时许，即已毕事。惟默揣四区情形，副产较二三两区为多，宜不若是之穷，心殊以为未当。

出至村肆果腹，就一般顾客中，探其口气，果子园是否可为大通乡标准？而大通乡之经济情形，能否足为四区代表？乡人愦愦，不能详细分别，惟多数意见，均谓不能。因问比较的以何村为适当，则曰附近之永宁，贫富皆有。因于饭后再往调查，至王家村，屋宇类皆新建不久，而近年负债，已破产有余，经济情形，实与果子园相仿佛。

附近一村落，夏屋渠渠，闻有拥资数十万者，普通小地主亦极多。

返至原分路处，刘君等已在啜茗，问其情形，则姚家浜亦颇穷苦。因此，发生了两种感想：第一，王家村新屋建筑未久，足征前此之经济尚佳，乃未及数年，遽尔破产，可为蚕桑区没落之写真。第二，社会之狡黠者，每假借热心公益之美名，作剥削农民之利器，若今日者，彼固特引我侪至最苦之区，借我侪为幌子，推销蚕种，鼓吹合作（每张获利二角），其意殊别有所在，而区长亦受其暗示，自治自治，如是而已。

返城后，与沈指导员讨论四区状况，计全区三十三乡，上者五，永宁乡在焉，上中六，中者七，渡望乡在焉，中下十二，下下三，大通乡在焉，因约沈君于中下各乡中，另选一乡，再往调查，以符事实。

八日　星期六　晴

五区情形与四区相类，故刘君等至灵北乡之白蔷里调查，计得三十七户。预定今日转往桐乡县调查概况，明日返县。一区包有城区，故至西京乡调查五圣堂一村，我与贺杜二君前往，计得六十五户。其地有五圣堂，规模甚大，故村亦以是名。庙之后进，前为同善会之会所，有楼五楹，今则改作小学，惜主持者不得其人，仅学生二十余，由校长陈学普一人主之。

乡长陈效良，受私塾教育数年，在乡镇设一小药铺，年事尚轻，学识不足，但对县政府及区公所之人，颇为熟悉，或者是公事接洽之机会较多的缘故吧！

闾长沈子祥人颇干练，业医，调查时颇得其助。

五圣堂村较为殷实，贫农数目，不若他村之伙。我们坐在庙的旁屋里，一般农民，到休息的时，都贪庙里的凉爽，前来“歇热”。因将表中各户，对甲问乙，对乙问甲，均尚确实。只是发现了一家，是以少报多，他叫沈步青，年五十余岁，业医擅外科，所谓一村之望也，据他的表，有八亩田五亩地，但是一般农人听到了，都说他已经抵出，并且没有此数。因此，晓得一般假装门面，来维持他的身份的人，也在过着痛苦的生活哩。

夜半，刘张王三君来，具述疲劳，然并未调查村落，而县政概况，又以该县素无统计，一时不及填报，亦留未携返。徒贪睡眠之安适，匆遽回来，空此一行，殊未值得。

九日　星期日　晴

今日刘君等以桐乡之行已毕，故休息，余与贺杜二君至海宁调查。

六时前往趁快船至长安，转乘公路汽车至海宁，抵县政府，约九时半，晤县长罗君强及其秘书。

县政概况调查完竣后，即至农民银行访顾经理达一，渠长该行有年，且因业务关系，对各村情形，均颇熟悉。

海宁亦为蚕桑区，年产丝茧七百万元，近年仅百万元左右，故去年曾肇抢米风潮，各区施粥，时达两月。今年春蚕较佳，夏蚕亦好，总计收入当在二百万元以上。改良蚕种，今年特著成效，土种一斤大眠，采一斤茧，可缫丝一两。改良种可采斤半，且茧厚丝多，售价又贵，颇受农民欢迎。

乡间习惯，头蚕毕后，即买明年蚕种，今年在农民多买之后，乃强制没收焚毁，农民颇受损失，似非所以便民也。夫孰不好利，苟能著有成效，谁不趋之，又何待于强制。且既指定为改良区，即当晓谕周知，不于事前绸缪，徒以压力强制，爱民者或不如是，闻罗县长下车时，尚有朝气云。

海宁恶习，每以不纳粮为荣，凡旧家新贵，类皆恃势不缴。闻城中数巨家，田连阡陌，积欠已数十年，县中亦莫如之何。而乡僻小民，确系无力完纳者，房屋发封，郎当入狱，此则可慨也已。

再民间卖田，每有贪一时之高价而不开粮者，故贫农颇多有粮无田。换言之，即富农或地主，有田无粮。无收入者尚须纳赋，有收入者纯为净利，事之不平，孰甚于此。近闻行清丈，使土跟粮，其弊庶几免之。但每亩或不足一亩者，须缴清丈费六角，海宁土地，素极细碎，恐民间一时不能负担耳。

调查湖濮、南庄联合村，晤乡长朱泽民君，其地距海宁、海盐、崇德三县城之里相均，庶此邻县之情形，足为崇德之附证。

事毕至长安，时晏已无快船，乃买舟回崇德。

十日　星期一　晴

这几天调查来的表格，刘君迄未审查，今日将转赴吴兴，故请其专事审查。余等则以四区所调查者，认为未能满意，所以约了沈治虫员永高，再到马耆乡甲子埭村调查。该村距城七里，水路较远，为迅速计，遂徒步往。出北郭门，沿途赴市者，络绎不绝。遇乡长杨健武于途，邀其折回协助。

途中热甚，抵马耆乡，乃至虎啸寺小坐。住持月华，尚守戒律，杨乡长为客籍，惟寓此甚久，教读兼业堪舆，又归依于佛，亦所谓九流三教之人欤?

调查三十七户，中农约占三分之一，亦有副产，庶几近之，故四区情形，应以甲子埭为标准，而果子园、王家村、姚家浜，均供参考而已。

在大伞高张的底下，赶回城中午饭，各人均受暑气，饭进较少。开发一切膳杂各费，并整行装，更至各处辞行道谢，乃趁一时半之轮船至乌镇，崇德之行，告一段落，调查尚称满意，而县府诸君之盛意，则颇惓惓于心也。

轮船尚宽敞，并不拥挤，其价亦廉。四时至乌镇，仅有轮船至双林，须由双林再趁夜班至吴兴。

在轮埠守候甚久，其屋西向，充满日光，有行李置于码头，乃轮流守之。各进小食，贺君购角黍六枚，无人光顾，仅自食其一而已。

二小时后，始见轮至，时则日渐西沉，兼之水面风来，乃竞坐烟棚，以求凉爽。河面甚阔，轮行亦速，两岸多桑地，然不荣茂。农民方以桔槔取水灌田，此间皆人力，无用牛者。

下午八时至双林，商业颇盛，即雇挑夫搬至另一轮船公司，以便搭乘。据公司中人云，须夜十二时，天明抵吴兴。时诸人均颇疲倦，且满身汗液，加以水路不靖，夜班时有被劫者，况今夜纵使赶至，明天仍须休息，而由吴兴至辑里，仍须从此经过者，乃折至逆旅止焉。

双林风俗奢靡，茶楼酒馆甚多，游手好闲之少年，充满其中。良以吴兴产丝，富甲浙江，一般平民，以丝价之惨跌而大苦，但资产阶级，尚能维持其锦衣玉食之常态，且习已成风，纵使外强中干，亦须勉撑门面，一旦崩溃，更难挽救。

贺君结算账目，杜君草报告，余出而就浴。时则急雨骤降，身心一快。

十一日　星期二　晴

浙西为蚕桑区，而以吴兴为冠，故其富亦甲一省，前在世界市场，握丝界之牛耳者，吴兴之辑里丝也。自华丝淘汰，价格惨落，于是幸福之神，离开了养蚕的农民，吴兴平时养蚕最多，获利最大，故今日之打击亦最大。

吴兴是改良蚕桑区之一，而辑里、双林、织里三处又为其重心，所以今天改变了路程，刘张二君至第三区辑里村调查，由此往最便。贺杜二君，即留在双林调查。余与王君先至吴兴，作县概况调查，再往织里。

八时登轮，十二时至县城，寓中央旅馆，下午至县署调查。

该县全年丝茧，值一千七百万元，而今则不足三百万元。农民多培植桑地，田则委之客民，自耕者约占百分之二十。今田既不耕，茧又大贱，而平日习于安逸，不耐劳苦，故其困难情形，亦遂迥异他县。

吴兴面积甚广，全县划作十区，戴县长调任未久，平日一无统计，故仅从建设科长口中，得其约略估计而已。

回寓后，郁蒸殊甚，盖中央旅馆之房屋，本为戏园，今乃改作旅馆，故楼上低矮而不通气，作致孙君一函，报告调查崇德经过，暨此后通信地点。

七时许，贺杜二君返，乃偕往晚膳，并在公园纳凉，兼互述调查情形。彼等至六区公所后，即选择一恭庄村，离镇数里，由助理员偕往，当经渠介绍老农徐品南，一熟谙掌故及全村情形者，见告颇为详尽。

十二日　星期三　晴

昨晚据茶房云，至织里之轮船极早，乃于六时，与王君前往，已鼓轮将驶矣。九时抵织里镇，亦颇繁盛，至第二区公所，备述来意，由助理员经文奎君陪至谭降村调查。

乡长顾国明，曾受高等教育，故所谈颇透澈而有条理，一切情形，由小学校长缪礼经协同相告。

改良蚕种，普通每张采二十二斤，今年则有采四十余斤者。其原因有二，一为饲蚕时之天气甚佳，二为蜜蚁多，故农民皆喜出望外。且茧价较土种略高，而缫丝时匀度亦好，已引起农民之注意和信仰，明年当有进一步之发展。

在夕阳蝉噪之中，蕉叶桐荫之下，离开了谭降村，转回织里，搭轮返县。织里邻近太湖，鱼虾极多，苟值羲皇之世，宁非快乐之乡？

抵城已万家灯火，刘张二君，已于晨间返，昨日上午至南浔，由三区区长徐渌卿，伴至辑里村调查。距镇约七里许，见村长温景伯，因将土地分配、租佃关系及蚕丝情形，详细调查。

此处地主极多，自耕者约占百分之十二，余则尽行出租与客民，大概口头订约，随时可以撤佃，但此种大地主，自已永不耕种，幸租额尚轻，故纠纷甚少。

养蚕略有起色，今年建设厅在此设有办事处，有男女指导员四十余人，专司消毒治病及指导之责，成绩尚佳。

吴兴因产丝，故亦产绸，且有绵绸，为妇女手制成缕，纺织而成者，质地柔软耐穿，然今皆摒弃而不用。男女身上，大概皆人造丝之物，而以女子为尤甚。国外既无市场，国内又不服用，长此以往，苟不将鄙视国货之心理取销，纵改良种子，增加生产，亦何益也。

十三日　星期四　晴

八时出南门，坐京杭国道之汽车，经武康、余杭而至杭之武林门。沿途风景甚佳，莫干山亦隐约在望。武康山上，间栽翠竹，乃郁勃蒙茸，颇绕画意。闻其利甚厚，一年伐竹，一年出笋，收入倍于田。

路面甚坏，颠顿不平，而管理无方，额数不定，沿途上车者极多，以致挤无隙地。午刻抵杭，乃止于沧洲旅馆。

各人信件，均由余寓转交，故安顿后，即至西湖寓中取信。接孙君函，知致建厅之公函已发，惟时已下午，拟于明日往询。

近日较月初更热，人丹十滴水等，渐将用罄，恐至浙东，购买不便，因嘱王君出购辟瘟丹藿香丸人丹等，以备不时之需。

十四日　星期五　晴

同人均以疲乏，主休息一日再行。

余则至建厅晤汪秘书，叩以免票情形，渠谓已令知公路局及杭江路局矣。转至公路局，晤邵君辅臣，告以应走之路线及全团人数，为便利计，每人每线来回一张。复至杭江铁路局，访谭君岳泉，亦签发往返证一次。

下午分访浙东在杭各友，嘱其介绍当地人士，为调查之助。盖浙东民智，更较蔽塞，而刘贺二君之语言，又大成问题，除杜君一人外，几全有格格不入之势，非有本地人协助，为之解说明白，恐所得结果，或且远离事实也。

十五日　星期六　晴

七时坐车至三廊庙，在钱江第一码头渡口，此码头之建筑，亦为浙江巨大工程之一。

至对岸以潮水方退，不能靠岸，行沙滩上约半里，拔足颇艰。

杭江路建造未久，车辆皆新，惟轨道仄狭，且枕木亦浮铺路面，因陋就简，亦所谓救急之法也。

此路余亦为第一次，途中经萧山、诸暨、义乌诸县，虽天气郁蒸，车行颠顿，因为沿路景物所移，尚不觉苦。

村中房屋，类皆低小，而间有一二层楼高耸，女墙低亚者，一乡之土财子也。

耕田皆以牛，故其耕具亦与浙西不同，女子犹缠足，均能负重操作，樵柴汲水，或在田中，做轻便工作，是亦环境使然耳。

在车中午膳，有中菜，每碟三角，饭每碗五分，虽不甚佳，颇能果腹。茶则每杯一角，价比他路廉。

午后二时抵苏溪，义乌县境也，有人力车，每乘须价一元一角。亦有公司理其事，向公司购票，得一筹，上编号码，然后以此号码找车子，其法颇佳，惜管理不善，秩序甚乱。计程四十里，并未修筑马路，仅就原有旧道，稍加平治而已。途中有买茶者，饮后人置铜元一枚，浑浊不堪，然以天热口渴，困顿之余，俨同玉液琼浆了。各服痧药，以解暑气。

七时始至东阳，城甚小，祠堂颇多，而矗旗杆之屋，则比比皆是，什么大夫第，进士第，真也不少，钦褒节孝的蟠龙牌坊，即在我们进城的西门一段路，已有了好几座，所谓重见汉官仪，在这里是充分表现着。

止于福兴旅馆，房以客计，每客约三角上下，无陈设，木凳板床，别具风味，晚饭后，甚早即寝。

十六日 星期日 晴

早餐各进米粉干一碗，东阳之名产也，然其味并不佳，意者清汤白菜，无所调味而然。

同人皆至县政府访问，县长外出，更无一负责人在，乃留刺而出。偕王君访同学韦君思永及徐君希瑜，以冀其有以示我也。得徐君惠赠《东阳农村经济》一册，为东阳小学丛书之一，于去年十一月出版，其内容颇为新颖，极堪珍视，惜统计不甚精密，然以私人之力，留心社会情形而有此供献，亦殊不可多得。

午后复至县署，始与县长相值，因以调查目的告之，并虑山区农民，少见多怪，不肯以真相见示，而我侪初至东阳，亦不明了其经济状况。故要求两点，招集县府同人熟悉全县情形者，划分几个经济区域，并决定几个适当村落。由县府拨二人伴往，以资介绍并舌人。据金县长言，东阳面积辽阔，县府中人，素不下乡，故情形并不熟悉，且大半来自外县，语言亦格格不入，与吾侪同，况公事甚忙，无人可派，不如至区公所询问，较有头绪。其意实欲推出不管，但彼又云区公所经费无着，仅月拨二十元以维伙食。夫如此之区公所，又有何生气办理自治，而能周知各村情形呢？恐将来一到区中，更无办法，总不若先行计划，较有把握。渠谓有一科员，较为明了，容于明日询之。乃兴辞而出。

十七日 星期一 晴

上午静候县署中人来，乃杳然不至。将徐君之《东阳农村经济》浏览，略有头绪。

东阳山多田少，据徐君所述，山约占全面积百分之八十，但根据浙江《民政月刊》第三十九期及财政审查委员会所统计的田亩，尚田多山少，大约荒山未垦者，或不列入粮册之内，或者每亩山的面积，远超每亩田的面积，二者必居其一。多族产，凡人死后之遗产，大部分皆拨为祀产，虽仍自耕自种，亦目之为某某公之祀产。即有兄弟分种，每提出若干斤租款为祭祀及修理祠堂之费，故租额甚轻，而均已佃户自命，对于所有田亩，每曰，此公产，非我所有也。

出产有著名之火腿茶叶药材粉干，年可得二百余万元。人口稠密，为各县冠，故出外工作者甚多，近自杭江路通后，不独男子出外谋生者较夥，即女子亦有出为佣妇乳母者。

预计行程，有许多交通不便之县，将来或不能一一周至，凡此之县，如有认识之士，或县署，或党部，即函送调查表一份，请其代为调查，并将该地痛苦情形，及救济意见，详以见示，计发出十余函。

至县署，由金县长介绍所谓熟悉东阳情形之徐科员相见，所谈极为笼统，大致谓“东阳分两大部分，以画溪为界，为东乡与南乡，南乡有南马，为一大镇，八区公所在焉，东乡有巍山镇，第三区公所在焉。昔金陵大学，亦曾至巍山调查”云。所谓经济区域，全县情形，如此而已。

下午有治虫督促员蒋君鸿儒，楼君景春来，云奉县长命伴同下乡，当告以后日出发而别。

盖今年有旧友张君今烈来访，当告以县府糊涂，未能见助。渠允邀集就地绅耆，党部农会与教育界，详细讨论后，选择区城及介人相助，以利调查之进行。

十八日 星期二 晴

来此已三日，尚未能决定一调查地点，因此叹人才之难，而益念毛县长于不置也。盖彼常连日下乡，周知民隐。而金县长乃素不出门，又何怪其无以见告啊。

张君来，约至民教馆聚餐，座间有教育局长程君，农会吴君，及党部徐君等，既蒙大教，复饱郇厨，感谢无已。

归纳各人谈话，东阳分东乡及南乡两部，以画溪为界，南乡包括二区六区之一半，及七区八区之全部；东乡包括二六两区之一部及三四五三区之全部，惟四区五区，有高山相隔，气候各自不同，情形大异。南乡可调查者，湖溪、南马、安文，东乡可调查者，巍山、白坦、玉山。再南乡之风俗习惯，与浦江、永康、常山、开化相同，东乡情形，与金华、义乌、兰溪、汤溪、武义、龙游、衢县相同，玉山即四区，其情形与天台仙居，颇有类如之处。南乡有申屠君（劳大毕业，东阳中学教员）及陈君国是相助，东乡有程文诗及程鑫二君见助。

如此讨论，方对东阳得一概念，加以徐君希瑜之书，及诸君之助，庶几无误矣。

十九日　星期三　晴

余与杜贺二君赴湖溪，蒋君偕行，刘张王三君赴巍山，楼君偕行。当时并计划邻县之调查，由杜君至永康、缙云，王君至诸暨、义乌，分头出发，各集合于兰溪。

清晨出发，轿行深山中，凉气侵肌，肤为之栗。每过高山，轿子左右播荡，坐甚不适，且观轿夫气喘如牛，故均下轿步行。途中村店，无可食者，余因头晕，更不思食，至午时，始各食煮鸡子数枚，二时许抵湖溪六区公所，区长吴时琅亦朴野少文。其旁有第四小学，昔之书院也，规模尚大，故乡人称之曰大学堂。余侪止宿其中，三人一室，清寂无似。

申屠杰君，得程君之信而至，因与吴区长商定里塘村及马上桥村。

天忽骤雨，未几而止，虹现于天。学校前有三四农妇荷耜锄地，玉蜀黍已累累结实，牧童缓缓牵牛返，小坐纳凉，乐而忘倦。

刘君等至巍山，路亦五十里，以下午至，住于第二公安分局，由高君招待，王君至厦程里速程君，继与高君楼君酌议，决定厦程里、光里湖及桑梓三村。

途中沿画溪而行，见两旁田亩，尽为沙石所堆积，浩浩平沙，面积甚大。盖水利失修，溪身高于堤岸，故一遇急雨，便发山洪，而两岸即遭冲刷，谚曰："两条烂肚肠，杀人不用枪"，指东阳江及画溪而言也。

二十日　星期四　晴

山中天气殊佳，清风拂面，溽暑全消，余稍患感冒，头痛身热，故不能参与调查。

杜君与申屠杰君至里塘村，距申君之家不远，故乡中之人，咸认识之，职是之故，减少了许多惊惶恐惧的心理，而以真相见告。惟族产之数，仍无法调查，在这里我们只可以说，凡东阳农民所佃种的田，大部分均为族田，所以他的租额较轻。

杜君不但得了申君的帮助，并且因为村里一个绅士，亦曾一现宰官身，而其子与杜君为中学之同学，故亦极力帮忙。凡乡民有怀疑而嗫嚅其言者，经彼一言，亦莫不爽直以告。

贺君及吴区长，调查马上桥村，这村距区公所不远，蒋君亦往为助。然而区长的权力，赶不上熟人的交情，所以农民颇有疑为收捐之整备者，幸乡长吕叔文，尚明事理，详为解释，但是为了修公安局屋子的特捐，造区公所房子的特捐，捐助飞机的特捐，都是乡长与区长的事情，所以始终得不到完全的信任。

刘张二君至距巍山五里的光里湖调查，由乡长徐素经，校长韦品文等协助。此间族产甚多，故他们的地主，即是宗祠，永不撤田，此实亲亲之义，而非法律的构成。

王君与程宽祎君调查下溪头村，为厦程里中一小村落。程氏聚族而居于厦程里，闻其族田总数在万亩以上，凡异姓租者，须缴押租四十元，下溪头四十六家，能自给者，不及十分之一。得乡长程洪斌，教员程品良、程文诗诸君之助，故调查尚称顺利。

乡间饭脱粟，粗砺不能下咽。生活程度甚低，闻这学校中教员之束修（此学校类似旧制高小），最高者不过十二元。所以吴区长虽属欠薪，尚以比教书为佳，且在乡人目光中，实已高发为官，故守此冷衙而不去。

二十一日　星期五　上午晴下午雨

今日转赴南马，但爱此间风物，殊恋恋不忍去。

八面山，风景之一也，形如馒头，无论在任何一方面视之，其形不改，故称曰八面山，修篁迎日，古树凌虚，惜未得县乘一读之，当必尚有许多佳话。

午刻至南马，计程六十里，为第八区。区公所设于一祠堂内，区基干队亦在于是。区长许鸿烈，尚称干练，蒋君亦为八区人，且前为此间助理员，情形尚熟。

今日适开调解委员会，故各乡至者甚夥，因详与诸人讨论，决定祠堂后及叶枫村二处。

途经横店时，正值赶集，五日一次，设摊者，肩挑者，络绎于途，余等亦停轿小憩。观其所交易者，大概以豆麦粮食出售，而获得食盐、布匹及其他耕田所用之农具或肥料，红红绿绿的厂布，其原料已非国货，惟有以麦秆所织之扇子，尚属家庭手工业之一，但技术拙劣，墨守成法，形式殊不美观。

刘张二君原定赴四区之玉山乡，因它是小区里面的山区，四山围绕，气候不同，冬无奇寒，夏无酷暑，受着阳光的时间，较平原为少，所以作物的产量减少，而田价亦相当低落。继乃以远不果往，转赴三区之桑梓村调查，晤乡长王岩喜、小学教员王作霖，并由楼君协助调查。全村农户，大部均为佃农，业主是巍山赵姓的、白坦吴姓的、厦程里程姓的祀产。

王君因须转赴义乌县作邻县调查，故返县城宿焉。

二十二日　星期六　阴雨

贺杜二君偕蒋君至祠堂后村，距南马约二十余里，蒋君之梓里也，调查尚称顺利，返时遇雨。

王君至义乌县署，作概况调查。无大地主，最多者不满五百亩，而数亦甚少，族产约占全县粮地面积四分之一。由财政科长朱炳勋陪至一区鲇鱼乡泉儿头村调查村之概况，乡长朱元圃情形颇熟，所告尚称详尽。他们所引为最苦者，即附捐太多，不胜负担，如公路捐、保卫团捐、农民银行股款，每元共须带征一元二角七分。

刘张二君，于今日回城，顺道在二区之泰里村调查。这村的情形，与光里湖相差不远，所佃种的田，都是本族或他族的祀田，种他族的祀田者，押租甚重，故人或认为永佃权云。以押租重的缘故，租额较轻，所以表面上看，已合了二五减租的三七·五的比例，可是加上押租的利息，那真重不可言。

我和许区长到了叶枫村，暂在一个祠堂里休息，预备先向农民解释，再行着手调查。但是一般农民，你推我让，连祠堂门口都不敢走进来。我无法可以形容农民知识的幼稚，只好拿设在祠堂里的一个私塾来做反映罢！学生一共到有八九个，衣袴不全，污泥满面，读的是人手足刀尺及人之初，这位先生大概有三十岁，留着几缕长须并几个长指爪，桌上排着朱红的砚台与笔筒戒尺，天地君亲师及至圣先师的神位，是用小红纸条儿贴着，手拘挛而不动，口嗫嚅而难言，在外边还榜着东阳县立初级小学，从这样的教育底下，可以想到村民的知识了。

许区长看得没有办法，怕这样的调查，没有结果。又领我到了旁边的一个三余村，在他的亲戚家里休息，预备从他家开始。但是最初讲述来意时，颇极首肯，以为从此可迎刃而解，孰意在全家人数及出外工作人数时，尚肯见告，至副业收入及所有田亩数，即诿称不知而须问其兄。此家以制火腿为业，所入尚丰，新建房屋未久，亦受高小教育，而畏惧如此，足征平日政府之治绩，已使人民望而却步矣。再之解释，始调查竣事，其报告时之迟回审慎，为难畏惧情形，诚不可以言语形容，故多不问其姓名，借以稍减其恐惧之心。

基干队长吴宗良，本县人，情形极熟，因就与讨论，颇多获益。

二十三日　星期日　雨

杜君即由此赴永康作邻县调查，并以省其亲，计程七十里。此为其家乡，情形熟悉，调查当较为顺利而详确。

余与贺君返县，以便会同刘张二君，明日转赴兰溪。

雨下甚大，不良于行，轿之四周，均裹以油纸，但依然渗漏。行约四十里，雨始止，山头云气蒸发，如烟如絮，未几天色转霁，云去山青，谷中水流湍急，远望俨然瀑布，劳苦为平日所未经，此景亦平日所未见。

王君从义乌坐火车至诸暨，盖亦东阳之邻县，故作全县之概况调查。

晚间至县署及张今烈君徐希瑜君处辞行，并致谢忱。

二十四日　星期一　晴

八时与贺刘张三君坐轿出发，径至义乌，现在汽车路正在赶筑，闻三月后便可通车。此路之款，大半从两县田赋附加而得，且所用路面，尚未给价，而工人又常肆滋扰，不识主其事者果知之否。

为程四十里，十二时抵义乌车站，距城尚有三里，因于站旁小店中午膳。

车站建筑颇劣，待车室亦极狭小，义东路通后，其商业将代金华而起，恐未足以应用也。

三时登车，至兰溪，（杭江路通车至此止，前面尚在修筑之中。）约五时许，止于临江旅馆，下临兰港，尚称凉爽。

兰溪绾闵皖赣浙四省之交通，故商业宿昔称盛，中交均有分行，钱庄林立，较之金华府城，有过之而无不及。顷已改为实验县，行政督促专员公署，亦在于是。

杜君在永康作全县概况调查。

王君在诸暨陶朱村调查，诸暨水田极多，惜亦因水利不修，常遭淹没，故粮食无多剩余。否则，其俗谚曰，“禾田一年熟，天下半餐粥”，其产量实可观矣。

苎萝村即在附近，人筑陶朱庙以求福，故即以此名其村也。晤乡长朱晖、副乡长李明之及农民朱仁智赵景辅，叩以村中之大概情形，及贫农之成分。

诸暨民风甚强，宗族观念极重，故常有械斗。求学者颇多，盖邑中穷苦，非出外谋生，即不足以自存，而知识为谋生之工具，故均刻苦求学，加以出外读书，有族田之收入为其补助，益足以资鼓励。在昔杭州之织工，类为诸暨人，挑夫及染匹，类为东阳人，地少人多，出外糊口，其情状有相同者。

二十五日　星期二　晴

兰溪为龙游邻县，且繁华甲浙东，又为四省水陆交通之要道，故乘守候王杜二君之暇，调查其全县之政治组织，土地分配。

至县署，晤黄县长，渠兼第六区行政专员，荷以全区情形见告，关心民瘼，诚可钦佩。但其政见之奇特，亦殊有足述者，渠谓“农村经济枯窘之原因，由于二五减租，自二五减租实行后，地主利息较薄，昔日求田问舍之心理，均一改而投资于都市，故田地价格虽然低落，仍无人过问。农民之所有者，土地，恃以为缓急之流通者，亦为土地，地主昔日之肯投资者，以租重税轻，有厚利可图而已。今自减租以来，田地无人购买，经济不能流通，农民于是无力施肥而用肥田粉，结果地力丧失，地质改变，不能耕种。田之所入，除种子肥料外，不足还租。加以谷贱伤农，五斗谷不够一袭衣，终年劳力，所值几何。乡间尚有存谷，而洋米已大量输入，今年更不知伊于何底。”

黄君以土地价格低落，为乡村之病态。余以为此正二五减租之功效，苟于此时，有一强有力之农民银行，长期贷款于农民，而以田产作抵，则‘耕者有其田’的计划，可以逐渐实现，岂必待地主之盘剥，而以为快吗？再者，农村经济的枯竭，和地价的低落，是整个社会经济的关系，并不是地主不买的一个原因，至云室有积谷，而洋米内倾，则于农村经济，殊多影响，因拟至乡间挨户调查，以明真相。王君昨晚乘夜车至，亦至县府问余等住址，适相遇，乃相偕而出。

下午由黄君介绍曾科员来，接洽下乡事宜，据称南乡与东乡等，西乡与北乡等，因决定在西乡南乡各选一村，以资参考。

杜君在永康第二区之倪宅村调查。

二十六日　星期三　晴

侵晨，曾童二君来，分两组出发，余与贺君为一组，由童书丹君偕至西乡新胡乡之新轿村，刘君与张君为一组，由曾君偕至南乡之凤林乡皂洞村调查，王君连日奔波，留寓休息。

皂洞村距城二十里，由乡长某君协助，计调查若干户，贫农居其大半，雇农亦复不少。地主有四五家，自二百亩至五百亩以上。乡民在青黄不接的时候，向城中借钱赊米，但是钱是没得借的，所借的是肥田粉。农民得到了肥田粉，便在四乡兜售，以换现钱。在名义上向城中借款，实际是代他推销，而城中商人，已于无形中获得赢利了。赊米的利息，也是很大，大约两个月之后，一斗要加三升，或者借时即以银钱折算，当时米价必高，至秋收时米价低落，再买了去还他，一转还间，又不知吃亏了多少。

并且谷贱便须多卖，等到明年的时候，又要循环着演这一幕戏。

童君书丹，苗圃管理员也，平日与乡人相习，故颇融洽。我侪得乡长王肇初之助，且风气较东阳稍开，调查时尚无困难。此间田皆三熟，稻后或种豆麦，继之者玉蜀黍，惟大多数均为佃农，其业主以姚叶村及陈赵村为多。

杜君在缙云调查县的一般状况。

二十七日　星期四　晴

由兰溪到龙游的汽车，还是商办的，听说不久要由公路局收回，所以现在只维持现状，路面不平，管理紊乱，加以兵车上下，车不准时。

我们预备乘八点钟的第一次车，可是到了十点还没有开，除了杜君以外，全体皆往。

龙游是在旧衢属的一个县治，它毗连了处、严、金三属，是山区里一个没有受到兵灾匪患，纯粹在因了资本主义的侵略，而慢性崩溃的农村。每家所有的面积，比东阳多一点，因它的人口量没有东阳密，而山也没有东阳多。

止于东南旅社，距县署不甚远，下午访徐县长，先将全县的土地政治暨经济情形，作一个概括的调查，以便确定几个调查的区域。时适召集区长会议，区长王庆树等均在，因便各述区中的状究并较为适当的区域。

晚间建设科长鲁藩秋见顾，颇健谈，据称龙游有瀫溪的贯注，有公路的沟通，水陆交通，均称便利。南乡多山产纸，年出数十万元，北乡产米，地甚膏腴。

杜君在缙云之金梅亭村调查，是村特筹设为模范农村，故殊足代表该县之一般状况。

二十八日　星期五　晴

在东阳时，深感县署不谙情形，区公所无力推动，以致调查时增加许多困难。今为避免计，多方觅取就地富有知识、具有声望之人以为助，故至县党部访常委郑君惠卿，请其介绍各区同志，盖党员分布各地，且类为一乡之优秀和活动者，既不患无人，又不患不熟，较县署中人被农民目为官而怀疑者，诚事半功倍矣。

王区长来访，除道故外，兼述龙游情形，并区公所现办事务。悉龙游有一地方银行，县政府之款，即归保管，且贫民借贷所之款，亦拨交该行经理，但利息甚大，总在一分七厘左右。更试办货物抵押，凡衣服首饰，均可质值。因与同人前往参观，组织亦颇完备，第借款抵押，本为救济贫民，今所质之价值，平均总在三元以上，可见质户不尽属贫民，而真正的贫民，实未受其利。

杜君今日由缙云返至金华。

二十九日　星期六　晴

今日先至东西两乡，亦即自治区之二四两区，此两区因无特殊状况，故各择一村，着手调查。

刘王张三君至二区之楼下乡，村稍远，不及往返，故止宿于彼。在二区得郑君介绍者，共有九人，楼下乡有傅金声、潘长安二君相助。

楼下乡有一千余亩之地主，有过半数之贫农，因沿瀫溪，多有以撑船为副业者，然衢兰公路既通，杭江铁路又在建筑，将来恐被淘汰。

余与贺君至西乡之詹家，四区区公所在也。晤区长蒋澄，及山后村徐章甫、隆星殿刘云龙、詹家詹耀祖三同志，斟酌四区情形，以石亘村为最当。石亘村有吴氏为大地主，其大固超越了一般贫农，但为西乡一般地主的代表，则极为相称。且因了土地的集中，同时产生了许多贫农，又可代表贫农占百分之六十的普遍状况。

区公所有户口册及田亩册，我们以他们所报的，再加校对，尚无何种错误。

杜君在金华以杭江路机车损坏，阻于途，未能来此。

三十日　星期日　晴

候刘张王杜四君来，故今日与贺君在寓所休息。

三十一日　星期一　晴

今日全团出发，至三区调查。三区产纸及冬笋，去年曾出纸十四万担，每担能售八元，故少数人民，较为富庶。惜其出品，半为迷信供神之用，而销路多在东北，今版图变色，其商业亦大受影响。

路程五十里，行六时始至，晤区长杜永祥，宿于隔壁之小学，门外有清溪，水声潺潺，夕阳西下时，竞集捣衣，地名溪口信然。

南乡所介绍之区分部同志，有十余人，在溪口者得徐绍尧、林长庆，因邀至商酌，决定灵石、童溪、三元三村，灵石在西，童溪在东，三元在南。

杜区长云，在溪口南六里，有一沐尘乡，乡长祝康年，人尚干练，其地亦复相等，倘前往一观，亦可用为参考。因思有轿在此，况时间不晚，遂同往一行。

晚间纳凉门外，看天心明月，来水面凉风，相与共话各乡情形，及推行自治之困难。如筹募救国捐，龙溪公路经费暨难民工厂经费等，上峰志在必募，而民间殊难劝派。

一日　星期二　晴

今日张杜二君至灵石，由一助理员陪往。刘贺二君至潼溪，由杜区长陪往。余则与王君偕赴三元戴，距溪口四十余里，多山，越岭数重，足痛不已。有三元岭，峻削特甚，至其巅，则两边石壁中通一径，诚有一夫当关，万人莫入之势。

二时至三元戴，晤陆崇仁、陆道仁昆季，因郑君之介，优待备至，并详细将附近各村情形，互相斟酌，始决定在三元村调查。

村户家各有山，第面积甚小，无有逾一亩者，是盖俗以打锣为亩，凡锣声所能听闻之处，尽在一亩面积之中，故其大实较浙西喝山为亩之习惯为尤大也。

乡民颇敦朴，见余侪至，凡有所问，必详细相告。村民类多蓄猪与鸡，牛则不甚多，或数家共用一头，或蓄牛出租牛工。村中有纸槽三具，工人则尽来自江西，均为包工制，以出货多少计算。

调查竣事，天已渐黑，因止宿于崇仁之家。

三元戴在龙游之南乡，山岭重叠，南界遂昌，宜敦厚古朴更甚于东阳，乃事有不然者，其奢华实亚于衢县。闻每当伐竹造纸之时，在昔不仅外省客商，竞来税止，即游方赶集之各色人等，亦纷至沓来，故民间用物，遂多舶来品了。

二日　星期三　晴

黎明即起与陆君昆仲别，因今日至溪口后，尚须偕杜君等同返县城。

杜刘二君，昨晚宿于溪口。余与王君以午时至，进午膳后，整理归装，轿夫言俟正午稍过，再行动身，此刻上晒下蒸，途中殊热。

倚床小睡，并与刘杜共述灵山、潼溪二村调查之经过，灵山较近，其地贫农甚多，大概除种田外，均出外为雇工或挑夫以糊口。潼溪则交通不便，生活甚苦，然或蓄荡捕鱼，以为副业。

二时出发，幸有微风吹衣，尚不烦热，至城已万家灯火，浴后精神一振。

晚间讨论明日行程，以江山、常山接近闽赣，拟前往作一概况调查，借觇二省之状态。况江山近遭匪患，亦可知遭患之轻重，与农民所受之损失，诸人均愿至五区，乃决由王君与余前往。

道出灵山，遇杜君一同学，殷勤款接，并称后日为畲民大节，竞出赴市，每年一次，红衣绿裳，高髻鬓花，以青布蒙头，男女相悦，亦可于此时目成之。其人均为闽籍，与本地人素不通婚，约有一千余家，风俗习惯，向不相同，平日自耕自织，男女均可服田，颇具上古遗风。惜尚须二日举行，不及一观其胜。

三日　星期四　晴

刘贺张杜四君至五区，晤区长夏震亨，商酌调查村落。在北乡所介绍的党员，有鲁国贤等多人。

北乡产米，兼出莲子，故笋舆经过时，莲花朵朵，时送清香，禾已抽茎，田畴绿满，在己方自觉劳人草草，而他人观之，或所谓身在画图中耶？

鲁君国贤，王君康年，均相继至，乃将调查意义，详为解释，并将各村情形细为分析，结果决定新王、华峰、泉塘下三村。

余与王君至江山、常山，于八时出发，坐汽车至衢县。途中经大溪一，以洪水时发，不能建桥，而两旁沙滩，几有半里，必须步行渡江，至对岸另有汽车相接。路面不平，车行颠顿，故一般乘客，尽愿先登彼岸，以期坐在车之前部，较为安适，并虑车中另有乘客，不能容纳，故相率赛跑，态至狼狈。

正午抵衢县，因觅一旅馆，暂时休止，而炎威逼人，几难行路，下午至县署调查，各项数字，均尚确实。诚以王县长从政有年，经验颇富，近正令各区调查田亩面积，作物产量，物价指数等等，将来完竣后，虽不能完全准确，然较之东阳、吴兴、桐乡等县，一无标准，信口估计，相差远矣。

自县署返，已不及再赴他县，乃宿于衢。夜间至公园纳凉，地为旧府署，面积甚广，游人颇多，旁有清溪，中有小阜，阜上筑屋数楹，闻将为保安分处之办公室，甚愿来者加以爱护，勿使兵士蹂躏，而仍能与民共之，则亦庶几民众之武力矣。

四日　星期五　晴

晨起，与王君分道，渠至江山，余至常山。江山曾数次遭“共匪”侵入，其受灾者，为二十八都，现在治安，尚未能十分安全，故王君至十五都调查。该县族田甚多，所以每户的面积，便减少了，贫农约占百分之七十。主要作物，稻麦杂粮，而稻占十分之六。

交通现有衢江公路，乘汽车至兰溪，转乘杭江铁路，一日夜可至杭州，年内杭江铁路可以通车，则交通更形便利，而赣东之物，可由此出口，货币尽用银圆，其种类为英洋本洋烂洋，名曰花边，与江西同。

余至常山，适吕县长新遭内丧，由叶科长季雅代见，全县共分六区，二三六区，产石灰甚多，年约三十万担，值十五万元。亦产纸，年值数万元。

据叶君估计，全县贫农约占百分之三十，且贫农之面积，每户可得八亩，则常山之贫农，实较他县为少，而其经济力亦觉较优，其原因族产甚少故也。

下午由区长詹端冕偕至四区冬字联合村，晤乡长张达文，将该村大概情形，再作一度估计，则该村贫农约占百分之四十，全村五十户，有田三百四十亩，平均得七亩弱。

刘君怀溥与贺君至新王村，晤乡长王学圣暨小学教员叶如玉，协助调查，尚称顺利。杜君与张君至泉塘下村，距二十余里，由基干队长陪往，人地极熟，晤乡长姚培兰，从事调查，北乡虽产米及各种副产，然与南乡之纸相较，如有不及，佃农甚多，地主多不在乡，大概均为宗祠祭产，故租额尚低。

五日 星期六 晴

刘贺四君，今日齐赴华峰村调查，有区公所助理员夏熙君，为该村人，因偕往协助，复得村人夏春生与乡长等，相与解释，故农民咸乐为接受。其经济情形，与新王、泉塘下二村相仿佛，调查毕，即于是日回城。

王君在江山十五都乡调查，有县农会干事周才君，偕同前往，晤俞登发君，乡长而兼乡农会干事者，以该村情形，概括见告。该村未受匪患，但军队过境，每须充当徭役，而柴米等物，有时亦征发及之。户籍土著及客籍各半，然年事既久，亦已忘其为客籍矣。租额较高，虽族田亦复如是，大概客籍初来佃种，即遭歧视，继而沿习成风，遂乃土客一律。

余则由常山至衢县，转赴龙游，车中拥挤特甚，稍受暑。

六日 星期日 晴

上午区长王庆树邀赴茶话，区公所设在庙内，轩敞高爽，因前与自治专校之师生，均有相当情感，故未便固却焉。

继至党部县署道别，并志谢忱，郑君殊惓惓有惜别意，徐县长亦亲来客舍送行，均足感也。

王君自江山返，乃开发费用，整理行装，于下午二时至兰溪，以备转赴杭州。

吾侪此行，将至永嘉，在未曾决定取道上海时，曾讨论经过路线，一线自金华至永康而达缙云，取道丽水，经青田由瓯江而下，为程五日，但由金华至缙云，有汽车可坐，而缙云至丽水，须过一百二十里之桃花岭，不独人颇疲乏，路亦不靖。一线自杭至沪，将乘轮船，直抵永嘉，为程四日，且旅费业已告罄，而招商输船，或可免费，为安全及撙节费用计，乃决定取道于沪。

七日 星期一 晴

今日循杭江路至杭，一路风光，依然如昨，第荷花则渐已零落。五时抵江边，渡人如鲫，远望六和塔矗立江干，若对斜晖而展其笑靥。

晚宿沧洲旅馆，散步湖滨，怡情山水。

八日 星期二 晴

预约会中款项，寄在杭县，因至县署一询，据云未有款至。乃电告会中，请其速汇。

拟于调查完毕时，将各县情形，概括叙述，作一报告，庶在未经整理之前，会中已得一个简明的概念，然分类叙述，或分县叙述，未有定论，因乘机讨论之。此事余则认为必要，而刘君极不同意，虽用拈阄方式，决定何人担任何县，而诸人态度，均极勉强。

今日将各村表格，逐一编号，借免凌乱混合之弊。

九日 星期三 晴

团中经费，由兴业银行汇至四百八十元，惟船票一层，未见提及，乃以快函询问。由上海开至永嘉之船，须在十二号，故仍在杭休息，既俟会中之后命，复可节省在沪之开支，而同仁精神，均显露疲乏之状，极愿乘此余间，以山水之清幽，袪旅中之劳顿。

更以前曾致函交通不便及不在规定调查范围以内之各县，请其将该县农村情形，与预备或需要之救济办法，详细见告，以便汇合参考，乃迄今寄至者，尚复寥寥，因再以长途电话请求之。

十日 星期四 晴

休息，琐事无足记。

十一日 星期五 晴

情形如昨，余则至杭县调查土地分配之概况。

十二日 星期六 晴

上午八时，全团赴沪，于一时许至南站，即往金利源码头，购定舱位，将行李交付茶房，既毕事，偃卧舱中，至五时许，始出外就餐。

船上有大餐间及官舱，均尚宽畅，余等购坐房舱，地较湫隘。

刘君张君，均出访友，余与王杜贺三君，在外滩公园席地而坐，听歇浦潮声，话申江轶事，夜午始登船而睡。

十三日 星期日 晴

八时许船乃起碇，舟行沿岸，故无大浪。张君刘君，素未出海，昨日心中颇以为虑，今风平浪静，皆不晕眩，乃欣欣然有喜色，凭栏而望，见渔舟出没，海鸥上下，与日来之蝉鸣叶底，落日山巅，固又一种景象矣。

海宴轮已超过行驶期间，船身均呈衰老之态，以表示其任重致远，久历波涛。本应废而不用，乃于外层稍加髹漆，犹推为温州班之巨擘，则为乘客者，不亦岌岌乎危哉。

十四日 星期日 晴

自沪至温，约需三十小时，下午二时，船靠码头，于是喧嚷之声大作，余等俟汇中旅馆之接客来，始以行李付之。

永嘉为沿海巨县，商务之盛，过于宁波。其城跨山临海，势颇雄壮。以地势而言，固所谓沿海区域也，但海岸线极短；全县面积，山占百分之六十，故其生活情形，颇与山区相类，至以渔咸为活者，不过百分之五而已。

余与王君至县署，访张县长感尘，适下乡未返，由李秘书接见，晤谈之余，对于永嘉情形，尚称熟悉。以全县舆图及各区经界户口交通一览表见贶，使余侪对各区有一相当认识，为助不少。惟余等因情形不熟，且骤然至区，无县政府之介绍，区公所亦复敷衍搪塞，只求送出大门，便为了事，所以请李秘书酌派熟悉乡村情形者一二人，为余侪助，渠始则推以无人可派，既则谓县长不在，未能擅主，经一再解释，始允斟酌人选，敷衍二字，果为官之秘诀欤？

十五日 星期一 晴

上午县署派孙霸君前来接洽，分析各区情形，其大致以二四两区最为饶富，一三两区次之，五六两区又次之，至七八九十四区，则山多田少，出产无多，交通不便，土匪充斥，固全县最苦之区域也。但面积甚广，占百分之六十，故行政专员与就地人士，均希望划作两县，以便分地而治。否则县署远在南乡，不独行政有所不及，即经济文化，亦向不相同，措施上亦殊形不便。昔日胡公冕啸聚浙东，骚扰数县，即以此山区为其根据，至今犹有残匪存留，时出剽劫，至仙居者，每引为惧。再二区滨海，故选一村以渔为业者，三区位处上中，选一村，五区亦选一村，由五区沿江而上，在十区选一村，七八两区，亦各选一村。庶几各个经济区域，各选一村以见其微，而全县总数，亦不失其平。

偕行者，仅孙君业经决定，而其他一人，尚难指派，据云县府中人，皆来自外县，以下乡为苦，故至夜犹未定人选，而余等亦望眼欲穿，终不得其消息。

有贫民工厂厂长周君，王君之友也，籍永嘉，闻讯见访，其述各区情形，大致相同。

十六日　星期二　晴

此次调查，余侪共分三组，以贺杜二君为一组，刘张二君为一组，余则与王君为一组。编造报告，在昔曾分推杜刘张贺四君担任，王君协助整理，余则搜集材料而总其成，第刘君既不起草，又多方非难，于是改推贺杜二君负责办理，在调查一村后，即留城着手撰稿，刘张二君调查三村，余与王君调查二村及邻县，以便会合返沪。

六时孙君及周陈二君至，谓轮船将次开行，便须启程，时同人等以昨夜不得消息，迄未整备，乃决定三区由贺杜二君以今日往，七八两区由余及王君于下午二时往，五十两区由刘张二君于明日往。

杜君等坐人力车至三区之德政乡葡萄棚村，晤乡长陈洪山及邻长项翰元协同调查，语啁啁不可辨，幸赖陈君译述，始获蒇事。

余与王君于二时许，由周君偕至城外，坐小轮至上塘乡，同行者有省昆虫局之夏君，常川驻温，督促治虫。周君亦为县署之治虫督促员，为本县人，情形尚熟。船价殊廉，抵上塘乡已五时，寓一娘娘庙内，朱栏碧瓦，颇极华丽，有区基干队住其中。

以时间尚早，因招附近各村农民，随便讨论，以选择调查之落村。夜间由欧阳队长述娘娘庙之神话，以资谈助。

永嘉山景殊佳，为浙西所未见，无论大山小阜，均有瘦刍之致，惜不透耳。

十七日　星期三　阴雨

上午阴雨，不能下乡，继乃雨霁山明，路亦渐干，乃偕周君至霞碧村调查，距庙约五里，访乡农会干事盛永寿君昆季，及小学校长朱文元，先由周君以土语告之，再由余详细解释，始明其梗概，于是遣其先向农民按户通知，再往调查，故虽言语不通，尚未引起惊惶恐惧之状。

村中山多田少，佃农占百分之六十，租额极高，永佃甚多，民多以番薯及高粱为食品，户各蓄猪，大概最少两头，有时母猪获利甚厚。

农民知识太陋，田有螟虫，视为天意，故治虫多强迫为之，闻以违反治虫而下狱者累累矣。女子不下田，亦不织，间有养蚕者，纺纱之车，织布之机，在崇德、东阳犹见之，而于永嘉，则未之见也。

刘张二君偕孙霸君至朱涂，沿瓯江而上，此江为处属各县物品出口之要道，故商业尚盛，而沿江土地，亦颇肥沃，因此，它的经济，也介乎各区之中。闻前此曾盛罂粟，今以烟禁綦严，畏而不种。晤乡长孙鳌，闾长单永定，由孙霸及区公所助理员叶云帆，协助调查，夜宿朱涂。

贺杜二君，在城撰稿。

十八日　星期四　晴

上午乘小轮至浦西，其地有小市集，得茅屋十余，为息尖之所，可随便进食，并雇轿至枫林。

由此至枫林，有五十里，路颇不靖，但为明了山区情形计，乃至区公所拨派基干队四名，以资保护。讵至区公所，负责无人，最后觅得一雇员，始勉派二名随行，亦无枪械，所谓聊壮行色而已。渡溪四，中途遇雨，止于农家，时饥火中烧，不独无处买饭，即欲吃几个鸡子而不可得，以麦粉做面饼，亦仅放盐少许而已。少顷雨霁，赶至枫林，方有市集，居民约五六百户，北乡之大镇也。有学校，教会，医院，四周有碉楼，类似城堡，所以防土匪耳。

刘张二君，预定行程至碧莲，但朱涂无轿可雇，且闻有匪，于是折回城中，另觅适当村落，再行前往。

贺杜二君，继续工作。

十九日　星期五　晴

八区区公所，设在徐氏宗祠，他后进的房子，建为洋式，足征族产之多。昨夜宿在这里，大家得着一个甜蜜的睡眠，因为凉爽而安适。

与助理员徐利三及基干队军事训练员周作民（为本区人）详细讨论，以不富不贫，能代表八区多数乡村经济情形的村落，逐户调查，讨论结果，确定徐家湾，乃开始工作。晤乡长徐季东，陪同解释，故乡民类多诚意报告，调查颇称顺利。

十区山多地少，山之价值，至不一律，以其距离之远近，开垦之生熟，取水之奥便，作物之种类而定。再者山地面积，漫无标准，真所谓小大由之，故其赋税与租额及地价，都无公允之规定。

永嘉永佃极多，但此间甚少，佃户种田，业主可随时收回，改换佃户，而租额甚重，约为全收获量百分之六十，若以二五减租条例衡之，实起过应收额数百分之六十了。

张君今日至二区，由县府派冯君陪往，先乘小轮到茅川、越岭，再坐小船至寺前街，与区长商议后，前往沙村，晤乡长周兆西，据称地虽滨海，但农事与捕鱼并重，且以穷困之故，惟以小船在附近捕鱼，不敢深入海中，更无法保存，以求善价。今年田中有铁甲虫，虽极力搜捕，仍受影响，大概早稻产量减少三分之一，晚稻亦成灾象。

今日与县署王君决定十区澄田乡，拟明日雇轿前往。

贺杜二君，继续撰稿。

二十日　星期六　晴

余与王君于今日回城，四时起身，至九时抵浦西，乘轮而下，返寓约二时许，张君亦于晚间返寓。

刘君至澄田乡，计程一百二十里，抵达后，与区长马澈商榷调查村落，乃选择岙底村，是晚即宿于区公所。

贺杜二君，继续撰稿，第进行甚缓，尚在整理村料，未曾着笔。

二十一日　星期日　晴

王君乘轮至瑞安作邻县调查，本拟倩张君至乐清，因往返不便，需日孔多，故遂不果。

余因报告，尚须各种村料，凡建设合作地质水利等，弥不有关，故决先行回杭，向主管各机关调查，于七时上船，九时起碇。

杜贺张三君在寓，刘君亦于是日来城。

二十二日 星期一 晴

王君在瑞安县署调查，并至永丰镇岭下村调查乡村概况，由科长薛玉麟陪往，晤镇长赵增荣及区农会干事刘森发，叙述瑞安一般土地状况与该村年来演变情形，尚称详尽，当晚赶回永嘉。

贺杜张刘四君在寓，向各方辞行，预备明日返沪。

二十三日 星期二 晴

余于上午抵埠，即赴杭州，寓沧洲旅馆。

刘王贺杜张五君在途。

二十四日 星期三 晴

上午至建厅晤汪秘书，访问全省农民银行暨合作社之组织，又晤沈九如君，详询浙江丝茧管理及改良情形，所答殊琐碎，一无统计，殊难计算，又由许君陪至四科调查浙江纸业，欲一知消沉之原因与其实况，蒙见示者，为浙江经济调查所出版之《浙江之纸业》，此书出版已有数年，舍此外一无新的资料。

下午各机关停止办公，无从调查，刘君等仍在途中。

二十五日 星期四 晴

刘君等今日至沪，下午返京。

余至水利局，晤王君镜清，询以各县水利历年修治情形，并对于各干流开浚疏导之计划，蒙以《浙江水利年刊》及《建设月刊》水利专号各一册见赠，但均为钱塘江及曹娥江与几个大闸的计划，对于各县农田，初无直接影响。至浙江经济调查所晤何君潮如，询该所调查情形，并关于丝茶桐油各种材料，因无全部统计，所有者仅一《杭州市经济》，可资参考。魏颂唐君处得二十二年度各县田赋表一份，此间各种材料，凡有者类已搜集，而无者如永佃权之起源，减租后各县纠纷之状况，须详查案卷，或须访问故老，非一时所能获得者，因于即晚返京，与刘君等会齐，一同返会覆命，而浙江之调查告终了。

表 格

一、龙游县

浙江省龙游县(1)楼下村总表(民十七年)

村户类别		户数	人口数	有工作能力的人数	参加田间工作的人数	出外工作的人数	所有田亩数	使用田亩数	出租田亩数	租进田亩数
地主	收租	2	14	5	1		1650	140	1510	
	经营									
富农										
中农		6	17	11	7		26.5	55.7		29.2
贫农及雇农		19	108	44	31	1	27.8	200		172.2
其他		1	4	2		1	5		5	
总计		28	143	62	39	2	1709.3	395.7	1515	201.4

浙江省龙游县(1)楼下村总表(民二十二年)

村户类别		户数	人口数	有工作能力的人数	参加田间工作的人数	出外工作的人数	所有田亩数	使用田亩数	出租田亩数	租进田亩数
地主	收租	2	16	8	1		1600	120	1480	
	经营									
富农										
中农		2	9	5	2		25	27.5		2.5
贫农及雇农		25	129	60	33	2	22.8	214.8		192
其他		1	5	2		1	5		5	
总计		30	159	75	36	3	1652.8	362.3	1435	194.5

浙江省龙游县(2)三元村总表(民十七年)

村户类别		户数	人口数	有工作能力的人数	参加田间工作的人数	出外工作的人数	所有田亩数	使用田亩数	出租田亩数	租进田亩数
地主	收租	8	37	17	2		242	37	205	
	经营									
富农		2	16	4	4		123	98	25	
中农		13	61	32	11		87.3	188.3		101
贫农及雇农		12	59	34	24	1	29.5	95.3		65.8
其他		8	28	20			4	4		
总计		43	201	107	41	1	485.8	422.6	230	166.8

浙江省龙游县(2)三元村总表(民二十二年)

村户类别		户数	人口数	有工作能力的人数	参加田间工作的人数	出外工作的人数	所有田亩数	使用田亩数	出租田亩数	租进田亩数
地主	收租	9	48	19	3		272	37	235	
	经营									
富农		2	8	2	2		45	60		15
中农		7	30	14	8		46.8	70.8		24
贫农及雇农		19	104	51	29		56.5	191.6		135.1
其他		9	43	25		1	4	4		
总计		46	233	111	42	1	424.3	363.4	235	174.1

浙江省龙游县(3)潼溪村总表(民十七年)

村户类别		户数	人口数	有工作能力的人数	参加田间工作的人数	出外工作的人数	所有田亩数	使用田亩数	出租田亩数	租进田亩数
地主	收租	2	12	3		3	56.6	17.9	38.7	
	经营									
富农		2	24	5	4		13.4	40.9		27.5
中农		5	30	12	12		37.3	82.3		45
贫农及雇农		17	79	26	19	8	15.8	96.5		80.7
其他		13	5	21	2	14	16.1	9.8	6.3	
总计		39	197	67	37	25	139.2	247.4	45	153.2

浙江省龙游县(3)潼溪村总表(民二十二年)

村户类别		户数	人口数	有工作能力的人数	参加田间工作的人数	出外工作的人数	所有田亩数	使用田亩数	出租田亩数	租进田亩数
地主	收租	3	11	7	3	3	68.4	17.9	50.5	
	经营									
富农		2	22	5	4	1	13.4	40.9		27.5
中农		3	24	8	8		37.3	45.3		8
贫农及雇农		21	86	29	21	7	19.6	107.8		88.2
其他		15	47	20	1	14	2.1	7.6		5.5
总计		44	190	69	37	25	140.8	219.5	50.5	129.2

浙江省龙游县(4)灵石村总表(民十七年)

村户类别		户数	人口数	有工作能力的人数	参加田间工作的人数	出外工作的人数	所有田亩数	使用田亩数	出租田亩数	租进田亩数
地主	收租									
	经营									
富农		3	16	11	6		76.3	63.3	13	
中农		7	26	18	12		34.4	86		51.6
贫农及雇农		14	46	31	11	6	21.6	64.4		42.8
其他		6	22	19		4				
总计		30	110	79	29	10	132.3	213.7	13	94.4

浙江省龙游县(4)灵石村总表(民二十二年)

村户类别		户数	人口数	有工作能力的人数	参加田间工作的人数	出外工作的人数	所有田亩数	使用田亩数	出租田亩数	租进田亩数
地主	收租									
	经营									
富农		3	22	10	6		70.8	64	6.8	
中农		6	18	12	8		23.6	68.7		45.1
贫农及雇农		16	55	34	12	6	27.8	68.7		40.9
其他		6	32	19	1	4				
总计		31	127	75	27	10	122.2	201.4	6.8	86

浙江省龙游县(5)石亘村总表(民十七年)

村户类别		户数	人口数	有工作能力的人数	参加田间工作的人数	出外工作的人数	所有田亩数	使用田亩数	出租田亩数	租进田亩数
地主	收租	2	29	12	7	2	892	205	687	
	经营	1	13	2			180	130	50	
富农		5	62	18	12	2	525	295	230	
中农		19	106	45	41	3	158.5	411		252.5
贫农及雇农		26	132	49	36	13	30	262.2		232.2
其他		1	4	1						
总计		54	346	127	96	20	1785.5	1303.2	967	484.7

浙江省龙游县(5)石亘村总表(民二十二年)

村户类别		户数	人口数	有工作能力的人数	参加田间工作的人数	出外工作的人数	所有田亩数	使用田亩数	出租田亩数	租进田亩数
地主	收租	3	53	18	8	2	1327	285	1,042	
	经营	1	14	1			200	140	60	
富农		5	44	15	13		180	185		5
中农		17	116	43	38	4	159.5	404.5		245
贫农及雇农		28	147	60	41	13	26	271.3		245.3
其他		1	4	1						
总计		55	378	138	100	19	1892.5	1285.8	1.102	495.3

浙江省龙游县(6)泉塘下村总表(民十七年)

村户类别		户数	人口数	有工作能力的人数	参加田间工作的人数	出外工作的人数	所有田亩数	使用田亩数	出租田亩数	租进田亩数
地主	收租									
	经营									
富农		3	17	10	5		85	85		
中农		12	72	50	21		160.5	245		84.5
贫农及雇农		20	120	64	25	4	60.5	168		107.5
其他		1	2	2		1				
总计		36	211	126	51	5	306	498		192

浙江省龙游县(6)泉塘下村总表(民二十二年)

村户类别		户数	人口数	有工作能力的人数	参加田间工作的人数	出外工作的人数	所有田亩数	使用田亩数	出租田亩数	租进田亩数
地主	收租									
	经营									
富农		3	21	12	5		85	85		
中农		9	68	37	16		119	193		74
贫农及雇农		23	156	80	31	6	93.5	209		115.5
其他		1	3	2		1				
总计		36	248	131	52	7	297.5	487		189.5

浙江省龙游县(7)华峰村总表(民十七年)

村户类别		户数	人口数	有工作能力的人数	参加田间工作的人数	出外工作的人数	所有田亩数	使用田亩数	出租田亩数	租进田亩数
地主	收租									
	经营	1	11	8		2	28	55		27
富农		3	16	6	5	2	62.6	85.6		23
中农		4	19	11	6	1	34.3	75.3		41
贫农及雇农		24	121	60	21	8	58.9	175.8		116.9
其他		5	19	12	1	5		5		5
总计		37	186	97	33	18	183.8	396.7		212.9

浙江省龙游县(7)华峰村总表(民二十二年)

村户类别		户数	人口数	有工作能力的人数	参加田间工作的人数	出外工作的人数	所有田亩数	使用田亩数	出租田亩数	租进田亩数
地主	收租									
	经营	1	10	8		2	18	55		37
富农		2	16	4	4	1	37.3	49.3		12
中农		3	20	9	6	I	28.5	66		375
贫农及雇农		27	145	66	28	8	62	214.1		152.1
其他		5	21	12	1	5		5		5
总计		38	212	99	39	17	145.8	389.4		243.6

浙江省龙游县(8)新王村总表(民十七年)

村户类别		户数	人口数	有工作能力的人数	参加田间工作的人数	出外工作的人数	所有田亩数	使用田亩数	出租田亩数	租进田亩数
地主	收租	1	4	1			52.5	15	37.5	
	经营	3	27	6		3	147.5	130	17.5	
富农		2	14	5	4		45	85.5		40.5
中农		10	40	13	14		103.5	161.8		58.3
贫农及雇农		22	104	41	34	9	24	188.8		164.8
其他										
总计		38	189	66	52	12	372.5	581.1	55	263.6

浙江省龙游县(8)新王村总表(民二十二年)

村户类别		户数	人口数	有工作能力的人数	参加田间工作的人数	出外工作的人数	所有田亩数	使用田亩数	出租田亩数	租进田亩数
地主	收租	1	4	1			52.5	15	37.5	
	经营	3	29	5		3	147.5	130	17.5	
富农		2	16	4	4		55	95.5		40.5
中农		10	46	16	16		93.5	157.8		64.3
贫农及雇农		22	127	46	34	10	25.5	199.8		174.3
其他										
总计		38	222	72	54	13	374	598.1	55	279.1

浙江省龙游县楼下村各类村户所有田亩面积各阶段分布表(民十七年)

田亩阶段 \ 村户类别		地主		富农	中农	贫农及雇农	其他	总计
		收租	经营					
无土地者	户数				4	11		15
0.1—4.99 亩	户数				1	6		7
	亩数				4	16		20
5—9.99	户数					2	1	3
	亩数					11.8	5	16.8
10—19.99	户数							
	亩数							

续表

田亩阶段 \ 村户类别		地主 收租	地主 经营	富农	中农	贫农及雇农	其他	总计
20—29.99	户数				1			1
	亩数				22.5			22.5
30—39.99	户数							
	亩数							
40—49.99	户数							
	亩数					1		
50—99.99	户数							
	亩数							
100—199.99	户数							
	亩数							
200—499.99	户数	1						1
	亩数	300						300
500亩以上	户数	1						1
	亩数	1350						1350
总计	户数	2			6	19	1	28
	亩数	1650			26.5	27.8	5	1709.3

浙江省龙游县楼下村各类村户所有田亩面积各阶段分布表(民二十二年)

田亩阶段 \ 村户类别		地主 收租	地主 经营	富农	中农	贫农及雇农	其他	总计
无土地者	户数					17		17
0.1—4.99亩	户数				1	7		8
	亩数				2.5	17.8		20.3
5—9.99	户数					1	1	2
	亩数					5	5	10
10—19.99	户数							
	亩数							
20—29.99	户数				1			1
	亩数				22.5			22.5

续表

村户类别 田亩阶段		地主		富农	中农	贫农及雇农	其他	总计
		收租	经营					
30—39.99	户数							
	亩数							
40—49.99	户数							
	亩数							
50—99.99	户数							
	亩数							
100—199.99	户数							
	亩数							
200—499.99	户数	1						1
	亩数	300						300
500亩以上	户数	1						1
	亩数	1300						1300
总计	户数	2			2	25	1	30
	亩数	1600			25	22.8	5	1652.8

浙江省龙游县三元村各类村户所有田亩面积各阶段分布表(民十七年)

村户类别 田亩阶段		地主		富农	中农	贫农及雇农	其他	总计
		收租	经营					
无土地者	户数				4	4	6	14
0.1—4.99亩	户数				2	5	2	9
	亩数				7.5	10.5	4	22
5—9.99	户数				5	3		8
	亩数				39.8	19		58.8
10—19.99	户数	1			1			2
	亩数	16			15			31
20—29.99	户数	3		1	1			5
	亩数	75		24	25			124
30—39.99	户数	2						2
	亩数	67						67

续表

田亩阶段＼村户类别		地主		富农	中农	贫农及雇农	其他	总计
		收租	经营					
40—49.99	户数	2						2
	亩数	84						84
50—99.99	户数			1				1
	亩数			99				99
100—199.99	户数							
	亩数							
200—499.99	户数							
	亩数							
500亩以上	户数							
	亩数							
总计	户数	8		2	13	12	8	43
	亩数	242		123	87.3	29.5	4	485.8

浙江省龙游县三元村各类村户所有田亩面积各阶段分布表(民二十二年)

田亩阶段＼村户类别		地主		富农	中农	贫农及雇农	其他	总计
		收租	经营					
无土地者	户数				2	5	7	14
0.1—4.99亩	户数				1	9	2	12
	亩数				3	19.5	4	26.5
5—9.99	户数				3	5		8
	亩数				18.8	37		55.8
10—19.99	户数	1						1
	亩数	16						16
20—29.99	户数	3		2	1			6
	亩数	76		45	25			146
30—39.99	户数	3						3
	亩数	97						97
40—49.99	户数	2						2
	亩数	83						83

续表

田亩阶段＼村户类别		地主		富农	中农	贫农及雇农	其他	总计
		收租	经营					
50—99.99	户数							
	亩数							
100—199.99	户数							
	亩数							
200—499.99	户数							
	亩数							
500 亩以上	户数							
	亩数							
总计	户数	9		2	7	19	9	46
	亩数	272		45	46.8	56.5	4	424.3

浙江省龙游县潼溪村各类村户所有田亩面积各阶段分布表(民十七年)

田亩阶段＼村户类别		地主		富农	中农	贫农及雇农	其他	总计
		收租	经营					
无土地者	户数			1	2	13	11	27
0.1—4.99 亩	户数					3	2	5
	亩数					6.5	16.1	22.6
5—9.99	户数	1			1	1		3
	亩数	8.7			7	9.3		25
10—19.99	户数			1	2			3
	亩数			13.4	30.3			43.7
20—29.99	户数							
	亩数							
30—39.99	户数							
	亩数							
40—49.99	户数	1						1
	亩数	47.9						47.9
50—99.99	户数							
	亩数							

续表

田亩阶段 \ 村户类别		地主 收租	地主 经营	富农	中农	贫农及雇农	其他	总计
100—199.99	户数							
	亩数							
200—499.99	户数							
	亩数							
500亩以上	户数							
	亩数							
总计	户数	2		2	5	17	13	39
	亩数	56.6		13.4	37.3	15.8	16.1	139.2

浙江省龙游县潼溪村各类村户所有田亩面积各阶段分布表(民二十二年)

田亩阶段 \ 村户类别		地主 收租	地主 经营	富农	中农	贫农及雇农	其他	总计
无土地者	户数			1		15	13	29
0.1—4.99亩	户数					5	2	7
	亩数					10.3	2.1	12.4
5—9.99	户数	1			1	1		3
	亩数	8.7			7	9.3		25
10—19.99	户数	1		1	2			4
	亩数	11.8		13.4	30.3			55.5
20—29.99	户数							
	亩数							
30—39.99	户数							
	亩数							
40—49.99	户数	1						1
	亩数	47.9						47.9
50—99.99	户数							
	亩数							
100—199.99	户数							
	亩数							

续表

村户类别 / 田亩阶段		地主		富农	中农	贫农及雇农	其他	总计
		收租	经营					
200—499.99	户数							
	亩数							
500亩以上	户数							
	亩数							
总计	户数	3		2	3	21	15	44
	亩数	68.4		13.4	37.3	19.6	2.1	140.8

浙江省龙游县灵石村各类村户所有田亩面积各阶段分布表(民十七年)

村户类别 / 田亩阶段		地主		富农	中农	贫农及雇农	其他	总计
		收租	经营					
无土地者	户数				2	8	6	16
0.1—4.99亩	户数				1	4		5
	亩数				1	7.4		8.4
5—9.99	户数				4	2		6
	亩数				33.4	14.2		47.6
10—19.99	户数							
	亩数							
20—29.99	户数			3				3
	亩数			76.3				76.3
30—39.99	户数							
	亩数							
40—49.99	户数							
	亩数							
50—99.99	户数							
	亩数							
100—199.99	户数							
	亩数							
200—499.99	户数							
	亩数							

续表

村户类别 / 田亩阶段		地主		富农	中农	贫农及雇农	其他	总计
		收租	经营					
500 亩以上	户数							
	亩数							
总计	户数			3	7	14	6	30
	亩数			76.3	34.4	21.6		132.3

浙江省龙游县灵石村各类村户所有田亩面积各阶段分布表(民二十二年)

村户类别 / 田亩阶段		地主		富农	中农	贫农及雇农	其他	总计
		收租	经营					
无土地者	户数				2	8	6	16
0.1—4.99 亩	户数				1	5		6
	亩数				0.3	8.3		8.6
5—9.99	户数				3	3		6
	亩数				23.3	19.5		42.8
10—19.99	户数							
	亩数							
20—29.99	户数			3				3
	亩数			70.8				70.8
30—39.99	户数							
	亩数							
40—49.99	户数							
	亩数							
50—99.99	户数							
	亩数							
100—199.99	户数							
	亩数							
200—499.99	户数							
	亩数							
500 亩以上	户数							
	亩数							

续表

田亩阶段＼村户类别		地主		富农	中农	贫农及雇农	其他	总计
		收租	经营					
总计	户数			3	6	16	6	31
	亩数			70.8	23.6	27.8		122.2

浙江省龙游县石亘村各类村户所有田亩面积各阶段分布表(民十七年)

田亩阶段＼村户类别		地主		富农	中农	贫农及雇农	其他	总计
		收租	经营					
无土地者	户数				9	19	1	29
0.1—4.99 亩	户数				1	3		4
	亩数				3	5.5		8.5
5—9.99	户数				1	4		5
	亩数				6.5	24.5		31
10—19.99	户数				5			5
	亩数				66			66
20—29.99	户数			1	2			3
	亩数			25	48			73
30—39.99	户数			2	1			3
	亩数			60	35			95
40—49.99	户数			1				1
	亩数			40				40
50—99.99	户数							
	亩数							
100—199.99	户数		1					1
	亩数		180					180
200—499.99	户数	1		1				2
	亩数	380		400				780
500 亩以上	户数	1						1
	亩数	512						512
总计	户数	2	1	5	19	26	1	54
	亩数	892	180	525	158.5	30		1785.5

浙江省龙游县石亘村各类村户所有田亩面积各阶段分布表(民二十二年)

田亩阶段＼村户类别		地主		富农	中农	贫农及雇农	其他	总计
		收租	经营					
无土地者	户数				9	22	1	32
0.1—4.99亩	户数					3		3
	亩数					6		6
5—9.99	户数				1	2		3
	亩数				6.5	10		16.5
10—19.99	户数				4	1		5
	亩数				60	10		70
20—29.99	户数				2			2
	亩数				48			48
30—39.99	户数			3				3
	亩数			95				95
40—49.99	户数			2	1			3
	亩数			85	45			130
50—99.99	户数							
	亩数							
100—199.99	户数							
	亩数							
200—499.99	户数	2	1					3
	亩数	815	200					1015
500亩以上	户数	1						1
	亩数	512						512
总计	户数	3	1	5	17	28	1	55
	亩数	1327	200	180	159.5	26		1892.5

浙江省龙游县泉塘下村各类村户所有田亩面积各阶段分布表(民二十二年)

田亩阶段＼村户类别		地主		富农	中农	贫农及雇农	其他	总计
		收租	经营					
无土地者	户数				1	8	1	10
0.1—4.99亩	户数				1	4		5
	亩数				4	11.5		15.5
5—9.99	户数				1	8		9
	亩数				5	49		54
10—19.99	户数				6			6
	亩数				82.5			82.5
20—29.99	户数			2	3			5
	亩数			40	69			109
30—39.99	户数							
	亩数							
40—49.99	户数			1				1
	亩数			45				45
50—99.99	户数							
	亩数							
100—199.99	户数							
	亩数							
200—499.99	户数							
	亩数							
500亩以上	户数							
	亩数							
总计	户数			3	12	20	1	36
	亩数			85	160.5	60.5		306

浙江省龙游县泉塘下村各类村户所有田亩面积各阶段分布表(民二十二年)

田亩阶段＼村户类别		地主		富农	中农	贫农及雇农	其他	总计
		收租	经营					
无土地者	户数				1	8	1	10
0.1—4.99亩	户数				1	5		6
	亩数				4	14.5		18.5
5—9.99	户数				1	8		9
	亩数				5	51.5		56.5
10—19.99	户数				3	2		5
	亩数				45	27.5		72.5
20—29.99	户数			2	3			5
	亩数			40	65			105
30—39.99	户数							
	亩数							
40—49.99	户数			1				1
	亩数			45				45
50—99.99	户数							
	亩数							
100—199.99	户数							
	亩数							
200—499.99	户数							
	亩数							
500亩以上	户数							
	亩数							
总计	户数			3	9	23	1	36
	亩数			85	119	93.5		297.5

浙江省龙游县华峰村各类村户所有田亩面积各阶段分布表(民十七年)

村户类别 / 田亩阶段		地主		富农	中农	贫农及雇农	其他	总计
		收租	经营					
无土地者	户数					8	5	13
0.1—4.99 亩	户数				1	11		12
	亩数				2.8	15.8		18.6
5—9.99	户数				1	3		4
	亩数				5	19.3		24.3
10—19.99	户数			1	2	2		5
	亩数			12.3	26.5	23.8		62.6
20—29.99	户数		1	2				3
	亩数		28	50.3				78.3
30—39.99	户数							
	亩数							
40—49.99	户数							
	亩数							
50—99.99	户数							
	亩数							
100—199.99	户数							
	亩数							
200—499.99	户数							
	亩数							
500 亩以上	户数							
	亩数							
总计	户数		1	3	4	24	5	37
	亩数		28	62.6	34.3	58.9		183.8

浙江省龙游县华峰村各类村户所有田亩面积各阶段分布表(民二十二年)

田亩阶段 \ 村户类别		地主		富农	中农	贫农及雇农	其他	总计
		收租	经营					
无土地者	户数					8	5	13
0.1—4.99亩	户数					15		15
	亩数					27.1		27.1
5—9.99	户数				2	2		4
	亩数				14.5	13.3		27.8
10—19.99	户数		1	1	1	2		5
	亩数		18	17.3	14	21.6		70.9
20—29.99	户数			1				1
	亩数			20				20
30—39.99	户数							
	亩数							
40—49.99	户数							
	亩数							
50—99.99	户数							
	亩数							
100—199.99	户数							
	亩数							
200—499.99	户数							
	亩数							
500亩以上	户数							
	亩数							
总计	户数		1	2	3	27	5	38
	亩数		18	37.3	28.5	62		145.8

浙江省龙游县新王村各类村户所有田亩面积各阶段分布表(民十七年)

田亩阶段＼村户类别		地主		富农	中农	贫农及雇农	其他	总计
		收租	经营					
无土地者	户数				1	16		17
0.1—4.99亩	户数				1	4		5
	亩数				2	12		14
5—9.99	户数				1	2		3
	亩数				7.5	12		19.5
10—19.99	户数		1	1	7			9
	亩数		15	12.5	94			121.5
20—29.99	户数							
	亩数							
30—39.99	户数		1	1				2
	亩数		35	32.5				67.5
40—49.99	户数							
	亩数							
50—99.99	户数	1	1					2
	亩数	52.5	97.5					150
100—199.99	户数							
	亩数							
200—499.99	户数							
	亩数							
500亩以上	户数							
	亩数							
总计	户数	1	3	2	10	22		38
	亩数	52.5	147.5	45	103.5	24		372.5

浙江省龙游县新王村各类村户所有田亩面积各阶段分布表(民二十二年)

田亩阶段 \ 村户类别		地主		富农	中农	贫农及雇农	其他	总计
		收租	经营					
无土地者	户数				1	16		17
0.1—4.99 亩	户数				1	4		5
	亩数				2	13.5		15.5
5—9.99	户数				2	2		4
	亩数				15	12		27
10—19.99	户数		1	1	6			8
	亩数		15	12.5	76.5			104
20—29.99	户数							
	亩数							
30—39.99	户数		1					1
	亩数		35					35
40—49.99	户数			1				1
	亩数			42.5				42.5
50—99.99	户数	1	1					2
	亩数	52.5	97.5					150
100—199.99	户数							
	亩数							
200—499.99	户数							
	亩数							
500 亩以上	户数							
	亩数							
总计	户数	1	3	2	10	22		38
	亩数	52.5	147.5	55	93.5	25.5		374

浙江省龙游县楼下村各类村户所有田亩增减表

村户类别		民十七	民二十二	增减原因						
				卖出	买进	典出	典进	赎去	赎回	其他
地主	收租	1650	1600					50		
	经营									
富农										
中农		26.5	25	1.5						
贫农及雇农		27.8	22.8	5						
其他		3	5					50		
总计		1709.3	1652.8	6.5						

浙江省龙游县三元村各类村户所有田亩增减表

村户类别		民十七	民二十二	增减原因						
				卖出	买进	典出	典进	赎去	赎回	其他
地主	收租	242	272							有一户从富农内分入，增加 30 亩
	经营									
富农		123	45					48		更有 30 亩分入收租地主
中农		87.3	46.8							有七家降作贫农，故其田亩归入贫农栏内计 40.5 亩
贫农及雇农		29.5	56.5	13.5						从中农栏内归入亩数计 40.5
其他		4	4							
总计		485.8	424.3	13.5				48		

浙江省龙游县潼溪村各类村户所有田亩增减表

村户类别		民十七	民二十二	增减原因						
				卖出	买进	典出	典进	赎去	赎回	其他
地主	收租	56.6	68.4							从其他内分一户至此增加 11.8 亩
	经营									
富农		13.4	13.4							
中农		37.3	37.3							
贫农及雇农		15.8	19.6							承受祀田 3.8 亩
其他		16.1	2.1	2.2						分出 11.8 亩
总计		139.2	140.8	2.2						3.8

浙江省龙游县灵石村各类村户所有田亩增减表

村户类别		民十七	民二十二	增减原因						
				卖出	买进	典出	典进	赎去	赎回	其他
地主	收租									
	经营									
富农		76.3	70.8	5.5						
中农		34.4	23.6							内有一户十七年后改入贫农计田一亩，又有一户分家后改入贫农计田9.8亩
贫农及雇农		21.6	27.8	4.6						内由中农栏内转入10.8亩
其他										
总计		132.3	122.2	10.1						

浙江省龙游县石亘村各类村户所有田亩增减表

村户类别		民十七	民二十二	增减原因						
				卖出	买进	典出	典进	赎去	赎回	其他
地主	收租	892	1327		70					365亩从富农栏内分入
	经营	180	200		20					
富农		525	180		20					有一户分家后，其另一户转入收租地主栏内，计田365亩
中农		158.5	159.5		13					有两户十七年后转入贫农，其田12亩亦归入贫农栏内
贫农及雇农		30	26	19	3					中农内有12亩加入
其他										
总计		1785.5	1892.5	19	126					

浙江省龙游县泉塘下村各类村户所有田亩增减表

村户类别		民十七	民二十二	增减原因						
				卖出	买进	典出	典进	赎去	赎回	其他
地主	收租									
	经营									
富农		85	85							
中农		160.5	119			4				内有三户十七年后转入贫农，故有田37.5亩亦加入贫农栏内

续表

村户类别	民十七	民二十二	增减原因						
			卖出	买进	典出	典进	赎去	赎回	其他
贫农及雇农	60.5	93.5	4.5						从中农栏内移转 37.5 亩
其他									
总计	306	297.5	4.5		4				

浙江省龙游县华峰村各类村户所有田亩增减表

村户类别		民十七	民二十二	增减原因						
				卖出	买进	典出	典进	赎去	赎回	其他
地主	收租									
	经营	28	18	10						
富农		62.6	37.3	8.3	5					有一户十七年后改入中农，其田亩亦归入中农栏内计田 22 亩
中农		34.3	28.5	12.5						由富农栏移入 22 亩，再有两户改入贫农，计移出田 15.2 亩
贫农及雇农		58.9	62	17.2	5					有 15.2 亩从中农栏内移入
其他										
总计		183.8	145.8	48	10					

浙江省龙游县新王村各类村户所有田亩增减表

村户类别		民十七	民二十二	增减原因						
				卖出	买进	典出	典进	赎去	赎回	其他
地主	收租	52.5	52.5							
	经营	147.5	147.5							
富农		45	55		10					
中农		103.5	93.5	10						
贫农及雇农		24	25.5		1.5					
其他										
总计		372.5	374	10	11.5					

浙江省龙游县楼下村各类村户使用田亩面积各阶段分布表(民十七年)

田亩阶段＼村户类别		地主		富农	中农	贫农及雇农	其他	总计
		收租	经营					
不使用者	户数						1	1
0.1—4.99亩	户数				2	3		5
	亩数				7.6	8		15.6
5—9.99	户数				2	3		5
	亩数				14.1	18.2		32.3
10—19.99	户数				1	12		13
	亩数				11.5	151.8		163.3
20—29.99	户数				1	1		2
	亩数				22.5	22		44.5
30—39.99	户数							
	亩数							
40—49.99	户数							
	亩数							
50—99.99	户数	2						2
	亩数	140						140
100—199.99	户数							
	亩数							
200—499.99	户数							
	亩数							
500亩以上	户数							
	亩数							
总计	户数	2			6	19	1	28
	亩数	140			55.7	200		395.7

浙江省龙游县楼下村各类村户使用田亩面积各阶段分布表(民二十二年)

田亩阶段＼村户类别		地主		富农	中农	贫农及雇农	其他	总计
		收租	经营					
不使用者	户数						1	1
0.1—4.99 亩	户数					5		5
	亩数					16.9		16.9
5—9.99	户数					10		10
	亩数					71.4		71.4
10—19.99	户数				2	9		11
	亩数				27.5	101.5		129
20—29.99	户数					1		1
	亩数					25		25
30—39.99	户数							
	亩数							
40—49.99	户数							
	亩数							
50—99.99	户数							
	亩数							
100—199.99	户数	2						2
	亩数	120						120
200—499.99	户数							
	亩数							
500 亩以上	户数							
	亩数							
总计	户数	2			2	25	1	30
	亩数	120			27.5	214.8		362.3

浙江省龙游县三元村各类村户使用田亩面积各阶段分布表(民十七年)

村户类别/田亩阶段		地主		富农	中农	贫农及雇农	其他	总计
		收租	经营					
不使用者	户数	3					6	9
0.1—4.99亩	户数	3				1	2	6
	亩数	10				3	4	17
5—9.99	户数	1			3	6		10
	亩数	5			23.8	39.5		68.3
10—19.99	户数				9	5		14
	亩数				133	52.8		185.8
20—29.99	户数	1		1				2
	亩数	22		24				46
30—39.99	户数				1			1
	亩数				31.5			31.5
40—49.99	户数							
	亩数							
50—99.99	户数			1				1
	亩数			74				74
100—199.99	户数							
	亩数							
200—499.99	户数							
	亩数							
500亩以上	户数							
	亩数							
总计	户数	8		2	13	12	8	43
	亩数	37		98	188.3	95.3	4	422.6

浙江省龙游县三元村各类村户使用田亩面积各阶段分布表(民二十二年)

村户类别 / 田亩阶段		地主		富农	中农	贫农及雇农	其他	总计
		收租	经营					
不使用者	户数	3					7	10
0.1—4.99 亩	户数	4				3	2	9
	亩数	11				10.8	4	25.8
5—9.99	户数	1			4	5		10
	亩数	5			26.8	36		67.8
10—19.99	户数				3	10		13
	亩数				44	121.3		165.3
20—29.99	户数	1		1		1		3
	亩数	21		24		23.5		68.5
30—39.99	户数			1				1
	亩数			36				36
40—49.99	户数							
	亩数							
50—99.99	户数							
	亩数							
100—199.99	户数							
	亩数							
200—499.99	户数							
	亩数							
500 亩以上	户数							
	亩数							
总计	户数	9		2	7	19	9	46
	亩数	37		60	70.8	191.6	4	363.4

浙江省龙游县潼溪村各类村户使用田亩面积各阶段分布表(民十七年)

田亩阶段＼村户类别		地主		富农	中农	贫农及雇农	其他	总计
		收租	经营					
不使用者	户数	1				5	7	13
0.1—4.99亩	户数					3	6	9
	亩数					9.5	9.8	19.3
5—9.99	户数					6		6
	亩数					42		42
10—19.99	户数	1		1	4	2		8
	亩数	17.9		13.4	56	25		112.3
20—29.99	户数			1	1	1		3
	亩数			27.5	26.3	20		73.8
30—39.99	户数							
	亩数							
40—49.99	户数							
	亩数							
50—99.99	户数							
	亩数							
100—199.99	户数							
	亩数							
200—499.99	户数							
	亩数							
500亩以上	户数							
	亩数							
总计	户数	2		2	5	17	13	39
	亩数	17.9		40.9	81.3	96.5	9.8	247.4

浙江省龙游县潼溪村各类村户使用田亩面积各阶段分布表(民二十二年)

田亩阶段 \ 村户类别		地主		富农	中农	贫农及雇农	其他	总计
		收租	经营					
不使用者	户数	2				4	11	17
0.1—4.99亩	户数					4	4	8
	亩数					13.3	7.6	20.9
5—9.99	户数				1	11		12
	亩数				5	72		77
10—19.99	户数	1		1	1	2		5
	亩数	17.9		13.4	14	22.5		67.8
20—29.99	户数			1	1			2
	亩数			27.5	26.3			53.8
30—39.99	户数							
	亩数							
40—49.99	户数							
	亩数							
50—99.99	户数							
	亩数							
100—199.99	户数							
	亩数							
200—499.99	户数							
	亩数							
500亩以上	户数							
	亩数							
总计	户数	3		2	3	21	15	44
	亩数	17.9		40.9	45.3	107.8	7.6	219.5

浙江省龙游县灵石村各类村户使用田亩面积各阶段分布表(民十七年)

村户类别 / 田亩阶段		地主		富农	中农	贫农及雇农	其他	总计
		收租	经营					
不使用者	户数					4	6	10
0.1—4.99 亩	户数				1	5		6
	亩数				2.1	7.7		9.8
5—9.99	户数				2	1		3
	亩数				15	6		21
10—19.99	户数			2	4	4		10
	亩数			29.2	68.9	50.7		148.8
20—29.99	户数			1				1
	亩数			34.1				34.1
30—39.99	户数							
	亩数							
40—49.99	户数							
	亩数							
50—99.99	户数							
	亩数							
100—199.99	户数							
	亩数							
200—499.99	户数							
	亩数							
500 亩以上	户数							
	亩数							
总计	户数			3	7	14	6	30
	亩数			63.3	86	64.4		213.7

浙江省龙游县灵石村各类村户使用田亩面积各阶段分布表(民二十二年)

田亩阶段＼村户类别		地主		富农	中农	贫农及雇农	其他	总计
		收租	经营					
不使用者	户数					4	6	10
0.1—4.99 亩	户数				1	5		6
	亩数				2.1	7.7		9.8
5—9.99	户数				1	3		4
	亩数				9.3	17		26.3
10—19.99	户数			2	4	4		10
	亩数			35.4	57.3	44		136.7
20—29.99	户数			1				1
	亩数			28.6				28.6
30—39.99	户数							
	亩数							
40—49.99	户数							
	亩数							
50—99.99	户数							
	亩数							
100—199.99	户数							
	亩数							
200—499.99	户数							
	亩数							
500 亩以上	户数							
	亩数							
总计	户数			3	6	16	6	31
	亩数			64	68.7	68.7		201.4

浙江省龙游县石亘村各类村户使用田亩面积各阶段分布表(民十七年)

田亩阶段＼村户类别		地主		富农	中农	贫农及雇农	其他	总计
		收租	经营					
不使用者	户数					1	1	2
0.1—4.99 亩	户数				1	3		4
	亩数				3	6.2		9.2
5—9.99	户数					9		9
	亩数					69		69
10—19.99	户数				8	12		20
	亩数				106	167		273
20—29.99	户数			1	4	1		6
	亩数			25	82	20		127
30—39.99	户数			2	4			6
	亩数			65	130			195
40—49.99	户数			1	2			3
	亩数			40	90			130
50—99.99	户数	1						1
	亩数	80						80
100—199.99	户数	1	1	1				3
	亩数	125	130	165				420
200—499.99	户数							
	亩数							
500 亩以上	户数							
	亩数							
总计	户数	2	1	5	19	26	1	54
	亩数	205	130	295	411	262.2		1303.2

浙江省龙游县石亘村各类村户使用田亩面积各阶段分布表(民二十二年)

村户类别 / 田亩阶段		地主		富农	中农	贫农及雇农	其他	总计
		收租	经营					
不使用者	户数					2	1	3
0.1—4.99 亩	户数					3		3
	亩数					7.3		7.3
5—9.99	户数					8		8
	亩数					57.5		57.5
10—19.99	户数				6	15		21
	亩数				76.5	206.5		283
20—29.99	户数				5			5
	亩数				102			102
30—39.99	户数			3	3			6
	亩数			100	91			191
40—49.99	户数			2	3			5
	亩数			85	135			220
50—99.99	户数	2						2
	亩数	160						160
100—199.99	户数	1	1					2
	亩数	125	140					265
200—499.99	户数							
	亩数							
500 亩以上	户数							
	亩数							
总计	户数	3	1	5	17	28	1	55
	亩数	285	140	185	404.5	271.3		1285.8

浙江省龙游县泉塘下村各类村户使用田亩面积各阶段分布表(民十七年)

村户类别 / 田亩阶段		地主		富农	中农	贫农及雇农	其他	总计
		收租	经营					
不使用者	户数					2	1	3
0.1—4.99亩	户数					2		2
	亩数					7		7
5—9.99	户数					8		8
	亩数					50		50
10—19.99	户数				4	7		11
	亩数				53	86		139
20—29.99	户数			2	6	1		9
	亩数			40	130.5	25		195.5
30—39.99	户数				2			2
	亩数				61.5			61.5
40—49.99	户数			1				1
	亩数			45				45
50—99.99	户数							
	亩数							
100—199.99	户数							
	亩数							
200—499.99	户数							
	亩数							
500亩以上	户数							
	亩数							
总计	户数			3	12	20	1	36
	亩数			85	245	168		498

浙江省龙游县泉塘下村各类村户使用田亩面积各阶段分布表(民二十二年)

田亩阶段＼村户类别		地主		富农	中农	贫农及雇农	其他	总计
		收租	经营					
不使用者	户数					2	1	3
0.1—4.99 亩	户数					3		3
	亩数					10		10
5—9.99	户数					8		8
	亩数					50		50
10—19.99	户数				2	8		10
	亩数				25	104		129
20—29.99	户数			2	6	2		10
	亩数			40	138	45		223
30—39.99	户数				1			1
	亩数				30			30
40—49.99	户数			1				1
	亩数			45				45
50—99.99	户数							
	亩数							
100—199.99	户数							
	亩数							
200—499.99	户数							
	亩数							
500 亩以上	户数							
	亩数							
总计	户数			3	9	23	1	36
	亩数			85	193	209		487

浙江省龙游县华峰村各类村户使用田亩面积各阶段分布表(民十七年)

田亩阶段＼村户类别		地主		富农	中农	贫农及雇农	其他	总计
		收租	经营					
不使用者	户数					2	4	6
0.1—4.99亩	户数					6		6
	亩数					17.7		17.7
5—9.99	户数					9	1	10
	亩数					62.3	5	67.3
10—19.99	户数			1	2	5		8
	亩数			19.8	26.8	52		98.6
20—29.99	户数			1	2	2		5
	亩数			28.3	48.5	43.8		120.6
30—39.99	户数			1				1
	亩数			37.5				37.5
40—49.99	户数							
	亩数							
50—99.99	户数		1					1
	亩数		55					55
100—199.99	户数							
	亩数							
200—499.99	户数							
	亩数							
500亩以上	户数							
	亩数							
总计	户数		1	3	4	24	5	37
	亩数		55	85.6	75.3	175.8	5	396.7

浙江省龙游县华峰村各类村户使用田亩面积各阶段分布表(民二十二年)

村户类别 田亩阶段		地主		富农	中农	贫农及雇农	其他	总计
		收租	经营					
不使用者	户数					1	4	5
0.1—4.99亩	户数					5		5
	亩数					17.5		17.5
5—9.99	户数					11	1	12
	亩数					79.6	5	84.6
10—19.99	户数				1	10		11
	亩数				14	117		131
20—29.99	户数			2	2			4
	亩数			49.3	52			101.3
30—39.99	户数							
	亩数							
40—49.99	户数							
	亩数							
50—99.99	户数		1					1
	亩数		55					55
100—199.99	户数							
	亩数							
200—499.99	户数							
	亩数							
500亩以上	户数							
	亩数							
总计	户数		1	2	3	27	5	38
	亩数		55	49.3	66	214.1	5	389.4

浙江省龙游县新王村各类村户使用田亩面积各阶段分布表(民十七年)

田亩阶段＼村户类别		地主		富农	中农	贫农及雇农	其他	总计
		收租	经营					
不使用者	户数					3		3
0.1—4.99亩	户数					2		2
	亩数					3.3		3.3
5—9.99	户数					7		7
	亩数					47		47
10—19.99	户数	1			8	9		18
	亩数	15			119.3	118.5		252.8
20—29.99	户数			1	2	1		4
	亩数			25	42.5	20		87.5
30—39.99	户数		1					1
	亩数		32.5					32.5
40—49.99	户数		1					1
	亩数		47.5					47.5
50—99.99	户数		1	1				2
	亩数		50	60.5				110.5
100—199.99	户数							
	亩数							
200—499.99	户数							
	亩数							
500亩以上	户数							
	亩数							
总计	户数	1	3	2	10	22		38
	亩数	15	130	85.5	161.8	188.8		581.1

浙江省龙游县新王村各类村户使用田亩面积各阶段分布表(民二十二年)

田亩阶段＼村户类别		地主		富农	中农	贫农及雇农	其他	总计
		收租	经营					
不使用者	户数					3		3
0.1—4.99亩	户数					2		2
	亩数					4.8		4.8
5—9.99	户数					6		6
	亩数					45		45
10—19.99	户数	1			9	10		20
	亩数	15			131.8	130		276.8
20—29.99	户数			1	1	1		3
	亩数			25	26	20		71
30—39.99	户数		1					1
	亩数		32.5					32.5
40—49.99	户数		1					1
	亩数		47.5					47.5
50—99.99	户数		1	1				2
	亩数		50	70.5				120.5
100—199.99	户数							
	亩数							
200—499.99	户数							
	亩数							
500亩以上	户数							
	亩数							
总计	户数	1	3	2	10	22		38
	亩数	15	130	95.5	157.8	199.8		598.1

浙江省龙游县八村二十二年村户人口统计表

每家人口	地主		富农		中农		贫农		雇农		其他		户数统计	人口统计
	户数	人数	户数	人数	户数	人数	户数	人数	户数	人数	户数	人数		
1	1	1			1	1	3	3	6	6	3	3	14	14
2	2	4			10	20	10	20	3	6	4	8	29	58
3			2	6	4	12	15	45	2	6	10	30	33	99
4	6	24	3	12	9	36	28	112	2	8	9	36	57	228
5	2	10	2	10	6	30	40	200	3	15	7	35	60	300
6	3	18	3	18	7	42	30	180	2	12	2	12	47	282
7			2	14	4	28	11	77					17	119
8					3	24	7	56					10	80
9	2	18			5	45	8	72			1	9	16	144
10	1	10			2	20	3	30			1	10	7	70
11			2	22	1	11	4	44					7	77
12	1	12	2	24	2	24	3	36			1	12	9	108
13			1	13	1	13	1	13					3	39
14	1	14	1	14									2	28
15 以上	4	74	1	16	2	33							7	123
总计	23	185	19	148	57	339	163	888	18	53	38	155	318	1769
平均数	8		7.8		5.9		5.4		2.9		4		5.56	

浙江省龙游县八村当地“亩”数折合“公亩”表

村名	口号亩数	实量公尺数	折合公亩数	每口号亩合公亩数
楼下村	2.4	724	7.24	3.01
	1.5	480	4.80	3.2
三元村	1.6	524	5.24	3.27
	1.2	374	3.74	3.10
潼溪村	1.4	465	4.65	3.32
	0.8	270	2.70	3.37
灵石村	1.75	545	5.45	3.1
	1.2	390	3.90	3.25

续表

村名	口号亩数	实量公尺数	折合公亩数	每口号亩合公亩数
石亘村	1.1	350	3.5	3.18
	1.7	560	5.6	3.3
泉塘下村	1.2	530	5.3	4.4
	2	924	9.24	4.62
华峰村	1	572	5.72	6.1
	2.5	1530	15.30	6.1
新王村	2.5	1527	15.27	6.1
	1.5	640	6.40	4.26

浙江省龙游县八村当地衡器折合公秤表

村名	旧有衡器	合市斤数	每两折合公两数
楼下村	公秤 13.8	16.4	1.2
	广秤 16	19.0	
三元村	手秤 16	19.0	1.2
	市秤 13.8	16.4	
潼溪村	天秤 16	19.0	1.2
	市秤 13.8	16.4	
灵石村	广秤 16	19.0	1.2
	市秤 13.8	16.4	
石亘村	天秤 16	19.0	1.2
	市秤 13.8	16.4	
泉塘下村	十六两秤 16	19.0	1.2
	市秤 13.8	16.4	
华峰村	天秤 16	19.0	1.2
	市秤 13.8	16.4	
新王村	十六两秤 16	19.0	1.2
	小秤 13.8	16.4	

二、东阳县

浙江省东阳县(1)泰里村总表(民十七年)

村户类别		户数	人口数	有工作能力的人数	参加田间工作的人数	出外工作的人数	所有田亩数	使用田亩数	出租田亩数	租进田亩数
地主	收租									
	经营									
富农										
中农										
贫农及雇农		17	68	34	17	3		34.9		34.9
其他		17	49	33	7	18	0.5	2.9		2.4
总计		34	117	67	24	21	0.5	37.8		37.3

浙江省东阳县(1)泰里村总表(民二十二年)

村户类别		户数	人口数	有工作能力的人数	参加田间工作的人数	出外工作的人数	所有田亩数	使用田亩数	出租田亩数	租进田亩数
地主	收租									
	经营									
富农										
中农										
贫农及雇农		17	70	35	18	5		30.15		30.15
其他		20	63	41	6	22		9.4		9.4
总计		37	133	76	24	25		39.55		39.55

浙江省东阳县(2)下溪头村总表(民十七年)

村户类别		户数	人口数	有工作能力的人数	参加田间工作的人数	出外工作的人数	所有田亩数	使用田亩数	出租田亩数	租进田亩数
地主	收租									
	经营									
富农										
中农										

续表

村户类别	户数	人口数	有工作能力的人数	参加田间工作的人数	出外工作的人数	所有田亩数	使用田亩数	出租田亩数	租进田亩数
贫农及雇农	36	152	103	43	3	33.11	160.635		127.525
其他	9	28	19	3	10	1	13.5		12.5
总计	45	180	122	46	13	34.11	174.135		140.025

浙江省东阳县(2)下溪头村总表(民二十二年)

村户类别		户数	人口数	有工作能力的人数	参加田间工作的人数	出外工作的人数	所有田亩数	使用田亩数	出租田亩数	租进田亩数
地主	收租									
	经营									
富农										
中农										
贫农及雇农		37	156	103	44	5	33.11	166.965		133.855
其他		9	32	19	3	11	1	17		16
总计		46	188	122	47	16	34.11	183.965		149.855

浙江会东阳县(3)桑梓村总表(民十七年)

村户类别		户数	人口数	有工作能力的人数	参加田间工作的人数	出外工作的人数	所有田亩数	使用田亩数	出租田亩数	租进田亩数
地主	收租									
	经营									
富农										
中农										
贫农及雇农		34	122	88	33	8	24.8	96.05		71.25
其他		11	39	27	10	9	5.5	22		16.6
总计		45	161	115	43	17	30.3	118.05		87.75

浙江省东阳县(3)桑梓村总表(民二十二年)

村户类别		户数	人口数	有工作能力的人数	参加田间工作的人数	出外工作的人数	所有田亩数	使用田亩数	出租田亩数	租进田亩数
地主	收租									
	经营									
富农										
中农										
贫农及雇农		34	153	88	36	11	24	95.25		71.25
其他		14	43	33	10	13	5.5	19		13.5
总计		48	178	121	46	24	29.5	114.25		84.75

浙江省东阳县(4)光里湖村总表(民十七年)

村户类别		户数	人口数	有工作能力的人数	参加田间工作的人数	出外工作的人数	所有田亩数	使用田亩数	出租田亩数	租进田亩数
地主	收租									
	经营									
富农										
中农		2	10	7	2		10	23.5		135
贫农及雇农		26	112	62	29	6	18.9	104.5		85.6
其他		9	33	19		10	7.5	16.7		9.2
总计		37	155	88	31	16	36.4	144.7		108.3

浙江省东阳县(4)光里湖村总表(民二十二年)

村户类别		户数	人口数	有工作能力的人数	参加田间工作的人数	出外工作的人数	所有田亩数	使用田亩数	出租田亩数	租进田亩数
地主	收租									
	经营									
富农										
中农		2	7	5	1		11	18.5		7.5
贫农及雇农		30	133	75	32	4	18.9	101.35		82.45
其他		11	42	25		14	6.25	19.1		12.85
总计		43	182	105	33	18	36.15	138.95		102.8

浙江省东阳县(5)里塘村总表(民十七年)

村户类别		户数	人口数	有工作能力的人数	参加田间工作的人数	出外工作的人数	所有田亩数	使用田亩数	出租田亩数	租进田亩数
地主	收租									
	经营									
富农		1	10	7	2	2	27	25	2	
中农		3	9	7	2	1	9	15		6
贫农及雇农		26	100	62	17	19	34.2	83.9		39.7
其他		17	47	36	3	21	10	23.85		13.85
总计		47	166	112	24	43	80.2	147.75	2	69.55

浙江省东阳县(5)里塘村总表(民二十二年)

村户类别		户数	人口数	有工作能力的人数	参加田间工作的人数	出外工作的人数	所有田亩数	使用田亩数	出租田亩数	租进田亩数
地主	收租									
	经营									
富农		1	12	10	5	2	25	22	3	
中农		3	10	8	2	2	9	15		6
贫农及雇农		26	114	64	20	18	36	89.2		53.2
其他		18	61	39	1	22	10	25.85		17.85
总计		48	197	121	28	44	80	152.05	3	77.05

浙江省东阳县(6)马上桥村总表(民十七年)

村户类别		户数	人口数	有工作能力的人数	参加田间工作的人数	出外工作的人数	所有田亩数	使用田亩数	出租田亩数	租进田亩数
地主	收租	1	11	3	1		43	24.5	18.5	
	经营									
富农		3	21	6		3	15	41		26
中农		7	37	14	7	1	17.5	84		66.5
贫农及雇农		25	130	77	29	7	3	143.9		140.9
其他		13	45	25	1	19	1.7	17.5		15.8
总计		49	244	125	38	30	80.2	310.9	18.5	249.2

浙江省东阳县(6)马上桥村总表(民二十二年)

村户类别		户数	人口数	有工作能力的人数	参加田间工作的人数	出外工作的人数	所有田亩数	使用田亩数	出租田亩数	租进田亩数
地主	收租	1	11	3	1		43	24.5	18.5	
	经营									
富农		3	18	7		3	15	25		10
中农		7	37	14	7	1	17.5	84		66.5
贫农及雇农		28	131	78	29	7	3.5	144.2		140.7
其他		13	42	26	1	20	4	18		14
总计		52	239	128	38	31	83	295.7	18.5	231.2

浙江省东阳县(7)三余村总表(民十七年)

村户类别		户数	人口数	有工作能力的人数	参加田间工作的人数	出外工作的人数	所有田亩数	使用田亩数	出租田亩数	租进田亩数
地主	收租									
	经营									
富农		2	13	9	5		11.8	26.1		14.3
中农		6	35	23	9		12	76.2		66.2
贫农及雇农		7	47	31	9	6	7.4	26.9		17.5
其他		3	9	7	0	7	0.2	8		7.8
总计		18	104	70	23	13	31.4	137.2		105.9

浙江省东阳县(7)三余村总表(民二十二年)

村户类别		户数	人口数	有工作能力的人数	参加田间工作的人数	出外工作的人数	所有田亩数	使用田亩数	出租田亩数	租进田亩数
地主	收租									
	经营									
富农		2	17	11	5		17.7	32		14.3
中农		6	36	25	12		9.2	57.9		48.7
贫农及雇农		8	35	18	7	2	9.4	30.5		21.1
其他		6	21	14	1	6	1.5	11.1		9.6
总计		22	109	68	25	8	37.8	131.5		93.7

浙江省东阳县(8)饲堂后村总表(民十七年)

村户类别		户数	人口数	有工作能力的人数	参加田间工作的人数	出外工作的人数	所有田亩数	使用田亩数	出租田亩数	租进田亩数
地主	收租									
	经营									
富农										
中农		1	2	2	2		3	6		3
贫农及雇农		15	75	40	24	4	7	55.15		48.15
其他		13	35	26	0	18	0.8	16.1		15.3
总计		29	112	68	26	22	10.8	77.25		66.45

浙江省东阳县(8)祠堂后村总表(民二十二年)

村户类别		户数	人口数	有工作能力的人数	参加田间工作的人数	出外工作的人数	所有田亩数	使用田亩数	出租田亩数	租进田亩数
地主	收租									
	经营									
富农										
中农		2	20	14	4		5	24		19
贫农及雇农		16	60	34	21	1	7	54.8		47.8
其他		15	41	29	3	22	0.8	18.05		15.25
总计		33	121	77	28	23	12.8	96.85		82.05

浙江省东阳县泰里村各类村户所有田亩面积各阶段分布表(民十七年)

村户类别 田亩阶段		地主		富农	中农	贫农及雇农	其他	总计
		收租	经营					
无土地者	户数					17	16	33
0.1—4.99亩	户数						1	1
	亩数						0.5	0.5
5—9.99	户数							
	亩数							
10—19.99	户数							
	亩数							

续表

田亩阶段 \ 村户类别		地主 收租	地主 经营	富农	中农	贫农及雇农	其他	总计
20—29.99	户数							
	亩数							
30—39.99	户数							
	亩数							
40—49.99	户数							
	亩数							
50—99.99	户数							
	亩数							
100—199.99	户数							
	亩数							
200—499.99	户数							
	亩数							
500亩以上	户数							
	亩数							
总计	户数					17	17	34
	亩数						0.5	0.5

浙江省东阳县泰里村各类村户所有田亩面积各阶段分布表(民二十二年)

田亩阶段 \ 村户类别		地主 收租	地主 经营	富农	中农	贫农及雇农	其他	总计
无土地者	户数					17	20	37
0.1—4.99亩	户数							
	亩数							
5—9.99	户数							
	亩数							
10—19.99	户数							
	亩数							
20—29.99	户数							
	亩数							

续表

田亩阶段 \ 村户类别		地主		富农	中农	贫农及雇农	其他	总计
		收租	经营					
30—39.99	户数							
	亩数							
40—49.99	户数							
	亩数							
50—99.99	户数							
	亩数							
100—199.99	户数							
	亩数							
200—499.99	户数							
	亩数							
500亩以上	户数							
	亩数							
总计	户数					17	20	37
	亩数							

浙江省东阳县下溪头村各类村户所有田亩面积各阶段分布表(民十七年)

田亩阶段 \ 村户类别		地主		富农	中农	贫农及雇农	其他	总计
		收租	经营					
无土地者	户数					16	8	24
0.1—4.99亩	户数					19	1	20
	亩数					25.61	1	26.61
5—9.99	户数					1		1
	亩数					7.5		7.5
10—19.99	户数							
	亩数							
20—29.99	户数							
	亩数							
30—39.99	户数							
	亩数							

续表

村户类别 田亩阶段		地主		富农	中农	贫农及雇农	其他	总计
		收租	经营					
40—49.99	户数							
	亩数							
50—99.99	户数							
	亩数							
100—199.99	户数							
	亩数							
200—499.99	户数							
	亩数							
500亩以上	户数							
	亩数							
总计	户数					36	9	45
	亩数					33.11	1	34.11

浙江省东阳县下溪头村各类村户所有田亩面积各阶段分布表(民二十二年)

村户类别 田亩阶段		地主		富农	中农	贫农及雇农	其他	总计
		收租	经营					
无土地者	户数					16	8	24
0.1—4.99亩	户数					20	1	21
	亩数					25.61	1	26.61
5—9.99	户数					1		1
	亩数					7.5		7.5
10—19.99	户数							
	亩数							
20—29.99	户数							
	亩数							
30—39.99	户数							
	亩数							
40—49.99	户数							
	亩数							

续表

村户类别 / 田亩阶段		地主 收租	地主 经营	富农	中农	贫农及雇农	其他	总计
50—99.99	户数							
	亩数							
100—199.99	户数							
	亩数							
200—499.99	户数							
	亩数							
500亩以上	户数							
	亩数							
总计	户数					37	9	46
	亩数					33.11	1	34.11

浙江省东阳县桑梓村各类村户所有田亩面积各阶段分布表(民十七年)

村户类别 / 田亩阶段		地主 收租	地主 经营	富农	中农	贫农及雇农	其他	总计
无土地者	户数					22	9	31
0.1—4.99亩	户数					12	2	14
	亩数					24.8	5.5	30.3
5—9.99	户数							
	亩数							
10—19.99	户数							
	亩数							
20—29.99	户数							
	亩数							
30—39.99	户数							
	亩数							
40—49.99	户数							
	亩数							
50—99.99	户数							
	亩数							

续表

村户类别 / 田亩阶段		地主		富农	中农	贫农及雇农	其他	总计
		收租	经营					
100—199.99	户数							
	亩数							
200—499.99	户数							
	亩数							
500亩以上	户数							
	亩数							
总计	户数					34	11	45
	亩数					24.8	5.5	30.3

浙江省东阳县桑梓村各类村户所有田亩面积各阶段分布表(民二十二年)

村户类别 / 田亩阶段		地主		富农	中农	贫农及雇农	其他	总计
		收租	经营					
无土地者	户数					22	12	34
0.1—4.99亩	户数					12	2	14
	亩数					24	5.5	29.5
5—9.99	户数							
	亩数							
10—19.99	户数							
	亩数							
20—29.99	户数							
	亩数							
30—39.99	户数							
	亩数							
40—49.99	户数							
	亩数							
50—99.99	户数							
	亩数							
100—199.99	户数							
	亩数							

续表

田亩阶段＼村户类别		地主		富农	中农	贫农及雇农	其他	总计
		收租	经营					
200—499.99	户数							
	亩数							
500亩以上	户数							
	亩数							
总计	户数					34	14	48
	亩数					24	5.5	29.5

浙江省东阳县光里湖村各类村户所有田亩面积各阶段分布表(民十七年)

田亩阶段＼村户类别		地主		富农	中农	贫农及雇农	其他	总计
		收租	经营					
无土地者	户数					11	4	15
0.1—4.99亩	户数				1	14	5	20
	亩数				4.5	12.9	7.5	24.9
5—9.99	户数				1	1		2
	亩数				5.5	6		11.5
10—19.99	户数							
	亩数							
20—29.99	户数							
	亩数							
30—39.99	户数							
	亩数							
40—49.99	户数							
	亩数							
50—99.99	户数							
	亩数							
100—199.99	户数							
	亩数							
200—499.99	户数							
	亩数							

续表

田亩阶段＼村户类别		地主		富农	中农	贫农及雇农	其他	总计
		收租	经营					
500 亩以上	户数							
	亩数							
总计	户数				2	26	9	37
	亩数				10	18.9	7.5	36.4

浙江省东阳县光里湖村各类村户所有田亩面积各阶段分布表(民二十二年)

田亩阶段＼村户类别		地主		富农	中农	贫农及雇农	其他	总计
		收租	经营					
无土地者	户数					15	5	20
0.1—4.99 亩	户数				1	14	6	21
	亩数				4.5	12.9	6.25	23.65
5—9.99	户数				1	1		2
	亩数				6.5	6		12.5
10—19.99	户数							
	亩数							
20—29.99	户数							
	亩数							
30—39.99	户数							
	亩数							
40—49.99	户数							
	亩数							
50—99.99	户数							
	亩数							
100—199.99	户数							
	亩数							
200—499.99	户数							
	亩数							
500 亩以上	户数							
	亩数							

续表

村户类别 田亩阶段		地主		富农	中农	贫农及雇农	其他	总计
		收租	经营					
总计	户数				2	30	11	43
	亩数				11	18.9	6.25	36.15

浙江省东阳县里塘村各类村户所有田亩面积各阶段分布表(民十七年)

村户类别 田亩阶段		地主		富农	中农	贫农及雇农	其他	总计
		收租	经营					
无土地者	户数					7	8	15
0.1—4.99 亩	户数				3	19	9	31
	亩数				9	34.2	10	53.2
5—9.99	户数							
	亩数							
10—19.99	户数							
	亩数							
20—29.99	户数			1				1
	亩数			27				27
30—39.99	户数							
	亩数							
40—49.99	户数							
	亩数							
50—99.99	户数							
	亩数							
100—199.99	户数							
	亩数							
200—499.99	户数							
	亩数							
500 亩以上	户数							
	亩数							
总计	户数			1	3	26	17	47
	亩数			27	9	34.2	10	80.2

浙江省东阳县里塘村各类村户所有田亩面积各阶段分布表(民二十二年)

村户类别/田亩阶段		地主		富农	中农	贫农及雇农	其他	总计
		收租	经营					
无土地者	户数					6	9	15
0.1—4.99亩	户数				3	20	9	32
	亩数				9	36	10	55
5—9.99	户数							
	亩数							
10—19.99	户数							
	亩数							
20—29.99	户数			1				1
	亩数			25				25
30—39.99	户数							
	亩数							
40—49.99	户数							
	亩数							
50—99.99	户数							
	亩数							
100—199.99	户数							
	亩数							
200—499.99	户数							
	亩数							
500亩以上	户数							
	亩数							
总计	户数			1	3	26	18	48
	亩数			25	9	36	10	80

浙江省东阳县马上桥村各类村户所有田亩面积各阶段分布表(民十七年)

田亩阶段 \ 村户类别		地主 收租	地主 经营	富农	中农	贫农及雇农	其他	总计
无土地者	户数			2	3	22	12	39
0.1—4.99亩	户数				2	3	1	6
	亩数				5	3	1.7	9.7
5—9.99	户数				2			2
	亩数				12.5			12.5
10—19.99	户数			1				1
	亩数			15				15
20—29.99	户数							
	亩数							
30—39.99	户数							
	亩数							
40—49.99	户数		1					1
	亩数		43					43
50—99.99	户数							
	亩数							
100—199.99	户数							
	亩数							
200—499.99	户数							
	亩数							
500亩以上	户数							
	亩数							
总计	户数		1	3	7	25	13	49
	亩数		43	15	17.5	3	1.7	80.2

浙江省东阳县马上桥村各类村户所有田亩面积各阶段分布表(民二十二年)

田亩阶段＼村户类别		地主		富农	中农	贫农及雇农	其他	总计
		收租	经营					
无土地者	户数			2	3	25	12	42
0.1—4.99 亩	户数				2	3	1	6
	亩数				5	3.5	4	12.5
5—9.99	户数				2			2
	亩数				12.5			12.5
10—19.99	户数			1				1
	亩数			15				15
20—29.99	户数							
	亩数							
30—39.99	户数							
	亩数							
40—49.99	户数		1					1
	亩数		43					43
50—99.99	户数							
	亩数							
100—199.99	户数							
	亩数							
200—499.99	户数							
	亩数							
500 亩以上	户数							
	亩数							
总计	户数		1	3	7	28	13	52
	亩数		43	15	17.5	3.5	4	83

浙江省东阳县三余村各类村户所有田亩面积各阶段分布表(民十七年)

村户类别 田亩阶段		地主		富农	中农	贫农及雇农	其他	总计
		收租	经营					
无土地者	户数				2	4	2	8
0.1—4.99 亩	户数				4	3	1	8
	亩数				12	7.4	0.2	19.6
5—9.99	户数			2				2
	亩数			11.8				11.8
10—19.99	户数							
	亩数							
20—29.99	户数							
	亩数							
30—39.99	户数							
	亩数							
40—49.99	户数							
	亩数							
50—99.99	户数							
	亩数							
100—199.99	户数							
	亩数							
200—499.99	户数							
	亩数							
500 亩以上	户数							
	亩数							
总计	户数			2	6	7	3	18
	亩数			11.8	12	7.4	0.2	31.4

浙江省东阳县三余村各类村户所有田亩面积各阶段分布表(民二十二年)

田亩阶段 \ 村户类别		地主 收租	地主 经营	富农	中农	贫农及雇农	其他	总计
无土地者	户数				3	4	4	11
0.1—4.99亩	户数				3	4	2	9
	亩数				9.2	9.4	1.5	20.1
5—9.99	户数			2				2
	亩数			17.7				17.7
10—19.99	户数							
	亩数							
20—29.99	户数							
	亩数							
30—39.99	户数							
	亩数							
40—49.99	户数							
	亩数							
50—99.99	户数							
	亩数							
100—199.99	户数							
	亩数							
200—499.99	户数							
	亩数							
500亩以上	户数							
	亩数							
总计	户数			2	6	8	6	22
	亩数			17.7	9.2	9.4	1.5	37.8

浙江省东阳县祠堂后村各类村户所有田亩面积各阶段分布表(民十七年)

田亩阶段＼村户类别		地主		富农	中农	贫农及雇农	其他	总计
		收租	经营					
无土地者	户数					11	11	22
0.1—4.99 亩	户数				1	4	2	7
	亩数				3	7	0.8	10.8
5—9.99	户数							
	亩数							
10—19.99	户数							
	亩数							
20—29.99	户数							
	亩数							
30—39.99	户数							
	亩数							
40—49.99	户数							
	亩数							
50—99.99	户数							
	亩数							
100—199.99	户数							
	亩数							
200—499.99	户数							
	亩数							
500 亩以上	户数							
	亩数							
总计	户数				1	15	13	29
	亩数				3	7	0.8	10.8

浙江省东阳县祠堂后村各类村户所有田亩面积各阶段分布表(民二十二年)

田亩阶段＼村户类别		地主		富农	中农	贫农及雇农	其他	总计
		收租	经营					
无土地者	户数					12	12	24
0.1—4.99亩	户数				2	4	3	9
	亩数				5	7	0.8	12.8
5—9.99	户数							
	亩数							
10—19.99	户数							
	亩数							
20—29.99	户数							
	亩数							
30—39.99	户数							
	亩数							
40—49.99	户数							
	亩数							
50—99.99	户数							
	亩数							
100—199.99	户数							
	亩数							
200—499.99	户数							
	亩数							
500亩以上	户数							
	亩数							
总计	户数				2	16	15	33
	亩数				5	7	0.8	12.8

浙江省东阳县泰里村各类村户所有田亩增减表

村户类别		民十七	民二十二	增减原因						
				卖出	买进	典出	典进	赎去	赎回	其他
地主	收租									
	经营									
富农										
中农										
贫农及雇农										
其他		0.5				0.5				
总计		0.5				0.5				

浙江省东阳县下溪头村各类村户所有田亩增减表

村户类别		民十七	民二十二	增减原因						
				卖出	买进	典出	典进	赎去	赎回	其他
地主	收租									
	经营									
富农										
中农										
贫农及雇农		33.11	33.11							
其他		1	1							
总计		34.11	34.11							

浙江省东阳县桑梓村各类村户所有田亩增减表

村户类别		民十七	民二十二	增减原因						
				卖出	买进	典出	典进	赎去	赎回	其他
地主	收租									
	经营									
富农										
中农										
贫农及雇农		24.8	24			0.8				
其他		5.5	5.5							
总计		30.3	29.5			0.8				

浙江省东阳县光里湖村各类村户所有田亩增减表

村户类别		民十七	民二十二	增减原因						
				卖出	买进	典出	典进	赎去	赎回	其他
地主	收租									
	经营									
富农										
中农		10	11		2.5					分家分去 1.5 亩
贫农及雇农		18.9	18.9							
其他		7.5	6.25	1.25						
总计		36.4	36.15		2.5					

浙江省东阳县里塘村各类村户所有田亩增减表

村户类别		民十七	民二十二	增减原因						
				卖出	买进	典出	典进	赎去	赎回	其他
地主	收租									
	经营									
富农		27	25	2						
中农		9	9							
贫农及雇农		34.2	36		1.8					
其他		10	10							
总计		80.2	80	2	1.8					

浙江省东阳县马上桥村各类村户所有田亩增减表

村户类别		民十七	民二十二	增减原因						
				卖出	买进	典出	典进	赎去	赎回	其他
地主	收租									
	经营	43	43							
富农		15	15							
中农		17.5	17.5							
贫农及雇农		3	3.5		0.5					
其他		1.7	4		3	0.7				
总计		80.2	83		3.5	0.7				

浙江省东阳县三余村各类村户所有田亩增减表

村户类别		民十七	民二十二	增减原因						
				卖出	买进	典出	典进	赎去	赎回	其他
地主	收租									
	经营									
富农		11.8	17.7		2.9		3			
中农		12	9.2	0.8						因分家入贫农 2 亩
贫农及雇农		7.4	9.4							因分家自中农来 2 亩
其他		0.2	1.5		1.3					
总计		31.4	37.8	0.8	4.2		3			

浙江省东阳县祠堂后村各类村户所有田亩增减表

村户类别		民十七	民二十二	增减原因						
				卖出	买进	典出	典进	赎去	赎回	其他
地主	收租									
	经营									
富农										
中农		3	5		2					
贫农及雇农		7	7							
其他		0.8	0.8							
总计		10.8	12.8		2					

浙江省东阳县泰里村各类村户使用田亩面积各阶段分布表(民十七年)

田亩阶段＼村户类别		地主		富农	中农	贫农及雇农	其他	总计
		收租	经营					
不使用土地者	户数					2	12	14
0.1—4.99 亩	户数					15	5	20
	亩数					34.9	2.9	37.8
5—9.99	户数							
	亩数							
10—19.99	户数							
	亩数							

续表

田亩阶段＼村户类别		地主 收租	地主 经营	富农	中农	贫农及雇农	其他	总计
20—29.99	户数							
	亩数							
30—39.99	户数							
	亩数							
40—49.99	户数							
	亩数							
50—99.99	户数							
	亩数							
100—199.99	户数							
	亩数							
200—499.99	户数							
	亩数							
500 亩以上	户数							
	亩数							
总计	户数					17	17	34
	亩数					34.9	2.9	37.8

浙江省东阳县泰里村各类村户使用田亩面积各阶段分布表(民二十二年)

田亩阶段＼村户类别		地主 收租	地主 经营	富农	中农	贫农及雇农	其他	总计
不使用土地者	户数					2	9	11
0.1—4.99 亩	户数					15	11	26
	亩数					30.15	9.4	39.55
5—9.99	户数							
	亩数							
10—19.99	户数							
	亩数							
20—29.99	户数							
	亩数							

续表

村户类别 / 田亩阶段		地主		富农	中农	贫农及雇农	其他	总计
		收租	经营					
30—39.99	户数							
	亩数							
40—49.99	户数							
	亩数							
50—99.99	户数							
	亩数							
100—199.99	户数							
	亩数							
200—499.99	户数							
	亩数							
500 亩以上	户数							
	亩数							
总计	户数					17	20	37
	亩数					30.15	9.4	39.55

浙江省东阳县下溪头村各类村户使用田亩面积各阶段分布表(民十七年)

村户类别 / 田亩阶段		地主		富农	中农	贫农及雇农	其他	总计
		收租	经营					
不使用土地者	户数						2	2
0.1—4.99 亩	户数					25	6	31
	亩数					66.025	8	74.025
5—9.99	户数					7	1	8
	亩数					44.6	5.5	50.1
10—19.99	户数					4		4
	亩数					50.01		50.1
20—29.99	户数							
	亩数							
30—39.99	户数							
	亩数							

续表

村户类别 / 田亩阶段		地主		富农	中农	贫农及雇农	其他	总计
		收租	经营					
40—49.99	户数							
	亩数							
50—99.99	户数							
	亩数							
100—199.99	户数							
	亩数							
200—499.99	户数							
	亩数							
500亩以上	户数							
	亩数							
总计	户数					36	9	45
	亩数					160.635	13.5	174.135

浙江省东阳县下溪头村各类村户使用田亩面积各阶段分布表(民二十二年)

村户类别 / 田亩阶段		地主		富农	中农	贫农及雇农	其他	总计
		收租	经营					
不使用土地者	户数						1	1
0.1—4.99亩	户数					23	7	30
	亩数					58.025	11.5	69.525
5—9.99	户数					12	1	13
	亩数					84.84	5.5	90.34
10—19.99	户数					2		2
	亩数					24.1		24.1
20—29.99	户数							
	亩数							
30—39.99	户数							
	亩数							
40—49.99	户数							
	亩数							

续表

村户类别 田亩阶段		地主		富农	中农	贫农及雇农	其他	总计
		收租	经营					
50—99.99	户数							
	亩数							
100—199.99	户数							
	亩数							
200—499.99	户数							
	亩数							
500亩以上	户数							
	亩数							
总计	户数					37	9	46
	亩数					166.965	17	183.965

浙江省东阳县桑梓村各类村户使用田亩面积各阶段分布表(民十七年)

村户类别 田亩阶段		地主		富农	中农	贫农及雇农	其他	总计
		收租	经营					
不使用土地者	户数					1	2	3
0.1—4.99亩	户数					27	9	36
	亩数					65.55	22	87.55
5—9.99	户数					6		6
	亩数					30.5		30.5
10—19.99	户数							
	亩数							
20—29.99	户数							
	亩数							
30—39.99	户数							
	亩数							
40—49.99	户数							
	亩数							
50—99.99	户数							
	亩数							

续表

田亩阶段＼村户类别		地主		富农	中农	贫农及雇农	其他	总计
		收租	经营					
100—199.99	户数							
	亩数							
200—499.99	户数							
	亩数							
500 亩以上	户数							
	亩数							
总计	户数					34	11	45
	亩数					96.05	22	118.05

浙江省东阳县桑梓村各类村户使用田亩面积各阶段分布表(民二十二年)

田亩阶段＼村户类别		地主		富农	中农	贫农及雇农	其他	总计
		收租	经营					
不使用土地者	户数					1	5	6
0.1—4.99 亩	户数					27	9	36
	亩数					64.75	19	83.75
5—9.99	户数					6		6
	亩数					30.5		30.5
10—19.99	户数							
	亩数							
20—29.99	户数							
	亩数							
30—39.99	户数							
	亩数							
40—49.99	户数							
	亩数							
50—99.99	户数							
	亩数							
100—199.99	户数							
	亩数							

续表

田亩阶段 \ 村户类别		地主 收租	地主 经营	富农	中农	贫农及雇农	其他	总计
200—499.99	户数							
	亩数							
500亩以上	户数							
	亩数							
总计	户数					34	14	48
	亩数					95.25	19	114.25

浙江省东阳县光里湖村各类村户使用田亩面积各阶段分布表(民十七年)

田亩阶段 \ 村户类别		地主 收租	地主 经营	富农	中农	贫农及雇农	其他	总计
不使用土地者	户数							
0.1—4.99亩	户数					17	9	26
	亩数					48.3	16.7	65
5—9.99	户数				1	9		10
	亩数				9.5	56.2		65.7
10—19.99	户数				1			1
	亩数				14			14
20—29.99	户数							
	亩数							
30—39.99	户数							
	亩数							
40—49.99	户数							
	亩数							
50—99.99	户数							
	亩数							
100—199.99	户数							
	亩数							
200—499.99	户数							
	亩数							

续表

田亩阶段 \ 村户类别		地主·收租	地主·经营	富农	中农	贫农及雇农	其他	总计
500亩以上	户数							
	亩数							
总计	户数				2	26	9	37
	亩数				23.5	104.5	16.7	144.7

浙江省东阳县光里湖村各类村户使用田亩面积各阶段分布表(民二十二年)

田亩阶段 \ 村户类别		地主·收租	地主·经营	富农	中农	贫农及雇农	其他	总计
不使用土地者	户数							
0.1—4.99亩	户数				1	23	10	34
	亩数				4.5	56.15	14.1	74.75
5—9.99	户数					7	1	8
	亩数					45.2	5	50.2
10—19.99	户数				1			1
	亩数				14			14
20—29.99	户数							
	亩数							
30—39.99	户数							
	亩数							
40—49.99	户数							
	亩数							
50—99.99	户数							
	亩数							
100—199.99	户数							
	亩数							
200—499.99	户数							
	亩数							
500亩以上	户数							
	亩数							

续表

田亩阶段＼村户类别		地主		富农	中农	贫农及雇农	其他	总计
		收租	经营					
总计	户数				2	30	11	43
	亩数				18.5	101.35	19.1	138.95

浙江省东阳县里堂村各类村户使用田亩面积各阶段分布表(民十七年)

田亩阶段＼村户类别		地主		富农	中农	贫农及雇农	其他	总计
		收租	经营					
不使用土地者	户数					1		1
0.1—4.99 亩	户数				1	21	17	39
	亩数				4	61.9	23.85	89.75
5—9.99	户数				2	4		6
	亩数				11	22		33
10—19.99	户数							
	亩数							
20—29.99	户数			1				1
	亩数			25				25
30—39.99	户数							
	亩数							
40—49.99	户数							
	亩数							
50—99.99	户数							
	亩数							
100—199.99	户数							
	亩数							
200—499.99	户数							
	亩数							
500 亩以上	户数							
	亩数							
总计	户数			1	3	26	17	47
	亩数			25	15	83.9	23.85	147.75

浙江省东阳县里堂村各类村户使用田亩面积各阶段分布表(民二十二年)

田亩阶段＼村户类别		地主		富农	中农	贫农及雇农	其他	总计
		收租	经营					
不使用土地者	户数							
0.1—4.99亩	户数				1	21	18	40
	亩数				4	61.4	25.85	91.25
5—9.99	户数				2	5		7
	亩数				11	27.8		38.8
10—19.99	户数							
	亩数							
20—29.99	户数			1				1
	亩数			22				22
30—39.99	户数							
	亩数							
40—49.99	户数							
	亩数							
50—99.99	户数							
	亩数							
100—199.99	户数							
	亩数							
200—499.99	户数							
	亩数							
500亩以上	户数							
	亩数							
总计	户数			1	3	26	18	48
	亩数			22	15	89.2	25.85	152.05

浙江省东阳县马上桥村各类村户使用田亩面积各阶段分布表(民十七年)

<table>
<tr><th rowspan="2" colspan="2">村户类别
田亩阶段</th><th colspan="2">地主</th><th rowspan="2">富农</th><th rowspan="2">中农</th><th rowspan="2">贫农及雇农</th><th rowspan="2">其他</th><th rowspan="2">总计</th></tr>
<tr><th>收租</th><th>经营</th></tr>
<tr><td>不使用土地者</td><td>户数</td><td></td><td></td><td></td><td></td><td></td><td>6</td><td>6</td></tr>
<tr><td rowspan="2">0.1—4.99 亩</td><td>户数</td><td></td><td></td><td></td><td></td><td>12</td><td>6</td><td>18</td></tr>
<tr><td>亩数</td><td></td><td></td><td></td><td></td><td>33.1</td><td>9.5</td><td>42.6</td></tr>
<tr><td rowspan="2">5—9.99</td><td>户数</td><td></td><td></td><td>1</td><td>1</td><td>8</td><td>1</td><td>11</td></tr>
<tr><td>亩数</td><td></td><td></td><td>6</td><td>5.5</td><td>52.8</td><td>8</td><td>72.3</td></tr>
<tr><td rowspan="2">10—19.99</td><td>户数</td><td></td><td></td><td>1</td><td>6</td><td>5</td><td></td><td>12</td></tr>
<tr><td>亩数</td><td></td><td></td><td>15</td><td>78.5</td><td>58</td><td></td><td>151.5</td></tr>
<tr><td rowspan="2">20—29.99</td><td>户数</td><td></td><td>1</td><td>1</td><td></td><td></td><td></td><td>2</td></tr>
<tr><td>亩数</td><td></td><td>24.5</td><td>20</td><td></td><td></td><td></td><td>44.5</td></tr>
<tr><td rowspan="2">30—39.99</td><td>户数</td><td></td><td></td><td></td><td></td><td></td><td></td><td></td></tr>
<tr><td>亩数</td><td></td><td></td><td></td><td></td><td></td><td></td><td></td></tr>
<tr><td rowspan="2">40—49.99</td><td>户数</td><td></td><td></td><td></td><td></td><td></td><td></td><td></td></tr>
<tr><td>亩数</td><td></td><td></td><td></td><td></td><td></td><td></td><td></td></tr>
<tr><td rowspan="2">50—99.99</td><td>户数</td><td></td><td></td><td></td><td></td><td></td><td></td><td></td></tr>
<tr><td>亩数</td><td></td><td></td><td></td><td></td><td></td><td></td><td></td></tr>
<tr><td rowspan="2">100—199.99</td><td>户数</td><td></td><td></td><td></td><td></td><td></td><td></td><td></td></tr>
<tr><td>亩数</td><td></td><td></td><td></td><td></td><td></td><td></td><td></td></tr>
<tr><td rowspan="2">200—499.99</td><td>户数</td><td></td><td></td><td></td><td></td><td></td><td></td><td></td></tr>
<tr><td>亩数</td><td></td><td></td><td></td><td></td><td></td><td></td><td></td></tr>
<tr><td rowspan="2">500 亩以上</td><td>户数</td><td></td><td></td><td></td><td></td><td></td><td></td><td></td></tr>
<tr><td>亩数</td><td></td><td></td><td></td><td></td><td></td><td></td><td></td></tr>
<tr><td rowspan="2">总计</td><td>户数</td><td></td><td>1</td><td>3</td><td>7</td><td>25</td><td>13</td><td>49</td></tr>
<tr><td>亩数</td><td></td><td>24.5</td><td>41</td><td>84</td><td>143.9</td><td>17.5</td><td>310.9</td></tr>
</table>

浙江省东阳县马上桥村各类村户使用田亩面积各阶段分布表(民二十二年)

村户类别 田亩阶段		地主		富农	中农	贫农及雇农	其他	总计
		收租	经营					
不使用土地者	户数						6	6
0.1—4.99 亩	户数					16	6	22
	亩数					40.4	9.5	49.9
5—9.99	户数			2	1	7	1	11
	亩数			11	5.5	45.8	8.5	70.8
10—19.99	户数			1	6	5		12
	亩数			14	78.5	58		150.5
20—29.99	户数		1					1
	亩数		24.5					24.5
30—39.99	户数							
	亩数							
40—49.99	户数							
	亩数							
50—99.99	户数							
	亩数							
100—199.99	户数							
	亩数							
200—499.99	户数							
	亩数							
500 亩以上	户数							
	亩数							
总计	户数		1	3	7	28	13	52
	亩数		24.5	25	84	144.2	18	295.7

浙江省东阳县三余村各类村户使用田亩面积各阶段分布表(民十七年)

田亩阶段＼村户类别		地主 收租	地主 经营	富农	中农	贫农及雇农	其他	总计
不使用土地者	户数						1	1
0.1—4.99 亩	户数					5	1	6
	亩数					13.9	1.4	15.3
5—9.99	户数				1	2	1	4
	亩数				7.7	13	6.6	27.3
10—19.99	户数			2	5			7
	亩数			26.1	68.5			94.6
20—29.99	户数							
	亩数							
30—39.99	户数							
	亩数							
40—49.99	户数							
	亩数							
50—99.99	户数							
	亩数							
100—199.99	户数							
	亩数							
200—499.99	户数							
	亩数							
500 亩以上	户数							
	亩数							
总计	户数			2	6	7	3	18
	亩数			26.1	76.2	26.9	8	137.2

浙江省东阳县三余村各类村户使用田亩面积各阶段分布表(民二十二年)

田亩阶段＼村户类别		地主 收租	地主 经营	富农	中农	贫农及雇农	其他	总计
不使用土地者	户数						3	3
0.1—4.99亩	户数					6	2	8
	亩数					17.5	4.5	22
5—9.99	户数				4	2	1	7
	亩数				26.9	13	6.6	46.5
10—19.99	户数			2	2			4
	亩数			32	31			63
20—29.99	户数							
	亩数							
30—39.99	户数							
	亩数							
40—49.99	户数							
	亩数							
50—99.99	户数							
	亩数							
100—199.99	户数							
	亩数							
200—499.99	户数							
	亩数							
500亩以上	户数							
	亩数							
总计	户数			2	6	8	6	22
	亩数			32	57.9	30.5	11.1	131.5

浙江省东阳县祠堂后村各类村户使用田亩面积各阶段分布表(民十七年)

田亩阶段＼村户类别		地主		富农	中农	贫农及雇农	其他	总计
		收租	经营					
不使用土地者	户数						3	3
0.1—4.99 亩	户数					8	10	18
	亩数					15.55	16.1	31.65
5—9.99	户数				1	7		8
	亩数				6	39.6		45.6
10—19.99	户数							
	亩数							
20—29.99	户数							
	亩数							
30—39.99	户数							
	亩数							
40—49.99	户数							
	亩数							
50—99.99	户数							
	亩数							
100—199.99	户数							
	亩数							
200—499.99	户数							
	亩数							
500 亩以上	户数							
	亩数							
总计	户数				1	15	13	29
	亩数				6	55.15	16.1	77.25

浙江省东阳县祠堂后村各类村户使用田亩面积各阶段分布表(民二十二年)

村户类别 / 田亩阶段		地主		富农	中农	贫农及雇农	其他	总计
		收租	经营					
不使用土地者	户数						4	3
0.1—4.99亩	户数					10	11	21
	亩数					18.2	18.05	36.25
5—9.99	户数				1	6		7
	亩数				9	36.6		45.6
10—19.99	户数				1			1
	亩数				15			15
20—29.99	户数							
	亩数							
30—39.99	户数							
	亩数							
40—49.99	户数							
	亩数							
50—99.99	户数							
	亩数							
100—199.99	户数							
	亩数							
200—499.99	户数							
	亩数							
500亩以上	户数							
	亩数							
总计	户数				2	16	15	32
	亩数				24	54.8	18.05	96.85

浙江省东阳县村户人口统计表(民二十二年)

每家人口	地主		富农		中农		贫农		雇农		其他		户数统计	人口统计
	户数	人口	户数	人口	户数	人口	户数	人口	户数	人口	户数	人口		
1							10	10	2	2	13	13	25	25
2					2	4	16	32	2	4	23	46	43	86
3					3	9	44	132			25	75	72	216
4					5	20	36	144	4	16	25	100	70	280
5			2	10	3	15	36	180	2	10	13	65	56	280
6					2	12	22	132			4	24	28	168
7					3	12	15	105			2	14	20	140
8			2	16			1	8			1	8	4	32
9			1	9			5	45					6	54
10														
11	1	11			1	11							2	22
12			1	12									1	12
13														
14							1	14					1	14
15 以上					1	18							1	18
总计	1	11	6	47	20	110	186	802	10	32	106	345	329	1347
平均数	11		7.83		5.5		4.31		3.2		3.27		4.157	

东阳八村口号亩数折合公亩表

村名	口号亩数	合公亩数	单位口号亩＝公亩数
泰里	0.7	4.723	6.747
下溪头	2.3	12.569	5.465
桑梓	0.5	2.157	4.314
光里湖	2	10.347	5.174
里塘	1.6	9.468	5.918
马上桥	2.4	12.584	5.243
三余	3.7	18.427	4.980
祠堂后	1.8	10.654	5.919
平均	—	—	5.470

三、崇德县

浙江省崇德县(1)甲子埭村总表(民十七年)

村户类别		户数	人口数	有工作能力的人数	参加田间工作的人数	出外工作的人数	所有田亩数	使用田亩数	出租田亩数	租进田亩数
地主	收租									
	经营									
富农										
中农		14	67	30	16		184	193.30		9.30
贫农及雇农		21	96	51	23	2	149.30	172.60		23.30
其他		1	1	1						
总计		36	164	82	39	2	333.30	365.90		32.60

浙江省崇德县(1)甲子埭村总表(民二十二年)

村户类别		户数	人口数	有工作能力的人数	参加田间工作的人数	出外工作的人数	所有田亩数	使用田亩数	出租田亩数	租进田亩数
地主	收租									
	经营									
富农										
中农		12	61	25	14		155	161.50		6.50
贫农及雇农		24	10	55	26	1	159.80	186.90		27.10
其他		1	1	1						
总计		37	172	81	40	1	314.80	348.40		32.10

浙江省崇德县(2)陈家村总表(民十七年)

村户类别		户数	人口数	有工作能力的人数	参加田间工作的人数	出外工作的人数	所有田亩数	使用田亩数	出租田亩数	租进田亩数
地主	收租									
	经营									
富农										
中农		20	80	56	27	1	215.50	231.80		16.30

续表

村户类别	户数	人口数	有工作能力的人数	参加田间工作的人数	出外工作的人数	所有田亩数	使用田亩数	出租田亩数	租进田亩数
贫农及雇农	20	76	45	23		76.70	132.40		55.70
其他	1	1				0.80		0.80	
总计	41	157	101	50	1	293	364.20	0.80	72

浙江省崇德县(2)陈家村总表(民二十二年)

村户类别		户数	人口数	有工作能力的人数	参加田间工作的人数	出外工作的人数	所有田亩数	使用田亩数	出租田亩数	租进田亩数
地主	收租									
	经营									
富农										
中农		16	52	35	16	2	146.20	162.50		25.90
贫农及雇农		28	118	68	36	2	113.30	199.60		86.80
其他		2	2	1			2.75	2.75		
总计		46	172	104	52	4	262.25	364.85		112.70

浙江省崇德县(3)庵河村总表(民十七年)

村户类别		户数	人口数	有工作能力的人数	参加田间工作的人数	出外工作的人数	所有田亩数	使用田亩数	出租田亩数	租进田亩数
地主	收租									
	经营									
富农		1	21	18	8		180	90	90	
中农		25	147	76	42	5	214.80	256.10		41.30
贫农及雇农		23	129	59	35	1	105.40	158.80		53.40
其他										
总计		49	297	153	85	6	500.20	504.90	90	94.70

浙江省崇德县(3)庵河村总表(民二十二年)

村户类别		户数	人口数	有工作能力的人数	参加田间工作的人数	出外工作的人数	所有田亩数	使用田亩数	出租田亩数	租进田亩数
地主	收租									
	经营									
富农		2	14	6	2	1	100	53	47	
中农		19	118	55	27	1	170.80	201.10		30.30
贫农及雇农		30	172	81	46	6	103.40	213.50		107.10
其他										
总计		51	304	142	75	8	377.20	467.60	47	137.40

浙江省崇德县(4)杨家庄总表(民十七年)

村户类别		户数	人口数	有工作能力的人数	参加田间工作的人数	出外工作的人数	所有田亩数	使用田亩数	出租田亩数	租进田亩数
地主	收租	5	31	21		6	415	49.00	366	
	经营									
富农		1	5	4		1	18.30	12.30	6	
中农		4	15	5	3	0	31	38.7		7.45
贫农及雇农		24	102	66	32	2	92.35	193.28		101.43
其他		2	1							
总计		36	154	96	35	9	556.65	293.78	372	108.88

浙江省崇德县(4)杨家庄总表(民二十二年)

村户类别		户数	人口数	有工作能力的人数	参加田间工作的人数	出外工作的人数	所有田亩数	使用田亩数	出租田亩数	租进田亩数
地主	收租	5	36	21		6	405	40	365	
	经营									
富农		1	6	4		1	18.30	12.30	6	
中农		2	5	3	2		15.50	18		2.50
贫农及雇农		28	123	79	42	3	97.55	214.05		116.50
其他		1	1					1		1
总计		37	171	107	44	10	536.35	285.35	371	120

浙江省崇德县(5)果子园村总表(民十七年)

村户类别		户数	人口数	有工作能力的人数	参加田间工作的人数	出外工作的人数	所有田亩数	使用田亩数	出租田亩数	租进田亩数
地主	收租									
	经营									
富农										
中农		10	47	35	15	1	73.80	100.30		26.50
贫农及雇农		20	98	44	21	8	62.50	107.10		44.60
其他		1	2	2		1				
总计		31	147	81	36	10	136.30	207.40		71.10

浙江省崇德县(5)果子园村总表(民二十二年)

村户类别		户数	人口数	有工作能力的人数	参加田间工作的人数	出外工作的人数	所有田亩数	使用田亩数	出租田亩数	租进田亩数
地主	收租									
	经营									
富农										
中农		10	46	2	9	2	63.80	94.80		31
贫农及雇农		22	99	70	24	5	56.50	113.10		56.60
其他		1	2	1						
总计		33	147	73	33	7	120.30	207.90		87.60

浙江省崇德县(6)姚家浜村总表(民二十二年)

村户类别		户数	人口数	有工作能力的人数	参加田间工作的人数	出外工作的人数	所有田亩数	使用田亩数	出租田亩数	租进田亩数
地主	收租									
	经营									
富农										
中农		8	42	14	9	1	87	89.70	2	3.80
贫农及雇农		39	162	94	42	8	149.85	277.10		127.25
其他		1	3	2		1				
总计		48	207	110	51	10	237.75	366.80	2	131.05

浙江省崇德县(6)姚家浜村总表(民十七年)

村户类别		户数	人口数	有工作能力的人数	参加田间工作的人数	出外工作的人数	所有田亩数	使用田亩数	出租田亩数	租进田亩数
地主	收租									
	经营									
富农										
中农		9	39	15	10	1	94	94.80	2	2.80
贫农及雇农		37	147	87	41	14	148.15	267.85		119.70
其他		1	3	2		1				
总计		47	189	104	51	16	242.15	362.65	2	122.50

浙江省崇德县(7)白蔷里村总表(民十七年)

村户类别		户数	人口数	有工作能力的人数	参加田间工作的人数	出外工作的人数	所有田亩数	使用田亩数	出租田亩数	租进田亩数
地主	收租									
	经营									
富农										
中农		10	56	22	17		125	149		24
贫农及雇农		24	87	48	28	6	66.90	121.90		55
其他		3	11	7						
总计		37	154	77	45	6	191.90	270.90		79

浙江省崇德县(7)白蔷里村总表(民二十二年)

村户类别		户数	人口数	有工作能力的人数	参加田间工作的人数	出外工作的人数	所有田亩数	使用田亩数	出租田亩数	租进田亩数
地主	收租									
	经营									
富农										
中农		10	60	13	17		122.30	148.80		26.50
贫农及雇农		24	94	57	30	5	61.40	116.90		55.50
其他		3	13	7		1				
总计		37	167	77	47	6	183.70	265.70		82

浙江省崇德县(8)五圣堂村总表(民十七年)

村户类别		户数	人口数	有工作能力的人数	参加田间工作的人数	出外工作的人数	所有田亩数	使用田亩数	出租田亩数	租进田亩数
地主	收租	4	25	15	5		182	57	125	
	经营									
富农										
中农		14	58	47	18	1	83.20	103.60		20.40
贫农及雇农		38	181	88	48	2	100.15	248.70		148.55
其他		9	20	12	2	2	17	10.80	8	1.8
总计		65	284	162	73	5	382.35	420.10	133	170.75

浙江省崇德县(8)五圣堂村总表(民二十二年)

村户类别		户数	人口数	有工作能力的人数	参加田间工作的人数	出外工作的人数	所有田亩数	使用田亩数	出租田亩数	租进田亩数
地主	收租	4	30	15	5		182	57	125	
	经营									
富农										
中农		13	62	15	17	1	75.60	97		21.4
贫农及雇农		39	191	118	49	7	87.25	242.30		155.05
其他		9	20	12	2	2	16	9.8	8	1.8
总计		65	303	160	73	10	360.85	405.10	133	178.25

浙江省崇德县(9)桑园村总表(民十七年)

村户类别		户数	人口数	有工作能力的人数	参加田间工作的人数	出外工作的人数	所有田亩数	使用田亩数	出租田亩数	租进田亩数
地主	收租									
	经营									
富农										
中农		12	58		19	1	123.10	151.80		28.70
贫农及雇农		30	116		33	6	90.80	182.20		91.40
其他										
总计		42	174		52	7	213.90	334		120.10

浙江省崇德县(9)桑园村总表(民二十二年)

村户类别		户数	人口数	有工作能力的人数	参加田间工作的人数	出外工作的人数	所有田亩数	使用田亩数	出租田亩数	租进田亩数
地主	收租									
	经营									
富农										
中农		8	46		12	1	76.40	106.60		30.20
贫农及雇农		37	141		41	6	107.60	232.70		125.10
其他										
总计		45	183		53	7	184	339.30		155.30

浙江省崇德县(一)甲子埭村各类村户所有田亩面积各阶段分布表(民十七年)

村户类别 / 田亩阶段		地主		富农	中农	贫农及雇农	其他	总计
		收租	经营					
无土地者	户数						1	1
0.1—4.99亩	户数					4		4
	亩数					13.30		13.30
5—9.99	户数				2	14		16
	亩数				14.00	98.00		112.00
10—19.99	户数				11	3		14
	亩数				148.00	38.00		186.00
20—29.99	户数				1			1
	亩数				22.00			22.00
30—39.99	户数							
	亩数							
40—49.99	户数							
	亩数							
50—99.99	户数							
	亩数							
100—199.99	户数							
	亩数							

续表

田亩阶段＼村户类别		地主·收租	地主·经营	富农	中农	贫农及雇农	其他	总计
200—499.99	户数							
	亩数							
500亩以上	户数							
	亩数							
总计	户数				14	21	1	36
	亩数				184.00	149.30		333.30

浙江省崇德县(一)甲子埭村各类村户所有田亩面积各阶段分布表(民二十二年)

田亩阶段＼村户类别		地主·收租	地主·经营	富农	中农	贫农及雇农	其他	总计
无土地者	户数						1	1
0.1—4.99亩	户数					5		5
	亩数					18.30		18.30
5—9.99	户数				2	17		19
	亩数				14.00	117.50		131.50
10—19.99	户数				9	2		11
	亩数				119.00	24.00		143.00
20—29.99	户数				1			1
	亩数				22.00			22.00
30—39.99	户数							
	亩数							
40—49.99	户数							
	亩数							
50—99.99	户数							
	亩数							
100—199.99	户数							
	亩数							
200—499.99	户数							
	亩数							

续表

村户类别 田亩阶段		地主		富农	中农	贫农及雇农	其他	总计
		收租	经营					
500 亩以上	户数							
	亩数							
总计	户数				12	24	1	37
	亩数				155.00	159.80		314.80

浙江省崇德县(二)陈家村各类村户所有田亩面积各阶段分布表(民十七年)

村户类别 田亩阶段		地主		富农	中农	贫农及雇农	其他	总计
		收租	经营					
无土地者	户数					3		3
0.1—4.99 亩	户数				1	10	1	12
	亩数				4.50	25.10	0.80	30.40
5—9.99	户数				8	6		14
	亩数				64.80	40.60		150.40
10—19.99	户数				10	1		11
	亩数				114.20	11.00		125.20
20—29.99	户数							
	亩数							
30—39.99	户数				1			1
	亩数				32.00			32.00
40—49.99	户数							
	亩数							
50—99.99	户数							
	亩数							
100—199.99	户数							
	亩数							
200—499.99	户数							
	亩数							
500 亩以上	户数							
	亩数							

续表

村户类别 / 田亩阶段		地主		富农	中农	贫农及雇农	其他	总计
		收租	经营					
总计	户数				20	20	1	41
	亩数				215.50	76.70	0.80	293.00

浙江省崇德县(二)陈家村各类村户所有田亩面积各阶段分布表(民二十二年)

村户类别 / 田亩阶段		地主		富农	中农	贫农及雇农	其他	总计
		收租	经营					
无土地者	户数					5	1	6
0.1—4.99亩	户数				1	11	1	13
	亩数				4.00	31.20	2.75	37.95
5—9.99	户数				8	12		20
	亩数				63.00	82.10		145.10
10—19.99	户数				7			7
	亩数				79.20			79.20
20—29.99	户数							
	亩数							
30—39.99	户数							
	亩数							
40—49.99	户数							
	亩数							
50—99.99	户数							
	亩数							
100—199.99	户数							
	亩数							
200—499.99	户数							
	亩数							
500亩以上	户数							
	亩数							
总计	户数				16	28	2	46
	亩数				146.20	113.30	2.75	262.25

浙江省崇德县(三)庵河村各类村户所有田亩面积各阶段分布表(民十七年)

田亩阶段＼村户类别		地主		富农	中农	贫农及雇农	其他	总计
		收租	经营					
无土地者	户数					2		2
0.1—4.99亩	户数				1	11		12
	亩数				4.70	27.50		32.20
5—9.99	户数				15	8		23
	亩数				95.00	53.90		148.90
10—19.99	户数				9	2		11
	亩数				115.10	24.00		139.10
20—29.99	户数							
	亩数							
30—39.99	户数							
	亩数							
40—49.99	户数							
	亩数							
50—99.99	户数							
	亩数							
100—199.99	户数			1				1
	亩数			180.00				180.00
200—499.99	户数							
	亩数							
500亩以上	户数							
	亩数							
总计	户数			1	25	23		49
	亩数			180.00	214.80	105.40		500.20

浙江省崇德县(三)庵河村各类村户所有田亩面积各阶段分布表(民二十二年)

田亩阶段＼村户类别		地主		富农	中农	贫农及雇农	其他	总计
		收租	经营					
无土地者	户数					5		5
0.1—4.99亩	户数				1	15		16
	亩数				4.70	40.50		45.20
5—9.99	户数				11	9		20
	亩数				71.00	53.90		124.90
10—19.99	户数				7	1		8
	亩数				95.10	12.00		107.10
20—29.99	户数							
	亩数							
30—39.99	户数							
	亩数							
40—49.99	户数							
	亩数							
50—99.99	户数			2				2
	亩数			100.00				100.00
100—199.99	户数							
	亩数							
200—499.99	户数							
	亩数							
500亩以上	户数							
	亩数							
总计	户数			2	19	30		51
	亩数			100.00	170.80	106.40		377.20

浙江省崇德县(四)杨家庄各类村户所有田亩面积各阶段分布表(民十七年)

田亩阶段 \ 村户类别		地主		富农	中农	贫农及雇农	其他	总计
		收租	经营					
无土地者	户数					3	1	4
0.1—4.99亩	户数					14		14
	亩数					35.35		35.35
5—9.99	户数				3	7		10
	亩数				20.50	44.00		64.50
10—19.99	户数			1	1	1		3
	亩数			18.30	10.50	13.00		41.80
20—29.99	户数							
	亩数							
30—39.99	户数	1						1
	亩数	30.00						30.00
40—49.99	户数	1						1
	亩数	48.00						48.00
50—99.99	户数	1						1
	亩数	59.00						59.00
100—199.99	户数	2						2
	亩数	278.00						278.00
200—499.99	户数							
	亩数							
500亩以上	户数							
	亩数							
总计	户数	5		1	4	24	2	36
	亩数	415.00		18.30	31.00	92.35		556.65

浙江省崇德县(四)杨家庄各类村户所有田亩面积各阶段分布表(民二十二年)

田亩阶段＼村户类别		地主 收租	地主 经营	富农	中农	贫农及雇农	其他	总计
无土地者	户数					4	1	5
0.1—4.99亩	户数					16		16
	亩数					41.55		41.55
5—9.99	户数				1	7		8
	亩数				5.00	46.00		51.00
10—19.99	户数			1	1	1		3
	亩数			18.30	10.50	10.00		38.80
20—29.99	户数							
	亩数							
30—39.99	户数	1						1
	亩数	30.00						30.00
40—49.99	户数	1						1
	亩数	48.00						48.00
50—99.99	户数	1						1
	亩数	59.00						59.00
100—199.99	户数	2						2
	亩数	268.00						268.00
200—499.99	户数							
	亩数							
500亩以上	户数							
	亩数							
总计	户数	5		1	2	28	1	37
	亩数	405.00		18.30	15.50	97.55		536.35

浙江省崇德县(五)果子园村各类村户所有田亩面积各阶段分布表(民十七年)

田亩阶段＼村户类别		地主 收租	地主 经营	富农	中农	贫农及雇农	其他	总计
无土地者	户数					2	1	3
0.1—4.99亩	户数				5	15		20
	亩数				16.00	41.00		57.0
5—9.99	户数				4	3		7
	亩数				27.8	21.5		49.3
10—19.99	户数							
	亩数							
20—29.99	户数							
	亩数							
30—39.99	户数				1			1
	亩数				30.0			30.0
40—49.99	户数							
	亩数							
50—99.99	户数							
	亩数							
100—199.99	户数							
	亩数							
200—499.99	户数							
	亩数							
500亩以上	户数							
	亩数							
总计	户数				10	20	1	31
	亩数				73.80	62.50		136.3

浙江省崇德县(五)果子园村各类村户所有田亩面积各阶段分布表(民二十二年)

田亩阶段＼村户类别		地主		富农	中农	贫农及雇农	其他	总计
		收租	经营					
无土地者	户数					2	1	3
0.1—4.99亩	户数				4	19		23
	亩数				13.00	48.50		61.5
5—9.99	户数				4	1		5
	亩数				27.80	8.00		35.8
10—19.99	户数				2			2
	亩数				23.00			23.00
20—29.99	户数							
	亩数							
30—39.99	户数							
	亩数							
40—49.99	户数							
	亩数							
50—99.99	户数							
	亩数							
100—199.99	户数							
	亩数							
200—499.99	户数							
	亩数							
500亩以上	户数							
	亩数							
总计	户数				10	22	1	33
	亩数				63.80	56.50		120.3

浙江省崇德县(六)姚家浜村各类村户所有田亩面积各阶段分布表(民十七年)

田亩阶段＼村户类别		地主		富农	中农	贫农及雇农	其他	总计
		收租	经营					
无土地者	户数					3	1	4
0.1—4.99亩	户数					18		18
	亩数					43.4		43.4
5—9.99	户数				6	13		19
	亩数				41.10	71.85		112.95
10—19.99	户数				2	3		5
	亩数				23.9	32.9		56.8
20—29.99	户数				1			1
	亩数				29.0			29.0
30—39.99	户数							
	亩数							
40—49.99	户数							
	亩数							
50—99.99	户数							
	亩数							
100—199.99	户数							
	亩数							
200—499.99	户数							
	亩数							
500亩以上	户数							
	亩数							
总计	户数				9	37	1	47
	亩数				94.0	148.15		242.15

浙江省崇德县(六)姚家浜村各类村户所有田亩面积各阶段分布表(民二十二年)

田亩阶段 \ 村户类别		地主 收租	地主 经营	富农	中农	贫农及雇农	其他	总计
无土地者	户数					3	1	4
0.1—4.99 亩	户数					21		21
	亩数					49.4		49.4
5—9.99	户数				5	12		17
	亩数				35.00	67.55		102.55
10—19.99	户数				2	3		5
	亩数				23.9	32.9		56.8
20—29.99	户数				1			1
	亩数				29.0			29.0
30—39.99	户数							
	亩数							
40—49.99	户数							
	亩数							
50—99.99	户数							
	亩数							
100—199.99	户数							
	亩数							
200—499.99	户数							
	亩数							
500 亩以上	户数							
	亩数							
总计	户数				8	39	1	48
	亩数				87.90	149.85		237.75

浙江省崇德县(七)白蔷里村各类村户所有田亩面积各阶段分布表(民十七年)

田亩阶段 \ 村户类别		地主 收租	地主 经营	富农	中农	贫农及雇农	其他	总计
无土地者	户数					5	3	8
0.1—4.99亩	户数					14		14
	亩数					31.4		31.4
5—9.99	户数				4	4		8
	亩数				31.00	23.50		54.50
10—19.99	户数				5	1		6
	亩数				74.00	12.00		86.00
20—29.99	户数				1			1
	亩数				20.00			20.00
30—39.99	户数							
	亩数							
40—49.99	户数							
	亩数							
50—99.99	户数							
	亩数							
100—199.99	户数							
	亩数							
200—499.99	户数							
	亩数							
500亩以上	户数							
	亩数							
总计	户数				10	24	3	37
	亩数				125.00	66.90		191.90

浙江省崇德县(七)白蔷里村各类村户所有田亩面积各阶段分布表(民二十二年)

田亩阶段＼村户类别		地主		富农	中农	贫农及雇农	其他	总计
		收租	经营					
无土地者	户数					5	3	8
0.1—4.99 亩	户数					15		15
	亩数					31.4		31.4
5—9.99	户数				4	3		7
	亩数				31.00	18.00		49.0
10—19.99	户数				5	1		6
	亩数				71.30	12.00		83.3
20—29.99	户数				1			1
	亩数				20.0			20.0
30—39.99	户数							
	亩数							
40—49.99	户数							
	亩数							
50—99.99	户数							
	亩数							
100—199.99	户数							
	亩数							
200—499.99	户数							
	亩数							
500 亩以上	户数							
	亩数							
总计	户数				10	24	3	37
	亩数				122.30	61.40		183.70

浙江省崇德县(八)五圣堂村各类村户所有田亩面积各阶段分布表(民十七年)

田亩阶段＼村户类别		地主·收租	地主·经营	富农	中农	贫农及雇农	其他	总计
无土地者	户数					4	6	10
0.1—4.99 亩	户数				4	23	2	29
	亩数				15.10	34.45	6.0	55.55
5—9.99	户数				8	11	1	20
	亩数				45.6	65.7	11.0	122.3
10—19.99	户数				2			2
	亩数				22.5			22.5
20—29.99	户数							
	亩数							
30—39.99	户数	3						3
	亩数	98.0						98.0
40—49.99	户数							
	亩数							
50—99.99	户数	1						1
	亩数	84.0						84.0
100—199.99	户数							
	亩数							
200—499.99	户数							
	亩数							
500 亩以上	户数							
	亩数							
总计	户数	4			14	38	9	65
	亩数	182.0			83.2	100.15	17.00	382.35

浙江省崇德县(八)五圣堂村各类村户所有田亩面积各阶段分布表(民二十二年)

村户类别 田亩阶段		地主		富农	中农	贫农及雇农	其他	总计
		收租	经营					
无土地者	户数					7	6	13
0.1—4.99亩	户数				5	22	2	29
	亩数				19.10	31.55	5.0	55.65
5—9.99	户数				6	10		16
	亩数				34.0	55.7		89.7
10—19.99	户数				2		1	3
	亩数				22.5		11.0	33.5
20—29.99	户数							
	亩数							
30—39.99	户数	3						3
	亩数	98.0						98.0
40—49.99	户数							
	亩数							
50—99.99	户数	1						1
	亩数	84.0						84.0
100—199.99	户数							
	亩数							
200—499.99	户数							
	亩数							
500亩以上	户数							
	亩数							
总计	户数	4			13	39	9	65
	亩数	182.0			75.6	87.25	16.0	360.85

浙江省崇德县(九)桑园村各类村户所有田亩面积各阶段分布表(民十七年)

田亩阶段＼村户类别		地主		富农	中农	贫农及雇农	其他	总计
		收租	经营					
无土地者	户数					2		2
0.1—4.99亩	户数					21		21
	亩数					54.80		54.80
5—9.99	户数				5	7		12
	亩数				32.00	36.00		68.00
10—19.99	户数				7			7
	亩数				91.10			91.10
20—29.99	户数							
	亩数							
30—39.99	户数							
	亩数							
40—49.99	户数							
	亩数							
50—99.99	户数							
	亩数							
100—199.99	户数							
	亩数							
200—499.99	户数							
	亩数							
500亩以上	户数							
	亩数							
总计	户数				12	30		42
	亩数				123.10	90.8		213.90

浙江省崇德县(九)桑园村各类村户所有田亩面积各阶段分布表(民二十二年)

村户类别 田亩阶段		地主		富农	中农	贫农及雇农	其他	总计
		收租	经营					
无土地者	户数					2		2
0.1—4.99亩	户数					27		27
	亩数					67.40		67.4
5—9.99	户数				4	8		12
	亩数				22.00	40.20		62.20
10—19.99	户数				4			4
	亩数				54.4			54.4
20—29.99	户数							
	亩数							
30—39.99	户数							
	亩数							
40—49.99	户数							
	亩数							
50—99.99	户数							
	亩数							
100—199.99	户数							
	亩数							
200—499.99	户数							
	亩数							
500亩以上	户数							
	亩数							
总计	户数				8	37		45
	亩数				76.40	107.60		184.00

浙江省崇德县(一)甲子埭村各类村户所有田亩增减表

村户类别		民十七	民二十二	增减原因						
				卖出	买进	典出	典进	赎去	赎回	其他
地主	收租									
	经营									
富农										
中农		184.00	163.50	20.50						
贫农及雇农		149.30	151.30		2.00					
其他										
总计		333.30	314.80	20.50	2.00					

浙江省崇德县(二)陈家村各类村户所有田亩增减表

村户类别		民十七	民二十二	增减原因						
				卖出	买进	典出	典进	赎去	赎回	其他
地主	收租									
	经营									
富农										
中农		215.50	187.30	25.20		3.00				
贫农及雇农		76.70	74.95	1.75	7.00	7.00				
其他		0.80		0.80						
总计		293.00	262.25	27.75	7.00	9.30				

浙江省崇德县(三)庵河村各类村户所有田亩增减表

村户类别		民十七	民二十二	增减原因							备考
				卖出	买进	典出	典进	赎去	赎回	其他	
地主	收租										
	经营										
富农		180.00	100.00		20.00						十九年分家时买进20亩,共200亩分作四家,每家50亩,两家离村
中农		214.80	191.80	17.00	2.00	8.00					
贫农及雇农		105.40	85.400	18.00		2.00					
其他											
总计		500.20	377.20	35.00	2.00	10.00					

浙江省崇德县(四)杨家庄村各类村户所有田亩增减表

村户类别		民十七	民二十二	增减原因						
				卖出	买进	典出	典进	赎去	赎回	其他
地主	收租	415.00	405.00	10.00						
	经营									
富农		18.30	18.30							
中农		31.00	24.50	4.20		2.30				
贫农及雇农		92.35	88.55	2.00	7.00	8.80				
其他										
总计		556.65	536.35	16.20	17.00	9.60				

浙江省崇德县(五)果子园村各类村户所有田亩增减表

村户类别		民十七	民二十二	增减原因						
				卖出	买进	典出	典进	赎去	赎回	其他
地主	收租									
	经营									
富农										
中农		73.80	65.80	1.0						分家后不住本村者1户,地7亩民二十二年中未计入
贫农及雇农		62.50	54.50	8.0						
其他										
总计		136.3	120.3	9.0						分家分出7.0

浙江省崇德县(六)姚家浜村各类村户所有田亩增减表

村户类别		民十七	民二十二	增减原因						
				卖出	买进	典出	典进	赎去	赎回	其他
地主	收租	129	129							
	经营									
富农										
中农		94.00	91.80			2.2				
贫农及雇农		148.15	145.95	4.2	2.0					
其他										
总计		242.15	237.75	4.2	2.0	2.2				

浙江省崇德县(七)白蔷里村各类村户所有田亩增减表

村户类别		民十七	民二十二	增减原因						
				卖出	买进	典出	典进	赎去	赎回	其他
地主	收租									
	经营									
富农										
中农		125.00	122.30	2.7						
贫农及雇农		66.90	61.40	5.5						
其他										
总计		191.9	183.7	8.2						

浙江省崇德县(八)五圣堂村各类村户所有田亩增减表

村户类别		民十七	民二十二	增减原因						
				卖出	买进	典出	典进	赎去	赎回	其他
地主	收租	182.0	182.0							
	经营									
富农										
中农		83.20	77.20	6.0						
贫农及雇农		100.15	85.65	14.5						
其他		17.0	16.0	1.0						
总计		382.35	360.85	21.5						

浙江省崇德县(九)桑园村各类村户所有田亩增减表

村户类别		民十七	民二十二	增减原因						
				卖出	买进	典出	典进	赎去	赎回	其他
地主	收租									
	经营									
富农										
中农		123.10	102.10	2.7	1.5	19.8				
贫农及雇农		90.80	81.90	2.6		6.3				
其他										
总计		213.90	184.00	5.3	1.5	26.1				

浙江省崇德县(一)甲子埭村各类村户使用田亩面积各阶段分布表(民十七年)

村户类别 / 田亩阶段		地主		富农	中农	贫农及雇农	其他	总计
		收租	经营					
不使用土地者	户数						1	1
0.1—4.99亩	户数					1		1
	亩数					4.00		4.00
5—9.99	户数				2	15		17
	亩数				17.00	109.40		136.40
10—19.99	户数				11	5		16
	亩数				152.80	59.20		212.00
20—29.99	户数				1			1
	亩数				23.50			23.50
30—39.99	户数							
	亩数							
40—49.99	户数							
	亩数							
50—99.99	户数							
	亩数							
100—199.99	户数							
	亩数							
200—499.99	户数							
	亩数							
500亩以上	户数							
	亩数							
总计	户数				14	21	1	36
	亩数				193.30	172.60		365.90

浙江省崇德县(一)甲子埭村各类村户使用田亩面积各阶段分布表(民二十二年)

田亩阶段 \ 村户类别		地主		富农	中农	贫农及雇农	其他	总计
		收租	经营					
不使用土地者	户数						1	1
0.1—4.99 亩	户数					2		2
	亩数					8.20		8.20
5—9.99	户数				2	18		20
	亩数				17.00	133.50		150.50
10—19.99	户数				9	4		13
	亩数				121.00	45.20		166.20
20—29.99	户数				1			1
	亩数				23.50			23.50
30—39.99	户数							
	亩数							
40—49.99	户数							
	亩数							
50—99.99	户数							
	亩数							
100—199.99	户数							
	亩数							
200—499.99	户数							
	亩数							
500 亩以上	户数							
	亩数							
总计	户数				12	24	1	37
	亩数				161.50	186.90		348.40

浙江省崇德县(二)陈家村各类村户使用田亩面积各阶段分布表(民十七年)

田亩阶段＼村户类别		地主		富农	中农	贫农及雇农	其他	总计
		收租	经营					
不使用土地者	户数						1	1
0.1—4.99 亩	户数				1	7		8
	亩数				4.50	21.00		25.50
5—9.99	户数				4	8		12
	亩数				31.80	51.30		83.10
10—19.99	户数				14	5		19
	亩数				163.50	60.10		233.60
20—29.99	户数							
	亩数							
30—39.99	户数				1			1
	亩数				32.00			32.00
40—49.99	户数							
	亩数							
50—99.99	户数							
	亩数							
100—199.99	户数							
	亩数							
200—499.99	户数							
	亩数							
500 亩以上	户数							
	亩数							
总计	户数				20	20	1	41
	亩数				231.80	132.40		364.20

浙江省崇德县(二)陈家村各类村户使用田亩面积各阶段分布表(民二十二年)

田亩阶段＼村户类别		地主		富农	中农	贫农及雇农	其他	总计
		收租	经营					
不使用土地者	户数						1	1
0.1—4.99亩	户数					7	1	8
	亩数					19.60	2.75	22.35
5—9.99	户数				5	13		8
	亩数				42.00	89.90		131.90
10—19.99	户数				11	8		19
	亩数				120.50	90.10		210.60
20—29.99	户数							
	亩数							
30—39.99	户数							
	亩数							
40—49.99	户数							
	亩数							
50—99.99	户数							
	亩数							
100—199.99	户数							
	亩数							
200—499.99	户数							
	亩数							
500亩以上	户数							
	亩数							
总计	户数				16	28	2	46
	亩数				162.50	199.60	2.75	364.85

浙江省崇德县(三)庵河村各类村户使用田亩面积各阶段分布表(民十七年)

田亩阶段＼村户类别		地主		富农	中农	贫农及雇农	其他	总计
		收租	经营					
不使用土地者	户数							
0.1—4.99亩	户数					5		5
	亩数					7.00		7.00
5—9.99	户数				13	13		26
	亩数				96.40	81.30		177.70
10—19.99	户数				12	5		17
	亩数				159.70	70.50		230.20
20—29.99	户数							
	亩数							
30—39.99	户数							
	亩数							
40—49.99	户数							
	亩数							
50—99.99	户数			1				1
	亩数			90.00				90.00
100—199.99	户数							
	亩数							
200—499.99	户数							
	亩数							
500亩以上	户数							
	亩数							
总计	户数			1	25	23		49
	亩数			90.00	256.10	158.80		504.90

浙江省崇德县(三)庵河村各类村户使用田亩面积各阶段分布表(民二十二年)

村户类别 田亩阶段		地主		富农	中农	贫农及雇农	其他	总计
		收租	经营					
不使用土地者	户数							
0.1—4.99亩	户数					6		6
	亩数					20.00		20.00
5—9.99	户数				10	17		27
	亩数				76.40	104.60		181.00
10—19.99	户数				9	7		16
	亩数				124.70	88.90		213.60
20—29.99	户数			1				1
	亩数			23.00				23.00
30—39.99	户数			1				1
	亩数			30.00				30.00
40—49.99	户数							
	亩数							
50—99.99	户数							
	亩数							
100—199.99	户数							
	亩数							
200—499.99	户数							
	亩数							
500亩以上	户数							
	亩数							
总计	户数			2	19	30		51
	亩数			53.00	201.10	213.50		467.60

浙江省崇德县(四)杨家庄各类村户使用田亩面积各阶段分布表(民十七年)

田亩阶段＼村户类别		地主		富农	中农	贫农及雇农	其他	总计
		收租	经营					
不使用土地者	户数					2	2	4
0.1—4.99亩	户数					2		2
	亩数					7.60		7.60
5—9.99	户数	4			2	12		18
	亩数	30.00			13.20	87.18		130.38
10—19.99	户数	1		1	2	8		12
	亩数	19.00		12.30	25.25	99.00		155.55
20—29.99	户数							
	亩数							
30—39.99	户数							
	亩数							
40—49.99	户数							
	亩数							
50—99.99	户数							
	亩数							
100—199.99	户数							
	亩数							
200—499.99	户数							
	亩数							
500亩以上	户数							
	亩数							
总计	户数	5		1	4	24	2	36
	亩数	49.00		12.30	38.45	193.78		293.53

浙江省崇德县(四)杨家庄各类村户使用田亩面积各阶段分布表(民二十二年)

田亩阶段 \ 村户类别		地主		富农	中农	贫农及雇农	其他	总计
		收租	经营					
不使用土地者	户数	1				2		3
0.1—4.99亩	户数					2	1	3
	亩数					7.60	1.00	8.60
5—9.99	户数	3			1	18		22
	亩数	21.00			5.00	131.45		157.45
10—19.99	户数	1		1	1	6		9
	亩数	19.00		13.00	13.00	75.00		119.30
20—29.99	户数							
	亩数							
30—39.99	户数							
	亩数							
40—49.99	户数							
	亩数							
50—99.99	户数							
	亩数							
100—199.99	户数							
	亩数							
200—499.99	户数							
	亩数							
500亩以上	户数							
	亩数							
总计	户数	5		1	2	28	1	37
	亩数	40.00		12.30	18.00	214.05	1.00	285.35

浙江省崇德县(五)果子园村各类村户使用田亩面积各阶段分布表(民十七年)

田亩阶段＼村户类别		地主		富农	中农	贫农及雇农	其他	总计
		收租	经营					
不使用土地者	户数					1	1	2
0.1—4.99亩	户数				1	8		9
	亩数				4.5	31.4		35.9
5—9.99	户数				6	9		15
	亩数				45.5	55.0		100.5
10—19.99	户数				2	2		4
	亩数				20.3	20.7		41.0
20—29.99	户数							
	亩数							
30—39.99	户数				1			1
	亩数				30.0			30.0
40—49.99	户数							
	亩数							
50—99.99	户数							
	亩数							
100—199.99	户数							
	亩数							
200—499.99	户数							
	亩数							
500亩以上	户数							
	亩数							
总计	户数				10	20	1	31
	亩数				100.3	107.1		207.4

浙江省崇德县(五)果子园村各类村户使用田亩面积各阶段分布表(民二十二年)

村户类别 田亩阶段		地主		富农	中农	贫农及雇农	其他	总计
		收租	经营					
不使用土地者	户数					1	1	2
0.1—4.99亩	户数					9		9
	亩数					34.9		34.9
5—9.99	户数				6	11		17
	亩数				45.5	68.0		113.5
10—19.99	户数				4	1		5
	亩数				49.3	10.2		59.5
20—29.99	户数							
	亩数							
30—39.99	户数							
	亩数							
40—49.99	户数							
	亩数							
50—99.99	户数							
	亩数							
100—199.99	户数							
	亩数							
200—499.99	户数							
	亩数							
500亩以上	户数							
	亩数							
总计	户数				10	22	1	33
	亩数				94.8	113.1		207.9

浙江省崇德县(六)姚家浜村各类村户使用田亩面积各阶段分布表(民十七年)

村户类别 / 田亩阶段		地主		富农	中农	贫农及雇农	其他	总计
		收租	经营					
不使用土地者	户数					2	1	3
0.1—4.99亩	户数					9		9
	亩数					25.8		25.8
5—9.99	户数				5	18		23
	亩数				33.20	137.95		171.15
10—19.99	户数				3	7		10
	亩数				34.6	81.0		115.6
20—29.99	户数				1	1		2
	亩数				27.0	23.1		50.1
30—39.99	户数							
	亩数							
40—49.99	户数							
	亩数							
50—99.99	户数							
	亩数							
100—199.99	户数							
	亩数							
200—499.99	户数							
	亩数							
500亩以上	户数							
	亩数							
总计	户数				9	37	1	47
	亩数				94.80	267.85		362.65

浙江省崇德县(六)姚家浜村各类村户使用田亩面积各阶段分布表(民二十二年)

田亩阶段＼村户类别		地主		富农	中农	贫农及雇农	其他	总计
		收租	经营					
不使用土地者	户数					2	1	3
0.1—4.99亩	户数					10		10
	亩数					29.7		29.7
5—9.99	户数				4	19		23
	亩数				28.1	139.4		167.5
10—19.99	户数				3	7		10
	亩数				34.6	87.9		122.5
20—29.99	户数				1	1		2
	亩数				27.0	20.1		47.1
30—39.99	户数							
	亩数							
40—49.99	户数							
	亩数							
50—99.99	户数							
	亩数							
100—199.99	户数							
	亩数							
200—499.99	户数							
	亩数							
500亩以上	户数							
	亩数							
总计	户数				8	93	1	48
	亩数				89.7	277.1		366.8

浙江省崇德县(七)白蕾里村各类村户使用田亩面积各阶段分布表(民十七年)

田亩阶段 \ 村户类别		地主		富农	中农	贫农及雇农	其他	总计
		收租	经营					
不使用土地者	户数						3	3
0.1—4.99 亩	户数					14		14
	亩数					28.3		28.3
5—9.99	户数				2	5		7
	亩数				16.0	31.6		17.6
10—19.99	户数				6	5		11
	亩数				87.0	62.0		149.0
20—29.99	户数				2			2
	亩数				46.0			46.0
30—39.99	户数							
	亩数							
40—49.99	户数							
	亩数							
50—99.99	户数							
	亩数							
100—199.99	户数							
	亩数							
200—499.99	户数							
	亩数							
500 亩以上	户数							
	亩数							
总计	户数				10	20	3	37
	亩数				149.0	121.9		270.9

浙江省崇德县(七)白蔷里村各类村户使用田亩面积各阶段分布表(民二十二年)

田亩阶段 \ 村户类别		地主		富农	中农	贫农及雇农	其他	总计
		收租	经营					
不使用土地者	户数						3	3
0.1—4.99 亩	户数					15		15
	亩数					31.3		31.3
5—9.99	户数				1	4		5
	亩数				8.0	23.1		31.1
10—19.99	户数				7	4		11
	亩数				94.8	42.5		137.3
20—29.99	户数				2	1		3
	亩数				46.0	20.0		66.0
30—39.99	户数							
	亩数							
40—49.99	户数							
	亩数							
50—99.99	户数							
	亩数							
100—199.99	户数							
	亩数							
200—499.99	户数							
	亩数							
500 亩以上	户数							
	亩数							
总计	户数				10	24	2	37
	亩数				148.8	116.9		265.7

浙江省崇德县(八)五圣堂村各类村户使用田亩面积各阶段分布表(民十七年)

村户类别 田亩阶段		地主		富农	中农	贫农及雇农	其他	总计
		收租	经营					
不使用土地者	户数						5	5
0.1—4.99亩	户数				1	13	4	18
	亩数				4.6	44.3	10.8	59.7
5—9.99	户数				10	18		28
	亩数				65.3	128.8		194.1
10—19.99	户数	4			3	7		14
	亩数	57.0			33.7	75.6		166.3
20—29.99	户数							
	亩数							
30—39.99	户数							
	亩数							
40—49.99	户数							
	亩数							
50—99.99	户数							
	亩数							
100—199.99	户数							
	亩数							
200—499.99	户数							
	亩数							
500亩以上	户数							
	亩数							
总计	户数	4			14	38	9	65
	亩数	57.0			103.6	248.7	10.8	420.1

浙江省崇德县(八)五圣堂村各类村户使用田亩面积各阶段分布表(民二十二年)

村户类别 / 田亩阶段		地主		富农	中农	贫农及雇农	其他	总计
		收租	经营					
不使用土地者	户数						5	5
0.1—4.99亩	户数				3	16	4	23
	亩数				12.6	51.9	9.8	74.3
5—9.99	户数				7	17		24
	亩数				50.7	125.0		175.7
10—19.99	户数	4			3	6		13
	亩数	57.0			33.7	65.4		156.1
20—29.99	户数							
	亩数							
30—39.99	户数							
	亩数							
40—49.99	户数							
	亩数							
50—99.99	户数							
	亩数							
100—199.99	户数							
	亩数							
200—499.99	户数							
	亩数							
500亩以上	户数							
	亩数							
总计	户数	4			13	39	9	65
	亩数	57.0			97.0	242.3	9.8	406.1

浙江省崇德县(九)桑园村各类村户使用田亩面积各阶段分布表(民十七年)

田亩阶段＼村户类别		地主 收租	地主 经营	富农	中农	贫农及雇农	其他	总计
不使用土地者	户数							
0.1—4.99亩	户数					9		9
	亩数					25.2		25.2
5—9.99	户数				5	16		21
	亩数				40.5	98.7		139.2
10—19.99	户数				5	5		10
	亩数				71.3	58.3		129.6
20—29.99	户数				2			2
	亩数				40.0			40.0
30—39.99	户数							
	亩数							
40—49.99	户数							
	亩数							
50—99.99	户数							
	亩数							
100—199.99	户数							
	亩数							
200—499.99	户数							
	亩数							
500亩以上	户数							
	亩数							
总计	户数				12	30		42
	亩数				151.8	182.2		334.0

浙江省崇德县(九)桑园村各类村户使用田亩面积各阶段分布表(民二十二年)

田亩阶段＼村户类别		地主 收租	地主 经营	富农	中农	贫农及雇农	其他	总计
不使用土地者	户数							
0.1—4.99 亩	户数					10		10
	亩数					28.7		29.7
5—9.99	户数				3	22		25
	亩数				24.0	142.7		166.7
10—19.99	户数				4	5		9
	亩数				62.6	61.3		123.9
20—29.99	户数				1			1
	亩数				20.0			20.0
30—39.99	户数							
	亩数							
40—49.99	户数							
	亩数							
50—99.99	户数							
	亩数							
100—199.99	户数							
	亩数							
200—499.99	户数							
	亩数							
500 亩以上	户数							
	亩数							
总计	户数				8	37		45
	亩数				106.6	232.7		339.3

浙江省崇德县九村村户人口统计表(民二十二年)

每家人口	地主		富农		中农		贫农及雇农		其他		户数总计	人口总计
	户数	人口	户数	人口	户数	人口	户数	人口	户数	人口		
1					3	3	10	10	10	10	23	23
2	1	2			4	8	24	48	1	2	30	60
3					19	57	54	162	3	9	76	228
4	1	4			19	76	62	248	1	4	83	332
5	1	5			17	85	49	245	1	5	68	340
6			2	12	20	120	41	246	2	12	65	390
7	4	28			4	28	12	84			20	140
8			1	8	3	24	12	96			16	128
9					1	9	4	36			5	45
10					5	50					5	50
11					2	22	1	11			3	33
12	1	12			1	12	2	24			4	48
13												
14												
15 以上	1	15									1	15
总计	9	66	3	20	98	494	271	1216	18	42	399	1832
平均数	7.33		6.66		5.04		4.49		2.33		4.59	

浙江省崇德县八村口号亩数折合公亩表

村名	口号亩数	合公亩数	单位口号亩＝公亩数
甲子埭	0.4	2.834	7.085
陈家村	1.3	8.820	6.784
庵河	2.5	15.425	6.170
杨家庄	1.1	5.096	4.633
姚家浜	2.8	12.692	4.533
五圣堂	1.5	7.423	4.949
桑园	0.7	4.872	6.960
白蔷里	3.4	15.464	4.548
平均	—	—	5.708

四、永嘉县

浙江省永嘉县(1)澄田村总表(民十七年)

村户类别		户数	人口数	有工作能力的人数	参加田间工作的人数	出外工作的人数	所有田亩数	使用田亩数	出租田亩数	租进田亩数
地主	收租	2	17			3	129	14	115	
	经营									
富农										
中农										
贫农及雇农		48	189	126	66	7	98	220	67	189
其他		12	37	23		6	3.5	3.5		
总计		62	243	149	66	16	230.5	237.5	182	189

浙江省永嘉县(1)澄田村总表(民二十二年)

村户类别		户数	人口数	有工作能力的人数	参加田间工作的人数	出外工作的人数	所有田亩数	使用田亩数	出租田亩数	租进田亩数
地主	收租	2	22			3	129	14	115	
	经营									
富农										
中农										
贫农及雇农		48	220	128	67	7	98	220.5	67	189.5
其他		12	39	26		6		3.5		3.5
总计		62	281	154	67	16	227	238	182	193

浙江省永嘉县(2)霞碧村总表(民十七年)

村户类别		户数	人口数	有工作能力的人数	参加田间工作的人数	出外工作的人数	所有田亩数	使用田亩数	出租田亩数	租进田亩数
地主	收租									
	经营									
富农		1	5	5	2		28.6	28.6		
中农		4	16	12	6		46	65		19

续表

村户类别	户数	人口数	有工作能力的人数	参加田间工作的人数	出外工作的人数	所有田亩数	使用田亩数	出租田亩数	租进田亩数
贫农及雇农	40	186	73	60	1	108.75	273.1		164.35
其他	1	5	3		1				
总计	46	212	93	68	2	183.35	366.7		183.35

浙注省永嘉县(2)霞碧村总表(民二十二年)

村户类别		户数	人口数	有工作能力的人数	参加田间工作的人数	出外工作的人数	所有田亩数	使用田亩数	出租田亩数	租进田亩数
地主	收租									
	经营									
富农		1	7	5	2		28.6	28.6		
中农		3	11	10	5		25	44		19
贫农及雇农		46	192	78	60	3	114.75	259.8	4	149.08
其他		1	5	3		2				
总计		51	215	96	67	5	168.35	332.4	4	168.08

浙江省永嘉县(3)徐家湾村总表(民十七年)

村户类别		户数	人口数	有工作能力的人数	参加田间工作的人数	出外工作的人数	所有田亩数	使用田亩数	出租田亩数	租进田亩数
地主	收租									
	经营									
富农										
中农										
贫农及雇农		29	94	49	29	6	27.7	53.9		26.2
其他		14	40	23	8	8		6.25		6.26
总计		43	134	72	37	14	27.7	60.15		32.45

浙江省永嘉县(3)徐家湾村总表(民二十二年)

村户类别		户数	人口数	有工作能力的人数	参加田间工作的人数	出外工作的人数	所有田亩数	使用田亩数	出租田亩数	租进田亩数
地主	收租									
	经营									
富农										
中农										
贫农及雇农		31	112	48	30	7	25.7	63.9		38.2
其他		15	51	24	8	8		7.25		7.25
总计		46	163	72	38	15	25.7	71.15		45.45

浙江省永嘉县(4)朱涂村总表(民十七年)

村户类别		户数	人口数	有工作能力的人数	参加田间工作的人数	出外工作的人数	所有田亩数	使用田亩数	出租田亩数	租进田亩数
地主	收租	2	26			1	140	74	146	80
	经营									
富农										
中农		2	11	6	3	1	18	15	10	7
贫农及雇农		32	144	87	42	5	67	125	36	94
其他		13	50	28	2	9	4	12.5		8.5
总计		49	231	121	47	16	229	226.5	192	189.5

浙江省永嘉县(4)朱涂村总表(民二十二年)

村户类别		户数	人口数	有工作能力的人数	参加田间工作的人数	出外工作的人数	所有田亩数	使用田亩数	出租田亩数	租进田亩数
地主	收租	2	25			1	132	74	136	78
	经营									
富农										
中农		2	13	8	5	1	18	15	10	7
贫农及雇农		33	151	92	43	6	75	126	44	95
其他		14	61	34	3	11	1	8		7
总计		51	250	134	51	19	226	223	190	187

浙江省永嘉县(5)葡萄棚村总表(民十七年)

村户类别		户数	人口数	有工作能力的人数	参加田间工作的人数	出外工作的人数	所有田亩数	使用田亩数	出租田亩数	租进田亩数
地主	收租									
	经营									
富农		1	3	2	1	1	38	27	11	
中农		12	83	51	27	4	106	310		204
贫农及雇农		32	141	72	37	4	25	232		207
其他		2	2	1						
总计		47	229	126	65	9	169	569	11	411

浙江省永嘉县(5)葡萄棚村总表(民二十二年)

村户类别		户数	人口数	有工作能力的人数	参加田间工作的人数	出外工作的人数	所有田亩数	使用田亩数	出租田亩数	租进田亩数
地主	收租									
	经营									
富农		1	4	4	1	1	38	27	11	
中农		12	89	57	28	4	106	310		204
贫农及雇农		32	143	75	39	3	25	232		207
其他		2	2	1						
总计		47	238	137	68	8	169	569	11	411

浙江省永嘉县(6)沙村总表(民十七年)

村户类别		户数	人口数	有工作能力的人数	参加田间工作的人数	出外工作的人数	所有田亩数	使用田亩数	出租田亩数	租进田亩数
地主	收租									
	经营									
富农		1	6	6	3		34	24	10	
中农		1	4	4	2		10.5	10.5		
贫农及雇农		32	142	87	45	6	54.4	139	3	87.6
其他										
总计		34	152	97	50	6	98.9	173.5	13	87.6

浙江省永嘉县(6)沙村总表(民二十二年)

村户类别		户数	人口数	有工作能力的人数	参加田间工作的人数	出外工作的人数	所有田亩数	使用田亩数	出租田亩数	租进田亩数
地主	收租									
	经营									
富农		1	8	6	3		34	24	10	
中农		1	3	3	2		10.5	10.5		
贫农及雇农		33	153	95	43	6	57.8	146.1	3	91.3
其他										
总计		35	164	104	48	6	102.3	180.6	13	91.3

浙江省永嘉县澄田村各类村户所有田亩面积各阶段分布表(民十七年)

村户类别 田亩阶段		地主		富农	中农	贫农及雇农	其他	总计
		收租	经营					
无土地者	户数					16	11	27
0.1—4.99亩	户数					26		26
	亩数					46		46
5—9.99	户数					4	1	5
	亩数					29	3.5	32.5
10—19.99	户数					2		2
	亩数					23		23
20—29.99	户数	1						1
	亩数	29						29
30—39.99	户数							
	亩数							
40—49.99	户数							
	亩数							
50—99.99	户数							
	亩数							
100—199.99	户数	1						1
	亩数	100						100

续表

田亩阶段＼村户类别		地主 收租	地主 经营	富农	中农	贫农及雇农	其他	总计
200—499.99	户数							
	亩数							
500亩以上	户数							
	亩数							
总计	户数	2				48	12	62
	亩数	129				98	3.5	230.5

浙江省永嘉县澄田村各类村户所有田亩面积各阶段分布表(民二十二年)

田亩阶段＼村户类别		地主 收租	地主 经营	富农	中农	贫农及雇农	其他	总计
无土地者	户数					16	12	28
0.1—4.99亩	户数					26		26
	亩数					46		46
5—9.99	户数					4		4
	亩数					29		29
10—19.99	户数					2		2
	亩数					23		23
20—29.99	户数	1						1
	亩数	29						29
30—39.99	户数							
	亩数							
40—49.99	户数							
	亩数							
50—99.99	户数							
	亩数							
100—199.99	户数	1						1
	亩数	100						100
200—499.99	户数							
	亩数							

续表

田亩阶段＼村户类别		地主		富农	中农	贫农及雇农	其他	总计
		收租	经营					
500亩以上	户数							
	亩数							
总计	户数	2				48	12	62
	亩数	129				98		227

浙江省永嘉县霞碧村各类村户所有田亩面积各阶段分布表(民十七年)

田亩阶段＼村户类别		地主		富农	中农	贫农及雇农	其他	总计
		收租	经营					
无土地者	户数					10	1	11
0.1—4.99亩	户数				1	22		23
	亩数				1	45.9		45.9
5—9.99	户数					6		6
	亩数					36.85		36.85
10—19.99	户数				2	2		4
	亩数				25	26		51
20—29.99	户数			1	1			2
	亩数			28.6	20			48.6
30—39.99	户数							
	亩数							
40—49.99	户数							
	亩数							
50—99.99	户数							
	亩数							
100—199.99	户数							
	亩数							
200—499.99	户数							
	亩数							
500亩以上	户数							
	亩数							

续表

田亩阶段＼村户类别		地主 收租	地主 经营	富农	中农	贫农及雇农	其他	总计
总计	户数			1	4	40	1	46
	亩数			28.6	46	108.75		183.35

浙江省永嘉县霞碧村各类村户所有田亩面积各阶段分布表(民二十二年)

田亩阶段＼村户类别		地主		富农	中农	贫农及雇农	其他	总计
		收租	经营					
无土地者	户数					11	1	12
0.1—4.99亩	户数				1	27		28
	亩数				1	51.9		52.9
5—9.99	户数					6		6
	亩数					36.85		36.85
10—19.99	户数				2	2		4
	亩数				24	26		50
20—29.99	户数			1				1
	亩数			28.6				28.6
30—39.99	户数							
	亩数							
40—49.99	户数							
	亩数							
50—99.99	户数							
	亩数							
100—199.99	户数							
	亩数							
200—499.99	户数							
	亩数							
500亩以上	户数							
	亩数							
总计	户数			1	3	46	1	51
	亩数			28.6	25	114.75		168.35

浙江省永嘉县徐家湾村各类村户所有田亩面积各阶段分布表(民十七年)

田亩阶段＼村户类别		地主 收租	地主 经营	富农	中农	贫农及雇农	其他	总计
无土地者	户数					14	14	28
0.1—4.99亩	户数					15		15
	亩数					27.7		27.7
5—9.99	户数							
	亩数							
10—19.99	户数							
	亩数							
20—29.99	户数							
	亩数							
30—39.99	户数							
	亩数							
40—49.99	户数							
	亩数							
50—99.99	户数							
	亩数							
100—199.99	户数							
	亩数							
200—499.99	户数							
	亩数							
500亩以上	户数							
	亩数							
总计	户数					29	14	43
	亩数					27.7		27.7

浙江省永嘉县徐家湾村各类村户所有田亩面积各阶段分布表(民二十二年)

田亩阶段＼村户类别		地主		富农	中农	贫农及雇农	其他	总计
		收租	经营					
无土地者	户数					14	15	29
0.1—4.99 亩	户数					17		17
	亩数					25.7		25.7
5—9.99	户数							
	亩数							
10—19.99	户数							
	亩数							
20—29.99	户数							
	亩数							
30—39.99	户数							
	亩数							
40—49.99	户数							
	亩数							
50—99.99	户数							
	亩数							
100—199.99	户数							
	亩数							
200—499.99	户数							
	亩数							
500 亩以上	户数							
	亩数							
总计	户数					31	15	46
	亩数					25.7		25.7

浙江省永嘉县朱涂村各类村户所有田亩面积各阶段分布表(民十七年)

村户类别 / 田亩阶段		地主		富农	中农	贫农及雇农	其他	总计
		收租	经营					
无土地者	户数					12	11	23
0.1—4.99亩	户数					14	2	16
	亩数					28	4	32
5—9.99	户数				1	6		7
	亩数				8	39		47
10—19.99	户数				1			1
	亩数				10			10
20—29.99	户数	1						1
	亩数	24						24
30—39.99	户数							
	亩数							
40—49.99	户数							
	亩数							
50—99.99	户数							
	亩数							
100—199.99	户数	1						1
	亩数	116						116
200—499.99	户数							
	亩数							
500亩以上	户数							
	亩数							
总计	户数	2			2	32	13	49
	亩数	140			18	67	4	229

浙江省永嘉县朱涂村各类村户所有田亩面积各阶段分布表(民二十二年)

村户类别 田亩阶段		地主		富农	中农	贫农及雇农	其他	总计
		收租	经营					
无土地者	户数					12	13	25
0.1—4.99亩	户数					14	1	15
	亩数					28	1	29
5—9.99	户数				1	7		8
	亩数				8	47		55
10—19.99	户数	1			1			2
	亩数	16			10			26
20—29.99	户数							
	亩数							
30—39.99	户数							
	亩数							
40—49.99	户数							
	亩数							
50—99.99	户数							
	亩数							
100—199.99	户数	1						1
	亩数	116						116
200—499.99	户数							
	亩数							
500亩以上	户数							
	亩数							
总计	户数	2			2	33	14	51
	亩数	132			18	75	1	226

浙江省永嘉县葡萄棚村各类村户所有田亩面积各阶段分布表(民十七年)

田亩阶段＼村户类别		地主		富农	中农	贫农及雇农	其他	总计
		收租	经营					
无土地者	户数				2	24	2	28
0.1—4.99亩	户数				2	6		8
	亩数				6	15		21
5—9.99	户数				3	2		5
	亩数				16	10		26
10—19.99	户数				4			4
	亩数				63			63
20—29.99	户数				1			1
	亩数				21			21
30—39.99	户数			1				1
	亩数			38				38
40—49.99	户数							
	亩数							
50—99.99	户数							
	亩数							
100—199.99	户数							
	亩数							
200—499.99	户数							
	亩数							
500亩以上	户数							
	亩数							
总计	户数			1	12	32	2	47
	亩数			38	106	25		169

浙江省永嘉县葡萄棚村各类村户所有田亩面积各阶段分布表(民二十二年)

田亩阶段＼村户类别		地主		富农	中农	贫农及雇农	其他	总计
		收租	经营					
无土地者	户数				2	24	2	28
0.1—4.99亩	户数				2	6		8
	亩数				6	15		21
5—9.99	户数				3	2		5
	亩数				16	10		26
10—19.99	户数				4			4
	亩数				63			63
20—29.99	户数				1			1
	亩数				21			21
30—39.99	户数			1				1
	亩数			38				38
40—49.99	户数							
	亩数							
50—99.99	户数							
	亩数							
100—199.99	户数							
	亩数							
200—499.99	户数							
	亩数							
500亩以上	户数							
	亩数							
总计	户数			1	12	32	2	47
	亩数			38	106	25		169

浙江省永嘉县沙村各类村户所有田亩面积各阶段分布表(民十七年)

田亩阶段＼村户类别		地主		富农	中农	贫农及雇农	其他	总计
		收租	经营					
无土地者	户数					18		18
0.1—4.99亩	户数					10		10
	亩数					27.5		27.5
5—9.99	户数					4		4
	亩数					26.9		26.9
10—19.99	户数				1			1
	亩数				10.5			10.5
20—29.99	户数							
	亩数							
30—39.99	户数			1				1
	亩数			34				34
40—49.99	户数							
	亩数							
50—99.99	户数							
	亩数							
100—199.99	户数							
	亩数							
200—499.99	户数							
	亩数							
500亩以上	户数							
	亩数							
总计	户数			1	1	32		34
	亩数			34	10.5	54.4		98.9

浙江省永嘉县徐家湾村各类村户所有田亩增减表

村户类别		民十七	民二十二	增减原因						
				卖出	买进	典出	典进	赎去	赎回	其他
地主	收租									
	经营									
富农										
中农										
贫农及雇农		27.7	25.7	2						
其他										
总计		27.7	25.7	2						

浙江省永嘉县朱涂村各类村户所有田亩增减表

村户类别		民十七	民二十二	增减原因						
				卖出	买进	典出	典进	赎去	赎回	其他
地主	收租	140	132							因分家减少 8 亩
	经营									
富农										
中农		18	18							
贫农及雇农		67	75							由中农分家分入增加 8 亩
其他		4	1	3						
总计		229	226	3						

浙江省永嘉县葡萄棚村各类村户所有田亩增减表

村户类别		民十七	民二十二	增减原因						
				卖出	买进	典出	典进	赎去	赎回	其他
地主	收租									
	经营									
富农		38	38							
中农		106	106							
贫农及雇农		25	25							
其他										
总计		169	169							

浙江省永嘉县沙村各类村户所有田亩增减表

村户类别		民十七	民二十二	增减原因						
				卖出	买进	典出	典进	赎去	赎回	其他
地主	收租									
	经营									
富农		34	34							
中农		10.5	10.5							
贫农及雇农		54.4	57.8		5.4	2				
其他										
总计		98.9	102.3	3.4	5.4	2				

浙江省永嘉县徐家湾村各类村户所有田亩增减表

村户类别		民十七	民二十二	增减原因						
				卖出	买进	典出	典进	赎去	赎回	其他
地主	收租									
	经营									
富农										
中农										
贫农及雇农										
其他										
总计										

浙江省永嘉县澄田村各类村户使用田亩面积各阶段分布表(民十七年)

村户类别 田亩阶段		地主		富农	中农	贫农及雇农	其他	总计
		收租	经营					
无土地者	户数						11	11
0.1—4.99亩	户数	1				30	1	32
	亩数	4				101	3.5	108.5
5—9.99	户数					15		15
	亩数					89		89
10—19.99	户数	1				3		4
	亩数	10				30		40

续表

村户类别 田亩阶段		地主		富农	中农	贫农及雇农	其他	总计
		收租	经营					
20—29.99	户数							
	亩数							
30—39.99	户数							
	亩数							
40—49.99	户数							
	亩数							
50—99.99	户数							
	亩数							
100—199.99	户数							
	亩数							
200—499.99	户数							
	亩数							
500亩以上	户数							
	亩数							
总计	户数	2				48	12	62
	亩数	14				220	3.5	237.5

浙江省永嘉县澄田村各类村户使用田亩面积各阶段分布表(民二十二年)

村户类别 田亩阶段		地主		富农	中农	贫农及雇农	其他	总计
		收租	经营					
不使用土地者	户数					1	11	12
0.1—4.99亩	户数	1				28	1	30
	亩数	4				95.5	3.5	103
5—9.99	户数					16		16
	亩数					95		95
10—19.99	户数	1				3		4
	亩数	10				30		40
20—29.99	户数							
	亩数							

续表

村户类别 / 田亩阶段		地主		富农	中农	贫农及雇农	其他	总计
		收租	经营					
30—39.99	户数							
	亩数							
40—49.99	户数							
	亩数							
50—99.99	户数							
	亩数							
100—199.99	户数							
	亩数							
200—499.99	户数							
	亩数							
500亩以上	户数							
	亩数							
总计	户数	2				48	12	62
	亩数	14				220.5	3.5	238

浙江省永嘉县霞碧村各类村户使用田亩面积各阶段分布表(民十七年)

村户类别 / 田亩阶段		地主		富农	中农	贫农及雇农	其他	总计
		收租	经营					
不使用土地者	户数					1	1	2
0.1—4.99亩	户数					12		12
	亩数					26.7		26.7
5—9.99	户数					14		14
	亩数					80.35		80.35
10—19.99	户数				2	12		14
	亩数				25	145.05		170.05
20—29.99	户数			1	2	1		4
	亩数			28.6	40	21		89.6
30—39.99	户数							
	亩数							

续表

村户类别 / 田亩阶段		地主		富农	中农	贫农及雇农	其他	总计
		收租	经营					
40—49.99	户数							
	亩数							
50—99.99	户数							
	亩数							
100—199.99	户数							
	亩数							
200—499.99	户数							
	亩数							
500亩以上	户数							
	亩数							
总计	户数			1	4	40	1	16
	亩数			28.6	65	273.1		366.7

浙江省永嘉县霞碧村各类村户使用田亩面积各阶段分布表(民二十二年)

村户类别 / 田亩阶段		地主		富农	中农	贫农及雇农	其他	总计
		收租	经营					
不使用土地者	户数					1	1	2
0.1—4.99亩	户数					17		17
	亩数					40.2		40.2
5—9.99	户数					20		20
	亩数					117.5		117.5
10—19.99	户数				2	7		9
	亩数				24	81.1		105.1
20—29.99	户数			1	1	1		3
	亩数			28.6	20	21		69.6
30—39.99	户数							
	亩数							
40—49.99	户数							
	亩数							

续表

村户类别 田亩阶段		地主		富农	中农	贫农及雇农	其他	总计
		收租	经营					
50—99.99	户数							
	亩数							
100—199.99	户数							
	亩数							
200—499.99	户数							
	亩数							
500亩以上	户数							
	亩数							
总计	户数			1	3	46	1	51
	亩数			28.6	44	259.8		332.4

浙江省永嘉县徐家湾村各类村户使用田亩面积各阶段分布表(民十七年)

村户类别 田亩阶段		地主		富农	中农	贫农及雇农	其他	总计
		收租	经营					
不使用土地者	户数					7	9	16
0.1—4.99亩	户数					18	5	23
	亩数					30.4	6.25	36.65
5—9.99	户数					4		4
	亩数					23.5		23.5
10—19.99	户数							
	亩数							
20—29.99	户数							
	亩数							
30—39.99	户数							
	亩数							
40—49.99	户数							
	亩数							
50—99.99	户数							
	亩数							

续表

村户类别 田亩阶段		地主		富农	中农	贫农及雇农	其他	总计
		收租	经营					
100—199.99	户数							
	亩数							
200—499.99	户数							
	亩数							
500亩以上	户数							
	亩数							
总计	户数					29	14	43
	亩数					53.9	6.25	60.15

浙江省永嘉县徐家湾村各类村户使用田亩面积各阶段分布表(民二十二年)

村户类别 田亩阶段		地主		富农	中农	贫农及雇农	其他	总计
		收租	经营					
不使用土地者	户数					3	9	12
0.1—4.99亩	户数					25	6	31
	亩数					47.9	7.25	55.15
5—9.99	户数					3		3
	亩数					16		16
10—19.99	户数							
	亩数							
20—29.99	户数							
	亩数							
30—39.99	户数							
	亩数							
40—49.99	户数							
	亩数							
50—99.99	户数							
	亩数							
100—199.99	户数							
	亩数							

续表

田亩阶段＼村户类别		地主（收租）	地主（经营）	富农	中农	贫农及雇农	其他	总计
200—499.99	户数							
	亩数							
500亩以上	户数							
	亩数							
总计	户数					31	15	46
	亩数					63.9	7.25	71.15

浙江省永嘉县朱涂村各类村户使用田亩面积各阶段分布表(民十七年)

田亩阶段＼村户类别		地主（收租）	地主（经营）	富农	中农	贫农及雇农	其他	总计
不使用土地者	户数	1				3	8	12
0.1—4.99亩	户数					21	5	26
	亩数					60	12.5	72.5
5—9.99	户数				1	7		8
	亩数				5	53		58
10—19.99	户数				1	1		2
	亩数				10	12		22
20—29.99	户数							
	亩数							
30—39.99	户数							
	亩数							
40—49.99	户数							
	亩数							
50—99.99	户数	1						1
	亩数	74						74
100—199.99	户数							
	亩数							
200—499.99	户数							
	亩数							

续表

田亩阶段 \ 村户类别		地主 收租	地主 经营	富农	中农	贫农及雇农	其他	总计
500亩以上	户数							
	亩数							
总计	户数	2			2	32	13	49
	亩数	74			15	125	12.5	226.5

浙江省永嘉县朱涂村各类村户使用田亩面积各阶段分布表(民二十二年)

田亩阶段 \ 村户类别		地主 收租	地主 经营	富农	中农	贫农及雇农	其他	总计
不使用土地者	户数	1				3	11	15
0.1—4.99亩	户数					22	3	25
	亩数					61	8	69
5—9.99	户数				1	7		8
	亩数				5	53		58
10—19.99	户数				1	1		2
	亩数				10	12		22
20—29.99	户数							
	亩数							
30—39.99	户数							
	亩数							
40—49.99	户数							
	亩数							
50—99.99	户数	1						1
	亩数	74						74
100—199.99	户数							
	亩数							
200—499.99	户数							
	亩数							
500亩以上	户数							
	亩数							

续表

田亩阶段＼村户类别		地主：收租	地主：经营	富农	中农	贫农及雇农	其他	总计
总计	户数	2			2	33	14	51
	亩数	74			15	126	8	223

浙江省永嘉县葡萄棚村各类村户使用田亩面积各阶段分布表(民十七年)

田亩阶段＼村户类别		地主：收租	地主：经营	富农	中农	贫农及雇农	其他	总计
不使用土地者	户数						2	2
0.1—4.99亩	户数					7		7
	亩数					21		21
5—9.99	户数					17		17
	亩数					109		109
10—19.99	户数				4	8		12
	亩数				61	102		163
20—29.99	户数			1	4			5
	亩数			27	89			116
30—39.99	户数				2			2
	亩数				62			62
40—49.99	户数				1			1
	亩数				48			48
50—99.99	户数				1			1
	亩数				50			50
100—199.99	户数							
	亩数							
200—499.99	户数							
	亩数							
500亩以上	户数							
	亩数							
总计	户数			1	12	32	2	47
	亩数			27	310	232		569

浙江省永嘉县葡萄棚村各类村户使用田亩面积各阶段分布表(民二十二年)

田亩阶段＼村户类别		地主		富农	中农	贫农及雇农	其他	总计
		收租	经营					
不使用土地者	户数						2	2
0.1—4.99亩	户数					7		7
	亩数					21		21
5—9.99	户数					17		17
	亩数					109		109
10—19.99	户数				4	8		12
	亩数				61	102		163
20—29.99	户数			1	4			5
	亩数			27	89			116
30—39.99	户数				2			2
	亩数				62			62
40—49.99	户数				1			1
	亩数				48			48
50—99.99	户数				1			1
	亩数				50			50
100—199.99	户数							
	亩数							
200—499.99	户数							
	亩数							
500亩以上	户数							
	亩数							
总计	户数			1	12	32	2	47
	亩数			27	310	232		569

浙江省永嘉县沙村各类村户使用田亩面积各阶段分布表(民十七年)

村户类别 / 田亩阶段		地主		富农	中农	贫农及雇农	其他	总计
		收租	经营					
不使用土地者	户数					1		1
0.1—4.99 亩	户数					18		18
	亩数					44.6		44.6
5—9.99	户数					12		12
	亩数					83.4		83.4
10—19.99	户数				1	1		2
	亩数				10.5	11		21.5
20—29.99	户数			1				1
	亩数			24				24
30—39.99	户数							
	亩数							
40—49.99	户数							
	亩数							
50—99.99	户数							
	亩数							
100—199.99	户数							
	亩数							
200—499.99	户数							
	亩数							
500 亩以上	户数							
	亩数							
总计	户数			1	1	32		34
	亩数			24	10.5	139		173.5

浙江省永嘉县沙村各类村户使用田亩面积各阶段分布表(民二十二年)

田亩阶段＼村户类别		地主		富农	中农	贫农及雇农	其他	总计
		收租	经营					
不使用土地者	户数					1		1
0.1—4.99亩	户数					19		19
	亩数					44.3		44.3
5—9.99	户数					11		11
	亩数					80.4		80.4
10—19.99	户数				1	2		3
	亩数				10.5	21.4		31.9
20—29.99	户数			1				1
	亩数			24				24
30—39.99	户数							
	亩数							
40—49.99	户数							
	亩数							
50—99.99	户数							
	亩数							
100—199.99	户数							
	亩数							
200—499.99	户数							
	亩数							
500亩以上	户数							
	亩数							
总计	户数			1	1	33		35
	亩数			24	10.5	146.1		180.6

浙江省永嘉县村户人口统计表(民二十二年)

每家人口	地主		富农		中农		贫农		雇农		其他		户数总计	人口总计
	户数	人口	户数	人口	户数	人口	户数	人口	户数	人口	户数	人口		
1							5	5	2	2	6	6	13	13
2	1	2					30	60	4	8	5	10	40	80
3					4	12	36	108	2	6	12	36	54	162
4			1	4	3	12	49	196	1	4	10	40	64	256
5					1	5	34	170	2	10	6	30	43	215
6					2	12	32	192			2	12	36	216
7			1	7	1	7	14	98			1	7	17	119
8			1	8	3	24	4	32			1	8	9	72
9					2	18	5	45			1	9	8	72
10	1	10											1	10
11							1	11					1	11
12	1	12					2	24					3	36
13					2	26							2	26
14														
15 以上	1	23											1	23
总计	4	47	3	19	18	116	212	941	11	30	44	158	292	1311
平均数	11.75		6.33		6.44		4.44		2.72		3.58		4.48	

五、兰溪县

浙江省兰溪县(2)新桥路村总表(民十七年)

村户类别		户数	人口数	有工作能力的人数	参加田间工作的人数	出外工作的人数	所有田亩数	使用田亩数	出租田亩数	租进田亩数
地主	收租									
	经营									
富农		3	29	5	5		104	87	17	
中农		13	54	40	23	3	111	162.5		51.25
贫农及雇农		22	88	57	29	7	56.75	145		88.25
其他		5	22	14	1	7	4.25	3	3.75	7.5
总计										

浙江省兰溪县(2)新桥路村总表(民二十二年)

村户类别		户数	人口数	有工作能力的人数	参加田间工作的人数	出外工作的人数	所有田亩数	使用田亩数	出租田亩数	租进田亩数
地主	收租									
	经营									
富农		3	30	16	7	2	104	87	17	
中农		12	67	44	22	3	106	152.25		46.25
贫农及雇农		23	113	60	31	7	61.75	155		
其他		5	25	13	1	7	4.25	8	3.75	7.5
总计										

浙江省兰溪县(1)皂洞村总表(民十七年)

村户类别		户数	人口数	有工作能力的人数	参加田间工作的人数	出外工作的人数	所有田亩数	使用田亩数	出租田亩数	租进田亩数
地主	收租									
	经营									
富农		3	38	22	9	1	64.75	102.5	64.75	102.5
中农		9	45	12	12	2	45.70	173.2	27.75	165.25
贫农及雇农		19	101	44	28	4	15.18	271.02	8.88	264.72
其他		1	6	4		1	1.75		1.75	
总计										

浙江省兰溪县(1)皂洞村总表(民二十二年)

村户类别		户数	人口数	有工作能力的人数	参加田间工作的人数	出外工作的人数	所有田亩数	使用田亩数	出租田亩数	租进田亩数
地主	收租									
	经营									
富农		3	39	22	9	1	64.75	102.5	64.75	102.5
中农		8	43	18	12	1	35.45	173.2	32.5	145.75
贫农及雇农		25	131	60	36	5	16.63	319.32	14.13	316.82
其他		1	2	2			1.75		1.75	
总计										

浙江省兰溪县新桥路村各类村户所有田亩面积各阶段分布表(民十七年)

村户类别 田亩阶段		地主		富农	中农	贫农及雇农	其他	总计
		收租	经营					
无土地者	户数					3	3	6
0.1—4.99亩	户数				1	14	2	17
	亩数				2.5	24.25	4.25	31
5—9.99	户数				7	5		12
	亩数				46.5	32.5		79
10—19.99	户数			1	5			6
	亩数			18	62			80
20—29.99	户数							
	亩数							
30—39.99	户数							
	亩数							
40—49.99	户数			2				2
	亩数			86				86
50—99.99	户数							
	亩数							
100—199.99	户数							
	亩数							
200—499.99	户数							
	亩数							
500亩以上	户数							
	亩数							
总计	户数			3	13	22	5	43
	亩数			104	111	56.75	4.25	276

浙江省兰溪县新桥路村各类村户所有田亩面积各阶段分布表(民二十二年)

田亩阶段＼村户类别		地主		富农	中农	贫农及雇农	其他	总计
		收租	经营					
无土地者	户数					3	3	6
0.1—4.99亩	户数				1	14	2	17
	亩数				2.5	24.25	4.25	31
5—9.99	户数				6	6		12
	亩数				41.5	37.5		79
10—19.99	户数			1	5			6
	亩数			18	62			80
20—29.99	户数							
	亩数							
30—39.99	户数							
	亩数							
40—49.99	户数			2				2
	亩数			86				86
50—99.99	户数							
	亩数							
100—199.99	户数							
	亩数							
200—499.99	户数							
	亩数							
500亩以上	户数							
	亩数							
总计	户数			3	12	23	5	43
	亩数			104	106	61.75	4.25	276

浙江省兰溪县皂洞村各类村户所有田亩面积各阶段分布表(民十七年)

田亩阶段＼村户类别		地主		富农	中农	贫农及雇农	其他	总计
		收租	经营					
无土地者	户数				2	14		16
0.1—4.99亩	户数				1	4	1	6
	亩数				2.2	9.8	1.75	13.75
5—9.99	户数			2	4	1		7
	亩数			14.75	23.5	5.38		43.63
10—19.99	户数				2			2
	亩数				20			20
20—29.99	户数							
	亩数							
30—39.99	户数							
	亩数							
40—49.99	户数							
	亩数							
50—99.99	户数			1				1
	亩数			50				50
100—199.99	户数							
	亩数							
200—499.99	户数							
	亩数							
500亩以上	户数							
	亩数							
总计	户数			3	9	19	1	32
	亩数			64.75	45.7	15.18	1.75	127.38

浙江省兰溪县皂洞村各类村户所有田亩面积各阶段分布表(民二十二年)

田亩阶段＼村户类别		地主		富农	中农	贫农及雇农	其他	总计
		收租	经营					
无土地者	户数				2	20		22
0.1—4.99 亩	户数				2	3	1	6
	亩数				2.95	6	1.75	10.7
5—9.99	户数			2	2	2		6
	亩数			14.75	12.5	10.63		37.88
10—19.99	户数				2			2
	亩数				20			20
20—29.99	户数							
	亩数							
30—39.99	户数							
	亩数							
40—49.99	户数							
	亩数							
50—99.99	户数			1				1
	亩数			50				50
100—199.99	户数							
	亩数							
200—499.99	户数							
	亩数							
500 亩以上	户数							
	亩数							
总计	户数			3	8	25	1	37
	亩数			64.75	35.45	16.63	1.75	118.58

浙江省兰溪县新桥路村各类村户所有田亩增减表

村户类别		民十七	民二十二	增减原因						
				卖出	买进	典出	典进	赎去	赎回	其他
地主	收租									
	经营									
富农		104	104							
中农		111	106							中农变贫农－5
贫农及雇农		56.75	61.75							中农变贫农＋5
其他		4.25	4.25							
总计		276	276							

浙江省兰溪县皂洞村各类村户所有田亩增减表

村户类别		民十七	民二十二	增减原因						
				卖出	买进	典出	典进	赎去	赎回	其他
地主	收租									
	经营									
富农		64.75	64.75							
中农		45.7	35.45			－5				中农变贫农－5.25
贫农及雇农		15.18	16.63			－3.8				中农变贫农＋5.25
其他		1.75	1.75							
总计		127.38	118.58			8.8				

浙江省兰溪县新桥路村各类村户使用田亩面积各阶段分布表(民十七年)

田亩阶段＼村户类别		地主		富农	中农	贫农及雇农	其他	总计
		收租	经营					
不使用土地者	户数					1	4	5
0.1－4.99亩	户数					7		7
	亩数					19.55		19.55
5－9.99	户数				5	8	1	14
	亩数				36	51.75	8	95.75
10－19.99	户数			1	6	6		13
	亩数			18	79.25	73.7		170.95

续表

田亩阶段 \ 村户类别		地主 收租	地主 经营	富农	中农	贫农及雇农	其他	总计
20—29.99	户数				2			2
	亩数				47			47
30—39.99	户数			2				2
	亩数			69				69
40—49.99	户数							
	亩数							
50—99.99	户数							
	亩数							
100—199.99	户数							
	亩数							
200—499.99	户数							
	亩数							
500亩以上	户数							
	亩数							
总计	户数			3	13	22	5	43
	亩数			87	162.25	145	8	402.25

浙江省兰溪县新桥路村各类村户使用田亩面积各阶段分布表(民二十二年)

田亩阶段 \ 村户类别		地主 收租	地主 经营	富农	中农	贫农及雇农	其他	总计
不使用土地者	户数					1	4	5
0.1—4.99亩	户数					7		7
	亩数					19.55		19.55
5—9.99	户数				5	8	1	14
	亩数				36	51.75	8	95.75
10—19.99	户数			1	5	7		13
	亩数			18	69.25	83.7		170.95
20—29.99	户数				2			2
	亩数				47			47

续表

田亩阶段＼村户类别		地主·收租	地主·经营	富农	中农	贫农及雇农	其他	总计
30—39.99	户数			2				2
	亩数			69				69
40—49.99	户数							
	亩数							
50—99.99	户数							
	亩数							
100—199.99	户数							
	亩数							
200—499.99	户数							
	亩数							
500亩以上	户数							
	亩数							
总计	户数			3	12	23	5	43
	亩数			87	152.25	155	8	402.25

浙江省兰溪县皂洞村各类村户使用田亩面积各阶段分布表(民十七年)

田亩阶段＼村户类别		地主·收租	地主·经营	富农	中农	贫农及雇农	其他	总计
不使用土地者	户数						1	1
0.1—4.99亩	户数					1		1
	亩数					2.5		2.5
5—9.99	户数				1	6		7
	亩数				9.7	38.62		48.32
10—19.99	户数			1	5	8		14
	亩数			16	80.25	129.9		226.15
20—29.99	户数				2	3		5
	亩数				42.5	70		112.5
30—39.99	户数			1		1		2
	亩数			36.5		30		66.5

续表

村户类别 田亩阶段		地主		富农	中农	贫农及雇农	其他	总计
		收租	经营					
40—49.99	户数				1			1
	亩数				40.75			40.75
50—99.99	户数			1				1
	亩数			50				50
100—199.99	户数							
	亩数							
200—499.99	户数							
	亩数							
500 亩以上	户数							
	亩数							
总计	户数			3	9	19	1	32
	亩数			102.5	173.2	271.02		546.72

浙江省兰溪县皂洞村各类村户使用田亩面积各阶段分布表(民二十二年)

村户类别 田亩阶段		地主		富农	中农	贫农及雇农	其他	总计
		收租	经营					
不使用土地者	户数						1	1
0.1—4.99 亩	户数					3		3
	亩数					11.05		11.05
5—9.99	户数				1	10		11
	亩数				9.7	70.62		80.32
10—19.99	户数			1	4	8		13
	亩数			16	56.75	137.65		210.4
20—29.99	户数				2	3		5
	亩数				42.5	70		112.5
30—39.99	户数			1		1		2
	亩数			36.5		30		66.5
40—49.99	户数				1			1
	亩数				40.75			40.75

续表

村户类别 / 田亩阶段		地主		富农	中农	贫农及雇农	其他	总计
		收租	经营					
50—99.99	户数			1				1
	亩数			50				50
100—199.99	户数							
	亩数							
200—499.99	户数							
	亩数							
500亩以上	户数							
	亩数							
总计	户数			3	8	25	1	37
	亩数			102.5	149.7	319.32		571.52

中华民国二十三年七月初版

江苏省农村调查

凡　例

一、本会此次调查，系依照本会规程，以乡村中土地关系及政治情形为范围。

二、调查方法以村为单位，惟其中关于土地分配一项，则挨户调查。

三、本报告所依据材料，为江苏省邳县、铜山、盐城、兴化、东台、泰县、南通、海门、启东、昆山、常熟、无锡、吴县等十三县概况调查，邳县六村（戴家场、桃园庄、半里庄、谭墩村、贺庄、土埠林村），盐城七村（倪化乡第一间、景范镇十五间、正丰乡十一间、民治乡赵家宅、仁孝乡徐家村、正丰乡十二间、民权乡王家宅），启东八村（义方乡第六间、民政乡第三间、民政乡第二间、庚癸乡第二间、庚癸乡第四间、信士乡第六间、小效乡第六间、嘉禾乡），常熟七村（涧桥乡西毛村、东浜乡南浜村、花溪乡西浜村、莫城镇东街村、高英乡赵巷村、屯王庙陶家阁、屯王庙上塘村）等分村调查，及该二十八村九百五十二户底挨户调查。

四、村户分类，原拟就租佃关系及富力两种标准行之，以期相互比较；因迫于时间，复以江苏北部租佃关系，并不如南部之普遍，所以在本报告中所采用者为依据富力为标准的分类。大致所有农田大部或全部出租者，或其所有农田大部或全部雇工经营，自己不参加田间工作者，均为地主；惟前者为收租地主，后者为经营地主。自己参加田间工作，同时雇长工一人以上或短工一百日以上，有扩大生产的可能者为富农。自种自田或租种多数租田，不雇工耕种亦不被雇于人，仅足保持简单的再生产者为中农。耕种少量自田或租田，或甚至将全部或大部时间出雇于人，其再生产日趋缩小者为贫农。

五、本报告共三个部分：一、正文；二、日记，所有不能插入正文中的材料均写入日记中；三、附表，因正文中所引用者为各县总表，所有分村情形全在附表之内。

［地图及图片略］

第一章 绪言

江苏位置在长江下游，省区面积很小，仅较浙江稍大，然而人口的密度，却居全国首位。

全省地质大都是冲积土，北部由黄河、淮河冲积而成，属于黄土区域，南部则为长江的冲积层，东面滨海的一带区域，冲积层在继续推进中，大约每六十年间，海岸向外伸展约一英里。南汇、川沙、崇明、海门、启东等县，都可说是新涨之地。因此，苏省的土壤，大致说来，江南方面黏土与壤土所占成分比江北为大，而江北方面砂土成分比江南为大。

在一般的用语中，通常将江苏划分江南、江北二区，然实际上真正具有江南的意义者，仅仅是苏、常一带；而所谓江北者，也只有淮河流域南部长江以北这区域方能代表其特性。所以本会这次调查所抽选的县份，在江北徐海区域一带选取邳县，在江北贫瘠区域中选取盐城，在东部新涨沙地区域中选取启东，在江南富庶区域中选取常熟。又因上述县份，不一定能典型地代表各该区域的情形，所以又作邻县概况调查，计邳县附近调查铜山，盐城附近调查兴化东台及泰县，启东附近调查海门南通，常熟附近调查吴县昆山及无锡。高宝湖区域及宜兴句容一带，因有其他已成调查，故这次从略。

淮北一带是旱田区域，如邳县、萧县、宿迁、铜山、砀山、睢宁、丰县、沭阳等县，水田很少，几乎全是旱田，农业以麦作为主。农村中租佃关系不很发展，自耕农较多，田权有高度的集中，所以主要基础在富农经营。这区域，一方面与山东，一方面与河南、安徽相毗连，已在黄土区域之内，所以一般情形有说与华北平原相近似。

江北贫瘠区域中，虽然水田较多，但土质很劣；沿海一带，地多卤汁，高宝湖区又常遭水患，所以土地生产力较江南为逊。农产以稻作为主，麦作也相当发达。农村中田权很集中，富农经营也还发达，租佃关系则较他县为逊。

新涨的沙地区域中，土壤宜于种棉、豆及玉蜀黍，土地生产力很强；但因为是沙地区域，便逃不了沙地的一般法则，就是大地主很发达。农村中租佃关系相当普遍，但亦有典型的富农。此外，工业原料及谷物商品的生产已在农业中起着支配作用（因这区域中如南通等地为民族工业区域），这农产商品化的情形也成为本区域中的特色。

苏、常一带完全是水田区域，产米很丰富，俗谚甚至谓“苏常熟，天下足”。因为土质肥沃，所以其他生产物也很发达。这区域比起盐城一带来，贫富悬殊情形，自不可同日而语。农村中租佃关系很普遍，佃农很多，大地主尤其是族产很发达。

总之，这四个区域，不论从农作上看或从土地关系上看，都有显然的不同之处；这差异，在下面各县详细调查的所得中也表现得十分清楚。

第二章　田权的分配与农田的使用

一、一般的叙述

在中国，江苏省是资本主义经济的成分比较浓厚的区域，但农村中的土地关系还大都停滞在很落后的阶段中。全省农业虽很发达，作物中尤其是稻和棉的生产占全国极重要的地位，然而农村中有60%以上的贫农在急迫地需要土地，田权分配的不均已显著地在阻碍着农业生产的前进。一九三〇年春间，江苏民政厅曾调查全省一千亩以上的大地主，共有五百十四个，中小地主尚未在内；我们这次十三县概况调查所得，一万亩以上的地主，不论江南江北，几乎每县都有。江苏田权之有高度的集中，乃是不可否认的事实。

这事实的更大的真确性，还在分区来观察。大致淮北一带旱田区域，田权分配的不均最相悬殊：一万亩以上的地主每县至少有一两家，著名的如萧县的李厚基有田二万余亩，邳县有位姓窦的有田五万余亩，其他如阜宁、灌云诸县也都有五六万亩以上的地主。有些县份，寺庙田产也很发达，如徐州全县的寺产有一万余亩，宿迁的极乐庵甚至有二十万亩；但这是例外情形，寺庙田产在这区域中并不扮演重要的角色。至于在江苏南部和中国南部诸省盛行的族有田产，在这区域竟十分少见。这一切表象使这区域颇相似于华北平原。

射阳河以南长江以北的所谓江北贫瘠区域中，中等地主比较占优势，田权集中的高度较淮北为低，然而在东台、兴化、泰县、盐城等县中，仍有一万亩以上的大地主。至中等地主的情形，大率有田四五百亩，这些地主，甚至更小的，十分之九居住在城区或市镇上，乡村里绝少发见。这区域，目前虽地瘠民贫，然而当从前运河交通时代曾有过一段繁荣的历史，所以庙产相当发达，构成这区域的一种特色。如泰县庙产有四万多亩；兴化有两万多亩，盐城调查较详细，共有寺庙三百十二座，田产三万余亩，其中著名者如永宁寺、弥陀寺（住持者为同一人名融庆）各有田千余亩，千佛庵也有田千余亩，放生庵、泰山院、西寺及太阳庙等（放生庵住持者名映中，泰山院住持者名润田）各有田二三百亩。但这区域中的庙产，与江南情形并不相同；江南的庙产大都出租，江北则因寺庙目前香火不盛，故各寺庙实际上已成经营农业的庄户，大都自己耕耘（当然雇工的），住持者为庄主，庙产即为庄田。至于族产，在这一区域中，仍然不多。

此外，在东部沿海一带，土地关系因盐垦情形而呈现着特异的状态。原来海滨一带全系盐场，后来新淤日涨，旧时的盐场便去海日远，到潮水不能到达的时候，盐产便不能继续；于是这些原来做盐场的地方，大家纷纷私垦作为农田，从光绪末年以后，便有许多公司来这一带举办大规模的盐垦事业；到现在止，计如皋、东台、盐城、阜宁四县的盐垦公司共有四十一家（内如皋二家，东台十三家，盐城四家，阜宁二十二家），有田四百七十七万五千亩，其中已垦者七十三万二千亩。盐垦公司进行的步骤，最先自然是购买土地，其时这些土地上全是盐灶，公司乃先向盐商取得盐权，然后从事购买灶户的土地，因种种关系，有时每灶之田二三百亩，公司可以一百五十串（一千文）至二百串之价购得。购地之后，便开始经营，如筑堤堵潮，开河灌田，同时储淡种青以消除土中卤汁，然后招佃耕种。盐垦公司并无大规模农业经营的性质，他实际上可说是大地主，是一种廉价购买得大批的土地，然后略施工本以改善土质，因而可以分租给佃户的大地主。在他们下面，有五万户佃户，约将二十万的人口。因此，在这一带区域中，土地关系有异样的表现：一方面是具有大地主资格的盐垦公司；一方面是许多赤贫（指无土地而言）的佃户，两个不再有中间层存在的社会层，对立得异常清楚。

在长江出口处的两岸，所谓新涨的沙地区域中，盐垦公司除南通外在他处并无存在；然而因为是新涨的沙地之故，其土地关系便受着沙地所有权惯例的支配：即这“三年一小赐，五年一大赐”似的从海里涨起的土地，常被少数地主及胥吏所占有。因此，这区域中的地权分配也呈现出显著地不均；如海门的农田有5%至8%完全属于纯粹收租的地主的，全县有五千亩以上的地主。最有趣的是启东，不但有八千亩的地主，而且全县大部分农田都为崇明地主所有。这区域中，庙产并不发达，启东有六百亩，海门仅二百亩。至族产则海门约有千亩，启东因为是一块新兴区域，所以不见存在。据我们概况调查所得，这区域中，田权虽没有像淮南、淮北两区般的高度的集中，但中小地主很多，租佃关系很为普遍。

长江下游南岸所谓苏常一带江南富庶区域中，田权的集中也达相当高度；不过与江北情形相比较时，则淮北一带最为畸形，地主大部分是军政官吏及绅士，沿海一带盐垦区域及新涨沙地区域较好，地主的成因半由于占有沙地；至苏常一带的田权高度集中，除由于封建关系的持续外，还显然地可以看到商业资本及高利货资本作为集中时的杠杆的痕迹，所有江南的地主大部分为放高利贷者及商人。这情形，与江苏民政厅所调查到的五百十四个大地主职业类别，完全吻合。

这区域中，地主以一万亩左右的为最大，论数量自然比不上淮北一带，但江南的土地生产力比较高强；所以论质量则有过之无不及。我们这次各县概况调查所得，常熟、吴县、无锡三县都发现有一万至一万二千亩的大地主（中央研究院社会科学研究所曾在无锡举行详细调查，亦有同样发现），昆山则有八千亩的地主。在江南，族有田产的发达，构成一种特色。常熟、吴县、无锡、昆山等县的族产都在十万亩上下。这些族产的目的，大致为祭祀教养恤孤济贫；但因为是族产之故，田权移转时很不容易，不能绝对自由地买卖，因此便形成一种具有特殊性的田权。此外，寺庙田产也占相当重要地位，如吴县有二千七百亩，无锡有三千亩，昆山有一千余亩，常熟调查最详细，计有二千一百八十余亩，其中大者如智林寺有田二百余亩。

江苏田权分配的分区域观察，大致如上，寺产族产私产发达的质和量，各区颇不一律。其中惟有关于出产一层，各区都无特殊之处，县政府中，亦仅有部分的约计，我们这次所调查到者，则徐州泰县最多，有六七万亩；吴县、常熟次之，有四万亩左右；昆山、海门、东台又次之，约有二万亩；邳县、兴化、启东、无锡最少，有的在一万亩以上，有的不到一万亩。这情形，不足以分区来说明。

二、田权的分配

在一般的分区叙述之后，我们现在可以开始一个较缜密的观察。我们这次在邳县调查六村二百八十一户，盐城调查七村一百五十七户，启东调查八村三百六十户，常熟调查七村一百五十四户，共二十八村九百五十二户的结果，觉得农村中衰落的情形已到一种无可掩饰的程度，走遍二十八个村子中绝少有若干新兴的气象：邳县是土匪区域在扩大，我们调查开始的那天，正就是县长率领军队与土匪大战的一日；盐城则地瘠民贫的程度，竟使大批的农民每当收获以后便成群结队的下江南；启东和常熟也是一般的贫穷；启东几乎大部分农民是崇明的佃户；常熟则年来农民困穷的结果使催征吏（即为地主催租者）有独特的发展（详细情形见日记中）。这一切，解剖到最后时，田权畸形集中——大多数农民被剥夺土地乃是其中的一个主要因子。

例如在这次九百五十二户的调查中，分析起来时，也可得到一个江苏农村社会结构的清晰的缩影。其中地主较少，计邳县两户，盐城一户，启东及常熟各两户，且多为小地主。这是当然的现象，因为近年以来，都会膨胀农村枯竭已成尖锐化的形势，中等地主以上，绝少再居住在农村。我们九百五十二户挨户调查中所得到的地主这样的少，固然由于此故，而所得到的地权也是很少，尤其是足以证明。

在江苏北部农村中，富农是一个主要的社会层。这些经营规模较大且雇有长工或短工的富农，即通常被认作资本主义在农村中的种子的富农，在盐城、启东及邳县都占有重要地位：启东受着南通的影响，农产商品化的程度较高；盐城则因地瘠关系，有时宜于自种，许多小地主因此便多参加生产，自己经营；邳县则因较近北方，富农成分如华北平原似的在农村中较为发达。一到常熟，富农便很少见了。

邳县盐城启东常熟四县二十八村村户分类表(民国二十二年调查)

类别	邳县		盐城		启东		常熟	
	户数	对总户数的百分数	户数	对总户数的百分数	户数	对总户数的百分数	户数	对总户数的百分数
地主	2	0.7	1	0.6	2	0.5	2	1.3
富农	14	4.9	25	15.9	26	7.2	3	1.9
中农	46	16.5	60	38.3	113	31.4	39	25.3
贫农	172	61.2	59	37.6	208	57.8	101	65.6
其他	47	16.7	12	7.6	11	3.1	9	5.9
总计	281	100	157	100	360	100	154	100

中农也以盐城和启东的百分比为较高，不过盐城的中农在田权的分配上虽然是适合的，但实际上如其不将他们下半年在江南的所得来计入，则这些中农都与贫农无异。因此，大致看

来，四县的中农层都很薄弱。和这成有趣的对比的，便是贫农百分比的一般的高，平均总在60%以上。无怪一踏到农村中，满眼都是褴褛的景象了。

这些村户的田权分配，在四县中，地主都不占重要地位，这当然同样地因为中等以上的地主都不在农村中之故；其中只有常熟的地主的田权有较高的百分比，即村户中1.299%的地主却占所有农田中28.195%的田权。

富农的地位及前途，在这四县——尤其是盐城和启东两县的田权分配中，显着十分重要，而且似乎不无发展的可能。在盐城七村一百五十七户，2703.5亩田权的调查中，二十五家富农共占有一千六百六十一亩土地，即15.9%的户数却占有61.4%的田亩，即是说一半以上。这情形确实构成盐城的一种特色。虽然这些田地的生产力因地质硗薄之故甚为薄弱；但在本质上，盐城的富农可说是很正常而且典型的一种。如第一区民治乡赵家宅有一家有田二百五十四亩的富农，有耕畜四头，长工两人，有时还雇短工，同时自己有四人下田；第二区正丰乡十二间有一家有田一百八十亩的，也雇长工两人，有耕畜二头；这两家富农都同时还经商。此外，正丰乡十一间还有一家一百六十亩的，十二间还有一家一百十亩的，其余大都在三十亩以上，一百亩以下，家中都有耕畜并雇着长工或短工。但是近年以来，农产品价格跌落甚烈，加以各盐垦公司都在猛烈地开殖，富农地位也感受到若干威胁。大致说来，富农层已在开始动摇，虽然至现在止，还很少有出租土地的。

其次是启东。启东的富农也很发展，二十六个富农却有1042.149亩农田，即7.222%的户数占有58.401%的田亩。这些富农确是目前启东农村中最坚强的支持者；全县估计，据县款产处主任王文恺先生所述，约占农村人口15%，他们大都自己有充分的田地，一面自己参加耕作，一面雇用若干工资劳动者来从事大部分的工作。这些富农有时还兼做商人，而且多数兼营高利贷事业。有些富农家里陈设得非常整洁，甚至颇称堂皇，例如我们调查的小效乡第六间，有几家富农家里有写字棹、红木台子及其他新式家具。不过这些富农近年来因农产价格跌落之故，经济方面也颇受打击，如启东出产很多的大蒜，往常是出口大宗，自东北沦陷以后，主要出路顿成问题，每年要损失到二十万元，因此这种农产跌价颇影响到富农经营的前途。

在邳县，富农在田权分配中的位置也很重要，占所有田亩总数的34.3%，即十四家富农共有五百三十五亩田地，有两家最大的也在一百亩以上。这情形一到常熟便完全不同了：常熟可说是很少有富农经营的地方，三家富农共有一百亩田地，而且其中还有二十亩是出租于他人的。

盐城与启东两县，因田权集中于富农层的结果，中农与贫农的所有土地缩小到极可怜的程度，如盐城村户全体中37.6%的贫农，仅有8.3%的土地，启东57.8%的贫农仅有6.4%的土地。邳县的悬殊情形较为和缓，至常熟则因地主田权的百分比高昂之故，又显畸形。

田权分配的不均，大多数农民在急迫地需要土地，已是江苏农村中极显著的现象！

邳县盐城启东常熟四县二十八村各类村户所有田亩分配表 A.(民国二十二年调查)

类别	邳县		盐城		启东		常熟	
	所有田亩数	对总亩数的百分数	所有田亩数	对总亩数的百分数	所有田亩数	对总亩数的百分数	所有田亩数	对总亩数的百分数
地主	110	7.1	33	1.2	164.999	9.2	90	28.2
富农	535	34.3	1661	61.4	1042.149	58.4	100	31.3
中农	561	35.9	782	28.9	460.959	25.8	56	17.6
贫农	347.3	22.3	223.5	8.3	113.352	6.4	71.5	22.4
其他	6.5	0.4	4	0.2	3	0.2	1.7	0.5
总计	1559.8	100	2703.5	100	1784.459	100	319.2	100

邳县盐城启东常熟四县二十八村各类村户所有田亩分配表 B.(民国二十二年调查)

类别	邳县		盐城		启东		常熟	
	户数百分数	所有田亩百分数	户数百分数	所有田亩百分数	户数百分数	所有田亩百分数	户数百分数	所有田亩百分数
地主	0.7	7.1	0.6	1.2	0.5	9.2	1.3	28.2
富农	4.9	34.3	15.9	61.4	7.2	58.4	1.9	31.3
中农	16.5	35.9	38.3	28.9	31.4	25.8	25.3	17.6
贫农	61.2	22.3	37.6	8.3	57.8	6.4	65.6	22.4
其他	16.7	0.4	7.6	0.2	3.1	0.2	5.9	0.5
总计	100	100	100	100	100	100	100	100

如其更进一层将每户及每人平均所得的田权来看，则富农与地主仍占优势，而且其程度几乎与中农贫农的可怜情形无法比较。如在邳县，不论每户平均或每人平均，地主一倍于富农，五倍于中农，二十七八倍于贫农；富农则三倍于中农，十五六倍于贫农。盐城地主仅调查得一家，平均数意义较小，然富农的平均数甚大，五倍于中农，几将二十倍于贫农。启东与常熟的情形最为严重，贫农每人的平均田权，仅一分上下；启东地主平均田权二倍于富农，二十倍于中农，一百六十倍于贫农；富农则十倍于中农，七十倍于贫农。至于常熟情形显着另一种意义，因这次四县分村挨户调查所得到的田权中，其他三县都在一千亩甚至两千亩以上，惟有常熟仅三百余亩，这就是说常熟的地主连极小的也都居住在城镇上，当地租佃关系很发达，又没有北方那样的富农，所以在农村中被调查到者实际上都是没有多少土地的人，因此两户有四五十亩田地的地主就在其中占很高的百分比；而这情形在平均数中便完全表现出来：如地主和富农每户还能平均有三十余亩至四十余亩，每人有三五亩；一到中农每户便仅一亩余，每人则仅两分余；至贫农则每户七分余，每人只有一分余了。有人说，若看土地分配，则中国农村中全是贫农，这情形，特别在租佃关系很发达的南方水田区域中，有极大的真确性。

邳县六村各类村户每户及每人平均所有田亩表(民国二十二年调查)

类别	户数	人口数	所有田亩数	每户平均亩数	每人平均亩数
地主	2	11	110	55	10
富农	14	115	535	18.2	4.7
中农	46	363	561	12.2	1.5
贫农	172	900	347.3	2	0.4
其他	47	201	6.5	0.1	0.03
总平均	281	1590	1559.8	5.6	0.98

盐城七村各类村户每户及每人平均所有田亩表(民国二十二年调查)

类别	户数	人口数	所有田亩数	每户平均亩数	每人平均亩数
地主	1	6	33	33	5.5
富农	25	157	1661	66.44	10.58
中农	60	334	782	13.03	2.34
贫农	59	253	223.5	3.79	0.88
其他	12	49	4	0.33	0.08
总平均	157	799	2703.5	17.22	3.38

启东八村各类村户每户及每人平均所有田亩表(民国二十二年调查)

类别	户数	人口数	所有田亩数	每户平均亩数	每人平均亩数
地主	2	9	164.999	82.499	18.333
富农	26	167	1042.149	40.083	6.24
中农	143	579	460.959	4.079	0.796
贫农	208	938	113.352	0.545	0.121
其他	11	56	3	0.273	0.054
总平均	390	1749	1784.459	4.957	1.02

常熟七村各类村户每户及每人平均所有田亩表(民国二十二年调查)

类别	户数	人口数	所有田亩数	每户平均亩数	每人平均亩数
地主	2	16	90	45	5.625
富农	3	26	100	33.333	3.846
中农	39	205	56	1.436	0.273

续表

类别	户数	人口数	所有田亩数	每户平均亩数	每人平均亩数
贫农	101	435	71.5	0.708	0.164
其他	9	62	1.7	0.189	0.053
总平均	154	744	319.2	2.073	0.447

三、农田的使用

田权集中，而且如邳县、盐城、启东三县般的富农占有很大的成分，有时可以促成资本主义农业的发展。

但这可能性必须在资本主义正常的影响之下，而且与许多其他的条件相配合时，才能实现起来。而这次所调查的四县大都缺少这实现的基础，只看到由于田权分配不均所造成的土地使用的饥荒及劳动力的浪费。如在农村人口中平均占到60%以上的贫农——这农村社会的基础层，每户平均只耕种五亩（常熟启东），情形稍好的也只使用到6.1亩（盐城），其下者甚至仅只三亩（邳县），而这些土地，大部分还是租来的。贫农一方面在害着耕地饥荒，另一方面还死守着这只能维持半饥半饱生活的有限土地；贫农出租农田率性去当雇工的简直没有。中农情形虽然较好，但也不过是较好得可怜：每户平均耕田，邳县和盐城在二十亩以上，启东和常熟在二十亩以下。富农耕种的亩数自然较多，如邳县盐城每户平均都在八十亩以上，启东也有61.879亩，常熟则较少六十亩以上至八十亩的农业经营；而且这些富农又很少有将耕田出租的趋势，尤其是像盐城那样的短工很多（有些地方只要将白旗拉起便有许多短工来就雇），启东那样农产商品化的程度较高，如果没有帝国主义的遏抑及苛捐杂税公债兵差等的榨取，以至军队土匪的骚扰，江苏北部应当有资本主义农业的前途的。

邳县六村各类村户每户平均使用田亩表(民国二十二年调查)

类别	户数	使用田亩数	每户平均使用田亩数
地主	2	—	—
富农	14	1151	80.78
中农	46	1214	26.39
贫农	172	517.3	3
其他	47	9.3	0.197

盐城七村各类村户每月平均使用田亩表(民国二十二年调查)

类别	户数	使用田亩数	每户平均使用田亩数
地主	1	7	7
富农	25	2008	80.3
中农	60	1349.6	22.5
贫农	59	361.8	6.1
其他	12	4	0.3

启东县八村各类村户每户平均使用田亩表(民国二十二年调查)

类别	户数	使用田亩数	每户平均使用田亩数
地主	2	48.333	24.167
富农	26	1608.855	61.879
中农	113	1886.955	16.699
贫农	208	1081.087	5.198
其他	11	4.666	0.424

常熟七村各类村户每户平均使用田亩表(民国二十二年调查)

类别	户数	使用田亩数	每户平均使用田亩数
地主	2	21	10.5
富农	3	80	26.667
中农	39	621	15.923
贫农	101	510.9	5.058
其他	9	20.4	2.267

现在，不但没有资本主义的前途，而且大多数的贫农连耕种的前途都没有，劳动力大量地在浪费者。如以参加田间工作者每人平均的使用田亩数来看，则贫农都只二亩几分，就除去其中有少数雇农在为他人耕种，耕田的不足仍然显见得很。

邳县六村各类村户参加田间工作者每人平均使用田亩表(民国二十二年调查)

类别	参加田间工作人数	每人平均使用田亩数
地主	—	—
富农	28	40.39(有雇工相助)
中农	113	10.74
贫农	230	2.24
其他	39	0.238

盐城七村各类村户参加田间工作者每人平均使用田亩表(民国二十二年调查)

类别	参加田间工作人数	每人平均使用田亩数
地主	3	2.3
富农	82	24.5(有雇工相助)
中农	210	6.4
贫农	159	2.3
其他	10	0.9

启东八村各类村户参加田间工作者每人平均使用田亩表(民国二十二年调查)

类别	参加田间工作人数	每人平均使用田亩数
地主	2	24.167
富农	86	18.708(有雇工相助)
中农	343	5.501
贫农	483	2.238
其他	19	0.246

常熟七村各类村户参加田间工作者每人平均使用田亩表(民国二十二年调查)

类别	参加田间工作人数	每人平均使用田亩数
地主	7	3
富农	17	4.706
中农	113	5.496
贫农	237	2.156
其他	14	1.457

为此，许多贫农，甚至中农的壮丁，都不得不出外另谋生活，这离村的情形在江苏已是很严重了。

邳县盐城启东常熟四县二十八村中农及贫农出外工作人数表(民国二十二年调查)

村户类别	邳县			盐城			启东			常熟		
	有工作能力人数	出外工作人数	百分比	有工作能力人数	出外工作人数	百分比	有工作能力人数	出外工作人数	百分比	有工作能力人数	出外工作人数	百分比
中农	122	9	7.3	198	23	11.6	360	6	1.7	122	3	2.4
贫农	265	23	8.6	128	18	14.1	527	44	8.3	270	25	9.2

同时，因为劳动力的低廉，新式农具很少被采用，到处是人力在代替机器，农业技术的改良只能困守在农业试验场及学校中，无法走进农村去。

第三章 五年来田权分配及农田使用的变化

一、各类村户的变迁

在前面，我们曾将江苏农村中田权分配及农田使用情形作了个平面的观察；但仅仅这样是不够的，因为现在情形是过去所蜕变出来的结果，所以在本章中，我们必须观察自民国十七年以来的五年间的动态。

在这五年间，村户的地位显然有若干变动。其中惟邳县情形较为特殊，因所调查的村子中如谭墩村、半里庄等数村十七年时均为匪区，所有材料仅限于现在，五年间情形的比较只得从略。不过，在这儿，我们仍可以说一点大概：邳县村户年来变动很小，田产移转情形也很有限，原因是邳县的土地集中，乃是由于封建关系的持续，其土地关系很久以前便已在固定的型式中，近年以来不见有继续严重化的情形，因为邳县一带至今还屹立于江苏的商业经济体系之外。至盐城情形，村户的地位已有若干上落：原来是二十八家的富农，五年来有四家落为中农，但有两户落入贫农层中。此外无甚大的变迁。启东的变动较盐城来得显著，十七年时三十三家富农，到现在只剩了二十六家，一家变为地主，而且是收租地主，三家变为中农，三家甚至变为贫农；中农层中五年来也有五分之一的户数落入贫农，富农中农地位之在启东，是趋于日益摇落的情况中。至于常熟，则除有一部分中农五年来落入贫农外，其他的变动不大。

盐城七村村户变迁表

类别	民国十七年	民国二十二年					
	户数	地主	富农	中农	贫农	其他	总计
富家	28		**24**	4			28
中农	59		1	**55**	2	1	59
贫农	56			1	**55**		56
其他	14	1			2	**11**	14
总计	157	1	25	60	59	12	157

注:加粗数字表示不变动的村户

启东八村村户变迁表

类别	民国十七年	民国二十二年					
	户数	地主	富农	中农	贫农	其他	总计
地主	1	**1**					1
富家	33	1	**26**	3	3		33
中农	127			**107**	25		132※
贫农	178			3	**180**		183※
其他	11					**11**	11
总计	350	2	26	113	208	11	360

注:(1)中农中民国二十二年迁入四户,又一户分家;贫农中民国二十二年迁入一户,又四户分家。(2)加粗数字表示不变动的村户

常熟七村村户变迁表

类别	民国十七年	民国二十二年					
	户数	地主	富农	中农	贫农	其他	总计
地主	2	**2**					2
富家	3		**3**				3
中农	43			**38**	5		43
贫农	92			1	**93**		94※
其他	13				3	**9**	12※
总计	153	2	3	39	101	9	154

注:(1)贫农中有两户分家,其他村户中民国二十二年迁出一户。(2)加粗数字表示不变动的村户

在这样单纯的村户变迁中，很清楚地可以看出，五年以来，江苏农村中不论江南江北都充塞着衰败的景象，贫农的数量在一年年地增加，家家都追想着以前的盛况！中农的摇落固然已显著得很，而尤其显著得使人触目惊心的，便是成为江苏北部特色的富农层的没落，这一批农业经营中最有希望的分子，不但没有发展的前途，而且竟至不克保持原有的地位！

二、田权分配及农田使用的变动

各类村户地位的上落，其中心动力自然是由于田权分配的变动。

盐城情形，富农层在缩小，中农及贫农层有扩大（即户数及亩数均有扩大）的趋势，在下表中可以看得很清楚。

盐城七村各类村户五年来所有田亩分配情形比较表 A.

(依据民国十七年与民国二十二年两年的分类为标准)

类别	民国十七年				民国二十二年				百分比的增减	
	户数	百分比	所有田亩数	百分比	户数	百分比	所有田亩数	百分比	户数	亩数
地主					1	0.6	33	1.2	+0.6	+1.2
富农	28	17.8	1823	65.8	25	15.9	1661	61.4	−1.9	−4.4
中农	59	37.6	718	25.9	60	38.3	782	28.9	+0.7	+3
贫农	56	35.7	224.5	8.1	59	37.6	223.5	8.3	+1.9	+0.2
其他	14	8.9	5	0.2	12	7.6	4	0.2	−1.3	—
总计	157	100	2770.5	100	157	100	2703.5	100	—	—

不过，这样的比较仅仅是将民十七时的各类村户和民二十二时的各类村户相比，而并没有将民十七时的各类村户，不问其五年中间的上落变迁怎样，来定着地看他们的田权在扩大或缩小。因此，我们在下面还做了一张以民十七的分类为坐标的统计，而从这表中所看出的，就是民十七时的二十八家富农五年来田亩减少得很显著，中农略有增加，贫农则也在减少中。所以盐城的富农虽比较的多，但因为在旧的生产关系束缚之下，不但没有扩大他们的经营的可能，而且一天一天地在摇落中；与此相同的，还有贫农的日益贫穷化。只有中农还能支持着，勉强地支持着。盐城农村中的干部，就五年间的过程来看，全赖这批中农了。

盐城七村各类村户五年来所有田亩分配情形比较表 B.

(以民国十七年分类为坐标)

类别	民国十七年				民国二十二年				百分比的增减	
	户数	百分比	所有田亩数	百分比	户数	百分比	所有田亩数	百分比	户数	亩数
富农	28	17.8	1823	65.8	28	17.8	1748	63.3	—	−2.5
中农	59	37.6	718	25.9	59	37.6	766	27.4	—	+1.5
贫农	56	35.7	224.5	8.1	56	35.7	212.5	7.6	—	−0.5
其他	14	8.9	5	0.2	14	8.9	46	1.7	—	+1.6
总计	157	100	2770.5	100	157	100	2772.5	100	—	—

这情形，自然立刻就影响到平均数，每户平均的田权，中农有极微弱的增加，富农和贫农五年间约降落 10%。至于每人的平均数，因五年间人口增加之故，一般地显出缩小，所有民二十二年对民十七年（一百）的指数都在八十五与九十之间。

盐城七村各类村户五年来每户平均所有田亩增减表(以民国十七年分类为坐标)

类别	民国十七年			民国二十二年			民国二十二年指数
	户数	所有田亩数	每户平均数	户数	所有田亩数	每户平均数	民国十七年＝100
富农	28	1823	65.1	28	1748	62.4	95.8
中农	59	718	12.2	59	766	12.9	105.7
贫农	56	224.5	4.01	56	212.5	3.8	90.3

盐城七村各类村户五年来每人平均所有田亩增减表(以民国十七年分类为坐标)

类别	民国十七年			民国二十二年			民国二十二年指数
	口数	所有田亩数	每口平均数	口数	所有田亩数	每口平均数	民国十七年＝100
富农	162	1823	11.3	17	1748	10.04	88.8
中农	228	718	2.6	321	766	2.3	88.5
贫农	218	224.5	1	243	212.5	0.87	87

最后，如果将所有田亩划分成若干阶段而看民十七与民二十二两年各类村户的分布时，也可得到同样的结论。富农在五十亩至二百亩这阶段中的分布萎缩得厉害，中农在维持着，贫农也不无若干的退缩，而且更集中在十亩以下了。

盐城七村各类村户所有田亩阶段变动表

田亩阶段	地主					富农					中农					贫农				
	户数		百分比		百分比增减	户数		百分比		百分比增减	户数		百分比		百分比增减	户数		百分比		百分比增减
	民国十七年	民二十二年	民国十七年	民二十二年		民国十七年	民二十二年	民国十七年	民二十二年		民国十七年	民二十二年	民国十七年	民二十二年		民国十七年	民二十二年	民国十七年	民二十二年	
0亩						2	1	7.1	4	－3.1	14	12	23.7	20		8	9	14.8	45.3	＋1
0.1－4.99																23	23	11.1	38.9	－2.2
5－9.99											10	9	16.9	15	－1.9	24	27	42.8	45.8	＋3
10－19.99											24	28	40.7	46.7	＋6	1		1.8		－1.8
20－29.99						1	1	3.6	4	＋0.4	7	6	11.9	10	－1.8					
30－39.99		1		100	＋100	3	4	10.7	16	＋5.3	3	4	5.4	6.7	＋1.6					
40－49.99						4	7	14.3	28	＋13.2	1	1	1.7	1.6	－0.1					
50－99.99						13	8	46.5	32	－14.5										
100－199.99						5	3	14.3	12	－2.3										
200－499.99						1	1	3.6	4	＋0.4										
总计		1		100		28	25	100	100	—	59	60	100	100	—	56	59	100	100	—

使用情形也没有例外，五年中间，富农中农的使用指数都显著地减缩，贫农的使用数量因为已经少到不能再少了，所以没有再继续缩小。

盐城七村各类村户五年来每户平均使用田亩增减表(以民国十七年分类为坐标)

类别	民国十七年			民国二十二年			民国二十二年指数
	户数	使用田亩数	每户平均数	户数	使用田亩数	每户平均数	民国十七年＝100
富农	28	2260	90.4	28	2035	73.8	81.6
中农	59	1328	22.5	59	1296.9	21.9	97.3
贫农	56	311.5	5.6	56	340.5	6.1	108.9

盐城七村各类村户五年来每人平均使用田亩增减表(以民国十七年分类为坐标)

类别	民国十七年			民国二十二年			民国二十二年指数
	口数	使用田亩数	每口平均数	口数	使用田亩数	每口平均数	民国十七年＝100
富农	162	2260	13.9	174	2035	11.9	85.6
中农	278	1328	4.8	321	1296.9	4	83.3
贫农	218	311.5	1.4	243	340.5	1.4	100

在使用田亩的阶段分布情形中，富农的田场缩小得很显著，使用田亩在五十亩至二百亩之间的户数减少得很多。盐城的田权虽然集中，但农田的使用原来就很分散：贫农的田场集中在十亩以下，中农的田场集中在十亩至三十亩，富农的田场集中在五十亩至二百亩，但五年以来，一方面人口一天天在增加，而田场的面积，中农贫农在勉强支持着，富农则已开始缩小了。这种农田使用之日趋分散，否定了盐城农业生产发展的前途。

盐城七村各类村户使用田亩阶段变动表

田亩阶段	地主					富农					中农					贫农				
	户数		百分比		百分比增减	户数		百分比		百分比增减	户数		百分比		百分比增减	户数		百分比		百分比增减
	民国十七年	民国二十二年	民国十七年	民国二十二年		民国十七年	民国二十二年	民国十七年	民国二十二年		民国十七年	民国二十二年	民国十七年	民国二十二年		民国十七年	民国二十二年	民国十七年	民国二十二年	
0亩																2		3.6		-3.6
0.1-4.99																23	22	41.4	87.3	-3.8
5-9.99		1		100	+100						9	8	15.5	13.3	-2.2	26	30	46.4	50.8	+4.4
10-19.99											21	27	35.5	15	+9.5	4	6	7.1	10.2	+3.1
20-29.99						1	1	3.6	4	+0.4	12	9	20.2	15	-5.2	1	1	1.8	1.7	-0.1
30-39.99						2	2	7.1	8	+0.9	7	8	11.9	13.3	+1.4					
40-49.99						1	4	3.6	16	+12.4	7	2	11.9	3.4	-8.5					
50-99.99						16	12	57.2	48	-9.2	3	6	5	40	+5					
100-199.99						6	4	21.4	16	-5.4										
200-499.99						2	2	7.1	8	+0.9										
总计		1		100		28	25	100	100	—	59	60	100	100	—	56	59	100	100	—

启东情形，两年对比时，地主的田权在增长，富农层在缩小，中农的田权有显然的进展，贫农层则户数及田权均在扩大，但前者的增加较大于后者，所以仍不能有较好的状况。

启东八村各类村户五年来所有田亩分配情形比较表 A.

(以民国十七年与民国二十二年两年的分类为标准)

类别	民国十七年				民国二十二年				百分比的增减	
	户数	百分比	所有田亩数	百分比	户数	百分比	所有田亩数	百分比	户数	亩数
地主	1	0.3	140	7.1	2	0.5	164.999	9.2	+0.2	+2.1
富农	33	9.4	1264.23	63.8	26	7.2	1042.149	58.4	−2.2	−5.4
中农	127	36.3	497.70	25.1	113	31.4	460.959	25.8	−4.9	+0.7
贫农	178	50.8	75.253	3.8	208	57.8	113.352	6.4	+7.0	+2.6
其他	11	3.2	3	0.2	11	3.1	3	0.2	−6.1	—
总计	350	100	1980.183	100	360	100	1784.459	100	—	—

但如果以民十七的分类为坐标而观察时，则启东各类村户，除地主外，五年之间，都在慢性的衰落情形中。换言之，所有农民名义下的田权都在或多或少地丧失。在下表中，我们可见到只有地主的所有田亩在增加，其他在实数中所表示的，中农富农情形尚未至十分恶劣程度，至贫农则有显著的失地情形。

启东八村各类村户五年来所有田亩分配情形比较表 B.

(以民国十七年分类为标准)

类别	民国十七年				民国二十二年				百分比的增减	
	户数	百分比	所有田亩数	百分比	户数	百分比	所有田亩数	百分比	户数	亩数
地主	1	0.286	140	7.07	1	0.282	148.333	7.798	−0.001	+0.728
富农	33	9.428	1264.23	63.844	33	9.296	1222.496	64.278	−0.132	+0.434
中农	127	36.286	497.70	25.137	128	36.056	468.133	24.612	−0.230	−0.522
贫农	178	50.857	75.253	3.8	182	51.268	60.023	3.155	+9.166	−0.645
其他	11	3.143	3	0.152	11	3.098	3	0.157	−0.045	+0.002
总计	350	100	1980.183	100	355	100	1901.985	100	—	—

平均数方面，当然也同样是地主的平均数增高，农民的减低，而减低得最剧烈的便是贫农。

启东八村各类村户五年来每户平均所有田亩增减表(以民国十七年分类为坐标)

类别	民国十七年			民国二十二年			民国二十二年指数
	户数	所有田亩数	每户平均数	户数	所有田亩数	每户平均数	民国十七年＝100
地主	1	140	140	1	148.333	148.333	105.952
富农	33	1264.230	38.31	33	1222.496	37.045	94.055
中农	127	497.7	3.92	128	468.133	3.65	93.11
贫农	178	75.253	0.423	182	0.023	0.329	77.778

启东八村各类村户五年来每人平均所有田亩增减表(以民国十七年分类为坐标)

类别	民国十七年			民国二十二年			民国二十二年指数
	口数	所有田亩数	每口平均数	口数	所有田亩数	每口平均数	民国十七年＝100
地主	3	140	46.667	4	148.333	34.083	73.034
富农	169	7264.23	7.481	187	1222.496	6.537	87.381
中农	579	497.7	0.86	651	468.133	0.719	83.6
贫农	732	75.253	0.103	829	60.023	0.072	69.902

还有阶段分布的变动也可一看：

启东八村各类村户所有田亩阶段变动表

田亩阶段	地主					富农					中农					贫农				
	户数		百分比		百分比增减	户数		百分比		百分比增减	户数		百分比		百分比增减	户数		百分比		百分比增减
	民国十七年	民国二十二年	民国十七年	民国二十二年		民国十七年	民国二十二年	民国十七年	民国二十二年		民国十七年	民国二十二年	民国十七年	民国二十二年		民国十七年	民国二十二年	民国十七年	民国二十二年	
0亩						8	5	21.212	19.231	−1.981	80	65	62.992	57.522	−5.470	151	176	86.517	84.615	−1.902
0.1—4.99											9	11	7.037	9.735	+2.618	20	22	11.236	10.577	−0.659
5—9.99											13	14	10.236	12.38	+2.153	7	10	2.247	4.808	+2.561
10—19.99						3	2	9.909	3.846	−6.063	20	21	15.798	18.581	+2.783					
20—29.99		1		50	+50	5	6	15.152	23.077	+7.925	5	2	3.937	1.77	−2.167					
30—39.99						5	4	15.152	15.385	+0.233										
40—49.99						5	5	15.152	19.231	+4.079										
50—99.99						5	3	15.152	11.538	−3.614										
100—199.99	1	1	100	50	−50	1	1	3.03	3.846	+0.816										
200—499.99						1	1	3.03	3.846	+0.816										
总计	1	2[1]	100	100		33	27	100	100		127	113	100	100		178	208	100	100	

使用情形也在一般地衰落，在这短短的五年中间，农村情形竟这样无例外地每况愈下，真是再严重不过的事。启东农民的使用面积缩减情形，以富农为最显著，差不多有20%的面积；所有富农都很愿放弃经营，或缩小范围，所以五年之间富农租进的田地也有大量的减少。其次，中农也在缩小使用面积，贫农则上落较少。

[1]　此数字与上文相应表格有出入，上文相应表格该数字为1。民国二十二年富农总计数字为27，但上文相应表格中该数字为33。续表中民国二十二年中农合计数字为113，上文相应表格中为128。——编者。

启东八村各类村户五年来每户平均使用田亩增减表(以民国十七年分类为坐标)

类别	民国十七年			民国二十二年			民国二十二年指数
	户数	使用田亩数	每户平均数	户数	使用田亩数	每户平均数	民国十七年＝100
地主	1	40	40	1	40	40	100
富农	33	2008.853	60.874	33	1660.445	50.317	82.658
中农	127	2077.714	16.36	128	1914.308	14.956	91.418
贫农	178	957.126	5.577	182	944.762	5.191	96.541

启东八村各类村户五年来每人(耕作者)平均使用田亩增减表(以民国十七年分类为坐标)

类别	民国十七年			民国二十二年			民国二十二年指数
	口数	使用田亩数	每口平均数	口数	使用田亩数	每口平均数	民国十七年＝100
地主	0	40	0	0	40	0	
富农	99	2008.853	20.291	96	1660.445	17.296	85.239
中农	375	2077.714	5.541	378	1914.308	5.064	91.391
贫农	422	957.126	2.268	430	944.762	2.197	96.869

阶段分布情形，富农在五十亩至二百亩之间的户数有显然的减少，但集中阶段（即二十亩至一百亩）并未变动；中农五十至一百亩者原有两家，现在仅剩一家，集中阶段依然为三十亩以下；贫农田场以十亩至二十亩为最高，但在这最高阶段中的户数亦见减少，分散，而且继续在分散的情形与盐城无异。

启东八村各类村户使用田亩阶段变动表

田亩阶段	地主					富农					中农					贫农				
	户数		百分比		百分比增减	户数		百分比		百分比增减	户数		百分比		百分比增减	户数		百分比		百分比增减
	民国十七年	民二十二年	民国十七年	民二十二年		民国十七年	民二十二年	民国十七年	民二十二年		民国十七年	民二十二年	民国十七年	民二十二年		民国十七年	民二十二年	民国十七年	民二十二年	
0亩																6		3.371		−3.371
0.1−4.99											14	13	11.024	11.501	−0.477	87	112	48.871	53.841	+4.97
5−9.99		1		50	+50						26	25	20.472	22.124	+1.652	60	73	33.708	35.096	+1.388
10−19.99						3	1	9.091	3.846	−5.245	43	35	33.858	30.973	−2.885	25	23	14.045	11.058	−2.987
20−29.99						6	6	18.182	23.077	+4.895	31	26	24.403	23.009	−1.4					
30−39.99						8	6	24.242	23.077	−1.165	9	10	7.087	8.830	+1.743					
40−49.99	1	1	100	50	−50	5	5	15.151	19.231	+4.80	2	3	1.575	2.655	+1.08					
50−99.99						6	4	18.182	15.385	−2.797	2	1	1.575	0.885	+0.69					
100−199.99						2	1	6.06	3.846	−2.21										
200−499.99						3	3	9.091	11.538	+2.447										
总计	1	2	100	100		33	26	100	100		127	113	100	100		178	208	100	100	

在常熟，依据两年的分类而观察时，地主和富农的绝对数都无变动，田权的相对数则略有

减低；中农户数减少而田权扩大，似乎呈着分化的形势；贫农则户数增多但田权仅有微弱的进展。

常熟七村五年来各类村户所有田亩分配情形比较表 A.

（依据民国十七年与民国二十二年两年的分类为标准）

类别	民国十七年				民国二十二年				百分比的增减	
	户数	百分比	所有田亩数	百分比	户数	百分比	所有田亩数	百分比	户数	亩数
地主	2	1.807	90	29.683	2	1.299	90	28.195	－0.008	－1.488
富农	3	1.961	100	32.982	3	1.948	100	31.328	－0.013	－1.659
中农	43	28.101	45	14.842	39	25.325	56	17.544	－2.779	＋2.702
贫农	92	60.131	67.5	22.262	101	65.584	71.5	22.4	＋5.453	＋0.138
其他	13	8.497	0.7	0.231	9	5.844	1.7	0.533	－2.653	＋0.302
总计	153	100	309.2	100	154	100	319.2	100	—	—

但实际上，如果把握着民十七的分类来看时，则所有各类村户五年来都无甚变动。

常熟七村各类村户五年来所有田亩分配情形比较表 B.

（以民国十七年分类为标准）

类别	民国十七年				民国二十二年				百分比的增减	
	户数	百分比	所有田亩数	百分比	户数	百分比	所有田亩数	百分比	户数	亩数
地主	2	1.307	90	29.683	2	1.299	90	29.393	－0.008	－0.29
富农	3	1.961	100	32.982	3	1.948	100	32.658	－0.013	－0.324
中农	43	28.104	45	14.842	43	27.922	47	15.349	－0.182	＋0.504
贫农	92	60.131	67.5	22.262	94	61.039	67.5	22.044	＋0.908	－0.218
其他	13	8.497	0.7	0.231	12	7.792	1.7	0.556	－0.705	＋0.474
总计	153	100	303.2	100	154	100	306.2	100	—	—

但在这五年中，有的是分家了，有的是人口增多了，所以从平均数方面来看时，每户田权贫农更形降落，每人田权则一般都在减少，而贫农的情形尤为严重，原来每人的所有田亩已经只有一分七厘光景，五年间不见增加，反见退缩，贫农景况年来之在更贫穷的过程中，已是无疑的事实了。

常熟七村各类村户五年来每户平均所有田亩增减表(以民国十七年分类为坐标)

类别	民国十七年			民国二十二年			民国二十二年指数
	户数	所有田亩数	每户平均数	户数	所有田亩数	每户平均数	民国十七年＝100
地主	2	90	45	2	90	45	100
富农	3	100	33.333	3	100	33.333	100
中农	43	45	1.047	43	47	1.093	104.394
贫农	92	67.5	0.734	94	67.5	0.71	96.73

常熟七村各类村户五年来每人平均所有田亩增减表(以民国十七年分类为坐标)

类别	民国十七年			民国二十二年			民国二十二年指数
	口数	所有田亩数	每口平均数	口数	所有田亩数	每口平均数	民国十七年＝100
地主	14	90	6.429	16	90	5.625	87.494
富农	23	100	4.348	26	100	3.846	88.454
中农	210	45	0.214	224	47	0.209	97.664
贫农	385	67.5	0.175	407	67.5	0.16	91.42

至阶段分布情形中，中农稍有增进，贫农在日趋缩小。

常熟七村各类村户所有田亩阶段变动表

田亩阶段	地主					富农					中农					贫农				
	户数		百分比		百分比增减	户数		百分比		百分比增减	户数		百分比		百分比增减	户数		百分比		百分比增减
	民国十七年	民国二十二年	民国十七年	民国二十二年		民国十七年	民国二十二年	民国十七年	民国二十二年		民国十七年	民国二十二年	民国十七年	民国二十二年		民国十七年	民国二十二年	民国十七年	民国二十二年	
0亩											35	30	81.395	76.923	−4.472	72	81	78.262	80.198	+1.937
0.1—4.99											3	3	6.977	7.692	+0.175	17	18	18.478	17.822	−0.656
5—9.99											4	4	9.302	10.257	+0.955	3	2	3.261	1.98	−1.281
10—19.99	1	1	50	50							1	2	2.323	5.128	+2.802					
20—29.99						1	1	33.333	33.333											
30—39.99																				
40—49.99						2	2	66.667	66.667											
50—99.99	1	1	50	50																
100—199.99																				
200—499.99																				
总计	2	2	100	100		3	3	100	100		43	39	100	100		92	101	100	100	

其次，使用情形，中农略有萎缩，贫农有极微弱的扩大。大致说来，在使用情形中同样地看不出常熟农村有甚健康的现象。这一切，在平均数及阶段分布情形中表示着同一的趋向。常熟的田场，从来就很小，这情形，五年来不但无变更，中农反而有更退步的动向。

常熟七村各类村户五年来每户平均使用田亩增减表(以民国十七年分类为坐标)

类别	民国十七年			民国二十二年			民国二十二年指数
	户数	使用田亩数	每户平均数	户数	使用田亩数	每户平均数	民国十七年＝100
地主	2	21	10.5	2	21	10.5	100
富农	3	80	26.667	3	80	26.667	100
中农	43	695.5	16.745	43	648	15.069	93.168
贫农	92	467.9	5.058	94	481.4	5.121	101.246

常熟七村各类村户五年来每人平均使用田亩增减表(以民国十七年分类为坐标)

类别	民国十七年			民国二十二年			民国二十二年指数
	口数	使用田亩数	每口平均数	口数	使用田亩数	每口平均数	民国十七年＝100
地主	17	21	3	7	21	3	100
富农	17	80	4.706	17	80	4.706	100
中农	118	695.5	5.894	121	648	5.358	90.906
贫农	228	467.9	2.052	225	481.4	2.139	104.239

常熟七村各类村户使用田亩阶段变动表

田亩阶段	地主					富农					中农					贫农				
	户数		百分比		百分比增减	户数		百分比		百分比增减	户数		百分比		百分比增减	户数		百分比		百分比增减
	民国十七年	民二十二年	民国十七年	民二十二年		民国十七年	民二十二年	民国十七年	民二十二年		民国十七年	民二十二年	民国十七年	民二十二年		民国十七年	民二十二年	民国十七年	民二十二年	
0亩																	3		2.97	+2.97
0.1－4.99	1	1	50	50	0											38	42	41.304	41.584	+0.28
5－9.99											2	2	4.651	5.128	+0.477	49	48	53.261	47.525	－5.836
10－19.99											31	29	72.093	74.359	+2.266	5	8	5.435	7.921	+2.486
20－29.99	1	1	50	50	0	1	1	33.333	33.333	0	10	8	23.256	20.513	－2.743					
30－39.99						2	2	66.667	66.667	0										
40－49.99																				
50－99.99																				
100－199.99																				
200－499.99																				
总计	2	2	100	100	0	3	3	100	100		43	39	100	100		92	101	100	100	

三、田权移转的分析

在上面的分析中，五年以来，农村中田权分配起着显著的变动。农民的田权在减少，农田使用有更分散及缩小的趋势，在盐城与启东，富农的地位日益摇落，全部农村绝少有欣欣向荣的情形；各类农户都在挣扎状态中从事他们的生产。

农户的唯一生产工具是工地，农民田权的缩小，即是说土地的丧失，自然是严重的事实。但这情形可以分析成两种原因，一是分家，另一便是买卖。

在田权分散的原因上，分家的影响很大。有些地方，田权本很集中，但因分家之故渐渐分散；一般农民的田权原已小得可怜，分家结果，往往使它更支离破碎，这一切，都是数见不鲜的事。

在盐城、启东、常熟三县中，分家的影响很小，盐城可说是绝无。启东则中农及贫农的每户平均所有田亩，显然受分家的影响而缩小；至于富农，则虽有三十三家之多，但五年间并未分家。常熟情形，地主富农及中农的田权都没有受到分家影响，受到的只是贫农方面，每户平均所有田亩的指数降落至96.8。

盐城七村分家对于每户所有田亩缩小的影响

农户类别	所有田亩数（民十七年）	农户数		每户平均田亩数		
		未分家前（民十七年）	分家后（民二十二年）	未分家前（民十七年）	分家后（民二十二年）	民二十二年指数（民十七年＝100）
富农	1823	28	28	65.1	65.1	100
中农	718	59	59	12.2	12.2	100
贫农	224.5	56	56	4	4	100

启东八村分家对于每户所有田亩缩小的影响

农户类别	所有田亩数（民十七年）	农户数		每户平均田亩数		
		未分家前（民十七年）	分家后（民二十二年）	未分家前（民十七年）	分家后（民二十二年）	民二十二年指数（民十七年＝100）
地主	140	1	1	140	140	100
富农	1264.23	33	33	38.31	38.31	100
中农	497.7	127	128	3.919	3.828	97.678
贫农	75.253	178	182	0.423	0.413	97.635

常熟七村分家对于每户所有田亩缩小的影响

农户类别	所有田亩数（民十七年）	农户数		每户平均田亩数		
		未分家前（民十七年）	分家后（民二十二年）	未分家前（民十七年）	分家后（民二十二年）	民二十二年指数（民十七年＝100）
地主	90	2	2	45	45	100
富农	100	3	3	33.333	33.333	100
中农	45	430	430	1.023	1.023	100
贫农	67.5	92	94	0.734	0.711	96.866

在各类村户中，分家成分之多寡，并不是偶然的事，据一般调查所得，大致富农分家较少，贫农最多，因为前者的经营规格较大，劳动力可有适当的支配，家庭中从业人员虽多亦属无妨；而后者则田权的分配既少，农田的使用也常患不足，求生的需要常成为分家的动力。

其次，促成田权的集中或分散的第二个原因，便是买卖，田产移转的中心杠杆便是在此。在盐城，因买卖关系，富农每户平均所有田亩指数，五年中间退缩至96.5；贫农的指数甚至仅为90.3；只有中农有微弱的增进。可见盐城的富农及贫农都曾卖出多量的土地，贫农甚至丧失到全部所有田亩的十分之一。

盐城七村买卖对于每户所有田亩的影响

农户类别	户数（民十七年）	所有田亩数		每户平均田亩数		
		（民十七年）	（民二十二年）	（民十七年）	（民二十二年）	民二十二年指数（民十七年＝100）
富农	28	1823	1248	65.1	62.8	96.5
中农	59	718	766	12.2	12.9	105.7
贫农	56	224.5	212.5	4.01	3.8	90.3

启东情形，除地主买进土地外，其余各类农户都在买卖中丧失他们的土地，富农每户平均田亩的指数，五年之间，落为96.69，中农为94，贫农则甚至降落到89.1。

启东八村买卖对于每户所有田亩的影响

农户类别	户数（民十七年）	所有田亩数		每户平均田亩数		
		（民十七年）	（民二十二年）	（民十七年）	（民二十二年）	民二十二年指数（民十七年＝100）
地主	1	140	148.333	140	148.333	105.952
富农	33	1264.230	1222.496	38.310	37.045	96.698
中农	127	497.700	468.133	3.919	3.686	94.055
贫农	178	75.253	60.023	0.423	0.337	89.125

常熟的田权移转比较停滞，这是近年来都市膨胀，农村偏枯情形下必然发生的现象；所以一百零四家村户中，只有四十三家中农因买卖而增多了两亩田地，其余都绝无变动。自然，这情形中，可能地存在着调查的不周，因为农民常不愿全部报告的。

常熟七村买卖对于每户所有田亩的影响

农户类别	户数（民十七年）	所有田亩数		每户平均田亩数		
		（民十七年）	（民二十二年）	（民十七年）	（民二十二年）	民二十二年指数（民十七年＝100）
地主	2	90	90	45	45	100
富农	2	100	100	33.333	33.333	100
中农	43	45	47	1.045	1.093	104.593
贫农	92	67.5	67.5	0.734	0.734	100

买卖固然是田产移转中最普遍的方式，但田产移转的方式并不限于买卖，如邳县一带，田地的典当亦很流行，而通常农民的丧失土地，在到达买卖阶段以前，往往先经过抵押典当等步骤。所以下面三表，便是将三县所调查的村落中各类村户底所有田亩自民十七至二十二止五年来增减情形作一总括的分析，以民十七年时所有亩数为坐标，然后先看买卖，次看典当，又次看有无赎出赎回等情，最后在其他原因中再将村户上落、分家及迁入等影响列入，依此而得民二十二年时各类村户的所有亩数。

盐城七村各类村户五年来所有田亩增减表

类别	民十七年时所有田亩数	民国十七年至民国二十二年增减情形													
		卖出		买进		典出		典进		赎出		赎回		其他原因	
		亩数	对十七年所有亩数的百分比	亩数	％	亩数	％	亩数	％	亩数	％	亩数	％	亩数	％
富农	1823	197	10.8	122	6.7									－87	4.8
中农	718	3	0.4	51	7.1									＋16	2.2
贫农	224.5	23	10.2	11	4.9									＋11	4.9

启东八村各类村户五年来所有田亩增减表

类别	民十七年时所有田亩数	民国十七年至民国二十二年增减情形													
		卖出		买进		典出		典进		赎出		赎回		其他原因	
		亩数	对十七年所有亩数的百分比	亩数	％	亩数	％	亩数	％	亩数	％	亩数	％	亩数	％
地主	140							8.333	5.952					＋1.666	1.190
富农	1264.236					41.731	3.301							－180.317	14.265
中农	497.700	41	3.811	5.853	1.172	4	0.805	12.6	2.532					－7.174	1.441
贫农	75.253	5	6.611			1.25	1.661	0.833	1.107	9.82	13.05			＋53.339	70.879

常熟七村各类村户五年来所有田亩增减表

类别	民十七年时所有田亩数	民国十七年至民国二十二年增减情形													
		卖出		买进		典出		典进		赎出		赎回		其他原因	
		亩数	对十七年所有亩数的百分比	亩数	%	亩数	%	亩数	%	亩数	%	亩数	%	亩数	%
地主	90														
富农	100														
中农	45			2	4.414									+9	20
贫农	67.5	2	2.963	2	2.963									+4	5.925

至田权移转方式，在邳县，典当甚为盛行，一般农民在出卖田地以前经过典当者约占七八成，典出之后大都归受主耕种，典期通常均为三年，典价则约当地价50%或60%。农田买卖情形，近年来不甚活跃，因为全县匪患甚烈，收获不佳，很少有地主或商人愿意买进田亩，所以田价有显著的跌落。例如在谭墩村一带，现在每亩地价最高的只值十五元；普通的只值十一二元，像这样低廉的田价并也不能招揽得多量主顾，田地还是和不能脱售的商品一样，锢禁在贫农的手里日趋硗薄。但邳县也有例外情形，如有名的地主村——戴家圩附近，田地价格要高得多，普通农田每亩可值四十元，最坏的也值二十元。总之，邳县平均田价比江南低得多，而五年中间，又跌落了40%左右。

盐城各村中，抵押比较盛行，田产买卖大都经由此阶段，不过典当的惯例必须移转使用权，而抵押则只表现一种借贷关系。在盐城，抵押普遍不收利息，而收取田中出产。在徐家村赵家宅等村中，典当情形也很普遍，通常不定年限，但须由得主耕种，所有产物自归得主；如得主不自己耕种而转租与他人时，取卖主有优先承租权。典地时费用有学捐契税中佣等项总计约照价百分之二三。各村平均，押价普通约当地价40%，典价则为60%。至买卖情形无特殊习惯，普通农田每亩二十元，较五年前跌落一半。近海一半区域，各盐垦公司时有大批收买土地情形，因种种关系，价格异常低廉，如民国七八年时太和、大佑两公司所收买的土地约三四千亩，但每灶（约有田两三百亩）只给价一百五十串（一千文）至二百串。

启东情形比较复杂，因为在启东，和江南多数县份似的，田权有所谓“田底”“田面”之分。譬如新涨沙地便由私人或公家地主（如教育局）围起，在召租耕种的时候，得收受一笔款项将田面出卖。这种田面卖价每千步最高为一百二十元，最低也要六十元。例如教育局处理新涨沙滩办法便是这样，规定佃户在三年以内必须清偿田面价格，然后由教育局出给“佃证”表示佃户领有田面，以后教育局便不得任意收田。一般说来，启东有田面的佃户，假如田底属于公家（所谓公田），则必须有“田证”，如田底属于私人，则佃户领有“写地折”，所谓“田证”与“写地折”都是田面权的法律保障。同样，有“田底”的业主，不论他是公家或私人，都存有“户折”。这田面，在启东俗称“崇划田”或“仪租地”，称“崇划”者是说由崇明划过来耕种之意，因为那儿的地主大都为崇明人。这些“崇划田”的佃户都是有永佃权的，他们即欠租几年，地主也不能随意收回，所以价格较高，甚至高于田底，田底每亩普通值四五十元，田面却值二百元上下。至不分田底田面的称“底面田”价格自然是最高，普通每亩在二百五十元至三百元左右。田权构成既有若干差异，各种田权的移转自然也有各种不同的形式、手续和费用。田权移转的主要方式，在启东最普通的是买卖和抵押。买卖田产时，须订立绝契，如出卖田底或底面田，则订立“绝契”，如出卖田面，则订立“绝吐揽”。田面出卖手续较繁，佃户出卖田面照理必先通知业主，后来为免业主阻碍和垄断，佃户先将田面脱卖，然后通知业主。譬如田价值二百元，得主往往先付彼一百元，然后由彼通知业主，追问卖者曾否欠租，以期先事清除一切纠纷。抵押手续在各种田权间无甚殊异情形，出抵者书立活契便向债主借取款项。佃户抵押田面须立“活吐揽票”，抵押后佃户仍种原田，每月两分起息，或缴每千步十八元上下的预租。如抵押后归得主耕种，则实际上便为典当，业主处租金由得主负担，这时候债主债户中间，银不起利，田不起租，到三年或五年后方得赎田。不论田底田面，抵价约当地价之一半，典价则为60%。

常熟田权也有田底田面之分，但移转手续无甚特殊之处。至移转方式，则大都为买卖与抵押，很少有典当。田价现在普通每亩值一百元，田面田值五十元，田底田值四十余元，民十七年情形比现在约高一倍。抵押价格通常约当田价60%至70%不等。常熟田价的跌落，最大原因便是由于农产品价格的不振。

第四章　租佃关系及其近年来的变革

一、农户的租佃成分及其动向

江苏的租佃关系，大致说来，江南较为发达，江北则与华北近似，自耕农较占优势。在这次所调查的四个区域中，邳县与盐城两地自耕农比较发达，在各类农户中，平均占到60%以上。

邳县六村各类村户性质对照表

类别	富农		中农		贫农	
	户数	百分比	户数	百分比	户数	百分比
自耕农	7	50	28	60.9	95	76.6
半自耕农	3	21.4	8	17.4	2	1.6
佃农	4	28.6	10	21.7	27	21.8
总计	14	100	45	100	124	100

盐城七村各类村户性质对照表

类别	富农		中农		贫农	
	户数	百分比	户数	百分比	户数	百分比
自耕农	17	68	39	65	44	74.6
半自耕农	7	28	9	15	6	10.2
佃农	1	4	12	20	9	15.2
总计	25	100	60	100	59	100

启东较次，仅富农中自耕农占优势，中农及贫农大部分在租佃关系下讨生活。

启东八村各类村户性质对照表

类别	富农		中农		贫农	
	户数	百分比	户数	百分比	户数	百分比
自耕农	20	76.923	32	28.319	29	9.134
半自耕农	1	3.816	14	12.389	10	4.808
佃农	5	19.231	67	59.292	179	86.058
总计	26	100	113	100	208	100

至常熟则除富农外，中农及贫农几乎全是半自耕农及纯粹佃农，租佃关系的高度发达，正代表了江南的一般情形。

常熟七村各类村户性质对照表

类别	富农		中农		贫农	
	户数	百分比	户数	百分比	户数	百分比
自耕农	3	100	1	2.564	1	1.01
半自耕农			8	20.513	20	20.202
佃农			30	76.923	79	78.788
总计	3	100	39	100	100	100

不过农户的租佃成分，这样看法，仍不免流于机械，而把握不住真实的情形。因为在半自耕农中，有的近于自耕农，有的近于佃农，必须从他们全部耕田中分别出自田占优势或租田占优势，然后不致有偏颇的论断。所以，后面，我们再把各类农户中的租佃成分，划成“大部或全部耕田系自有者”及“大部或全部耕田系租来者”两个范畴来看：

先说富农：在邳县，富农经营中自田占优势及租田占优势者各为一半，盐城则以租田为主要的富农很少；有84%的富农，其耕田系大部或全部自有者。启东情形，大致与盐城相似，惟仅占80%；至常熟则三家富农全系自有耕田的。

邳县六村各类富农分子户数表(民国二十二年调查)

村名	富农总数	大部或全部耕田系自有者		大部或全部耕田系租来者	
		户数	百分比	户数	百分比
贺庄	5			5	100
土埠林	2			2	100
谭墩村	6	6	100		
戴家场	1	1	100		
总计	14	7	50	7	50

盐城七村各类富农分子户数表(民国二十二年调查)

村名	富农总数	大部或全部耕田系自有者		大部或全部耕田系租来者	
		户数	百分比	户数	百分比
倪化乡一间	7	5	71.4	2	28.6
正丰乡十二间	7	7	100		
正丰乡十一间	3	3	100		
赵家宅	1	1	100		
王家宅	7	5	71.4	2	28.6
总计	25	21	84	4	16

启东八村各类富农分子户数表(民国二十二年调查)

村名	富农总数	大部或全部耕田系自有者		大部或全部耕田系租来者	
		户数	百分比	户数	百分比
小潋乡第六间	11	11	100		
民政乡第三间	1	1	100		
民政乡第四间	1	1	100		
庚癸乡第四间	4	3	75	1	25
庚癸乡第二间	4	2	50	2	50
信士乡第六间	2			2	100
嘉禾乡第一间	0				
义方乡第六间	3	3	100		
总计	26	21	80.769	5	19.231

常熟七村各类富农分子户数表(民国二十二年调查)

村名	富农总数	大部或全部耕田系自有者		大部或全部耕田系租来者	
		户数	百分比	户数	百分比
屯王庙陶家阁	3	3	100		
总计	3	3	100		

中农中的租佃成分，邳县、盐城与启东、常熟显然分为两个不同的区域，前者是中农经营中，全部或大部耕田系自有者占优势（邳县为65.2%，盐城为73.3%）；后者则反是，全部或大部耕田系租来者，在中农全体中所占的成分很高，如启东为66.3%，常熟为84.6%。

邳县六村各类中农分子户数表(民国二十二年调查)

村名	中农总数	大部或全部耕田系自有者		大部或全部耕田系租来者	
		户数	百分比	户数	百分比
半里庄	15	14	93.3	1	6.7
桃园庄	2	1	50	1	50
戴家场	5	5	100		
谭墩村	12	8	66.7	4	33.3
土埠林	4			4	100
贺庄	8	2	25	6	75
总计	46	30	65.2	16	34.8

盐城七村各类中农分子户数表(民国二十二年调查)

村名	中农总数	大部或全部耕田系自有者		大部或全部耕田系租来者	
		户数	百分比	户数	百分比
赵家宅	6	6	100		
正丰乡十一间	12	10	83.3	2	16.7
徐家村	6	2	33.3	4	66.7
景范镇十五间	3	2	66.7	1	33.3
王家庄	12	10	83.3	2	16.7
倪化乡第一间	11	4	36.4	7	63.6
正丰乡十二间	10	10	100		
总计	60	44	73.3	16	26.7

启东八村各类中农分子户数表(民国二十二年调查)

村名	中农总数	大部或全部耕田系自有者		大部或全部耕田系租来者	
		户数	百分比	户数	百分比
小溆乡第六间	10	9	90	1	10
民政乡第三间	18	14	77.778	4	22.222
民政乡第四间	9			9	100
庚癸乡第二间	15	1	6.667	14	93.333
庚癸乡第四间	24	2	8.333	22	91.667
信士乡第六间	14			14	100

续表

村名	中农总数	大部或全部耕田系自有者		大部或全部耕田系租来者	
		户数	百分比	户数	百分比
嘉禾乡第一间	8			8	100
义方乡第六间	15	12	80	3	20
总计	113	38	33.628	75	66.372

常熟七村各类中农分子户数表(民国二十二年调查)

村名	中农总数	大部或全部耕田系自有者		大部或全部耕田系租来者	
		户数	百分比	户数	百分比
高英乡赵巷	6			6	100
东浜乡南浜	9			9	100
花溪乡西浜	8			8	100
兰桥乡西毛	2			2	100
屯王庙陶家阁	1	1	100		
屯王庙上塘	5	5	100		
莫城镇东街	8			8	100
总计	39	6	15.385	33	84.615

贫农情形，邳县、盐城仍保有它们自田占优势的特色，贫农中全部或大部耕田系自有者，在邳县占55.2%，盐城竟至84.7%。此外，邳县贫农中还有27.9%的人家，其全部或大部时间系出雇于人者，即为雇农。启东与常熟的贫农，情形正相反，其中全部或大部耕田系租来者，启东占88.4%，常熟占80.1%。此外常熟贫农中还有少数的雇农。

邳县六村各类贫农分子户数表(民国二十二年调查)

村名	贫农总数	大部或全部时间出雇于人者		大部或全部耕田系租来者		大部或全部耕田系自有者	
		户数	百分比	户数	百分比	户数	百分比
贺庄	26	14	53.8	6	23.1	6	23.1
土埠林	10	5	50			5	50
谭墩村	30	5	16.7	14	46.7	11	36.6
桃园庄	16	3	18.8	6	37.5	7	43.7
半里村	90	21	23.3	3	3.3	66	73.4
总计	172	48	27.9	29	16.9	95	55.2

盐城七村各类贫农分子户数表(民国二十二年调查)

村名	贫农总数	大部或全部时间出雇于人者		大部或全部耕田系租来者		大部或全部耕田系自有者	
		户数	百分比	户数	百分比	户数	百分比
正丰乡十二间	5			1	20	4	80
王家庄	15					15	100
正丰乡十一间	7			2	28.6	5	71.4
赵家宅	6					6	100
徐家村	9			3	33.3	6	66.7
倪化乡第一间	6			3	50	3	50
景范镇十五间	11					11	100
总计	59			9	15.3	50	84.7

启东八村各类贫农分子户数表(民国二十二年调查)

村名	贫农总数	大部或全部时间出雇于人者		大部或全部耕田系租来者		大部或全部耕田系自有者	
		户数	百分比	户数	百分比	户数	百分比
小濑乡第六间	2			1	50	1	50
民政乡第三间	22			11	50	11	50
民政乡第四间	32			32	100		
庚癸乡第二间	8			8	100		
庚癸乡第四间	10			7	70	3	30
信士乡第六间	34			34	100		
嘉禾乡第一间	59			59	100		
义方乡第六间	41			32	78.049	9	21.951
总计	208			184	88.462	24	11.538

常熟七村各类贫农分子户数表(民国二十二年调查)

村名	贫农总数	大部或全部时间出雇于人者		大部或全部耕田系租来者		大部或全部耕田系自有者	
		户数	百分比	户数	百分比	户数	百分比
高英乡赵巷	7			7	100		
东浜乡南浜	20			20	100		
花溪乡西浜	7	1	14.286	6	85.714		
涧桥乡西毛	9	1	11.111	8	88.889		
屯王庙陶家阁	20			12	60	8	40
屯王廟上塘	17			8	47.059	9	52.941
莫城镇东街	21	1	4.762	20	95.238		
总计	101	3	2.97	81	80.198	17	16.832

农户的租佃成分，还可从他们的租进田亩及租进田亩在全部使用田亩中的百分比来看。在邳县，富农和中农的使用田亩中，有一半是租来的，贫农反仅三分之一；盐城则富农的使用田亩中，仅17.5%是租来的，中农和贫农稍高，约在40%上下；启东和常熟两县，除富农情形不同外（启东富农的使用田亩中有35.8%是租来的，常熟富农则不但不租进，而且其所有田亩中有20%租出与他人）。中农和贫农的使用田亩总有80%以上是租来的。

邳县六村各类村户农田之租出与租进表(民国二十二年调查)

类别	所有田亩数	使用田亩数	租出		租进	
			田亩数	对所有田亩之%	田亩数	对使用田亩之%
地主	110		110	100		
富农	535	1131			596	52.7
中农	561	1214			653	53.8
贫农	347.3	517.3	2	0.57	172	33.2
其他	6.5	9.3			2.8	30.1
总计	1559.8	2871.6	112	7.2	1423.8	49.6

盐城七村各类村户农田之租出与租进表(民国二十二年调查)

类别	所有田亩数	使用田亩数	租出		租进	
			田亩数	对所有田亩之%	田亩数	对使用田亩之%
地主	33	7	26	78.79		
富农	1661	2008	6	0.36	353	17.58
中农	782	1349.6			567.6	42.05

续表

类别	所有田亩数	使用田亩数	租出		租进	
			田亩数	对所有田亩之%	田亩数	对使用田亩之%
贫农	223.5	361.8			138.3	38.23
其他	4	4				
总计	2703.5	3730.4	32	1.18	1058.9	28.39

启东八村各类村户农田之租出与租进表(民国二十二年调查)

类别	所有田亩数	使用田亩数	租出		租进	
			田亩数	对所有田亩之%	田亩数	对使用田亩之%
地主	164.99	48.333	146.666	70.707		
富农	1042.149	1608.855	10	0.96	576.706	35.846
中农	460.959	1886.965			426.006	75.571
贫农	143.352	1081.087			967.735	89.515
其他	3	4.666			1.666	35.705
总计	1784.459	4629.906	126.666	7.098	2972.113	64.194

常熟七村各类村户农田之租出与租进表(民国二十二年调查)

类别	所有田亩数	使用田亩数	租出		租进	
			田亩数	对所有田亩之%	田亩数	对使用田亩之%
地主	90	21	69	76.667		
富农	100	80	20	20		
中农	56	621			565	90.982
贫农	71.5	510.9			439.3	85.986
其他	1.7	20.4			18.7	91.667
总计	391.2	253.3	89	27.885	1023.4	81.632

这情形所昭示我们的，便是江苏农村中，不论江南江北，由田权分配不均所引起的农田的所有与使用间的矛盾，已相当严重；地主的土地不消说是完全放租，所有农民，即生产者全体都必须租地来使用，江北的富农经营中租田的成分很大，江南的中小农对租进田地的仰给性更高，固然前者是为了企业而后者是为了生计，但生产者不能直接占有生产工具乃是显然的事实，农业生产由此受到严重的束缚，也是必然的结果。

任何社会现象的研究，首要的是要从演变的过程中观察其动向。江苏农村中的租佃关系是向哪一方面发展呢？在这儿，我们必须进而研究其五年来的趋势。换言之，就是五年以来，地主是否有更多的田地出租，富农是否在以租田来扩大他的经营范围，或减少租田甚至出租自田来缩小他的经营范围，中农和贫农是否更困缚在租佃关系之下？这一切为明确地认识起见，我们必须来看五年前各类村户农田租进租出的增减；至农户租佃分子的上落，因分家及移入结果，户数增加，比较难得真相。

邳县因十七年有数村为匪区，材料不足，无法比较外；其他三县的情形都相近似：即第一，五年以来，各类村户的农田出租情形无甚上落，地主几乎将田地全部出租，富农仅有极少数的出租，而且五年来并不见得在增加。

盐城七村各类村户五年来出租农田增减表

类别	所有田亩数		出租田亩数		对所有田亩的百分比		百分比增减
	民国十七年	民国二十二年	民国十七年	民国二十二年	民国十七年	民国二十二年	
地主		33		26		78.8	＋78.8
富农	1823	1661	6	6	0.3	0.4	＋0.1
中农	718	782					
贫农	224.5	223.5					
其他	5	4					
总计	2770.5	2703.5	6	32	0.2	1.2	＋1

启东八村各类村户五年来出租农田增减表

类别	所有田亩数		出租田亩数		对所有田亩的百分比		百分比增减
	民国十七年	民国二十二年	民国十七年	民国二十二年	民国十七年	民国二十二年	
地主	140	164.999	100	116.666	71.429	70.722	－0.722
富农	264.23	1042.149	10	10	0.791	0.96	＋0.169
中农	497.7	460.959					
贫农	75.253	113.352					
其他	3	3					
总计	1980.183	1784.459	100	126.666	5.555	7.098	＋1.543

常熟七村各类村户五年来出租农田增减表

类别	所有田亩数		出租田亩数		对使用田亩的百分比		百分比增减
	民国十七年	民国二十二年	民国十七年	民国二十二年	民国十七年	民国二十二年	
地主	90	90	69	69	76.667	76.667	0
富农	100	100	20	20	20	20	0
中农	45	56					

续表

类别	所有田亩数		出租田亩数		对使用田亩的百分比		百分比增减
	民国十七年	民国二十二年	民国十七年	民国二十二年	民国十七年	民国二十二年	
贫农	67.5	74.5					
其他	0.7	1.7					
总计	303.2	319.2	89	89	29.354	27.882	－1.472

其次，农户的租进田亩数，富农和中农都有显著的退缩，而且这情形是和使用田亩数的减少呈同一的意义，这是盐城启东等处年来富农经营的衰落，及各地农村中中农地位的动摇之结果。贫农居中，因为有若干中农降入的影响，使用亩数及租进亩数稍有扩大。

盐城七村各类村户五年来租进农田增减表

类别	使用田亩数		租进田亩数		对所有田亩的百分比		百分比增减
	民国十七年	民国二十二年	民国十七年	民国二十二年	民国十七年	民国二十二年	
地主		7					
富农	2260	2008	443	353	19.6	17.6	－2
中农	1328	1349.6	610	567.6	45.9	42	－3.9
贫农	311.5	361.8	87	138.3	27.9	38.2	＋10.3
其他	5	4					
总计	3904.5	3730.4	1140	1058.9	29.2	28.4	－0.8

启东八村各类村户五年来租进农田增减表

类别	使用田亩数		租进田亩数		对使用田亩的百分比		百分比增减
	民国十七年	民国二十二年	民国十七年	民国二十二年	民国十七年	民国二十二年	
地主	40	48.333					
富农	2008.853	1608.855	754.623	576.706	37.565	35.846	－1.719
中农	2077.714	1886.965	1580.014	1426.006	76.046	75.571	－0.471
贫农	957.126	81.087	881.873	967.735	92.138	89.515	－2.623
其他	4.666	4.666	1.666	1.666	35.705	35.705	0
总计	5088.359	4629.906	3218.176	2972.113	63.246	64.194	＋0.948

常熟七村各类村户五年来租进农田增减表

类别	使用田亩数		租进田亩数		对使用田亩的百分比		百分比增减
	民国十七年	民国二十二年	民国十七年	民国二十二年	民国十七年	民国二十二年	
地主	21	21					
富农	80	80					
中农	695.5	621	650.5	565	93.53	90.982	－2.548
贫农	467.9	510.9	400.4	439.9	85.574	85.986	＋0.412
其他	27.9	20.4	2.72	18.7	9.749	91.667	＋81.918
总计	1292.3	1253.3	1078.1	1023.1	83.425	81.632	－1.793

二、租佃制度

江苏的租佃制度，各地颇不一律。邳县一带，几乎全为“分租制”。分租制的成因，通常因为土地贫瘠及天灾较多，收获颇少把握，所以不能有空额的钱租或谷租。不过同为分租制，而邳县的情形，与华北一带及法国的所谓 Metayer 制并不全等。华北一带的分租制，地主与佃农虽同样地各得一半的收获，然在耕种时所有肥料种子也都各半的，有时大农具由地主出，小农具由佃农出。法国情形也大致是这样。惟有邳县一带的分租制，地主仅出一半的种子，此外农具肥料可一切不管，到收获时仍旧平分生产物。

邳县分租的租田手续，非常简单，彼此并无契约，只须地主与佃户当面说明，亦无押租，时期亦无限制，起租与退租全听地主的命令。

分租制名义上虽属东佃对分，但实际上佃户所得通常少于地主。当收获前，地主即派“总管”下乡，督看收割，然后将收获物分置两堆，由地主方面先择；在此期内，总管在乡村食住等项全由佃户供给。邳县农产以麦为大宗，次为高粱及豆，普通每亩可产麦五斗（合27.8公升）高粱三斗豆三斗，与地主对分之后，佃户每亩所得至多五元。

盐城的租佃制度，分租制与谷租制都很盛行。分租制有对分、四六分或六四分三种：大抵对分制除种子归业主自出外，关于田上购买肥料，修理堆壋风车（该地风车作水车用，每架可灌溉五十亩）等费，均彼此名半，其他情形都以此为转移。至谷租租率，每亩普通约完稻一百二十斤至一百五十斤，豆麦每亩约二斗，当地每亩产量，稻则可获二百四十斤，麦五斗，豆六斗，所以谷租租额约占产量之50％至60％不等。此外，盐城也有佃户包租制，于订约时，须先缴纳保证金若干，视田地的多寡及出产物预计的成数而定，俗名“上庄”。

在盐城的租佃制度中，有一部分必须提出另说的，便是盐垦公司下的租佃情形。

各盐垦公司的地制，分全境为若干区，每区分为若干块，每块再分为若干小块。这是指普通情形而言，其分法各公司也有不同的。通常每小块有二十五亩，由一户承领。领种的时候，须缴纳顶首，即押租，顶首数目各公司不同，每亩有一元至八元的，各公司的流动资本大部分依靠顶首。顶首之外，还要纳一种写礼（就立契手续），每亩三角，这数目大家一样的。佃户退田时，顶首可由公司发还，写礼则不退。承种的佃户，须自建居屋，备置农具种子肥料，从耕作到收获，公司绝不过问。等到春秋两熟（春熟以豆麦为大宗，秋熟以棉花为主要）将熟之时，公司乃派管垦人员，分往各户，估计产量。春熟佃户每亩纳银一角或数角不等，看地力的大小而定。不过各公司的收入以棉租为大宗，因此各公司对秋熟比较重视，常常限制佃户不能多种春熟，以免秋熟受到妨害。秋熟普通四六议分，公司得四成，佃户得六成。

在启东，谷租制比较盛行，大约有65%以上的租田都是纳谷租的。谷租的额数乃是地主在收获以前预先到佃户田里估计本年的产量，然后和佃户议定的。通常全年只还租一次，麦熟不还。佃户田里种棉就还棉花，种玉蜀黍就还玉蜀黍。租额普通很低，占产量的五分之一为最通常。

启东七村各类田租所占成数比较表

村名	钱租	谷租	分租	折租
义方乡第六间		100%		
民政乡第三间		100%		
民政乡第二间		100%		
庚癸乡第二间		50%		50%
庚癸乡第四间		70%	10%	20%
信士乡第六间		70%		30%
小溦乡第六间		100%		

启东七村谷租租额表

村名	全收获量	普通所纳租额			
		最高	最低	普通	普通租额对收获量的百分比
义方乡第六间	48斤	13斤	9斤	11斤	22.917
民政乡第三间	25斤	12斤	8斤	10斤	40
庚癸乡第二间	46斤	10斤	7斤	8斤	17.3
信士乡第六间	44斤	12斤	7斤	9斤	20.4
小溦乡第六间	44斤	12斤	7斤	9斤	20.4
庚癸乡第四间	25斤	11斤	8斤	10斤	40
民政乡第二间	25斤	12斤	8斤	10斤	40

其次是折租，即是说佃户在缴租时不缴产物，却按时价折合银钱还给地主，其中有一部分是空额的，租额每千步（合4.166亩）约自七元至十元。此外，还有一种名“分种田”的，即分租，情形与盐城相似。启东的一般租额虽不高，但也有许多苛刻的办法，如有些心狠的地主得行“包三石”的办法，即每年每千步缴麦一石，黄豆一石及玉蜀黍一石，合计共三石，无论

丰歉，不增不减。又如收取预租的情形也常见，佃户向业主租进“底面田”，每年分大小两熟缴纳租金，于每期之初缴纳；例如租田千步，规定缴租二十四元，则每熟须预付十二元。

在常熟，谷租、折租及真正的钱租都很发达，不过成分多少，各村颇不一律。分租则绝对不存在。租佃手续普通须订立契约，年限大都不定，有几村中押租极流行，为高英乡赵巷村每亩须缴纳三四十元，但缴押租后租额可稍低。押租外其他勒索尚无，预租也没有。谷租租额的高度平均占收获量的45%，钱租普通占地价的12%至20%。

常熟五村各类田租所占成数比较表

村名	钱租	谷租	分租	折租
花溪乡西浜		10%		90%
高英乡赵巷	60%	40%		
屯王庙上塘		30%		70%
涧桥乡西毛村	50%	50%		
莫城镇东街	70%	30%		

常熟五村谷租租额表

村名	全收获量	普通所纳租额			
		最高	最低	普通	普通租额对收获量的百分比
花溪乡西浜	2.2石	1石	8斗	9斗	40.909
高英乡赵巷	2石	9斗	7斗	8斗	26.667
屯王庙上塘	2石	1.1石	8斗	9斗	45
莫城镇东街	2石	1石	8斗	9斗	45
涧桥乡西毛村	2石	1石	8斗	9斗	45

常熟二村钱租租额表

村名	普通所纳租额			
	最高	最低	普通	普通租额对收获量的百分比
高英乡赵巷	5.4元	4.2元	4.8元	19.2
花溪乡西浜	6元	4.8元	5.4元	12

常熟佃农景况普通都十分窘困，地主势力甚为发展，而且多大地主，所以催征吏便应运而生。这班人的存在是半私半公的地位，实际上也是兼管催粮及催租，每人管辖一二图（全县有六百七十余图），全县有二三百人。他们催租时有手续费可得，即催得十元，仅八元归地主，同时下乡时对农民还可勒索，所以在常熟，催征吏是上等肥差，然而农民在他们下面受到的痛苦，真不胜言（详情可参考日记）。

第五章　乡村政治情形及捐税

一、乡村政治情形

在目前，江苏乡村中主要的政治机构是在区公所，县政的一切设施大都通过区公所而到达地方，所以如水利、卫生、教育、仓库、救济工程、户口调查及乡村公所组织等事都划入区公所的工作范围。各县的乡村公所虽没有组织具备，而区公所的组织大致都已完备。区长人选，以这次所调查到的一百六十九个区长的情形来看，尚称严格，省立区长训练所毕业的居多，县政府出身者亦不在少数，间或亦有当地的绅士及大地主，如邳县有位姓戴的及常熟有位姓金的都拥有极多的放租的土地。

邳县等十三县区长人数及出身表

县名	区长人数	出身
邳县	11	大部分为区长训练所毕业,其余为中学毕业,亦有旧幕僚出身者
铜山	12	大部分为军政出身,少数毕业于中学及区长训练所
盐城	14	学校出身与旧官僚及绅士均有
泰县	15	大部分毕业于区长训练所,其余均为县政府出身
兴化	6	全为区长训练所毕业
东台	9	大都为区长训练所毕业
启东	8	大都为学校及区长训练所出身,亦有大学毕业者
海门	11	全为学校及区长训练所毕业,亦有大学毕业者
南通	18	全为区长训练所及学校毕业
常熟	15	几全为区长训练所毕业,亦有曾留学日本者
吴县	23	新旧出身均有
昆山	10	几全为区长训练所毕业
无锡	17	几全为区长训练所毕业
总计	169	

乡村长的人选较为复杂，如邳县有些村长是地主兼高利贷者，常熟情形尤甚，在第一区、第二区、第十二区、第十四区中都发见有地主及高利贷者的乡村长。

区公所的经费在江苏已相当扩大，如常熟昆山每县每年在十万元以上，吴县亦有九万八千元，区公所已不是装门面的点缀品，从经费上看来，可以有实际的事业举办了。

邳县等十三县各区区公所经费及来源表

县名	全县各区全年经费总数 *	经费来源
邳县	45897 元	田赋带征及地方杂捐
铜山	32440	田赋带征及地方杂捐
盐城	—	不明
泰县	35892	县库拨发
兴化	18144	田赋带征
东台	17659	忙漕带征及灶折带征
启东	19200	田赋带征及公田租金
海门	24582	地方亩捐
南通	46720	田赋带征
常熟	110779	田赋带征及地方杂捐
吴县	98200	地价税
昆山	159193	地价税带征
无锡	59192	地价税带征及地方杂捐
总计	667880 元	
* 内盐城未调查到		

二、捐税

农村中资金流出的过程，通常分析为四个方面："租""税""价""息"。在江苏，地租的情形，上面已经叙述过；商业资本下的物价的作用不在这次调查范围之列；借贷情形在江苏很普遍，农村中70%以上的农民都是负债者，利息通常在三分以上，四五分以至更高的在江北亦常发见；最后，在江苏农村经济中扮演着重要角色的便是捐税，而其中最普通最严重的便是田赋。

江苏田赋，江南江北显然地可以划分为两区，江南的土地较为肥美，故正税很重；江北的土地比较贫瘠，所以正税较轻；因此江南的田赋附加税不过超过正税二三倍，而江北则多数超过八倍，或十倍，甚至有超过十五六倍或二十五六倍的；附加税的名目也举不胜举，省附税比较简单，不过教育专款，水利专款，筑路专款等数种；一到县附税，便种类繁多，有教育费、公安亩捐、自治亩捐、党部民众捐、农业改良捐、普教亩捐、抵补金亩捐、芦课自治捐、芦课党务捐、清丈费、保卫团捐、水巡察经费、警察队经费、户籍费、习艺所亩捐、教育特捐、师范经费、防务费、区经费、区圩塘工捐、乡镇经费、村制费、公益费、开河经费、保坍费、建闸费、国省选举费、修志费、积谷捐、清乡费、慈善费等等。

在我们概况调查的十三县中，田赋正附税的比率，至足惊人，其中海门县便是附税超过正税二十五六倍者，附加税病民的情形已表露得无遗了。

邳县等十三县田赋正附税比较表

县别	省县正税(单位 1000 元)	省县附税(单位 1000 元)	比率(正税＝100)
邳县	6.2	40.7	656.45
铜山	16.4	114.3	696.95
盐城	11.1	94.6	852.25
兴化	11	78.8	776.36
东台	9.9	31.4	317.17
泰县	7.5	71.8	970.67
启东	4.2	19.9	473.81
海门	2.9	75.5	2603.45
南通	11	69.9	635.45
常熟	67.8	129.9	191.59
吴县	82.8	148.5	179.35
昆山	49.1	74.4	151.53
无锡	50	82.4	164.8

田赋附加税病民的情形，不仅江苏一省，几乎是江、浙、皖等省的普遍现象；但海门这样悬殊的比率则不多见。因此，近年以来，江苏省政府努力推行地价税办法，想使各县田赋不得超过地价的百分之一；但到现在止，还没有充分切实地执行。如这次所调查的十三县中，依百一的原则来看，田赋现征数目只有两县未超过百一限度：

邳县等十三县田赋依照百一限度应征税额及现征超出数额的比较

县别	全县地价总数	限度应征数目	现征数目	超出之百分比
邳县	60596835 元	605968 元	469263 元	未超过百一限度
铜山	50706165	507061	1307309	1.57
盐城	59966703	599667	1059454	0.75
兴化	59702880	597028	898224	0.5
东台	37303172	373031	412969	0.1
泰县	81350000	813500	892923	0.09

续表

县别	全县地价总数	限度应征数目	现征数目	超出之百分比
启东	21707006	217070	240429	0.2
海门	64221020	642210	783544	0.22
南通	65130340	651302	808772	0.14
常熟	216890790	2168907	1977249	未超过百一限度
吴县	209242889	2092428	2313102	0.1
昆山	115308006	1153081	1234944	0.07
无锡	127823000	1278230	1324564	0.04

其他杂捐，各县很少见，不过在江苏北部，军需摊派的数额，甚为严重，邳县所调查的六个村子中，几乎没有个村子不年年要被摊派军需的。所以高一涵先生视察江苏田赋情形的报告中，也认为江苏北部的兵差，其破坏农村经济的严重程度还在田赋附加税之上。

附 录

一、调查日记

七月一日

本团今天决定出发了，各团员在七时半左右到交通旅馆集合，八时乘汽车抵下关。事先会中已向路局交涉好免票乘车的手续，所以我们很方便跳上了津浦轮渡，在微风细雨里，暂别了首都，到民间去！钟鸣十响，车开行。车中虽有电扇设备，阴霾虽充满了天空，仍然怪闷热。沿路两旁多是平原，满种着稻和高粱之类，欣欣然，大有生气。农人三五成群，且歌且作，煞是有劲，可惜他们的生产工具还是墨守陈法！在每每经过一团而又矮小的农家，我们可以看到他们的草屋的四向，稀疏的，培植着几株树木，几块小小园土，偶尔还有中古式的炮楼耸立在群屋的中心；这样，当然可以想到他们生活的简单和不安了。晚九时，达徐州，在极端嘈杂混乱的人群里，我们拼命挤出车站，宿大金台旅舍。徐州为本省重镇，从外表看去，似乎还安全；骨子里，听说却是大烟、赌博和娼妓的世界。最令人疾首的，是市面流行的钱票，因为铜元稀少，商人们为便利交易计往往把千文的钱票，分作两张五百文通用；五百的，也可以扯作两张二百五；而这种钱票，又能任意发行，只苦死了平民们。

二日

九时余，我们又走陇海路起程。这路线的一切，都不及津浦路：旅客异常拥挤，我们原来交涉了二等车，结果，三等车的座位还不可得，我们只好以被包代替了椅子，在汗臭和各种不同而嘈杂的语调的空气里，消磨了六个钟头。一时许，达炮车，从此地到邳县城仅二十八里。出车站，又坐上残破不堪的长途汽车，奔驰于崎岖的汽车道，左右摇摆如酒醉翁，确有几分危险。车行未及一小时，即抵武河，河桥正在修理，断绝交通，我们只得雇粪船二；幸河面不宽，勉强渡过。既登岸，行不数百米，县城在目了。站在城门口的武装士兵，问明我们的来历，毫不留难，让我们进去。街道虽很狭，倒不十分污秽；但住房全是矮小的草屋，商店间有几家，行人很少。这样破落，殊出我们意外。到县政府，经张团长交涉，介绍我们居此地天字第一号的新邳客栈。甫进门，即为厨房再入即天井，臭气刺鼻，天井之东，有房间二，暗而不透气，然非上客不住。女主人见我们来，茫然不知所措！近晚，县府导我们迁居农民教育馆，虽简陋，较旅馆差胜一筹。

三日

上午本团留馆中开会，审查表格和分配工作，张团长担任县政治土地概况调查，谢敏道君注意宗教方面，钱兆熊君负分村土地政治的责任，汪浩和廖逢秦两君专作挨户调查。下午张团长去县府接洽明天的调查区域，我们乘暇作环城之游。出北门，沿大道而行，因为地是沙土，走一步，退半步，风来则沙乱飞，几不能开目，犹身历沙漠然。土人多着草织套鞋，甚精美，步行颇速，且身体强健。男人多赤膊，间也有留辫的；女人都是蓄发缠足，着布衣，其长过膝。他们都还和善可亲，言语和行动，十足带有北方民族的气习。入西门，经过商业区，不过二十余家商店毗连在一块而已。

四日

今天根据昨天的决定，到距城四十五里远的八区调查。八区不甚安靖，王县长带二十余马队和一连步兵前往肃清匪祸。我们为安全计，乘车同他们去。黎明出发，走北门，沿公路前进，马队导前，洋车居中，步兵压后，蜿蜒着，颇有壮气。四野遍种高粱，间植西瓜、大豆、麻草之类，渺无边际。八时左右到岔河镇八区区公所，晤区长某氏，决定调查谭墩村，墩距镇还有十八里，区长派翟助员和四卫士伴我们往。过杨庄，四五里无人烟，青纱障眼，士兵促车夫加紧跑步。他们手托枪，口不语，左右顾盼，如临大敌！因为此地通河道，常有胡子出没，前几日，即有人丧命于此。我们真幸运，安然渡过，但也虚惊不浅！近午达目的地。农家集处如庄园，见我们来，颇觉惊奇！在破落不堪一间斗大的草棚里，我们会见了黄乡长，面黄肌瘦，懒洋洋的，目力好像没有光；零乱的头发，还配上几根枯草似的胡须，痴痴地望着我们，经过翟助员多番解释，工作得能进行。谭墩原来很富庶，十六年为匪陷落，烧杀过半，断墙残屋，历历犹在！农民多居草棚，冷清清的如入死境，衣着褴褛，哭丧着脸，这样，十足象征了他们生活在怎样悲惨的境遇里！他们都很忠实，凡有所闻，一一详细相告，只不过对我们连称“老总”！“老总”而已。全村共有六十二户，自耕农居百分之九十，平均每户有田六十亩左右，但生活仍很困难，因为接近匪区，为自卫计，不能不撙衣节食，购置枪弹，建筑炮楼。临行，谢君拍村景，群童惊散，其幼稚当可想见！归途，闻炮声轰轰，兵与匪战，入晚还在对抗中。

五日

本团为调查便利，预备迁居官湖镇。上午又到县府接洽，顺便问问各方面的情形，适王县长剿匪未归，由秘书崔增岳先生和两位助员与我们谈话。崔先生初来不久，知道的不多，特别关于农村方面；而两位助员所告诉我们的，单只教会的情形有点价值。天主教在前清光绪年间，在邳县城、八义集、窑湾三处建筑教堂传教。教堂的建筑居邳县的首位，因为他们有钱，钱的权力，自然特别大，每假手教徒，实行高利贷的剥削；还在农产收获以后，屯买粮食，操纵市场；甚至干涉地方行政，包揽诉讼。凡新任县长，首先须得教会同意，否则，很难立足。自革命势力到达后，民运勃兴。教会气焰，一落千丈！现在与外界不相往来，仅办几所学校；而信教的也较昔大减；但逢荒年时，教堂则较闹忙，盖人多为吃饭而来此了。

午餐后，我们理好行装，乘人力车起程。官湖镇距县城仅八里，不及一小时即达。到第一区区公所，杨区长介绍我们居官湖小学，聚在一间礼堂里，玻璃窗和门板都不全，四通八达，空气流通极了！

六日

今天张团长起程调查邻县土地政治概况，我们就到第一区境内半里庄去，由区公所差役引路，因为路很近，不用武装保卫，而且昨晚我们还会过他们的乡长，请他事先和农民们说明。我们首先到乡长家，他家有一所私塾，十几位学生，闭着眼，仰着头，拼命乱喊。钱君就便请教书先生帮助，其余同人分作两组，由正副乡长领头分途挨户调查，进行很顺畅。但农人多不愿实报牲口，怕我们如“老总”一样蛮不讲理。全村共有农家百余户，每户平均所有田地大都在五亩以下，十亩以上的很少。高粱、大豆和麦子是他们的主要农产。间有业小贸的，也有种园艺的，大部分只能勉强维持最低生活。农家全是草屋，矮小简陋不堪；所用家具，完全是土货，穿的也是土布，资本主义经济的侵略还没有直接到这里。乡长年逾半百，精神饱满，很忠厚，伴我们继续工作五小时，毫无倦色，笑眯眯的，难能可贵！

七日

因为昨天竟日工作，在烈日中，我们都觉得很疲劳；加之和贺庄的乡长还没有接好头，不便直接跑去，所以决定上午不出发。官湖镇是邳县商业的中心，不论出口和入口都需经过此地；出口以黄豆为大宗，花生和麦居次位；进口多日用品，大米和棉织物。市面还不冷静，尤其在早晨更闹忙，这是土人集市的时候，所有的土产，还有小部分手工业品，布满了全段街心；没有警察，然而，秩序并不怎样糟。交易媒介，有中国和交通银行的钞票，商店所发行的钱票就是辅币。百文以下的买卖，没有铜元，就用竹片。此地以前稍微有点资产的商店，都可以发行钱票。发行的方法有两种：其一，甲乙两店的票子互相交换，就是甲店所发行的，由乙店用出，乙店的，由甲店用出，这可以避免自己发自己用的嫌疑；其二，由发行的至友用现金买去用出，以表示他的信用可靠。事实上，采前一种方法的，占十分之九。因此，邳县竟成了纸票的世界！十九年，马县长到任，大加整顿，限令商店收回，已经发行的钱票，改由商会发行，有一千文、五百文、二百文、一百文几种；并设立兑换处，由商店用现金购票流通市面，商会则以四成现金作固定准备金，六成放款，票价赖以稳定。至今日市面始终维持了一元兑四千八百文的比价，平民得惠不浅！

下午三时，贺庄的黄乡长来会我们，以时间较晚，不及下乡调查，请他回去事先和农民们说明，并约定明天上午我们准去。

八日

今天我们赶早吃过点心，请区公所差役引路，到贺庄调查。贺庄距官湖镇十里，可通洋车，八时左右即达。农人们因为事先经过黄乡长的说明，不叫我们“老总”，而且还很诚恳热烈，我们都感到极大的快慰和兴奋。这是佃农区，全是耕种戴姓地主的田地，土质较坚，每一架犁，要三条牲口拖曳。他们耕种方法，在高粱收获之后，可以继种麦子；麦子之后，又可以种大豆；循环不已地耕种。不过在种豆之后，地力即呈逐减律（diminishing returns）的现象，下次收获，就要减少，所以农人们非到荒年不得已时，不愿这样干。

东佃阶段非常悬殊：地主活像封建领主，居在另外一个世界的村庄，佃农要服从他的命令。租期长短，并无契约，可以随时退佃，不必征得佃农同意。地主除每年供给一半全年所需要的种子外，其他一切生产费用概归佃农负担；而他所得的租额，在名义上，虽只占全收获量二分之一；实际，当要收获的时候，佃户就应请地主派人估量收获的多少，但估量毫无标准，本来只可收三十石的，他可以估四十石，按分租的办法，地主拿去二十石，结果竟征至三分之二。此外佃农还有力役提供的义务，任地主驱使，无报酬，只供膳食，再加上苛捐杂税的剥削，天灾匪祸的摧击，这样他们当然只够吃粗酱饼，用蒜一根，调调味，穿破衣，聊以蔽体，这一种近乎原始人的生活了！继到土埠林调查，那里和贺庄的情形没有两样，只不过多几家手工业者罢了。

九日

我们听说窦、庄、马、戴四姓是邳县四大地主，他们各自都建筑了很坚固的堡塞，环护他们的高堂大厦；还训练了许多卫队，供他们驱使。我们很想去戴圩调查这土皇帝的生活和土地集中的趋势。与戴区长商量，请他引我们去。他是不是戴地主的嫡系，或者同宗，我们不明了。他只说因为职务太忙，不能抽暇，没有如我们的愿望。谢君有位同学也是姓戴，在南京快出发的时候，他先有封信寄他的哥哥为我们介绍，住在距官湖镇东北十二里的戴家场，这样没落的农村里，居然可以送子弟到充满了钱臭的都市去念大学，他的家应该是地主，否则，就有些特殊了。因为有这样渊源，我们决定今天去，照例请区公所派二人引路，他们全副武装，大壮行色。在出门时，恰巧戴春法先生拿了他弟弟的信来会我们，真奇遇！他说：从他的家到镇上来，路上不安全，每次必须联结六七人同走，然而，碰不碰胡子，还要看各人的幸运；不过，在武装保卫之下，他很诚恳欢迎我们。他是当地不远胡圩的小学校长，不高兴出门去，对于本乡的一切情形很熟悉。我们为避免来往的危险，就便请教他。戴家场是在二百年前从戴圩分家而来，现在只有六家门户，全是姓戴，而且全是自耕农，说靠天福，无宁说是自卫能力充实。这几年，他们那里胡子没有光顾过，加上农民们勤俭耐劳，兼营副业，所以最近五年来，他们中就有五家已经有相当积蓄：地权共增加 64 亩，而每亩的价值，也高涨了十元左右，每亩生产能力也稍见增加，可是，近两年来农产价格却趋下落，这给予他们的影响不浅！田赋负担每亩三角三分，而附加超过三倍多，还有军需摊派，全村每年往往在三十元以上。乡政方面的组织，是乡辖闾，闾辖邻，乡闾邻长由农民公选，当选人以人格、知识和做事能力为标准，因为全为义务职；有时，应县府之召，偶尔还有时间和金钱的损失，尤其怕开罪胡子大哥，很多人都不愿意干。

下午张团长自铜山归，调查所得很多。

十日

今天再到县政府去接洽调查第六区，那里接近炮车，是我们离开邳县必经的路线，为经济时间计，我们打算不再返县城，顺便和王县长话别，谢谢他，给予我们很多方便。在县府午餐，席间王氏谈及他对于县政一切设施的计划，颇有条理，可惜因种种困难，不能按步进行。

十一日

晨起，理好行装，坐洋车起程，九时许到炮车，我们把所有的行李寄存车站，急忙去镇公所找负责人，幸喜镇长在昨晚已经得有县府的通告，不用多费唇舌，就明了我们的来历。坐一会，即出西门到桃园庄调查，这庄村共有农家二十户，只耕田五十五亩。土地分配情形，有五家根本不事耕种；自己无田而替人耕种的，有六家；耕种少数自田或租田，生活不敷，往往出雇于人的，有九家。农产以高粱、麦子为大宗，附带还种些花生和烟草。因为无力施肥，地力下降，农产价格又是普遍低落，他们生活的艰苦，比谭墩好不了多少，这里小孩特别多，一群群，赤身露体，围着我们。正午，回车站，候车西行，三时登车，特别快，黄昏即达徐州，再宿大金台，夜间大雨，我们苦不能睡。

十二日

上午九时转津浦车，晚八时到下关，寓东南饭店。

十三日

上午张团长进城到会里报告邳行经过，团员们各自料理私事。近午，又坐了京沪车，原来我们预定的计划，第二步走镇江乘小火轮到盐城去。因为事实上，有许多不便利，改从上海先至启东。晚九时达上海，在三日之内，由破落的农村跳进繁华的都市，确有两个天地的感触！

十四日—十六日

因为天气太热，连日奔波，张团长有些不舒适，不能即刻起程，留沪休养，团员们乘暇整理调查材料。

十七日

张团长精神已经恢复原状，我们今天乘小火轮起程，船主优待政府机关的人员，我们只需出半票，坐在大餐间里，虽不怎样舒适，单在这船上，总算特殊阶级了。四时起碇，行驶整晚。

十八日

晨六时，船抵川洪港，港水太浅，船不能入，停江心，换乘帆渡，行两小时抵岸，岸上仅一草棚，备来往旅客候船之所，我们雇土车两辆，运行李，步行里许，转汽车，直驰县政府，晤县长费公侠氏，为张团长旧识，谈甚欢，招待我们居款产处。

十九日

今天开始调查第一区民政乡，区长郭心慧女士抱病，特派某助员引我们。闻女性执政，在此地还是破题儿第一回。八时坐洋车起程，四野也和邳县一样，没有山，平平坦坦，种满了花生、稻子、棉花和珍珠米之类，土质肥美，不用牲口拖犁，只要人锄松就够用。男女都下田，衣服整洁，特别是女人，穿着裙子，头上裹着各色的花布，也有戴圆形软边草帽的，俯着身，埋头操作。首先我们到冯子卿闾长家，房屋虽矮小，全是芦草构成，内中设备简洁，粉饰纯白，怪精致！他们正在早餐，麦子参米饭，因为气候关系，要这样吃。农民只能土语，我们只会普通语，相互间只能笑笑而已，真苦恼！幸张团长勉强可通。这村十分之九是佃农，自种自田的很少；不过，佃农的性质有些异样，因为田地有田面权与田底权的区别，也就是所有权和使用权的不同，佃户永远享有使用权，而且还可以自由买卖或出租；地主若不得佃户同意，则不能任意移转。每年出产，以议定方式缴纳若干给地主，也少有采对分方法的。这样，他们受地主的剥削比较不厉害。但捐税的滩派却不少，习艺捐、保卫捐、操场捐、兵粮捐、枪捐，最近又有飞机捐了。水利的设备甚简单，大部分靠天然雨水灌溉；不幸，今年天气总是晴，枯死了农产甚夥。农家不是毗连在一块，散处东西。烈日之下，我们往来奔走，确有几分难受，下午三时返寓。

二十日

第一区范围很宽，单只民政乡所包含的间数就不少，这一乡又约略具有本区农村各个特色，所以我们仍然再去调查一间。因为我们要知道土地分配情形，对农家的土地和人口，特别问得详细。土地是他们唯一的财产，也是政府的财源，人口是抽丁的目标，农民死不愿离乡井。刚巧我们又是政府机关派去的，当然他们很怀疑；虽经区公所助员多番解释，他们仍然有的消极的不理我们，有的竟愁容满面，说长道短，诉吐苦衷，倒难为了我们！这间也是佃农区，田地的所有权和使用权合而为一，东佃须经过契约手续，佃户在一定年限之内，享有使用权，但，绝对不能移转。而地主不必征得佃户同意，可以自由收回使用权。佃户租额约纳全收获十分之四，不过，生产费用完全由他负担。因为地质肥美，差不多整个启东都采轮耕方法，在废历三月种下大豆和玉蜀黍，经过百天，即已成熟，收获后，再种麦，翌年四月割好麦，继种棉花，九月收，复能种蚕豆，至第三年四月又可种大豆和玉蜀黍。如此循环，三年一周期；但事实上，天旱不利于玉黍蜀，多水不宜于大豆；此外，市场的价格也可以限制他们停耕；在停耕以后，地利赖以恢复，可以增加下次农物的产量。

下午张团长起程调查邻县土地政治概况，这儿的工作留给团员们。

二十一日

嘉禾乡距城二十余里，坐汽车去，晨风习习，奔驰于田野间，多痛快！每当汽车经过农家，不论男女老幼，跑出门，惊慌失措地争望，不用人力，狂奔着，又这样神速，真够奇怪了！各个农家的屋角，都插了一面三角形小旗，上面写的“雨来了”，或者其他求祈的语句，还在一块停耕的田里，搭起丈多高的草台，台上设神位，有位老年人，正襟危坐，低着头，嗡嗡地念，台下有些人打锣鼓，毫无节奏，然而，大家不作声，诚恳地，祈老天下雨！在某小港的沿岸，做了一条泥龙，很活气，可惜港底仍然没有一滴水，而农产则愈见枯萎了！听说这儿的农人每年耗费于求神拜佛的血汗极可观，去岁县党部某委员倡议禁止，大遭农民攻击，险些酿成巨潮。晤杨区长，人和善，他和第一区郭区长是夫妇，夫妇两人掌握了两区政权，难能可贵！他亲自引我们到嘉禾乡。嘉禾乡临海，田地常常坍去，由富农可以突降为雇农，甚至丧失生命也难说；近几年来，就已经沉去六七里，而政府毫无防御工事，好像也是“听天由命”！有时候，间有淤塞而成的无主地，你占我夺，曾经发生过不少次数的械斗，因此，有些地主的土地，根本就用这种手段抢到的，这村十分之九是佃农，都以捕鱼为副业，生活艰苦！

二十二日

今天仍旧到第二区，调查小溵乡，昨天已由杨区长事先通知了乡长，用不着再到区公所。启东的交通，单只说汽车路，四乡可通，很便利！我们还是坐汽车去，不到一小时即达。刚接近这个乡村，我们觉得有些异样，因为这是一个比较富裕的自耕农和地主的区域，瓦屋建筑高大，不毗连，大约相隔仅半里，屋的四周，围以丈多宽的水渠，渠两边种有树草，渠外为田地，只有屋前一条路通里面，有的是一座吊桥，到晚间，可以临时拆掉，和外界断绝，这与邳县的堡塞建筑别具一种风格。主要的农产，除棉花黄豆之外，还有大蒜，大蒜系运出东北；九一八后，销路顿失！以前每石可值六七元，现在只买六七角，还无人过问，每年损失，全启东约在二十万元左右，这是日本帝国主义者所间接给予的。农户的捐税负担也很重，虽说地主们的一部分可以转嫁佃农，然而，以收获减少，先前棉花每亩可产三十斤，现在只产十余斤，黄豆也要比往日少产两斗，它的价格，又加倍的下落，其他日用品却日益高涨，所以他们的生活，也谈不到怎样舒适了。

二十三日

连日调查材料很多，晚上在重重蚊虫包围中，不能工作，今天留寓整理。

二十四日

晨起，又出发到第三区，区公所在余谷镇，区长施文范先生，复旦大学毕业，任过县立中学校长，人很精干。区公所的事务异常庞杂，民刑都得处理，还要兼区团长，亲自指挥团队，维持本区治安，一人兼具政治军事的材能，很不容易。更可贵的，是他不凭借他的地位鱼肉乡愚，而且与农人们很接近。听说在这儿干一年区长，刮一二千洋钱并不难。区公所办有游民习艺所，设备尚完全，有寝室一间，工场一处，分木工、竹工、铁工三种工作，请人指导，游民可得工作所得的一半，作业三年，期满后，可经人保释，即在工作期间，善良者也能请假外出，亦有亲自要求，满期后仍留所继续工作的。该所经费的来源，完全出自募捐，凡本区的住户，不论东佃，每千步田地捐大洋一角，历年来，收容游民不少，而农村秩序也多赖以维持。

余谷镇街道极狭，不能并行四人，房屋矮小，举手可及檐；因为交通不便利和农民购买力薄弱，商业异常凋零！我们调查信士乡，临时请施区长担任翻译，进行顺畅，在五十四户之中，佃农居最大多数，自种自田兼雇工耕种而年有余裕的，只有四家。正午回区公所午餐，下午继续调查义方乡，这也是佃农区，不过东佃契约的期限只能定一年，期满后续订，佃户缴纳地主的租额有三种方式，有以金钱缴纳的，每千步每年约三十元至四十元之间，有缴纳实物的，所谓“包三石”，即每年每亩纳黄豆、玉蜀黍、麦各一石；若三项之中，缺一项不种，佃户仍须按照该项农产时价折合银元缴纳，甚或另购偿还。还有一种分租，除黄白黍和芝麻零星农产外，所有田中出产东佃各半。在暮色苍茫里，我们赶回寓所。

二十五日

八区离城最远，八点多钟，我们竟赶到了区公所，区长还在睡乡，请他起床，他仍旧不在意中敷敷衍衍，问他这区有什么特性和经济区的划分，也讲不来。我们还想调查一个近海的村落，因为时间匆促，来不及，只好到庚癸乡去。其乡长对本乡的情形很明了，或者，他也许在本地有相当的地位，农民们对他都有相当好感，我们为节省无意味的麻烦，先到第二闾闾长家里，由他把本闾的农家每户请来一人，经过乡长详细说明后，复得一师范生帮助，调查很快，这儿一般农家的生活，比较困难，多以推小车为副业，而出外工作的人，比我们到过的任何村庄都要多！饥寒逼迫，不能不挤进都会去！继到第四闾，情形并没有异样，不过，这里独不缺水利，有河道可通，自然环境支配了他们的生命。

下午张团长自南通抱病归来。

二十六日

本团在启东已经调查了八个村庄，这里的大概总算明了了。因为时光有限，不能多留，依照原定计划，从此坐长途汽车到盐城去。张团长的精神还没有恢复原状，不便跋涉，决定休息一天，准明晨起程。

二十七日—八月二日

张团长病得更厉害，加之会中经费还没有寄到，意外的事情逼迫。我们不能不变更预定路线，改乘京沪车经苏州到常熟，上午至川洪港趁轮船，次晨又回到了上海。休息两天，而张团长仍未痊愈，他深恐阻碍了本团工作进行，毅然辞职。经全体团员挽留，不允，我们只得呆呆地居在旅馆中，候会里的命令。

八月三日

昨晚会中的命令来了，着汪君代行团长职务。负责有人，我们赶忙开步。今晨九时走北站乘京沪车，十一时到苏州。当即换上洋车，跑至轮埠，又跳上小火轮。沿途山清水秀，气象万千。黄昏抵常熟，直驰县府接洽，适县长已回公馆，无人负责，不得要领。寓大兴旅舍，很闹忙，麻将声，娼妓胡调声，吞云吐雾声，整晚闹个不绝。

四日

旅舍的环境太恶劣，房间又小，殊觉闷人。八时，琴报记者孙一璞君来访，顺便谈到常熟佃农受地主剥削的情形，闻之酸鼻！有所谓一粒八的办法，就是借米一粒，连本带利，要还一粒八，甚至有一粒九的。当秋收以后，农民除了应纳的租额外，还要负担租税和偿还各种生产费用，所以不能不贱价出卖他的农物；每每到青黄不接的时候，又非以高价买进粮食，维持生活不可。然而，现金在农村中，特别在佃农手里，异常枯竭！当然只好向地主告贷，借白米一石，还糙米一石八斗，或者一石九斗。借钱的利息，总是超过三分。其次佃农向地主还租的情形，有米麦的区别，大都一亩稻田，须缴糙米六斗至七斗，再加三成脚米（下糙米）作管帐先生的手续费，若以六斗计算，加三成，共须七斗八升；而每亩的全收获，也不过二石多。麦田一亩，还二斗，虽不加成，但在应还麦时而不还，以后就要以米代替。地主之毒辣有如斯！

经过二次交涉，勉强解决了住的问题。下午迁居县立初中，这是常熟的最高学府，建筑尚好。因为在暑假期间，里面除了几位教员和工友，全是空空的。

五日

吃过早饭，到区公所接头。或者因为一区近城市的关系，区公所设在城内，房屋精致，设备整齐，有包车，办公室里有电扇，颇阔气！只怕与农民们隔绝过远了。区长还在他的公馆，没有来，幸喜他关照了他的助员和我们办交涉。他告诉我们关于一区的情形，也有些统计表，最后决定调查藕渠镇，请位杨先生引道，他要下午才能去。归途，遇皇甫先生，为钱君新识，久住常熟，详知这儿的一切。他告诉我们此地农村确远不及往年景象，其原因有几方面：大地主搬居城市，使农村金融紧缩；民国二十年曾发生大水灾；还有地主无法无天的剥削；二十一年谷价惨跌和手工业破产，层层的袭击，哪能不崩溃呢！下午一时，杨先生来，我们随同出发，乘车至灰丰桥，雇小帆船，炎炎烈日之下，屈身船棚里，异样热燥！河面不宽，河流平静，两岸都是稻田，农夫农妇，一群群，脚不停留地努力抽水。男人多裸体，仅以裤围下部；女人则不穿上衣，以花布束乳房。也有年龄较长，半丝不挂的，想不到德国所提倡的新生活运动，这儿老早已经成了习惯。同在江苏，江南和江北，人情风俗的悬殊至此，更出我们意外！二时左右即达藕渠镇，镇上房屋拥挤异常，街道极狭，不能并行三人。茶馆业林立，农民三五一桌，几无虚席，光身赤脚，且饮且谈，闻茶资每壶只铜元六枚，可以尽冲开水，闲坐整日。

全个常熟的农夫差不多都有这样趣味，农妇却负了大半农田的工作。至谭镇长家，稍事休息，即赴西浜村，晤乡长某氏：瘾君子，神经麻木；而农民的知识又较简单，工作进行很迟缓，穷五小时调查了三十余户，只有十八家耕田，其余的，有些撑船为业，有些出外谋生，有些做零工过活。但村景很美丽，湾湾溪水，垂垂杨柳，一幢幢瓦屋，隐约于参天密树之中，小鸟唧唧，飞舞长空，充实了大自然的伟大！

在万家灯火的时分，我们赶回城里。

六日

晨起，以电话和二区区公所接头，几次无人应，大概今天是星期休假的原故。本来经过六天的工作，应该有个舒展身心的机会，事实上，只怕休息的时间太多了！刚好电报馆的记者某君来访，告诉我们此地有些区长办理乡政的情形，很有趣。他们大都只要钱，不做事，居在城里，一个月之中，偶尔也去区公所走几转。有一回，某县长下乡考察各区公所的成绩，区长们有些老早得了消息，事先已预备周全。单只某区区长在县老爷动驾以后才知道，幸喜天有眼，县长没有直接到他那儿，他特别费了几只洋，坐汽油船，从城里拼命赶到区公所，立时邀集各职员，整理公事案，布置房间，批阅文件，令团丁赶擦枪支，一经检查，又不足数，复命各乡长从农家搜借大刀若干，一切勉强就绪。下午县长驾临，四处望望，含笑点头，连称办理完善不止。

县里有农会组织，每月经常费二百元，会中设干事，由县党部派人充任，会址虽不华美，而因地临虞山，风景绝佳，所以就做了干事们临时公馆，农民的影子，却始终没有看到。

七日

常熟水路很便利，可通四乡；城内也有支流，只是深绿色，臭气扑鼻，七时乘洋车出东门，趁汽船。适潘区长也在座，巧遇极了！汽船很小，只能容几人，旅客均集拖船上，拖曳前进，航行颇缓。我们先后见抽水机两架，机装置船上，可以四处来往，这都是私人经营，每亩全年租金二元，负全年水利的责任，曾经防止过多次旱灾。十时左右到梅李第二区区公所，午餐后，区长亲自引我们到距镇五里远的屯王乡，时值正午，步行极热，颇觉难受！途中遇大雨，不及躲避，全身透湿如落水鸡，至古寺中休息，相顾大笑！寺前有井，井口放有竹竿，竿端系竹筒，用以吸水，水甘而凉，美国冰淇淋赶不上，我们痛饮一饱。雨止继续前进，到上塘任乡长家，他是本村唯一的地主，头脑清晰，各农家的人口和土地分配情形都能一一道出，我们为便利手续计，就近请问他。这儿共有农家二十五户，自种自田兼雇工耕耘而年有余裕的占五分之一，有四家自耕农只够维持生活，其余的都是佃农，生活至苦！五时我们赶回河旁，汽船已先我们开走，雇渔划而归。

八日

汪君今天起程赴苏州无锡一带调查土地政治概况，余三人仍到第二区陶家阁调查。这村的情形与上塘无甚差异，佃农享有地面使用权，其实，常熟全境大都是这样。地面权以现金购得，其价且较地底为高。因为整个农村不景气，地主往往无力赎回，佃农也常借此刁难地主，酿成纠纷，所以常熟律师业特别发达。

催征吏剥削佃农异常残忍！这制度在常熟流传有较长久的历史。任这项差事的人，大都有世袭的性质，而且视为一种财产，可以买卖，即以土地的肥瘠买卖贵贱的标准，有高至千元以上的，最少也可值二三百元不等。当县府向地主征粮的时候，地主则以无法征收佃农的欠租以对，如是乃形成催征的办法，因而有催征吏产生。他一方既得地主之许可，复有县政府之命令，有恃无恐！乃雇用助手，令其按户催缴，农民们除如数报命外，还须供给助手的膳食和路费。如一时无法偿还，轻则夺其比较可值钱的实物或牲口，重则驱之入狱。听说今年到农忙的时候，县政府的监牢里还关了百多无力还租的农民。有些稍有田地的自耕农，老住在乡下，怕见官，又不知道还粮的手续，只得请这些助手代庖，助手以其愚昧可欺，故意提高银与元的折价，往往敲诈中饱超过应纳的一两倍；或者，不给粮串，逼其重缴，以致迫卖田产。闻此制不易废除，因为全县田册完全操在催征吏之手，不实行清丈，政府即无征粮的根据，这样，他们哪能不狼狈为奸呢？

九日

十四区区公所在莫城镇，距城十五里，有军路可通。在启程前，我们都以为今天可以避免坐船的苦闷，谁知路身特别崎岖，震动厉害，有时缺口盈尺，须下车扛车而过。此路在沪战时为便利军输临时修筑，没有经过公用征收的手续，至今地主要收租；最奇怪的，县府也要还粮，逼得农人们叫苦连天，四处呼吁无人应。九时左右达区公所，晤吴区长，年纪在三十开外，老成和蔼，曾经担任小学校长。我们和他决定调查区城之后，由陈助员引路，过莫城镇。这镇原来很繁盛，并有电灯的设备；自从几家工厂关门和二十年大水以后，现在已成了死镇，异常冷落！到东街村，这村农民的知识，比较浅薄，对我们老怀疑，经过多番说明，也仍然还是痴痴的笑，有些更悄悄地溜走。这也是佃农区，租佃关系，没有特殊情形可以记载。

十日

今天再去十四区涧桥乡西毛村，至乡长家，恰好他已往观音庙参与观音诞辰庆祝圣典，我们为便于调查计，只得去观音庙访他。庙宇建在某山山麓，不甚大，在香烟缭绕里，见许多善男信女围桌诵经。乡长大概是当地领袖的关系，坐在中央，闭目低首，念得特别有劲。听说这观音特别显灵，农民的吉凶，五谷的丰歉，乃至细微如鸡鸭能否生蛋，无不有求必应；所以农民在今天无论如何，也得省衣节食，供香一炷。乡长不大高兴我们，然而又不能不敷衍，勉强引着我们挨户查询。这里农民的借贷，除典当外，还有会的组织，会有摇会、标会、四宗会，特别是后者在常熟很流行。会脚俱为二十人，半年一次，十年结束，二十人之中，有四人为宗，分头宗二宗三宗四宗，其余十六人则为份子；每宗各向会负四份子的信用责任；头次会，头宗得；二次会，各份子摇而得之；三次会，二宗得；四次会，各份子摇而得之；五次会，三宗得；六次会，各份子摇而得之；七次会，四宗得；八次会，各份子摇而得之，以下则俱为各份子摇而得之。每逢会期，聚会一次，所有费用，概归得会人负责。按户调查完毕，乡长匆忙赶回庙去，害得我们无法进行分村土地政治概况调查，也只得回寓。

十一日

晨起，步行出西门，趁小汽船，约一小时即达大义桥十二区区公所，区长刚巧昨晚接到家人急病的消息，即时赶回去了。我们和助员顾君接洽好，并请他伴我们到东浜乡南浜村，距镇还有五里水路，雇小鸭船，母女两人摇桨，进行很快。养鸭是这里农人们比较有利的副业，也有完全靠它为生的，计买小鸭一百只，只须洋十五元，喂四月，能生蛋，每晚生七八十不等，可以继续三个月之久，不过到生蛋时，单靠野食还不够，每日要增喂糠一石二斗，经过生蛋时期以后，每只还可卖六角左右，没有资本的人，还可向铺房借鸭，日后以蛋抵债，但蛋价全由铺房操纵。到乡长家，恰巧他已进城去，幸顾君也是当地人，农民对他很有信仰，每经过他一次解释，他们无不有问即答，这是我们到常熟来第一回所见到好的现象。正午回区公所午餐，下午参观农民银行所设的仓库，为调剂农村金融的机关。当农民秋收以后，以债务所需，须即刻出卖农产，商人往往从中操纵，故意抑价，银行为避免这种剥削，乃设仓库，照市价作农产抵押放款，月息一分，保险费二厘，手续费二厘，到次年青黄不接的时候，农人则可赎回出卖高价，但大部分还是储作食粮；如有逾期无力赎回的，农行则代为出卖，除本息外，还有余仍给与原物主。闻常熟共有四库，以梅李规模最大；去年放款达八万余元，其余三处也达五万元左右。

十二日

今天到高英乡调查，晤乡长赵孟浩氏，人甚精干，经营花边行和抽水机，每年可获利三千元。花边是一种装饰品，由线织成，这地农人不论男女老幼都有这种技能，花样百出，颇美观！由沪上某公司运销欧美，赵家不过是公司的支部而已。从前线价便宜，每磅只须三十元，制成花边之后，可售五十元。今则线价每磅涨至三十五元，而售价反落到四十元以下，这给与农人生活的打击并不小。抽水机有两种，一种是国货，一种是德国货，国货虽然比较便宜，但费油较多，又不经用。抽水的方法，首先由抽水机把河水抽入塘内，然后由农人各自以人力车车水入田，因此他的一年每亩的租价只须九角六分，农人得助殊大！乡长有这样地位，农人们当然敬重他，他又热心帮助我们，调查神速！

十三日

今天是星期休假，我们想到区公所很难会到区长，加之连日调查材料所得甚多，同人们几天奔走于烈日之下，精神觉得也有些疲乏，决定留寓整理。

十四日

汪君自苏州归来，因为时间有限，而我们的工作也如预定的计划完成了。在常熟不想多停留，决定明天起程。上午乘暇到农民银行问问此地合作运动的情形，适值负这项责任的某君已去苏州，由会计主任陈君出见，约我们以后通信介绍。

十五日

晨起，理好行装，乘洋车出东门，趁小火轮，正午抵苏州，姑苏不知为什么给与我们一种特殊好感，但我们仍然匆忙通城而过，跳上京沪车，晚九时赶到镇江。

十六日

在梦中，旅馆中茶役叫醒我们，船快开了，急忙跑到轮船码头，跳上船。船的容量很小，旅客非常拥挤，房舱、统舱和烟篷都堆满了。经过几次交涉，勉强挤进一间房舱里。虽说在清晨，烟闷、汗臭和热气总汇在一起，使呼吸都不方便，而船竟迟到七点钟方徐徐开动。傍晚达泰县，有新大源旅舍的茶役来招呼我们，他说旅舍的设备是很完善，并还给我们一张新大源的两层洋房的印片。我们都是初来，这儿的一切都不明了，为方便计，只得把所有的行李交给他照料，等到旅舍，矮小而又恶浊，简陋可怕，仅木床几张而已。入晚，他还问我们要不要姑娘，要不要抽大烟，我们只好置之一笑！

十七日

黎明即起登轮，六时起碇。这航线，原有四公司经营，相互竞争甚剧，船票便宜，只须八百文，还供膳食，去秋他们实行合并而成类似“加特尔”（Cartal）的组织，每日轮流开行，票价提至一元二角，无饭吃。贫民不堪剥削，乃另有所谓大兴帮帆船，票价虽只一千二百文，而航行太缓，往往延至三数日不能达。河两岸都是农田，以河面甚狭，轮船走过，浪击河岸，多为之冲溃，农人则以石击船为报复，旅客均感不安！黄昏到盐城，宿淮南旅舍。

十八日

上午至县政府接洽，介绍我们住县立硕陶图书馆，建筑精美，闻系某富翁资造。富翁原甚贫，放印子钱致富，以剥削过火，债务人曾组织债团以抗，伊无可如何，时适其独子留学美国病故，痛甚！乃将债券交县府转索，并由县府担任一部经费，共建斯馆，纪念其子，硕陶即子名也。

十九日

我们在常熟启程时，接到会中通告，对于原用调查表格有些补充，命我们到盐城照样添制，但式样今天还没有寄到，天天下雨，我们闷坐图书馆里。

二十日

汪君今天独去第一区区公所接洽，其余同人留寓赶添新式表格，正午汪君回馆，谓本日星期休假，会不着区长，只好再挨到明天。

二十一日

七时坐洋车到民治乡，这是第一区区域，区长亲自引我们。这位区长，大概才到任不久，农民们都不认识他，所以于工作的进行并没有多大的方便，不凑巧！适乡长又不在家，他的弟弟虽曾经在钟南中学念过书，对于我们也不了解。我们跑过的乡村并不少，碰到中学生却是第一次，而他给与我们这样冷淡，殊不可解。盐城也是江北的地带，妇女们，就是十岁以下的女孩子，都缠足；有的怕女儿到夫家去要下田受苦，预先把脚包小，还有以为不是三寸金莲，怕找不到快婿，这与都市的摩登女士削足适履的高跟鞋一样可怜了！

这村也是佃农区。租佃关系，有契约，只须人介绍，不要押租；但有两种场合，却是例外：田地特别肥美，或者，东家无力建筑庄屋和风车，暂由佃户代垫，所有费用，当东佃解约时，地主从新佃户取之偿原佃人，层层相因，乃形成一种变相的押租了。关于生产费用的负担，种子全归地主供给，肥料东佃各半，生产工具除风车以外，概归佃农自备。而租额有纳全收获量二分之一的，也有四六对分的，这区别，完全以土地的肥瘠为标准。

二十二日

今天出发到民权乡，乡长给我们的帮助很大。这儿调查金融的机关，除典当之外，还有信用合作社。典当月息二分五厘，当期又短剥削农人太厉害，而合作社亦徒有其名而已！去年县政府有合作运动指导员，负全县合作运动指导和推进的责任，现已划归农民银行。每当一个合作社成立之初，由农行派人调查，合作社往往钱不能借到，而调查人的招待费和请人说项，已经花费不少。也有假合作社的名义，从中剥削农人的，他方面，农行又根本不高兴投资农村。此外还有消费、运销等合作社，事实上，给与农人的好处太薄弱。

二十三日

今天到第四区调查，区公所设在距城十八里的新兴镇。县府的社会调查员王君同走，车夫善跑，仅四十分钟即达。区公所的设备太简单，听说经费异常困难，至今已有六个月没有发给。休息一会，改乘土车到倪庄乡调查，农户散居，相隔甚远，他们大都种稻，间有种花生的，其中荒地也不少。农人们终年劳苦所得，除了纳租和负担捐税外，最低生活还不能维持，只好弃田跑往江南去。

盐城的地利，西方近河道，地质很好，多种稻。东临海，海水不能灌田，且能为害农作，宜种棉花大豆，而荒地极广。中部种稻和棉花。因此有上、中、下三种田地的区别，当然各类田的生产量也就不同。不过，近年来生产普遍下落，这原因，不外天灾，人祸的流行，苛捐杂税的剥削，以及生产工具的不能改良。

下午三时返区公所午餐，顺便参观镇立小学，设备尚完善，可惜规模较小，不能普及到乡村。

二十四日

汪君去调查邻县土地政治概况，我们到第二区伍佑镇。出东门二十五里，九时到区公所，晤管区长，请他引我们往正丰乡，距镇尚有十五里，路狭而不平，车行颇苦！正丰乡近海，昔为盐场，现在盐气仍重，地呈白色，盖盐质浮于地面。可以耕种的田地很少，且只能种旱谷和棉花。较咸之地生茅草，更咸之地只生红色盐毫。灶民很多，他们烧盐的方法，首先以芦灰盖于盐场，盐气即可吸入灰中，再把清水滤灰，盐质入于水，是为盐卤，然后置平底锅煮之即成。卖之盐商，每斤只四五十文，而现今芦柴每斤反要过此数，但灶民仍不得不烧，因迫于契约，无法解除。最奇怪，本地所食之盐，除灶民外，只有长芦盐，每斤须二百文。本是所煮的，则由两淮盐运署运往下河一带发售。

中途天忽狂风暴雨，雷电交作，返城，全身尽湿。

二十五日

昨天管区长告诉我们滨海垦殖公司的情形，这种大规模的经营，我们觉得有调查的必要。趁小汽船，到大和公司的区域，公司成立于民国七年，购地三千亩。当时此地全为盐灶，每灶有田二三亩不等，闻公司先向盐商取得盐权，然后购灶户之地，出价甚低，灶户不愿出售，公司乃用不正当手段加以压迫，灶户迫于威势，只得出售。现在公司以地租与佃户，租期较长；但公司有随时收回的权利，佃户可得全收获的七成。如有资本经营土地的，亦可租得土地雇人耕种，当地有专畜牲口和自备生产工具而为临时雇工的人，只须插白旗为标，即来应召，且工资甚贱。现时海滨新生地颇多，公司与县府正在争执所有权。

二十六日

我们仍然坐洋车去上冈，这里一般人的身体很强壮，耐劳苦，特别是车夫，四十三里路程，二点多钟即可跑到，抵区公所，天忽大雨。某助员告诉我们粮吏征粮的情形：此地有民田与灶田的区别，民田的田赋属县政府，灶田则属淮南新兴场公署，但前者还粮不能直接送去，须先从书役手中取得由单，由书役浮填税额，然后照单至县府完粮，此外农民向书差还有“时丰”供奉，就是在秋收以后，十亩以内的农民，须给米一斗，十亩以上的，则须加倍，以次递增。灶地虽可直接缴粮，但也有“时丰”恶习，且分麦季棉季两次，农人损失更大。雨止后，调查徐家村，得两中学教员帮助，所得甚夥。四时返寓，适汪君自东台归，决定明天离开此地，晚间准备一切。

二十七日

趁晨五时西班船，下午六时抵泰兴，投宿大华旅舍。

二十八日

我们午前四时即起程，下午二时达镇江，转京沪车，本团调查工作已完毕，汪君回上海，钱君去无锡，谢廖二君返南京，汽笛呜呜，各自东西矣！

二、邳县六村分村表

邳县戴家场(民国二十二年调查)

村户类别	户数	人口数	有工作能力的人数	参加田间工作的人数	出外工作的人数	所有田亩数	使用田亩数	出租田亩数	租进田亩数
地主									
富农	1	9	4	4		50	50		
中农	5	78	50	46	4	167	167		
贫农									
其他									
总计	6	87	54	50	4	217	217		

邳县第六区桃园庄(民国二十二年调查)

村户类别	户数	人口数	有工作能力的人数	参加田间工作的人数	出外工作的人数	所有田亩数	使用田亩数	出租田亩数	租进田亩数
地主									
富农									
中农	2	12	2	2		11	51		40
贫农	16	84	39	31	8	44	70		26
其他	2	8	4	3	1		2.8		2.8
总计	20	104	45	36	9	55	123.8		68.8

邳县半里乡半里庄(民国二十二年调查)

村户类别	户数	人口数	有工作能力的人数	参加田间工作的人数	出外工作的人数	所有田亩数	使用田亩数	出租田亩数	租进田亩数
地主									
富农									
中农	15	114	24	24		179	194		15
贫农	90	496	121	116	5	220.8	250.8	2	12
其他	25	103	21	19	1	2.5	2.5		
总计	130	713	116	159	6	402.3	427.3	2	27

邳县第八区谭墩乡(民国二十二年调查)

村户类别	户数	人口数	有工作能力的人数	参加田间工作的人数	出外工作的人数	所有田亩数	使用田亩数	出租田亩数	租进田亩数
地主	2	11	9			11		110	
富农	6	53	14	14		440	440		
中农	12	77	22	22		140	338		248
贫农	30	141	56	49	7	39.5	112.5		73
其他	12	50	21	15	6	1	1		
总计	52	332	122	102	13	730.5	941.5	110	321

邳县六合乡贺庄(民国二十二年调查)

村户类别	户数	人口数	有工作能力的人数	参加田间工作的人数	出外工作的人数	所有田亩数	使用田亩数	出租田亩数	租进田亩数
地主									
富农	5	40	6	6		40	496		456
中农	8	62	17	13	4	39	314		275
贫农	26	126	31	23	2	31	92		61
其他	3	14	2	2					
总计	42	242	56	44	6	110	902		792

邳县六合乡土埠林村(民国二十二年调查)

村户类别	户数	人口数	有工作能力的人数	参加田间工作的人数	出外工作的人数	所有田亩数	使用田亩数	出租田亩数	租进田亩数
地主									
富农	2	13	4	4		5	145		140
中农	4	20	7	6	1	25	100		75
贫农	10	53	18	11	1	12	12		
其他	5	26	7		2	3	3		
总计	21	112	36	21	4	45	260		215

江苏省邳县一区戴家场各类村户所有田亩面积各阶段分布表(民国二十二年调查)

田亩阶段＼村户类别		地主	富农	中农	贫农	其他	总计
无土地者	户数						
0.1—4.99 亩	户数						
	亩数						
5—9.99	户数						
	亩数						
10—19.99	户数			1			1
	亩数			10			10
20—29.99	户数			1			1
	亩数			25			25
30—39.99	户数						
	亩数						
40—49.99	户数			2			2
	亩数			82			82
50—99.99	户数		1	1			2
	亩数		50	50			100
100—199.99	户数						
	亩数						
200—499.99	户数						
	亩数						

续表

田亩阶段 \ 村户类别		地主	富农	中农	贫农	其他	总计
500亩以上	户数						
	亩数						
总计	户数		1	5			6
	亩数		50	167			217

江苏省邳县六区桃园庄各类村户所有田亩面积各阶段分布表(民国二十二年调查)

田亩阶段 \ 村户类别		地主	富农	中农	贫农	其他	总计
无土地者	户数				9	2	11
0.1—4.99亩	户数				1		1
	亩数				2		2
5—9.99	户数			2	5		7
	亩数			11	32		43
10—19.99	户数				1		1
	亩数				10		10
20—29.99	户数						
	亩数						
30—39.99	户数						
	亩数						
40—49.99	户数						
	亩数						
50—99.99	户数						
	亩数						
100—199.99	户数						
	亩数						
200—499.99	户数						
	亩数						
500亩以上	户数						
	亩数						

续表

田亩阶段＼村户类别		地主	富农	中农	贫农	其他	总计
总计	户数			2	16	2	20
	亩数			11	44		55

江苏省邳县半里乡半里村各类村户所有田亩面积各阶段分布表(民国二十二年调查)

田亩阶段＼村户类别		地主	富农	中农	贫农	其他	总计
无土地者	户数				21	21	42
0.1—4.99 亩	户数			2	55	4	64
	亩数			6.5	109.9	2.5	118.9
5—9.99	户数			5	11		16
	亩数			32	66.3		98.3
10—19.99	户数			7	3		10
	亩数			97.5	44.6		142.1
20—29.99	户数						
	亩数						
30—39.99	户数						
	亩数						
40—49.99	户数			1			1
	亩数			43			43
50—99.99	户数						
	亩数						
100—199.99	户数						
	亩数						
200—499.99	户数						
	亩数						
500 亩以上	户数						
	亩数						
总计	户数			15	90	25	130
	亩数			179	220.8	2.5	402.3

江苏省邳县八区谭墩乡各类村户所有田亩面积各阶段分布表(民国二十二年调查)

田亩阶段 \ 村户类别		地主	富农	中农	贫农	其他	总计
无土地者	户数			3	18	11	32
0.1—4.99 亩	户数				10	1	11
	亩数				28.5	1	29.5
5—9.99	户数				2		2
	亩数				11		11
10—19.99	户数			6			3
	亩数			80			80
20—29.99	户数			3			3
	亩数			60			60
30—39.99	户数						
	亩数						
40—49.99	户数						
	亩数						
50—99.99	户数	2	4				6
	亩数	110	240				350
100—199.99	户数		2				2
	亩数		200				200
200—499.99	户数						
	亩数						
500 亩以上	户数						
	亩数						
总计	户数	2	6	12	30	12	62
	亩数	110	440	140	39.5	1	730.5

江苏省邳县六合乡贺庄各类村户所有田亩面积各阶段分布表(民国二十二年调查)

田亩阶段 \ 村户类别		地主	富农	中农	贫农	其他	总计
无土地者	户数		3	5	20	3	31
0.1—4.99亩	户数				4		4
	亩数				14		14
5—9.99	户数		1	1	1		3
	亩数		9	6	7		22
10—19.99	户数			1	1		2
	亩数			10	10		20
20—29.99	户数			1			1
	亩数			23			23
30—39.99	户数		1				1
	亩数		31				31
40—49.99	户数						
	亩数						
50—99.99	户数						
	亩数						
100—199.99	户数						
	亩数						
200—499.99	户数						
	亩数						
500亩以上	户数						
	亩数						
总计	户数		5	8	26	3	42
	亩数		40	39	31		110

江苏省邳县六合乡土埠林各类村户所有田亩面积各阶段分布表(民国二十二年调查)

田亩阶段 \ 村户类别		地主	富农	中农	贫农	其他	总计
无土地者	户数		1	2	5	4	12
0.1—4.99亩	户数				5	1	6
	亩数				12	3	15
5—9.99	户数		1				1
	亩数		5				5
10—19.99	户数			2			2
	亩数			25			25
20—29.99	户数						
	亩数						
30—39.99	户数						
	亩数						
40—49.99	户数						
	亩数						
50—99.99	户数						
	亩数						
100—199.99	户数						
	亩数						
200—499.99	户数						
	亩数						
500亩以上	户数						
	亩数						
总计	户数		2	4	10	5	21
	亩数		5	25	12	3	45

江苏省邳县一区戴家场各类村户所有田亩面积各阶段分布表(民国二十二年调查)

田亩阶段 \ 村户类别		地主	富农	中农	贫农	其他	总计
无土地者	户数						
0.1—4.99亩	户数						
	亩数						
5—9.99	户数						
	亩数						
10—19.99	户数			1			1
	亩数			10			10
20—29.99	户数			1			1
	亩数			25			25
30—39.99	户数						
	亩数						
40—49.99	户数			2			2
	亩数			82			82
50—99.99	户数		1	1			2
	亩数		50	50			100
100—199.99	户数						
	亩数						
200—499.99	户数						
	亩数						
500亩以上	户数						
	亩数						
总计	户数		1	5			6
	亩数		50	167			217

江苏省邳县六区桃园庄各类村户所有田亩面积各阶段分布表(民国二十二年调查)

田亩阶段 \ 村户类别		地主	富农	中农	贫农	其他	总计
无土地者	户数				3		3
0.1—4.99亩	户数				5	2	7
	亩数				11	2.8	13.8
5—9.99	户数			1	6		7
	亩数			5	37		42
10—19.99	户数				2		2
	亩数				22		22
20—29.99	户数						
	亩数						
30—39.99	户数						
	亩数						
40—49.99	户数			1			1
	亩数			46			46
50—99.99	户数						
	亩数						
100—199.99	户数						
	亩数						
200—499.99	户数						
	亩数						
500亩以上	户数						
	亩数						
总计	户数			2	16	2	20
	亩数			51	70	2.8	123.8

江苏省邳县半里乡半里村各类村户所有田亩面积各阶段分布表(民国二十二年调查)

田亩阶段 \ 村户类别		地主	富农	中农	贫农	其他	总计
无土地者	户数				18	21	39
0.1—4.99亩	户数			2	57	4	63
	亩数			6.5	112.9	2.5	121.9
5—9.99	户数			4	12		16
	亩数			27	73.3		100.3
10—19.99	户数			7	3		10
	亩数			96.5	44.6		141.1
20—29.99	户数			1			1
	亩数			21			21
30—39.99	户数						
	亩数						
40—49.99	户数			1			1
	亩数			43			43
50—99.99	户数						
	亩数						
100—199.99	户数						
	亩数						
200—499.99	户数						
	亩数						
500亩以上	户数						
	亩数						
总计	户数			15	90	25	130
	亩数			194	230.8	2.5	427.3

江苏省邳县八区谭墩乡各类村户所有田亩面积各阶段分布表(民国二十二年调查)

田亩阶段 \ 村户类别		地主	富农	中农	贫农	其他	总计
无土地者	户数	2			5	11	16
0.1—4.99亩	户数				16	1	17
	亩数				46.5	1	47.5
5—9.99	户数				6		6
	亩数				34		34
10—19.99	户数			4	3		7
	亩数			50	32		82
20—29.99	户数			4			4
	亩数			83			83
30—39.99	户数			1			1
	亩数			35			35
40—49.99	户数						
	亩数						
50—99.99	户数		4	3			7
	亩数		240	220			460
100—199.99	户数		2				2
	亩数		200				200
200—499.99	户数						
	亩数						
500亩以上	户数						
	亩数						
总计	户数	2	6	12	30	12	62
	亩数		440	388	112.5	1	941.5

江苏省邳县六合乡贺庄各类村户使用田亩面积各阶段分布表(民国二十二年调查)

田亩阶段＼村户类别		地主	富农	中农	贫农	其他	总计
不使用土地者	户数				14	3	17
0.1—4.99亩	户数				5		5
	亩数				17		17
5—9.99	户数				4		4
	亩数				27		27
10—19.99	户数			1	2		3
	亩数			10	28		38
20—29.99	户数			1	1		2
	亩数			23	20		43
30—39.99	户数			2			2
	亩数			75			75
40—49.99	户数			1			1
	亩数			40			40
50—99.99	户数		3	3			6
	亩数		266	166			432
100—199.99	户数		2				2
	亩数		230				230
200—499.99	户数						
	亩数						
500亩以上	户数						
	亩数						
总计	户数		5	8	26	3	42
	亩数		496	314	92		902

江苏省邳县六合乡土埠林各类村户使用田亩面积各阶段分布表(民国二十二年调查)

田亩阶段 \ 村户类别		地主	富农	中农	贫农	其他	总计
不使用土地者	户数				5	4	9
0.1—4.99 亩	户数				5	1	6
	亩数				12	3	15
5—9.99	户数						
	亩数						
10—19.99	户数						
	亩数						
20—29.99	户数			4			4
	亩数			100			100
30—39.99	户数						
	亩数						
40—49.99	户数						
	亩数						
50—99.99	户数		2				2
	亩数		145				145
100—199.99	户数						
	亩数						
200—499.99	户数						
	亩数						
500 亩以上	户数						
	亩数						
总计	户数		2	4	10	5	21
	亩数		145	100	12	3	260

江苏省邳县戴家场村户分类性质对照表(民国二十二年调查)

村户类别		总户数	地主	自耕农	半自耕农	佃农	雇农	其他
总户数		6		6				
地主	收租							
	经营							
富农		1		1				
中农		5		5				
贫农								
雇农								
其他								

江苏省邳县六区桃园庄村户分类性质对照表(民国二十二年调查)

村户类别		总户数	地主	自耕农	半自耕农	佃农	雇农	其他
总户数		20		8	1	6	3	2
地主	收租							
	经营							
富农								
中农		2		1	1			
贫农		12		7		5		
雇农		4				1	3	
其他		2						2

江苏省邳县半里乡半里村村户分类性质对照表(民国二十二年调查)

村户类别		总户数	地主	自耕农	半自耕农	佃农	雇农	其他
总户数		130		85	3	3	18	21
地主	收租							
	经营							
富农								
中农		15		13	2			
贫农		72		68	1	3		
雇农		18					18	
其他		26		4				21

江苏省邳县八区谭墩乡村户分类性质对照表(民国二十二年调查)

村户类别		总户数	地主	自耕农	半自耕农	佃农	雇农	其他
总户数		62	2	25	3	16	5	11
地主	收租	2	2					
	经营							
富农		6		6				
中农		12		7	2	3		
贫农		25		11	1	13		
雇农		5					5	
其他		12		1				11

江苏省邳县六合乡贺庄村户分类性质对照表(民国二十二年调查)

村户类别		总户数	地主	自耕农	半自耕农	佃农	雇农	其他
总户数		42		8	3	14	14	3
地主	收租							
	经营							
富农		5			2	3		
中农		8		2	1	5		
贫农		12		6		6		
雇农		14					14	
其他		3						3

江苏省邳县六合乡土埠林村户分类性质对照表(民国二十二年调查)

村户类别		总户数	地主	自耕农	半自耕农	佃农	雇农	其他
总户数		21		6	3	3	5	4
地主	收租							
	经营							
富农		2			1	1		
中农		4			2	2		
贫农		3		3				
雇农		7		2			5	
其他		5		1				4

三、盐城县七村分村表

盐城正丰乡十二间(民国二十二年调查)

村户类别	户数	人口数	有工作能力的人数	参加田间工作的人数	出外工作的人数	所有田亩数	使用田亩数	出租田亩数	租进田亩数
地主									
富农	7	20	22	20	1	530	554	6	30
中农	10	57	34	32	2	137	177		40
贫农	5	20	11	11	1	19	27		8
其他									
总计	22	117	67	63	4	686	758	6	78

盐城正丰乡十二间(民国十七年调查)

村户类别	户数	人口数	有工作能力的人数	参加田间工作的人数	出外工作的人数	所有田亩数	使用田亩数	出租田亩数	租进田亩数
地主									
富农	7	35	23	18		544	538	6	
中农	10	9	34	31		134	174		40
贫农	4	15	13	11		19	19		
其他	1	4							
总计	22	103	70	60		697	731	6	40

盐城民权乡王家庄*(民国二十二年调查)

村户类别	户数	人口数	有工作能力的人数	参加田间工作的人数	出外工作的人数	所有田亩数	使用田亩数	出租田亩数	租进田亩数
地主									
富农	7	41	26	23		298	418		120
中农	12	75	38	75	2	207	309		102
贫农	15	59	21	59	6	56.5	76.5		20

续表

村户类别	户数	人口数	有工作能力的人数	参加田间工作的人数	出外工作的人数	所有田亩数	使用田亩数	出租田亩数	租进田亩数
其他	1	4	2		2				
总计	35	179	87	157	10	561.5	803.5		242

* 该村通常全家男女及儿童都参加田间工作

盐城民权乡王家庄 *（民国十七年调查）

村户类别	户数	人口数	有工作能力的人数	参加田间工作的人数	出外工作的人数	所有田亩数	使用田亩数	出租田亩数	租进田亩数
地主									
富农	7	40	22	21		290	410		120
中农	11	56	47	56	2	183	259		76
贫农	16	54	33	54	6	72.5	76.5		4
其他	1	4	2						
总计	35	154	104	131	8	545.5	745.5		200

* 该村通常全家男女及儿童都参加田间工作

盐城倪化乡第一闾（民国二十二年调查）

村户类别	户数	人口数	有工作能力的人数	参加田间工作的人数	出外工作的人数	所有田亩数	使用田亩数	出租田亩数	租进田亩数
地主									
富农	7	42	29	20		299	454		155
中农	11	62	30	23	4	107	348.6		241.6
贫农	6	27	12	12	2	27	70.3		43.3
其他	1	3							
总计	25	134	71	55	6	433	872.9		439.9

盐城倪化乡第一间(民国十七年调查)

村户类别	户数	人口数	有工作能力的人数	参加田间工作的人数	出外工作的人数	所有田亩数	使用田亩数	出租田亩数	租进田亩数
地主									
富农	8	40	20	20		359	634		275
中农	13	61	40	29	2	107	417		310
贫农	4	19	10	7	1	27	51		24
其他									
总计	25	120	70	56	3	493	1102		609

盐城仁孝乡徐家村(民国二十二年调查)

村户类别	户数	人口数	有工作能力的人数	参加田间工作的人数	出外工作的人数	所有田亩数	使用田亩数	出租田亩数	租进田亩数
地主									
富农									
中农	6	38	30	21	8	22	132		110
贫农	9	43	24	23	2	29	79		50
其他									
总计	15	81	54	44	10	51	211		160

盐城仁孝乡徐家村(民国十七年调查)

村户类别	户数	人口数	有工作能力的人数	参加田间工作的人数	出外工作的人数	所有田亩数	使用田亩数	出租田亩数	租进田亩数
地主									
富农									
中农	6	27	23	20		22	132		110
贫农	9	40	31	23	2	29	79		50
其他									
总计	15	67	54	43	2	51	211		160

盐城正丰乡十一间(民国二十二年调查)

村户类别	户数	人口数	有工作能力的人数	参加田间工作的人数	出外工作的人数	所有田亩数	使用田亩数	出租田亩数	租进田亩数
地主									
富农	3	22	14	11	1	280	328		48
中农	12	65	40	36	4	213	261		48
贫农	7	25	17	15	2	31	44		13
其他	1	2	2		2				
总计	23	114	73	62	9	524	633		109

盐城正丰乡十一间(民国十七年调查)

村户类别	户数	人口数	有工作能力的人数	参加田间工作的人数	出外工作的人数	所有田亩数	使用田亩数	出租田亩数	租进田亩数
地主									
富农	3	17	13	11		280	328		48
中农	12	60	45	37	1	208	256		48
贫农	7	23	20	14	2	26	35		9
其他	1	3	3						
总计	23	103	81	62	3	514	619		105

盐城民治乡赵家宅(民国二十二年调查)

村户类别	户数	人口数	有工作能力的人数	参加田间工作的人数	出外工作的人数	所有田亩数	使用田亩数	出租田亩数	租进田亩数
地主									
富农	1	12	8	8		254	254		
中农	6	25	19	18	1	64	64		
贫农	6	30	16	16	1	23.5	23.5		
其他	2	8	3		3				
总计	15	75	46	42	5	341.5	341.5		

盐城民治乡赵家宅(民国十七年调查)

村户类别	户数	人口数	有工作能力的人数	参加田间工作的人数	出外工作的人数	所有田亩数	使用田亩数	出租田亩数	租进田亩数
地主									
富农	1	10	8	8		250	250		
中农	6	21	18	18		64	64		
贫农	6	25	20	16	1	23.5	23.5		
其他	2	3	2						
总计	15	59	48	42	1	337.5	337.5		

盐城景范镇十五间(民国二十二年调查)

村户类别	户数	人口数	有工作能力的人数	参加田间工作的人数	出外工作的人数	所有田亩数	使用田亩数	出租田亩数	租进田亩数
地主	1	6	3	3		33	7	26	
富农									
中农	3	12	7	5	2	32	58		26
贫农	11	49	27	23	4	37.5	41.5		4
其他	7	32	20	4	12	4	4		
总计	22	99	57	35	18	106.5	110.5	26	30

盐城景范镇十五间(民国十七年调查)

村户类别	户数	人口数	有工作能力的人数	参加田间工作的人数	出外工作的人数	所有田亩数	使用田亩数	出租田亩数	租进田亩数
地主									
富农	2	20	9	2		100	100		
中农	1	4	3	3			26		26
贫农	10	42	28	20	2	27.5	27.5		
其他	9	59	22	6	10	5	5		
总计	22	105	62	31	12	132.5	158.5		26

江苏省盐城县景范镇十五间村户变迁表

村户类别	民国十七年	民国二十二年							备注
	户数	地主	富农	中农	贫农	雇农	其他	总计	
地主									
富农	2			2				2	
中农	1			1				1	
贫农	10				10			10	
雇农									
其他	9	1			1		7	9	
总计	22	1		3	11		7	22	

江苏省盐城县民治乡赵家宅村户变迁表

村户类别	民国十七年	民国二十二年							备注
	户数	地主	富农	中农	贫农	雇农	其他	总计	
地主									
富农	1		1					1	
中农	6			6				6	
贫农	6				6			6	
雇农									
其他	2						2	2	
总计	15		1	6	6		2	15	

江苏省盐城县正丰乡十一间村户变迁表

村户类别	民国十七年	民国二十二年							备注
	户数	地主	富农	中农	贫农	雇农	其他	总计	
地主									
富农	3		3					3	
中农	12			12				12	
贫农	7				7			7	
雇农									
其他	1			0			1	1	
总计	23		3	12	7		1	23	

江苏省盐城县仁孝乡徐家村村户变迁表

村户类别	民国十七年	民国二十二年							备注
	户数	地主	富农	中农	贫农	雇农	其他	总计	
地主									
富农									
中农	6			6				6	
贫农	9				9			9	
雇农									
其他									
总计	15			6	9			15	

江苏省盐城县正丰乡十二间村户变迁表

村户类别	民国十七年	民国二十二年							备注
	户数	地主	富农	中农	贫农	雇农	其他	总计	
地主									
富农	7		6	1				7	
中农	10		1	9				10	
贫农	4				4			4	
雇农									
其他	1				1			1	
总计	22		7	10	5			22	

江苏省盐城县倪化乡第一间村户变迁表

村户类别	民国十七年	民国二十二年							备注
	户数	地主	富农	中农	贫农	雇农	其他	总计	
地主									
富农	8		7	1				8	
中农	13			10	2		1	13	
贫农	4				4			4	
雇农									
其他									
总计	25		7	11	6		1	25	

江苏省盐城县民权乡王家庄村户变迁表

村户类别	民国十七年	民国二十二年							备注
	户数	地主	富农	中农	贫农	雇农	其他	总计	
地主									
富农	7		7					7	
中农	11			11				11	
贫农	16			1	15			16	
雇农									
其他	1						1	1	
总计	35		7	12	15		1	35	

江苏省盐城县倪化乡第一间村户分类性质对照表(民国二十二年调查)

村户类别		总户数	地主	自耕农	半自耕农	佃农	雇农	其他
总户数		25		11	4	9		1
地主	收租							
	经营							
富农		7		4	2	1		
中农		11		4	2	5		
贫农		6		3		3		
雇农								
其他		1						1

江苏省盐城县景范镇十五间村户分类性质对照表(民国二十二年调查)

村户类别		总户数	地主	自耕农	半自耕农	佃农	雇农	其他
总户数		22	1	18	1	1		1
地主	收租	1	1					
	经营							
富农								
中农		3		2		1		
贫农		11		10	1			
雇农								
其他		7		6				1

江苏省盐城县正丰乡十一间村户分类性质对照表(民国二十二年调查)

村户类别		总户数	地主	自耕农	半自耕农	佃农	雇农	其他
总户数		23		13	7	2		1
地主	收租							
	经营							
富农		3		1	2			
中农		12		8	3	1		
贫农		7		4	2	1		
雇农								
其他		1						1

江苏省盐城县民治乡赵家宅村户分类性质对照表(民国二十二年调查)

村户类别		总户数	地主	自耕农	半自耕农	佃农	雇农	其他
总户数		15		13				2
地主	收租							
	经营							
富农		1		1				
中农		6		6				
贫农		6		6				
雇农								
其他		2						2

江苏省盐城县仁孝乡徐家村村户分类性质对照表(民国二十二年调查)

村户类别		总户数	地主	自耕农	半自耕农	佃农	雇农	其他
总户数		15		8		7		
地主	收租							
	经营							
富农								
中农		6		2		4		
贫农		9		6		3		
雇农								
其他								

江苏省盐城县正丰乡十二间村户分类性质对照表(民国二十二年调查)

村户类别		总户数	地主	自耕农	半自耕农	佃农	雇农	其他
总户数		22		19	2	1		
地主	收租							
	经营							
富农		7		6	1			
中农		10		9	1			
贫农		5		4		1		
雇农								
其他								

江苏省盐城县民权乡王家宅村户分类性质对照表(民国二十二年调查)

村户类别		总户数	地主	自耕农	半自耕农	佃农	雇农	其他
总户数		35		24	8	2		1
地主	收租							
	经营							
富农		7		5	2			
中农		12		8	3	1		
贫农		15		11	3	1		
雇农								
其他		1						1

江苏省盐城县民权乡王家庄各类村户所有田亩面积各阶段分布表(民国二十二年调查)

田亩阶段 \ 村户类别		地主	富农	中农	贫农	其他	总计
无土地者	户数			1	1	1	3
0.1—4.99亩	户数				6		6
	亩数				14.5		14.5
5—9.99	户数			1	8		9
	亩数			6	42		48
10—19.99	户数			7			7
	亩数			100			100

续表

田亩阶段 \ 村户类别		地主	富农	中农	贫农	其他	总计
20—29.99	户数		1	1			2
	亩数		23	21			44
30—39.99	户数		3	1			4
	亩数		102	35			137
40—49.99	户数		1	1			2
	亩数		43	45			88
50—99.99	户数		2				2
	亩数		130				130
100—199.99	户数						
	亩数						
200—499.99	户数						
	亩数						
500 亩以上	户数						
	亩数						
总计	户数		7	12	15	1	35
	亩数		298	207	56.5		561.5

江苏省盐城县景范镇十五间各类村户所有田亩面积各阶段分布表(民国二十二年调查)

田亩阶段 \ 村户类别		地主	富农	中农	贫农	其他	总计
无土地者	户数			1		1	2
0.1—4.99 亩	户数				8	6	14
	亩数				17	4	21
5—9.99	户数				3		3
	亩数				20.5		20.5
10—19.99	户数			2			2
	亩数			32			32
20—29.99	户数						
	亩数						

续表

田亩阶段＼村户类别		地主	富农	中农	贫农	其他	总计
30—39.99	户数	1					1
	亩数	33					33
40—49.99	户数						
	亩数						
50—99.99	户数						
	亩数						
100—199.99	户数						
	亩数						
200—499.99	户数						
	亩数						
500 亩以上	户数						
	亩数						
总计	户数	1		3	11	7	22
	亩数	33		32	37.5	4	106.5

江苏省盐城县民治乡赵家宅各类村户所有田亩面积各阶段分布表(民国二十二年调查)

田亩阶段＼村户类别		地主	富农	中农	贫农	其他	总计
无土地者	户数					2	1
0.1—4.99 亩	户数				4		4
	亩数				13.5		13.5
5—9.99	户数			4	2		6
	亩数			32	10		42
10—19.99	户数			2			2
	亩数			32			32
20—29.99	户数						
	亩数						
30—39.99	户数						
	亩数						

续表

田亩阶段＼村户类别		地主	富农	中农	贫农	其他	总计
40—49.99	户数						
	亩数						
50—99.99	户数						
	亩数						
100—199.99	户数						
	亩数						
200—499.99	户数		1				1
	亩数		254				254
500 亩以上	户数						
	亩数						
总计	户数		1	6	6	2	15
	亩数		254	64	23.5		341.5

江苏省盐城县正丰乡十一间各类村户所有田亩面积各阶段分布表(民国二十二年调查)

田亩阶段＼村户类别		地主	富农	中农	贫农	其他	总计
无土地者	户数			1	1	1	3
0.1—4.99 亩	户数				1		1
	亩数				3		3
5—9.99	户数				5		5
	亩数				28		28
10—19.99	户数			7			7
	亩数			104			104
20—29.99	户数			3			3
	亩数			74			74
30—39.99	户数			1			1
	亩数			35			35
40—49.99	户数		1				1
	亩数		40				40

续表

田亩阶段＼村户类别		地主	富农	中农	贫农	其他	总计
50—99.99	户数		1				1
	亩数		80				80
100—199.99	户数		1				1
	亩数		160				160
200—499.99	户数						
	亩数						
500 亩以上	户数						
	亩数						
总计	户数		3	12	7	1	23
	亩数		280	213	31		524

江苏省盐城县仁孝乡徐家村各类村户所有田亩面积各阶段分布表(民国二十二年调查)

田亩阶段＼村户类别		地主	富农	中农	贫农	其他	总计
无土地者	户数			4	3		7
0.1—4.99 亩	户数				2		2
	亩数				7		7
5—9.99	户数			1	4		5
	亩数			7	22		29
10—19.99	户数			1			1
	亩数			15			15
20—29.99	户数						
	亩数						
30—39.99	户数						
	亩数						
40—49.99	户数						
	亩数						
50—99.99	户数						
	亩数						

续表

村户类别 / 田亩阶段		地主	富农	中农	贫农	其他	总计
100—199.99	户数						
	亩数						
200—499.99	户数						
	亩数						
500 亩以上	户数						
	亩数						
总计	户数			6	9		15
	亩数			22	29		51

江苏省盐城县正丰乡十二间各类村户使用田亩面积各阶段分布表(民国二十二年调查)

村户类别 / 田亩阶段		地主	富农	中农	贫农	其他	总计
无土地者	户数				1		1
0.1—4.99 亩	户数				2		2
	亩数				7		7
5—9.99	户数			3	2		5
	亩数			23	12		35
10—19.99	户数			5			5
	亩数			64			64
20—29.99	户数			1			1
	亩数			20			20
30—39.99	户数		1	1			2
	亩数		35	30			65
40—49.99	户数		2				2
	亩数		85				85
50—99.99	户数		2				2
	亩数		120				120
100—199.99	户数		2				2
	亩数		200				200

续表

田亩阶段 \ 村户类别		地主	富农	中农	贫农	其他	总计
200—499.99	户数						
	亩数						
500亩以上	户数						
	亩数						
总计	户数		7	10	5		22
	亩数		530	137	19		686

江苏省盐城县倪化乡第一间各类村户所有田亩面积各阶段分布表(民国二十二年调查)

田亩阶段 \ 村户类别		地主	富农	中农	贫农	其他	总计
无土地者	户数		1	5	3	1	10
0.1—4.99亩	户数						
	亩数						
5—9.99	户数				3		3
	亩数				27		27
10—19.99	户数			4			4
	亩数			55			55
20—29.99	户数			1			1
	亩数			22			22
30—39.99	户数			1			1
	亩数			30			30
40—49.99	户数		3				3
	亩数		127				127
50—99.99	户数		3				3
	亩数		172				172
100—199.99	户数						
	亩数						
200—499.99	户数						
	亩数						

续表

田亩阶段＼村户类别		地主	富农	中农	贫农	其他	总计
500亩以上	户数						
	亩数						
总计	户数		7	11	6	1	25
	亩数		299	107	27		433

江苏省盐城县民权乡王家庄各类村户所有田亩面积各阶段分布表(民国十七年调查)

田亩阶段＼村户类别		地主	富农	中农	贫农	其他	总计
无土地者	户数			1	1	1	3
0.1—4.99亩	户数				7		7
	亩数				19.5		19.5
5—9.99	户数			1	7		8
	亩数			6	43		49
10—19.99	户数			6	1		7
	亩数			76	10		86
20—29.99	户数		1	1			2
	亩数		23	21			44
30—39.99	户数		3	1			4
	亩数		102	35			137
40—49.99	户数		1	1			2
	亩数		43	45			88
50—99.99	户数		2				2
	亩数		122				122
100—199.99	户数						
	亩数						
200—499.99	户数						
	亩数						
500亩以上	户数						
	亩数						

续表

田亩阶段＼村户类别		地主	富农	中农	贫农	其他	总计
总计	户数		7	11	16	1	35
	亩数		290	183	72.5		545.5

江苏省盐城县景范镇十五间各类村户所有田亩面积各阶段分布表(民国十七年调查)

田亩阶段＼村户类别		地主	富农	中农	贫农	其他	总计
无土地者	户数			1	1	3	5
0.1—4.99 亩	户数				7	6	13
	亩数				16	5	21
5—9.99	户数				2		2
	亩数				11.5		11.5
10—19.99	户数						
	亩数						
20—29.99	户数						
	亩数						
30—39.99	户数						
	亩数						
40—49.99	户数						
	亩数						
50—99.99	户数		2				2
	亩数		100				100
100—199.99	户数						
	亩数						
200—499.99	户数						
	亩数						
500 亩以上	户数						
	亩数						
总计	户数		2	1	10	9	22
	亩数		100		27.5	5	132.5

江苏省盐城县民治乡赵家宅各类村户所有田亩面积各阶段分布表(民国十七年调查)

田亩阶段＼村户类别		地主	富农	中农	贫农	其他	总计
无土地者	户数					2	1
0.1—4.99亩	户数				4		4
	亩数				13.5		13.5
5—9.99	户数			4	2		6
	亩数			32	10		42
10—19.99	户数			2			2
	亩数			32			32
20—29.99	户数						
	亩数						
30—39.99	户数						
	亩数						
40—49.99	户数						
	亩数						
50—99.99	户数						
	亩数						
100—199.99	户数						
	亩数						
200—499.99	户数		1				1
	亩数		250				250
500亩以上	户数						
	亩数						
总计	户数		1	6	6	2	15
	亩数		250	64	23.5		337.5

江苏省盐城县正丰乡十一间各类村户使用田亩面积各阶段分布表(民国十七年调查)

田亩阶段 \ 村户类别		地主	富农	中农	贫农	其他	总计
无土地者	户数			1	2	1	4
0.1—4.99 亩	户数				1		1
	亩数				3		3
5—9.99	户数			1	4		5
	亩数			8	23		31
10—19.99	户数			6			6
	亩数			91			91
20—29.99	户数			3			3
	亩数			74			74
30—39.99	户数			1			1
	亩数			35			35
40—49.99	户数		1				1
	亩数		40				40
50—99.99	户数		1				1
	亩数		80				80
100—199.99	户数		1				1
	亩数		160				160
200—499.99	户数						
	亩数						
500 亩以上	户数						
	亩数						
总计	户数		3	12	7	1	23
	亩数		280	208	26		514

江苏省盐城县仁孝乡徐家村各类村户所有田亩面积各阶段分布表(民国十七年调查)

田亩阶段 \ 村户类别		地主	富农	中农	贫农	其他	总计
无土地者	户数			4	3		7
0.1—4.99 亩	户数				2		2
	亩数				7		7
5—9.99	户数			1	4		5
	亩数			7	22		29
10—19.99	户数			1			1
	亩数			15			15
20—29.99	户数						
	亩数						
30—39.99	户数						
	亩数						
40—49.99	户数						
	亩数						
50—99.99	户数						
	亩数						
100—199.99	户数						
	亩数						
200—499.99	户数						
	亩数						
500 亩以上	户数						
	亩数						
总计	户数			6	9		15
	亩数			22	29		51

江苏省盐城县正丰乡十二间各类村户所有田亩面积各阶段分布表(民国十七年调查)

田亩阶段＼村户类别		地主	富农	中农	贫农	其他	总计
无土地者	户数					1	1
0.1—4.99亩	户数				2		2
	亩数				7		7
5—9.99	户数			3	2		5
	亩数			23	12		35
10—19.99	户数			5			5
	亩数			67			67
20—29.99	户数			2			2
	亩数			44			44
30—39.99	户数						
	亩数						
40—49.99	户数						
	亩数						
50—99.99	户数		5				5
	亩数		324				324
100—199.99	户数		2				2
	亩数		220				220
200—499.99	户数						
	亩数						
500亩以上	户数						
	亩数						
总计	户数		7	10	4	1	22
	亩数		514	134	19		697

江苏省盐城县倪化乡第一闾各类村户所有田亩面积各阶段分布表(民国十七年调查)

田亩阶段＼村户类别		地主	富农	中农	贫农	其他	总计
无土地者	户数		2	7	1		10
0.1—4.99亩	户数						
	亩数						
5—9.99	户数				3		3
	亩数				27		27
10—19.99	户数			4			4
	亩数			55			55
20—29.99	户数			1			1
	亩数			22			22
30—39.99	户数			1			1
	亩数			30			30
40—49.99	户数		2				2
	亩数		87				87
50—99.99	户数		3				3
	亩数		172				172
100—199.99	户数		1				1
	亩数		100				100
200—499.99	户数						
	亩数						
500亩以上	户数						
	亩数						
总计	户数		8	13	4		25
	亩数		359	107	27		493

江苏省盐城县正丰乡十二间各类村户所有田亩增减表

村户类别	民国十七年	民国二十二年	增减原因							
			卖出	买进	典出	典进	赎去	赎回	其他	
地主										
富农	544	530	129	110					+35 —30	民十七年中农现变为富农 民十七年富农现变为中农
中农	134	137	3	11					+30 —35	民十七年富农现变为中农 民十七年中农现变为富农
贫农	19	19								
其他										
总计	697	686	132	121						

江苏省盐城县景范镇十五间各类村户所有田亩增减表

村户类别	民国十七年	民国二十二年	增减原因							
			卖出	买进	典出	典进	赎去	赎回	其他	
地主		33		33						
富农	100		68						—32	民十七年富农现变为中农
中农		32							+32	现为中农，民十七年为富农
贫农	27.5	37.5		10						
其他	5	4	2	1						
总计	132.5	106.5	70	44						

江苏省盐城县民权乡王家庄各类村户所有田亩增减表

村户类别	民国十七年	民国二十二年	增减原因							
			卖出	买进	典出	典进	赎去	赎回	其他	
地主										
富农	290	298		8						
中农	183	207		31					+3 —10	民十七年贫农一户现变为中农 民十七年中农一户现变为贫农
贫农	72.5	56.5	23						+10 —3	民十七年中农一户现变为贫农 民十七年贫农一户现变为中农
其他										
总计	515.5	561.5	23	39						

江苏省盐城县仁孝乡徐家村各类村户所有田亩增减表

村户类别	民国十七年	民国二十二年	增减原因							
			卖出	买进	典出	典进	赎去	赎回	其他	
地主										
富农										
中农	22	22								
贫农	29	29								
其他										
总计	51	51								

江苏省盐城县民治乡赵家宅各类村户所有田亩增减表

村户类别	民国十七年	民国二十二年	增减原因							
			卖出	买进	典出	典进	赎去	赎回	其他	
地主										
富农	250	254		4						
中农	64	64								
贫农	23.5	23.5								
其他										
总计	337.5	341.5		4						

江苏省盐城县倪化乡第一间各类村户所有田亩增减表

村户类别	民国十七年	民国二十二年	增减原因							
			卖出	买进	典出	典进	赎去	赎回	其他	
地主										
富农	359	299							－60	一户因分家出 40 亩
中农	107	107								
贫农	27	27								
其他										
总计	493	433							－60	

江苏省盐城县正丰乡十一间各类村户所有田亩增减表

村户类别	民国十七年	民国二十二年	增减原因							
			卖出	买进	典出	典进	赎去	赎回	其他	
地主										
富农	280	280								
中农	208	213		9					−4	一户因分家出 4 亩
贫农	26	31		1					+4	一户因分家入 4 亩
其他										
总计	514	524		10						

江苏省盐城县正丰乡十一间各类村户使用田亩面积各阶段分布表(民国十七年调查)

田亩阶段 \ 村户类别		地主	富农	中农	贫农	其他	总计
不使用土地者	户数				1	1	2
0.1—4.99 亩	户数				1		1
	亩数				3		3
5—9.99	户数			1	5		6
	亩数			8	32		40
10—19.99	户数			5			5
	亩数			78			78
20—29.99	户数			5			5
	亩数			127			127
30—39.99	户数						
	亩数						
40—49.99	户数		1	1			2
	亩数		48	43			91
50—99.99	户数		1				1
	亩数		80				80
100—199.99	户数						
	亩数						
200—499.99	户数		1				1
	亩数		200				200

续表

田亩阶段＼村户类别		地主	富农	中农	贫农	其他	总计
500亩以上	户数						
	亩数						
总计	户数		3	12	7	1	23
	亩数		328	256	35		619

江苏省盐城县仁孝乡徐家村各类村户使用田亩面积各阶段分布表(民国二十二年调查)

田亩阶段＼村户类别		地主	富农	中农	贫农	其他	总计
不使用土地者	户数						
0.1—4.99亩	户数				2		2
	亩数				7		7
5—9.99	户数			1	4		5
	亩数			7	22		29
10—19.99	户数			2	3		5
	亩数			33	50		83
20—29.99	户数						
	亩数						
30—39.99	户数			3			3
	亩数			92			92
40—49.99	户数						
	亩数						
50—99.99	户数						
	亩数						
100—199.99	户数						
	亩数						
200—499.99	户数						
	亩数						
500亩以上	户数						
	亩数						

续表

田亩阶段＼村户类别		地主	富农	中农	贫农	其他	总计
总计	户数			6	9		15
	亩数			132	79		211

江苏省盐城县正丰乡十二间各类村户使用田亩面积各阶段分布表(民国二十二年调查)

田亩阶段＼村户类别		地主	富农	中农	贫农	其他	总计
不使用土地者	户数						
0.1—4.99 亩	户数				2		2
	亩数				7		7
5—9.99	户数			2	3		5
	亩数			17	20		37
10—19.99	户数			5			5
	亩数			64			64
20—29.99	户数			1			1
	亩数			20			20
30—39.99	户数			1			1
	亩数			30			30
40—49.99	户数		2	1			3
	亩数		85	46			131
50—99.99	户数		3				3
	亩数		185				185
100—199.99	户数		2				2
	亩数		284				284
200—499.99	户数						
	亩数						
500 亩以上	户数						
	亩数						
总计	户数		7	10	5		22
	亩数		554	177	27		758

江苏省盐城县倪化乡第一间各类村户使用田亩面积各阶段分布表(民国二十二年调查)

田亩阶段＼村户类别		地主	富农	中农	贫农	其他	总计
不使用土地者	户数					1	1
0.1—4.99亩	户数						
	亩数						
5—9.99	户数				3		3
	亩数				27		27
10—19.99	户数			4	2		6
	亩数			61.6	23.3		84.9
20—29.99	户数			1	1		2
	亩数			22	20		42
30—39.99	户数			3			3
	亩数			90			90
40—49.99	户数		1				1
	亩数		40				40
50—99.99	户数		5	3			8
	亩数		294	175			469
100—199.99	户数		1				1
	亩数		120				120
200—499.99	户数						
	亩数						
500亩以上	户数						
	亩数						
总计	户数		7	11	6	1	25
	亩数		454	348.6	70.3		872.9

江苏省盐城县民权乡王家庄各类村户使用田亩面积各阶段分布表(民国二十二年调查)

田亩阶段 \ 村户类别		地主	富农	中农	贫农	其他	总计
不使用土地者	户数					1	1
0.1—4.99亩	户数				6		6
	亩数				12.5		12.5
5—9.99	户数			1	8		9
	亩数			6	45		51
10—19.99	户数			6	1		7
	亩数			97	19		116
20—29.99	户数		1	1			2
	亩数		23	21			44
30—39.99	户数		2	1			3
	亩数		70	35			105
40—49.99	户数						
	亩数						
50—99.99	户数		3	3			6
	亩数		222	150			372
100—199.99	户数		1				1
	亩数		103				103
200—499.99	户数						
	亩数						
500亩以上	户数						
	亩数						
总计	户数		7	12	15	1	35
	亩数		418	309	76.5		803.5

江苏省盐城县范景镇十五间各类村户使用田亩面积各阶段分布表(民国二十二年调查)

田亩阶段＼村户类别		地主	富农	中农	贫农	其他	总计
不使用土地者	户数					1	1
0.1—4.99亩	户数				7	6	13
	亩数				16	4	20
5—9.99	户数	1			4		5
	亩数	7			25.5		32.5
10—19.99	户数			2			2
	亩数			32			32
20—29.99	户数			1			1
	亩数			26			26
30—39.99	户数						
	亩数						
40—49.99	户数						
	亩数						
50—99.99	户数						
	亩数						
100—199.99	户数						
	亩数						
200—499.99	户数						
	亩数						
500亩以上	户数						
	亩数						
总计	户数	1		3	11	7	22
	亩数	7		58	41.5	4	110.5

江苏省盐城县民治乡赵家宅各类村户使用田亩面积各阶段分布表(民国二十二年调查)

田亩阶段	村户类别	地主	富农	中农	贫农	其他	总计
不使用土地者	户数					2	2
0.1—4.99 亩	户数				4		4
	亩数				13.5		13.5
5—9.99	户数			4	2		6
	亩数			32	10		42
10—19.99	户数			2			2
	亩数			32			32
20—29.99	户数						
	亩数						
30—39.99	户数						
	亩数						
40—49.99	户数						
	亩数						
50—99.99	户数						
	亩数						
100—199.99	户数						
	亩数						
200—499.99	户数		1				1
	亩数		254				254
500 亩以上	户数						
	亩数						
总计	户数		1	6	6	2	15
	亩数		254	64	23.5		341.5

江苏省盐城县正丰乡十一间各类村户使用田亩面积各阶段分布表(民国二十二年调查)

田亩阶段 \ 村户类别		地主	富农	中农	贫农	其他	总计
不使用土地者	户数					1	1
0.1—4.99 亩	户数				1		1
	亩数				3		3
5—9.99	户数				6		6
	亩数				41		41
10—19.99	户数			6			6
	亩数			95			95
20—29.99	户数			5			5
	亩数			123			123
30—39.99	户数						
	亩数						
40—49.99	户数		1	1			2
	亩数		48	43			91
50—99.99	户数		1				1
	亩数		80				80
100—199.99	户数						
	亩数						
200—499.99	户数		1				1
	亩数		200				200
500 亩以上	户数						
	亩数						
总计	户数		3	12	7	1	23
	亩数		328	261	44		633

江苏省盐城县仁孝乡徐家村各类村户使用田亩面积各阶段分布表(民国十七年调查)

田亩阶段 \ 村户类别		地主	富农	中农	贫农	其他	总计
不使用土地者	户数						
0.1—4.99 亩	户数				2		2
	亩数				7		7
5—9.99	户数			1	4		5
	亩数			7	22		29
10—19.99	户数			2	3		5
	亩数			33	50		83
20—29.99	户数						
	亩数						
30—39.99	户数			3			3
	亩数			92			92
40—49.99	户数						
	亩数						
50—99.99	户数						
	亩数						
100—199.99	户数						
	亩数						
200—499.99	户数						
	亩数						
500 亩以上	户数						
	亩数						
总计	户数			6	9		15
	亩数			132	79		211

江苏省盐城县正丰乡十二间各类村户使用田亩面积各阶段分布表(民国十七年调查)

田亩阶段 \ 村户类别		地主	富农	中农	贫农	其他	总计
不使用土地者	户数					1	1
0.1—4.99亩	户数				2		2
	亩数				7		7
5—9.99	户数			2	2		4
	亩数			17	12		29
10—19.99	户数			5			5
	亩数			67			67
20—29.99	户数			2			2
	亩数			44			44
30—39.99	户数						
	亩数						
40—49.99	户数			1			1
	亩数			46			46
50—99.99	户数		5				5
	亩数		324				324
100—199.99	户数		2				2
	亩数		214				214
200—499.99	户数						
	亩数						
500亩以上	户数						
	亩数						
总计	户数		7	10	4	1	22
	亩数		538	174	19		731

江苏省盐城县倪化乡第一闾各类村户使用田亩面积各阶段分布表(民国十七年调查)

田亩阶段 \ 村户类别		地主	富农	中农	贫农	其他	总计
不使用土地者	户数						
0.1—4.99亩	户数						
	亩数						
5—9.99	户数				3		3
	亩数				27		27
10—19.99	户数			2			2
	亩数			35			35
20—29.99	户数			2	1		3
	亩数			42	24		66
30—39.99	户数			3			3
	亩数			90			90
40—49.99	户数			5			5
	亩数			200			200
50—99.99	户数		5	1			6
	亩数		294	50			344
100—199.99	户数		3				3
	亩数		340				340
200—499.99	户数						
	亩数						
500亩以上	户数						
	亩数						
总计	户数		8	13	4		25
	亩数		634	417	51		1102

江苏省盐城县民权乡王家庄各类村户使用田亩面积各阶段分布表(民国十七年调查)

田亩阶段 \ 村户类别		地主	富农	中农	贫农	其他	总计
不使用土地者	户数					1	1
0.1—4.99 亩	户数				7		7
	亩数				17.5		17.5
5—9.99	户数			1	8		9
	亩数			6	49		55
10—19.99	户数			6			6
	亩数			83			83
20—29.99	户数		1	2			3
	亩数		23	45			68
30—39.99	户数		2	1			3
	亩数		70	35			105
40—49.99	户数						
	亩数						
50—99.99	户数		3	2			5
	亩数		214	160			314
100—199.99	户数		1				1
	亩数		103				103
200—499.99	户数						
	亩数						
500 亩以上	户数						
	亩数						
总计	户数		7	12	15	1	35
	亩数		410	269	66.5		745.5

江苏省盐城县景范镇十五间各类村户使用田亩面积各阶段分布表(民国十七年调查)

田亩阶段＼村户类别		地主	富农	中农	贫农	其他	总计
不使用土地者	户数				1	3	4
0.1—4.99亩	户数				7	6	13
	亩数				16	5	21
5—9.99	户数				2		2
	亩数				11.5		11.5
10—19.99	户数						
	亩数						
20—29.99	户数			1			1
	亩数			26			26
30—39.99	户数						
	亩数						
40—49.99	户数						
	亩数						
50—99.99	户数		2				2
	亩数		100				100
100—199.99	户数						
	亩数						
200—499.99	户数						
	亩数						
500亩以上	户数						
	亩数						
总计	户数		2	1	10	9	22
	亩数		100	26	27.5	5	158.5

江苏省盐城县民治乡赵家宅各类村户使用田亩面积各阶段分布表(民国十七年调查)

田亩阶段＼村户类别		地主	富农	中农	贫农	其他	总计
不使用土地者	户数					2	2
0.1—4.99亩	户数				4		4
	亩数				13.5		13.5
5—9.99	户数			4	2		6
	亩数			32	10		42
10—19.99	户数			2			2
	亩数			32			32
20—29.99	户数						
	亩数						
30—39.99	户数						
	亩数						
40—49.99	户数						
	亩数						
50—99.99	户数						
	亩数						
100—199.99	户数						
	亩数						
200—499.99	户数		1				1
	亩数		250				250
500亩以上	户数						
	亩数						
总计	户数		1	6	6	2	15
	亩数		250	64	23.5		337.5

四、启东县八村分村表

启东信士乡第六间(民国二十二年调查)

村户类别	户数	人口数	有工作能力的人数	参加田间工作的人数	出外工作的人数	所有田亩数	使用田亩数	出租田亩数	租进田亩数
地主									
富农	2	12	4	4			413.79		413.79
中农	14	43	31	29	1	27.833	207.172		179.339
贫农	34	165	85	82	6	3.958	199.176		195.218
其他	1	7	3	1	2		1.066		1.666
总计	51	227	123	116	9	31.791	821.804		790.013

启东信士乡第六间(民国十七年调查)

村户类别	户数	人口数	有工作能力的人数	参加田间工作的人数	出外工作的人数	所有田亩数	使用田亩数	出租田亩数	租进田亩数
地主									
富农	2	9	4	4			413.79		413.79
中农	14	40	31	29	1	42.833	226.839		184.006
贫农	34	139	83	79	6	3.125	190.752		187.627
其他	1	7	3	1	2		1.666		1.666
总计	51	195	121	113	9	45.958	833.047		787.089

启东庚癸乡第二间(民国二十二年调查)

村户类别	户数	人口数	有工作能力的人数	参加田间工作的人数	出外工作的人数	所有田亩数	使用田亩数	出租田亩数	租进田亩数
地主									
富农	4	26	11	11		41.666	117.082		75.416
中农	15	123	71	70		2.05	344.676		432.626
贫农	8	45	29	26			54.914		54.914
其他	1	6	3						
总计	28	200	114	107		43.716	516.672		472.956

启东庚癸乡第二间(民国十七年调查)

村户类别	户数	人口数	有工作能力的人数	参加田间工作的人数	出外工作的人数	所有田亩数	使用田亩数	出租田亩数	租进田亩数
地主									
富农	4	22	11	11		41.666	117.032		75.416
中农	5	109	70	70		2.05	361.34		359.293
贫农	8	37	27	24			45.12		45.12
其他	1	5	3						
总计	28	173	111	105		43.716	523.548		479.83

启东嘉禾乡(民国二十二年调查)

村户类别	户数	人口数	有工作能力的人数	参加田间工作的人数	出外工作的人数	所有田亩数	使用田亩数	出租田亩数	租进田亩数
地主									
富农	1	1		1			2.086		
中农	15	85	34	39	1		184.578		143.748
贫农	51	217	163	126	16		254.359		297.273
其他									
总计	67	333	197	166	17		441.021		441.02

启东嘉禾乡(民国十七年调查)

村户类别	户数	人口数	有工作能力的人数	参加田间工作的人数	出外工作的人数	所有田亩数	使用田亩数	出租田亩数	租进田亩数
地主									
富农	1	2	2	1	1		125		125
中农	15	74	51	38	2		256.996		256.996
贫农	51	223	138	123	12	1.491	283.47		281.988
其他									
总计	67	299	191	162	15	1.491	665.475		663.984

启东义方乡第六间(民国二十二年调查)

村户类别	户数	人口数	有工作能力的人数	参加田间工作的人数	出外工作的人数	所有田亩数	使用田亩数	出租田亩数	租进田亩数
地主		5	3	2		24.999	8.3	16.666	
富农	5	13	8	10		64.576	88.712		1.167
中农	15	58	37	30	2	21.07	156.05		11.59
贫农	39	163	99	83	7	31.055	167.876		151.029
其他									
总计	59	239	147	128	9	141.7	512.654	16.666	196.055

启东义方乡第六间(民国十七年调查)

村户类别	户数	人口数	有工作能力的人数	参加田间工作的人数	出外工作的人数	所有田亩数	使用田亩数	出租田亩数	租进田亩数
地主									
富农	5	17	13	8		97.071	117.908		20.834
中农	15	48	32	29	2	102.413	173.802		71.392
贫农	39	142	94	88	6	40.637	191.625		150.988
其他									
总计	59	207	139	125	8	240.121	483.335		243.214

启东小溆乡第六间(民国二十二年调查)

村户类别	户数	人口数	有工作能力的人数	参加田间工作的人数	出外工作的人数	所有田亩数	使用田亩数	出租田亩数	租进田亩数
地主	1	4	1			140	40	100	
富农	12	80	53	46	3	738.37	746.67		
中农	8	49	32	25	2	150.902	181.37		53.124
贫农	1	3	2	2	2	8.3	8		8
其他	3	12	7		3				
总计	25	148	95	73	10	1037.572	976.04	100	61.124

启东小潋乡第六间(民国十七年调查)

村户类别	户数	人口数	有工作能力的人数	参加田间工作的人数	出外工作的人数	所有田亩数	使用田亩数	出租田亩数	租进田亩数
地主	1	3	1			140	40	100	
富农	12	75	52	45	5	863.37	863.37		
中农	8	45	29	28	1	134.248	157.16		22.916
贫农	1	3	5	2	2		8		8
其他	3	12	7		3				
总计	25	138	94	75	11	1137.618	1068.534	100	30.916

启东庚癸乡第四间(民国二十二年调查)

村户类别	户数	人口数	有工作能力的人数	参加田间工作的人数	出外工作的人数	所有田亩数	使用田亩数	出租田亩数	租进田亩数
地主									
富农	5		18	15		107.871	203.704		83.333
中农	6	164	89	92		22.499	537.976		505.478
贫农	7	20	23	18		11.665	32.564		43.398
其他	2	12	6	6					
总计	40	34	136	131		142.035	774.244		632.209

启东庚癸乡第四间(民国十七年调查)

村户类别	户数	人口数	有工作能力的人数	参加田间工作的人数	出外工作的人数	所有田亩数	使用田亩数	出租田亩数	租进田亩数
地主									
富农	5	29	27	22		172.454	255.787		83.333
中农	26	42	92	92		24.909	548.821		523.822
贫农	5	22	14	14			25.548		25.548
其他	2	10	6	6					
总计	38	103	139	134		197.363	830.156		632.703

启东民政乡第三间(民国二十二年调查)

村户类别	户数	人口数	有工作能力的人数	参加田间工作的人数	出外工作的人数	所有田亩数	使用田亩数	出租田亩数	租进田亩数
地主									
富农	1	8	6	5		48	38	10	
中农	27	82	45	56		121	177		75
贫农	17	63	55	32	9	49	77.3		44.3
其他	4	19	12	12		3	3		
总计	49	172	118	105	9	221	295.3	10	116.3

启东民政乡第三间(民国十七年调查)

村户类别	户数	人口数	有工作能力的人数	参加田间工作的人数	出外工作的人数	所有田亩数	使用田亩数	出租田亩数	租进田亩数
地主									
富农	1	9	7	6		48	38	10	
中农	21	76	64	59		171	202		31
贫农	17	64	38	34	4	30	77.9		47.9
其他	4	15	12	12		3	3		
总计	43	164	121	111	4	252	320.9	10	78.9

启东民政乡第四间(民国二十二年调查)

村户类别	户数	人口数	有工作能力的人数	参加田间工作的人数	出外工作的人数	所有田亩数	使用田亩数	出租田亩数	租进田亩数
地主									
富农	1	13				41.666	41.666		
中农	9	28	21	28		13.6	101.832		88.232
贫农	32	138	68	69	4	9.374	182.947		173.173
其他									
总计	42	174	89	97	4	64.64	326.445		261.405

启东民政乡第四间(民国十七年调查)

村户类别	户数	人口数	有工作能力的人数	参加田间工作的人数	出外工作的人数	所有田亩数	使用田亩数	出租田亩数	租进田亩数
地主									
富农	3	13	2	2		41.666	77.916		36.25
中农	13	5	30	30		20.25	150.749		130.499
贫农	23	102	59	58	1		134.699		134.699
其他									
总计	39	130	91	90	1	61.916	363.364		301.448

江苏省启东县信士乡第六间村户分类性质对照表(民国二十二年调查)

村户类别		总户数	地主	自耕农	半自耕农	佃农	雇农	其他
总户数		51			5	46		
地主	收租							
	经营							
富农		2				2		
中农		14			3	11		
贫农		34			2	32		
雇农								
其他		1				1		

江苏省启东县庚癸乡第二间村户分类性质对照表(民国二十二年调查)

村户类别		总户数	地主	自耕农	半自耕农	佃农	雇农	其他
总户数		28		3		24		1
地主	收租							
	经营							
富农		4		2		2		
中农		15		1		14		
贫农		8				8		
雇农								
其他		1						1

江苏省启东县嘉禾乡村户分类性质对照表(民国二十二年调查)

村户类别		总户数	地主	自耕农	半自耕农	佃农	雇农	其他
总户数		67				67		
地主	收租							
	经营							
富农								
中农		8				8		
贫农		59				59		
雇农								
其他								

江苏省启东县义方乡第六间村户分类性质对照表(民国二十二年调查)

村户类别		总户数	地主	自耕农	半自耕农	佃农	雇农	其他
总户数		60	1	16	11	32		
地主	收租	1	1					
	经营							
富农		3		2	1			
中农		15		9	4	2		
贫农		41		5	6	30		
雇农								
其他								

江苏省启东县小溆乡第六间村户分类性质对照表(民国二十二年调查)

村户类别		总户数	地主	自耕农	半自耕农	佃农	雇农	其他
总户数		27	1	19	3	1		3
地主	收租	1	1					
	经营							
富农		11		11				
中农		10		7	3			
贫农		2		1		1		
雇农								
其他		3						3

江苏省启东县庚癸乡第四间村户分类性质对照表(民国二十二年调查)

村户类别		总户数	地主	自耕农	半自耕农	佃农	雇农	其他
总户数		40		8	1	29		2
地主	收租							
	经营							
富农		4		3		1		
中农		24		2	1	21		
贫农		10		3		7		
雇农								
其他		2						2

江苏省启东县民政乡第三间村户分类性质对照表(民国二十二年调查)

村户类别		总户数	地主	自耕农	半自耕农	佃农	雇农	其他
总户数		45		26	5	13		1
地主	收租							
	经营							
富农		1		1				
中农		18		12	3	3		
贫农		22		10	2	10		
雇农								
其他		4		3				1

江苏省启东县民政乡第四间村户分类性质对照表(民国二十二年调查)

村户类别		总户数	地主	自耕农	半自耕农	佃农	雇农	其他
总户数		42		2		40		
地主	收租							
	经营							
富农		1		1				
中农		9		1		8		
贫农		32				32		
雇农								
其他								

江苏省启东县信士乡第六间各类村户所有田亩增减表

村户类别	民国十七年	民国二十二年	增减原因							
			卖出	买进	典出	典进	赎去	赎回	其他	
地主										
富农										
中农	42.833	27.833	15							
贫农	3.125	3.958				0.833				
其他										
总计	45.958	31.791	15			0.833				

江苏省启东县庚癸乡第二间各类村户所有田亩增减表

村户类别	民国十七年	民国二十二年	增减原因							
			卖出	买进	典出	典进	赎去	赎回	其他	
地主										
富农										
中农	41.666	41.666								
贫农	2.05	2.05								
其他										
总计	43.716	43.716								

江苏省启东县嘉禾乡各类村户所有田亩增减表

村户类别	民国十七年	民国二十二年	增减原因							
			卖出	买进	典出	典进	赎去	赎回	其他	
地主										
富农										
中农										
贫农	1.491						1.491			
其他										
总计	1.491						1.491			

江苏省启东县义方乡第六间各类村户所有田亩增减表

村户类别	民国十七年	民国二十二年	增减原因							
			卖出	买进	典出	典进	赎去	赎回	其他	
地主		24.999				8.333			＋16.666	民十七年富农一户，民二十二年变为地主
富农	97.074	64.576							－16.666 －15.832	地主一户移来 中农一户移来
中农	102.410	123.075							＋11.041 ＋11.666 －2.042	民二十二年时迁入一户，富农一户变为中农，一户所有之差
贫农	40.637	31.055			1.25		8.332			
其他										
总计	240.121	243.705			1.25	8.33	8.332		＋4.833	

江苏省启东县小效乡第六间各类村户所有田亩增减表

村户类别	民国十七年	民国二十二年	增减原因							
			卖出	买进	典出	典进	赎去	赎回	其他	
地主	140	140								
富农	861.37	738.37			41.734				－41.6 －41.666	富农一户二十二年为贫农 二年所有之差
中农	134.248	150.902	6						＋22.654	有二户民十七年未分家
贫农		8.3							＋8.3	民十七年为富农
其他										
总计	1137.618	1037.572	6		41.734				－52.312	

江苏省启东县庚癸乡第四间各类村户所有田亩增减表

村户类别	民国十七年	民国二十二年	增减原因							
			卖出	买进	典出	典进	赎去	赎回	其他	
地主										
富农	172.454	107.871							－64.58	中农一户民十七年为富农
中农	24.909	22.499	15	5.833					－5.833 ＋12.59	移入贫农 富农一户移入
贫农		11.665							＋11.665	民十七年无土地

续表

村户类别	民国十七年	民国二十二年	增减原因							
			卖出	买进	典出	典进	赎去	赎回	其他	
其他										
总计	197.363	142.035	15	5.833					-43.251	

江苏省启东县民政乡第三间各类村户所有田亩增减表

村户类别	民国十七年	民国二十二年	增减原因							
			卖出	买进	典出	典进	赎去	赎回	其他	
地主										
富农	48	48								
中农	171	121	4		4	4			+4 -50	民十七年贫农一户民二十二年变为中农 民十七年中农六户民二十二年变为贫农
贫农	30	49	5						-4 +28	民十七年贫农一户民二十二年变为中农 民十七年中农五户民二十二年变为贫农
其他	3	3								
总计	252	221	9		4	4			-22	

江苏省启东县民政乡第四间各类村户所有田亩增减表

村户类别	民国十七年	民国二十二年	增减原因							
			卖出	买进	典出	典进	赎去	赎回	其他	
地主										
富农	41.666	41.666								
中农	20.25	13.6	4			8.6			-16.25 +5	民十七年为中农民二十二年变为贫农 一户分家时分入五亩
贫农		9.374							+9.374	民十七年无土地
其他										
总计	61.916	64.640	4			8.6			-1.876	

江苏省启东县信士乡第六间村户变迁表

村户类别	民国十七年	民国二十二年							备注
	户数	地主	富农	中农	贫农	雇农	其他	总计	
地主									
富农	2		2					2	
中农	14			14				14	
贫农	34				34			34	
雇农									
其他	1						1	1	
总计	51		2	14	34		1	51	

江苏省启东县庚癸乡第二间村户变迁表

村户类别	民国十七年	民国二十二年							备注
	户数	地主	富农	中农	贫农	雇农	其他	总计	
地主									
富农	4		4					4	
中农	15			15				15	
贫农	8				8			8	
雇农									
其他	1						1	1	
总计	28		4	15	8		1	28	

江苏省启东县嘉禾乡村户变迁表

村户类别	民国十七年	民国二十二年							备注
	户数	地主	富农	中农	贫农	雇农	其他	总计	
地主									
富农	1				1			1	
中农	15			8	7			15	
贫农	51				51			51	
雇农									
其他									
总计	67			8	59			67	

江苏省启东县义方乡第六间村户变迁表

村户类别	民国十七年	民国二十二年							备注
	户数	地主	富农	中农	贫农	雇农	其他	总计	
地主									
富农	5	1	3	1				5	
中农	15			14	2			16	中农一户民二十二年迁入
贫农	39				39			39	
雇农									
其他									
总计	59	1	3	15	41			60	

江苏省启东县小潋乡第六间村户变迁表

村户类别	民国十七年	民国二十二年							备注
	户数	地主	富农	中农	贫农	雇农	其他	总计	
地主	1	1						1	
富农	12		11		1			12	
中农	8			10				10	民十七年有二户未分家
贫农	1				1			1	
雇农									
其他	3						3	3	
总计	25	1	11	10	2		3	27	

江苏省启东县庚癸乡第四间村户变迁表

村户类别	民国十七年	民国二十二年							备注
	户数	地主	富农	中农	贫农	雇农	其他	总计	
地主									
富农	5		4	1				5	
中农	26			23	3			26	
贫农	4				6			6	有二户民十七年未分家
雇农	1				1			1	
其他	2						2	2	
总计	38		4	24	10		2	40	

江苏省启东县民政乡第三间村户变迁表

村户类别	民国十七年	民国二十二年							备注
	户数	地主	富农	中农	贫农	雇农	其他	总计	
地主									
富农	1		1					1	
中农	21			15	7			22	民二十二年迁入一家中农
贫农	17			3	15			18	民二十二年迁入一家贫农
雇农									
其他	4						4	4	
总计	43		1	18	22		4	45	

江苏省启东县民政乡第四间村户变迁表

村户类别	民国十七年	民国二十二年							备注
	户数	地主	富农	中农	贫农	雇农	其他	总计	
地主									
富农	3		1	1	1			3	
中农	13			8	6			14	一户民二十一年分家
贫农	21				23			23	二户民十七年未分家
雇农	2				2			2	
其他									
总计	39		1	9	32			42	

江苏省启东县信士乡第六间各类村户所有田亩面积各阶段分布表(民国二十二年调查)

田亩阶段＼村户类别		地主	富农	中农	贫农	其他	总计
无土地者	户数		2	11	31	1	45
0.1—4.99亩	户数				3		3
	亩数				3.958		3.958
5—9.99	户数			2			2
	亩数			13.75			13.75
10—19.99	户数			1			1
	亩数			14.083			14.083

续表

田亩阶段 \ 村户类别		地主	富农	中农	贫农	其他	总计
20—29.99	户数						
	亩数						
30—39.99	户数						
	亩数						
40—49.99	户数						
	亩数						
50—99.99	户数						
	亩数						
100—199.99	户数						
	亩数						
200—499.99	户数						
	亩数						
500亩以上	户数						
	亩数						
总计	户数		2	14	34	1	51
	亩数			27.833	3.958		31.791

江苏省启东县信士乡第六间各类村户所有田亩面积各阶段分布表(民国十七年调查)

田亩阶段 \ 村户类别		地主	富农	中农	贫农	其他	总计
无土地者	户数		2	11	32	1	46
0.1—4.99亩	户数				2		2
	亩数				3.125		3.125
5—9.99	户数			2			2
	亩数			13.75			13.75
10—19.99	户数						
	亩数						
20—29.99	户数			1			1
	亩数			29.083			29.083

续表

田亩阶段＼村户类别		地主	富农	中农	贫农	其他	总计
30—39.99	户数						
	亩数						
40—49.99	户数						
	亩数						
50—99.99	户数						
	亩数						
100—199.99	户数						
	亩数						
200—499.99	户数						
	亩数						
500亩以上	户数						
	亩数						
总计	户数		2	14	34	1	51
	亩数			42.833	3.125		45.958

江苏省启东县庚癸乡第二间各类村户所有田亩面积各阶段分布表(民国二十二年调查)

田亩阶段＼村户类别		地主	富农	中农	贫农	其他	总计
无土地者	户数		2	14	8	1	25
0.1—4.99亩	户数			1			1
	亩数			2.05			2.05
5—9.99	户数						
	亩数						
10—19.99	户数						
	亩数						
20—29.99	户数		2				2
	亩数		41.666				41.666
30—39.99	户数						
	亩数						

续表

田亩阶段＼村户类别		地主	富农	中农	贫农	其他	总计
40—49.99	户数						
	亩数						
50—99.99	户数						
	亩数						
100—199.99	户数						
	亩数						
200—499.99	户数						
	亩数						
500 亩以上	户数						
	亩数						
总计	户数		4	15	8	1	28
	亩数		41.666	2.05			43.716

江苏省启东县庚癸乡第二间各类村户所有田亩面积各阶段分布表(民国十七年调查)

田亩阶段＼村户类别		地主	富农	中农	贫农	其他	总计
无土地者	户数		2	14	8	1	25
0.1—4.99 亩	户数			1			1
	亩数			2.05			2.05
5—9.99	户数						
	亩数						
10—19.99	户数						
	亩数						
20—29.99	户数		2				2
	亩数		41.666				41.666
30—39.99	户数						
	亩数						
40—49.99	户数						
	亩数						

续表

田亩阶段＼村户类别		地主	富农	中农	贫农	其他	总计
50—99.99	户数						
	亩数						
100—199.99	户数						
	亩数						
200—499.99	户数						
	亩数						
500亩以上	户数						
	亩数						
总计	户数		4	15	8	1	28
	亩数		41.666	2.05			43.716

江苏省启东县嘉禾乡各类村户所有田亩面积各阶段分布表(民国二十二年调查)

田亩阶段＼村户类别		地主	富农	中农	贫农	其他	总计
无土地者	户数			8	59		67
0.1—4.99亩	户数						
	亩数						
5—9.99	户数						
	亩数						
10—19.99	户数						
	亩数						
20—29.99	户数						
	亩数						
30—39.99	户数						
	亩数						
40—49.99	户数						
	亩数						
50—99.99	户数						
	亩数						

续表

田亩阶段＼村户类别		地主	富农	中农	贫农	其他	总计
100—199.99	户数						
	亩数						
200—499.99	户数						
	亩数						
500亩以上	户数						
	亩数						
总计	户数			8	59		67
	亩数						

江苏省启东县嘉禾乡各类村户所有田亩面积各阶段分布表(民国十七年调查)

田亩阶段＼村户类别		地主	富农	中农	贫农	其他	总计
无土地者	户数		1	15	50		66
0.1—4.99亩	户数				1		1
	亩数				1.491		1.491
5—9.99	户数						
	亩数						
10—19.99	户数						
	亩数						
20—29.99	户数						
	亩数						
30—39.99	户数						
	亩数						
40—49.99	户数						
	亩数						
50—99.99	户数						
	亩数						
100—199.99	户数						
	亩数						

续表

田亩阶段＼村户类别		地主	富农	中农	贫农	其他	总计
200—499.99	户数						
	亩数						
500亩以上	户数						
	亩数						
总计	户数		1	15	51		67
	亩数				1.491		1.491

江苏省启东县义方乡第六间各类村户所有田亩面积各阶段分布表(民国二十二年调查)

田亩阶段＼村户类别		地主	富农	中农	贫农	其他	总计
无土地者	户数			2	30		32
0.1—4.99亩	户数			1	8		9
	亩数			3.333	13.456		16.789
5—9.99	户数			7	3		10
	亩数			53.288	17.599		70.887
10—19.99	户数		1	4			5
	亩数		16.664	45.621			62.285
20—29.99	户数	1	2	1			4
	亩数	24.999	47.912	20.833			93.744
30—39.99	户数						
	亩数						
40—49.99	户数						
	亩数						
50—99.99	户数						
	亩数						
100—199.99	户数						
	亩数						
200—499.99	户数						
	亩数						

续表

田亩阶段＼村户类别		地主	富农	中农	贫农	其他	总计
500 亩以上	户数						
	亩数						
总计	户数	1	3	15	41		60
	亩数	24.999	64.576	123.075	31.055		243.705

江苏省启东县义方乡第六间各类村户所有田亩面积各阶段分布表(民国十七年调查)

田亩阶段＼村户类别		地主	富农	中农	贫农	其他	总计
无土地者	户数			4	26		30
0.1—4.99 亩	户数				10		10
	亩数				23.038		23.038
5—9.99	户数			8	3		11
	亩数			58.663	17.599		76.262
10—19.99	户数		3	2			5
	亩数		49.162	22.914			72.076
20—29.99	户数		2	1			3
	亩数		47.912	20.833			68.745
30—39.99	户数						
	亩数						
40—49.99	户数						
	亩数						
50—99.99	户数						
	亩数						
100—199.99	户数						
	亩数						
200—499.99	户数						
	亩数						
500 亩以上	户数						
	亩数						

续表

田亩阶段＼村户类别		地主	富农	中农	贫农	其他	总计
总计	户数		5	15	39		59
	亩数		97.074	102.41	40.637		240.121

江苏省启东县小洑乡第六间各类村户所有田亩面积各阶段分布表(民国二十二年调查)

田亩阶段＼村户类别		地主	富农	中农	贫农	其他	总计
无土地者	户数				1	3	4
0.1—4.99 亩	户数						
	亩数						
5—9.99	户数			2	1		3
	亩数			14	8.3		22.3
10—19.99	户数			7			7
	亩数			116.069			116.069
20—29.99	户数		1	1			2
	亩数		24.996	20.833			45.829
30—39.99	户数		3				3
	亩数		98.848				98.848
40—49.99	户数		2				2
	亩数		87.366				87.366
50—99.99	户数		3				3
	亩数		194.16				194.16
100—199.99	户数	1	1				2
	亩数	140	125				265
200—499.99	户数		1				1
	亩数		208				208
500 亩以上	户数						
	亩数						
总计	户数	1	11	10	2	3	27
	亩数	140	738.37	150.902	8.3		1037.572

江苏省启东县小激乡第六闾各类村户所有田亩面积各阶段分布表(民国十七年调查)

田亩阶段 \ 村户类别		地主	富农	中农	贫农	其他	总计
无土地者	户数				1	3	4
0.1—4.99 亩	户数						
	亩数						
5—9.99	户数			1			1
	亩数			8			8
10—19.99	户数			5			5
	亩数			85.415			85.415
20—29.99	户数		1	2			3
	亩数		24.996	40.833			65.829
30—39.99	户数		3				3
	亩数		98.848				98.848
40—49.99	户数		2				2
	亩数		83.2				83.2
50—99.99	户数		4				4
	亩数		281.66				281.66
100—199.99	户数	1	1				2
	亩数	140	166.666				306.666
200—499.99	户数		1				1
	亩数		208				208
500 亩以上	户数						
	亩数						
总计	户数	1	12	8	1	3	25
	亩数	140	863.37	134.248			1137.618

江苏省启东县庚癸乡第六间各类村户所有田亩面积各阶段分布表(民国二十二年调查)

田亩阶段 \ 村户类别		地主	富农	中农	贫农	其他	总计
无土地者	户数		1	21	7	2	31
0.1—4.99亩	户数			1	2		3
	亩数			4.166	5.832		9.998
5—9.99	户数			1	1		2
	亩数			5.833	5.833		11.666
10—19.99	户数			1			1
	亩数			12.5			12.5
20—29.99	户数		1				1
	亩数		29.166				29.166
30—39.99	户数		1				1
	亩数		31.205				31.205
40—49.99	户数		1				1
	亩数		47.5				47.5
50—99.99	户数						
	亩数						
100—199.99	户数						
	亩数						
200—499.99	户数						
	亩数						
500亩以上	户数						
	亩数						
总计	户数		4	24	10	2	40
	亩数		107.871	22.499	11.665		142.035

江苏省启东县庚癸乡第四间各类村户所有田亩面积各阶段分布表(民国十七年调查)

田亩阶段 \ 村户类别		地主	富农	中农	贫农	其他	总计
无土地者	户数		1	24	5	2	32
0.1—4.99 亩	户数			1			1
	亩数			4.106			4.106
5—9.99	户数						
	亩数						
10—19.99	户数						
	亩数						
20—29.99	户数			1			1
	亩数			20.803			20.803
30—39.99	户数		2				2
	亩数		70.788				70.788
40—49.99	户数		1				1
	亩数		47.5				47.5
50—99.99	户数		1				1
	亩数		54.166				54.166
100—199.99	户数						
	亩数						
200—499.99	户数						
	亩数						
500 亩以上	户数						
	亩数						
总计	户数		5	26	5	2	38
	亩数		172.454	24.909			197.363

江苏省启东县民政乡第三间各类村户所有田亩面积各阶段分布表(民国二十二年调查)

田亩阶段 \ 村户类别		地主	富农	中农	贫农	其他	总计
无土地者	户数			2	10	1	13
0.1—4.99 亩	户数			7	8	3	18
	亩数			26	25	3	54
5—9.99	户数			2	4		6
	亩数			15	24		39
10—19.99	户数			7			7
	亩数			80			80
20—29.99	户数						
	亩数						
30—39.99	户数						
	亩数						
40—49.99	户数		1				1
	亩数		48				48
50—99.99	户数						
	亩数						
100—199.99	户数						
	亩数						
200—499.99	户数						
	亩数						
500 亩以上	户数						
	亩数						
总计	户数		1	18	22	4	45
	亩数		48	121	49	3	221

江苏省启东县民政乡第三间各类村户所有田亩面积各阶段分布表(民国十七年调查)

田亩阶段＼村户类别		地主	富农	中农	贫农	其他	总计
无土地者	户数			1	9	2	12
0.1—4.99 亩	户数			6	7	2	15
	亩数			22	21	3	46
5—9.99	户数			2	1		3
	亩数			15	9		24
10—19.99	户数			12			12
	亩数			134			134
20—29.99	户数						
	亩数						
30—39.99	户数						
	亩数						
40—49.99	户数		1				1
	亩数		48				48
50—99.99	户数						
	亩数						
100—199.99	户数						
	亩数						
200—499.99	户数						
	亩数						
500 亩以上	户数						
	亩数						
总计	户数		1	21	17	4	43
	亩数		48	171	30	3	252

江苏省启东县民政乡第四间各类村户所有田亩面积各阶段分布表(民国二十二年调查)

田亩阶段 \ 村户类别		地主	富农	中农	贫农	其他	总计
无土地者	户数			7	30		37
0.1—4.99亩	户数			1	1		2
	亩数			2	2.708		4.708
5—9.99	户数				1		1
	亩数				6.666		6.666
10—19.99	户数			1			1
	亩数			11.6			11.6
20—29.99	户数						
	亩数						
30—39.99	户数						
	亩数						
40—49.99	户数		1				1
	亩数		41.666				41.666
50—99.99	户数						
	亩数						
100—199.99	户数						
	亩数						
200—499.99	户数						
	亩数						
500亩以上	户数						
	亩数						
总计	户数		1	9	32		42
	亩数		41.666	13.6	9.374		64.640

江苏省启东县民政乡第四间各类村户所有田亩面积各阶段分布表(民国十七年调查)

田亩阶段 \ 村户类别		地主	富农	中农	贫农	其他	总计
无土地者	户数		2	11	23		36
0.1—4.99亩	户数			1			1
	亩数			4			4
5—9.99	户数						
	亩数						
10—19.99	户数			1			1
	亩数			16.25			16.25
20—29.99	户数						
	亩数						
30—39.99	户数						
	亩数						
40—49.99	户数		1				1
	亩数		41.666				41.666
50—99.99	户数						
	亩数						
100—199.99	户数						
	亩数						
200—499.99	户数						
	亩数						
500亩以上	户数						
	亩数						
总计	户数		3	13	23		39
	亩数		41.666	20.25			61.916

江苏省启东县信士乡第六间各类村户使用田亩面积各阶段分布表(民国二十二年调查)

田亩阶段＼村户类别		地主	富农	中农	贫农	其他	总计
不使用土地者	户数						
0.1—4.99亩	户数			2	16	1	19
	亩数			8.391	40.233	1.666	50.200
5—9.99	户数			5	12		17
	亩数			34.290	85.904		120.194
10—19.99	户数			1	6		7
	亩数			10	73.039		83.039
20—29.99	户数			5			5
	亩数			121.248			121.248
30—39.99	户数			1			1
	亩数			33.333			33.333
40—49.99	户数						
	亩数						
50—99.99	户数						
	亩数						
100—199.99	户数						
	亩数						
200—499.99	户数		2				2
	亩数		413.79				413.79
500亩以上	户数						
	亩数						
总计	户数		2	14	34	1	51
	亩数		413.79	207.172	199.176	1.666	821.804

江苏省启东县信士乡第六间各类村户使用田亩面积各阶段分布表(民国十七年调查)

田亩阶段＼村户类别		地主	富农	中农	贫农	其他	总计
不使用土地者	户数						
0.1—4.99 亩	户数			2	18	1	21
	亩数			8.301	46.466	1.666	56.433
5—9.99	户数			4	10		14
	亩数			24.707	71.247		95.954
10—19.99	户数			2	6		8
	亩数			20.5	73.039		93.539
20—29.99	户数			5			5
	亩数			121.248			121.248
30—39.99	户数						
	亩数						
40—49.99	户数						
	亩数						
50—99.99	户数			1			1
	亩数			52.083			52.083
100—199.99	户数						
	亩数						
200—499.99	户数		2				2
	亩数		413.79				413.79
500 亩以上	户数						
	亩数						
总计	户数		2	14	34	1	51
	亩数		413.79	226.839	190.752	1.666	833.047

江苏省启东县庚癸乡第二间各类村户使用田亩面积各阶段分布表(民国二十二年调查)

田亩阶段＼村户类别		地主	富农	中农	贫农	其他	总计
不使用土地者	户数					1	1
0.1—4.99 亩	户数			1	2		3
	亩数			2.05	7.916		9.966
5—9.99	户数			1	5		6
	亩数			9.791	35.832		45.623
10—19.99	户数			4	1		5
	亩数			51.181	11.166		62.347
20—29.99	户数		2	6			8
	亩数		41.666	155.827			197.493
30—39.99	户数		1	1			2
	亩数		33.75	37.494			71.244
40—49.99	户数		1	2			3
	亩数		41.666	88.333			120.999
50—99.99	户数						
	亩数						
100—199.99	户数						
	亩数						
200—499.99	户数						
	亩数						
500 亩以上	户数						
	亩数						
总计	户数		4	15	8	1	28
	亩数		117.082	344.676	54.914		516.672

江苏省启东县庚癸乡第二间各类村户使用田亩面积各阶段分布表(民国十七年调查)

田亩阶段 \ 村户类别		地主	富农	中农	贫农	其他	总计
不使用土地者	户数				1	1	2
0.1—4.99亩	户数			1	2		3
	亩数			2.05	6.458		8.508
5—9.99	户数			1	4		5
	亩数			9.791	27.499		37.290
10—19.99	户数			3	1		4
	亩数			40.765	11.166		51.931
20—29.99	户数		2	7			9
	亩数		41.666	182.910			224.576
30—39.99	户数		1	1			2
	亩数		33.75	37.494			71.244
40—49.99	户数		1	2			3
	亩数		41.666	88.333			129.999
50—99.99	户数						
	亩数						
100—199.99	户数						
	亩数						
200—499.99	户数						
	亩数						
500亩以上	户数						
	亩数						
总计	户数		4	15	8	1	28
	亩数		117.082	361.343	45.123		523.548

江苏省启东县嘉禾乡各类村户使用田亩面积各阶段分布表(民国十七年调查)

田亩阶段 \ 村户类别		地主	富农	中农	贫农	其他	总计
不使用土地者	户数				1		1
0.1—4.99亩	户数				24		24
	亩数				65.849		65.849
5—9.99	户数			3	21		24
	亩数			22.916	152.704		175.620
10—19.99	户数			7	5		12
	亩数			95.748	64.926		180.674
20—29.99	户数			4			4
	亩数			88.332			88.332
30—39.99	户数						
	亩数						
40—49.99	户数						
	亩数						
50—99.99	户数			1			1
	亩数			50			50
100—199.99	户数		1				1
	亩数		125				125
200—499.99	户数						
	亩数						
500亩以上	户数						
	亩数						
总计	户数		1	15	51		67
	亩数		125	256.996	283.479		665.475

江苏省启东县嘉禾乡各类村户使用田亩面积各阶段分布表(民国二十二年调查)

田亩阶段＼村户类别		地主	富农	中农	贫农	其他	总计
不使用土地者	户数						
0.1—4.99亩	户数				35		35
	亩数				98.760		98.760
5—9.99	户数			2	19		21
	亩数			15.833	134.771		150.604
10—19.99	户数			3	5		8
	亩数			35.416	63.742		99.158
20—29.99	户数			2			2
	亩数			42.499			42.499
30—39.99	户数						
	亩数						
40—49.99	户数						
	亩数						
50—99.99	户数			1			1
	亩数			50			50
100—199.99	户数						
	亩数						
200—499.99	户数						
	亩数						
500亩以上	户数						
	亩数						
总计	户数			8	59		67
	亩数			143.748	297.273		441.021

江苏省启东县义方乡第六间各类村户使用田亩面积各阶段分布表(民国七十年调查)

田亩阶段＼村户类别		地主	富农	中农	贫农	其他	总计
不使用土地者	户数						
0.1—4.99 亩	户数			1	24		25
	亩数			4.166	53.423		57.589
5—9.99	户数			7	9		16
	亩数			50.206	66.539		116.745
10—19.99	户数		2	5	6		13
	亩数		32.496	73.601	71.663		177.760
20—29.99	户数		2	2			4
	亩数		52.079	45.829			97.908
30—39.99	户数		1				1
	亩数		33.333				33.333
40—49.99	户数						
	亩数						
50—99.99	户数						
	亩数						
100—199.99	户数						
	亩数						
200—499.99	户数						
	亩数						
500 亩以上	户数						
	亩数						
总计	户数		5	15	39		59
	亩数		117.908	173.802	191.625		483.335

江苏省启东县义方乡第六间各类村户使用田亩面积各阶段分布表(民国二十二年调查)

田亩阶段＼村户类别		地主	富农	中农	贫农	其他	总计
不使用土地者	户数						
0.1—4.99亩	户数			1	25		26
	亩数			4.166	54.673		58.839
5—9.99	户数	1		6	13		20
	亩数	8.333		44.164	93.246		145.743
10—19.99	户数		1	7	3		11
	亩数		16.664	95.371	34.165		146.200
20—29.99	户数		2	1			3
	亩数		52.070	20.833			72.912
30—39.99	户数						
	亩数						
40—49.99	户数						
	亩数						
50—99.99	户数						
	亩数						
100—199.99	户数						
	亩数						
200—499.99	户数						
	亩数						
500亩以上	户数						
	亩数						
总计	户数	1	3	15	41		60
	亩数	8.333	68.743	146.534	182.084		423.694

江苏省启东县小潋乡第六间各类村户使用田亩面积各阶段分布表(民国二十二年调查)

田亩阶段 \ 村户类别		地主	富农	中农	贫农	其他	总计
不使用土地者	户数					3	3
0.1—4.99 亩	户数						
	亩数						
5—9.99	户数			2	2		4
	亩数			14	16.3		30.3
10—19.99	户数			4			4
	亩数			66.07			66.07
20—29.99	户数		1	3			4
	亩数		24.996	74.998			99.994
30—39.99	户数		3				3
	亩数		98.848				98.848
40—49.99	户数	1	2	1			4
	亩数	40	87.366	48.958			176.324
50—99.99	户数		3				3
	亩数		194.16				194.16
100—199.99	户数		1				1
	亩数		125				125
200—499.99	户数		1				1
	亩数		208				208
500 亩以上	户数						
	亩数						
总计	户数	1	11	10	2	3	27
	亩数	40	738.37	204.026	16.3		998.696

江苏省启东县小澂乡第六间各类村户使用田亩面积各阶段分布表(民国十七年调查)

田亩阶段＼村户类别		地主	富农	中农	贫农	其他	总计
不使用土地者	户数					3	3
0.1—4.99 亩	户数						
	亩数						
5—9.99	户数			1	1		2
	亩数			8	8		16
10—19.99	户数			3			3
	亩数			54.166			54.166
20—29.99	户数		1	4			5
	亩数		24.996	94.998			119.994
30—39.99	户数		3				3
	亩数		98.848				98.848
40—49.99	户数	1	2				3
	亩数	40	83.2				123.2
50—99.99	户数		4				4
	亩数		281.66				281.66
100—199.99	户数		1				1
	亩数		166.666				166.666
200—499.99	户数		1				1
	亩数		208				208
500 亩以上	户数						
	亩数						
总计	户数	1	12	8	1	3	25
	亩数	40	863.37	157.164	8		1068.534

江苏省启东县庚癸乡第四间各类村户使用田亩面积各阶段分布表(民国二十二年调查)

田亩阶段 \ 村户类别		地主	富农	中农	贫农	其他	总计
不使用土地者	户数					2	2
0.1—4.99 亩	户数			2	5		7
	亩数			8.332	11.632		19.964
5—9.99	户数			2	4		6
	亩数			16.666	30.933		47.599
10—19.99	户数			6	1		7
	亩数			88.742	12.498		101.240
20—29.99	户数		1	7			8
	亩数		29.166	171.327			200.493
30—39.99	户数		1	7			8
	亩数		31.205	242.910			274.115
40—49.99	户数		1				1
	亩数		47.5				47.5
50—99.99	户数		1				1
	亩数		83.333				83.333
100—199.99	户数						
	亩数						
200—499.99	户数						
	亩数						
500 亩以上	户数						
	亩数						
总计	户数		4	24	10	2	40
	亩数		191.204	527.977	55.063		774.244

江苏省启东县庚癸乡第四间各类村户使用田亩面积各阶段分布表(民国十七年调查)

田亩阶段 \ 村户类别		地主	富农	中农	贫农	其他	总计
不使用土地者	户数				1	2	3
0.1—4.99 亩	户数			2	2		4
	亩数			9.332	4.55		13.882
5—9.99	户数			4	1		5
	亩数			33.332	8.5		41.832
10—19.99	户数			5	1		6
	亩数			76.247	12.498		88.745
20—29.99	户数			8			8
	亩数			192.833			192.833
30—39.99	户数		2	7			9
	亩数		70.788	237.077			307.865
40—49.99	户数		1				1
	亩数		47.5				47.5
50—99.99	户数		2				2
	亩数		137.499				137.499
100—199.99	户数						
	亩数						
200—499.99	户数						
	亩数						
500 亩以上	户数						
	亩数						
总计	户数		5	26	5	2	38
	亩数		255.787	548.821	25.548		830.156

江苏省启东县民政乡第三间各类村户使用田亩面积各阶段分布表(民国二十二年调查)

田亩阶段＼村户类别		地主	富农	中农	贫农	其他	总计
不使用土地者	户数					1	1
0.1—4.99 亩	户数			6	13	3	22
	亩数			22	29.3	3	54.3
5—9.99	户数			3	9		12
	亩数			23	64		87
10—19.99	户数			7			7
	亩数			85			85
20—29.99	户数			1			1
	亩数			29			29
30—39.99	户数		1	1			2
	亩数		38	34			72
40—49.99	户数						
	亩数						
50—99.99	户数						
	亩数						
100—199.99	户数						
	亩数						
200—499.99	户数						
	亩数						
500 亩以上	户数						
	亩数						
总计	户数		1	18	22	4	45
	亩数		38	193	93.3	3	327.3

江苏省启东县民政乡第三间各类村户使用田亩面积各阶段分布表(民国十七年调查)

田亩阶段＼村户类别		地主	富农	中农	贫农	其他	总计
不使用土地者	户数				1	2	3
0.1—4.99 亩	户数			5	9	2	16
	亩数			18	22.9	3	43.9
5—9.99	户数			4	7		11
	亩数			27	55		82
10—19.99	户数			11			11
	亩数			123			123
20—29.99	户数						
	亩数						
30—39.99	户数		1	1			2
	亩数		38	34			72
40—49.99	户数						
	亩数						
50—99.99	户数						
	亩数						
100—199.99	户数						
	亩数						
200—499.99	户数						
	亩数						
500 亩以上	户数						
	亩数						
总计	户数		1	21	17	4	43
	亩数		38	202	77.9	3	320.9

江苏省启东县民政乡第四间各类村户使用田亩面积各阶段分布表(民国十七年调查)

田亩阶段＼村户类别		地主	富农	中农	贫农	其他	总计
不使用土地者	户数				2		2
0.1—4.99亩	户数			3	8		11
	亩数			11.166	18.2		29.366
5—9.99	户数			2	7		9
	亩数			13	50.833		63.833
10—19.99	户数		1	7	6		14
	亩数		16.25	105.75	65.666		187.666
20—29.99	户数		1	1			2
	亩数		20	20.833			40.833
30—39.99	户数						
	亩数						
40—49.99	户数						
	亩数		1				1
50—99.99	户数		41.666				41.666
	亩数						
100—199.99	户数						
	亩数						
200—499.99	户数						
	亩数						
500亩以上	户数						
	亩数						
总计	户数		3	13	23		39
	亩数		77.916	150.749	134.699		363.364

江苏省启东县民政乡第四间各类村户使用田亩面积各阶段分布表(民国二十二年调查)

田亩阶段＼村户类别		地主	富农	中农	贫农	其他	总计
不使用土地者	户数						
0.1—4.99 亩	户数			1	16		17
	亩数			4.166	39.116		43.282
5—9.99	户数			4	9		13
	亩数			27	62.999		89.999
10—19.99	户数			3	7		10
	亩数			44.666	80.832		125.498
20—29.99	户数			1			1
	亩数			26			26
30—39.99	户数						
	亩数						
40—49.99	户数		1				1
	亩数		41.666				41.666
50—99.99	户数						
	亩数						
100—199.99	户数						
	亩数						
200—499.99	户数						
	亩数						
500 亩以上	户数						
	亩数						
总计	户数		1	9	32		42
	亩数		41.666	101.832	182.947		326.445

五、常熟县六村分村表

常熟涧桥乡西毛村(民国二十二年调查)

村户类别	户数	人口数	有工作能力的人数	参加田间工作的人数	出外工作的人数	所有田亩数	使用田亩数	出租田亩数	租进田亩数
地主									
富农									
中农	2	10	5	5			28		28
贫农	9	28	17	10	7		18.6		18.6
其他	3	11	7	7			7		7
总计	14	49	29	22	7		53.6		53.6

常熟涧桥乡西毛村(民国十七年调查)

村户类别	户数	人口数	有工作能力的人数	参加田间工作的人数	出外工作的人数	所有田亩数	使用田亩数	出租田亩数	租进田亩数
地主									
富农									
中农	2	10	5	5			33		33
贫农	9	27	17	10	7		23.6		23.6
其他	3	9	7	7			7		7
总计	14	46	29	22	7		63.6		63.6

常熟东浜乡南浜村(民国十七年调查)

村户类别	户数	人口数	有工作能力的人数	参加田间工作的人数	出外工作的人数	所有田亩数	使用田亩数	出租田亩数	租进田亩数
地主									
富农									
中农	10	49	30	29		3	179		176
贫农	19	69	50	45	4		116		116

续表

村户类别	户数	人口数	有工作能力的人数	参加田间工作的人数	出外工作的人数	所有田亩数	使用田亩数	出租田亩数	租进田亩数
其他	2	7	4	2			0.9		0.9
总计	31	125	84	76	4	3	295.9		292.9

常熟东浜乡南浜村(民国二十二年调查)

村户类别	户数	人口数	有工作能力的人数	参加田间工作的人数	出外工作的人数	所有田亩数	使用田亩数	出租田亩数	租进田亩数
地主									
富农									
中农	9	44	28	27		3	156.5		153.5
贫农	20	81	55	50	5		132.5		132.5
其他	2	7	4	2			0.9		0.9
总计	31	132	87	79	5	3	289.9		286.9

常熟花溪乡西浜村(民国十七年调查)

村户类别	户数	人口数	有工作能力的人数	参加田间工作的人数	出外工作的人数	所有田亩数	使用田亩数	出租田亩数	租进田亩数
地主									
富农									
中农	9	39	23	1			135		135
贫农	4	22	17	12			25		25
其他	2	4	2	2					
总计	15	65	42	35			160		160

常熟花溪乡西浜村(民国二十二年调查)

村户类别	户数	人口数	有工作能力的人数	参加田间工作的人数	出外工作的人数	所有田亩数	使用田亩数	出租田亩数	租进田亩数
地主									
富农									
中农	8	41	20	19			124		124
贫农	7	31	21	15			42.5		42.5
其他									
总计	15	72	41	34			166.5		166.5

常熟莫城镇东街村(民国二十二年调查)

村户类别	户数	人口数	有工作能力的人数	参加田间工作的人数	出外工作的人数	所有田亩数	使用田亩数	出租田亩数	租进田亩数
地主									
富农									
中农	8	42	22	22			136.5		136.5
贫农	21	88	48	41	7		99.5		99.5
其他	1	3	2	2					
总计	30	133	72	65	7		236		236

常熟莫城镇东街村(民国十七年调查)

村户类别	户数	人口数	有工作能力的人数	参加田间工作的人数	出外工作的人数	所有田亩数	使用田亩数	出租田亩数	租进田亩数
地主									
富农									
中农	9	44	25	25			151.5		151.5
贫农	19	71	43	36	7		99.5		99.5
其他	2	7	5	5			2.5		2.5
总计	30	122	73	66	7		253.5		253.5

常熟高英乡赵苍村(民国二十二年调查)

村户类别	户数	人口数	有工作能力的人数	参加田间工作的人数	出外工作的人数	所有田亩数	使用田亩数	出租田亩数	租进田亩数
地主	1	5	3			10	1	9	
富农									
中农	6	40	29	22	3		113		113
贫农	7	28	18	12	4		33.8		33.8
其他	1	6	5				10		10
总计	15	79	55	34	7	10	157.8	9	156.8

常熟高英乡赵苍村(民国十七年调查)

村户类别	户数	人口数	有工作能力的人数	参加田间工作的人数	出外工作的人数	所有田亩数	使用田亩数	出租田亩数	租进田亩数
地主	1	5	3			10	1	9	
富农									
中农	7	42	30	24	3		133		133
贫农	6	24	18	12	4		26.8		26.8
其他	2	13	11	6			16		16
总计	16	84	62	42	7	10	175.8	9	175.8

常熟屯王庙陶家阁(民国二十二年调查)

村户类别	户数	人口数	有工作能力的人数	参加田间工作的人数	出外工作的人数	所有田亩数	使用田亩数	出租田亩数	租进田亩数
地主									
富农	3	26	17	17		100	80	20	
中农	1	7	5	5		10	12		2
贫农	20	94	60	59	1	32	87		55
其他									
总计	24	127	82	81	1	142	179	20	57

常熟屯王庙陶家阁(民国十七年调查)

村户类别	户数	人口数	有工作能力的人数	参加田间工作的人数	出外工作的人数	所有田亩数	使用田亩数	出租田亩数	租进田亩数
地主									
富农	3	23	17	17		100	80	20	
中农	1	6	4	4		8	12		4
贫农	20	94	65	65		34	89		55
其他									
总计	24	123	86	86		142	181	20	59

常熟屯王庙上塘村(民国二十二年调查)

村户类别	户数	人口数	有工作能力的人数	参加田间工作的人数	出外工作的人数	所有田亩数	使用田亩数	出租田亩数	租进田亩数
地主	1	11	7	7		80	20	60	
富农									
中农	5	21	13	13		43	51		8
贫农	17	85	51	50	1	39.5	97		57.5
其他	2	5	3	3		1.7	2.5		0.8
总计	25	122	74	73	1	164.2	170.5	60	66.3

常熟屯王庙上塘村(民国十七年调查)

村户类别	户数	人口数	有工作能力的人数	参加田间工作的人数	出外工作的人数	所有田亩数	使用田亩数	出租田亩数	租进田亩数
地主	1	9	7	7		80	20	60	
富农									
中农	5	20	10	10		34	52		18
贫农	15	78	50	48	1	33.5	88		54.5
其他	2	3	2	1		0.7	1.5		0.8
总计	23	110	69	66	1	148.2	161.5	60	73.3

江苏省常熟县涧桥乡西毛村各类村户所有田亩面积各阶段分布表(民国十七年调查)

田亩阶段＼村户类别		地主	富农	中农	贫农	其他	总计
无土地者	户数			2	9	3	14
0.1—4.99亩	户数						
	亩数						
5—9.99	户数						
	亩数						
10—19.99	户数						
	亩数						
20—29.99	户数						
	亩数						
30—39.99	户数						
	亩数						
40—49.99	户数						
	亩数						
50—99.99	户数						
	亩数						
100—199.99	户数						
	亩数						
200—499.99	户数						
	亩数						
500亩以上	户数						
	亩数						
总计	户数			2	9	3	14
	亩数						

江苏省常熟县涧桥乡西毛村各类村户所有田亩面积各阶段分布表(民国二十二年调查)

田亩阶段＼村户类别		地主	富农	中农	贫农	其他	总计
无土地者	户数			2	9	3	14
0.1—4.99亩	户数						
	亩数						
5—9.99	户数						
	亩数						
10—19.99	户数						
	亩数						
20—29.99	户数						
	亩数						
30—39.99	户数						
	亩数						
40—49.99	户数						
	亩数						
50—99.99	户数						
	亩数						
100—199.99	户数						
	亩数						
200—499.99	户数						
	亩数						
500亩以上	户数						
	亩数						
总计	户数			2	9	3	14
	亩数						

江苏省常熟县东浜乡南浜村各类村户所有田亩面积各阶段分布表(民国十七年调查)

田亩阶段＼村户类别		地主	富农	中农	贫农	其他	总计
无土地者	户数			7	19	2	28
0.1—4.99 亩	户数			3			3
	亩数			3			3
5—9.99	户数						
	亩数						
10—19.99	户数						
	亩数						
20—29.99	户数						
	亩数						
30—39.99	户数						
	亩数						
40—49.99	户数						
	亩数						
50—99.99	户数						
	亩数						
100—199.99	户数						
	亩数						
200—499.99	户数						
	亩数						
500 亩以上	户数						
	亩数						
总计	户数			10	19	2	31
	亩数			3			3

江苏省常熟县东浜乡南浜村各类村户所有田亩面积各阶段分布表(民国二十二年调查)

田亩阶段 \ 村户类别		地主	富农	中农	贫农	其他	总计
无土地者	户数			6	20	2	28
0.1—4.99亩	户数			3			3
	亩数			3			3
5—9.99	户数						
	亩数						
10—19.99	户数						
	亩数						
20—29.99	户数						
	亩数						
30—39.99	户数						
	亩数						
40—49.99	户数						
	亩数						
50—99.99	户数						
	亩数						
100—199.99	户数						
	亩数						
200—499.99	户数						
	亩数						
500亩以上	户数						
	亩数						
总计	户数			9	20	2	31
	亩数			3			3

江苏省常熟县花溪乡西浜村各类村户所有田亩面积各阶段分布表(民国十七年调查)

田亩阶段＼村户类别		地主	富农	中农	贫农	其他	总计
无土地者	户数			9	4	2	15
0.1—4.99 亩	户数						
	亩数						
5—9.99	户数						
	亩数						
10—19.99	户数						
	亩数						
20—29.99	户数						
	亩数						
30—39.99	户数						
	亩数						
40—49.99	户数						
	亩数						
50—99.99	户数						
	亩数						
100—199.99	户数						
	亩数						
200—499.99	户数						
	亩数						
500 亩以上	户数						
	亩数						
总计	户数			9	4	2	15
	亩数						

江苏省常熟县花溪乡西浜村各类村户所有田亩面积各阶段分布表(民国二十二年调查)

田亩阶段＼村户类别		地主	富农	中农	贫农	其他	总计
无土地者	户数			8	7		15
0.1—4.99亩	户数						
	亩数						
5—9.99	户数						
	亩数						
10—19.99	户数						
	亩数						
20—29.99	户数						
	亩数						
30—39.99	户数						
	亩数						
40—49.99	户数						
	亩数						
50—99.99	户数						
	亩数						
100—199.99	户数						
	亩数						
200—499.99	户数						
	亩数						
500亩以上	户数						
	亩数						
总计	户数			8	7		15
	亩数						

江苏省常熟县莫城镇东街村各类村户所有田亩面积各阶段分布表(民国十七年调查)

田亩阶段＼村户类别		地主	富农	中农	贫农	其他	总计
无土地者	户数			9	19	2	30
0.1—4.99亩	户数						
	亩数						
5—9.99	户数						
	亩数						
10—19.99	户数						
	亩数						
20—29.99	户数						
	亩数						
30—39.99	户数						
	亩数						
40—49.99	户数						
	亩数						
50—99.99	户数						
	亩数						
100—199.99	户数						
	亩数						
200—499.99	户数						
	亩数						
500亩以上	户数						
	亩数						
总计	户数			9	19	2	30
	亩数						

江苏省常熟县莫城镇东街村各类村户所有田亩面积各阶段分布表(民国二十二年调查)

田亩阶段＼村户类别		地主	富农	中农	贫农	其他	总计
无土地者	户数			8	21	1	30
0.1—4.99 亩	户数						
	亩数						
5—9.99	户数						
	亩数						
10—19.99	户数						
	亩数						
20—29.99	户数						
	亩数						
30—39.99	户数						
	亩数						
40—49.99	户数						
	亩数						
50—99.99	户数						
	亩数						
100—199.99	户数						
	亩数						
200—499.99	户数						
	亩数						
500 亩以上	户数						
	亩数						
总计	户数			8	21	1	30
	亩数						

江苏省常熟县高英乡赵苍村各类村户所有田亩面积各阶段分布表(民国二十二年调查)

田亩阶段 \ 村户类别		地主	富农	中农	贫农	其他	总计
无土地者	户数			6	7	1	14
0.1—4.99 亩	户数						
	亩数						
5—9.99	户数						
	亩数						
10—19.99	户数	1					1
	亩数	10					10
20—29.99	户数						
	亩数						
30—39.99	户数						
	亩数						
40—49.99	户数						
	亩数						
50—99.99	户数						
	亩数						
100—199.99	户数						
	亩数						
200—499.99	户数						
	亩数						
500 亩以上	户数						
	亩数						
总计	户数	1		6	7	1	15
	亩数	10					10

江苏省常熟县高英乡赵苍村各类村户所有田亩面积各阶段分布表(民国十七年调查)

田亩阶段＼村户类别		地主	富农	中农	贫农	其他	总计
无土地者	户数			7	6	2	15
0.1—4.99 亩	户数						
	亩数						
5—9.99	户数						
	亩数						
10—19.99	户数	1					1
	亩数	10					10
20—29.99	户数						
	亩数						
30—39.99	户数						
	亩数						
40—49.99	户数						
	亩数						
50—99.99	户数						
	亩数						
100—199.99	户数						
	亩数						
200—499.99	户数						
	亩数						
500 亩以上	户数						
	亩数						
总计	户数	1		7	6	2	16
	亩数	10					10

江苏省常熟县屯王庙陶家阁各类村户所有田亩面积各阶段分布表(民国十七年调查)

田亩阶段＼村户类别		地主	富农	中农	贫农	其他	总计
无土地者	户数				9		9
0.1—4.99 亩	户数				11		11
	亩数				34		34
5—9.99	户数			1			1
	亩数			8			8
10—19.99	户数						
	亩数						
20—29.99	户数		1				1
	亩数		20				20
30—39.99	户数						
	亩数						
40—49.99	户数		2				2
	亩数		80				80
50—99.99	户数						
	亩数						
100—199.99	户数						
	亩数						
200—499.99	户数						
	亩数						
500 亩以上	户数						
	亩数						
总计	户数		3	1	20		24
	亩数		100	8	34		142

江苏省常熟县屯王庙陶家阁各类村户所有田亩面积各阶段分布表(民国二十二年调查)

田亩阶段 \ 村户类别		地主	富农	中农	贫农	其他	总计
无土地者	户数				10		10
0.1—4.99 亩	户数				10		10
	亩数				32		32
5—9.99	户数						
	亩数						
10—19.99	户数			1			1
	亩数			10			10
20—29.99	户数		1				1
	亩数		20				20
30—39.99	户数						
	亩数						
40—49.99	户数		2				2
	亩数		80				80
50—99.99	户数						
	亩数						
100—199.99	户数						
	亩数						
200—499.99	户数						
	亩数						
500 亩以上	户数						
	亩数						
总计	户数		3	1	20		24
	亩数		100	10	32		142

江苏省常熟县屯王庙上塘村各类村户所有田亩面积各阶段分布表(民国十七年调查)

田亩阶段 \ 村户类别		地主	富农	中农	贫农	其他	总计
无土地者	户数			1	6	1	8
0.1—4.99 亩	户数				6	1	7
	亩数				14.5	0.7	15.2
5—9.99	户数			3	3		6
	亩数			20	19		39
10—19.99	户数			1			1
	亩数			14			14
20—29.99	户数						
	亩数						
30—39.99	户数						
	亩数						
40—49.99	户数						
	亩数						
50—99.99	户数	1					1
	亩数	80					80
100—199.99	户数						
	亩数						
200—499.99	户数						
	亩数						
500 亩以上	户数						
	亩数						
总计	户数	1		5	15	2	23
	亩数	80		34	33.5	0.7	148.2

江苏省常熟县屯王庙上塘村各类村户所有田亩面积各阶段分布表(民国二十二年调查)

田亩阶段 \ 村户类别		地主	富农	中农	贫农	其他	总计
无土地者	户数				7		7
0.1—4.99 亩	户数				8	2	10
	亩数				25.5	1.7	27.2
5—9.99	户数			4	2		6
	亩数			23	14		43
20—19.99	户数			1			1
	亩数			14			14
10—29.99	户数						
	亩数						
30—39.99	户数						
	亩数						
40—49.99	户数						
	亩数						
50—99.99	户数	1					1
	亩数	80					80
100—199.99	户数						
	亩数						
200—499.99	户数						
	亩数						
500 亩以上	户数						
	亩数						
总计	户数	1		5	17	2	25
	亩数	80		43	39.5	1.7	164.2

江苏省常熟县涧桥乡西毛村各类村户使用田亩面积各阶段分布表(民国二十二年调查)

田亩阶段＼村户类别		地主	富农	中农	贫农	其他	总计
不使用土地者	户数				1		1
0.1—4.99 亩	户数				8	3	11
	亩数				18.6	7	25.6
5—9.99	户数						
	亩数						
20—19.99	户数			2			2
	亩数			28			28
10—29.99	户数						
	亩数						
30—39.99	户数						
	亩数						
40—49.99	户数						
	亩数						
50—99.99	户数						
	亩数						
100—199.99	户数						
	亩数						
200—499.99	户数						
	亩数						
500 亩以上	户数						
	亩数						
总计	户数			2	9	3	14
	亩数			28	18.6	7	53.6

江苏省常熟县涧桥乡西毛村各类村户使用田亩面积各阶段分布表(民国十七年调查)

田亩阶段＼村户类别		地主	富农	中农	贫农	其他	总计
不使用土地者	户数						
0.1—4.99 亩	户数				8	3	11
	亩数				18.6	7	25.6
5—9.99	户数				1		1
	亩数				5		5
10—19.99	户数			1			1
	亩数			13			13
20—29.99	户数			1			1
	亩数			20			20
30—39.99	户数						
	亩数						
40—49.99	户数						
	亩数						
50—99.99	户数						
	亩数						
100—199.99	户数						
	亩数						
200—499.99	户数						
	亩数						
500 亩以上	户数						
	亩数						
总计	户数			2	9	3	14
	亩数			33	23.6	7	63.6

江苏省常熟县东浜乡南浜村各类村户使用田亩面积各阶段分布表(民国十七年调查)

田亩阶段 \ 村户类别		地主	富农	中农	贫农	其他	总计
不使用土地者	户数						
0.1—4.99 亩	户数				4	2	6
	亩数				9.25	0.9	10.15
5—9.99	户数				14		14
	亩数				96.75		96.75
10—19.99	户数			8	1		9
	亩数			126	10		136
20—29.99	户数			2			2
	亩数			53			53
30—39.99	户数						
	亩数						
40—49.99	户数						
	亩数						
50—99.99	户数						
	亩数						
100—199.99	户数						
	亩数						
200—499.99	户数						
	亩数						
500 亩以上	户数						
	亩数						
总计	户数			10	19	2	31
	亩数			179	116	0.9	295.9

江苏省常熟县东浜乡南浜村各类村户使用田亩面积各阶段分布表(民国二十二年调查)

田亩阶段＼村户类别		地主	富农	中农	贫农	其他	总计
不使用土地者	户数						
0.1—4.99 亩	户数				5	2	7
	亩数				12.75	0.9	13.65
5—9.99	户数				12		12
	亩数				86.75		86.75
10—19.99	户数			8	3		11
	亩数			127.5	33		160.5
20—29.99	户数			1			1
	亩数			29			29
30—39.99	户数						
	亩数						
40—49.99	户数						
	亩数						
50—99.99	户数						
	亩数						
100—199.99	户数						
	亩数						
200—499.99	户数						
	亩数						
500 亩以上	户数						
	亩数						
总计	户数			9	20	2	31
	亩数			156.5	132.5	0.9	289.9

江苏省常熟县花溪乡西浜村各类村户使用田亩面积各阶段分布表(民国十七年调查)

田亩阶段 \ 村户类别		地主	富农	中农	贫农	其他	总计
不使用土地者	户数					2	2
0.1—4.99 亩	户数				1		1
	亩数				4		4
5—9.99	户数				3		3
	亩数				21		21
10—19.99	户数			9			9
	亩数			135			135
20—29.99	户数						
	亩数						
30—39.99	户数						
	亩数						
40—49.99	户数						
	亩数						
50—99.99	户数						
	亩数						
100—199.99	户数						
	亩数						
200—499.99	户数						
	亩数						
500 亩以上	户数						
	亩数						
总计	户数			9	4	2	15
	亩数			135	25		160

江苏省常熟县花溪乡西浜村各类村户使用田亩面积各阶段分布表(民国二十二年调查)

田亩阶段＼村户类别		地主	富农	中农	贫农	其他	总计
不使用土地者	户数				1		1
0.1—4.99 亩	户数				1		1
	亩数				1.5		1.5
5—9.99	户数				4		4
	亩数				31		31
10—19.99	户数			7	1		8
	亩数			104	10		114
20—29.99	户数			1			1
	亩数			20			20
30—39.99	户数						
	亩数						
40—49.99	户数						
	亩数						
50—99.99	户数						
	亩数						
100—199.99	户数						
	亩数						
200—499.99	户数						
	亩数						
500 亩以上	户数						
	亩数						
总计	户数			8	7		15
	亩数			124	42.5		166.5

江苏省常熟县莫城镇东街村各类村户使用田亩面积各阶段分布表(民国十七年调查)

田亩阶段＼村户类别		地主	富农	中农	贫农	其他	总计
不使用土地者	户数					1	1
0.1—4.99亩	户数				5	1	6
	亩数				12	2.5	14.5
5—9.99	户数				13		13
	亩数				77.5		77.5
10—19.99	户数			7	1		8
	亩数			105	10		115.5
20—29.99	户数			2			2
	亩数			46			46
30—39.99	户数						
	亩数						
40—49.99	户数						
	亩数						
50—99.99	户数						
	亩数						
100—199.99	户数						
	亩数						
200—499.99	户数						
	亩数						
500亩以上	户数						
	亩数						
总计	户数			9	19	2	30
	亩数			151.5	99.5	2.5	253.5

江苏省常熟县莫城镇东街村各类村户使用田亩面积各阶段分布表(民国二十二年调查)

田亩阶段 \ 村户类别		地主	富农	中农	贫农	其他	总计
不使用土地者	户数				1	1	2
0.1—4.99亩	户数				7		7
	亩数				14		14
5—9.99	户数				12		12
	亩数				75.5		75.5
10—19.99	户数			6	1		7
	亩数			90.5	10		100.5
20—29.99	户数			2			2
	亩数			46			46
30—39.99	户数						
	亩数						
40—49.99	户数						
	亩数						
50—99.99	户数						
	亩数						
100—199.99	户数						
	亩数						
200—499.99	户数						
	亩数						
500亩以上	户数						
	亩数						
总计	户数			8	21	1	30
	亩数			136.5	99.5		236

江苏省常熟县高英乡赵苍村各类村户使用田亩面积各阶段分布表(民国二十二年调查)

田亩阶段＼村户类别		地主	富农	中农	贫农	其他	总计
不使用土地者	户数						
0.1—4.99亩	户数	1			4		5
	亩数	1			10.8		11.8
5—9.99	户数				2		2
	亩数				13		13
10—19.99	户数			2	1	1	4
	亩数			28	10	10	48
20—29.99	户数			4			4
	亩数			85			85
30—39.99	户数						
	亩数						
40—49.99	户数						
	亩数						
50—99.99	户数						
	亩数						
100—199.99	户数						
	亩数						
200—499.99	户数						
	亩数						
500亩以上	户数						
	亩数						
总计	户数	1		6	7	1	15
	亩数	1		113	33.8	10	157.8

江苏省常熟县高英乡赵苍村各类村户使用田亩面积各阶段分布表(民国十七年调查)

田亩阶段＼村户类别		地主	富农	中农	贫农	其他	总计
不使用土地者	户数						
0.1—4.99 亩	户数	1			4		5
	亩数	1			10.8		11.8
5—9.99	户数				1	1	2
	亩数				6	6	12
10—19.99	户数			2	1	1	4
	亩数			28	10	10	48
20—29.99	户数			5			5
	亩数			105			105
30—39.99	户数						
	亩数						
40—49.99	户数						
	亩数						
50—99.99	户数						
	亩数						
100—199.99	户数						
	亩数						
200—499.99	户数						
	亩数						
500 亩以上	户数						
	亩数						
总计	户数	1		7	6	2	16
	亩数	1		133	268	16	176.8

江苏省常熟县屯王庙陶家阁各类村户使用田亩面积各阶段分布表(民国二十二年调查)

田亩阶段 \ 村户类别		地主	富农	中农	贫农	其他	总计
不使用土地者	户数						
0.1—4.99亩	户数				9		9
	亩数				21		21
5—9.99	户数				11		11
	亩数				66		66
10—19.99	户数			1			1
	亩数			12			12
20—29.99	户数		1				1
	亩数		20				20
30—39.99	户数		2				2
	亩数		60				60
40—49.99	户数						
	亩数						
50—99.99	户数						
	亩数						
100—199.99	户数						
	亩数						
200—499.99	户数						
	亩数						
500亩以上	户数						
	亩数						
总计	户数		3	1	20		24
	亩数		80	12	87		179

江苏省常熟县屯王庙陶家阁各类村户使用田亩面积各阶段分布表(民国十七年调查)

田亩阶段＼村户类别		地主	富农	中农	贫农	其他	总计
不使用土地者	户数						
0.1—4.99亩	户数				9		9
	亩数				21		21
5—9.99	户数				11		11
	亩数				68		68
10—19.99	户数			1			1
	亩数			12			12
20—29.99	户数		1				1
	亩数		20				20
30—39.99	户数		2				2
	亩数		60				60
40—49.99	户数						
	亩数						
50—99.99	户数						
	亩数						
100—199.99	户数						
	亩数						
200—499.99	户数						
	亩数						
500亩以上	户数						
	亩数						
总计	户数		3	1	20		24
	亩数		80	12	89		181

江苏省常熟县屯王庙上塘村各类村户使用田亩面积各阶段分布表(民国二十二年调查)

田亩阶段 \ 村户类别		地主	富农	中农	贫农	其他	总计
不使用土地者	户数						
0.1—4.99 亩	户数				8	2	10
	亩数				26	2.5	28.5
5—9.99	户数			2	7		9
	亩数			16	47		63
10—19.99	户数			3	2		5
	亩数			35	24		59
20—29.99	户数	1					1
	亩数	20					20
30—39.99	户数						
	亩数						
40—49.99	户数						
	亩数						
50—99.99	户数						
	亩数						
100—199.99	户数						
	亩数						
200—499.99	户数						
	亩数						
500 亩以上	户数						
	亩数						
总计	户数	1		5	17	2	25
	亩数	20		51	97	2.5	170.5

江苏省常熟县屯王庙上塘村各类村户使用田亩面积各阶段分布表(民国十七年调查)

田亩阶段 \ 村户类别		地主	富农	中农	贫农	其他	总计
不使用土地者	户数					1	1
0.1—4.99 亩	户数				7	1	8
	亩数				24	1.5	25.5
5—9.99	户数			2	6		8
	亩数			16	40		56
10—19.99	户数			3	2		5
	亩数			36	24		60
20—29.99	户数	1					1
	亩数	20					20
30—39.99	户数						
	亩数						
40—49.99	户数						
	亩数						
50—99.99	户数						
	亩数						
100—199.99	户数						
	亩数						
200—499.99	户数						
	亩数						
500 亩以上	户数						
	亩数						
总计	户数	1		5	15	2	23
	亩数	20		52	88	1.5	161.5

江苏省常熟县润桥乡西毛村村户变迁表

村户类别	民国十七年	民国二十二年							备注
	户数	地主	富农	中农	贫农	雇农	其他	总计	
地主									
富农									
中农	2			2				2	
贫农	9				8	1		9	
雇农									
其他	3						3	3	
总计	14			2	8	1	3	14	

江苏省常熟县东浜乡南浜村村户变迁表

村户类别	民国十七年	民国二十二年							备注
	户数	地主	富农	中农	贫农	雇农	其他	总计	
地主									
富农									
中农	10			9	1			10	
贫农	19				19			19	
雇农									
其他	2						2	2	
总计	31			9	20		2	31	

江苏省常熟县花溪乡西浜村村户变迁表

村户类别	民国十七年	民国二十二年							备注
	户数	地主	富农	中农	贫农	雇农	其他	总计	
地主									
富农									
中农	9			8	1			9	
贫农	4				4			4	
雇农									
其他	2				1	1		2	
总计	15			8	6	1		15	

江苏省常熟县莫城镇东街村村户变迁表

村户类别	民国十七年	民国二十二年							备注
	户数	地主	富农	中农	贫农	雇农	其他	总计	
地主									
富农									
中农	9			8	1			9	
贫农	19				18	1		19	
雇农									
其他	2				1		1	2	
总计	30			8	20	1	1	30	

江苏省常熟县高英乡赵苍村村户变迁表

村户类别	民国十七年	民国二十二年							备注
	户数	地主	富农	中农	贫农	雇农	其他	总计	
地主	1	1						1	
富农									
中农	7			6	1			7	
贫农	6				6			6	
雇农									
其他	2						1	1	民二十二年迁出1户
总计	16	1		6	7		1	15	

江苏省常熟县屯王庙陶家阁村户变迁表

村户类别	民国十七年	民国二十二年							备注
	户数	地主	富农	中农	贫农	雇农	其他	总计	
地主									
富农	3		3					3	
中农	1			1				1	
贫农	20				20			20	
雇农									
其他									
总计	24		3	1	20			24	

江苏省常熟县屯王庙上塘村村户变迁表

村户类别	民国十七年	民国二十二年							备注
	户数	地主	富农	中农	贫农	雇农	其他	总计	
地主	1	1						1	
富农									
中农	5			4	1			5	
贫农	15			1	16			17	二户民十七年未分家
雇农									
其他	2						2	2	
总计	23	1		5	17		2	25	

江苏省常熟县涧桥乡西毛村各类村户所有田亩增减表

村户类别	民国十七年	民国二十二年	增减原因							
			卖出	买进	典出	典进	赎去	赎回	其他	
地主										
富农										
中农										
贫农										
其他										
总计	无	无								

江苏省常熟县东浜乡南浜村各类村户所有田亩增减表

村户类别	民国十七年	民国二十二年	增减原因							
			卖出	买进	典出	典进	赎去	赎回	其他	
地主										
富农										
中农	3	3								
贫农										
其他										
总计	3	3								

江苏省常熟县花溪乡西浜村各类村户所有田亩增减表

村户类别	民国十七年	民国二十二年	增减原因							
			卖出	买进	典出	典进	赎去	赎回	其他	
地主										
富农										
中农										
贫农										
其他										
总计	无	无								

江苏省常熟县莫城镇东街村各类村户所有田亩增减表

村户类别	民国十七年	民国二十二年	增减原因							
			卖出	买进	典出	典进	赎去	赎回	其他	
地主										
富农										
中农										
贫农										
其他										
总计	无	无								

江苏省常熟县屯王庙陶家阁各类村户所有田亩增减表

村户类别	民国十七年	民国二十二年	增减原因							
			卖出	买进	典出	典进	赎去	赎回	其他	
地主										
富农	100	100								
中农	8	10		2						
贫农	34	32	2							
其他										
总计	142	142	2	2						

江苏省常熟县高英乡赵苍村各类村户所有田亩增减表

村户类别	民国十七年	民国二十二年	增减原因							
			卖出	买进	典出	典进	赎去	赎回	其他	
地主	10	10								
富农										
中农										
贫农										
其他										
总计	10	10								

江苏省常熟县屯王庙上塘村各类村户所有田亩增减表

村户类别	民国十七年	民国二十二年	增减原因							
			卖出	买进	典出	典进	赎去	赎回	其他	
地主	80	80								
富农										
中农	34	43							+9	贫农一户变为中农
贫农	33.5	39.5		2					+8 +1 -5	二户民十七年未分家 一户因分家分入一亩 贫农一户变为中农
其他	0.7	1.7							+1	一户民十七年无土地
总计	148.2	164.2		2					+14	

江苏省常熟县涧桥乡西毛村村户分类性质对照表(民国二十二年调查)

村户类别		总户数	地主	自耕农	半自耕农	佃农	雇农	其他
总户数		14				14		
地主	收租							
	经营							
富农								
中农		2				2		
贫农		8				8		
雇农		1				1		
其他		3				3		

江苏省常熟县东浜乡南浜村村户分类性质对照表(民国二十二年调查)

村户类别		总户数	地主	自耕农	半自耕农	佃农	雇农	其他
总户数		31			3	28		
地主	收租							
	经营							
富农								
中农		9			3	6		
贫农		20				20		
雇农								
其他		2				2		

江苏省常熟县花溪乡西浜村村户分类性质对照表(民国二十二年调查)

村户类别		总户数	地主	自耕农	半自耕农	佃农	雇农	其他
总户数		15				14	1	
地主	收租							
	经营							
富农								
中农		8				8		
贫农		7				6	1	
雇农								
其他								

江苏省常熟县莫城镇东街村村户分类性质对照表(民国二十二年调查)

村户类别		总户数	地主	自耕农	半自耕农	佃农	雇农	其他
总户数		30				28	1	1
地主	收租							
	经营							
富农								
中农		8				8		
贫农		20				20		
雇农		1					1	
其他		1						1

江苏省常熟县高英乡赵苍村村户分类性质对照表(民国二十二年调查)

村户类别		总户数	地主	自耕农	半自耕农	佃农	雇农	其他
总户数		15	1			14		
地主	收租							
	经营							
富农								
中农		7				6		
贫农		7				7		
雇农								
其他		1				1		

江苏省常熟县屯王庙陶家阁村户分类性质对照表(民国二十二年调查)

村户类别		总户数	地主	自耕农	半自耕农	佃农	雇农	其他
总户数		24		3	12	9		
地主	收租							
	经营							
富农		3		3				
中农		1			1			
贫农		20			11	9		
雇农								
其他								

江苏省常熟县屯王庙上塘村村户分类性质对照表(民国二十二年调查)

村户类别		总户数	地主	自耕农	半自耕农	佃农	雇农	其他
总户数		25		4	14	7		
地主	收租	1		1				
	经营							
富农								
中农		5		1	4			
贫农		17		1	9	7		
雇农								
其他		2		1	1			

国家社科基金重大项目资助成果

中国农村调查

文献类（第2卷）下

徐　勇　邓大才　主编
刘金海　副主编

武汉出版社
WUHAN
PUBLISHING HOUSE

陕西省农村调查

凡　例

一　本团于一九三三年夏到陕西调查农村土地关系和政治税捐状况。在关中区调查渭南和凤翔二县；在榆林区调查绥德一县；汉中区，因有种种不便，未曾调查。

二　本书分为二部分：第一部分，土地关系；第二部分，政治税捐。第一部分先述概况，再依次分别讨论三县土地关系，最后作一总比较。土地关系各方面问题的联系，在第二章讨论渭南时，有详细叙述；在第三四两章分别讨论凤翔和绥德时，不再重述。三县土地关系的重要部分，在第五章作比较时，全要论到。第二部分讨论政治组织、公务人员地位、警卫实力和税捐。

三　村户分为五类：地主、富农、中农、贫农和其他村户。凡从事农业，生活状况适中者为中农；缺乏土地或租地或为佣工者为贫农；生活状况，较中农为好或佣工耕作或有较多耕畜者为富农。拥有较多量土地而不从事耕作者为地主；大部分佣工耕作者为经营地主；大部分出租者为收租地主。凡不从事农业或不以农业为主要职业者归入其他村户。

四　渭南和凤翔两县土地单位均为亩；绥德为垧，每垧约等于三亩。渭南和凤翔两县亩地指旱地而言；凤翔石家磨村略有水地，均依当地情形折成旱地亩数。绥德垧地指山地而言；川地和水地均依当地情形折成山地垧数。亩产和垧产约略相同；比较生活资料所自出的土地所有时，亩垧可直接比较。比较土地使用时，须先把垧数以三乘，而后同亩来比。

五　表1—200分别表示三县土地关系：表1—65，渭南；表66—134，凤翔；表135—200，绥德。表201—223和表224—246分别比较一九二八和一九三三两年三县土地关系；两年比率均以一九二八年渭南为基准。表247表示两年三县贫农分子百分数比率。表248和表249分别表示一九二八和一九三三两年三县十九项比率；所列数字完全从表201—223和表224—246分别抄录。表250分别表示三县十九项比较，不再以渭南为基准。

第一部分 土地关系

第一篇 绪言

陕西全省，大致说来，是属于黄土区域。黄土最主要的一个特征就是特别易于耕犁，所以在中国历史上，陕西是被称为“关中天府”和“厥田上上”的地方，是中国古代政治文化的中心。

全省通常划分三大区域：秦岭山脉以南、汉水流域称汉中区，秦岭以北、泾渭两水流域称关中区，北部则称陕北或榆林区；其中关中一区实际上还可分东西两部，陕北也可分南北两部。

在陕西全省中，汉中可说是较接近南方的区域，这是长江流域的丘陵地，那儿黄土不多，有山河大堰的灌溉，所以水田较发达，产稻很丰盛，居民以食米为主；在农村中，租佃关系很发达，农户中佃农的成分很高，而这些佃农几乎全是贫农。

关中是西北黄土高原的一部分，黄土很多，砂土很少，水田也很少，农作以麦棉为主，其中特别是棉花，关中所产者占到全省的十分之九。这是小农经济的区域，农村中自耕农占绝对优势。但自民十七年秋间以来，旱灾继续六年之久，尤其是扶风武功凤翔一带的灾情实开人类最惨痛的纪录，在这影响下（自然还有其他的原因），关中的小农经济已开始一个迅速没落的过程。

陕北大致也属于黄土高原，不过这区域中丘陵的起伏很多，因此耕地便显得很少，产物以麦为主，间有水田可以种稻，但几乎全部都种了鸦片了。农村中租佃关系相当发达。

我们这次调查是依据这样的分区来进行的，可是因为交通的不便，第一汉中没有去，第二陕北也仅限于无定河流域一带；因此，我们所调查的代表县份，关中东部是渭南，西部是凤翔（灾荒区），陕北无定河流域是绥德。此外，渭南的邻县，我们调查了潼关、郃阳、华县、蒲城、富平、蓝田等六县；凤翔的邻县，我们调查了咸阳、兴平、醴泉、武功、乾县、汧阳、岐山等七县；绥德的邻县，我们调查了肤施、吴堡、延长、宜川、洛川、中部、安塞、清涧、府谷等九县。

分村调查，渭南计挨户调查者为瓦子店、王家村、下太庄、韩家集等四村，共二百七十六户；凤翔计为石家磨、小沙凹、小唐村、南务村、尹家务等五村，共二百十七户；绥德计为崖马沟、雷家沟、鹅峁峪、刘郭川等四村，共二百七十二户。至不挨户的分村调查，渭南尚有十五村，凤翔尚有十九村，绥德尚有十六村。

第二篇　渭南

第一章　村户变迁

我们所调查到的是四个村子。这四个村子有二百十七户；根据这二百十七户的分家情形，我们知道他们在一九二八年是二百〇四户。至于那些在一九二八年在村内居住，而在一九三三年调查前，全家离村的村户，就无从调查。

分家前的中农，举例来说，不一定是分家后的中农，也许变成富农或贫农。村户的性质上的变动，是由土地所有权的移转所形成的。因此，这一九二八年的二百〇四户，变到一九三三年的二百十七户，各类性质的村户，在各该年全体村户里所占的百分数的成分，自然是不同的。粗浅地说，地主、富农和中农在全体村户里所占的百分数都在减少；另一方面，贫农和其他村户则逐渐增加。这是说，一般的情形是恶劣的。（见表 1）

表 1　渭南县四代表村各类村户户数五年间比较(1928—1933)[1]

村户	户数			百分数		
	1928	1933	比较	1928	1933	比较
地主	3	3	0	1.47	1.33	－0.09
富农	15	14	－1	7.35	6.45	－0.90
中农	67	57	－10	32.85	26.27	－6.58
贫农	114	136	＋22	55.88	62.67	＋6.79
其他	5	7	＋2	2.45	3.23	＋0.78
共计	204	217	＋13	109.00	100.00	0

现在分别来看。

一九二八年有地主三户；这三户都不是大地主。其中一户有人三口，一个是某已亡人的妻子，另外有一个妾和一个螟蛉子。他们有地四十亩，五年来未有变动；一九二八年地是出租的，到一九三三年已经雇一个每年十五元的长工来耕作了。另外两户地主变为富农；一是因为土地减少而户主下田，一是因为经济状况变坏而把租出去的土地改为自耕。（见表 2、表 3）[2]

一九二八年有富农十五户。有一户到一九三三年已经分为三户，其中一户变成收租地主，因为户主是女人，而且男儿和媳都年幼无能，所以把土地出租。这十五户到一九三三年分成二

[1] 有表格标题为“渭南县 4 代表村”，根据惯例统一修改为“渭南县四代表村”。——编者。

[2] 此处进行了综合。下同。——编者。

十户，其中有八户仍为富农。（见表 2、表 3）

五年来中农分家的有一户，一九二八年的六十七户变到一九三三年为六十八户。有一户土地未有变动；不过因为霍乱死了四人，一个人出外教书，家里无人耕作，把土地租出，于是变成经营地主。又有两户因为有余钱买地，又有一户因为有余钱雇工来帮同耕作，都变成富农。其余六十四户或仍为中农，或变成贫农或其他村户。（见表 2、表 3）

贫农因为分家关系，由一九二八年的一百十四户变到一九三三年的一百二十一户。一户有两人，五年来陆续买了二十七亩多地，每亩价格都在五元以下；又雇工来帮同耕作，于是成了富农。有四户变成中农，其中两户是由于典买土地，两户是由于土地未变而人口减少。除一户变成其他村户外，仍为贫农者是一百十五户。（见表 2、表 3）

表 2 渭南县四代表村各类村户五年间变迁略解(1928—1933)

1928		1933					
		地主	富农	中农	贫农	其他	共计
地主	3	1	2	0	0	0	3
富农	15	1	8	6	4	1	20
中农	67	1	3	47	16	1	68
贫农	114	0	1	4	115	1	121
其他	5	0	0	0	1	4	5
共计	204	3	14	57	136	7	217

表 3 渭南县四代表村各类村户五年间变迁详解(1928—1933)

1928					1933										
					Ⅰ	Ⅱ	Ⅲ	Ⅳ	Ⅴ	Ⅵ	Ⅶ	Ⅷ	Ⅸ	Ⅹ	共计
地主	经营者		Ⅰ	1	0			1							1
地主	收租者		Ⅱ	2	1	0		1							2
富农	大部土地租来者		Ⅲ	0			0								0
富农	大部土地自有者		Ⅳ	15	1			8	6				4	1	20
中农			Ⅴ	67	1			3	47				16	1	68
贫农	佣耕者	纯粹	Ⅵ	7						5		2			7
贫农	佣耕者	不纯粹	Ⅶ	2							0		2		2
贫农	租种者		Ⅷ	4								1	2	1	4
贫农	自耕者		Ⅸ	101				1	4	3	2	5	93		108
其他			Ⅹ	5								1		4	8
共计				204	3	0	0	14	57	8	2	9	117	7	217

一切同耕作无关的都算是其他村户。一九二八年有五户，从事编草帽，木匠，织布，鸦片店，粮食店。本来编草帽和织布是农家的副业；不过这几户所赖以维持生活的只是这两项，所以就成了唯一的正业了。有一户买些土地，到一九三三年已经是自耕的贫农了。(见表2、表3)

第二章 田产转移

五年来这四个村子的土地所有权减少了。一九二八年有地5527.2亩，一九三三年有地4577.3亩，减少949.9亩，占一九二八年的17.19%。地主、富农和中农的土地都有减少的趋势，减少的速率以富农为最大，中农最小。富农的土地由一九二八年的一千二百〇三亩，减到一九三三年的七百五十三亩，减少了四百五十亩，占一九二八年的37.41%。地主减少了32.51%；中农减少了20.62%。贫农的土地增加了，由一九二八年的1779.2亩增加到了一九三三年的1821.9亩，增加了42.7亩，占一九二八年的2.4%。但是贫农户数增加了6.79%，比土地增加更快；贫农每户的土地却并未增加，反而减少了。(见表4)

表4 渭南县四代表村各类村户所有田数五年间比较(1928—1933)(＊单位:亩)

村户	1928＊	1933＊	比较＊	对1928的百分数
地主	243.0	164.0	－79.0	－32.51
富农	1203.0	753.0	－450.0	－37.41
中农	2297.0	1823.4	－473.6	－20.62
贫农	1779.2	1821.9	＋42.7	＋2.40
其他	5.0	15.0	＋10.0	＋200.00
全体	5527.2	4577.3	－949.9	－17.19

四个村子分开来看，每个村子的土地都是减少的。瓦子店从一九二八年的一千九百九十四亩减少到一九三三年的一千四百四十九亩，减少了五百四十五亩，当王家村所减少的67.3亩的八倍多。下太庄和韩家集所减少的亩数相差不远；但就所减少的对一九二八年的百分数来看，下太庄所减少的是韩家集所减少的二倍多，前者是19.92%。依减少的百分数多寡来定化穷贫的深度，最贫穷的是瓦子店，其次是下太庄，王家村，韩家集。(见表5—7)

表5 渭南县四代表村分村所有田数五年间比较(1928—1933)(＊单位:亩)

村	1928＊	1933＊	比较＊	对1928的百分数
王家村	681.5	614.2	－67.3	－9.88
下太庄	752.9	602.9	－150.0	－19.92
韩家集	2098.8	1911.2	－187.6	－8.94
瓦子店	1994.0	1449.0	－545.0	－27.33
全体	5527.2	4577.3	－949.9	－17.19

表 6　渭南县四代表村分村各类村户所有田数(一)(1928)(单位:亩)

村户	王家村	下太庄	韩家集	瓦子店	合计
地主	0	0	243.0	0	243.0
富农	61.0	269.0	217.0	656.0	1203.0
中农	428.0	232.5	992.5	644.0	2297.0
贫农	187.5	251.4	646.3	694.0	1779.2
其他	5.0	0	0		5.0
共计	681.5	752.9	2098.8	1994.0	5527.2

表 7　渭南县四代表村分村各类村户所有田数(二)(1933)(单位:亩)

村户	王家村	下太庄	韩家集	瓦子店	合计
地主	0	0	104.0	60.0	164.0
富农	126.0	71.0	399.0	157.0	753.0
中农	300.4	210.0	839.0	474.0	1823.4
贫农	182.8	316.9	569.2	753.0	1821.9
其他	5.0	5.0	0	5.0	15.0
合计	614.2	602.9	1911.2	1449.0	4577.3

以上是就着各村和各类村户来看土地的减少；现在再就着一定村户来看。

所谓一定村户是这样讲：例如，一九二八年有地主三户，这三户到一九三三年时，一户仍为地主，其余两户变成富农。现在我们要问的是，这三户地主在一九二八年有多少地，这一户地主和由地主变成的两户富农在一九三三年有多少地；而后我们把这两年的土地来比较。这样的比较可以看出土地减少的动态。

一九二八年的一定村户的土地到一九三三年都减少了；所减少的是一九二八年的17.19%。一九二八年的富农的土地减少得最多，从一九二八年的一千二百〇三亩减到一九三三年的八百〇五亩，减少了三百九十八亩。依次是中农、贫农、地主、其他村户。但就一九二八年的一定村户，在一九二八和一九三三两年中在全体土地里所占的百分数的增减来看，情形却又不同，情形变得最坏的仍是富农，从一九二八年的21.76%减到一九三三年的17.59%，减少了4.17%。其次是其他村户。贫农的情形，变得较好，由一九二八年的32.19%增加到一九三三年的35.25%，增加了3.06%。其次是地主，中农。再换一个方法来说：一九二八年的一定村户，到一九三三年，情形都变坏了；富农坏的程度最深，贫农最浅。(见表 8)

表 8 渭南县四代表村一定村户所有田数五年间比较(1928—1933)(＊单位:亩)

村户#	田数＊			百分数		
	1928	1933	比较	1928	1933	比较
地主	243.0	230.0	－13.0	4.40	5.02	＋0.62
富农	1203.0	805.0	－398.0	21.76	17.59	－4.17
中农	2297.0	1929.0	－368.0	41.56	42.14	＋0.58
贫农	1779.2	1613.3	－165.9	32.19	35.25	＋3.06
其他	5.0	0	－5	0.09	0	－0.09
共计	5527.2	4577.3	－949.9	100.00	100.00	0

＃依据 1928 年的村户分类

土地减少了，但是土地到哪里去了呢？住在村子里的地主差不多全是小地主；他们典买土地的能力是很小的，而且一九二八年的地主三户的土地，到一九三三年也减少了。能够典买土地的，是城镇里的大地主和中地主。

城镇里的大地主和中地主典买土地经过的程序，大概是这样：第一，农民向地主借钱，以土地为抵押；第二，农民若到期不还，而且常是到期没有能力还，抵押地改为典地，以所得典价来还债；第三，典期终了时，农民若无钱赎地，而且常是没有赎地的能力，典地就实给地主，所得卖价除还典债外或可略有剩余。土地是这样转移到城镇里的大地主和中地主手里去的。

现在就着一九二八年的一定村户来看土地是怎样减少的。

一九二八年的一定村户，五年来差不多全有相互买卖和典当的关系。这不会影响到全体土地的增减，只使一定村户里各类村户的土地有所增减。五年来田产转移数1281.9亩。进出相销外，出去949.9亩，占一九二八年所有田数5527.2亩的17.19%；这就是一九二八年的一定村户的所有田数，由一九二八年的5527.2亩，减到一九三三年的4577.3亩所差的那个数目。(见表 9)

表 9 渭南县四代表村各类村户五年间田产转移(1928—1933)(＊单位:亩)

村户	1928 年所有＊	1933						
		买进＊	典进＊	卖出＊	典出＊	进出相差＊	对所有的百分数	比率(贫农＝100)
地主	243.0	0	0	13.0	0	－13.0	5.35	57.40
富农	1203.0	8.0	0	224.0	182.0	－398.0	33.08	354.94
中农	2297.0	25.0	32.0	217.0	208.0	－368.0	16.02	171.89
贫农	1779.2	48.0	48.0	178.7	83.2	－165.9	9.32	100.00
其他	5.0	5.0	5.0	10.0	0	－5.0	100.00	1072.96
全体	5527.2	81.0	85.0	642.7	473.2	－949.9	17.19	184.44

在上面已经说过，田产转移的第一个步骤是土地押出。

一九二八年只有中农和贫农押出土地；对各该类村户所有田数占的成分，中农是7.92%，贫农是6.13%。到了一九三三年，富农也有将土地押出，占所有田数的6.37%。中农和贫农的土地都减少了，而且押出的对所有的百分数也增加了：中农由一九二八年的7.92%增加到一九三三年的9.52%，增加了1.60%；贫农由一九二八年的6.13%增加到一九三三年的26.13%；增加了20%，也可以说是四倍多。若就各类村户田亩的押出，对全体田亩押出的百分数来看，一九二八年贫农田亩的押出，不过当中农的押出的一半；一九三三年就占了绝对多数，是68.25%。这是说，在押出方面，贫农的情形，变得更坏些。(见表10—13)

表10　渭南县四代表村各类村户押出田数(一)(1928)(＊单位:亩)

村户	所有＊	押出＊	押出对所有的百分数	押出对押出总数的百分数
地主	243.0	0	—	0
富农	1203.0	0	—	0
中农	2297.0	182.0	7.92	62.54
贫农	1779.2	109.0	6.13	37.46
其他	5.0	0	—	0
全体	5527.2	291.0	5.26	100

表11　渭南县四代表村各类村户押出田数(二)(1933)(＊单位:亩)

村户	所有＊	押出＊	押出对所有的百分数＊	押出对押出总数的百分数
地主	164.0	0	—	0
富农	753.0	48.0	6.37	6.88
中农	1823.4	173.5	9.52	24.87
贫农	1821.9	476.0	26.13	68.25
其他	15.0	0	—	0
全体	4577.3	697.5	15.24	100

表12　渭南县四代表村各类村户押出田数五年间比较(一)(1928—1933)

村户	押出对所有的百分数		1933的指数(1928＝100)
	1928	1933	
地主	—	—	—
富农	—	6.37	—
中农	7.92	9.52	120.20
贫农	6.13	26.13	426.26
其他	—	—	—
全体	5.26	15.24	289.73

表 13 渭南县四代表村各类村户押出田数五年间比较(二)(1928—1933)

村户	押出对所有的百分数		1933 的指数(1928=100)
	1928	1933	
地主	0	0	—
富农	0	6.88	—
中农	62.54	24.87	39.77
贫农	37.46	68.25	182.19
其他	0	0	—
全体	100.00	100.00	100.00

第三章 土地分配

虽然一般的情形都变坏了，而且一九二八年的贫农，到一九三三年时，相对的情形，不是最坏；但是，无论以一九二八年或一九三三年的土地分配来看，贫农的情形始终是低劣的。

就户数对田数来讲，地主，富农，或中农，无论在一九二八年或一九三三年，田数所占的百分数，都比各类村户户数所占的百分数为高。一九二八年地主1.47%占地4.4%；富农7.35%占地21.76%；中农32.85%占地41.56%。就着一定的田地而言，他们的享受都超过平均数。贫农和其他村户，都处于相反的地位。贫农55.88%占地32.19%；其他村户2.45%占地0.09%。贫农户数由一九二八年的55.88%增加到一九三三年的62.67%，增加了6.79%；他们的土地由一九二八年的32.19%增加到一九三三年的39.8%，增加了7.61%，比户数增加略快，似乎好些。以一九三三年同一九二八年来比，在相对关系上，中农，贫农，和其他村户都略有进步；地主和富农都略有退步。(见表 14—16)

表 14 渭南县四代表村户数和所有田数对比(一)(1928)(＊单位:亩)

村户	户数	所有田数＊	户数的百分数	所有田数的百分数
地主	3	243.0	1.47	4.40
富农	15	1203.0	7.35	21.76
中农	67	2297.0	32.85	41.56
贫农	114	1779.2	55.88	32.19
其他	5	5.0	2.45	0.09
共计	204	5527.2	100.00	100.00

表 15　渭南县四代表村户数和所有田数对比(二)(1933)(＊单位:亩)

村户	户数	所有田数＊	户数的百分数	所有田数的百分数
地主	3	165.0	1.38	3.58
富农	14	753.0	6.45	16.45
中农	57	1822.4	26.27	39.84
贫农	136	1821.9	62.67	39.80
其他	7	15.0	3.23	0.33
共计	217	4577.3	100.00	100.00

表 16　渭南县四代表村户数和所有田数五年间比较(1928—1933)

村户	户数百分数		所有田数百分数		1933 的指数(1928＝100)	
	1928	1933	1928	1933	户数	所有田数
地主	1.47	1.38	4.40	3.58	93.88	81.36
富农	7.35	6.45	21.76	16.45	87.76	75.60
中农	32.85	26.27	41.56	39.84	79.97	95.86
贫农	55.88	62.67	32.19	39.80	112.15	123.64
其他	2.45	3.23	0.09	0.33	131.84	366.67
共计	100.00	100.00	100.00	100.00	—	—

分别来看每户有多少土地。

一九二八年贫农每户平均有地15.61亩；一九三三年减为13.4亩。一九二八年地主和富农每户所有都是贫农的五倍多；一九三三年降为四倍多。中农所占的相对地位未变多少，五年来每户平均所有是贫农的两倍多。五年来，中农变化不大；贫农也较小。一九三三年地主和富农每户平均所有田数都是一九二八年的三分之二。但无论如何，他们每户平均所有田数都比贫农多几倍。(见表 17—20)

表 17　渭南县四代表村各类村户每户平均所有田数(一)(1928)(＊单位:亩)

村户	共有田数＊	户数	每户平均所有田数＊	比率(贫农＝100)
地主	243.0	3	81.00	518.90
富农	1203.0	15	80.20	513.77
中农	2297.0	67	34.28	219.60
贫农	1779.2	114	15.61	100.00
其他	5.0	5	1.00	6.41
全体	5527.2	204	27.09	173.54

表 18 渭南县四代表村各类村户每户平均所有田数(二)(1933)(＊单位:亩)

村户	共有田数＊	户数	每户平均所有田数＊	比率(贫农＝100)
地主	164.0	3	54.67	407.98
富农	753.0	14	53.79	401.42
中农	1823.4	57	31.99	238.73
贫农	1821.9	136	13.40	100.00
其他	15.0	7	2.14	15.97
全体	4577.3	217	21.09	157.39

表 19 渭南县四代表村各类村户每户所有田数五年间比较(一)(1928—1933)

村户	每户平均所有田数比率(贫农＝100)		1933 的指数(1928＝100)
	1928	1933	
地主	518.90	407.98	78.62
富农	513.77	401.42	78.13
中农	219.60	238.73	108.71
贫农	100.00	100.00	100.00
其他	6.41	15.97	249.14
全体	173.54	157.39	90.69

表 20 渭南县四代表村各类村户每户所有田数五年间比较(二)(1928—1933)(＊单位:亩)

村户	每户平均所有田数＊		1933 的指数(1928＝100)
	1928	1933	
地主	81.00	54.67	67.49
富农	80.20	23.79	67.07
中农	34.28	31.99	93.32
贫农	15.61	13.40	85.84
其他	1.00	2.14	214.00
全体	27.09	21.09	77.85

贫农每户平均所有田数，在一九二八年是15.61亩，在一九三三年是13.40亩。这是算术中数（mean）。我们现在需要看一般的情形。

因为贫农所有田数的次数分配（frequency distribution）无集中现象，我们不能采用众数(mode)。我们改用简单分段和累积分段来看一般的情形。

以五亩为一阶段，来看贫农户数在哪个阶段较多。一九二八和一九三三两年，6—10 亩阶段里户数都比较多些，一是二十四，一是三十二。这还不能看出大多数的贫农的情形。我们再作一个累积的观察。一九三三年有50%的户数在十亩以下；在一九二八年有46.49%。一九二八年不到平均数的有58.77%的户数。这可以见一般贫农的贫穷情形。（见表21—22）

表21　渭南县四代表村贫农所有田数五年间简单分段比较(1928—1933)(＊单位:亩)

阶段＊	户数			百分数		
	1928	1933	比较	1928	1933	比较
0	9	11	+2	7.90	8.09	+0.19
1—5	20	25	+5	17.54	18.38	+0.84
6—10	24	32	+8	21.05	23.53	+2.48
11—15	14	20	+6	12.28	14.71	+2.43
16—20	14	18	+4	12.28	13.24	+0.96
21—25	14	13	−1	12.28	9.56	−2.72
26—30	7	7	0	6.14	5.15	−0.99
31—35	4	7	+3	3.51	5.15	+1.64
36—40	3	0	−3	2.63	0	−2.63
41—45	0	1	+1	0	0.73	+0.73
46—50	3	1	−2	2.63	0.73	−1.90
51—55	0	0	0	0	0	0
56—60	1	1	0	0.88	0.73	−0.15
61—65	0	0	0	0	0	0
66—70	0	0	0	0	0	0
71—75	1	0	−1	0.88	0	−0.88
共计	114	136	+22	100.00	100.00	0

表22　渭南县四代表村贫农所有田数五年间累积分段比较(1928—1933)(＊单位:亩)

阶段	户数			百分数		
	1928	1933	比较	1928	1933	比较
无地	9	11	+2	7.90	8.09	+0.19
5以下	29	36	+7	25.44	26.47	+1.03
10以下	53	68	+15	46.49	50.00	+3.51
15以下	67	88	+21	58.77	64.71	+5.94
20以下	81	106	+25	71.05	77.95	+6.90

续表

阶段	户数			百分数		
	1928	1933	比较	1928	1933	比较
25 以下	95	119	+24	83.33	87.51	+4.18
30 以下	102	126	+24	89.47	92.66	+3.19
35 以下	106	133	+27	92.98	97.81	+4.83
40 以下	109	133	+24	95.61	97.81	+2.20
45 以下	109	134	+25	95.61	98.54	+2.93
50 以下	112	135	+23	98.24	99.27	+1.03
55 以下	112	135	+23	98.24	99.27	+1.03
60 以下	113	136	+23	99.12	100.00	+0.88
65 以下	113	136	+23	99.12	100.00	+0.88
70 以下	113	136	+23	99.12	100.00	+0.88
75 以下	114	136	+22	100.00	100.00	0

因为各类村户每户平均人口不同，我们不能单单凭着每户平均所有田数来看分配状况。我们要进一步讨论每人平均所有田数。

一九二八和一九三三两年，都以富农每户平均人数为最多：在一九二八年是8.2人，在一九三三年是6.21人。一九二八年地主和中农每户平均人数都比贫农少；地主是5人，中农是4.9人，贫农是5.14人。到了一九三三年，因为贫农人口减少较地主和中农为快，地主和中农每户平均人数都比贫农多了；地主是5人，中农是4.82人，贫农是4.61人。（见表23—25）

表23　渭南县四代表村各类村户每户平均人数(一)(1928)

村户	共有人数	户数	每户平均人数	比率(贫农＝100)
地主	15	3	5.00	97.28
富农	123	15	8.20	159.53
中农	328	67	4.90	95.33
贫农	586	114	5.14	100.00
其他	17	5	3.40	66.15
全体	1069	204	5.24	101.95

表24 渭南县四代表村各类村户每户平均人数(二)(1933)

村户	共有人数	户数	每户平均人数	比率(贫农=100)
地主	15	3	5.00	108.46
富农	87	14	6.21	134.71
中农	275	57	4.82	104.56
贫农	627	136	4.61	100.00
其他	26	7	3.71	84.43
全体	1030	217	4.75	103.04

表25 渭南县四代表村各类村户每户平均人数五年间比较(1928—1933)

村户	1928	1933	1933的指数(1928=100)	比率(贫农=100)
地主	5.00	5.00	100.00	111.51
富农	8.20	6.21	75.73	84.44
中农	4.90	4.82	98.37	109.69
贫农	5.14	4.61	89.69	100.00
其他	3.40	3.71	109.12	121.66
全体	5.24	4.75	90.65	101.07

以户为单位来比各类村户所有田亩，简单地说，可以成下列比率：

年别	地主	富农	中农	贫农	其他
一九二八年	5.2	5.1	2.2	1.0	0.1
一九三三年	4.1	4.0	2.4	1.0	0.2

因为贫农每户平均人数较少，又因为五年来贫农人数减少较多，若以人为单位来比所有田数，上项比率就略有变动了。再看：

年别	地主	富农	中农	贫农	其他
一九二八年	5.3	3.2	2.3	1.0	0.1
一九三三年	3.8	3.0	2.3	1.0	0.2

一九二八和一九三三两年，中农每人平均所有田数，一是7亩，一是6.63亩；贫农一是3.04亩，一是2.91亩。富农每人平均所有田数是贫农的3倍；地主在一九二八年是贫农的十六倍，到了一九三三年是十一倍。若把所有土地平均分配给每个人，一九二八年每人应得5.7亩，一九三三年应得4.44亩。贫农和其他村户都在这个水准之下；地主、富农和中农都在这个水准之上。(见表26—28)

表 26　渭南县四代表村各类村户每人平均所有田数(一)(1928)(＊单位:亩)

村户	共有田数＊	人数	每人平均所有田数＊	比率(贫农＝100)
地主	243.0	15	16.20	532.89
富农	1203.0	123	9.78	321.71
中农	2297.0	328	7.00	230.26
贫农	1779.2	586	3.04	100.00
其他	5.0	17	0.29	9.54
全体	5527.2	969	5.70	187.50

表 27　渭南县四代表村各类村户每人平均所有田数(二)(1933)(＊单位:亩)

村户	共有田数＊	人数	每人平均所有田数＊	比率(贫农＝100)
地主	164.0	15	10.93	375.60
富农	753.0	87	8.66	297.59
中农	1823.4	275	6.63	227.84
贫农	1821.9	627	2.91	100.00
其他	15.0	26	0.58	19.93
全体	4577.3	1030	4.44	152.57

表 28　渭南县四代表村各类村户每人平均所有田数五年间比较(1928—1933)(＊单位:亩)

村户	1928	1933	1933 的指数(1928＝100)	比率(贫农＝100)
地主	16.20	10.93	67.47	70.49
富农	9.78	8.66	88.54	92.50
中农	7.00	6.63	94.71	98.94
贫农	3.04	2.91	95.72	100.00
其他	0.29	0.58	200.00	208.94
全体	5.70	4.44	77.89	81.37

第四章　农田使用

因为所有田数减少了，使用田数也随同减少；但后者减少不及前者那样快。以一九二八年为基年，前者的一九三三年的指数是82.81%，后者的指数是85.15%。分开来看，只是中农的使用田数较所有田数减少得快些，使用和所有的指数相差是0.4%。(见表 29)

表 29 渭南县四代表村各类村户所有和使用田数五年间比较(1928—1933)(＊单位:亩)

村户	所有田数＊		使用田数＊		1933 的指数(1928＝100)	
	1928	1933	1928	1933	所有	使用
地主	243.0	164.0	138.0	104.0	67.49	75.36
富农	1203.0	753.0	1203.0	803.0	62.59	66.75
中农	2297.0	1823.4	2324.0	1835.4	79.38	78.98
贫农	1779.2	1821.9	1901.2	1986.5	102.40	104.49
其他	5.0	15.0	5.0	15.0	300.00	300.00
全体	5527.2	4577.3	5571.2	4743.9	82.81	85.15

分村来看，每个村子的使用田数都是减少的。正同所有田数减少相同，使用田数减少也以瓦子店为最多，由一九二八年时二千〇二十九亩减少到一九三三年的一千五百二十亩，减少了五百〇九亩，占一九二八年的25.09%。其次是下太庄，占22.49%；王家村，占10.79%；韩家集最小，占2.82%。(见表 30－32)

无论在一九二八年或一九三三年，使用田数都比所有田数为多，是因为有租出、租进和荒芜的关系；而租进田数超过租出和荒芜的田数。

表 30 渭南县四代表村分村使用田数五年间比较(1928—1933)(＊单位:亩)

村	1928＊	1933＊	比较＊	对 1928 的百分数
王家村	716.5	639.2	－77.3	10.79
下太庄	819.9	635.5	－184.4	22.49
韩家集	2005.8	1949.2	－56.6	2.82
瓦子店	2029.0	1520.0	－509.0	25.09
全体	5571.2	4743.9	－827.3	14.85

表 31 渭南县四代表村分村各类村户使用田数(一)(1928)(＊单位:亩)

村户	王家庄	下太庄	韩家集	瓦子店	合计
地主	0	0	138.0	0	138.0
富农	61.0	269.0	217.0	656	1203.0
中农	433.0	235.5	996.5	659	2324.0
贫农	217.5	315.4	654.3	714	1901.2
其他	5.0	0	0	0	5.0
共计	716.5	819.9	2005.8	2029	5571.2

表 32 渭南县四代表村分村各类村户使用田数(二)(1933)(＊单位:亩)

村户	王家村	下太庄	韩家集	瓦子店	合计
地主	0	0	104.0	0	104.0
富农	126.0	71.0	409.0	197	803.0
中农	299.4	210.0	832.0	494	1835.4
贫农	208.8	349.5	604.2	844	1986.5
其他	5.0	5.0	0	5	15.0
共计	639.2	635.5	1949.2	1520	4743.9

因为四个村子都是比较贫农居多，所以租出土地很少；无论在一九二八年或一九三三年，租出田数对所有田数的百分数都是 2^{+}% （一是2.08%，一是2.38%）；而且这 2^{+}%土地，大部分是由地主出租的。(见表 33)

表 33 渭南县四代表村各类村户租出田数五年间比较(1928—1933)(＊单位:亩)

村户	1928			1933			占所有的百分数1933 的指数(1928=100)
	所有＊	租出＊	占所有的百分数	所有＊	租出＊	占所有的百分数	
地主	243.0	105	43.21	164.0	60	36.59	84.68
富农	1203.0	0	—	753.0	0	—	—
中农	2297.0	0	—	1823.4	9	0.49	—
贫农	1779.2	10	0.56	1821.9	40	2.20	392.85
其他	5.0	0	—	15.0	0	—	—
全体	5527.2	115	2.08	4577.3	169	2.38	114.42

租进田数较租出田数为多；租进田数对使用田数的百分数，也较租出田数对所有田数的百分数为大：一九二八年是2.85%，一九三三年是6.19%。租进田数以贫农为最多；就租进田数对使用田数的百分数而言，一九二八年是6.94%，一九三三年是10.65%。贫农里的租种者(即佃农)在一九二八年占3.51%，在一九三三年占6.62%。中农租进田数较少，两年租进田数对使用田数的百分数都在 2%以下。一九二八年富农未有租进土地；一九三三年租进五十亩，占使用田数八百〇三亩的6.23%。(见表 34—35)

表 34 渭南县四代表村各类村户租进田数五年间比较(1928—1933)(＊单位:亩)

村户	1928			1933			占使用的百分数1933 的指数(1928=100)
	使用＊	租进＊	占使用的百分数	使用＊	租进＊	占使用的百分数	
地主	138.0	0	—	104.0	0	—	—
富农	1203.0	0	—	803.0	50.0	6.23	—

续表

村户	1928			1933			占使用的百分数1933的指数(1928=100)
	使用*	租进*	占使用的百分数	使用*	租进*	占使用的百分数	
中农	2324.0	27	1.16	1835.4	32.0	1.74	150.00
贫农	1901.2	132	6.94	1986.5	211.6	10.65	153.46
其他	5.0	0	—	15.0	0	—	—
全体	5571.2	159	2.85	4743.9	293.6	6.19	217.19

表35 渭南县四代表村各类贫农分子户数五年间比较(1928—1933)

类别	户数			百分数		
	1928	1933	比较	1928	1933	比较
佣耕者	9	10	+1	7.89	7.35	−0.54
租种者	14	9	+5	3.51	6.62	+3.11
自耕者	101	117	+16	88.60	86.03	−2.57
共计	124	136	+22	100.00	100.00	0

一九二八年秋虽是大旱灾的起始年，但是还没有荒地。一九三三年已经有荒地了，计十八亩。(见表36—37)

所有田数和使用田数的差数是由租出、租进和荒芜的关系而来的。用下列公式，我们可求出使用田数：

[(所有)+(租进)]−[(租出)+(荒芜)]=(使用)

表36 渭南县四代表村各类村户田数总比较(一)(1928)(*单位:亩)

村户	所有	租进	租出	荒芜	使用
地主	243.0	0	105	0	138.0
富农	1203.0	0	0	0	1203.0
中农	2297.0	27	0	0	2324.0
贫农	1779.2	132	10	0	1901.2
其他	5.0	0	0	0	5.0
共计	5527.2	159	115	0	5571.2

表 37 渭南县四代表村各类村户田数总比较(二)(1933)(＊单位:亩)

村户	所有	租进	租出	荒芜	使用
地主	164.0	0	60	0	104.0
富农	753.0	50.0	0	0	803.0
中农	1823.4	32.0	9	11	1835.4
贫农	1821.9	211.6	40	7	1986.5
其他	15.0	0	0	0	15.0
共计	4577.3	293.6	109	18	4743.9

使用田数，在一九二八年以中农为最多，占41.71%；贫农较次，占34.13%。到了一九三三年，因为贫农户数增加较快，所以在使用田数上占了第一位，是41.87%；其次是中农，占38.69%。地主户数是太少，而且经营地主是更少，所以使用田数两年都占 2^{+}%。富农使用田数列第三位，一九二八年占21.59%，一九三三年占16.93%。(见表 38)

我们再看每户平均使用田数。因为地主雇工较多，又因为其他村户不以用田为主，我们现在只就着富农、中农和贫农来看每户平均使用田数。

表 38 渭南县四代表村各类村户使用田数五年间比较(1928—1933)(＊单位:亩)

村户	田数＊		百分数		1933 的指数(1928＝100)	
	1928	1933	1928	1933	田数	百分数
地主	138.0	104.0	2.48	2.19	75.36	88.31
富农	1203.0	803.0	21.59	16.93	66.75	78.42
中农	2324.0	1835.4	41.71	38.69	78.98	92.76
贫农	1901.2	1986.5	34.13	41.87	104.49	122.68
其他	5.0	15.0	0.09	0.2	300.00	355.56
全体	5571.2	4743.9	100.00	100.00	85.15	100.00

无论在一九二八年或一九三三年，中农每户平均使用田数都是贫农的两倍多。富农每户平均使用田数在一九二八年将及贫农的五倍，到一九三三年降为将及四倍。(见表 39—41)

贫农每户平均使用田数，在一九二八年是16.68亩，在一九三三年是14.61亩。同所有田数一样，这是算术中数。要看一般的情形，我们还得采用分段看法。

表 39 渭南县四代表村各类农户每户平均使用田数(一)(1928)(＊单位:亩)

农户	共用田数＊	户数	每户平均使用田数＊	比率(贫农＝100)
富农	1203.0	15	80.20	480.82
中农	2324.0	67	34.69	207.97
贫农	1901.2	114	16.68	100.00
全体	5428.2	196	27.69	166.01

表40　渭南县四代表村各类农户每户平均使用田数(二)(1933)(＊单位:亩)

农户	共用田数＊	户数	每户平均使用田数＊	比率(贫农＝100)
富农	803.0	14	57.36	392.61
中农	1835.4	57	32.20	220.40
贫农	1986.9	136	14.61	100.00
全体	4625.3	207	22.34	152.91

表41　渭南县四代表村各类农户每户平均使用田数五年间比较(1928—1933)(＊单位:亩)

农户	1928＊	1933＊	1933的指数(1928＝100)	比率(贫农＝100)
富农	80.20	57.36	71.52	81.65
中农	34.69	32.20	92.82	105.97
贫农	16.68	14.61	67.59	100.00
全体	27.69	22.34	80.68	92.11

一九二八年6—10亩阶段里户数比较多些，是二十三户，一九三三年10—15亩阶段里户数比较多些，是二十八户。我们再作一个累积的观察。一九二八年有57.01%户数在十五亩以下，不到平均数的16.68亩；一九三三年有43.38%户数在十亩以下。若以一亩分段来看，60.29%户数是在十四亩以下，距平均数14.61亩还欠0.61亩。(见表42—44)

表42　渭南县四代表村贫农使用田数五年间简单分段比较(1928—1933)(＊单位:亩)

阶段＊	户数			百分数		
	1928	1933	比较	1928	1933	比较
0	7	10	＋3	6.14	7.35	＋1.21
1—5	19	22	＋3	16.67	16.18	－0.49
6—10	23	27	＋4	20.17	19.84	－0.32
11—15	16	28	＋12	14.03	20.59	＋6.56
16—20	15	18	＋3	13.16	13.23	＋0.07
21—25	13	10	－3	11.40	7.35	－4.05
26—30	8	8	0	7.02	5.88	－1.14
31—35	4	9	＋5	3.51	6.62	＋3.11
36—40	3	0	－3	2.63	0	－2.63
41—45	0	2	＋2	0	1.47	＋1.47
46—50	2	1	－1	1.75	0.74	－1.01
51—55	0	0	0	0	0	0

续表

阶段 *	户数			百分数		
	1928	1933	比较	1928	1933	比较
56—60	1	0	—1	0.88	0	—0.88
61—65	0	0	0	0	0	0
66—70	1	0	—1	0.88	0	—0.88
71—75	1	0	—1	0.88	0	—0.88
76—80	1	0	—1	0.88	0	—0.88
81—85	0	0	0	0	0	0
86—90	0	0	0	0	0	0
91—95	0	0	0	0	0	0
96—100	0	1	+1	0	0.74	+0.74
共计	114	136	+22	100.00	100.00	0

表 43　渭南县四代表村贫农使用田数五年间累积分段比较(1928—1933)(＊单位:亩)

阶段 *	户数			百分数		
	1928	1933	比较	1928	1933	比较
无地	7	10	+3	6.14	7.35	+1.21
5 以下	26	32	+6	22.81	23.53	+0.72
10 以下	49	59	+10	42.98	43.38	+0.40
15 以下	65	87	+22	57.01	63.97	+6.96
20 以下	80	105	+25	70.17	77.20	+7.03
25 以下	93	115	+22	81.57	84.55	+2.98
30 以下	101	123	+22	88.59	90.43	+1.84
35 以下	105	132	+27	92.10	97.05	+4.95
40 以下	108	132	+24	94.73	97.05	+2.32
45 以下	108	134	+26	94.73	98.52	+3.79
50 以下	110	135	+25	96.48	99.26	+2.78
55 以下	110	135	+25	96.48	99.26	+2.78
60 以下	111	135	+24	97.36	99.26	+1.90
65 以下	111	135	+24	97.36	99.26	+1.90
70 以下	112	135	+23	98.24	99.26	+1.02

续表

阶段 *	户数			百分数		
	1928	1933	比较	1928	1933	比较
75 以下	113	135	＋22	99.12	99.26	＋0.14
80 以下	114	135	＋21	100.00	99.26	＋70.4
85 以下	114	135	＋21	100.00	99.26	＋0.74
90 以下	114	135	＋21	100.00	99.26	＋0.74
95 以下	114	135	＋21	100.00	99.26	＋0.74
100 以下	114	136	＋22	100.00	100.00	—

表 44　渭南县四代表村贫农 15 亩以下累积分段使用田数(1933)(* 单位:亩)

阶段 *	户数	百分数	阶段 *	户数	百分数
无地	10	7.35	8 以下	43	35.29
1 以下	13	9.56	9 以下	49	36.03
2 以下	16	11.76	10 以下	59	43.38
3 以下	18	13.24	11 以下	60	44.12
4 以下	23	16.91	12 以下	68	50.00
5 以下	32	23.53	13 以下	78	57.35
6 以下	38	27.94	14 以下	82	60.29
7 以下	41	30.15	100 以下	136	100.00

第五章　耕作者

除以每户为单位来看平均使用田数外，我们不能采用以人为单位的看法，而要采用以每耕作者为单位的看法。

关于耕作人数，我们有从全体人数和有工作能力人数来分析的必要，而后再看每耕作人使用多少土地。

就三类农户来比有工作能力人数和全体人数，我们看出，一九二八和一九三三两年都以中农比率为最大，次为贫农，最小的是富农。概括地说，他们相差不多，约每二人里有一个人工作。(见表 45—47)

表 45 渭南县四代表村各类农户全体人数和有工作能力人数比较(一)(1928)

农户	全体人数	有工作能力人数	占前项百分数	比率(贫农=100)
富农	123	69	56.10	96.97
中农	328	207	63.11	109.09
贫农	586	339	57.85	100.00
全体	1037	615	59.31	102.52

表 46 渭南县四代表村各类农户全体人数和有工作能力人数比较(二)(1933)

农户	全体人数	有工作能力人数	占前项百分数	比率(贫农=100)
富农	87	51	58.62	95.22
中农	275	173	62.91	102.19
贫农	627	386	61.56	100.00
全体	989	610	61.68	100.20

表 47 渭南县四代表村各类农户有工作能力人数对全体人数五年间比较(1928—1933)

农户	1928	1933	1933 的指数(1928=100)	比率(贫农=100)
富农	56.10	58.62	104.49	98.20
中农	63.11	62.91	99.68	93.68
贫农	57.85	61.56	106.41	100.00
全体	59.31	61.08	104.00	97.74

有工作能力的人或下田耕作，或在家作些副业，或去外工作。因为有些下田耕作的人兼作副业，我们很难确定副业人数。现在我们来看出外工作人数。

五年来出外工作人数略有减少；在一九三三年是四十九人，占有工作能力人数六百一十人的8.03%，比一九二八年减少0.43%。以出外工作人数同有工作能力人数来比，一九二八年富农列第一位；一九三三年贫农列第一位；中农两年都列第三位。(见表 48—50)

表 48 渭南县四代表村各类农户出外工作人数和有工作能力人数比较(一)(1928)

农户	有工作能力人数	外出工作人数	占前项百分数	比率(贫农=100)
富农	69	6	8.70	101.75
中农	207	17	8.21	96.02
贫农	339	29	8.55	100.00
全体	615	52	8.46	98.95

表 49　渭南县四代表村各类农户外出工作人数和有工作能力人数比较(二)(1933)

农户	有工作能力人数	外出工作人数	占前项百分数	比率(贫农＝1.0)
富农	51	4	7.84	91.70
中农	173	12	6.94	81.17
贫农	386	33	8.55	100.00
全体	610	49	8.03	93.92

表 50　渭南县四代表村各类农户外出工作人数对有工作能力人数五年间比较(1928—1933)

农户	1928	1933	1933 的指数(1928＝100)	比率(贫农＝100)
富农	8.70	7.84	90.11	90.11
中农	8.21	6.94	84.53	84.53
贫农	8.55	8.55	100.00	100.00
全体	8.46	8.03	94.92	94.95

富农出外工作者以经商为多；贫农以出雇为多。

因为出外工作人数对于有工作能力人数的影响很少，所以下田耕作人数同有工作能力人数的比率和有工作能力人数同全体人数的比率没有多大变动。无论是在一九二八年或一九三三年，两种比率都以中农列第一位，贫农第二位，富农第三位。中农的下田耕作人数对有工作能力人数的比率，在一九二八年是71.5％，在一九三三年是74.57％。一九二八年富农和中农相差是13.13％，一九三三年是23.12％。两年贫农都略与中农相近。(见表 51—53)

表 51　渭南县四代表村各类农户下田耕作人数和有工作能力人数比较(一)(1928)

农户	有工作能力人数	下田耕作人数	占前项百分数	比率(贫农＝100)
富农	69	43	62.32	89.14
中农	207	148	71.50	102.27
贫农	339	237	69.91	100.00
全体	615	428	69.59	93.54

表 52　渭南县四代表村各类农户下田耕作人数和有工作能力人数比较(二)(1933)

农户	有工作能力人数	下田耕作人数	占前项百分数	比率(贫农＝100)
富农	51	30	58.82	86.33
中农	173	129	74.57	100.45
贫农	386	263	68.13	100.00
全体	610	422	69.18	101.54

表 53　渭南县四代表村各类农户下田耕作人数对有工作能力人数五年间比较(1928—1933)

农户	1928	1933	1933 的指数(1928＝100)	比率(贫农＝100)
富农	62.32	58.82	94.38	96.85
中农	71.50	74.57	104.29	107.02
贫农	69.91	68.13	97.45	100.00
全体	69.59	69.18	99.1?	102.01

上述“中农一贫农一富农”序列的关系，在每耕作人平均使用田数上就不适用了。原因有二：第一，富农使用田数较中农为多，这使富农在每耕作人平均使用田数上列在中农前，而占第一位；第二，贫农使用田数较中农为少，中农既改列第二位，贫农自然改列第三位。一九二八年贫农每耕作人平均使用田数是8.02亩，中农约两倍，富农约三倍半；一九三三年减少了，贫农和富农约减少 5%，中农 10%。(见表 54—56)

表 54　渭南县四代表村各类农户每耕作人平均使用田数(一)(1928)(* 单位:亩)

农户	使用田数	耕作人数 *	每耕作人平均使用田数 *	比率(贫农＝100)
富农	1203.0	43	27.98	343.88
中农	2324.0	148	15.70	195.76
贫农	1901.2	237	8.02	100.00
全体	5428.2	428	12.68	158.10

表 55　渭南县四代表村各类农户每耕作人平均使用田数(二)(1933)(* 单位:亩)

农户	使用田数	耕作人数 *	每耕作人平均使用田数 *	比率(贫农＝100)
富农	803.0	30	26.77	354.57
中农	1835.4	129	14.23	188.48
贫农	1986.5	263	7.55	100.00
全体	4624.9	422	10.96	145.17

表 56　渭南县四代表村各类农户每耕作人平均使用田数五年间比较(1928—1933)

农户	1928	1933	1933 的指数(1928＝100)	比率(贫农＝100)
富农	27.98	26.77	95.68	101.64
中农	15.70	14.23	99.64	96.28
贫农	8.02	7.55	94.14	100.00
全体	12.68	10.96	86.44	91.82

富农和中农每耕作人平均使用田数较贫农为多，这不一定是表明前者的能力较后者大，而是因为：第一，中农比贫农有更多的耕畜；第二，富农不但有更多的耕畜，而且可以雇工来帮

同耕作。

现在先讨论佣雇关系。

一九二八年中农和贫农完全是自种的；一九三三年已有了佣工兼自种的，佣工兼自种的田数占使用田数的5%上下。两年中富农完全是佣工兼自种的。（见表57—59）

表57　渭南县四代表村各类农户使用农田处理(一)(1928)(＊单位:亩)

农户	自种的		佣工兼自种的		合计	
	田数＊	百分数	田数＊	百分数	田数＊	百分数
富农	0	0	1203.0	100.00	1203.0	100.00
中农	2324.0	100.0	0	0	2324.0	100.00
贫农	1901.2	100.0	0	0	1901.2	100.00
全体	4225.2	82.70	1203.0	17.30	5428.2	100.00

表58　渭南县四代表村各类农户使用农田处理(二)(1933)

农户	自种的		佣工兼自种的		合计	
	田数＊	百分数	田数＊	百分数	田数＊	百分数
富农	0	0	803.0	100.00	803.0	100.00
中农	1713.4	93.35	122.0	6.65	1835.4	100.00
贫农	1926.5	96.98	60.0	3.02	1986.5	100.00
全体	3834.9	82.92	790.0	17.08	4624.9	100.00

表59　渭南县四代表村各类农户使用农田处理五年间比较(1928—1933)

农户	自种的百分数			佣工兼自种的百分数		
	1928	1933	比较	1928	1933	比较
富农	0	0	0	100.00	100.00	0
中农	100.00	93.35	－6.65	0	6.65	＋6.65
贫农	100.00	96.98	－3.02	0	3.02	＋3.02
全体	82.70	82.92	－0.22	17.30	17.08	－0.22

富农在一九二八年使用一千二百〇三亩，雇工十二人，每人平均帮同耕作100.3亩；一九三三年使用八百〇三亩，雇工十三人，每人平均帮同耕作61.8亩，是一九二八年的61.02%。再看经营地主。他们在一九二八年使用一百二十三亩，雇工一人；一九三三年使用一百〇四亩，雇工二人，每人平均帮同耕作五十二亩，是一九二八年的42.28%。这里要声明的，在一九二八年和一九三三年中，只有一户是经营地主，而一九二八年的经营地主，到了一九三三年已变为收租者了。（见表60）

表 60　渭南县四代表村经营地主和富农五年间雇工比较(1928—1933)(＊单位:亩)

类别	1928			1933			每长工用田数1933的指数(1928＝100)
	使用田数＊	长工数	每长工用田数＊	使用田数＊	长工数	每长工用田数＊	
经营地主#	123.0	1	123.0	104.0	2	52.0	42.28
富农￥	1203.0	12	100.3	803.0	13	61.8	61.62
全体	1326.0	13	102.0	907.0	15	60.5	59.31

#1928 年地主三户,其中一户是经营者;1933 年地主三户,全是收租者。

￥两年各户富农均有佣工。

雇工增加所表明的，不是地主和富农的富力增加，而是贫农里的佣耕者（即雇农）的贫穷深刻化，因而贱价出卖劳力，于是地主和富农可以多雇用长工。

贫农里的佣耕者，并不占大的成分，在一九二八年是3.51%，在一九三三年是6.62%；论增加的速度，可算很快。佣耕者里边，纯粹出雇者，较不纯粹出雇者为多。一九二八年有纯粹出雇者七人，一九三三年八人；不纯粹出雇者两年都是二人。佣耕者工作不限于本村。（见表61，表 35）

表 61　渭南县四代表村贫农出雇户数五年间比较(1928—1933)

类别	户数		
	1928	1933	比较
纯粹出雇者	7	8	+1
不纯粹出雇者	2	2	0
共计	9	10	+1

在前面已经说过，富农和中农每户平均使用田数较贫农多，是因为前者有较多的雇工，有较多的耕畜。雇工讲完了，现在来讲耕畜。

五年来耕畜减少了，但不及使用田数减少那样快；所以每耕畜平均耕作田数比以前少了。无论在一九二八年或一九三三年。依每耕畜平均耕作田数来排列各类农户，总是贫农第一，依次是中农、富农、地主，其他村户未计在内；换句话说，贫农的耕畜是相对地最少，所以每耕畜负担较重。一九二八年贫农的每耕畜耕作70.41亩；一九三三年耕作68.5亩。(见表 62—65)

表 62　渭南县四代表村各类村户耕畜耕作田数(一)(1928)(＊单位:亩)

村户	使用田数＊	耕畜					每耕畜耕作田数＊
		驴	骡	牛	马	折合单位数	
地主	138.0	1	0	3	0	4	34.50
富农	1203.0	3	1	25	0	29	41.48
中农	2324.0	5	0	39	0	44	52.82
贫农	1901.2	3	1	23	0	27	70.41

续表

村户	使用田数*	耕畜					每耕畜耕作田数*
		驴	骡	牛	马	折合单位数	
其他	5.0	0	0	0	0	0	—
全体	5571.2	12	2	90	0	104	53.57

表63　渭南县四代表村各类村户耕畜耕作田数(二)(1933)(*单位:亩)

村户	使用田数*	耕畜					每耕畜耕作田数*
		驴	骡	牛	马	折合单位数	
地主	104.0	1	0	3	0	4	26.00
富农	803.0	4	0	18	2	24	33.46
中农	1835.0	6	0	37	0	43	42.68
贫农	1986.5	6	0	23	0	29	68.50
其他	15.0	0	0	1	0	1	15.00
全体	4743.9	17	0	82	2	101	46.97

表64　渭南县四代表村各类村户耕畜数目五年间比较(1928—1933)

村户	1928	1933	比　较	对1928的百分数
地主	4	4	0	—
富农	29	24	－5	－17.24
中农	44	43	－1	－2.27
贫农	27	29	＋2	＋7.41
其他	0	1	＋1	—
全体	104	101	－3	－2.88

表65　渭南县四代表村各类村户耕畜耕作田数五年间比较(1928—1933)

村户	1928	1933	1933的指数(1928＝100)	比率(贫农＝100)
地主	34.50	26.00	75.36	77.46
富农	41.48	33.46	80.67	82.92
中农	52.82	42.68	80.80	83.05
贫农	70.41	68.50	97.29	100.00
其他	—	15.00	—	—
全体	53.57	46.97	87.68	90.12

第三篇 凤翔

第一章 村户变迁

凤翔是个灾荒特重的区域；人口减少了大半！

我们调查的是五个村子，共计二百七十六户，这二百七十六户在一九二八年未分家时是二百六十八户。但是实际上一九二八年不止是二百六十八户；一九二八年实有六百三十三户。这六百三十三户里只有二百六十八户继续在村；其余三百六十五户或死绝，或离村。这二百六十八户只是六百三十三户的42.34%；即或加上分家的户数共得二百七十六户，这二百七十六户也只是六百三十三户的43.6%。这五个村子里以南务村村户减少为最快，从一九二八年的二百〇五户减到一九三三年的七十六户，减少了一百二十九户，占一九二八年的62.93%；其次是尹家务，减少户数占一九二八年的61.54%。(见表 66—67)

表 66 凤翔县五代表村各类村户户数五年间比较(1928—1933)

村户	户数			百分数		
	1928	1933	比较	1928	1933	比较
地主	0	0	0	0	0	0
富农	15	5	－10	5.60	1.81	－3.79
中农	36	26	－10	13.43	9.42	－4.01
贫农	214	241	＋27	79.85	87.32	＋7.47
其他	3	4	＋1	1.12	1.45	＋0.23
合计	268	276	＋8	100.00	100.00	0

表 67 凤翔县五代表村分村村户五年间比较(1928—1933)

村	1928	1933	比较	对 1928 的百分数
小沙凹	120	50	－70	58.33
尹家务	143	55	－88	61.54
小唐村	127	79	－48	37.89
石家磨	38	16	－22	57.89
南务村	205	76	－129	62.93
全体	633	276	－257	56.40

不但是户数减少，而且现存户的人数也大大地减少了。一九三三年的二百七十六户有一千四百七十四人；但是他们在一九二八年有二千三百七十七人；换句话说，就现存户而言，人数由一九二八年的二千三百七十七人减到一九三三年的一千四百七十四人，减少了九百〇三人，占一九二八年的37.99％（见表91—92）

现在把减少的户数和人数合起来看。一九三三年的二百七十六户只是一九二八年的六百三十三户的43.6％；其余56.4％无从调查。一九三三年的一千四百七十四人只是一九二八年的二千三百七十七人的62.01％。若把一九二八年其余的56.4％户数计算在内，一九二八年人数应是四千二百十四。那么，一九三三年的人数一千四百七十四是一九二八年人数四千二百十四的27.04％。

人口减少的原因有五：饿死、病死、逃亡、卖掉、送养。有全家饿死或病死的，那已经成了绝户；也有全家逃亡的。就现存各户来看，每户差不多都有或饿死的，或病死的，或逃亡的，或卖掉的，或送养的。就着一九二八年的贫农人口一部分三百九十六人来分析，以饿死的为最多，是二百十七人，占54.8％；其次是逃亡，占35.35％；病死，占6.06％；卖掉，占2.53％；送养，占1.26％。（见表68）

表68　凤翔县五代表村五年间贫农396人减少分析

人数	饿死	病死	逃亡	卖掉	送养	共计
实数	217	24	140	10	5	396
百分比	54.80	6.06	35.35	2.53	1.26	100.00

就现存村户而言，都没有地主。富农和中农都减少，前者由一九二八年的十五户减到一九三三年的五户，后者由一九二八年的三十六户减到一九三三年的二十六户；贫农数增加了，由一九二八年的二百十四户增加到一九三三年的二百四十一户，增加了二十七户，占一九二八年的7.47％；其他村户增加一户。（见表66）

一九二八年有富农十五户，到一九三三年分家为十八户。这十八户里有四户仍为富农，变为中农和贫农者各七户。（见表69—70）

一九二八年有中农三十六户，到一九三三年除十六户仍为中农外，有一户变为富农，十九户变为贫农。这一户中农变为富农，是因为收入较多，雇了一个长工，添了一只牛（原有牛一只）。（见表69—70）

一九二八年有贫农二百十四户，到一九三三年分为二百十九户，这二百十九户里除二百十四户仍为贫农外，有三户变为中农，二户变为其他村户。这三户变为中农，是因为，一户是地未减少而人口减少了；一户是因作泥水匠得利，典买二十亩地；一户是因为收入增加，典买六亩地，购买二只牛。（见表69—70）

表 69　凤翔县五代表村各类村户五年间变迁略解(1928—1933)

1928		1933 地主	富农	中农	贫农	其他	共计
地主	0	0	0	0	0	0	0
富农	15	0	4	7	7	0	18
中农	36	0	1	19	19	0	36
贫农	214	0	0	3	214	2	219
其他	3	0	0	0	1	2	3
共计	268	0	5	26	241	4	276

表 70　凤翔县五代表村各类村户五年间变迁详解(1928—1933)

1928					1933 Ⅰ	Ⅱ	Ⅲ	Ⅳ	Ⅴ	Ⅵ	Ⅶ	Ⅷ	Ⅸ	Ⅹ	共计
地主	经营者		Ⅰ	0	0										0
地主	收租者		Ⅱ	0		0									0
富农	大部土地租来者		Ⅲ	0			0								0
富农	大部土地自有者		Ⅳ	15				4	7	1			6		18
中农			Ⅴ	36				1	16				19		36
贫农	佣耕者	纯粹	Ⅵ	3						1		2			3
贫农	佣耕者	不纯粹	Ⅶ	9						1	4	2	3		10
贫农	租种者		Ⅷ	4								3	1		4
贫农	自耕者		Ⅸ	198					3	3	6	5	183	2	202
其他			Ⅹ	3									1	2	3
共计				268	0	0	0	5	26	6	10	12	213	4	276

一九二八年有其他村户三户；一九三三年有四户。他们的职业是卖馍、编草帽；一九三三年尚有一户讨吃者。(见表 69—70)

第二章　田产移转

五年来这五个村子的土地所有权都减少了。一九二八年有地5409.4亩，一九三三年有地4032.5亩，减少了1376.9亩，占一九二八年的25.45%，土地减少的速率以富农为最大，次为中农，最小的是贫农。富农的土地由一九二八年的九百五十二亩减到一九三三年的三百六十八

亩，减少了五百八十四亩，占一九二八年的61.34%；中农减少了26.02%，贫农减少了15.07%。(见表71)

表71　凤翔县五代表村各类村户所有田数五年间比较(1928—1933)(＊单位:亩)

村户	1928＊	1933＊	比较＊	对1928的百分数
地主	0	0	0	—
富农	952.0	368.0	－584.0	61.34
中农	1353.0	1028.0	－325.0	26.02
贫农	3104.4	2636.5	－467.9	15.07
其他	0	0	0	—
全体	5409.4	4032.5	－1376.9	25.45

分村来看，以小唐村减少为最快，由一九二八年的1723.8亩减到一九三三年的1218亩，减少了505.8亩，占一九二八年的29.34%；南务减少的是28.72%；尹家务，22.48%；小沙凹20.75%；石家磨，14.09%。(见表72—74)

表72　凤翔县五代表村分村所有田数五年间比较(1928—1933)(＊单位:亩)

村	1928＊	1933＊	比较＊	对1928的百分数
小沙凹	984.6	780.3	－204.3	－20.75
小唐村	1723.8	1218.0	－505.8	－29.34
石家磨	171.0	146.9	－24.1	－14.09
尹家务	1345.5	1043.0	－302.5	－22.48
南务村	1184.5	844.3	－340.2	－28.72
全体	5409.4	4032.5	－1376.9	－23.45

表73　凤翔县五代表村分村各类村户所有田数(一)(1928)(＊单位:亩)

村户	小沙凹	小唐村	石家磨	尹家务	南务村	合计
地主	0	0	0	0	0	0
富农	248.0	286.0	0	418.0	0	952.0
中农	264.0	424.0	10	380.0	269.0	1353.0
贫农	472.6	1013.8	155	547.5	915.5	3104.0
其他	0	0	0	0	0	0
共计	984.6	1723.8	171	1345.5	1184.5	5409.4

表 74　凤翔县五代表村分村各类村户所有田数(二)(1933)(*单位:亩)

村户	小沙凹	小唐村	石家磨	尹家务	南家村	合计
地主	0	0	0	0	0	0
富农	40.0	203	0	125	0	368.0
中农	330.0	324	22.0	227	125.0	1028.0
贫农	410.3	691	124.9	691	719.3	2636.5
其他	0	0	0	0	0	0
共计	780.3	1218	146.9	1043	844.3	4032.5

一般村户的土地都减少了。一九二八年的贫农的土地减少得最快，由一九二八年的3104.4亩减到一九三三年的2341.3亩，减少了763.1亩。其次是中农，富农。不过就一般村户在全体土地里所占的百分数来看，富农和贫农的地位略为增加。富农由一九二八年的17.60%增加到一九三三年的18.95%，增加了1.35%；贫农增加了0.67%。中农的地位降低了，由一九二八年的25.01%减到一九三三年的22.99%，减少了2.02%。(见表 75)

表 75　凤翔县五代表村一定村户所有田数五年间比较(1928—1933)(*单位:亩)

村户 *	户数#			百分数		
	1928	1933	比较	1928	1933	比较
地主	0	0	0	0	0	0
富农	952.0	764.2	-187.8	17.60	18.95	+1.35
中农	1353.0	927.0	-426.0	25.01	22.99	-2.02
贫农	3104.4	2341.3	-763.1	57.39	58.06	+0.67
其他	0	0	0	0	0	0
共计	5409.4	4032.5	-1376.9	100.00	100.00	0

*依据 1928 年的村户分类

五年来田产移转数是1636.7亩。除进出相消外，出去的田亩数是1376.9亩，占一九二八年所有田数5409.4亩的25.45%。一九二八年到一九三三年所减少的就是这个数目。(见表 76)

五年来中农和贫农都有土地押出。一九二八年中农押出七亩；一九三三年押出八十六亩，占所有田数的8.37%。一九二八年贫农押出55.4亩；一九三三年押出一百二十三亩，占所有田数的4.67%。(见表 77—79)

从押出在全体押出亩数所占的地位来看，两年中贫农的地位都逊于中农。(见表 80)

表 76　凤翔县五代表村各类村户五年间田产移转(1928—1933)(* 单位:亩)

村户	1928 所有	1933						
		买进 *	典进 *	卖出 *	典出 *	进出相差 *	对所有的百分数	比率(贫农=100)
地主	0	0	0	0	0	0	0	—
富农	952.0	0	0	73.0	114.8	-187.8	19.73	80.27
中农	1353.0	5.0	2.5	256.0	177.5	-426.0	31.49	128.11
贫农	3104.4	36.0	86.4	786.0	99.5	-763.1	24.58	100.00
其他	0	0	0	0	0	0	0	—
全体	5409.4	41.0	88.9	1115.0	391.8	-1376.9	25.45	103.54

表 77　凤翔县五代表村各类村户押出田数(一)(1928)(* 单位:亩)

村户	所有 *	押出 *	押出对所有的百分数	押出对押出总数的百分数
地主	0	0	—	0
富农	952.0	0	—	0
中农	1353.0	7.0	0.52	11.22
贫农	3104.4	55.4	1.78	88.78
其他	0	0	—	0
全体	5409.4	62.4	1.15	100.00

表 78　凤翔县五代表村各类村户押出田数(二)(1933)(* 单位:亩)

村户	所有 *	押出 *	押出对所有的百分数	押出对押出总数的百分数
地主	0	0	—	0
富农	368.0	0	—	0
中农	1028.0	86.0	8.37	41.15
贫农	2636.5	123.0	4.67	58.85
其他	0	0	—	0
全体	4032.5	209.0	5.18	100.00

表 79 凤翔县五代表村各类村户押出田数五年间比较(一)(1928—1933)(*单位:亩)

村户	押出对所有的百分数		1933 的指数(1928=100)
	1928	1933	
地主	—	—	—
富农	—	—	—
中农	0.52	8.37	1609.62
贫农	1.78	4.67	262.36
其他	—	—	—
全体	1.15	5.18	450.43

表 80 凤翔县五代表村各类村户押出田数五年间比较(二)(1928—1933)

村户	押出对押出总数的百分数		1933 的指数(1928=100)
	1928	1933	
地主	0	0	—
富农	0	0	—
中农	11.22	41.15	366.76
贫农	88.78	58.85	66.29
其他	0	0	—
全体	100.00	100.00	100.00

第三章 土地分配

就户数对田数来讲：无论在一九二八年或一九三三年，富农和中农所有田数的百分数，都比他们户数的百分数为高。一九二八年富农5.6%占地17.6%；中农13.43%占地25.01%。一九三三年富农1.81%占地9.13%；中农9.72%占地25.49%。贫农正居相反的地位，一九二八年贫农79.85%占地57.39%；一九三三年贫农87.32%占地65.38%。其他村户完全没有土地(见表 81—83)

表 81 凤翔县五代表村户数和所有田数对比(一)(1928)(*单位:亩)

村户	户数	所有田数*	户数的百分数	所有田数的百分数
地主	0	0	0	0
富农	15	952.0	5.60	17.60
中农	36	1353.0	13.43	25.01
贫农	214	3104.4	79.85	57.39
其他	3	0	1.12	0
共计	268	5409.4	100.00	100.00

表 82 凤翔县五代表村户数和所有田数对比(二)(1933)(*单位:亩)

村户	户数	所有田数*	户数的百分数	所有田数的百分数
地主	0	0	0	0
富农	5	368.0	1.81	9.13
中农	26	1028.0	9.72	25.49
贫农	241	2636.5	87.32	65.38
其他	4	0	1.45	0
共计	276	4032.5	100.00	100.00

表 83 凤翔县五代表村户数和所有田数五年间比较(1928—1933)

村户	户数百分数		所有田数百分数		1933 的指数(1928=100)	
	1928	1933	1928	1933	户数	所有田数
地主	0	0	0	0	—	—
富农	5.60	1.81	17.60	9.13	32.32	51.88
中农	13.43	9.42	25.01	25.49	70.14	101.92
贫农	79.85	87.32	57.39	65.38	109.36	113.92
其他	1.12	1.45	0	0	129.46	—
共计	100.00	100.00	100.00	100.00	—	—

再看每户平均有多少土地。

一九二八年贫农每户平均有地14.51亩，一九三三年减为10.94亩。一九二八年中农每户平均所有田数是贫农的二倍多，富农将及四倍半；一九三三年中农变为三倍半多，富农六倍半多。五年比较来说，一九三三年贫农每户平均所有田数是一九二八年的75.26%；富农增加到115.96%；中农增加到105.22%。(见表 84—87)

表 84 凤翔县五代表村各类村户每户平均所有田数(一)(1928)(＊单位:亩)

村户	共有田数＊	户数	每户平均所有田数＊	比率(贫农=100)
地主	0	0	0	—
富农	952.0	15	63.74	437.42
中农	1353.0	36	37.58	258.99
贫农	3104.4	214	14.51	100.00
其他	0	3	0	—
共计	5409.4	268	20.18	139.08

表 85 凤翔县五代表村各类村户每户平均所有田数(二)(1933)(＊单位:亩)

村户	共有田数＊	户数	每户平均所有田数＊	比率(贫农=100)
地主	0	0	0	—
富农	368.0	5	73.60	672.76
中农	1028.0	26	39.54	361.43
贫农	2636.5	241	10.94	100.00
其他	0	4	0	—
共计	4032.5	276	14.83	136.56

表 86 凤翔县五代表村各类村户每户所有田数五年间比较(一)(1928—1933)

村户	每户平均所有田数比率(贫农=100)		1933 的指数(1928=100)
	1928	1933	
地主	0	0	—
富农	437.42	672.76	153.78
中农	258.99	361.43	139.55
贫农	100.00	100.00	100.00
其他	0	0	—
共计	139.08	135.56	97.47

表 87 凤翔县五代表村各类村户每户所有田数五年间比较(二)(1928—1933)(*单位:亩)

村户	每户平均所有田数*		1933 的指数(1928=100)
	1928	1933	
地主	0	0	—
富农	63.47	73.60	115.96
中农	37.58	39.54	105.22
贫农	14.51	10.92	75.26
其他	0	0	—
共计	20.18	14.83	73.49

以五亩为一阶段，来看贫农户数在哪个阶段较多。一九二八年和一九三三年，6—10 亩阶段里户数都比较多些，一是五十六户，一是七十六户。一九二八年贫农每户平均所有的田数是14.51亩，但是有60.28%户数在此数以下；一九三三年每户平均所有田数为10.92亩，但是有61%户数在此数以下。一般贫农是这样贫穷！（见表 88—90）

表 88 凤翔县五代表村贫农所有田数五年间简单分段比较(1928—1933)(*单位:亩)

阶段*	户数			百分数		
	1928	1933	比较	1928	1933	比较
0	6	14	+8	2.80	5.81	+3.01
1—5	26	57	+31	12.15	23.65	+11.50
6—10	56	76	+20	26.17	31.54	+5.37
11—15	42	42	0	19.63	17.43	−2.20
16—20	37	25	−12	17.29	10.37	−6.92
21—25	23	12	−11	10.75	4.98	−5.77
26—30	9	5	−4	4.20	2.08	−2.12
31—35	7	5	−2	3.27	2.08	−1.19
36—40	6	2	−4	2.80	0.83	−1.97
41—45	1	0	−1	0.47	0	−0.47
46—50	0	0	0	0	0	0
51—55	0	1	+1	0	0.41	+0.41
56—60	1	0	−1	0.47	0	−0.47
61—65	0	0	0	0	0	0
66—70	0	0	0	0	0	0
71—75	0	0	0	0	0	0

续表

阶段 *	户数			百分数		
	1928	1933	比较	1928	1933	比较
76—80	0	1	+1	0	0.41	+0.41
81—85	0	0	0	0	0	0
86—90	0	0	0	0	0	0
91—95	0	0	0	0	0	0
96—100	0	1	1	0	0.41	0.41
合计	214	241	+27	100.00	100.00	0

表 89　凤翔县五代表村贫农所有田数五年间累积分段比较(1928—1933)(＊单位:亩)

阶段 *	户数			百分数		
	1928	1933	比较	1928	1933	比较
无地	6	14	+8	2.80	5.81	
5 以下	32	71	+39	14.95	29.46	
10 以下	88	147	+59	41.12	61.00	
15 以下	130	189	+59	60.75	78.43	
20 以下	163	214	+47	78.04	88.80	
25 以下	190	226	+36	88.79	93.78	
30 以下	199	231	+32	92.99	95.86	
35 以下	206	236	+30	96.26	97.94	
40 以下	212	238	+26	99.06	98.77	
45 以下	213	238	+25	99.53	98.77	
50 以下	213	238	+25	99.53	98.77	
55 以下	213	239	+26	99.53	99.18	
60 以下	214	239	+25	100.00	99.18	
65 以下	214	239	+25	100.00	99.18	
70 以下	214	239	+25	100.00	99.18	
75 以下	214	239	+25	100.00	99.18	
80 以下	214	240	+26	100.00	99.59	
85 以下	214	240	+26	100.00	99.59	
90 以下	214	240	+26	100.00	99.59	

续表

阶段 *	户数			百分数		
	1928	1933	比较	1928	1933	比较
95 以下	214	240	+26	100.00	99.59	
100 以下	214	241	+27	100.00	100.00	

表 90 凤翔县五代表村贫农所有田数十四亩以下五年间累积分段比较(1928—1933)

阶段	户数			百分数		
	1928	1933	比较	1928	1933	比较
无地	6	14	+8	2.80	5.81	
1 以下	6	14	+8	2.80	5.81	
2 以下	9	23	+14	4.21	9.54	
3 以下	12	34	+22	5.61	14.11	
4 以下	21	53	+32	9.81	21.99	
5 以下	32	71	+39	14.95	29.46	
6 以下	39	90	+51	18.22	37.34	
7 以下	46	103	+57	21.50	42.74	
8 以下	63	123	+60	29.44	51.04	
9 以下	67	127	+60	31.31	52.70	
10 以下	88	147	+59	41.12	61.00	
11 以下	93	155	+62	43.46	64.32	
12 以下	104	165	+61	48.60	68.46	
13 以下	119	171	+52	55.61	70.95	
14 以下	129	179	+50	60.28	74.27	
……	……	……	……	……	……	
……	……	……	……	……	……	
60 以下	214	—	—	100.00	—	
100 以下	214	241	+27	100.00	100.00	

每户平均人数，一九二八和一九三三两年平均以富农为最多，一是14.93人，一是14.80人。中农、贫农和其他村户每户平均人数都比较少些。一九二八年每户平均人数，中农是9.17人，贫农是8.46人，其他村户是4.33人。到了一九三三年都减少了，尤以贫农为最快，贫农每户平均人数由一九二八年的8.46人减到一九三三年的4.94人，只有一九二八年的58.39%。中农和其他村户每户平均人口减少约20%。(见表 91—93)

表 91 凤翔县五代表村各类村户每户平均人数(一)(1928)

村户	共有人数	户数	每户平均人数	比率(贫农=100)
地主	0	0	0	—
富农	224	15	14.93	176.48
中农	330	36	9.17	108.39
贫农	1810	214	8.46	100.00
其他	13	3	4.33	51.18
全体	2377	268	8.87	104.85

表 92 凤翔县五代表村各类村户每户平均人数(二)(1933)

村户	共有人数	户数	每户平均人数	比率(贫农=100)
地主	0	0	0	—
富农	74	5	14.80	299.60
中农	195	26	7.50	151.82
贫农	1191	241	4.94	100.00
其他	14	4	3.50	70.85
全体	1474	276	5.34	108.10

表 93 凤翔县五代表村各类村户每户平均人数五年间比较(1928—1933)

村户	1928	1933	1933 的指数(1928=100)	比率(贫农=100)
地主	0	0	0	—
富农	14.93	14.80	99.13	169.77
中农	9.17	7.50	81.79	140.08
贫农	8.46	4.94	58.39	100.00
其他	4.33	3.50	80.83	138.43
全体	8.87	5.34	60.20	103.10

以户为单位来比各类村户所有田数，简单地说，可以成下列比率：

年别	地主	富农	中农	贫农	其他
一九二八年	0	4.4	2.6	1.0	0
一九三三年	0	6.7	3.6	1.0	0

因为每户平均人数在各类村户是不同的，若以人为单位来比各类村户所有田数时，就要用下列比率来代替上项比率了：

年别	地主	富农	中农	贫农	其他
一九二八年	0	2.5	2.4	1.0	0
一九三三年	0	2.2	2.4	1.0	0

一九三三年富农每人平均所有田数比中农还少，这是讲不通的。在这里要加以声明：中农的土地有一部分是荒芜的；富农没有荒地。若除去荒地，那么，富农每人平均所有田数就比中农多了。现在把一九三三年中农和贫农的荒地除外，再作一个比率：

年别	地主	富农	中农	贫农	其他
一九二八年	0	4.4	2.6	1.0	0
一九三三年	0	3.1	3.0	1.0	0

若把荒地不计，五年来富农和中农每人平均所有田数都略有增加；富农由4.25亩增加到4.97亩，中农由4.10亩增加到4.77亩。贫农每户平均所有田数减少了，由一九二八年的1.72亩减到一九三三年的1.59亩。若把所有土地平均分配给每个人，一九二八年每人应得2.28亩，一九三三年应得2.16亩。贫农都在这个水准之下；富农和中农都在这个水准之上。(见表94—97)

表94 凤翔县五代表村各类村户每人平均所有田数(一)(1928)(＊单位:亩)

村户	共有田数＊	人数	每人平均所有田数＊	比率(贫农＝100)
地主	0	0	0	—
富农	952.0	224	4.25	247.09
中农	1353.0	330	4.10	238.37
贫农	3104.4	1810	1.72	100.00
其他	0	13	0	—
全体	5409.4	2377	2.28	132.56

表95 凤翔县五代表村各类村户每人平均所有田数(二)(1933)(＊单位:亩)

村户	共有田数#	人数	每人平均所有田数＊	比率(贫农＝100)
地主	0	0	0	—
富农	368.0	74	4.97	224.89
中农	1028.0^	195	5.27^	238.46
贫农	2636.5	1191	2.21	100.00
其他	0	14	0	—
全体	4032.5	1474	2.74	123.98

＊荒芜在内^内有荒地98亩,实得1028－98＝930亩,每人平均4.77亩。

表 96　凤翔县五代表村各类村户每人平均所有田数(三)＊(1933)(＊单位:亩)

村户	共有田数	人数	每人平均所有田数	比率(贫农＝100)
地主	0	0	0	—
富农	368.0	74	4.97	312.58
中农	930.0	195	4.77	300.00
贫农	1889.0	1191	1.59	100.00
其他	0	14	0	—
全体	3187.0	1474	2.16	135.85

＊荒芜除外

表 97　凤翔县五代表村各类村户每人平均所有田数五年间比较(1928—1933)

村户	1928	1933	1933 的指数(1928＝100)	比率(贫农＝100)
地主	0	0	—	—
富农	4.25	4.97	116.94	126.50
中农	4.10	4.77	116.34	125.85
贫农	1.72	1.59	92.44	100.00
其他	0	0	—	—
全体	2.28	2.16	94.74	102.49

第四章　农田使用

无论是所有田数或使用田数，一九三三年都比一九二八年为少，但是有一个大区别，那就是，一九二八年的使用田数超过所有田数，而一九三三年的所有田数超过使用田数。这是因为一九三三年租进田数较少而荒芜田数较多。(见表 98，表 105—106)

表 98　凤翔县五代表村各类村户所有和使用田数五年间比较(1928—1933)(＊单位:亩)

村户	所有田数＊		使用田数＊		1933 的指数(1928＝100)	
	1928	1933	1928	1933	所有	使用
地主	0	0	0	0	—	—
富农	952.0	368.0	952.0	352.0	38.66	36.97
中农	1353.0	1028.0	1353.0	947.0	75.98	69.99
贫农	3104.4	2636.5	3188.4	2042.3	84.93	64.05
其他	0	0	0	0	—	—
全体	5409.4	4032.5	5493.4	3341.3	74.55	60.82

分村来看，除石家磨的使用田数由一九二八年的一百九十三亩增加到一九三三年的197.2亩，增加了4.2亩外，其余四村都有减少，少则二百亩以上，多则八百亩以上。尹家务的使用田数由一九二八年的1358.5亩减到一九三三年的五百十二亩，减少了846.5亩，占一九二八年的62.31%。南务村所减少的占一九二八年的47.82%；小唐村占31.46%；小沙凹占19.63%。(见表99—101)

表99　凤翔县五代表村分村使用田数五年间比较(1928—1933)(＊单位:亩)

村名	1928＊	1933＊	比较	对1928的百分数
小沙凹	1035.6	832.3	－203.3	－19.63
小唐村	1731.8	1187.0	－544.8	－31.46
石家磨	193.0	197.2	＋4.2	＋2.18
尹家务	1358.5	512.0	－846.5	－62.31
南务村	1174.5	612.8	－561.7	－47.82
全体	5193.4	3341.3	－2152.1	－39.18

表100　凤翔县五代表村分村各类村户使用田数(一)(1928)(＊单位:亩)

村户	小沙凹	小唐村	石家磨	尹家务	南务村	合计
地主	0	0	0	0	0	0
富农	248.0	286.0	0	418.0	0	952.0
中农	264.0	424.0	16	380.0	269.0	1353.0
贫农	523.6	1021.8	177	560.5	905.5	3188.4
其他	0	0	0	0	0	0
共计	1035.6	1731.8	193	1358.5	1174.5	5493.4

表101　凤翔县五代表村分村各类村户使用田数(二)(1933)(＊单位:亩)

村户	小沙凹	小唐村	石家磨	尹家务	南务村	合计
地主	0	0	0	0	0	—
富农	40.0	187	0	125	0	352.0
中农	327.0	324	32.0	139	125.0	947.0
贫农	465.3	676	165.2	248	487.8	2042.3
其他	0	0	0	0	0	0
共计	832.3	1187	197.2	512	612.8	3341.3

租出田数很少。一九二八年租出三亩；一九三三年租出四十四亩，占所有田数4032.5亩的1.09%。(见表102)

表 102 凤翔县五代表村各类村户租出田数五年间比较(1928—1933)(＊单位:亩)

村户	1928			1933			占所有的百分数1933的指数(1928=100)
	所有＊	租出＊	占所有的百分数	所有＊	租出＊	占所有的百分数	
地主	0	0	—	0	0	—	—
富农	952.0	0	—	368.0	16	4.35	—
中农	1353.0	0	—	1028.0	3	0.29	—
贫农	3104.4	3	0.10	2636.5	25	0.95	950.00
其他	0	0	—	0	0	—	—
全体	5409.4	3	0.06	4032.5	44	1.09	1816.67

租进田数也不很多。一九二八年只有贫农租进九十九亩，占使用田数3188.4亩的3.11%。一九三三年中农和贫农都有租进：中农租进二十亩，占使用田数九百四十七亩的2.11%；贫农租进178.3亩，占使用田数2042.3亩的8.73%。(见表103)

表 103 凤翔县五代表村各类村户租进田数五年间比较(1928—1933)(＊单位:亩)

村户	1928			1933			占所有的百分数1933的指数(1928=100)
	使用＊	租进＊	占所有的百分数	使用＊	租进＊	占所有的百分数	
地主	0	0	—	0	0	—	—
富农	952.0	0	—	352.0	0	—	—
中农	1353.0	0	—	947.0	20.0	2.11	—
贫农	3188.4	99	3.11	2042.3	178.3	8.73	289.71
其他	0	0	—	0	0	—	—
全体	5493.4	99	1.80	3341.3	198.3	5.93	329.44

贫农大部分是自耕者。租种者在一九二八年有四户，一九三三年有十二户，加到三倍。佣耕者在一九二八年有十二户，一九三三年有十六户，增加四户。(见表104)

表 104 凤翔县各类贫农分子户数五年间比较(1928—1933)

村户	户数			百分数		
	1928	1933	比较	1928	1933	比较
佣耕者	12	16	+4	5.61	6.64	+1.03
租种者	4	12	+8	1.87	4.98	+3.11
自耕者	198	213	+15	92.52	88.38	−4.14
共计	214	241	+27	100.00	100.00	0

一九二八年已有荒地十二亩，那是属于贫农的。一九三三年荒地加多了。中农有荒地九十八亩；贫农有荒地747.5亩。荒地这样多，是因为，第一，许多有工作能力者逃亡了；第二，

缺乏耕畜；第三，没有种子。（见表105—106）

表105　凤翔县五代表村各类村户田数总比较(一)(1928)(＊单位:亩)

村户	所有	租进	租出	荒芜	使用
地主	0	0	0	0	0
富农	952.0	0	0	0	952.0
中农	1353.0	0	0	0	1353.0
贫农	3104.4	99	3	12	3188.4
其他	0	0	0	0	0
共计	5409.4	99	3	12	5493.4

表106　凤翔县五代表村各类村户田数总比较(二)(1933)(＊单位:亩)

村户	所有	租进	租出	荒芜	使用
地主	0	0	0	0	0
富农	368.0	0	16	0	352.0
中农	1028.0	20.0	3	98.0	947.0
贫农	2636.5	178.3	25	747.5	2042.3
其他	0	0	0	0	0
共计	4032.5	198.3	44	845.5	3341.3

求得使用田数可用下列公式：

〔（所有）＋（租进）〕－〔（租出）＋（荒芜）〕＝使用

一九三三年的贫农是值得特别注意的。现在用上项公式把贫农表现出来：

〔（2636.5）＋（178.3）〕－〔（25）＋（747.5）〕＝2042.3

一九三三年贫农所有田数有将及一百亩者一户，将及八十亩者一户，将及五十五亩者一户，但是使用田数未有到四十亩的。这就是因为土地因荒芜而未能尽量使用。（见表88、表111）

虽然这样，一九二八年和一九三三年使用田数都以贫农为最多，一占58.04%，一占61.12%。其次是中农，富农。（见表107）

现在看每户平均使用田数。一九二八年中农每户平均使用田数是贫农的两倍半；富农是贫农的四倍多。到一九三三年差别更大了：中农是四倍多；富农是八倍多。（见表108—110）

贫农每户平均使用田数在一九二八年是14.9亩，在一九三三年是8.17亩。这是算术中数。若分段来看，一九二八年6—10亩阶段里户数比较多些，五十七户；一九三三年1—5亩阶段里户数比较多些，七十九户。我们再作一个累积的观察。一九二八年使用田数在十四亩以下的有一百十八户，占55.14%；一九三三年使用田数在八亩以下的有一百五十四户，占63.9%。一般贫农使用田数都在平均数以下。（见表111—113）

表 107　凤翔县五代表村各类村户使用田数五年间比较(1928—1933)(＊单位:亩)

村户	田数＊		百分数		1933 的指数(1928＝100)	
	1928	1933	1928	1933	田数	百分数
地主	0	0	0	0	—	—
富农	952.0	352.0	17.33	10.54	36.97	60.82
中农	1353.0	947.0	24.63	28.34	69.99	115.06
贫农	3188.4	2042.3	58.04	61.12	64.05	105.31
其他	0	0	0	0	—	—
全体	5493.4	3341.3	100.00	100.00	60.82	100.00

表 108　凤翔县五代表村各类农户每户平均使用田数(一)(1928)(＊单位:亩)

农户	共用田数＊	户数	每户平均使用田数＊	比率(贫农＝100)
富农	952.0	15	63.47	425.47
中农	1353.0	36	37.58	252.21
贫农	3188.2	214	14.90	100.00
全体	5493.4	265	20.73	139.13

表 109　凤翔县五代表村各类农户每户平均使用田数(二)(1933)(＊单位:亩)

村户	共用田数＊	户数	每户平均使用田数＊	比率(贫农＝100)
富农	352.0	5	70.40	831.17
中农	947.0	26	36.42	429.99
贫农	2042.3	241	8.47	100.00
全体	3341.3	272	12.28	144.98

表 110　凤翔县五代表村各类农户每户平均使用田数五年间比较(1928—1933)(＊单位:亩)

村户	1928＊	1933＊	1933 的指数(1928＝100)	比率(贫农＝100)
富农	63.47	70.40	110.92	187.24
中农	37.58	36.42	96.91	163.59
贫农	14.90	8.47	56.85	100.00
全体	20.73	12.28	59.24	104.20

表 111 凤翔县五代表村贫农使用田数五年间简单分段比较(1928—1933)(＊单位:亩)

阶段＊	户数			百分数		
	1928	1933	比较	1928	1933	比较
0	4	26	+22	1.87	10.79	+8.92
1—5	26	79	+53	12.15	32.78	+20.63
6—10	57	68	+11	26.63	28.22	+1.59
11—15	42	31	−11	19.63	12.86	−6.77
16—20	36	18	−18	16.82	7.47	−9.35
21—25	23	6	−17	10.75	2.49	−8.26
26—30	8	8	0	3.74	3.32	−0.42
31—35	10	4	−6	4.67	1.66	−3.01
36—40	6	1	−5	2.80	0.41	−2.39
41—45	1	0	−1	0.47	0	−0.47
46—50	0	0	0	0	0	0
51—55	0	0	0	0	0	0
56—60	1	0	−1	0.47	0	−0.47
共计	214	241	+27	100.00	100.00	0

表 112 凤翔县五代表村贫农使用田数五年间累积分段比较(1928—1933)(＊单位:亩)

阶段＊	户数			百分数		
	1928	1933	比较	1928	1933	比较
无地	4	26	+22	1.87	10.79	+8.92
5 以下	30	105	+75	14.02	43.57	+29.55
10 以下	87	173	+86	40.65	71.79	+31.14
15 以下	129	204	+75	60.28	84.65	+24.37
20 以下	165	222	+57	77.10	92.12	+15.02
25 以下	188	228	+40	87.85	94.61	+6.76
30 以下	196	236	+40	91.59	97.93	+6.34
35 以下	206	240	+34	96.26	99.59	+3.33
40 以下	212	241	+29	99.06	100.00	+0.94
45 以下	213	241	+28	99.53	100.00	+0.47
50 以下	213	241	+28	99.53	100.00	+0.47
55 以下	213	241	+28	99.53	100.00	+0.47
60 以下	214	241	+27	100.00	100.00	0

表 113 凤翔县五代表村贫农使用田数十五亩以下五年间累积分段比较(1928—1933)(*单位:亩)

阶段*	户数			百分数		
	1928	1933	比较	1928	1933	比较
无地	4	26	+22	1.87	10.79	
1 以下	4	30	+26	1.87	12.45	
2 以下	8	47	+39	3.74	19.50	
3 以下	11	65	+54	5.14	26.97	
4 以下	18	84	+66	8.41	34.85	
5 以下	30	105	+75	14.02	43.57	
6 以下	38	123	+85	17.76	51.04	
7 以下	44	131	+87	20.56	54.36	
8 以下	63	154	+91	29.44	63.90	
9 以下	67	159	+92	31.31	65.98	
10 以下	87	173	+86	40.65	71.79	
11 以下	92	178	+86	42.99	73.86	
12 以下	102	186	+84	47.66	77.18	
13 以下	108	192	+84	50.47	79.67	
14 以下	118	196	+78	55.14	81.33	
……	……	……	……	……	……	
……	……	……	……	……	……	
36 以下	0	241	0	0	100.00	
57 以下	214	241	+27	100.00	100.00	

第五章 耕作者

就着富农、中农和贫农来分别比较有工作能力人数和全体人数。一九二八年中农和贫农约每十人里有四个有工作能力的人；富农不到四个。一九三三年，因为有工作能力的人较无工作能力的人死逃的少些，所以一九三三年有工作能力人数对全体人数的比率，较一九二八年提高了。中农和贫农约每两人里有一个有工作能力的人；富农提高有限。（见表 114—116）

表 114　凤翔县五代表村各类农户全体人数和有工作能力人数比较(一)(1928)

农户	全体人数	有工作能力人数	占前项百分数	比率(贫农＝100)
富农	224	81	36.16	87.26
中农	330	132	40.00	96.53
贫农	1810	750	41.44	100.00
全体	2364	963	40.74	98.31

表 115　凤翔县五代表村各类农户全体人数和有工作能力人数比较(二)(1933)

农户	全体人数	有工作能力人数	占前项百分数	比率(贫农＝100)
富农	74	27	36.49	75.58
中农	195	99	50.77	105.16
贫农	1191	575	48.28	100.00
全体	1460	701	48.01	99.44

表 116　凤翔县五代表村各类农户有工作能力人数对全体人数五年间比较(1928—1933)

农户	1928	1933	1933 的指数(1928＝100)	比率(贫农＝100)
富农	36.16	36.49	100.91	86.61
中农	40.00	50.77	126.93	108.94
贫农	41.44	48.28	116.51	100.00
全体	40.74	48.01	117.84	101.14

一九二八年出外工作者是八十二人，占有工作能力人数九百六十三人的8.52%，其中以贫农为较多，占9.73%（七十三对七百五十）。一九三三年出外工作者增加了，是一百四十二人，占有工作能力人数七百〇一人的20.26%，其中仍以贫农为较多，占21.91%（一百二十六对五百七十五）。出外工作者以到甘肃为佣工者较多。（见表 117－119）

除富农下田耕作人数对有工作能力人数的百分数，由一九二八年的65.43%增加到一九三三年的77.78%外，中农和贫农都是减少的。中农下田耕作人数对有工作能力人数的百分数由一九二八年的63.64%减到一九三三年的52.53%；贫农由58.67%减到53.39%。（见表 120－122）

表 117　凤翔县五代表村各类农户外出工作人数和有工作能力人数比较(一)(1928)

农户	有工作能力人数	出外工作人数	占前项百分数	比率(贫农＝100)
富农	81	3	3.70	38.03
中农	132	6	4.55	46.76
贫农	750	73	9.73	100.00
全体	963	82	8.52	87.56

表 118 凤翔县五代表村各类农户出外工作人数和有工作能力人数比较(二)(1933)

农户	有工作能力人数	出外工作人数	占前项百分数	比率(贫农=100)
富农	27	5	18.52	84.53
中农	99	11	11.11	50.71
贫农	575	126	21.91	100.00
全体	701	142	20.26	92.47

表 119 凤翔县五代表村各类农户出外工作人数对有工作能力人数五年间比较(1928—1933)

农户	1928	1933	1933 的指数(1928=100)	比率(贫农=100)
富农	3.70	18.52	500.54	222.28
中农	4.55	11.11	244.18	108.44
贫农	9.73	21.91	225.18	100.00
全体	8.52	20.26	237.79	105.60

表 120 凤翔县五代表村各类农户下田耕作人数和有工作能力人数比较(一)(1928)

农户	有工作能力人数	下田耕作人数	占前项百分数	比率(贫农=100)
富农	81	53	65.43	111.52
中农	132	84	63.64	108.47
贫农	750	440	58.67	100.00
全体	963	577	59.92	102.13

表 121 凤翔县五代表村各类农户下田耕作人数和有工作能力人数比较(二)(1933)

农户	有工作能力人数	下田耕作人数	占前项百分数	比率(贫农=100)
富农	27	21	77.78	145.68
中农	99	55	52.53	98.33
贫农	575	307	53.39	100.00
全体	701	380	54.21	101.54

表 122　凤翔县五代表村各类农户下田耕作人数对有工作能力人数五年间比较(1928—1933)

农户	1928	1933	1933 的指数(1928＝100)	比率(贫农＝100)
富农	65.43	77.78	118.88	130.84
中农	63.64	52.53	82.54	90.70
贫农	58.67	53.39	91.00	100.00
全体	59.92	54.21	90.47	99.42

一九二八年贫农每耕作人平均使用7.25亩，中农比贫农多8.86亩，使用16.11亩；富农是贫农的两倍半。到一九三三年，中农每耕作人平均使用田数略有增加，富农和贫农都略有减少；增减都在10％上下。(见表123—125)

表 123　凤翔县五代表村各类农户每耕作人平均使用田数(一)(1928)(＊单位:亩)

农户	使用田数＊	耕作人数	每耕作人平均使用田数＊	比率(贫农＝100)
富农	952.0	53	17.96	247.72
中农	1353.0	84	16.11	222.21
贫农	3188.4	440	7.25	100.00
全体	5493.4	577	10.50	144.83

表 124　凤翔县五代表村各类农户每耕作人平均使用田数(二)(1933)(＊单位:亩)

农户	使用田数＊	耕作人数	每耕作人平均使用田数＊	比率(贫农＝100)
富农	352.0	21	16.76	252.03
中农	947.0	52	18.21	273.83
贫农	2042.3	307	6.65	100.00
全体	3341.3	380	11.37	170.98

表 125　凤翔县五代表村各类农户每耕作人平均使用田数五年间比较(1928—1933)

农户	1928	1933	1933 的指数(1928＝100)	比率(贫农＝100)
富农	17.96	16.76	93.32	101.74
中农	16.11	18.21	113.04	123.24
贫农	7.25	6.65	91.72	100.00
全体	10.50	11.37	108.29	118.07

一九二八年中农有九十九亩是佣工兼自种的，占使用田数一千三百五十三亩的7.32％；贫农有二十一亩是佣工兼自种的。一九三三年中农有一百二十四亩是佣工兼自种的，占使用田数九百四十七亩的13.09％；贫农完全自种。一九二八年和一九三三两年富农完全是佣工兼自种的。(见表126—128)

表 126　凤翔县五代表村各类农户使用农田处理(一)(1928)(＊单位:亩)

农户	自种的		佣工兼自种的		合计	
	田数＊	百分比	田数＊	百分比	田数＊	百分比
富农	0	0	952	100.00	952.00	100.00
中农	1254.0	92.68	99	7.32	1353.0	100.00
贫农	3167.4	99.34	21	0.66	3188.4	100.00
全体	4421.4	80.49	1072	19.51	5493.4	100.00

表 127　凤翔县五代表村各类农户使用农田处理(二)(1933)(＊单位:亩)

农户	自种的		佣工兼自种的		合计	
	田数＊	百分比	田数＊	百分比	田数＊	百分比
富农	0	0	352	100.00	352.0	100.00
中农	823.0	86.91	124	13.09	947.0	100.00
贫农	2042.3	100.00	0	0	2042.3	100.00
全体	2865.3	85.75	476	14.25	3341.3	100.00

表 128　凤翔县五代表村各类农户使用农田处理五年间比较(1928—1933)

农户	自种的百分比			佣工兼自种的百分比		
	1928	1933	比较	1928	1933	比较
富农	0	0	0	100.00	100.00	0
中农	92.86	86.91	－5.77	7.32	13.09	＋5.77
贫农	99.34	100.00	＋0.66	0.66	0	－0.66
全体	80.49	85.75	＋5.26	19.51	14.25	－5.26

富农在一九二八年使用九百五十二亩，雇工二十二人来帮同耕作，每人平均耕作43.72亩；一九三三年使用三百五十二亩，雇工八人来帮同耕作，每人平均耕作四十四亩。(见表 129)

表 129　凤翔县五代表村经营地主和富农五年间雇工比较(1928—1933)(＊单位:亩)

类别	1928			1933			每长工用田数1933 的指数(1928＝100)
	使用田数＊	长工数	每长工用田数＊	使用田数＊	长工数	每长工用田数＊	
经营地主	0	0	0	0	0	0	—
富农	952	22	43.27	352	8	44	101.69
全体	952	22	43.27	352	8	44	101.69

贫农里的佣耕者占一个较小的成分：在一九二八年是5.61%，在一九三三年是6.64%，增

加了1.03%。佣耕者中纯粹较不纯粹出雇者为少。一九二八年纯粹出雇者是三人，不纯粹出雇者是九人；一九三三年纯粹出雇者是六人，不纯粹出雇者是十人。（见表130、表104）

表130 凤翔县五代表村贫农出雇户数五年间比较(1928—1933)

类别	户数		
	1928	1933	比较
纯粹出雇者	3	6	+3
不纯粹出雇者	9	10	+1
共计	12	16	+4

五年来耕畜减少很快，由一九二八年的二百二十九只减到一九三三年的八十一只，减少了一百四十八只，占一九二八年的64.63%。分别来看，富农的耕畜减少比中农和贫农略快，前者减少了70.21%，后两者减少约3%，但无论在一九二八年或一九三三年贫农耕畜的负担都是最大的。一九二八年贫农的每耕畜耕作27.25亩；一九三三年增加到47.67亩。一九二八年富农和中农的每耕畜的负担都比贫农小，约二百亩上下；一九三三年富农增加到25.14亩，中农增加到39.54亩。（见表131—134）

表131 凤翔县五代表村各类村户耕畜耕作田数(一)(1928)(＊单位:亩)

村户	使用田数＊	耕畜					每耕畜耕作田数＊
		驴	骡	牛	马	折合单位数	
地主	0	0	0	0	0	—	—
富农	952.0	12	5	25	5	47	20.26
中农	1353.0	13	5	47	0	65	30.82
贫农	3188.4	58	2	55	2	117	27.25
其他	0	0	0	0	0	—	—
全体	5493.4	83	12	127	7	229	23.99

表132 凤翔县五代表村各类村户耕畜耕作田数(二)(1933)(＊单位:亩)

村户	使用田数＊	耕畜					每耕畜耕作田数＊
		驴	骡	牛	马	折合单位数	
地主	0	0	0	0	0	—	—
富农	352	2	1	9	2	14	25.14
中农	949	5	1	18	0	24	39.54
贫农	2050	9	1	33	0	43	47.67
其他	0	0	0	0	0	—	—
全体	3351	16	3	60	2	81	41.37

表 133 凤翔县五代表村各类村户耕畜数目五年间比较(1928—1933)

村户	1928	1933	比较	对 1928 的百分数
地主	0	0	0	—
富农	47	14	−33	−70.21
中农	65	24	−41	−63.08
贫农	117	43	−74	−63.25
其他	0	0	0	—
全体	229	81	−148	−64.63

表 134 凤翔县五代表村各类村户耕畜耕作田数五年间比较(1928—1933)

村户	1928	1933	1933 的指数(1928=100)	比率(贫农=100)
地主	0	0	—	—
富农	29.26	25.14	124.09	70.93
中农	20.82	39.54	189.91	108.56
贫农	27.25	47.67	174.94	100.00
其他	0	0	—	—
全体	23.99	41.37	172.45	98.58

第四篇 绥德

第一章 村户变迁

我们调查了四个村子，其计二百七十二户。这二百七十二户在一九二八年末分家时是二百六十五户；换句话说，因为有分家关系，从一九二八年的二百六十五户增加到一九三三年的二百七十二户，增加了七户。分类来看，并不是各类村户都有增加；有增加的只是贫农，而且地主、中农和其他村户还有减少。贫农户数由一九二八年的一百九十七户增加到一九三三年的二百十七户，增加了二十户；地主减少一户；中农减少十户。(见表 135)

表 135　绥德县四代表村各类村户户数五年间比较(1928—1933)

村户	户数			百分比		
	1928	1933	比较	1928	1933	比较
地主	5	4	－1	1.83	1.47	－0.42
富农	9	9	0	3.40	3.31	－0.09
中农	41	31	－10	15.47	11.40	－4.07
贫农	197	217	＋20	74.34	79.78	＋5.44
其他	13	11	－2	4.90	4.01	－0.86
合计	265	272	＋7	100.00	100.00	0

一九二八年有地主五户，其中经营者二户，出租者三户。到一九三三年，有一户经营地主变为中农；有一户出租地主变为经营地主。没有新地主发生。(见表 136—137)

一九二八年有富农九户；到一九三三年有一户变为贫农。(见表 136—137)

一九二八年有中农四十一户，到一九三三年分家为四十三户。这四十三户里除二十九户仍为中农外，有一户变为富农，有十二户变为贫农，有一户变为其他村户。这一户中农变为富农，是因为略有盈余，添了一只驴子（原有一只)，雇了一个长工，并且开了一所杂货店。(见表 136—137)

贫农户数是最多。一九二八年有一百九十七户；到一九三三年为二百〇二户，其中一百九十八户仍为贫农，一户变为中农，三户变为其他村户。这一户贫农变为中农，是因为典买进来十垧土地，加上原有一垧，共计十一垧。一九二八年一百九十七户里，有八十九户是租种者。这八十九户租种者到一九三三年分家为九十一户，其中八十五户仍为租种者，四户变为佣耕者，二户变为自耕者。一九三三年有租种者一百二十二户，比一九二八年的八十九户增加了三十三户，但全体村户只增加了七户。(见表 136—137)

一九二八年其他村户是十三户；到一九三三年有六户变为贫农里的租种者（4）和佣耕者(2)。其他村户的职业是牧羊、石匠、铁匠、贩盐。一九二八和一九三三两年各有讨吃者两户。他们完全没有土地。(见表 136—137)

表 136　绥德县四代表村各类村户五年间变迁略解(1928—1933)

1928		1933					
		地主	富农	中农	贫农	其他	共计
地主	5	4	0	1	0	0	5
富农	9	0	8	0	1	0	9
中农	41	0	1	29	12	1	43
贫农	197	0	0	1	198	3	202
其他	13	0	0	0	6	7	13
共计	265	4	9	31	217	11	272

表 137　绥德县四代表村各类村户五年间变迁详解(1928—1933)

1928					1933										
					Ⅰ	Ⅱ	Ⅲ	Ⅳ	Ⅴ	Ⅵ	Ⅶ	Ⅷ	Ⅸ	Ⅹ	共计
地主	经营者		Ⅰ	2	1				1						2
	收租者		Ⅱ	3	1	2									3
富农	大部土地租来者		Ⅲ	0			0								0
	大部土地自有者		Ⅳ	9				8				1			9
中农			Ⅴ	41				1	29	2		3	7	1	43
贫农	佣耕者	纯粹	Ⅵ	42						32	2	4	2	2	42
		不纯粹	Ⅶ	19							3	15	3	1	22
	租种者		Ⅷ	89						2	2	85	2		91
	自耕者		Ⅸ	47					1		2	10	34		47
其他			Ⅹ	13						1	1	4		7	13
共计				265	2	2	0		31	37	10	122	48	11	272

第二章　田产移转

四个村子的土地是比较少些；一九二八年只有二千〇七十九垧。减少又比较快些；一九三三年减少到1616.4垧，占一九二八年的77.75％。除富农的土地由一九二八年的341.5垧增加到一九三三年的369.5垧，增加了二十八垧外，地主、中农和贫农的土地都有减少，尤以地主减少为最快。地主的土地由一九二八年的436.4垧减少到一九三三年的273.4垧，减少了一百六十三垧，占一九三三年的37.35％；中农减少了34.1％；贫农减少了14.9％。(见表 138)

表 138　凤翔县四代表村各类村户所有田数五年间比较(1928—1933)(＊单位:亩)

村户	1928＊	1933＊	比较＊	对 1928 的百分数
地主	436.4	273.4	－163.0	－37.35
富农	341.5	369.5	－28.0	＋8.20
中农	696.5	459.0	＋237.5	－34.10
贫农	604.6	514.5	－90.1	－14.10
其他	0	0	0	—
全体	2079.0	1616.4	－462.6	－22.25

分村来看，以崖马沟减少为最快，由一九二八年的700.9垧减到一九三三年的352.7垧，减少了348.2垧，占一九二八年的49.68％。其余三村也都减少：鹅峁峪减少12.2％；刘郭川减少

3.87%；雷家沟减少4.14%。（见表139－141）

一般村户的土地也都减少了。以一九二八年的贫农减少为最快，由一九二八年的604.6垧减到一九三三年的422.8垧，减少了181.8垧。其他是中农，地主，富农。不过就一般村户在全体土地里所占的百分数来看，富农的地位提高了，由一九二八年的16.43%，增加到一九三三年的19.78%，增加了3.35%。地主所增加的和贫农所减少的都不大，一是加0.38%，一是减0.8%。地位降落得更低的是贫农，由一九二八年的29.08%减到一九三三年的26.15%，减少了2.93%。（见表142）

表139　绥德县四代表村分村所有天数五年间比较(1928—1933)(＊单位:垧)

村	1928＊	1933＊	比较＊	对1928的百分数
崖马沟	700.9	352.7	－348.2	49.68
刘郭川	563.5	513.5	－50.0	8.87
雷家沟	434.4	416.4	－18.0	4.14
鹅峁峪	380.2	333.8	－46.4	12.20
全体	2079.0	1616.4	－462.6	22.25

表140　绥德县四代表村分村各类村户所有田数(二)(1928)(＊单位:垧)

村户	崖马沟	刘郭川	雷家沟	鹅峁峪	合计
地主	124.0	258.0	54.4	0	436.4
富农	97.0	34.0	174.0	36.5	341.5
中农	211.2	154.0	136.0	195.3	696.5
贫农	268.7	117.5	70.0	143.4	604.6
其他	0	0	0	0	0
共计	700.9	563.5	434.4	380.2	2079.0

表141　绥德县四代表村分村各类村户所有田数(二)(1933)(＊单位:垧)

村户	崖马沟	刘郭川	雷家沟	鹅峁峪	合计
地主	0	223.0	50.4	0	273.4
富农	67.0	92.0	174.0	36.5	369.5
中农	123.2	78.0	120.0	137.8	459.0
贫农	162.5	120.5	72.0	159.5	514.5
其他	0	0	0	0	0
共计	352.7	513.5	416.4	333.8	1616.4

表 142 绥德县四代表村一定村户所有田数五年间比较(1928—1933)(#单位:垧)

村户 *	田数#			百分数		
	1928	1933	比较	1928	1933	比较
地主	436.4	345.4	−91.0	20.99	21.37	+0.38
富农	341.5	319.7	−21.8	16.43	19.78	+3.35
中农	696.5	528.5	−168.0	33.50	32.70	−0.80
贫农	604.6	422.8	−181.8	29.08	26.15	−2.93
其他	0	0	0	0	0	0
共计	2079.0	1616.4	−462.6	100.00	100.00	0

* 依据 1928 年的村户分类

绥德的田产移动是不限于本县内的，榆林区最大的地主是在米脂县，尤以那里的杨家沟马姓一族为最著名。他们在绥德有许多土地，出租给贫农；又放高利贷，收押土地，典买土地。

五年来田产移转数是591.2垧；其中有462.6垧是出村的，估一九二八年所有田数二千〇七十九垧的22.25%。一九二八年到一九三三年所减少的田数就是这个数目。(见表 143)

表 143 绥德县四代表村各类村户五年间田产移转(1928—1933)(*单位:垧)

村户	1928 所有 *	1933						
		买进 *	典进 *	卖出 *	典出 *	进出相差 *	对所有的百分数	比率(贫农=100)
地主	436.4	0	0	0	91.0	−91.0	20.85	69.34
富农	341.5	0	0	0	21.8	−21.8	6.38	21.22
中农	696.5	6.0	5.0	74.0	105.0	−168.0	24.12	80.21
贫农	604.6	11.3	42.0	20.5	214.6	−181.8	30.07	100.00
其他	0	0	0	0	0	0	0	—
全体	2079.0	17.3	47.0	94.5	432.4	−462.6	22.25	73.99

富农、中农和贫农全有土地押出；一九二八和一九三三两年都以贫农为最多。一九二八年贫农押出182.5垧，占所有田数604.6垧的30.19%；一九三三年押出299.5垧，占所有田数514.5垧的58.21%，比一九二八年增加了28.02%。中农押出田数对所有田数的百分数由一九二八年的12.06%增加到一九三三年的20.48%，增加了8.42%；富农由一九二八年的28.4%减到一九三三年的18.67%，减少了9.73%。(见表 144—146)

表 144 绥德县四代表村各类村户押出田数(一)(1928)(＊单位:垧)

村户	所有＊	押出＊	押出对所有的百分数	押出对押出总数的百分数
地主	436.4	0	—	0
富农	341.5	97	28.40	26.69
中农	696.5	84	12.06	23.11
贫农	604.6	182.5	30.19	50.20
其他	0	0	—	0
全体	2079.0	363.5	17.48	100.00

表 145 绥德县四代表村各类村户押出田数(二)(1933)(＊单位:垧)

村户	所有＊	押出＊	押出对所有的百分数	押出对押出总数的百分数
地主	273.4	0	—	0
富农	369.5	69.0	18.67	14.92
中农	459.0	94.0	20.48	20.32
贫农	514.5	299.5	58.21	64.76
其他	0	0	—	0
全体	1616.4	462.5	28.61	100.00

表 146 绥德县四代表村各类村户押出田数五年间比较(一)(1928—1933)

村户	押出对所有的百分数		1933 的指数(1928＝100)
	1928	1933	
地主	—	—	—
富农	28.4	18.67	65.74
中农	12.06	20.48	169.82
贫农	30.19	58.21	192.81
其他	—	—	—
全体	28.61	17.48	61.10

若就各类村户的押出对全体押出所占的百分数来看，一九二八和一九三三两年贫农都占绝对多数，一是50.2%，一是64.76%；富农和中农都有减少，尤以富农减少为快。(见表 147)

表 147　绥德县四代表村各类村户押出田数五年间比较(二)(1928—1933)

村户	押出对押出总数的百分数		1933 的指数(1928=100)
	1928	1933	
地主	0	0	—
富农	26.69	14.92	55.90
中农	23.11	20.32	87.93
贫农	50.20	64.76	129.00
其他	0	0	—
全体	100.00	100.00	100.00

第三章　土地分配

四个村子的土地已经是很少的了；因为地主、富农和中农占有较多，贫农就没有多少土地了。一九二八年贫农74.34%占地29.08%；一九三三年贫农79.78%占地31.83%。地主、富农和中农所有田数的百分数都分别超过他们户数的百分数。一九二八年地主1.89%占地20.99%；富农3.4%占地16.43%；中农15.47%占地33.5%。一九三三年地主1.47%占地16.91%；富农3.31%占地22.86%；中农11.4%占地28.4%。在相对的关系上，他们都有进步。其他村户完全没有土地。(见表 148—150)

再看每户平均有多少土地。

一九二八年地主每户平均所有田数是贫农的二十八倍多，一九三三年将及二十九倍。一九二八年贫农每户平均所有田数3.07垧；中农，16.99垧；富农，37.94垧；地主，87.28垧。到一九三三年时，除富农每户平均所有田数增加8.22%外，地主、中农和贫农都有减少，尤以贫农减少为多。贫农每户平均所有田数由一九二八年的3.07垧减到一九三三年的2.37垧，只占一九二八年的77.2%。(见表 151—154)

表 148　绥德县四代表村户数和所有田数对比(一)(1928)(＊单位:垧)

村户	户数	所有田数＊	户数的百分数	所有田数的百分数
地主	5	436.4	1.89	20.99
富农	9	341.5	3.40	16.43
中农	41	696.5	15.47	33.50
贫农	197	604.6	74.34	29.08
其他	13	0	4.90	0
全体	265	2079.0	100.00	100.00

表 149　绥德县四代表村户数和所有田数对比(二)(1933)(＊单位:垧)

村户	户数	所有田数＊	户数的百分数	所有田数的百分数
地主	4	273.4	1.47	16.91
富农	9	369.5	3.31	22.86
中农	31	459.0	11.40	28.40
贫农	217	514.5	79.78	31.83
其他	11	0	4.04	0
全体	272	1616.4	100.00	100.00

表 150　绥德县四代表村户数和所有田数五年间比较(1928—1933)

村户	户数百分数		所有田数百分数		1933 的指数(1928＝100)	
	1928	1933	1928	1933	户数	所有田数
地主	1.89	1.47	20.99	16.91	77.78	80.56
富农	3.40	3.31	16.43	22.86	97.35	159.14
中农	15.47	11.40	33.50	28.40	73.69	84.78
贫农	74.34	79.78	29.08	31.83	107.32	109.46
其他	4.90	4.04	0	0	—	—
共计	100.00	100.00	100.00	100.00	—	—

表 151　绥德县四代表村各类村户每户平均所有田数(一)(1928)(＊单位:垧)

村户	所有田数＊	户数	每户平均所有田数＊	比率(贫农＝100)
地主	436.4	5	87.28	2843.00
富农	341.5	9	37.94	1235.83
中农	696.5	41	16.99	553.42
贫农	604.6	197	3.07	100.00
其他	0	13	0	—
全体	2079.0	265	7.85	221.75

表 152 绥德县四代表村各类村户每户平均所有田数(二)(1933)(＊单位:垧)

村户	所有田数＊	户数	每户平均所有田数＊	比率(贫农=100)
地主	273.4	4	68.35	2883.97
富农	369.5	9	41.06	1732.07
中农	459.0	31	14.81	6248.94
贫农	514.5	217	2.37	100.00
其他	0	0	0	—
全体	1616.4	261	6.19	261.18

表 153 绥德县四代表村各类村户每户所有田数五年间比较(一)(1928—1933)

村户	每户平均所有田数比率(贫农=100)		1933 的指数(1928=100)
	1928	1933	
地主	2843.00	2883.97	101.44
富农	1235.83	1732.07	140.15
中农	553.43	624.89	112.52
贫农	100.00	100.00	100.00
其他	0	0	—
全体	221.75	261.18	117.78

表 154 绥德县四代表村各类村户每户所有田数五年间比较(二)(1928—1933)(＊单位:垧)

村户	每户平均所有田数＊		1933 的指数(1928=100)
	1928	1933	
地主	87.28	68.35	78.31
富农	37.94	41.06	108.22
中农	16.99	14.81	87.17
贫农	3.07	2.37	77.20
其他	0	0	—
全体	7.85	6.19	78.85

以垧为阶段，来看贫农户数在哪个阶段里较多。无论在一九二八年或一九三三年，无地的户数都在半数以上，一是53.81%，一是57.14%。一九二八年贫农每户平均所有田数是3.07垧，但是有69.54户数在此数以下，一九三三年每户平均所有田数是2.37垧，但是有69.59%户数在此数以下。一般贫农是这样地缺乏土地。(见表 155—157)

表 155　绥德县四代表村贫农所有田数五年间简单分段比较(1928—1933)(＊单位:垧)

阶段＊	户数			百分数		
	1928	1933	比较	1928	1933	比较
0	105	124	+18	53.81	57.14	+3.33
1—5	51	61	+10	25.89	28.11	+2.22
6—10	26	21	—5	13.20	9.68	—3.52
11—15	7	7	0	3.55	3.23	—0.32
16—20	4	2	—2	2.03	0.92	—1.11
21—25	2	2	0	1.01	0.92	—0.09
26—30	0	0	0	0	0	0
31—35	0	0	0	0	0	0
36—40	0	0	0	0	0	0
41—45	0	0	0	0	0	0
46—50	0	0	0	0	0	0
51—55	0	0	0	0	0	0
56—60	1	0	—1	0.51	0	—0.51
共计	197	217	—20	100.00	100.00	0

表 156　绥德县四代表村贫农所有田数五年间累积分段比较(1928—1933)(＊单位:垧)

阶段＊	户数			百分数		
	1928	1933	比较	1928	1933	比较
无地	106	124	+18	53.81	57.14	+3.33
5 以下	157	185	+28	79.70	85.25	+5.55
10 以下	183	206	+23	92.90	94.93	+2.03
15 以下	190	213	+23	96.45	98.16	+1.71
20 以下	194	215	+21	98.48	99.08	+0.60
25 以下	196	217	+21	99.49	100.00	+0.51
30 以下	196	217	+21	99.49	100.00	+0.51
35 以下	196	217	+21	99.49	100.00	+0.51
40 以下	196	217	+21	99.49	100.00	+0.51
45 以下	196	217	+21	99.49	100.00	+0.51
50 以下	196	217	+21	99.49	100.00	+0.51

续表

阶段*	户数			百分数		
	1928	1933	比较	1928	1933	比较
55以下	196	217	+21	99.49	100.00	+0.51
60以下	197	217	+20	100.00	100.00	0

表157 绥德县四代表村贫农所有田数四垧以下五年间累积分段比较(1928—1933)(*单位:垧)

阶段*	户数			百分数		
	1928	1933	比较	1928	1933	比较
无地	106	124	+18	53.81	57.14	
1以下	112	132	+20	56.85	60.83	
2以下	129	151	+22	65.48	69.59	
3以下	137	161	+24	69.54	74.19	
4以下	144	168	+24	73.10	77.42	
……	……	……	……	……	……	
……	……	……	……	……	……	
23以下	—	217	—	—	100.00	
57以下	197	217	−20	100.00	100.00	

每户平均人数，一九二八年以地主为最多，9.8人；一九三三年以富农为最多，7.67人。两年中其他村户每年平均人数都是最少的，一九二八年是3.54人，一九三三年是3人。五年来除地主每户平均人数由9.8人减到7人外，富农、中农和贫农都有增加，尤以富农增加为快。富农每户平均人数在一九二八年是5.44人，一九三三年为7.67人。中农每户平均人数由一九二八年的6.32人增加到一九三三年的6.45人；贫农由5.27人增加到5.63人。(见表158—160)

表158 绥德县四代表村各类村户每户平均人数(一)(1928)

村户	共有人数	户数	每户平均人数	比率(贫农=100)
地主	49	5	9.80	185.96
富农	49	9	5.44	103.23
中农	259	41	6.32	119.92
贫农	1038	197	5.27	100.00
其他	41	13	3.54	67.17
全体	1436	265	5.42	103.23

表 159　绥德县四代表村各类村户每户平均人数(二)(1933)

村户	共有人数	户数	每户平均人数	比率(贫农=100)
地主	28	4	7.00	124.33
富农	69	9	7.67	136.23
中农	200	31	6.45	114.56
贫农	1222	217	5.63	100.00
其他	33	11	3.00	53.29
全体	1552	272	5.71	101.42

表 160　绥德县四代表村各类村户平均人数五年间比较(1928—1933)

村户	1928	1933	1933 的指数(1928=100)	比率(贫农=100)
地主	9.80	7.00	71.43	66.86
富农	5.44	7.67	140.99	131.98
中农	6.32	6.45	102.06	95.53
贫农	5.27	5.63	106.83	100.00
其他	3.54	3.00	84.75	79.33
全体	5.44	5.71	104.96	96.25

以户为单位来比各类村户所有田数，简单地说，可以成下列比率：

年别	地主	富农	中农	贫农	其他
一九二八年	28.4	12.4	5.5	1	0
一九三三年	28.8	17.3	6.2	1	0

因为每户平均人数在各类村户是不同的，若以人为单位来比各类村户所有田数时，就要用下列比率来代替上项比率了：

年别	地主	富农	中农	贫农	其他
一九二八年	15.4	12.0	4.6	1	0
一九三三年	23.2	12.8	5.5	1	0

一九二八和一九三三两年，中农每人平均所有田数，一是2.69垧，一是2.3垧；贫农，一是0.58垧，一是0.42垧。地主每人平均所有田数，一九二八年是贫农的十五倍多，一九三三年是二十三倍多；富农，一九二八年是贫农的十二倍多，一九三三年是将及十三倍。若把所有土地平均分配给每个人，一九二八年每人应得1.44垧，一九三三年应得1.04垧。贫农在这个水准之下；地主、富农和中农都在这个水准之上。(见表 161—163)

表 161　绥德县四代表村各类村户每人平均所有田数(一)(1928)(＊单位:垧)

村户	共有田数＊	人数	每人平均所有田数＊	比率(贫农＝100)
地主	436.4	49	8.91	1536.21
富农	341.5	49	6.97	1201.73
中农	696.5	259	2.69	463.79
贫农	604.6	1038	0.58	100.00
其他	0	46	0	—
全体	2079.0	1441	1.44	248.28

表 162　绥德县四代表村各类村户每人平均所有田数(二)(1933)(＊单位:垧)

村户	共有田数＊	人数	每人平均所有田数＊	比率(贫农＝100)
地主	273.4	28	9.76	2323.81
富农	369.5	69	5.36	1276.19
中农	459.0	200	2.30	547.62
贫农	514.5	1222	0.42	100.00
其他	0	33	0	—
全体	1616.4	1552	1.04	241.86

表 163　绥德县四代表村各类村户每人平均所有田数五年间比较(1928—1933)

村户	1928	1933	1933 的指数(1928＝100)	比率(贫农＝100)
地主	8.91	9.76	109.54	149.22
富农	6.97	5.36	76.90	106.20
中农	2.69	2.30	85.50	118.08
贫农	0.58	0.42	72.41	100.00
其他	0	0	—	—
全体	1.44	1.04	72.22	99.74

第四章　农田使用

五年来所有田数减少了；一九三三年所有田数是一九二八年的77.75％。但是使用田数减少有限；一九三三年使用田数是一九二八年的99.63％。富农的所有田数增加而使用减少；贫农的所有田数减少而使用增加；地主的使用减少较所有减少略快；中农则所有减少较使用减少

略快。（见表 164）

表 164 绥德县四代表村各类村户所有田数和使用田数五年间比较(1928—1933)(＊单位:垧)

村户	所有田数＊		使用田数＊		1933 的指数(1928＝100)	
	1928	1933	1928	1933	所有	使用
地主	436.4	273.4	232.0	123.0	62.65	53.02
富农	341.5	369.5	343.5	331.5	108.20	96.51
中农	696.5	459.0	702.0	583.3	65.90	83.09
贫农	604.6	514.5	1763.2	1991.7	85.10	112.96
其他	0	0	0	0	—	—
全体	2079.0	1616.4	3040.7	3029.5	77.75	99.63

分村来看，刘郭川和雷家沟的使用田数增加，崖马沟减少，约 6％上下；鹅峁峪减少四垧。（见表 165－167）

无论在一九二八年或一九三三年，使用田数都超过所有田数，因为租进田数都超过租出田数。一九二八年租进1209.1垧，租出247.4垧，将及前者的五倍；一九三三年租进1616.5垧，租出203.4垧，将及八倍。（见表 171－172）

表 165 绥德县四代表村分村各类村户使用田数(一)(1928)(＊单位:垧)

村户	崖马沟	刘郭川	雷家沟	鹅峁峪	合计
地主	124.0	108	0	0	232.0
富农	107.0	26.0	174	36.5	343.5
中农	212.7	158.0	136	195.3	702.0
贫农	921.7	396.5	92	353.0	1763.2
其他	0	0	0	0	0
全体	1365.4	688.5	402	584.8	3040.7

表 166 绥德县四代表村分村各类村户使用田数(二)(1933)(＊单位:垧)

村户	崖马沟	刘郭川	雷家沟	鹅峁峪	合计
地主	0	103.0	20	0	123.0
富农	37.0	88.0	170	36.5	331.5
中农	244.7	78.0	120	110.6	583.3
贫农	1002.5	465.5	120	403.7	1991.7
其他	0	0	0	0	0
全体	1284.2	734.5	430	580.8	3029.5

表 167 绥德县四代表村分村使用田数五年间比较(1928—1933)(＊单位:垧)

村	1928＊	1933＊	比较＊	对 1928 的百分数
崖马沟	1365.4	1284.2	－81.2	－5.95
刘郭川	688.5	734.5	＋46.0	＋6.68
雷家沟	402.0	430.0	＋28.0	＋6.97
鹅峁峪	584.8	580.8	－4.0	－0.68
全体	3040.7	3029.5	－11.2	－0.37

一九二八年租出田数占所有田数的11.9%；一九三三年占12.58%。出租田数最多的是地主，其次是富农。一九二八年地主租出204.4垧，占所有田数436.4垧的46.48%；一九三三年租出150.4垧，占所有田数273.4垧的55.01%。富农一九二八年租出三十八垧；一九三三年租出四十二垧。中农没有租出。贫农一九二八年租出五垧；一九三三年租出十一垧。(见表 168)

表 168 绥德县四代表村各类村户租出田数五年间比较(1928—1933)(＊单位:垧)

村户	1928			1933			占所有的百分数1933 的指数(1928＝100)
	所有＊	租出＊	占所有的百分数	所有＊	租出＊	占所有的百分数	
地主	436.4	204.4	46.84	273.4	150.4	55.01	117.44
富农	341.5	38.0	11.13	369.5	42.0	11.37	102.16
中农	696.5	0	—	459.0	0	—	—
贫农	604.6	5.0	0.83	514.5	11.0	2.14	257.83
其他	0	0	—	0	0	—	—
全体	2079.0	247.4	11.90	1616.4	203.4	12.58	105.71

一九二八年租进田数占使用田数的39.76%；到一九三三年占半数以上，53.36%。富农的租进田数由一九二八年的四十垧减到一九三三年的四垧；中农的租进田数由一九二八年的5.5垧增加到一九三三年的124.3垧。最大部分土地还是贫农租进来的。一九二八年贫农租进1163.6垧，占使用田数1763.2垧的65.99%；一九三三年租进1488.2垧，占所有田数1991.7垧的74.72%。(见表 169)

表 169 绥德县四代表村各类村户租进田数五年间比较(1928—1933)(＊单位:垧)

村户	1928			1933			占使用的百分数1933 的指数(1928＝100)
	使用＊	租进＊	占使用的百分数	使用＊	租进＊	占使用的百分数	
地主	232.0	0	—	123.0	0	—	—
富农	343.5	40.0	11.65	331.5	4.0	1.21	10.39
中农	702.0	5.5	0.79	583.3	124.3	21.31	2697.41

续表

村户	1928			1933			占使用的百分数1933的指数(1928=100)
	使用 *	租进 *	占使用的百分数	使用 *	租进 *	占使用的百分数	
贫农	1703.2	1163.6	65.99	1991.7	1488.2	74.72	113.23
其他	0	0	—	0	0	—	—
全体	3040.7	1209.1	39.76	3029.5	1616.5	53.36	134.21

贫农所使用的土地，属自耕者居少数，在一九二八年只有四十七户，占贫农户数一百九十七户的23.86%；在一九三三年有四十八户，占22.12%。贫农里的租种者的户数，由一九二八年的八十九户增加到一九三三年的一百二十二户，在所占的百分数上增加了11.04%（由45.18%到56.22%）。佣耕者的户数减少，由一九二八年的六十一户减到一九三三年的四十七户，在所占的百分数上减少了9.3%（由30.96%到21.66%）。（见表170）

表170 绥德县各类贫农分子户数五年间比较(1928—1933)

类别	户数			百分数		
	1928	1933	比较	1928	1933	比较
佣耕者	61	47	−14	30.96	21.66	−9.30
租种者	89	122	+33	45.18	56.22	+11.04
自耕者	47	48	+1	23.86	22.12	−1.74
共计	197	217	+20	100.00	100.00	0

绥德灾荒较轻，五年以来未有荒地。求得使用田数可用下列公式：

[（所有）+（租进）]−（租出）=（使用）　（见表171—172）

表171 绥德县四代表村各类村户田数总比较(一)(1928)(单位:垧)

村户	所有	租进	租出	荒芜	使用
地主	436.4	0	204.4	0	232.0
富农	341.5	40.0	38.0	0	343.5
中农	696.5	5.5	0	0	702.0
贫农	604.6	1163.6	5.0	0	7763.2
其他	0	0	0	0	0
共计	2079.0	1209.1	247.4	0	3040.7

表 172 绥德县四代表村各类村户田数总比较(二)(1933)(单位:垧)

村户	所有	租进	租出	荒芜	使用
地主	273.4	0	150.4	0	123.0
富农	369.5	4.0	42.0	0	331.5
中农	459.0	124.3	0	0	583.3
贫农	514.5	1488.2	11.0	0	1991.7
其他	0	0	0	0	0
共计	1616.4	1616.5	203.4	0	3029.5

一九二八年和一九三三年使用田数都以贫农为最多，一占57.99%，一占65.74%。其次是中农、富农、地主。(见表 173)

表 173 绥德县四代表村各类村户使用田数五年间比较(1928—1933)(＊单位:垧)

村户	田数＊		百分数		1933 的指数(1928=100)	
	1928	1933	1928	1933	田数	百分数
地主	232.0	123.0	7.63	4.06	53.02	53.21
富农	343.5	331.5	11.30	10.94	96.51	96.81
中农	702.0	583.3	23.08	19.26	83.09	83.45
贫农	1763.2	1991.7	57.99	65.74	112.96	113.36
其他	0	0	0	0	—	—
共计	3040.7	3029.5	100.00	100.00	99.63	100.00

每户平均使用田数，两年内中农都是贫农的两倍，富农是贫农的四倍。(见表 174—176)

表 174 绥德县四代表村各类农户每户平均使用田数(一)(1928)(＊单位:垧)

农户	共用田数＊	户数	每户平均使用田数＊	比率(贫农=100)
富农	343.5	9	38.17	426.48
中农	702.0	41	17.12	191.28
贫农	1763.2	197	8.95	100.00
全体	2808.7	247	11.37	127.04

表 175 绥德县四代表村各类农户每户平均使用田数(二)(1933)(＊单位:垧)

农户	共用田数＊	户数	每户平均使用田数＊	比率(贫农=100)
富农	331.5	9	36.83	401.20
中农	583.3	31	18.82	205.01
贫农	1991.7	217	9.18	100.00
全体	2906.5	257	11.31	123.20

表 176　绥德县四代表村各类农户每户平均使用田数五年间比较(1928—1933)(＊单位:垧)

农户	1928＊	1933＊	1933 的指数(1928＝100)	比率(贫农＝100)
富农	38.17	36.83	96.49	94.07
中农	17.12	18.82	109.93	107.18
贫农	8.95	9.18	102.57	100.00
全体	11.37	11.31	99.47	90.98

贫农每户平均使用田数在一九二八年是8.95垧；到一九三三年是9.18垧。这是算术中数。若分段来看：无地使用的，在一九二八年是四十三户，在一九三三年是三十九户。一九二八年使用田数在八垧以下的有一百十六户，占58.88%；一九三三年使用田数在九垧以下的有一百三十一户，占60.37%。一般贫农的使用田数都在平均数以下。(见表 177—179)

表 177　绥德县四代表村贫农使用田数五年间简单分段比较(1928—1933)(＊单位:垧)

阶段＊	户数			百分数		
	1928	1933	比较	1928	1933	比较
0	43	39	－4	21.83	17.97	－3.86
1—5	50	58	＋8	25.38	26.73	＋1.35
6—10	36	47	＋11	18.27	21.66	＋3.39
11—15	34	33	－1	17.26	15.21	－2.05
16—20	14	20	＋6	7.11	9.22	＋2.11
21—25	11	8	－3	5.58	3.69	－1.89
26—30	3	2	－1	1.52	0.92	－0.60
31—35	2	4	＋2	1.01	1.84	＋0.83
36—40	0	3	＋3	0	1.38	＋1.38
41—45	1	1	0	0.51	0.46	－0.05
46—50	0	1	＋1	0	0.46	＋0.46
51—55	0	0	0	0	0	0
56—60	1	0	－1	0.51	0	－0.51
61—65	0	0	0	0	0	0
66—70	1	0	－1	0.51	0	－0.51
71—75	1	1	—	0.51	0.46	－0.05
共计	197	217	＋20	100.00	100.00	0

表 178　绥德县四代表村贫农使用田数五年间累积分段比较(1928—1933)(＊单位:垧)

阶段＊	户数			百分数		
	1928	1933	比较	1928	1933	比较
无地	43	39	－4	21.83	17.97	－3.86
5 以下	93	97	＋4	47.21	44.70	－2.51
10 以下	129	144	＋15	65.48	66.36	＋0.88
15 以下	163	177	＋14	82.74	81.57	－1.17
20 以下	177	197	＋20	89.85	90.79	＋0.94
25 以下	188	205	＋17	95.43	94.48	－0.95
30 以下	191	207	＋16	96.95	95.40	－1.55
35 以下	193	211	＋18	97.96	97.24	－0.72
40 以下	193	214	＋21	97.96	98.62	＋0.66
45 以下	194	215	＋21	98.47	99.08	＋0.61
50 以下	194	216	＋22	98.47	99.54	＋1.07
55 以下	194	216	＋22	98.47	99.54	＋1.07
60 以下	195	216	＋21	98.98	99.54	＋0.56
65 以下	195	216	＋21	98.98	99.54	＋0.56
70 以下	196	216	＋20	99.49	99.54	＋0.05
75 以下	197	217	＋20	100.00	100.00	0

表 179　绥德县四代表村贫农田数 9 垧以下五年间累积分段比较(1928—1933)

阶段＊	户数			百分数		
	1928	1933	比较	1928	1933	比较
无地	43	39	－4	21.83	17.97	－3.86
1 以下	45	45	0	22.84	20.74	－2.10
2 以下	61	59	－2	30.96	27.19	－3.77
3 以下	69	70	－1	35.03	32.26	－2.77
4 以下	86	90	＋4	43.65	41.47	－2.18
5 以下	93	97	＋4	47.21	44.70	－2.51
6 以下	99	109	＋10	50.25	50.23	－0.02
7 以下	106	116	＋10	53.81	53.46	－0.35
8 以下	116	126	＋10	58.88	58.06	－0.82

续表

阶段 *	户数			百分数		
	1928	1933	比较	1928	1933	比较
9 以下	121	131	＋10	61.42	60.37	－1.05
……	……	……	—	……	……	—
……	……	……	—	……	……	—
75 以下	197	217	－20	100.00	100.00	0

第五章　耕作者

一九二八年中农和贫农大约每二人中有一个有工作能力的人，富农每四人里有一个。一九三三年各类农户全体人数增加了，但是有工作能力的人数减少了；所以有工作能力人数对全体人数的比率降低了，不过富农人数增加了。一九三三年富农每二人里有一个有工作能力的人。中农的比率由一九二八年的50.58％降到一九三三年的 37％；贫农由52.41％降到43.04％。（见表 180－182）

表 180　绥德县四代表村各类农户全体人数和有工作能力人数比较(一)(1928)

农户	全体人数	有工作能力人数	占前项百分数	比率(贫农＝100)
富农	49	12	24.49	46.73
中农	259	131	50.58	96.51
贫农	1038	544	52.41	100.00
全体	1346	687	51.04	102.68

表 181　绥德县四代表村各类农户全体人数和有工作能力人数比较(二)(1933)

农户	全体人数	有工作能力人数	占前项百分数	比率(贫农＝100)
富农	69	34	49.28	114.50
中农	200	74	37.00	85.97
贫农	1222	526	43.04	100.00
全体	1491	634	42.52	98.79

表 182 绥德县四代表村各类农户有工作能力人数对全体人数五年间比较(1928—1933)

农户	1928	1933	1933 的指数(1928=100)	比率(贫农=100)
富农	24.49	49.28	201.22	245.03
中农	50.58	37.00	73.15	89.08
贫农	52.41	43.04	82.12	100.00
全体	51.04	42.52	83.31	101.45

出外工作者不很多。一九二八年富农只有一人出外工作，中农有二人，贫农有六十八人。贫农出外工作人数只是有工作能力人数的12.5%。一九三三年贫农外出工作者减到二十四人，占有工作能力人数的4.56%。出外工作者以佣工和牧羊为多。(见表 183—185)

表 183 绥德县四代表村各类农户出外工作人数和有工作能力人数比较(一)(1928)

农户	有工作能力人数	出外工作人数	占前项百分数	比率(贫农=100)
富农	12	1	8.33	66.64
中农	131	2	1.53	12.24
贫农	544	68	12.50	100.00
全体	687	71	10.33	82.64

表 184 绥德县四代表村各类农户出外工作人数和有工作能力人数比较(二)(1933)

农户	有工作能力人数	出外工作人数	占前项百分数	比率(贫农=100)
富农	34	1	2.94	64.47
中农	74	1	1.35	29.61
贫农	526	24	4.56	100.00
全体	634	26	4.10	89.91

表 185 绥德县四代表村各类农户出外工作人数对有工作能力人数五年间比较(1928—1933)

农户	1928	1933	1933 的指数(1928=100)	比率(贫农=100)
富农	8.33	2.94	35.29	96.74
中农	1.53	1.35	88.24	241.89
贫农	12.50	4.56	36.48	100.00
全体	10.33	4.10	36.69	108.80

一九二八年富农里每十个有工作能力的人，有九个人下田耕作；一九三三年减少了，每二人里有一个。五年来中农和贫农下田耕作人数对有工作能力人数的百分数都略有减少；不过概括地说，都在 50%上下。(见表 186—188)

表 186 绥德县四代表村各类农户下田耕作人数和有工作能力人数比较(一)(1928)

农户	有工作能力人数	下田耕作人数	占前项百分数	比率(贫农=100)
富农	12	11	91.67	218.73
中农	131	68	51.97	124.00
贫农	544	228	41.91	100.00
全体	687	307	44.69	106.63

表 187 绥德县四代表村各类农户下田耕作人数和有工作能力人数比较(二)(1933)

农户	有工作能力人数	下田耕作人数	占前项百分数	比率(贫农=100)
富农	34	17	50.00	99.25
中农	74	51	68.92	136.80
贫农	526	265	50.38	100.00
全体	634	333	52.52	104.25

表 188 绥德县四代表村各类农户下田耕作人数对有工作能力人数五年间比较(1928—1933)

农户	1928	1933	1933 的指数(1928=100)	比率(贫农=100)
富农	91.67	50.00	54.54	45.37
中农	51.97	68.92	132.61	110.32
贫农	41.91	50.38	120.21	100.00
全体	44.69	52.52	117.52	97.76

一九二八年贫农每耕作人平均使用7.73垧;中农比贫农多2.59垧,是10.32垧;富农是贫农的四倍多。到一九三三年,富农和贫农每耕作人平均使用田数都减少了。富农每耕作人平均使用田数由一九二八年的31.23垧减到一九三三年的19.5垧,占一九二八年的62.44%;贫农减少到58.21%。中农每耕作人平均使用田数增加了110.85%。(见表 189—191)

表 189 绥德县四代表村各类农户每耕作人平均使用田数(一)(1928)(*单位:垧)

农户	使用田数*	耕作人	每耕作人平均使用田数*	比率(贫农=100)
富农	343.5	11	31.23	404.01
中农	702.0	68	10.32	133.51
贫农	1763.2	228	7.73	100.00
全体	2808.7	307	9.15	118.37

表 190 绥德县四代表村各类农户每耕作人平均使用田数(二)(1933)(＊单位:垧)

农户	使用田数＊	耕作人	每耕作人平均使用田数＊	比率(贫农＝100)
富农	331.5	17	195.0	433.33
中农	583.3	51	11.44	254.22
贫农	1991.7	265	4.50	100.00
全体	2906.5	333	8.73	194.00

表 191 绥德县四代表村各类农户每耕作人平均使用田数五年间比较(1928—1933)

农户	1928	1933	1933 的指数(1928＝100)	比率(贫农＝100)
富农	31.23	19.50	62.44	107.27
中农	10.32	11.44	110.85	190.43
贫农	7.73	4.50	58.21	100.00
全体	9.15	8.73	95.41	163.91

一九二八年中农完全自种。贫农除八垧是佣工兼自种外，其余1755.2垧完全是自种的。一九三三年贫农完全自种。中农的使用田数583.3垧里的九十六垧是佣工兼自种的，占16.46%。五年来富农的土地过半数是佣工兼自种的，一九二八年占55.6%，一九三三年占56.16%。(见表 192—194)

表 192 绥德县四代表村各类农户使用农田处理(一)(1928)(＊单位:垧)

农户	自种的		佣工兼自种的		合计	
	田数＊	百分比	田数＊	百分比	田数＊	百分比
富农	152.5	44.40	191.0	55.60	343.5	100.00
中农	702.0	100.00	0	0	702.0	100.00
贫农	1755.2	99.55	8.0	0.45	1763.2	100.00
全体	2609.7	92.91	199.0	7.09	2808.7	100.00

表 193 绥德县四代表村各类农户使用农田处理(二)(1933)(＊单位:垧)

农户	自种的		佣工兼自种的		合计	
	田数＊	百分比	田数＊	百分比	田数＊	百分比
富农	115.5	34.84	216.0	65.16	331.5	100.00
中农	487.3	83.54	96.0	16.46	583.3	100.00
贫农	1991.7	100.00	0	0	1991.7	100.00
全体	2594.5	89.27	312.0	10.73	2906.5	100.00

表 194 绥德县四代表村各类农户使用农田处理五年间比较(1928—1933)

农户	自种的百分比			佣工兼自种的百分比		
	1928	1933	比较	1928	1933	比较
富农	44.40	34.84	－9.56	55.60	15.16	＋9.56
中农	100.00	83.54	－16.46	0	16.46	＋16.46
贫农	99.55	100.00	＋0.45	0.45	0	－0.45
全体	92.91	89.27	－3.64	7.09	10.73	＋3.64

富农在一九二八年使用343.5垧，其中一百九十一垧是雇工四人来帮同耕作的，每人平均耕作47.8垧；一九三三年使用331.5垧，其中二百十六垧是雇工五人来帮同耕作的，每人平均耕作43.2垧。再看经营地主。他们在一九二八年使用一百四十二垧，雇工五人耕作，每人平均耕作28.4垧；一九三三年使用九十八垧，雇工四人耕作，每人平均耕作23.5垧。(见表 195)

表 195 绥德县四代表村经营地主和富农雇工五年间比较(1928—1933)(＊单位:垧)

类别	1928			1933			每长工用田数 1933 的指数 (1928＝100)
	使用田数＊	长工数	每长工用田数＊	使用田数＊	长工数	每长工用田数＊	
经营地主＃	141	5	28.4	98	4	23.5	82.75
富农≠	191	4	47.8	216	5	43.2	90.38
全体	333	9	37.0	314	9	34.9	94.32

＃1928 年地主五户,其中经营者一户;1933 年地主四户,经营者和出租者各二户。

≠两年富农均各九户;1928 年四户佣工,1933 年有五户。所列使用田数均限于有佣工的富农。

贫农里的佣工者占的成分不小，一九二八年占30.96%，一九三三年占21.56%。纯粹出雇者较不纯粹出雇者为多，一九二八年约大二倍余，一九三三年约大三倍余。(见表 196 和表 170)

表 196 绥德县四代表村贫农出雇户数五年间比较(1928—1933)

类别	户数			百分数		
	1928	1933	比较	1928	1933	比较
纯粹出雇者	42	37	－5	68.85	78.72	＋9.87
不纯粹出雇者	19	10	－9	31.15	21.28	－9.87
共计	61	47	－14	100.00	100.00	0

五年来耕畜减少，由一九二八年的七十二只减到一九三三年的六十二只。分别来看，除贫农的耕畜数目由一九二八年的二十四只加到一九三三年的三十六只外，地主、富农和中农都有减少。但是，无论在一九二八年或一九三三年，贫农的耕畜的负担总是最大的；一九二八年每耕畜耕作73.47垧，一九三三年55.33垧。一九二八年地主、富农和中农的耕畜的负担不及贫农的一半；到一九三三年负担较重了，约当贫农的70%。(见表 197—200)

表 197 绥德县四代表村各类村户耕畜耕作田数(一)(1928)(＊单位:垧)

村户	使用田数＊	耕畜					每耕畜耕作田数＊
		驴	骡	牛	马	折合单位数	
地主	232.0	7	1	2	1	11	21.00
富农	343.5	7	0	7	0	14	24.54
中农	762.0	21	2	0	0	23	30.52
贫农	1763.2	24	0	0	0	24	73.47
其他	0	0	0	0	0	0	—
全体	3040.7	59	3	9	1	72	42.23

表 198 绥德县四代表村各类村户耕畜耕作田数(二)(1933)(＊单位:垧)

村户	使用田数＊	耕畜					每耕畜耕作田数＊
		驴	骡	牛	马	折合单位数	
地主	123.0	3	0	1	0	4	30.75
富农	331.5	7	0	1	0	8	41.44
中农	583.3	13	0	0	1	14	41.66
贫农	1991.7	36	0	0	0	36	55.33
其他	0	0	0	0	0	0	—
全体	3029.5	59	0	2	1	62	48.86

表 199 绥德县四代表村各类村户耕畜数目五年间比较(1928—1933)

村户	1928	1933	比较	对 1928 的百分数
地主	11	4	－7	－63.64
富农	14	8	－6	－42.86
中农	23	14	－9	－39.13
贫农	24	36	＋12	＋50.00
其他	0	0	0	—
全体	72	62	－10	－13.89

表 200　绥德县四代表村各类村户耕畜耕作田数五年间比较(1928—1933)

村户	1928	1933	1933 的指数(1928＝100)	比率(贫农＝100)
地主	21.09	30.75	145.80	193.60
富农	24.54	41.44	168.87	224.24
中农	30.52	41.66	136.50	181.25
贫农	73.47	55.33	75.31	100.00
其他	0	0	—	—
全体	42.23	48.86	115.70	153.63

第五篇　比较

第一章　比较的项目

以上三篇分别讨论渭南、凤翔和绥德三县。所讨论到的有二十四项：

(1) 各类村户户数
(2) 各类村户变迁
(3) 各类村户所有田数
(4) 各类村户田产移转
(5) 各类村户押出田数
(6) 各类村户户数和所有田数对比
(7) 各类村户每户平均所有田数
(8) 各类村户每户平均人数
(9) 各类村户每人平均所有田数
(10) 各类村户所有和使用田数对比
(11) 各类村户租出田数
(12) 各类村户租进田数
(13) 各类贫农分子户数
(14) 各类村户农田总比较
(15) 各类村户使用田数
(16) 各类农户每户平均使用田数
(17) 各类农户有工作能力人数
(18) 各类农户出外工作人数
(19) 各类农户下田耕作人数

（20）各类农户每耕作人平均使用田数

（21）各类农户农田处理

（22）经营地主和富农佣工数

（23）贫农出雇户数

（24）各类村户耕畜耕作田数

现在分别来看每个项目的意义

（1）三县贫农分子都占绝对多数，我们要看贫农和其他各类分子，占什么成分。

（2）各类村户变迁是表现五年间的历史！在一九二八年或一九三三年三县不能比较。等第一项分年比较后，再作一个以一九二八年为基年的一九三三年的指数，来比较五年间的变迁。

（3）各类村户有多少土地，这并不能表现出什么意义。因为土地是属于各户所有，而不是集体地属于各类村户所有，而且各类村户户数是不同的，所有比较各类村户所有田数是无意义的。不过有一个现象值得我们注意，就是三县各调查好的所有田数都减少了，而且一九二八年的一般村户所有田数到一九三三年也都减少了，这倒值得比较一下。

（4）五年来田产移转所减少的田数也就是一九二八年一定村户到一九三三年所减少的田数，等第三项分年比较后，再作一个以一九二八年为基年的一九三三年的指数，来比较五年间的减少。因为田产移转有买进典进和卖出典出，那出去的部分，多少是卖出的和多少是典出的，就不能确定了。

（5）押出是转移的准备步骤，应该注意。

（6—8）因为消费者是个人，又因为各户人数多少不同，所以以户为单位来比消费品所自出的所有田数，没有什么意义。

（9）从各类村户每人平均所有田数，我们可以看出分配是否平衡；表现这个分配情形的是平均差（average deviation）。我们还要用一般认为生活适中的中农每人平均所有田数对全体每人平均所有田数的比率，来比较三县经济生活的水平，还要以绝对多数的贫农为标准来衡量其余各类村户。

（10）土地的所有和使用是否分离，而且分离到什么程度，我们要分析一下。

（11—12）为着分析第十项的分离，我们要顾到租出和租进。

（13）由租佃关系所引起的佃农在贫农分子里占一个什么地位，是要分析的。

（14）各类村户的土地总数所表明的只是所有田数和使用田数中间的增减原因，不必再来比较。至于荒地，绥德完全没有，渭南有一点，只是凤翔在一九三三年有较多的荒地，还是无法比较的。

（15）单独使用田数的比较不及使用田数对所有田数的比率有意义。这在第十项已经论到了。

（16）因所有田数一个道理，以户为单位来比使用田数不如以使用土地的耕作人来比使用田数有意义。

（17）有工作能力人数的多寡不但对于农业，即对于其他实业，也有相当的关系，有单独比较的必要。

（18）离村问题固然重要，壮丁离村更是重要。

(19) 在比较每耕作人平均使用田数之前，我们要比较耕作人数对有工作能力人数的比率。

(20) 同所有田数一个道理，我们要比较各类农户每耕作人平均使用田数的相对平均差，中农的每耕作人平均使用田数对全体每耕作人平均使用田数的比率，并且以贫农为标准来衡量其余各类村户。

(21—22) 佣工多少和长工耕作日数是连带的。

(23) 贫农出雇者有纯粹和不纯粹两种；我们来比较哪种较多。

(24) 比较耕畜数目不如比较耕畜的负担。

那么，我们所要比较的就成了下列二十三项：

(1) 各类村户成分

(2) 一定村户所有田数

(3) 各类村户押出田数

(4) 中农每人平均所有田数

(5) 各类村户每人平均所有田数比率

(6) 各类村户每人平均所有田数绝对离差

(7) 各类村户每人平均所有田数相对离差

(8) 各类村户使用田数与所有田数

(9) 各类村户租出田数

(10) 各类村户租进田数

(11) 贫农分子户数

(12) 各类农户有工作能力人数

(13) 各类农户出外工作人数

(14) 各类农户下田耕作人数

(15) 中农每耕作人平均使用田数

(16) 各类农户每耕作人平均使用田数比率

(17) 各类农户每耕作人平均使用田数绝对离差

(18) 各类农户每耕作人平均使用田数相对离差

(19) 各类农户佣工兼自种田数比较

(20) 经营地主和富农雇工

(21) 各类村户耕畜耕作田数

(22) 各类村户每耕畜平均耕作田数绝对平均差

(23) 各类村户每耕畜平均耕作田数相对平均差

以上二十三项分为一九二八年和一九三三两年来比较；而后再以一九二八年为基年求出一九三三年的指数，来看五年来的变迁，比较是以渭南为基准，因为，第一，渭南虽有灾荒，但影响很少，远不及凤翔那样大；第二，绥德是租佃成分特重，渭南和凤翔自耕成分特重，渭南可以代表半数以上的调查的村户。地主和其他村户都占极少数，也可以说是不占主要的成分，所有比较的意义较小。

第二章　一九二八年

1. 各类村户成分——就着各类村户百分数的成分来看，凤翔的贫农是最多的，比渭南多42.9%；其次是绥德，比渭南多33.04%。中农和富农都以渭南为最多。凤翔和绥德的中农都不及渭南的半数（一是40.88%，一是47.09%）。绥德的富农比凤翔更少，前者是渭南的46.26%，后者是76.19%。虽然绥德富农较少，但地主是较多的，比渭南多28.57%。凤翔没有地主，其他村户是凤翔较渭南少，绥德较渭南多。一般地说，渭南的情形是最好的；绥德情形较凤翔略好些。（见表 201）

表 201　三县各类村户成分比较(1928)

村户	百分数			比率(渭南＝100)		
	渭南	凤翔	绥德	渭南	凤翔	绥德
地主	1.47	0	1.89	100.00	—	128.57
富农	7.35	5.60	3.40	100.00	76.19	46.26
中农	32.85	13.43	15.47	100.00	40.88	47.09
贫农	55.88	79.85	74.34	100.00	142.90	133.04
其他	2.45	1.12	4.90	100.00	45.71	200.00
全体	100.00	100.00	100.00	100.00	100.00	100.00

2. 一定村户所有田数——凤翔和绥德的其他村户都没有土地，我们所要看的是土地减少情形，等作一九三三年田数时，再作比较。（见表 202）

表 202　三县一定村户所有田数比较(1928)

村户	百分数			比率(渭南＝100)		
	渭南	凤翔	绥德	渭南	凤翔	绥德
地主	4.40	0	20.99	100.00	—	477.05
富农	21.76	17.60	16.43	100.00	80.88	75.51
中农	41.56	25.01	33.50	100.00	60.18	80.61
贫农	32.19	57.39	29.08	100.00	178.29	90.34
其他	0.09	0	0	100.00	—	—
全体	100.00	100.00	100.00	100.00	100.00	100.00

3. 各类村户押出田数——绥德的富农有土地押出，但因渭南的富农无土地押出，不能作比较。就押出田数对所有田数的百分数来看，凤翔押出土地特别少，绥德特别多，前者占渭南的21.86%，后者占543.92%。分别地看，贫农押出都比中农多，凤翔的贫农押出是渭南的29.04%，中农是6.57%；绥德的贫农是492.5%，中农是152.27%。绥德的土地是预备更快地

移转的。(见表 203)

表 203　三县各类村户押出田数比较(1928)

村户	押出对所有的百分数			比率(渭南＝100)		
	渭南	凤翔	绥德	渭南	凤翔	绥德
地主	—	—	—	—	—	—
富农	—	—	28.40	—	—	—
中农	7.92	0.52	12.06	100.00	6.57	152.27
贫农	6.13	1.78	30.19	100.00	29.04	492.50
其他	—	—	—	—	—	—
全体	5.26	1.15	28.61	100.00	21.86	543.92

4. 中农每人平均所有田数——凤翔和渭南的每亩产量相差不多；绥德的每垧所产约等于渭南或凤翔的每亩所产。在这个前提之下，我们来比三县中农每人平均所有田数（或亩，或垧）。凤翔的中农的每人平均所有田数是渭南的58.57％，绥德是38.43％。若单以土地所产的作物来论富力，渭南的中农算是最富的，绥德算是最贫的，如若把各村所有土地都平均分配给每个人，并且以这样的平均所有田数来同中农每人平均所有田数来比，无论是在哪一县，后者都超过前者；换句话说，就着一定的土地而言，三县的中农的经济状况都在水准之上。高于水准的程度，以绥德为最大，高86.81％，占渭南的152.11％。其次是凤翔，占渭南的146.42％；最小的是渭南。(见表 204)

表 204　三县中农每人平均所有田数比较(1928)

项目	田数＊			比率(渭南＝100)		
	渭南	凤翔	绥德	渭南	凤翔	绥德
中农每人平均所有	7.00	4.10	2.69	100.00	58.57	38.43
全体每人平均所有	5.70	2.28	1.44	100.00	40.00	25.26
中农比全体(全体＝100)	122.81	179.82	186.81	100.00	146.42	152.11

＊单位：亩(渭，凤)；垧(绥)。亩垧产量大概相仿佛，可比较。

5. 各类村户每人平均所有田数比率——以贫农为基准来衡量其余各类村户，渭南的地主每人平均所有田数是贫农的532.89％。凤翔同渭南差不多；凤翔的以贫农为基准的富农每人所有田数是渭南的76.81％，中农是103.52％。绥德就不同了。绥德的以贫农为基准的地主每人平均所有田数是渭南的288.28％；富农是373.54％；中农是201.42％。若以贫农为基准来看全体每人平均所有田数，在三县里贫农田数都比全体低；换句话说，就着一般的土地而定，三县的贫农的经济状况都在水准之下，低于水准的程度，以绥德为最大，低59.72％，占渭南的132.42％；最小是凤翔，占渭南的70.7％。(见表 205)

表 205 三县各类村户每人平均所有田数比较(1928)

村户	比率(贫农=100)			比率(渭南=100)		
	渭南	凤翔	绥德	渭南	凤翔	绥德
地主	532.89	—	1536.21	100.00	—	288.28
富农	321.71	217.09	1201.73	100.00	76.81	373.54
中农	230.26	238.37	463.79	100.00	103.52	201.42
贫农	100.00	100.00	100.00	100.00	100.00	100.00
其他	9.54	—	0	100.00	—	—
全体	187.50	132.56	248.28	100.00	70.70	132.42

6. 各类村户每人平均所有绝对平均差——无论是在哪一县，各类村户每人平均所有田数，平均都比全体每人平均所有田数多；渭南是7.26对5.7，凤翔是3.36对2.28，绥德是4.79对1.44。这个不平均所表示的，是有的人所有田数，超过了平均分配的每人所应得的田数。再看绝对平均差，渭南是4.58亩，凤翔是1.09亩，绥德是3.15垧。以渭南为基准来比，凤翔是23.8%，绥德是68.78%，表面上看，凤翔比绥德较平均，绥德比渭南更较平等。但是我们还不要忽略了各类村户的离差。渭南的中农的离差是－0.26，而且地主和富农的正号离差同贫农和其他村户的负号离差相去不远，所以平均差可以表现出意义来。凤翔的中农的离差是＋0.74亩，比较偏上，但是富农的离差也不过是0.89亩；所以平均差还是有一个明白的意义，绥德就不是这样了。绥德的中农的离差是－2.10亩，富农是＋2.18亩；两端呢，贫农是－4.21亩，地主是＋4.12亩，这差不多成了一个对衬形式。最大多数的中农和贫农（共一千二百九十七人）在平均数以下；最少数的地主和富农（共九十八人）在平均数以上。所以平均差3.15亩就不能不加考虑地来看待了。以渭南为基准来比；凤翔的富农是35.32%，绥德的地主是46.07%，富农是86.51%；换句话说，离差的上升都不及渭南那么大。渭南的中农的离差是下降，凤翔是上升；绥德的中农的离差比渭南下降更大，是807.69%。凤翔的贫农的离差下降较渭南少，只是它的23.8%；绥德同渭南相仿佛，是99.76%。(见表 206)

7. 各类村户每人平均所有相对平均差——上项所用的绝对平均既然那样费解释，不如索性用相对平均差来看。渭南的相对平均差是63.09%；凤翔是32.44%；绥德是65.76%。就绝对平均差来比，渭南远在绥德和凤翔之上（100.00比68.78比23.80）。就相对平均差来比，绥德最前。以渭南的相对平均差为基准来看，凤翔是51.42%，绥德是104.23%。(见表 207)

8. 各类村户使用田数对所有田数——渭南和凤翔的使用田数和所有田数相差很少。使用田数对所有田数的百分数，在渭南是100.8%，以渭南为基准来看，凤翔是100.74%；绥德较高，是145.1%。分别来看，绥德的贫农使用田数对所有田数的百分数是渭南的272.91%。渭南的富农和凤翔的富农和中农使用田数正等于所有田数；绥德的富农使用田数比所有田数多0.59%。此外，绥德的地主和中农和凤翔的贫农使用田数对所有田数的百分数都比渭南低，分别是93.61%、99.61%、96.12%。(见表 208)

表 206　三县各类村户每人平均所有绝对平均差比较(1928)

村户	渭南		凤翔		绥德		比率(渭南＝100)	
	每人平均所有 *	离差	每人平均所有 *	离差	每人平均所有 *	离差	凤翔	绥德
地主	16.20	＋8.93	0	—	8.91	＋4.12	—	46.09
富农	9.78	＋2.52	4.25	＋0.89	6.97	＋2.18	35.32	86.61
中农	7.00	－0.26	4.10	＋0.74	2.69	－2.10	—#	807.69
贫农	3.04	－4.22	1.72	－1.64	0.58	－4.21	38.86	99.76
其他	0.29	－6.97	0	—	0	—	—	—
平均	7.20	4.58	3.36	1.09	4.79	3.15	23.80	68.78

* 单位：亩(渭，凤)；垧(绥)# 渭南是负号；凤翔是正号。

表 207　三县各类村户每人平均所有相对平均差比较(1928)

项目	渭南	凤翔	绥德
每人平均所有的平均 *	7.26	3.36	4.79
绝对平均差 *	4.58	1.09	3.15
相对平均差(％)	63.09	32.44	65.76
比率(渭南＝100)	100.00	51.42	104.23

* 单位：亩(渭，凤)；垧(绥)

表 208　三县各类村户使用田数对所有田数比较(1928)

村户	使用田数对所有田数的百分数			比率(渭南＝100)		
	渭南	凤翔	绥德	渭南	凤翔	绥德
地主	56.79	—	53.16	100.00	—	93.61
富农	100.00	100.00	100.59	100.00	100.00	100.59
中农	101.18	100.00	100.70	100.00	98.83	99.61
贫农	106.86	102.71	291.63	100.00	96.12	272.91
其他	100.00	—	—	100.00	—	—
全体	100.80	101.55	146.26	100.00	100.74	145.10

9. 各类村户租出田数——租出田数对所有田数的百分数，以绥德为最大，是渭南的572.12％；凤翔最多，是2.88％，绥德租出的田地最大部分是属于地主的；但是因渭南的贫农出租田数特少，所以以渭南为基准来看，绥德的贫农租出田数对所有田数的百分数，高于渭南

的部分，比地主所高的较多，前者是148.21％，后者是108.4％。（见表 209）

表 209　三县各类村户租出田数比较（1928）

村户	租出对所有的百分数			比率（渭南＝100）		
	渭南	凤翔	绥德	渭南	凤翔	绥德
地主	43.21	—	46.84	100.00	—	108.40
富农	—	—	11.13	—	—	—
中农	—	—	—	—	—	—
贫农	0.56	0.10	0.83	100.00	17.86	148.21
其他	—	—	—	—	—	—
全体	2.08	0.06	11.90	100.00	2.88	572.12

10. 各类村户租进田数——同租出一样，租进田数对使用田数的百分数也以绥德为最大；是渭南的1395.09％；凤翔最多，是63.16％。分别来看，凤翔只是贫农有租进；租进田数对使用田数的百分数是渭南的44.81％。三县租田只有绥德的地主有租进，不能比较。绥德的中农租进田数对使用田数的百分数比渭南少，是渭南的68.1％，绥德的贫农就多了，是渭南的950.86％。（见表 210）

表 210　三县各类农户租进田数比较（1928）

村户	租进对使用的百分数			比率（渭南＝100）		
	渭南	凤翔	绥德	渭南	凤翔	绥德
地主	—	—	—	—	—	—
富农	—	—	11.65	—	—	—
中农	1.16	—	0.79	100.00	—	68.10
贫农	6.94	3.11	65.99	100.00	44.81	950.86
其他	—	—	—	—	—	—
全体	2.85	1.80	39.76	100.00	63.16	1395.09

11. 贫农分子户数——自耕者在贫农分子里所占的百分数以凤翔为最大，是92.52％，是渭南的104.42％；绥德是渭南的26.93％。佣耕者和租种者都以凤翔为最小，绥德为最大。以渭南为基准来看，凤翔的佣耕者是71.1％，租种者是53.28％；绥德的佣耕者是392.4％，租种者是1287.18％。（见表 211）

12. 各类农户有工作能力人数—有工作能力人数对全体人数的百分数，以渭南为最大；凤翔是渭南的68.69％；绥德是渭南的86.06％。不过分别来看，绥德的贫农有工作能力人数对全体人数的百分数是渭南的90.6％，富农是43.65％。（见表 212）

表 211　三县贫农分子户数比较(1928)

类别	百分数			比率(渭南＝100)		
	渭南	凤翔	绥德	渭南	凤翔	绥德
佣耕者	7.89	5.61	30.96	100.00	71.10	392.40
租种者	3.51	1.87	45.18	100.00	53.28	1287.18
自种者	88.60	92.52	23.86	100.00	104.42	26.93
全体	100.00	100.00	100.00	100.00	100.00	100.00

表 212　三县各类农户有工作能力人数比较(1928)

农户	有工作能力人数对全体人数的百分数			比率(渭南＝100)		
	渭南	凤翔	绥德	渭南	凤翔	绥德
富农	56.10	36.16	24.49	100.00	64.46	43.65
中农	63.11	40.00	50.58	100.00	63.38	80.15
贫农	57.85	41.44	52.41	100.00	71.63	90.60
全体	59.31	40.74	51.04	100.00	68.69	86.06

13. 各类农户出外工作人数——出外工作人数对有工作能力人数的百分数，以绥德为最大，是渭南的122.1%；其次是凤翔，是渭南的100.71%。分别来看，凤翔和绥德以贫农出外工作人数对有工作能力人数为较多，前者是渭南的113.8%，后者是146.2%。(见表 213)

表 213　三县各类农户出外工作人数比较(1928)

农户	出外工作人数对有工作能力人数的百分数			比率(渭南＝100)		
	渭南	凤翔	绥德	渭南	凤翔	绥德
富农	8.70	3.70	8.33	100.00	42.53	95.75
中农	8.21	4.55	1.53	100.00	55.42	18.64
贫农	8.55	9.73	12.50	100.00	113.80	146.20
全体	8.46	8.52	10.33	100.00	100.71	122.10

14. 各类农户下田耕作人数——凤翔和绥德不但有工作能力人数对全体人数的百分数比渭南为小，而且下田耕作人数对有工作能力人数也较渭南为小；凤翔是渭南的86.1%，绥德是64.22%。绥德的贫农下田耕作人数对有工作能力人数的百分数是更小，是渭南的59.95%。(见表 214)

15. 中农每耕作人平均使用田数——绥德的每垧所产虽然比渭南或凤翔的每亩所产为少，但是耕作是论面积的，所以要以绥德的田数乘上三倍，而后方可同渭南和凤翔来比，虽然凤翔和绥德的中农下田耕作人数对有工作能力人数的百分数比渭南少，但是每耕作人平均使用田数恰比渭南多，凤翔是渭南的102.61%，绥德是197.2%。因为绥德多山地，耕作较难，中农每耕作人平均负担总在渭南的二倍以上。如若把各村使用土地平均支给每耕作人去耕作，并且以这样的平均使用田数，来同中农每人平均使用田数来比，无论是在哪一县，后者都超过前者；换句话说，就着一定的田地而言，三县的中农耕作人使用田数都在水准之上。高于水准的程度以凤翔为最大，是渭南的123.91%；最小是绥德，是渭南的91.09%。（见表 215）

表 214　三县各类农户下田耕作人数比较(1928)

农户	下田耕作人数对有工作能力人数的百分数			比率(渭南＝100)		
	渭南	凤翔	绥德	渭南	凤翔	绥德
富农	62.32	65.43	91.67	100.00	104.99	147.10
中农	71.50	63.64	51.97	100.00	89.01	12.69
贫农	69.91	58.67	41.91	100.00	83.92	59.95
全体	69.59	59.92	44.69	100.00	86.10	64.22

表 215　三县中农每耕作人平均使用田数比较(1928)

项目	田数＊			比率(渭南＝100)		
	渭南	凤翔	绥德	渭南	凤翔	绥德
中农每耕作人平均使用	15.70	16.11	30.96	100.00	102.61	197.20
全体每耕作人平均使用	12.68	10.50	27.45	100.00	82.81	216.48
中农比全体(全体＝100)	123.82	153.43	112.79	100.00	123.91	91.09

＊单位：亩(渭，凤)；1/3 垧(绥)，以便在面积上可同渭南和凤翔相比。

16. 各类农户每耕作人平均使用田数比率——以贫农为基准来看，凤翔的富农和绥德的中农都比渭南多，一是 71%，一是 68.2%；凤翔的中农和绥德的富农都比渭南大，一是 113.51%，一是115.8%。（见表 216）

表 216　三县各类农户每耕作人平均使用田数比较(1928)

农户	比率(贫农＝100)			比率(渭南＝100)		
	渭南	凤翔	绥德	渭南	凤翔	绥德
富农	348.88	247.72	404.01	100.00	71.00	115.80
中农	195.76	222.21	133.51	100.00	113.51	68.20
贫农	100.00	100.00	100.00	100.00	100.00	100.00
全体	158.10	144.83	118.37	100.00	91.61	74.87

17. 各类农户每耕作人平均使用绝对平均差——渭南和绥德的中农的离差都在平均以下；凤翔的中农的离差在平均以上。渭南的平均差是7.16亩，凤翔是4.35亩，绥德是29.61亩。以渭南为基准来看，凤翔是60.75%，绥德是413.55%。（见表 217）

表 217　三县各类农户每耕作人平均使用绝对平均差比较(1928)

农户	渭南		凤翔		绥德		比率(渭南=100)	
	每耕作人平均使用 *	离差	每耕作人平均使用 *	离差	每耕作人平均使用 *	离差	凤翔	绥德
富农	27.98	+19.75	17.96	+4.19	93.69	+44.41	78.98	413.12
中农	15.70	−1.53	16.11	+2.34	30.96	−18.32	—#	1197.39
贫农	8.02	−9.21	7.25	−6.52	23.19	−26.09	70.79	233.28
平均	17.23	7.16	13.77	4.35	49.28	29.61	60.75	413.55

* 单位:亩(渭,凤);1/3 垧(绥)　# 渭南是负号;凤翔是正号

18. 各类农户每耕作人平均使用相对平均差——渭南的相对平均差是41.56%，凤翔是31.59%，绥德是60.09%。以渭南为基准来看，凤翔是76.01%，绥德是144.59%（见表 218）

表 218　三县各类农户每耕作人平均使用相对平均差比较(1928)

项目	渭南	凤翔	绥德
每耕作人平均使用的平均 *	17.23	13.77	49.28
绝对平均差 *	7.16	4.35	29.61
相对平均差(%)	41.56	31.59	60.09
比率(渭南=100)	100.00	76.01	144.59

* 单位:亩(渭,凤);1/3 垧(绥)

19. 各类农户佣工兼自种田数——渭南和凤翔的富农的土地完全是佣工兼自种的。绥德的富农的土地只有55.6%是佣工兼自种的。渭南的中农和贫农和绥德的中农的土地完全是自种的。凤翔以中农的土地只有7.32%是佣工兼自种的。凤翔和绥德的贫农的土地佣工兼自种的都不到 1%，一是0.66%，一是0.45%。若以渭南为基准来看全体，凤翔的佣工兼自种的田地比渭南多12.77%，绥德比渭南少59.02%。(见表 219)

表 219　三县各类农户佣工兼自种田数比较(1928)

农户	佣工兼自种的田数对使用田数的百分数			比率(渭南=100)		
	渭南	凤翔	绥德	渭南	凤翔	绥德
富农	100.00	100.00	55.60	100.00	100.00	55.60
中农	0	7.32	0	—	—	—
贫农	0	0.66	0.45	—	—	—
全体	17.30	19.51	7.09	100.00	112.77	40.98

20. 经营地主和富农雇工耕作田数——渭南的经营地主和富农雇工较少，或可说，雇工所耕作的田数比较多，每个长工耕作田数都在百亩以上。绥德的经营地主和富农和凤翔的富农所雇的长工的负担都比渭南轻，不及 50%。(见表 220)

表 220　三县经营地主和富农雇工耕作田数比较(1928)

类别	每长工耕作田数 *			比率(渭南=100)		
	渭南	凤翔	绥德	渭南	凤翔	绥德
经营地主	123.0	0	85.20	100.00	—	69.27
富农	100.3	43.27	143.40	100.00	43.14	142.97
全体	102.0	43.27	111.00	100.00	42.42	108.82

* 单位:亩(渭,凤);1/3 垧(绥)

21. 各类村户耕畜耕作田数——就全部而言，渭南的每只耕畜耕作53.57亩，凤翔不到这个数目，是渭南的44.78%；绥德超过这个数目，是渭南的236.49%（见表 221）

表 221　三县各类村户耕畜耕作田数比较(1928)

村户	每耕畜平均耕作田数 *			比率(渭南=100)		
	渭南	凤翔	绥德	渭南	凤翔	绥德
地主	34.50	0	63.27	100.00	—	183.39
富农	41.48	20.26	73.62	100.00	48.84	177.48
中农	52.82	20.82	91.56	100.00	39.42	173.34
贫农	70.41	27.25	220.41	100.00	38.70	313.04
其他	0	0	0	—	—	—
全体	53.57	23.99	126.69	100.00	44.78	236.49

* 单位:亩(渭,凤);1/3 垧(绥)

22. 各类村户每耕畜平均耕作绝对离差——正与每耕作人平均使用田数相反，就每耕畜平均耕作而言，地主和富农的离差都是负号的，贫农是正号的，渭南和凤翔的中农，其每耕畜平均耕作的离差，是同每耕作人平均使用田数的离差相反的，但是绥德不是这样。绥德的中农每耕作人平均使用田数的离差是负号的，这表示耕作田数在水准之下；每耕畜耕作离差也是负号的，这表示每单位地所用耕畜在水准之上。合起来说，在一定的地面上，中农的耕作人虽较少，但耕畜较多。就平均差来看，绥德是渭南的458.09%；凤翔是渭南的25.23%。(见表 222)

23. 各类村户每耕畜平均耕作相对平均差——渭南的相对平均差是23.71%；凤翔是13.08%；绥德是48.21%。若以渭南为基准来比，凤翔是55.17%；绥德是203.33%。（见表 223）

表 222　三县各类村户每耕畜平均耕作绝对平均差比较(1928)

村户	渭南		凤翔		绥德		比率(渭南＝100)	
	每耕畜平均耕作＊	离差	每耕畜平均耕作＊	离差	每耕畜平均耕作＊	离差	凤翔	绥德
地主	34.50	－15.30	0	—	63.27	－48.95	—	319.93
富农	41.48	－8.32	20.23	－2.52	73.62	－38.60	30.29	463.94
中农	52.82	＋3.02	20.82	－1.96	91.56	－20.66	—#	—#
贫农	70.41	＋20.61	27.25	＋4.47	220.41	＋108.19	21.69	524.94
其他	0	—	0	—	0	—	—	—
平均	49.80	11.81	22.78	2.98	112.22	54.10	25.23	458.09

＊单位：亩(渭，凤)；1/3 垧(绥)# 渭南是正号；凤翔是负号

表 223　三县各类村户每耕畜平均耕作相对平均差比较(1928)

项目	渭南	凤翔	绥德
每耕畜平均耕作的平均	49.80	22.78	112.22
绝对平均差	11.81	2.98	54.10
相对平均差(％)	23.71	13.03	48.21
比率(渭南＝100)	100.00	55.17	203.33

第三章　一九三三年

1. 各类村户成分百分数——地主、富农和中农都减少；贫农增加。(见表 224；又见表 248，表 249－250，下同此)

2. 一定村户所有田数百分数——凤翔和绥德的富农都有增加；渭南的富农减少。中农情形正相反。渭南和凤翔的贫农增加；绥德的贫农减少。土地减少，在渭南以富农为最快，在凤翔以中农为最快，在绥德以贫农为最快。(见表 225)

3. 各类村户押出对所有田数百分数——中农和贫农都有增加；增加最快的是凤翔的中农和渭南的贫农。(见表 226)

4. 中农每人所有平均田数——凤翔略增，渭南和绥德略减。(见表 227)

5. 各类村户每人平均所有田数比率——渭南的贫农的比率比地主、富农或中农都高，在凤翔和绥德正相反。(见表 228)

6. 各类村户每人平均所有绝对平均差——渭南和凤翔的中农都由负号升为正号的；绥德的中农也升高一些。渭南的地主下降；绥德的地主上升。渭南和凤翔的富农上升，绥德的富农下降。渭南、凤翔和绥德的贫农都上升。(见表 229)

7. 各类村户每人平均所有相对平均差——渭南略减；绥德略加；凤翔增加特大，一九三三年是一九二八年的257.18％。（见表230）

表224　三县各类村户成分比较（1933）

村户	百分数			比率（1928的渭南＝100）		
	渭南	凤翔	绥德	渭南	凤翔	绥德
地主	1.38	0	1.47	93.88	—	100.00
富农	6.45	1.81	3.31	87.76	24.63	45.03
中农	26.27	9.42	11.40	79.97	28.68	34.70
贫农	62.67	87.32	79.78	112.15	156.26	142.77
其他	3.23	1.45	4.04	131.84	59.18	164.90
全体	100.00	100.00	100.00	100.00	100.00	100.00

表225　三县一定村户所有田数比较（1933）

村户	百分数			比率（1928的渭南＝100）		
	渭南	凤翔	绥德	渭南	凤翔	绥德
地主	5.02	0	21.37	114.09	—	485.68
富农	17.59	18.95	19.78	80.84	87.09	90.90
中农	42.14	22.99	32.70	101.40	55.32	78.68
贫农	35.25	58.06	26.15	109.51	180.37	81.24
其他	0	0	0	—	—	—
全体	100.00	100.00	100.00	100.00	100.00	100.00

表226　三县各类村户押出田数比较（1933）

村户	押出对所有的百分数			比率（1928的渭南＝100）		
	渭南	凤翔	绥德	渭南	凤翔	绥德
地主	—	—	—	—	—	—
富农	6.37	—	18.67	—	—	—
中农	9.52	8.37	20.48	120.20	105.68	258.59
贫农	26.13	4.67	58.21	426.26	76.18	949.59
其他	—	—	—	—	—	—
全体	15.24	5.18	17.48	289.73	98.48	332.32

表 227 三县中农每人平均所有田数比较(1933)

项目	田数 *			比率(1928 的渭南=100)		
	渭南	凤翔	绥德	渭南	凤翔	绥德
中农每人平均所有	6.63	4.77	2.30	94.71	68.14	32.86
全体每人平均所有	4.44	2.16	1.04	77.89	37.89	18.25
中农比全体(全体=100)	149.32	220.83	221.15	121.59	179.81	180.07

* 单位:亩(渭,凤);垧(绥)。亩垧产量大概相仿佛,可比较。

表 228 三县各类村户每人平均所有田数比较(1933)

村户	比率(贫农=100)			比率(1928 的渭南=100)		
	渭南	凤翔	绥德	渭南	凤翔	绥德
地主	375.60	—	2323.81	70.48	—	436.08
富农	297.59	312.58	1276.19	92.50	97.16	396.69
中农	527.84	300.00	547.62	98.95	130.29	237.83
贫农	100.00	100.00	100.00	100.00	100.00	100.00
其他	19.93	—	—	208.91	—	—
全体	152.57	135.85	241.86	81.37	72.45	128.99

表 229 三县各类村户每人平均所有绝对平均差比较(1933)

村户	渭南		凤翔		绥德		比率(1928 的渭南=100)		
	人均所有 *	离差	人均所有 *	离差	人均所有 *	离差	渭南	凤翔	绥德
地主	10.93	+4.99	0	—	9.76	+5.30	55.82	—	59.28
富农	8.66	+2.72	4.97	+1.19	5.36	+0.90	107.94	47.22	35.71
中农	6.63	+0.69	4.77	+0.99	2.30	−2.16	—#	—#	830.77
贫农	2.91	−3.03	1.59	−2.19	0.42	−4.04	71.80	51.90	95.73
其他	0.58	−5.36	0	—	0	—	76.90	—	—
平均	5.94	3.36	3.78	1.46	4.46	3.10	73.36	31.88	67.69

* 单位:亩(渭,凤);垧(绥)。# 1928 年是负号;1933 年是正号。

表 230 三县各类村户每人平均所有相对平均差比较(1933)

项目	渭南	凤翔	绥德
每人平均所有的平均 *	5.94	3.78	4.46
绝对平均差 *	3.36	1.46	3.10
相对平均差(%)	56.57	38.62	69.51
比率(1928 的渭南=100)	89.67	61.21	110.18

* 单位:亩(渭,凤);垧(绥)。

8. 各类村户使用对所有田数百分数——因为荒地关系，凤翔都有减少，尤以贫农为快。除渭南的中农和绥德的中农外，其余都有增加，尤以绥德的贫农为快。(见表 231)

9. 各类村户租出对所有田数百分数——一般来说，都有增加，以凤翔为最快。(见表 232)

10. 各类村户租进对使用田数百分数——情形同租出。(见表 233)

表 231 三县各类村户使用田数对所有田数比较(1933)

村户	使用田数对所有田数的百分数			比率(1928 的渭南=100)		
	渭南	凤翔	绥德	渭南	凤翔	绥德
地主	63.41	—	44.99	111.66	—	79.22
富农	106.64	95.65	89.72	106.64	95.65	89.72
中农	100.66	92.12	127.08	99.49	91.05	125.60
贫农	109.03	77.46	387.11	102.03	72.49	362.26
其他	100.00	—	—	100.00	—	—
全体	103.64	82.86	187.42	102.82	82.20	185.93

表 232 三县各类村户租出田数比较(1933)

村户	租出对所有的百分数			比率(1928 的渭南=100)		
	渭南	凤翔	绥德	渭南	凤翔	绥德
地主	36.59	—	55.01	84.68	—	127.31
富农	—	4.35	11.37	—	—	—
中农	0.49	0.29	—	—	—	—
贫农	2.20	0.95	2.14	392.86	169.64	382.14
其他	—	—	—	—	—	—
全体	2.38	1.09	12.58	114.42	52.40	604.81

表 233 三县各类村户租进田数比较(1933)

村户	租进对使用的百分数			比率(1928 的渭南=100)		
	渭南	凤翔	绥德	渭南	凤翔	绥德
地主	—	—	—	—	—	—
富农	6.23	—	1.21	—	—	—
中农	1.74	2.11	21.31	150.00	181.90	1837.07
贫农	10.65	8.73	74.72	153.46	125.70	1076.66
其他	—	—	—	—	—	—
全体	6.19	5.93	53.36	217.19	208.07	1872.28

11. 贫农分子百分数——租种者增加：凤翔超过二倍，渭南将及二倍。（见表 234，表 247）

12. 各类农户有工作能力人数对全体人数百分数——渭南和凤翔增加，绥德减少。（见表 235）

表 234 三县贫农分子户数比较(1933)

类别	百分数			比率(1928 的渭南=100)		
	渭南	凤翔	绥德	渭南	凤翔	绥德
佣耕者	7.35	6.64	21.66	93.16	84.16	274.52
租种者	6.62	4.98	56.22	188.60	141.88	1601.71
自种者	86.03	88.38	22.12	97.10	99.75	24.97
全体	100.00	100.00	100.00	100.00	100.00	100.00

表 235 三县各类农户有工作能力人数比较(1933)

农户	有工作能力人数对全体人数的百分数			比率(1928 的渭南=100)		
	渭南	凤翔	绥德	渭南	凤翔	绥德
富农	58.62	36.49	49.28	104.49	65.04	87.84
中农	62.91	50.77	37.00	99.68	80.45	38.63
贫农	61.56	48.28	43.04	106.41	83.46	74.40
全体	61.68	48.01	52.52	104.00	80.95	71.69

13. 各类农户出外工作人数对有工作能力人数百分数——凤翔增加到二倍以上；渭南和绥德都减少。（见表 236）

14. 各类农户下田耕作人数对有工作能力人数百分数——渭南和凤翔略减，绥德略增。（见表 237）

表 236　三县各类农户出外工作人数比较(1933)

农户	出外工作人数对有工作能力人数的百分数			比率(1928 的渭南=100)		
	渭南	凤翔	绥德	渭南	凤翔	绥德
富农	7.84	18.52	2.94	90.11	212.87	33.79
中农	6.94	11.11	1.35	84.53	135.32	16.44
贫农	8.55	21.91	4.56	100.00	256.26	53.33
全体	8.03	20.26	4.10	94.92	239.48	48.46

表 237　三县各类农户下田耕作人数比较(1933)

农户	下田耕作人数对有工作能力人数的百分数			比率(1928 的渭南=100)		
	渭南	凤翔	绥德	渭南	凤翔	绥德
富农	58.82	77.78	50.00	94.38	124.81	80.23
中农	74.57	52.53	68.92	104.29	73.47	96.39
贫农	68.13	53.39	50.38	97.45	76.37	72.06
全体	69.18	54.21	52.52	99.41	77.90	75.47

15. 中农每耕作人平均使用田数——渭南略减；凤翔和绥德略增。(见表 238)

16. 各类农户每耕作人平均使用田数比率——除渭南中农外，都比贫农增加。绥德的中农增加将及两倍。(见表 239)

17. 各类农户每耕作人平均使用绝对平均差——渭南的中农由负号升为正号；凤翔的中农上升；绥德的中农下降。渭南和凤翔的富农下降，绥德的富农上升；渭南和凤翔的贫农上升，绥德的贫农下降。(见表 240)

18. 各类农户每耕作人平均使用相对平均差——渭南和绥德略增，凤翔略减。(见表 241)

19. 各类农户佣工兼自种对使用田数百分数——都减少。(见表 242)

20. 经营地主和富农雇工耕作田数——渭南和凤翔减少半数；绥德略增。(见表 243)

21. 各类农户耕畜耕作田数——渭南和凤翔减少；绥德增加将及三倍。(见表 244)

表 238　三县中农每耕作人平均使用田数比较(1933)

项目	田数 *			比率(1928 的渭南=100)		
	渭南	凤翔	绥德	渭南	凤翔	绥德
中农每耕作人平均使用	14.23	18.21	34.32	90.64	115.99	218.60
全体每耕作人平均使用	10.96	11.37	26.19	86.44	89.67	206.55
中农比全体(全体=100)	129.84	160.16	131.04	104.86	129.35	105.83

* 单位：亩(渭，凤)；1/3 垧(绥)，以便在面积上，可同渭南和凤翔相比。

表 239 三县各类农户每耕作人平均使用田数比较(1933)

农户	比率(贫农=100)			比率(1928 的渭南=100)		
	渭南	凤翔	绥德	渭南	凤翔	绥德
富农	354.57	252.03	433.33	101.63	72.24	124.21
中农	188.48	273.83	254.22	96.28	139.88	129.86
贫农	100.00	100.00	100.00	100.00	100.00	100.00
全体	145.17	170.98	194.00	91.82	108.15	122.71

表 240 三县各类村户每耕作人平均使用绝对平均差比较(1933)

农户	渭南		凤翔		绥德		比率(1928 的渭南=100)		
	每耕作人平均使用 *	离差	每耕作人平均使用 *	离差	每耕作人平均使用 *	离差	渭南	凤翔	绥德
富农	26.77	+10.59	16.76	+2.89	58.50	+23.06	98.51	26.88	214.51
中农	14.23	−1.95	18.21	+4.34	34.32	−1.12	127.45	—#	73.20
贫农	7.55	−8.63	6.65	−7.22	13.50	−21.94	93.70	78.39	238.22
平均	16.18	7.06	13.87	4.82	35.44	15.37	98.60	67.32	214.66

* 单位:亩(渭,凤);1/3 垧(绥)。# 1928 年是负号;1933 年是正号。

表 241 三县各类农户每耕作人平均使用相对平均差比较(1933)

项目	渭南	凤翔	绥德
每耕作人平均使用的平均 *	16.18	13.87	35.44
绝对平均差 *	7.06	4.82	15.37
相对平均差(%)	43.63	34.75	43.37
比率(1928 的渭南=100)	104.98	83.61	104.36

* 单位:亩(渭,凤);1/3 垧(绥)。

表 242 三县各类农户佣工兼自种田数比较(1933)

农户	佣工兼自种的田数对使用田亩的百分数			比率(1928 的渭南=100)		
	渭南	凤翔	绥德	渭南	凤翔	绥德
富农	100.00	100.00	65.16	100.00	100.00	55.16
中农	6.65	13.09	16.46	—	—	—
贫农	3.02	0	0	—	—	—
全体	17.08	14.25	10.73	98.73	82.37	62.03

表 243 三县经营地主和富农雇工耕作田数比较(1933)

类别	每长工耕作田数 *			比率(1928 的渭南=100)		
	渭南	凤翔	绥德	渭南	凤翔	绥德
经营地主	52.00	0	70.50	42.28	—	57.32
富农	61.80	44.00	129.60	61.62	43.87	129.21
全体	60.50	44.00	104.70	59.31	43.14	102.65

* 单位:亩(渭,凤);1/3 垧(绥)。

表 244 三县各类村户耕畜耕作田数比较(1933)

村户	每耕畜平均耕作田数 *			比率(1928 的渭南=100)		
	渭南	凤翔	绥德	渭南	凤翔	绥德
地主	26.00	0	92.25	75.36	—	267.39
富农	33.50	25.14	124.32	80.76	60.61	299.71
中农	42.70	39.54	124.98	80.84	74.86	236.61
贫农	68.60	47.67	165.99	93.43	67.70	235.75
其他	15.00	0	0	—	—	—
全体	47.00	41.37	146.58	87.74	77.23	273.62

* 单位:亩(渭,凤);1/3 垧(绥)。

22. 各类村户每耕畜平均耕作绝对平均差——渭南和绥德增加，凤翔减少。(见表 245)

23. 各类村户每耕畜平均耕作相对平均差——渭南增加，凤翔和绥德减少。(见表 246)

表 245 三县各类村户每耕畜平均耕作绝对平均差(1933)

村户	渭南		凤翔		绥德		比率(1928 的渭南=100)		
	每耕畜平均耕作 *	离差	每耕畜平均耕作 *	离差	每耕畜平均耕作 *	离差	渭南	凤翔	绥德
地主	26.00	−16.70	0	—	92.25	−34.64	109.15	—	226.41
富农	33.50	−9.20	25.14	−12.31	124.32	−2.57	10.58	147.96	30.89
中农	42.70	0	39.54	+2.09	124.98	−1.91	—	69.21	—≠
贫农	68.60	+25.90	47.67	+10.22	165.99	+39.0	125.67	49.5	189.71
其他	15.00#	—	0	—	0	—	—	—	—
平均	42.70	17.27	37.45	8.21	126.89	19.56	146.23	69.52	165.62

* 单位:亩(渭,凤);1/3 垧(绥)。

一户有一只耕作十五亩地,为免除极端数,故平均不计入。

≠ 1928 年是正号;1933 年是负号。

表 246　三县各类村户每耕畜平均耕作相对平均差比较(1933)

项目	渭南	凤翔	绥德
每耕畜平均耕作的平均	42.70	37.45	126.89
绝对平均差	17.27	8.21	19.56
相对平均差(%)	40.44	21.92	15.41
比率(1928 的渭南=100)	170.56	92.45	64.99

第四章　结论

三县都是贫农占绝对多数；地主很少，只是小地主，且日渐减少，贫农里的租种者以绥德为最多，约占半数；渭南和凤翔虽少，但增加甚快。

五年来田产都减少了，而且押出日有增加。就一九二八年的一定村户而言，渭南的富农没落了；凤翔的中农下降了；绥德的贫农更苦了。

若无灾荒，渭南的中农较凤翔为好；凤翔又较绥德为好。五年来因为灾荒，凤翔的中农的标准略提高；渭南和绥德的中农的标准略降低。

田权分配悬殊，以绥德为最甚；一九二八年上下相去十五倍；一九三三年上下相去二十三倍。五年来渭南分配相去最远的是五倍；凤翔是三倍。渭南是减少的，凤翔是增加的。分配平均差五年来都略有增加；一九三三年渭南和绥德都在 50%以上，凤翔不及 40%。

绥德租用田地占半数，且年有增加。渭南和凤翔租用田数虽甚少，但五年来增加甚快。

绥德多山地，而且每单位地上的耕作人只是渭南或凤翔的一半，所以每耕作人负担较重，各类农户的使用田数的悬殊又以绥德为甚。绥德的使用平均差，一九二八年是 60%，一九三三年降为 40%；耕畜负担平均差，一九二八年是 50%，一九三三年降为 15%，让渭南占了第一位，是 40%。

表 247　三县贫农分子百分数比较(1928 的渭南=100;1928—1933)

类别	1928			1933			1933 的指数(1928=100)		
	渭南	凤翔	绥德	渭南	凤翔	绥德	渭南	凤翔	绥德
佣耕者	100.00	71.10	392.40	93.16	84.16	274.52	93.16	118.37	69.96
租种者	100.00	53.28	1287.18	188.60	141.88	1601.71	188.60	266.29	124.44
自种者	100.00	104.42	26.93	97.10	99.75	24.97	97.10	95.53	92.72
全体	100.00	100.00	100.00	100.00	100.00	100.00	100.00	100.00	100.00

表 248 渭南凤翔绥德三县十三代表村各类村户十九项比率总表(一)(渭南=100;1928)

村户	(一)村户成分百分数		(二)一定村户所有田数百分数		(三)押出对所有百分数		(四)每人平均所有田数		(五)每人平均所有比率(贫农=100)		(六)每人平均所有离差	
	凤翔	绥德	凤翔	绥德	凤翔	绥德	凤翔	绥德	凤翔	绥德	凤翔	绥德
地主	—	128.57	—	477.05	—	—	—	—	—	288.28	—	16.09
富农	76.19	46.26	80.88	75.51	—	—	—	—	76.81	373.54	35.32	86.51
中农	40.88	47.09	60.18	80.61	6.57	152.27	58.57	38.43	103.52	201.42	— *	807.60
贫农	143.90	133.04	178.29	90.34	29.04	492.50	—	—	100.00	100.00	38.86	99.70
其他	45.71	200.00	—	—	—	—	—	—	—	—	—	—
全体	100.00	100.00	100.00	100.00	21.88	543.92	40.00	25.26	70.70	132.42	—	—
个别比全体(全体=100)	—	—	—	—	—	—	146.42	152.11	—	—	—	—
绝对平均	—	—	—	—	—	—	—	—	—	—	23.83	68.78
相对平均	—	—	—	—	—	—	—	—	—	—	51.42	104.23

表 248 续(一)

村户	(七)使用对所有百分数		(八)租出对所有百分数		(九)租进对使用百分数		(十)工作人对全体人百分数		(十一)出外工人对工作人百分数		(十二)耕作人对工作人百分数	
	凤翔	绥德	凤翔	绥德	凤翔	绥德	凤翔	绥德	凤翔	绥德	凤翔	绥德
地主	—	93.61	—	108.40	—	—	—	—	—	—	—	—
富农	100.00	100.59	—	—	—	—	64.46	43.65	42.53	95.75	104.99	147.1
中农	98.83	99.61	—	—	—	68.10	63.38	89.15	55.42	18.64	89.01	72.69
贫农	96.12	272.91	17.86	148.21	44.81	950.86	71.63	90.60	113.89	146.20	83.92	59.95
其他	—	—	—	—	—	—	—	—	—	—	—	—
全体	100.74	145.10	2.88	572.12	63.16	1395.09	68.69	80.06	100.71	122.10	86.10	64.22
个别比全体(全体=100)	—	—	—	—	—	—	—	—	—	—	—	—
绝对平均	—	—	—	—	—	—	—	—	—	—	—	—
相对平均	—	—	—	—	—	—	—	—	—	—	—	—

表 248 续(二)

村户	(十三)每耕作人平均使用田数		(十四)每耕作人平均使用比率(贫农＝100)		(十五)每耕作人平均使用离差		(十六)佣工兼自种对耕作百分数		(十七)所雇每长工平均使用田数		(十八)所有每耕畜平均耕作田数		(十九)所有每耕畜平均耕作离差	
	凤翔	绥德	凤翔	绥德	凤翔	绥德	凤翔	绥德	凤翔	绥德	凤翔	绥德	凤翔	绥德
地主	—	—	—	—	—	—	—	—	—	60.27#	—	183.39	—	319.93
富农	—	—	71.00	115.80	38.98	413.12	100.00	55.60	43.14	142.97	48.84	177.48	30.29	463.94
中农	102.61	197.20	113.51	68.20	—*	1197.39	—	—	—	—	39.42	173.34	—≠	—≠
贫农	—	—	100.00	100.00	70.79	283.28	—	—	—	—	38.70	313.04	21.69	524.94
其他	—	—	—	—	—	—	—	—	—	—	—	—	—	—
全体	82.81	216.48	91.61	24.87	—	—	112.77	40.98	42.42	108.82	44.78	236.49	—	—
个别比全体(全体＝100)	123.01	91.09	—	—	—	—	—	—	—	—	—	—	—	—
绝对平均	—	—	—	—	60.75	413.55	—	—	—	—	—	—	25.23	458.09
相对平均	—	—	—	—	76.01	144.59	—	—	—	—	—	—	55.17	203.33

* 渭南是负号；凤翔是正号　# 只比经营地主。　≠ 渭南是正号；凤翔和绥德是负号。

表 249　渭南凤翔绥德三县十三代表村各类村户十九项比率表(二)(1928 的渭南＝100;1933)

村户	(一)村户成分百分数			(二)一定村户所有田数百分数			(三)押出对所有百分数			(四)每人平均所有田数			(五)每人平均所有比率(贫农＝100)		
	渭南	凤翔	绥德	渭南	凤翔	绥德	渭南	凤翔	绥德	渭南	凤翔	绥德	渭南	凤翔	绥德
地主	93.88	—	100.00	114.00	—	165.66	—	—	—	—	—	—	70.48	—	436.08
富农	87.76	24.63	45.03	80.84	87.00	90.90	—	—	—	—	—	—	92.50	97.16	396.69
中农	79.97	28.68	34.70	101.40	55.32	73.68	120.20	105.68	258.59	94.71	68.14	32.86	98.95	130.29	237.83
贫农	112.15	156.26	142.77	109.51	180.37	81.24	126.20	76.18	919.59	—	—	—	100.00	100.00	100.00
其他	131.81	59.18	104.00	—	—	—	—	—	—	—	—	—	208.01	—	—
全体	100.00	100.00	100.00	100.00	100.00	100.00	289.74	98.48	332.32	77.89	37.89	18.25	81.37	72.45	128.99
个别比全体(全体＝100)	—	—	—	—	—	—	—	—	—	121.59	179.81	180.07	—	—	—
绝对平均	—	—	—	—	—	—	—	—	—	—	—	—	—	—	—
相对平均	—	—	—	—	—	—	—	—	—	—	—	—	—	—	—

表 249 续(一)

村户	(六)每人平均所有离差			(七)使用对所有百分数			(八)租出对所有百分数			(九)租进对使用百分数			(十)工作人对全体人百分数		
	渭南	凤翔	绥德	渭南	凤翔	绥德	渭南	凤翔	绥德	渭南	凤翔	绥德	渭南	凤翔	绥德
地主	55.82	—	59.28	111.66	—	79.22	84.68	—	127.31	—	—	—	—	—	—
富农	107.94	47.22	35.71	166.61	95.65	80.72	—	—	—	—	—	—	104.49	65.04	87.84
中农	—*	—*	830.77	99.49	91.05	125.60	—	—	—	150.0	181.90	1837.07	99.68	80.46	38.63
贫农	71.86	51.90	95.73	102.03	72.49	162.20	192.8	169.64	182.14	153.44	125.70	1076.66	106.11	83.46	71.40
其他	76.9	—	—	100.00	—	—	—	—	—	—	—	—	—	—	—
全体	—	—	—	102.82	82.20	185.93	114.42	52.40	804.81	217.19	208.07	1872.28	104.00	80.95	71.69
个别比全体(全体=100)	—	—	—	—	—	—	—	—	—	—	—	—	—	—	—
绝对平均	73.3	31.88	67.69	—	—	—	—	—	—	—	—	—	—	—	—
相对平均	89.67	61.21	110.18	—	—	—	—	—	—	—	—	—	—	—	—

* 1928 年是负号；1933 年是正号。

表 249 续(二)

村户	(十一)出外工人对工作人百分数			(十二)耕作人对工作人百分数			(十三)每耕作人平均使用田数			(十四)每耕作人平均使用比率(贫农=100)			(十五)每耕作人平均使用离差		
	渭南	凤翔	绥德	渭南	凤翔	绥德	渭南	凤翔	绥德	渭南	凤翔	绥德	渭南	凤翔	绥德
地主	—	—	—	—	—	—	—	—	—	—	—	—	—	—	—
富农	90.11	212.87	33.76	94.38	124.81	60.23	—	—	—	101.6	72.24	124.21	98.61	26.88	214.51
中农	84.53	135.32	10.44	104.29	73.47	96.39	90.61	115.99	218.60	96.28	139.88	129.86	127.45	—*	73.20
贫农	100.00	256.26	53.83	97.45	76.37	72.08	—	—	—	100.00	100.00	100.00	93.70	78.39	238.22
其他	—	—	—	—	—	—	—	—	—	—	—	—	—	—	—
全体	94.92	230.46	48.46	99.41	77.90	75.47	86.44	89.67	206.55	91.82	108.15	122.71	—	—	—
个别比全体(全体=100)	—	—	—	—	—	—	104.86	129.30	105.83	—	—	—	—	—	—
绝对平均	—	—	—	—	—	—	—	—	—	—	—	—	98.60	67.32	214.66
相对平均	—	—	—	—	—	—	—	—	—	—	—	—	104.98	81.61	104.3

表 249 续(三)

村户	(十六)佣工兼自种对使用百分数			(十七)所雇每长工平均耕作田数			(十八)所有每耕畜平均耕作田数			(十九)所有每耕畜平均耕作离差		
	渭南	凤翔	绥德	渭南	凤翔	绥德	渭南	凤翔	绥德	渭南	凤翔	绥德
地主	—	—	—	42.28#	—	57.32#	75.36	—	267.39	109.15	—	226.41
富农	100.00	100.00	65.16	61.62	43.87	129.21	80.76	60.61	299.71	110.58	147.96	30.89
中农	—	—	—	—	—	—	80.84	74.86	236.61	—+	69.21	—*
贫农	—	—	—	—	—	—	93.43	67.70	235.75	125.67	49.59	189.71
其他	—	—	—	—	—	—	—	—	—	—	—	—
全体	98.73	82.37	62.03	59.31	43.14	102.65	87.74	77.23	273.62	—	—	—
个别比全体(全体=100)	—	—	—	—	—	—	—	—	—	—	—	—
绝对平均	—	—	—	—	—	—	—	—	—	146.23	69.52	165.62
相对平均	—	—	—	—	—	—	—	—	—	170.56	92.45	64.99

只比经营地主。　+ 1933 年是〇。　* 1928 年是正号；1933 年是负号。

第二部分　乡村政治及税捐

第一章　政治组织

陕西乡村政治的组织，全省各县并不一致。据我们调查到的各县，略述其梗概如下：

1. 渭南　全县分成七区，每区分若干里，每里又分若干村。区设区长，里设里长，村设村长。没有村长的地方，就由“庄头”替代村长的职务。除村长或“庄头”外，还有所谓“粮头”或“管粮”；大概村长派款，“粮头”或“管粮”派粮。在武家村，派款的责任又归“管差”负担，而由村长总其成。“粮头”或“管粮”之上还有“粮赋长”，他还可用几个“跑腿”。种种名目，举不胜举。村长大都由村民推举或轮流，但并不挨户轮，有田产的方轮到；例如武朝家村规定须有一石粮（约二十亩）的人家，方有轮充村长的资格；如果轮到了他而不能办事的，可找人替，责任还是他负。乡村中“公务人员”的经费，多数由村民公摊。师家村规定每石粮带征一斗麦充“粮头”经费，每元带征二角作“粮赋长”的薪水。雷河村的村费每石粮四角，“粮赋长”薪水每年要三百元。武家村的里长规定的薪水每年有四百元。瓦子店因为村中费用太大，一九三三年将村长取消，村事由粮头兼管。支应差人的用费更大，闫村每年每石粮约附征一元，专于支应差人之用。北骆村全年支应费约六十至七十元。没有的款底地方，差人去时便吃村长的，过后由村长向大家公摊。

2. 蓝田　渭南的邻县蓝田，组织和渭南相仿。惟区公所现已裁撤，摊派款项管理民事等等职务，都由保卫团代行。经费规定由县政府按田赋加征，不过各区自己仍自动向人民抽收。村设村长，无村公所之组织。村长是有给职，其报酬由村中公摊。

3. 凤翔　一九三三年四月将区公所撤消，现在全县划为三十六乡，每乡设乡长一人，助理员、跑腿、跑差各一人。乡长以下还有村长和甲长，甲长是管粮的，有时还兼任村长。村长有的推行，有的轮流。河湾村村长一两个月或三月一轮，任期这样短，自然办不好事情。乡长薪水每月十二至十六元不等，规定由财政局出，但派款时仍可随便加些。马家台村费的来源是随粮带征的，每石粮计甲长费0.8元，县府差人费0.1元，收粮人费0.1元，助理员薪0.2元。托卜务村甲长费每石竟带征一元，助理员薪竟带征0.9元。

4. 武功、汧阳　两县都靠近凤翔，可是政治组织情形和凤翔不同。汧阳全县划分为若干区，区以下设“乡长”，全县共七十余“练”，每“练”辖十至二十村，村设村长，村长之下还有“庄头”。武功有区公所五，每所设所长，派款外还兼理民事，可自行拷打。公所经费由地方费内拨，不够则自动抽收。

5. 绥德　绥德乡村政治的组织，比关中各县（以上所述各县，均为关中）更复杂。区长一律兼保卫团长，故名“区团长”。全县先划为几个大区，设总区团长；每大区再分为几个小区，设分区团长。分区长下尚有乡长，村长，“庄头”等等名目。总区长管理全区派征款项事宜；人民争论打架等调解事项以及地方治安等事项。分区长为总区长助手，管理其分区内征收款项等事。乡长和村长受县长，总区长，分区长之命令管理征收粮银款项事宜。“庄头”为村长之跑腿。区团所除区团长外，还有副区团长一至三人，助理员、文牍、会计各一人，团丁若干人。区团长产生的办法各区并不是一律的。第二和第三区都是“各村村民或一部分村民在区团所投票选举”。第六区区团长则由镇上财东（即殷实者）七人，掌柜六人，小学校长二人，村长四人，排长八人及各村财东二、三人推选；副区团长由本镇街坊人士选举。第十区正副区团长产生的方法是由地方绅士三人，商会三人，小学校长一人，教育会一人，各村乡长十五人投票选举。乡长和村长由区团长保举，经县长委任，“庄头”是轮流的多。区团所的经费大都没有的款。第二区经费的来源是水田捐附加（每亩六角），村捐（一九三三年起）和其他附捐。第三区水田捐的收入全年正项九千三百元，附加四千五百元，区团所办公费除在此项附加中开支外，其他派款时再加一二成。第六、第七、第八各区都从水田捐附加；计六区每亩一元，七区每亩1.1元，八区每亩1.5元。

6. 肤施、延长、府谷　这三县都是绥德的邻县。肤施组织和绥德不相上下，区团长下有乡长，乡长下有村长。村长是义务职，乡长办公费每月二十元，经费由地方抽收。延长组织就不同，五户为邻，五邻为乡，五乡为闾，五闾为区，区以上为县。区长最为重要，关于分配摊款，指挥各该区民团，调解纠纷等事，都由区长任之，经费完全靠民捐。府谷县区以下有镇，堡，乡，村等等组织，和延长县又有些不同。

第二章　公务人员的地位

乡村中握政治枢纽的究竟是哪些人，这问题因限于材料不能充分答复。但从举例中，至少可以知道一个大概。我们在渭南、绥德两县调查到的区长区团长中，明了他们的出身的有十五个，这十五个人中有九个是商人出身，三个是前清秀才出身，一个中学毕业，一个上过私塾，一个连字都不识。商人中以开染坊和贩卖布疋的布商居多，也有一个开糟坊的，一个贩卖烟土的。年龄以绥德第五区副区团长李炳起（即中学毕业的）为最轻，只二十八岁，以绥德第五区团长薛学通为最大，已经七十岁。十五个人的年龄分配如下：

不到30岁　——　2人
30—40岁　——　2人
40—50岁　——　4人
50—60岁　——　4人
60岁以上　——　3人

共　计　15人

渭南第六区区长骆相成，已经当了十年；绥德第五区团长薛学通还是民国四年接任的，到现在差不多二十年了。

乡长和村长多数没有受到相当的教育，商人出身的也占多数。我们在渭南凤翔两县调查到的乡长或村长中，明了其出身的只有十一人，这十一人中倒有七个经商，其中两个开染坊，一个开粮食店。年龄以四十岁以上的居多数，虽然采轮流制的地方不少，但有的村长任期也很长，例如渭南卢家村的村长已做了二十多年。

至于他们的经济情形，从他们所有的田产上，可以窥见一斑。

二十二个区长及保卫团团长的所有田亩：

50亩以下 —— 5户

50—100亩 —— 2户

100—200亩 —— 6户

200—500亩 —— 7户

500亩以上 —— 2户

共　计 —— 22户

十八个乡长及村长的所有田亩：

50亩以下 —— 10户

50—100亩 —— 4户

100—200亩 —— 2户

200—500亩 —— 2户

共　计 —— 18户

区长中所有田亩，最少的二十亩，最多的有六百亩；乡长和村长中所有田亩，最多有三百五十亩，最少也有二十亩。二十二个区长中将所有田地完全出租给人家种的有四家，一部分出租的有二家，其余都是雇长工经营。乡村长的田地，自己经营的占多数，一部分出租的只有二家，全部出租的没有。一般说来，现在陕西乡村中握有政治权的，还是比较年老的乡村绅士们。

第三章　警卫实力

陕西因灾荒频仍，匪患时生，所以除公安局的警察外，乡村中都有保卫团的组织。各县警察和保卫团的人数，据调查所得大概如下：

华县	全县一百四十人
蒲城	无保卫团，城内有公安局，警察二十余人，各镇有商团，每镇十余人
蓝田	全县二百人左右
咸阳	总团四十人，区团每区十至二十人，全县一百三十人左右
兴平	全县一百四十至一百五十人
醴泉	全县一百人左右
武功	全县一百人左右
凤翔	仅城内有二十人至三十人
汧阳	每区六十人至七十人

续表

（以上关中）	
肤施	城内十余人，每乡三人，五人，十人不等
吴堡	全县二十余人
宜川	全县二百人左右
洛川	保卫团一百余人，自卫团一百余人
府谷	警察三十四人，保卫团人数不详
（以上陕北）	

各县枪械的实数不容易得到。据关中各县在省保安会登记过的枪支，子弹，炸弹数如表：关中区各县保卫团武器弹库数目统计表（民二十二年六月二十日晚止）。

警卫的经费，大都是地亩上带征。例如凤翔马家台村每石粮征二角；兴平县每月保卫团经费一千二百元，也是在粮上附加的。

第四章　税捐

陕西农民负担的税捐，主要的是“田赋”和“临时摊派”。

1. 田赋

田赋在陕西省俗称“粮赋”，纳粮时以“石”为单位。究竟多少田地作为“一石”，以及“一石”粮完多少钱，这是各县不同的。而且因为田产移转时，每亩田地带多少粮，是由买卖双方议定，所以同样有十亩田，所纳田赋的额数是各不相同的。我们现在且把“每石”粮折合的亩数的差异搁置不管，看看各县一九三三年田赋的额数：

县名	每石正款额数（元）
渭南	4.304
王家村	3.30
北闫村	4.80
闫　村	4.90
东赵村	5.00
西王家、北骆村	3.00
武赵家	4.80
韩家堤	5.00
青龙镇	4.80
陈家村	4.34
武家村	4.80
孙家村	4.80

凤翔	4.297
马家台	4.50
托卜务村	4.60
绥德	18.80

以上所列，都是指“民粮”而说，其他“军粮”的征额又有些出入。在绥德，还有一种所谓“上张炳粮”，亦是军粮之一种，征额最轻。仅仅看每“石”粮征多少钱，还看不出田赋的轻重，非以每亩所要纳的额数来表示，不能比较。例如上表中渭南每石粮纳4.304元，每石合旱地十九亩，即每亩纳粮五升三合，折合大洋0.227元；凤翔每石粮纳4.297元，每石合旱地18.52亩，即每亩纳粮五升四合，折合大洋0.232元；绥德每石粮虽然要纳18.80元，但山地每垧只纳粮一升，折合大洋0.2元，川地每垧纳粮二升八合，折合大洋0.56元，每垧大概合三亩，故每亩山地仅合洋0.07元，川地合0.17元。

陕西田赋的征额，似乎不能算高；但这仅仅是正款，而且是限于旱地、山地、川地。至于水地的征额，比旱地要高出几十甚至几百倍。一九二一年至一九二七年间，农民有水地的，都被迫种鸦片；同时县政府抽烟亩罚款，规定每亩十五元。一九二八年至一九三二年间烟亩罚款又改名地亩变价充公，规定每亩十元；但一九三二年实际征收每亩有超过五十元的。一九三三年四月，省政府通令各县：地亩变价充公又改名水地捐，规定每亩13.5元，并以一九三〇年所种鸦片亩数为计算标准。实际上，一九三三年农民种的鸦片亩数，已较一九三〇年减少许多，因此每亩实际负担的水地捐要三十至七十元之多。兹以绥德各区为例：

区　别	一九三三年额征水田亩数	实际种烟亩数	每亩实征水田捐
第二区	1679 亩	485 亩	54 元
第五区	520	320	26
第六区	425	95	55
第七区	460	200	30
第八区	250	125	70
第十区	90	28	43
第十一区	?	?	30

陕省预征田赋，也是普遍现象。例如渭南北闫村预征在三年以上，大上庄一九二九年时预征至一九三二年，后来又从一九二九年征起。凤翔小渭村的田赋，已预征至一九三八年。

关中区各县保卫团武器弹库数目统计表(民二十二年六月二十日晚止)

区分 名称 县名	原存												新领			共计		
	公安局			联络团			各区团			合计								
	枪支	子弹	炸弹	枪支	子弹	炸弹	枪支	子弹	炸弹	枪支	子弹	炸弹	枪支	子弹	炸弹	枪支	子弹	炸弹
长安				12	250		60	1425		72	1675			1000		72	2675	
潼关	10	1000					29			49	1000					49	1000	
宁县	33	1137		8	100		105	1595		146	3132					116	3132	
华阴	60			15			61			136						136		
三原	53	531		3	65		97	1415		153	2061			2000		153	4061	
咸阳	30			10	100		11	180		51	280		50	3500		101	3780	
临潼	40	721		11	11		89		8	143	721	19	50	3500		191	4221	19
渭南	35			4	65		344	2225	9	383	2270	9	20	1500		403	3790	9
大荔	41	675		60	100		220	1495		351	2270					351	2270	
凤翔	27	606								27	606					27	606	
泾阳	62	755		45	18		64			144	810					144	810	
盩厔				77	7	200				77	1444	200				77	1414	200
富平	38	1257			4000					38	5257		173	13606		211	18863	
蒲城	76	3544		132	6802		1330			1538	10348		255	3250		1793	13596	
澄城	49			58	551		226	1553	5	333	2109	5	50	5750	100	383	7859	105
郃阳	36			18	300		327			381	300		100	9500	200	481	9800	200
宝鸡				50	1209		478	785	40	528	1994	40		5500	200	528	7491	240
扶风	23			28	1030	100				51	1000	100	50	3500		101	4500	100
耀县	20	271		28	315		48	547		96	1133					96	1133	
商县	30	719		21	150		332	2640		383	3609		100	5000		483	8509	
乾县	40															40		
陇县	47			283						335						335		
邠县	20			11			6			37			50	2500		87	2500	
鄠县				59	5432	23	47			106	5432	23	50	1500		136	6932	23
蓝田	59			50	1000					109	1000			2000		109	3000	
兴平	121			44						168			80			248		
礼泉	22			11	56	97	114	72	34	147	128	42	50	2500		197	2628	42
朝邑	69			74	150		983	13304		1126	13454					1126	13454	
韩城	45			41			218	2025		364	3646		150	9000		454	12046	
雒南	33	313		174	1021	162	181			384	2264	102		5000		384	7264	102
岐山	65	1562	65	46	1830		124	1560	10	235	5122	75	60	3000		295	8122	75
郑县	15			27	2000		20	320		62	320		100	4500		162	4820	
武功	42	777		86						128	2112		50	2500		178	4612	
长武				15	1335					15	97					16	97	
同官	31	400		12	97		105	2255		148	2935			1000		148	3995	
高陵	22	226			280					22	2257		20	1500		42	1725	
柞水	31	1113		7	750					38	1663					38	1863	
汧阳				5	50		114	1500		119	1550		50	3750	100	169	5500	100
麟游				9		100				9		100	100	4000		109	4000	100
永寿	40			22	940					62	940					62	940	
旬邑	24			52	300		13			89	300		100	5080		189	5300	
淳化	31			36	930		62	1800		129	2730					129	2730	
平民	27	3049	57	26	115	55	5	160		58	3324	112				58	3324	112
白水	42	420		12	250	120	90	14394	390	144	15164	510	60	4500		204	11694	510
总计	1502	19316	178	1656	31643	789	5933	51565	498	9091	100346	1387	1784	109856	600	10839	210102	1987

附注:1.公安局(如盩厔……等)有借用保卫团枪者。2.原有者指当保安会未成立以前

2. 临时摊派

除掉田赋外，临时摊派数比较更大，而且没有一定的额数，没有一定的时期。我们举绥德县第五区团自一九三〇年以来历年所派各项捐款为例，已可明了陕省一般的情形：

绥德县第五区团历年摊派清单（照录该区团所抄录原文）

（一）一九三〇年

县府派来股本正款	1550.0 元
带派办公费	60.0 元
杂税正款	840.0
又附加印花	1130.0(内办公费 290 元)
区费	203.0
地亩捐	4214.0(内有办公费 257.6 元)
门牌捐	324.8
共计	8321.8 元

（二）一九三一年

杂税正款	1034.95 元
办公费	238.00
地亩捐	4545.00(内有办公费 525.8 元)
出委员、法警及区费	535.00
花户登记	900.00
共计	7252.95 元

（三）一九三二年

杂税及印花	1568.0 元(内有办公费 376.4 元)
水灾捐	90.0
省库捐	273.4(内有办公费 38.4 元)
地亩捐	4281.6(内有外加区费 80.0 元)
区费	513.6
汽车款	565.0(内有办公费 70.0 元)
出委员、法警公费	62.0
县府派来卫持(十一团)借款	490.0 元
县府派来临时借款	1400.0
出委员、法警公费	110.0
共计	9353.6 元

（四）一九三三年七月止

杂税及印花	1342.00元（内有学款区费399.1元）
办公费	161.00
地亩捐	3672.00（内有办公费436.44元）
地亩附加各项公费	493.56
共计	5668.56元

第五区团全区只有二十五个村庄，二百二十户。若以历年的摊派每户平均计算，则一九三〇年每户平均摊派37.83元，一九三一年平均32.97元；一九三二年平均42.52元；一九三三年七月为止的半年多中间，每户平均已摊派了25.77元。

陕省苛捐杂税，名目繁多；农民所负担的，大都按地亩摊派。就我们所调查到的，列举其名称如下：

1.城工费	2.河水费	3.银行股捐	4.登记费
5.保卫团费	6.开拔费	7.善后捐	8.剿匪公债
9.等级捐	10.省政捐	11.粮秣费	12.西北水利奖券
13.富户捐	14.杂支捐	15.维持费	16.差费
17.指粮借款	18.鞋袜费	19.村捐	20.汽车捐
21.草捐	22.牲口税	23.印花税	24.庙捐
25.借粮	26.杂税	27.专款	28.门牌捐
29.乡长夫马费	30.跟粮捐	31.甲长薪水	32.路灯捐
33.房捐			

有门牌捐，有路灯捐；但是不见门牌，不见路灯。榆林区从未见过汽车的影子，而有汽车捐；农民并不需要印花，而每家非买些不可，少则七八分，多则三四角。

农民交纳税款，要经过粮头、庄头、甲长、粮赋长、村长、乡长、区长等的手，才到县政府。这些经手人自然要得些利益，由此农民身上又增加了一层负担。例如凤翔王召村一九三三年派水利奖券全村五十六元，一甲不到六元，而村长每甲派八元。又邱村的里长派富户捐二千元，交公家的仅一千元。绥德县一九三一和一九三二两年的田赋，还未收齐；一九三三年春，县政府就将这两年未收齐的田赋，交给包粮人包收，加征20%作为包粮人的手续费。

一九三三年凤翔县因为天旱，每亩旱地平均不过产麦一斗，值1.1元，而田赋以及临时摊派每亩大约要二元左右，渭南灾情比凤翔轻些，但平均每亩产麦也不过三斗，值3.3元，除纳捐外，所剩亦很有限。绥德县每垧旱地普通可产麦约四、五斗，麦价每斗不到一元；一九三三年夏，下大雨，麦子被淋，生了芽，每斗只值六角，这时每亩产量也不过值三元左右，重重的捐税怎样负担得起？因此，在陕西各县中，许多贫困的农民因为交不出捐税而被差人和保卫团团丁拘押的事情，简直是司空见惯。灾况最严重的武功凤翔等县，许多贫农的房屋都拆完了；而拆房屋的人家中，十之八九是为了应付派款，为了购买粮食而拆的，只有一二家而已。

附　录

调查日记

六月三十日

我们早晨从南京城里出发，先到下关。向津浦铁路浦口车站下关办事处接洽乘车事。因该办事处已接得铁道部通令津浦、平汉、陇海、三太、京沪等路局准予本会四调查团分别记账乘车的电报，我们就把行李拴上牌子给它，而后乘渡轮过江。九点半我们到浦口车站，向站长领到入站证，他还关照车上检票员。同我们一起出发的还有河南调查团，将来他们和我们要在开封分别。十点车开；晚九点到徐州。将数日来账目加以整理，登入账簿后，我们相继入睡。

七月一日

关于记账乘车的事，昨晚下了津浦车后，我们就同陇海路接洽好了；但乘车须分两段，徐州到洛阳是一段，洛阳到潼关又是一段。今早从站长领到第一段记账乘车证后，就上车。十点半车开。

二日

上午九点车到洛阳。第二段西行车已在上午七点半开走；我们不得不在洛阳耽搁一天。第二段记账乘车的事是在上午办好了的。

三日

上午七点半我们乘陇海车西行；晚八时四十分到潼关。

潼关是我们首次见到的陕西的地方；也可以说是我们刚刚到了陕西。潼关城内有商店五百余家，其中百余家是鸦片商店，后者占前者的百分之二十。

四日

陕西未通火车；陇海铁路西潼（西安至潼关）段明年春或可通车。现在从潼关到西安，是要乘长途公共汽车的。一早我们到汽车站，上车。人多车少，车内太拥挤。七点四十分车开。沿途是平地，两面望山。所谓平地是指非山地，其实哪里平呢。车身颠荡摇动，乘客不断地相撞，或碰车顶。天干土浮，飞尘极大，有如重雾。脸和衣服都变成黄色的了，因为那是黄土。十一点半车到渭南城里暂停，我们随同其他乘客下车到小饭馆吃午饭。吃饭前洗脸，每盆脸水都成泥浆了。正午车开；下午两点半到西安。飞尘还是那么大。潼关到西安是二百八十里，一共走了六点二十分。

五日

昨天我们住在西北饭店；今天上午移到省立高级中学来住，而且可以就近问问在校学生关于他们的各该县的概况，作为县概况调查，这样工作今天下午就起始了。

我们去见省当局，接洽关于调查的事。我们决定先找对于某某县概况较熟悉的人，作比较的县概况调查，而后决定调查哪几个县。

六日至七日

两天以来，依照五日的决定，我们作比较的县概况调查。我们得了一个结论：

> “榆林，关中，汉中，以高山之阻隔，各自成一单位。汉中为汉水上游；农田情形，东部似鄂西，西部似川北，悉系江域景色，与关中榆林迥不相同。关中榆林俱系黄土地带。关中为黄土平原；榆林为黄土丘陵地。关中主产麦；榆林主产粟。关中又可分为二区，以咸阳为界。咸阳以西的一区，地高，少水道；秋禾多高粱（今年种粟亦多）。咸阳以东的一区，地较低下，饶河流；秋禾多棉，殊少高粱。榆林亦可分为南北二区。南区地广人稀；清同治年间回民暴动，土著汉民多被杀死，农田半成荒地，迄今尚有待於垦殖。北区为无定河流域，居民颇稠，绝少荒山废地，惟土质不如南区初垦地带肥沃。
>
> “汉中因时间关系，不能前往。关中东西区及榆林南北区，各选一产业中等之县为代表县，作较周密之调查。现所选定者：咸阳以西为凤翔，咸阳以东为渭南；榆林北区为绥德，南区为肤施。渭水南北情形不同，而渭南跨渭水南北，兼有南北之特点。
>
> “予等计划，先关中西区，继关中东区，而后榆林。”

我们本打算明天出发往凤翔；但是，几天以来落雨不停，道路泥泞，汽车不能行。起身日期要往后延迟了。

我们起始照像。

八日

下午才晴；明天我们还不能出发。着急！

我们又作几个县概况调查。

九日

天已放晴；明天我们可以出发。

几天以来我们在城里看见不少的灾民。白天他们或向人讨钱，或站在饭馆门前讨饭。端履门街口有一家牛肉饭馆，早晨卖牛肉汤，剩下来的在正午重煮一下，卖与灾民。每一大碗卖铜元十枚；灾民围起来，争着买。晚上他们宿在人家门洞下。每天清晨在端履门街还有人市，许多有工作能力的灾民聚集在那里，等着有人来招他们作工，每日报酬约一二角。灾民还有拆房携木料来卖的；卖木器的人都集中在马城子，那就成了木市。灾民约有三四万人；今春比这还多两三倍呢。

街上商店最惹我们注意的是鸦片商店。鸦片商店约四五百家。大多数是一间门面，柜台后有一个煤炉子，一个人在那里用铜锅熬鸦片；熬好了，放在大碗里，预备零碎出卖。每两约卖一元三角。门前有一块招牌，长约尺半，宽约半尺，写着“销售烟膏”，还加上商店字号。街上有摆摊卖吸烟用具的，例如烟枪，烟斗。据说，红丸和白面是绝对违禁品；吸者查出就被枪毙。

我们又作了几个县概况调查。

十日

早晨我们到马城子省公路局汽车站。因数日未开车，今日乘客特别来得多。往凤翔去的只是货车，一向是这样的；货车载货之后，乘客就坐在货上。我们乘的那辆车上，除我们四人外，还有一个乘客。九点车开。车走到北门时，因为稽查处查税，耽搁了一点多钟。从西安往西，路不算太难走。因为落雨不久，尘土还未飞扬起来。十一点车到咸阳渭河东南岸。

渭河是水浅流急的，自西南流向东北。两岸码头是斜对着，相距一里多；西北岸的码头较东南岸的码头偏左些；所以自东南岸往西北岸较自西北岸难得多。船少，车多；一直到下午一点半我们才上船；汽车也经过木板开到船上。

船是木制的，约一丈宽，三丈长。每船有水手十余人；其中四五人在河里牵绳拉船；二人持杖锚，如船被急流往后冲时，就插锚定船；四五人站在船尾的向外斜的木板上，用六尺余的木篙，一方使船斜行，一方阻船后退。走了二点钟，船才近岸。田有泥滩，船不能靠岸。乘客由水手驮到岸上；汽车是用木板下船的。

下午三点半汽车继续西行，四点半到兴平。往西多山，天已嫌晚，不能再走。从西安到兴平不过是一百里，竟费了七点半钟。因宿店客满，我们到县政府来过夜，晚间县长召集本地人士数位来谈县概况。

十一日

上午六点半车开。

兴平至凤翔多是山路。形容这段路的有一句俗语：“三沟六坡九转十三弯。”车常左右倾斜，而且泥土又软，以致搁浅数次。坡不止六个，其实有十余个；斜度少则二十度，多则三四十度。转弯很多，车常在山腰上行走，路很窄，另一面是深谷，看看不免有点怕。

今天是特别地炎热。我们坐在车上的货上，没有篷，没有伞。两臂晒得紫红，头脑昏涨。我们时常下来，到小河流上，用水洗脸，洗身。口又是特别地渴，但是我们又不敢喝生水。我们在沿途小茶摊上喝那浑浊的开水，越喝越出汗。

兴平和凤翔之间是武功、扶风和岐山；这一带是灾情较重的地方。沿途所见的竟是荒地和破屋。农民，除了死卖之外，大部分离村，临走时把房子拆了，把木料卖了，让田地荒芜着。他们逃到山西、河南、甘肃，或为田间雇工，或为小贩，或作杂役。未离村的农民也因为缺乏耕畜和种子，不能尽量耕作，让田地荒着一部分。沿途有不少乞丐，遥向汽车乘客磕头。

武功东大街是一个汽车站，车停歇半小时，我们下车，到小饭馆吃饭。二十多个灾民立刻围上来，都是瘦得可怕的。一个八岁的女孩子：家人都死完了。她两额突进去，胳膊，只见皮不见肉。我们剩下的西瓜皮和西瓜子，他们都抢着吃得干干净净。当我们吃罢了饭，他们又抢着吃碗盘里的剩饭和菜，吃完了还舔，舔完了碗碟舔桌面。

下午三点半我们到了凤翔，从兴平到凤翔是二百六十里，费了九点钟。

我们住在教育局；当天同县长接洽调查的事。

十二日

下午我们同一些对于乡村情形较清楚的人谈话，并且决定了调查五个村子：小沙凹，石家磨，小唐村，尹家务，和南务村。

凤翔全县分为三十六乡；每乡分为十甲；每村是一甲，或二甲为一村，依村的大小而定，甲是征收田赋的单位。合数乡组成一区，每区有一个市镇，作为各该区的中心点。一共是九区。

我们预备明天下乡调查，先调查小沙凹。

十三日

早晨我们乘着双轮马车出发。小沙凹属于执礼乡；执礼乡属于中区；中区就是围着县城的一区。小沙凹距城不远，不过五里。我们先到小沙凹北邻的大沙凹来看。大沙凹有个城堡，正门上还刻着“永宁堡”三个字。里面有许多土房子，但是十分之九以上的房子都是空着的，拆了的。只有数家还在炊烟烧饭。

我们来到小沙凹。那里有个天竺寺，塑像和画像都很精致，可以推想出这个村子曾经有过富庶时期。我们在天竺寺摆了四张桌子；我们中的两个人询问本村各户主或户主代表人（如户主的妻或子），作“土地分配挨户调查”；其余两个人询问本村和附近各村的当局，作“政治经济分村调查”。我们还到村居去看。

我们作分村调查时，户主或户主代表人常向我们诉怨，哭泣，甚至有向我们跪下磕头的。自从一九二八年秋一直到现在，苦旱了五年。现存各户里已经饿死的，病死的，逃亡的，被卖的，被送的，有六十多人，占一九二八年的百分之二十以上。此外完全死亡或离村的还有二十多户。现在他们吃的是野草，但是还要纳捐纳税。捐税若交不齐，他们就被县政府的衙役和保卫团团丁带到城里或镇里去打，他们以为，或者希望，我们来解救他们，给他们放赈，所以他们才向我们诉怨，哭泣，甚至跪下向我们磕头。

小沙凹地有断层，农民在断层里挖一个屋子般的深洞，加上简单的门窗，住在里面，那叫作土窑。没有房子的农民就住在土窑里。他们在土窑里炊烟烧饭，烟屑把窑熏得漆黑了。他们很少有灯，窑里是怪阴森的。

小沙凹唯一的副业是编草帽。每编一只费三四天，卖一二角钱，每月所得不过一二元；还有编好了卖不掉的。

我们回到城里时，天已经暗了。

十四日

我们调查石家磨。

石家磨有水地，水是从小溪来的。天旱溪干时，水地也就成了旱地了。水地都种鸦片，县政府抽水地捐。

今年三四月农民吃的是野草和树皮。五月地上已经吃得没有什么草了。他们还吃油渣，麸子等。现在麦子收下来了，他们才有面粉。把面粉掺在野菜里，用水煮成糊状，叫作盘汤；每人每顿吃不到二两面粉，有的每天只吃一顿。

饿死、病死、逃亡、被卖、被送，是普遍的现象。

石家磨附近有一个纸坊村。那里有好多纸坊。造纸的原料是麻，麻不是本村出产的。有井，有溪，淘麻是很方便的，碾麻是用有一个环形的直径约二丈的沟碾，由驴挽碾。捞纸用竹帘，在土窑里。小女孩子推着车，在墙上晒纸。每个纸坊约有七八人，每月净余不过一元。

十五日

小唐村又比较苦些。这里的农民在一九二八年秋吃过死人；那县麦子卖八九元一斗，他们哪里有钱买。城门关了起来，不许农民进城，恐怕他们进城来抢。

十六日

尹家务是个灾情较重的村子。五年来人口减少三分之二。成年女子多能纺织，但是没有棉花。井深至三十六丈，用水太难。

十七日

我们到灾情最重的南务村去调查。本村在一九二八年有二百多户，到现在只余七十六户。这七十六户在一九二八年有五百零五人，现在只余三百二十五口人，减少一百八十口。这减少的一百八十口人里除去未详的十人外，计有饿死的一百零一人，病死的五人，逃亡的五十五人，被卖的五人，被送的四人。某户在一九二八年卖了一个十一岁的女孩子，只卖得一斗麦子。

天气太热，我们中有一个人因在暴日下去照像，晒得太多，热昏了。

十八日至十九日

我们作县概况调查。

城内破屋约占三分之一，全都空着。有小押当数家，全是一间门面；月利是百分之十五，六个月满期。鸦片商店有四五十家。吸食者约占十分之四。乞丐也吸食，每日二十枚。乡村富户都到城里来住，并乘机收买土地。

我们预备明天往西安。

二十日

上午七点半车开。天气干燥，尘土飞扬，我们又成了土人了。渡渭较上次省时。下午五点半我们到了西安，仍住省立高级中学。

二十一日至二十六日

天雨数日，我们未能按时出发。我们又作些县概况调查。

二十七日

天已放晴，明天我们可以出发了。

二十八日

上午七点我们乘汽车东行；十点半到渭南，住在县立师范。下午我们同县长接洽关于调查的事，并且同一些对于乡村情形较清楚的人谈话，决定调查四个村子：王家村、下太庄、韩家集和瓦子店。我们预备明天下乡调查。

二十九日

王家村是在常稔原上。常稔原高二十余丈，缘坡而上，坡斜有到四十五度的。我们骑驴出发。沿途瓜田甚多，随地都有卖瓜的。渴时，我们吃瓜。原上是一大片半地，井太深。雨水不太缺乏。未有什么大灾。本村到外村为佣工的倒不少。

三十日

下太庄、韩家集和瓦子店都在渭河以北，是一片平地；不过距城远些，我们不能每天从城出发，因而我们用固市镇作为来往的中心。

早晨我们乘人力车出发，约半点钟就到渭河滨。那里只有一只渡船，正在对岸。我们候了一点多钟，船才来到。南岸土松，不到半点钟即陷下一块，声音很大。搭上木板，我们带着人力车上船。船初靠岸向西行，而后顺流斜渡。河身偏北有滩，船不能靠岸。水手驮我们下船。十一点我们到了下太庄。

下太庄已见灾情。一九二九年饿死十余人，逃了十余人。去年饿死和因霍乱病而死的有五十七人。一九二八年有二百多人，现在只余一百多人。一九二八年有耕畜四十头，现在只余八头。

下太庄属于忠义乡。我们作调查时，该乡乡长也在那里。调查将完结时，他到旁处去了，就有一个忠义乡的其他村子的农民叫作袁作荣的向我们跪下了，请我们解救，随着递上一张带字的纸条。那上写着：

> 奉县府来令，十九、二十、二十一年粮赋尾欠由饮食之家筹措，急如星火。今于本里（即乡）袁作荣项下派大洋五元正；即刻交付来人，以凭送县，是为至要，切切。此上
> 袁作荣。

周围的农民都替他说话。他们说，这不是县政府派的款，而是乡长假借县政府名义来派的私款。

夕阳将下，我们起身往固市镇走。我们到固市镇时，天已经完全暗了。

三十一日

我们出发去调查韩家集。

韩家集一带，连固市镇在内，特别缺乏可用的水。井水苦涩而有碱性，既不能喝，又不宜浇地。水量又小，洗濯用也不足。因水少，不能用桶汲水。井口放一横杠，中间系一支绳子，人缘绳而下，用勺刮水，放在桶内。人多井少，大家轮流取水。喝的是雨水和雪水。每家房檐下都有几个瓮，预备接雨水的。雪在地上溶成水时，再导入小池，或在瓮内。这点水只够喝，不够浇地。

农民吃的是黑馍。黑馍是用扁豆粉和面粉合作一起蒸成了的。他们还喝绿豆汤。

我们作土地分配挨户调查时，韩伯娃一户是由他的七十四岁的老母来答话的。她瞎着眼，含着泪，断断续续地说：

“民国十年借了四元，是儿子借的，未有还过。利上加利，到了民国十四年，写了一张字据，算是借了三十二两。儿子是死了！现在哪里有钱还?”“她的两只眼睛”，她的邻人说，“就是为着这件事急瞎了的。现在她还能纺线，每天纺五两。”

那里还有一个小学校，叫作培民初级小学铰。学生有二十多人。校长兼教员有一人，年薪百元。还有九条章程：

1. 本校宗旨在培养成一般公民为宗旨。
2. 本校拟定，学生入学时，学费及一切杂费全无。
3. 本校采用教育部审定新时代教科书，分级教授。
4. 学生入学后不得随意缺席；如有特别要事，学生父兄须得向教员声明，方能缺席。
5. 本校所用之公共物件，学生不得任意毁伤；如有毁伤，须照价赔偿。
6. 学生在上课时不得任意闲谈，喧哗。
7. 学生在校，坐有定位，不得任意搬动。
8. 以上各条规则声明，若有不法任意行动者，特别处罚，重则除名。
9. 自由不可乱离轨道也。

夕，我们回到固市镇。

八月一日

据说，路上不平靖，我们不得不赶早起身回固市镇。

固市镇驻有保卫分团，团丁六十名。分团团长是南乡的地主；常同军队、土匪、流氓交往。今年五月他才上任。一上任，他就派款，每石粮银派一角五分。他管八乡，约百石粮。一万个一角五分是一千五百元。一个古董商人，被他诬为盗墓，用夹棍把腿夹折了；花了数百元，才被释放。

二日

上午我们从固市镇回到城里。

城里商店有二百余家，鸦片商店占六十余家。本县田市的天合昌字号的鸦片棒子特别有号召力，每个鸦片商店以及每个鸦片小摊都悬着一块招牌，上面写着“代售田市天合昌棒子”。

在西安和凤翔，我们中先后有两个人患腹泻；现在又有一个人患腹泻了。我们在从南京出发时每人都吃了预防霍乱和预防伤寒两种药饼。现在这不至于是霍乱或伤寒吗?

我们预备明天向东行，出潼关，沿陇海、平汉、正太三条路到太原，而后经过洛阳和蚆镇到绥德。从渭出发，不出陕西，也可以到绥德；不过路太难走，而且不平靖。我们不得不绕道走。

三日

起身后各人忙着收拾行李，至九时半，离开乡村师范到长途汽车站，抵站，才知道到潼关的汽车，要延迟到十一点钟开。将行李放好后，就在站内车旁的小饭馆，随便吃了些上车；直至正午，车方才向东启行。汽车过处，尘土飞扬，不辨人物，就连呼吸亦颇不易，下午四时，车抵潼关；即下车步行至中国旅行社。稍息，一同出外，至附近一天津馆吃面。在吃面时，决定了各人今晚的工作，面毕，我们就分头做各人的事。晚九点，潼县县长偕当地士绅二人来访，我们就作县概况调查，直至十一时，始各辞归。将账目整理清楚，已深夜一时了。

四日

到车站很早，可是因为车票的日子过期，发生了问题，交涉办妥上车，离车开只有几分钟的时间。车开后，看书，谈话，有时浏览窗外的景色；虽长时间坐着火车，却并不感到寂寞。到午时，因为早晨没有吃东西，每个人肚子都已很饿；叫车上的侍者来问："有什么东西可吃?"不料侍者的回答是"没有饭车"。挂了头等车而不预备饭车，我们都觉得奇怪。在一无办法之中，我们只有沿途买鸡蛋充饥的一法；今天的吃饭问题，就这样勉强过去。到洛阳是夜里十点半，至大金台旅店，已十一点钟了。

五日

昨天一到旅店，就问明白了东行的陇海车，要今天下午七点半才有。今天白天虽然有整整的一天，可以玩玩名胜，在街上走走看看，可是因为天热，我们都怕出去，就决定不出去，在旅馆中各自做事。六时半吃了晚餐，离旅店至车站，车尚未进站，候半小时，车驶进月台靠站，我们就登车东行；天黑，车窗外之景物，一点也看不清，车厢中又无电灯，什么事都不能做，只好在车中轮流假寝而已。抵郑州已深夜二时，住中国旅行社。

六日—七日

平汉路的下行车，逢星期二、四、六才有，六号是星期日，七号是星期一，要到八号星期二才可以走，而我们住的中国旅行社，亦有搬的必要。六号起身漱洗后，我们就一同出去找寻住的地方，经我们找寻后商议的结果，决计住大金台。回旅行社把账目算清，就搬到大金台住下。各自把床铺弄好，我们四个人立刻开了一个谈话会，讨论这两天中的工作，最后决定：(1) 审查凤祥渭南两县的调查表格，(2) 整理及审核七月份全月账目，(3) 洗凤翔渭南两县所摄的照片，(4) 问汇款往绥德之方法，(5) 与平汉路接洽乘车事；一面作出发的准备。

八日

早晨起来，把行李收拾好，吃了早点，将账目算清，我们就趁上午九点五十三分的平汉车北行，因为平汉车两天一次，所以乘客非常拥挤，我们好容易找到一个地方，可是已经费尽九牛二虎之力了。沿线房屋，都为砖瓦建筑，与陕西陇海线之土筑石筑，已大不相同了。所经黄河铁桥长九里，分为百节，车在桥上行，历时十五分钟之久，为世界大工程之一。水流甚急，沿线作物，以高粱、谷子、芝麻为多，间有菜园。夜一时半，车抵石家庄。

九日

上午七点半，乘正太车西行，车身较津浦、京沪等皆小，形似上海之淞沪小火车及浙江的杭江火车，惟整洁，美观，舒适则为全国冠，盖此路系比、法两国投资所筑，几年前才由我国收回；然因债款未清，故仍由法人管理。沿途多山，车在山谷中行走，上下坡虽较陇海路为少而不时转弯，则较陇海路为多，且不易转。所经山洞，全线计有二十一个，车至寿阳西，沿小河而行，沿途房屋多石筑，间有砖筑而无土窑。沿线植树颇多，所经之阳泉，为一煤矿区，工人甚多，运煤之火车排列不少。沿线作物，以高粱谷子为多。下午四时二十分车抵太原，住山西大饭店。

十日—十一日

既抵太原，适逢大雨，至汾阳的长途汽车，因路基被水冲坏，或因积水过多，非一星期后不能行驶，心中焦急异常。至十一日下午天晴，方才安心。然汽车仍不通行，乃决计乘人力车出发，于当晚雇就人力车四辆，车价讲妥，嘱车夫明日天微明，即至住处等候出发。

十二日

晨六时，分乘人力车四辆西行，晚七点到交城，投宿一无字招牌之小客店。由太原至交城，计走一百十里，由交城至汾阳为一百二十里。人力车系循汽车道走，尚属平坦。途中渡大小河流七个，水洼二处，皆系大雨后所积成，第一水洼在南堰镇，计长二里半，过洼之法，人力车夫仍挽车从水中过，往来路人，则乘苦力临时筑成之小船，由苦力二人，涉水用手推行至对岸，约需时十分钟。今夏山西雨水过多，沿途所见庄稼，被水所淹之处甚多。因此报灾之县甚多。所经之清源县，为著名葡萄出产地，价廉物美，甚为适口，葡萄汁，葡萄酒之酿制，闻名全国，每年销数不在少数。

十三日

上午五时半，从交城出发，渡河流十一处。文水县开栅镇，有文峪河，为发源地；初为一流，后来分为二支。东支有一大石桥，有孔十二，二孔被冲坏，桥亦折断，车不能过；西支水浅而流急，渡河时，车夫顶车而过，客人及行李则由人抬。抬架系四长柱，用粗绳结成网状。行李置放网上，人即坐于行李上，由二十余人抬；因流急，非用许多人之力量，不易过河。询诸乡人，文水县今年每亩收五六斗，每斗麦值二三毛，纳税七八毛。去年摊款三元，有卖房地以还税者。山西农村之破产，于此可见一斑！下午六时半抵汾阳，为打听往绥德行程，为方便起见，决计住于陕人开设的万合栈，抵栈稍息，即托栈店代雇夹窝四乘，以便明晨清早出发。

十四日

起身天已小雨，不能出发，从脚夫的经验及店家的谈吐，非买油布遮盖，是没有办法的。等到油布买回来弄好，已十一点了。我们吃了些面，就乘夹窝冒雨出发。下午四时半，抵向阳镇，因时间不早，就止于此。此间麦收，今年可得二三斗，多者四斗，少则数升，秋田高粱收三四成，谷子五成，豆二成，糜一成。田赋普通每亩四升，合大洋三毛多，去年派款四毛。向阳镇约有七十户，杂货铺二，其他店铺五家。

十五日

上午五点二十分出发，经吴城镇，下午五点半抵离石县之王营庄，住魁兴永客店。至六时，忽雷雨交加，约二十分钟雨止。小河流皆变成大河流，系山水积聚一处流下，故水势颇急，树木、牲畜、房屋之被山水冲下者甚多；地亦震动作声，历二十分钟雨止。低洼之处已积水数尺，哄哄水声，终夜不绝。据村人云：庄稼之被水冲坏者，定不在少数，此种情形此间每年必遇到数次，在我们尚系第一次见到，这恐怕就是山洪暴发吧？雨后天气很冷，穿夹衣和绒线衫还不够呢！

十六日

上午六时半起身，下午五点到梁家岔，后半程过一高山，我们下夹窝步行。崖高可十丈，河流及小瀑布很多，见牧羊群十多起，山羊较绵羊多。山坡斜而多石子，步行颇艰难。山沟中有村落及耕地。作物以高粱、小米、玉黍、麻、糜为多。沿途见驴群数起，皆向东行，询诸脚夫，知系贩驴者。货物用驴、骡驮运，邮件亦然。

十七日

晨五时半出发，下午一时半到临县及离石县其属的碛口镇。中经王老婆山，高可四里，上下坡各十里，坡多斜至四十五度，多险峻，据云：近来时有小股土匪打劫，行旅颇以为苦。在山顶下望，四围皆山，接连濮牛岭，据云内有煤矿可开采，碛口镇往昔商业甚盛，居户亦多，因年来税卡林立，税收过重，过客乃少。

十八日

晨六时出发，行十里，忽下大雨，即止于索达干村一小店。天久雨不能行，是日即宿于小店中，店很小，狭窄异常，坐立无地，只可将夹窝置于院中，任雨淋打。我们亦只可躺坐夹窝中看书休息，静待天晴，夹窝上幸覆有油布，不致漏水，可是所受雨天的痛苦，亦够了。

十九日

天气于昨晚放晴，地亦稍干，六时起身，七时出发，九时到高家滩待渡，九点二十分，分乘渡船二艘过黄河。河面宽二里，水流湍急，船行不易，初斜行拨双浆，浪高五六尺。船抵对岸，则沿岸逆行，抵上岸处，约需时半点钟。此处系陕西之吴堡县，上岸后徒步而行，因山路甚狭且多石子，行路不易；行经一斜道，夹窝转弯不易，即倾倒，幸未坐人，否则必有受伤之虞。十一时半，到葭县螅蜊峪镇。镇与碛口相仿佛，有户百余，商店二十余家，情形尚热闹。我们在小店中吃饭，预备饭后继续赶路，因当地驻军康营长之劝导，谓：沿路不很平靖，明日再行，乃宿于一小饭店中。此日适逢集市日（五日一集），故倍形热闹。集市沿黄河河岸设摊，售卖粮食，牲口及日常应用物品；见有一妇，欲回米脂苦无路费，手持棉衣一件求售，索价一元二毛，因索价过高未售出。普通人之职业，以挑担为多，来往碛口及米脂一带，贩皮毛，洋布及零星用品，所入甚微。此间有特税征收分局，烟款每亩省派十元，县派二三十元，今年雨水过多，冲坏田地很多，收成不好，此间有五分之一地系水地，全种鸦片；不种也须缴纳烟亩，不纳，则被吊打，结果仍须出款。某人水地三亩，出款八十元，某人一亩，出款二十四元，不满一亩，亦作一亩计算，乡长每元扣二分。本地粮食靠山西运入，烟馆约二十余家，每两烟膏卖三元。此间乞丐很多，最奇者，乞丐上门，不给以食物，不给以钱，而给以鸦片烟泡一个，据云此系普通现象。于此，可见陕西烟祸之一般！此间有一县政府设立之地方银行，借款以三月为限，月利二分五厘，惟需有铺保，方能借款。镇上有大财主二，各拥田数千亩，闻系以商起家。螅镇有机关数个，计有：特税局、善后局（鸦片公卖机关）、烟酒公卖局、纸烟特税局、盐务局、牲畜税局、皮毛税局、杂税局等。所谓机关，皆剥削人民之税收机关。

二十日

上午五时二十分出发，过高山后，十时半到绥德吉徽镇，因脚夫、兵士清早未吃东西，至此已很饿，大家就在此午餐，十二点继续前进，又过一高山，下午三时到官家咀时。系属于绥德与米脂二县者，有村户九十余。大部分土地为米脂杨家沟马姓所有，杨家沟马姓为陕北大地主之一；离此仅五里路程，我们中有与马姓大地主素识者，乃决往访。漱洗毕由村民任向导陪同前往，过一丈山即到杨家沟，需时三刻。其地之富饶，道路之平坦，宽大，村民衣履之整洁，石窑之高大美观，我们在陕西尚属第一次见到。既抵杨家沟，约走十余分钟，即抵马君之窑。沿途精工雕刻之石碑，栉比皆是，窑外为一城堡式之围墙，在城堡上任守卫之责者有二三十人。由人通报后，马君出迎。进围墙则为一广大之空地，过广场，同至一会客之石窑，窑为青红色之巨石筑成，门窗皆雕有极精致之人物花卉，颇美观。进石窑，窑颇高大，墙之四周，皆用各色之油漆漆过，更见富丽堂皇，窑内所陈各物，皆系上选之品，内部整洁无比，俨如南方之大富家气象。马君家中有伙计数十人，管账者六七人，牲畜百余头，所养家畜，不计其数，所食极丰盛，惟所穿衣服则极俭朴，此系大地主之本色殊无足奇：大地主优裕舒适之生活，于此可见一斑；直谈至天黑辞归，返店，均各就寝。

二十一日

上午五时半起身，十点四十分至离绥德城四十里之四十里铺镇午餐，镇有二百余户，商店六七家，宿舍四家。此间物价甚低，茄子一元百斤，韭菜每元五十斤，面粉每斤一毛，猪肉每斤一毛八分，羊肉每斤一毛六分，鸡每元十只，鸡蛋每元可买二百个，麦子每斗七角。十一时半，继续前进，四点半到绥德城。二日来沿途所见作物，以玉米、谷子、糜子、南瓜为多。抵城住教育局，气候已寒冷多矣。团员中有临时添衣者。

二十二日—二十三日

这两日中，与地方当局及地方人士接洽调查事，谈经济状况，并决定调查村；一面作下乡调查之准备。

二十四日

起身天阴有微雨，迟至十一时半骑驴出发，下午四时四十分抵四十里铺镇，即宿于此，晚，作区概况调查。

二十五日—二十六日

上午七时半出发，下午三时到崖马沟，零点二十分遇雷雨，无处避雨，便冒雨而行，衣帽尽湿。约二十分，天放晴，雨后山路泥滑难行，颇费气力。崖马沟为一中等村庄，居户百三十余户，本村于民国十八年，曾吃树皮。居户百分之九十以上为佃户，所种土地，几皆为杨家沟马姓所有，吉徵镇马盛德次之。每年收租以秋收后为期，若不缴清，于翌夏收成后再补缴。完租谷，以粗粮计（谷子、高粱、黑豆、糜子），若用细粮（麦、绿豆、小米），则加倍计算。据云地主之由来：(1) 放债以地为抵押，(2) 债户人未能还债，将地典入，(3) 押地及典地后，均收买进来。食品以高粱、小米、黑豆为大宗，以面粉待贵客。山地以三亩合一垧，每垧分五堆。二十五日傍晚，挨户调查开始，二十六日夜，全部完毕。

二十七日

八时离崖马沟，下午零点三十分抵刘郭川，过一高山，行一小时，二时即开始挨户调查。此处每垧地普通合粮一升半，地有种二熟者。至晚十时睡。

二十八日

继续作挨户及分村调查，四时完毕起程，行数里遇大雨；仍冒雨前进，五时半到义合镇，雨仍不止，宿于区公所。

二十九日

上午十一时离区公所，下午四时到雷家沟，过一高山名张家塔山，上下需一小时半。抵村，即开始作挨户调查，因村户只三十余家，当晚挨户调查即告完事，分村调查须明晨开始。

三十日

晨起即作分村调查，一面收拾物件，九时，分村调查完毕。即起程过官道山，十一时半到薛家峁镇午餐，兼作区概况调查；因人多，吃东西殊费时间，直至下午三时才吃好起程，抵教育局已晚七点了。

三十一日

八时由教育局出发，兵士及脚夫，在苗家坪镇吃午餐，我们则在小店休息；他们吃完，再继续前进，下午二时半到鹅峁峪村。稍息，即开始调查，至晚十时睡。

九月一日

上午调查完毕，下年零点二十分起程，至沙滩坪午餐，饭毕，仍循原路返教育局，时已万家灯火矣。挨户及分村调查，于今日全部完事。

二日—四日

三日内，分别接见区长，作区概况调查。有时作县概况调查，一面作回京之准备。

五日—十一日

五日上午分乘夹窝离绥德城，启程南归，过军渡，仍循原路返抵汾阳，沿途所见与去时所见相同，惟行程较去时缩短一天半，因未遇天雨之故。

十二日—十三日

到汾阳之汽车路，虽未修好，然已勉强可行，我们就乘汽车回太原，上午八时开，下午一时到太原，去时乘人力车须走两整天，今只五小时即到。山西之长途汽车，较陕西的宽大而好，路平坦，车过处，亦不如陕西之尘土飞扬，不辨人物也。离绥德时，为谨慎起见，除路上必须应用之少许款项随身自带外，所余之数，全部由绥德汇至太原，我们既抵太原而汇款尚未到，不得已只可在太原耽搁。十三日上午十时款已汇到，我们就离开太原乘正太车至石家庄。下车至正太饭店，据云：不久平汉下行车即到，我们立刻又将行李搬到平汉车站，等一刻钟，车进站，我们就登车，因赶车，人极疲劳，车开，就大家打瞌睡。到郑州，已次日上午八点多钟了。

十四日—十六日

平汉车上午八点多钟到郑州，下车即至大金台旅馆，因为我们中有疲劳过度致疾者，乃在郑州停留三天。在此三天中，将调查表格及账目，详细加以整理审核。

十七日—十八日

今日上午乘陇海车南下，车颇拥挤，到徐州是晚上十时多，住东方旅馆。次日上午趁九时的津浦车返京，抵南京却巧是二周纪念日。

中华民国二十三年八月初版

河南省农村调查

凡　例

（一）本会此次调查，系依照本会规程，以土地关系及乡村政治为范围。

（二）调查方法以村为单位，惟其中关于土地分配一项，则挨户调查。

（三）本报告所依据材料，为河南省许昌五村（许庄、洼孙庄、水口张、李庄、邢庄），辉县四村（稻田乡、安庄、大史村、杨家庄），镇平六村（腰庄、王庄、大榆树、大和营、谢庄、老毕庄）底分村调查和该十五村一千二百四十八户底挨户调查，以及许昌邻县洧川、新郑、郾城、临颍、鄢陵底五县三区四村底概况调查；辉县邻县新乡、淇县、汲县、修武、滑县底五县二区六村底概况调查；镇平邻县内乡、邓县、南阳底三县四村概况调查及信阳三村底分村调查。

（四）村户分类原拟就租佃关系和富力两种标准行之，俾可相互比较；因限于时间，本报告所采用者仅为依据富力而分的一种，惟自耕农与佃农的成分，于第四章讨论租佃关系时亦可窥见一斑。分类所采标准，大致所有农田大部或全部出租坐收地租的，为收租地主。所有农田大部分或全部雇工经营，自己不参加田间工作的，为经营地主。自己参加田间工作，同时雇长工一人以上，或短工百日以上有扩大再生产的可能的为富农。自种自田，或租种多数租田，不雇工耕种，亦不被雇于人，仅足保持简单再生产的为中农。耕种少量的自田或租田，即靠其他收入亦难维持生活，其再生产趋向缩小的为贫农。自无农田，亦不租种农田，仅被雇为农业工资劳动者，则为雇农。

（五）本报告除正文外，尚有附录七种。所有不能插入正文的材料，均写入“调查日记”中。又因正文中所引者为各县总表，故所有村表亦列入附录中。

第一章 绪言

河南全省，除豫南淮河流域地质较肥以及豫西山岭起伏耕地缺乏外，一般说来都带着黄土平原的特性。但黄河以北又因种种自然的以及社会的条件和黄河以南豫省中部不同，所以农村的生产关系就发生差异。我们这次调查，在山岭区选定了西南部的镇平，在平原区选定了北部的辉县和中部的许昌。除掉在这三县底分村的和挨户的详细调查外，再在许昌底临近洧川、新郑、郾城、临颍、鄢陵；辉县底临近新乡、淇县、汲县、修武、滑县，以及镇平底临近邓县、南阳、内乡，诸县底分区的及分村的概况调查。豫南淮河流域因受时间的限制，仅在信阳作分村调查及该区域底概况调查。

豫南信阳、罗山、光山、固始、商城和息县底东南乡都种稻，一切情形和鄂北相近，大地主较多，田权集中的程度很高，因此佃农的成分特别多，租佃关系也就成为本区农村生产关系中主要的关系。

豫北经营面积较大，富农比较发展。主要作物有小麦、玉蜀黍、高粱、小米、黑豆、绿豆、芝麻等；辉县、安阳、孟县等种一些稻，都是利用天然的水利，并没有人工灌溉的装置。郑州西北，新乡西南和孟县西部，近十年来植棉的区域扩张很多，主要的原因是由于郑州开设了裕丰纱厂，棉花的需要增加。黄河沿岸的滑县、长垣、封邱、延津、原武、阳武诸县，地多沙土，产量微薄，每年常有大批农民到山西去当雇农或租地耕种。在沙土地带，花生是最适宜于生长的作物。

中部许昌、禹县、襄城、郏县、临颍诸县，为著名的产烟区，各县所产烟叶，都从许昌出口。种烟的成本较大，所需人工较多，因此经营的面积较豫北小得多。高利贷的势力在许昌一带特别猖獗，也是由于一般种烟叶的农民，在烟叶收获以后需要较多的资金之故。

土匪是河南全省普遍的现象，而豫西是他们的发祥地。临汝、伊阳、宜阳一带，民风强悍，几乎遍地皆匪；他们以有山岭为藏身之地，出没无常，所以很难肃清。西南的镇平、内乡、晰川一带，本来也是土匪世界，经过了本地民国几年的痛剿，现在方得暂时的平靖，因为临近的南召、邓县等时去威胁，还不能“高枕无忧”。土匪盘踞的地方，所有的农田往往荒芜起来，这些荒地的所有权，又会逐渐落到少数人手里去；因此我们从所得材料的统计中看来，镇平田权集中的程度很高，但跟随着田权的集中而来的，却不是大规模的经营，而是农田使用的分散。

以下的叙述，将更清晰地证实各区不同的特质。

第二章 地权底分配及农田底使用

一、一般的叙述

河南底土地关系，除豫南淮河流域稻作区域佃农成分较多外，一般说来是小农占优势。非私人占有的土地，比起中国南部各省来，在河南农村中并没有起很多的作用。据我们抽样调查的结果[1]，由政府机关处理的公产，并不算多。在豫北新乡、修武、辉、汲、淇、滑等六县，所有公产不过二万六千五百亩，占各县总地亩底0.89%；豫中许昌、临颍、郾城、洧川、鄢陵、新郑等六县不过一万二千〇六十亩，占总地亩底0.65%；豫西南镇平、邓县、内乡三县更少，共一万一千亩，仅占总地亩底0.33%。豫南公产较多，信阳一县就有二万亩，占全县总地亩底4.36%。庙产的数量比公产更少，豫北六县共一万二千〇五十六亩，豫中六县有一万七千六百二十七亩，豫西南三县只八千亩。民国十九年时全省的庙宇改办学校，庙产一律没收，改为学田，充作教育经费，所以现在的庙产实际上都已变为公产。但是在豫西南一带，依旧有许多大寺庙保存着固有的田产。例如镇平菩提寺底四十多顷和南阳玄妙观底七十多顷地，仍归寺内主持收租执业。族产在河南全省中更不占重要性。“义庄”“书塾”“公账”等等，在河南人看来都是太陌生的字眼，在许昌等六县中仅仅有郾城有族产八百亩；豫北六县亦只有六千九百亩；西南的邓县较多，有一万亩左右。但这些数字都是据当地人士估计得来，实际上恐怕还要少些。

地主所有的土地各县都没有现成的材料，估计得来的数字根本不可靠。一般说来，豫中多中小地主，大地主绝少。豫北中小地主亦占优势。在辉县，徐世昌本有田产四五千亩，民国十七年后逐渐出卖，现在所剩不过二千亩；袁世凯在彰德、汲县、辉县一带本有地四万亩左右，现在已经全部没收，在辉县底五千亩，一半划归农林局做农场，一半充作省立乡村师范底基金。土著地主如辉县底贾锦坛，近年来不但不买进土地，反有逐年减少的倾向。豫西和豫南大地主较多。内乡西北的蒲塘一村上，有罗姓的大地主四五家，拥有土地五六万亩，每年可收租麦一万多担。豫南信阳城内最大的地主有好田一万二千亩；罗山地主吕莘禄、刘楷堂本来都有农田几万亩，近年因分家和出卖的关系虽逐渐减少，但刘楷堂所有的土地仍在一万二千亩以

[1] 参考附录2：十六县各类田权的分析表。

上。固始东乡与安徽霍邱县接壤的地方，有一大地主拥有的土地竟出吾人想像之外，从他底家乡走进城里所经过的一百二十里的路程，可以不用踏入人家的土地一步。

从修武、许昌、镇平等九县县政府得到的一百亩以上地主数的估计材料中，也可以说明以上的叙述大致是正确的。我们假定以100—499亩的为小地主，500—999亩的为中地主，1000亩以上的为大地主，则豫中诸县中小地主占99.69%，大地主仅0.31%；豫北诸县中小地主占99.32%，大地主亦仅0.68%；镇平、信阳地主中则有4.08%是大地主（见表1）。

表1　修武、许昌、镇平等九县百亩以上的地主(民国二十二年调查)

县名		100—499亩		500—999亩		1000亩		总计	
		户数	百分比	户数	百分比	户数	百分比	户数	百分比
豫北	修武	760	98.83	8	1.04	1	0.13	769	100.00
	新乡	520	99.62	2	0.38	0		522	100.00
	滑县	280	84.85	40	12.12	10	3.03	330	100.00
共计		1560	96.24	50	3.08	11	0.68	1621	100.00
豫中	许昌	400	100.00	0		0		400	100.00
	临颍	584	98.98	6	1.02	0		590	100.00
	郾城	160	90.40	12	6.78	5	2.82	177	100.00
	鄢陵	400	93.02	30	6.98	0		430	100.00
共计		1544	96.68	48	3.01	5	0.31	1597	100.00
豫南西	镇平	200	86.21	26	11.20	6	2.59	232	100.00
	信阳	130	81.25	20	12.50	10	6.25	160	100.00
共计		330	84.18	46	11.74	16	4.08	392	100.00

二、地权底分配

要精密的观察农村中地权底分配，非从挨户调查的材料来分析不可。我们在豫北底辉县调查三十四村四百三十三户；在豫中底许昌调查了五村四百五十八户；在豫西南底镇平调查了六村三百五十七户。三县村户中贫农底成分都在55%以上，商业和高利贷资本的势力比较猖獗的许昌，贫农竟占全体村户底66.16%。富农成分以辉县为最多，占8.08%；新乡、滑县一带，富农经济的确比中南部来得发展。近年来住在乡村中的地主，受了土匪的威胁，相率搬到城里居住，所以乡村中的地主成分相对的少；特别是在许昌，稍有田产的地主多半住在城里，乡村中的地主仅占村户底1.09%。雇农底成分都在2%—3%左右；这些雇农往往今年在人家底田里工作，明年无人雇他的时候，又自己租田耕种，变为一个贫农。和农业生产丝毫不发生关系的其他村户，60%以上都是小贩、苦力、手工业者或当兵役的。他们全年的收入仅仅在20—30元之间，生活底没有保障不在贫农和雇农之下。农村破产的狂潮，当然首先冲打在这些贫困的阶层上，而这些阶层——贫农、雇农、其他村户——的总和在辉县占62.82%，镇平占72.27%，许昌要占到76.86%（见表2、表3）。

表2　辉县、许昌、镇平三县十五村1248户底分类(民国二十二年调查)

类别	辉县(四村)		许昌(五村)		镇平(六村)	
	户数	百分比	户数	百分比	户数	百分比
地主	19	4.39	5	1.09	23	6.44
富农	35	8.08	23	5.02	24	6.72
中农	107	24.71	78	17.03	52	14.57
贫农	239	55.20	303	66.16	207	57.98
雇农	12	2.77	9	1.97	10	2.80
其他	21	4.85	40	8.73	41	11.49
总计	433	100.00	458	100.00	357	100.00

表3　辉县、许昌、镇平十五村非农业村户底职业分布(民国二十二年调查)

类别	小贩及苦力		手工业		当兵		其他		总计	
	户数	百分比	户数	百分比	户数	百分比	户数	百分比	户数	百分比
辉县	19	47.50	4	10.00	4	10.00	13	32.50	40	100.00
许昌	6	28.57	4	19.05	0	0	11	52.38	21	100.00
镇平	13	31.71	10	24.39	5	12.19	13	31.71	41	100.00
总计	38	37.25	18	17.65	9	8.82	37	36.28	102	100.00

进一步，我们来看看各县各类村户地权分配的情形：

许昌，因为较大的地主都在城里，所以农村中地权底分配不显集中。地主所有田亩仅占3.11%，普通只有20—30亩，最多的如洼孙庄村底一个地主也只有七十八亩。富农所有田亩多数在三十亩以上，七十亩以下，占18.67%，贫农所有田亩虽占45.82%，但户数的百分比更大（见表4）。

表4　许昌五村四百五十八户各类村户所有田亩分配表(民国二十二年调查)

类别	所有田亩数	百分比
地主	144	3.11
富农	866	18.67
中农	1410.5	30.41
贫农	2125.1	45.82
雇农	0	0
其他	92.5	1.99
总计	4638.1	100

辉县比许昌地权底分配要集中得多，二分之一左右的土地握在地主和富农底手里，贫农所有土地不到20%。地主中稻田乡贾姓一人的地有一千〇六十亩，占四村总面积底12.83%，即几乎占地主所有地底一半；此外的地主多数是百亩以下的小地主。富农在三县中以辉县为最有发展希望，所有地亩多数在一百亩以下三十亩以上。贫农土地的饥荒是显然的事实（见表5）。

镇平则地权底集中程度更高。地主所有地权竟占66.66%以上，中农和贫农合起来计算也只有20%左右。富农也非常衰萎，比起辉县许昌来所有地亩要少得多。镇平地主中，所有地在一百亩以上的，差不多有一半；这些地主完全住在离城十里的大榆树村上，其中一个最大的王姓地主有地一千一百五十三亩，他是该区区长，在地方上是有相当名望的。镇平底富农和中农地亩特别少，正反映出农村中极度的危机。这是连年匪乱灾荒所必然造成的结果（见表6）。

表5　辉县四村四百三十三户各类村户所有田亩分配表(民国二十二年调查)

类别	所有田亩数	百分比
地主	2272.00	27.50
富农	1702.00	20.60
中农	2803.50	33.94
贫农	1473.00	17.83
雇农	0	0
其他	10.00	0.13
总计	8260.50	100.00

表6　镇平六村三百五十七户各类村户所有田亩分配表(民国二十二年调查)

类别	所有田亩数	百分比
地主	4654.40	67.15
富农	598.25	8.63
中农	698.26	10.07
贫农	879.45	12.69
雇农	0.50	0.01
其他	99.99	1.45
总计	6930.85	100.00

为更清楚更正确地了解地权分配的状态起见，我们把户数底百分比和所有田亩底百分比对照了来看。在许昌调查的五村中，占村户总数6.11%的地主和富农，占21.78%的田亩；贫农以下76.86%的村户，占有的田亩仅47.81%；中农的地位比较优越。辉县则12.47%的地主和富农占有的田亩有48.10%；贫农以下的村户有62.82%，可是所有田亩仅占17.96%；中农所有田亩和户数的比例尚可维持相当平衡。在镇平，拥有75.78%田亩底地主和富农，在全体村户中只占13.16%；而其他86.84%的大多数的村户（包括中农、贫农、雇农等），所占田亩却

只有总面积底24.22%。地权分配的集中与不均，在镇平要比许昌、辉县厉害得多了（见表7）。

表7　许昌、辉县、镇平三县十五村各类村户户数及所有田亩底百分比(民国二十二年调查)

类别	许昌(五村)		辉县(四村)		镇平(六村)	
	户数百分比	所有田亩百分比	户数百分比	所有田亩百分比	户数百分比	所有田亩百分比
地主	1.09	3.11	4.39	27.50	6.44	67.15
富农	5.02	18.67	8.08	20.60	6.72	8.63
中农	17.03	30.41	24.71	33.94	14.57	10.07
贫农	66.16	45.82	55.20	17.83	57.98	12.69
雇农	1.97	0.00	2.77	0.00	2.80	0.01
其他	8.73	1.99	4.85	0.13	11.49	1.45
总计	100.00	100.00	100.00	100.00	100.00	100.00

有人或许要说各类村户家庭的大小不同，人口多少不等，那么我们再从每人平均所有田亩上来看，分配不均的现象是否依然存在。

地权集中程度较低的许昌，贫农每户平均有田地七亩左右，中农十八亩左右，地主富农四五倍于贫农；就每人（无论男女老幼）平均可得的地亩来计算，富农地主也相当于贫农所有的三倍以至三倍以上，虽然地主每人平均只有4.65亩，富农也只有4.29亩（见表8）。

表8　许昌五村各类村户每户及每人平均所有田亩数(民国二十二年调查)

类别	户数	人口数	所有田亩数	每户平均亩数	每人平均亩数
地主	5	31	144.0	28.80	4.65
富农	23	202	866.0	37.65	4.29
中农	78	505	1410.5	18.08	2.79
贫农	303	1500	2125.1	7.01	1.42
雇农	9	28	0	—	—
其他	40	146	92.5	2.31	0.63
总计	458	2412	4368.1	10.13	1.92

辉县底情形就和许昌显然不同。中农每户平均有二十六亩，比许昌多；贫农只有六亩，比许昌少；富农每户所有地八倍于贫农，地主所有几乎要二十倍。拿人口来平均，并不能把这种现象模糊多少。富农人口较多，每人所有地虽降为贫农底三倍，而地主仍有十六倍于贫农（见表9）。

表 9 辉县四村各类村户每户及每人平均所有田亩数(民国二十二年调查)

类别	户数	人口数	所有田亩数	每户平均亩数	每人平均亩数
地主	19	140	2272.00	119.58	16.23
富农	35	524	1702.00	48.63	3.25
中农	107	958	2803.50	26.20	2.93
贫农	239	1286	1473.00	6.16	1.15
雇农	12	47	0	—	—
其他	21	83	10.00	0.48	0.12
总计	433	3038	8260.50	19.08	2.72

跟着地权底集中，镇平各类村户每户平均所有田亩的差异程度，当然更在辉县之上。贫农每户平均四亩多，每人平均不到一亩。地主每户平均有二百〇二亩以上，差不多五十倍于贫农；每人平均也有四十一亩多，相当于贫农四十二倍以上（见表 10）。

表 10 镇平六村各类村户每户及每人平均所有田亩数(民国二十二年调查)

类别	户数	人口数	所有田亩数(亩)	每户平均亩数(亩)	每人平均亩数(亩)
地主	23	113	4654.40	202.30	41.19
富农	24	201	598.25	24.93	2.98
中农	52	357	698.26	13.43	1.96
贫农	207	897	879.45	4.25	0.98
雇农	10	29	0.50	0.05	0.02
其他	41	167	99.99	2.44	0.59
总计	357	1764	6930.85	19.41	3.93

为清楚起见，我们把中农每户及每人的平均所有田亩作为一百，把三县各类村户平均田亩做成比例如下表。一般说来，中农所有田亩刚可勉强维持生活；但表中许昌、镇平贫农每人所有田亩低于维持生活水准的田亩数 50%，辉县更少，要低到 61%（见表 11）。

表 11 许昌、辉县、镇平三县十五村各类村户平均所有田亩的比例(民国二十二年调查)

类别	许昌(五村)		辉县(四村)		镇平(六村)	
	每户平均(中农=100)	每人平均(中农=100)	每户平均(中农=100)	每人平均(中农=100)	每户平均(中农=100)	每人平均(中农=100)
地主	160	167	456	554	1507	2102
富农	208	154	186	111	186	152
中农	100	100	100	100	100	100
贫农	39	51	24	39	32	50

三、农田底使用

土地所有和使用间的矛盾，在河南虽没有中国中南部各省来得尖锐，但地主中也以收租地主占优势，雇工经营的“地主经营者”现在已经很少，许昌仅洼孙庄有一个地主雇工经营六十亩，自己只任监督等等工作，并不下田耕种。辉县安庄也只有一个地主经营七十一亩，其他一百亩以上的地主多数将农田全部出租，就是自己留些耕种也只有七八亩或十多亩，主要的原因是为着得些柴草。那一家千亩以上的贾姓地主，虽然家里雇了很多“长工”[1]，但并不经营农田。镇平则地主经营者一个都没有，最多亦种不到二十亩。表 12 中告诉我们地主所有田亩中出租的成分许昌占32.73%，辉县占94.19%，镇平竟占98.00%。富农、中农、贫农在各县虽有或多或少的农田出租，但他们租进的农田要比出租的多上几倍以至几十倍。许昌富农没有出租，而使用的农田中租进的占13.74%；辉县富农出租占8.34%，租进却占58.41%；镇平富农出租虽有20.73%，租进竟达64.69%。中农出租农田底分成在许昌、辉县都是很少，镇平较多；租进亦以镇平为最多，占67.17%。贫农往往因为出外谋生，索性把零星的农田出租，所以在辉县、许昌出租的农田有0.71%及1.18%，镇平竟有9.34%。同时，贫农租进的农田，也以镇平为最多（见表 12、表 13）。

表 12　许昌、辉县、镇平三县十五村各类村户出租农田底成分(民国二十二年调查)

类别	许昌			辉县			镇平		
	所有田亩数	出租田亩数	出租对所有的%	所有田亩数	出租田亩数	出租对所有的%	所有田亩数	出租田亩数	出租对所有的%
地主	144.00	44.00	32.73	2272.00	2140.00	94.19	4564.40	4561.40	98.00
富农	866.00	0	0	1702.00	142.00	8.34	598.25	124.00	20.73
中农	1410.50	13.00	0.92	2803.50	10.00	0.36	698.26	128.53	18.41
贫农	2125.10	25.00	1.18	1473.00	10.00	0.71	879.45	82.10	9.34

表 13　许昌、辉县、镇平三县十五村各类村户租进农田底成分(民国二十二年调查)

类别	许昌(五村)			辉县(四村)			镇平(六村)		
	使用田亩数	租进田亩数	租进对使用的%	使用田亩数	租进田亩数	租进对使用的%	使用田亩数	租进田亩数	租进对使用的%
地主	100.00	0	—	132.00	0	—	93.00	0	—
富农	985.00	119.00	13.74	3751.00	2191.00	58.41	1343.25	869.09	64.69
中农	1544.00	147.00	10.42	3528.00	734.50	20.82	1735.37	1165.64	67.17
贫农	2570.10	470.00	22.12	2402.50	940.00	39.13	1345.85	548.50	40.75

[1] 在河南，仆人有时也被称为长工。

许昌洼孙庄、刑庄、许庄诸村，种烟叶的农家很不少，所以经营比较地密集（烟叶需要更多的人工和成本）。富农使用的面积，普通在40—50亩上下，平均不到四十三亩；在刑庄，有一个经营九十八亩的富农，种了十三亩烟叶，雇了三个长工。中农使用农田多半在二十亩以下，平均19.80亩。贫农种田在十亩以下，五亩以上的占最大多数，平均8.48亩。五个地主中，也有一个种二十二亩，一个种七十八亩（见表14）。

表14　许昌五村各类村户每户平均使用田亩表(民国二十二年调查)

类别	户数	使用田亩数	每户平均使用田亩数
地主	5	101.0	20.20
富农	23	985.0	42.83
中农	78	1544.5	19.80
贫农	303	2570.1	8.48

辉县富农经营在三县中要算最发展。三十五户富农中使用农田在五十亩以上的有二十七户，一百亩以上的也有十户。稻田乡李宗会一户竟雇了九个长工，自己家里还有十五个人下田，种了六百〇三亩的水田和旱地，喂了二十四个牲口。这种典型的（typical）富农，以前在辉县还能找到几家，现在是很少了。辉县富农平均使用的农田要比许昌大一倍以上，中农贫农使用农田底面积，也一般的比许昌来得大（见表15）。

表15　辉县四村各类村户每户平均使用田亩表(民国二十二年调查)

类别	户数	使用田亩数	每户平均使用田亩数
地主	19	132.00	6.95
富农	35	3751.00	107.17
中农	107	3528.00	32.97
贫农	239	2402.50	10.05

镇平很少经营地主，为我们已知的事实，富农经营的面积比起辉县来也要算很小，没有一家所种的田超过一百亩的，多数在60—70亩之间，平均55.97亩，比许昌稍大一些。贫农平均使用的农田比许昌还少，只有六亩半。中农平均33.37亩，在三县中是最大的数目（见表16）。

表16　镇平六村各类村户每户平均使用田亩表(民国二十二年调查)

类别	户数	使用田亩数	每户平均使用田亩数
地主	23	93.00	4.00
富农	24	1343.25	55.97
中农	52	1735.37	33.37
贫农	207	1345.85	6.50

富农底农田，自己虽然也耕作，但大部分是靠赖了人家底劳动力。辉县富农三十五户雇了六十七个长工，平均每户雇二人，镇平、许昌每户平均只雇一个至一个半长工。工资是很低廉的，普通一年只有一二十元（在镇平甚至十元还不到），许昌比较是工价高的地方，但长工一

年辛劳所得，也不会超过三十元（见表17）。

表17 许昌、辉县、镇平三县十五村富农所雇长工人数(民国二十二年调查)

类别	富农户数	雇佣长工人数	每月平均长工数
许昌	23	35	1.52
辉县	35	67	1.91
镇平	24	26	1.08

中农贫农都是以自己的劳力来耕作农田的。中农有时虽然也要雇些零工，但完全是因为农业季节性的关系，在农忙时需要多量的人工，自己家里的人来不及的时候，只得雇些人来帮忙，这完全是换工的性质。表18中指示我们的，中农每人平均耕种的农田在许昌为7.72亩，镇平有12.76亩，辉县有13.62亩。镇平、辉县农业经营比较粗放，一个人种一二十亩地是可能的，而实际上贫农每人所种的在辉县为6.02亩，在镇平只有3.50亩。许昌底中农或许因为种些烟叶的关系，田场要比较上小些。贫农栽种烟叶的就不多，即有，亦不过种几分地。所以许昌贫农每人耕作面积的狭小（3.85亩），正和辉县、镇平同样的表示着“人力”之未尽，即劳动力底浪费。假定使用的农田可以无条件的增加，这些最大多数的贫苦农民尽有足够的劳动力可以担当（见表18）。

表18 许昌、辉县、镇平三县十五村中农贫农参加田间耕作者每人平均耕作亩数(民国二十二年调查)

类别	许昌(五村)			辉县(四村)			镇平(六村)		
	耕作人数	使用田亩数	每人平均耕作亩数	耕作人数	使用田亩数	每人平均耕作亩数	耕作人数	使用田亩数	每人平均耕作亩数
中农	200	1544.50	7.72	259	3528.00	13.62	136	1735.37	12.76
贫农	667	2570.10	3.85	399	2402.50	6.02	385	1345.85	3.50

在机器生产丝毫没有萌芽的河南农村中，耕畜实为农业经营中最重要的生产工具。河南所用耕畜有牛（黄牛）、驴、马、骡四种。牛、驴工作力较差，马、骡很强。在一般农民底观念中，都公认前者为“坏牲口”，后者为“好牲口”。豫中、豫南一带近年来“坏牲口”充斥农村，“好牲口”几已绝迹。只看表19中许昌五村三百十一只耕畜中只有三匹马十二只骡子，镇平六村二百十三只牲口差不多完全是劣等牲口，只有一匹马（是一家地主所有）。据一般农民说，豫南的“好牲口”在连年兵灾匪乱中十九被军队和土匪拉走了，现在有钱的人家也不敢再买。例如许昌近城的许庄，民十九年便被樊钟秀底军队拉走几十只“好牲口”。豫北辉县一带，马骡比较还多，据表中所示，辉县四村耕畜中，这种比较优等的耕畜占41.64%。但无论在豫北或豫南，这种“好牲口”往往在富农经营中占去大半。例如许昌很少的骡马，被少数的富农倒占去一半；辉县富农所喂的耕畜骡马占73%以上，而中农贫农占60%—80%。以上的耕畜是黄牛和驴子。再从各类村户平均每头耕畜所耕种的农田数来看，中农比富农少，贫农又比中农要少，而富农每头耕畜所耕也只有二十一亩至二十五亩左右。一般说来，中农贫农经营中畜力的浪费更甚于富农，虽然因耕畜种类不同而工作力也有差异（见表19、表20、表21）。

表 19　许昌、辉县、镇平三县十五村耕畜比较表(民国二十二年调查)

种类	许昌(五村)		辉县(四村)		镇平(六村)	
	头数	百分比	头数	百分比	头数	百分比
牛	162	52.09	267	40.58	161	75.59
驴	134	43.09	117	17.78	51	23.94
马	3	0.96	62	9.42	1	0.47
骡	12	3.86	212	32.22	0	0
总计	311	100.00	658	100.00	213	100.00

表 20　许昌、辉县九村各类村户耕畜比较表(民国二十二年调查)

种类	许昌(五村)						辉县(四村)					
	富农		中农		贫农		富农		中农		贫农	
	头数	百分比	头数	百分比	头数	百分比	头数	百分比	头数	百分比	头数	百分比
牛	19	47.50	53	62.35	89	48.90	30	17.44	117	43.33	116	56.86
驴	14	35.00	29	34.12	89	48.90	16	9.30	48	17.78	49	24.02
马	1	2.50	2	2.35	0	0.00	21	12.21	25	9.26	15	7.35
骡	6	15.00	1	1.18	4	2.20	105	61.05	80	29.63	24	11.77
总计	40	100.00	85	100.00	182	100.00	172	100.00	270	100.00	204	100.00

表 21　许昌、辉县、镇平三县十五村各类村户平均每头耕畜耕种田亩数(民国二十二年调查)

类别	许昌(五村)			辉县(四村)			镇平(六村)		
	头数	耕种田亩数	每头平均(亩)	头数	耕种田亩数	每头平均(亩)	头数	耕种田亩数	每头平均(亩)
富农	40	985.00	24.96	172	3751.00	21.81	54	1343.25	24.88
中农	85	1544.50	17.96	270	3528.00	13.07	77	1735.37	22.54
贫农	182	2570.10	14.12	204	2402.50	11.78	77	1345.85	17.48

第三章 五年来地权分配及农田使用的变化

一、村户底变迁

近年来天灾人祸（水灾旱灾以及土匪兵乱）交相降临，促使河南农村中贫困的程度日益加深，富农变为中农，中农变为贫农，贫农沦为无产者的事实，已似狂涛一般地不可遏止。我们从许昌、辉县、镇平所调查到的十五村村户底变迁中，更可以证明这种不可掩饰的事实。

表 22 许昌五村各类村户变迁表

民国十七年			民国二十二年								备注
类别	户数	百分比	收租地主	经营地主	富农	中农	贫农	雇农	其他	总计	
收租地主	4	0.87	*1*	1	1		1			4	
经营地主	1	0.26		*1*						1	
富农	21	4.73			*19*	3				22	因分家增加一户
中农	94	21.17	2		2	*74*	21			99	因分家增加五户
贫农	275	61.94				1	*276*	1	*5*	283	因分家增加七户，外村搬来一户
雇农	10	2.25					1	*8*	1	10	
其他	39	8.78			1		4		*34*	39	
总计	444	100.00	3	2	23	78	303	9	40	458	
百分比			0.65	0.44	5.02	17.03	66.16	1.97	8.73	100.00	

（注）斜体数字表示未变动的村户

许昌水口张等五村在民十七年时共有四百四十四户，现在因为分家关系多了十三户，外村搬进了一户，共计四百五十八户。民十七年时有四家收租地主，现在仍为收租地主的只有一户，其余变为富农，经营地主，贫农的各一户；民十七年时一家的经营地主，现在未变；二十一家富农因分家多了一户，其中十九户未变，三户变为中农；中农九十四家中竟有二十一户沦为贫农，其余变为富农及收租地主的各二户；本来二百七十五家的贫农，现在因为分家关系增加了七户，外村搬来了一户，共计二百八十三户，其中变为雇农及中农的各一户，变为其他村户的五家。雇农及其他村户底变迁，从表 22 中已可以看到。许昌五村村户中，中农从民十七年的21.17%降为现在的17.03%，及贫农从民十七年的61.94%升为66.16%的事实，是最可注意的。

表 23　辉县四村各类村户变迁表

民国十七年			民国二十二年								备注
类别	户数	百分比	收租地主	经营地主	富农	中农	贫农	雇农	其他	总计	
收租地主	15	3.84	*13*		1	1				15	
经营地主	1	0.26	1	*0*						1	
富农	38	9.72	4		*31*	3	4			42	因分家增加四户
中农	96	24.55			3	*94*	10		2	109	因分家增加十三户
贫农	204	52.17				6	*214*	2	3	225	因分家增加二十一户
雇农	12	3.07				1	2	*9*		12	
其他	25	6.39	1			2	*9*	1	*16*	29	外村搬来四户
总计	391	100.00	19	0	35	107	239	12	21	433	
百分比			4.39	—	8.08	24.71	55.20	2.77	4.85	100.00	

(注)斜体数字表示未变动的村户

辉县四村中农底百分比虽有些微的增加（从24.55%增加为24.71%，仅0.16%），贫农百分比的增加却有3.03%（从52.17%增加为55.20%）（见表 23）。富农底减少为值得注意的事实。天灾的流行使富农渐渐不敢自己经营农田，有变为收租地主的倾向。民十七年三十八户富农中，到二十二年时已有四户为收租地主；从前一户雇工经营的地主，现在也变为收租地主了。虽然民十七年十五户地主中，现在也有一户变为富农的，但现在富农底百分比已较五年前减少了1.64%。雇农底百分比的减少（3.07%减为2.77%），也正伴随着富农而表现出来。

表 24　镇平六村各类村户变迁表

民国十七年			民国二十二年							备注
类别	户数	百分比	收租地主	富农	中农	贫农	雇农	其他	总计	
收租地主	23	6.92	*21*	1	1	2			25	因分家增加二户
富农	19	5.73		*19*	1	2			22	因分家增加三户
中农	51	15.36	1	4	*41*	6	1		53	因分家增加一户,外村搬来一户
贫农	191	57.53			6	*187*		11	204	因分家增加十三户
雇农	8	2.41				1	*7*		8	
其他	40	12.05	1		*3*	9	2	*30*	45	外村搬来五户
总计	332	100.00	23	24	52	207	10	41	357	
百分比			6.44	6.72	14.57	57.98	2.80	11.49	100.00	

(注)斜体数字表示未变动的村户

镇平村户底变迁，比起许昌、辉县来要少些，民十七年时六村村户共三百三十二，现在因分家增加了二十户，外村搬进五户，共三百五十七户。贫农中虽然有六家变为中农，十一家变为其他村户，但从别的村户变为贫农的，地主有二家，富农有二家，中农有六家，雇农有一家，其他村户有九家，所以贫农底百分比还是有些增加。民二十二年的中农中，虽有十一户从十七年的地主富农（以上各一户）、贫农（六户）、其他（三户）中变来，但原来五十一户中农中有十二户现在已经不是中农，所以中农的相对数仍是减少。在镇平，实际上富农经济并没有发展的趋向，表 24 中民十七年富农占5.73%，二十二年占6.72%，原因是二十二年比较是地方平靖，因此大和营有一家，大榆树有三家原来自己耕种刚能维持生活的中农，也雇了一个长工，向地主再租些地来经营。这些富农经营是非常冒险的，只要一碰到收成不好，或其他不幸事件，马上就会缩小田场，返归中农，甚至沦为贫农的。五年中，外村搬进了五户，有三户在大和营，二户在大榆树，一户在老毕庄，他们初到村上时多数租田耕种，以后也许买些田产作久远之计。但是有的在村上十多年，还是做人家的佃户。

二、地权分配及农田使用的增减

跟着农户底变迁，地权底分配自然也起了变化。以下我们就（1）各类村户所有田亩百分比的增减，（2）所有田亩阶段底变动，（3）所有田亩每户平均和每人平均的增减几点逐条来分析。

各类村户所有田亩分配的增减，我们用两种方法来比较：一种是依据民十七及民二十二两年的分类来比，即把民十七年时的各类村户，和民二十二年时变迁后的各类村户来比；一种是以民十七年的分类为坐标与二十二年来比，并不管他到二十二年时已变为别的村户。例如镇平四村民十七年时的一百九十一户贫农，到现在因分家关系变为二百零四户，其中有六户变为中农，十一户变为其他；但实际上二十二年的贫农是二百零七户（因有别的村户变为贫农）[1]。第一种方法就是要把以前一百九十一户贫农底地权分配和现在的二百零七户贫农来比；第二种方法是以民十七年时一百九十一户贫农和现在的二百零四户来比。前者可以告诉我们以前的贫农群和现在的贫农群是否起了变化，后者告诉我们以前的贫农群到现在为止已经变成一个什么样子。同时，我们比较所有田亩阶段的变动时，用第一种方法；比较每户及每人平均田亩的增减时，用第二种方法。

依据民十七及民二十二两年的分类来比较许昌各类村户地权的分配时，首先使我们注意的便是富农底不景气。富农户数有0.29%的增加，但地亩的百分比却减少了1.82，减少的原因留在以后再说。中农和地主户数及地亩数都相对地减少，而且地亩的减少比户数的减少来得快，尤其是中农，户数百分比减少4.14，地亩百分比减少了6.99。贫农户数的百分比增加4.22，地亩百分比却增加了9.11，这原因是许昌五村民十七年的中农有二十一户沦为贫农，这二十一户中农带着比原来的贫农较多的土地（当然做中农已不够资格了）往贫农层中去，因此把贫农所

[1] 见表 24：镇平六村各类村户变迁表。

有田亩的百分比扩大了。如果我们舍掉村户变迁不管，以民十七年的分类为坐标来看的时候（见表26），许昌贫农所有田亩的百分比虽然仍有2.88（比表25中已减少了6.23）的增加，但贫农所有田亩的绝对数已从1916.50亩减为1836.60亩。可见民十七年时候的贫农，现在的情形并没有变好。而中农、富农地位的变坏，在表26中比表25显示得更清楚，即户数的绝对数相对数都已增加，而地亩的绝对数相对数都减少。民十七年时十户雇农本来没有一分土地的，后来许昌有一户雇农买了三亩地，所以至二十二年时在地权的分配中也占了一个微小的位置。

表25　许昌五村各类村户所有田亩分配的增减(依据民十七及民二十二两年的分类)

类别	民国十七年				民国二十二年				百分比的增减	
	户数	百分比	所有田亩	百分比	户数	百分比	所有田亩	百分比	户数	所有田亩
地主	5	1.13	214.00	4.10	5	1.09	144.00	3.11	－0.04	－0.99
富农	21	4.73	1070.00	20.49	23	5.02	866.00	18.67	＋0.29	－1.82
中农	94	21.17	1952.50	37.40	78	17.03	1410.50	30.41	－4.14	－6.99
贫农	275	61.94	1916.50	36.71	303	66.16	2125.10	45.82	＋4.22	＋9.11
雇农	10	2.25	0	0	9	1.97	0	0	－0.28	0
其他	39	8.78	68.00	1.30	40	8.73	92.50	1.99	－0.05	＋0.69
总计	444	100.00	5221.00	100.00	458	100.00	4638.10	100.00	0	0

表26　许昌五村各类村户所有田亩分配的增减(以民十七年的分类为坐标)

类别	民国十七年				民国二十二年				百分比的增减	
	户数	百分比	所有田亩	百分比	户数	百分比	所有田亩	百分比	户数	所有田亩
地主	5	1.13	214.00	4.10	5	1.09	139.00	3.00	－0.07	－1.10
富农	21	4.73	1070.00	20.49	22	4.81	841.00	18.13	＋0.08	－2.36
中农	94	21.17	1952.50	37.40	99	21.67	1717.00	37.02	＋0.50	－0.38
贫农	275	61.94	1916.50	36.71	282	61.71	1836.60	39.59	－0.23	＋2.88
雇农	10	2.25	0	0	10	2.19	3.00	0.07	－0.06	＋0.07
其他	39	8.78	68.00	1.30	39	8.53	101.50	2.19	－0.05	＋0.89
总计	444	100.00	5221.00	100.00	457	100.00	4638.10	100.00	0	0

辉县地权分配的变化，如果以第一种方法来观察，可以注意的事实是中农户数增加而所有田亩减少，贫农户数百分比的增加是3.03，所有田亩的增加只有1.30。无论从第一种或第二种方法来看，辉县地主底地权都相对地增加，富农底地权都相对地减少。表27地主户数百分比增加0.29，所有田亩百分比增加4.71；表28地主户数百分比减少0.37，所有田亩百分比增加0.30。表27富农百分比的减少，户数为1.64，而地亩数为5.89；表28中的百分比，户数虽增加0.07，地亩却减少了1.95。这里告诉我们一个重要的事实，在辉县近年来地主的境况还是比

较的好；富农则有衰落的趋势。中农贫农的境况，就本身说当然也不如五年以前，但相对地倒比富农稳定一些。这里我们应该郑重地申说一句，就是我们不能太相信数目字，因为调查的时候富农往往隐瞒地亩，或者故意说近五年来出卖掉田产；而贫农所报告的往往倒是比较正确的数字。

表 27　辉县四村各类村户所有田亩分配的增减(依据民十七及民二十二年的分类)

类别	民国十七年				民国二十二年				百分比的增减	
	户数	百分比	所有田亩	百分比	户数	百分比	所有田亩	百分比	户数	所有田亩
地主	16	4.10	1913.00	22.79	19	4.39	2272.00	27.50	+0.29	+4.71
富农	38	9.72	2223.00	26.49	35	8.08	1702.00	20.60	−1.64	−5.89
中农	96	24.55	2861.50	34.09	107	24.71	2803.50	33.94	+0.16	−0.15
贫农	204	52.17	1387.00	16.53	239	55.20	1473.00	17.83	+3.03	+1.30
雇农	12	3.07	0	0	12	2.77	0	0	−0.30	0
其他	25	6.39	8.00	0.10	21	4.85	0.13	0.13	−1.54	+0.03
总计	391	100.00	8392.50	100.00	433	100.00	8260.50	100.00	0	0

表 28　辉县四村各类村户所有田亩分配的增减(以民十七年的分类为坐标)

类别	民国十七年				民国二十二年				百分比的增减	
	户数	百分比	所有田亩	百分比	户数	百分比	所有田亩	百分比	户数	所有田亩
地主	16	4.10	1913.00	22.79	16	3.73	1900.00	23.09	−0.37	+0.30
富农	38	9.72	2223.00	26.49	42	9.79	2020.00	24.54	+0.07	−1.95
中农	96	24.55	2861.50	34.09	109	25.41	2809.50	34.14	+0.85	+0.05
贫农	204	52.17	1387.00	16.53	225	52.45	1441.00	17.52	+0.28	+0.99
雇农	12	3.07	—	—	12	2.80	16.00	0.19	−0.27	+0.19
其他	25	6.39	8.00	0.10	25	5.82	43.00	0.52	−0.57	+0.42
总计	391	100.00	8392.50	100.00	429	100.00	8229.50	100.00	0	0

镇平各类村户所有田亩底分配，从表 29 中的数字来看，地主底户数和地亩数都相对的减少，中农户数百分比的减少和地亩百分比的增加都是很微小的，富农不但户数增加，地亩数也增加得不少；贫农户数底百分比增加了0.45，绝对的地亩数固然减少，相对数两年刚巧一样。从表 30 中的数字中，指示出民十七年时地主和贫农现在都变坏了。五年前二十三个地主有地5050.40亩，到现在因分家关系户数已增加二户，而所有田亩却减为4651.40亩，在全体村户所有地亩的百分比中减少了2.03。五年前一百九十一户贫农分家的结果变为二百零四户，所有地亩数却从927.47亩减为856.81亩。富农和中农的变动情形较好，也和表 29 中所指示的一样。

表29　镇平六村各类村户所有田亩分配的增减(依据民十七及民二十二两年的分类)

类别	民国十七年				民国二十二年				百分比的增减	
	户数	百分比	所有田亩	百分比	户数	百分比	所有田亩	百分比	户数	所有田亩
地主	23	6.92	5052.40	69.14	23	6.44	4654.40	67.15	－0.48	－1.99
富农	19	5.73	527.75	7.22	24	6.72	598.25	8.63	＋0.99	＋1.41
中农	51	15.36	716.33	9.80	52	14.57	698.26	10.07	－0.79	＋0.27
贫农	191	57.53	927.47	12.69	207	57.98	879.45	12.69	＋0.45	0
雇农	8	2.41	0	0	10	2.80	0.50	0.01	＋0.39	＋0.01
其他	40	12.05	83.80	1.15	41	11.49	99.99	1.45	－0.56	＋0.30
总计	332	100.00	7307.75	100.00	357	100.00	6930.85	100.00	0	0

表30　镇平六村各类村户所有田亩分配的增减(以民十七年的分类为坐标)

类别	民国十七年				民国二十二年				百分比的增减	
	户数	百分比	所有田亩	百分比	户数	百分比	所有田亩	百分比	户数	所有田亩
地主	23	6.92	5052.40	69.14	25	7.10	4651.40	67.11	＋0.18	－2.03
富农	19	5.73	527.75	7.22	22	6.25	558.25	8.06	＋0.52	＋0.84
中农	51	15.36	716.33	9.80	53	15.06	741.01	10.69	－0.30	＋0.89
贫农	191	57.53	927.47	12.69	204	57.96	856.81	12.36	＋0.43	－0.33
雇农	8	2.41	—	—	8	2.27	—	—	－0.14	—
其他	40	12.05	83.80	1.15	40	11.36	123.38	1.78	－0.69	＋0.63
总计	332	100.00	7307.75	100.00	352	100.00	6930.85	100	—	—

以上地权分配的比较，是看全体村户中各类村户相对的关系，有一部分减少，就有一部分增加，各类村户本身的变化，须从所有田亩阶段的变动和平均数（算术平均数）来比较。前面已经说过，比较所有田亩阶段的变动时，我们依据民十七及民二十二两年的分类，这样可以看出现在的各类村户和五年前各类村户所有田亩集中阶段的变动如何。

先看许昌，富农及中农高阶段的减少，低阶段的增加是显然的事实。民十七年富农所有田亩在二十亩以下的只有二户，现在已增加为六户；五十亩以上的富农民十七时有十一户，民二十二时减为六户。中农所有地亩在二十亩以下的户数，增加了10％左右，三十亩以上的户数却减少了11％以上。在许昌乡村中地主的数目本来太少，这些少数地主的田产也日渐缩小，十七年时一百亩以上的还有一家，现在没有了，而二十亩以下的从一家变为三家。贫农阶段的变动，表中虽甚错综，但如果分十亩以下和十亩以上两阶段来看的时候，则显然地也是低阶段增加（＋1.53％），高阶段减少（－1.53％）（见表31）。

表 31 许昌五村各类村户所有田亩阶段底变动(依据民十七及民二十二两年的分类)

田亩阶段(亩)	地主					富农				
	户数		百分比		百分比增减	户数		百分比		百分比增减
	民十七	民二十二	民十七	民二十二		民十七	民二十二	民十七	民二十二	
0										
0.1—4.99										
5—9.99						0	2	—	8.70	+8.70
10—19.99	1	3	20.00	60.00	+40.00	2	4	9.52	17.39	+7.87
20—29.99	2		40.00		—40.00	2	2	9.52	8.70	—0.82
30—49.99	1	1	20.00	20.00	—	6	9	23.58	39.13	+10.55
50—99.99		1		20.00	+20.00	10	6	17.62	26.08	—21.51
100—199.99	1		20.00		—20.00	1		4.76		—4.76
总计	5	5	100.00	100.00	—	21	23	100.00	100.00	—

表 31 续

田亩阶段(亩)	中农					贫农				
	户数		百分比		百分比增减	户数		百分比		百分比增减
	民十七	民二十二	民十七	民二十二		民十七	民二十二	民十七	民二十二	
0	0	1	—	1.28	+1.28	5	10	1.82	3.30	+1.48
0.1—4.99						91	92	33.09	30.36	—2.73
5—9.99	9	9	9.58	11.51	+1.96	114	134	41.45	44.23	+2.78
10—19.99	48	45	51.06	57.69	+6.63	62	61	22.65	20.13	—2.42
20—29.99	18	16	19.15	20.51	+1.36	3	3	1.09	0.99	—0.10
30—49.99	14	4	14.89	5.13	—9.76		3		0.99	+0.99
50—99.99	5	3	5.32	3.85	—1.47					
100—199.99										
总计	94	78	100.00	100.00	—	275	303	100.00	100.00	—

再看辉县，除地主所有田亩向高阶段集中外（三十亩以上的绝对户数从九户增为十三户，相对数也增加12.17%），其他富农、中农、贫农的较高阶段都一般地减少。富农五十亩以上的户数减少12.41%，特别增加得多的是30—49.9亩这一阶段，二十亩以下的增减很不规律。中农所有田亩五十亩以下的户数一般地增加，特别是10—19.9亩这一阶段，增加了3.54%，五十亩以上的本来也有十三户，现在减为十户，少了4.19%。贫农所有田亩在二十亩以下的户数增加3.65%，在二十亩以上的户数减少3.65%（见表 32）。

表 32 辉县四村各类村户所有田亩阶段底变动(依据民十七及民二十二两年的分类)

田亩阶段（亩）	地主					富农				
	户数		百分比		百分比增减	户数		百分比		百分比增减
	民十七	民二十二	民十七	民二十二		民十七	民二十二	民十七	民二十二	
0						2	1	5.26	2.86	－2.40
0.1－4.99						0	1	—	2.86	＋2.86
5－9.99	1	1	6.25	5.26	－0.99	4	3	10.53	8.57	－1.96
10－19.99	2	2	12.50	10.53	－1.97	0	1	—	2.86	＋2.86
20－29.99	4	3	25.00	15.79	－9.21	5	3	13.16	8.57	－4.59
30－49.99	2	3	12.50	15.79	＋3.29	6	11	15.79	31.43	＋15.64
50－99.99	2	3	12.50	15.79	＋3.29	14	12	36.84	34.28	－2.56
100－199.99	4	6	25.00	31.58	＋6.58	7	3	18.42	8.57	－9.85
200－499.99										
500 以上	1	1	6.25	5.26	－0.99					
总计	16	19	100.00	100.00	—	38	35	100.00	100.00	—

表 32 续

田亩阶段（亩）	中农					贫农				
	户数		百分比		百分比增减	户数		百分比		百分比增减
	民十七	民二十二	民十七	民二十二		民十七	民二十二	民十七	民二十二	
0	3	5	3.12	4.67	＋1.55	44	48	21.57	20.08	－1.49
0.1－4.99	0	1	—	0.94	＋0.94	64	76	31.37	31.80	＋0.43
5－9.99	6	3	6.25	2.80	－3.45	47	60	23.04	25.10	＋2.06
10－19.99	28	35	29.17	32.71	＋3.54	33	45	16.18	18.83	＋2.65
20－29.99	22	26	22.92	24.30	＋1.38	11	8	5.39	3.35	－2.04
30－49.99	24	27	25.00	25.23	＋0.23	5	2	2.45	0.84	－1.61
50－99.99	12	10	12.50	9.35	－3.15					
100－199.99	1		1.04		－1.04					
200－499.99										
500 以上										
总计	96	107	100.00	100.00	—	204	239	100.00	100.00	—

最后来看镇平。富农最低和最高阶段都减少，10－29.9亩的中间阶段却增加20%以上。中农增减是波浪形的，但合起来计算还是十亩以下的户数增加（＋9.09%），十亩以上的户数减少（－9.09%）。地主 20－499 亩的户数增加二户，五百亩以上的减少一户。贫农五亩以上的

户数就显然减少，无地的竟从十七户增为二十七户，民十七年时已有59%以上的贫农所有田亩不到五亩，民二十二年时竟增加到65%以上（见表33）。

表33 镇平六村各类村户所有田亩阶段底变动(依据民十七及民二十二两年的分类)

田亩阶段（亩）	地主					富农				
	户数		百分比		百分比增减	户数		百分比		百分比增减
	民十七	民二十二	民十七	民二十二		民十七	民二十二	民十七	民二十二	
0						4	4	21.05	16.67	－4.38
0.1－4.99						1	1	5.26	4.17	－1.09
5－9.99						1	1	5.26	4.17	－1.09
10－19.99	2	3	8.70	13.04	＋4.34	3	5	15.80	20.83	＋5.03
20－29.99	3	1	13.04	4.35	－8.69	1	5	5.26	20.83	＋15.57
30－49.99	5	5	21.74	21.74	—	5	5	26.32	20.83	－5.49
50－99.99	3	3	13.04	13.04	—	4	3	21.05	12.50	－8.55
100－199.99	2	2	8.70	8.70	—					
200－499.99	6	8	26.08	34.78	＋8.70					
500以上	2	1	8.70	4.35	－4.35					
总计	23	23	100.00	100.00	—	19	24	100.00	100.00	—

表33续

田亩阶段（亩）	中农					贫农				
	户数		百分比		百分比增减	户数		百分比		百分比增减
	民十七	民二十二	民十七	民二十二		民十七	民二十二	民十七	民二十二	
0	7	12	13.73	23.08	＋9.35	17	27	8.90	13.04	＋4.14
0.1－4.99	6	2	11.76	3.84	－7.92	96	108	50.26	52.17	＋1.91
5－9.99	1	5	1.96	9.62	＋7.66	58	54	30.36	26.09	－4.27
10－19.99	22	17	43.14	32.69	－10.45	19	18	9.95	8.70	－1.25
20－29.99	10	11	19.61	21.15	＋1.54	1	0	0.53	—	－0.53
30－49.99	5	5	9.80	9.62	－0.18					
50－99.99										
100－199.99										
200－499.99										
500以上										
总计	51	52	100.00	100.00	—	191	207	100.00	100.00	—

最后，以民十七年的分类为坐标，比较各类村户每户及每人平均所有田亩的增减：

许昌民十七时的地主每户平均尚有42.8亩，这些地主到民二十二年时每户平均只有27.80亩，减少了35%，富农减少了25%，中农减少了17%（见表34）。贫农每户所有地民十七年时已经很少，现在又从6.97亩减为6.52亩，虽然减少的百分比在各类村户中最小，其严重性却比别的村户更大，因为原有的细小的土地，已经不能维持他们最低限度的生活了。只要看表中地主富农每户平均的地亩虽然减少，每人（连小孩在内）平均还有四亩以上，而贫农每人平均不到一亩四分（见表35）。

表34　许昌五村各类村户每户平均所有田亩的增减(以民十七年的分类为坐标)

类别	民国十七年			民国二十二年			二十二年每户平均的指数（民十七＝100）
	户数	所有田亩（亩）	每户平均（亩）	户数	所有田亩（亩）	每户平均（亩）	
地主	5	214.00	42.80	5	139.00	27.80	65
富农	21	1070.00	50.95	22	841.00	38.23	75
中农	94	1952.50	20.77	99	1717.00	17.34	83
贫农	275	1916.50	6.97	282	1836.60	6.52	94

表35　许昌五村各类村户每人平均所有田亩的增减(以民十七年的分类为坐标)

类别	民国十七年			民国二十二年			二十二年每户平均的指数（民十七＝100）
	人口数	所有田亩（亩）	每人平均（亩）	人口数	所有田亩（亩）	每人平均（亩）	
地主	36	214.00	5.94	33	139.00	4.21	71
富农	163	1070.00	6.56	201	841.00	4.18	64
中农	542	1952.50	3.60	653	1717.00	2.63	73
贫农	1296	1916.50	1.48	1.330	1836.60	1.38	93

辉县地主的情形最好，每户平均不过从119.56亩减为118.75亩，不到1%。富农中农每户平均减少的比例，比许昌要小些，贫农和许昌一样。地主每人平均虽从19.93亩减为16.38亩，但仍有十六倍于贫农，所以贫农每人平均的地亩从1.33亩减为1.16亩，其意义就和地主不同了。富农中农每人平均减少的比例，也要比许昌小些（见表36、表37）。

表36　辉县四村各类村户每户平均所有田亩的增减(以民十七年的分类为坐标)

类别	民国十七年			民国二十二年			二十二年每户平均的指数（民十七＝100）
	户数	所有田亩（亩）	每户平均（亩）	户数	所有田亩（亩）	每户平均（亩）	
地主	16	1,913.00	119.56	16	1900.00	118.75	99
富农	38	2223.00	58.50	42	2020.00	48.10	82
中农	96	2861.50	29.81	109	2809.50	25.78	86
贫农	204	1387.00	6.80	225	1441.00	6.40	94

表37 辉县四村各类村户每人平均所有田亩的增减(以民十七年的分类为坐标)

类别	民国十七年			民国二十二年			二十二年每户平均的指数(民十七=100)
	人口数	所有田亩(亩)	每人平均(亩)	人口数	所有田亩(亩)	每人平均(亩)	
地主	96	1913	19.93	116	1900	16.38	82
富农	428	2223.00	5.19	543	2020	3.72	72
中农	790	2861.50	3.62	956	2809.50	2.94	81
贫农	1010	1387.00	1.33	1238	1441.00	1.16	87

镇平贫农每户平均所有地亩在三县中已是最小，而二十二年比十七年又减少了14%，减少的速率比任何县都快。中农每户平均无大变化，地主富农虽都缩小，但二十二年时每户平均地主还有186.06亩，富农还有25.38亩，相当于贫农六倍以至四十五倍以上。同样，镇平的地主每人平均所有田亩虽减少了25%，但二十二年时每人平均还有38.44亩；贫农则已从1.12亩，降为0.96亩，每人平均竟不到一亩了（见表38、表39)。

表38 镇平六村各类村户每户平均所有田亩的增减(以民十七年的分类为坐标)

类别	民国十七年			民国二十二年			二十二年每户平均的指数(民十七=100)
	户数	所有田亩(亩)	每户平均(亩)	户数	所有田亩(亩)	每户平均(亩)	
地主	23	5052.40	219.67	25	4651.40	186.06	85
富农	19	527.75	27.78	22	558.25	25.38	81
中农	51	716.33	14.05	53	741.01	13.98	99
贫农	191	927.47	4.86	204	856.81	4.20	86

表39 镇平六村各类村户每人平均所有田亩的增减(以民十七年的分类为坐标)

类别	民国十七年			民国二十二年			二十二年每户平均的指数(民十七=100)
	人口数	所有田亩(亩)	每人平均(亩)	人口数	所有田亩(亩)	每人平均(亩)	
地主	98	5052.40	51.56	121	4651.40	38.44	75
富农	151	527.75	3.50	174	558.25	3.21	92
中农	316	716.33	2.27	366	741.01	2.02	89
贫农	830	927.47	1.12	890	856.81	0.96	86

农地使用面积的变动倾向，可以观测农业企业的前途。我们在比较地权分配的变迁以后，对于各类村户田场大小的消长，更有比较的必要。

许昌富农五十亩以上的经营在民十七时有十一户，民二十二时只有九户。许庄本有一个经营一百四十四亩的富农，民十九年时分了家，现在一家种六十亩，一家种七十二亩，其余十二亩已经典出去。二十亩以下的富农，五年前只有一家，现在已有五家。经营在三十亩以上的中农，从二十户减为九户，贫农则高阶段有几家增加。五个地主中本来只有一个经营农田，二十二年时另外有两个也经营一些农田，但面积都是很小的。民十七年时二十一家富农平均每户耕种农田51.33亩到二十二年时平均只种46.09亩，中农减少的更多些，贫农缩小35%。地主因有六户也种些地，所以平均数加了一倍（见表40、表41）。

表40 许昌五村各类村户所有田亩阶段底变动(依据民十七及民二十二两年的分类)

田亩阶段（亩）	地主					富农				
	户数		百分比		百分比增减	户数		百分比		百分比增减
	民十七	民二十二	民十七	民二十二		民十七	民二十二	民十七	民二十二	
0	4	2	80.00	40.00	－40.00					
0.1—4.99		1		20.00	＋20.00					
5—9.99							1		4.35	＋4.35
10—19.99						1	4	4.76	17.39	＋12.63
20—29.99		1		20.00	＋20.00	3	2	14.29	8.70	－5.59
30—49.99						6	7	28.57	30.43	＋1.86
50—99.99	1	1	20.00	20.00		10	9	47.62	39.13	－8.49
100—199.99						1		4.76		－4.76
总计	5	5	100.00	100.00	—	21	23	100.00	100.00	—

表40续

田亩阶段（亩）	中农					贫农				
	户数		百分比		百分比增减	户数		百分比		百分比增减
	民十七	民二十二	民十七	民二十二		民十七	民二十二	民十七	民二十二	
0						6	4	2.18	1.32	－0.86
0.1—4.99						80	83	29.09	27.39	－1.70
5—9.99	10	10	10.64	12.82	＋2.18	90	119	36.00	39.28	＋3.28
10—19.99	44	37	46.81	47.43	＋0.62	74	77	26.91	25.41	－1.50
20—29.99	20	22	21.28	28.21	＋6.93	13	13	4.73	4.29	－0.44
30—49.99	14	5	14.89	6.41	－8.48	3	6	1.09	1.98	＋0.89
50—99.99	6	4	6.38	5.13	－1.25	0	1	0.00	0.33	＋0.33
100—199.99										
总计	94	78	100.00	100.00	—	275	303	100.00	100.00	—

表 41 许昌五村各类村户每户平均使用田亩的增减(以民十七年的分类为坐标)

类别	民国十七年			民国二十二年			二十二年每户平均的指数(民十七=100)
	户数	使用田亩(亩)	每户平均(亩)	户数	使用田亩(亩)	每户平均(亩)	
地主	5	60.00	12.00	5	120.00	24.00	200
富农	21	1078.00	51.33	22	1014.00	46.00	90
中农	94	1991.50	21.19	99	1819.00	18.37	87
贫农	275	2266.50	8.24	282	2200.60	7.80	95

辉县两个地主经营者到民二十二年时只剩一个，丝毫不使用农田的地主增加两个。富农五十亩以上的经营，也和许昌一样，减少了三户。中农使用田亩阶段的变动不甚规律，但使用十亩以上三十亩以下的户数增加了3.27%。贫农增加的户数集中在五亩至二十亩这一阶段。表43中民二十二年竟有两家贫农使用农田在五十亩以上，一家是大史村上的佃户，最近才搬去的，因为人多，除掉种五十亩地外，空时还兼作手艺，一家是在杨家庄，有十一个成年人，都需要地种，民十七年时只种四十五亩，其中自田只有二十八亩，十七亩是租来的，近年来因为境况不好，典出了四亩，其中兄弟三人又到外村去种了人家一顷地，连家里总共种了一百三十二亩。但因为人多，还掉租还是很难维持生活。辉县四村民十七年时的各类村户到现在使用农田的面积缩小得顶多的是富农（从每户106.92亩—87.00亩），其次是中农（从34.08亩—31.27亩）。地主多种了六亩；贫农多种竟有279.50亩，但平均每户只增加0.34亩。富农使用面积的缩小，和贫农使用面积的略见扩大，正是表示着农田使用的日渐分散，和大规模农业生产的前途暗淡（见表42、表43）。

表 42 辉县四村各类村户所有田亩阶段底变动(依据民十七及民二十二两年的分类)

田亩阶段(亩)	地主					富农				
	户数		百分比		百分比增减	户数		百分比		百分比增减
	民十七	民二十二	民十七	民二十二		民十七	民二十二	民十七	民二十二	
0	10	12	62.50	63.16	+0.66					
0.1—4.99										
5—9.99	2	2	12.50	10.53	—1.97					
10—19.99	2	3	12.50	15.79	+3.29					
20—29.99		1		5.26	+5.26	2	1	5.26	2.86	—2.40
30—49.99						6	7	15.79	20.00	+4.21
50—99.99	2	1	12.50	5.26	—7.24	19	17	50.00	48.57	—1.43
100—199.99						5	4	13.16	11.43	—1.73
200—299.99						5	5	13.16	14.28	+1.12
500以上						1	1	2.63	2.86	+0.23
总计	16	19	100.00	100.00	—	38	35	100.00	100.00	—

表 42 续

田亩阶段（亩）	中农					贫农				
	户数		百分比		百分比增减	户数		百分比		百分比增减
	民十七	民二十二	民十七	民二十二		民十七	民二十二	民十七	民二十二	
0						2	2	0.98	0.84	－0.14
0.1－4.99		1		0.93	＋0.93	60	65	29.41	27.20	－2.21
5－9.99	5	2	5.21	1.87	－3.34	65	80	31.86	33.47	＋1.61
10－19.99	27	32	28.13	29.91	＋1.78	52	66	25.49	27.61	＋2.12
20－29.99	21	25	21.88	23.37	＋1.49	16	16	7.85	6.69	－1.16
30－49.99	29	32	30.20	29.91	－0.29	9	8	4.41	3.35	－1.06
50－99.99	12	12	12.50	11.21	－1.29		1		0.42	＋0.42
100－199.99	1	2	1.04	1.87	＋0.83		1		0.42	＋0.42
200－299.99	1	1	1.04	0.93	－0.11					
500 以上										
总计	96	107	100.00	100.00	—	204	239	100.00	100.00	—

表 43　辉县四村各类村户每户平均所有田亩的增减（以民十七年的分类为坐标）

类别	民国十七年			民国二十二年			二十二年每户平均的指数（民十七＝100）
	户数	使用田亩（亩）	每户平均（亩）	户数	使用田亩（亩）	每户平均（亩）	
地主	16	160.00	10.00	16	166.00	10.37	104
富农	38	4063.00	106.92	42	3654.00	87.00	81
中农	96	3271.50	34.08	109	3408.00	31.27	92
贫农	204	1990.00	9.75	225	2269.50	10.00	103

在镇平，地主一向是种地很少的，民十七与民二十二年比，没有起显著的变化。五十亩以上的富农经营，绝对数虽增加二户，相对数却减少了5.92％。中农五十亩以下的经营，无论绝对数相对数都增加，五十亩以上的都减少。贫农增加的是五亩以下的小经营，民十七年时这种小经营已占43.98％，现在则又增加到50.72％。而贫农五亩以上的经营却减少了8.43％。除地主外，各类经营的平均面积也都缩小，而且富农和贫农缩小的比例，都要比许昌和辉县大，中农则比其他两县减少得慢些。一般说来，农户中经营面积的缩小，无论哪一县都是以富农为最显著（见表 44、表 45、表 46）。

表 44 辉县六村各类村户使用田亩阶段底变动(依据民十七及民二十二两年的分类)

田亩阶段(亩)	地主					富农				
	户数		百分比		百分比增减	户数		百分比		百分比增减
	民十七	民二十二	民十七	民二十二		民十七	民二十二	民十七	民二十二	
0	12	11	52.18	47.83	—4.35					
0.1—4.99	3	4	13.04	17.39	+4.35					
5—9.99	5	4	21.74	17.39	—4.35					
10—19.99	3	4	13.04	17.39	+4.35		1		4.17	+4.17
20—29.99						1	2	5.26	8.33	+3.07
30—49.99						5	6	26.32	25.00	—1.32
50—99.99						13	15	68.42	62.50	—5.92
100—199.99										
总计	23	23	100.00	100.00	—	19	24	100.00	100.00	—

表 44 续

田亩阶段(亩)	中农					贫农				
	户数		百分比		百分比增减	户数		百分比		百分比增减
	民十七	民二十二	民十七	民二十二		民十七	民二十二	民十七	民二十二	
0						6	10	3.14	4.83	+1.69
0.1—4.99	6	4	11.76	7.69	—4.07	84	105	43.98	50.72	+6.74
5—9.99	3	4	5.88	7.69	+1.81	65	52	34.03	25.12	—8.91
10—19.99	10	9	19.61	17.31	—2.30	23	28	12.04	13.53	+1.49
20—29.99	5	7	9.80	13.46	+3.66	8	7	4.19	3.38	—0.81
30—49.99	12	16	23.53	30.77	+7.24	5	5	2.62	2.42	—0.20
50—99.99	14	12	27.45	23.08	—4.37					
100—199.99	1	0	1.97	—	—1.97					
总计	51	52	100.00	100.00	—	191	207	100.00	100.00	—

表 45 镇平六村各类村户每户平均使用田亩的增减(以民十七年的分类为坐标)

类别	民国十七年			民国二十二年			二十二年每户平均的指数(民十七＝100)
	户数	使用田亩(亩)	每户平均(亩)	户数	使用田亩(亩)	每户平均(亩)	
地主	23	82.00	3.57	25	126.00	5.04	141
富农	19	1160.75	61.09	22	1072.25	48.74	80
中农	51	1738.31	34.08	53	1727.62	32.60	96
贫农	191	1333.37	6.98	204	1315.21	6.45	92

表 46 许昌等三县农户二十二年每户平均使用田亩底指数(民十七＝100)

级别	富农	中农	贫农
许昌	90	87	95
辉县	81	92	103
镇平	80	96	92

中农劳动力的不经济，民二十二年时比民十七年更甚。许昌民十七年时的中农，每人平均所耕田有8.30亩，到二十二年时平均只耕7.11亩，减少了14%。辉县、镇平虽然减少的比例没有许昌大，但镇平每人平均已经少种七分四厘，辉县少种更有一亩以上（见表47）。

表 47 许昌、辉县、镇平三县十五村中农参加耕作者每人平均使用田亩的增减(以民十七年的分类为坐标)

类别	民国十七年			民国二十二年			民二十二年的指数(民十七＝100)
	耕作人数	使用田亩(亩)	每人平均(亩)	耕作人数	使用田亩(亩)	每人平均(亩)	
许昌	240	1991.50	8.30	256	1819.00	7.11	86
辉县	229	3271.50	14.29	257	3409.00	13.26	93
镇平	132	1738.31	13.17	139	1727.62	12.43	94

贫农则不同。许昌民十七年时的贫农中，在家参加田间耕作的有六百八十一人，到二十二年只有六百〇一人，因此每人所耕田平均要增加10%。镇平每人平均多种1%，也是耕作人数减少的原因。耕作人数的减少，主要的是由于贫农底离村。辉县参加耕作的人数增加，同时所耕地亩数亦较以前为多，因此每户平均所耕农田从5.54亩变为6.13亩，增加了0.59亩（见表48）。

表 48　许昌、辉县，镇平三县十五村贫农参加耕作者每人平均使用田亩的增减

（以民十七年的分类为坐标）

类别	民国十七年			民国二十二年			民二十二年的指数（民十七＝100）
	耕作人数	使用田亩（亩）	每人平均（亩）	耕作人数	使用田亩（亩）	每人平均（亩）	
许昌	681	2266.50	3.33	601	2200.60	3.66	110
辉县	357	1990.00	5.57	370	2269.50	6.13	110
镇平	377	1333.37	3.54	368	1315.21	3.57	101

三、地权变化的原因

地权底变动，是由分家继承和买卖典当的两种关系造成的。

在河南，因为负担税捐的关系，有许多大家庭往往将田产早就分析。我们所调查到的许昌五村中，富农分家的并不多，中农则分出五户，贫农则有七户。在三县中，许昌是分家情形较少的。假定民十七年时各类村户所有的地权到民二十二年时并没有因买卖、典当等关系而变转，我们要看纯粹受分家和继承关系的影响时，下列的表可以答复我们底问题。

许昌地主没有分家，故舍掉买卖关系不管，即假定这几家地主在五年中没有买地，也没有卖地，则每户平均所有田产自然是不变。富农有一家分产，因此每户平均的田产减少了2.31亩，计5％。中农因分家关系使每户平均田产缩小6％，贫农缩小3％（见表49）。

表 49　许昌五村分家和继承对于各类村户平均所有田亩的影响

（以民十七年的分类为坐标，舍掉买卖关系）

类别	所有田亩数		户数		每户平均所有田亩		
	民十七年（亩）	民二十二年（亩）	民十七年（未分家前）	民二十二年（分家后）	民十七年（亩）	民二十二年（亩）	民二十二年的指数（民十七＝100）
地主	214.00	214.00	5	5	42.80	42.80	100
富农	1070.00	1070.00	21	22	50.95	48.64	95
中农	1952.50	1934.00*	94	99	20.77	19.54	94
贫农	1916.50	1915.00**	275	282	6.97	6.79	97

* 因分家后移出，减少 18.5 亩　　** 因继承关系减少 0 亩

辉县地主五年中亦没有分家。富农、中农、贫农受分家的影响都比许昌大。民十七年时的三十八家富农，到二十二年时已分成四十二家，每户平均田产缩小了10％，九十六家中农分成一百零九家，减少的田产每户平均竟有3.56亩，贫农五年中因分家关系多出二十一户，每户平均田产减少也有10％（见表50）。

表 50　辉县四村分家和继承对于各类村户平均所有田亩的影响

(以民十七年的分类为坐标,舍掉买卖关系)

类别	所有田亩数		户数		每户平均所有田亩		
	民十七年（亩）	民二十二年（亩）	民十七年（未分家前）	民二十二年（分家后）	民十七年（亩）	民二十二年（亩）	民二十二年的指数（民十七＝100）
地主	1913.00	1913.00	16	16	119.56	119.56	100
富农	2223.00	2223.00	38	42	58.50	52.93	90
中农	2861.50	2861.50	96	109	29.81	26.25	88
贫农	1387.00	1381.00*	204	225	6.79	6.14	90

* 因分家后移出,减少 6.0 亩

镇平六村民十七年时二十三个地主到二十二年时因分家关系减少的地亩，每户平均有17.57亩，占原有平均地亩的 8％。富农因分家而减少的平均地亩有 14％，在三县中最大。中农贫农在镇平村户中受分家的影响较小，平均减少的百分比，贫农是 6％，中农是 3％（见表51）。

表 51　镇平六村分家和继承对于各类村户平均所有田亩的影响

(以民十七年的分类为坐标,舍掉买卖关系)

类别	所有田亩数		户数		每户平均所有田亩		
	民十七年（亩）	民二十二年（亩）	民十七年（未分家前）	民二十二年（分家后）	民十七年（亩）	民二十二年（亩）	民二十二年的指数（民十七＝100）
地主	5052.40	5052.40	23	25	219.67	202.10	92
富农	527.57	527.75	19	22	27.78	23.99	86
中农	716.33	716.33	51	53	14.05	13.52	97
贫农	927.47	929.97*	191	204	4.86	4.56	94

* 因继承关系增加 2.5 亩

买卖典当对于地权底分解所起的作用，我们应该舍掉分家的关系来观察，即假定各类村户民十七年以后没有分过家，来看田地进出的结果使每户平均田产扩大或缩小了好多。

在许昌，各类村户每户平均田产缩小的原因，受买卖典当的影响远胜于分家。五个地主在民十七年有地二百十四亩，二十二年时只剩一百三十九亩，出卖了七十五亩，每户平均所有田亩减少 35％，完全受这个影响。富农所有地亩减少二百二十九亩，假定没有分家，每户平均田产要减少10.91亩，计 21％，如果把分家影响也加入去，自然减少得更多了。中农受分家影响减少是 6％，而受卖买影响减少的有 11％，贫农也是受后者的影响较多（见表 52）。

表 52　许昌五村卖买典当对于各类村户每户平均所有田亩的影响
（以民十七年的分类为坐标，舍掉分家关系）

类别	户数（民十七年）	所有田亩数		每户平均		
		民十七年（亩）	民二十二年（亩）	民十七年（亩）	民二十二年（亩）	民二十二年的指数（民十七＝100）
地主	5	214.00	139.00	42.80	27.80	65
富农	21	1070.00	841.00	50.95	40.04	79
中农	94	1952.50	1735.50*	20.77	18.46	89
贫农	275	1916.50	1837.60**	6.97	6.68	96

*　因分家移出的 18.5 亩在内
**　因继承关系减少的 1.0 亩在内

辉县各类村户的田产，受卖买影响减少的成分，除地主外，都要比受分家的影响小，贫农且有 4%的增加。地主也只有一家出卖掉十三亩田，算不得什么一回事。富农田产每户平均数的减少，虽没有受分家的影响大，但也有5.34亩之多（见表 53）。

表 53　辉县四村卖买典当对于各类村户每户平均所有田亩的影响
（以民十七年的分类为坐标，舍掉分家关系）

类别	户数（民十七年）	所有田亩数		每户平均		
		民十七年（亩）	民二十二年（亩）	民十七年（亩）	民二十二年（亩）	民二十二年的指数（民十七＝100）
地主	16	1913.00	1900.00	119.56	118.75	99
富农	38	2223.00	2020.00	58.50	53.16	91
中农	96	2861.50	2809.50	29.81	29.27	98
贫农	204	1387.00	1447.00*	6.80	7.09	104

*　因分家而移出的 6.0 亩在内

镇平六村底村户中，地主和贫农底平均田产，受卖买影响减少的成分，都是 8%，比分家所受影响不相上下。富农和中农都有相当增加，但中农增加平均不到半亩，富农则在一亩半以上（见表 54）。

表 54　镇平六村卖买典当对于各类村户每户平均所有田亩的影响
（以民十七年的分类为坐标，舍掉分家关系）

类别	户数（民十七年）	所有田亩数		每户平均		
		民十七年（亩）	民二十二年（亩）	民十七年（亩）	民二十二年（亩）	民二十二年的指数（民十七＝100）
地主	23	5052.40	4651.40	219.67	202.23	92
富农	19	527.75	558.25	27.78	29.38	106
中农	51	746.33	741.01	14.05	14.53	103
贫农	191	927.47	854.31*	4.86	4.47	92

*　因继承增加的 2.5 亩不在内

以下再把各类村户卖买典当的地亩数分别来看。许昌地主在民国十七年时有地二百十四亩，至民二十二年时卖出典出的共有七十五亩，其中许庄一个地主因商店破产卖出二十七亩，洼孙庄有两个地主因“起票”卖出三十六亩，典出六亩。富农民十七年时有地一千〇七十亩，卖买典当的结果至二十二年时减少21.4%，共二百二十九亩，其中水口张一村的十个富农出卖了二百十二亩，主要的原因也是“赎票”。有一家五年前还是富农的周姓农户（现在已变中农），五年中被土匪架票七次，六十亩地现在只卖剩十三亩了。中农和贫农出卖农田的百分比虽不如地主富农那样大，但他们出卖的原因大都是为了“维持生活”，意外损失是较少的（见表 55）。

表 55　许昌五村各类村户所有田亩的增减(以民十七年的分类为坐标)

类别	民十七年时所有田亩数	民十七年至二十二年的增减情形															
		卖出		买进		典出		典进		赎去		赎回		总计			
		亩数	对民十七的%	亩数	对民十七的%	亩数	对民十七的%	亩数	对民十七的%	亩数	对民十七的%	亩数	对民十七的%	增加亩数	对民十七的%	减少亩数	对民十七的%
地主	214.00	69.00	32.24			6.00	2.81							—		75.0	35.05
富农	1070.00	249.00	23.27	26.00	2.43	14.00	1.31	8	0.75					—		229.0	21.40
中农	1952.50	216.50	11.09	50.00	2.56	56.50	2.89	5	0.15	4.0	0.20	5.0	0.25	—		217.0	11.11
贫农	1916.50	105.50	5.50	47.60	2.48	36.00	1.88	23	1.2	10.0	0.52	2.0	0.10	—		78.9	4.12

表 56　辉县四村各类村户所有田亩的增减(以民十七年的分类为坐标)

类别	民十七年时所有田亩数	民十七年至二十二年的增减情形															
		卖出		买进		典出		典进		赎去		赎回		总计			
		亩数	对民十七的%	亩数	对民十七的%	亩数	对民十七的%	亩数	对民十七的%	亩数	对民十七的%	亩数	对民十七的%	增加亩数	对民十七的%	减少亩数	对民十七的%
地主	1913.0	13.0	0.68													13.00	0.68
富农	2223.0	358.0	16.10	165.0	7.42	10.00	0.45									203.00	9.13
中农	2861.5	189.5	6.62	113.5	3.97	5.00	0.17	21.00	0.73	—		8.00	0.28			52.00	1.82
贫农	1387.0	65.0	4.69	133.0	9.59	12.00	0.87	4.00	0.29	—				60	4.33		

表 57　镇平六村各类村户所有田亩的增加(以民十七年的分类为坐标)

类别	民十七年时所有田亩数	民十七年至二十二年的增减情形															
		卖出		买进		典出		典进		赎去		赎回		总计			
		亩数	对民十七的%	亩数	对民十七的%	亩数	对民十七的%	亩数	对民十七的%	亩数	对民十七的%	亩数	对民十七的%	增加亩数	对民十七的%	减少亩数	对民十七的%
地主	5052.40	380.0	7.52	64.00	1.27	85.00	1.68									401.0	7.94
富农	527.75	9.00	1.72	58.00	10.10	20.00	3.79	1.50	0.28					30.50	5.78		
中农	716.33	37.37	5.22	80.55	11.24	21.50	3.00	3.00	0.42					24.68	3.45		
贫农	927.47	93.39	10.07	71.60	7.73	57.40	6.17	6.00	0.65							73.16	7.89

辉县地主卖出田亩只有十三亩，并无买进。富农买进了一百六十五亩，但卖出的有三百五十八亩，纯减9.13%，而安庄一村九家富农竟出卖了二百八十七亩，其中有一家是因为经商亏

本出卖四十九亩，此外则大部分是因为“遭匪患”而将其田地出卖的。中农和贫农没有被土匪架票的危险，所以田产减少较慢，贫农且纯增了六十亩（见表56）。

镇平地主出卖的田地有三百八十亩，其中大榆树村有两户就去掉二百八十亩，都是为了抽大烟逐渐出卖的。富农、中农买进多于卖出，贫农出卖的成分在三县中要算顶多。镇平底贫农，在各方面看来贫困的程度都要比许昌、辉县深刻许多。

这里留着一个严重的问题急待答复，就是许昌、辉县、镇平十五村村户所有田亩的总数，都一般的降落，这些土地究竟落在谁的手里呢？近年来中国北部，特别是灾荒区域底农民所有的土地，很快地在那里流入城市地主和商业高利贷者底掌握中去。河南各县农民所有地（甚至乡村地主所有地）激剧地减少的行程，正可以说明土地所有权向都市集中的事实，是明显而正确的（见表57）。

非到万不得已的时候，农民不肯把他们唯一的生产工具——土地——出卖。一般说来，当农民被生活所迫，不得不在土地上想办法的时候，第一步往往投奔于高利贷者之门，把土地抵押出去；需要的款项较多，而抵押借款不容易的时候，又只得把土地典当出去；最后，才把土地完全出卖。河南乡村中的土地，就在以上三种的方式之下无情的向着城市中流去。

抵押是土地动员的第一步。在河南，普通抵押的手续很简单，要借钱的农民，只要央中向债主说合，订立借契，把田单交给债主就算成事。在临颍一带，还须请勘丈员到场。

每亩地所能抵押的价格，各县因地价的差异而不同。许昌五村中除邢庄并无抵押情形外，普通每亩好地只能抵押10－20元，平均只能十八元多一些，近年来较五年前稍高。许昌附近各县，相差也不多。临颍一区大户刘村普通每亩可抵押17－18元。鄢陵东北夏营普通每亩二十元，西乡只能14－15元。郾城一区的湾赵村较高，每亩可抵20－30元。新郑五区和洧川一区仓李村都没有抵押借款的情形（见表58）。

表58　许昌五村每亩上等地抵押价格表(民国十七、二十二年调查)(单位:元)

村名	最高		最低		普通	
	民十七	民二十二	民十七	民二十二	民十七	民二十二
许庄	14	28	10	20	13	25
洼孙庄	25	25	15	15	20	20
水口张	—*	25	—*	15	—*	20
李庄	15	15	8	8	10	10
邢庄	—*	—*	—*	—*	—*	—*
平均	18.0	23.2	11.0	14.5	14.3	18.8

* 无抵押借款情形

辉县稻田乡因为有一部分稻田，地价较高，所以抵价普通每亩好地可以五十元，但安庄只可十元，杨家庄的地更不值钱，每亩只能抵押八元。在辉县，近年来抵押并无何等变化。辉县临近的淇县，第一区侍景村底地不值钱，每亩只能抵押二元。滑县第一区珠照寨每亩也只能抵押5－6元，九区东明店一带每亩可抵二十元。新乡第四区土门村和修武六区西寨乡一带，每亩抵价大概都在18—20元左右，新乡近城的田较好，每亩普通能抵四十元（见表59）。

表59 辉县四村每亩上等地抵押价格表(民国十七、二十二年调查)(单位:元)

村名	最高		最低		普通	
	民十七	民二十二	民十七	民二十二	民十七	民二十二
稻田乡	70	70	40	40	50	50
安庄	15	15	10	10	10	10
大史村	25	25	15	15	20	20
杨家庄	10	10	6	6	8	8
平均	30.0	30.0	17.8	17.8	20.8	20.8

镇平六村中每亩好地最多能抵三十五元，普通也在10—20元左右，最少的（大和营村）每亩只能抵六元。近五年来每亩抵价在镇平有跌落的趋势，民十七年时各村每亩普通抵价平均有21.2元，民二十二年只有17.2元，减少19%。镇平附近，我们只有邓县、内乡和南阳诸县的一些材料。邓县（二区孙渠村）每亩抵价普通八元，最多也不过十元；内乡（一区荣园乡及罗冈）每亩10—15元；南阳西乡十八里冈一带，每亩好地至多也只能抵十元左右（见表60）。

表60 镇平六村每亩上等地抵押价格表(民国十七、二十二年调查)(单位:元)

村名	最高		最低		普通	
	民十七	民二十二	民十七	民二十二	民十七	民二十二
腰庄	15	30	6	10	110	20
王庄	30	30	20	20	25	25
大榆树	—*	12	—*	8	—*	10
大和营	20	10	14	6	16	8
谢庄	17	15	—*	—*	15	10
老毕庄	50	35	30	20	40	30
平均	26.4	22.0	17.5	12.8	21.2	17.2

* 无抵押借款情形

豫南信阳近城的励进、德林两乡，据我们调查所得，近年来没有抵押借款等情形；城东三十里中山铺附近，每斗[1]田所能抵押的借款，多至二十元，少至十元而且还要稻田。

如果以各县每亩普通抵价的平均数，对平均的上等地价来比，许昌抵价民十七年时相当于地价的38%，民二十二年时40%。辉县抵价只占地价底37%，两年相同。镇平最高，民十七年时有55%，现在也只有46%，已经不到一半了（见表61）。

[1] 地亩的单位，每斗约合六分左右。

表 61 许昌、辉县、镇平每亩普通抵押价对地价之比(民国十七、二十二年调查)(单位:元)

县名	每亩平均地价*		每亩普通抵押价		比例(地价=100)	
	民十七	民二十二	民十七	民二十二	民十七	民二十二
许昌	37.2	46.0	14.3	18.8	38	40
辉县	56.3	56.3	20.8	20.8	37	37
镇平	38.3	37.5	21.2	17.2	55	46

* 上等地

田地抵押借款自然少不掉利息。辉县、新乡、滑县一带，借钱的利率普通月利 20%至 25%，最低月利 15%，最高 30%。钱愈借得多，利愈轻；借得少，反要“吃”很高的利。镇平、内乡、南阳一带，普通月利 25%，最低 20%，最高 30%；但南阳十八里冈，月利 30%已经成为通行的了。许昌、鄢陵、新郑一带，普通月利要 30%至 40%，有些地方 30%利是最低的，50%的也不少。如果向城里的商人去借，有多至 100%的。在豫南信阳中山铺附近，借钱的利率普通亦要 4%—5%，亦有高至 10%的。甚至借洋一元，每隔一天须缴利二百文，一月三千文，合大洋竟有四角之多。(兑价：七千五百文)

在许昌、新郑等地，“抵地缴息”，实际上还不如“抵地缴稞子”的来得盛行。在许昌邢庄，普通抵地一亩，可借洋二十五元，每年须缴麦五斗[1]。在许昌许庄有每亩缴五斗麦子的，也有每亩缴三斗麦三斗秋[2]的。洼孙庄和水口张通行的是每亩缴三斗麦四斗秋，但斗比较小些。在新郑五区，如果借洋一百元，每年须缴稞子麦一石谷子二石[3]。到鄢陵，每亩有缴四斗[4]麦四斗秋，甚至五麦五秋的。镇平在前几年也盛行“缴稞子”的办法，近来已经减少。在豫南信阳一带，至今还是通行的。

借款的限期，普通十月，最多为一年，短至五六月的也有。到期不还本利，有的重立契约，把利息作本计算；有的改为典契，把农田底使用权让给债主；也有的延长几期，到本利累计的数量与地价相等时，即没收其地。在全省各县中，都通行着上述的各种方法，并不因区域的不同而有显著的差异。

从抵押进而为典当是最自然的过程。由出当人央中说合，订立当契后，典当的行为也就成立。但受当的人可以过户办粮，暂时取得所当田地的所有权和使用权。在河南各县中，典进的田地大概归得主耕种的多，归失主耕种而还租的较少。

每亩所能当的价格，比抵押当然要高些，许昌五村中除邢庄近十年来无典当情形外，就现在论每亩顶高的当价也不过四十五元，普通只 20—26 元；洼孙庄每亩好地底当价，最低只有十五元。我们在新乡、鄢陵、临颍、郾城等县调查到的村庄，每亩典当价普通也不出 25—30 元(见表 62)。

---

[1] 每斗合当地十六两秤二十五斤，合28.4市斤。

[2] 指秋季杂粮。

[3] 每石二百八十四市斤。

[4] 每斗合当地十六两秤十六斤，合18.2市斤。

表 62　许昌五村每亩上等地典当价格表(民国十七、二十二年调查)(单位:元)

村名	最高		最低		普通	
	民十七	民二十二	民十七	民二十二	民十七	民二十二
许庄	22	45	15	30	18	35
洼孙庄	25	25	15	15	20	20
水口张	13	30	8	22	10	26
李庄	25	25	18	18	20	20
邢庄*	—	—	—	—	—	—
平均	21.3	31.3	14.0	21.3	17.0	25.3

*　本村 10 年来无典当情形

辉县普通当价除稻田乡外每亩在 20—30 元左右。最低当价也有十五元的。临近的淇、滑、汲诸县，我们所调查的几村，多数每亩也只能当十五元。新乡近城则可当五十元（见表 63）。

表 63　辉县四村每亩上等地典当价格表(民国十七、二十二年调查)(单位:元)

村名	最高		最低		普通	
	民十七	民二十二	民十七	民二十二	民十七	民二十二
稻田乡	70	70	50	50	60	60
安庄	22	22	20	20	21	21
大史村	35	35	25	25	30	30
杨家庄	22	22	15	15	20	20
平均	37.25	37.25	25.0	25.0	32.5	32.5

镇平大榆树、谢庄每亩最低的当价只有十元；最高的在老毕庄五年前可当四十五元，现在也只能当三十五元。普通当价现在平均不到二十元，五年前也只有二十一元多一些。内乡近城的地，每亩当价为 16—20 元。南阳十八里冈只有十元；邓县北乡普通只能当九元。信阳中山铺附近，普通每斗田可当十五元，每亩合二十五元。近城的励进乡，每亩当价合三十五元（见表 64）。

表 64　镇平六村每亩上等地典当价格表(民国十七、二十二年调查)(单位:元)

村名	最高		最低		普通	
	民十七	民二十二	民十七	民二十二	民十七	民二十二
腰庄	15	30	8	15	10	20
王庄	30	30	20	20	25	25
大榆树	—*	15	—*	10	—*	14
大和营	18	15	14	12	16	14
谢庄	18	14	10	10	15	12
老毕庄	45	35	35	25	40	30
平均	25.2	23.17	17.4	15.3	15.3	19.2

*　此时典当不通行

当价与地价之比，一般说来在50%以上60%以下。民十七年时，许昌每亩普通当价平均还不到地价底一半；辉县当价要算高的，也只有地价底58%（见表65）。

表65 许昌、辉县、镇平每亩普通典价对地价之比（民国十七、二十二年调查）（单位：元）

县名	每亩平均地价*		每亩普通典价		比例（地价=100）	
	民十七	民二十二	民十七	民二十二	民十七	民二十二
许昌	37.2	46.0	17.0	25.3	46	55
辉县	56.3	56.3	32.5	32.5	58	58
镇平	38.3	37.5	21.2	19.2	55	51

* 上等地

典当田地时，多数要中佣。在豫北辉县一带，普通中佣是典价底四成，双方各半；也有“成三破二”的，即受当人出三成，原当人出二成；也有受当人出了三成，原当人就不出的。许昌一带略有不同，除中佣外，还有勘丈员底手续费。中佣自一成至三成，由失主出；勘丈员手续费自三成至四成半，由得主出。临颍一带中佣及勘丈费总共六成，由双方各半负担。新郑，鄢陵较轻，双方只要各出一成。镇平内乡等处，典当时不行中费，只须略备酒肉，请中人吃一餐。但邓县典进田地后，须由得主出20%的登记费。

田地当出后，普通在三年内不能回赎。汲县、修武、内乡都有一年即可回赎的；滑县九区老胡寨和一区珠照寨等地方，非到五年不能回赎。在许昌、辉县、镇平一带，虽然也有写明典期五年的，但究属少数。最通行的典期，无论南北都是三年，三年以后，无论哪一年可以回赎。但事实上农民底土地一经当出，便不容易回赎。当出后能回赎的土地，据一般人估计，在辉县一带普通只有五六成，有少至二成的。许昌一带的估计稍高，普通在六八成之间。镇平一带当出后能回赎的田地，约在五六成左右，其他三四成以至一成的也很不少。赎取时并没有什么麻烦的手续，“当价”交出，“当契”便可取消。

如果当出的土地不但无法赎取。而且又须用钱的时候，还可将地“找绝”，找进哪部分未付足的地价，另立卖契，作为永远绝卖。中小农底田地，在出卖前先经典当的少至二成，多至八成，辉县、镇平一带，普通在五六成左右。郾城湾赵村，汲县一区附近，据估计出卖田地中竟有十成是经过典当的。

卖买的价格因地的好坏而差异很多。许昌许庄上等地每亩值六十元，中等地每亩值四十元，下等地每亩只值二十元。李庄地多沙土，每亩上等地也只值三十元，下等地只值十五元。许昌近年来比较平靖，所以有几村地价有相当的高涨（见表66）。

表66 许昌五村每亩卖买价格表（民国十七、二十二年调查）（单位：元）

村名	上等地		中等地		下等地	
	民十七	民二十二	民十七	民二十二	民十七	民二十二
许庄	30	60	20	40	10	30
洼孙庄	40	40	20	20	15	15

续表

村名	上等地		中等地		下等地	
	民十七	民二十二	民十七	民二十二	民十七	民二十二
水口张	26	40	16	32	12	26
李庄	30	30	25	25	15	15
邢庄	60	60	40	40	30	30
平均	37.2	46.0	24.0	31.4	16.4	21.1

辉县地价在三县中要算顶高，但好地平均也不过56.3元，中地三十五元，下地只有二十元。要是除开了稻田村，平均数还要小许多。据表中数字，民十七与民二十二两年地价完全没有涨落，实际上与其他一切物价相比，已相对地跌落了。汲县第一区的地价，五年中就跌落了1/8，修武六区，新乡四区，滑县九区，跌落得更多，几在50%左右（见表67）。

表67 辉县四村每亩卖买价格表(民国十七、二十二年调查)(单位:元)

村名	上等地		中等地		下等地	
	民十七	民二十二	民十七	民二十二	民十七	民二十二
稻田乡	100	100	70	70	50	50
安庄	35	35	20	20	10	10
大史村	55	55	30	30	10	10
杨家庄	35	35	20	20	10	10
平均	56.3	56.3	35.0	35.0	20.0	20.0

镇平各村底地价，在三县中要算顶低。上等地每亩平均不到三十八元，中等地二十二元，下等地只13.5元。近年来还有跌落的倾向。邓县北乡二区每亩普通地价十五元，南阳十八里冈只有十元，最低只值七元。内乡近城五年前可卖五十元的地，现在只值四十以至三十元，跌落了40%。豫南地价的跌落更比北部及西南部显著。信阳近城五年前每斗五十元的地，近年来三十五元无人过问。中山铺一带以前五十元的地，现在只值二十元，跌落了60%（见表68）。

表68 镇平六村每亩卖买价格表(民国十七、二十二年调查)(单位:元)

村名	上等地		中等地		下等地	
	民十七	民二十二	民十七	民二十二	民十七	民二十二
腰庄	20	40	10	25	6	10
王庄	50	50	20	20	10	10
大榆树	12	20	7	16	2	8
大和营	35	30	22	20	15	13
谢庄	33	25	25	10	28	20
老毕庄	80	60	45	40	30	20
平均	38.3	37.5	21.50	22.0	15.17	13.5

农民失去土地的方式，从以上的叙述中来看，还是零星的，“拖泥带水”的，因此大批收买农田的事实，在河南农村中还不多见。据我们调查到的地方，民元二年和民八年时有袁家骥和赵倜在信阳一区的德林乡收买了几千亩田，近十年来就很少听得这种事件。但零星的收买，也很能使地权集中。例如辉县有一个李姓地主，民十六年前只有三顷多地，五年来逐渐收买，现在所有地已在八顷以上。他除开设油坊和京货铺外，还兼任些地方的公务，摊派兵差等等由他一手办理，这就是六年中能收买田产至五百亩以上的重要理由。

第四章 租佃关系及其近年来的变革

一、农户底租佃成分及其动向

在小农的土地所有占优势的河南，一般说来自耕农必然占大多数。豫北辉县一带，自耕农的成分在全省中比较更多。我们在辉县调查的四村中，除稻田乡因为贾姓地主底所有田完全出租，所以佃农较多外，其余三村佃农的成分都占少数。如果把稻田乡底农户加入统计时，辉县贫农中纯粹自耕农只占63.60%，纯粹佃农占19.66%，耕种一部分或大部分租田的半自耕农占15.9%。中农中半自耕农也有11.22%，富农中竟有45.71%，因为稻田乡有许多富农租进大批农田雇工经营（见表69）。如果把稻田乡一村的农户抽去，仅统计其他三村时，则富农中纯粹自耕农占75%，贫农中纯自耕农占80.88%，中农中竟占91.49%（见表70）。豫北实际的情形，比较和这种数字相近。富农中租佃的成分反较贫农为多，这是豫省富农的特性。

表69 辉县四村各类农户底自耕与佃耕成分表(民国二十二年调查)

类别	富农		中农		贫农	
	户数	百分比	户数	百分比	户数	百分比
纯粹耕种自田者	18	51.43	90	84.11	152	63.60
纯粹耕种租田者	1	2.86	5	4.67	47	19.66
耕种一部分或大部分租田者	16	45.71	12	11.22	38	15.90
全部出租者	—	—	—	—	2*	0.84
总计	35	100.00	107	100.00	239	100.00

* 贫农往往把少量的土地全部出租，另谋生活。

表70 辉县3村* 各类农户底自耕与佃耕成分表(民国二十二年调查)

类别	富农		中农		贫农	
	户数	百分比	户数	百分比	户数	百分比
纯粹耕种自田者	15	75.00	86	91.49	148	80.88
纯粹耕种租田者	0	—	2	2.13	8	4.37
耕种一部分或大部分租田者	5	25.00	6	6.38	25	13.66
全部出租者	—	—	—	—	2	1.09
总计	20	100.00	94	100.00	183	100.00

* 稻田乡除外

许昌自耕农的成分，也和辉县一样，中农最多（84.62%），贫农较少（71.29%），富农最少（69.57%）。但一般的比例都比辉县小。许昌四百零四个农户中，只有十个是纯粹耕种租田的佃农，所占成分比辉县还少，而这十个佃农倒有九个在贫农中。半自耕农的百分比，无论富农、中农、贫农都比辉县大（见表71）。

表71 许昌五村各类农户底自耕与佃耕成分表(民国二十二年调查)

类别	富农		中农		贫农	
	户数	百分比	户数	百分比	户数	百分比
纯粹耕种自田者	16	69.57	66	84.62	216	71.29
纯粹耕种租田者	0	—	1	1.28	9	2.97
耕种一部分或大部分租田者	7	30.43	11	14.10	72	23.76
全部出租者	—	—	—	—	6*	1.98
总计	23	100.00	78	100.00	303	100.00

* 见表注

豫西南的情形和豫北、豫中又显然不同。叶县以西，佃农的成分便比较多。镇平六村的农户中，也以贫农底自耕成分为最多，但只占64.25%，比辉县少16.63%。中农中纯佃农有23.08%，半自耕农有32.69%，自耕农只占44.23%。二十四个富农中，有四个完全租地经营，十个自己有一部或大部分自田同时再租地经营，纯粹种自田的只有十户，不到一半。中农中租佃农的成分也在50%以上（见表72）。

表72 镇平六村各类农户底自耕与佃耕成分表(民国二十二年调查)

类别	富农		中农		贫农	
	户数	百分比	户数	百分比	户数	百分比
纯粹耕种自田者	10	41.67	23	44.23	133	64.25
纯粹耕种租田者	4	16.66	12	23.08	27	13.04
耕种一部分或大部分租田者	10	41.67	17	32.69	37	17.88

续表

类别	富农		中农		贫农	
	户数	百分比	户数	百分比	户数	百分比
全部出租者	0	—	0	—	10*	4.83
总计	24	100.00	52	100.00	207	100.00

* 见表注

近年来河南农村中自耕农转变为佃农的趋向，普遍地存在着，小农土地所有的经济，有崩溃的可能性和必然性。试看表73中农底自耕成分无论哪一县都显著地减低，佃农成分显著地增高。中农中自耕农底百分比辉县减少2.63%，许昌减少7.93%，镇平减少12.63%。纯粹佃农民十七年时许昌和辉县都没有，现在许昌有一家，辉县有了两家；镇平则从13.73%增加为23.08%，几乎多了10%，半自耕农在三县的中农中也都或缓或速地增加（见表73）。

表73 许昌等三县十四村中农自耕与佃耕成分增减表(民国十七、二十二年调查)

类别	许昌				辉县*				镇平			
	户数		百分比		户数		百分比		户数		百分比	
	民十七	民二十二	民十七	民二十二	民十七	民二十二	民十七	民二十二	民十七	民二十二	民十七	民二十二
纯粹耕种自田者	87	66	92.55	84.62	80	86	94.12	91.49	29	23	56.86	44.23
纯粹耕种租田者	0	1	—	1.28	0	2	—	2.13	7	12	13.73	23.08
耕种一部分或大部分租田者	7	11	7.45	14.10	5	6	5.89	6.38	15	17	29.41	32.69
总计	94	78	100.00	100.00	85	94	100.00	100.00	51	52	100.00	100.00

* 稻田乡除外

这种转变的过程，在各县贫农率中不会比中农慢多少。许昌、辉县底贫农中，自耕农的成分都减少4%左右，纯佃农和半自耕农都增加1%以至3%。镇平贫农转变的速度最快，自耕农变为佃农或半佃农的成分，在10%以上。因为少量的土地不足以维持最低限度的生活，索性把农田出租另谋生活的贫农，也从3.13%增加为4.83%（见表74）。

表74 许昌等三县十四村贫农自耕与佃耕成分增减表(民国十七、二十二年调查)

类别	许昌				辉县*				镇平			
	户数		百分比		户数		百分比		户数		百分比	
	民十七	民二十二	民十七	民二十二	民十七	民二十二	民十七	民二十二	民十七	民二十二	民十七	民二十二
纯粹耕种自田者	208	216	75.63	71.29	126	148	84.00	80.88	143	133	74.48	64.25
纯粹耕种租田者	5	9	1.82	2.97	5	8	3.34	4.37	17	27	8.85	13.04
耕种一部分或大部分租田者	57	72	20.73	23.76	17	25	11.33	13.66	26	37	13.54	17.88

续表

类别	许昌				辉县*				镇平			
	户数		百分比		户数		百分比		户数		百分比	
	民十七	民二十二	民十七	民二十二	民十七	民二十二	民十七	民二十二	民十七	民二十二	民十七	民二十二
全部出租者	5	6	1.82	1.98	2	2	1.33	1.09	6	10	3.13	4.83
总计	275	303	100.00	100.00	150	183	100.00	100.00	192	207	100.00	100.00

* 稻田乡除外

富农群中自耕成分的减少佃耕成分的增加除镇平外都在10％－20％以上，但所增加的都是自己有少数或多数自田的半自耕农，纯粹的佃农并没有像中农贫农那样的增加（见表75)。

表75 许昌等三县十四村*富农自耕与佃耕成分增减表(民国十七,二十二年调查)

类别	许昌				辉县*				镇平			
	户数		百分比		户数		百分比		户数		百分比	
	民十七	民二十二	民十七	民二十二	民十七	民二十二	民十七	民二十二	民十七	民二十二	民十七	民二十二
纯粹耕种自田者	20	16	95.24	69.57	20	15	86.96	75.00	8	10	42.11	41.67
纯粹耕种租田者	0	0	—	—	0	0	—	—	4	4	21.05	16.66
耕种一部分或大部分租田者	1	7	4.76	30.43	3	5	13.04	25	7	10	36.84	41.67
总计	21	23	100.00	100.00	23	20	100.00	100.00	19	24	100.00	100.00

* 稻田乡除外

表76 镇平六村各类村户租进农田底增减(依据民十七、民二十二两年的分类)

类别	使用田亩数		租进田亩数		对使用田亩的百分比		百分比增减
	民十七年	民二十二年	民十七年	民二十二年	民十七年	民二十二年	
地主	82.00	93.00	0	0	—	—	—
富农	1160.75	1343.25	732.00	869.00	63.06	64.69	+1.63
中农	1738.31	1735.37	1161.50	1165.64	66.82	67.17	+0.35
贫农	1333.37	1345.85	452.50	548.50	33.94	40.75	+6.81

各类农民佃耕成分的增加，与其从“户数”上观察，不如从“经营”中租田成分的比例观察更正确些。镇平六村各类农户使用田亩中租田的成分在三县中本来已经最多，但近年来仍有增加趋势，特别是贫农（见表76)。辉县农户使用田亩中租田成分的增加无论富农、中农、贫农都比镇平快，中农、贫农中以前只种12.5％以至31.1％的租田，现在所种租田要在20.8％－39.1％左右，都增加了8％以上（见表77)。许昌农户所种农田中，租田成分比较最少，但近

年来富农的租田成分增加得特别多。民十七时全体富农使用的一千零七十八亩农田中，只有八亩租田，民二十二时使用的面积减为九百八十五亩，而租田有一百十九亩，增加了13%（见表78）。这原因是由于许昌底富农出卖田地后多数还租进耕种，因此把租田成分增大了。许昌中农租田的成分本来也是很少（2.56%），但现在已经增加到10.42%。许昌贫农租田的增加虽不如镇平辉县贫农这样快，但也有5.53%。

表77　辉县四村* 各类村户租进农田底增减(依据民十七、民二十二两年的分类)

类别	使用田亩数		租进田亩数		对使用田亩的百分比		百分比增减
	民十七年	民二十二年	民十七年	民二十二年	民十七年	民二十二年	
地主	160.00	132.00	0.00	0.00	—	—	—
富农	4063.00	3751.00	2062.00	2191.00	50.75	58.41	+7.66
中农	3271.50	3528.00	410.00	734.50	12.53	20.82	+8.29
贫农	1990.00	2402.50	619.00	940.00	31.11	39.13	+8.02

*　稻田乡在内，故租田成分较多。

表78　许昌五村各类村户租进农田底增减(依据民十七、民二十二两年的分类)

类别	使用田亩数		租进田亩数		对使用田亩的百分比		百分比增减
	民十七年	民二十二年	民十七年	民二十二年	民十七年	民二十二年	
地主	60.00	100.00	0	0	—	—	—
富农	1078.00	985.00	8.00	119.00	0.74	13.74	+1.00
中农	1991.50	1544.50	51.00	147.00	2.56	10.42	+7.86
贫农	2266.50	2570.10	376.00	470.00	16.59	22.12	+5.53

贫农租种农田往往不如富农中农容易，租不到田时只得移出。近年来出外工作的贫农，日见增加，例如许昌增加1.62%，辉县增加3.09%，镇平要增加到4.71%（见表79）。这许多出外的贫农中间，大部分还是做雇农、小贩、苦力或充当兵役；在工业幼稚的河南，出外为产业工人的简直是绝无仅有（见表80）。许昌贫农中出外工作的人数有八十四个，其中充当兵役或在本县保卫团充当团丁的有二十一人，占25%，以及辉县贫农出外工作的四十二人中有二十三人为雇农等等事实，尤其是值得注意的。

表79　许昌等三县十五村贫农出外工作人数的增减(依据民十七、民二十二两年的分类)

县名	民十七年			民二十二年			百分比的增减
	(1)有工作能力的人数	(2)出外工作的人数	百分比(2):(1)	(1)有工作能力的人数	(2)出外工作的人数	百分比(2):(1)	
许昌	956	67	7.01	973	84	8.63	+1.62
辉县	656	15	2.29	781	42	5.38	+3.09
镇平	573	43	7.50	598	73	12.21	+4.71

表 80　许昌等三县十五村贫农出外工作者底职业(民二十二年)

县名	雇农		小贩及苦力		军役及团丁		手工业者		产业工人		其他		总计	
	人数	百分比	人数	百分比	人数	百分比	人数	百分比	人数	百分比	人数	百分比	人数	百分比
许昌	15	17.86	15	17.86	21	25.00	13	15.47	0	—	20	23.81	84	100.00
辉县	23	54.77	4	9.52	4	9.52	5	11.91	2	4.76	4	9.52	42	100.00
镇平	15	20.55	15	20.55	7	9.59	13	17.81	1	1.37	22	30.13	73	100.00

二、租田制度

河南各县盛行的田租形式是“定额谷租”和“分租”两种，钱租很少，力租完全不存在。这几种田租形式，又因地域的关系稍有差异，所以也有分区说明的必要。

在豫北一带，定额谷租和分租的成分不相上下。辉县稻田乡和杨家庄谷租多于分租，安庄和大史村分租多于谷租（见表 81）。辉县邻近各县，据我们调查到的七个地点来看，似乎分租较占优势，但新乡一区便是定额租多于分租，同样在滑县，九区东明店固完全行分租，而一区珠照寨又完全行谷租（见表 82）。

表 81　辉县四村各类田租的成分(民二十二年)

村名	钱租(%)	定额谷租(%)	分租(%)
稻田乡	—	60	40
安庄	—	33	67
大史村	—	20	80
杨家庄	8	77	15

表 82　辉县临近各县田租种类表(民二十二年)

调查地点	钱租(%)	定额谷租(%)	分租(%)
新乡一区	10	70	20
淇县一区侍景村	—	—	100
汲县一区	1	1	98
汲县区新华乡	10	10	80
修武六区西寨乡	30	—	70
滑县一区珠照寨	—	100	—
滑县九区东明店	—	—	100

豫中一带可说是定额谷租较为盛行的地方。虽然在许昌调查的五村中（见表 83），有三村

是分租较盛于谷租，盛行谷租的只有水口张和邢庄两村，但是我们在许昌邻县调查的七个地方（见表84），除掉新郑第五区分租较占优势外，其余都是通行着定额谷租，而且多数在八成以上。

表83 许昌五村各类田租的成分(民二十二年)

村名	钱租(%)	定额谷租(%)	分租(%)
许庄	—	20	80
洼孙庄	—	—	100
水口张	—	99	1
李庄	5	10	85
邢庄	3	67	30

表84 许昌邻近各县田租种类表(民二十二年)

调查地点	钱租(%)	定额谷租(%)	分租(%)
洧川一区仓李村	—	70	30
新郑五区	3	7	90
郾城一区湾赵村	—	90	10
临颍一区	—	80	20
临颍一区大户刘村	—	90	10
鄢陵三区	—	50	50
鄢陵一区夏营	—	100	—

镇平一带刚相反，分租占绝对的优势。镇平六村底田租成分，分租都在50%以上，在90%以上的有五村（见表85）。邻近各县所得的材料太少，但就这少数的地方来看，分租已显然占优势（见表86）。

表85 镇平六村各类田租的成分(民二十二年)

村名	钱租(%)	定额谷租(%)	分租(%)
腰庄	—	—	100
王庄	—	1	99
大榆树	—	—	100
大和营	8	—	92
谢庄	—	3	97
老毕庄	—	50	50

表 86 镇平邻近各县田租种类表(民二十二年)

调查地点	钱租(%)	定额谷租(%)	分租(%)
邓县二区孙渠村	—	30	70
南阳一区十八里冈	2	—	98
内乡一区罗冈	—	65	35
内乡一区荣圆乡	—	20	80

在豫南，我们以信阳为例。信阳近城的地方通行谷租，一区德林乡和励进乡的租田中，多数还定额谷租，分租要遇“天旱水患”时才适用，所以只占少数。离城较远的中山铺附近，则又盛行着分租的办法。

在了解各区租田的形式以后，进而再将各种租田的手续、期限、租额等等依次来说明：

钱租通行的地方很少，大概“学田”“庙田”或其他公田性质的田租才缴钱，至于地主的田也行钱租的，只有新乡近城的地方。修武西寨乡因为在民十六年时将地主王印川的一百三十亩地没收，拨归教育局收租，于是都改为钱租。各县钱租租额每亩普通二元至三元。新乡一区租额最高，因为园地产量较多。南阳十八里冈的公地每亩只要纳租金0.35元，实际这种低微的租金，还带着赋税的性质。还钱租的租田，普通不定年限，惟新乡、修武有以三年为限的，事实上只要田租清，还是和不定期一样。租金缴纳的时期，大都在收获以后，新乡须预缴10%，其余到收获后缴足，辉县杨家庄租种“公地”时，种十亩地须有六亩地作为抵押，以防佃户欠交租金（见表87）。

表 87 各县每亩钱租租额表(民二十二年)

调查地点	最高(元)	最低(元)	普通(元)
辉县杨家庄	2.1	1.0	1.2
新乡一区	10.0*	1.0	4.0
汲县一区	4.0	1.0	3.0
汲县新华乡	4.0	2.0	3.0
修武西寨乡	5.0	1.0	2.0
许昌许庄	4.0	1.0	2.0
许昌洼孙庄	—	—	1.6
许昌邢庄	3.0	2.5	3.0
许昌李庄	4.0	2.0	2.0
新郑五区	2.0	0.6	1.6
镇平大和营	2.0	1.0	1.3
南乡十八里冈	—	0.35	0.1

* 近城菜园地。

谷租最盛行于豫中，其次豫北，镇平一带比较少。向地主租田前，须由中人介绍，订立租契，规定租额和租期。河南农村中量粮食的斗，大小差异很多，有的一斗十八斤，有的二十斤，也有二十五斤或四十斤的，而“斤”也有出入，所以比较各地的租额时，非把租按粮价折成货币不能正确。用以上的方法计算的结果，许昌租额最高，镇平次之，辉县除稻田乡外，租额在各县中最低。许昌李庄每亩产量民二十二年只值7.55元，而每亩田租要还5.66元，竟占74.97%，其他各村的租额，也都在产值的55%以上。辉县安庄和大史村，地质较差，产量很少，所以租额也比较轻。租期在豫北普通三年，最长五年，满期后如果田租没有欠缴等情，自然可以续租。许昌和镇平一带不定期的多，田租缴清，可长期耕种，否则一年后随时可以取消租约。租田前缴押租的并不多。辉县稻田乡和大史村租十亩须押三亩，第一区公地每租十亩须押十亩，邓县北乡每亩须先缴押租一元。信阳押租较为通行，在近城的励进乡，每石田[1]须缴押租十四元，德林乡每石竟要缴押租四十元左右（见表88）。

表88　许昌、辉县、镇平9村每亩普通谷租租额表(民二十二年)

村名	每亩产值(元)	普通每亩租额	折合银元数(元)	租额对产值的%
许昌李庄	7.55	麦3斗,谷3斗	5.66	74.97
许昌邢庄	10.62	麦2斗,谷3斗	5.90	55.56
许昌水口张	10.20	麦7斗,—	5.95	58.33
辉县稻田乡	15.70	麦4斗,玉米4斗,大米5斗	10.60	67.52
辉县安庄	4.95	麦3斗,—	1.80	36.36
辉县大史村	6.60	麦3斗,—	2.40	36.36
镇平王村	5.25	麦1斗,—	2.50	47.62
镇平谢庄	12.50	麦2斗,—	5.00	40.00
镇平老毕庄	7.75	麦1.8斗,—	4.50	58.06

分租是河南最盛行的一种租佃制度。大概在天灾和人祸时常降临，田间的产量太没有把握的场合下[2]，分租是东佃双方大家愿意采用的办法。最通行的分租办法是地主和佃农平分生产物，种子各出一半，买的肥料对分，牲口由佃户出，牲口的粪上田。淇县底侍景村，种子须过一斗才对分，否则全由佃户出，邓县底孙渠村种子由地主先出，收获后由佃户偿还地主以种子之一半。在许昌李庄、许庄甚至田税也各半负担。副产品大都亦是对分，但要是粪完全归佃户上，则柴草亦为佃户所独得。有的麦草不分秋草分（如镇平大榆树），也有的田税完全归佃户负担，柴草为佃户独得。除掉平分外，还有四六分、三七分、二八分几种办法。四六分的办法发现于辉县大史村、新乡近城区、修武西寨乡、许昌水口张、郾城湾赵村、临颍大户刘村和信阳中山铺附近。好地则地主得六成，坏地则佃户得六成，有时佃户负担种子的全部，因此多得一成粮食。信阳中山铺附近，在收获前地主往往与佃户请了中人估计产量，依照地四成佃六成的比例说定，如果双方任何一人不依中人的话，则收获后再量了实际的产物照4∶6的比例

[1]　合六亩左右。
[2]　原文“田间的产量太没有握的把场合下”，修改为“田间的产量太没有把握的场合下”——编者。

分配。三七和二八分的办法，在辉县二区、新乡土门村、滑县东明店、许昌洼孙庄和洧川仓李村等处都通行。一切成本都由地主出，佃户只要带了自己的锄、镰等简单的农具，往地主田里工作，饭仍是吃自己的。收获的粮食，麦是二八分，秋是三七分，副产全归地主。在新乡，这种性质的佃户俗称“揽活”或“揽庄稼”，在滑县通称“伙计”，与长工又不同。新乡土门村一带分配时非常有趣：地主的牲口也要三头当一人，与“长工”“揽活”“地主”按照一定的比例分配的。例如麦收下以后，地主先分去八成，其余二成由长工、揽活、牲口三者再来平均分配。在许昌许庄，如果“大揽鞭[1]”，犁地的，麦秋均可分得三成，不犁地则仅能分麦一成半，秋二成半。

无论哪一种分租办法，佃户每年例须为地主家里服役几天，只管膳食不给工资。在辉县，普通是人十天，牲口三天以至十天；在镇平人二十天，牲口少至十天，多至三十天。也有的不规定日期，地主家里有事，便随意去帮忙，一年中为地主服役四五十天，也是常有的事。

[1] 该处俗称。

第五章　乡村政治组织及税捐

一、政治组织及其活动

乡村政治组织的中心机关，是区公所。区公所设正副区长（有些地方没有副区长）各一人，区员少者二人，多者五人。区公所全年的经费，各县很不一致。据区长们自己所报告的数目，最少的洧川第一区全年一千一百三十一元，最多的邓县第二区全年要三千六百四十八元。但要是都能依照这数目实际开支，费用并不能算大，可是事实上区公所的经费，往往超过规定的好几倍，甚至好几十倍[1]。至于经费的来源，以前都是由区公所直接向农民按月摊派的，现在虽规定向地方财务委员会领取，但邓县，新乡等处，仍有向农民按地亩摊派的事实。而且曾有些区长们亲自告诉我们，每月从财务委员会领来的一百多块钱，职员的薪金都不够分配，因此团丁（每区团丁多者十余人，少者三四人）的给养等等只得再向老百姓身上摊派一些（见表89）。

表89　各县区公所经费及其来源*（民国二十二年调查）

区别	全年经费总数	经费来源	备注
辉县第一区	1332	附粮增加	
辉县第二区	1920	按照该区内地亩摊派	七月一日起改由财务委员会按月拨发
汲县第一区	1380	1. 每两地丁附加二角五分 2. 契税附加四成	
新乡第四区	1848	按地亩酌派	
淇县第一区	1548	随米银征收	
修武第六区	1757	1. 自治款项下一半 2. 地方摊派一半	
滑县第一区	1908	由县政府丁地附加项下拨发	
滑县第九区	1908	向县政府领	
许昌第三区	2604	由地方财务委员会拨发	

[1] 详见“调查日记”。

续表

区别	全年经费总数	经费来源	备注
许昌第四区	2604	由地方财务委员会拨发	
许昌第六区	2604	由地方财务委员会拨发	
许昌第七区	2604	由地方财务委员会拨发	
洧川第一区	1131	地亩附征,归财务委员会拨给	
郾城第一区	1620	财务委员会月拨一三五元	
临颍第一区	1500	地方款项下动支	
镇平第二区	2440(?)	十区自治办公处拨发	
邓县第二区	3648	由本区民众按亩摊派	
信阳第一区	1750	契税及地丁附加	
信阳第四区	1308	契税及地丁附加	
信阳第八区	1308	契税及地丁附加	

* 表内各项均根据区长的报告。

区公所的重要活动，除办理例行公事外，还有编制保甲、组织壮丁队、调查户口、劝导放足、举办仓储等等，但最繁重的工作，莫如派款。当县府奉令派款时，便召集各区区长，按地域的大小，田亩的多寡，议定各区应派的额数。区长下乡后便召集保长，再按各保的地亩派定额数，于是保长向农民去逐户摊派。区长们认为最困难的工作是摊派款项，但也有的区长视为良好的机会，藉此可以饱私囊[1]。

保甲的编制，还是最近举办的事实。通常十户编成一甲，十甲编成一保，有特别情形的时候也可伸缩，但每甲至少要有六户，至多不能过十五户，每保至少要有六甲，至多不能过十五甲。甲长由本甲内各户长公推，保长由各甲长公推，但必须是土著的农民或地主，客民不能当选为保甲长。县长或区长认为保甲长应当更换，可以随时撤换，就是公推出来的人，认为不妥时，也须改推。保甲长所干的事，无非是区公所规定的各项，如清查户口，训练壮丁，摊派公款等等。至于保甲的经费，照辉县“保甲须知”中所规定，其中第一项是“本保所管地面上的田地，照收获的东西，折合时价，每亩可征收1%，由田主佃户，各半出款”。所以辉县保长办公处每月有九块钱的办公费，请一个书记和一个勤务。许昌有的每保每月有办公费五元（如九区），有的尚未规定。镇平则规定每月一律六十九串，合11.5元。在邓县南召等处，据说保长办公处的经费，每月甚至在一百元以上，用了许多人，俨然一个区公所。

乡村中的壮丁队都还在编订或训练中，所以乡村底“安宁”，还须靠赖县政府的保安队来维持。各县保安队及警卫的实力不一（见表90），因此经费也大有多寡。虽然有些县份调查时未能详细问得，但全年至少总在一万元以上。从表90残缺的材料中，我们可以知道各县警卫实力的大概。其中镇平、内乡、邓县都是列的民团数目，性质稍有不同，但就是同样的民团也

[1] 事实详见“调查日记”。

不一定是同样的性质。

表 90　各县保安队及警卫队实力表*（民国二十二年调查）

县别	人数	枪支数	全年经费总数	备注
辉县	321	221	10900	丁两附加。
汲县	390	322	不详	
新乡	416	340	不详	全县壮丁队 33163 人，有枪 1311 支
淇县	80	70＋	不详	
修武	200＋	150＋	不详	
滑县	420	420	41880	枪械由各区分摊，经费地丁附加
许昌	605	步枪 420 马枪 35 手枪 50	86384	
洧川	80	80	不详	
郾城	490	430	不详	
临颍	303	211	不详	
鄢陵	500＋	400＋	每两地丁附加二元	
新郑	240＋	110＋	不详	
镇平	常备 1200 人 后备 2000 人 壮丁 30000＋人。	快枪 6000＋只 其余刀、锚、土炮	不详	
邓县	民团 3000 人	5000	不详	
内乡	民团 8000	未详	不详	
信阳	743	570	不详	

*　表内各项均根据县政府的报告。

二、区长保长等的出身及其经济地位

区长和保长是农村政治组织成分中的中心分子，所以特别把他们的出身和经济地位分析一下。

保长是多数没有受过正式教育的，不过粗通文字而已。我们调查到的二十一个保长中，所有田产不到十亩的只有四个，其他九个在五十亩以上，八个在三十至四十亩左右，所以一般说来，保长的经济情形还是比较殷实的，其中多数是富农。因为在甲长推选的时候，往往注意到保长的经济地位。

区长的出身比较复杂（见表 91）。我们此次在豫省调查到的八十七个区长的履历中，曾受过政治训练的占 60％以上，尤以区长训练所毕业的为最多。中等学校以上毕业的约占 16％，其他高小毕业的、师范讲习科毕业的、前清的贡生、以前在军警界出身的也占16%左右。再看他们的经济情形，表92中四十四个区长所有田产在一百亩以上的有三十二个，占70%以上，一百亩以下的只占27%左右。虽然我们所得到的材料似乎太少，但已经很够证明河南各县区长中不是地主或富农的，是占绝对的少数了。

表91 八十七个区长的出身(民国二十二年调查)

出身	人数	百分比
区长训练所毕业	34	39.08
自治训练所毕业	19	21.84
农村组织训练所毕业	3	3.45
政训学院训练班毕业	3	3.45
专门学校毕业	8	9.19
大学毕业	1	1.15
中学毕业	5	5.75
其他	14	16.09
总计	87	100.00

表92 四十四个区长的所有田亩(民国二十二年调查)

所有田亩	人数	百分比
100亩以下	12	27.27
100—300亩	26	59.10
310亩以上	6	13.63
总计	44	100.00

区长们凭借他们底资格和地位，在乡村中往往形成一种特殊势力。他们包揽讼事，他们任意派款，甚至残杀善良，以造成个人的专横，扩大个人的权力。在调查时，关于这种的具体事实，时常有农民们告诉我们[1]，但他们敢怒而不敢言，有时仍不能尽情宣布出来。

三、税捐

河南农村中农民所负担的税捐，主要的有田赋和临时摊派。

田赋的额数，各县高低不同。地丁正税每两二元二角，当然是全省一致的，但附加税则差异很大。举例如下：

[1] 详见“调查日记”。

县名	每两征收银元（正附税合计）
辉县	4.71 元
滑县	4.90
洧川	5.20
新郑	5.20
修武	5.86
镇平	7.50
郾城	11.50
信阳	15.00

信阳附加税的增加，还是近五年来的事，试看民十七年后信阳每两地丁银附加的名目和额数：

地方公款	0.30元	民十七年起征
自治费	0.25	民十七年起征
政务警察	0.25	民十七年起征
教育局	0.60	民十七年起征
建设	0.25	民十七年起征
公安	0.25	民十七年起征
保安队经费	0.30	民十七年起征
自治费	0.44	民二十年起征
保卫团训练给养	2.00	民二十年起征
地方款	0.50	民二十一年起征
保卫团	4.00	民二十一年起征
教育田亩附加	每亩 3 分	民二十二年起征

五年中每两丁银增加了九元以上，如果连教育亩捐三分也计算在内，当在十元左右。

田赋的负担，毕竟还有一定的限度，惟有摊派则丝毫没有把握，随时有发生的可能。汲县和淇县五年来历年的摊派总额估计如下：

	汲县	淇县
民十七		165000 元
民十八	400000＋元	60000
民十九	400000＋	450000
民二十	20000	108000
民二十二	30000	68000

镇平于民十七年岳维竣的部队驻县境时，全县兵差局的支应已有八十万元，其他民间所派车、牛等等还无数。民十八年石友三的军队在镇平，全年约派二十万元，民十九年某部竟派至五十万元。

区公所或保长办公处历年实际摊派的额数，多数散失不全，除在辉县稻田乡抄到一个比较完全的材料外[1]，其他只能得到一些片段的零星的材料，举例如下：

信阳第三区民二十二年一月至五月摊派额数：	
——长途电话	250 元
——抗日骡马救国捐	300 元
——支应兵差	500＋串(合 70 元左右)
——壮丁队经费	300 元
总计	920 元
新乡第一区民二十二年一月至四月摊派额数(均按地亩摊派)：	
——常备保卫队训练费	2400 元
——保安队总部	300
——教导队	1400＋
——区团经费	2300
——区经费	1800
——救国捐	2500
——剿匪奖费(地方)	300
——电话费	108
总计	11108 元
辉县百泉乡民十九年全年摊派额数[2]：	
——兵差(交财政局)	95.50 元
——谷草	11.04
——支应费	85.80
——交小麦	96.275
——军事捐	98.00
——木柴	14.35
——马鞍	20.00
——看秋	22.00
——剿匪勇	29.90
——买壮兵	309.00
——运动差人	83.00
——付差人费	30.00
——麦捐	62.70
——区公在经费	45.56
——剿匪罚款	80.00
——兵捐	48.00
——毒品捐	55.00

[1] 见附录 6，稻田乡五年来兵差负担实录。

[2] 全乡三百七十户，每户平均负担 7.06 元，地二十九顷每亩平均摊派 0.9 元。

——印花	5.50
——钞票	19.40
——烟土	108.00
——印花又	11.91
——买骡马驴	254.00
——车费	304.00
——车上用具	10.50
——车户脚费	82.20
——交小麦	39.22
——其他	592.716
总计	2613.571 元

4.辉县大史村民二十二年一月至七月摊派额数：

一月	区公所临时经费	32.0 元(收至五月份)
一月	保安分队	30.4
二月	屠宰税捐	2.29
二月	欠粮捐(抵区费)	72.00
二月	苗圃经费	3.64
二月	坊堵费	4.55
二月二十四日	印花	2.00
二月二十四日	自治经费	2.00
二月二十四日	旗	0.90
三月	本区区立小学经常费	16.20
三月	建筑费	60.32
三月	公立小学黔记	0.38
三月四日	欠完全小学经费	28.39
四月	大车三辆小车二辆	34.1(全区共 1347.9 元)
五月	剿匪漏派、环境电话、慰劳前方将士等费	4.13
五月	保安分队春季服装费	3.22
五月	五六两月屠宰税	1.145
五月	五至八月苗圃费	3.64
五月	飞机捐	16.15
五月三十日	军事训练员五月份薪金	1.00
六月	保安队(五六月)	29.00
六月	区公所(五六月)	12.16
六月六日	军事训练员六月份薪金	0.70
七月五日	印花税(四五月)	2.00
总计		362.315 元

据说今年是派款顶少的一年，而大史村一村九十多户半年中也已派了三百六十多元。在民十八、民十九两年中，派款的额数比现在要多几十倍呢！

附录一 调查日记

民国二十二年六月三十日（金）

本团原定二十六号出发，因为免票的手续没有办妥，迟延了几天。

全团团员五人，刘君端生本在南阳农林局任事，已约定在开封会见，还有一位因事未到，预备到当地临时聘请，所以今天从会里出发的只有张锡昌、夏益赞、黄可铭三君。陕西团也定今日出发，于是一同上了津浦车。

津浦沿路，我们所能见到的农家，大都是些疏落的草篷，瓦房很少。大江以北的农村景象，和江南已完全不同。明光以北，稻田很少看见，远望去青青的都是些高粱，小米，豆类。火车一过淮河，便见一片平原，与淮河以南的山陵起伏如同两个世界，我们知道已入黄土平原的境界。黄土平原在中国农业区域上占了很大的面积。江苏和安徽的北部，山东、河北、山西的全部，河南的东部和北部，都可以划入这一个区域，在农业经济上自有它特殊的性质。

过了蚌埠，当十铜元便不通行，用时须打折扣。在车中，南方不通行的“石家庄”“济南”“山东平市官钱局”等小毛票都出现了。南宿州和徐州，洋价一元都是五千，徐州的铜子票有五百、一千、五千三种，扯了半张也可以作一半的价钱用，而且是丝毫没有问题的。对于我们这般旅客，这简直还是一种“新知识”!

因为要换乘陇海车，于是不得不在徐州住一夜。在表面上看，徐州还不愧为江北的大都市，但近年来受农村衰落的影响，商业一蹶不振，市面顿呈萧条。“电灯不明，电话不灵，道路不平”，更足显示这淮北都市的特色。

七月一日（土）

上午十时半，乘陇海车赴开封。车向西行，过柳河、民权等县，灰沙飞扬，一片枯燥景象。田野的庄稼，都笼罩着一层灰沙，变得暗淡无生气。民权县更多碱性土地，整批的田荒着，仅仅种了些当柴烧的桑树柳。铜元有当二百文、一百文、五十文、二十文的四种，兑价更比徐州高，在柳河，一元可换七串，民权七串五百，到开封则可换七串六百文。

晚十时，才到了开封。六百多里路走了十二点钟。出站的时候，西面来的快车也刚到，于是东西来的乘客好几百人一拥而出，都挤在一个不到五尺阔的小门口，看门的宪兵为了检查行李，不放人出门，可是没有行李的人也被挤在门口不得动弹。我们三个人跟了脚夫用力地挤，半小时努力的结果，才随着势挤出了小门。我们想，许多女人和小孩子，恐怕非两三小时后不会出门。据黄君（河南罗山人）说，他七八年前在开封上学的时候，就是这个样子。在开封，别的都和以前不同了，惟有这种怪现象，还保存到现在。

开封的人力车都很讲究，有钱的车夫往往自备车辆，那是他唯一的生产工具，自然收拾得格外清洁。电灯比徐州亮，柏油浇的马路在内地的大都会中更是不易多见，旅馆也都点缀得异常辉煌。这天晚上，我们就在河南大旅社住下。

七月二日（日）

今天因为是星期日，省政府不办公。我们便和在南京出发时请各方介绍的先生们谈谈，探听豫省农村的概况。先后去拜访的有一女师校长易伯坚、第一师范校长田恩霈、河南大学农学院院长万康民、河大教授郃爽秋等诸位先生，因为是星期日，有好几位出门去了。下午从南阳来的调查员刘君，也见了面，于是把团内职务分配定妥。

在南京，已经决定调查三个代表县：新乡（豫北）、镇平（豫西南）和许昌（豫中）。豫南因为地方不大平静，不预备调查。今天和许多本省人讨论的结果，如果时间上允许，豫南最好也去看看，同时都觉得新乡是一个商业中心（新乡有河通天津，商人往往把土货运至天津，带着洋货回来），农业上不足以代表豫北一般的情形，所以决定以辉县代表豫北。辉县不但在经济上可以代表豫北普通的情形，而且现任的县长办事非常热心，对于调查工作一定十二分帮忙。同时省立乡村师范在百泉曾经做过一些调查，或许可以供给我们参考。河南省各机关过去做过的农村调查工作很少，我们所看见的材料，只有河大农学院的一些报告，调查的范围只限于开封附近。最近各区农林局也在进行农村经济调查，但尚未见有什么材料发表。关于河南，因此大家知道得很少。就是在开封住着的本省人，也很少能把全省情形概括地叙述的。

一般说来，豫东为平原，豫西多山坡，豫北大农较多，豫南佃农占多数。信阳以南，多种稻，其他各区以小麦杂粮为大宗。豫西土匪出没无常，农村破产更深刻化，豫南多大地主，租佃关系最为重要。

七月三日（月）

上午，全体去见刘主席，他派了一个秘书代见。据说，省政府前几天已经通令各县。我们问他："河南境内各县都可以去吗！""只要县政府肯负责保护的地方，下乡去是不成问题的。"他这样回答。于是我们就跑出了省政府。在开封，本来不预备停留的，今天和省政府既接洽妥当，再赴一师和田校长商量，把辉县当地的调查员请定，明天就可以西行了。

我们利用闲空的时候，找本省人谈话。据鲁山李先生（子纯）谈，叶县以西，多佃农，盛行分租制，地主和佃农平分农产物（以前仅分粮食，近年来柴草亦要分），地主仅供给种子，其他肥料、牲口、农具，都由佃农自备。鲁山农民负担的税捐特别重，临时摊派往往比邻县多几倍。在临汝派一元的，在叶县派两元，在宝丰派三元，在鲁山要派到四元。区公所开支浩大，每月要一千四五百元。

正阳以南都种稻，据王向辰先生告诉我们，稻作区域包括信阳、罗山、光山、潢川，固始、商城和息县的一部分，稻作约占80%。在那里，自耕农约占40%，佃农60%，定额谷租较为盛行，大地主很多。著名的如正阳人袁乃宽（官僚出身），拥有土地二三百顷，财产达六千万元。

正阳农村中村庄很小，普通二三十家，甚至七八家的亦很多。有田一二十亩的农家便算不差，贫农大半租田耕种。乡村中最有势力的区长和保卫团的队长，他们往往狼狈为奸，浮派税捐，薪金都很有限（每月三四十元），可是一年的额外进款，总要四五千元。因为税捐重，收成少，地价跌落得惊人。在十年前每亩值三十元的地，现在四五元还无人过问。

省立一中校长李天平先生，是豫东人，晚上谈豫东的情形很详。豫皖交界处鹿邑、淮阳、项城、沈邱等四县，种烟（鸦片）很多，派捐亦重，去年一年中某县派去烟土两千多斤。派烟苗捐时，往往三亩的只派三分，三分的要派三亩，完全依势力的大小而定，有势力的少派，没势力的多派。田赋的负担亦不轻，每两地丁普通一四至一五元，附税超过正税四五倍。绅士的潜势力很大，县长非听他们的话不可，区长在乡村中权力虽大，但亦跳不出他们的手掌，实际上，区长们并不在那里办自治，主要的职务是派款，村长亦然。

七月四日（火）

据淅川张君谈，内乡、淅川等三县，利用山涧流水，辟成水田，种稻甚多。以前自耕农较多，近年则佃农日增。

今天全体团员和田校长介绍的一位辉县人张君景文，同赴郑州。乘车以前，照例要向站长交涉免票，一个军队里的长官，正和站长交涉，要二十辆车，开一团兵到信阳去剿土匪。这种事情，在他们是司空见惯了。

深夜抵郑州，随便找了一个旅馆住下。郑州位于陇海、平汉两路的交叉点，从南北来的旅客要向东西去，及东西来的旅客要向南北去时，必在此地候车，旅馆之多，可以想见。但有时因为旅客太少，旅馆里派在车站接待客人的茶房，简直只得用拉夫式的手段，我们便是这样被拉去的。

七月五日（水）

要到辉县，须先乘平汉车至新乡，再雇人力车。平汉路寻常快车每星期逢二、四、六才有，今天刚没有车，只得在郑州等一天。我们便雇了几辆车下乡去。出城，向西北走四五里便发现一个平民村。据说房子都是冯玉祥在这里建筑的，共住四十家，都以推砖为业，没有种田的，大多是收容许多别地方来的乞丐。再过去，到了“十里村”，因离城大约十里，故名。这村有五十家左右，农户约占80%，当小贩的有十来家。普通每户种田30－40亩，最多的九十亩。租地种的人家亦不少，地主大部分在城里。每亩仅能产麦三斗，田租是麦秋各一斗，分租并不通行。去年每两地丁银5.3元，临时派款每亩约三千文（一元兑七千六百文），催粮催款往年是非常紧，一不照纳，便遭拘押。

郑州西北乡为植棉区域，自穆藕初的裕丰纱厂开设后，植棉面积日渐增加。中大农学院对于推广美棉（脱字棉）也曾做了不少的工作。

据车站的报告，郑州每年输出的农产物，主要的有瓜子、花生、红枣、红薯、梨等等。本县主要的作物为麦、高粱、小米、棉、豆、麻等等。

七月六日（木）

早晨，整理行装北上，中午抵新乡。

在平汉车中，看火车两旁的作物，与陇海路没有多大差异。惟新乡南部，近年来种棉很多。黄河南岸车站附近，还有穴居的人。依土山凿一个洞，装上一扇门（有的连门也没有），便算他们朝夕相处的唯一的“家”。

过黄河铁桥，真有些胆寒。铁桥的两旁，不是完全有栏杆的，车行时，虽然很慢，可是谁都不能担保这次能安然渡河。铁桥的工程固然浩大，但据说保险期已过得很久。

我们预备辉县回来再调查新乡，所以今天一直向辉县去。人力车走了五十里，便到辉县，与省立乡师接洽的结果，决定借住在学校里。学校位置在百泉，是一个风景优美的地方。据说以前袁项城曾经遁迹此间，现在一切建筑物，看去都有些帝皇气象。晚上，皎洁的月亮，照在泉上，凉风吹拂，觉得十二分的爽快。在北方，这里可称为“天堂”。

七月七日（金）

上午赴辉县县政府接洽，县长杜欣遥已下乡视察，由第一科科长王蕴山接见，据谈辉县情形。

农作物：一区多园艺作物，稻10%以上，近年因水利关系，略见减少。二、三、四区均产麦，玉米、谷亦不少。五、六、七区则“秋”不全种。七区产棉。

政治：区长、乡镇长过去都是不兴的，除派捐外，简直没有什么事可做。多一种组织，老百姓便多一些负担。最近河南全省奉令招募新兵三万，限六、七、八三个月中送郑州，小小的辉县须出二百七十名。这年头谁愿意无条件出去当兵，结果非出钱买不可，而且这二百七十名又不会一天来到，膳食等费，自然更可观了。

下午，和乡师社会科学教员尚振声先生（豫南罗山人）谈话。据云：乡师曾在百泉做过三百余户的调查，尚在统计中，关于土地分配方面的材料，还比较正确。豫北大地主较豫南为少，经营面积较豫南为大。袁项城从前在彰德、汲县、辉县等地有田产四百顷左右，现在都已充公。在辉县的五十顷拨归农林局和乡师。徐世昌在辉县有五十多顷地，现在已出卖不少。辉县唯一大地主贾锦壇，父亲手里还有四十多顷地，现在只有三十多顷。罗山大地主刘楷堂，曾任云南总督，拥有土地二千七百多石，约合二万五千亩，他从前买地，买心不买边，都是拣的好地。吕莘禄（罗山）亦是官僚出身的地主，以前有地一百二十多顷，现在分了家，还有二十多顷一家，最近出卖了不少。土地的转移在豫北是几亩几亩的，在豫南是几十亩几十亩的。豫南地主多数住在城里或镇上，住在乡村里的简直是很少。

豫南税捐较豫北重。罗山第六区一带，去年每两地丁正附税二十五元，其中民团捐占十五元，临时摊派更不可胜计。方城一带，地方绅士去年曾以应付兵差为名，每两地丁附加至十元，其实恐怕多数是另作别用的。

尚君又说，辉县过去的区长，好的很少。前第七区区长某，在乡间任意派款，什么枪捐，子弹捐，名目繁多，一年甚至派十多万，解县的数目不到二分之一。其他各区情形较好，但任意派款是一样的。杜县长来辉后，积极整顿，把以前的区长大都撤换，现任各区区长，多数是新换的。

豫西临汝、伊阳、宜阳、洛宁、登封一带，民风强悍，普地都是土匪。临汝全县有枪八万只，现在维持治安的王司令，就是以前的土匪司令。农民家里都有枪，时常械斗，去年伊阳某村甲乙两姓因事争执，发生械斗，以至全村的人完全杀光，而且杀及两姓的亲戚。后来经地方人士的调停，争斗方罢。最近临汝县也发生同样的不幸事件。

尚君对于河南农村的情形，十分熟悉，而于我们此次来豫调查，把着十二分的同情与愿望。

七月八日（土）

依照我们预定的计划，今天出发到辉县西乡二区的赵固镇。北方的农村中因为没有田岸，没有大河（即有，水亦很浅，人力车都可过去）。所以人力车到处可以通行，除非下雨。中途经过任村，我们休息了一回。任村有八十户左右，种地一顷以上的有四户，佃农很多，大都向城里的地主租种，每亩纳租七斗。村中有“管房”（即纯粹收租的地主）三家，拥有的土地不算很多。

第二区区公所就在赵固镇，我们到了那里先和区长王鹤年接洽，选定离镇五里的安庄为代表村，饭后派了一个弟兄和一个助理员（即安庄人）同了我们到安庄，召集保甲长谈了一次调查的用意（那时我们请本地人张君用本地话对他们说），便分头开始调查。夏君担任挨户土地调查，黄、张二君担任政治调查，刘君担任分村政治土地调查，先调查的再帮别人的忙，这样可收分工合作之效。分村调查是找保长，小学校长，和村上年长而头脑清楚的人来问；政治调查则和农民随意谈话中所得材料最为可贵；挨户调查最困难，直接去问农民往往会发生意外的误会，所以我们先请全体甲长到来，把他们自己一甲（十户左右）的人家，一一报告，不清楚的时候，再问本人。今天因为第一次着手实地调查，技术上还未熟练，到将晚的时候全村八十户仅调查了一半。是晚，回区公所住宿。

据刘君调查所得，大概安庄自耕农在90%以上，租佃农不到10%。地质多沙，顶好的地每亩只值三十余元。作物以小麦、玉米、绿豆、粟为主，高粱、大麦、黄豆、黑豆都产一些。产量很低，今春丰收的小麦每亩也只4.5斗。近来以金融枯竭，借钱不易，五元以下还可与情谊较深的亲友商量，五元以上则非用田地抵押不可。真的到了绝境，只得把田产出卖。安庄农民毫无副业，织布的人家虽多，但十九自用，出卖的很少。工资很低，雇一个长工每年仅须二十元，供吃不供穿。区公所自七月一日起所有经费向县财务委员会领取，过去是向农民任意摊派的。农民对于区公所摊派的额数，非常隐瞒，大概一年总要在万元左右。

民十九年石友三的军队在辉县，除兵差特重外，并像土匪般的拉票，本区因起票所化的钱，竟达三万余元。

七月九日（日）

上午往安庄继续调查。途中与区公所的弟兄闲谈，知道现在区公所还有弟兄二十多人，步枪数十只；前任区长时有弟兄四十多，手枪十余只，步枪数十只。但据区长告诉我们，区公所每月经常费只有一百十一元，除了区长外，还有四五个职员；这些弟兄的给养哪里来呢？

安庄的调查于上午很顺利地完竣。量地比较困难，因为他们恐怕量出来“大”或“小”于他们有所不利，后来经过一度解释，也就释然。

据安庄小学的校长谈，本县及邻县往山西去的人很多，二区约有40－50户，民十五年时本村亦去了两家。到了山西，他们或是当雇农，或是做佃农，做了几年也有买地自种的。山西的地价、粮价，都比辉县贱，可是工资都比辉县高，这是好些贫农往那里跑的原因。

从安庄回到区公所，略事休息，即乘昨天的原车回百泉。因为下了些雨，道路泥泞，人力车很难通行，所以一半路只得步行。车夫很有劲，他们大都是本县人，因为无地可种，便拉车为生。车租每天一串（合一角二分多），但平常生意很少。我们给他一块钱一天，自然是得意洋洋了。一路和他们谈谈，也可知道不少关于辉县农村的情形。

据一个何姓的车夫（大家喊他“何牛”）告诉我们，辉县第五区离城五十里的瓦房庄地方，有一个张姓地主，种地十多顷，雇长工二三十人，喂牲口几十头，还开设油坊，磨坊等等。这是一个典型的地主经营者，这种大规模的农业经营，过去辉县很有几家，近年来受税捐、天灾、粮价狂跌等等影响，已日见减少了。

七月十日（月）

赴五区大史村调查。全区地亩七百余顷，内有好地五百顷，二百余顷为山地。山地面积差异极大，有一亩收小麦四十七石者，这一亩起码要上一顷。作物以小麦、花生、玉米为主，高粱和豆类次之。产量无定，因多沙土，几年来小麦每亩未满一斗，今年春天收了4.5斗，要算最好的年成。本区人民以跑山樵柴为唯一的副业，每到二三月间，都跑到太行山上与山西人交易，非常热闹。

大史村共约一百五十户，县政府第三科张科长（荫）是本村人，他一到，调查毫无问题地进行。这里的保长特别好，他把历年的地方摊派和兵差的通知单都保存着，这是很珍贵的材料，我们借来抄了一份。

据张君谈，本地往山西去种田的不算多，顶多是在滑县。因滑县人多地少，一个长工只可得十元，所以都想外面跑。长垣、封邱、阳武、延津诸县，为黄河古道所经之地，多沙土，产量微薄，所以往山西去的亦很多。去山西的人，大概为雇农者八成，租地种者二成；逐渐积了些钱，买地自种者究属少数。

因为人家多，今天调查工作未能结束，晚上，住在村上小学校里。课桌做了床，教室做了寝室，因为一天的工作很疲劳，天虽然热，大家也都呼呼熟睡。

七月十一日（火）

昨天吃过晚饭以后，来了许多农民，他们问这样问那样，最主要的是问“南方平静不平静?”有几个有趣的农民甚至问“这里和南方通商不通商?”“你们南方的太阳是不是在北方的?”讲到从前的区长陈潜修剥削农民残杀善良的情形，他们都兴奋异常。陈潜修，五区商庄人，师范学校毕业，年三十四五岁，他父亲手里仅有田十余亩，现在已有二三顷。民十八至十九年当副区长，民二十至二十一年当正区长，在任时无恶不作，以致民情奋激。今述其最重大的几件事，其余小事更不可胜计。

二十一年春派勤务兵将其仇人李某带去，立即打死，后有人告他，三次传票不到。不知怎样，结果他还是无罪。在任时给他打死的，竟有十余人之多。

赵俭，是一个好闾长，因愤恨陈某的任意派款，向县政府控告，便得罪了他。刚巧县府要钱用，陈就派人至赵家，立时要他派出小麦 1700 斤（赵俭一家三十余口，有地五十亩，且均山坡薄地；另有陈的朋友阎某，家仅 4—5 口，有地十余顷，此次却只派麦 1000 斤），赵当然拿不出，于是陈认他为抗款，要另罚二百元及二百双麦袋。赵益发拿不出，于是就派人逮捕。赵俭闻风逃避，结果将其父兄拘押县府。监禁多天，其父在狱中得了病。赵俭乃筹得麦 1700 斤，央人向县府补缴，赎出其父兄，罚款幸得免缴。可是他底父亲因为愤恨成病，出狱不数日即死；后来甚至他底母亲也气死。

县长张烈，想撤换陈潜修，另派李玉田接替。接收的那天，县长亲自送李至五区，陈聚百余人，武装拒绝新区长到任。后来李勉强接收，一月后又被陈夺去。陈有钱，能运动，区长由村长选，在选举前，他可以利用金钱的魔力，攫取区长的地位。

民十九年一年中，大史村全村摊派款项有 1700 元。全区三十六乡（大史村仅半乡），全年派款当在十二万元左右。枪一只只值八十元，他要派一百八十元，一百元便入私囊。李大户是帮他管理摊派的人，四年中买田竟在五百亩以上！

农民所说，当然不会离开事实太远。陈潜修的控案，到现在还没有了结，这是谁都知道的。

下午，大雨倾盆，路上满处是水，我们调查完毕，只得赤足步行而归，有时还得帮车夫推那空车。到百泉时，又饿又乏，几乎不能维持了。

七月十二日（水）

因为昨天跑了十五里的湿路，今天大家还是觉得疲乏，同时第三个代表村的选择，还得和县政府讨论决定，所以上午没有出发，全体团员，从事于整理工作。下午，刘、张二君进城商量选村问题，决定明天调查一区的稻田乡。辉县的西南乡以产稻出名，在农业上自成一区域，“稻田乡”当然是这一区域的代表。

晚上，在泉上乘凉，和一位乡师的教员闲谈，据他说，民十九年石友三的军队驻在辉县的时候，派李晋三做县长，李在任不过五个月，他个人所得近百万元，部下的搜括也不在少数。离城五里（东乡）有一个三百多户的大村庄，因为发掘了一个值二万元的古墓，结果被李的部下敲去了十万元，以致全村破产。在大史村，已经有人讲起这件事情。

七月十三日（木）

稻田乡是一区区长王梓材的家乡，昨晚王区长已回家和保甲长等接洽好，所以我们今天一到便可着手调查。全村有地三十八顷（内公地二顷），稻田十四顷，旱地二十二顷。作物稻和小麦各半，但稻田只能种一熟，小麦收获后还可种玉米黄豆等等。贾锦壇是本村唯一的富户，不但本村，在全县亦是有名的，他曾为辉县商会会长，现主办救济院，五个儿子都在北平读书，三个上大学，两个上中学。我们今天就借他家举行各种调查，一切都由他们招待，非常客气。本村有一家很大的农家，家主李宗增，今年九十岁，大儿子已七十二岁，全家一百二十口，五代同堂，种地六顷多，雇长工九人，喂牲口三十余头。这真是稀有的农家！

据王区长谈，本县特税局长李某，带来数十人，专门出外敲诈，往往自带鸦片，诬人吸烟，拘局罚款。民众怨声载道，趁卫生运动大会时，将该局捣毁一空，李某只得逃避。

保长中亦有舞弊的。据最近某保（离城二里）控告保长，派麦时提高价格，每斗收七角，实际现在麦价只四角。全村八十元，共派了二百多元。

当晚，调查完竣后，仍回百泉。

七月十四日（金）

天奇热，今天在晨光曦微中即出发赴六区，一路岗坡起伏，人力车很难通行，到区公所，已经是午后时候。区长进城已多天，由副区长郭君招待。据云全区山坡占了大半，地质较差，作物以小麦、高粱为大宗，绿豆和玉米次之，粟和芝麻又次之，棉花亦有一些。普通农家种田 30—40 亩左右，种满一顷地的人家很少。工资非常低，长年雇农普通二十元，顶多不过三十元。日工在闲时只有三百至四百文（洋价六千文），忙时也不到一角（大约五百文）。附近有一个同兴煤矿公司，每年春冬各三个月开矿，贫苦的农民在农闲时去工作的，全区有五六百人，每日（二十四小时）工资上炕只有二角，下炕亦仅二角五分。借贷的利率普通是二分至二分半，短期的须三分。

下午，和离区公所五里的杨家庄底保长约定，明天一早到那儿去调查，请他先向农民说明我们这次调查的用意。那位保长倒是个英明能干的人，因为在军队里混过几年，跑的地方不少，所以一望而知他是一个开通的人。

晚上热得屋子里睡不住，许多人都睡在露天，有几位自信身体好的团员，也和他们一同睡在外面。

七月十五日（土）

到杨家庄虽仅五里，可是要翻好几座山坡。趁着清早赶路，以为可以凉快些，但一个山坡一翻，便热得非常。到杨家庄，农民们都正在吃早饭，有的已经下田做活了。我们吃了些稀饭，就在一个小学校里开始调查工作，保长为我们叫人，又要为我们预备饭，忙得汗流如珠。

这个小学校学生很少，教员就是本村人，薪水一年只有八十元，见了我们手忙脚乱，大不如保长这样的能干。辉县的乡村小学大概都靠本村的经费维持，因陋就简，直和以前的私塾差不多，因此教员程度也很幼稚，师范或中学毕业生是不大愿意在乡下当教员的。教育局因为经费有限，也无法注意到乡村教育。

杨家庄的贫农，多半上煤矿掘煤，他们往往积了些钱买进几亩田来耕种。田价很便宜，每亩只须一二十元，甚至有四角钱一亩的。还有一种田，叫做“凭粮过”，谁纳粮，便可耕种。在这里，恰巧代表着豫北山坡区域的诸般特征。

调查完毕，因为倦极，乃把席条铺在地上，大家痛快地休息了一回，才回到乡师。

七月十六日（日）

辉县四个经济区域，每区已调查了一村，共得四百多户。照预定的日程亦已差不多。分村的调查，今天就算结束，上午进城看杜县长，他也刚从四乡巡查回来，彼此交换在乡间的见闻，煞是有味。他说，从前的区长权力很大，有武力，有司法权，便可以在乡间自由派捐。进出县城，往往带了十几个武装弟兄，声势吓吓，现在旧区长大都换掉，权力也大削特削，但鱼肉乡民的事情，还是难免。

辉县全县没有当铺，乡间最近举办的贫民借贷所，因经费太少（每区五百元），也是杯水车薪，无济于事。所以县政府想筹划一笔经费，办一个“公营当铺”。在乡村中，现金的缺乏已成为中国各地普遍的事实，北方当然格外显著。在辉县，不要说乡村，就是城市里也一律用现洋，纸币是不通行的。辉县离平汉路只有五十华里，金融已这样枯涸，这是值得注意的问题。

从县政府出来，又到了第一区区公所。稻田乡从民十七年至现在历年所负担的兵差，有一本底账的，调查的那天我们曾托王区长请人代抄一份，今天去时，抄好的一份已经送来，这是一件宝贵的材料，在别村是无法收集到的。

七月十七日（月）

黎明，全体团员整装回新乡，准备作邻县概况调查。事前，各人担任调查的县分配如下

（以时间关系，每人只能调查一县）：

张锡昌—滑县

刘端生—新乡

夏益赞—修武

黄可铭—汲县（卫辉）

张景文—淇县

到了新乡，因为赴各县的火车时间都已过，便在旅馆里暂留。下午，去专员公署和第一区区公所接洽。第一区区长赵绍武，是教员出身，对于现在的政治，表示非常不满意。他说，过去的县长真是没有积极地“造福地方”的，最好的县长至多是“不作恶”。所谓地方自治，也不过在纸上，没有到民间去。

新乡有一家规模很大的面粉厂，资本近百万，工人二百多，每天能出面粉一千八百担，已开设三十年。此外还有三家蛋厂，一家火柴厂，一家小规模织布厂。全县各乡多产棉，西南乡最多，约占60%。虽然位于平汉、道清两路的中间，可是乡村中雇农的工资也并不高，长工年仅20—25元，日工供给饭量每天一角。除织布以外便毫无副业，而且织的布多半也并不出卖。农村金融非常枯涸，借钱普通要月利三分。无当铺、合会等等，周转经济的办法，也绝无仅有。三年前本县大批农民（大约二三千人）移往东三省，多数是去耕种的，这些人一去就不容易再回本乡了。

七月十八日（火）

上午，各依预定的路线出发，汲县和淇县乘平汉车北行，没有多少路程。从道清路向西便到修武，向东便到道口镇。道口到滑县，人力车只消一刻钟，是一条直通开封的汽车路。近来因为黄河水涨，汽车已停开好久。滑县和浚县是紧靠着的，但“浚县人爱地”“滑县人爱钱”，因此浚县城内是“地主的集团”，滑县城内是“高利贷者的集团”。但实际上地主和高利贷者往往又结合而为一体的。

到滑县只下午两点钟左右，先到县政府，和县长谢值安谈了些时，便和第三科长萧君讨论下乡调查的路程，决定南乡和东乡各调查一村。这几天因为黄河水涨，滑县东南乡和河北长垣交界的地方非常危险，萧君已下乡几天，督促农民做防御工作，今天刚回来，他是教育界出身，在滑县曾又做过建设局长，所以对于乡村的情形，还比较留心。

滑县城内有一民生染织工厂，是公家经营的，资本七千元，工人三十多。此外乡村中每区预备设立一个，资本大约300—500元，现在已有三区开设。全县有一个师范，二十多个小学，教育经费全年不到十万元。最近筑的汽车路，有三条都是通过本县的：新濮路——由新乡通至河北濮阳；濮济路——由濮阳通至济南；安商路——由安阳通至商邱。

滑县高利贷的事业，由放账铺和押当铺两种机关来执行的。全县登记的放账铺有一百多家，押当铺二百多家，其他不登记的，当然还不在少数。向放账铺借钱的时候，须以田地或粮食（指定某块田里的棉花、花生等）作抵，月利以前五分，现在还要四分，十个月为期，到期不还，即没收粮食或田地。押当铺只能以衣服、首饰、家具等去抵押借钱，利率期限和放账铺相仿。经营这种事业的大都是商人和地主。民间借贷月利普通是三分，近年来一般有钱的地主和富农简直不大愿意把钱出借，所以要向私人借钱是非常困难。

滑县城内没有干净的旅馆，谢县长坚留住在县府，只得不客气。晚上，听承审员审理案件，厉声吓吓，鞭笞交加，在夜深人静的时候，格外显得恐怖。

七月十九日（水）

早晨，由县府第三科技术员张金修君陪了一同到第九区区公所，所址在离城三十多里的老胡寨内。一路经过的许多较大的村镇，都筑有土寨，寨门早开夜闭，完全是防御土匪的。区公所除区长外，有办事员七人，弟兄二十人，经费每月一百五十元，弟兄的给养费由地方摊派。负担顶重的是民十七年石友三军队驻在此地的时候，一两地丁征至四十八元之多，每亩合1.6元，全县摊派四百多万元。

最近成立了一个染织工厂，资本二千元，系地方的公款。厂内只能容纳工人十多个，规模当然不会大。公开营业的放账铺全区有八家，其他不露面的还很多。利息总要三四分，短期甚至要五分。前五年时，“摇会”很盛行，近年已绝迹。

长工工资全年二十元左右，短工忙时0.12－0.13元，闲时还要便宜。织布的人家还不少，大都售往陕西（有客人来收）。

调查了一区的概况，又请来一位东明店的保长，把他那一村一百七十多家的土地分配和租佃关系详细讯问，并述及实际的乡村政治和税捐等等。

七月二十日（木）

上午出胡老寨又到了第一区的珠照寨。迂曲的小路连车夫都不认识，二十里路几乎走了半天。区长邓鹤鸣年龄虽比较大，做事还很有精神，待人也非常诚恳。除调查全区概况外，还问了珠照寨全村的情形。

全区土地一千五百顷，有地一顷以上的地主不少：一顷至二顷的七十家，二顷至三顷的二十家，三顷至五顷的六家，五顷以上的三家，最多的一家有三十顷。差不多有15%的耕地，被这一百户左右的地主所占有。

农民的副业除纺织外简直没有什么。以前织的布大部往陕西卖，近四年来销路几断，自己穿的居多了。因为地少人多，民十八年曾有一千多人移往东北。工资很低，长工每年八十串至一百串（一元兑7.5串），短工忙时八串，闲时五串，由东家管饭。三年前卜内门的肥田粉曾输入乡间，但是用的很少，主要的原因是因为没有现钱购买。全区有放账铺九家，押当铺十家（内一家是政府开的），借钱押当月利都在三分以上，期限最短的只有“六个月”。

和珠照寨的保长谈谈，谈起了民十九年时候的红枪会。那时河南各乡，都有红枪会的组织。动机是起于打土匪，确是农民自卫的一种组织。不过带了几分神秘性，而且领导的人不兴，以致没有好的收场，现在这种组织已经绝迹了。

下午调查完毕，看看天还早，便乘车回滑县。在半路，乌云四起，大雨似在眼前，忽然一阵大风，把乌云吹开，乃得安然到城。但到了县府不久，仍下了一场大雨。

因为明天六时就要搭车，所以傍晚到了道口镇，在一个小旅馆（其实没有更大的旅馆）里住下。一个人的房间太闷气，就住在一个很大的“统房间”里，每晚只要三毛钱。天将黑时，来了两位长垣（河北省）的小学教师做同伴。他们一位是本省安阳人，一位是河北省人，现在学校里已放暑假，他们不久便可回到久别的故乡。据他们说，长垣农村衰落的程度，远在滑县之上。整批的贫农，每年成群结队携妻带子的往山西跑，只剩着几间破漏的草屋在故乡风雨中吹打。

后来，还走到道口镇上（离车站一里）看看商业的市面（的确，店面的外观比滑县城里像样得多）。尝尝著名的“烧鸡”滋味。

七月二十一日（金）

上午九点多钟便回到了新乡旅馆。那时分赴各县调查的夏、黄诸君都已回来。互谈各县情形，十分愉快。汲县有一家纺织厂，民十四年开工。有省立中学两所，教育比较发达。平汉、道清两路都经过，交通要算便利。修武有焦作的煤矿，许多贫农都兼着矿工。东南乡五里源一带，因有丹河通过，可供灌溉，约有稻田三十余顷。新乡种植大量的棉花，还是近十年来的事情。民十四年时五区马襄甫（开封农业试验场技术主任）在新乡提倡种美棉后，于是逐渐推广到民间，原有的本国棉现在几已绝迹。因为汲县的纺纱厂都采用美棉，更刺激了农民种植的兴趣，在民十七至十八年间植棉的区域，乃大量地扩充。新乡南乡和西南乡（四、五、六三区）纺织手工业亦很发达，乡间的女子，无论老幼都从事于纺织，出卖的约占70%左右。六区的小冀镇（平汉路一小站）有布庄五六家，专为收买四乡农民的棉布而设，收买后大都运往山西。每到春天，沿途可以看见许多装载棉布的车子，都推向小冀镇去。

新乡四区八柳镇有杜来相、杜来安兄弟二人，全盛时代有地三十顷，每块地有一顷以上的，都雇工经营，监工一人，长工十多个，“揽活”（揽活是雇工性质的佃户，为地主做工，不吃饭，不拿工资，到收获后仅分一些粮食）二十五人。有牲口三十头，大车五辆。每年可收麦一千石，秋二千石，棉花五万斤。在光绪年间，只有二三顷地，因为老兄弟肯干，积了些钱，放高利贷，因此收买这许多田。现在因为吸大烟的结果，所余地不到十顷，而且已分成五家了。近年来，许多大户因怕土匪，都分了家。大规模的地主经营者，自然日渐减少。

新乡农村间长工每年最高工资四十元，普通二十余元。短工每日忙时供饭的一千文（洋价七百八十文），不供饭的二千文。

七月二十二日（土）

平汉路的寻常快车每星期只逢二、四、六有三次，而免票又不能乘每天有的特别快车，所以昨天只在新乡休息一天。今天十二点多钟乘南下的快车过黄河铁桥，而郑州，而到许昌。辉县临时调查员张景文君就在新乡车站分别，而到郑州时恰巧许昌的临时调查员丁君明道（他是许昌人，在河南大学读书）。上车便把我们调查的项目、表格、方法等等告诉他，请他到了许昌先和当地政府接洽，并借一个学校做住宿的地方。我们预备先去镇平。

在车中，碰到一位河南农工银行总行的账务主任王作忠先生，谈及了河南金融的情形，主要的几点是：

1. 河南农工银行，民十六年成立，资本五百万元，原意是在扶植农工的，但实际多放款在商界，工厂方面也有些，至于农民间简直是绝无办法。

2. 大众银行的信用很好，总行在天津，它所发行的纸票，尤其是角票，在河南比较大的都会或都会附近的乡村里都可通行，因为这些纸票都是同和裕代它发行的。

3. 同和裕已成立二十多年，在河南金融界执牛耳。全国各大都市部有它的分行或办事处，计分行三十二所，办事处十三个，总行设在新乡，是新乡人王瀚生独资经营的。据说当初仅有资本五千串，现在资本已接近七百万元。

下午五点多钟，我们到了许昌。许昌的市面比新乡似乎要热闹些，车站附近的旅馆和新乡一样多，旅馆里的不安静，也正和新乡不相上下。

七月二十三日（日）

到镇平必经南阳。建设厅和十一路军的长途汽车每天早晨从许昌开往南阳，时常在半途停下，比较可靠的还是十一路军的车，一天也许能赶到。昨晚我们已买好十一路军的车票，今天天还未明的时候，旅馆里的茶房已来叫醒我们，费了极短的时间把行李收拾好，马上赶往汽车站，车中已挤满了人，想尽办法才得到我们四个人的位置。汽车路崎岖不平，车行时好像跳舞似的波动，乘客时刻要提心吊胆，以防跳跃时的不测。每小时的速度大约三十里，从许昌到南阳三百九十里，好容易一天能赶到。据说将到南阳的一二十里以内，最易发生土匪劫车事，所以天色一黑，车夫便不敢开。

这条路上最可注意的，是币制的混乱。豫北一带通用的当二百文的大铜元，在许昌已不通用；在许昌通用的当一百文的铜元，到了襄城又不通用；在襄城还通用五十文的铜元，襄城以西方城一带又只用当二十的一种。所以襄城、许昌兑到的当五十或一百的铜元，非带回去不能用掉。

沿路乞丐的多，真是意想不到。一看见旅客们从汽车上下来，男女老幼便蜂拥而至。当你的面碗或菜碗还没有空在时候，便有一群人围住你，希望你不要吃光，剩些给他们吃吃。碗一放手，许多人便来抢着，所以聪明的旅客总是吃得干干净净，免得他们争吵，否则必须预先把剩余的东西分配给他们。这种情形，在汽车停的各站，差不多都会碰到，这正反映着农村中极度的贫困。

天将黑，进了南阳城，住在宝和旅馆。

七月二十四日（月）

经过了一天的颠簸，热闷，大家疲乏已极，决定休息一天再去镇平，因为南阳到镇平有七十里，人力车刚要一天。南阳为豫西南唯一的大城，因为历史的关系，文化程度较高。省立第三师范，第三区农林局，都设在南阳。县立的中等学校，也有几个。

天主堂还有相当的势力，他们有学校，有医院，传教的多数是意大利人。在南阳，已有二十多年的历史。

农民唯一的副业是养山蚕，织绸子。山蚕吃的是“柘树”的叶子，在山坡上成长，茧子也结在山上，比家蚕要大许多。南阳的山绸很便宜，但因为销路不畅，也随着江浙的丝业同样破产。南阳“玉”和“筷子”，都是有名的出产，虽然不很精致，但销路倒还不差。

七月二十五日（火）

预定今日赴镇平，但昨天傍晚已下大雨，今晨雨点仍未稍停。一下雨便什么办法都没有，只得在南阳歇一天。

在旅馆里和唐河人冯君谈谈，知道宛属各县的大概。唐河离南阳一百十里，本有汽车可通，现因乘客太少，不能维持，已停驶。而且土匪出没无常，路上难免危险。新野、唐河等县，本来都由地方人士办民团，办自治，后为省府保安处处长某所破坏，领袖人物，均遭缧绁。新野的几个领袖，至今还拘押在开封。傍晚，由刘君雇好人力车，明天大概可以成行了。

七月二十六日（水）

早晨，天气还有些昏沉，但我们决心要走，乃冒险成行。南阳到镇平，由许多大岗小坡，车夫虽个个年壮力强，但拉着人拉着行李一天要走七十里岗坡起伏的道路，委实是不大容易，所以只得随路喝茶，休息。

过潦河，已是中午时候，便在一个小镇上吃饭。这个镇已在镇平地界，来往的人都在这里休息，所以虽然除掉几家饭铺外并没有什么店铺，也弄得异常热闹。在饭铺里发现镇平贫民借贷所印行的钱票，当五百当一千文的都有。据说，这种钱票，在乡间信用很好，到处可以兑现，但只通用于内乡及镇平境内，到南阳就不能通用。

西行，道路比较宽些，但山坡仍多。天气似乎有下雨的模样，乃催着车夫赶快跑，但结果在离镇平只有五里的地方，大雨已经倾盆而下，车篷、行李、衣服都淋得精湿。在一家小饭铺里躲了许久，雨点稍停，但路上泥泞不堪，人力车已无法可拉。于是我们赤了足步行，一面还要帮着车夫推行李。半途，又下了一阵雨，到镇平东关外时，真是狼狈不堪。这天晚上，只得暂宿在东关外的饭铺里，没有进城。

七月二十七日（木）

上午，整理行装，便进东关到十区自治办公处。镇平自治，在国内是相当盛名的。民国十六年时，本县人彭禹廷先生首倡自治，办民团，肃清土匪，十八年土匪陷城，他暂时离开镇平，十九年冬又回县，加倍努力的结果，土匪完全肃清，民众得安居乐业，真到了“路不拾遗，夜不闭户”的境地。本年四月，为仇者所忌，卒遭暗杀。

我们会见了现在的处长赵平甫和宣传股主任王扶山两先生，谈了些镇平农村概况后，便把膳食住宿和调查的日程等问题解决了。据王主任谈，镇平从民十七年以来，没有一年不在灾荒中。十七年旱灾，十八年匪灾（八月二十六日土匪陷县城，房屋被烧无数），十九年水灾，二十年麦荒，收成毫无，二十一年春匪灾（正月，宛西著名土匪魏国柱、李常存、黄台等率众攻城，全县被烧房屋一万余间，死七百余人），秋又不收。在如此局面之下谈自治，真所谓“穷干，苦干”。办公处经费很省，处长每月薪水仅八十串（一元兑六串），尚不到十四元，然已为全县自治人员的最高俸给，主任六十串，仅合十元，职员每月都是20—30串，合大洋不过4—5元。现在编制邻闾，训练民团，清丈土地，养老，救济等工作，都已举办。当然，他们所努力的，不过是些“改良”的工作，农村生产关系的本身，还是丝毫没有起变化。而且外力时时压迫，过去所打下的一些脆弱的基础，也有随时动摇的可能。

七月二十八日（金）

上午调查近城的腰庄，由王主任陪我们同去。全村不到六十户，十年前还有三顷多地的人家，后为土匪架票，大都破产，现在较富的人家，都住在城里。最显然的，这里瓦房已较豫北为少，骡马简直已经绝迹，只剩些牛驴等劣等的牲口。

副业以织布，织绸，养蚕为主，做小贩或苦力的亦有十分之一二。近年来养蚕织绸的人家日渐减少。

借贷的利率现在最高是月利三分，以前有四分五分的。农民借贷所规定年利一分。

据云，民十七年岳维峻的部队驻在镇平时，农民的负担最重。光是兵差局支应兵差一项，已达八十多万元。

镇平人口民十七年调查时三十五万，最近三十八万，增加得不算快，但邓县人口的减少，真是惊人。清乾隆时人口八十多万，现在只有四十万左右，差不多减少了一半，这完全是受土匪的影响。

七月二十九日（土）

由办公处职员张长龄君引导，调查西乡的谢庄。半途经过一条很大的涅河，但水很浅，因河底都是沙，不能行船，亦不能灌溉。有许多农民或苦力立在两岸，专渡来往的行人。无论男女，走到河边时，向他们的背上一伏，便渡过去了。河南北部和中部的河流，都是这样。那天从许昌到南阳，经过的大小河流，没有看见一顶桥，因为事实上亦不需要有桥。

迂回曲折，走了许多路才到谢庄。谢庄土质较好，作物以小麦、豌豆为主，玉米、红薯也种的不少。一般说来，谢庄的经济情形要比昨天调查的腰庄好些。

据农民谈，民十七年冯玉祥部驻河南时，全省土匪都肃清，最近刘镇华的军队在南阳一带打土匪也很厉害，但现已调豫南去了。

镇平以南的邓县，土匪闹的异常厉害。西乡因多山，为土匪盘踞了三四年，荒地有一万一千顷（占全县半数），野草长的高出人头，野兔出没，住房都为土匪及军队烧毁，人民都逃跑。

南召比邓县好些，但土豪劣绅都与土匪勾结，为所欲为。县长区长等也必须听他们的话，否则便不安于位，劣绅们甚至自造枪炮，供给土匪。镇平在南召和邓县的中间，自然受到许多影响。彭的被刺，据说和这些恶势力也不无关系。谢庄调查完毕，仍回城，已是黄昏时候了。

七月三十日（日）

今天调查南乡的大和营村。途中经过了彭先生的家，属于模范乡。他家有地7.5亩，这是人尽皆知的。他在自治办公处的时候，据说时常到四乡去演讲，因此无论老幼都知道“彭先生”。“办公处”这个名字，在农民的脑中比“县政府”听得习惯许多，因此我们下乡调查不说从“县政府”来而说是“办公处”来的。

我们今天调查的大和营属于第四区的模范乡。全乡五百八十户，有十三个村庄，三千多个人，其中织绸的有四十户，做小生意的有五十户，出外谋生的有二百人左右，到南阳去做玉器的占多数，织布的人还不少，全年可织一千六百匹左右，约有三成出卖。

大和营人家并不多，合小和营在一起还不到五十家。因为附近有一个地主村（袁营），所以佃农较多。土质大部分是黑土，作物以小麦、豌豆、红薯为主，芝麻、高粱、小米次之。长工工资普通六十串（合十元），最高亦不过一百串。短工闲时每日只有二百至三百文，忙时亦仅五百文，尚不到一角。

乡长是个中学毕业生，对于本乡的情形很清楚，调查时报告的大都是些邻长闾长，也毫无怀疑的态度。因为人家少，调查完毕回城时，太阳还是很高。

七月三十一日（月）

上午赴北乡十区石佛寺，仍由王扶山先生引导。石佛寺现改新民市，为镇平商业的中心。北乡多养山蚕，山丝和山绸集中于此。全盛时代（民十九年）有丝绸号十六家左右，这些丝号收取农民的丝，再发给他们织绸，销往上海及东三省等处。每年营业达百万，最大资本均上海来，本地大半小资本。但民国二十一年以后，因销路停滞，丝绸号逐渐倒闭，现在所剩已不到十家，每年营业不及二十万元，职员失业者二千人。全县农民本来每年可从织绸的手工上取得八十万元左右，现在当然受了重大的影响。我们今天调查的老毕庄，最盛时全村有六十张织机，现在机声已经绝迹了。

老毕庄离石佛寺不到二里，农民所有的土地多数是沙土和山坡地，作物以小麦、绿豆、红薯为主，扁豆、大麦、小米、高粱等次之，产量很薄。民十七年秋大旱，各种粮食都无收成，十八年春季作物收成亦很少。所以老毕庄是一个非常贫困的村庄。调查时因有区公所几位先生帮忙，进行很快。完竣后回石佛寺，住在第十区区公所。

晚上，参观宛西中学。这是镇平县立的一个带试验性质的乡村中学。师生的生活劳动化，课程也和普通的中学不同。据办公处的王先生说，他们是想实现所谓“教、学、做”合一的理想。学生学费一律免收，吃的米，烧的柴都从家里带来，就是这样，一般贫困的农家子弟已经没有办法来上学，一则他们在学校里至少限度总得用些钱，再则一到上中学的年龄，他们宝贵的“劳动力”便须用到农耕中去，所以在农民子弟中受中等教育的仍是少数的少数。

八月一日（火）

早晨参观农民借贷所，系自治办公处筹资开设，成立二年，资本二万元，印行纸币十万，已发出二万。四乡信用合作社成立的有六十所，放款三万左右，利率均为月利一分。这机关在农村金融上起了很大的作用。

从石佛寺翻过了多少山坡到菩提寺，在半途调查了一个第二区凉水泉乡的王庄。这要算在山区中的大庄，但全村还不到四十户，耕地的缺乏是显然的事情，因为所有的面积几乎为山地所占有。凉水泉全乡六百多家，只有耕地七十多顷，五十亩以上的三家，七十亩以上的一家，大都是四五亩七八亩的小土地所有者。作物亦以小麦、豆类、玉米为主，但利用了山间的流水也灌溉了一百多亩的稻田。养山蚕的人家有10%，织绸的人家以前也不少。工资低到长工全年只有十元，日工每日只有二百文（合0.33角），借贷利率2.5分至3分，最近三年借钱简直不容易，别说信用担保，就是以田单抵押也借不到钱。我们调查到一家，一个中年妇女和一个十多岁的小孩子两人过着他们惨苦的生活，她的丈夫出外当兵时那个小孩子还在肚子里，这一去，十多年来消息杳然，告诉我们时珠泪几乎要夺眶而出。

王庄调查花了很少的时间，吃过中午饭便继续向菩提寺前进。山路迂回曲折，再加沿途休息，至下午四时左右还未到目的地。在将到时，下了一场大雨，衣服都湿了。后来，向农民借了几顶大箬帽，在雨点较小的时候到了菩提寺。

菩提寺是一个唐代的古寺，在杏花山上。方丈印参。近约有田产四十顷，多数是稻田，附近农民几近为他的佃户。过去与旧绅士非常聊络，在镇上有很大势力。我们调查山区的村庄，这里是最好的住宿处，在镇平出发时就决定了。

八月二日（水）

昨晚乘凉，与方丈谈谈，知道他们自己还雇工种了七十亩稻田。出租农田时，以“一驹牛”为单位，不零星出租。所谓“一驹牛”是指两头牛而言，两头牛大概可耕地八十至一百亩。向菩提寺租地，每“驹牛”的地须缴押租二百元。从前只分粮食，近年连柴草都要分。（每一斗麦，带收二合，作为柴草）。

上午参观山上的胜迹，并正在兴工建筑的彭先生的墓，工人都是民团团员。

下午，翻过了一座很高的山，又回到镇平城内。路上，听得了一件彭先生杀人的故事。他在镇平几年，被杀的流氓，恶棍不少。有一次，杀及叔父的女婿，叔父当然是不答应。当派人去逮捕的时候，他知道叔父要阻挡，便写了一个条子叫逮捕的人带去给叔父。到了那里，他的叔父果然出面阻挡，逮捕的人拿出彭的条子来给他一看，上面写着“谁阻挡，便杀谁”六个大字，便吓得他不敢上前，结果他的女婿被杀了。这件故事，据说在民间流行得很广。

八月三日（木）

上午调查东乡二区的大榆树，是一个地主村。区长也住在本村，他有十多顷地，吸大烟。镇平吸烟是绝对禁止的，就是香烟也没有人吸。但全县有两个例外：一个是商会会长，一个便是本区区长。据说是经自治委员会议决准许的，这事谁都知道。大榆树的地主多数是收租的，自己经营的很少。有好几个人在开封上中学，他们帮着调查，自然很顺利进行。调查时最麻烦的是说话听不懂，有一两个本地人代替问话，那是方便许多。

大榆树作物以小麦、豌豆、高粱、红薯为主，大麦、玉米等次之。副业很少。许多外村人都在本村种租田。借贷利率月利2.5分至3分，近三年来没有人家肯放债，所以借钱不易。也有几家种很少的地，兼开饭铺，因为这村庄沿大道，来往的行人很多，生意还不差。在河南乡村中，对于行路的人是非常便利的，每隔五里或十里总有几家饭铺或茶馆可以休息，吃饭，所以多数的人，一天步行一百里路是不算什么一回事。

还有一件值得注意的事，大榆树村许多闾长、邻长，往往是佃户担任，地主管事的很少。但乡长是由一个南开中学毕业的青年担任，他家有三四顷田是完全出租的。

镇平分村调查，到今天为止调查了六村，大约有四百户左右。明天起，举行邻县概况调查，回办公处后，把工作分配好：内乡，张锡昌；邓县，黄可铭；南阳，刘端生。（夏君因为生了一个疮，不能出发调查）

八月四日（金）

各依昨天分配好的地点出发。南阳是我们必须回去的，所以刘君去时先把大部分东西带去，邓县因为土匪出没，除掉北乡和东乡（即与镇平交界的地方）外，都不能去调查。到内乡有一百十里，但因为是汽车路，人力车一天拉到是不成问题的，沿路利用喝茶休息的时间调查概况是最好的办法，他们丝毫不起怀疑，因此所得材料反倒比较可靠。兹记其重要几点如下。

镇平西乡“放麦稞”的事情很盛行的。大概在正二月间借洋一元，麦收后每一元须还利麦1.5至3升。以现在的麦价计算，几乎是要六分利。

南召等县派款很凶，往往为了派一二斗麦子，大概民团下乡，吃喝都得供给。没有钱的拿家具，家具拿光甚至连房屋都要拆。所以许多农民“大牛变小牛，小牛变无牛”，田地卖完卖家具，家具卖完卖房屋，房屋卖完卖妻女，妻女卖完，只得孑然一身，流亡到外县去。

去年省府召集各县县长开会，征收烟捐，镇平额派二十万元，但结果分文未出。镇平县除地丁外，其他摊派一概不负担。

内乡农民负担较重。今天在途中碰到一个中年妇女，携一个小孩，带了东西，问她哪里去时，她的回答是“捐款太重”，走了。

内乡东乡张家村三百多户，因负担太重，相率离村者有七十多家。某农家有地一顷，实际多是坏地，去年只产二担多稞子，而自治办公处（内乡），派他十担，因负担不起，乃携妻带子离家他去，临行时，愤愤地对人说，“谁要地拿地，谁要房子拿房子，我一辈子不回来了”。

镇平内乡交界处有一比较富裕的农家，今年被内乡民团勒派盒子炮一只，结果出了八十元了事。

内乡地方政治的实权也在“各区自治联合办公处”手里，而办公处又必须听别（廷芳）司令（游击司令）的话。所以内乡没有人不知道别司令，正和镇平没有人不知道彭禹廷一样。据说他是完全受了彭禹廷的感动才效法镇平办自治的，但他自己是一个武人，手下没有几个能干肯干的人，所以实质上内乡的自治和镇平的又不同。在半途，因改乘了“别”的自备汽车，(他从南洋回来，是半途碰到)，到内乡还是很早。

八月五日（土）

向自治办公处问了内乡整治土地的概况以后，再调查了南乡的大菜园乡和西乡的罗冈。全县十分之八是山地，作物以小米为主，玉米、小米、芝麻、红薯等次之。商业中心在西硖口，出产的桐油，均销售外埠。蒲塘罗姓是著名的大地主，一年可收“稞子”（即租籽）一万多担，每亩普通收租1.5斗。农村中借贷利率普通月利三分，“放麦稞”的办法亦很盛行。较大的地主出租农田时，往往索取高额的押租（每顷数一百元，或说 30—40 元），如果佃户没有钱，可写一张借票，把押租作为借款。秋收后除还租外，再须还利。

大菜园乡全乡有地十二顷多，菜园地三顷，除种田外，兼做小贩的人家很多。长工普通八十串（一元兑6.6串），少的五十串，顶多不过一百串。日工忙时八百文至一千文。人工与牲口换工的办法很盛行，牲口犁地一亩，可换人工四天。

罗冈离城三里，全村一百家左右，贫农在 80%左右，大多种田兼做小贩，长工工资普通六十串，日工 500—800 文。离此二十多里有一个方山，以前产煤，曾有人雇工开采，现已停办。

晚上，各区区长都来办公处，因明天开区长会议。据谈：唐河、邓县、南召一带溺女的风气很盛，因为嫁女时例须“赔田”“赔枪”、盒子炮及快枪，赔不起的人家，只得早些牺牲女儿。在河南，重男轻女的观念很厉害，在乡村小学校中，简直很难找到一个女学生。缠足的风气还是很盛，十岁以下的小女孩，还是缠足的。有一次，我们在辉县某村经过的时候，吓得许多小女孩都逃光，他们以为我们是去“查放足”的。

内乡、西北乡一带，养山蚕，织绸子，以前也是农民主要的副业，近年养蚕的人家很少(种断了)，绸子也和镇平一样，遭过了悲惨的命运。

八月六日（日）

因为要趁凉快，月亮还挂在天空的时候便出了内乡城。清晨的农村真像一副美丽的图画。农夫们也因为趁凉快，很早就在田间工作了。内乡往镇平的汽车路，并无公共汽车，仅有别廷芳来往的一辆汽车通行。每次大雨后，雨旁的泥都向下面摊，所以非修不可。我们路过的地方，看见一群人（大约有二三十）很勤恳的在那里修路，于是我们对他们作如下的谈话：“谁叫你们修的?”“保长!”“有钱没?”“连饭都要自己吃的。”“吃自己的饭，做人家的事，你们愿意?”“不能不修，不修就是不让司令走路，兴吗?”

到晁陂，又是镇平的境内。在区公所休息一回，顺便又问了镇平西乡的概况。回城，已是薄暮时候了。

八月七日（月）

黄君可铭昨午也已从邓县回镇平，据云邓县吸鸦片视为常事，区公所公然以鸦片招待来宾。全县有四个民团团长，无所不为。近年大批收买土地，现每人各有地三十多顷。八区有四区荒，但一切税捐田赋仍照八区计算而由四区负担。农民怨声载道，被迫逃亡的事时有所闻。土地不值钱，内乡亦有人去收买。

清早，整理行李，离镇平而到南阳。

八月八日（火）

昨晚下雨，到许昌的汽车今天不开，只得在南阳休息一天。上午和农林局局长冯紫岗先生谈了一小时，关于宛属各县的农村情形，又知道了许多。

刘君在南阳西乡调查了一个乡（十八里岗），全乡五百余户，地一百四十顷，100－200亩的地主六户，三百亩以上的二户。主要作物为小麦、高粱；豆类、红薯、玉米、小米、大麦等次之。借钱本有信用及抵押两种，近五年来都不容易，月利普通三分，二分五的很少。“放麦稞”也通行。普通在二三月间借洋一元，麦收后须还麦一斗（现在每斗1.6元），实际这是很高的利贷。

晚上，虽然明天天气似乎还没有放晴的希望，但汽车站的负责人说只要明天早晨不下雨，汽车一定开许昌，于是我们就买好了票。

八月九日（水）

根据上次的经验，上汽车稍迟，座位就要发生问题，所以今天在天色朦胧的时候我们已经到了汽车站。谁知更有“异想天开”的人，昨晚已经睡在汽车里，大概是几个往开封投考的学生。

太阳是没有出来，在汽车里比上次凉快得多，可是昨天的大雨结果，泥泞的泥土粘住了车轮，走得非常慢，有时甚至整个车轮陷入泥潭里，竭全体乘客的力还是推不动。幸亏雨是局部下的，开出南阳城六十里，向东北去是干燥而平坦的大道，所以在天色黑了不到一小时的时候，终于赶到了许昌（车夫到手三四元的小费）。据说在将到许昌三十里以内也是常有土匪劫车的事情发生的，所以普通的车夫天一黑就不敢开，非要停在半路让你住一夜不可。

八月十日（木）

昨晚暂住旅馆，上午进城会见丁明道君后便搬到省立第四中学去。

下午，赴第五区行政督查专员公署，与专员徐亚屏、第四科长汤尹逢两先生接洽调查工作进行办法，决定就全县各个不同的经济区域中调查五个代表村。汤科长对于我们的调查工作非常重视，他说每天可由农村场、教育局等机关派一二人陪我们下乡。

许昌是一个烟叶集散地，烟行林立，商业比较繁盛。附近禹县、襄城、郏县、临颍诸县，产烟叶很多，都从许昌出口。以许昌代表河南中部，一般说来是很妥当的。

八月十一日（金）

今天调查北乡的水口张村，先到第七区区公所。汤科长和农林场的贾德文先生很早就来到第四中学，陪我们一同下乡。田里的高粱多数已经收割，但是秋季作物正需要雨量，据说这里好久不下雨了，前几天南阳一带大雨，这里连一滴雨都没有，农民真有些焦急。

区公所在让廉镇上，区长韩继先是一个老诚持重的人，到任不久，据谈办理地方自治最困难的有两点：1. 历来地方除水旱天灾外，饱受兵匪等人祸，农村资金已尽，建设事业更谈不到。2. 政治不稳定，以致朝令夕改，忽办忽停，使民众失信仰。

水口张离区公所不远，七十多家，佃农成分比豫北多。作物有小麦、大麦、豌豆、高粱、粟、黑豆、黄豆、绿豆、红薯、芝麻、晚粟等。

借贷的利率，普通月利四分，间亦有五分的。愈是贫苦的人家，即使出了高利也借不到钱。五年前土匪盘踞四乡，小康之家都搬到城里居住。乡村的金融更加奇紧，架票的事情时常发生，因此本村近年来出卖田地的人家特别多。

调查完毕，因乡间住宿很困难，时间还早，仍回城。

八月十二日（土）

今天调查第八区的李庄，贾德文先生仍陪我们同去。这村庄在许昌的极北，与长葛县接壤。在五年前，这一带是土匪闹得最凶的地方，因此贫困的程度过于水口张。昨天韩区长已为我们约了第八区区长郑北海，今天在小召镇一个小学校里会见了，于是一同到李庄调查。

李庄主要作物为小麦、豆类、高粱，谷子、红薯、芝麻、棉花等亦有一些。据说种棉花的从前绝无，近年来才逐渐种植。借贷的利率在民十一年至十七年间最高，普通月利五分，十七年后虽减为三分、四分，但不易借到钱。如果将田地抵押借钱，期限愈短利率愈高，借期一年的仍须月利五分。长工工资，普通二十元，日工忙时供饭二角多些，但只有几天（指割麦时），平时是无人雇工的。民十九年樊钟秀（他们称他为樊老二）军队在许昌时，负担最重，现在提起了他，农民们还是愤愤然哩。

调查完毕仍回城，因为是通开封的汽车路，好久不下雨，十分平坦，三十多里路人力车不到两小时就跑到了。

八月十三日（日）

前昨两天调查的两村，代表着许昌东北贫困的区域，因为此地多沙土，产量微薄，又连年遭匪灾，农村已呈破败现象。今天出西门，到西北乡，调查第四区的邢庄。许昌东、南、西各乡都产烟叶，而以西乡为最多，因为地质适宜。南洋兄弟烟草公司设烟叶厂于西门外，即在本地收了农民的烟叶，加工精制后运往上海，规模很大。据说现在的烟叶都是美国种，在民国八年的时候，英美烟公司先在襄城发给种子，令农民试种，后逐渐推广，附近几县种烟的已不少。但最近五年，种烟的面积和区域，已无扩张的倾向。

邢庄种烟面积大约5%—10%，普通每亩产烟可值三十元，最多的时候可值一百元。但是成本很大，等到烟叶采下来以后，必须用煤烤，煤是很费的，中等以上的农家才种得起烟，贫农种的很少。当烟叶收下以后，无钱买煤时逼得你走上高利贷者之门，所以在烟叶区高利贷的势力特别大。普通月利四分，有五分、六分的，最高的甚至十分。除烟叶外，邢庄的主要作物还有小麦、豆类、谷子、高粱、芝麻、红薯等。全村有樱桃一百余棵，白杨几种遍全村，绿荫森森，简直像一个乡村公园，我们在树荫下调查，非常凉快。

长工工资全年三十元，日工每日0.13元左右。有十多家闲时往城里推砖瓦石灰等物，全年可得十至二十元。樱桃除自吃外还出卖，全村亦可得二百元左右。

联保主任邢建邦是一个很解脱的人，今年已经五十多岁，他为我们招呼人很忙，丝毫没有厌倦的态度。据说他十年前有七十多亩地，因为当了推手，民十二年河南战争时因官差赔本，把所有的田产几乎卖光了，现在只剩了十多亩地。他说“我不但不想人家的好处，自己反吃了大亏”。

因为路比较近，调查完毕后回城还很早。

晚上，我们听得了黄河决口的消息，而且就在长垣和滑县附近。

八月十四日（月）

今天汤科长又陪了我们到西乡的洼孙庄调查。洼孙在第四区的中心，区公所就在村上，也是种烟的区域，种烟的面积比邢庄还要大些，但近年来已没有扩张的趋势。

第四区区长吴清如，是一个地主出身，精神非常萎靡。他给我们的名片上刻着“第八区区长”的头衔，我们有些奇怪。后来知道他并没有做过第八区区长，“八”乃是“四”之误。

保长孙永福倒是个受过相当教育的人，他是个地主经营者，雇了一个长工，用了三个“伙计”。“伙计”是本地人，兄弟三人，他们有工作时到东家田里做工，带了自己的农具，吃东家的饭，不拿工资，仅仅分三成的粮食，没有工作时便在自己家里吃饭。

洼孙作物和邢庄差不多，副业以织布织绸为主，但织布都自穿，织绸的有二十余家。出外的人很多，特别是在许昌推小车的。长工工资普通二十元，最高二十五元。日工忙时0.13—0.5元（割麦时），闲时仅五百文（还不到七分）。民十九年时樊钟秀军队破寨，拉票一百余，起票共化钱一万多元，牲口牵走80%，值四千多元，其他麦一百装，约值四百元，衣服家具等值三千多元，总计损失在两万左右。

下午四时左右，调查已全部完竣，乃回许昌城。

八月十五日（火）

在许昌预定调查五村，今天调查的许庄是最后一村。许庄离城不到十里，在这里可以看出近城区域农村的特性：经营面积很小，离村的人很多，多数人做小贩或苦力，经济不稳定的程度更深刻化等等，许庄是很好的代表。但许庄的保长是一个头脑顽固，态度颟顸的私塾先生，他对于我们这般生客的怀疑，经过了详细的解释还是不能释然，向他要地亩册，他无论如何不肯拿出来，后来农林场贾先生去请了区长来，才得开始调查，但正确的程度比较其他各村总要差些。这也难怪他们，他们平常派款派捐派得够了，又以为我们调查地亩要派什么捐，自然是畏缩不前。

许庄除小麦、大米、大麦、豆类、红薯外，种烟叶的人家亦不少。因为种烟化的成本很大，所以借钱的人家很多，利率从二分至十分都有，借得愈少利愈高，愈是贫苦的人愈要受高利贷的剥削。债主多数是烟行的老板，这事实证明了商业资本和高利贷资本的固结。

在那里，长工工资普通十八元，最高不过二十多元，日工忙时每日供膳一角，闲时只管饭不给钱，割麦时工价最高，每工管饭约一角七分。

据农民谈，现在村上已经没有好牲口，只剩些小牛和老驴，好牲口都被军队（民十九年时）抓去，现在就是有钱的人家也不敢再买了。回城后，往专员公署问问许昌政治和税捐等问题，于是决定明天出发作邻县概况调查。

八月十六日（水）

今天分途赴新郑（刘君）、洧川（夏君）、临颍（丁君）、郾城（黄君）、鄢陵（张君）各县作概况调查，并约定十八日大家再回许昌。

新郑、临颍、郾城三县都位于平汉路上，交通很方便。洧川去也有通开封的汽车，惟去鄢陵则非坐洋车不可。许昌到鄢陵九十里，须整整的坐一天洋车。鄢陵城内没有一个旅馆，店铺寥落，不及一个南方大镇。县政府刚在新旧交替的时候，旧县长已去，新县长未到，简直是负责无人。

鄢陵南乡不甚平靖，最近还闹了命案。北乡地质较肥沃，也不闹土匪。高利贷的势力和许昌不相上下。前三年二分利还可以借到钱，近年来至少须三分利（每月）也有四分、五分、六分的。还有一种“使稞子”的办法，借钱一百串（合12.5元），每年须还麦一石至一石五斗（每石合一百八十市斤）。合会等等很少见，只行于小贩、茶房，及手工业者中间。

十年前，全县千亩以上的大地主有十多家，现在都因为派款关系分了家，田产最多的人家也不到一千亩了。

鄢陵人民好讼，而司法亦甚腐败。上月，积了四十八起案件老是不开庭，而和这四十八件案子有关系的原告被告，都在鄢陵城里候审许久，饭馆里做了一笔好生意。后来，各区区长联名控告承审员，说他“受了饭馆的贿”。

八月十七日（木）

在鄢陵，调查了离城北乡九里的夏营。夏营三十多户中，有七户没有土地，三户完全将土地出租给人家种，勉强能维持生活的人家不到半数。有七八家除种田外，农闲的时候还到曹县去推盐，每次所得的工钱亦是很少的。河南虽然公路很多，但运输商品很少用汽车的，主要的运输工具还是独轮车，这些苦力们往往不避寒暑载了几百斤的货品每天要推七十至八十里，而这样辛苦地劳动的结果，每天所能换到的代价，不过几毛钱。从许昌到内乡的途中，我们就看见成群的独轮车夫汗流浃背地前进，有的从西峡口推了桐油到许昌，有的从许昌推了货品回去。这样在六百多里的长途中来回一次恐怕要一个月左右，而所得酬报不过十多元。

在夏营，作物以小麦、小米、高粱为主，一到鄢陵境界就不见烟叶的踪迹。最近已经一个半月不下雨，谷子和玉米等已将枯萎，秋收是很少希望了。民十九年“王老五”（振）的军队住鄢陵时，夏营一村被军队打死二人，架去四人，花了八百元赎出。后来吓得村上的人都逃跑。今年虽然比较平靖，但摊派依然很多。现在虽然已经实行保甲制，旧的保董还存在，而且关于派款等事，仍由保董经手的时候为多。以前全县有十八个保董，这些保董是乡村中政治的中心，县长没有他们固然无法应付兵差，而老百姓没有他们也就少了“公正人士”。

夏营除掉几家出外推小车外，还有好几家做木匠和瓦匠的。织布的人家虽有，但多自给，并不出卖。长工工资每年普通十五元，日工管饭一角二分左右。借贷利率至少月利三分，普通四分，短期的要五分。大概长期好户利较轻，否则较重。

鄢陵西乡有一个姚家村，俗称“姚家花园”，全村一百二十户，几乎家家种花。当春秋佳日，跑到那村庄上去时，真的如同跑进了花园一样。据说，全国各地著名的花匠，很多是姚家村人，现在全村一百多个壮丁，在家的不过二十人。家里的花，都是另外雇工种的。还有两个人留学国外（一个在美，一个在日）专门研究种花呢。

八月十八日（金）

今天大家又从邻县回到许昌。

据刘君谈，新郑全县每年产枣可五百万斤，面积约十七万亩，东北乡的三四两区（沙土地）种枣最多，尤以四区的高老庄为最著名，全村种枣面积达十五顷地。养蜂的人家亦很不少，普通每家养六箱，最多的人家养一百余群。新郑借贷的利率普通月利三分，有高至四、五分的，最低也要二分。

郾城四乡河流虽多，但雨量多的年份，往往泛滥成灾，雨量少时又等于干涸，所以不能灌溉。非到信阳以南，不会发现以河水灌溉的事。

洧川乡下近来有匪惊，所以夏君只在近城的乡村中选择了一个村庄调查。洧川北部多产花生，其他各乡作物与许昌相仿，惟不种烟叶。经营面积极小，普通农家种田均在十亩左右。约有20%的农家，种田均在三亩以下。临颍亦种烟草，但无许昌多。丁君在临颍有熟人，所以调查时非常方便。除调查全县概况外，还下乡调查了两村。

八月十九日（土）

时间和经费都还允许我们去豫南，一探稻作区域的概况，所以我们今天乘南下的快车到信阳。这几天因为黄河水涨，汉口北上的快车开到黄河南岸就回头。照例下午四时就可以在许昌向南开出的快车，到将晚六点钟还没有向北去，据车站上正确的报告，因为明港附近有大股土匪经过（二三千人），把铁桥毁坏了，现在平常快车还停在信阳，要等铁桥修好再向北开。这样，非到下星期二不会有南下的平常快车（每星期二、四、六三次）。而今天六点多钟南下的特别快车，仍是照常开车的，于是我们只得牺牲二等免票（和站长交涉，免票无论如何不能乘特别快）而买了特别快车的三等票。

八月二十日（日）

到信阳已是今晨一点多钟，我们在车站附近一个“安徽旅馆”住下，这在信阳要算顶好的旅馆，但脏得几乎睡不下。南五县（罗山、潢川、商城、光山、固始）驻兵二十万，信阳驻一旅，所以大小旅馆都住满了。

黄君的家就在信阳城内，他已先一日来信阳接洽调查。在信阳，我们不预备详细调查，只想调查几村的概况。

下午至县政府调查全县概况，并决定明天下乡调查的地点，预先由周县长（炳昌）用电话通知区长。信阳西南二乡多是水田，种稻，东北乡则旱地占多数。种稻的区域除信阳外包括罗山、潢川、光山、固始、商城和息县的南乡一部分。信阳的稻田大都以塘水灌溉，引用河水的很少，所以雨量少的年份，便非常危险。

信阳田赋正税每两丁银2.2元，而附加税几倍于正税，仅仅是保卫团的附加，每两已有六元之多。这几年，南五县因为“乱”，所以中等以上的人家都搬到信阳，所以信阳的人口突然增加，房租也特别贵。现在刘镇华的军队调到这里，他自己驻在潢川，逃亡出去的人家，因此逐渐有些回去的。

八月二十一日（月）

今天分头调查了第一区德林乡、励进乡，和第三区中山铺附近的孙家湾、张家湾几个村庄。农田面积均以“斗”计，一斗田究竟有多少大，说法不一，有的说一斗等于一亩，也有的说只等于六分或七分。信阳的地亩，从来没有清丈过，所以同是一斗田，大小的差异很多。农佃成分较豫北为多，据估计，三区（东乡）中山铺一带佃农占七成，自耕农仅三成。借贷利率普通四、五分，月利二分的很少，最高的十分。甚至有借洋一元，每隔一日还利二百文的，一月合利四角，即四十分。

中山铺以东就到罗山境，乡村中还未恢复“常态”。光山、固始、商城等一带，逃出去的人更没有完全回来。据说华洋义赈会在那里发给农民的种子，有许多给他们当粮食吃了。

八月二十二日（火）

信阳到汉口仅三百多里，所以我们决定到汉口后乘江轮返京。

晚上，上了平汉的南下车，到汉口已经要第二天的早晨了。在车里，睡觉的时间去其大半。我们偶然听到一位信仰孔子的人和一位基督教徒争论，几乎动起武来。的确，基督教在河南的乡村里过去曾有相当势力，现在已经没落了。但“孔子”在一般农民的脑海中也不一定再留着什么深切的观念。

八月二十三日（水）

在汉候船，利用闲空时间整理表格和账目等。

八月二十四日（木）

全体团员乘招商江顺号返京。

八月二十五日（土）

上午十时左右，又回到了久别的南京。这次调查，从六月三十日出发到今天，足足已有五十八天。论路程，如果把下乡调查往返也计算在内，大概有八千里左右，现在我们无恙地回来了，自然觉得有种不可言状的愉快，在每个旅行者的心头。

附录二 表格

一、许昌五村分村表

(一)许庄土地人口表(民国十七年调查)

村户类别		地主		富农	中农	贫农	雇农	其他	总计
		收租	经营						
户数		1		1	19	33	1	7	62
人口数		9		25	102	166	1	30	333
有工作能力的人数		7		13	62	106	1	21	210
参加田间工作的人数					30	74	1	4	109
出外工作的人数		1		3	1	3		5	13
所有田亩数		27.0		144.0	361.5	204.6		14.0	751.1
使用田亩数				144.0	369.5	290.6		8.0	812.1
租出田亩数		27.0			7.0	5.0		6.0	45
租进田亩数					15.0	91.0			106
牲口头数	牛			1	5	1			7
	驴			1	11	13		1	26
	马			1					1
	骡			1					1

(二)洼孙庄土地人口表(民国十七年调查)

村户类别		地主		富农	中农	贫农	雇农	其他	总计
		收租	经营						
户数		2		3	9	73	2	7	96
人口数		14		28	82	338	12	27	501
有工作能力的人数		7		17	66	256	11	19	376
参加田间工作的人数				4	35	178	4		221
出外工作的人数				3	9	20		3	35
所有田亩数		135.0		151.0	258.0	504.4			1048.4
使用田亩数		60.0		151.0	253.0	548.4			1012.4
租出田亩数		75.0			5.0	5.0			85
租进田亩数						49.0			49
牲口头数	牛			4	7	18			29
	驴	1		3	2	16			22
	马			1					1
	骡	1							1

(三)水口张土地人口表(民国十七年调查)

村户类别		地主		富农	中农	贫农	雇农	其他	总计
		收租	经营						
户数				10	19	63	1	7	100
人口数				69	88	330	3	22	512
有工作能力的人数				60	65	258	2	19	404
参加田间工作的人数				22	37	164		4	227
出外工作的人数					1	21	1	7	30
所有田亩数				441	278	431		22	1172
使用田亩数				449	288	547		6	1290
租出田亩数						3		16	19
租进田亩数				8	10	119			137
牲口头数	牛			6	11	21			38
	驴			8	7	14			29
	马								
	骡			2		4			6

(四)李庄土地人口表(民国十七年调查)

村户类别		地主		富农	中农	贫农	雇农	其他	总计
		收租	经营						
户数					17	67	3	6	93
人口数					109	300	6	23	438
有工作能力的人数					70	209	5	21	305
参加田间工作的人数					54	163			217
出外工作的人数					1	15	3	12	31
所有田亩数					321	528		13	862
使用田亩数					335	616		1	952
租出田亩数						7		12	19
租进田亩数					14	95			109
牲口头数	牛				11	20			31
	驴				6	26			32
	马				1				1
	骡								

(五)邢庄土地人口表(民国十七年调查)

村户类别		地主		富农	中农	贫农	雇农	其他	总计
		收租	经营						
户数		2		7	30	39	3	12	93
人口数		13		41	161	162	7	42	426
有工作能力的人数		11		29	107	127	7	32	313
参加田间工作的人数				17	84	102	1	19	223
出外工作的人数		4			2	8	2	5	21
所有田亩数		52		334	734	248.5		19	1387.5
使用田亩数				334	746	264.5		19	1363.5
租出田亩数		52				6			58
租进田亩数					12	22			34
牲口头数	牛			5	17	8		11	41
	驴			2	2	4			8
	马								
	骡			4	3				7

(六)许庄土地人口表(民国二十二年调查)

村户类别		地主		富农	中农	贫农	雇农	其他	总计
		收租	经营						
户数				2	12	44		6	64
人口数		*3*		*25*	*112*	*183*	*4*	*39*	*366*
		0		25	74	236	0	31	366
有工作能力的人数				13	40	133		19	205
参加田间工作的人数		*1*			*29*	*58*	*3*	*6*	*97*
		0			18	77	0	2	97
出外工作的人数				3		6		4	13
所有田亩数				132	178.5	280.1		19	609.6
使用田亩数		*5*		*132*	*284*	*262.6*	*3*	*25*	*711.6*
		0		132	205.5	361.1	0	13	711.6
租出田亩数					13			6	19
租进田亩数					40	81			121
牲口头数	牛			2	4	4			10
	驴			3	7	20			30
	马								
	骡								

（注）斜体数字是以民十七年分类为坐标的各类村户至民二十二年时的人口与土地，所有田亩数，见增减表。以下同此。

(七)洼孙庄土地人口表(民国二十二年调查)

村户类别	地主		富农	中农	贫农	雇农	其他	总计
	收租	经营						
户数	1	1	4	6	76	3	10	101
人口数	*7*	*6*	*32*	*89*	*338*	*12*	*26*	*510*
	2	6	39	56	364	14	32	513(外来3人)
有工作能力的人数	2	4	19	42	267	12	23	369
参加田间工作的人数	*2*		*8*	*32*	*175*		*3*	*220*
	0		10	26	180		4	220
出外工作的人数		1	3	7	19	5	12	47

续表

村户类别		地主		富农	中农	贫农	雇农	其他	总计
		收租	经营						
所有田亩数		10	78	160	139	512		25	924
使用田亩数		*15*	*78*	*145*	*196*	*525*		*10*	*969*
		0	78	160	144	583		9	974(外来5亩)
租出田亩数		10				5		16	31
租进田亩数					5	76			81
牲口头数	牛			4	7	23			34
	驴		1	4	2	21		1	29
	马			1					1
	骡		1						1

(八)水口张土地人口表(民国二十二年调查)

村户类别		地主		富农	中农	贫农	雇农	其他	总计
		收租	经营						
户数		1		8	16	68	1	6	100
人口数		*0*		*90*	*104*	*268*	*3*	*25*	*490*
		6		74	84	305	3	18	490
有工作能力的人数		4		54	48	187	3	16	312
参加田间工作的人数				*22*	*34*	*113*		*5*	*174*
				20	*28*	*122*		*4*	*174*
出外工作的人数				1		16	1	8	26
所有田亩数		10		223	172	445.5		22	872.5
使用田亩数				*410*	*258*	*546.5*		*8*	*1222.5*
				331	260	625.5		6	1222.5
租出田亩数		10				3		16	29
租进田亩数				108	88	183			379
牲口头数	牛			5	9	28			42
	驴			5	7	15			27
	马								
	骡			2		4			6

(九)李庄土地人口表(民国二十二年调查)

村户类别		地主		富农	中农	贫农	雇农	其他	总计
		收租	经营						
户数				1	15	70	3	7	96
人口数				*0*	*118*	*339*	*5*	*23*	*485*
				4	107	343	5	26	485
有工作能力的人数				2	67	219	4	22	314
参加田间工作的人数				*0*	*54*	*158*			*212*
				2	49	161			212
出外工作的人数						29	3	13	45
所有田亩数				15	291	517		13	836
使用田亩数				*0*	*336*	*577*		*1*	*914*
				18	305	590		1	914
租出田亩数						11		12	23
租进田亩数				3	14	84			101
牲口头数	牛			1	11	19			31
	驴				5	28			33
	马				2				2
	骡								

(十)邢庄土地人口表(民国二十二年调查)

村户类别	地主		富农	中农	贫农	雇农	其他	总计
	收租	经营						
户数	1	1	8	29	45	2	11	97
人口数	*7*	*10*	*54*	*230*	*202*	*8*	*47*	*558*
	7	10	60	184	252	6	39	558
有工作能力的人数	4	7	37	106	167	4	26	351
参加田间工作的人数			*20*	*107*	*97*	*1*	*18*	*243*
			22	79	127	1	14	243
出外工作的人数	4			1	14	2	6	27
所有田亩数	10	36	336	630	370.5		13.5	1396

续表

村户类别		地主		富农	中农	贫农	雇农	其他	总计
		收租	经营						
使用田亩数			*22*	*327*	*745*	*289.5*		*36.5*	*1420*
			22	344	630	410.5		13.5	1420
租出田亩数		10	14			6			30
租进田亩数				8		46			54
牲口头数	牛	1		7	22	15		1	46
	驴	1		2	8	5			16
	马								
	骡			4	1				5

二、辉县四村分村表

(一)稻田村土地人口表(民国十七年调查)

村户类别		地主		富农	中农	贫农	雇农	其他	总计
		收租	经营						
户数		4	1	15	11	54	2	7	94
人口数		34	27	243	113	269	8	26	720
有工作能力的人数		26	11	103	50	138	5	14	352
参加田间工作的人数				47	30	100			177
出外工作的人数					3	3	3		9
所有田亩数		1272	58	447	176	87.5			2040.5
使用田亩数			58	2150	485	492			3185
租出田亩数		1272		117					1389
租进田亩数				1820	309	404.5			2533.5
牲口头数	牛			4	2	3			9
	驴			1		11			12
	马			11	2	4			17
	骡	3(不耕田)	4	71	15	3			96

(二)安庄土地人口表(民国十七年调查)

村户类别		地主		富农	中农	贫农	雇农	其他	总计
		收租	经营						
户数		2		9	14	31	6	7	69
人口数		6		72	114	145	21	29	387
有工作能力的人数		4		39	61	95	18	22	239
参加田间工作的人数				22	37	44			103
出外工作的人数				3		4	6	7	20
所有田亩数		331		974	501	212			2018
使用田亩数		71		1116	533	272			1992
租出田亩数		260		100					360
租进田亩数				242	32	60			334
牲口头数	牛	2		15	16	13			46
	驴	1		6	11	5			23
	马	1		5	9	3			18
	骡			4	5	1			10

(三)大史村土地人口表(民国十七年调查)

村户类别		地主		富农	中农	贫农	雇农	其他	总计
		收租	经营						
户数		6		10	36	73	4	7	136
人口数		16		76	307	358	17	32	806
有工作能力的人数		9		52	174	233	15	20	503
参加田间工作的人数		2		20	88	118		1	229
出外工作的人数				1		4	2	6	13
所有田亩数		172.5		582.5	1221.5	615.5		1	2593
使用田亩数		16		577.5	1239.5	683.5		1	2517.5
租出田亩数		156.5		5		2			163.5
租进田亩数					18	70			88
牲口头数	牛			15	37	39			91
	驴			5	17	14			36
	马			5	10				15
	骡			12	34	18			64

（四）杨家庄土地人口表（民国十七年调查）

村户类别		地主		富农	中农	贫农	雇农	其他	总计
		收租	经营						
户数		3		4	35	46		4	92
人口数		13		37	256	268		16	590
有工作能力的人数		7		23	166	190		11	397
参加田间工作的人数		3		8	74	95		2	182
出外工作的人数				1		4		2	7
所有田亩数		79.5		219.5	963	472		7	1741
使用田亩数		15		219.5	1014	542.5		7	1798
租出田亩数		64.5				14			78.5
租进田亩数					51	84.5			135.5
牲口头数	牛	1		5	60	36			102
	驴	1		1	15	7			24
	马	1		2	3	3			9
	骡			3	3	3			9

（五）稻田村土地人口表（民国二十二年调查）

村户类别	地主		富农	中农	贫农	雇农	其他	总计
	收租	经营						
户数	*4*	*1*	*15*	*11*	*56*	*2*	*7*	*96*
	5	0	15	13	56	2	5	96
人口数	*73*		*316*	*147*	*314*	*9*	*29*	*888*
	73		316	177	297	11	14	888
有工作能力的人数	38		113	69	161	6	6	393
参加田间工作的人数			*56*	*30*	*104*	*1*	*4*	*195*
			56	37	102	0	0	195
出外工作的人数	14		1	6	8	2	1	32
所有田亩数	1317		575	208.5	74.5			2175
使用田亩数	*20*		*2298*	*527*	*540.5*	*6*	*22*	*3413.5*
	20		2298	566.5	529	0	0	3413.5
租出田亩数	1297		142					1439

续表

村户类别		地主		富农	中农	贫农	雇农	其他	总计
		收租	经营						
租进田亩数				1865	358	454.5			2677.5
牲口头数	牛			5	5	5			15
	驴	1			1	9			11
	马	1		9	2	5			17
	骡	1		82	15	4			102

（注）斜体数字注见前。

(六)安庄土地人口表(民国二十二年调查)

村户类别		地主		富农	中农	贫农	雇农	其他	总计
		收租	经营						
户数		*2*		*13*	*19*	*33*	*6*	*7*	*80*
		5		7	20	37	5	6	80
人口数		*8*		*86*	*128*	*162*	*22*	*29*	*435*
		30		64	120	178	17	26	435
有工作能力的人数		14		32	68	117	12	19	262
参加田间工作的人数		*0*		*17*	*42*	*46*	*3*	*2*	*110*
		1		13	43	52	0	1	110
出外工作的人数				1		17	5	5	28
所有田亩数		616		414	442	221		3	1696
使用田亩数		*71*		*698*	*658*	*277*	*95*	*14*	*1813*
		81		740	650	332	0	10	1813
租出田亩数		535							535
租进田亩数				326	208	111		7	652
牲口头数	牛	2		11	23	14			50
	驴	1		6	8	5			20
	马			5	4	1			10
	骡	2		7	7	5			21

(七)大史村土地人口表(民国二十二年调查)

村户类别		地主		富农	中农	贫农	雇农	其他	总计
		收租	经营						
户数		*6*		*8*	*40*	*81*	*4*	*7*	*146*
		7		10	36	89	5	7	154
人口数		*23*		*97*	*364*	*443*	*21*	*36*	*984*
		31		78	354	495	19	27	1004(外村来20人)
有工作能力的人数		18		43	201	292	14	19	587
参加田间工作的人数		*3*		*25*	*102*	*127*	*2*	*4*	*263*
		5		19	97	149	0	0	270(外村来7人)
出外工作的人数		1				13	3	3	20
所有田亩数		293.5		440.5	1131	662.5			2527.5
使用田亩数		*36*		*460.5*	*1149.5*	*704*	*16*	*14*	*2380*
		26		440.5	1231	832.5	0	0	2530(外村来150亩)
租出田亩数		267.5				2			269.5
租进田亩数					100	172			272
牲口头数	牛	2		8	26	55			91
	驴	1		4	17	23			45
	马			4	11	5			20
	骡			12	54	14			80

(八)杨家庄土地人口表(民国二十二年调查)

村户类别	地主		富农	中农	贫农	雇农	其他	总计
	收租	经营						
户数	*3*		*4*	*39*	*55*		*4*	*105*
	2		5	38	57		3	105
人口数	*12*		*44*	*317*	*319*		*19*	*711*
	6		66	307	316		16	711
有工作能力的人数	6		30	182	211		7	436

续表

村户类别		地主		富农	中农	贫农	雇农	其他	总计
		收租	经营						
参加田间工作的人数		*3*		*9*	*83*	*93*		*3*	*191*
		1		12	82	96		0	191
出外工作的人数					2	4		3	9
所有田亩数		45.5		272.5	1022	515		7	1862
使用田亩数		*39*		*197.5*	*1074.5*	*748*		*15*	*2074*
		5		272.5	1080.5	709		7	2074
租出田亩数		40.5			10	8.5			59
租进田亩数					68.5	202.5			271
牲口头数	牛			6	63	42			111
	驴	1		6	22	12			41
	马			3	8	4			15
	骡			4	4	1			9

三、镇平县六村分村表

(一)腰庄土地人口表(民国十七年调查)

村户类别		地主		富农	中农	贫农	雇农	其他	总计
		收租	经营						
户数		5		1	8	33		7	54
人口数		18		9	44	109		27	207
有工作能力的人数		7		5	22	76		18	128
参加田间工作的人数		1		1	14	40			56
出外工作的人数					1	5		2	8
所有田亩数		147.4		30	80.92	174.65		19	451.97
使用田亩数		9		60	214.4	182.05		11	476.45
租出田亩数		138.4			30.02	21.6		8	198.02
租进田亩数				30	163.5	29			222.5
牲口头数	牛			2	7	3			12
	马				1				1
	驴								
	骡								

(二)王庄土地人口表(民国十七年调查)

<table>
<tr><th colspan="2" rowspan="2">村户类别</th><th colspan="2">地主</th><th rowspan="2">富农</th><th rowspan="2">中农</th><th rowspan="2">贫农</th><th rowspan="2">雇农</th><th rowspan="2">其他</th><th rowspan="2">总计</th></tr>
<tr><th>收租</th><th>经营</th></tr>
<tr><td colspan="2">户数</td><td></td><td></td><td></td><td>3</td><td>30</td><td></td><td>6</td><td>39</td></tr>
<tr><td colspan="2">人口数</td><td></td><td></td><td></td><td>19</td><td>135</td><td></td><td>23</td><td>177</td></tr>
<tr><td colspan="2">有工作能力的人数</td><td></td><td></td><td></td><td>13</td><td>103</td><td></td><td>15</td><td>131</td></tr>
<tr><td colspan="2">参加田间工作的人数</td><td></td><td></td><td></td><td>4</td><td>50</td><td></td><td>4</td><td>58</td></tr>
<tr><td colspan="2">出外工作的人数</td><td></td><td></td><td></td><td>1</td><td>6</td><td></td><td>1</td><td>8</td></tr>
<tr><td colspan="2">所有田亩数</td><td></td><td></td><td></td><td>42</td><td>112.5</td><td></td><td>19</td><td>173.5</td></tr>
<tr><td colspan="2">使用田亩数</td><td></td><td></td><td></td><td>33</td><td>188</td><td></td><td>10.5</td><td>231.5</td></tr>
<tr><td colspan="2">租出田亩数</td><td></td><td></td><td></td><td>9</td><td>7.5</td><td></td><td>8.5</td><td>25</td></tr>
<tr><td colspan="2">租进田亩数</td><td></td><td></td><td></td><td></td><td>83</td><td></td><td></td><td>83</td></tr>
<tr><td rowspan="4">牲口头数</td><td>牛</td><td></td><td></td><td></td><td>3</td><td>14</td><td></td><td></td><td>17</td></tr>
<tr><td>驴</td><td></td><td></td><td></td><td>2</td><td>1</td><td></td><td>1</td><td>4</td></tr>
<tr><td>马</td><td></td><td></td><td></td><td></td><td></td><td></td><td></td><td></td></tr>
<tr><td>骡</td><td></td><td></td><td></td><td></td><td></td><td></td><td></td><td></td></tr>
</table>

(三)大榆树村土地人口表(民国十七年调查)

<table>
<tr><th colspan="2" rowspan="2">村户类别</th><th colspan="2">地主</th><th rowspan="2">富农</th><th rowspan="2">中农</th><th rowspan="2">贫农</th><th rowspan="2">雇农</th><th rowspan="2">其他</th><th rowspan="2">总计</th></tr>
<tr><th>收租</th><th>经营</th></tr>
<tr><td colspan="2">户数</td><td>16</td><td></td><td>5</td><td>11</td><td>14</td><td>3</td><td>7</td><td>56</td></tr>
<tr><td colspan="2">人口数</td><td>71</td><td></td><td>34</td><td>77</td><td>62</td><td>8</td><td>22</td><td>274</td></tr>
<tr><td colspan="2">有工作能力的人数</td><td>49</td><td></td><td>24</td><td>59</td><td>48</td><td>8</td><td>20</td><td>208</td></tr>
<tr><td colspan="2">参加田间工作的人数</td><td>10</td><td></td><td>12</td><td>33</td><td>25</td><td></td><td></td><td>80</td></tr>
<tr><td colspan="2">出外工作的人数</td><td>2</td><td></td><td>1</td><td>5</td><td>3</td><td></td><td></td><td>11</td></tr>
<tr><td colspan="2">所有田亩数</td><td>4852</td><td></td><td>86</td><td>65</td><td>23</td><td></td><td>6</td><td>5032</td></tr>
<tr><td colspan="2">使用田亩数</td><td>69</td><td></td><td>355</td><td>622</td><td>141</td><td></td><td>3</td><td>1190</td></tr>
<tr><td colspan="2">租出田亩数</td><td>4783</td><td></td><td>80</td><td>25</td><td>2</td><td></td><td>3</td><td>4893</td></tr>
<tr><td colspan="2">租进田亩数</td><td></td><td></td><td>349</td><td>582</td><td>120</td><td></td><td></td><td>1051</td></tr>
<tr><td rowspan="4">牲口头数</td><td>牛</td><td></td><td></td><td>10</td><td>18</td><td>5</td><td></td><td></td><td>33</td></tr>
<tr><td>驴</td><td>1</td><td></td><td>4</td><td>4</td><td></td><td></td><td></td><td>9</td></tr>
<tr><td>马</td><td>3</td><td></td><td></td><td></td><td></td><td></td><td></td><td>3</td></tr>
<tr><td>骡</td><td></td><td></td><td></td><td></td><td></td><td></td><td></td><td></td></tr>
</table>

(四)大和营村土地人口表(民国十七年调查)

村户类别		地主		富农	中农	贫农	雇农	其他	总计
		收租	经营						
户数		1		10	10	16	1		38
人口数		4		72	59	72	1		208
有工作能力的人数		2		47	37	54	1		141
参加田间工作的人数		1		24	18	24			67
出外工作的人数				1	2	9	1		13
所有田亩数		34		209.75	134.11	82.28			460.14
使用田亩数		4		19	33	144.28			200.28
租出田亩数		30		19	33				82
租进田亩数				353	313	62			728
牲口头数	牛			14	13	4			31
	驴	1		4	1	1			7
	马								
	骡								

(五)谢庄土地人口表(民国十七年调查)

村户类别		地主		富农	中农	贫农	雇农	其他	总计
		收租	经营						
户数		1		3	16	32	2	9	63
人口数		5		36	94	143	9	37	324
有工作能力的人数		3		23	62	99	7	29	223
参加田间工作的人数				19	54	87		6	166
出外工作的人数						3	3	8	14
所有田亩数		19		202	329.3	229.04		15	794.34
使用田亩数				202	410.8	306.04		15	933.84
租出田亩数		19			21.5				40.5
租进田亩数					103	77			180
牲口头数	牛			6	13	7			26
	驴			3	7	2			12
	马								
	骡								

(六)老毕庄土地人口表(民国十七年调查)

村户类别		地主		富农	中农	贫农	雇农	其他	总计
		收租	经营						
户数					3	66	2	11	82
人口数					23	309	4	40	376
有工作能力的人数					11	193	3	28	235
参加田间工作的人数					9	151	2	5	167
出外工作的人数					1	17	1	4	23
所有田亩数					65	306		24.8	395.8
使用田亩数					44	372		7.8	423.8
租出田亩数					21	15.5		17	53.5
租进田亩数						81.5			81.5
牲口头数	牛				2	7			9
	驴					4		1	5
	马								
	骡								

(七)腰庄土地人口表(民国二十二年调查)

村户类别	地主		富农	中农	贫农	雇农	其他	总计
	收租	经营						
户数	*5*		*1*	*8*	*33*	*0*	*7*	*54*
	4		0	6	40	1	7	58
人口数	*20*		*8*	*50*	*111*	*0*	*23*	*212*
	10		0	39	140	3	20	212
有工作能力的人数	8			16	85	3	15	127
参加田间工作的人数	*4*		*1*	*11*	*35*		*5*	*56*
	1		0	9	44		2	56
出外工作的人数				2	12	2	5	21
所有田亩数	117.4			81.32	161.55	0.5	27	387.77
使用田亩数	*16*		*33*	*152.4*	*155.95*	*0*	*24*	*381.35*
	10		0	125.9	230.95	0.5	14	381.35
租出田亩数	107.4			39.42	38.6		13	198.42

续表

村户类别		地主		富农	中农	贫农	雇农	其他	总计
		收租	经营						
租进田亩数					84	108			192
牲口头数	牛				5	7			12
	驴				1	3			4
	马								
	骡								

(八)王庄土地人口表(民国二十二年调查)

村户类别		地主		富农	中农	贫农	雇农	其他	总计
		收租	经营						
户数					3	31		5	39
人口数					*21*	*149*		*21*	*191*
					21	149		21	191
有工作能力的人数					15	106		13	134
参加田间工作的人数					*7*	*50*		*4*	*61*
					7	50		4	61
出外工作的人数					1	14		3	18
所有田亩数					38	102.1		10.5	150.6
使用田亩数					*31.5*	*187.1*		*8.5*	*227.1*
					31.5	187.1		8.5	227.1
租出田亩数					7	11.5		2	20.5
租进田亩数					0.5	96.5			97
牲口头数	牛				3	20			23
	驴				2	1		1	4
	马								
	骡								

（九）大榆树村土地人口表（民国二十二年调查）

<table>
<tr><th rowspan="2" colspan="2">村户类别</th><th colspan="2">地主</th><th rowspan="2">富农</th><th rowspan="2">中农</th><th rowspan="2">贫农</th><th rowspan="2">雇农</th><th rowspan="2">其他</th><th rowspan="2">总计</th></tr>
<tr><th>收租</th><th>经营</th></tr>
<tr><td rowspan="2" colspan="2">户数</td><td rowspan="2">18</td><td>16</td><td>5</td><td>11</td><td>14</td><td>3</td><td>7</td><td>56</td></tr>
<tr><td>0</td><td>8</td><td>10</td><td>17</td><td>2</td><td>4</td><td>59</td></tr>
<tr><td rowspan="2" colspan="2">人口数</td><td rowspan="2">98</td><td>91</td><td>41</td><td>97</td><td>66</td><td>9</td><td>80</td><td>334</td></tr>
<tr><td>0</td><td>72</td><td>78</td><td>78</td><td>5</td><td>16</td><td>347
（外来 13 人）</td></tr>
<tr><td colspan="2">有工作能力的人数</td><td>62</td><td>0</td><td>45</td><td>52</td><td>59</td><td>5</td><td>8</td><td>231</td></tr>
<tr><td rowspan="2" colspan="2">参加田间工作的人数</td><td rowspan="2">10</td><td>10</td><td>12</td><td>33</td><td>25</td><td>1</td><td>4</td><td>85</td></tr>
<tr><td>0</td><td>23</td><td>30</td><td>29</td><td>0</td><td>0</td><td>92（外来 7 人）</td></tr>
<tr><td colspan="2">出外工作的人数</td><td>2</td><td></td><td></td><td>2</td><td>6</td><td>2</td><td></td><td>12</td></tr>
<tr><td colspan="2">所有田亩数</td><td>4503</td><td></td><td>130</td><td>59</td><td>62</td><td></td><td>3</td><td>4757</td></tr>
<tr><td rowspan="2" colspan="2">使用田亩数</td><td rowspan="2">79</td><td>74</td><td>365</td><td>691</td><td>162</td><td>3</td><td>18</td><td>1313</td></tr>
<tr><td>0</td><td>607</td><td>561</td><td>146</td><td>0</td><td>3</td><td>1396（外来农户使用地 83 亩）</td></tr>
<tr><td colspan="2">租出田亩数</td><td>1424</td><td></td><td>80</td><td>20</td><td>10</td><td></td><td></td><td>4534</td></tr>
<tr><td colspan="2">租进田亩数</td><td></td><td></td><td>557</td><td>522</td><td>94</td><td></td><td></td><td>1170</td></tr>
<tr><td rowspan="4">牲口头数</td><td>牛</td><td></td><td></td><td>16</td><td>16</td><td>5</td><td></td><td></td><td>37</td></tr>
<tr><td>驴</td><td>3</td><td></td><td>8</td><td>4</td><td>1</td><td></td><td></td><td>16</td></tr>
<tr><td>马</td><td>1</td><td></td><td></td><td></td><td></td><td></td><td></td><td>1</td></tr>
<tr><td>骡</td><td></td><td></td><td></td><td></td><td></td><td></td><td></td><td></td></tr>
</table>

（十）大和营村土地人口表（民国二十二年调查）

<table>
<tr><th rowspan="2">村户类别</th><th colspan="2">地主</th><th rowspan="2">富农</th><th rowspan="2">中农</th><th rowspan="2">贫农</th><th rowspan="2">雇农</th><th rowspan="2">其他</th><th rowspan="2">总计</th></tr>
<tr><th>收租</th><th>经营</th></tr>
<tr><td rowspan="2">户数</td><td rowspan="2">1</td><td>1</td><td>10</td><td>10</td><td>16</td><td rowspan="2">1</td><td></td><td>37</td></tr>
<tr><td>0</td><td>11</td><td>16</td><td>13</td><td></td><td>42</td></tr>
<tr><td rowspan="2">人口数</td><td rowspan="2">5</td><td>5</td><td>86</td><td>66</td><td>82</td><td rowspan="2">1</td><td></td><td>239</td></tr>
<tr><td>0</td><td>91</td><td>104</td><td>62</td><td></td><td>263（外来 23 人）</td></tr>
<tr><td rowspan="2">有工作能力的人数</td><td rowspan="2">4</td><td>4</td><td rowspan="2">53</td><td rowspan="2">63</td><td rowspan="2">42</td><td rowspan="2">1</td><td rowspan="2"></td><td rowspan="2">163</td></tr>
<tr><td>0</td></tr>
</table>

续表

村户类别		地主		富农	中农	贫农	雇农	其他	总计
		收租	经营						
参加田间工作的人数		1	*1*	*24*	*20*	*24*			*69*
			0	25	34	17			77(外来 8 人)
出外工作的人数				3	3	10	1		17
所有田亩数		34	34	252.75	138.11	60.12			484.98
使用田亩数		4	*4*	*460.75*	*407*	*230.62*			*1102.37*
			0	510.75	620.5	113.12			1248.37 *
租出田亩数		30		44	29.11				103.11
租进田亩数				302	511.50	53			866.5
牲口头数	牛			16	23	4			43
	驴	1		5	1				7
	马								
	骡								

* 民国二十二年外来地亩 146。

(十一)谢庄土地人口表(民国二十二年调查)

村户类别	地主		富农	中农	贫农	雇农	其他	总计
	收租	经营						
户数	1		3	16	32	2	9	63
	0		5	14	42	3	8	72
人口数	5		39	110	166	9	34	363
	0		38	39	188	14	30	363
有工作能力的人数			26	57	123	10	21	237
参加田间工作的人数	4		17	59	87		10	177
	0		19	47	103		8	177
出外工作的人数					8	5	5	18
所有田亩数			215.5	318.83	238.28		26.09	798.7
使用田亩数	32		213.5	402.72	241.54		23.58	913.34
	0		225.5	353.47	314.28		20.09	913.34
租出田亩数				13	5.5		7	25.5

续表

村户类别		地主		富农	中农	贫农	雇农	其他	总计
		收租	经营						
租进田亩数				10	47.64	81.5		1	140.14
牲口头数	牛			7	12	9			28
	驴			2	8	5			15
	马								
	骡								

(十二)老毕庄土地人口表(民国二十二年调查)

村户类别		地主		富农	中农	贫农	雇农	其他	总计
		收租	经营						
户数					3	66	2	11	82
					3	64	3	17	87
人口数					22	316	4	44	386
					22	280	6	80	388(外来2人)
有工作能力的人数					11	183	5	41	240
参加田间工作的人数					9	147		10	166
					9	142		15	166
出外工作的人数					2	23	2	11	38
所有田亩数					63	255.4		33.4	351.8
使用田亩数					43	338		32.8	413.8
					43	354.4		16.4	413.4
租出田亩数					20	16.5		17	53.5
租进田亩数						115.5			115.5
牲口头数	牛				2	16			18
	驴					6			6
	马								
	骡								

四、十六县各类地权底分析

(民国二十二年)

县名		全县总亩数	公产亩数	对总数的%	庙产亩数	对总数的%	族产亩数	对总数的%
豫北	辉县	470000	5000	1.06	0		200	0.04
	修武	650000	7000	1.08	556	0.08	1700	0.26
	汲县	500000	11000	2.20	0		0	
	淇县	263500	0		0		0	
	新乡	600000	3000	0.50	1500	0.25	5000	0.83
	滑县	480000	500	0.10	10000	2.80	0	
	共计	2963500	26500	0.89	12056	0.41	6900	0.23
豫中	许昌	1022840	0		7007	0.68	0	
	临颍	863975	460	0.05	0		0	
	郾城	955052	600	0.06	1200	0.12	800	0.08
	洧川	333067	0		2420	0.73	0	
	鄢陵	900000	2000	0.22	1000	0.11	0	
	新郑	1384560	9000	0.65	6000	0.43	0	
	共计	5459494	12060	0.65	17627	0.32	800	0.01
豫西南	镇平	812679	6000	0.74	4500	0.55	0	
	邓县	2000000	10000	0.50	3000	0.15	10000	0.50
	内乡	500000	1000	0.20	500	0.10	300	0.06
	共计	3312679	17000	0.33	8000	0.24	10300	0.31
豫南	信阳	459005	20000	4.36	0		0	
总计		12194.678	75560	0.57	37683	0.31	18000	0.15

五、辉县稻田乡五年来兵差负担实录

(一)骡、马及车(民国十六年)

户主姓名	物品	数量	价值	户主姓名	物品	数量	价值
李珍	马车	1 *	$ 130	郎怀珍	马车	1 *	130
	黄骡	3	210		黑骡	2	225
	红骡	1	80		黄骡	1	65
	黑骡	1	100		青骡	1	95
	白骡	1	100		红骡	1	12
	青马	2	130	郎白桃	红马	1	140
	红马	1	60	师树芳	黑骡	1	150
郎文秀	马车	1 *	120		白骡	1	60
	黑骡	1	80		青骡	1	60
	黄骡	1	80	郎士彬	红骡	1	70
	黄马	1	40		红马	1	7
李光照	马车	1 *	130	卫丝竹堂	轿车	2 *	300
王鸿基	马车	1 *	120	李树春	黑骡	3	210
	黄骡	1	70		红骡	2	155
王鸿谟	黑骡	2	260		黄骡	2	85
	黄骡	1	110	师树林	黑骡	1	50
	烟骡	1	140	师树梅	青骡	1	90
	马车	1 *	130		黄骡	1	90
王炳灿	黑骡	1	100		马车	1 *	120
	黄骡	1	110	李明新	黑骡	1	120
	白骡	1	70		黄骡	1	70
	红骡	1	50		马车	1 *	130
	马车	1 *	100	郎振海	红马	1	90
郎致德	黄骡	1	60		黑骡	1	95
	红骡	1	95		红骡	1	80
郭长春	黄马	1	30		黄牛	1	45

续表

户主姓名	物品	数量	价值	户主姓名	物品	数量	价值
郎致礼	马车	1	130	贾三益堂	红骡	1	250
	黑骡	1	150		青骡	1	200
	红骡	1	130		马车	1	130
	灰骡	1	90		轿车	1	300
	黑马	1	180	郎致廷	黄骡	1	120
郎文林	灰骡	1	100		黑骡	1	75
	红骡	1	90		苍骡	1	65
					红马	1	50
				总计			7509

* 以上牲口和马车等系十四混成旅（靳云鹗旅长）过境时所摊派。

(二)柴草、粮食及其他

(1)民国十六年支应局征发

征发物品	数量	价额	备考
柴	3532 斤	27.5 元	全系正二月所征发
谷草	7122	47.5	
料	2017	67.2	饲牲口用的
麦子	4578	274.68	
蒸馍	5068	337.7	
稻草	40000	177.7	
银圆		82	
总计		1014.28 元	

(2)民国十七年支应局征发

征发物品	数量	价额	备考
谷草	4924 斤	32.5 元	正二两月
麦子	47.5 石	475	一五两月
木柴	3824 斤	29.4	一二两月
料	1583 斤	52	一二两月
麦子	1700 斤	102	二月

续表

征发物品	数量	价额	备考
银元		99.1	不详
小车	2 辆	25	一月
总计		815 元	

(3)民国十九年

征发机关	征发物品	数量	价格	备考
十三路军	麦子	23.5 石	258.5 元	军长石友三,二月
四十二师	车子	不详	32	师长,车子数目不详
十三路军	车子	不详	40	
	谷草	不详	15	
	银元		27.1	以上系三月份征派
	银元		243	
	骡子	1 匹	62	以上系五月份摊派
	银元		45	学兵费
	壮丁	不详	60	壮丁费
	壮丁		200	以上系六月份摊派
	银元		166	军事特派捐
	银元		37	
	壮丁	4 名	430	
	银元		330	军事特派,以上系七月份摊派
	麦子	2050 斤	130.35	
	小米	2050 斤	100.21	以上系八月份摊派
二十军骑兵连	蒸馍	1188 斤	78.3	
	白面	700 斤	46.4	
	小米	337 斤	13.4	
	谷草	8600 斤	47.3	
	麦料	1018 斤	28	
	木柴	800 斤	5.4	
	大料	3728 斤	112.3	以上系八月份派

续表

征发机关	征发物品	数量	价格	备考
二十军二团经理处	白面	2400斤	158.2	
	大米	1600斤	130.2	
	小米	4.2石	27.7	
	玉子	5.5石	25.6	
	白菜	390斤	2.14	
	玉子面	160斤	5.27	
	粉菜	250斤	32.96	
	香油	25斤	4.94	
	海盐	10斤	1.1	
	麸子	3石	7.25	
第二方面军	小米	2.85石	39.9	
	玉子	5石	23.3	
	黄豆	0.39石	2.35	
	白菜	2800斤	15.38	
	香油	25斤	5	
	麸料	4石	9.7	
	大米	7石	98	
	绿豆	2.5石	15.38	
	粉菜	330斤	43.51	
	盐	30斤	3.3	
	绿豆面	15斤	0.7	
	木柴	1500斤	9.9	
第四方面军二师四旅十一团	蒸馍	360斤	23.73	
	白面	350斤	23.08	
	小米	380斤	15.03	
	大米	0.3石	4.2	
	大料	200斤	6.02	
总计			3241.1元	

六、许昌、辉县两县当地“亩”折合“公亩”表

(一)许昌

村名	块	所量口号亩数(亩)	实量公尺数	折合公亩数	每口号亩合公亩数	备注
水口张	1	2.7	长 190.00m,宽 8.70m 8.60m	16.435	6.08	
	1	0.8	长 38.00m,宽 15.37m 16.40m	6.036	7.51	
本村共计	2	3.5	×	22.471	6.42	
窪孙乡	1	3.0	长 83.40m,宽 28.60m 2.10m	25.311	8.43	
	1	2.54	长 83.80m,宽 22.60m 22.30m	18.813	7.40	
本村共计	2	5.54	×	41.124	7.96	
邢庄	1	2.0	长 86.15m,宽 17.00m 16.25m	14.156	7.78	
	1	0.8	长 84.30m,宽 16.98m 16.98m	5.824	7.28	
本村共计	2	2.8	×	19.980	7.13	
李庄	1	2.3	长 92.60m,宽 17.40m 17.80m	16.297	7.08	
	1	2.78	长 116.00m,宽 17.20m 19.10m	21.054	7.57	
	1	1.04	长 88.70m,宽 8.50m 8.40m	7.595	7.30	
本村共计	3	6.12	×	44.946	7.34	
胖庄	1	2.740	长 135.00m,宽 15.00m	20.250	7.36	
	1	2.614	长 154.60m,宽 11.60m 12.50m	18.557	7.09	
	1	4.0	长 88.00m,宽 16.40m 16.90m	21.983	5.49	
本村共计	3	9.363	×	60.790	6.49	
全县总计	12	27.323	×	192.311	7.033	

(二)辉县

村名	块	所量口号亩数(亩)	实量公尺数	折合公亩数	每口号亩合公亩数	备注
安庄	1	1.5	长 18.60m,宽 36.60m 53.10m	8.342	5.561	
	1	4.75	长 77.00m,宽 21.20m	16.324	3.437	因公路占去不少
	1	6.0	长 101.50m,宽 32.40m	32.886	5.481	
	1	6.0	长 101.50m,宽 29.00m	29.435	4.906	
本村共计	4	18.25	×	86.987	4.766	
大史村	1	4	长 281.60m,宽 9.00m 7.15m	22.739	5.68	
	1	7	长 225.60m,宽 19.19m 20.72m	45.018	6.43	
	1	2	长 70.35m,宽 13.65m 13.30m	9.480	4.4	
	1	2	长 67.60m,宽 16.25m 15.90m	10.867	5.43	
	1	3.8	长 195.25m,宽 16.15m 17.35m	26.674	7.02	
	1	11	长 228.30m,宽 31.20m 30.50m	70.431	6.40	
	1	5.5	长 96.25m,宽 43.30m 36.80m	38.548	7.01	
本村共计	7	35.3	×	223.757	4.339	
稻田乡	1	5	长 99.75m,宽 25.50m 26.50m	25.935	5.19	
	1	8	长 184.45m,宽 24.50m 30.70m	50.908	6.36	
	1	20	长 184.45m,宽 64.10m 46.50m	92.778	4.64	
	1	8	长 184.45m,宽 28.93m 23.60m	48.446	6.06	
本村共计	4	41	×	218.067	5.343	
杨家庄	1	4	长 107.10m,宽 21.00m 21.50m	22.759	5.62	
	1	1	长 31.00m,宽 23.80m 24.70m	7.517	7.52	
	1	15	长 228.40m,宽 45.00m 43.00m	100.496	6.70	
本村共计	3	20	×	130.772	6.539	

续表

村名	块	所量口号亩数(亩)	实量公尺数	折合公亩数	每口号亩合公亩数	备注
全县总计	18	114.55	×	659.583	5.758	

（三）镇平地亩全县刚清丈，据云大小一律。1 尺＝0.37 米，每亩合 8.214 公亩。

中华民国二十三年八月初版

广西省农村调查

序

本会把苏、浙、陕、豫四省的农村状况做了一个大致的调查之后，把原来的表格略加修正，于二十二年十二月派岑德彰、汪世民、苏甲薰、羊冀成四君到广西，鲁成、王杰二君到云南去做一个大概的考察，经过约三个月的时间，先后返京，调查报告的整理到二十三年十月底才告完结。广西部分成于羊君之手，云南部分鲁君出力为多。经特请张心一君校刊一过，姑且付印。其中缺点自所不免，希望各机关各专家继续调查，加以补充修正，也许这种工作，就是将来发展西南的基础。

近来开发西北的政策，颇得全国朝野的提倡，地方当局亦颇能努力，西北的农业水利交通，渐见发展，这是我国人于痛念东北沦亡之余，可以稍堪自慰的。但是西北究竟地高土瘠，以致开发的可能不可能，都有专家议论，无论如何，费用多而见效迟，那是毋庸讳言的；我们虽不能因噎废食，而松懈发展西北的工作，但那种困难的事实，是不能不预先认清的。至于西南，气候和暖，铁产丰富，努力开发，较易为功，将来对于国民经济上的贡献，尤极伟大，现今考察调查的工作是刻不容缓的。

广西全省面积约二十万方里，全省人口约一千万，户数约两百万。经济情形以郁江流域最称富裕，桂江、柳江次之，左右江最苦。此次调查，根据旧有六道之区分，选查苍梧、邕宁、柳州、桂林、龙州五县，共查了二十二村，九百八十三户。农村中以自耕农最为发达，约占百分之五十三，半自耕农约占百分之十八，佃农约占百分之十六。大地主甚少，唯族产颇多，普通农户所有田亩多在五亩以下。田租以对分为原则。农村借贷利率普通在三分以上。农民经济状况，颇见贫苦，改良水利，发展交通，增加生产，实为急务。所幸地方教育尚有进步，地方自治机构日见发达，民团训练，尤见精采，亦足差强人意耳，今后唯官发扬蹈厉，努力于农业生产之增加，经济之发展，西南前途，实利赖焉。

在调查期间，尚两省当局之赞襄，与地方士绅之协助，本会尤深感谢。

民国二十三年十月二十二日彭学沛序于南京

第一编　概说

本书为广西农村调查报告，其目的在明了全省农民经济，然农家收入全赖作物，现在农业尚未科学化，气候未调节，土壤未改良，水利未修治，故其运命全托诸于自然，久雨则潦，久晴则旱，沃土则产量倍常，硗土则无物可植，其自然环境，实与农民经济，息息相关，故列之编首。

沿革

广西之名，始见于元。禹贡时为荆州南徼。春秋时为百粤种族蕃殖之地。秦置桂林、象郡，始隶版图。汉初属南越国，后改苍梧、郁林二郡，辖于交州，一部入于荆州零陵郡，后汉承之，三国属吴。唐为岭南道。五代时初属湖南，后入南汉。宋为广南西路。元设岭南广西道，属湖广行省。明置广西布政使司，清因之而为广西省，民国亦然。惟在清季，犹多土司，左右江及红水河流域皆是。其制世袭，土地类为所有，佃农略似农奴。清代改土为流者，计有恩阳、恩林、恩隆、那马、西隆、东兰、百色、镇边、靖西、凭祥等十县。入民国而改者，有南丹、忻城、都安、隆山、果德、西林、凤山、向都、雷平、龙茗、镇结、万承、上金、思乐等十四县。

位置

全省位置，东至东经112度35分，西至东经104度36分，南至北纬21度32分，北至北纬26度14分，计东西共占经线7度39分，南北共占纬线4度42分。

疆界

广西远处边陲，在我国之南部。其四境东及东南与广东接壤，自思乐县以至贺县；东北与湖南为界，自贺县以至三江县；北与贵州相连，自三江县而至西隆；西北则与云南为邻，起西隆而至镇边；西南与安南毗连，起镇边迄思乐，绝左江上流，经水口、平而、镇南诸关，向东而至明江发源处，自光绪十三年中法条约，改隶法属后，遂成国境，而广西亦成为南国屏藩，边防要塞。

面积

土地面积，约占全国百分之二，在各省区面积比较中，占第十六位。据广西陆地测量局所公布者，为二十一万八千九百二十三方公里，此数与各家所推算者，稍有出入。然该局自光绪三十四年于龙州成立后，业将镇南道十六县完全测竣，而未测各县亦加以调查估计，合制成十万分之一之广西图，并逐年加以修正，较之一般全凭推算者，似稍准确，故仍以此数为准。折合公亩，计为三万二千八百三十八万二千五百五十亩，分类计之，水田两千八百三十六万六千七百八十七亩，旱地五千五百零三万八千余亩，荒地一千三百二十四万三千五百五十九亩，石山四千八百八十四万零三百七十五亩，其他面积，一万八千二百八十九万六千五百二十九亩。以上数字系根据各县之约计，盖石山县亘数百里，而荒地亦一望无垠，或据故老遗传，或凭数人臆测，非俟清丈完竣，自难完全准确，亦姑以见其大概而已。兹将各类面积百分比，以图表之。

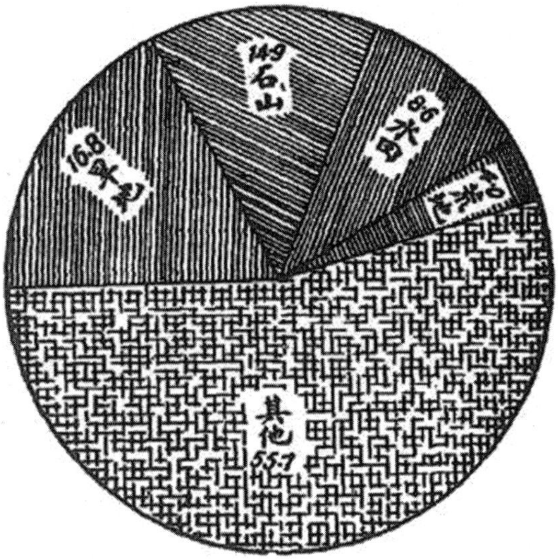

图 1　广西全省各类面积的百分比

图 1 之荒地，数字实距真相甚远，盖呈报县份既仅为全省之半，而半数中又缺而不全，则其总数，当较现在之数增加无疑。

地势

本省承云贵高原之余绪，故五岭、勾漏两脉，并出于云南。及东向距离渐张，适将全省包于其中，是以四围皆山，而中部则成为丘陵性之平野，所谓岭南山地者是。观其水流，类皆向东，则知西高而东下，又多向南，或由西北而趋东南，则又知为北高而南下，此则或系云梦平原之波动使然？其高度一千六百尺，以至两千六百尺。惟境内虽多山岭，而桂、柳、郁、黔诸江流域之间，多成小平原。中部及东南部，地势亦有在海面二百尺左右者，与广东膏腴之地，统称粤江平原。

山脉

全省山脉，源出昆仑；五岭山脉为其干，都阳、勾漏为其支。五岭山脉，自贵州南境之苗岭，蜿蜒而入湘、桂之间，至兴安县北，为越城岭；至灌阳县为都庞岭；至富川县而为萌渚岭；此五岭中之三岭也。群山重叠，连续成脊，绵延数百里，有高出海面一千至一千五百公尺以上者。其分支南下者，有大罗山，蟠绕于桂林西境，有大瑶山，迂回于修仁、桂平之间，为桂江与柳江，柳江与濛江之分水岭。其余脉崛起于荔浦南境为鸡冠岭，在濛山昭平境内者，为濛江与桂江下游之分水岭。而都庞、萌渚之余脉，则有海阳山虎峙于兴安全县之阳，为湘、桂二江与灌江之分水岭。

苗岭山脉东行至云雾山，有一支折入省境；在天河县起九万山，在宜山县有凤凰岭，是曰凤凰山脉。向东南倾斜，山之高者，达两千尺，最大者，推丹池之八面山，雄伟为群山冠。自此向东蜿蜒数百里，至柳州而势渐低落，是为柳江、黔江之分水岭。

至若南岭分支，则有六诏山脉，自云南东来，经镇边而至同正；有三台、天保等山为左江、右江之分水岭。再由六诏山分出者，由云南火焰山东北行而入省境者，有金钟山起于西隆，而盘旋于思林、武鸣之间，为黔江、郁江之分水岭。

勾漏山脉，亦来自云南，自与南岭分行后，至省境西南，折经安南再入国境，横亘本省之南，起分茅岭、十万大山及九云山等；北行入北流县起主峰勾漏山，蜿蜒起复而入粤。

河流

西江源出云贵高地，其主源出于云南东南之沼泽，沿南岭南麓，向东南流，贯通广西全省，汇黔、郁、桂三江之水，经广东而出海，故西江为本省主川，而交通灌溉，均利赖之。其航线为两千余里，汽船可行七百五十里，民船达一千三百余里，沿河城市，如梧州、南宁、柳州等，均为西江流域内之繁盛处所；惜中流上流，河床急倾成激流，河幅收束成峡谷，致使航行事业，发生困难。

西江主流及各支流，除终点之一百四十公里属于河口冲积平原外，其余所经地域，多属山地。源之最远者，首推黔江。黔江之源有三，一南盘江，源出云南沾益县乌蒙山脉之花山南麓，迂回东流，界于黔、桂边境，至凌云县西北与北盘江会。北盘江亦出于花山北麓，由贵州西南境而折会于南盘江；两江既合，名曰盘江，亦曰红水河，以其水常为红黄色故名。东流黔桂界上，纳濛江、曹渡河，东南行入省境，经东兰、都安至上林之围，纳刁江始称黔江。经迁江、来宾至象县之阳，柳江来会，于是三源始合。

柳江有东西两源，皆出贵州独山县东之九层山，东源上游称都江、溶江，入三江县改称融江，沿岸山丘林立，回旋于摺绉之地层，江面既窄，水流亦急，每成一千尺之深峡；经融县而至柳城，与西源合，始曰柳江。西源上流曰打狗河，经南丹、河池、宜山而至柳城；两源既会，经柳州、象县而注于黔江。由是东南流，河中渐多砂洲，河幅亦渐广阔，约三百尺至一千尺，越武宣、桂平，而与西来之郁江合，是为浔江。

按红水河与柳江流域，包括广西北部，受五岭山脉、六诏山脉之影响，除重山峻岭外，复有孤峰挺拔之石山，或平缓低下之岗峦，散布于群山环抱之平野，而各流受其约束，造成峡谷，比比皆是，尤以上流为甚。

郁江有二源曰左江、右江。左江即丽江，源出安南，自龙州以至崇善，凡三百里；河幅甚小，斜坡极峭，不独有激流，且有瀑布。东北行至扶南，河道屈曲而狭，两岸高约四五丈，忽岩山直立，忽平野散布，大不规则，至难名状。自扶南而至三江口（即左右江合流处），两岸小丘起伏，或低落成小盘地，皆为赤色黏土，河道仍仄，冬季不良于行。右江源出云南广云县，至剥隘始称右江，入省境东南流，沿岸除小规模之高地平原或小盘地随时散见外实无一平原；由百色至果德，两岸大山矗立，水势湍急；由果德至三江口，曲屈之形，有如环状，倏向东南，倏进西南，如是者不下数十次，急滩亦多，船艇上下，危险殊甚。两岸比水面高三四丈，山岳耸峙，平野罕见。自三江口至桂平，是为郁江，中经永淳、横、贵三县，长凡六百三十里，河流弯曲，河幅收束，峡滩散布，行船甚困。沿岸有侵蚀平原，其中丘陵起伏，巉岩棋布，南岸稍远，则高山蜿蜒，绵亘无极，是即勾漏山脉。

桂江出灵川县之海阳山，与湘水同源，至兴安乃分南北流，湘水经全县出境；桂江折回东南，经桂林、杨朔、平乐、昭平而抵苍梧，与浔江合，是为西江。桂江沿岸与柳江同，盖受五岭山脉与苗岭山脉之支配，故河道类为顺流；自兴安以至桂林，河幅约为二百尺，由桂林至苍梧，则其阔度，大半约在五百尺而在苍梧、昭平间之沙阁，则阔有至千尺者，然至窄之峡，或仅百尺。湘、桂两江之间，原为一带低阜所隔绝，秦始皇时，既置桂林、象郡，乃以人力凿通之，为运输之要道。

土壤

桂省土壤，就此行所经见之地段，由苍梧到南宁，经柳州而达桂林，其土壤构成之基本，大概以页岩及石灰石岩两种为多。在农业上言之，普通以石灰石岩构成之土壤为佳；就土壤性质之观察，觉偏于黏性而少砂质，除少数外，大多是腐植质成分甚低。惟表土及底土之物理性质，对于水分之涵蓄，可称优良，而原野之普通地势，均属慢度倾斜土丘起伏之波状地，使成一种对于排水灌溉均堪赞美之地势。其化学性方面未经详细分析，未敢臆断，然非处女地，对于植物养分方面，似宜小心整顿补充；虽是石灰岩构成之土壤，但相信多属酸性。盖以多数作物连豆科作物之栽植，皆须施用石灰；而各地农民，对于石灰之施用，虽均熟习，但较为合于科学之石灰使用方法，似亟当研究并确定之。土中腐植质之增加，可采用绿肥腐草，或畜牧等方法，比之烧草取灰为适宜，此等土壤，如能整理得当，敢信其必成良好之农作土壤；惟左右江一带，土地瘠薄，较为恶劣。然桂省此等原野，必能成为五谷、牛只及果品等大量出产之地。

地下水

桂省多数景致之特点，为在广阔而略带浪形之平野，有多数不大相联属之石灰石峰，聚立于其中，此等光怪峦峰之构成，其始或由破裂崩溃，以至外层剥落，石灰石易于溶解，尤其是与雨露接触，因之表面固属逐渐颓卸，而其底里亦因石灰石本有节缝隙裂之物理性，遂循而溃裂，如遇相当雨量，则自然造成一种地底排水组织。照现在记录所知桂省之平均雨量达三十寸以上，当知此数已非低少，而气候除秋末冬初雨量比平时特少外，年中湿度都偏于略高；因此蒸发不成主要现象。而植物对于水量之吸收，又有种种限制，是以大部分雨量之宣泄，须靠地面上坑堑濠沟河流溪涧之属，或地下水流。

在此种灰石峦峰繁星点缀弛延起伏之原野地势而论，实无可以将如此多量雨水迅速尽行宣泄之理由，而在别一方面言之，出没无常之水，在各县为至普通，或见作泉源状而不明去处，或为长远停滞之水池，因地势之高下，水流之方向，而时有变迁。

凡此种种可注意之点及其象征，皆为有地下水流存在之显示。此种地下水，多经地下隙裂而流动，并利用溶解方法，将其扩大，地下水流之河床，俱为极不规则之形状，由此可知其沿途必已成有水窝与储洞，满蓄水量无疑。若能勘定地下水流所经之路线，及寻出此等暗流停储最大水量之位置，则此等荒旷之原野，必成为有用之耕地。

镇南区地质多属石灰岩，因其能溶解，故地下常有河流，或全暗藏地中，或与陆地及江河交通，乡民均以为怪事，其实乃一天然的现象。上金县亭亮地下河流，不知来自何处，在亭亮墟与陆地交通；此处有一天然石灰岩井，春冬时井中水面五丈许，二十里内附近之居民，多靠此井汲水，夏秋两季，附近雨水多由此井流入地下河；有时因雨水过多，一时不能流去时，则井水涨满，浮出地面。流入驮沙之石灰岩罅缺，再流入地下。所经之处，长约二十里许，广约二丈，均为淹没。故此处田地，春冬两季则为田园，夏秋两季则为河流。

又咘豪、牌宗等处有地下河流一，牌宗流出地面，周年有水，灌溉甚便，故该处附近田地，水量充足，耕作便利，鲜有水荒之患。

又龙州、彬桥区地下河流来自大青山，至彬桥墟西北之石山流出地面。水源充足，灌溉营村、彬桥、卫龙关、巴猪等处附近田地，至谭村附近，流入松吉河。罗回墟地下河流有二，均在附近，来自罗回北方，至南部流入高平河，周年有水。昔时水源充足，灌溉便利，现则春冬两季，水源减少，推其原因，地面水源短绌，则流入地下河流之水减少，或因河道淤塞，河水分泄他处之故。

水口、弄旺地下河流，在水口之北，相离仅数里，水源来自峒桂河，至弄旺流出地面，俸村、那马、板连等处田地，全靠该河灌溉。昔时水源四季充足，该处田地每年可种稻两次，现因其来源处为人填塞，致春冬两季，下游水源减少，不敷种稻之用，不得已改种包粟，所有水田，一年只种稻一次。

气象

本省偏南一部，接近热带，偏北一部，在北温带，故全省气候，常呈半热带状态。省志有云“四时皆是夏，一雨便成秋”，盖写实也。且有山岭横隔，故气候迥异，桂林附近，山岭积雪，左江一带，冬季亦有雷雨，御夹衣已足御寒，而沿勾漏山脉以北，则非围炉重裘不可。兹将全省全年平均温度气压，雨季雨量，载之备考，计温度约在华氏表七十度，气压在七百五六十之间，雨季在五、六、七、八等月，雨量约一千七百公厘上下，并依三江流域，将桂林、柳州、邕宁、龙州、苍梧、百色等县之各项记录表而出之（见表2、表3、表4）。

表 1 各县逐月平均温度(单位:华氏度(F°))

平均别 / 月份	梧州 民国十九—二十一年 共3年			柳州 民国十七—二十一年 共5年			南宁 民国十一—二十一年 共11年			龙州 民国二十一年 共1年		
	最高	最低	平均	最高	最低	平均	最高	最低	平均	最高	最低	平均
一月	61.08	46.57	52.81	61.92	51.40	56.06	61.77	51.10	56.36	75.45	50.66	63.01
二月	62.53	49.27	57.27	52.44	47.60	50.02	61.20	51.63	58.82	60.33	51.48	55.71
三月	66.79	56.55	61.79	64.37	57.17	61.24	68.76	58.45	63.96	70.38	58.82	64.35
四月	76.88	67.11	71.66	73.12	66.13	69.65	77.52	67.03	72.50	76.78	67.88	71.56
五月	84.77	74.19	79.09	82.64	74.06	78.47	85.88	75.19	80.78	91.24	74.95	83.05
六月	86.88	77.20	81.58	83.71	76.80	80.41	86.97	77.97	82.65	91.49	76.50	84.22
七月	88.25	78.28	82.97	89.03	79.79	84.72	88.28	79.40	83.92	90.79	76.57	83.64
八月	89.26	79.18	83.74	90.32	78.56	84.73	87.90	78.94	83.41	92.64	77.32	84.94
九月	85.20	75.54	80.11	89.68	74.30	83.08	86.77	76.91	81.68	86.40	73.72	79.41
十月	79.26	66.48	72.52	78.78	62.92	71.41	78.88	68.60	74.61	79.09	67.06	73.62
十一月	73.97	60.08	66.39	70.93	55.68	64.53	74.60	61.77	68.24	75.83	60.66	68.16
十二月	65.19	53.41	59.28	61.68	48.52	55.88	67.29	54.38	60.98	70.03	50.90	60.42
全年平均	76.59	65.32	70.77	74.80	64.41	69.88	77.24	66.68	72.07	80.04	65.64	72.69

附注 最高最低数为平均最高最低数

表 2 各县最高及最低气压(单位:公厘(min))

最高及最低 / 月份	梧州 民国十九—二十一年 共3年		南宁 民国十一—二十一年 共11年		龙州 民国二十一年 共1年	
	最高	最低	最高	最低	最高	最低
一月	779.51	760.46	770.11	750.56	766.10	751.60
二月	775.96	755.38	769.61	747.51	767.70	750.30
三月	773.60	758.18	768.34	746.75	769.40	747.20
四月	769.61	751.32	773.92	746.75	758.50	747.70
五月	764.70	752.30	760.97	744.21	761.30	744.80
六月	761.99	750.20	759.45	744.21	756.20	743.20
七月	775.60	747.80	759.45	741.67	749.40	742.00
八月	764.53	747.51	758.18	741.16	753.00	742.30

续表

月份 \ 最高及最低	梧州 民国十九—二十一年 共3年		南宁 民国十一—二十一年 共11年		龙州 民国二十一年 共1年	
	最高	最低	最高	最低	最高	最低
九月	768.99	751.50	761.99	744.21	755.70	742.40
十月	772.40	757.41	772.15	746.76	765.30	750.80
十一月	774.94	785.68	773.42	754.37	763.00	751.70
十二月	777.23	760.21	777.23	750.81	765.60	750.00
全年总计	779.51	747.51	777.23	741.16	769.40	742.00

附注　最高最低数为绝对数

表3　各县逐月平均雨量及降雨日数

月份 \ 公厘及日数	桂林 民国年 六—十九 共14年		梧州 民国年 十九—二十一 共3年		柳州 民国年 二十一 共1年		南宁 民国年 十一—二十一 共11年		百色 民国年六—七， 九—十八 共12年		龙州 纪元年前五年 至民国十八年 共23年	
	公厘数	日数	公厘数	日数	公厘数	日数	公厘数	日数	公厘数	日数	公厘数	日数
一月	44	9	31	9	6	4	31	9	14	1	25	6
二月	97	12	55	12	145	20	74	11	31	3	44	11
三月	132	15	123	15	88	10	50	12	31	3	47	10
四月	223	17	160	14	62	14	70	10	66	4	85	11
五月	936	17	186	14	130	12	169	14	198	11	202	13
六月	351	18	178	16	714	21	246	15	196	10	252	15
七月	216	14	162	16	154	18	208	14	275	12	254	17
八月	175	12	160	15	176	14	219	14	231	11	272	16
九月	96	7	80	12	148	11	117	8	116	7	158	11
十月	77	8	81	6	218	11	86	8	43	4	72	7
十一月	54	7	15	4	37	9	23	4	39	3	36	6
十二月	44	9	50	8	17	8	29	5	17	2	20	6
全年总计	1895	145	1231	141	1895	152	1320	124	1257	71	1467	129

表 4 各县最潦年及最旱年雨量及降雨日数表

	桂林				梧州				南宁			
民国年	九		八		九		五		十二		十七	
潦旱别	最潦年		最旱年		最潦年		最旱年		最潦年		最旱年	
月份 \ 公厘及日数	公厘数	日数	公厘数	日数	公厘数	日数	公厘数	日数	公厘数	日数	公厘数	日数
一月	24.1	3	28.0	5	0.8	2	15.1	2	0.5	1	42.9	10
二月	50.8	2	148.0	12	84.3	16	39.1	15	35.6	8	89.9	12
三月	154.3	11	92.8	13	84.6	15	60.7	19	47.0	7	17.8	11
四月	434.7	18	198.1	14	325.6	18	145.8	13	204.0	15	31.5	6
五月	325.5	16	252.5	7	137.9	19	102.8	13	232.4	13	212.8	17
六月	643.9	20	242.7	18	197.9	14	160.0	19	508.5	20	156.7	9
七月	86.4	15	146.2	7	116.1	17	163.8	9	251.7	14	134.3	11
八月	297.3	23	84.1	3	290.1	24	75.4	6	520.2	16	209.6	13
九月	234.6	13	80.6	8	286.5	15	120.1	10	12.7	3	69.1	3
十月	27.1	5	57.4	8	36.1	5	29.0	3	53.3	8	66.6	6
十一月	65.0	8	50.1	8	110.0	10	0.0	0	47.2	10	11.4	3
十二月	125.4	15	10.7	3	63.7	15	13.0	6	46.5	10	8.9	3
全年总计	2469.1	149	1391.2	106	1733.6	170	924.8	115	1959.6	125	1048.5	104

表 4 续

	百色				龙州			
民国年	九		五		三		纪元前九年	
潦旱别	最潦年		最旱年		最潦年		最旱年	
月份 \ 公厘及日数	公厘数	日数	公厘数	日数	公厘数	日数	公厘数	日数
一月	39.3	2	20.3	3	1.3	1	0.0	0
二月	28.9	4	15.5	3	102.1	9	0.0	0
三月	63.6	4	23.3	7	67.6	7	3.3	3
四月	184.6	9	18.3	3	105.7	13	0.0	0
五月	290.9	12	135.5	10	160.5	10	10.4	6
六月	224.2	8	278.1	15	583.4	20	0.0	0
七月	787.3	12	44.5	4	426.5	22	106.2	12
八月	217.5	19	125.9	8	97.5	15	14.0	7
九月	246.9	16	266.6	11	13.4	4	0.0	0
十月	43.8	5	8.9	1	129.8	13	1.0	1
十一月	716.0	7	0.0	0	66.8	11	0.8	1
十二月	17.5	4	12.5	1	37.1	6	61.6	10
全年总计	1660.5	102	949.4	66	1792.0	131	1973.0	40

民族

本省民族，有汉、瑶、苗、侗、壮、狳、彝诸称。瑶民散居东北三十四县，而瑶之中，又有板瑶、长尾瑶、花蓝瑶、山子瑶、红头瑶、蓝靛瑶、盘古瑶、长发瑶等称谓，皆以其服装或宗教而名之，数约五万。苗族分居西北十三县，以西林为最多，约五千人，余则数十百户不等，总计不逾万人。壮人类皆同化，未同化者，亦不满五千人。至于侗、狳、彝等，知识太低，渐趋灭绝。大抵最初原种为瑶、侗、彝等族，其后汉族沿湘江由北侵入，越族溯西江自南侵入，乃退处中部，如荔浦、平乐、蒙山、平南、武宣等县。后汉、越两族，愈益深入，凡桂江、柳江、郁江两岸小平原，均被占据，于是不得不更退而止于土地硗瘠之左右江暨红水河之上游，或各县之深山穷谷中，而渐遭淘汰了。又汉、越两族之内侵，其因有二；为经济而来者二族共有之，如桂江流域多湘、赣之籍，郁江流域多越族。因政治力而来者，汉族独有之，秦始皇遣谪戍卒五十万守五岭，汉光武遣马援征交趾，宋狄青之征侬志高，明王守仁之平瑶乱，士卒久戍，苗裔几布全省。故其语言有官话（湘语）、白话（粤语）、客家话（粤语中之不同者，来自梅县）、土话（土著）、壮话（壮人）及瑶、苗、狳、侗、彝各种不同之语。

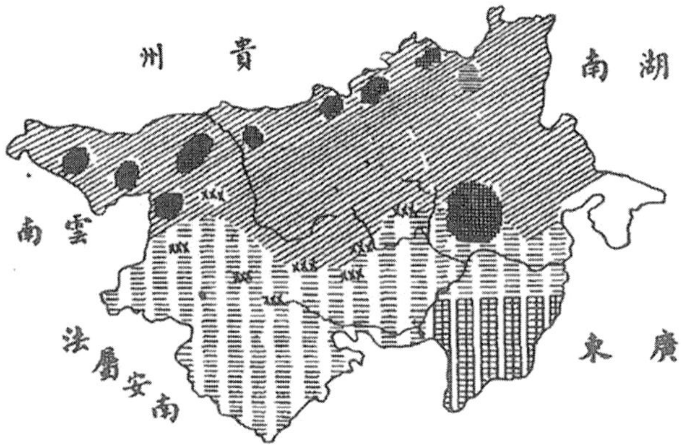

图 2 本省语言分布图

［附注］图 2 中斜线为官话区，横线为粤语区，至东南隔之直线，则指明该区并有土语及粤语，北部之小方格块，仅代表蛮民所居之处，言语不通而中部一大方块则为瑶民之居住地，遍地皆山，至今犹未划分区界，各村镇中时闻有粤语，小黑叉者仅代表用客语之团体。

人口

全省人口，曾于十六年由民政厅公布一次，二十年及二十一年办理民国，亦曾举行登记，然与各县所报者，互有出入，此固无足诟病，盖举国均有此弊。兹据广西统计局所假定者，为一百八十八万零七百户，一千零七十五万三千一百五十五人，男丁五百九十四万九千三百零七人，女四百八十万三千八百四十八口，全省平均每户人数5.58，然多者如陆川县每户十五人以上，少者如宁明县每户不及二人。就面积计算，每方公里人口密度为四十九人。然此密度，至不一致，以面积而论，凌云县三万二千六百六十六方里，明江县三百七十九方里，其相差之巨，几为一与百之比。以人口言，郁林县每方公里六十五人以上，西林县仅二人以上，相差几三十倍，此种畸形发展，实为自然环境之影响。

在此总户数之内，农民户数，计一百四十七万六千四百二十户，占78.5%，而工、商、政、学合占21.5%，最高者为钟山，计93.6%，最低者为邕宁，计64.8%，兹将各县总户数与农户数及其百分比列如表5：

表5 本省各县农户数对总户数之百分比

本省县名	总户数	农户数	农户数对总户数之百分比	本省县名	总户数	农户数	农户数对总户数之百分比
全县	59000	42800	72.54	柳州	32000	23900	74.69
兴安	26000	20900	80.38	忻城	14000	10000	71.43
龙胜	12000	9500	79.18	迁江	14000	10000	71.43
义宁	9000	7200	80.00	来宾	11000	9200	83.64
灵川	26000	23000	88.46	象县	12500	9900	79.60
灌阳	18000	14200	78.89	都安	27000	21400	79.26
桂林	65000	45400	69.85	隆山	10000	7300	73.00
百寿	12000	8400	70.00	那马	6800	5960	87.65
中渡	6000	4700	78.33	果德	9000	7300	81.11
永福	11000	8400	76.36	隆安	14000	11200	80.00
阳朔	21000	17030	81.10	武鸣	41000	35100	85.61
恭城	20000	15700	78.50	上林	17000	14200	83.53
富川	16000	12200	76.25	宾阳	24000	17400	72.50
贺县	21000	16800	80.00	横县	50000	39800	79.60
钟山	25000	23400	93.60	永淳	21400	17400	81.31
平乐	18000	14500	80.50	邕宁	50000	32400	64.80
荔浦	16000	12700	79.38	扶南	10000	8800	88.00
榴江	8200	6400	78.05	绥渌	4400	3200	72.73
修仁	8000	7200	90.00	上思	10000	7100	71.00
蒙山	14500	11600	80.00	西隆	13600	11800	86.78
昭平	19000	14200	74.74	西林	6800	5500	80.88
怀集	30000	27300	91.00	凌云	26000	20600	79.23
信都	7600	5800	76.32	凤山	8000	5200	65.00
苍梧	55000	36300	66.00	东兰	43000	36100	83.94
藤县	37500	29600	78.93	百色	12000	8800	73.33

续表

本省县名	总户数	农户数	农户数对总户数之百分比	本省县名	总户数	农户数	农户数对总户数之百分比
岑溪	15000	13400	89.33	恩隆	18000	12700	70.56
平南	63000	47400	75.24	思林	6000	4600	76.66
容县	22000	17100	77.73	奉议	19000	16600	86.84
桂平	56000	44800	80.00	恩阳	12000	8700	72.50
武宣	19000	17500	92.11	天保	19000	14900	78.42
贵县	47000	37200	79.15	向都	16000	12600	78.75
兴业	11000	9300	84.55	镇边	10000	7200	72.00
郁林	35000	27600	78.86	靖西	50000	45800	91.60
北流	27000	18800	79.63	雷平	12500	11200	89.60
陆川	35500	25400	71.55	龙茗	10000	9300	93.00
博白	55000	39900	72.55	镇结	9000	7000	77.78
三江	17000	13200	77.65	万承	5600	5000	89.29
融县	29000	22800	78.62	养利	5000	4500	90.00
罗城	13700	9900	72.26	同正	6000	5400	90.00
宜北	5600	4200	75.00	左县	3000	2100	70.00
天河	11500	9600	83.48	崇善	10000	8000	80.00
思恩	19000	16700	87.89	上金	7500	5960	79.47
南丹	9500	8600	90.53	龙州	11000	7570	68.82
宜山	53000	41800	78.80	凭祥	4500	3600	80.00
柳城	17000	13650	80.20	明江	2900	2200	75.86
雒容	7000	5600	80.00	宁明	3600	2850	79.17
河池	16500	12700	76.97	思乐	7500	6700	89.33
(合计)1880700户,1476420农户,农户占总户数百分比为78.50							

由农户总数，而以每户平均人数求之，得农民八百二十三万八千四百二十四人。再依统计局三十一县之年龄统计约得百分比如下：

0—5岁 15%

6—12岁 15%

13—19岁 20%

20—40岁 30%

40岁以上 20%

依此类推，由十六岁至五十岁者，约占百分之五十，而实际从事耕种者得四百万人。

交通

广西旧分六道，梧、桂、柳、邕、龙、色，即六道道治所在地，亦即省内各地交通之集中点也，全省已往及现在之交通，十九均惟水道是赖，梧州位居西江下游，举凡邕江、柳江、桂江往来客货，即全桂及滇、黔一部分之客货，均经梧州出入，故梧州实为全省交通总汇，而交通利便，实居全省之冠。且自梧州轮船畅通内河以还，其交通固日趋重要，自龙苍路通车而后，梧州更当水陆交通之冲，其重要尤非昔比；在铁路及重要之出海公路尚未完全通车以前，梧州交通地位，当未有所转移。其余桂、柳、邕、龙、色诸埠，虽均有水道可资利用，然每值春冬之交，交通仍未畅顺，则以地处上游，滩礁水量，均有以限制之也。自省府积极从事建设，年来先后完成公路五千余里，于是向之行程需时二十日以上者，今乃可于三日内到达，此后整理已成公路以畅车行，续筑适宜路线以应需要，则将来交通当更为开展，兹为便于叙述起见，分三类述之。

人畜及帆桨

在昔未有轮船，内地交通，惟赖人畜之装载及帆船之运输，梧州为全省河流总汇，尚无桂林、柳州、邕宁、龙州、百色之甚，兹就当时之交通述之如次：

(1) 桂林昔为全省政治中心，且为沟通中部要镇，湘桂贸易，悉集于此。湘边入桂，夏秋之交，货物往来，虽利用水运，然为时甚暂，终年全赖陆运，需时三日，方能抵达。其省东之富、贺、钟、恭陆行出平乐改乘民船赴桂者，需时六七日；省南各县之由平南濛江陆行经蒙山出荔浦、修仁各县而赴桂者，亦需时六七日；由南宁陆行经宾、迁、柳、雒、永而赴桂者，需时十日以上，省西之由龙州、百色经南宁陆行赴桂者，需时二十日以上；柳属陆行需四五日，庆属需七八日，其梧属及粤省士商往桂，由梧州溯桂江逆流上驶，有民船可乘，但滩礁极多，冬季水涸，有时须下水扛抬，乃能逾越，亦须经旬始能抵达。至夏秋水涨，则河流湍急，动有覆舟之虞，然虽艰苦万状，而当时已视为无上利器，则以载重远胜于人畜之力也。

(2) 柳州为全省中心，客货往来，可用民船，由柳河下达浔州转赴邕梧，由洛清江经雒容以通永福苏桥，由红河经迁江以达忻都各属，由融江以达三江转入黔之古州等地；由龙江以达怀远改用舆马经河池，南丹以入黔之独山等地，其陆路交通，由迁江抵柳需三日，河池抵柳需六七日，三江抵柳需四日，荔浦抵柳需四日；水路交通，固较桂林为便，然除柳河以外，其余诸流，均狭浅滩多，舟行艰苦，运输阻滞，其逆流上驶，较诸陆行，需时尤久，故客货往来，仍难发达。

(3) 南宁亦属中区重镇，上而龙州、百色，下而浔江、梧州，邕江干流，民船往来，除上游冬季水涸有时略形阻滞外，其余终年均可畅达。其支流方面，有八尺、平塘、武鸣等江，亦终年可通舟楫，平塘江尤为运盐要道。至陆路交通，东过宾阳通贵县，需时六日；南出钦州需时四日；西经隆安、果德以达百色需七日；经驮卢、太平以达龙州需六七日；经绥渌、思乐以达龙州需七八日；当时陆地交通，各地同感不便，惟水运之利，除梧州而外，当以邕为最便。

(4) 龙州为西路重镇，亦属边防要地，水路下通思乐、南宁，上通凭龙两属边境；陆路东南至南宁线，已如上述，南出凭祥以入安南谅山，需时两日；西经上金靖镇以达滇边，需时八日。其陆路交通，固多不变，水道运输，亦以地处上游，河流既少，又复滩高水急，船小行缓，故客货转运，固远逊南宁，亦难比拟柳州。

(5) 百色亦西路重镇，桂、滇、黔边境贸易，均集于此。水道下通南宁，上达剥隘，陆路东经平乐、果德、隆安以达南宁，需时七日；南通天保、靖西，需时五日；西经陆丰以入滇之剥隘需三日；西北过罗里经西隆之旧州而入黔需六日；经西林八达以入滇需七日；举凡滇黔边境货物，均用驮马出入百色，再由民船沿河上下，其交通情状，原与龙州相仿佛，惟客货之趋集于百色者，较之龙州，超出数倍以上，故百色商务，比较龙州为盛。

轮船

自逊清光绪以后，汽船航业，日臻发达，初仅航驶于梧藤、浔贵大河，继而邕宁、柳州、龙州、百色、桂林均有轮船行驶，载重行速，远胜于人畜帆桨之力，而交通情况，乃有相辅并进之效。故自轮船畅行，帆桨民船，乃溯而更向上游，以输送其货物于轮船；人畜则在船舶可达之近陆，负载货物以达于民船；更由轮船运经大河以出口；入口货物，亦藉是辗转递送而得达于内地。惟当时上溯邕宁、柳州、龙州、百色、桂林之轮船，一至冬季水涸，平乐、桂林航线，即随而停歇；其柳、色、龙三线，虽不至全归停歇，惟至水量过涸时，柳线仅达石龙，色线仅达平马那坡，龙线仅达响水，且龙、色两航线，每当冬季，轮船行驶，需时过久，几与民船相等，仅载重较胜一筹而已。

汽车

自民国十四年以后，省内筑成公路，购车行驶，其主要路线如下：

(1) 由龙州过雨明、绥渌经南宁、宾阳、迁江、大塘、柳州、荔浦、桂林出全州以达湘桂边界之黄沙河公路，线长旧里二千一百七十五里，此为南北陆运干线；北达中原，南通边徼，均于此线是赖，以前陆行需时二十余日，今乃三日可达。

(2) 由宾阳经贵、郁、容、岑以达苍梧之戎墟公路，线长旧里一千四百六十五里，此为联络龙邕梧陆运之干线，龙梧交通，每至冬季，民船往来，需二十日以上，与陆行需时相等；即轮船亦需半月左右，今车路既通，两日便可到达，其南宁抵梧州需日半，宾阳抵梧只需一日。

(3) 由荔浦经平乐至八步贺县公路，线长旧里四百二十五里，此为将来联络桂梧、柳梧以至黔梧陆运干线，亦即全省公路南北干线之一；曩昔荔浦至平乐陆行需一日，平乐至贺县需四日，今荔浦至贺县，五小时即可到达。

(4) 由河池至大塘公路，线长旧里四百三十里，此为联络黔省与龙邕及黔省与柳、桂交通之要道；又此线与大、柳、荔、平、贺线衔接，即东西陆运干线之一；曩昔河池至柳州，需时七八日，今乃六七小时可达。

(5) 柳州至长安公路，线长旧里三百里，此为柳黔交通之第二线；曩昔陆行需时四日，今乃四小时可达。

(6) 由柳州至石龙公路，线长旧里一百五十里，此为柳州通大河之柳涅路线之一段，柳河冬季水浅，轮船不能上驶，即恃此路以辅助运输。

(7) 郁林至陆川盘龙边界公路，线长旧里二百二十里，此线在邕钦路未成以前，为本省与粤省南路交通惟一路线，曩昔郁林陆行至盘龙需时三日，今乃三小时可达。

(8) 龙州至南开公路，线长一百五十里，龙州经南开至安南谅山，陆行需两日，今乃两小时可达；此外更有邕宁至武鸣，宾阳至上林，郁林至博白，桂林至永福，望高至富川，八步至公会各线，共长六百二十里，均所以联络各干路至内地之交通也。

惟公路对于农民，尚未发生若何利益，盖农民株守故乡，无长距离之往来，纵或有之，亦往往步行，或搭民船因为他的时间的价值，远不及车费的昂贵。至于农产品，则容积大而价值小，若以汽车运输，其运费或且超过货值，故欲因此而调济物价增加生产，殊未易言。且农民对于交通之需要，惟在农产物之运输，昔村与村县与县之间，均有大道，农家之牛车，或满载作物畅然通行于其上；自兴筑公路后，或就故道改建，或由耕地填筑，故道既湮，新路复惧损坏路面，不准行走，致农民之大车，率委弃而无用。昔日一牛之所曳者，今则须数人分担而后行，对于农产物之运输，诸多阻碍；原政府之所以便农者，转因之而病农了。虽曾颁布条例，准许改良后之小车可以通行，但穷困之农民，欲其新制一车，又复谈何容易，愿建设当局有以救之。

农业

作物种类，约分四种，粮食类有稻、小麦、大麦、荞麦、高粱、玉蜀黍、粟米、薏米、甘薯、芋头、木薯、大豆、绿豆等，果树类有荔枝、龙眼、桃、李、梅、柿、梨、黄皮、枇杷、罗汉果、芭蕉、板栗、柚、柑等，蔬菜类有草菇、萝卜、瓜类、菜类，而烟叶、糖蔗、油菜、花生、芝麻等，亦为大宗生产，兹择其主要者述之。

稻　稻为省内主要之食粮，故各县皆广植之。所植之稻，有水稻、陆稻之分，水稻植于水田，产量较多，每亩约有三百斤，陆稻种于畬地，收量普少，每亩不足百斤，质亦欠佳，惟全省水田之数不多，又水稻分为黏稻、粳稻、糯稻三种，黏稻占十之八九，糯稻、粳稻较少。

麦　以荞麦及小麦为最多，大麦较少；荞麦普通名为三角麦，农民多用以磨粉煮粥，或混米合煮以充饥。此种现象，尤以镇边、向都、镇结以及其他西部各县为最普遍，小麦又名面麦，品质欠佳，产量极少。

玉蜀黍　在本省多名包粟又名玉米或包米，除稻及薯、芋外，当以此为最丰，西部各县及贵县、罗城均为大宗出产地，凡同正、果德、东兰以西各县皆以此为重要食料。

高粱　全省随处可植，但除东北部及中部之外，并不多见，除作补充粮食外，尚有用以制酒者。

粟　有狗尾粟与鸭掌粟，狗尾粟俗名小米，鸭掌粟俗名穇子或穇麦，产量颇多，品质狗尾粟较佳。

薯、芋　同为本省主要粮食，亦为主要饲料，惟种类甚多，甘薯有红白二种，以白皮白心者为最多，芋头分槟榔芋、水芋及畬芋数种，以槟榔之品质为最佳，价值亦较高，但生产数量则甚少。

花生　有大小两种，栽培面积甚为宽广，以富川、贵县、邕宁、武鸣、永淳等地栽培尤多，除榨油以供省内食用外，每年平均尚有六千余担之输出。

糖蔗　分为甘蔗、竹蔗两大类。甘蔗肥大不宜制糖，竹蔗瘦小，但糖质颇丰，为惟一之良好制糖原料，栽培几遍全省，而以贺县、贵县、柳城、宜山、邕宁、西隆、阳朔、富川、恭城、永福诸县产量最丰。

茶　以贺县、苍梧、罗城、横县、岑溪、藤县为最丰，全年产额，总数不下两万担，红茶产地较广，绿茶则不过横县、象县、贺县、龙胜、苍梧、贵县、桂平等地。

棉花　栽植不多，主要产地为全县、富川、博白、思恩、天河、扶南诸县，惟以纤维甚短，不适于纺造细纱，统计全省产额，不过一万六千余担，入超甚巨。计每年棉货输入，总值一千万海关两之多，其余三百万海关两系转销贵州。

桐树　全省皆宜栽植，三年桐、千年桐、对年桐、绉面桐多有，以三年桐及千年桐为佳，惜植者不多，仅桂林、柳州及左右江一带，每年输出，值二百五十万元。

苧麻　苧麻亦纺织原料之一，其主要产地为平乐、荔浦、蒙山、桂林、阳朔一带，品种有乌龙麻、六白麻及刀麻之分。乌龙麻品质虽良，但产量不丰，六白麻则以麻条不长，故各地罕种，惟刀麻一种，质优量富，一亩之地，每年普通可产三百斤，价值每担在四十元以上。所产之蔴，除供给省内应用外，余则运销香港转售日本。

森林

此为全省农民之天然富源，盖气候温和，山岭重叠，自然生长之树木，遍地皆是，故一般人民，有田者以此为副业，无田者以此为正业，皆入山采樵以资家用。桂林、平乐、柳州、龙胜、灵川、恭城、贺县、蒙山、怀集、罗城、河池、富川一带所产者，称为柳木，著名于世。

梧州为木板木干帆樯之大输出地，年约四百万元。而拱把之材，取为柴炭之用者，皆来自龙州、百色、贵县、怀集、柳江、邕宁、崇善，除供本省消费外，每年出口约一百七十万元。

近年政府注意造林，积极提倡，公私之造林者，已占极大面积，约有百余万亩。公营者有柳江、邕宁、桂林、龙州、百色等五县林垦区署，所占面积约百分之七十，团体或私人者，至二十一年六月止，仅桂、柳两区，领恳已一百四十九起，计二十三万七千余亩，约占面积百分之三十，而邕龙、百色犹未在内。去年造林，更行踊跃，所增面积或且一倍。

经济区域

经济区域在无形中受着自然之控制，而无显著之区分。如果硬要把他划分成几个截然不同的区域，那是不可能的。不过我们为要了解他一个大体的状态，所以就土壤、作物、交通、生活等种种情形依着旧有的政治区域，划分为三个经济区。

以土壤言，郁江流域最为肥美，桂江、柳江次之，而左右江及柳江上游最劣。

以作物言，则中部东部产米最多，西部仅产杂粮；且北部仅一熟，而中部南部岁可二熟。

以交通言，则水有三江，陆有沿江大道，为沟通湘、粤、滇、黔之枢纽，故舟车来往不绝，而商业亦以苍梧、邕宁、梧州、桂林、龙州、百色为盛；农民见土壤之佳，因灌溉之利，乘运轮之便，利物产之丰，遂群集于三江沿岸，而下游更夥。

以生活言，则苍梧、邕宁、柳江、桂林诸道因人烟稠密，风俗较侈，而田南、镇南一带，地广人稀，甚为穷苦。就衣食住三者之分析，则苍、邕、柳、桂四道，因交通利便，外货输入较多，其衣服类非土产，而田南、镇南多以土纱或麻自织为布。食亦如此，苍、梧、邕、柳四道，日食米饭一次，米粥二次，小麦、荞麦、高粱、玉蜀黍则与米粥混合而食；至镇南、田南，则多以杂粮为主要食物，如都安、果德、隆安、同正、左县及其以西各县竟多有终年食玉蜀黍者。普通房屋多用土砖或泥筑墙，屋顶盖瓦或茅，瓦屋以苍、桂二道为多，镇南一带，楼上住人楼下住畜，田南则人畜同居一室。且女子服饰之盛，亦以苍、桂为最，乡间妇女皆有银项圈、银镯、银链等等以为妆奁者；大有债可借，田可卖，而妆奁不可不丰之慨，其余各区则无。

再以农户言，则苍、桂二道人口过密，土地不敷耕种，故佃农较多，邕、柳次之，而田南、镇南，则荒山荒地触目皆是，故更次之。

根据上述各项观察的结果，觉得广西的经济区域，可以苍邕为甲区，其户口最密，物产最富，有"广西仓库"之号；柳、桂为乙区，经济状况次之，而田南、镇南为丙区，人民最苦。

农村崩溃之成因及其危机

广西僻处边徼，在昔视为蛮荒，不独人民不乐移植，即服官者，亦视为畏途，所谓"江南瘴疠地，逐客无消息"者是。厥后虽有流寓，成民四蛮六之谣，然地广人稀，仍可度其鼓腹而嬉之日。自明季靖江王开府桂林，风尚所趋，渐行奢侈，不但缙绅之家竞尚豪华，即农民之富庶者，亦效为淫佚。苍梧当浔、桂两江之冲，下通港、粤，上接滇、黔，莞四省交通，为全省门户，富商巨贾，云集其间，生活之奢，过于桂林，而流风所被，浸及内地。

夫生活程度既高，则消费者不得不量出为入，士大夫多方罗掘，以求收支之对称，商人提高商品价格，以牟厚利，商品价格愈高，则士大夫支出愈大，而其罗掘亦愈切，其结果无不转嫁于农民之身。况农民本身之生活，无形中受城市生活之影响而亦高，而农作物之产量，又不能随农民之消费以俱增；且农产品价格之涨度，亦远不若商品价格涨度之速而且巨，于是以贱价出售其作物，而以高价购进其必需之商品。自此循环往复，乃不得不借债以度日。惟此为资本者榨取贫民血汗最良之工具，即实行高利借贷，间有预售作物于商铺者，其价格较收获时之市价更低，暗寓利息于物价之中，手段更为周密。

性质由借贷而进为抵押、买卖，农户由自耕农而变为半自耕农、佃农，农户一天一天的变动，农村一天一天的崩溃，佃农愈多，地主愈大，而地主愈大，佃农之数目亦愈多；城市的繁荣，促成农村的没落，而农村的没落，更形成城市表面的繁荣。今者钱息之高五分，物息之高八分，地租之高业主七而佃农三，赋税之高，每户平均负担十七元，举凡促成农村崩溃之条件者，无不备具，是为崩溃之远因。余如天灾流行，战祸叠作，遂致盗贼蠭起，匪多而民困，民困而匪愈多，互为因果，更加紧崩溃之速度，此则又为远因中之附因了。

自资本主义之狂飙侵及我国后，沿海区域，先被摧残，而偏僻如桂省，亦渐遭波及，煤油灯照耀之地，即资本主义威力所及之区，昔之育蚕、植棉、种靛者，今皆摒弃而不为，海关及常关之入超，年甚一年，而棉货燃料为其巨擘；不但城市为外货倾销之市场，即乡村小墟，亦占大宗营业。

兹就梧州、南宁、龙州三关，二十年来进出口货值的比较来看，民国元年进口值一千二百万两，其中洋货一千万两；出口值七百万两，入超五百万两。民国五年进口值一千一百万两，其中洋货九百万两；出口值一千万两，入超一百万两。民国十年进口值一千三百万两，其中洋货八百万两；出口值七百万两，入超六百万两。民国十五年进口值一千八百万两，其中洋货六百万两；出口值七百万两，入超一千一百万两。民国二十年进口值二千一百万两，其中洋货九百万两；出口值九百万两，入超一千二百万两。共计二十年中入超由五百万两增至一千二百万两。棉织品一项，在民国十八年进口已达四百万两（因数量单位不同，故只列货值），近年仍在四万两左右，虽民众用手机自织者，亦复不少，惟因农业不进步，而棉纱遂不得不取给于人，在民国六年至民国九年的四年内，棉纱进口由一千两增至一百七十万两，略与同年棉织品进口值相同，至民国十七年，达七百万两，高出同年棉织品进口值一倍，自民国十七年后，棉纱进口已减少为五百万两，而棉织品之进口，反由三百万增至四百万两，这种现象，一方面是因为战事的影响，工人不能安于其乐，一方面就是手工业竞争不过机器工业，而渐转入衰落的途径。至于棉花每年亦进口不少，二十年达十七万两，总计棉货、棉花等必需品，每年输入值九百余万两，占入超四分之三。全省出口总值不过九百万两，仅能勉强抵偿这个数目，如果再加上丝毛织品更是抵偿不了，由此可见全省财源流出的最大孔道，是在衣的方面（见表6）。

表6　本省邕、龙、梧三关二十年度进口货值表

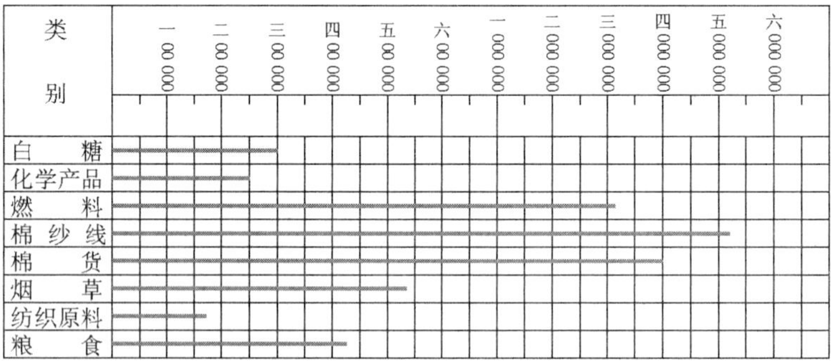

全省人民，百分之八十从事于粮食生产的工作，所产食料，并且有少数可以运销省外，看来已是无须忧其不足，但是一查全省民众为维持民食，呈请政府禁米出口的事，差不多年有所闻，民国十五、十六年两年内，总可算是桂省民众休养生息的时候，而民国十七、十八两年间，各地呈请政府禁用粮食熬酒的竟有四十八起之多，政府方面，亦有这样禁令，可见全省的粮食，并未充足有余，且因人口增加，及灾害歉收等关系，而时起粮食的恐慌。

附容县暂禁制造各项米粉办法

（一）严禁属内住户制造及售卖各项米粉并禁运销出口。

（二）如有贩运邻县米粉入境销售者，须将确实来历凭单先到该区团局及商会或分会各处报销，验明重量相符，登记清楚，方得售卖，否则以违禁论。

（三）无论何人查验违禁之各项米粉，须送该区团局或支局办理，将该项米粉全数没收，以半充该局公用，以一半给赏举发人，仍由该局呈报本府备案。

（四）各村甲长均负有查禁责任，倘所管村甲内再有违禁制卖各项米粉情事，并不自行举发报局，致为他人发觉者，即以故意隐庇论，拘案究儆。

（五）属内商民如存有以前制之米粉未曾卖完者，只准自己用完为止，不许再制再卖，以杜籍口。

(六)以上各条,自十一月二十一日施行。

全省产油(花生油、茶油),而燃料之输入者三百万,沿江产米,而粮食之输入者亦数十万。在地广人稀的广西,而衣食都须仰给于人,这是何等危险;是为崩溃之近因。

况公路四通,运输便利,更可长驱深入,长此以往,入超必更为惊人之数目,且镇南一带之货币,已以法币为本位,其形势实较半殖民地尤为险恶;而货币发达,金货压银货,银货压铜货之结果,更加了农村破产的速度,则又是为近因之附因了。

矧土地之肥美已如上述,惜农民受生计压迫,无余力注意于土壤之改良及作物的培养,致使原耕地日渐贫瘠,每亩每年收获量因之减少。加以农民不知改善水利,田地荒芜颇多,所以不独农作物有改进之必要,即耕地亦有扩张的余地,而全省米谷生产量,必可力图增加。按全省耕地平均每亩年产米百八十斤,如果将品种和栽培的技术,设法改良,必可增加百分之十至百分之二十,现在全省产米总量虽未确知,据统计局推算,约在四十亿斤以上,则每年至少可增多四亿斤;行销省外,则此项米价(每百斤值七元),约值一千四百万海关两。故生产不增,则不能减低入超之纪录,富源不关,田赋不整,无以轻赋税之负担;而农业仓库之制不行(包括抵押运销),则难破高利贷之壁垒,与商人之剥削。苟能因时之宜,制地之利,以廉价之人工,广漠之面积,就原有作物,努力增加生产,如米棉之增值,桐油之推广,制糖之改良,牛羊之畜牧等等,则纵不递达出超,或可出入相抵。且全省矿产,蕴藏极富,若开采之,必能为省库大宗之收入。至如何能使不受国际市场之威胁,是则在于政府之筹谋耳。

第二编　土地问题

全省耕地面积数字的检讨

全省面积，由广西陆地测量局之推算，假定为三万二千八百三十八万五千二百五十亩，又根据各县陈报之已耕地面积，计八千三百四十万五千亩，占全面积25.4%（内有水田面积二千八百三十六万七千亩，旱地面积五千五百零三万八千亩），占各省耕地面积中第六位。查此数颇有可疑之点，兹将各种意见推论如下：

以邻省言之，广东、湖南面积相同，其山岭不如桂省之多，而人口密度，增加两倍。夫人口密，则耕地之需要繁，平原多，则荒地之开垦易，然广东已耕地之面积，不过占11.5%，湖南不过占12.9%，与广西占25.4%者，相差一半，若再以人口言之，几为一与六之比，在产量技术一切相同的形势之下，则土地需要之差别，决无如此之大，此可疑者一。

全省农户总数为一百四十七万六千四百二十户，每户平均得耕地五十六亩，以每户平均人数5.7计算应有农民八百四十一万五千五百九十四人，若除去老弱残废，而每户以三人计，每人实耕十九亩弱，使此数而可信，则事实上劳力必感不足，且耕畜极少，平均每户不足一牛，但是各地推行以侍出雇的却是满坑满谷，固然有许多人是在感着劳力的缺乏，而供过于求，终究还是暴露了，劳力的过剩，同时即是反映着耕地的不足，此可疑者二。

根据着这个数字而产生出来的产量总数是稻四千五百三十三万四千担，大小麦三十七万二千三百八十担，荞麦九万零八百二十担，玉蜀黍三百三十九万二千担，高粱及粟十八万五千一百担，薯芋有七百三十九万四千五百担，花生有九十六万零七百七十担（见《广西统计年鉴》）。若耕地数量确实，那么产量总额也同样的确实，桂省共有一千零七十五万三千人，假定每人全年食谷四担，则余谷二百余万担，然因食谷而剩余之巨量杂粮，何以未见出口，况实际情形，农民大半以杂粮为主要之粮食，而米仅少数人得着享受，他的出口，每年不过桂币八百万元（约一百二十万石），则产量之少，可想而知，此可疑者三。

再从农民经济力观察，假若每户有如许耕地，而分植各种作物，则以黍、粟、芋、薯、充食粮，以棉、麻制衣服，以花生、蔗糖之售价为日用，衣食既无问题，所植之谷（约四十担，值一百六十元），便完全变成了赢余。纵或作物之分配，不尽如是，则以其所有，易其所无，亦无不可。然而事实的真相，却完全相反，不但年有余裕者，寥若晨星，即其生活在水平线上而收支相抵者，亦仅居少数，而大多数之农民中，能借债以资周转者，已为经济较胜之流，自此以下，虽欲举债而不可得。农民之经济力既如此低下薄弱，则前项之假定即为不确，此可疑者四。

更据此次在各县政府调查之结果而言，邕宁壤土占百分之六十，五百亩以上者，不满十家，一百亩以上者，千三百家，而五亩以下贫农竟占百分之六十。柳州壤土占百分之四十，其土地所有在五百亩与百亩以上者，数目与邕宁相类，而仅有一亩之贫农，亦占百分之六十。苍梧壤土占百分之六十，而三亩以下之贫农亦占百分之六十。在各县既无拥有极大土地之地主，而贫农所占面积之小及其户数之多如此。实为耕地面积稀少之明征，此可疑者五。

各县报告数字之不确，此次各县概况调查表中，有“全县已耕地面积若干亩?”柳州之答数为“以水田计，约八百八十一万九千三百零四亩”，而该县呈报省府之水田面积，计六十八万二千亩，仅答数中百分之八弱。苍梧县之答数为“三十余万亩”，而县该呈报省府之水田面积为六十四万一千五百亩，超过答数一倍（以上两项数字，见民政厅各县概况）。此种数字，同出于该县主管人员之手，而其不同如此。此可疑者六。

在同一表中，而前后之数字有极端矛盾者，例如邕宁县之概况中，其全县面积计一万零二百亩，地九千八百亩，山三千亩，荡一千亩，共计二万四千亩；惟又谓私有土地，有五百亩以上者约十家，二百亩以上者约二百三十家，一百亩以上者，约一千三百余家，五亩以下者，占百分之六十，约二十五万亩。若此说而信，则全县面积之答数为误；不但如此，又说在使用面积下的熟地有八千零三十三方里，合计应得四百三十三万七千八百二十亩，与报省之七十一万五千五百三十亩，又大相悬绝了。又柳州的全县面积，据称有田一百三十九万六千三百八十七亩，地一百三十七万零五十八亩，山一百三十三万八千九百八十三亩，合计有四百十万零五千四百二十八亩。但是他填使用面积下的熟地的原文，为“以水田计八百八十一万九千三百零四亩”，无论其系专指水田或包括一切熟地面积，实相差太巨。且该县总户数为四万三千四百六十八户，以百分之七十为农户计之，有三万零四百二十七户，即照其四百十万余亩数计之，每户亦应得百余亩，然而他在“全县农户平均每户种田几亩”的问题下，又仅填了二亩半。总之在任何解释之下，都不能自圆其说，此可疑者七。

再者，全省单位不一，除邕宁业经丈量，苍梧买卖皆以公亩折合外，余皆漫无标准，或以谷种计，或以秧数计，或以产量计，或以时间计，或以作物距离计，然土壤之肥瘠不同，每年之丰歉不一，而肥料之施用，个人之勤惰，量器之大小又各有不同；在此种田亩制度紊乱之下，而必曰，某县田几亩地几亩，亦徒见其心劳日拙而已，此可疑者八。

且各县田赋，并不按田征收，过去由各区之团董之指派，曰某甲纳若干，某乙纳若干，所收之费，半入于官，而半入于私，此种情形，至今并未少减。当编者在邕宁调查时，与其保卫团丁偕行，其所言如此；又广西之国民基础教育研究院之乡村调查，亦发现此种情形。又各县派粮书下乡征收，并不将花户红簿副本随带，只凭各户旧粮票完纳，该户究应缴纳若干，无从查究。况粮不随土，甲乡花户，可赴乙乡完纳，致催征役催索时，多可藉词推诿。夫田赋之不清如此，而谓亩数可完全准确，谁其信之，此可疑者九。

我们看了以上这九点，觉得已耕地面积的数字，实在不能置信。而在这个情况底下，容易引起一个谬误的观念；以为农民耕地如此之多，收入必巨，可尽量增加捐税而不以为苛，致加重了农民的负担，而促进了崩溃的速度。

在这里或许有人说，既不信任政府公布的已耕地的数字，为何又拿公布的户口与进出口的数字来做推论的根据呢？这是应当声明的，因为户口数目有民政厅的调查，团务处的登记，区公所的呈报，而三种数字多相差不远。进出口的数字是根据海关的报告。较诸已耕地面积之仅凭臆测者，其数字之价值实有不同。至于已耕地之面积究有多少？则未便妄下断语，还须俟之于清丈之后。不过就各县调查所得之各户平均亩数推之（调查九百八十三户，共计所有田亩七千二百九十二亩一分，每户平均七亩四分），或可得一相当之概念。

各县田亩面积单位之不同，已如上述，此次调查时就其口号面积，择二三坵肥瘠不同之土地，加以丈量，而求得中数，以为计算之标准。惟口号面积，并无一定的比例，加以在匆促之中，所择难免不当，前提既错，结论必误，故不敢谓为完全准确，惟以供关心桂省农村经济者之参考云耳。附录田亩折合表如下：（表 7）[1]

表 7　广西五县各村田亩折合表

县别	村别		口号面积	实丈面积(方尺)	折合公亩	合计公亩
邕宁县	凌慕村	1	播 10 筒谷种	7068.6	1.178	2.371
		2	种包粟得 5 斗	3092.15	0.516	
		3	播 8 筒谷种	4062.15	0.677	
	蟠厢村	1	4 担禾田	3684.6	0.614	2.218
		2	6 担禾田	4721.4	0.787	
		3	4 担禾田	4905.0	0.817	
	定英村	1	播 6 筒谷种	7068.6	1.178	2.369
		2	种包粟得 5 斗	3082.95	0.514	
		3	播 8 筒谷种	4062.15	0.677	
	合计			41747.6	6.958	6.958
柳州县	社湾村	1	可栽辣椒 5600 枝	6930	1.15	2.75
		2	可栽辣椒 5600 枝	9648	1.6	
		3				
	边山村	1	得谷 5 担	6201	1＋	2
		2	得谷 4 担	5805	1—	
		3				
	穿山村	1	栽辣椒 4400 枝	4698	0.78	0.78
	窑上村	1	播种 5 斤谷	4662	0.8	1.4
		2	播谷种 3.6 斤	3597.84	0.6	
		3				
	合计			41541.84	6.93	6.93

[1] 表 7 缺苍梧及合计数据。原著如此——编者。

续表

县别	村别		口号面积	实丈面积(方尺)	折合公亩	合计公亩
桂林县	大浪坪	1	0.4 亩	2181.2	0.35	1.11
		2	0.8 亩	4374.0	0.76	
		3				
	常安村	1	1.2 亩	4252.5	0.709	1.739
		2	2.0 亩	6211.8	1.030	
		3				
	大参村	1	0.4 亩	2244.06	0.37	0.37
		2				
		3				
	岩岭村	1	1.3 亩	6424.47	1.07	2.09
		2	1.0 亩	6176.88	1.02	
		3				
	雁山村	1	0.5 亩	2332.8	0.4	1.4
		2	0.7 亩	3519.0	0.6	
		3		2475.0	0.4	
	合计			40191.71	6.709	6.709
龙州县	那央村	1	播种 11 升或 11 斤等 10 斤或 10 升一亩	6966.0	1.16	1.16
	教导村	1	播种 1 朴	5040.0	0.8	2.9
		2	播种 2 朴	4968.0	0.8	
		3	包米种 2 升 5 合	7875.0	1.3	
	涝齗村	2		5328.0	0.88	0.88
	河抱村	1	播 3 斤种	2700.0	0.45	1.15
		2	播 5 斤种	4284.0	0.70	
		3				
	合计			37161.0	6.09	6.09

各县概况

在第一编内，已经把全省面积，依着自然形势及经济状况，划成了三个区域。本来想在每个道属里面，选择两个县份来调查一下，以求平衡，但是因了时间、交通和人数的关系，所以调查了苍梧、邕宁、柳州、桂林、龙州，而田南一带没有去。若说这五县是能完全代表各个经济区域的真相，这是任何人都不能下这个肯定；同时也可以说，任何一县是不能完全吻合各区底情形的，所以我们就这样决定了下来。并且这五县当中，有三县是商埠（苍梧、邕宁、龙州），有两县是新旧的省会（桂林、邕宁），有一县是农业的区域（柳州），它处在全省的中部，称为柳州平原，大自然所给予他们的幸福，既是不丰不啬，而资本主义袭击的影响，也比较轻微，他的崩溃，完全是由着灾害贫穷破产的过程而来。各县的土壤人口交通作物，支配了各县人民的运命，故在未曾叙述土地分配以前，先将各县作一简短的介绍。

苍梧

苍梧踞西江中枢，为桂省门户。全县面积有三千一百六十六方公里，三十三万九千八百零二人，人口密度，每方公里一百零七人。土壤皆为冲积壤土，约占百分之六十。河流有西江、桂江横贯其间，支流歧出，故渔业非常发达，行销湘、粤，其利甚厚。

自光绪二十三年中英《缅甸条约》辟为商埠后，出入货物，群集于是，贸易年额达二千万两，商业虽日趋繁盛，然农村之元气，则渐遭斫伤了。

当逊清末年，巡抚马丕瑶提倡育蚕，于是浔江一带，纷起饲养，加以气候合宜，桑叶不绝，一年可饲六七次，约值数十万元，为最好之副业。近以丝价惨落，又有伐桑改植他种作物之趋势。

省道以戎墟为起点，可至邕宁，县道有容苍、平梧二路。

在桂江、西江合流处，为鱼苗及蚕丝出产地，故调查一正湖村，南部取一长埇村，北部幅圆较大，山亦较多，作物大半为杂粮，调查了古藤、沙尾二村，且土匪甚多，当至东安区调查时，邻村犹有大股土匪焚掠。

邕宁

邕宁在桂省南境，全部已入热带，面积四千四百六十一方公里，人口二十七万六千零五十三人，平均每方公里有七十六人。土质颇佳，据称壤土面积约占百分之六十，除南部与东北隅与宾阳、永淳交界处较多山岭外，余多平坦。畴平野阔，农产甚丰。

河流有左右二江至三江口会合而为邕江，东流入永淳县境，在境内长约三百余里。春夏水增，至七八月而达最高度，约三十尺以上，八月以后渐渐减退。可通汽船，河幅不及一里，而椗泊区域，延亘六里。

省道之经过者，有邕梧、邕桂、邕龙三线，共长三百余里，县道之筑成者，亦二百余里。将来钦渝、株钦、广邕、南龙诸路告成，则黔、滇、川、湘、粤、桂之货，将汇集于是，故总理在建国方略内，认为西江深水交通系统之顶点。

现为省会，于光绪二十四年辟为商埠，外人居留地，在城外邕江之旁，税关即设于是。生产以米、蔗糖及杂粮为大宗，西部平衍，产米最多，故调查了一个定英村，东部多山，产杂粮，调查了一个凌慕村，中间河流交叉，作物皆宜，而农民种蔗极夥，调查了一个蟠厢村。

柳州

柳州在桂省中部，上通湘、黔、滇三省，下循柳江至浔梧，由高屋建瓴之势。左达桂林、平乐，右接庆远、邕宁，为用兵必争之地，昔年曾拟迁省会于此。东西长而南北狭，有鸡公山横亘全县，西部则属平原。面积二千五百八十六方公里，人口十二万八千余人，平均每方公里四十九人。

河流有柳江，自柳域入县境，沿雒容边界而至象县，约长二百九十余里，可行汽船，又有小河行经北境，长数十里，水涨时载重亦大。

省道有自邕宁至桂林者通过县境，而县道则有柳迁、柳荔、柳三、柳石等路，计长约三百里。

土质砂土居多，壤土占百分之四十，生产以桐油、木材为大宗，出口年近千万，米、蔗糖、玉蜀黍、茶油、高粱次之。

全县分五区，依照各区所有乡村贫富的成分，调查了五个村落，计南有穿山，北有窑上，而中有雅中、社湾、边山等三村。附农产如表8：

表8 广西柳州县各乡农产概况

乡镇	农产	附记
城东镇		
城中镇		
城西镇		
滨江镇		
屏山镇	烟、花生、瓜子、蔗糖	
广源镇	谷、烟、花生、瓜子、蔗糖	广源镇白露村半系烧砖工人
回澜乡	谷、烟、花生、瓜子、蔗糖兼产果子	回澜乡上窑村半系烧砖瓦石灰
平川乡	谷、烟、花生、瓜子、蔗糖兼产果子	
里雍乡	农村产品同上惟无蔗糖	
白沙乡	谷、花生、杂粮、桐子	
同德乡	谷、花生、杂粮、桐子	
思贤乡	谷、烟、杂粮	
进德乡	谷、烟、杂粮	
槎山乡	谷、烟、杂粮	
乐山乡	谷、烟、杂粮兼产果	
飞鹅乡	谷、烟、杂粮兼产果	
文笔乡	谷、烟、杂粮兼产果	
长宁乡	谷、烟、杂粮兼产果	
穿山乡	谷、烟、杂粮兼产果	
中亭乡	谷、烟、杂粮兼产果	
昌明乡	谷、烟、杂粮兼产果	
南强乡	谷、烟、杂粮	

续表

乡镇	农产	附记
六道乡	谷、烟、杂粮	
成团乡	谷、蔗	
大业乡	谷、杂粮	
纯正乡	谷	
三都乡	谷、麦、豆、玉蜀黍、杂粮	
沙河乡	谷、麦、豆、玉蜀黍、杂粮	
中和乡	谷、麦、豆、玉蜀黍、杂粮	
盘龙乡	谷、麦、豆、玉蜀黍、杂粮	
里高乡	谷、豆、玉蜀黍	
水源乡	谷、豆、玉蜀黍	
百朋乡	谷、豆、玉蜀黍	
嘉禾乡	谷、豆、玉蜀黍	
小山乡	谷、豆、玉蜀黍	
人和乡	谷、豆、玉蜀黍	
镇西乡	谷、豆、玉蜀黍	
洛满乡	谷、豆、杂粮	
福塘乡	谷、豆、杂粮	
土博乡	谷、豆、杂粮	
流山乡	谷、豆、杂粮	
久安乡	谷、豆、杂粮	

桂林

桂林地接衡、湘，在昔为沟通岭南与中原之要道，全县面积东西长而南北狭，计二千二百九十六方公里。有二十九万七千四百七十六人，人口密度，每方公里一百二十九人。

湘江、桂江分流南北，可航载重数万斤之民船，在境内约长六十余里。又有苏桥河河幅较小，流长约五十余里，下达柳江，颇资灌溉。

尧山横跨全县，而岗峦之起伏，则全境皆是，绵延而至阳朔，昔人所谓“桂林山水甲天下”是也。

省道有桂柳、桂全二公路，而县道则有桂保、桂永等，约长二百余里。

土质黏土多而壤土少，农产以谷为大宗，薯、芋、黍、麦次之，大墟、两江二区纯粹产稻，故调查常安、大浪坪二村，潮田、苏桥，谷与杂粮参半，调查了大参、岩岭二村，良丰则杂粮较多，苧麻为最大出产，计调查雁山一村，所有各乡作物情形，附表备考。（表 9）

表 9　桂林县各乡农产概况

区别	乡别	农产	特产
第二区	大墟乡	以米为大宗出产	
	上慧乡	同上	
	宣正乡	同上	
	大雄乡	同上	
	龙福乡	少数之米、大麦、小麦出产	
	助顺乡	同上	
	万全乡	同上	
	熊村镇	以米、面、麦、茅麦为大宗出产	以麦秆、草帽为特产并产锡矿
	三滩乡	以米、蔗糖、花生为大宗出产	
	柘木乡	同上	
	草坪乡	以米、麦出产最多	板栗
第三区	海洋乡	出产以面、麦、桐茶油、白果为大宗，锥栗、板栗、蚕豆、木柴、烟草	以香菇、柿子、白果、绿豆、松香为特产并产铁、锑、铜矿
	十合乡	同上	同上
	亨陵乡	同上	同上
	宁溪乡	以米、麦为大宗，包谷黍、花生次之	
	左溪乡	同上	
	右溪乡	同上	
	南溪乡	同上	
第四区	良丰乡	以烟草为大宗	
	万塘乡	同上	
	大中乡	同上	
	同心乡	同上	
	东泰乡	只有少数米、卜齐、花生、木柴等出产	
	东上乡	同上	
	副东乡	只有木柴为多，米次之	
	大埠乡	同上	

续表

区别	乡别	农产	特产
第五区	塘头乡	以产豆、米较多	
	仁寿乡	同上	
	大平乡	同上	
	狮子乡	以产豆、米较多并产木材	
	诚正乡	以产豆、米较多	
	康义乡	同上	
	六塘乡	以产豆、米较多并产烟	产角木
	六塘下乡	以产豆、米较多	
第六区	集思乡	有少数米、豆出产	
	广益乡	同上	
	中心乡	同上	
	出奇乡	以产烟草为最多,米次之	
	制胜乡	同上	
	马面乡	同上	
	七合乡	出产蔗糖较多,米次之	
	马皇乡	同上	
第七区	二塘乡	以米、豆出产最多,芋次之,卜齐更次之	产枣
	明德乡	同上	
	明新乡	同上	
	黄山乡	以米、柴出产最多,豆、芋次之	
	庙头乡	同上	产锑矿
	油麻乡	同上	
	凤凰乡	以米、柴出产最多,豆、芋次之	产小鱼
	金湘乡	同上	同上

续表

区别	乡别	农产	特产
第八区	苏桥乡	以米最多,豆、麦、蔗、烟等次之,芋又次之	
	德礼乡	同上	
	永清乡	以米、豆、麦为最多,芋次之	
	西高瑞乡	同上	
	渡头乡	以米、豆、麦为最多,木柴次之	
	罗城乡	同上	
	茶洞乡	以米、豆、麦为最多,木柴次之并产桐油、茶油、茶叶等亦多	以香菇、柿子、蓝靛、罗汉果树等为奇产
	花岭乡	以米、豆、麦为最多,木柴次之	同
	山口乡	同上	同
	天保乡	同上	同
	悦德乡	同上	同
	九合乡	木柴极多,多米、豆,未能输出	同
第九区	民权乡	以米最多,豆、麦、术、芋次之	
	五鼎乡	同上	
	保合乡	同上	
	正定乡	同上	产桃李极多
	保定乡	同上	同上
	怀仁乡	同上	
	怀德乡	同上	
	德威乡	同上	
	大湾乡	同上	

龙州

龙州在右江上游，四围峭壁，中启平原，地瘠民贫，户口稀少。全县面积一千零五十一方公里，约五万一千余人，人口密度每方公里得四十八人。

河流有松吉河、高平河自东部流入，汇合于龙州城外，而为左江流入上金县境，全县交通灌溉，胥赖于是。

省道有龙邕公路，而龙南、龙水两路为入安南之孔道。

土壤硗薄，不宜种植，农产以黍、麦、蔗糖、八角为大宗。下冻区产米较多，颗大味香，然面积不大，产量极少。昔年有七百余户，今则受土匪之蹂躏，仅余二三百户，断井残垣，随处可见，调查一那央村。罗回乡地接安南，有水口关，汽车路可直达谅山，一切商业农业均受安南影响，赴安南为工者，更指不可胜屈，调查一北郭村。彬桥乡，在县属东南，民尚殷阜，调查一教导村，河抱村在左江右岸，与上金县治遥遥相对，其地产蔗糖、八角。涝韵村在县治之西，下冻之北，皆瘠土，有畲地而无水田，村落极小，大概每村不满十家。

地权分配

各地村落的大小，颇有不同，然而它的构成，是受着自然的经济的支配，而不是无意义的。所以我们的调查，也就因着它的机构，来求出它里面所包含的因素。更为避免主观的谬误起见，完全以土地之有无为标准。

农民的资本是劳力、土地；有了土地，他可以利用劳力去生产，以维持一家的温饱，失了土地，就是绝了生产的来源，而生活也成了问题。

所以我们假使能够知道了各县农民土地的有无，便可以明白各县农民真实的经济状况。若地权集中在少数人的身上，那么就反映着多数的农民，是失去了土地，若地权散播在各农民的手中，那么大家可以维持生活了。

农户与非农户的分析

现在我们开始来看苍梧、邕宁、柳州、桂林、龙州五县农村的状况，总计调查了二十二村，九百八十三户。在农村里面务农的，柳州占 75%，桂林占86.9%，苍梧、邕宁、龙州则多占 90%以上。平均在农村里面从事农业者占87.2%，而不从事农业者，占12.8%，比全省的总计约高 10%（表 10)。

表 10　各县村户中农户与非农户的成分

县别	苍梧		邕宁		柳州		桂林		龙州		总计	
村户总数	户数	%	户数	%	户数	%	户数	%	户数	%	户数	%
	185	100	154	100	272	100	275	100	97	100	983	100
从事农业者	175	94.6	149	96.8	204	75.0	239	86.9	90	92.7	857	87.2
不从事农业者	10	5.4	5	3.2	68	25.0	36	13.1	7	7.3	126	12.8

邕宁、苍梧它的百分比较高的缘故，实因它有肥美的土地；而龙州地广人稀，兼无副业，自然要集中到农业去了。柳州、桂林耕地较少，加以人民惰性天成，倘能粗衣蔽体，恶食充饥，便认为满足，更不企图取获土地；况土地已为有钱者所集中，一时亦殊难获得，故从事农业者，便无形地减少了。

有土地者与无土地者的成分

从事农业的户数，是占87.2%，然而这许多农户，却不是完全耕者有其田。有土地的只占71.6%，当中有15.6%是没有土地而向人家佃种的。这佃种的农民，自然因着地主顾全他自己的利益而更受痛苦了。各县有田的农户，以邕宁为最多，龙州次之，而桂林最少（表 11)。

表 11 各县村户有无土地的比较

县别	苍梧		邕宁		柳州		桂林		龙州		总计	
村户总数	户数	%	户数	%	户数	%	户数	%	户数	%	户数	%
	185	100	154	100	272	100	275	100	97	100	983	100
有土地者	118	63.8	149	96.8	184	67.4	174	63.2	79	81.4	704	71.6
无土地者	67	36.2	5	3.2	89	32.6	101	36.8	18	18.6	279	28.4

各类农户的解剖

上表所列的有土地者和无土地者，是两种纯粹有无的区别，但是还有许多自己有一部分田而又租入一部分田的半自耕农，是一并计算在有土地者之内，现在要明白各类农户在户数内，是如何的分配着，所以就依着地主、半自耕农、自耕农、佃农及其他等五类来分析。

表 12 各县村户的类别

县别	苍梧		邕宁		柳州		桂林		龙州		总计	
村户类别	户数	%	户数	%	户数	%	户数	%	户数	%	户数	%
地主	3	1.6			2	0.7	5	1.8			10	1.0
自耕农	79	42.8	113	73.4	162	59.4	91	33.0	75	77.3	520	52.9
半自耕农	36	19.4	36	23.4	20	7.3	78	28.4	4	4.1	174	17.7
佃农	57	30.8			21	7.6	67	24.4	11	11.3	156	15.9
其他	10	5.4	5	3.2	67	25.0	34	12.4	7	7.3	123	12.5
合计	185	100.0	154	100.0	272	100.0	275	100.0	97	100.0	983	100.0

从表 12 所显示的现象，似乎比他省为佳。地主仅有田 1%，自耕农占了52.9%，半自耕农和佃农的合计，也只有33.6%。

在我们的理想中，自耕农是一个可以自给自足的农民，农户中自耕农愈多，则农村之经济愈足；但广西却不尽然，因着耕地的稀少，租地的困难，而造成自耕农数字的增加；至以他们一年的收入，许多是不能满足他们一切的需要，所以自耕农的户数虽多，实不能遽尔乐观。

各类农户在各县的分配状况，当以邕宁为最佳；自耕农占了73.4%，半自耕农，占23.4%。固然在半自耕农的名称上，已反视出了地主，但半自耕农的状况，总比佃户好一点。龙州自耕农的成分比邕宁多，占77.3%，惟半自耕农极少，而佃农却有了11.3%，况龙州几个大地主是住在下冻市上和城内的，他的租收得较重，不比邕宁的地主是一种蒸尝产（即祭产），本姓的子孙种，其租是非常轻的。柳州自耕农较少，占59.4%，苍梧占42.8%，桂林则仅 33%了。半自耕农亦以桂林为最，而佃农的成分，以苍梧为最多。

各类农户的地权分配

因着所有权和使用权性质的不同，构成了地主自耕农等等的名词。上面已将各类农户所占的成分分析清楚，故再以各类农户对于所有的田亩亦作一计算；五县地主平均的所有权占9.7%，自耕农占76.8%，半自耕农占了13.5%。

内中以龙州自耕农在他本县的田亩总数内所占的成分为最多，有92.8%，柳州占8.9%，邕宁占82%，而苍梧仅59.2%了。其地主及半自耕农所占的数字，统载于表13，不备举。

表13　广西五县各类村户的地权分配

县别	苍梧		邕宁		柳州	
类别	所有田亩数	对所有田亩总数的%	所有田亩数	对所有田亩总数的%	所有田亩数	对所有田亩总数的%
地主	262	23.8			204	8.7
自耕农	651.5	59.2	1446.6	82	1991.5	84.9
半自耕农	187.2	17.0	319.9	18	149	6.4
合计	1100.7	100.0	1766.5	100.0	2344.5	100.0

表13续

县别	桂林		龙州		总计	
类别	所有田亩数	对所有田亩总数的%	所有田亩数	对所有田亩总数的%	5县所有田亩数	对5县所有田亩总数的%
地主	248.8	18.0			714.8	9.7
自耕农	859.2	62.1	648	92.8	5596.8	76.8
半自耕农	274.4	19.9	50	7.2	980.5	13.5
合计	1382.4	100.0	698	100.0	7292.1	100.0

看了各类农户的总数和百分数，更看了各类农户所有田亩的总数和百分数，便可以明了各类农户所有的真实状态了。兹为便于比较起见，以两种百分数合列于表14，便明显地看出少数的地主，拥有了较多的土地；半自耕农户数的百分数，超过了所有田亩数的百分数。就是说半自耕农没有取到他应有的土地，而佃农更完全失去了。

表14　广西五县各类村户与地权分配的百分比的对照

县别	苍梧		邕宁		柳州	
类别	户数%	所有田亩%	户数%	所有田亩%	户数%	所有田亩%
地主	1.6	23.8			0.7	8.7
自耕农	42.8	59.2	73.4	82.0	59.4	84.9
半自耕农	19.4	17.0	23.4	18.0	7.3	6.4
佃农	30.8				7.6	
其他	5.4		3.2		25.0	
合计	100.0	100.0	100.0	100.0	100.0	100.0

表 14 续

县别	桂林		龙州		总计	
类别	户数%	所有田亩%	户数%	所有田亩%	5 县户数的%	对 5 县所有田亩数的%
地主	1.8	18.0			1.0	9.7
自耕农	33.0	62.1	77.3	93.8	52.9	76.8
半自耕农	28.4	19.9	4.1	6.2	17.7	13.5
佃农	24.4		11.8		15.9	
其他	12.4		7.3		12.5	
合计	100.0	100.0	100.0	100.0	100.0	100.0

各类农户使用田亩的状况

他们的土地，完全被地主吞噬了，而地主的购买，却并不是为了他使用的需要；他吸收以后，仍复吐出来租给一般没有土地的农民，而取得一种利润；这种利润，就是使地主与佃农的成分日益增加的原动力。总计各类农户所使用的田亩，较多了一千二百九十六亩九分，除了少数地主，留着一部分自己耕种外，实际上半自耕农和佃农一共是租进了一千七百四十四亩九分，占使用田亩总数的20.3%。就是说农民在所种的田亩当中，有20.3%，是失去了所有权，同时农民在耕田的收入的利益当中，有20.3%，是要和地主分润的（表 15）。

表 15　广西五县各类村户使用田亩的分析

县别	苍梧		邕宁		柳州	
类别	使用田亩数	对使用田亩总数%	使用田亩数	对使用田总数%	使用田亩数	对使用田亩总数%
地主	53	4.0			150.0	5.6
自耕农	651.5	48.6	1446.6	80.3	1991.5	74.2
半自耕农	400.1	29.8	403.5	19.7	371.5	13.8
佃农	235.5	17.6			171.0	6.4
合计	1340.1	100.0	1850.1	100.0	2684.0	100.0

表 15 续

县别	桂林		龙州		总计	
类别	使用田亩数	对使用田亩总数%	使用田亩数	对使用田亩总数%	使用田亩数	对使用田亩总数%
地主	93.8	4.9			296.8	3.5
自耕农	859.2	44.8	648.0	81.2	5596.8	65.2
半自耕农	603.2	31.4	103.0	12.9	1881.3	21.9
佃农	360.6	18.9	47.0	5.9	814.1	9.4
合计	1916.8	100.0	798.0	100.0	8589.0	100.0

半自耕农租进了九百三十亩八分，佃农租进了八百四十亩一分；占总户数17.7%的半自耕农，仅有了使用田亩总数21.9%，而15.9%的佃农，更只使用了9.4%，自然佃农是最苦了。各县佃农使用的田亩，都比户数百分比小，可以晓得佃农是很难租到土地的，但是即使多种，他的利益亦不是随着比例而增加。半自耕农，邕宁、桂林最发达，所种的田亩，则以苍梧的百分数为高。

表 16　广西五县各类村户所有与使用田亩平均数的比较

县别	苍梧			邕宁			柳州		
类别	户数	每户平均所有亩数	每户平均使用亩数	户数	每户平均所有亩数	每户平均使用亩数	户数	每户平均所有亩数	每户平均使用亩数
地主	3	87.3	17.7				2	10.2	7.5
自耕农	79	8.2	8.2	113	12.8	12.8	162	12.3	12.3
半自耕农	36	5.2	11.1	36	8.9	11.2	20	5.4	18.6
佃农	57		4.1				21		8.1
合计	175	6.3	7.6	149	11.9	12.4	205	11.3	13.0

表 16 续

县别	桂林			龙州			总计		
类别	户数	每户平均所有亩数	每户平均使用亩数	户数	每户平均所有亩数	每户平均使用亩数	户数	每户平均所有亩数	每户平均使用亩数
地主	5	48.9	18.7				10	71.4	29.7
自耕农	91	9.4	9.4	75	8.6	8.6	520	10.7	10.7
半自耕农	78	3.5	7.7	4	12.5	25.6	174	5.5	10.8
佃农	67		5.4	11		4.3	156		5.2
合计	241	5.7	7.9	90	7.8	8.8	860	8.4	9.9

在五县八百六十个农户中间，自耕农有五百二十户，他使用着自己所有的田亩，平均每户得十亩七分。半自耕农一百七十四户，每户平均所有亩数五亩半，又平均租入了五亩三分，每户实耕十亩八分；但是租入的田，要缴去地主的租谷，及肥料种籽的消费，其纯利之收入，不及自田二分之一，依此推算，半自耕农虽与自耕农每户耕着同样的面积，而收入仅等于种了八亩。佃农平均每户租进五亩二分，实只等于自耕农之二亩五分。龙州、苍梧之佃农，平均且不及此数；龙州户数较少，仅11.3%，苍梧有五十七户，占全户数30.8%；其失去耕地的程度，是比较严重得多了。龙州半自耕农使用的面积突出各县各类农户的记录，而其所有面积，亦与邕宁之自耕农不相上下，然龙州旱地较多，且皆瘠土，似未能与各县等量齐观也。

兹将五县农户，按其类别、户数，及所有田亩的均数，与使用田亩的均数，并列于表 16，以资对照，庶研究广西土地分配者，可先得一简明之概念，而详细之叙述在分类言之。

地主

土地问题的产生，由于分配不均的结果，即大部分农民没有土地，大部分土地的所有权，把握在少数地主之手。

广西的地权，诚不尽为一般农民所有，但调查到的地主，却为数极少，固然地主不是一定住在乡间的，在农村调查之中，或者仅能看到许多佃户，而找不着一个地主。

各县地主的成分

例如邕宁，仅占了总户数百分之一，且并不是大地主。龙州没有地主，而有半自耕农和佃农，这是显然证明；地主没有住在村里。且各县半自耕农和佃户所租的田，其数字超过了调查所得的地主所有的田亩，就可知尚有地主在外。

就各县所举的土地分配的情形，邕宁有田五百亩以上者约十家，二百亩以上者，约二百三十余家，柳州一千亩以上者五家，五百亩以上者十三家，二百亩以上者三百余家，这类地主，都是因了治安问题，或兼营商业而住在县城或墟市去了。又邕宁有公产、学产一千余亩，而各族的蒸尝产，尚未计算在内。

龙州下冻乡之田，尽为城内韦善堂个人所有，岻伦村之田，则为墟上胡、赵二姓之业，更有“头人”田，“头人”即昔年之土司，其辖境内之土地，实有类于汤沐邑，而尽可认为个人之私产。自改土归流后，其制渐废，或土司之子孙，繁衍而细分，贫穷而出卖，然仍不失其为地主。桂林、大墟的黄源盛商铺，便是一个地主，在我们所调查的常安村、大参村凡农民租用的田亩，尽是他的产业。因为他是商铺，农民都在青黄不接时，预先以田中之作物为抵，而向他借钱，或赊欠货物，历年既久，由作物之抵押而变为田地之抵押，更变而为卖绝，故大墟附近之田地，均集中在黄源盛了。

表 17　广西五县地主在本村所占的成份[1]

苍梧县				柳州县				桂林县				总计		
村名	户数	本村总户数	对本村总户数的%	村名	户数	本村总户数	对本村总户数的%	村名	户数	本村总户数	对本村总户数的%	户数	总户数	对总户数的%
古藤村	2	46	4.3	雅中村	1	83	1.2	大浪坪	2	36	5.5			
正湖村		55		社湾村		77		常安村	2	50	4.0			
沙尾村	1	39	2.6	边山村		61		大参村		69				
长埇村		45		窑山村		31		岩岭村		47				
				窑上村	1	19	5.2	雁山村	1	73	1.4			
合计	3	185	1.6	合计	2	271	0.7	合计	5	275	1.8	10	731	1.4

[1] 表17缺邕宁及龙县合计数据。原著如此。——编者。

我们在乡村所看见的地主，为数极少，苍梧三户，柳州二户，桂林五户，占三县总户数1.4%，若以五县之总户数计之，不过1%而已。

此少数地主，在各村亦无巨大影响，于大浪坪占该村总户数5.5%，窑上村占5.2%，古藤村占4.3%，常安村占4%，沙尾村占2.6%，雅中村、雁山村各占1%（见表17）。

所有的面积

此十户地主，共有田七十四亩八分，计苍梧县二百六十二亩，柳州二百零四亩，桂林二百四十八亩八分，田占百分之九十，地与山荡之数字，均甚少（表18）。

表18　广西五县地主在各村各类地亩每户平均表[1]

苍梧县										柳州县			
村名	户数	田		地		山		荡		村名	户数	田	
		亩数	每户平均数	亩数	每户平均数	亩数	每户平均数	亩数	每户平均数			亩数	每户平均数
古藤村	2	65	32.5			6	3	1	0.5	雅中村	1	180	180
沙尾村	1	180	18.0	10	10					窑上村	1	24	24
合计	3	245	81.7	10	3.3	6	2	1	0.3	合计	2	204	102

表18　续

桂林县						总计										
村名	户数	田		山		户数	田		地		山		荡		田地山荡亩数	每户平均数
		亩数	每户平均数	亩数	每户平均数		亩数	每户平均数	亩数	每户平均数	亩数	每户平均数	亩数	每户平均数		
大浪坪	2	17.2	86	60	30											
常安村	2	15.2	7.6													
雁山村	1	1.6	1.6													
合计	5	188.8	37.8	60	12	10	637.8	63.8	10	1	66	6.6	1	0.1	714.8	71.5

所有面积的阶段

在一百亩以上者各县皆有一户，占全户数百分之三十。五十亩以上者，占百分之十。二十亩以上及五亩以上者，各占百分之二十，而五亩以下者，亦占百分之十，于此可见广西地权之细分（表19）。

［1］表18缺邕宁及龙县数据。原著如此。——编者。

表 19 广西五县地主户数在所有田亩内的阶段分析[1]

阶段＼县别＼村名＼户数	苍梧县			柳州县			桂林县				总计
	古藤村	沙尾村	合计	雅中村	窑上村	合计	大浪坪	常安村	雁山村	合计	户数
0.1—4.9									1	1	1
5—9.9					1	1		2		2	3
20—29.9	1		1								1
40—49.9	1		1								1
50—99.9							1			1	1
100—199.9		1	1	1		1	1			1	3
合计	2	1	3	1	1	2	2	2	1	5	10

每人平均的亩数

地主所有的亩数，每户平均，约七十一亩四分，若以全人数平均之，每人得八亩七分，就各阶段观之，每人得十亩以上者有四户（四十七人），而其余之六户（三十五人），每人所得不足五亩。（表 20）

表 20 广西五县地主每人平均的所有亩数[2]

阶段＼县别＼类别	苍梧县			柳州县			桂林县			总计		
	人数	所有田亩数	每人平均所有亩数	人数	所有田亩数	每人平均所有亩数	人数	所有田亩数	每人平均所有亩数	人数	所有田亩数	每人平均所有亩数
0.1—4.9							1	1.6	1.6	1	1.6	1.6
5—9.9							4	15.2	3.8	4	15.2	3.8
20—29.9	7	28	4.0	4	24	6				11	52	4.7
40—49.9	19	44	2.3							19	44	2.3
50—99.9							7	92	13.1	7	92	13.1
100—199.9	19	190	10.0	12	180	15	9	140	15.6	40	510	12.75
合计	45	262	5.8	16	204	12.8	21	248.8	11.8	82	714.8	8.7

地主的性质

在此十个地主之中，纯粹收租者，仅有三户，一户在桂林雁山村，因只有田一亩六分，不足维持生活，故舍去不耕，而出外另谋生计了。一户在常安村，名周官保，有田五亩半，因父母早故，而自己尚未成年，乃将其田租与亲戚。柳州一户有田二十四亩，出租与人较符名实。而以大部份土地出租者五户，苍梧两户，桂林三户，一部分出租者，苍梧一户，柳州一户（表 21）。

[1] 表 19 缺邕宁及龙县数据。原著如此。——编者。
[2] 表 20 缺邕宁及龙县数据。原著如此。——编者。

表 21 各县地主性质的分析

县别	苍梧		柳州		桂林		总计	
类别	户数	%	户数	%	户数	%	户数	%
纯粹收租者			1	50.0	2	40.0	3	30.0
大部分土地自耕者	1	33.0	1	50.0			2	20.0
一部分土地自耕者	2	67.0			3	60.0	5	50.0
合计	3	100.0	2	100.0	5	100.0	10	100.0

使用田亩的成分

他们使用的田亩，共有二百九十六亩八分，最多是柳州雅中村的覃永存，他雇用了两个长工，平时还雇两百余工的零工，有两条牛，所以耕种了一百五十亩，最少的桂林常安村周氏，他是母子三人，二子尚幼，仅赖周氏耕种，故自己使用了三亩八分，而将五亩九分出租与人。至各地主使用田亩在本村所占的成分及其阶段，附如表 22—23。

表 22 广西五县地主使用的田亩[1]

苍梧县			柳州县			桂林县			总计	
村名	使用田亩	对本村使用田亩总数%	村名	使用田亩	对本村使用田亩总数%	村名	使用田亩	对本村使用田亩总数%	使用田亩	对5县使用田亩总数%
古藤村	23.0	5.5	雅中村	150.0	13.4	大浪坪	90.0	20.5		
正湖村			社湾村			常安村	3.8	1.4		
沙尾村	30.0	17.0	边山村			大参村				
长埇村			穿山村			岩岭村				
			窑山村			雁山村				
合计	53.0	9.0	合计	150.0	13.4	合计	93.8	13.5	296.8	3.40

表 23 广西五县地主在使用田亩内的阶段分析[2]

县别 / 村名 / 户数 / 阶段	苍梧县			柳州县		桂林县				总计
	古藤村	沙尾村	合计	雅中村	合计	大浪坪	常安村	雁山村	合计	户数
0.1—4.9	1		1				1		1	2
10—19.9	1*		1*							1*

[1] 表 22 缺邕宁及龙县数据。原著如此。——编者。
[2] 表 23 缺邕宁及龙县数据。原著如此。——编者。

续表

阶段＼户数＼县别／村名	苍梧县			柳州县		桂林县				总计
	古藤村	沙尾村	合计	雅中村	合计	大浪坪	常安村	雁山村	合计	户数
30—39.9		1	1							1
40—49.9						1			1	1
50—99.9						1			1	1
100—199.9				1*	1*					1*
合计	2内1*	1	3内1*	1*	1*	2	1		3	7内*

实际参加工作的人数和其耕畜

在地主当中参加田间工作的人数，连长工共有三十人，每人平均耕种九亩九分，本来除了以地主为朘取佃农利益之地主以外，他们是可以买牛或雇长工来经营的。不过有些地主，在他们自己劳力所能耕种以外，余剩者已不甚多，买牛或为力所不逮，雇工更觉无利可图，于是租出一部分的土地。有些地主，因了一时的特殊发展，遂将其田租出，仅留少许自耕，如苍梧古藤村之黄莆延，在使用阶段五亩以下者，以服务政界，年入一千四百余元，故只种菜圃四亩，桂林常安村黄景修，在使用阶段一百亩以下者有一子做团长，年入三千余元，遂将大部分租出，而留五十亩自种，雇长工一人，有牛两头。所以地主之劳力，类多浪费，每人使用之田亩，实未足为适合每人劳力之标准。然大概言之，如无耕畜相助者，每人所耕，至多不逾十亩。姑以十亩为每人劳力之标准，而求其过与不及，并附每户耕畜，以便参考（表 24、表 25）。

表 24　广西五县地主参加田间工作者每人平均耕种亩数[1]

阶段＼类别＼县别	苍梧县				柳州县				桂林县				总计		
	耕作人数	使用田亩数	每人平均耕作亩数	指数	耕作人数	使用田亩数	每人平均耕作亩数	指数	耕作人数	使用田亩数	每人平均耕作亩数	指数	耕作人数	使用田亩数	每人平均耕作亩数
0.1—4.9	7	4	0.6						1	3.8	3.8		8	7.8	9.75
10—19.9	5	19	3.8										5	19	3.8
20—29.9															
30—39.9	3	30	10.0										3	30	10
40—49.9									3	40	13.3		3	40	13.3
50—99.9									4	50	12.5		4	50	12.6
100—199.9					7	150	21.5						7	150	21.5
合计	15	53	8.5		7	150	21.5		8	93.8	11.7		30	296.8	9.9

[1] 表 24 缺邕宁及龙县数据。原著如此。——编者。

表 25 广西五县地主的耕畜[1]

阶段 \ 户数 \ 村名 \ 县别	苍梧县			柳州县		桂林县				总计
	古藤村	沙尾村	合计	雅中村	合计	大浪坪	常安村	雁山村	合计	畜数
0.1—4.9										
10—19.9	1		1							1
30—39.9		1	1							1
40—49.9						1			1	1
50—99.9						2			2	2
100—199.9				2	2		2		2	4
合计	1	1	2	2	2	3	2		5	9

自耕农

自耕农在广西农村中是普遍的多数，在五县平均中，占52.9%。虽他所耕的面积，不一定是能满足他生活的需要，但是他不必负担地租，所以在经济上，总是比半自耕农和佃农较胜一点。

各县自耕农的成分

不过一般的自耕农，因了这个优点，他们的生活，就比半自耕农和佃农高了。支出既增，有时遂不免缺乏，但他有着不动的土地，不断的生产，在借方认为担保确实，要借债自比较容易，因此，无形中走上了破产的轨道。故农产商品化发达之区，自耕农的成分逐渐减少，桂林、苍梧就在这个过程中间递减为33.1%及42.8%，柳州占59.6%，邕宁占73.4%，龙州最高，占了77.4%（表 26）。

表 26 广西五县自耕农在本村所占的成分

苍梧县				邕宁县				柳州县			
村名	户数	本村总户数	对本村总户数的%	村名	户数	本村总户数	对本村总户数的%	村名	户数	本村总户数	对本村总户数的%
古藤村	17	46	39	凌慕村	12	46	26.0	雅中村	43	83	51.6
正湖村	46	55	83.6	蟠廂村	41	45	91.1	社湾村	43	77	55.8
沙尾村	13	39	33.3	定英村	60	63	95.2	边山村	40	61	64.0
长埇村	3	45	6.7					穿山村	28	32	90.3
								窑上村	8	19	42.1
合计	79	185	42.8	合计	113	154	73.4	合计	162	272	59.6

[1] 表 25 缺邕宁及龙县数据。原著如此。——编者。

表 26 续

桂林县				龙州县				总计		
村名	户数	本村总户数	对本村总户数的%	村名	户数	本村总户数	对本村总户数的%	户数	五县自耕农总户数	对五县总户数的%
大浪坪	18	36	50.0	那央村	12	16	80.2			
常安村	23	50	46.0	教导村	31	33	94.0			
大参村	3	69	4.3	漻韵村	9	11	73.0			
岩岭村	26	47	55.3	北廓村	2	14	14.3			
雁山村	21	73	28.7	河抱村	21	23	91.3			
合计	91	275	33.1	合计	75	97	77.4	520	983	52.9

然各村所含的分数，并不一致，最多如龙州的教导、河抱二村，全村只有两户不是自耕农，邕宁的定英村，六十三户中只三户不是，蟠廂村及柳州的穿山村，只四户不是。虽各村的户数多寡不同，然所占百分数都在九十以上。而最少的，如龙州北郭村，仅有两户为自耕农，占14.3%，苍梧长埇村，仅有三户，占6.7%，桂林大参村，亦仅三户，占4.3%，各村成分比较的平均，要算柳州。大参村完全是因农民消费太大，故由借债而丧失土地，北郭村及长埇村之远因，亦复相同；加以数年来土匪之蹂躏，铤而走险者有之，流亡于外者有之，眷恋其故乡而不忍出走者，莫不呻吟于恐慌饥饿之中，故土地愈趋集中，而自耕农遂如鲁殿灵光了。

所有的面积

自耕农所有的面积，总计五千五百九十六亩八分，占二十二村内各类农户所有面积的76.8%，计田三千九百五十六亩七分，地一千四百四十一亩五分，山一百四十六亩一分，荡五十二亩五分，每户平均十亩八分。以百分数来看，它确是比半自耕农及佃农的地权为多。面积既比较的多，他们的经济地位，就比较优越了。惟各县各村，互有多少，田地山荡，各有不同，故分村统计，依类归纳，俾览者得了然于各村所有土地之机构，与作物生产之状况，而联想及于农民经济之荣枯也。各县田亩，以柳州为最多，计一千九百九十一亩五分，邕宁一千四百四十六亩刘分，桂林八百五十九亩二分，苍梧六百五十一亩五分，龙州六百四十八亩。分村比较，则柳州之雅中村居首，共有田地八百零一亩，每户平均得四十八亩六分，邕宁，定英村次之，共有田六百五十四亩三分，每户平均十一亩，最少为龙州北郭村，仅两户地四亩。每户总平均，得十二亩三分。以地目总数相比，则田地均以柳州为多，邕宁次之，桂林更次之，龙州为殿。(表 27)

表 27 广西五县自耕农所有的田亩

苍梧县			邕宁县			柳州县		
村名	所有田亩	对本村总户数的%	村名	所有田亩	对本村总户数的%	村名	所有田亩	对本村总户数的%
古藤村	149.5	51.6	凌慕村	188.8	42.0	雅中村	801.0	77.0
正湖村	390.0	88.0	蟠廂村	603.5	91.8	社湾村	337.0	99.0
沙尾村	76.0	27.5	定英村	654.3	99.2	边山村	517.5	95.6
长埔村	36.0	39.1				穿山村	190.0	88.8
						窑上村	146.0	70.0
合计	651.5	206.2	合计	1446.6	81.8	合计	1991.5	84.9

表 27 续

桂林县			龙州县			总计	
村名	所有田亩	对本村总户数的%	村名	所有田亩	对本村总户数的%	五县自耕农所有田亩	对5县总户数的%
大浪坪	241.6	47.7	那央村	124	97.6		
常安村	133.8	70.0	教导村	205	91.5		
大参村	30.0	21.9	溤靪村	168	85.8		
岩岭村	247.1	82.1	北郭村	4	100		
雁山村	206.8	84.5	河抱村	147	100		
合计	859.2	62.2	合计	648	92.8	5596.8	76.8

以每户地目之平均数相比，则邕宁每户得田八亩九分，地四亩一分，柳州每户得田八亩八分，地三亩四分，桂林每户得田八亩六分，地三分，龙州每户得田六亩五分，地一亩八分，苍梧每户得田四亩四分，地三亩三分，由此可知邕宁农民之经济，实为他县之冠。（表 28）

表 28 广西五县自耕农在各村各类地亩每户平均表

苍梧县											
村名	户数	田		地		山		荡		合计	
		亩数	每户平均数	亩数	每户平均数	亩数	每户平均数	亩数	每户平均数	亩数	每户平均数
古藤村	17	137	8.1	1	0.6	11	0.7	0.5	0.3	149.5	8.8
正湖村	46	103.6	2.3	258.5	5.4			27.9	0.6	390	8.5
沙尾村	13	76.0	5.8							76	5.8
长埔村	3	32	10.7			4	1.3			36	1.2
合计	79	348.6	4.4	259.5	3.3	15	0.2	28.4	0.4	651.5	8.2

表 28 续(一)

邕宁县											
村名	户数	田		地		山		荡		合计	
		亩数	每户平均数	亩数	每户平均数	亩数	每户平均数	亩数	每户平均数	亩数	每户平均数
凌慕村	12	111.8	9.3	41.2	3.4	31.3	2.6	4.4	0.4	188.8	15.7
蟠庙村	41	344.1	8.4	231.4	5.6	16.3	0.4	11.7	0.3	603.5	14.7
定英村	60	459.2	7.7	193.1	5.2			2	0.3	654.3	10.9
合计	113	915.1	8.9	465.7	4.1	47.7	0.4	18.1	0.2	1446.6	12.8

表 28 续(二)

柳州县									
村名	户数	田		地		山		合计	
		亩数	每户平均数	亩数	每户平均数	亩数	每户平均数	亩数	每户平均数
雅中村	43	800	18.6	1	0.2			801	18.6
社湾村	43			337	7.8			337	7.8
边山村	40	391	9.8	115	2.9	11.5	0.3	517.5	12.9
穿山村	28	112	4	78	2.8			190	6.8
窑上村	8	125	15.6	21	2.6			146	18.3
合计	162	1428	8.8	552	3.4	11.5	0.7	1991.5	12.3

表 28 续(三)

桂林县									
村名	户数	田		地		山		合计	
		亩数	每户平均数	亩数	每户平均数	亩数	每户平均数	亩数	每户平均数
大浪坪	18	241.5	13.4					241.5	13.4
常安村	23	116.9	5.1	1.9	0.08	15	0.7	133.8	5.8
大参村	3	24.1	8			5.9	2	30	10
岩岭村	26	247.1	9.5					247.1	9.5
雁山村	21	150.4	7.2	24.4	1.2	32	1.5	206.8	9.8
合计	91	780	8.6	26.3	0.3	52.9	0.6	859.26	9.4

表 28 续(四)

龙州县											
村名	户数	田		地		山		荡		合计	
		亩数	每户平均数	亩数	每户平均数	亩数	每户平均数	亩数	每户平均数	亩数	每户平均数
那央坪	12	142	11.8	26	2.2					168	14
教导村	31	154.5	5	31.5	1	19	0.6			205	6.6
涝酌村	9	124	13.8							124	13.8
北郭村	2			4	2					4	2
河抱村	21	64.5	3.1	76.5	3.6			6	0.8	147	7
合计	75	485	6.5	138	1.8	19	0.3	6	0.8	648	8.6

表 28 续(五)

总计										
户数	田		地		山		荡		田地山荡亩数	每户平均数
	亩数	每户平均数	亩数	每户平均数	亩数	每户平均数	亩数	每户平均数		
520	3956.7	7.6	1441.5	2.8	146.1	0.3	52.5	0.1	5596.8	10.8

所有面积的阶段

各村的地权分配，在上述两表中已可概见，然各户所有的地权，并不平衡，有在五亩以下者，有在百亩以上者，相差甚巨。故分为若干阶段，而以各户归纳之，庶知各村在各个阶段内之户数，而庐山真面可一览无遗了。(表 29)

表 29　广西五县自耕农农户在所有田亩内的阶段分析

县别／村名／户数／阶段	苍梧						邕宁					柳州						
	古藤村	正湖村	沙尾村	长埇村	合计	对总户数的%	凌慕村	蟠庙村	定英村	合计	对总户数的%	雅中村	社湾村	边山村	穿山村	窑山村	合计	对总户数的%
0.1—4.9	4	11	7		22	27.8	2	1	14	17	15.0	5	10	14	10	1	40	24.7
5—9.9	7	24	3	1	35	44.3	4	14	17	35	30.9	5	18	13	11	2	49	30.2
10—19.9	5	10	2	1	18	22.7	3	18	22	43	38.3	14	13	8	7	1	43	26.5
20—29.9	1		1	1	3	3.9	1	5	5	11	9.7	9	2	3		1	15	9.4
30—39.9		1			1	1.3	1	3		4	3.5	8		1		3	12	7.4
40—49.9									2	2	1.7	1					1	0.6
50—99.9						1				1	0.9	1					1	0.6
100—199.9														1			1	0.6
合计	17	46	13	3	79	100	12	41	60	113	100	43	43	40	28	8	162	100

表 29 续

阶段 \ 户数 \ 村名 \ 县别	桂林							龙州							总计	
	大浪坪	常安村	大参村	岩岭村	雁山村	合计	对总户数的％	那央村	教导村	滂鹋村	北郭村	河抱村	合计	对总户数的％	户数	对总户数的％
0.1—4.9	5	11	1	9	8	34	37.4	1	14		2	6	23	30.7	136	26.2
5—9.9	1	11	1	8	7	28	30.8	5	10	2		11	28	37.3	175	33.6
10—19.9	8	1	1	7	5	22	24.2	3	7	6		3	19	25.4	145	27.8
20—29.9	4			1		5	5.4	2		1		1	4	5.3	38	7.4
30—39.9				1		1	1.1	1					1	1.3	19	3.6
40—49.9					1	1	1.1								4	0.8
50—99.9															3	0.6
100—199.9															1	0.2
合计	18	23	3	26	21	91	100	12	31	9	2	21	75	100	520	100.0

从一般观察，在五亩至十亩这个阶段内的户数最多，占33.6％，十亩至二十亩的户数，占27.8％，从零亩至五亩的户数，占26.2％，五十亩至百亩者仅三户，占0.6％，而一百亩以上者，只柳州边山村一户，占0.2％而已。

按广西农家生活情形，自耕农有田十亩以上者，若不负债，可以自给，因此在这个阶段分析之中，我们可以得到一个结论，即百分之六十的自耕农，是不能自给而在生活水平线的下面。

一般的状况，既如上述，再就各县言之，则以邕宁为最佳，在可以自给的标准以上者，占54.1％，在标准以下者，占45.9％。柳州次之，在标准以上者，45.1％，在标准以下者，54.9％。桂林更次之，在标准以上者，31.8％，以下者，68.2％。苍梧在标准以上者，27.9％，以下者，72.1％。龙州在十亩以上者，占32％，以下者，占68％，然土地硗薄，地多田少，产量不多，且半赖天时，故龙州自耕农之生活水平线，实须在二十亩以上者，而所占分数，仅6.6％而已。

每人平均亩数

五百二十户的自耕农，共有丁口二千五百二十七人，平均每户有4.8人。有田五千五百九十六亩八分，最多者每人十二亩五分，最少者仅有八分，平均每人得二亩二分。依照上面的标准，每户需要有十亩以上的田，才能自给，即每人至少须有两亩以上的土地；故平均在二亩以下者，即为不足自给者，此等人数计有一千二百二十人，约占全数之半，而此半数之中，更有四百六十九人，平均仅得八分，其苦更可想见。

各县的均数，当以苍梧为最高，平均每人二亩七分，邕宁、柳州次之，然皆在二亩以上，桂林、龙州，则不足二亩了。再从各县人数计算，则苍梧之自耕农，不能自给者占22％，邕宁占36.4％，柳州占41.3％，均不过半数。龙州、桂林则否，不能自给者，占60％，皆日守其细小之土地。而挣扎于饥寒之中。（表30）

表 30 广西五县自耕农每人平均的所有田亩

县别	苍梧县			邕宁			柳州		
阶段别	人数	所有田亩数	每人平均所有亩数	人数	所有田亩数	每人平均所有亩数	人数	所有田亩数	每人平均所有亩数
0.1—4.9	52	64.0	1.2	64	53.8	0.8	144	102.5	0.7
5—9.9	106	248.5	2.3	152	278.4	1.8	212	337.5	1.6
10—19.9	58	238.0	4.1	234	566.3	2.4	260	549.0	2.1
20—29.9	13	63.0	4.8	85	270.9	3.2	109	339.5	3.1
30—39.9	10	38.0	3.8	26	138.7	5.3	101	371.0	3.6
40—49.9				20	81.5	4.1	13	40.0	3.0
50—99.9				13	57.0	4.4	8	65.0	8.1
100—199.9							15	187.0	12.5
合计	239	651.5	2.7	594	1446.6	2.4	862	1991.5	2.3

表 30 续

县别	桂林			龙州			总计		
阶段别	人数	所有田亩数	每人平均所有亩数	人数	所有田亩数	每人平均所有亩数	人数	所有田亩数	每人平均所有亩数
0.1—4.9	126	91.4	0.7	83	6.5	0.8	469	376.7	0.8
5—9.9	139	227.9	1.6	142	186.5	1.3	751	1278.8	1.7
10—19.9	131	352.1	2.7	127	267.5	2.1	810	1972.9	2.2
20—29.9	33	110.2	3.3	25	99.0	4.0	265	882.6	3.7
30—39.9	8	36.0	4.5	7	30.0	4.3	152	613.7	4.0
40—49.9	11	41.6	3.8				44	163.1	3.7
50—99.9							21	12.2	5.8
100—199.9							15	187.0	12.5
合计	448	859.2	1.9	384	648	1.7	2527	5596.8	2.2

且各县自耕农中，类皆举债，有田愈多，负债愈大，一年之所入，半用之于利息之支付，严格言之，真能自给自足者，恐不满百分之三十，而对各村总户数之百分数，必更为低落。元气断丧，根本渐虚，实为农村没落之重要原因，而桂省借贷之利息之高，更足以致农村之死命，其情势之严重，诚有不可忽视者。

生殖率与死亡率所受经济的影响

尤可使人注意者，为人口之繁殖问题，观于各阶段内各户之人数，凡阶段愈高者，其每户之人数亦愈多，在零亩至五亩者，每户平均3.4人，五亩以上至四十亩者，每户八人，四十亩至五十亩者，每户十一人。这个状态，可以用两种理由来说明；

（一）分家关系，人口既分开而自立门户，土地亦细分而降落。

（二）经济关系，工作繁重，生活简陋，致生殖率减低而死亡率增加。

但分家者，并不多见，则知此减少原因，完全基于经济压迫。长此以往，不独农村破产，为全国隐忧，即人口减少，亦将成为重要问题了。

且死亡率之增加，更可从参加田间工作人数见之。盖零亩至五亩与五亩至十亩，两个阶段内，老弱者占37%；十亩至二十亩者，占46%；二十亩至三十亩者，占50%；由此观之，田亩较多，经济力较厚者，其生殖率较强，而死亡率较少。反之，则生殖率较弱，而死亡率较多。人口之消长，与经济力厚薄的连锁，如此明显，实亦为农村中的一个重要问题。（表31）

表31　广西五县自耕农每户人数在各阶段的比例

县别	苍梧			邕宁			柳州		
阶段别	户数	每户平均人数	每户平均耕作人数	户数	每户平均人数	每户平均耕作人数	户数	每户平均人数	每户平均耕作人数
0.1—4.9	22	2.4	2.4	17	3.8	2.4	40	3.6	2.0
5—9.9	35	3.0	3.0	35	4.3	2.4	49	4.3	2.5
10—19.9	18	3.2	3.2	43	5.4	3.0	43	6.0	3.1
20—29.9	3	4.3	4.3	11	7.7	3.9	15	7.3	3.5
30—39.9	1	10.0	10.0	4	6.5	3.0	12	9.4	4.2
40—49.9				2	10.0	5.5	1	13.0	6.0
50—99.9				1	13.0	10.0	1	8.0	4.0
100—199.9							1	15.0	8.0
合计	79	3.0	3.0	113	5.3	2.9	162	5.3	2.8

表31续

县别	桂林			龙州			总计		
阶段别	户数	每户平均人数	每户平均耕作人数	户数	每户平均人数	每户平均耕作人数	户数	每户平均人数	每户平均耕作人数
0.1—4.9	34	3.7	2.2	23	3.6	2.2	136	3.4	2.2
5—9.9	28	5.0	2.8	28	5.1	2.9	175	4.3	2.7
10—19.9	22	6.0	2.3	19	6.7	3.4	145	5.7	3.0
20—29.9	5	6.6	2.8	4	6.3	4.0	38	7.0	3.7

续表

县别	桂林			龙州			总计		
阶段别	户数	每户平均人数	每户平均耕作人数	户数	每户平均人数	每户平均耕作人数	户数	每户平均人数	每户平均耕作人数
30—39.9	1	8.0	5.0	1	7.0	3.0	19	8.0	4.0
40—49.9	1	11.0	8.0				4	11.0	6.0
50—99.9							2	10.5	7.0
100—199.9							1	15.0	8.0
合计	91	4.9	2.5	75	5.1	2.8	520	4.9	2.8

实际参加工作者每人平均的亩数

至劳动力之耗费，又为生产上一重大损失，零亩至五亩者每人仅耕一亩三分；五亩至十亩者，每人仅耕三亩一分；十亩至二十亩者，每人耕四亩五分；二十亩至三十亩者，每人耕六亩四分；三十亩至四十亩者，每人耕七亩七分；四十亩至五十亩者，每人耕六亩五分；五十亩至一百亩者，每人耕八亩七分；一百亩以上者，每人耕二十三亩三分；若以每人耕十亩计算，则劳力之耗费，实不可以胜计了。（表 32）

表 32　广西五县自耕农参加田间工作者每人平均耕作亩数

县别	苍梧			邕宁			柳州		
阶段别	耕作人数	使用田亩数	每人平均耕作亩数	耕作人数	使用田亩数	每人平均耕作亩数	耕作人数	使用田亩数	每人平均耕作亩数
0.1—4.9	52	64.0	1.2	40	53.8	1.3	81	102.5	1.2
5—9.9	106	278.5	2.3	84	278.4	3.3	122	337.5	2.8
10—19.9	58	238.0	4.0	130	566.3	4.3	134	549.0	4
20—29.9	13	63.0	4.8	43	270.9	6.3	53	339.5	6.4
30—39.9	10	38.0	3.8	12	138.7	11.5	50	371.0	7.4
40—49.9				11	81.5	7.4	6	40.0	6.7
50—99.9				10	57.0	5.7	4	65.0	16.2
100—199.9							8	187.0	23.3
合计	239	651.5	2.7	330	1446.6	4.3	458	1991.5	4.3

表 32 续

县别	桂林			龙州			总计		
阶段别	耕作人数	使用田亩数	每人平均耕作亩数	耕作人数	使用田亩数	每人平均耕作亩数	耕作人数	使用田亩数	每人平均耕作亩数
0.1—4.9	74	91.4	1.2	50	65.0	1.3	297	376.7	1.3
5—9.9	79	227.9	2.9	80	186.5	2.3	471	1278.8	3.1
10—19.9	51	352.1	7.0	64	267.5	4.2	437	1972.9	4.5
20—29.9	14	110.2	7.8	16	99.0	6.2	139	882.6	6.4
30—39.9	5	36.0	7.2	3	30.0	10.0	80	613.7	7.7
40—49.9	8	41.6	5.2				25	163.1	6.5
50—99.9							14	122.0	8.7
100—199.9							8	187.0	23.3
合计	231	859.2	3.7	213	64.8	3	1471	5596.8	3.8

苍梧之耕作最多者，每人不及五亩，邕宁之耕十亩以上者，仅 4%，五亩以上者 19%；五亩以下者 77%；柳州之耕十亩以上者，仅2.6%，五亩以上者，23.8%，五亩以下者，73.6%；桂林亦无一人耕作在十亩以上，至五亩以上者，占33.7%，五亩以下者，66.3%，龙州耕十亩以上者，占1.4%，五亩以上者7.5%，五亩以下者91.1%。总计能满足其劳力者，仅0.5%而已，在五亩以上者17.5%，五亩以下者，实占 82%。

耕畜的状况

再者桂省土质坚硬，非深耕则作物不易繁滋，况荒地举目皆是，苟有一牛，便可任意垦植，故农民莫不欲养牛，然无论黄牛水牛，每头价格皆在五十元以上，贫者即无力购买。且年来牛疫盛行，死者接踵，每村之牛，约少百分之五十，昔之举债而购牛者，满望购牛之后，生产增加，以增加之收入，为还债之的款，无如一旦病死，财畜两失，生产不增，反多负担；于是无力再买者，乃向人租用或代养。第牛租甚重，一牛之租，需谷二百斤，故买牛既因牛疫而有戒心，租牛复受牛主重大之剥削。所谓代养者，即牛主之母牛由农民领去牧养使用，所生小犊以四分之三归牛主，即母牛生四小犊，则代养者始得其一。代养者，牺牲食料，以易小犊，而牛主则以一次之代价数十元，购入母牛，不费牧养之劳，便可生小犊，出售而牟利了。且每年尚须代养者至牛主家中作工多日，并无工资，为付给牛主购牛之利息，名曰帮牛工。故双方权利，并不平均，不过较之租牛，则农民稍为有利也（表 33）。

表 33　广西五县自耕农的耕畜

阶段＼户数＼村名＼县别	苍梧						邕宁					柳州						
	古藤	正湖	沙尾	长埇	合计	每户平均数	凌慕	蟠庙	定英	合计	每户平均数	雅中	社湾	边山	穿山	窑上	合计	每户平均数
0.1—4.9	1		6		7	0.32	1		6	7	0.41		9	4	4	1	18	0.45
5—9.9	4		4		8	0.23	3	19	23	45	1.29	1	21	5	13	1	41	0.82
10—19.9	5	1	2	2	10	0.56	2	18	34	54	1.23	9	25	6	12	1	53	1.26
20—29.9	2	2	1	3	8	2.67	1	11	11	23	2.09	8	4	2		2	16	1.07
30—39.9							2	8		10	2.50	6		2		4	12	1.00
40—49.9									5	5	2.50	1		3			4	4.00
50—99.9							2			2	2.00	1					1	1.00
合计	12	3	13	5	33	0.42	11	56	79	146	1.29	26	59	22	29	9	145	0.89

表 33 续

阶段＼户数＼村名＼县别	桂林							龙州				总计	
	大浪坪	常安	大参	岩岭	雁山	合计	每户平均数	教导	河抱	合计	每户平均数	畜数	每户平均数
0.1—4.9	1	5		5	1	12	0.35	2	3	5	0.22	49	
5—9.9	1	11		6	14	32	1.14	10	11	21	0.75	147	
10—19.9	9		1	7	10	27	1.23	11	5	16	0.84	160	
20—29.9	5		1	1		7	1.40		2	2	0.50	56	
30—39.9				1		1	1.00					23	
40—49.9					3	3	3.00					12	
50—99.9												3	
合计	16	16	2	20	28	82	0.90	23	21	44	0.59	450	

五县自耕农共有牛四百五十头，平均每户不足一头；苍梧四村有牛三十三头，邕宁三村有牛一百四十六头，定英村租用颇多，占本村百分之十二，代养者一；柳州五村有牛一百四十五头，社湾、穿山二村租用八头，代养者四；桂林五村有牛八十二头，租用者三，大参村瘟牛最甚，现全村自耕农中只有两头牛；龙州五村，仅两村有牛四十四头。

半自耕农

许多农民，因自己所有的田，不敷耕种，所以又租一部分田来使用，他利用过剩的劳力，以增加生产，这是土地分配不均匀之必然状态。但地主因赋税的繁重，及各种的需要，便把租额一天一天的提高，从主要作物产量百分之三十至七十。有的虽是分租的形式，而实际上却是硬租的性质，除了大荒年颗粒无收外，虽有灾歉，他还是要按着租田的面积和分租的成数计算。因此，虽是分租，不啻成了全部没收，佃户缴去田租，一无所得，全年劳力，只换得少许副产而已。不但如此，地主还要增加他田亩的虚数，例如五石的田（桂省大部分田亩均以产量计算），在出租的时候，他便称为六石，收租即以六石的七成计算，无形中又加了两成。而佃户亦因离乡他去，虽难另寻职业，株守田亩，又难维持生活，而备尝失地的痛苦了。

加以外货压迫土货，机器工业压迫手工业，及天灾人祸等各种原因所构成的结果，政府增收捐税，地主提高租额，商人增高物价，贱入贵出，重重剥削，一齐受着资本主义的转动，向农村袭击，而受祸最烈者，即缺乏土地的半自耕农与佃农。

各县半自耕农的成分

五县半自耕农，共有一百七十四户，占总户数17.7％，尚不甚多，桂林占 8％，邕宁、苍梧各占3.7％，柳州 2％，龙州0.3％。（表 34）

表 34　广西五县半自耕农在本村所占的成分

苍梧县				邕宁县				柳州县			
村名	户数	本村总户数	对本村总户数的％	村名	户数	本村总户数	对本村总户数的％	村名	户数	本村总户数	对本村总户数的％
古藤村	13	46	28.2	凌慕村	31	46	67.4	雅中村	6	83	7.5
正湖村	7	55	12.8	蟠廂村	4	45	8.9	社湾村	1	77	1.3
沙尾村	4	39	10.3	定英村	1	63	1.6	边山村	5	61	8.2
长埇村	12	45	26.7					穿山村		32	
								窑上村	8	19	42.1
合计	36	185	19.4	合计	36	154	23.4	合计	20	272	7.3

表 34 续

桂林县				龙州县				总计		
村名	户数	本村总户数	对本村总户数的％	村名	户数	本村总户数	对本村总户数的％	户数	总户数	对总户数的％
大浪坪	7	36	19.4	那央村	1	16	6.6			
常安村	18	50	36.0	教导村	1	33	3.0			
大参村	26	69	37.7	湧齗村	2	11	18.0			
岩岭村	8	47	17.0	北廓村		14				
雁山村	19	73	26.0	河抱村		23				
合计	78	275	28.4	合计	4	97	4.2	174	983	17.7

就各县个别计算，桂林为最多，占28.4％，龙州最少，占4.2％。

至若各村所含之成分，则极不一致，柳州社湾村，七十七户之中，仅有一户，邕宁定英村六十三户中亦仅一户，而同在一县之凌慕村，则四十六户内有三十一户为半自耕农；此无他，各村之经济环境有以致之。定英村在邕宁之五塘，尽为水田，年可两熟，绿野平畴，产米甚丰，故农民皆堪自给，土地买卖极少。凌慕村在邕宁之苏墟，山多土瘠，田仅可一熟，畲地只种杂粮，是以人民穷困，而占了本村户数67.4%了。

租田成分的分析

他们在各村的分布，既如上述，但各户租用的田亩，互有多少，或自有之田多于租田，或租田多于自田，由纳租之多寡，形成经济力之差别。兹将此类农户别为两类：

（一）大部分耕田自有者，

（二）大部分耕田租入者。

大部分耕田自有者，共有七十八户，邕宁三十户，桂林二十七户，苍梧十五户，柳州四户，龙州二户。大部分耕田租入者，九十六户，桂林、柳州、苍梧均居多数，龙州两者相等，邕宁六户，大部分耕田自有者，较占优势（表35）。

表35　广西五县半自耕农性质的分析

半自耕农	苍梧县		邕宁县		柳州县	
租田的区别	户数	对总户数的%	户数	对总户数的%	户数	对总户数的%
大部分耕田自有者	15	41.7	30	83.3	4	20
大部分耕田租入者	21	58.3	6	16.7	16	80
合计	36	100	36	100	20	100

表35续

半自耕农	桂林县		龙州县		总计	
租田的区别	户数	对总户数的%	户数	对总户数的%	户数	对总户数的%
大部分耕田自有者	27	34.6	2	50	78	44.2
大部分耕田租入者	51	65.4	2	50	96	55.8
合计	78	100	4	100	174	100

五县总计，则大部分耕田租入者，实较大部分耕田自有者为多，换言之，即多数半自耕农仅有少数自田，须租进较多土地而年纳多量租谷者。

所有的面积

各县半自耕农内所有的田亩，计苍梧一百八十七亩二分，邕宁三百十九亩九分，柳州一百四十九亩，桂林二百七十四亩四分，龙州五十亩，合计九百八十亩五分，每户平均有五亩六分。惟各县总数之内，均包含田地山荡各种不同之土地；土地不同，则作物与收入，亦判然斯异，故仍按地目，加以分析，计有田七百亩零六分，占71.4%，地二百二十七亩，占23.1%，山四十二亩二分，占4.4%，荡十亩零七分，占1.1%。

为求了解各村半自耕农田收入之状况起见，再将所有田亩，分类统计，并附户数以资参考（表36）。

表36 广西五县半自耕农所有田亩地目的分析

苍梧县

村名	户数	田		地		山		荡		合计	
		亩数	每户平均数	亩数	每户平均数	亩数	每户平均数	亩数	每户平均数	亩数	每户平均数
古藤村	13	56	4.3			8	0.6	4	0.3	0.8	5.2
正湖村	7	16	2.3	34.7	5			2.5	0.4	53.2	7.6
沙尾村	4	10	2.5							10	2.5
长埔村	12	34	2.8			22	1.8			56	4.7
合计	36	116	3.2	34.7	1	30	0.8	6.5	0.2	187.2	5.2

表36续(一)

邕宁县

村名	户数	田		地		山		荡		合计	
		亩数	每户平均数	亩数	每户平均数	亩数	每户平均数	亩数	每户平均数	亩数	每户平均数
凌慕村	31	172.8	5.6	79.9	2.6	4	0.1	4.2	0.1	260.9	8.4
蟠厢村	4	32.8	8.2	18	4.5	3.2	0.8			54	13.5
定英村	1			5	5					5	5
合计	36	205.6	5.7	102.9	2.9	7.2	0.2	4.2	0.1	319.9	8.9

表36续(二)

柳州县

村名	户数	田		地		合计	
		亩数	每户平均数	亩数	每户平均数	亩数	每户平均数
雅中村	6	5.9	10			5.9	10
社湾村	1			3.5	3.5	3.5	3.5
边山村	5			2.4	4.8	2.4	4.8
穿山村							
窑上村	8	10.5	1.3	5.2	6.5	62.5	7.8
合计	20	69.5	3.5	79.5	4	14.9	7.4

表 36 续(三)

桂林县									
村名	户数	田		地		山		合计	
		亩数	每户平均数	亩数	每户平均数	亩数	每户平均数	亩数	每户平均数
大浪坪	7	34.8	5					34.8	5
常安村	18	39.6	2.2	2.7	0.15			42.3	2.4
大参村	26	10.2	3.9			5	0.2	10.7	4.1
岩岭村	8	53.9	6.7					53.9	6.7
雁山村	19	33.2	1.7	3.2	0.17			36.4	1.9
合计	78	263.5	3.4	5.9	0.08	5	0.06	274.4	3.5

表 36 续(四)

龙州县							
村名	户数	田		地		合计	
		亩数	每户平均数	亩数	每户平均数	亩数	每户平均数
那央坪	1			3	3	3	3
教导村	1	18	18	1	1	19	19
湧鹷村	2	28	14			28	14
北郭村							
河抱村							
合计	4	46	11.5	4	1	50	12.5

表 36 续(五)

总计										
户数	田		地		山		荡		田地山荡亩数	每户平均数
	亩数	每户平均数	亩数	每户平均数	亩数	每户平均数	亩数	每户平均数		
174	700.6	4	227	1.3	42.2	0.2	10.7	0.06	980.5	5.6

所有面积的阶段

上文是表显了半自耕农在各县的成分及其性质，暨所有田亩与地目的分析，平均每户有五亩六分。但事实上却并没有这样平均，最多的还是零亩至五亩这个阶段，共有一百零九户，占户数62.6%，有田二百七十二亩八分，占亩数27.8%；五亩至十亩的，到只有三十五户，占户数20.1%，有田二百四十七亩五分，占亩数25.2%；十亩以上者，拢总三十户，占户数17.7%，有田四百六十亩二分，占亩数 47%。(表 37)

表 37　广西五县半自耕农在所有田亩内的阶段分析

阶段＼户数＼村名＼县别	苍梧						邕宁					柳州						
	古藤村	正湖村	沙尾村	长埇村	合计	对总户数的%	凌慕村	蟠厢村	定英村	合计	对总户数的%	雅中村	社湾村	边山村	穿山村	窑上村	合计	对总户数的%
0.1—4.9	8	1	4	7	20	55.6	13			13	36.1	2	1	3		1	7	35
5—9.9	2	4		4	10	27.8	7	1	1	9	27.8	2		2		5	9	45
10—19.9	3	2		1	6	16.6	9	3		12	33.4	1				2	3	15
20—29.9							2			2	2.7							
30—39.9												1					1	5
合计	13	7	4	12	36	100	31	4	1	36	100	6	1	5		8	20	100

表 37 续

阶段＼户数＼村名＼县别	桂林							龙州							总计	
	大浪坪	常安村	大参村	岩岭村	雁山村	合计	对总户数的%	那央村	教导村	[illegible]村	北郭村	河抱村	合计	对总户数的%	户数	对总户数的%
0.1—4.9	6	18	20	5	19	68	87.2	1					1	25	109	62.6
5—9.9			4	2		6	7.7			1			1	25	35	20.1
10—19.9	1		2	1		4	5.1		1				1	25	26	14.9
20—29.9										1			1	25	3	1.8
30—39.9															1	0.6
合计	7	18	26	8	19	78	100	1	1	2			4	100	174	100.0

苍梧据西江上游，农村之没落最剧，半自耕农三十六户，占全县总户数19.4%，且以零亩至五亩者为最多，占55.6%，超过五亩至二十亩，两个阶段之和；沙尾村户数，完全在这个阶段之内，长埇村、古藤村，皆占了 60%，惟正湖村仅占 14%，因尚有鱼苗之利。

邕宁有三十六户，占全县总户数23.4%，零亩至五亩者，只凌慕村有十三户占36.1%；五亩至十亩者，三村皆有，占27.8%；十亩至二十亩者，有凌慕、蟠厢二村；占33.4%，各阶段尚称平均。

柳州有二十户，占全县总户数7.3%；以五亩至十亩者为最多。

桂林有七十八户，占全县总户数28.4%，零亩至五亩者六十八户，占87.2%，常安、雁山二村之农户，尽在此一阶段之中；其余三村五亩以上各阶段户数之和，仅12.8%。

龙州有四户，那央、教导二村各一户，[illegible]村二户，分布在零亩至三十亩四个阶段之内。

照这样分析的结果，便明瞭半自耕农以桂林、苍梧为最多，且均在最低的阶段。

生殖率与死亡率所受经济的影响

各阶段之户数与田亩，既已显然呈不均之象；户数愈多，田亩愈少，而人数亦复如是，在零亩至五亩者，五百四十三人，平均每户五人，每人有田四分；五亩至十亩者，二百十七人，平均每户六人，每人有田一亩一分；十亩至二十亩者，二百零一人，平均每户8.4人，每人有田一亩八分；二十亩至四十亩者，四十五人，平均每户十一人，每人有田二亩二分，其生殖与死亡所受经济的影响，完全与自耕农相同。（表38）

表38　广西五县半自耕农每户人数在各阶段的比例

县别	苍梧			邕宁			柳州		
阶段别	户数	每户平均人数	每户平均耕作人数	户数	每户平均人数	每户平均耕作人数	户数	每户平均人数	每户平均耕作人数
0.1—4.9	20	6.0	3.4	13	4.5	2.5	7	4.3	2
5—9.9	10	6.5	3.1	9	5.7	2.7	9	7	4.2
10—19.9	6	6.3	4.5	12	6.9	3.2	3	8.7	5.3
20—29.9				2	8.5	4			
30—39.9							1	17	13
合计	36	6.3	3.4	36	5.9	2.9	20	6.8	4.1

表38续

县别	桂林			龙州			总计		
阶段别	户数	每户平均人数	每户平均耕作人数	户数	每户平均人数	每户平均耕作人数	户数	每户平均人数	每户平均耕作人数
0.1—4.9	68	4.2	2.4	1	7	4	109	5.0	2.6
5—9.9	6	5	2.5	1	8	3	35	6.2	3.2
10—19.9	4	10.5	3.8	1	12	5	26	8.4	3.9
20—29.9				1	9	4	3	9.3	4
30—39.9							1	17	13
合计	98	5.1	2.4	4	9	4	174	5.8	3

每人平均所有亩数

各县每人平均所有田亩数，邕宁为最，每人一亩九分，柳州每人一亩一分，龙州一亩四分，而农产商品化之桂林、苍梧，人仅六分，五县总平均，每人不满一亩。（表39）

表 39 广西五县半自耕农每人平均的所有田亩

阶段别 \ 类别 \ 县别	苍梧			邕宁			柳州		
	人数	所有田亩数	每人平均所有亩数	人数	所有田亩数	每人平均所有亩数	人数	所有田亩数	每人平均所有亩数
0.1—4.9	119	43.5	0.3	58	41	0.7	30	22.5	0.7
5—9.9	65	75.2	1.1	51	628	1.2	63	58.5	0.9
10—19.9	38	68.5	1.8	83	169.3	2.0	26	38.0	1.5
20—29.9				19	46.8	2.4			
30—39.9							17	30.0	1.8
合计	222	187.2	0.8	211	319.9	1.9	136	149	1.1

表 39 续

阶段别 \ 类别 \ 县别	桂林			龙州			5 县总计		
	人数	所有田亩数	每人平均所有亩数	人数	所有田亩数	每人平均所有亩数	人数	所有田亩数	每人平均所有亩数
0.1—4.9	329	162.8	0.5	7	3	0.4	543	272.8	0.4
5—9.9	30	44.0	1.5	8	7	0.9	217	247.5	1.1
10—19.9	42	67.6	1.6	12	19	1.6	201	362.4	1.8
20—29.9				9	21	2.3	28	67.8	2.4
30—39.9							17	30.0	1.8
合计	401	274.4	0.6	36	50	1.4	1006	980.5	0.98

使用田亩的成分

所有田亩如此之少，是以不得不向地主租田以裕收入，总计五县二十二村，一百七十四户半自耕农，租进了九百二十九亩四分，一共使用的面积为一千九百零九亩九分。桂林户数较多，故使用之面积，亦较各县为巨，计六百三十一亩八分；邕宁、苍梧，其户数之分数相同，而使用之面积亦不相上下；柳州次之，龙州最少。

然此系就总数而言，若以各户平均，则最多者实为龙州教导村，该村共计三十三户，有三十一户为自耕农，半自耕农与无土地者各一户，此户有田十八亩，因人口繁多，复租田十二亩，户主农焕新以教书为业，家境尚裕。柳州除社湾村一户仅七亩外，余均在十八亩以上，惟其耕田，均为大部分租赁者。桂林平均每户八亩一分，有三十七户平均在五亩左右，四十一户在十亩以上，但大部分耕田租入者，共有五十一户，由此可知在五亩左右之三十七户中，实含有不少户数仅有一部分之自田，邕宁、苍梧平均每户得十一亩，然邕宁大部分自田居多占83%，而苍梧则大部分自田者仅41%。(表 40)

表 40　广西五县半自耕农使用的田亩

苍梧县				邕宁县				柳州县			
村名	户数	使用田亩	每户平均数	村名	户数	使用田亩	每户平均数	村名	户数	使用田亩	每户平均数
古藤村	13	179.5	13.8	凌慕村	31	330.1	10.6	雅中村	6	119	19.8
正湖村	7	78.6	11.2	蟠庙村	4	65.6	16.4	社湾村	1	7	7
沙尾村	4	16.0	4	定英村	1	7.8	7.8	边山村	5	99	19.8
长埇村	12	126.0	10.5					穿山村			
								窑上村	8	146.5	18.3
合计	36	400.1	11.1	合计	36	403.5	11.2	合计	20	371.5	18.6

表 40 续

桂林县				龙州县				总计 5 县		
村名	户数	使用田亩	每户平均数	村名	户数	使用田亩	每户平均数	户数	使用田亩数	每户平均数
大浪坪	7	81.6	11.6	那央村	1	27	27			
常安村	18	88.8	4.9	教导村	1	31	31			
大参村	26	272.9	10.5	滂톊村	2	45	22.5			
岩岭村	8	88.1	11	北郭村						
雁山村	19	100.4	5.3	河抱村						
合计	78	631.8	8.1	合计	4	103	25.7	174	1909.9	11

使用田亩的阶段与租入的成分

由各村的所有田亩与使用田亩两个数字的对照，便显然知道了各村租借的情形。但这只能知道每村租进的总数，而不能清楚是在哪一个经济阶段的人所租用；因此，再做一个横的分析，是各阶段半自耕农的地位，格外能够呈露出来。

租进田亩九百二十九亩四分，占使用田亩48.7％。这租进的田亩，在所有田亩零亩至五亩一个阶段内，竟占了一半以上，计五百零四亩五分，同时又以桂林为最多，计二百九十三亩，占本县阶段内使用田亩64.3％，占五县阶段内58.2％，并且占租进田亩总数31.5％，苍梧亦复不少，计一百零七亩，占本县阶段内71.3％；五亩至十亩者，租进二百三十三亩五分，占使用田亩48.9％，十亩以上则所租无几了。从这个分析的结果，我们知需要土地者，以零亩至五亩这个阶段的农民为最多；并且在租进对使用的百分比内，占64.9％，则他们自有的田亩，仅占了35.1％，这是多么的琐小！这样琐小的田亩，全部收入，已不足观，何况大半的土地，还是租入，而须缴纳极高的租谷呢？若再以生活标准来说，每户须有十亩以上的自田，方能满足，则相差不啻倍蓰，因此，我们可以说广西的半自耕农，大半在生活线以下，而桂林、苍梧为尤甚。（表 41）

表 41 广西五县半自耕农租进农田的成分

所有田亩阶段 \ 类别 \ 县别	苍梧						邕宁					
	自有田亩数	使用田亩数	租进田亩数	自有对使用%	租进对使用%	租进对使用总数%	自有田亩数	使用田亩数	租进田亩数	自有对使用%	租进对使用%	租进对使用总数%
0.1—4.9	43.5	150.5	10.7	28.9	71.1	26.5	41	70	29	38.6	41.4	7.2
5—9.9	75.2	126.6	51.4	59.4	40.6	12.8	62.8	78.4	15.6	80.1	19.9	3.9
10—19.9	68.5	123	54.5	55.7	44.3	13.9	169.3	202.3	33	83.7	16.3	8.3
20—29.9							46.8	52.8	6	88.6	11.4	1.3
30—39.9												
合计	187.2	400.1	212.9	46.8	53.2	53.2	319.9	403.5	83.6	79.3	20.7	20.7

表 41 续(一)

所有田亩阶段 \ 类别 \ 县别	柳州						桂林					
	自有田亩数	使用田亩数	租进田亩数	自有对使用%	租进对使用%	租进对使用总数%	自有田亩数	使用田亩数	租进田亩数	自有对使用%	租进对使用%	租进对使用总数%
0.1—4.9	22.5	74	51.5	30.4	69.6	13.9	162.8	455.8	29.3	35.7	64.3	46.4
5—9.9	58.5	167.5	109	34.5	65.5	29.3	44.0	91.5	47.5	48	52	7.5
10—19.9	38	85	47	44	56	12.7	67.6	84.5	16.9	80	20	2.7
20—29.9												
30—39.9	30	45	15	66.6	33.4	4						
合计	149	371.5	222.5	40.1	59.9	59.9	274.4	631.8	357.4	43.3	56.6	5.66

表 41 续(二)

所有田亩阶段 \ 类别 \ 县别	龙州						总计					
	自有田亩数	使用田亩数	租进田亩数	自有对使用%	租进对使用%	租进对使用总数%	自有田亩数	使用田亩数	租进田亩数	自有对使用%	租进对使用%	租进对使用总数%
0.1—4.9	3	27	24	11.1	88.9	23.3	272.8	777.3	504.5	35.1	64.9	20.4
5—9.9	7	17	10	41.2	58.8	9.7	247.5	481.0	233.5	47.1	48.9	12.2
10—19.9	19	31	12	61.3	38.7	11.7	362.4	525.8	163.4	68.9	31.1	8.5
20—29.9	21	28	7	75	25	7	67.8	80.8	13	83.9	16.1	0.7
30—39.9							30	45	15	66.7	33.3	0.8
合计	50	103	53	48.3	51.5	51.5	980.5	1909.9	929.4	51.3	48.7	48.7

在使用阶段内农户的分布

分析了各县租田的成分，对于一般趋势，便有了一个轮廓。但是在某一村某一个阶段内农户，究竟租入了多少田，移转到哪一阶段，还不能明晰地提示出来，因此，将各农户在使用阶段内再作一度分析，并与各农户在所有田亩内阶段相印证，便可完全认识。

根据所有田亩自零亩至五亩者，一百零九户，及经租田之后，有七十一户，其使用之田超过五亩，转入别个阶段去了；而五亩至十亩者，增二十二户；十亩至二十亩者，增三十三户；二十至三十亩者，增九户；三十至四十亩者，增四户；四十至五十亩者，增两户；整个的观察，多数农户，是从零亩至五亩的阶段，跃入了五亩至十亩，及十亩至二十亩的两个阶段。（表 42）

表 42　广西五县半自耕农在使用田亩内的阶段分析

县别	苍梧						邕宁					柳州						
阶段＼户数＼村名	古藤村	正湖村	沙尾村	长埇村	合计	对总户数的%	凌慕村	蟠庙村	定英村	合计	对总户数的%	雅中村	社湾村	边山村	穿山村	窑上村	合计	对总户数的%
0.1—4.9	2	1	3	1	7	19.5	6			6	16.6							
5—9.9	2	2	1	3	8	22.2	11		1	12	33.3	3	1	1			5	25
10—19.9	6	3		8	17	47.2	11	3		14	38.9	1		2		6	9	45
20—29.9	2	1			3	8.3	1	1		2	5.6			1		2	3	15
30—39.9	1				1	2.8	2			2	5.6	1					1	5
40—49.9												1		1			2	10
合计	13	7	4	12	36	100	31	4	1	36	100	6	1	5		8	20	100

表 42 续

县别	桂林							龙州							总计	
阶段＼户数＼村名	大浪坪	常安村	大参村	岩岭村	雁山村	合计	对总户数的%	那央村	教导村	[illegible]村	北郭村	河抱村	合计	对总户数的%	户数	对总户数的%
0.1—4.9	1	11	3		10	25	32								38	21.8
5—9.9		6	12	5	9	32	41								57	32.8
10—19.9	5	1	10	2		18	23.4			1			1	25	59	33.9
20—29.9	1		1	1		3	3.6	1		1			2	50	13	7.5
30—39.9									1				1	25	5	2.9
40—49.9															2	1.1
合计	7	18	26	8	19	78	100	1	1	2			4	100	174	100

各县之变动，则苍梧上升颇烈，集中在十亩至二十亩一个阶段之内，桂林变动虽大，然多数只在五亩至十亩之间。每村之变动最甚者，当推桂林之大参及苍梧之古藤。

由所有阶段变迁至使用阶段的迹象

各村半自耕农之变动，已如上述，然其变动，究为循序推进，抑系躐等增加？例如丙阶段升至乙阶段，而原有之乙阶段升至甲阶段；或原有之乙阶段无所更动，而丙阶段越升为甲阶段；为上表犹未能表显，而半自耕农真实使用之情形，亦未能暴露，故更为表以示之。（表43）

表43 广西五县半自耕农使用田亩阶段的变动

縣別	蒼梧縣														
村別	古藤村			五湖村			沙尾村			長埔村			合計		
階段類別	所有階段戶數	變動戶數	使用階段戶數	所有階段戶數	變動戶數	使用階段戶數	所有階段戶數	變動戶數	使用階段戶數	所有階段戶數	變動戶數	使用階段戶數	所有階段戶數	變動戶數	使用階段戶數
0.1——4.9	8	2	2	1	1	1	4	3	3	7	1	1	20	7	7
5——9.9	2		2	4	2	2			1	4	1	3	10		8
10——19.9	3		6	2	2	3				1	1	8	6		17
20——29.9			2			1									3
30——39.9			1												1
40——49.9															
合計	13	13	13	7	7	7	4	4	4	12	12	12	36	36	36

縣別	邕寧縣											
村別	亭子村			蟠龍村			[illegible]			合計		
階段類別	所有階段戶數	變動戶數	使用階段戶數	所有階段戶數	變動戶數	使用階段戶數	所有階段戶數	變動戶數	使用階段戶數	所有階段戶數	變動戶數	使用階段戶數
0.1——4.9	13	6	6							13	6	6
5——9.9	7		11	1			1	1	1	9		12
10——19.9	9		11	3	2	3				12	10	14
20——29.9	2		1			1				2		2
30——39.9			2									2
40——49.9												
合計	31	31	31	4	4	4	1	1	1	35	35	35

表43续(一)

縣別	柳州縣														
村別	雅中村			社灣村			邏山村			寨上村			總計		
階段類別	所有階段戶數	變動戶數	使用階段戶數	所有階段戶數	變動戶數	使用階段戶數	所有階段戶數	變動戶數	使用階段戶數	所有階段戶數	變動戶數	使用階段戶數	所有階段戶數	變動戶數	使用階段戶數
0.1——4.9	2			1			3			1			7		
5——9.9	2	1	3			1	2			5			9	1	5
10——19.9	1		1						2	2		6	3		9
20——29.9									1			2			8
30——39.9	1		1										1		1
40——49.9			1						1						2
合計	6	6	6	1	1	1	5	5	5	8	8	8	20	20	20

縣別	桂林縣																	
村別	大浪埠			常安村			大參村			石橋村			雁山村			合計		
階段類別	所有階段戶數	變動戶數	使用階段戶數	所有階段戶數	變動戶數	使用階段戶數	所有階段戶數	變動戶數	使用階段戶數	所有階段戶數	變動戶數	使用階段戶數	所有階段戶數	變動戶數	使用階段戶數	所有階段戶數	變動戶數	使用階段戶數
0.1——4.9	6	1	1	18	11	11	20	3	3	5			19	10	10	68	27	25
5——9.9						6	4		12	2		5			9	6		32
10——19.9	1		5			1	2	1	10	1		2				4	1	18
20——29.9			1						1			1						3
30——39.9																		
40——49.9																		
合計	7	7	7	18	18	18	26	26	26	8	8	8	19	19	19	78	78	78

表 43 续(二)

县别 / 村别 / 阶段 / 类别	龍州縣												總計五縣		
	邪央村			敏争村			涝韵村			合計					
	所有階段户數	變動户數	使用階段户數	所有階段户數	變動户數	使用階段户數	所有階段户數	變動户數	使用階段户數	所有階段户數	變動户數	使用階段户數	所有階段户數	變動户數	使用階段户數
0·1——4·9	1									1			109	38 47	38
5——9·9		1					1	1		1	1 1		35	10 22 23 1	57
10——19·9				1					1	1		1	26	14 2	59
20——29·9			1		1		1	1	1	1	1 1	2	3	9 1	18
30——39·9												1	1	2 3 1	5
40——49·9														1	2
合計	1	1	1	1	1	1	2	2	2	4	4	4	174	174	176

以所有田亩之阶段为坐标，而随使用之多寡，分别移入各阶段，庶得寻源竟委，知某村有半自耕农若干户，有田若干亩；在某一阶段内有若干户原有田若干亩，又租入若干亩，因此有若干户转入某阶段，若干户转入某阶段，便可历历在目。虽不能举起户名而呼之，究可周知其一切，且足与别村别县作一比较。

实际参加工作的人数

五县半自耕农实行下田工作者，五百一十九人，较全人数相差一半。耕作人数，依使用阶段之户数统计，自零亩至十亩两个阶段内，每户平均2.5人，十亩至二十亩者每户3.2人，二十亩至三十亩者每户四人，三十亩至四十亩者每户4.4人，四十亩至五十亩者每户6.5人。

在各阶段内每人平均所耕亩数，以七亩一分为最高，一亩四分为最低；就众数而言，则以平均四亩三分者为最多，计有一百九十一人，占使用田亩总数36.8%；五县总平均，每人耕三亩七分。（表 44）

表 44　广西五县半自耕农参加田间工作者每人平均耕作亩数（指数＝100）

县别 / 类别 / 阶段	苍梧				邕宁				柳州			
	耕作人数	使用田亩数	每人平均耕作亩数	指数	耕作人数	使用田亩数	每人平均耕作亩数	指数	耕作人数	使用田亩数	每人平均耕作亩数	指数
0.1—4.9	30	23.5	0.8	8	13	21.2	1.6	16				
5—9.9	25	60.6	2.4	24	35	92.1	2.6	26	8	30	3.7	37
10—19.9	56	217.0	3.9	39	39	201.7	5.2	52	43	143.5	3.3	33
20—29.9	9	69.0	7.7	77	8	41.7	5.2	52	13	75	5.8	58
30—39.9	5	30.0	6.0	60	8	46.8	5.8	58	4	31	7.7	77
40—49.9									13	92	7	7
合计	125	400.1	3.2	32	103	403.5	3.9	39	81	371.5	4.6	46

表 44 续

阶段 \ 县别 / 类别	桂林				龙州				总计		
	耕作人数	使用田亩数	每人平均耕作亩数	指数	耕作人数	使用田亩数	每人平均耕作亩数	指数	耕作人数	使用田亩数	每人平均耕作亩数
0.1—4.9	54	91.7	1.7	17					97	136.4	1.4
5—9.9	75	230.5	3.0	30					143	413.2	2.8
10—19.9	50	242.1	4.8	48	3	17	5.7	57	191	821.3	4.3
20—29.9	15	67.5	4.5	45	8	55	6.7	67	53	308.2	5.8
30—39.9					5	31	6.2	62	22	138.8	6.3
40—49.9									13	92.0	7.1
合计	194	631.8	3.2	32	16	103	6.4	64	519	1909.9	3.7

分县观察，则苍梧、桂林不及此数，邕宁略有超出，柳州四亩六分，龙州六亩四分。各县中之亩数最多者，惟苍梧及柳州，耕七亩七分者十三人。假定每人之劳力耕十亩，则其耗费者多矣。

且浔江一带，前年因虫灾，无所收获，以致人民有食树皮者，而邕宁附近，荒地触目皆是，由此更可知桂省已耕地之缺乏。而人民之懒，实超越寻常，据马君武博士说，“苍梧附近乡间之男子，每年合计作工不过四十日，一切全赖女子，男子在家，甘愿枵腹鹑衣，趁墟赶赌，而不愿荷锄力田，自开新地”；故建设广西者，对于此种恶习，似宜特加注意。

耕畜之状况

五县半自耕农所有之牛，计一百八十二头，桂林七十九头，租者十三，代养者二，邕宁四十四头，内租者三，苍梧三十八头，柳州十九头，租者一头，龙州两头，平均每户可得一头。(表 45)

表 45　广西五县半自耕农的耕畜

阶段 \ 畜数 / 县别 / 村名	苍梧						邕宁					柳州						
	古藤村	正湖村	沙尾村	长埇村	合计	每户平均数	凌慕村	蟠厢村	定英村	合计	每户平均数	雅中村	社湾村	边山村	穿山村	窑上村	合计	每户平均数
0.1—4.9	6		4	14	24	3.4	12			12	2.00		1	2		1	4	0.56
5—9.9	2	1		5	8	1	9		1	10	8.33	3	1			5	9	1.00
10—19.9	3	1		2	6	0.35	16	3		19	0.74	1				4	5	1.67
20—29.9							3			3	1.50							
30—39.9												1					1	1.00
合计	11	2	4	21	38	1.06	40	3	1	44	1.22	5	2	2		10	19	0.91

表 45 续

阶段＼畜数＼村名＼县别	桂林							龙州			总计	
	大浪坪	常安村	大参村	岩岭村	雁山村	合计	每户平均数	教导村	合计	每户平均数	5县畜数	对总户数的%
0.1—4.9	6	9	18	5	25	63	2.5	2	2	2.5	105	
5—9.9		5	5	2		12	0.4				39	
10—19.9			2	2		4	0.22				34	
20—29.9											3	
30—39.9											1	
合计	6	14	25	9	25	79	1.01	2	2	0.5	182	1.05

然实际有牛者，则又不若此之普遍。桂林有牛者六十四户，邕宁二十九户，苍梧二十七户，柳州十四户，龙州三十一户，共计一百三十五户，占总户数77.6%。瘟牛之数甚夥，或遭疫疾传染，或因天寒冷死，如邕宁凌慕村之滕绍纪连死四牛，致负债五百元之巨。

佃农

桂省因人口之增加，省外之移殖，自然环境之支配与奢侈，懒惰，及经营竞争之结果，田地所有权渐就分散或集中于一部分人之身。

从前一般客家人，来时孑然一身，了无所有，就荒山野地，力行垦植，初种番薯、芋头以为食粮，继种桐茶以求利益，积数岁勤劳，便有钱来买地，于是他劳苦之结果，即取士人之田以代之。而商人因经营之合法，或借贷之结果，如前文所称之黄源盛等等，更吸收了不少的土地。

所以无田的人，一天多如一天，或无力垦荒，或无荒可垦，为维持生活计，既不能另开新地，自不得不赁田耕种了。且佃农所租赁的田，在过去大半仍为自己的，不过因了借贷的关系，把所有权转移了一次，而佃农为要求保守他的使用权，他卖的价格，还要比普通的卖价便宜（此系完全卖去，与卖田面权者不同）。

各县佃农的成分

五县佃农共计一百五十六户，占总户数18.8%，邕宁无佃农，这当然不是绝对的没有，不过所占成分甚少，在调查的三村中刚巧没有而已。桂林占43%，苍梧占36.6%，柳州占13.4%，龙州占7%，就各县户数的比较，苍梧占30.8%，桂林占24.4%，龙州占11.3%，柳州占7.7%（表46）。

表 46　广西四县佃农在本村所占的成分

苍梧县				柳州县				桂林县			
村名	户数	本村总户数	对本村总户数的%	村名	户数	本村总户数	对本村总户数的%	村名	户数	本村总户数	对本村总户数的%
古藤村	10	46	21.7	雅中村	5	83	6.0	大浪坪	5	36	13.9
正湖村	1	55	1.8	社湾村	12	77	15.6	常安村	5	50	10.0
沙尾村	21	39	53.8	边山村	3	61	4.9	大参村	36	69	52.2
长埇村	25	45	55.5	穿山村		32		岩岭村		47	
				窑上村	1	19	5.2	雁山村	21	73	28.7
合计	57	185	30.8	合计	21	272	7.7	合计	67	275	24.4

表 46 续

龙州县				总计		
村名	户数	本村总户数	对本村总户数的%	户数	总户数	对总户数的%
那央村	1	15	6.6			
教导村		33				
涝窑村		12				
北郭村	10	14	71.4			
河抱村		23				
合计	11	97	11.3	156	829	18.8

在苍梧所调查之四村，皆有佃农，仅正湖村只有一户，因在平政乡之长洲，为鱼苗汇萃之地，全乡每年鱼苗收入十余万，且昔年蚕丝之利极大，又柚子产额亦多，故工作虽苦，生活尚裕，沙尾、长埇二村，均超越半数以上。

桂林则岩岭村无佃农，盖地处良丰墟及两江墟之间，土壤中下，户口尚密，无地主，失地者无法租赁，故无佃农，而其他职业者，反占全村人口27.7%；大参村在潮田墟，山岭之地居多，产杂粮木材，其田率为大墟黄源盛所有，故佃农占全村户数52.2%；雁山村逼近良丰，一切情形，与大参村相类，惟良丰有一省立师范专科学校，需用工人甚多，遂增加许多新的工作，男子充校役，妇女洗衣服，所入颇丰，是以佃农较大参村为少，且因有副业之收入，故使用面积较为狭小。

柳州穿山村亦无佃农，各村所占分数，亦不甚大。

龙州教导、涝窑、河抱三村均无，那央村亦仅一户，惟下冻区北郭村，则突然高涨，占了71.4%，据区长说因为一般农民陷溺于奢侈赌博懒惰负债之中，遂将所有之田，渐渐移入下冻胡赵二姓的掌握，故佃农及半自耕农，有特殊的发达。

使用的面积

各村佃农的户数，业如上述，然各村使用的田亩，却极细小，平均每户只耕五亩二分。而地主首先将作物分去了一半，且农具种籽的消耗，又完全归佃农负担。

据广西统计局柳城县之调查，农家耕种费，农具四元种籽七元八角，一共又支出了十一元八角，那等于三担谷的代价，且肥料犹未计算在内。照这样计算，纵使五亩二分尽为稻田，每亩产量一百八十斤，亦只九百三十六斤，缴去半数的田租，三担的耕种费，则所存者仅一百六十八斤而已。就令耕种费不需如此之多，减为十元，则所得者亦无几了。以此而为一家衣食之资，诚不知何为而可。故或为挑夫小贩，或出为雇佣，或入山樵采，日博少许利息，以补家计。

生活极苦，以芋、薯、玉蜀黍，为正常之食品，住则破屋一椽，衣则鹑衣百结，釜甑生尘，室如悬罄，而彼等亦安之若素，且男子仍多负手闲行者。

在邕宁蟠厢村调查时，有一户中年夫妇二人，膝前幼女一；破屋一间（桂省以三开间一进为一间），左为农具及作物之储藏室，右分两层，下为牛栏，高约四尺，上庋以板，便为寝息之所；中门之侧放一泥灶，有时鸡棲其上，遗粪皆是，瓶罂之属，咸置于地；折脚凳二三，杂置其中，桌上灰尘堆积甚厚。男则在家抚其幼女，时少妇方樵柴归，就灶取食，有韭菜少许放于碗底约二十余茎，茎长寸许，无丝毫油味，晨间荞麦所制之冷糜粥约胜半碗，食之如津津有余味者。生活之苦如此，男子之懒如彼，又安得不穷且困呢！各村佃农使用的亩数附之如下。（表47）

表47　广西四县佃农使用的田亩

苍梧县		柳州县		桂林县		龙州县		总计
村名	使用田亩	村名	使用田亩	村名	使用田亩	村名	使用田亩	使用田亩
古藤村	64.5	雅中村	53.0	大浪坪	24.9	那央村	5.0	
正湖村	5.0	社湾村	92.0	常安村	31.7	教导村		
沙尾村	55.0	边山村	18.0	大参村	220.0	澇馸村		
长埇村	111.0	穿山村		岩岭村		北郭村	42.0	
		窑上村	8.0	雁山村	84.0	河抱村		
合计	235.5	合计	171.0	合计	360.6	合计	47.0	814.1

在使用阶段内农户的分布

各县佃农使用的田亩，完全集中在零亩至五亩这一个阶段，计八十三户，占53.2%；五亩以上者次之，计五十三户，占34%；十亩以上者，则寥寥无几了。最多的要算柳州雅中村的覃嘉龄，佃种了二十亩水田及五亩旱田。（表48）

表 48 广西四县佃农农户在使用田亩内的阶段分析

县别 / 村名 / 阶段 户数	苍梧							柳州							
	古藤村	正湖村	沙尾村	长埇村	合计	对总户数的%	指数	雅中村	社湾村	边山村	穿山村	窑上村	合计	对总户数的%	指数
0.1—4.9	6		18	15	39	68.4		1	2	1			4	19	
5—9.9	1	1	3	8	13	22.8		2	5	2		1	10	47.6	
10—19.9	3			2	5	8.8		1	5				6	28.6	
20—29.9								1					1	4.8	
合计	10	1	21	25	57	100		5	12	3		1	21	100	

表 48 续

县别 / 村名 / 阶段 户数	桂林								龙州								总计	
	大浪坪	常安村	大参村	岩岭村	雁山村	合计	对总户数的%	指数	那央村	教导村	澇鹳村	北郭村	河抱村	合计	对总户数的%	指数	户数	对总户数的%
0.1—4.9	2	1	16		14	33	49.3					7		7	63.6		83	53.2
5—9.9	3	4	12		7	26	38.8		1			3		4	36.4		53	34
10—19.9			8			8	11.9										19	12.2
20—29.9																	1	0.6
合计	5	5	36		21	67	100		1			10		11	100		156	100

苍梧、桂林、龙州三县均以零亩以上户数为最多，五亩以上，以次递减，柳州以五亩以上者为多，占全县佃农47.6%，似稍与他县不同。

使用田亩的成分

户数既经阶段的分析，其佃种之田亩，亦依阶段作一个统计，俾两表可以对照，庶知在各个阶段内每户所耕比较更精确的一个数字。且我们已假定自耕农以十亩以上为满足生活者，则佃农便须在二十亩以上，现在以租赁二十亩为一百，试一观其指数，则一个佃农群中，又显明的出了许多层次来了。（表 49）

表 49　广西四县佃农每户平均使用田亩数

阶段＼类别＼县别	苍梧县				邕宁县			
	户数	使用田亩数	每户平均亩数	指数	户数	使用田亩数	每户平均亩数	指数
1—4.9	39	94.5	2.4	24	4	9	2.3	23
5—9.9	13	83	6.9	69	10	63	6.3	63
10—19.9	5	58	11.6	116	6	74	12.3	123
20—29.9					1	25	25	250
合计	57	235.5	4.1	41	21	171	8.1	81

表 49 续

桂林县				龙州县				四县总计		
户数	使用田亩数	每户平均亩数	指数	户数	使用田亩数	每户平均亩数	指数	户数	使用田亩数	每户平均亩数
33	102.9	3.1	31	7	24	3.4	34	83	230.4	2.8
26	167.8	6.4	64	4	23	5.8	58	53	336.8	6.4
8	89.9	11.2	112					19	221.9	11.6
								1	25	25
67	360.6	5.4	54	11	47	4.3	43	156	814.1	5.2

实际参加耕作的人数

他们耕作的人数有四百零四人，平均每人两亩。就各县的比较，则柳州、桂林每人超过两亩，龙州、苍梧每人不及此数。各阶段的分析，以十亩以上者为最多，计每人可耕四亩九分，零亩至五亩者最少，仅一亩二分。（表 50）

表 50　广西四县佃农参加田间工作者每人平均耕作亩数

阶段＼类别＼县别	苍梧				柳州			
	耕作人数	使用田亩数	每人平均耕作亩数	指数	耕作人数	使用田亩数	每人平均耕作亩数	指数
0.1—0.1—4.9	97	94.5	0.9	9	6	9	1.5	15
5—9.9	39	83.0	2.1	21	32	63	2	20
10—19.9	13	58.0	4.5	45	13	74	5.7	57
20—29.9					8	25	3.1	31
合计	149	235.5	1.6	16	59	171	2.9	29

表 50 续

桂林				龙州				总计		
耕作人数	使用田亩数	每人平均耕作亩数	指数	耕作人数	使用田亩数	每人平均耕作亩数	指数	耕作人数	使用田亩数	每人平均耕作亩数
69	102.9	1.7	17	27	24	0.9	9	199	230.4	1.2
65	167.8	2.5	25	16	23	1.4	14	152	336.8	2.2
19	89.9	4.7	47					45	221.9	4.9
								8	25.0	3.1
153	360.6	2.3	23	43	47	1.1	11	404	814.1	2.0

耕畜的状况

佃农所有的耕畜，计一百三十九头，平均每户0.9头，实际有牛者六十五户占佃农总户数41.6%，有牛九十七头，苍梧长埇村有三家共畜一牛者，有两户连年瘟去八牛，近已无一牛者，桂林十四户租牛三十一头，两户代养四头，租者以雁山村为最多，柳州四户，租牛七头。(表 51)

表 51　广西四县佃农的耕畜

县别 村名 / 畜数 阶段	苍梧						柳州			
	古藤村	正湖村	沙尾村	长埇村	合计	每户平均数	社湾村	边山村	合计	每户平均数
0.1—4.9	2		13	4	19	0.49	6		6	1.5
5—9.9	1		3	10	14	1.08	1	2	3	0.3
10—19.9	1			6	7	1.40	9		9	1.5
合计	4		16	20	40	0.70	16	2	18	0.86

表 51 续

桂林						龙州			总计	
大浪坪	常安村	大参村	雁山村	合计	每户平均数	北郭村	合计	每户平均数	畜数	每户平均数
		6	24	30	0.01	10	10	1.43	65	
2	2	11	7	22	0.85	9	9	2.25	48	
		10		10	1.25				26	
2	2	27	31	62	0.92	19	19	1.73	139	

在这里显明的看出，佃农的耕畜，是比任何农户为少，就知道佃农的经济，是比任何农户更为困难。并且因了经济力的薄弱，所以周转更觉不灵，而生产亦受其影响了。

例如地主有随时收回土地的可能，佃农便无佃权的保障，因此除现有之少数淡肥（兽粪）

外，仅施用多量石灰，以吸收地中原有之肥料，而不肯为于田地有永久利益的设备，地力既因此而渐失，生产亦因之而渐灭了。

其他村户

在农村里面，除了农户以外，还有一种非农户的存在。这种非农户的产生，是有两个原因：

(1) 是环境的需要，因为农民不能每人自冶而炊，自织而衣，自己架木而为居，所以便有铁工、织工、木工等等工人之产生。

(2) 是环境的驱使，农民失去了耕地，无以为活，除出外当兵及佣工外，便出卖劳力或逐什一之利以资糊口；更有没落的财主，肩不能挑，手不能提，于是在三家村里做塾师，或堪舆巫医之类，来维持他的生活，基如上述的关系，农村之中，便有一部分非农户的存在。但第一种的，虽不耕田，却暗合着分工合作的意义，而与农村无损；而第二种的，实完全是农村崩溃的象征。所以我们知道了各村非农户的数目及职业的类别，更可以看出农村里面的机构。

各县非农户的成分

五县的非农户，共有一百二十三户，占总户数12.5%，柳州因为已耕地的狭小，故非农户便特殊的膨胀，有六十七户在总数中超过半数，占全县总户数约24.6%，雅中、社湾、边山三村，皆在本村 20%以上，穿山、窑上则分数稍低。桂林土地较为集中，是以非农户亦随之而增加，有三十四户占全县总户数12.4%。邕宁之土地分配尚为平均，苍梧则园艺发达，龙州户口稀而荒地多，故非农户甚少。(表 52)

表 52 广西五县其他村户在本村所占的成分

苍梧县				邕宁县				柳州县			
村名	户数	本村总户数	对本村总户数的%	村名	户数	本村总户数	对本村总户数的%	村名	户数	本村总户数	对本村总户数的%
古藤村	4	46	8.8	凌慕村	3	46	6.6	雅中村	28	83	33.7
正湖村	1	55	1.8	蟠廂村		45		社湾村	21	77	27.3
沙尾村		39		定英村	2	63	3.2	边山村	14	61	22.9
长埇村	5	45	11.1					穿山村	3	32	9.7
								窑上村	1	19	5.2
合计	10	185	5.4	合计	5	154	3.2	合计	67	272	24.6

表 52 续

桂林县				龙州县				总计		
村名	户数	本村总户数	对本村总户数的%	村名	户数	本村总户数	对本村总户数的%	户数	本村总户数	对本村总户数的%
大浪坪	4	36	11.2	那央村	1	15	6.6			
常安村	2	50	4.0	教导村	1	33	3.0			
大参村	4	69	5.8	澇鹳村	1	12	9.0			
岩岭村	13	47	27.7	北郭村	2	14	14.3			
雁山村	11	73	15.2	河抱村	2	23	8.7			
合计	34	275	12.4	合计	7	97	7.2	123	983	12.5

职业的分类

非农户的职业，繁杂异常，兹为便于叙述，分为四类，(1) 出卖劳力者，凡长期雇佣或另工及为人挑担者属之，(2) 小贩，凡为农民与商人之中间层者属之，(3) 加工业，凡一切农产品加以劳力而取其利润者属之，(4) 杂业，凡公务、教育、军人、巫医及各种职业之不能归纳于三类者皆属之。各类之户数列表如下。(表 53)

表 53 广西五县其他村户的分类

县别	苍梧		邕宁		柳州	
类别	户数	对总户数的%	户数	对总户数的%	户数	对总户数的%
出卖劳力者	4	40			32	47.7
小贩	2	20	3	60	12	18.0
加工业	1	10			16	23.9
杂业	3	30	2	40	7	10.4
合计	10	100	5	100	67	100.0

表 53 续

县别	桂林		龙州		总计	
类别	户数	对总户数的%	户数	对总户数的%	户数	对总户数的%
出卖劳力者	13	38.2	3	43	52	42.3
小贩	9	26.4	2	28.5	28	22.8
加工业	2	6.0			19	15.4
杂业	10	29.4	2	28.5	24	19.5
合计	34	100.0	7	100.0	123	100.0

各类职业的写真

苍梧十户，为机器缝工者两户，为人缝制新衣或制成售卖，实缝衣铺而兼衣店者，每年共获利三百余元，尚堪温饱。小贩一户，从商铺购得苏杭货物而贩卖于各墟，每墟三日一市，依次轮流，生涯亦颇不恶。专以樵采为业者三户，此盖无田可耕，无工可做者，每年得四五十元，仅供一人之衣食，故有两户均家无长物，含孑然一身之外，只一镰刀一扁担而已。为零雇及兼为小贩者两户，朝祝两户，所得极微差免冻馁。

邕宁五户，为泥司者二，从事于修葺及建筑，在昔终年无暇日，今则做工极少，故空闲之时，受人零雇及入山樵采，与旷野拾粪，生活甚艰。其余三户出外当兵者两人，与家庭不发生经济关系，做米贩者三人，每在新谷登场之后，从墟上籴谷回家以两日之力，碓成白米，然后再赴墟粜卖，如此循环往复，日可得一角左右，又剩下之碎米，可以充食，糠可以喂猪，其利虽薄人多趋之，足见乡村生活之艰苦，倘一旦碾米机器输入后，则无论水碓人力，皆将被其挤压了。余时樵采出雇，以工资或柴值维持生活。

柳州六十七户，出卖劳力者三十二户，长期雇佣者三，每人年得工资三十元，短期雇佣并樵采者二十七户，撑渡船者两户，趁工者以社湾村为最多，计十三户。小贩十二户，以牛贩获利为最巨，去年得二百四十元，六年前尤不止此数，赶墟摆摊卖苏杭杂货者次之，贩猪、羊、鸡、鸭者更次之。加工业十六户，如酿酒、制面，榨豆腐、磨粉干、烧炭等等，粉干每日可赚三角，烧炭每日可得两角。杂业七户，如看牛、拾粪、打鱼、屠猪、卖烂布等平时均兼作雇工，终日芸芸，难求一饱。

桂林三十四户，出卖劳力者十三户，长期雇用者三户，零雇户十户，此十三户中有两户皆只一人余则夫妇二人而已，因生活之艰苦，而人口之少如此。女子皆自食其力，如雁山村之妇女，大半均赖洗衣服为业（因附近有一师范专科学校），余则樵采。小贩九户，赶墟牟利。加工业两户，类能维持生计。杂业九户，如公役、巫医、军人等等，又有游民一户，不事生产，以赌为业。

龙州无土地者七户，河抱村两户，专恃零雇及樵采为活，北郭两户，为木匠者一，年可得七十元，制糕饼工人一，年得五十元，那央、教导、涝麫三村各有一户，为小贩者二，樵采者一，年各得四五十元。

总计一百二十三个非农户，虽各尽其力以谋生活，然确如上文所言为环境需要而产生者，仅缝工、竹匠、木匠、泥司等业，不满十户。杂业中不尽为农村所必需，加工业及小贩，亦仅可作为副业，樵采零雇，更可在农暇时为之，而今则因环境之驱使，以此为正业者在一百户以上，占二十二村总户数12.5%。若再加佃农16.9%则完全无土地者，便为30%，由此可知失地者之多，而反映出广西农村的极度穷困来了。

且因地广人稀的结果，到处皆有茅草野树，可以供他们樵采，所以无论怎样的穷困，只要斧斤随时入山林，便可得着一天最低限度的生活费，或者在官有的荒地和村有的荒地，从邻居借到一把锄一把犁，播下几斤番薯的种，也可以收获一点来充饥。因此，在这种饱不死、饿不死的局面之下，便养成了他们的惰性，而不思奋发有为，自造环境另开新地了。

土地分配的总检查

我们写完了土地分配的一段，觉得各县农户土地的使用，完全是一种集约经营，而很少粗放的组织。农村里面显然呈现了一种矛盾，一方面土地是不断的集中，同时在另一方面，土地又接续的细分，无土地者占了30%，而拥有土地者，亦极少满足他们使用的欲望。

地主在农村里面非常少见，同时在城市中间，亦寥寥无几，而在财政厅的考察报告内，见各县的租课也是很少，然而各县的佃农却非常发达，因此我们相信，农村中必定还有一种无形的地主存在着，就是宗法社会里的族产。

这种族产的管理，是把持在族中少数的智识分子手内，他们可以在这里面取得利益，而一般的族人，最多不过是得着一点缴租较轻的小惠；但因为各族管理者的操纵，多愿意把族产租给别姓的人耕种以取得高额的地租为一己之利益，故族人反不容易租到土地，而这种少数有利的宗法社会制度之下，土地便愈形集中了。

同时他们都相互保守着秘密，所以族产集中的真相，便不容易知道。在邕宁我们曾调查着几家佃户种的族产，据说都安全县土地百分之七八十皆为族产，则无怪乎佃农如此之多而地主之不易看见。

各类农户使用田亩在各阶段内之比较

在上文分类序述的当中，是把各县的各类农户的经济地位，算一个清账，现在我们打破了县村的区域，拿这八百六十个农户综合起来，依着使用的性质，归纳到各个阶段中去，这样便可以提出两点来，做桂省土地分配的一个总答复：

（1）每个阶段内多以自耕农占优势，其总数占全农户60%，半自耕农占20%，佃农占19%，而地主得其一。

（2）大多数农户耕田的使用，都集中于零亩至五亩，五亩至十亩的两个阶段，在生活水平线以上者，仅占3.9%。（表54）

表54 广西五县各类农户在各阶段内之户数的比较

县别 / 类别 / 阶段 户数	苍梧					邕宁				
	地主	自耕农	半自耕农	佃农	合计	地主	自耕农	半自耕农	佃农	合计
0.1—4.9		22	20	39	81		17	13		30
5—9.9		35	10	13	58		35	9		44
10—19.9		18	6	5	29		43	12		55
20—29.9	1	3			4		11	2		13
30—39.9		1			1		4			4

续表

县别 / 类别 / 阶段户数	苍梧					邕宁				
	地主	自耕农	半自耕农	佃农	合计	地主	自耕农	半自耕农	佃农	合计
40—49.9	1				1		2			2
50—99.9							1			1
100—199.9	1				1					
合计	3	79	36	57	175		113	36		149

表 54 续(一)

县别 / 类别 / 阶段户数	柳州					桂林				
	地主	自耕农	半自耕农	佃农	合计	地主	自耕农	半自耕农	佃农	合计
0.1—4.9		40	7	4	51	1	34	68	33	136
5—9.9		49	9	10	68	2	28	6	26	62
10—19.9		43	3	6	52		22	4	8	34
20—29.9	1	15		1	17		5			5
30—39.9		12	1		13		1			1
40—49.9		1			1		1			1
50—99.9		1			1	1				1
100—199.9	1	1			2	1				1
合计	2	162	20	21	205	5	91	78	67	241

表 54 续(二)

县别 / 类别 / 阶段户数	龙州					总计				
	地主	自耕农	半自耕农	佃农	合计	地主	自耕农	半自耕农	佃农	合计
0.1—4.9		23	1	7	31	1	136	109	83	329
5—9.9		28	1	4	33	2	175	35	53	265
10—19.9		19	1		20		145	26	19	190

续表

阶段＼户数＼类别＼县别	龙州					总计				
	地主	自耕农	半自耕农	佃农	合计	地主	自耕农	半自耕农	佃农	合计
20—29.9		4	1		5	2	38	3	1	44
30—39.9		1			1		19	1		20
40—49.9						1	4			5
50—99.9						1	2			3
100—199.9						3	1			4
合计		75	4	11	90	10	520	174	156	860

各类农户每户平均人数

各类农户受着经济的支配，大家庭制度便很难存在，同时营养卫生一切都简陋，所以生殖率和死亡率便受了影响；凡耕田较多经济较裕者，他的生殖率便增加，而死亡率减少，反之便死亡率增加，而生殖率减少了。这个表现的状态，是非常的清楚，无论地主，自耕农及一切的农户，多循着这个规律。(表 55)

表 55　广西五县各类农户在各阶段每户平均人数的比较

阶段＼每户平均人数＼类别＼县别	苍梧					邕宁				
	地主	自耕农	半自耕农	佃农	总平均	地主	自耕农	半自耕农	佃农	总平均
0.1—4.9		2.4	6	2.4	3.3		3.8	4.5		4.1
5—9.9		3.0	6.5	3	3.6		4.3	5.7		4.6
10—19.9		3.2	6.3	2.6	3.7		5.4	6.9		5.8
20—29.9	7	4.3			5		7.7	8.5		8
30—39.9		10			10		6.5			6.5
40—49.9	19				19		10			10
50—99.9							13			13
100—199.9	19				19					
合计	15	3	6.3	2.6	3.7		5.3	5.9		5.4

表 55 续(一)

县别 类别 每户平均人数 阶段	柳州					桂林				
	地主	自耕农	半自耕农	佃农	总平均	地主	自耕农	半自耕农	佃农	总平均
0.1—4.9		3.6	4.3	1.5	3.5	1	3.7	4.2	2.1	3.9
5—9.9		4.3	7	3.2	4.5	2	5	5	2.5	3.8
10—19.9		6	8.7	2.2	5.8		6	10.5	2.4	5.6
20—29.9	4	7.3		8	7.1		6.6			6.6
30—39.9		9.4	17		9.1		8			8
40—49.9		13			13		11			11
50—99.9		8			8	7				7
100—199.9	12	15			13.5	9				9
合计	8	5.3	6.8	2.8	5.2	4.2	4.9	5.1	2.3	4.2

表 55 续(二)

县别 类别 每户平均人数 阶段	龙州					总计				
	地主	自耕农	半自耕农	佃农	总平均	地主	自耕农	半自耕农	佃农	总平均
0.1—4.9		3.6	7	3.9	3.8	1	3.4	5	2.4	3.6
5—9.9		5.1	8	4	5	2	4.3	6.2	2.9	4.2
10—19.9		6.7	12		7		5.7	8.4	2.4	5.6
20—29.9		6.3	9		6.8	5.5	7	9.3	8	7.1
30—39.9		7			7		8	17		8.5
40—49.9						1.9	11			12.6
50—99.9						7	10.5			9.3
100—199.9						13.3	15			13.8
合计		5.1	9	3.9	5.1	8.2	4.9	5.8	2.6	4.7

我们拿各阶段的户数来对照，便知道户数最多的是零亩至五亩这个阶段，平均每户4.3人，次之4.2人，而能满足生活的十亩以上的农户，他的人数，便欣欣向荣的多起来了。

各类农户平均每人所耕田亩的比较

在上文的假定，每人的劳力可耕十亩，然而达到这个标准的，在八百六十户中，仅有四户。一般的平均只三亩六分，但零亩至五亩中的三百二十九户，每人仅耕一亩三分，五亩至十亩的二百六十五户，仅耕二亩六分，这种劳力的过剩和耕地的饥荒，实为桂省农村中的严重问题。（表 56）

表 56 广西五县各类农户在各阶段内每人所耕田亩的比较

县别 / 类别 / 阶段 / 每人所耕亩数	苍梧					邕宁				
	地主	自耕农	半自耕农	佃农	总平均	地主	自耕农	半自耕农	佃农	总平均
0.1—4.9	0.6	1.2	0.8	0.9	1		1.3	1.6		1.4
5—9.9		2.3	2.4	2.1	2.3		3.3	2.6		3.1
10—19.9	3.8	4.0	3.9	4.5	4		4.3	5.2		4.5
20—29.9		4.8	7.7		6		6.3	5.2		6.1
30—39.9	10	3.8	6.0		5.4		11.5	5.8		9.3
40—49.9							7.4			7.4
50—99.9							5.7			5.7
100—199.9										
合计	3.5	2.7	3.2	1.6	2.5		4.3	3.9		4.3

表 56 续(一)

县别 / 类别 / 阶段 / 每人所耕亩数	柳州					桂林				
	地主	自耕农	半自耕农	佃农	总平均	地主	自耕农	半自耕农	佃农	总平均
0.1—4.9		1.2		1.5	1.3	3.8	1.2	1.7	1.7	1.5
5—9.9		2.8	3.7	2	2.7		2.9	3.0	2.5	2.9
10—19.9		4	3.3	5.7	4		7.0	4.8	4.7	5.4
20—29.9		6.4	5.8	3.1	5.9		7.8	4.5		6.1
30—39.9		7.4	7.7		7.4		7.2			7.2
40—49.9		6.7	7		6.9	13.8	5.2			7.4
50—99.9		16.2			16.2	12.5				12.5
100—199.9					16.2					
合计	21.5	4.3	4.6	2.9	4.4	11.7	3.7	3.2	2.3	3.3

表 56 续(二)

县别 / 类别 / 阶段 每人所耕亩数	龙州					总计				
	地主	自耕农	半自耕农	佃农	总平均	地主	自耕农	半自耕农	佃农	总平均
0.1—4.9		1.3		0.9	1.2	9.75	1.3	1.4	1.2	1.3
5—9.9		2.3		1.4	2.1		3.1	2.8	2.2	2.6
10—19.9		4.2	5.7		4.2	3.8	4.5	4.3	4.9	4.5
20—29.9		6.2	6.7		6.4		6.4	5.8	3.1	6.1
30—39.9		10	6.2		7.7	10	7.7	6.3		7.5
40—49.9						13.3	6.5	7.1		7.2
50—99.9						12.5	8.7			9.6
100—199.9						21.5	23.3			22.5
合计		3	6.4	1.1	2.9	9.9	3.8	3.7	2.0	3.6

五年中的变迁

农村崩溃之原因，在上文已经说过，但这是一个理由，为给予研究广西农村所以崩溃的一种线索，而各类农户的分析，是一个现状的写真和平面的解剖。如果要探讨没落的过程及变迁的迹象，那便非知道农户的变迁和田亩的买卖不可。

各类农户的变迁

广西受着了兵灾、匪灾，和水、旱、风、虫、兽疫等等的灾害，农村的损失，当然是非常浩大，农户的变迁，也必非常剧烈，但死亡者已葬身黄土，流离者亦远适他乡，故浩大之损失及剧烈之变迁已无从查询，故只能就现存户数之转变及灾害借贷之暗示来回溯过去的一切。灾害借贷别为两编，此则专就现存户数六年中变迁之状况，加以分析。

在挨户调查的九百八十三户中，除龙州经过特殊的变化（下冻区前有七百余户，自共匪韦拔群勾结土匪大肆屠杀后，各村又互相报复，致现存仅三百户左右），所调查之九十七户，无何种变动外，其余之八百八十六户，在十七年时，为八百六十四户；因了分家的关系，增加二十二户。

这八百六十四个农户分类的成分，却不知现在的一样；地主九户，自耕农四百五十三户，半自耕农一百三十九户，佃农一百四十七户，其他一百十六户。

以十七年为坐标，那么这九户地主是没有变动。

自耕农却变动得非常厉害，因了分家的关系，将土地细分，在九户之中，增加了十九户，计邕宁十三户，桂林五户，柳州一户，合计四百七十二户。但或因买卖而发生地权转移，或因分家而感觉耕地缺乏，因此渐渐地变换了农户的性质；有一户因分家之后，年龄幼稚不能耕种，故将田地租出而改入地主，有二十三户沦为半自耕农，尚有四户竟完全失去了土地。

半自耕农受着自耕农变动的影响，连带起了变化，增加了15.7%。他本身因分家的关系，增加了三户，内有两户仍旧是半自耕农，而一户则卖去了土地而成为佃农。

佃农到比较有一点进步，虽有一户失去了使用权而完全脱离农业，但是有四户，到因购进了八亩四分而成为半自耕农。

其他户数也略有变动，有两户变成佃农，两户买进了二亩成为半自耕农，一户买进了一亩八分而为自耕农。不过有四户自耕农失去了所有权，一户佃农失去了使用权，增减相抵，所以在数字上不见更动，而实际上却已起了变化（表57）。

表57　广西四县各村6年内各类农户的变迁

县别	苍梧县							
年别	民十七年	民二十三年						附注
类别	户数	地主	自耕农	半自耕农	佃农	其他	合计	
地主	3	3					3	
自耕农	80		79	1			80	
半自耕农	36			35	1		36	
佃农	56				56		56	
其他	10					10	10	
总计	185	3	79	36	57	10	185	

表57续(一)

县别	邕宁县					
年别	民十七年	民二十三年				附注
类别	户数	自耕农	半自耕农	其他	合计	
地主						
自耕农	115	113	14	1	128	因分家增加13户
半自耕农	22		22		22	
佃农						
其他	4			4	4	
总计	141	113	36	5	154	因分家增加13户

表 57 续(二)

县别	柳州县							
年别	民十七年	民二十三年						附注
类别	户数	地主	自耕农	半自耕农	佃农	其他	合计	
地主	2	2					2	
自耕农	163		162			2	164	因分家增加 1 户
半自耕农	20			20			20	
佃农	22				21	1	22	
其他	64					64	64	
总计	271	2	162	20	21	76	272	因分家增加 1 户

表 57 续(三)

县别	桂林县							
年别	民十七年	民二十三年						附注
类别	户数	地主	自耕农	半自耕农	佃农	其他	合计	
地主	4	4					4	
自耕农	95	1	90	8		1	100	因分家增加 5 户
半自耕农	61			64			64	因分家增加 3 户
佃农	69			4	65		69	
其他	38		1	2	2	33	38	
总计	267	5	91	78	67	34	275	因分家增加 8 户

表 57 续(四)

县别	龙州县							
年别	民十七年	民二十三年						附注
类别	户数	地主	自耕农	半自耕农	佃农	其他	合计	
地主	9	9					9	
自耕农	453	1	444	23		4	472	因分家增加 19 户
半自耕农	139			141	1		142	因分家增加 3 户
佃农	147			4	142	1	147	
其他	116		1	2	2	111	116	
总计	864	10	445	170	145	116	886	因分家增加 22 户

从整个说起来，这个变迁的现象，是人口增加，土地缺乏的结果，一般农民，不满足于现有的土地，所以分家的占百分之二，而沦为半自耕农和其他的，占了百分之七。

地权的转变

因着生活的逼迫，土地的买卖，而造成了农户的变动，总计地主卖去了二十四亩，减少百分之三，自耕农除去了买进的以外，实在卖出一百十六亩四分，减少了百分之二；卖出最多的要算邕宁，桂林到买进了二十一亩。内中自耕农占九亩四分，而佃农和其他得十二亩。（表58）

表 58　广西四县各类村户六年内地权的变迁

县别	苍梧县							
年别	民十七年	民二十三年						附注
类别	亩数	地主	自耕农	半自耕农	佃农	其他	合计	
地主	262	262					262	
自耕农	693.5		651.5	10			661.5	买进 9.6,卖出 41.6
半自耕农	182.7			177.2			177.2	卖出 5.5
佃农								
其他								
总计	1138.2	262	651.5	187.2			1100.7	买进 9.6,卖出 47.1

表 58 续(一)

县别	邕宁县					
年别	民十七年	民二十三年				附注
类别	户数	自耕农	半自耕农	其他	合计	
地主						
自耕农	1563.7	1446.6	41.3		1487.9	买进 26.9,卖出 102.7
半自耕农	278.6		278.6		278.6	
佃农						
其他						
总计	1842.3	1446.6	319.9		1766.5	买进 26.9,卖出 102.7

表 58 续(二)

县别	柳州县							
年别	民十七年	民二十三年						附注
类别	亩数	地主	自耕农	半自耕农	佃农	其他	合计	
地主	204	204					204	
自耕农	2125.5		2107.5				2107.5	买进 6.0,卖出 24.0
半自耕农	119			119			119	
佃农								
其他								
总计	2448.5	204	2107.5	119			2430.5	买进 6.0,卖出 24.0

表 58 续(三)

县别	桂林县							
年别	民十七年	民二十三年						附注
类别	亩数	地主	自耕农	半自耕农	佃农	其他	合计	
地主	267.3	243.3					243.3	卖出 24,买进 72.8
自耕农	905.1	5.5	857.4	51.6			914.5	卖出 18.4,买进 9.9
半自耕农	212.9			212.4			212.4	卖出 10.4,买进 8.4
佃农				8.4			5.4	买进 3.8
其他			1.8	2			3.8	
总计	1385.3	248.8	859.2	274.4			1382.4	买进 49.9,卖出 28.8

表 58 续(四)

县别	龙州县							
年别	民十七年	民二十三年						附注
类别	亩数	地主	自耕农	半自耕农	佃农	其他	合计	
地主	733.3	709.3					709.3	卖出 24,买进 70.3
自耕农	5287.8	5.5	5063	102.9			5171.4	卖出 186.7,买进 9.9
半自耕农	793.2			787.2			787.2	卖出 15.9,买进 8.4
佃农				8.4			8.4	买进 3.8
其他			1.8	2			3.8	
总计	6814.3	714.8	5064.8	900.5			6680.1	买进 92.4,卖出 226.6

这个表很显明的告诉了农村崩溃的趋势，就是说，自耕农是在急剧的没落；卖去的土地占原有土地总额百分之二，由地权失去不敷耕种而转入半自耕农所带去之土地又占百分之二，总而言之自耕农的土地，在五年之中，减少了百分之四。

所有卖去的土地，除了自耕农等购买之外，实际离开农民掌握的，有一百三十亩；这一百三十亩的土地，乡村内地主并没有收买，并且他也是一个出卖者，从这上面，更可以知道收买土地的，是城市中的地主和商人，他们利用了高利贷来吸收乡村的土地；再说得具体一点，就是农民的土地，是失在重利盘剥之下。

因了买卖的关系，不仅在农户的种类上起了分化，就是内在的阶段上，也起了升沉的作用，很多的农户，是从高的所有阶段上跌了下来。

苍梧三十亩以上的少了一户，十亩以上的少了两户，而零亩以上者增了三户。邕宁不但是改入半自耕农的很多，就是阶段的变动，亦最严重，三十亩以上的各阶段，本有十二户，而现在只存了七户，纷纷转入了五亩及十亩以上的阶段。柳州是在二十亩及十亩这两个阶段起了更动，以次递减，故加高了五亩的户数。桂林各阶段均有变化，有八户改入半自耕农，而零亩阶段比较的多了。龙州因材料缺乏，故不能看出各类农户变迁的动态，而在阶段变迁之中，却显示出五亩的阶段起了分化。

半自耕农除了分家的关系及由各类农户因了地权的转变，而加入以外，本身却很少变动，这里面所含的意义，就是说需要土地的人甚多，而取到使用权之不易。农民的土地愈细分，地主的土地愈集中，自十七年至现在，更由现在而至将来，继续不断的在农村里演这幕悲剧。（表59）

表59　广西五县自耕农六年内户数在各阶段内的变迁

县别	苍梧县							邕宁县								
年别	民十七年	民二十三年						民十七年	民二十三年							
阶段 户数		0.1—4.9	5—9.9	10—19.9	20—29.9	30—39.9	合计		0.1—4.9	5—9.9	10—19.9	20—29.9	30—39.9	40—49.9	50—99.9	合计
0.1—4.9	19	19					19	18	17							17
5—9.9	36	3	33				36	33		30						30
10—19.9	20		2	18			20	41		1	40					41
20—29.9	3				3		3	11			1	8				9
30—39.9	2					1	1	7			2	2	4			8
40—49.9								3		4		1		1		6
50—59.9								2						1	1	2
100—199.9																
合计	80	22	35	18	3	1	79	115	17	35	43	11	4	2	1	113

表 59 续(一)

县别 / 年别 / 阶段 户数	柳州县										桂林县							
	民十七年	民二十三年									民十七年	民二十三年						
		0.1—4.9	5—9.9	10—19.9	20—29.9	30—39.9	40—49.9	50—99.9	100—199.9	合计		0.1—4.9	5—9.9	10—19.9	20—29.9	30—39.9	40—49.9	合计
0.1—4.9	40	40								40	31	33						33
5—9.9	47		47							47	29		25	1				26
10—19.9	43		1	42						43	22			20				20
20—29.9	17		1	1	15					17	6	1		1	5			7
30—39.9	12					12				12	2		3			1		4
40—49.9	1						1			1	1						1	1
50—59.9	1							1		1								
100—199.9	1								1	1								
合计	162	40	49	43	15	12	1	1	1	162	91	34	28	22	5	1	1	91

表 59 续(二)

县别 / 年别 / 阶段 户数	龙州县								总计									
	民十七年	民二十三年							民十七年	民二十三年								
		0.1—4.9	5—9.9	10—19.9	20—29.9	30—39.9	40—49.9	合计		0.1—4.9	5—9.9	10—19.9	20—29.9	30—39.9	40—49.9	50—99.9	100—199.9	合计
0.1—4.9	20	20						20	128	129								129
5—9.9	33	3	28	2				33	178	6	163	3						172
10—19.9	17			17				17	143		4	137						141
20—29.9	4				4			4	41	1	1	3	35					40
30—39.9	1					1		1	24		3	2	2	19				26
40—49.9									5		4		1		3			8
50—59.9									3						1	2		3
100—199.9									1								1	1
合计	75	23	28	19	4	1		75	523	136	175	145	38	19	4	2	1	520

地权转移的过程

农民对于租佃制度之凶恶，是认识得最清楚，因为于他有切身的利害，所以对于土地占有的观念，亦特殊的深刻，除了万不得已，他是不愿意失去他的土地，故在土地买卖行为开始的时候，总是先作抵押，希望在最短的时间内赎回来，但是结果因了年成的灾歉，不能付息，于是利上加利，便在三五年中，把这一亩田从最低价格当中断送了。

各县抵押的平均数，每亩二十二元，占普通卖价62.9%，最高为苍梧之沙尾村，每亩六十元，最低为龙州之滂前，这种价格，并没有一定的标准，大概视各村田地的成分和全村的经济来决定，如果没有这种特殊的条件，便和普通一样。(表 60)

表 60 广西五县各村每亩农田的抵押价格

苍梧县					邕宁县				
村名	最高	最低	普通	普通抵押对普通地价的%	村名	最高	最低	普通	普通抵押对普通地价的%
古藤村	20	8	15	83.3	凌慕村	60	40	50	71.4
正湖村	30	20	25	50.0	蟠廂村	40	25	25	62.5
沙尾村	70	40	60	75.0	定英村	10	4	8	57.3
长埇村	40	20	30	66.7					
平均数	40	22	32.5	68.75	平均数	36.7	23	27.7	62.4

表 60(一)

柳州县					桂林县				
村名	最高	最低	普通	普通抵押对普通地价的%	村名	最高	最低	普通	普通抵押对普通地价的%
雅中村	40	20	30	60.0	大浪坪	20	5	10	50.0
社湾村	30	16	25	71.5	常安村	20	5	15	60.0
边山村	20	12	15	50.0	大参村	10	5	10	62.5
穿山村	40	20	28	80.0	岩岭村	30	5	10	66.6
窑上村	40	15	20	57.1	雁山村	25	8	12	75.0
平均数	34	16.6	23.6	63.7	平均数	21	5.6	11.4	62.8

表 60 续(二)

龙州县					总计			
村名	最高	最低	普通	普通抵押对普通地价的%	最高	最低	普通	普通抵押对普通地价的%
那央村	16		10	66.7				
教导村	20	5	10	50.0				
滂前村	12		6	50.0				
北郭村	20	5	10	50.0				
河抱村	50	10	40	66.7				
平均数	23.6	6.7	15.2	56.68	31.1	14.8	22.1	62.9

抵押之先，托中人（土名中通）向借方介绍，得了同意，便写抵契，普通多是三年，最长五年，每年偿付利息，随时可以赎取，不过赎取的事实，却非常的少见。这时中人普通是没有手续费的，不过略具酒食，邀其一饭而已。邕宁则借方付百分之二，贷方付百分之四，如果利息不清，或者隔一两年找价卖绝，或时间过久，本利之和，已满卖价，便换过一张卖契，算为断绝了。

典当

典当也没有什么分别，倘典出之田，归得主耕种，则十年之久，犹可取赎，如仍为典出者所种，则其性质与抵押相同。

附录各种契式

押契

立约借银按当田契人某某，系龙州邓相村住，情因无银应用，不已夫妻商议，将有祖父遗下田地一片，坐落名唤某某处，东近某某田为界，西近某某田为界，南近某某田为界，北近某某田为界，四界注明，先招亲房族内，无人承受，迫得向到某某村按当与某某处看田如意，应借洋银〇〇元，是日银契两交，亲手领到，回家应用，当中言定其银每元每月行息〇分，其田仍归田主管理，自当之后，无论开辟荒芜，丰缺水旱，按年行息如常，不得藉端推诿，限三年为期，如期者本利并到，则文契即退，如无本利清还者，仍然照前生息，田主亦不敢异言生端，此乃两家情愿，明借明当，并非私相授受折债等情，恐口无凭，人心不古，故立借银当契一张，交与银主为证。

立借银当契某某亲笔

中　　人某某押

中华民国〇〇年〇〇月〇〇日　立

典契

立约实当田地契人某某，系某某州某某村住，情因父亲过世，艰于殡殓，不已母子商议，将有祖父遗下田地〇片，坐落名唤某某处，东近某某田为界，西近某某田为界，南近某某田为界，北近某某田为界；每界分明。先招亲房族内，各称不受，是以向到某某村实当与某某，实出本银洋〇〇元，是日银契两交，亲手领银回家殡葬，当中言定其田即交与银主管理，年中收花作息，银无利，地无租，限至五年为期，如期者银到契退，若到期无银退赎者，仍是银主管理如故，田主不得异言生端，此乃两家情愿，并非私相授受折债等情，恐口无凭，人心不古，故立实当契一张交与银主收执为证。

立实当田地契人某某亲笔

中　　人某某押

中华民国〇〇年〇〇月〇〇日　立

抵押与典当，既极少赎回之可能性，为什么农民不径自卖绝而必走这条吃亏的路呢？这当中有两个原因，（一）买主不愿费较大的代价购入土地，而用抵押与典当的方式，则有高利可收。（二）农户在急于用钱的时候，每有一田二押或三押者，虽年纳甚重利息，然藉此可以周转，倘一旦卖绝，更无法可想，因这两点，故抵押之行为甚盛。

买卖

田地买卖，不过是地权转移的一种最后手续，其价格苍梧最高，桂林最低，平均每亩卖价三十四元，若使一个地主，用二十二元的现金，押入一亩田，照最低的年利两分，也只消三年便已经可以购入；而且以后至少每年租谷一百五十斤，不啻是三分利了。

最高价格，有两村是一百元，平均每亩五十元，最低的桂林和柳州，每亩不过十元，而平均每亩二十二元，因了产量的差异，好的有两熟，第一次三百余斤，第二次两百余斤，每亩合计可得六百斤，而最坏者，每亩得数十斤，犹须赖雨水之及时，否则便颗粒无收，所以田亩的价格也便大小悬绝了。故表中所列之价格，仅取其比较多数者列之，固非谓最高者仅百元而最低者五元而已。（表 61）

表 61 广西五县各村每亩农田的买卖价格

苍梧县				邕宁县				柳州县			
村名	最高	最低	普通	村名	最高	最低	普通	村名	最高	最低	普通
古藤村	25	12	18	凌慕村	100	60	70	雅中村	60	40	50
正湖村	60	40	50	蟠廂村	70	30	40	社湾村	50	24	35
沙尾村	100	50	80	定英村	20	10	15	边山村	40	18	30
长埇村	60	30	45					穿山村	50	25	35
								窑上村	70	25	35
平均数	65.12	33	48.25	平均数	63.3	33.3	41.7	平均数	54	26.3	37

表 61 续

桂林县				龙州县				总计		
村名	最高	最低	普通	村名	最高	最低	普通	最高	最低	普通
大浪坪	40	12	20	那央村	25	8	15			
常安村	30	10	25	教导村	40	8	20			
大参村	20	10	16	湧酌村	20	5	12			
岩岭村	40	10	15	北郭村	30	8	20			
雁山村	40	16	16	河抱村	75	20	60			
平均数	34	11.6	18.4	平均数	38	9.8	25.4	50.11	22.8	34.11

附录卖契

<table>
<tr><td>

加绝契

立约实当田地契人某某，系某某州某某村住，情父亲过世，艰于殡殓，不已母子商议，将有祖父遗下田地〇片，坐落名唤某某处，东近某某田为界，西近某某田为界，南近某某田为界，北近某某田为界；每界分明，先招亲房族内，各称不受，是以向到某某村，前当后卖与某某，前当银某某元，兹永远本银几元，共某某元，银契两交，亲手领银回家应用，当中言定其田即交与银主管理，永为世代子孙基业，自卖以后，不得生端，倘日后或有伯叔兄弟，来历不明，冒行争论者，系是田主承当，与银主无涉，其上手文契，因逢乱世失落，若世远年湮，或有何人执去者，作为废物，此乃明卖明买，并非私相授受等情，口说无凭，故立永远契一张，交与银主为证。

立前当后卖契某某亲笔
中　　人某某押

中华民国〇〇年〇〇月〇〇日　　立

</td></tr>
<tr><td>

卖契

立约实卖田地契人某某，系某某州某某村住，情因无银应用，不已母子商议，将有祖父遗下田地〇片，坐落名唤某某处，东近某某田为界，西近某某田为界，南近某某田为界，北近某某田为界，各界分明，先招亲房族内，无人承受，迫得向到某某村永远卖与某某，实出本洋银〇〇元；是日银契两交，亲手领银回家应用，当中言定其田即交与银主管理，永为世代子孙基业，自卖以后，不得生端，倘日后或有伯叔兄弟，来历不明，冒行争论者，系是田主承当，与银主无涉，其上手文契，因逢乱世失落，若世远年湮，或有何人执去者，作为废物，此乃明卖明买，并非私相授受等情，口说无凭，故立永远契一张，交与银主为证。

立卖契人某某亲笔
中　　人某某押

中华民国〇〇年〇〇月〇〇日　　立

</td></tr>
</table>

历年地价的上落，各县颇不一致，苍梧低落甚多，约减28.5%，而其他四县均趋高涨（表62）。盖梧州系商埠，而交通之便又为各县之冠，其投资于商业较投资于农村为佳，故现金集中市场而农地价格便不得不日趋低落了。其余各县则因商业不发达，资金无处流动，于是购买土地，因为这是一个最稳妥的投资，所以地价便高了31.5%。

地主既因无处投资而购买土地，地价遂因之而略呈高涨，于是以土地为商品而求货币之流通者，便日见其众，而小农失去土地之机会亦愈多，故土地日趋集中，而小农之欲取得者，更日益艰难了。

表 62 广西五县各村六年来每亩农田买卖价格的上落

苍梧县

村名	最高		最低		普通		民二十三年的指数民十七=100*
	民十七年	民二十三年	民十七年	民二十三年	民十七年	民二十三年	
古藤村	60	25	30	12	50	18	36
正湖村	80	60	50	40	60	50	83.3
沙尾村	120	100	70	50	100	80	80
长埇村	80	60	40	30	60	45	75
总平均	85	61.25	47.5	33	67.5	48.25	71.5

表 62 续(一)

邕宁县

村名	最高		最低		普通		民二十三年的指数民十七=100*
	民十七年	民二十三年	民十七年	民二十三年	民十七年	民二十三年	
凌慕村	80	100	40	60	50	70	140
蟠厢村	40	70	20	30	30	40	13.33
定英村	20	20	10	10	15	15	100
总平均	46.7	63.3	23.3	33.3	31.7	41.7	131.5

表 62 续(二)

柳州县

村名	最高		最低		普通		民二十三年的指数民十七=100*
	民十七年	民二十三年	民十七年	民二十三年	民十七年	民二十三年	
雅中村	65	60	45	40	55	50	90.9
社湾村	30	50	15	24	18	35	194.0
边山村	32	40	15	18	25	30	120.0
穿山村	50	50	20	25	30	35	116.6
窑上村	60	70	18	25	28	35	125.0
总平均	47.2	54	22.6	26.3	31.2	37	115.4

表 62 续(三)

桂林县							
村名	最高		最低		普通		民二十三年的指数民十七=100*
	民十七年	民二十三年	民十七年	民二十三年	民十七年	民二十三年	
大浪坪	30	49	10	12	18	20	111.1
常安村	20	30	5	10	14	25	178.6
大参村	16	20	6	10	12	16	126.6
岩岭村	25	40	6	10	8	15	187.5
雁山村	30	40	12	16	12	16	133.3
总平均	24.2	34	7.8	11.6	12.8	18.4	147.42

表 62 续(四)

龙州县							
村名	最高		最低		普通		民二十三年的指数民十七=100*
	民十七年	民二十三年	民十七年	民二十三年	民十七年	民二十三年	
那央村	30	25	10	8	20	15	75
教导村	30	40	5	8	15	20	133.3
涝韧村	20	20	5	5	12	12	100
北郭村	25	30	5	8	16	20	125
河抱村	50	75	10	20	40	60	150
平均数	31.4	38	7	9.8	20.6	25.4	123.3
	*仅指普通地价而言						
总平均	46.9	50.11	21.6	22.8	32.8	34.11	104.0

耕地缺乏之旁证

关于土地分配的问题，已经叙述完了；桂省农村中最严重的问题，是耕地的缺乏。不过假使不否认农商部及主计处估计的错误，那便是此次调查所得的材料不确实，但是现在给我们一个极有力的证据，就是广西省立乡村师范专科学校内的农村经济研究会调查所得的材料，恰与我们相符。

他们学校中的学生，统是会员，每个学生在他的本县本村调查，当然时间上比较充裕，不致疏忽，感情上比较亲密，不致欺骗，实际情形比较明瞭，不致隔膜，然而他们调查的结果，其每户耕地面积之狭小，细分，地主之稀少，及零亩阶段之农户种种情形，均极仿佛，不禁增加我们不少的自信心，而益知农商部与主计处所估计为不确。

兹为便利参证起见，将晶平君在《中国经济》（一九三四年第二卷七期）所发表之《广西土地问题发展的趋势》一文酌录于后。

广西原分为：南宁、苍梧、柳州、桂林、百色、龙州等六区。各区的情形，至少有些不同，然而大致仍是一样。作者在广西省立师专农村经济研究会任事，整理各会员调查的材料，关于广西全省各县土地问题材料颇多；惟因避免重复和麻烦，只在整理材料中每一道选择一县作代表，照作者主观上认为尚不致于与客观事实相差很远。

苍梧区在广西省中比较具有资本主义的成分。所以农村土地问题也比较具有意义，这里将该区所属桂平县农村土地之情形列如表63：

表63　广西桂平县头村土地所有权的分配

类别／阶段	农民		氏族所有		其他公产		村外租来		总计		自耕地		佃耕地	
	亩数	对总亩数的%	亩数	对总亩数的%	亩数	对总亩数的%	亩数	对总亩数的%	亩数	对总亩数的%	亩数	对总亩数的%	亩数	对总亩数的%
10—19.9			10	2.7					10	2.7				
40—49.9	42	11.3							42	11.3	42	11.32		
100—199.9					160	43.13	159	42.86	319	86.0				
300—399.9													329	88.68
合计	42	2.32	10	2.7	160	43.13	159	42.86	371	100	42	11.32	329	88.68

上面的一个农村，虽然是没有大地主，但其耕地由村外租来的占42.86%，这可以知道他的邻村是有大地主；而且以六十一户的农家，只共有四十二亩耕地，平均每户不过占有耕地0.69亩，实在已是很可怜了，耕地使用，据调查者报告：“村中都是小农经营，少的少至半亩，耕二十亩以上的，只有两户，平均每户使用耕地为6.08亩，折合公顷约0.37公顷。”这已是可以知道一般。

南宁区的资本主义成分比较苍梧逊些，然而较各道为上，农村的土地分配，虽然中农还占相当的地位，但是一方面是表示集中趋势的。南宁道武鸣县的农村就是这样情形（表64）。

表64　广西武鸣三村的土地的分配(共114户)

类别／阶段	户数	对总户数的%	占有地亩	对总亩数的%
0.1—0.99	5	4.4	1.6	0.3
1—4.99	77	67.5	247.1	40.4
5—9.99	25	21.9	223.0	36.5
10—19.99	6	5.3	70.0	11.4
20—99.99	1	0.9	70.0	11.4
合计	114	100.0	611.7	100.0

上面一百十四个农户中，有67.5%农户，占有耕地不过40.4%，而不到1%的农户，却占有耕地11.4%，土地分配不平的的趋势是很显明的。

耕地的使用，三村中使用二十至八十亩耕地只有一户，使用五亩以下的耕地，却占了七十五户，耕地使用的分散，不言可知（表65）：

表65 广西武鸣县三村耕地使用的统计

阶段＼户数＼类别	自耕农	半自耕农	佃农	总计户数
0.1—4.9	44	29	2	75
5—9.9	25	7		32
10—19.9	6			6
20—99.9	1			
合计	76	36	2	114

桂林区原是为着抚河交通不便利，比南宁、苍梧两道都较次之。现在所选贺县为该道的代表，情形也是与南宁、苍梧差不多。贺县矿产最丰富的，现在正开采着，所以商业也很发达，而且他与广东接近，三水至贺县路正在测量兴工，将来开筑成功，当又是另一景象。

贺县经过调查的一个农村，六十五农户中，占有二十户的农户，只占有耕地10.65%，而占着两户的农户，却占有耕地11.39%，土地分配确是有不均之趋势（表66）。

表66 广西贺县土地分配统计

类别		户数	亩数	百分比
农民	毫无土地者	32		
	0.1—4.9	20	51.5	10.65
	5—9.9	3	21.5	4.45
	10—19.9	8	111.5	23.07
	20—29.9	2	56.5	11.39
合计		65	240.5	49.76
地主	外村地主		177.8	36.79
	本村地主	2	45.0	9.31
	合计		222.8	46.10
	氏族所有		20.0	4.10
总计		67	483.3	100.00

耕地的使用，也是多为小农经营。使用零亩至五亩的耕地占有三十三户，而使用耕地由二十亩至三十亩者只有两户。据调查报告：每户平均使用耕地7.75亩，折合0.47公顷。显然的耕地的使用很分散（表67）。

表 67 广西贺县土地使用统计

阶段＼户数＼类别	自耕农	半自耕农	佃农	合计
0.1—4.9	6	6	21	33
5—9.9	1	6	3	10
10—19.9	6	6	1	13
20—29.9	2	2	1	5
合计	15	20	26	61

注:合计 61 户是参加农业经营的

桂林区的北面，原是情形又有些不同的，就是农村经济受商品经济破坏的程度不同。不过在下面所要述的柳江、百色、龙州各区的代表县都是最偏僻的，他们的情形，与桂林北面的偏僻情形差不多，希望读者可以举一反三，免致重复而略之。

柳州区思恩县的土地分配，虽然他是很偏僻的县份，仍是有不均的趋势的。思恩县经过调查的两村，情形虽各有不同，而其趋势则一致（表 68）。

表 68 广西思恩县二村田权分配统计

阶段＼类别＼村名	东升村			南模村			总计		
	户数	亩数	对总亩数的％	户数	亩数	对总亩数的％	户数	亩数	对总亩数的％
毫无土地者	10			1			11		
0.1—4.9	18	61.2	27.7	20	60	19.1	38	121.2	22.8
5—9.9	12	98.0	44.3	11	94	30.1	23	192.0	35.9
10—19.9	3	37.0	16.7	11	159	50.8	14	196.0	36.7
20—29.9	1	25.0	11.3				1	25.0	4.6
合计	44	221.2	100.0	43	313	100.0	87	534.2	100.0

耕地的使用，据调查报告，南模村平均每户使用耕地只有六亩七分三厘，约折合0.41公顷。东升村把人数和耕地面积比较，平均每人使用耕地不到一亩的有六户。再把租入农田二亩折合一亩计算，则增至十七户，加上南模村共有三十九户（注：南模村平均每人使用不够一亩耕地的有二十二户，合计三十九户）。这三十九户占两村总户数百分之四十四户，已是不小的数字了。其统计数字如表 69：

表 69　广西思恩县二村耕地使用统计

阶段 \ 户数 \ 村名	东升村		南模村		总计	
	户数	对总亩数的%	户数	对总亩数的%	户数	对总亩数的%
0.1—4.9	19	46.3	14	32.6	33	39.2
5—9.9	19	46.3	15	34.8	34	40.0
10—19.9	2	4.9	14	32.6	16	19.0
20—29.9	1	2.5			1	1.8
合计	41	100.0	43	100.0	84	100.0

百色区位于广西的西端，交通很不方便，其农村受商品经济破坏程度总要低些。据调查报告，土地现时从整个表面上是还没有多大的集中，但这集中的趋势是一天一天强化起来。它的大概情形如表 70（百色区以百色县作代表）：

表 70　广西百色县二村田权分配统计

阶段 \ 户数 \ 村名		雪平村			那东村			总计		
		户数	亩数	对总亩数的%	户数	亩数	对总亩数的%	户数	亩数	对总亩数的%
地主	本村地主	1	18	8.03	6	182	50.82	7	200	34.4
	合计	1	18	8.03	6	182	50.82	7	200	34.4
农民	毫无土地者	5			8					
	1.1—4.9	36	112.5	50.22	30	79	22.06	66	191.5	33.0
	5—9.9	13	93.5	41.74	5	49	13.68	19	142.5	24.4
	10—19.9				4	48	13.48	4	48	82
	合计	54	206.0	91.96	47	176	49.18	107	382.0	65.6
总计		55	224.0	100.00	54	358	100.00	109	582.0	100.0

耕地的使用。据调查报告；雪平村平均每户使用耕地只有4.07亩，约折合0.27公顷。那东村平均每户使用耕地只有5.91亩，约折合0.36公顷。其大概情形如表 71：

表 71　广西百色县二村耕地使用统计

阶段 \ 户数 \ 类别 \ 村名	雪平村				那东村				总计			
	自耕农	半自耕农	佃农	合计	自耕农	半自耕农	佃农	合计	自耕农	半自耕农	佃农	合计
0.1—4.9	21	7	1	29	13	11	5	29	34	18	6	58
5—9.9	14	6		20	7	6	1	14	21	12	1	34
10—19.9					2			2	2			2
合计	35	13	1	49	22	17	6	45	57	30	7	94

龙州区的情形和百色区的情形大致差不多，因为大家都是交通不方便的偏僻的地方；不过龙州是接近安南，其情形又不得不与百色相差一些。农村中的土地集中虽不显著，但总有这个趋势。现在我们来看靖西县的农村统计数字（见表72、表73）：

表72　广西靖西县觉路村田权分配统计

田别 / 类别 / 阶段	旱田		田别 / 类别 / 阶段	水田	
	亩数	对总亩数的%		亩数	对总亩数的%
村外地主	27	5.49	村外地主	205	55.56
本村地主	365	94.51	本村地主	164	44.44
合计	392	100.00	合计	369	100.00

表73　广西靖西县觉路村田权分配统计

田别 / 类别 / 阶段	水旱田			
	户数	对总户数的%	亩数	对总亩数的%
毫无土地者	1	23.2		
0.1—4.9	9	20.93	29.0	5.49
5—9.9	12	27.91	96.0	18.15
10—19.9	14	32.56	216.5	40.93
20—29.9	5	11.63	118.5	22.42
30—49.9	2	4.65	69.0	13.04
合计	43	100.00	529.0	100.00

耕地的使用，据调查报告，平均每户使用耕地十七亩七分。折合公顷约一公顷零些。其统计数字如表74：

表74　广西靖西县觉路村耕地使用统计

类别 / 户数 / 阶段	自耕农	半自耕农	佃农	合计
0.1—4.9	3	2	1	6
5—9.9	2	5		7
10—19.9	4	12		16
20—29.9	2	8		10
30—49.9	1	3		4
合计	12	30	1	43

综合上面的材料，我们可以得到这样的见解：广西（甚而至于中国）农民大多数是迫切需要土地的。各县调查中，虽是自耕农占大多数，但所谓自耕农实在可怜得很。

第三编　租佃制度

租佃制度的形成

租佃制度是随着土地私有制度而产生，地主和佃农两个名词是相对而成立，并且因着农村经济的衰落而发达，所谓富者田连阡陌，贫者至无立锥之地是也。凡是农民，多不愿意去做佃农，因为要受高额地租的掠夺，但广西以耕地缺乏和地权集中的缘故，能够得着土地使用，还要算是幸福，许多的人，正在嚷着“有力冇（即无字）窝庰”，他的意义，就是说有了力气没有得到土地来耕种啊。

广西租佃制度的形成，约有下列的四个原因：

（1）土司制度的崩溃：土司的地位，即等于部落时代的酋长，又经过了一度政府的任命，他有恩赐的采邑，凡在他采邑的土地，皆为彼之所有，而境内之一切人民，便皆成为他的奴仆。自改土为流后，他的封地改为私产，而他的人民，亦由奴仆而变为佃农，但这个时候，仍旧有对他服役的义务。等到土司的子孙式微，采邑出卖，于是开始脱离了奴籍，而成为一个纯粹的佃农。

（2）客籍人民之移殖：由别省或别县的人民迁移进来的时候，他是没有尺土之地以资种植，于是不得不向土著的农民，暂行租用。

（3）集约经营的结果：农民因为墨守成法，用着古旧的器具和方式来耕耘，所以只能种很小的面积，而所余的，就只能分给一般缺乏耕地的人去种了。

（4）土地价格的高涨：因为人口增加之后，耕地之需要较多，供求既不相称，于是地主便乘机提高租额，而地价亦因之较贵，农民既没有很多的买地的资金，便只能向地主佃种，而佃农的成分也就愈大。

因着上述的原因，便产生了百分之二十的佃农，地主与佃农之分数愈高，则租佃的关系益形复杂，而土地的需要亦愈甚；佃农因需要耕地使用而竞争，于是地主即利用其弱点，将租额逐年提高，佃农为企图使用权的获取，便不得不接受地主苛酷的条件，而佃农的经济，亦日趋衰落。谚曰“借牛种租田，种罢便还天”，盖深言其劳而无所获也。

租田的手续

租田手续，极为简单，除极少数用契约外，余均口头约定。用契约者，有灌阳、桂平、博白、怀集、靖西等县，或称约书，或称批头帖，书明租用期限及纳租数目，并称议定谷数，丰歉不减，如有拖欠等情，任从扣猪牵牛准折云云。其苛刻有如此者，兹附录其佃契如下：

> 立写佃田契某某，今因家下缺少良田耕种，灰粪有余，特请中人问到某某处某某应允承批；凭中言明每亩秤租二百斤，丰年不加，旱年不见减，以后彼此不得异言，租谷限期八月秋送到田主家中，不能少欠颗粒，如有此情，应由田主牵牛捉猪作算，彼此心甘情愿，不得异言翻悔，恐口无凭，特立佃纸为据。
>
> 承佃人某某押
>
> 中　人某某押
>
> 中华民国〇〇年〇〇月〇〇日　立

惟租田时，亦有须用押租者，俗称批银，或按头钱，如横县、贵县租谷须按百斤，头钱二十吊，折合桂币五元，桂平、藤县、博白、郁林等县亦有，未详其数。龙州或须预缴一年之租者名上期租。又郁林、博白及邕宁须铜元二百枚付于地主，名曰粪银，始得耕种。

龙茗习惯，凡租用田地，须具肥鸡一只或二只，糯米数斤，向地主定租。租用一年之后，如欲明年继续承租者，又于废历年底送鸡米如前状，倘地主意欲换佃者，则不受其物，而佃农亦即另行觅佃了。

说到押租，实在是地主的剥削方法，因为他是无条件的增进一笔流动的资金，并且可以借故撤佃，无论什么灾歉，他已经有了保障，假使佃户不能依照他所提出的成数，便可没收押租金额，预缴亦是予地主同样的利益。但是押租总还有收回的希望，预缴可以抵最后一年的租谷，而邕宁的粪银，龙茗的鸡米，和藤县、平南、西隆逢时按节的酒礼，那便是额外的牺牲了。

况且土地愈集中，佃农愈竞争，则押租之金额，亦必渐高；地主之收入日增，而佃农之支出更大，不但减少了佃农经营田地的资金，抑且促成他的负债。如果他是用高利贷去借钱来付的押租，那么对于使用这一亩田的负担，究竟是多少呢？

使用的时期

租期多是很短的，普通均为一年，三年、五年的极少。这是地主的狡猾，因为他每换一个佃户，不但增加他的租额，并且还要增加他的面积，譬如本为五亩的实在面积，他经过了几度的增加，便变成了六亩，佃农虽明知田单上的田亩与实际不合，然而因为竞争的人多，所以只怕地主不肯出租，不怕佃农不租。

本来租期太短，对于土地是有损失的，因为佃农不肯合理去利用地力，施用肥料，作比较于田地有永久性利益的设备，而只在可能范围内加以掠夺。一切改进的企图，更为时间所束缚，不能有所措施，致地力日就消减，产量日就减少。但地主却不管这些，他只要把额租的数量或分租的成数提高，便仍旧可以维持他原有的利益。

田租的种类

广西佃农纳租之法，大别之可分为四：(1) 包租制；(2) 分租制；(3) 力租制；(4) 帮种制。

(1) 包租制。俗称额租，或曰干租，又曰浮租，不论田地收获的种类成数如何，按年或按季，由佃户按照订定的办法，拿出现物和租金，这种制度在全省行者颇多。照理论讲起来，包租的制度，对于业佃双方都是有利益的，地主的利益，无分租不均之弊，不受佃农懒惰之影响，管理之手续简单，能够吸收良佃；而佃户的利益可以获到额外勤劳之报酬；可以计划农场之改进；可以积资以求取得土地之机会，但是广西的包租，并不完全如此。

因为这种制度，最适宜于土壤肥沃，不易受水旱灾荒影响之区，而广西水涨易遭淹没，水退则难以灌溉，故有“九水十旱”之谚。所以佃户的利益，受了剥夺，例如同正县的地主，是用包租制的，订定倘耕种不力因而减少，地主仍依额数照收，不问佃农所余几何，但收获超过原额时，则须各占一半。此则地主无损失之患而有额外之增，而佃农特殊勤劳之结果，仍为地主所分润。

预缴之例，亦行于包租制度之下，佃户于每年种植作物之前缴纳其所规定之数额，或缴谷或纳金，悉从地主的规定，付清耕田，否则不得下犁也。龙州缴谷，预定收获之总数而纳其半，靖西纳金，每亩约需法洋（安南旧币）三元或四元，以桂币准之，总在五元左右。

(2) 分租制。这个制度，最为普遍，地主和佃户，按照彼此订定关于耕种、施肥、牛只以及一切生产资本及负担的条件，来决定双方应得的成数。分租的性质，是预定成数临时按照收获量的多寡而分配的，最高的成数是主七佃三，计有四县，最少的主三佃七，共有十县，主六佃四者八县，主四佃六者十八县，最为普遍的要算对分，共有五十二县（表 75）。

表 75 广西各县地租状况

县别	租别	数量
全县	谷银	每亩缴谷八斗至十三斗，每亩租银三元至三元五角
灌阳	谷	每工纳谷五桶
兴安	谷	一区主六佃四，三区实行耕地租用条例
灵川	谷	田每亩谷一百斤，地每亩谷三四十斤
义亭	谷	主五分之二，佃五分之三
苍梧	谷	主四佃六，主六佃四不一
怀集	谷	主佃均分或主四佃六

续表

县别	租别	数量
信都	谷	主佃均分,间有主六佃四者
钟山	谷或银	包租每亩缴谷一百至两百斤,分租平分或主四佃六,折租每亩五元至十元
富川	谷	其数量在主四佃六占多数
贺县	谷或银	田每亩纳谷七十斤至一百斤,地每亩年纳六七角或四五角
桂林	谷	主佃各半,间有主六佃四者
荔蒲	谷	主四佃六,亦有主三佃七者
榴江	谷	主佃各半,第二糙全归佃农
平乐	谷	主七佃三,第二糙全归佃农
阳朔	谷	田每亩谷二石或一石,或主佃各半
恭城	谷	主佃各半或主七佃三
修仁	谷或银	每亩谷五斗至一石或银一元至两元
百寿	谷	上等田主佃各半,下等主或分三分四佃或分六分七
昭平	谷	临田均分亦有主四佃六者
蒙山	谷	现时多遵照三七五之例办理,如去岁晚造歉收则有临场均分者
永福	谷	主占三分之一,佃占三分之二,然有平分者
象县	谷	主三佃七
雒容	谷	租四佃六,有时亦有主佃各半
中渡	谷	上等田主佃各半,次田主四佃六或主三佃七不等,若畲地田主不过得百分之一
武宣	谷	主四佃六
桂平	谷	上田主佃各半,中下主四佃六或主三佃七
藤县	谷	主佃各半
贵县	谷	上田主四佃六,次田主三佃七
平南	谷	主四佃六
横县	谷	主佃各半或主四佃六
博白	谷	每斗种每年纳租谷一石
玉林	谷	每斗种年缴租谷浮租两石
陆川	谷	上等每斗种年租三石,中等两石左右,下等一石多
北流	谷	每斗种年租两石
兴业	谷	田地租不一定有分谷、浮租、实租等类
容县	谷	主佃各半

续表

县别	租别	数量
岑溪	不定	各处不同,由地主与佃农当面订定
三江	谷	佃主各半,有佃六主四者
融县	谷	主四佃六,亢旱之田则主三佃七
柳城	谷	上等田主佃各半,中等主四佃六,下等田主三佃七
罗城	谷	主三佃七
迁江	谷	主佃均分者十分之八,主四佃六者十分之二
来宾	谷	主佃各半者居多,主四佃六者少数
柳州	谷	主佃各半亦间有佃六主四者
邕宁	谷	佃主各半
武鸣	缺	缺
宾阳	谷	主佃多以三七或四六分谷,佃农占多数,平分亦间有之
永淳	谷	佃农耕地,主之田则三七分,耕地公家之田则二八分
都安	谷	临田平分
隆山	谷	主佃四六分,杂粮主佃平分
那马	谷	主佃平分
上林	谷	主佃平分或三七或四六不等
东兰	谷	主佃平分
凤山	谷	同上
天河	谷	同上
宜北	谷	同上
忻城	谷	主佃平分或主四佃六
思恩	谷	主佃平分
河池	谷	同上
宜山	谷	同上
南丹	谷	同上
百色	谷	主佃平分或主四佃六
恩阳	谷	或主四佃六或平分
凌云	谷	主四佃六或主佃平分
西隆	谷	主佃平分者多
西林	谷	主佃各半,亦有三七或四六

续表

县别	租别	数量
扶南	谷	主佃各半
同正	谷	主佃各半，如歉收时照常年缴租毫子减少
隆安	谷	主佃各半，如种两糙：早糙属田主，晚糙归佃农
果德	谷	主佃各半
思林	谷	同上
恩隆	谷	同上
奉议	谷	同上
天保	谷	同上
雷平	谷	同上
养利	谷	旱地租额甚轻，田租则主佃各半
龙茗	谷	主佃各半
万承	谷	同上
镇结	谷	同上
向都	谷	同上
靖西	谷或银	分租者则主佃各半，纳金者则产谷千余斤之地年纳小洋二三十元
镇边	分租	主佃各半
龙州	谷	主四佃六，间有主佃各半者
凭祥	谷	主四佃六
上金	谷	主佃各半而佃六主四者则甚少
宁明	谷	主三佃七
明江	谷	主四佃六，亦有对分者
思乐	谷	主三佃七
上思	谷	同上
绥渌	谷	主四佃六
崇善	谷	主三五佃六五，亦间有主四佃六者
左县	谷	多数主佃各半

但是各种的成数，虽经订定，而其实质，却颇有不同，主七佃三只适用于水田有二熟稻可收者，在平乐初熟主七佃三，二熟全归佃户，普通初熟三百斤，二熟一百余斤，则与对分者诚无少别；惟在桂林、柳州调查时，则初熟全归地主，差为稍异。再者对分之中，有谷种由地主负担者，如都安、天河、思恩、百色、恩阳、思林等六县，由双方负担者如隆山是，其谷种由佃农垫用，俟收货时，先行扣出归还，然后均分。有地主供给耕牛，而不取偿者，如南丹、思恩

二县是，至主三佃七者，或为本族之蒸尝产，或为劣田，所谓三年无一熟者，故其租均较轻。

在此，有一最苛酷之条件而为各地所无者，即佃户须负担田赋之半数，如天河、河池二县者，夫地主对于生产之资本，仅土地一项而取得作物之半，佃户以终年之劳力及种籽、肥料、耕牛等等，亦仅取得其半，已属不平；且田赋之责任，地主早已在租额之中，转嫁于佃户之身，而今又另外规定分担半数，则佃户何堪设想，况所称一半，不仅正赋，即一切附加，亦须分任；故其在权利上则为地主，而在责任上，不为地主，佃农反之，在权利上为佃户，而在责任上则不亚于地主，经济之朘削，实更甚于一般的佃农。

(3) 力租制。佃户以甚纯粹之力役准折田租，如井田中之公田者，业已少见，普通所行者，在缴纳谷物外，再为地主服务若干时日，无论有无时间，均须服役，如思恩县的佃农，除缴纳谷物外，当春耕秋收农忙之时，须离开自己耕地，至地主田中工作，每年日数，视工作之需要而定，地主家有婚假、丧葬等事，更须前往服役，藤县、博白、西隆三县亦然；桂平县之佃农，则不但在婚嫁、丧葬等事服役，并须常年为地主家之车夫轿夫，视为定例。

在来宾、北流等县有一种浮租，有租而无田，推其远因或为土司之采邑，或为官荒之侵地；承佃以后，除每岁纳租外，为佃户者，更须为田主服役，若地主子孙式微，将其每岁所收之租出卖（似有永佃权），则承受者，只知其租而不知其田，故曰浮租。广西西部昔年全属土司，故当时力役之风颇盛。

再引《中国经济年鉴》上一段话来补充："贵州土司之对于佃户（佃期可世袭）可任意驱使其作各种劳役，一如家奴。例如土司欲开一小河作娱乐地，则其佃户均须无条件的为彼作工，工成并须送礼，以表庆贺。不仅土司对于佃户如是，凡在土司区内或邻近之汉族地主，亦莫不如是"。

(4) 帮种制。帮种的办法，是在佃户和雇工两者之间的一种形态。就是帮种者只出劳力；其他种籽、肥料、牛只、农具、饭食等等，一切支出和负担，统归地主，帮种的只收得一定数的生产物。也就是货币制度未发达以前一种交换的意义，这种方式，假使他的分配能够公允，那是对于帮种者非常有利的。

西林县尚有这种制度存在着，而且双方非常融洽，据民政厅视察员岑家文的报告，"佃农纯系出力耕地主之田，而与地主平均收谷，田主与佃农间尚无争议"。

在租佃制度中间，还有两种制度，一种是转租，一种是永佃。

转租的办法，是在同一田地上，有两个以上的佃租行为，由一个人向地主承租田地，不问他承租条件如何，他可再以有利于他的条件去分租或转租与别人。这是一种掠夺的行为，最后实际耕种的人，不但要代经租者负向地主缴租的责任，并且他还要缴一部分给经租的人，所以经租者，仅做了一番承租出租的手续，便成功了一个不要资本的地主，而取得一种利润。这种对于佃农为双层剥削的行为，在各县的官产、学产，或离村的大地主上，便常常可以见到。

在桂林师专里面一个学生是这样说："在我的故乡博白县中，有许多的佃农，性质上是耕别人的田，同时他却雇佣雇农来协助他的工作，并且他还租出一部分的田去给别人种，他所收的租是比自己向地主缴的更多，不过一般的佃农，为要取到使用权，也就不得不饮鸩止渴了。而地主为着收租的便利，及转租者得着意外的利润，故此风便一天一天的盛行起来"。

田面权形式的永佃权，即是田面权属于佃户，田底权属于地主。地主只有一半的所有权。

纵是把田地变卖典当，也不能变更使用权。除非佃户也把田面权一同卖出，或是欠租达到田面价格以外，那么才可更动。广西有永佃权的区域不多，只有左县是有这样的情形，据民厅视察员韦君说，“左县地租，有长期短期两种，长期者历代承租，地主不能收回或加租，佃户可将其田地转卖，其卖价称为犁头钱，租额甚轻，此等租项多系备地并无粮赋，俗名为陇租，第五区之集良、渌峒、高顶、唐顶、渠曲、新兴、果怕、西门、学地各村及第二区十陇乡各村，均属此种佃户，全县地主约有二三十户”。

上面所述的四种制度，当然以分租制为盛，并且分租的当中，又以对分的为大多数，对分以上的十二县，收四成的十八县，其租额不超过全收获量37.5%者，仅10%而已。但这是表面的观法，在地主这个贪得无厌的心理，还有很黑心的办法，就是把面积的虚数提高，若照实际的面积计算，他的租额，至少又是一个加二了，再如河池等县，还要佃户负担赋税，所以广西的租额，实是重得利害。

纳租的货物，以谷为最多，钱租不过行于少数县份。本来钱租的多少，可以物租的成数来折合，但物租成数的决定，应当以生产工具、资本，及一切土地的负担，与佃户对于田地使用权的大小，暨天然的收成和土壤的等级来做决定的标准，才算公允；因为决定分配的标准，就是决定彼此利益的关系，如果地主少收一分租，那便是佃户减少一分痛苦，或多得一分实益。

合理的佃租，地主只可收取赋税的负担及购买田地资本和改良设施的利息，并且这种利息应当比较普通工商业的投资利率为低，因为田地投资比其他投资较为安全，而经营田地的净利，也比其他事业的利益为少。若照土地经济的原则，地租应以地价作标准，才算达到公平的目的，所以在一定的经济条件和社会状况之下，佃租和地租应当成一个相当的比率。

购买年

可惜现在没有全省田亩的价格，来供我们的研究，所以只就调查的五县中的地价，与租额作一比较，看他的购买年究有多少。

五县的地价，在第二编内已经讲过，而五县的租额，除了邕宁以外，完全是在50%以上，柳州最高，其他三县，则互相伯仲。但桂林各村的租额却非常轩轾，最高的是大浪坪，地主要取75%，而最低的雁山村，又只收30%了（表76）。

表76 广西五县各村每亩分租的租额

苍梧县			邕宁县			柳州县		
村名	地主所得%	佃户所得%	村名	地主所得%	佃户所得%	村名	地主所得%	佃户所得%
古藤村	50	50	凌慕村	50	50	雅中村	70	30
正湖村	60	40	蟠廂村	40	60	社湾村	70	30
沙尾村	50	50	定英村	40	60	边山村	60	40
长埇村	50	50				穿山村	70	30
						窑上村	60	40
总平均	52.5	47.5	总平均	43.3	56.7	总平均	66	34

表 76 续

桂林县			龙州县			总计	
村名	地主所得％	佃户所得％	村名	地主所得％	佃户所得％	地主所得％	佃户所得％
大浪坪	75	25	那央村	50	50		
常安村	50	50	教导村	50	50		
大参村	70	30	涝畇村	60	40		
岩岭村	35	65	北郭村	50	50		
雁山村	30	70	河抱村	50	50		
总平均	52	48	总平均	52	48	53.2	46.8

现在拿各县普通的地价、产量和平均的租额，来推测购买年的长短及租率之是否合理。这便很明显的看出全省购买年是非常的低落，最长的是龙州有六年多些，而最短的桂林只有四年半，并且幸亏他的米价比别处贱，否则，恐怕只有三年多了（表 77）。

表 77　广西五县土地的购买年

类别 \ 县别	苍梧县	邕宁县	柳州县	桂林县	龙州县
地价	48 元	41 元	37 元	18 元	25 元
产量	300 斤	350 斤	250 斤	200 斤	150 斤
租额	52.5％	43.3％	66％	52％	52％
实收数	160 斤	150 斤	165 斤	100 斤	80 斤
每百斤价格	5.6 元	5 元	4.8 元	4 元	5 元
总数	9 元	7.5 元	8 元	4 元	4 元
购买年	5.3 年	5.5 年	4.7 年	4.5 年	6.3 年

购买年愈短，便分外显出租额的高昂，而证明地主的残酷，和佃农的惨痛，假使佃租即等于地价税，那么究应减去多少呢？就是照二五减租的办法，“按照全收获量折半减二五”那么至少也还要减去12.5％，何况各县分租的成数，大都是超过了 50％。

减租运动

自第一次全国代表大会决定了政纲政策之后，便颁布了二五减租的条例，广西于十四年开始实行，因此引起了地主和佃户的冲突，当时各县，曾发生过几度纠纷，但是因了耕地的缺乏，佃户竞争的结果（例如佃农甲要根据条例向地主减租，而佃农乙便愿照原额承佃），一般的佃农还是软化了。只昭平、蒙山、兴安三县到现在还有纠纷，而能实行减租的，仅有兴安县的第三区而已。兹将广西省耕地租用暂行条例附录如下：

广西省耕地租用暂行条例

第一条　以自己耕作为目的，约定支付地租（租谷或租金），使用他人之田地者，为耕地租用，适用本条例之规定。

第二条　耕地租用之契约，以书面行之，须记载下列事项：

（一）耕地所有者（田主）及耕地租用者（佃农）之姓名年籍；

（二）耕地所在地名及坵数；

（三）耕地正产物之总额；

（四）每年约定支付地租（租谷或租金）之数量及时期；

（五）定有租用期限者，须载明其限期；

（六）耕地有附属物者，须载明其附属物；

（七）定约人双方签名或盖章；

（八）订约之年月日。

第三条　前条之契约须制成两份，经田主佃农双方校对符合，各收执一份。

第四条　耕地租用地租不得超过耕地正产物收获总额千分之三百七十五，其约定地租超过千分之三百七十五者，应减为千分之三百七十五，不及千分之三百七十五者依其约定。

田主不得预收地租，并不得收取押租。

第五条　耕地之租用，附有农具牲畜或其他附属物者，田主佃农双方应于订约时评定其价值并缮具清单，双方签名，各执一份。

清单所载之附属物，如因不可归责于佃农之事由而灭失者，佃农不负赔偿之责任。

第六条　于保持耕地原有性质及效能外，以增加劳力资本之结果，致增加耕地产力或耕作便利者，为耕地特别改良。

前项特别改良，佃农得自由为之，但特别改良费之数额，应先与田主协议定之。

第七条　佃农如因特别情形，不能按期支付，应交地租之全部，而先以一部支付时，田主不得拒绝收受。佃农亦不得因其收受，而假定为减租之承诺。

第八条　佃农不得将耕地全部或一部转租他人。

第九条　依定有期限之契约，租用耕地者，于契约届满时，除由田主收回自耕外，如佃农继续耕作，视为不定期限继续契约。

第十条　依不定期限租用耕地之契约，因佃农死亡或佃农抛弃其耕作权利，及耕地依法变更其使用时终止之。佃农死亡，其承继人有优先承租之权。

佃农抛弃其耕作权利，应于收获前三个月向田主以书面表示之。

佃农将耕田转租于他人，或非因不可抗力继续一年不为耕作者，视为抛弃耕作权利。

第十一条　佃农积欠地租达两年之总额时，田主得请追缴及易耕。

第十二条 依上期限租用耕地之契约，田主因家庭生活困难，得于年终收回自耕，但以力能自耕者为限，并须于月前预先以书面通知佃农。

第十三条 收回自耕之耕地，再出租时，原佃农有优先承租之权。自收回自耕之日起，未满一年而再出租时，原佃农得以原租用条件承租。

第十四条 田主就租赁契约所生之债权，对于佃农耕作上必需之农具牲畜肥料及其农产物，不得行使留置权。

第十五条 因第十、第十一、第十二各条之规定，其契约终止及还耕地时，佃农得向田主要求偿还其所支出第六条第二项耕地特别改良费。但以其未失效能部分之价值为限。

前项偿还金额，田主佃农不能协议，或协议不成立时，得请求该管村长调解之。不服前项之调解者，得请求当地官厅决定之。其决定为最终之决定。

第十六条 田主出卖耕田时，佃农依同样条件有优先承买之权。

第十七条 本条例自公布施行后，所有以前省政府所颁之二五减租施行细则分配及用途简章，农民建设委员会暂行简章，租谷或租金保管暂行简章，一律废止之。

第十八条 本条例未经规定之事项，仍适用其他法令之规定。

第十九条 本条例自呈请国民政府核准公布施行。

按第十二条之规定，业主收回耕地，但以力能自耕者为限，且十三条收回自耕之耕地，再出租时原佃农有优先承佃之权。这实在是对于广西佃农最有利益的一点，因为使用权得了保障，佃户就肯爱惜土地而不再为掠夺地力的行动，那么产量便可增加，并且他可以有一个五年计划或十年计划去改良他的作物，况地主除自耕外，即无法收回，那么佃农便用不着竞争，而地主也就不能利用这个点来压佃户和提高租额了。

又依照第四条的规定，田主不得预收地租，并不得收取押租，则所有一切的批头、上期租、粪银、鸡米和酒礼、力役等等，便完全可以取消了。

又依照第八条的规定，佃农不得将耕地全部或一部转租他人，则转租的行为可以销灭，而不致再有这一类二房东式的地主在中间居奇掠夺了。

所以减租的事实如果成功，则佃农所有的负担，可以减轻一半，而生产必有特殊之增加。况地价日趋低落，地主无意收买土地，则欲卖者因无主雇而获保存，失地者因价贱而有购入的机会。且地主既绝缘于土地之收买，则高利贷或不如现在之猖獗，农民少一分剥削，即多一分元气，可惜农民没有团结，政府没有毅力，遂使减租条例，成为具文，而地主依旧放出他的威焰。

各县佃农的状况

上面叙述了广西的租佃制度，更分析了各县缴租状况和减租运动的经过，现在再把各县佃农的现实情形，记录一些，供读者的考证。

博白的佃农，有些是从自耕农及半自耕农里脱化来的，有些是从小商人、小贩转成的，有些是土财主脱化来的，在民国七八年前及民国十一二年前，这种佃农是比较的少，但自民国十三年后，就日见增加，自耕农及半自耕农所耕的田，有些是他们原来自己的所有物，只为了贫而把他卖给村间的地主兼商人及高利贷者。卖时有些言定给还他们耕种，由地主指定租谷，每年在十月晒干风净时解斛，每一斗种田，肥沃的解租三石或二石八斗不等，中等肥沃的解二石八斗或二石不等，下等的二石或一石八斗。如当年歉收不能付租时，则在来春早禾熟时十足补租不能减少。补租以银钱折租的多，斛谷的甚少。故这佃农甚苦，多把田的使用权放弃。

由小商人及小贩回做佃农的，他们的田多向地主及地主管辖的学租田、蒸尝田租来。与地主纯粹是契约关系；他们种的田，认为自己不愿意种时，就退回给地主。须在一年之底月，即十一二两月及翌年的正月，这样地主就把田收回另批。若地主欲把田收回，不给他们耕时，就在二月间，或挑租去斛时，告知他们另批别田来耕。有些则在租田时，双方在批约上将租额时期等等，写明在内。租期过了，再行续订，惟续订时，租谷多要增加，因此，这种佃农的田，多由肥田变成瘦田。初租到的时候，大家用肥培禾，继则暂减，至打算再不续批时，就是内有草也就不管了。他们缴的租谷和自耕农的一样。

土财主：他们种的田，多为自己的火食田，卖给了村间地主或城里的商人。因不善耕种，所以收获减少，年年也有退耕的，或则租佃族内共有的蒸尝田，因为他的租额很低，甚至有些年长的不斛租。为有此种利益，所以族内想种蒸尝田的人就不少，而致发生纠葛或入讼了。

此外还有一种在已往的年代里祖先是佃农而现在亦是佃农的，他们种的田，是祖先就种的，现在亦种着。他们解给地主的租，较一般佃农的为低。但他们每在旧历的年终或年初间似亲戚地送些糯米鸡或鸡肉、贡面、表肉等礼物给地主。地主家若有婚丧、嫁娶事，他们自动地去帮忙或办一分礼物去“饮酒”。

融县地租均照田面的箩口计算。如某一块田，最丰收年成，会收谷五担者，则称这田为十箩，中等田租，每箩纳地租在十斤至十五斤。最贵有达二十斤或二十斤以上者。总之地租之多寡，须看土地肥瘠而定，佃农所得，亦有超过二分之一以上者。遇荒年，可议减租，小地主多不愿意减租，而愿与佃农均分。收谷时地主亲至田间，称为监收。大地主因无多余功夫监收，只能酌减。佃农恐其所耕之田有人抢耕，故亦不敢过分要求，得过且过而已。

近来因为土地集中，佃农为求土地耕种，于是租田的竞争，非常厉害，本地人称为抢耕。佃农与佃农之间为要争取土地的使用权，竟有互相谗谮，亦有不惜用贿赂手段，达其竞争之目的者。本县中区特别人多地少，且又为肥沃之区，佃农因抢耕竟有未种田而先纳一年地租与地主者。因此地主便乘机加重其剥削手段，将租提得特别高。从前的田租，是每一箩谷田，纳地租十斤的，叫做十斤箩，亦有所为四六分（即地主得四佃农得六），自佃农的竞争，地租便一天一天地涨高，结果，只有加重佃农的剥削。

每年农人除了缴四成或五成的田租与牛租外，所得仅是生活必需之资料。所谓“做罢又还天”者是也。佃农对地主，必恭必敬，曲如其意，稍有违背，地主即收回土地，别佃他人。每年地主至佃农家收租时，佃农非杀鸡置酒招待不可，颇有赋役制之形态。

永福县地租虽不较他县为高，然地主狡猾异常。有时地主忽然要将佃田收回，另开一田亩单，田亩数目比以前增加，另与佃农耕种。不久，地主再收回田地，又再另开一张田亩单，数目更比以前为大。如此妄开田单，一直要增至五分之一以上，譬如地主实际只有五十亩地佃与佃农，而田亩单上则开六十亩，佃农交租即须按六十亩交出。佃农虽明知田亩单上亩数与实际不合，然而地主却板着脸说："你不种我可佃与别人种"。佃农因不种地，即无饭吃；而地主将田荒着，不过一年损失，故惟有俯首从命而已。所以佃农缴租的数额，从表面上说来，地主只得三分之一或五分之二，其实际地主往往占到二分之一，甚至五分之三。

信都之缴租，分额租、分租两种，其余年节礼物，近数年来已不通行。

额租即其地租年有定额，普通约占收获总量二分之一，遇歉年，则减低，并无一定。但在近年，因土匪猖獗，离村稍远之土地，地租已相当的降落，不及收获总量二分之一。

分租系收获时由佃农报告地主，请其亲至家中查看收获物，然后双方根据商定成数（大概主六佃四）均分。收获共有谷十担，则地主占六担，佃农占四担。此种办法，现已不甚通行，只有使佃农与地主有家族关系时，尚有少数遗踪。

所有地租，全用稻谷，钱租概不流行。

桂平县地主对待佃户，收租收息之外并征力役。地主家内遇有婚姻丧葬之事，佃户必往服役。地主或其家人外出，佃农必来充当车夫轿夫。佃农所耕之田，及其耕牛，多是租来。故每年出去田租以外，并须纳牛租。田要多施肥料，牛要管理好，且役使不紧，不然，田主、牛主，都可收回即刻不租。

佃农所出地租，视田好坏而定。田地不好，或佃农不多之地，最低者地三佃七，对分为最普通，四六者亦有之。还有所谓"上期租"者，即未下种以前，佃户就订定租额缴纳地租，此后有无收获，与地主完全无涉。

佃户除奉献地主利息之外，还须供给劳役。除了孝敬地主之外，还要孝敬"二皮老板"（即地主的经理），他们受二皮老板的刻榨，比地主更为厉害。因地主一切事情，均委托他经理，凡批田、收租等事，均由经理代理。每到将收割之时，二皮老板要按佃户耕田收获，规定出租多少，故佃户不得不讨好他。每当二皮老板光临，杀鸡沽酒，已成当然之事。如果他要食乳鸽、狗肉，亦得殷勤供奉，平时并须孝敬礼物。不然，一触其怒，即要加租，或对地主说佃农坏话，使地主将耕田收回，故佃农畏之如虎。

思恩县最通行之租约为口约。在此种情形之下，佃农丝毫无保障，佃农须绝对服从地主要求，租约期限，租率及其他额外苛求，均由地主任意决定。故地主可任意增加租额，伸缩租约，用种种手段，要求佃户纳非法的贡献，及随时收回使用权。

近来小农没落益多，生活愈高，土地也渐渐集中，佃农的竞争愈烈；地主见有利可图，遂时常变更其佃户，造成租率升高，租期缩短的趋势。

其他如契约制、永佃制、帮种制等，在思恩的农村都很少发现，纳租的方式，视土地作物而异。

稻田普通都用分租，租额没有一定。佃户自备种籽、肥料，耕畜者，则在肥沃之土地用对分；但须先于收获物总量之中扣除田赋代价给地主。春季作物和秋季作物都同样要分。在瘠薄之土地，或可免去田赋之一部，仍用对分的方法，如地主供给肥料、种籽、耕畜，有投资的性质者，则分租多为三与一之比，也有四与一之比；田赋仍然同样的先扣除。

旱地类皆采用额租方式，佃户于每年每亩纳主要产物与副产物若干；无论年成丰歉，不得短少，或用分租，凡一切产物拆分为五与五之比，惟旱地作物，大都均不扣除赋税。

以上各县的情形，可以代表广西全省，但是租期之短，租额之高，勒索之重，均有一致倾向，尤其是田南道，在租额之外，还要佃农负担田赋，确是全国少有的现状。窃谓补救之法，莫如使用权之保护，则佃农有了保障，便不必先事承志的去奉承地主而服从他一切的条件。

第四编　副业

概说

所谓副业者，就概括的标准言之，即以从事某种职业为其生计的中心事业，而对于此一种主业的职业之经营，其劳力除供给其所从事之主要职业而外，尚犹可生出相当剩余劳力，复以其所剩余劳力从事他种职业，以企图其生计的收入之增加时，则其所从事之他种职业，即为其主要之副业。

就农村副业或农家副业言，其主要职业，必为农业，最少亦不能不以农业之某种作物，为其生计存在之条件的职业。纵其从事之主业收入，有劣于其所从事副业之收入，但无论如何，其农家本身之主观存在的条件，终为农业。虽然，农家之主业，虽必为某种农业，但主业以外之他种农业，亦可为其副业。

要之，所谓农村副业，乃农村本业或主业之相对名辞；何者为副业，当视各地情形而定之。农村副业之意义，约言之，凡利用余力、隙地、暇时、残料以从事生产，能有补于农家经济之不足者，均可谓之农村副业。

但在统计方面，却有许多困难，有些农户，是全家合作一种副业的，如同育蚕，碓米，榨糖一样，而又有许多农户，父子兄弟各异其事，或做雇农或为樵夫，而又有许多农户，不但人异其事，即以一人之身，在一年之中，亦随时更换其副业，故除了每家详细记帐以求得每人每事之收入以外，便无法去精密的分类统计。

不过我们所要研究的目的，不是为副业下定义，也不是为副业定范围，而是答覆广西农村中的两个问题：

(1) 农村里面自给自足的经济，究已破坏到什么程度，旧有的手工业，现在还保持着几种。

(2) 农村里面除了种田的正收入以外，副业的收入占什么地位，并且发展的途径是在哪里。

副业的现状

我们晓得蚕丝、纺织、榨油、制糖、酿酒、造纸、渔牧、樵采等等，在广西的副业里，都占着重要的地位，但是到了现在或完全没落，或逐渐减少，一切多呈现着黯淡。

蚕丝

饲蚕的事业，自逊清末叶，经马丕瑶氏之提倡，迄今已推行至十余县，每年蚕丝之收入，不下200万元。近年丝价惨落，销路呆滞，育蚕者不独无利可图，且时有亏耗之虞，故郁江一带农民，已纷将桑树斩伐，改种其他作物，距离寿终正寝之时，已在不远。（见表78）

表78 广西各县蚕丝之产量及其价值(民二十一年)

县别	产丝量(斤)	价值(毫币元)
恭城县	350	1330
富川县	5	24
平乐县	1910	4344
榴江县	20	88
苍梧县	83500	359596
藤县	38000	163115
岑溪县	150	1131
平南县	36510	157145
容县	150	466
兴业县	55	210
上林县	100	436
永淳县	320	1530
上思县	5	21
雷平县	120	417
万承县	15	64
左县	1350	5814
崇善县	35	145
合计	161695	696056

纺织

纺织是衣的根本，在昔自给自足的经济里面，都是男耕女织，并且纺织的原料棉麻，都是自己种植，取自田中而不需仰给于人，所以这个副业最为普遍。但是到了现在，洋布已充斥了各地的市场，他的价格，较自己去种棉纺纱所织成的布还要便宜，因此，许多地方，已把布机弃置到墙角去了。

各县织业，以郁林为盛，据梧州《民国日报》的记载，郁林县仁厚区织业户数约占两千户，布机约有三千架，织者约四千人，平均每日出布，约两千匹，布类分平纹、格布、柳条、花布、斜纹、棉纱布等花色，每日工作十余时，两日可得一匹，惟布价低廉，一匹五丈六尺之花布，仅卖四元，斜纹、棉纱布除换纱外，仅余六七毫而已，故其工资甚为微薄，最近停歇甚多。

然此类织户，已全用厂纱，所有种棉纺纱的手续和利益，已被机器葬送了。兹将各县织布户数，材料来源暨年产数量及其总值与利润，列表如下：(见表 79)

表 79 广西各县之棉织业

县名	制造者		主要原料		原料来源	出品		
	户数	人数	年需数量(担)	棉纱总值(元)		年产量数(丈)	总值(元)	运销地点
全县	90	720	6400	784000	上海	880000	1025000	县内各区
兴安县			60	4000	本地自纺	7800	5850	桂林
龙胜县			65	4000	同上	8000	6000	本县
百寿县	58	75	14	1496	上海	2080	2004	同上
阳朔县			8500	800000	同上	1000000	1000000	同上
恭城县	54	262	300	3472	同上	40400	42430	同上
贺县	2000	2500	2400	225000	同上	270000	300000	同上
钟山县	1000	2000	100	5000	本地自纺	12300	15000	同上
平乐县			40	4000	上海	6450	7200	同上
荔浦县			1280	160000	上海	148360	163200	同上
榴江县			384	40000	同上	42000	59000	同上
蒙山县			1120	126000	同上	120000	144000	同上
怀集县	36	68	12	1320	同上	1854	2250	同上
岑溪县			400	35000	同上	50000	50000	同上
桂平县	1320	19500	464	34800	同上	58000	69600	同上
兴业县	340	1040	288	36600	同上	48000	39600	同上
郁林县	520	2600	499	39926	同上	39936	43929	同上

续表

县名	制造者		主要原料		原料来源	出品		
	户数	人数	年需数量（担）	棉纱总值（元）		年产量数（丈）	总值（元）	运销地点
博白县	10	35	900	110000	同上	105000	140700	同上
三江县	3	28	40	5000	同上	6000	8820	同上
融县	225	550	1122	121200	同上	126000	133000	同上
天河县			1200	72000	本地自纺	100000	80000	同上
思恩县			11	750	同上	1456	1300	同上
南丹县			120	6000	同上	15000	12000	同上
河池县			1590	91125	同上	243000	274500	同上
宜山县			320	30000	上海	54000	57000	同上
柳城县			380	40000	同上	60000	45000	同上
雒容县			32	4600	同上	4500	5500	同上
柳州县			4110	610000	同上	670400	672000	同上
运江县			40	4000	同上	5000	5000	同上
来宾县			40	4000	同上	6000	7000	同上
隆安县	1500	5000	1000	50000	本地自纺	150000	100000	同上
上林县	200	200	400	41000	上海	60000	54000	同上
横县	110	300	640	56000	同上	64000	64000	同上
永淳县	1140	1287	582	47612	同上	90600	68482	同上
邕宁县	600	2000	148	24140	同上	45000	56250	同上
凌云县	1500	3000	576	67680	同上	104000	108000	同上
凤山县			320	21000	本地自纺	30000	40000	同上
百色县	15	50	440	56000	上海	60000	70000	同上
恩隆县			504	65000	同上	67600	75600	同上
思林县	12	12	48	6720	同上	8000	8000	同上
镇边县	120	500	60	8000	同上	10000	10000	同上
镇结县	20	28	40	4000	同上	4400	5500	同上
同正县	3200	3800	332	43272	同上	62000	54750	同上
左县	300	500	148	14200	同上	22000	17200	同上
龙州县	200	400	100	10000	同上	20000	20200	同上

续表

县名	制造者		主要原料		原料来源	出品		
	户数	人数	年需数量（担）	棉纱总值（元）		年产量数（丈）	总值（元）	运销地点
凭祥县			72	1200	同上	1600	1600	同上
明江县			65	6600	同上	12000	11000	同上
宁明县			640	70000	同上	120000	100000	同上
恩阳县	22	44	211	23760	同上	23760	28512	
合计			38497	4050721		5086496	5309777	

在四十九县织户之中，而其棉纱由本地自纺者，仅有九县，则纺纱之业已届末日，而织布之基础，亦建筑在冰山之上了。

榨油

榨油亦为大宗的副业，有桐油、茶油、花生油及八角油等等，桐树全省皆植，种类甚多，有三年桐、千年桐、对年桐、绉面桐之别，以三年桐及千年桐为最佳，全省产额年约十万担。茶油树之植者亦甚多，大概与桐树作混交林，以榴江、融县、平乐、富川等县为夥，年产约二十万担。花生油产地亦广，年产约数万担，其酺与桐油及茶油之酺，均可以为肥料，八角油为本省西南部之特产，同时亦为世界之特产，以恩阳、凭祥、天保、龙州、恩隆、宁明等县为最，雷平、扶南等县次之，年产约两千余担，值三四十万元，行销世界。

制糖

蔗为畲地作物，全省均植，年产糖四百余万元。按每亩可得蔗三千斤，榨成糖汁，可得两百斤，炼成白糖后，约有七十斤，除去工资燃料九元，每亩可得赢利十余元。不但制糖者直接取得加工之利，即一般农民，亦可因此获得工作，而煮糖百斤，需茅草二十担，故妇女之刈草者，亦得一大批销路。惜市场被夺出口渐减，前途实未可乐观。

酿户

酿酒之风，全省颇盛，年产二十余万担，值二百万元，俗谚曰“若要富酿酒卖豆腐。”于此可见嗜之者众，而获利之厚了。一锅之酒需米二十五斤，每斤铜元十三枚，一广西毫兑铜元十八枚（西毫折合大洋加三计算），计国币一元四角，得酒三十五斤，每斤售铜元十四枚，可售二元一角，获利三分之一。以米及高粱为原料，但年来购买力薄弱，一般农民，已不如前此之酗酒矣。

造纸

造纸之业，亦颇繁盛，种类有竹纸、纱纸之别，竹纸以竹及石灰为原料，年产八十余万元，行销本省。纱纸以纱树皮及石灰为原料，年产亦八十余万元，销于港粤，闻逊清末年至民十之间，此业最盛。当地之价，每担不过十二三元，运之邕宁，可售二十五六元，再运至港粤，可售四十余元，其获利之厚，为任何所不及。但现在成本加高，销路减少，半为洋纸所掠夺，半受天然之淘汰，较之最盛时之销数，已减少一半了。其详细情形，可参阅《广西统计月报》创刊号刘炳新君之《都隆那纱纸工业》，本书限于篇幅，不备载。（表 80）

表 80　广西各县之纸业

纸别	县名	制造者		主要原料（竹及石灰）			出品		
		户数	人数	年需数量（根）	总值（元）	来源	年产数量（担）	总担（元）	运销地点
竹纸	兴安					本县	10100	100000	桂林
	龙胜	52	80	10000	4000	同上	5000	25000	本县
	义宁	30	80	40000	1000	同上	6000	18000	本县、桂林
	灵川					同上	6000	9000	同上
	百寿	450	875	2200000	34650	同上	7200	43200	永福、长安
	贺县					同上	8000	160000	本县
	昭平			4080000		同上	12000	120000	本县、梧州
	怀集	10	50	20000	450	同上	300	2500	广东、罗定
	岑溪	25	250	150000	2400	同上	2500	20000	平南、客县
	桂平	115	1340	66000	3960	同上	2350	15280	本县
	北流				7600	同上	7000	21400	本县、柳州
	融县	46	326	505000	40110	同上	4350	85500	怀集
	宜北			15000	330	同上	212	1480	南宁
	永淳	4	11	85000	850	同上	768	3013	
	西林	15	80			同上	2000	110000	
	凌云	12	12	20000	1100	同上	300	5500	本县、百色
	凤山	30	60	9000	900	同上	70	1400	内地
纱纸	都安	1000	4200	80000 担	640000	本县	18000	700000	粤东、香港
	隆山	56	274	1800	40000	同上	1600	60000	同上
	那马	40	80	2500	20000	同上	2000	40000	同上
	隆安	30	500			同上	200	8000	同上
	凌云	20	20	200	1000	同上	125	3600	本县
	思林	6	18	300	720	同上	150	5700	果化、平马
	镇边	8	24		200	同上	200	4000	本县
	养利	30	30			同上	315	2472	本县
合计		1979	8310				96740	1646046	

鱼苗

鱼苗为沿江之产物，每年清明节后，西潦涌涨，即有孵化之细鱼发生。采集者于沿江水缓处设置鱼埠，用密网采捕，转育鱼塘，贩运各地。柳、桂二江，因水太缓，故鱼苗甚少，郁江一带，如苍梧、平南、桂平、贵县、横县、永淳、邕宁、左县等处，水势缓急适宜，鱼苗麕集，所产特盛。至于销路，在省内者，有桂林道、柳江道、田南道各属；而省外者，如广东之顺德、曲江、高州、钦廉等地，湘省间亦有之，但为数不巨。

鱼苗之利，最好一塘能获百元，故以此为副业者颇多，在昔征鱼苗税时，包商年纳一千余元，苍梧、长洲设有鱼苗公所，每届鱼汛，甚为热闹，今因该税停征，故公所之门亦长扃了。此业尚如原状，以后交通发展，运输便利，或有繁荣之望。

畜牧

畜牧之业，本最适合于农家，且广西有广漠之牧地，丰富之饲料，而牛又为耕田所必需，故牲畜亦为大宗出口。惟近年兽疫猖獗，死者过半，据省府调查，每年损失一千余万元，致出口亦受影响。倘能积极改良，必可超越现状。

樵采

樵采是广西副业中最简易最普遍的一种，只要他有气力并有一把镰刀，一根扁担，两条绳索，便可以无往而不利了。不过中间也有一个限度，就是区域的关系，这村的人，不能侵入他村樵采的境界，这族的人，不能侵入他族的所有的范围，除此以外，即无所用其顾忌了。樵采时间，自九月至二月，一日所得人约五毫桂币，一日樵一日卖，故每人每月最多可得十五元。茅草为烧窑，烧石灰，煎糖之用，树枝则装劈成捆，或改烧为炭，每年出口渐有增加。惟放火烧山之风不除，人造之林不植，则旦旦而伐之，恐将无木可伐了。

以上九种副业，大约可别为三类：一、完全没落者，如蚕丝、纺纱二项；二、尚在挣扎着，如织布、榨油、酿酒、制糖、造纸等等，而挣扎之过程中，又可划分为二，挣扎而有更兴的希望者，乃榨油与制糖，挣扎而仍日趋衰竭者，为织布与造纸；三、渐就繁荣者，如渔牧樵采是。（表 81）

从上面这个表内所表示的各类出口货物的消长，完全暴露了农村副业的衰落。各种出口的产量和货值都在减少，油类的出口，以十六年为最盛，至二十年而减少了百分之二十六。糖以民元为最多，以后渐次低落，至十六年而复振，但二十年与十六年的比较，又减少了百分之四十七。纸的出口的货值，亦较十六年减少了百分之三十二。牲畜无所上下，惟独燃料则年就高涨，民十六与二十的比较，增加了百分之三十。由此可知农民受各种副业衰落的影响，为求生存的结果，而大家走上了无本经营的大路，所以燃料一类，便畸形的发展了。但在他发展的背后，是含着不少的凄惨的意义。

表 81　广西二十年来油、糖、纸、柴、牲畜三关出口价值表

年别	数量和货值	油				糖	牲畜		纸		燃料	
		花生油	茶油	桐油	其他香油	赤糖	牛	猪	下等纸	其他纸	柴	炭
		担	担	担	担	担	匹	只	担	值	担	担
		海关两										
元年	数量	8710	6396	50670	3465	57523	12781	100248		718	875453	5820
	货值	107868	73656	532248	784621	203464	306272	386063		7180	262635	5820
六年	数量	1140	31735	82224	5666	29100	22227	96707		1586	1041414	24321
	货值	13365	349139	926753	435844	92868	551361	467183		6446	260353	26753
十一年	数量	615	7907	38653	4031	9892	16373	60984		12695	789768	49588
	货值	7380	79070	433184	149672	24093	394792	216019		32905	236930	49588
十六年	数量	15846	21123	133022	5695	35002	13998	59357	17834		1466038	110407
	货值	240410	295722	2038211	421131	147244	325999	476775	80253	177503	586415	165611
二十年	数量	265	14448	81280	6944	4190	20498	47460	14402		1767294	151006
	货值	3450	187824	1263545	766739	78346	600679	204305	72010	105489	795282	196314

副收入在农村经济的地位

由上文的叙述，我们得着了全省副业趋势的概念，并且从各个数字中间，可以得到一个副收入的轮廓。但是还有许多琐细的手工业，尚未计算在内，而他在农村收入方面，亦占有相当地位，为求比较的精密一点，就五县的挨户调查中，取出一个答数来研究一下：

副业的收入

在五县二十二村九百八十三个村户中，除去了一百二十三个完全没有耕种土地的其他村户之外，共得八百六十个农户，总计副业的收入三万二千六百四十八元。在这里面，再除去了公务员和教员两项特殊的收入，净存二万二千九百九十六元，这是各户副业的净收入，平均每户有二十六元七角。（表 82）[1]

本来牲畜的饲养，如耕牛与猪及鸡鸭等等，在农家是极平凡而普遍的，尤其是广西耕地需要耕牛，饲猪可用木薯，大概每户有牛一头，猪三头，鸡十只左右，鸭则少养，但年来兽疫的影响，死亡过半，致各家多寡不均，而收入亦显形轩轾了。照五县的统计，牛则每家0.76，猪则一头，鸡则三只，除耕牛为间接收入不计外，每年每户约得净利十五元，两者合计，共得四十一元七角。（表 83）

［1］ 原文中未出现表 82。——编者

表 83　广西五县各类村户的耕畜

县别	苍梧			邕宁			柳州		
类别	耕畜数	总户数	每户平均数	耕畜数	总户数	每户平均数	耕畜数	总户数	每户平均数
地主	2	3	0.67				4	2	2
自耕农	33	79	0.42	146	113	1.29	133	162	0.82
半自耕农	38	36	1.06	44	36	1.22	19	20	9.50
佃农	40	57	0.7				21		
其他		10			5		67		
合计	113	185	0.61	190	154	1.23	156	272	0.57

表 83 续

县别	桂林			龙州			总计		
类别	耕畜数	总户数	每户平均数	耕畜数	总户数	每户平均数	耕畜数	总户数	每户平均数
地主	1	5	0.20				7	10	0.70
自耕农	82	91	0.90	44	75	5.73	438	520	0.84
半自耕农	79	78	1.01	2	4	0.50	182	174	0.11
佃农	62	67	0.93	19	11	1.73	121	156	0.77
其他		34			7			123	
合计	224	275	0.81	65	97	0.66	748	983	0.76

农田的收入

照各户土地使用的结果，平均每户十亩，我们现在用一个十亩的自耕农的收入来做标准，看副业收入所占的是一个怎样的地位。(表 84)

表 84　广西五县中一个使用十亩的自耕农的农田收入

作物名称	谷	禾草	芋薯	花生	蔗糖	麦	玉蜀黍	合计
总产量	1400 斤	2000 斤	500 斤	120 斤	150 斤	100 斤	300 斤	
每百斤价格	4.5 元	0.5 元	1 元	5 元	10 元	3.5 元	3 元	
总值	63 元	10 元	5 元	6 元	15 元	3.5 元	9 元	111.5 元

农田收入的总数，为一百十一元五角，加上副业的收入四十一元七角，共计一百五十三元二角，则副业的收入实占每户总收入的27.2%了。从正面观察，觉得副业收入所占地位的重要，从反面观察，就暴露出农民需要副业的急迫。但各县副业的统计中，还没有完全把上述的

九种副业全列在内，所有榨油、造纸、纺织、蚕丝四项，并未计算，由此可知副收入必占总收入百分之三十以上。而不及十亩之自耕农与半自耕农及佃农等等，其农田收入必更减少，而副收入所占的经济地位，必格外的增高了。

副业收入的成分

再者各县副业之内，究以何项收入为大宗。我们就各县的总计观察，觉得除了特殊性质的公务员一项以外，应以樵柴为最，贩卖商品的小贩与小商人次之，纯粹为农业加工业的小贩更次之，而零雇工及渔又更次之。然小贩与商人未必每户皆为，而樵柴与零雇工，则几无间男女老幼，故无论以收入金额之多寡，或工作之普遍与否为标准，莫不以樵为最，各县各种状况，虽不尽同，而于此则一，由是更可知副业之销沉，而宜亟谋出路了。

苍梧擅长洲水利之胜，故鱼苗业最盛，且有商埠，是以小商人与小贩均极发达，零雇工与纯粹农业加工业的小贩，亦占优势，而樵采稍形落后，东平乡素富桐茶，现在匪氛未戢，遂使出产减少。（表 85）

表 85　广西苍梧县的副业

名称 \ 金额 \ 户数 \ 类别		自耕农		半自耕农		佃农		总计	
		户数	金额	户数	金额	户数	金额	户数	金额
副业	零雇工	10	540	3	100	2	70	15	710
	樵	6	200	3	60	13	300	22	560
	小贩	4	300	5	315			9	615
	渔	8	1280	2	150	1	90	11	1520
	缫丝	1	200					1	200
兼业	公务员	6	5940					6	5940
	教员	1	300	1	100	1	60	3	460
	小商人	6	1200	2	230			8	1430
	小贩	6	1020					6	1020
	机器缝工	2	100	5	270	2	230	9	600
	屠夫	3	600					3	600
	木匠	1	60					1	60
	竹匠			1	80			1	80
	巫师					1	140	1	140
总计		54	11740	22	1305	20	890	96	13935

附注：出外为雇农者 7 人　当兵者 3 人

邕宁在兼业之中，烧窑居首，小商人与小贩次之。而副业之内，则以樵柴为巨擘，凌慕村

亦产桐茶，未详确数。(表 86)

表 86 广西邕宁县的副业

名称		自耕农 户数	自耕农 金额	半自耕农 户数	半自耕农 金额	佃农 户数	佃农 金额	总计 户数	总计 金额
副业	零雇工	6	245	4	160			10	405
	樵柴	24	610	4	80			28	690
	小贩	3	150	2	80			5	230
	织草席			1	60			1	60
	种菜	3	40	1	30			4	70
兼业	公务员	2	1140					2	1140
	教员	2	300					2	300
	小商人	3	720					3	720
	小贩	6	575	2	200			8	775
	裁缝	1	100					1	100
	屠夫	1	25	1	40			2	65
	木匠	2	100					2	100
	锯匠			1	50			1	50
	烧窑	3	800	2	270			5	1070
	竹匠			1	90			1	90
	牛贩	1	50					1	50
	酿酒	1	20					1	20
	泥司	6	180	2	60			8	240
	堪舆	1	50					1	50
总计		65	5105	21	1120			86	6225

柳州樵采与小贩均甚发达，占总数 40%，而贩卖商品之小贩，其利益亦占 20%。全县产桐，茶，烟叶，见该县作物表。(表 87)

表 87 广西柳州县的副业

名称		自耕农 户数	自耕农 金额	半自耕农 户数	半自耕农 金额	佃农 户数	佃农 金额	总计 户数	总计 金额
副业	零雇工	17	270	1	20	1	20	19	310
	樵	25	470	4	100	6	270	35	840
	小贩	15	640	3	150	1	30	19	820
	渔	3	100					3	100
	挑夫	2	76					2	76
	榨油	1	30					1	30
兼业	公务员	2	840					2	840
	教员	5	330					5	330
	小商人	1	80					1	80
	小贩	30	692					30	692
	烧炭	1	28					1	28
	屠夫	1	50	1	80			2	130
	烧瓦			1	40	1	60	2	100
	酿酒	1	100			1	30	2	130
	泥水匠					1	24	1	24
总计		104	3706	10	390	11	434	125	4530

桂林除了樵柴以外，织草席便占了第二位。因为产有一种席草，随处均可栽植，而织时手续又极简单，以麻为经，以草为纬，两人每日共织两条，可售六毫，其利尚厚，故每户各就其草之多寡而织焉。（表 88）

表 88 广西桂林县的副业

名称		自耕农 户数	自耕农 金额	半自耕农 户数	半自耕农 金额	佃农 户数	佃农 金额	总计 户数	总计 金额
副业	零雇工	2	20	7	115	7	122	16	257
	樵柴	11	206	13	250	16	285	40	741
	小贩	17	415	7	118	2	42	26	575
	渔			1	20	2	30	3	50
	挑夫					1	20	1	20
	织草席	10	270	12	310			22	580
	织草帽					1	20	1	20
	看鸭			1	30			1	30
兼业	公务员	2	176					2	176
	教员	2	275	1	30			3	305
	医生					1	50	1	50
	小贩	9	270	7	190	5	80	21	540
	裁缝	1	20	2	70	4	60	7	150
	屠夫	4	155			3	120	7	275
	做瓦					1	30	1	30
	竹匠			2	80			2	80
	牛贩					1	20	1	20
	烧石灰	1	8					1	8
	卖面			1	20			1	20
	织布					1	30	1	30
	卖豆腐	2	40	1	15			3	55
	剃头	1	60					1	60
	唱戏					1	50	1	50
	做爆竹	3	110	3	120			6	230
	造纸	1	20					1	20
总计		66	2045	58	1368	46	959	170	4372

龙州因土壤硗瘠，人口稀少，且经共匪之骚扰，故农村皆呈现极度萧条，而副业遂难发达，所以大家以樵采为生财唯一之大道而集中了。全县产八角，本为世界特产，近因销路呆滞，渐形衰落。（表 89）

表 89 广西龙州县的副业

名称	类别	自耕农		半自耕农		佃农		总计	
		户数	金额	户数	金额	户数	金额	户数	金额
副业	零雇工	3	30			1	20	4	50
	樵柴	52	2140	1	10	10	600	63	2750
	渔	14	120					14	120
	种菜	2	40			2	60	4	100
	种芭蕉	1	20					1	20
兼业	教员	1	50	1	120			2	170
	小商人	2	280					2	280
	小贩	4	56					4	56
	木匠	1	40					1	40
总计		80	2776	2	130	13	680	95	3586

看了以上五县副业的分析，觉得不但是琐细，而很少向积极生产方面去发展的现象。并且比较有利一点的事业，凡类似商业经营者，如小商人、小贩、屠夫、烧窑等等，皆为自耕农所独占，这个里面，当然包含着金融的关系，因为半自耕农和佃农，都缺乏了流动的商业资本。不宁惟是，就是每户的人数，亦照着经济力而递减，在第二编内各类农户人数表上可以显明的看出，所以自耕农因人数的众多，便是樵柴的收入，也超越了半自耕农和佃农。

改进副业的刍议

我们在历年出口里面看出了副业衰落的动向，在正副两种收入里面，明了了副业所占的经济地位，在各县的副业分析里面，认识了副业的重心，觉得农民需要副收入的补助，是非常的急迫，而发展副业的途径，当从生产和加工业两方面着手。桐油在国外之需要方殷，求过于供，似可努力种植。蔗糖若能换用蔗种改良榨法，必可减轻成本，增加生产，而在国内市场，取得销路。畜牧宜注意其卫生，以求繁殖，园艺宜积极推广，以增出产。如此，必可减少许多拾粪、捡破布、排行（凡出卖劳力者，每至墟市集中，排成行列以待雇主，名曰排行）的苦生活，而增加大宗的新收入了。兹就调查所及，附具管见，以供参考：

林业

桐油　桐油为全省百货出口之大宗，每岁输出约十三万担，价值四百万元，而在省内销用者，亦值二百余万元。且国内外需用正多，年来出口占第三位，销路自可不成问题。桐树以千年桐及三年桐为佳，而三年桐更美，似宜完全采用此种，更为有利。

经营桐油业者，以柳江一带为多，桂林、梧州稍次，然皆沿用土法，油质不良，是则亟需改革，更宜勿贪小利，掺杂劣质，以致影响销场价格。桐子每担四元，可榨油三十斤，每担值四十元。其榨油之法，先晒干桐子，再放于石研槽上，用牛拖曳研细蒸熟，然后再将桐子肉置榨机上以木槌击入木楔，压榨出油。如能集体经营，设置榨厂及精炼厂，则收入必更有可观。

农业

蔗　全省土质气候，甚宜植蔗，各县皆有经营，尤以榴江、雒容各地为最著，今全省荒地之宜种蔗者较多，大可经营种植。蔗种选取其生长强健产糖较多者种之，柳州垦殖水利试验区，选用台湾种，成绩颇佳。

现在农民栽种，袭用土法，最先整地成畦，高一尺，阔四尺许，两畦相隔尺许，于畦之两旁，各开一小沟，沟底施基肥，上覆以土，即将出芽之蔗苗平放于畦旁小沟上，使芽分向左右，每株相距七寸，以草灰盖之。种后随时灌溉，并以沟中湿泥，涂于畦旁，以免杂草滋生，至蔗苗盈尺，施以淡粪，此后每越十五天施粪一次，而蔗苗即行长成，每亩需肥三十余元，得蔗四千条。

制糖之时，以数家联合组成，雇糖师一人，帮糖师一人，另需烧火放蔗四人，砍蔗六人，每家各出人牛，不分多少，以完毕为止，妇女平时皆割茅草，储以为煮糖之用。榨蔗用石碾一对，牛五六匹，轮流拖曳，榨时以成束蔗纳入两石碾间，两牛拖石转动，压出其汁，即置于锅中煮之，并加石灰粉及生油等物，煮至合度，俟冷后即成。蔗之制糖率，蔗汁量约当甘蔗量百分之六十六，糖量约当蔗量百分之十六，惟石碾不能榨净，若以机器压榨，可增蔗汁百分之十。

麻、棉　麻为全省重要特用作物之一，每岁皆有大宗产量输出，业麻者，以荔浦、平乐为最多，苍梧各属稍次。麻系贱生，不甚择地，且栽培管理至易，全省荒地均宜种植，尤以荔浦、修仁、平乐各处为最佳。种麻之法，于二月间将去年已预备之地耕松作畦，畦上掘穴，互距一尺，选根最细之麻头种下，上敷牛粪，再盖黄土一层。每收麻一次，即施肥一次，年收三次，可得百五十斤。棉为衣之原料，然全省草棉木棉之产量，为数不多，致厂纱充斥。查黔江、郁江流域，均可栽种，现以土法栽种，每亩收子棉一担，若改种美棉，产额必赠，再从事推广种植，亦可挽回利益而塞漏卮。

园艺

柚　全省产量颇丰，如容县之沙田柚，品良质美誉博四方，每岁所产，值逾三十万元，又桂平县亦岁有二十万元之出产，他如邕柳、苍梧各属，出产亦复不少，在果树园艺上，已占得一特殊地位。全省之柚，约分三种：(1) 果圆形者，俗称蜜柚，品质中等。(2) 椭圆形者，沙瓤红色，俗称瓤柚，品质下等，但易生长。(3) 古坛形者，则称沙田柚，品质上等，最宜经营，种植以容县为宜，该地气候温和，土质良好，颇多斜坡荒地，且交通便利，地价低廉，发展殊易。每株距离两丈，每亩植三十株，植时掘成深尺许之穴，置苗其中，以肥土覆盖施以粪水。并宜在地培土，逐渐培高尺许，每月施以麸水，或粪水一次。四年后至二十年中，平均每亩年收一千五百个，每百个值二十元，可行销本省各地及广东、香港以至我国北部诸省。惜全省经营柚业者，多属粗放，且皆系散种，成园者甚少。亟宜扩充，而作有计划之经营以求厚利。

柑橙　柑橙事业，全省经营颇少，所产之量，供不应求，最多产地为郁林、兴业两县，品种颇佳，推广种植，以郁林为最宜，该地气候土质，甚适于柑橙之生长，柑类多扁圆形，外观略与温州蜜柑相似，果皮薄而滑，味甘多浆，每个重四五两。又橙为椭圆形，皮厚肉多，味甘多浆，每个约重五六两。繁殖之法，多行驳枝，实生甚少。每亩约种六七十枝，五年后至二十年，平均每亩年收二十斤，每担值二十五元。惟虫害甚多，影响产量，宜注意及之。

畜牧

牛　养牛事业，在省内颇见发达，输出外省，岁有三十余万关两。且省内荒山荒地不下二万万亩。均宜于养牛之业，故随处皆可作大规模经营，惟以牛种欠佳，兼因病害，致受巨大之损失。有水牛、黄牛两种，以役用为主，肉用次之。饲料多属自给，常以野薯藤、稻杆、米糠、麦糠为主。繁殖之量，每母牛一头，三年中可产小牛两头。惟以牛舍暗湿，常与猪同棚，故易生疾病，而疗治无方，遂致坐视其毙。治本之方，宜精选牛种，改良牛舍，而治标之法，宜亟以养牛常识灌输民众，并分遣兽医，随时救治。

猪　养猪为农家普遍之事业，每岁输出外省者，值五十万关两，均来自郁江流域，而大规模经营者甚少。生长迅速，普通重二三百斤，全州猪则常重四五百斤。饲料以玉蜀黎、米糠、薯蔓等为大宗，此外尚有酒糟及腐糟等，猪肉每百斤四十元。惟常患猪瘟，损失甚巨，改良之法，与牛相同，再宜改良运输，以轻成本，兹将由桂平出口生猪运广州每只皮费细目列后：（表90）

表90　广西生猪由桂平出口运费细目表

经过地点	名称	捐额(元)
由乡至埠	乡间地方捐0.60元(买卖各半)	0.30
至埠	县城秤捐	0.34
由埠出口	县出口捐	0.50
出境	浔州统税	1.98
本埠至梧州	织脚	0.55
至梧州	梧州入口捐	0.30
至梧州	驳艇费	0.10
出梧州	梧州出口加一捐	0.20
梧州至广州	织脚	1.50
沿途	喂口	0.30
汇驳	汇驳(2%　37.00元)计	0.74
	短秤及体量瘦减(17%　130斤)	8.21
	佣金(25两约40.00计开佣7%)	2.80
合计		17.82

劳动的素描

在农田收入不够生活，副业没有解决的广西，劳动力便少了出路，所以不得不集中到樵柴上面去。然而樵柴要受时间的拘束，最早九月开始，极迟至二月终结，所谓“有时而穷。”但饥寒依然是在后面逼迫着，于是都到劳动市场去出售他的劳力。从性质方面说，有男工、女工、童工，从时间方面说，有日工、月工、长工等等的区别。而工资的给与，亦分货币与谷物两种。

货币工资

日工　日工是农业雇佣最普遍的形式。而日工亦有男女之别，大多数是成年的，童工的日工是不容易看到。日工的工资是货币，很少用货物来交换劳力。男工和女工的工资不一律，男工贵而女工较贱，可是妇女做佣工却不多，因为妇女的劳动力没有男人的劳动力那样的强度，所以工资也就不同。同时因农忙与否，其工资亦随之而转变，平时男工工资，每日每人由毫币一角五分至三角，女工工资每日每人由毫币一角至二角五分。而农忙时，男工工资，每日每人由毫币二角至五角，女工工资，每日每人由一角五分至三角。

这种日工，是没有定期的，甲家的工作完了，便又应乙家之雇。如住在附近村落的，则多返家住宿，而远地来者则住在雇佣者之家。每日工除工资外，所需之生活资料均为雇佣者供给。还有一种特殊的日工，其工价由乡约所决定，这种形态在瑶山中，极为普通。如某家（无论是贫农或富农中农）欲开垦荒山数十亩，即预先至附近各村鸣锣，约定某月日在某山开垦。期至各村每一家至少须有一人参加，自带耕作农具前赴所指定之山开垦，能多参加者更好，不论男女老幼，只要能荷锄有力。工作时间由一天至五天不定，一切待遇都是同等的，每天每人工资二角，雇佣者只备午餐，早晚餐均由自备，但亦有供给晚餐的（因瑶山有此乡约，故许多童山，能开辟植桐及杉）。

月工　这亦是极普遍的一种雇佣制度，现在仍然很盛行着。月工分男工、女工及童工三种，男工女工都是成年的，男工工资每月约二元至十元，十元外的很少，四元至六元的最为普遍。女工每月工资约一元至六元，而以三元至四元的为最多。童工的工资却较妇女的更少了，童工的年龄约由十二岁至十八岁，其工资每月约一元至四元，四元以外的却是很少。

雇佣者对于月工的工作和日工大致相同，有时月工除了田地工作之外，要替雇佣者做家常之事。尤其是女工更来的显明，她们除了每日应做之工作外，晚间仍须替主人看护小孩或作其他工作，男工有时晚间亦须工作的，但不很普遍。

日工和月工每日的工作时间约九小时至十四小时，每天除吃饭以后休息片刻外几无暇时。

童工的工作大半是牧牛，除了牧牛以外，有时须替主人做家常的工作。

长工　长工的时期，普不一致，有一年的，两年的，或三年，五年而至数十年的。不过在货币工资雇佣制度之下，总以一年为单位。他们的待遇没有日工那样好，他们的工作也没有日工那样单纯。现在再分男工、女工、童工三项来说明：

男工　男工的工作，除了雇佣者的家庭婚丧及必需要在家庭工作之外，尽日在田地工作着。食料虽然没日工那样好，然而事实上仍是与雇佣者大致相同。工资全年由十五元至八十元，其相差真是太远。这是完全由于各区的需求和雇工过去的工作成绩而决定。普通多为三十元。男工有专为地主工头的，地主因为有许多日常用具购买无人照料，及因年来减租的损失，于是将从前批佃给人的耕地收回而自耕，可是田地既多，不能照顾，于是专雇一人以协助其工作，或替其指挥雇农。这个工人有代替主人指挥一般雇农的权力。当然，他的工资要比其他雇工多。一切待遇也要比其他雇工优裕。

女工却不尽然，要做田地工夫的女工是很少。有的是在富农家里做家常的工作，不过做田地工作的也不是绝对没有的事。她的工资，每年由十元至四十元，十五元至二十元是普遍的。每日的工作时间，视各家庭而定。有的专看护婴儿及在厨房工作，有的专替主人做田地工作及家庭的任何事件。但无论如何，是比男工的工作时间为长，然而以工作的轻重来衡断，则女工所做的工作，却常较男工的劳动力较少。

童工的年龄与月工同，其工作亦不相上下，工资由三元至二十元，普遍多为十元。

谷物工资

一种自然经济的工资形态，虽不十分普遍，然在各县却亦可见到。所谓谷物工资，里面可分三项：

用稻或米做工资的。无论长工、短工、男工、女工、童工都有用此形态。大概长工及童工多用稻作工资（含有帮耕性质），短工尤以女工为最，则用米作工资。用稻或用米作工资，折合时价，约与货币工资相同。不过在开始口头订约之后，稻或米价增高或降低，所卖出的货币的多寡，均与雇者无关。

用耕畜来做工资的。譬如被雇者是一佃农，他因为没有耕畜，于是与地主或非地主约，被雇者替雇主工作若干日，雇主即给耕畜替被雇者耕田若干日或若干亩，亦名帮牛工。各乡情形不同，有牛力一日，换人工一日至三日，有牛力两日，换人工三日或一日，普通大概人力一日换牛力一日的。论亩数亦有大概耕五亩田面，换一天人力。

用商品来作工资。雇主有兼营商业的，替他作工，概以所营之商品为工资，但每年的工资，是与上述之短工、长工相差无几，惟商品的市价，没有特别的高低。

在这种雇佣之外，还有一种挑夫，又称“领担”，在水道运输不方便的地方，商贾的往还，都是雇用挑夫。每一次商帮过境，总是需要几百名，但是时间并不一定，一月中没有几次，而求雇的人太多，所以不是人人皆可得着。每次三四日，除伙食费外，约余大洋七角，在一般贫农心目中，已认为最好的副业了。据说从前有一个故事，“有一次许多挑夫在城里等候挑担，连伙食都吃完了，但是商帮还没有来到，于是急欲寻一点短工来做，以维持他的食用。有一个狡猾的人看见了，便对他们说，县政府要搬东门外庙里一口大钟到公园里去，每人工资四毫，搬完后可至县政府内领钱。于是他们饿了肚皮，撑着脊骨去搬进了城来，才知遭了人家的戏弄。”这个故事，无论他的事实是否真确，而所含的意义，却完全表示了副业的缺乏。

此外就是割草，无论老少男女，都一齐参加此项工作，每天成群结队，齐向岭上出发，本来岭上的野草，每到冬季十至十一月的时候，便几乎都被一般猎者用火烧光了，但到现在，虽至次年正月，野草亦尚好好的存在（过去正月也就烧了，因为肥料的关系），因为村民知道野草的宝贵，所以规定了禁止烧山的条例。

野草如何能够如此宝贵呢？其中有一个原因存在：原来乡下人的地方观念很深，地方划分得非常清楚。比方甲村地界内所生的野草，除了甲村的人能享受之外，他村皆难染指。如有故犯，即群起而攻之，势非夺还其所取之物不休，贫瘠的村落，便不得不向他村收买野草或木材为燃料。而且近来农作之用石灰做肥料者，年多一年，制糖、烧窑，亦需野草，于是价格便因此加昂。而贫民之割草者，亦即与日俱增了。

更有一种碓米的，每逢墟期，便出去籴谷，回家碓成白米，再拿到墟上去卖，他们每天每人，可碓谷两百斤。在收获的时候，贫农急于还债，多以谷子出售，则谷价较廉，每谷一百斤，可赚两角，若在平时，仅博得一些米屑和米糠而已。

至如捡破布拾牛粪者，则更劳动中之末路了。

第五编　灾害

广西自民国肇造以来，军事之行动不绝，地方受其糜烂，人民因之播迁，土匪乘时蜂起，耕地随之减少，而政治的紊乱，赋税的增加，随在予农村以重大的打击。故农村秩序的破坏，农民经济的衰落，农户性质的改变，莫不因之而起；我们相信，这是促成广西农村崩溃的一个因素，所以要追溯以往的情形及其破坏的程度，而研究其衍变的迹象。

但是可惜得很，在全省里面，很少没有遭过兵灾匪灾的区域，逃亡的人们是逃亡了，死去的人们死去了，他们的田地，被占据或荒芜了，他们的房屋，被焚烧或崩颓了，所剩下的遗痕，不过是枯杨白骨，断井残垣，来供人凭吊而已，欲求如白头宫女，话天宝遗事者，了不可得。故以历年之战事，及现有之残匪，并其他的灾害，加以记载，以为农村破坏之反映，而示损失之浩大。

过去的战事

民国十年六月，桂军沈鸿英宣布自治，广西护军使陈炳焜下野，陆荣廷退出南宁，粤军陈炯明即进占梧州，七月粤军入南宁，八月沈鸿英北退入湘。

十一年八月刘震寰为桂军总司令，陆荣廷自龙州通电就广西边防督办。十一月沈鸿英由桂攻粤。

十二年初陆荣廷与沈鸿英战于全州、桂林。

十三年沈鸿英由湘回桂击败陆荣廷。六月李宗仁占南宁，沈、陆在桂林停战议和。

十四年一月沈鸿英为广西绥靖督办李宗仁所击败。三月唐继尧军入南宁，八月唐军失败退出。

十五年七月第八军军长唐生智以桂军攻入长沙。

十八年四月，何键命范石生等分路讨桂，六月何键部克桂林、平乐，桂军向梧州退却，旋何部败退湘边。十月张发奎军队回桂，陈济棠至梧州向俞作柏下总攻击令，十一月广西军事由李宗仁指挥与张发奎联络，向梧州进展，陈济棠部向广州退却何应钦赴粤主持，对桂事旋占胜利。

十九年二月粤桂军在北流开战，双方均受重大损失，暂行停战。五月粤桂战事转变，李宗仁等入湘。六月中央军前来援助，驱逐桂军。

二十年二月，八路军令入桂各军停止军事行动。

这篇悲惨的账目，虽仅寥寥数段，然或相持经年，或旋进旋退，其间生命的牺牲，财产的损失，实无从估计。况其军事区域，盘旋于梧州、南宁、桂林、龙州、河池之间，实已分布全省。故广西自民十至民二十之十年内，一般人民，诚无日不在惊涛骇浪之中，蹂躏摧残之下；人夫之征发，捐税之繁苛，耕地变作战场，庐舍化为丘墟，邕宁城外，至今尤有沈、陆相拒之战壕，当年父哭其子，妻哭其夫之惨状，似尚笼罩于此古战场之上。

匪患

兵祸连年，天灾荐降，于是铤而走险者，遂去而为匪，或大帮啸聚，或小股潜伏，几如雨后春笋，遍地皆是；民十八以后，道路荆棘，行旅为之裹足。顷虽几度清乡，连番痛剿，然匪患仍未能完全肃清，当至苍梧安平乡调查时，邻村适与土匪剧战；过柳州时，在距郭不远，当日曾有一县长至桂林赴任者，其行李为匪所劫，并死押车者一人；足见匪风实未能尽戢，而历年人民之受其屠毒者，更难悉数了。兹就全省旧划六道中，酌载数县，以见一斑。

桂林道　昭平县属木格团与苍梧安平乡交界，有匪首杨桂、黄飞、刘鼻勾、李头挞等帮啸聚，闻有匪徒三百余人，机关枪、手枪、步枪约二百余杆；时有越境至木格、冲尾等处边僻森林隐伏，乘机掳劫，尤以四排鹿坡村受害为最烈。

自十八年冬至今夏间焚劫数次，杀掳人民各数十丁口，团力薄弱，不能抵抗；上年该村人民全数离散，后经清乡，及本年三县会剿，终以山林广阔，未能剿灭。现木格团已由殷富筹款养练二十名，以十名分驻鹿坡村以堵御邻匪入境；匪犯渐少，村民渐复。

全县毗连湘境，匪风未靖，与东安交界则有谢子乡匪帮约三四十人，枪二十余支；与新宁交界处，则有张林匪帮，约二三十人，枪二十余支，均系湘边股匪；不时窜扰。最近该帮匪曾攻入十五区驻梅溪口之团队分所，击毙团丁一名，劫去步枪八支。

又有玉英才匪帮约千余人，皆驳壳短枪，出没与全灌内地，纵迹飘忽无定，兵来匪去，匪去兵来，疲于奔命。

苍梧道　苍梧本县匪患，以东安乡、安平乡为最甚，东安乡之马窝山，与信都县之北篓山，土匪时常往来，自去年痛剿后，匪风稍戢。至安平乡人和墟，因上年受金钢砂匪帮扰害，地方蹂躏不堪，计人和墟前后被烧两次，以致遍地瓦砾，只存旧庙一间而已。

又在石龙、下蒙、糯峒各村，纵横二十余里，全无人烟，田无人耕，满目荒凉，惨不忍言。而杨桂、甘华、南黎、大英匪帮约数十人，枪支犀利，现尚在四倍河附近从军山及西河口之临帝埔聚匿，肆行抢劫。

北流县自将望军山匪巢攻破之后，而大容山顶之琴台，尚有匪徒啸聚。但该地山深林密，虽经数县叠次痛剿，终未肃清。前黄县长曾率军警民团前往蓬塘村围捕，逐家搜索，未见匪踪；反将全村衣服、被帐、布、草、首饰、枪支搜去，虽经失主呈控，尚未查办给还。此则不独匪患未除，更遭变相土匪之祸。

柳江道　宜北县五十二峒，为土匪藏匿渊薮，自民十至民十九年，迭遭匪患，十室九空，多数民众，避居山岩，至今尚未归家，匪首覃明山、蒙秀二人，勾结思恩野峒匪首何老八四出为患。

思恩县后区一带，有土匪何老夭，聚匪约数百人，盘踞南丹之翁昂，以致后区一带惨受其祸，死亡流离者，不可胜数，自去年剿灭后，尚有余党张金生、龙玉、华玉高、王文四人，枪支二十余杆，潜伏于黔边之板寨等处，地方渐觉安靖，荒芜田地，本年始得耕种，惟原有房屋，被焚者十居七八，各搭盖茅屋，仅蔽风雨而已，其副左区之首匪何老八一股，仍在宜北县内四处行劫，去年五月间，攻劫思恩副左区板同村之山岩，焚杀七八十命。

南宁道　果德县在民十八年，有共匪黄书祥为县长纠党暴动，各乡村被焚杀者不知凡几；土劣又勾结匪类肆行报复，人民转于沟溪，村舍变为丘墟，惨不忍言。上区著匪卢廷延勾引甘子向匪帮，入境焚杀，上区村民，受害尤深。现该匪虽经捕获，惟其余孽犹多，且与各地匪帮联络势力不小。

思林县共匪首要梁维祯集党徒二百余人，有各种枪二百支，胁人入会，打单勒钱，潜入中区劫杀第十一乡乡长陆绍行家，嗣经会剿，当破获该匪在思林陇怀村后山制造枪械之工厂一所。

隆安县东南两区，与万承、同正、邕宁、武鸣等县毗连，前有东区匪首卢泰階、黄候伯等勾结客匪檀述孚、梁露卿等匪帮窜扰边境，人民受害不堪，计匪首卢泰階、黄候伯匪帮，人数约五六十人，枪三四十支。檀梁二匪帮人数枪支较多，枪支犀利，经本年五六月间，迭次会剿，该匪溃散，惟东南二区，仍有土匪行劫。

田南道　东兰共匪首要韦拔群，历年猖乱，凭山据险，为害甚烈，经数师之兵力，数年之围剿，始克授首，然其余党陈洪涛、黄大权、孔昭、廖希英、牙秀璠、孙尚廷、孙尚元、陈士祯、孙尚业、孙尚举、孙尚禄、孙尚甫、孙尚益、覃士彬、覃益丰、韦荣昌、韦树梅、韦树坤等，尚纠党潜伏，内以陈洪涛、黄大权为最凶悍。

百色县迭遭匪患，共匪去则土匪来，循环骚扰，几无净土。第一第二两区，多被匪首拉生劫掳，现匪伙虽有投诚，但李福阳一股，约二三十人手枪八九支，步枪十余支，常在大小河附近行劫，至三、四、五等区，俱被共匪焚杀掳掠，计共五六十村，稍有谷米之家，俱多受害，经杀毙男妇于左墟者百余命。

镇南道　万承县迭遭兵燹，及外匪之侵入，各村均被劫掳焚杀，平良墟原有民房一百二十余间，在十七年旧历七月及二十年旧历三月，先后被焚尽净，统计前后两次被杀男女二十余人，被掳男女六十余人，受害之重，推为全县之冠。其余各村之或被劫杀，或被掳掠，或被焚屋者，尤指不胜屈。

养利县自民十七后，内匪外匪连年为害，攻掠焚杀，惨不忍言，第六区全区大小二十余村，焚烧殆尽，城外及斗牛墟被烧铺屋百余间，其余二、五、七、八等各区，或被烧一二村，或被烧三五村，人民之被害者，约百余人，妇女之被掳去者约两百余人。现虽无大帮股匪，但土匪仍常有三五为帮，如二区之黄恩信，六区之农贵田，七区之赵品荣、赵品华等，皆能随时纠合，出没无定。

上述的匪患，录自广西二十年度民政视察报告，相信当时的匪氛，必不会比这个再低。否则经了若干次的清乡，若干次的痛剿，全省动员，分村守卡，定可使匪纵绝迹；然而事实上重要如苍梧、柳州犹未完全消灭，则其他山僻小县，更可推想，而过去匪氛之盛，尤不难冥索得之。

天灾

水旱之灾，半虽由于地域气候的关系，然水利之不修，沟洫之不讲，实占重要成分。在科学未发达之时，每曰“人定胜天”或曰“修人事以胜天心”每视灾眚为上天之垂儆，载之史乘。兹将邕宁、苍梧、柳州三县历代所载者及近年各县之间之调查者记之，以觇何种灾况为最多，而为农业改良之研究。

惟过去之史家，每以灾象为有关国家之气运，所谓“国之将兴必有祯祥，国之将亡必有妖孽”。故在开国之时，每少灾异，而亡国之时，便妖异叠见了。

再年代久远者，亦略不详，例如邕宁宋代灾况十次，元朝三次，而明季有了三十二次，尤其是世宗以后四代，计有灾二十四次，所以此种记载，亦未可尽信。

过去的史实

邕宁县　自宋太宗起至清季道光十七年止：

水灾　二十二次，书秋季者九次，余则仅书其年。

旱灾　一十二次，书夏季者两次，余则仅书其年。

虫灾　五次。

风灾　四次。

雹灾　四次。

雪　两次。

不书灾而书饥者　三次。

柳州县　自梁武帝起至清乾隆五年止，记载甚略，且多载祯祥及天象，而实际之灾害，所记甚少。

水灾　六次，书七月者一次，余则仅记其年。

旱灾　两次。

不书灾而书饥者　五次。

苍梧县　起自晋武帝泰康二年，迄清咸丰七年。

水灾　六十次发于四月者两次，五月者二十次，六月者九次，七月者十三次，八月者两次，仅书年者十四次。

旱灾　二十四次，书秋旱者五次，余则仅记其年。

风灾　三次。

虫灾　三次。

雹灾　三次。

雪灾　十次。

总观三县过去之灾况，以水灾为最甚，共计八十八次，虽有二十九次仅书其年，两次仅书其季，然苍梧所载，五月者二十次，七月者十三次，以此类推，各县当亦以此二月为最多了。

旱灾三十八次，书夏季者两次，秋季者五次，意者旱灾或以秋季为频。虫灾较少，共计八次。雹灾七次，风灾六次，雪灾十二次，书饥者八次。

根据这个记录。当然最值得注意的，便是水灾。本来在四月六月插秧之后，是需要雨水的，然而有许多地方，却因无水而只种一次的稻，假使宣蓄得宜，则为害者，不适足以为利吗？

新近的记载

在过去的记载之外，我们再取一点新颖的材料来研究，即是最近统计局所公布的有下列三种记载：

水灾

遭着水灾的计有二十八县，被灾的年份，计有十九年四县，二十年七县，二十一年二十三县。灾害损失，因为报告的材料不完备，所以不能统计，但是大概的情形，在这表内，也是可以看出来的。

这二十八县，是沿着各江的流域，计桂江流域六县，在二十一年被灾；郁江流域四县，于三年中分别被灾；右江流域五县，皆在二十一年，左江流域两县，亦在二十一年；榕江流域三县，于十九、二十两年中分别被灾；黔江流域三县，亦于二十、二十一两年中被灾；贺江流域一县，在十九年被灾。（表 91）

表 91 广西近三年各县水灾概况表

县名	发生时期	发生地点	灾情						救济
			房屋损失	受灾农地	农产损失		经济总损失	死亡	
			间	亩	担或%		元	人	
全县	二十一年 6 月	城区	12		120		2000	2	
	二十一年 6 月	第十一区	7	200	117		10000	13	
兴安	二十一年	第二、五两区		90	200				
灵川	二十一年 6 月	二、四、七等区		5000	10000		40000		
永福	十九年 5 月	第三区	108	1216			9000	23	
	二十一年 5 月	第一区		25000		16	17800		
阳朔	二十一年春	沿河各地				20			

续表

县名	发生时期	发生地点	灾情						救济
			房屋损失	受灾农地	农产损失		经济总损失	死亡	
			间	亩	担或%		元	人	
贺县	十九年8月	三区普仁村		200		7	3000		
	二十年4月	第七区		300		12	2000		
	二十一年	四、八两区				50			
钟山	二十一年	县属				30			
榴江	二十一年	一、二、三等区				40			
修仁	二十一年	县属				20			
桂平	二十年夏	北江一带	20			30	100000	4	
郁林	二十一年秋	县属				20			
北流	二十一年10月	县属				30			
三江	二十一年7月	县属	45	854		5	5700		
融县	二十年6月	中、北、南三区	756	25000		60	150000	12	政府准予减免粮赋地方人士赈济600元
宜北	十九年5月	二区沿河一带		50			1500	7	
		三区沿河一带		40			1200	5	
柳城	二十年	县属				30			
柳州	二十年6、7月	中区	564				1150000		
		第二区	5	55	300		3000		
		第六区		100	220		1300		
		第七区	22	1000	3500		17300	1	
来宾	二十年7月	第七区	8	78			950		地方人士赈济【】元
		第十四区	11	130			1420		地方人士赈济【】元
那马	二十一年6、7月	县属				70			
武鸣	二十一年7、8月					30			
宾阳	二十一年	第三区	20		300				
横县	十九年6月	沿河一带		30000		7	180000		
	二十一年7月	沿河一带		25000		6	150000		

续表

县名	发生时期	发生地点	灾情						救济
			房屋损失	受灾农地	农产损失		经济总损失	死亡	
			间	亩	担或%		元	人	
西林	二十一年7月	界亭一带		45	500		700		
		中区		60	200		300		
凌云	二十一年7、8月	县属			25000	40		1	
镇边	二十一年6—8月	县属				30			
龙茗	二十一年秋	县属				40			
镇结	二十一年7、8月					50			
凭祥	二十一年9月	大路街				40			
		各区乡村				60			

从这个统计里面，我们可以知道，雨量最多的是七月份，民二十的七月，被灾的有柳州、贺县、来宾三县，二十一年有那马、武鸣、横县、西林、凌云、镇边、镇结、三江等八县，其次要算六月，十九年有横县被灾，二十年有柳州、融县，二十一年那马、镇边、全县、灵川四县，这样的记录都是与过去的史实相符合，而值得深深注意的。

旱灾

三年中旱灾所及的县份计有九县，十九年三县，二十年六县，二十一年五县，有数县皆重复遭灾，所受的损失，约及五百万元。（表92）

表92 广西近三年各县旱灾概况表

县名	发生时期	发生地点	灾情				救济
			受灾农田	农产损失		经济总损失	
			亩	担或%		元	
永福	二十年	第一区	2300			24500	
贺县	十九年9月	第五区东塘村	3000	3500		8000	
	十九年6月	第五区四村	2000	2000		5000	
	十九年8月	第六区	500		25	2000	
	十九年8月	第七区	600		15	1000	
	二十一年	第八区	20000		40	25000	

续表

县名	发生时期	发生地点	灾情				救济
			受灾农田	农产损失		经济总损失	
			亩	担或%		元	
岑溪	二十年	县属	50000		50	300000	地方人士组织运米救荒平罗会并施粥
宜北	十九年6月	第一区峨峒村	10			300	
	十九年6月	一区臣峒村	15			450	
	二十年7月	一区肯雷村	20			600	
隆山	二十一年春	东区	4000		50	300000	
		南区	5000		40	250000	
		西区	4000		40	200000	
		北区	2500		50	180000	
		中区	2500		40	200000	
横县	十九年7月	中北两区	60000		10	400000	
	二十年3月	中、西、北三区	80000		10	450000	
	二十一年4月	中、北两区	80000		10	410000	
扶南	二十年6月	县属	50000		75	350000	
	二十一年5月	县属	80000		50	500000	
恩隆	二十一年4、5月	县属			50		
崇善	二十年夏	县属			40	400000	

在这旱灾表内，发现了一个比较有意义的问题，就是说九县中有七县都是密迩河流，而数县曾叠遭水患者；且大旱的月份却亦以五月六月为多，可知苟渟蓄得宜，宣洩有道，则不致在同一时期，忽患旱忽患水了。例如横县沿河一带在十九年六月大水，而于同年七月则中北两区患旱灾，贺县在十九年八月大水，而同年同月及九月有三区被旱，固然，许多水灾是受着上游的影响，但治之有术，则便可以避其害而蒙其利了。

风灾

风灾虽各年皆有，但被灾者，似不甚多。计发于四月者二十年及二十一年二次，受灾者两县。发于九月者，仅二十一年有之，受灾者四县。至宜北、贺县所受之灾，或在八月，或在十月，然皆轻微，未成大患。再征之于过去之历史，则知风灾之为患，固不多观。（表93）

表 93　广西近三年各县风灾概况表

县名	发生时期	发生地点	灾情					救济
			房屋损失	受灾农地	农产损失		经济总损失	
			间	亩	担或%		元	
龙胜	二十一年 9 月	北区山田	4	200	3000		8000	
贺县	二十年 4 月	第四区	4				500	
	二十一年 10 月	第二区		4000		30	30000	
宜北	二十一年 8 月	第一区德邻乡		15			450	
横县	二十一年 9 月	县属		150000		40	300000	
镇结	二十一年 4 月	都结墟	7			80		
凭祥	二十一年 9 月	县属				60		

挨户的调查

有的时候，灾象并不普遍，或者因了田地位置的高低、播种的早晚，对于灾害的影响，便截然不同。谚曰“大熟年成隔壁荒”者即此类是。在我们挨户的调查中，颇有此类情形，因与大体无关，故仅就各村灾况较为普遍者记之。（表 94）

表 94　广西五县各村四年内各灾概况

年别	灾别 \ 类别	苍梧县			邕宁县		柳州县				桂林县					龙州
	村别	古藤村	沙尾村	长埇村	蟠廂村	定英村	雅中村	社湾村	边山村	窑上村	大浪坪	常安村	大参村	岩岭村	雁山村	北郭村
十九年	水	*		*											*	
	旱					*										*
	风															
	虫			*												
二十年	水	*	*	*											*	
	旱					*	*			*		*				*
	风			*												
	虫		*	*	*											

续表

年别	灾别＼村别＼类别	苍梧县			邕宁县		柳州县				桂林县					龙州
		古藤村	沙尾村	长埔村	蟠庙村	定英村	雅中村	社湾村	边山村	窑上村	大浪坪	常安村	大参村	岩岭村	雁山村	北郭村
二十一年	水			*				*			*			*	*	
	旱		*		*	*	*			*		*				*
	风															
	虫		*	*												*
二十二年	水			*	*						*			*	*	
	旱				*	*	*	*	*	*	*	*	*	*		*
	风			*												
	虫	*		*			*	*								

苍梧

苍梧县的水灾，几乎每年多有，而且所受的灾并不轻，据农民的称述，大概总要损失四五成。虫灾亦然，每年损失总在二成左右，风灾颇少。他们的话，虽不完全精确，但是作物的损失，至少总有百分之四十，只有正湖村没有灾害的记录。

邕宁

邕宁定英村历年多是受的旱灾，因为那边尽是山地，蟠庙村遭旱灾两次，水灾与虫灾各一次，旱灾的损失较轻，一被虫灾，便要减少百分之七十的收入。

柳州

柳州所患的，亦以旱灾为甚，自十九年起，联续不断，且渐形普遍，倘长此以往，恐有扩大之趋势。

桂林

桂林受灾较多，所调查之村，莫不有灾，而各村之灾，极不一致，常安村常受旱灾，雁山村年遭水患，每次灾害的损失，约占产量百分之四十。

龙州

龙州常有水涨，惟地势高耸，形成斜倾，退流甚速，故患反在旱而不在水，然该县地下水极多，未能利用，殊深惋惜。

虫灾

虫灾在广西的农村，确实是给予了不少的损失。它发生的时期，每在稻禾将熟之时，而对于稻的损害，不是禾穗，便是禾茎的中节，禾穗一经啮食，非断头即枯萎，而禾茎为虫所食，或中断而受倾折，或即秀而不实。(表 95)

表 95　广西各县之虫灾

县别	区域	虫之类别	损害情形	扑灭方法
兴安县	三四区	小黑虫卷菜虫	啮禾秆中节逐渐吞食	
全安县	全县	小黑虫	同上	
恭城县	同上	同上	啮伤苗根	用石灰散害田间
富川县	一，二，五区	微黑之虫	啮害禾茎	
蒙山县	全县	苗生虫	仅收一二成	
荔浦县	二区小部分	老禾生虫	老禾被咬	以梳将虫梳落
修仁县	全县	虫		用竹把梳落
橘江县	全县	红头青翅之虫	飞食茶桐收入减少	
雒容县	县西一带	黄豆大色黑翅硬之虫	食瓜子烟叶	
苍梧县	县属各乡	禾熟时发生蝗虫	咬禾穗收成大减	
籐县	县属	刺叉虫	糙禾将熟禾茎受伤	
平南县	全县	虫灾	糙禾将熟被咬	
永淳县	同上	害虫	田禾	
横县	同上	禾剪虫	禾将熟时损害居留田间	早割以防其害
贵县	同上	落心虫	专食稻穗	
郁林县	同上	禾剪虫	重阳后发生损失约三成	
博白县	同上	虫害	七八月间稍受虫害	
北流县	全县	剪禾蛆	熟边禾损失约一成	
那马县	妙墟团	青黑色身若水蛭之虫		
柳州县	七区	虫害	收获减少五成	
来宾县	全县	略有虫害		
宜北县	同上	生虫	产量减少	
凌云县	乐业至天赋一带	蝗虫		
百色县	二区	同上	晚稻	
恩阳县	全县	同上	少数	
奉议县	同上	同上	七八月间禾苗受害	
左县	第一区大桥村沿溪水一带	虫	禾叶萎蔽生黄黑色斑点	

虫的种类，惜无一致之名称，故各县报告，仅就其形状而锡以嘉名，照一般情形，则以小黑虫为普遍，据农民言，此虫一经发现，颇难扑灭，且损害之重，亦较其他为甚。

这表上所告诉我们的约有三点：

(1) 受灾区域，比较的广泛，不仅是县份较多，即水旱之灾，常只涉及县中之一区，而虫灾则每遍及全县。

(2) 损害情形，比较的严重，盖受灾区域既比较扩大，而时间又比较延长。最重者，如蒙山县，仅有一二成可收。

(3) 救济办法比较的缺乏，应付水旱各灾的方法，农民皆有一定成式，唯虫灾既临，除少数虫可以捕捉外，余均无法施救，一以归之天命而已。

兽疫

牛瘟的损失，是直接可以估计的，虽然，各县没有精确的数目，然而建厅曾发表过他的统计，据说每年损失约一千万元。我们在挨户调查中，有许多户数，是因此而倾家的。盖牛价既昂而农民无牛，不能耕种，故一牛既死，不能不另购一牛，无现金者，向亲族或商铺举债（其方式详借贷编），未几而牛又死，于是又以田地抵押，或卖绝以购牛，不幸而牛又死，结果牛田两空，只剩一批巨债。

况牛瘟之来疾如风雨，且无法医治，霎时传染全村，更由甲村传至乙村，而令农村中立呈恐怖，如怀集县在前年几至耕牛绝种，旧有之治疗方法，惟以针刺病牛耳舌使其出血，或用凉粉草四两、扎牛藤三两、苦丁茶三两、大海子二两、生枝子二两、朴硝二两、花草一两、黄岑五钱、川连一两、大黄一两医治，间亦有愈者，然病状万千，又何能执一以治之。（表96、表97）

表96 广西各县耕牛之死亡数

县别	区域	时期	病状	受灾情形	救法
桂林县	全县	4、5月		四五百头	通常惟以针刺病牛舌耳出血
灵川县	六、四两区	本年	大都属于疗类	死者极多	
兴安县		7月前	热症		以砒硝济众水等施救
全县	县属	春夏之时	牛瘟		6月后自行消减
富川县	全县	5、6月间	猪牛瘟	猪牛五百头强	兽医施治
钟山县	各区乡	4、5月间	牛瘟	损失颇重	牛医
武宣县	县属	本年	瘟疫	猪牛为多	
龙滕县	境内	夏间	牛疫	六七百头	施以县政府颁布医治牛疫方法
义亭县	境内	春夏之交	猪牛疫	牛一两百头无救	照奉发医牛良方治之
永福县	第一、二、三区	春季	牛疫流行	一区死者七百余头	生者5/10强
百寿县	县属	上半年	牛疫	共死两千余头	

续表

县别	区域	时期	病状	受灾情形	救法
中渡县	县属	春间	疫	死四五百头	现平靖
雒容县	县属	夏间	牛瘟	死五百余头	
信都县	县境间	本年	牛瘟		易地迁移
怀集县	粱村附近	本年	牛瘟	死去不少	
永淳县	十七乡	春间	牛瘟	死者达六七百只	
博白县	各区	3、4月间	牛瘟	死千余头	土法治愈者惟3%耳
邕宁县	县境内	本年	牛瘟	瘟疫流行	县颁医法见效不多
那马县	县境内	4—11月	牛瘟	死牛不下千头	无兽医施救
隆山县	县属	春季	牛疫流行		无法施治
迁江县	县属	本年	牛疫流行		各种救药少见效
宾阳县	县属	本年	牛鸡猪瘟		
宜山县	三、六、十五等区	春夏之间	猪牛瘟及出痘肚泻	疫死牛千余头	现已停息
罗城县	一、二、三、四区	本年	牛瘟	三区为多牛瘟近千，四区牛疫六百头	
融县	县(南区)境	去年	牛瘟	死牛千余价五六万元	
天保县	县属	本年	牛瘟	虽有瘟死因繁殖无碍	
奉议县	县属	本年	牛瘟及猪瘟	牛瘟较重	布告预防法无效
果德县	全县	春间	牛瘟及猪瘟	病死约八九百头	土方
同正县	全县	上年	牛瘟及猪瘟	死者十之八九	无法施救
扶南县	全县	同上	牛瘟及猪瘟	死者十之八九	无法施救
绥渌县	全县	5、6月间	牛疫		未有良法救治
向都县	全县	6、7月间	牛瘟	先起于四区后波及各区，惟四区最甚	当时无救济法
镇结县	东区一围10余村，四五两围公路附近	7月以前	牛瘟	死二三百头，死三四百头	均无救治方法
龙茗县	各区	本年	牛马瘟	不甚蔓延	无法救治，听其自然
养利县	二区上下村五区扎村	2、3月间	牛瘟	数十头牛疫无救	禁隔疫牛过村
左县	各区	1—3，4月	牛疫	三四月较盛死者约计千余头	无法救治

表 97 广西各县鸡与猪之死亡数

县别	区域	时期	病状	受灾情形	救法
富川县	全县	5、6 月间	猪、牛疫	猪损害五百头	兽医施治
贺县	全县	每年	瘟疫	猪、牛、鸡、羊等	含寒洩性之药
武宣县	全县	近来	瘟疫	猪、鸡、马等	无法救济
义亭县	县属	春夏之交	猪疫	死三四百头	毫无治法
邕宁县	县境内	本年	鸡、鸭、猪等瘟		县颁医治法无效
隆山县	县属	春、夏、秋季	瘟疫	鸡、犬	无法救治
天河县	县属	本年	鸡瘟	甚多	
罗城县	一、二、三、四区	本年	猪、鸡瘟		
奉议县	县属	本年	牛、马、鸡瘟	牛、马、鸡	
思乐县	县城对河	2 月前	鸡瘟	损失极大	近已平息
雷平县	全县	时有	瘟疫	鸡、鸭	未有补救方法
镇边县	全县	二十一年 5 月间	狗瘟		以黄泥水和蜜糖灌服
镇结县	各区	7 月以前	猪、鸡瘟	猪损失十分之四 鸡损失十分之七	无法医治
龙茗县	各区	本年	猪、鸡、鸭、马瘟	蔓延不大	无法医治
万承县	各区	春间	猪、鸡、鸭瘟	猪最甚，继发生鸡鸭瘟，损失几至绝种	无法医治
养利县	一二七八等区	2、3 月间	鸡瘟	损失几至绝种	无法医治
左县		3、4 月间	猪、鸡疫		无法医治

再者，疫疠之生，每在春夏之间，查广西牛舍，因惧偷窃之故，多建筑于室内，下为牛栏，上为卧室，以资看守，四边围之以墙，仅开一资，以为出入之路，其中粪秽堆积，除牛矢用为肥料，随时取出外，其食料卧草均与牛溲相混合，任其腐烂，经年不换，或有猪亦同栏者，当春夏之交，热气蒸发，牛处其中，遂成疫病，且牛瘟虽遍全省，然统计各县受灾之轻重，则郁江一带，实为最少，诚以彼处牛栏，大半均另行建造，不在室内，是以空气流通，栏中干燥，而牛之健康，亦得以保持了。故桂省牛疫，虽由政府培养人才，制造药品，然治本之法，照个人的观察，实以改造牛舍最为首要。

试举旁例证之，猪与鸡本为农家之副业，而尤其是广西，因为他有丰盛的旷地可以放鸡，有极多的食料（红薯）可以喂猪，所以每一家养的猪大大小小总在十个左右，鸡总在二十只以上（因气候的关系随时可以孵鸡），所以猪和鸡每年皆有大宗的出口，农民借债，或且以猪为抵押。但是猪舍鸡埘，皆暗湿污秽，故猪与鸡之死亡，亦年有巨额，如万承、养利等县，在民二十时，发于百无一存。

而马则否，虽曰畜数不多，故无记录，然究其原因，实由于厩舍高爽有以致之。故由鸡豕之损失之多，及马之死亡之少，可以证明牛疫之起，其缘于牛舍之不良，诚居大半。

第六编　借贷

借贷即有无相通，在他的本体，并没有罪恶；自从货币制度发达，整个社会经济的活动，都是借贷行为，而造成了社会的进步。但是现在中国的农村里面，却似乎变成一种病菌，妨害了他的发育，这是什么缘故呢？第一，农民借款，很少是用作生产的成本，第二，利率太高，超越了一切的利润；所以农民一经借款之后，不但不能增加他生产的成本，反因重利盘剥的结果，渐渐侵蚀了原有的成本，以至穷困破产而后止，故高利贷受了咒诅。但地主商人以及一切有钱者，见利息丰厚，遂尽量投资，而高利贷事业乃益形发达；农民为着生活的需要，不能不仰求于高利贷之门，而高利贷之门庭便不虞冷落了。

所以现在要谋求农村的复兴，不是禁止高利的借贷，而是要有一个低利贷款的机关；不但要有，而且要普遍，不但普遍，更要注意借款的用途及放款的方法。

借款性质

桂省借贷的性质，有信用与抵押两种，信用借款除完全信用外，尚有含带抵押性质及预售作物之形态者，名曰“放青苗”及赊账。抵押借款有土地抵押、房屋抵押、物品抵押及人口抵押四种，在这两种之外，还有一种类如合作借贷的钱会、谷会。

借贷的性质为货币与物品，而偿还的方式，颇不一律，总以资方有利之条件为准，其形态约分借钱还钱、借谷还谷、借钱还谷、借谷还钱、劳力抵押等五种。

信用借款

完全信用者　此种借贷，只至亲戚友或短期暂借，及借方经济信用尚佳者有之，如非亲故，或佃农雇农，则便极难借到。不过一般放高利者，有时亦肯冒险，投资在佃农雇农之身，但是他的利率，却高得惊人。

有所谓放墟利者，即逐墟加息，利上加利，如贷出洋一元，每墟纳息二角，每月九墟，共纳息一元八角，至月终不能偿还，即将本银一元及利息一元八角，凑成二元八角，作第二个月纳息，至第二个月期满，本利共七元八角四分。凡借墟利者或为赌徒，存孤注一着之心，或为小贩，抱臆则屡中之望，无知一次失机，便绝少偿清之日了。

又有所谓期银者，如借一百元，限一年偿还，而借据上并不书明几分利息，仅写借到银一百五十元（以百元为本，五十元为利），若期满不能归还，贷方即可将此据呈官追缴，此据既无利息，并不违法，自必发生效力，而贷方即可利用政府以取到他的厚利了。

放青苗　一名“禾花谷”或“借新谷银”，每年四月之时，存粮已完，新谷未获，于是四出告借，贷方乃出银若干，作为籴入新谷之价，惟其价奇贱，约值时价三分之一，其理由谓秋收时新谷价贱，再加上数月之利息，故须如此折算；至酉成之后，新谷既登，乃赴乡收取，农民终岁之劳，不过为资本家垄断居奇之工具而已。

赊账　商人贷出商品而于将来收入现银或以作物折合者，每当农民缺乏现金购买货物，向商人请求赊买粮食或其他日常用品的时候，商人便限农民于收获期后必须照市价缴纳谷物。因此，每当六月收获期间，一班商人都到乡村间去催促农民清结欠账。可是这时候一切谷物的市价，都特别的低下。这是有原因的，因为在农作物将近成熟，收割的时候，一班贫苦人家都赶着吃新（还没有完全成熟的作物，而农民勉强的预先摘回来吃叫做吃新），用不着去向粮食商人籴粮食，所以价格渐渐的跌落；一直到收割时期，约降百分之四十，而当他入乡收账的时候，硬把市价降低一二角，在他那方面是有理由的。谷物还没有完全干爽，成数是不够的，一句话便把农民拦住了。在农民这方面，为向商家讨好，往往任其宰割，以便将来过门求借，易得商人应允。农户经这样的剥削，作物价格几乎减少一半，仅两三个月的短期间中，而利息之大如此。

抵押借款

土地抵押　可分两种，一种是保留使用权的抵押，一种仅有所有权的典当；在土地的生产额等于或小于利息及租谷时，贷方便用抵押制度以攫取高率的利息；如或土地的生产高过利息和租谷，则贷方便要典当的方式以掠取额外的利润。

抵押　普通的借贷，却要以土地作抵押，每年应缴若干租谷或利钱，或每年不完租，积下数年，利上加利，达到相当的数额，则贷方要挟贫农再补上若干数额，和地租数额合计，恰当地价，于是就将土地没收为已有。

典当　大多数是自耕农为了没有钱，要把土地去当，未当时，先请中人接洽，讲好价钱，就写契约，这种契约叫做当契。自当之后，土地所有权完全交给当主，由他支配，地租由他收；这些租就是利息的变形。当的年限是不写的；只要地主（土地原有者）自已有钱了，预先一年通知当主就得赎回。有的贷方，他见了你的田好，他想把所有权永远归为已有，故强制原来的地主赎；如果一时赎不起，他便要照价补断。

房屋抵押　近年因粮赋过高，地主觉得买房屋的利益比土地大，所以把钱移来买房屋，抵押房屋就是卖房屋的第一步，由抵田的情形便知道，抵屋手续与土地相同，但他的年限写得短，至少不过三四年，在这期间不赎，他就要补断。这种情形，在桂林一带很多，因为他们有许多已经没有田地了，而且利率很大。

物品抵押　收受物品的债主，便是当铺，较大的墟场多有设立，而小押则随处皆有，或并无形式，仅于家庭或商店内，贴小押二字者，规模甚小，利息极重，故稍有些小资本，即可营业。农民在困苦的时候，把衣服或其他稍有价值的财物去典当，期限有五个月的，有十个月的，当价为卖价百分之五十左右；月利率总在六分以上或加一利不等。中间人的手续费，普通是照本钱扣除十分之一的，即是一元扣除一角，十元扣除一元。典当的通例，如过期一日至三日，即算作断卖，债主便有权没收，此时债务人虽欲再赎也不可能，不然的话，便要在届期前两日交满本期的利息，声明续当，然后再把双方权利义务保留下去，续当期限和原当一样的。利息是以三十天作一个月计算，若满三十一天，便算两个月了。

人口抵押　凡借户向资方借贷的时候，借据上订明以若干月或一年为期，倘逾期不能偿还本利，便把儿女或本身到债主家服役。这种借贷，月利最低度为五分，甚至有六七分者；期限不能超过一年以上，普通情形有以六个月为期者，有以十个月为期者，到期债主便要严格地算账，决没有再延长的。为债累而陷入奴隶场合的农民，其服役期间的久暂，是决定于本钱之多寡，有的只服役充利息，本钱另外偿还，才能脱身。也有用劳役来抵偿本利，期满即可飘然而去。这种借贷，农民非常吃亏，大概本银二十元，成人须做三年以上的奴隶，才能还清；年幼的儿女总要牵累到十年左右。这种抵押，在地主之家为多，因为他需要劳力以协助他田场的工作。

合会

钱会　钱会的缴款办法和收款次序异常复杂；有的举行投标，出息最高者先收会款，称标会；有的采用抽签办法，得会（收回会款）以后，所缴会款就要添加利息；有的规定各人各期缴数额，轮流收款。钱会利率通常低于普通借贷；但无稳固地位和良好信用，不易邀集会员；所以一般贫农很少享受这种利益。

以前这几种钱会是在都市中流行，现在却侵入农村，而给地主做剥削的工具了，他们请地主帮会，各人为了没钱用，拼命的抬高利息，这些贫农都标过了，以后的利息还是流入地主的腰包。普通三块钱的会，每月要标到一块左右，但农村破产，钱会往往中途体解；因此这种借贷制度也有逐渐衰落的倾向。

谷会　谷会组织，过去也很发达，现在快要完全消灭。农民预在丰年共同贮积若干谷物；倘有急需，可以享受低利借贷（普通多是年利百分之二十）。借谷数额多有一定限制，有时也须相当担保。兴安等处，到今还有谷会组织；但已在逐渐衰微之中。

借贷方式

借钱还钱　普通可分长期短期两种；长期要用土地或是房屋抵押，借贷时期是在一年以上；数额较大，利率稍低，其情形在抵押中已经言及。短期不一定要有抵押物品，时期只有几月（普通是在农忙时期借出，秋收以后归还）。数目很小，只有一二十元，甚至三元五元；利率很高。自然，长期借贷只有经济信用较佳者，可以享受；多数贫农没有地产担保，只能忍受重利盘剥，去借短期小款。他们所收的利息，如“九出十归外加三”“借十交八”，月利四五分，是常有的事。并且有以耕牛或猪羊为抵押者，将耕畜卖价减半或三分之一向贷方借钱，订明以耕畜作抵押，倘超过期限一日至五日，债主便不再评价而没收其耕畜。这种借贷期限是很短，总是三个月到五个月为限，再没有长期的。猪羊为抵押者，当出卖时，须由债主经手，先扣除债主应得的本利，剩下的为债务人所得。这种借贷，大概多采用大加一利，还要九折八折付款，例如借据上面写本银十元，债务人实在只获得九元或八元，还时的本利概照十元计算，利息是每元每月加一角，期限亦只三个月到五个月。

借谷还谷　这种借贷都是短期，农忙借出，秋收归还；利率之高，更是骇人听闻。普通借谷一石，至少要还一石五斗，多的要还两石，甚至两石以上。三四月间，一本一利；不过农忙期间，青黄不接，谷价较高；假使折合货币，也同短期借款不相上下。所以偏僻农村中间，这种制度很是通行。

借钱还谷　这种借贷实际就是预卖谷物，普通称为卖青苗（见上），这种借贷也是异常苛刻；地主商人所估粮食价格，往往只达市价半数。假使估价稍高，就会要求债户偿付利息。在借钱还谷的当中，还有一种方式，就是贷方不喜欢以贷钱的方式贷给农民，因为贷钱的利息不若贷谷利息的优越，所以把银钱折合谷价，作为贷出谷物，虽然没有经过交换的形式，而他却支出低于市场价格的价格，贷与农民，把这贷给农民的本银，当作是贷给他一担谷物，自从三四月起到六月间收获期止，农民只要偿还贷方本利共两担或两担半的谷物。这在贷方的利益上去打算是很有利的。譬如贷出谷物价格为三元五角，那末在六月收获期间收回本利可以得两担谷物，这样倘仍以普通市价四元变卖，则得现洋八元，拿与本银，（假如前定三元五角）比较则利大过本；为期不过两三个月，倘拿利率之百分比来算，月利率在百分之四十至五十左右。

借谷还钱　这是最巧妙的剥削方法。每当青黄不接谷价腾贵时候，借谷一百斤，到秋收后要加倍还，但春耕时的谷价高，秋收后的谷价低，然而贷方却有他的办法，在春耕时已将两倍的谷价算好了，到秋收后，要农民照着已算好的钱偿还。若还谷也要照着已算好的钱来计算谷的多少，不能只还两倍的谷。

做工偿债　这种借贷制度也可说是预卖劳力。贫农借钱借谷，无力偿还，只得去替债主做工。以工资偿还本利，但预卖劳力，也像预卖谷物一般，一定不能取得普通工资，惟主人之意是从，故借者吃亏不少。思恩等处，借洋一元，每月要替债主工作一天，作为利息，如借满三十元，便全年为其服役了。

五县农户借贷状况

全省的借款性质与借贷方式，已经作一个概括的叙述；现在再将挨户调查所得的材料，做一度整理功夫，以窥测农民负债之状况，及与土地分配之关系。

各类农户借贷的成分

因所有面积的狭小，而推知各户经济之不足，这许多贫困的农户，自然免不了借贷，就是勉强可以自给的人，也有青黄不接之时；所以假使要问各类农户中间有几户是要借债的，那简直可以说，除了真真的地主和富农以外，多是要借的，广西大概可以说百分之九十以上罢。

我们调查的时候，适在废历年尾，农事已经完毕，所有吃谷花和借谷的农户，因资方索取之急，类皆设法偿还，以为明年通融之余地。最困难的农户，则付清了他的利息，有少数则于秋收后偿还而在十二月中重借者，共计借债的户数为三百三十五户，占34.1%，然而春借秋还者，因其手续已清，并未计算在内，此类户数，约占百分之二十。还有一种佃户和其他村户，因经济地位的低落，不能取得资方之信任，所以虽欲借债而不可得者，数亦不少。（表98）

表98 广西五县各村各类农户借贷成分

县别	苍梧县						
类别	总户数	古藤村	正湖村	长埇村	合计	对户数的%	对总户数的%
地主	3						
自耕农	79	3	7	1	11	13.9	5.9
半自耕农	36	4	2	4	10	27.8	5.5
佃农	57			6	6	10.5	3.2
其他	10						
合计	185	7	9	11	27	14.6	

表98续(一)

县别	邕宁县						
类别	总户数	凌慕村	蟠廂村	定英村	合计	对户数的%	对总户数的%
地主							
自耕农	113	1	6	22	29	26.7	18.8
半自耕农	36	10		1	11	30.6	7.1
佃农							
其他	5			1	1	20.0	0.7
合计	154	11	6	24	41	26.6	

表 98 续(二)

县别	柳州县								
类别	总户数	雅中村	社湾村	边山村	穿山村	窑上村	合计	对户数的%	对总户数的%
地主	2								
自耕农	162	3	35	8	20	2	68	41.6	24.8
半自耕农	20	1	1	2		7	11	55.0	4.3
佃农	21	1	9				10	47.6	3.7
其他	67		5	3			8	11.9	2.9
合计	272	5	50	13	20	9	97	35.7	

表 98 续(三)

县别	桂林县								
类别	总户数	大浪坪	常安村	大参村	岩岭村	雁山村	合计	对户数的%	对总户数的%
地主	5								
自耕农	91	2	5	3	5	6	21	24.2	7.6
半自耕农	78	4	3	21	5	17	50	64.1	18.2
佃农	67	1	1	32		18	52	77.6	18.9
其他	34			1		1	2	5.9	0.7
合计	275	7	9	57	10	42	125	45.4	

表 98 续(四)

县别	龙州县								
类别	总户数	那央村	教导村	涝㪍村	北郭村	河抱村	合计	对户数的%	对总户数的%
地主									
自耕农	75	8	15	9		8	40	53.3	41.2
半自耕农	4	1		2			3	75.0	3.1
佃农	11	1			1		2	18.2	2.1
其他	7								
合计	97	10	15	11	1	8	45	46.4	

表 98 续(五)

县别	总计			
类别	总户数	合计	对户数的%	对总户数的%
地主	10			
自耕农	520	169	32.5	17.2
半自耕农	174	85	48.9	8.6
佃农	156	70	44.9	7.1
其他	123	11	9.0	1.1
合计	983	335	34.1	34.1

在这表内，只有苍梧的沙尾村没有借债，其实这是农民不肯实说所造成的缺憾，而并不是农民的经济真正满足而不需要借债。此外只有地主没有借债，但是我们在土地分配内，晓得他已经卖去二十四亩土地。自耕农的户数较多，计有一百六十九户，可是他的总数有五百二十户，所以百分数还要算半自耕农最高，这种债户分数的递高，是表示还债能力的递减。其他村户的借户最少，然而这并不是他的幸福，因了他是极度的贫穷，所以连借债的资格都没有。

自耕农百分数的低落，固然不能否认是他的经济比较好一点，然而他卖去的土地最多，这里面就结束了许多的债务，所以实际上因了高利贷而崩溃最速的，还要以他为巨擘，而百分之五十的半自耕农的土地，亦必不久转入债主的手中。

各县户数中债户的成分，苍梧最少，邕宁次之，柳州、桂林、龙州三县便逐渐高涨了，在这一点，觉得是非常能够代表各道的经济情况而值得注意的，因为这是土地瘠薄，产量减少，副业缺乏所造成的结果。

还有一点要说的，就是桂林的佃户在六十七户中有五十二户是借债的，他的百分数是比任何一县佃户的债户高，并且比他本县各类债户的分数高；这个现象是显示了桂林农村穷困相的真相，因为自耕农虽借债，还可以卖绝土地去清理债务，在实际是没落，而表面上他还是一个不负债者，半自耕农可卖的田太少，并且许多自耕农因负债的结果，带了债转入半自耕农之中，于是负债的户数，便突然增多，而佃农的地位本是不容易借到债款的，然而因了他急迫的需要，和一间破屋的资产，竟使借债的成分，占了77.6%，这是何等惨酷的景象！

各类农户负债的数额

三百三十五个农户，一共负了两万二千三百五十九元的钱债一百六十一担的谷债，平均每户钱债约六十七元，谷债五十斤；若以年息四分计算，则每户利息的支出，已经要二十八元了。而春借秋还的高利债还没有计算在内，一般所有田亩不足十亩的贫农，如何负担得起！

各类农户所借的金额，计自耕农一万三千一百十元，占负债总金额57.7%，平均每户七十七元，半自耕农六千四百三十九元，平均每户七十五元，佃农两千一百五十九元，平均每户三十元，其他村户六百五十四元，平均每户五十九元（借谷者仅桂林县有积欠，故不列平均之内）。（表 99）

表 99 广西五县各村各类村户负债的数额

县别 / 类别 / 金额 / 金数		苍梧县					邕宁县				
		自耕农	半自耕农	佃农	合计	在各阶段中的%	自耕农	半自耕农	其他	合计	在各阶段中的%
负债金额	1—20 元		33	25	58	1.0	127	15	14	156	12.0
	20—50 元	27	110	20	157	2.4	300	119		419	32.1
	50—100 元	60		160	220	3.6	370	260		630	48.3
	100—200 元	200	160		350	5.8	100			100	7.6
	200 元以上	2020	3300		5320	87.2					
	合计	2307	3593	205	6105	100	897	394	14	1305	100
	各类农户负债金额的%	37.8	58.9	3.3	100		68.8	30.1	1.1	100	

表 99 续(一)

县别 / 类别 / 金额 / 金数		柳州县						桂林县					
		自耕农	半自耕农	佃农	其他	合计	在各阶段中的%	自耕农	半自耕农	佃农	其他	合计	在各阶段中的%
负债金额	1—20 元	20	37	39		96	1	30[1]	106[2]	112[3]	[4]	248	6.6
	20—50 元	675	150	50	120	995	15	250	475	540	20	1285	34.0
	50—100 元	1225	180	100	50	1555	22	195	580	470		1245	33.0
	100—200 元	1710		240	250	2200	31		480	270		750	19.8
	200 元以上	2000			200	2200	31		250			250	6.6
	合计	5630	367	429	620	7046	100	475	1891	1392	20	3778	100
	各类农户负债金额的%	79.9	5.2	6.0	3.9	10.0		12.6	50.1	36.8	0.5	100	
注释		1. 另外借谷 9 担 2. 另外借谷 60 担 3. 另外借谷 91 担 4. 只借谷 1 担											

表99续(二)

金额＼金数＼类别＼县别		龙州县					总计					
		自耕农	半自耕农	佃农	合计	在各阶段中的%	自耕农	半自耕农	佃农	其他	合计	在各阶段中的%
负债金额	1—20元	55			55	1.3	232	191	176	14	613	2.7
	20—50元	363	34	45	442	10.7	1615	888	655	140	3298	14.7
	50—100元	526	50	85	661	16.0	2376	1070	815	50	4311	19.4
	100—200元	664	110		774	18.8	2674	740	510	250	4174	18.7
	200元以上	2193			2193	15.2	6213	3550		200	9963	44.5
合计		3801	194	130	4125	100	13110	6439	2156	654	22359	100
各类农户负债金额的%		92.1	4.7	3.2	100		58.7	28.8	9.6	2.9	100	

各类负债总额，以柳州为最多，邕宁最少，兹将金额分成几个阶段，而以每类每户所借的款额填入而求得其总数，便可以更清楚的看出某类农户在某阶段所借的款额最多，而明了各县借贷的趋势。从横的研究，知二百元以上者的款额，占了总金额44.5%，而在各县的借项内，除邕宁外，莫不以此为最多。从纵的研究，则苍梧、桂林，半自耕农所负的债额，超过自耕农，邕宁自耕农之负债较多，然相差不巨，而柳州自耕农之债额，超出半自耕农十五倍，龙州且二十倍，回顾其户数之差，并无如此之远，则知自耕农所负之债额多矣。

各类农户负债的阶段

知道了各类借债的户数及其金额，并知道了金额的阶段，所以再以各类债户在各阶段内之分布，加以分析，以资对照。(表100)

表100　广西五县各村各类农户负债的阶段

金额＼户数＼类别＼县别		苍梧县					邕宁县				
		自耕农	半自耕农	佃农	合计	在各阶段中的%	自耕农	半自耕农	其他	合计	在各阶段中的%
负债金额	1—20元		3	2	5	18.5	10	2	1	13	31.8
	20—50元	1	4	1	6	22.3	12	4		16	39.0
	50—100元	1		3	4	14.8	6	5		11	26.8
	100—200元	2	1		3	11.3	1			1	24.0
	200元以上	7	2		9	33.3					
合计		11	10	6	27	100	29	11	1	41	100

表 100 续(一)

金额 \ 户类别数 \ 县别		柳州县						桂林县					
		自耕农	半自耕农	佃农	其他	合计	在各阶段中的%	自耕农	半自耕农	佃农	其他	合计	在各阶段中的%
负债金额	1—20 元	2	3	4		9	9.3	8	20	25	1	54	43.2
	20—50 元	21	5	2	4	32	33.0	10	16	18	1	45	36.0
	50—100 元	21	3	2	1	27	27.8	3	9	7		19	15.2
	100—200 元	15		2	2	19	19.6		4	2		6	4.8
	200 元以上	9			1	10	10.3		1			1	0.8
	合计	68	11	10	8	97	100	21	50	52	2	125	100

表 100 续(二)

金额 \ 户类别数 \ 县别		龙州县					总计					
		自耕农	半自耕农	佃农	合计	在各阶段中的%	自耕农	半自耕农	佃农	其他	合计	在各阶段中的%
负债金额	1—20 元	7			7	15.6	27	28	31	2	88	26.2
	20—50 元	13	1	1	15	33.3	57	30	22	5	114	34.0
	50—100 元	9	1	1	11	24.5	40	18	13	1	72	21.6
	100—200 元	5	1		6	13.3	23	6	4	2	35	10.4
	200 元以上	6			6	13.3	23	3		1	26	7.8
	合计	40	3	2	45	100	169	85	70	11	335	100

这表是告诉了我们各户的借额以二十元至五十元这个阶段的户数为最多，一元至二十元者次之，这两个阶段，占了百分之六十，农民并非不需要多借，不过贷方在无形中给了他们一种限制，就是借债必须抵押，他们缺少抵押品，便不能多借了。

各县借户在阶段内的分布，小有不同，除苍梧以二百元以上之借户及桂林以一元至二十元的阶段占最高纪录外，其余均以二十元至五十元者为多。

各类债户成分与所有田亩的关系

负债与所有田亩的多寡，却成一个反比例，田亩愈少的人，他的经济愈困难，而他的借债亦愈困难，反之，田亩愈多者，经济较裕，而他的借债亦较易。但是研究债户的成分与所有田亩的关系，并不是要表示这一点，所要知道的，是要将借贷与土地分配相沟通，而明了其类农户在某一阶段的借贷状况。

自耕农

自耕农在所有田亩的阶段内，以五亩至十亩者为最多，而债户的成分亦然。他是占了总户数11.9%，次者便是零亩至五亩阶段的农户，借户占9.2%，而五十亩以上的就没有借债了。至若债户在各阶段户数内的成分，则自零亩至二十亩的三个阶段内，均占三分之一，二十亩至三十亩者占四分之一，而三十亩至四十亩者占五分之一；由这个表的分析，知道十亩至二十亩阶段内的农户，其经济状况，实与零亩至十亩的两个阶段的农户，无甚差异，更由这个结论里面证明上文假定的标准（十亩以上的农户，可以自给）还嫌太低，只二十亩至三十亩这个阶段的农户，有三县没有借债，如此则真正自给自足的农户，便格外减少了。（表 101）

表 101　广西五县各村自耕农中负债成分与所有田亩的关系

县别	苍梧县							邕宁县							柳州县								
自有阶段	户数	古藤村	正湖村	长埇村	合计	对户数的%	对总户数的%	户数	凌慕村	蟠厢村	定英村	合计	对户数的%	对总户数的%	户数	雅中村	社湾村	边山村	穿山村	窑上村	合计	对户数的%	对总户数的%
0.1—4.9	22	2			2	9.1	2.5	17	1	1	4	6	35.3	5.3	40		8	5	8		21	52.5	12.9
5—9.9	35	1	4	1	6	17.1	7.6	35		3	7	10	28.8	8.9	40		16	2	7		26	51.0	15.4
10—19.9	18		2		2	11.1	2.5	43		1	6	7	16.3	6.2	43	1	11	1	5	1	19	44.2	11.7
20—29.9	3							11		1	4	5	45.5	4.4	15								
30—39.9	1		1		1	100	1.3	4							12	2				1	3	25	1.0
40—49.9								2			1	1	50.0	0.9	1								
50—99.9								1							1								
100—199.9															1								
合计	79	3	7	1	11	13.9		113	1	6	22	29	25.7		162	3	35	8	20	68	41.9		

表 101 续

县别	桂林县									龙州县									总计			
自有阶段	户数	大浪坪	常安村	大参村	岩岭村	雁山村	合计	对户数的%	对总户数的%	户数	那央村	教导村	涝鄠村	北郭村	河抱村	合计	对户数的%	对总户数的%	户数	合计	对户数的%	对总户数的%
0.1—4.9	34	1	3	1	2	2	9	26.5	9.9	23	1	7			1	10	43.5	13.3	136	48	35.3	9.2
5—9.9	28		2	1	2	1	6	21.4	6.6	28	3	5	2		5	15	53.6	20.0	175	62	35.4	11.9
10—19.9	22	1		1	1	3	6	27.3	6.6	19	1	3	6		1	11	57.9	14.7	145	45	31.0	8.7
20—29.9	5									4	3		1		1	4	100	5.3	38	9	23.7	1.7
30—39.9	1									1									19	4	21.1	0.8

续表

县别	桂林县									龙州县									总计			
自有阶段	户数	大浪坪	常安村	大参村	岩岭村	雁山村	合计	对户数的%	对总户数的%	户数	那央村	教导村	涝酌村	北郭村	河抱村	合计	对户数的%	对总户数的%	户数	合计	对户数的%	对总户数的%
40—49.9	1																		4	1	25.0	0.2
50—99.9																	2					
100—199.9																	1					
合计	91	2	5	3	5	6	21	23.1		75	8	15	9		8	40	53.3		520	169	32.5	

至于债户在各县户数中的成分，则龙州超过了半数，柳州占百分之四十，邕宁、桂林约占四分之一，而苍梧为七分之一。各县农户众数的阶段，稍有上落，邕宁、柳州，集中在第三阶段，苍梧、龙州在第二阶段，桂林则在第一阶段，但债户的众数，除桂林外，均集中在第二阶段，于是可以预料今后变动最烈者，当为现在债户最多之五亩至十亩农户。

半自耕农

半自耕农的户数，在所有田亩阶段内（表 40）最多的是零亩至五亩，计有一百零九户，占全户数62.6%，但因了租田的关系，户数便以十亩至二十亩的为较大了。他的经济，亦因使用田亩的多寡而起了变化，所以我们研究他的借贷，亦以使用田亩为根据。他的户数，已知最多是十亩至二十亩的阶段，然而债户亦在此阶段内占了总户数17.3%，分数之高为其他阶段之冠。并且自耕农的债户，是以五亩至十亩者为最多，而他又高了一个阶段，这是证明半自耕农在这个阶段内，还是经济非常困难，而债户占了50.8%，零亩至五亩者，更觉可怜，竟占了63.2%，回看自耕农最多的债户，不过占了35.4%，不禁为半自耕农栗栗以惧了。（表 102）

表 102　广西五县各村半自耕农中负债成分与使用田亩的关系

县别	苍梧县							邕宁县							柳州县								
使用阶段	户数	古藤村	正湖村	长埇村	合计	对户数的%	对总户数的%	户数	凌慕村	蟠庯村	定英村	合计	对户数的%	对总户数的%	户数	雅中村	社湾村	边山村	穿山村	窑上村	合计	对户数的%	对总户数的%
0.1—4.9	7	3			3	42.9	8.3	6	1			1	16.7	2.8									
5—9.9	8			1	1	12.5	2.8	12	5		1	6	50.0	16.7	5			1			1	20	5
10—19.9	17		1	2	3	17.6	8.3	14	4			4	28.6	11.1	9		1	1		6	8	88.8	40
20—29.9	3	1	1	1	3	100	8.3	2							3					1	1	33.3	5
30—39.9	1							2							1	1					1	100.0	5
40—49.9															2								
合计	36	4	2	4	10	27.7		36	10		1	11	30.6		20	1	1	2		7	11	55.0	

表 102 续

县别	桂林县									龙州县									总计			
使用阶段	户数	大浪坪	常安村	大参村	岩岭村	雁山村	合计	对户数的%	对总户数的%	户数	那央村	教导村	涝酌村	北郭村	河抱村	合计	对户数的%	对总户数的%	户数	合计	对户数的%	对总户数的%
0.1—4.9	25	1	2	2	5	10	20	80.0	25.6										38	24	63.2	13.7
5—9.9	32			9		7	16	50.0	20.5										57	24	42.1	13.7
10—19.9	18	3	1	10			14	77.8	18.0	1			1			1	100.0	25.0	59	30	50.8	17.3
20—29.9	3									2	1		1			2	100.0	50.0	13	6	46.1	3.4
30—39.9										1									5	1	20.00	0.6
40- 49.9																			2			
合计	78	4	3	21	5	17	50	64.1		4	1		2			3	75.0		174	85	48.9	

而债户在各县中之成分，则仍以龙州为最，四户之中，竟有三户借债，桂林七十八户中，有了五十户，占 64%，柳州占 55%，邕宁、苍梧均在 30%左右，较之自耕农债户之成分，皆有特殊之超出，而尤以苍梧、桂林为甚。

佃农

佃农的债户，占46.6%，在总户数内零亩至五亩及五亩至十亩的两个阶段，都占着相类的分数，但就各阶段之户数而言，则以五亩至十亩阶段中之债户为多，五十三户中有三十一家是债户，占58.1%，十亩至二十亩者，十九户中有十个债户，而零亩至五亩者八十三户之中有二十九户，占34.9%，较之自耕农之63.2%，半自耕农之35.3%，是比较少一些，但这个并不是佃农和半自耕农的经济现象好而不用借债，乃是证明同在零亩阶段内的农户，而其经济亦有显著之区别，即自耕农胜于半自耕农，而半自耕农胜于佃农，故三类农户虽同样的需要借债，而其分数乃不尽同，半自耕农与佃农之分数，尚相差无几，而与自耕农较，则瞠乎后矣，以有钱者而论，则凡借债者其经济地位必劣，以无钱者言之，则凡能借债者，其经济地位必较不能借债者为优，由此观之，则三类农户之经济地位，可判然了。(表 103)

表 103　广西五县各村佃户中负债的成分与使用田亩的关系

县别	苍梧县					柳州县					
使用阶段	户数	长埇村	合计	对户数的%	对总户数的%	户数	雅中村	社湾村	合计	对户数的%	对总户数的%
0.1—4.9	39	3	3	7.7	5.25	4	1		1	25	4.8
5—9.9	13	3	3	23.1	5.25	10		5	5	50	27.8
10—19.9	5					6		4	4	66.6	19.0
20—29.9						1					
合计	57	6	6	10.5		21	1	9	10	47.6	

表 103 续(一)

县别	桂林县							
使用阶段	户数	大浪坪	常安村	大参村	雁山村	合计	对户数的%	对总户数的%
0.1—4.9	33			14	11	25	75.8	37.3
5—9.9	26	1	1	12	7	21	80.8	31.3
10—19.9	8			6		6	75.0	9.0
20—29.9								
合计	67	1	1	32	18	52	77.6	

表 103 续(二)

县别	龙州县						总计			
使用阶段	户数	那央村	北郭村	合计	对户数的%	对总户数的%	户数	合计	对户数的%	对总户数的%
0.1—4.9	7						83	29	34.9	18.6
5—9.9	4	1	1	2	50.0	18.2	53	31	58.1	19.9
10—19.9							19	10	52.6	6.4
20—29.9							1			
合计	11	1	1	2	18.2		156	70	46.6	

其他

五县中的其他村户，仅柳州、桂林两县借债，共计十户，占两县总户数百分之十，出卖劳力者之户数，约占总户数之半，而债户有百分之三，小贩占总户数五分之一，而债户有百分之四，杂业总户数六分之一，而债户占百分之三，由知其他村户之中，其经济以杂业者为较佳，然而苦矣。(表 104)

表 104　广西五县其他村户中的债负债成分

县别	柳州县						桂林县						总计			
类别	户数	社湾村	边山村	合计	对户数的%	对总户数的%	户数	大参村	雁山村	合计	对户数的%	对总户数的%	户数	合计	对户数的%	对总户数的%
出卖劳力者	32	1	1	2	6.3	2.9	13	1		1	7.8	2.9	45	3	6.7	3.0
小贩	12	1	2	3	2.5	4.5	9		1	1	11.1	2.9	21	4	19.0	4.0

续表

县别	柳州县						桂林县						总计			
类别	户数	社湾村	边山村	合计	对户数的%	对总户数的%	户数	大参村	雁山村	合计	对户数的%	对总户数的%	户数	合计	对户数的%	对总户数的%
加工业	16						2						18			
杂业	7	3		3	42.9	4.5	10						17	3	17.6	3.0
合计	67	5	3	8	11.9		34	1	1	2	5.8		101	10	9.9	

信用与抵押在农民借贷中之比率

农民皆为土著，世居其地，凡所往还，均系素识之人，或常相晤见，且生性质朴，故其信用，每较城市之人为佳，农村中的租佃，类由口头订定，桂省的瑶民，至今只用一块木牌，代表了一切买卖的契约，非到万不得已的时候，决不能撕破他的信用，所谓“道失则求之于野，岂其然欤”！

但到了现在一般农民，因为经济的困难，常常使他失了信用，所以资方的贷款，亦渐渐抛弃了口头的接洽而侧重到契约方面去了；除非亲戚故旧和平日信用尚佳或极小的款项外，都是需要抵押的，因此，我们再用这两种性质的多寡以窥测农民经济力的强弱，并且抵押的物品，非土地即为房屋，更可知将来地权移转之趋势。（表 105）

表 105　广西五县各村各类负债村户抵押与信用的比率

县别	苍梧县					邕宁县					柳州县				
类别	负债户数	抵押借款		信用借款		负债户数	抵押借款		信用借款		负债户数	抵押借款		信用借款	
		户数	%	户数	%		户数	%	户数	%		户数	%	户数	%
自耕农	11	8	72.7	3	27.3	29	8	27.6	21	72.4	68	16	23.5	52	76.5
半自耕农	10	3	30.0	7	70.0	11			11	100.0	11	2	18.2	9	81.8
佃农	6			6	100.0						10			10	100
其他						1			1	100.0	8	6	75.0	2	25.0
合计	27	11	40.7	16	59.3	41	8	19.5	33	80.5	97	24	24.7	73	75.3

表 105 续

县别	桂林县					龙州县					总计				
类别	负债户数	抵押借款		信用借款		负债户数	抵押借款		信用借款		负债户数	抵押借款		信用借款	
		户数	%	户数	%		户数	%	户数	%		户数	%	户数	%
自耕农	21	6	28.6	15	71.4	40	11	27.5	29	72.5	169	49	29	120	71
半自耕农	50	13	26.0	37	74.0	3			3	100.0	85	18	21	67	79
佃农	52	4	7.7	48	92.3	2			2	100.6	70	4	5.7	66	94.3
其他	2			2	100.0						11	6	54.5	5	45.5
合计	125	23	18.4	102	71.6	45	11	24.4	34	75.6	335	77	23	258	77

在全数债户中，抵押者占 23%，而完全倚靠信用者，占 77%，为一与三比强，信用占极大优势。当然，这里面至少总带一点虚伪，因为有些农户为求经济的活动，不能不装出一副外强中干的面目，而说他的田亩是没有经过抵押。

不过这种情形，即有亦是少数，因为佃农和其他村户，本没有土地，所能抵押者，只一间住尾而已，故佃农除桂林有四户将房屋抵押外，其余 94% 均为信用，其他村户，不及半数，自耕农与半自耕农分数虽多，然一观其借款数额，则知自耕农信用借款之户数虽占 71%，而其金额仅占54.6%，半自耕农之户数虽占 79%，而其金额仅及全额36.4%，自耕农在抵押借款内每户平均一百二十元，在信用借款内每户平均不及六十元，半自耕农在抵押借款内，每户平均在二百元以上，而在信用借款内，每户不及三十五元，均为细小的款项。(表 106)[1]

各县农户之债额，其大小有甚为悬绝者，如苍梧抵押借款内之半自耕农，则以经商之故，平均每户借额在千元以上，而柳州信用借款内之半自耕农，平均每户不及十三元。

借贷利率

借贷利率，在各县之借贷情形中，已经个别的描写，兹将五县的钱息、物息及谷息总合的叙述以资比较；在表面观察，利率尚低，无论钱息、谷息及物息之折合，均不过五分，然实际情形则贷方多趋于谷息，而谷息之重，常于四五个月之中，超出母金以上者。

钱息　利率较低，多以月息计算，照各县普通利率四分以上者，有邕宁、桂林，三分以上者有柳州、龙州，而苍梧则以货币制度发达，仅有两分，然贷方以其利率太轻，皆不愿以钱息计算，故行者仅为少数借款，则有九出十归外加三之类。

物息　均以谷物交付，以年息计算，普通每一元年付息谷十斤，设谷价每百斤四元，则十斤四毫，而为年息四分，比钱息为高。柳州、桂林均准此，龙州更高，有须一元付息谷十六斤者，平均为一元付息谷11.6斤，苍梧、邕宁受农产商品化之影响，物息反低于钱息。

[1] 原著缺表 106。——编者。

谷息　借谷之息，至不一致，盖青黄不接之时，谷价甚贵，新谷登场谷价低廉，其价格在短时期内之变动，实较任何物价为甚，故贷方多愿将现银折作谷数借给农民，则不但可收谷息，且得高出贱入之利，普通均为加倍息，但时间或有久暂（因二月借四月借，其息并无分别），谷价时有上落，若欲折合货币而求其一定之利率，其事甚难，然读者可于各县之借贷情形获其迹象。桂林所列者，为团谷之息，此为地方公款，以借贷之法推陈入新，其利较轻，平均每百斤息四十斤，惜各县为数不多，且仍为就地士绅之所把持，一般贫民甚难沾其实惠：(表 107)[1]

表 107　广西五县各村的借贷利率

苍梧县							邕宁县						
村名	钱息(月息)			物息(年息)			村名	钱息(月息)			物息(年息)		
	最高	最低	普通	最高	最低	普通		最高	最低	普通	最高	最低	普通
古藤村	0.03	0.02	0.025	10 斤	3 斤	5 斤	凌慕村	0.05	0.04	0.04	10 斤	8 斤	8 斤
正湖村	0.02	0.01	0.015	10	3	3	蟠厢村	0.05	0.03	0.05	12	10	10
沙尾村							定英村	0.05	0.04	0.05	10	8	8
长埇村	0.03	0.02	0.02	10	3	3							
平均	0.027	0.017	0.02	10 斤	3 斤	3.67 斤	平均	0.05	0.037	0.047	10.7	8.7	8.7

表 107 续

柳州县						
村名	钱息(月息)			物息(年息)		
	最高	最低	普通	最高	最低	普通
雅中村	0.04	0.03	0.03			
社湾村	0.04	0.03	0.03			
边山村	0.05	0.03	0.04			
穿山村				10	10	10
窑上村	0.03	0.03	0.03	10	10	10
平均	0.04	0.03	0.0325	10	10	10

[1] 表 107 缺桂林、龙县及合计数据。原著如此。——编者。

借款的用途

各县利息之重，既如上述，而各类农户中债户之成分，及所借之金额，又如此之多而且巨，究其所借之款，作何应用？实为对于借贷中急须明了的一点，故将各项用费，别为食用、婚嫁、丧葬、经商、医药、农本、买田、造屋八种，以示各类农户在某种需要内之债户为多，及各类农户在某种需要内所借之金额为巨，而此八种，又可分为生产、消费两类，生产者有经商、农本、买田三类，而消费者则居其五。

各类农户在各项用途内之户数　各类债户在生产消费两类内，消费的占了81.5%，而在各项消费之中，最占多数的，要算食用，它占了债户总数的半数以上，并且无论哪一县的债户，皆以因食用而借债之户数为多，尤其是邕宁最高，它的百分数，超越了各县，再就各类而言，则邕宁、柳州及桂林自耕农的债户，有60%是为了食用的缺乏。用之生产者的债户，占总户数18.5%，因经商而借债者，占7.7%，为耕田而借债者，占10.4%，买田者仅柳州一户而已。(表108)

表108　广西五县各村各类村户对于各项用途的家数

项目＼类别＼户数＼县别	苍梧县					邕宁县				
	自耕农	半自耕农	佃农	合计	各项目户数的%	自耕农	半自耕农	其他	合计	各项目户数的%
食用	2	5	6	13	48.1	17	6	1	24	58.5
婚嫁	2	3		5	18.5	3	2		5	12.2
丧葬	3	2		5	18.5	1	1		2	4.9
经商	2			2	7.5	3	1		4	9.7
医药	1			1	3.7	2			2	4.9
农本						1	1		2	4.9
买田										
造屋				1	3.7	2			2	4.9
合计	11	10	6	27	100.0	29	11	1	41	100

表 108 续(一)

项目＼类别户数＼县别	柳州县						桂林县					
	自耕农	半自耕农	佃农	其他	合计	各项目户数的%	自耕农	半自耕农	佃农	其他	合计	各项目户数的%
食用	33	7	4	3	47	48.5	12_1	25_2	30_3	1_4	68	54.4
婚嫁	10	2	1		13	13.4	1	7	6	1	15	12.0
丧葬	9				9	19.3	3	5	5		13	10.4
经商	7	1	1	3	12	12.4	2	3	2		7	5.6
医药			1		1	1.0		2	1		3	2.4
农本	7	1	3	1	12	12.4	1	5	6		12	9.6
买田	1				1	1.0						
造屋	1			1	2	2.0	2	3	2		7	5.8
合计	68	11	10	8	97	100.0	21	50	52	2	125	100.0
说明	此表中 1、2、3、4 没有特别说明											

表 108 续(二)

项目＼类别户数＼县别	龙州县					总计					
	自耕农	半自耕农	佃农	合计	各项目户数的%	自耕农	半自耕农	佃农	其他	合计	各项目户数的%
食用	17	2		19	42.3	81	45	40	5	171	51.0
婚嫁	9		1	10	22.2	25	14	8	1	48	14.3
丧葬	3	1	1	5	11.1	19	9	6		34	10.2
经商	1			1	2.2	15	5	3	3	26	7.7
医药	1			1	2.2	4	2	2		8	2.4
农本	9			9	20.0	18	7	9	1	35	10.4
买田						1				1	0.4
造屋						6	3	2	1	12	3.6
合计	40	3	2	45	100.0	169	85	70	11	335	100.0

各类债户用途的金额　各类债户借债总额，计二万二千三百五十九元及谷一百六十一斤，从生产消费两类分析，则用于生产者33.7%，而用于消费者66.3%，其分数虽较债户的分数稍低，但仍超过半数以上。用于食用之金额，仍为最高数额，惟与户数较，则已减低13%。次之为经商，占债额28.6%，此为生产而借者，纵利息甚高，或不致受其荼毒，惜经商之户数甚少，而除苍梧、柳州之外，各县各类债户经营之总金额，均不超过五百元，实无补于大体。又次为婚嫁，占债额20%，各县皆类如，惟苍梧稍少，而婚嫁之用费，以自耕农为最多，半自耕

农次之，佃农及其他之合计，只总额八分之一而已。以上三类占债额百分之八十，而其余合得百分之二十。(表 109)

表 109 广西五县各村各类村户每项用途的金额

项目＼类别户数＼县别	苍梧县					邕宁县				
	自耕农	半自耕农	佃农	合计	各项目户数的%	自耕农	半自耕农	其他	合计	各项目户数的%
食用	127	83	205	415	6.8	408	140	14	562	43.1
婚嫁	300	480		780	12.8	185	80		265	20.1
丧葬	660			660	10.8	15	50		65	5.0
经商	600	3030		3630	59.5	145	100		245	18.8
医药	200			200	3.3	45			45	3.5
农本						65	24		89	6.8
买田										
造屋	420			420	6.8	34			34	2.6
合计	2307	3593	205	6105	100.0	897	394	14	1305	100.0

表 109 续(一)

项目＼类别户数＼县别	柳州县						桂林县					
	自耕农	半自耕农	佃农	其他	合计	各项目户数的%	自耕农	半自耕农	佃农	其他	合计	各项目户数的%
食用	2240	165	127	130	2662	37.87	185	806	472		1463	38.7
婚嫁	1210	72	140		1422	20.2	20	392	350	20	782	20.7
丧葬	570				570	8.1	60	88	100		248	6.6
经商	1300	80	30	420	1830	25.9	50	230	160		440	11.6
医药			2		2	0.03		30	10		40	1.1
农本	90	50	130	40	310	4.4	40	160	220		420	11.1
买田	100				100	1.4						
造屋	120			30	150	2.1	120	185	80		385	10.2
合计	5630	367	429	620	7046	100.0	475	1891	1392	20	3778	100.0

表 109 续(二)

项目＼户数＼类别＼县别	龙州县					总计					
	自耕农	半自耕农	佃农	合计	各项目户数的%	自耕农	半自耕农	佃农	其他	合计	各项目户数的%
食用	1904	84		1988	48.2	4864	1278	804	144	7090	31.7
婚嫁	1180		45	1225	29.7	2895	1024	535	20	4474	20
丧葬	230	110	85	425	10.4	1535	248	185		1068	8.8
经商	255			255	6.2	2350	3440	190	420	6400	28.6
医药	10			10	0.2	255	30	12		297	1.3
农本	222			222	5.3	417	234	350	40	1041	4.7
买田						100				100	0.4
造屋						694	185	80	30	989	4.4
合计	3801	194	130	4125	100.0	13119	6439	2156	654	22359	100.0

在各项借款的支配中，其债户或金额的分数，最小的是买田，次之为医药，再次之为造屋，凡用于生活方面者，除食用之外，其分数真细小得可怜，经商是几个人的事情，他的户数，仅占7.7%，因耕种而借的债户，有10.4%，而其金额仅4.7%，由此可知大多数的债户，是为了没有饭吃而借债的，至于为生产而借债者，不独甚小，抑且甚少；而对于婚嫁与丧葬的风俗，似乎尚宜改从节俭，庶几不致因此而负巨量之债，且广西土谚曰“今年缺一口，明年缺一斗”，足见债之不可以借者，彰彰明显，而无谓之糜费，实有改善之必要。

各类农户历年负债状况

借款的总额，并不是一时借的，他是积年累月逐渐造成的纪录，各类债户借债的性质虽不尽同，然为饥饿而借之趋势，则颇一致；造成饥饿的原因，固然甚多，如耕地之缺乏，人口之增加，均为其基本条件，但此种情形，由来已久，而独于最近数年之中，乃忽成急转直下之势者，即前文所述农村崩溃之近因有以致之，而历年之各种灾害，更为直接促成借贷之动力。

苍梧县之借款，以民二十年为最多，这大概是政局底定，人民在劫后之余，急图恢复的缘故，而用为经营商业之资本，亦颇不少。邕宁县以定英村叠遭旱灾，蟠厢村亦自二十年起连经风、水、虫诸灾，故自二十一年起，借额突增，柳州以社湾村之借款为最多，且各类农户之借额均以十九年为巨，或系受了特殊灾害之影响，桂林逐年递加，自是衰落的常态，而龙州经共匪肆虐后，农村便极度萧条。以上诸点，为可寻之迹象，然在无形之中，必尚有其他促成之条件。(表 110—112)

表 110 广西五县各村自耕农历年负债状况

苍梧县						邕宁县							
村名	十八年	十九年	二十年	二十二年	合计	村名	十七年前	十八年	十九年	二十年	二十一年	二十二年	合计
古藤村	100		100		200	凌慕村					50		50
正湖村	300	520	1087		1907	蟠厢村					20	30	50
沙尾村						定英村	27	15	20	150	150	369	731
长埇村				200	200								
合计	400	520	1187	200	2307	合计	27	15	20	150	220	399	831

表 110 续(一)

柳州县									桂林县							
村名	十七年前	十七年	十八年	十九年	二十年	二十一年	二十二年	合计	村名	十七年前	十七年	十九年	二十年	二十一年	二十二年	合计
雅中村	160				150		60	370	大浪坪		10					10
社湾村	570	290	600	540	570	455	515	3540	常安村					100	31	131
边山村	20			50	210	70	50	400	大参村	14				80	20	114
穿山村	200	80	150	205	190	170	240	1235	岩岭村				20	40	60	120
窑上村						55	30	85	雁山村			20		60	20	100
合计	950	370	750	795	1120	750	895	5630	合计	14	10	20	20	280	131	475

表 110 续(二)

龙州县									总计							
村名	十七年前	十七年	十八年	十九年	二十年	二十一年	二十二年	合计	十七年前	十七年	十八年	十九年	二十年	二十一年	二十二年	合计
那央村	68	180	60	105	55	140	133	741								
教导村			110	34			312	456								
涝訏村	812	150	250	160	231	430	336	2369								
北郭村																
河抱村		40		20	15	50	115	240								
合计	880	370	420	319	301	620	896	3806	1871	750	1585	1674	2778	1870	2521	13049

表 111　广西五县各村半自耕农历年负债状况

村名＼金额＼年份＼县别	苍梧县							村名＼金额＼年份＼县别	邕宁县						村名＼金额＼年份＼县别	柳州县					
	十七年前	十八年	十九年	二十年	二十一年	二十二年	合计		十八年	十九年	二十年	二十一年	二十二年	合计		十七年前	十九年	二十年	二十一年	二十二年	合计
古藤村	3000	150		10		30	3190	凌慕村		30	85	100	155	370	雅中村				10		10
正湖村				318			318	蟠厢村				40		40	社湾村					30	30
沙尾村								定英村				50		50	边山村		70		12		82
长埇村				30	25	30	85								穿山村						
															窑上村	60	40			145	245
合计	3000	150		358	25	60	3593	合计		30	85	190	155	460	合计	60	110		22	175	367

表 111 续(一)

村名＼金额＼年份＼县别	桂林县								村名＼金额＼年份＼县别	龙州县						总计							
	十七年前	十七年	十八年	十九年	二十年	二十一年	二十二年	合计		十八年	十九年	二十年	二十一年	二十二年	合计	十七年前	十七年	十八年	十九年	二十年	二十一年	二十二年	合计
大浪坪						60	40	100	那央村		34				34								
常安村					20	20	20	90	教导村														
大参村	90	130	298	250	50	370	149	1337	涝韵村		50		80	30	160								
岩岭村	10		10		80		30	130	北郭村														
雁山村				20	22	62	160	264	河抱村														
合计	100	130	308	270	172	512	399	1891	合计		84		80	30	194	3160	130	542	410	615	829	819	6505

表 112　广西五县各村其他农户历年负债状况

村名＼金额＼年份＼县别	邕宁县					村名＼金额＼年份＼县别	柳州县								村名＼金额＼年份＼县别	桂林县					总计							
	十九年	二十年	二十一年	二十二年	合计		十七年前	十七年	十八年	十九年	二十年	二十一年	二十二年	合计		十七年	十八年	十九年	二十年	合计	十七年前	十七年	十八年	十九年	二十年	二十一年	二十二年	合计
凌慕村						雅中村									大浪坪													
蟠厢村						杜湾村	240		50	20	60	10	90	470	常安村													
定英村				14	14	边山村				100		20	30	150	大参村			20		20								
						穿山村									岩岭村													
						窑上村									雁山村													
合计				14	14	合计	240		50	120	60	30	120	620	合计			20		20	240		50	120	60	30	134	634

借贷机关的缺乏

高利贷之所以这样发达者，固然是由于农民的需要，但是贷款机关的缺乏，亦是一个重要原因。大当小押，的确已深入了农村，然而他却要拿货物去交换的，未来的作物，固然不能向他预押，就是现成的田地房屋，他亦是不收，舍此之外，则农民所有者，不过是破棉袄、犊鼻裤，实在值不到几吊钱。因此，农民除将可以典质的衣服，送到了当铺以后，仍旧免不了要向地主和商人去通融。

广西的典当，资本大的称为饷押，货物满期的时间比较长，利率较轻，约月息二分左右；资本小的称为小押，满期的时间较短而利率较重，月息在四分以上。饷押多开设于县城，押则分布于各墟，总计全省大小饷押有一百八十余所，固定资本一百五十万五千四百元，再加上了流动资本合计当在三百万元以上，若以三分半的月息计算，则每年从农民身上所拿的利息，又有一百万元。

农民银行之筹备

去年全省开行政会议时，民政厅有筹备县农民银行股本之提案，而各县提议设立平民借贷处者，亦有十二县，足征其需要之迫切，而已引起有司之注意，兹录其提案原文如下：

查年来各地农村经济日形崩溃，金融失其调节，农民既多缺乏资本，又苦借贷无门，倘不早为之谋，不独农民痛苦日甚，而国家社会的经济生活亦将为之根本动摇，查省府委员会第八十一次会议，议决设立广西农业银行以资救济，诚为目前之根本要图，惟省农业银行虽设，若无县农业银行以辅之，则收效仍属有限，兹拟定县农业银行募集资本方法如次：

一、提拨未经指定正当用途之宾与基金或其每年利息。

二、提拨各姓族祠堂蒸偿之基本金或其每年利息。

三、提拨变卖未经指定正当用途之公产或其每年利息。

四、提拨变卖未经指定正当用途之匪产或其每年利息。

五、提拨缉匪花红或其每年之利息。

六、提拨变卖未经指定正当用途之庙产或其每年收入之利息。

七、变卖无主荒地。

八、按田地多少或每年收获田谷多少征募股本。

九、按商场大小，向商会征募股本。

十、向殷实富户征募股本。

平民借贷处之现状

在苍梧和邕宁，有平民借贷处两所，苍梧的借贷所，有资本二十万元，系由省金库拨给，不敷之时，再向银行借贷，月息六厘，因为是省办，所以这个经理，颇有几分官气，而实际上的所谓借贷处，不过是资本较厚，利息较轻的一家大饷押，依旧还是带着阔边铜眼镜的当朝奉。

他的利息，平常月息一分二三厘，最高为一分五厘，最低一分，较之其余饷押之须三分者已轻一半，每年总结后所得盈利，以二成为公积金，以三成归还借本，以一成给经理及办事各员津贴，余四成储蓄以作省内慈善事业之用，借本还清后，所订还本三成，一律蓄为慈善事业。至其借出款项，不再折扣，以前对于铜铁器具九出十归之陋弊，一概废除。棉被自五月开始典质，至十月而止，使平民因不当而得以保存。(表 113)

表 113　广西苍梧县平民借贷处之营业状况

月份	5 月	6 月	7 月	8 月	9 月	10 月	11 月	总计
每月当出号数	9187	6830	7918	7200	6090	7922	7860	53007
每月当出总数	24433.9	18185.8	19271.0	18249.2	16318.0	22014.6	20446.9	138919.4
每月回赎号数	1028	1517	2938	4164	4249	6721	6311	26928
每月回赎总类	2170.1	4039.0	7022.0	8741.0	10801.5	16421.0	17404.3	163798.9

从表面看起来，这数十万的资本，流入平民之中，至少可以减少了数十万元高利贷的金额，但是就实际情形观察，或有不尽然者；查借贷所中每号之当本，平均两元以上，一般平民所有之货物，或恐不能质至此数，兹将其自开办以至十一月每月当出号数及其当本，并回赎号数与其资金，以示每号之均数。

再就邕宁平民借贷处质物种类观之，则金银首饰、丝绸衣服，及毡毯、皮革诸物，恐非平民所有，而其数量乃占百分之五十，从这两点看来，恐怕低利率利益的享受，不是平民，而是一般小资产者，因借贷处利率之低，故以货物质当之后，取得现银，而向贫农身上去剥削。(表 114)

表 114　广西邕宁第一平民借贷处质物统计

物质种类	数量百分表
金银首饰	10%
丝绸缎衣服	10%
棉麻土布衣服	30%
呢绒布衣服	10%
毡毯皮革	28%
器具	10%
钟表	2%

如果承认乡间的贫农是没有丝绸的衣服，和金银的首饰与毡毯、皮革诸物，那么他们就极少有两元以上的质物了。若使这个推论没有错误，则各县平民借贷处之设立，不过为小资产者之高利贷张目而已，而今后之放款者，当有所改善了。

第七编 赋税

广西的赋税，不但是繁重，而且是非常苛细，因为他是量出为入，所以每遇需要的时候，便要征收新税，或在各项上面附加，有省的附加，有县的附加，更有区和村的附加，叠床架屋各自为政。由捐之名称言，则每一种捐上之附加者，不下十余种，由捐之税率言，所增又不知为若干倍，间有数种，其全年之税额不及百元者，苛细孰甚。

赋税种类

此编所述，一方面在了解桂省人民每年之负担，一方面提供政府废除苛杂之参考，故凡一切直接间接之赋税，就所有材料，加以整理，诚知时间匆促，所遗漏者，必且甚多，固不敢谓搜罗净尽。兹为便利起见，分国税、省税、县地方捐三类述之。

国税、省税，项目较少，尚易举其大纲，而县地方捐及区村公所之附加，则捐税重叠，名目繁多，总而言之，在田赋商品农产物三项上加以重税，而为田赋附加，营业附加，进出口附加者是；统计捐税名称，国税十二项，省税二十五项，而县之项目，计二百余种，区公所之捐共计七十六项。

国税项目

关税	2484000
盐税	2303535
烟酒税	927874
印花税	262484
统税饷捐	3406103
矿税	326858
其他	1022438

省税项目

烟酒税	927582
统税饷捐	1534000
田赋	4592798
契税	212833
营业税	655425
房捐	61205
船捐	70200
财产收入	298540
事业收入	652187
行政收入	226086
营业纯益	375212
债款收入	2600000
禁烟罚金	18031000
防务特捐	2651139
其他	112757

县地方捐总目

烟酒税	129727
统税饷捐	488946
田赋附加	2499049
契税	43214
营业税	2581489
房捐	72637
船捐	32550
禁烟罚金	30984
防务特捐	254679
其他	605837

其细目及区村公所之附加，于后文述之。

以上各项赋税，无论其为直接税、间接税或行为税，要之，除通过税外无一而非取之于桂省之人民，而其终结，又无一而非转嫁于农民之身。

混合税收

国税与省税之科目，虽然划分清楚，但在实际上，常有一种税收而包含国家与地方两层性质者。这种情形，是由于桂省对于国税常有所附加。这些附加或是久已存在者，如盐税附加，或是最近令行者，如卷烟之督销费，洋酒之特捐。今试将这些“混合税收”中之国家部分与地方部分之比例叙述于后：

（1）盐税　盐税系一种“混合税收”，历来名目繁多，有“盐税”“新案加价”“广雅经费”“行政盐捐”诸名目，皆属于省之收入。有“旧案加价”“练兵经费”“局缉京耗”诸名目，皆属于国家之收入。还有国省各占半数之“西税”一名目。在混合税收之盐税中，“盐税”占总平均数6%，“新案加价”5%，“广雅经费”占9%，“行政盐捐”占36%，“旧案加价”占15%，“练兵经费”占7%，“局缉京耗”占16%，“西税”国地两方各有3%，分别合计，省税之收入应占总收入59%，国家之收入应占41%。但国税系正税，省税系附加。依据附加不能超过正税之原则而言，省之收入为59%与国家之收入为41%，乃是一种不合理之现象。所以财政厅于二十一年度开始时，将盐税中之国地两部分平均划分，使其各占50%。

（2）卷烟税　桂省卷烟税，在民国十四年的时候定名为“外来烟酒用户特捐”，当时捐率为值百抽20。到了民国十六年就改为值百抽50，曾经呈准财政部照办。十七年七月省政府令将捐率提高值百抽70。并经省政务委员会议议决设立卷烟督销局，管理卷烟之检查，及出仓、征税、价格厘定等事项。照原案的规定来说，卷烟统捐（即国家收入部分）之税率为值百抽3.25，以贴印花行之。至于督销费（即省收入部分），则为值百征3.75，由卷烟督销局提高售价，粘贴特置督销证，于售价内取偿。是在70%的卷烟税中，应以3.25为国家税收入，以3.75为地方税收，但自民国二十一年二月以后，属于国税部分的卷烟遂被取消。

（3）洋酒特捐　洋酒一项，桂省于民国十四年征收“用户特捐”捐率定为值百抽20。民国十七年，增高为值百抽70。除照章粘贴抽收30%洋酒凭证，应归国家税收外，其特捐之40%，贴本省特捐票行之，应划为地方税收入，是在70%的洋酒税内，国家占30%，地方占40%。

（4）禁烟罚金　禁烟罚金始于民国十三年。照当时之规定，生药（即未制之烟土）入境每百两科以罚金四十元，炭药科（已制者）则科罚金二十元。嗣以罚则较轻，而本省地方经费缺乏，于是实行附加。生药增为每百两科罚金六十元，炭药三十元。适加二分之一。国家占全税三分之二，地占全税三分之一。在十六年与十七年之统计案内，曾分别列记。现在，罚金的数目又经改定：生药每百两科五十元，炭药科二十五元，但罚金的数目虽经改定，国省税之比例却仍然如旧，就是：国家税收入占三分之二，地方税收入占三分之一。

总以上四项“混合税收”而言，可知彼等“或为旧有国税而附加，或为本省地方所特有，而为尊重财政统一起见，暂照部定国地两税收支标准，将各项科目，实行划分，以清界限”，最近，烟酒公卖费内一律附加两成，是烟酒公卖费又成为一种“混合税收”了。

沿革

关税　广西共有苍梧、南宁、龙州三关，苍梧关于光绪二十三年《中英缅甸条约》开关，邕宁关于光绪二十四年与秦皇岛、岳州、三都澳同时奏开为商埠，龙州于光绪十二年中法境界追加条约辟为商埠，关税行政均由外人管理，其税率均根据商约，故无足述者。

盐税　由运盐结果而构成的引地共有四柜，一曰“西柜”，内分临全、大江两总埠。由梧州以达全州，临全之“埠地”也。由梧至浔，达左右江，并贵州之犁平、都匀，共五十七“子埠”，大江之“埠地”也。一曰“中柜”，由封川入富川贺县者为封富埠，由广宁入怀集者为怀宁埠。一曰“平柜”，由钦州荩屋，灵山之沙坪，而入横州之平塘，南乡，分销南太泗镇等处；又由廉州之合浦而入博白江船埠，分销玉林兴业等处。又由防城伏隆隘而入上思，分销土忠州、新宁、永康等处，属于西省者十四埠。一曰“南柜”，由化州石城分途而入陆川之良田，清湖，分销北流，属于桂省者二埠。此引地之大略也。

然引地之制，利少害多，第一，盐的贩卖不能自由竞争，盐商容易操纵其引地内的盐价，于是人民有不得不食贵盐之苦。第二，同是纳税之盐，而复有官私之分，令政府对于私盐之防患，有不胜其烦之势，而且征收经费遂因之而增加。从此两点而言，可知引地的划分，对于政府与人民都有莫大之害。

但他的存在却由前清延长到民国，十六年的盐务改革案还是不肯将他弃掉，其改革大纲第一款即载明：“行盐引地暂照旧维持之。”到民国二十年始由财政厅长兼财政部广西财政特派员提出废止引地之案，当经省政府委员会议议决通过，定期二十年十二月一日实行。从此，“入口盐厅，许商人自由贩运，不限引地。从前规定之省内西、南、平、中，各柜名目，一并裁撤”。

桂省盐务史甚为渊久。历代变革，因案卷散失，已不可考。自一八五五年（咸丰五年）后，始略有籍可稽。依当时旧册而言，本省盐税名目共有四种：“西税”“船头”“秤头”“盐羡”等是。“西税”系另加于广西的一种正税，“船头”是就承运商人所得利益而征收的一种税，这两种税当时都要解交户部，至于“秤头”之征收，是因为盐由广东运来，每包必有盈余，政府侦知，遂加征一种税捐。例如广东盐商交船户起运时，每包盐名为二百斤，实有二百二十斤，多余二十斤本系为填补路上消耗之用，但实际的消耗并不要这许多，所以总有多少盈余。政府就这些盈余而征的税，就是“秤头”。“盐羡”的征收，也是征收于商人额外的所得。“秤头”与“盐羡”在当时都是留为本省办公之用的。其后沿用成习，将“西税”“船头”“秤头”“盐羡”这四种名目都由“西税”一名目代表之。

原有的名目虽趋于简单，但许多新的名目又发生了。历来筹款都在盐税上想办法，每想一次办法即多立一种名目，多附加一种税捐。已立的名目未有取消，新的名目又继踵而起；层层叠叠，盐税的成分遂愈复杂，所包含的名目遂愈众多。特分别述之于次：

（1）盐税　此名目与总称的盐税不同。它是广东盐运入本省时应纳之厘税，开办于同治年间（一八六二年至一八七四年）。初由厘金局征收。自光绪三十年（一九〇四年）厘金改办统税后，“盐税”仍旧继续存在。其办法系：“每入一府之境，即抽一府之税”，所以又有“入府盐税”之称。

（2）浔州北河护商经费　此款在同治元年闰八月开办，系据柳州府人民范繇桂等以土匪沿河行劫，请设扒船亲勇，扼要守剿，愿将贩运盐斤于纳厘“盐税”外，每盐一大包加抽银二钱，每一小包加抽银一钱。

（3）长安勇饷捐　此款系同治九年开办，长安税卡除抽收百货厘金外，于木筏盐斤两项另抽勇饷捐，每盐百斤抽银五分。光绪三十年改办统税后，照旧抽收。

（4）广雅经费　此款系光绪十三年开办。缘粤省广雅书院兼收桂生肄业，专就梧州上关，平桂统税局两处，于“入府盐税”外，每包二百二十斤另抽经费银三分六厘六毫六丝六忽，惟开后办，仅解过粤省一次，所有此项经费，历年归并统税局拨充本省军饷。光绪三十年改章后仍照抽。

（5）旧案盐斤加价　此款系光绪二十八年开办。当委专员于梧州设立盐斤加价总局，另于抚河、大江等处设立专关。凡行销西省盐斤，分别抽收加价。其贺县地方则由商人包缴银四千两。光绪二十九年，前护抚院丁扎饬收，将“盐斤加价”事宜，归并厘金局兼理，原设关局概行裁撤，惟贺县商包仍旧。三十年改办统捐，仍由各局卡兼收，贺县商包每年加缴银二千两，共六千两。此项加价仅于进口时之首卡抽收一次，以后经过之卡，概不再抽。至于加价的税率，则随局卡而不同；大概最低者每斤加抽两文，最高者每斤加抽六文。

（6）新案盐斤加价　此款系光绪三十四年五月奉度支部奏定酌加盐价抵补土药。无论何省，每斤通行加价四文，以一半解部抵补练兵经费，以一半划归产盐销盐省分。桂省在此加价中，实际上只能收行盐省分之一文。

（7）盐斤练兵费　此款系光绪三十四年奏定，于出口米谷加抽练兵经费外，其平塘江、郁博、上思等卡所收钦廉之盐，每斤加抽钱两文。梧州上中两关所收临大引盐，怀集、贺县两卡所，怀宁、富贺两埠引盐，每斤加抽一文，解缴新军粮饷局，专充本省练兵经费之用。当年五月前后开办。此项经费均于进口经过之首卡抽收一次，不再重征。

（8）行政盐捐　此款始于民国三年，指定为本省行政经费。依十六年改定税率时之统计而言，此捐占盐税总额36%，可见他的捐率是很重的。

（9）盐包津贴　此税系省河船入口时，由该船承运人直缴梧州榷运总局。津贴费为每盐一包抽收一元。自十四年开办，经过十六年之改革案仍然存在，直至民国二十年才取消。

（10）出口盐捐　此捐向百色县征收，至民国十三年始收归省办。

（11）局缉京耗　“局缉京耗”原名“四款项”即“局用”“缉私”“京羡”“耗羡”四种。京羡、耗羡两种始于清季，由来已久；局用、缉私，始于临全、大江两埠盐务商办时收作局卡经费。现均由榷运局征收，以为本局所属各分局卡之经费。民国十六年改定税率后，只有梧州盐税征收局尚于正税之外，另收局缉京耗经费，每包四角。民国二十年十一月，此费已连同盐包津贴，一并取消，以上所述虽未能罄列盐税所含的成分及其名目，至少也得其主要了。

统税

统税自光绪三十年开办，他与厘金同是一种通过税。但厘金的征收是零零碎碎的，是经过一次厘卡，就要补抽一回的。据当时的估计，一种货物经过全省所纳的厘金少则三四次，多则五六次。至于统税，则是一次抽过之后不再补抽的。它之所以名为“统税”就是因为它的作用在于化零为整，把各次的厘金并作一次征收。

在筹议加税免厘的时候，桂省当局曾拟定五款办法。在这办法中第三款第三节，税则应照海关税则及新拟常关税则，统以值百抽5为准。除米谷一项价值涨落至无一定，应随时酌核办理，毋庸拟定专则外。其余向章应加抽之货或非民生日用所必需以及贵重之品，应照新则加一倍或半倍另定税则抽收以符约章。换一句话说，当时规定的统税税率，是以值百抽5为原则的，但遇有非必须品或奢侈品，税率也可以提高到值百抽7.5或值百抽10。

当时的规定虽然如此，“惟商人狃于习惯，工于趋避，改办之始，物议沸腾。原定税则，恒有随时核减，藉示体恤者”，所以值百抽5的原则，一时尚难通行，并且于这种事实的困难之外。尚明定有九种例外。这些例外对于统税都非常重要，特举述于次：

（1）梧州下关半税　凡由梧州下关进口之货多在梧州销售，若与贩运各处之货同抽，颇嫌不均。光绪三十年核准，凡在梧销售者减半纳税。在梧销售未完再运抚、大两河以上销售者，仍赴该卡补纳半税。

（2）贺县土货半税　查贺县出境土货，仅过两卡，准按税则减半抽收。其入境各货仍照则征足统税。

（3）米谷减成税　凡米谷仅过两卡者，即按照应抽统税数目核减三成抽收。其再行前进，改销别地者，在经过第三卡补完三成。若运至三卡以外者仍照章在首卡缴完全税。

（4）怀集加五税　统税办法，系以分次完纳之厘，并为一道抽收。惟怀集一卡与东省毗连，一出本境，即入东省，与别卡情形不同。开办之初，经该卡禀明，照厘金办法，加五抽收，如旧日抽厘二分则抽三分。旧抽三分则抽四分五厘。不用统税则例。

（5）木排八折税　木排向章由柳州抽出山厘金一次，至梧州抽出境厘金一次。初经减为七折，继复改为八折，改章后木商请照旧。经前厘金总局以从前木排厘金七折之后又八折，本系权宜办法，未便照行。惟现在税则核减二成抽收。

（6）粤铁加抽税　光绪十七年准广东盐运司咨会，将粤铁税规入厘金并征，铁器、熟铁、生铁等项厘金各按旧则抽收外，另加一倍抽缴，作为铁税拨解报销，等因。改章后，桂林、全州两卡，除抽收百货统税外，另加收铁税一种。惟历年未准移提，向系充作本省饷需。

（7）商人包缴税　此种因缴税手续繁难，特以一定税额招商承饷，其适用税则与否不计也。凡四种：

A. 梧州鱼苗税

B. 浔梧两府蚕丝税

C. 桂林上关竹木税

D. 临桂酒税

(8) 特种税　此项货税或因物之出产限于一定地方，或因税之征收不用普通手续。且各有相沿历史，不可没也。因并及之。

A. 浔、梧桂子桂皮桂油税

B. 茴油生油税

C. 邮包税

(9) 特免税　光绪三十四年十月十一日准南宁关监督移以南宁商民周献章等设立“同和蚕庄”，请于蚕茧赴东发卖时，免抽厘等情，当经统税总局核准，暂免三年。嗣奉抚部张札左江蚕业向少请求，以后凡南宁以上各属出口蚕丝，不拘公司名目，经过南宁统税局，一律免税，以资提倡，并仍照年限办理。

除了上述各种例外而外，其他一切物品，经过任何地方，均须依照新订税则纳税，依照当时审查的结果而言，应纳税的物品有一千九百三十一种，共分为二十九大类。在这一千九百余种物品中，除了少数非必需品与奢侈品须依照值百抽7.5，或值百抽 10 的规定纳税外，余均依照值百抽 5 的则例纳税。

惟在厘金时代，越是在边界各地销售的货物，纳厘次数越少，因为他们所经过的厘卡也少；反之，越是运销腹地的货物，纳厘的次数越多，因为他们所经过的厘卡也多，所以在梧州、怀集等边县销售的货物，其所纳之厘金常较运销腹地的货物为少，改办统税之后，几次厘金并作一次抽收，是统税税率包含着几次厘金，但梧州、怀集等边县所销费的货物，其纳厘的次数原来既较他处销费的货物为少，则欲使之受同一统税税则的支配，岂不是不均了？这是梧州、怀集等处减税的理由，这种理由还是以厘金为根据，本无存在的价值，但因当时财政局不明纳税平等的原则，所以减税的办法还是沿用的，最可笑的，是民国十六年改订税则的时候，怀集商民还是依着这种理由来要求减税的特权。

光绪三十年开办统税时所重订的税率，一直到民国十六年六月始由财政厅组织的整理税务委员会着手改订。一种税率竟沿用到二十余年之久。

自十六年六月二十五日税则公布之后，各地商会都表示反对，于是又组织一修正税则委员会。修正的百货统税的税则，于民国十六年九月一日施行。十六年的改革虽然规定以后每三年修改税则一次，但自民国十六年以后，因着内战的关系，统税税则的改订一直迁延到二十一年夏季才克举办。

这一次所修改的税则，可说是进步了，因为区别国货与洋货的不同，而分别加以较轻较重的课税。兹将其所修正者，酌录数条于次。

(1) 本税则按照各物产地价值参合社会供求状况，挽救入超上外溢之利益，保护本省土产及工业上出品之发展，大别为外国品、本国品：均分必要、次要、非要、奢侈四种，分别定税，以求适合课税之原则。

(2) 本税则所列货物，以本省特产品及日用所不可少，无论本国外国出产者，为必要品；其次为次要品；可用可无者为非要品；华丽珍奇徒归消耗无益于社会者为奢侈品。

(3) 本税则采从价方法：凡本国外国必要品为值百抽5。次要品定为值百抽7.5。非要品本国出产者定为值百抽8，外国出产者定为值百抽12.5。奢侈品本国出产者定为值百抽15。外国出产者定为值百抽17.5。以示区别。

(4) 本税则所定物价系根据各地调查填报数目，分别审订，比较旧则仍有增减，并不一律加重，按之课税原则，实已从轻。

(5) 本税则所订物价系根据调查所得，折成国币计算。

除了上列各点而外，其余各点都与旧例相同。这次税则所税之物，虽仍分为二十九大类，但所列举应税的物品却已减至一千四百余种。这一千四百余种物品中，必要品约占一百四十余(10%)，次要品约占七百七十余(52%)，非要品约占四百三十余种(33%)，奢侈品余约六十余(5%)。

烟酒公卖

烟酒公卖，即是指烟酒由政府专卖。在原则上，政府之实行专卖，一定要垄断生产，至少也要将私人星散的生产品集中在自己手里。但这些办法在本省一时还没有能力实行。所以，在名义上虽然标榜公卖，但实际上却仍由私人制造，贩卖。不过，这些贩卖商人须向政府缴纳一些金钱，这种缴纳金就名为“烟酒公卖费”。

烟酒公卖开办于民国四年，为国税之一种，桂省于民国四年九月二十八日在南宁组织“广西全省烟酒公卖筹备处”，实行公卖。

当时公卖区域共分为六大区域，每区等于当时之一道。除第一区分局由全省烟酒公卖局兼辖外，并在梧州设立第二分局，在桂林设第三分局，在柳州设第四分局，在百色设第五分局，在龙州设第六分局。但总局暨各分局只负监督之责，至于实际征收事宜则另招商组织分栈办理。第一区设分栈二，一在南宁，一在郁林。第二区设分栈二，一在梧州，一在浔州。第三区设分栈三，一在桂林，一在全县，一在平乐。第四区设分栈一，只在柳州一处。第五区只在百色设一栈。第六区只在龙州设一栈。各分栈组织成立之后，即开始征收公卖费。第一区南宁分栈于民国四年十一月一日开征，第一区开征之后，筹备公卖筹备处遂行裁撤，另设广西烟酒公卖总局。公卖总局正式成立之后，其他各区分栈亦相继开始征收。第一区郁林分栈于民国五年三月十一日开征。第二区梧州分棧于民国四年十二月十日开征，浔州分棧于民国五年一月二十六日开征。第三区桂林分棧于民国五年一月十五日开征。全县分棧于民国五年二月十五日开征，平乐分棧于民国五年二月二十日开征。第四区柳州分棧于民国五年一月六日开征。第五区百色分棧于民国四年十二月十一日开征。第六区龙州分棧于民国四年十二月一日开征。在没有组织分棧的地方，则责成该地方的县知事派员专办或招商包征，如系派员专办，则于征收公卖费中提给十分之一作经费。

民国十年以后，桂省政局陷于极端的混乱。政府为筹措饷需起见，实行将各种税捐招商承办。于是烟酒公卖遂由官办商销变而招商承办。

当时所定投筒底价，第一区为十三万元，第二区为四万元，第三区为七万五千元，第四区为三万二千元，第五区为三万二千元，第六区为三万二千元，第七区为四万元，第八区为四万四千元，第九区为六万元，第十区为一万五千元，投票信金则定为底价百分之二，例如：底价四万元，征信金为八百元。投得与否征信金概行发还。但投得而不承办，则将征信金没收。

就这办法实施到民国十七年略有变更。在这一年，除了公卖费改为加二的国币计算而外，其他变动都不值得什么注意。

民国十七年以后，关于烟酒公卖的章则差不多年年都有修改。在十八年，公卖费由百分之十改为百分之二十（十分之二），而且又在广西省烟酒公卖费暂行章程的第一条，明白规定“本省烟酒公卖计分为十区招商承办，每区由各承商组织烟酒公卖费承饷公司经理其事”。

民国二十年，广西全省印花烟酒局撤销，烟酒公卖事宜遂划归财政厅管理。其后财政特派员公署成立，以其属于国税，遂改由财政特派员公署管理。财政特派员公署取消后，又改为由财政厅国税处主管。

到第二十一年，烟酒公卖费暂行章程又经修改，但除了第三条规定应纳公卖费之酒类烟类外，并没有什么特殊的地方。同时在包商章程中，我们也看见一点修改，就是以地名的分区代替数字的分区，例如：第一区改为南宁区，第二区改为浔州区等等。这一次改定的章则，到现在还是通行。

烟酒牌照税

烟酒牌照税的开办在烟酒公卖费之前。大概在民国二、三年的时候，中央政府已颁有章则。不过，在桂省，一直迟到民国四年才见实行。自民国四年开办烟酒公卖费之后，财政部即通令各省将烟酒牌照税及烟酒厘税归并于各省烟酒公卖费总局办理。遂于民国六年二月一日将牌照税事务移交广西全省烟酒公卖局。但主管的机关虽然更易，实际的征收办法还是照旧，还是委托各县县知事代为稽征。

民国十六年十一月财政部曾公布“华洋机制酒类营业牌照章程”及“华洋机制酒类营业牌照施行细则”。民国十七年三月，财政部又公布“烟类营业牌照税暂行章则”及“烟类营业牌照税章程施行细则”。民国十八年四月，桂省烟酒事务局厘订“土酒类营业牌照税章程”及“土酒类营业牌照施行细则”。民国十八年七月。财政部又颁发“酒类营业牌照税暂行章程”及“酒类营业牌照税暂行章程施行细则”，桂省烟酒牌照税的章则就是依据这些部颁的章则再参酌本省特殊情形而改订。其最著之点，第一是将烟与酒的牌照税分别征收，第二是将牌照税率提高，第三是将每年分两期纳税的规定改为每年分四季纳税。至于洋烟洋酒的牌照税，在开办不久后已经实行征收。民国十九年、二十年，都是实施民国十八年的各种章则。到了二十一年七月一日，财政特派员公署才将上列各种章则修订合并。

烟酒牌照税同烟酒公卖费一样，也在民国十三年实行招商承办。但实际上有些县份早已在实行了。民国十三年以前的烟酒牌照税虽有些县份招商承办，但这究竟是一种例外的事实，其承办的手续也只是根据县长个人的意思，而没有依据什么章则。到了民国十三年就不同了。从这时起，烟酒牌照税的包商成为一般原则，各县都应一律奉行。从民国十四年、十五年，一直到现在，本省的烟酒牌照税都是包商承办的。包商的章程历年都有多少变更（尤其是征信金的变更最多），但这些变动都没有什么大关系。比较有关系的变动，还是算投筒的底价。民国十七年所定的投筒底价，较十四年、十五年的为高，而十八年所定的投筒底价又较十七年的为高（这大概是因为牌照税分四季征收，较昔大为增加的原故）。十九年的底价无可考。二十年的底价为十八年度承商包饷原额，但二十一年的底价却大为减低。到了民国二十二年，烟酒牌照税同烟酒公卖费一样，为一总公司所承包，而承包全省烟酒牌照税的公司，就是“广西全省烟酒公卖费总征收处”，而成立广西全省烟酒营业牌照税承商收税处。

统税特种税

在民国四年与民国五年的时候，桂省因收支不敷，筹办统税特种税，于民国五年，呈报巡按使，自批准之后，此税遂于民国五年四月一日开征，起初是由梧州中关统税局兼办，其后因收入增加，遂于同年七月另在梧城大石社设专局，统税特种税的标准税率定为值百抽25，至于这种税的性质与征收办法，我们可于下列章则窥知之：

（1）本省为改良税务，便利商民起见，于现在统税办法略加变通，提出各种洋土各货，另订税则征收，名为广西统税特种税。

（2）特种税之土货，准用四联凭单采买之。

（3）商人请领凭单，其所采买土货，自领军之日起，至运赴梧州出口之日止，以十二个月为限。如过期限，即作为行销内地之货物，应行补缴各项税捐，按照新订税则加六倍饬补。

（4）商人请领凭单时，应呈明往某处地方采买某种货物，逐一填注单内，于限期内在采办地区。单内货物之件数，斤数，由商人自行填注，经过第一税局将单缴验，查明单货相符，按照新订税则征税，换给税照。经过沿途统税局、常关、饷捐局、税厅，仍应报请查验，如货票相符，不再征税，立即放行，不准丝毫留难，及格外需索。

（5）四联采买凭单办法，系利便商人而设。惟变通之中，仍应保存本省统税固有之收入。采买之货，除向有采办，确系行销外洋各货外，其余米、谷、杂粮、竹木排、柴木、生茶油、黄白糖、鸡、鸭等土货，以及抚、大两河地方所产之蓝靛，向非出洋者，概不发给凭单，以示限制。

（6）商人领取凭单，如采办木油、枣糖、结糖、赤白糖、桔水等货，须注明何种油、何种糖，不得仅以糖油二字含混请领。因此种油、糖，行销内地甚多，最易蒙混。如经过第一税局查验名色不符者，应照统税旧则征收将联单收回咨送原发之局注销，以杜影射。

民国十六年废止统税特种税之后，接着就另与办一种通过税，名为“饷捐”。这种“饷捐”

在字面上虽与从前的濛江饷捐一样，但在性质却完全不同。濛江的饷捐办法是："凡来往货物，向来无论上下卡曾否抽过厘金（或统税），经过该卡均另行抽捐一次。"至于现在的饷捐，则于纳过统税的物货概不另抽。饷捐的兴办是税务整理委员会所提议的。

裁撤濛江饷捐及各护商转运局并由各统税局征收饷案：

"本省货税之有（饷捐）由来旧矣，然大河有捐而抚河无之，其不均实甚。第历年既久，捐率亦微，商民尚无异议。自革命军兴，当局为筹济饷需起见，于抚、大、柳河另行设局增征护商转运各费，虽属一时权宜之举，已不免叠床架屋之余。今者，统税既拟实行一度抽收，前项饷捐转运各费自应一律蠲除，以纾民困。惟虑商人运输货物，沿用海关照票，势必影响本省税收甚巨。值兹北伐时期，军费浩繁，饷需前途，曷其有济？自不得不于裁撤之中思所以补救之法。私谓抽费以济饷，转运费亦饷捐也。今拟请将饷捐名目暂行保留，不另设局，即由各统税局兼办，其抽捐标准，除已完统税不计外，余无论任何票照一律按则抽捐，使捐与税不相重复，无畸轻畸重之虞。商民不扰而饷需亦不患无着矣。然或谓向归海关征税之货船，各统税局素鲜查验，未必就我范围。不知目前转运各局固已实行查验收费矣，饷捐事同一律，改费抽捐，当无不唯命是听者，可无疑也。至各统税局现既兼办饷捐，则梧州特种税局亦应裁撤，以免骈枝。"

以上的提案经财政厅提出，省务委员会议议决通过，并定于十六年七月一日实行。从此，统税特种税、护商转运费、濛江饷捐等都被废止，而为"饷捐"所替代，关于这次所订办法，不久又有相当的补充。

（1）有本省税局票照之货，各局验明放行，不得责令重纳"饷捐"。其经纳"饷捐"者，亦不得责令再纳统税。

（2）无本省税局票照而有本省邕、龙、梧内地产销2.5税票者，责令照新税则以7.5计算缴纳"饷捐"。

（3）无本省税局票照，又无邕、龙、梧内地产销2.5税票者，责令新税则十足缴纳"饷捐"。

（4）征收"饷捐"除按照原定及补充各条办理外，如有未尽事宜，得随时修补施行。

这些办法到民国二十年八月修改一次。除将第一条原文改为"现为筹济饷捐起见，按照十六年本省所定饷捐办法，继续征收饷捐，仍由各税局兼办"外，其他各条都没有什么变动。

民国十六年底，国库与省库实行划分。饷捐被划入省税范围。于是由统税局兼办饷捐的办法遂不能继续施行。财政当局又提议修改饷捐办法。在其提案中，我们可以看见修改的要旨如下："惟此项饷捐，纯属地方筹饷性质，现值国省税划分之际，自应将饷捐一项收归省库管理。至饷捐创办之初，饬由各税局兼办，原系为便于稽征起见，实则此项收入，只梧州下关为数较巨，其他各局则为数无几，且有绝无收入者。查自上游出入口货，如在梧州设局验征，自下游出入口货者在龙州设局验征，实无疏漏之虞。兹拟在梧州设立广西饷捐征收局，并于龙州设一分局，专办此项百货饷捐事宜。从前各统税局兼办饷捐名义，即行取消，以清权责。”

自此以后，除梧州另设有饷捐专局外，其余仍在各统税局内附设饷捐局办理饷捐事宜。名义上，报解上，统税与饷捐是分开的，但在征收上还是混合的。

开办饷捐之初，饷捐是由统税局兼办的。二十年改章之后，饷捐才提出另办；但也只是梧州设有专局，其余邕、龙、郁、博、陆川、贺县、怀集等处仍是附设在统税局内，不过名义上分开来罢了。到了二十二年五月一日，梧州饷捐虽然存在，但又改由梧州下关统税局局长兼任。现在经省政府委员会议又通过设立饷捐总局，从事整理，已于本年十一月组织成立。

田赋

在省府当中，除了禁烟罚金以外，便要算是田赋了。但禁烟罚金在广西是一种通过税，由黔、滇运赴港、粤，或转入湘省，如果税率特别提高，那么一般商人，便不愿意再假道广西，所以在占全省收入三分之一的禁烟罚金，虽说寓禁于征，然而终是一位财神爷，不敢轻易得罪他。

田赋却不然，一方面是无法逃避，同时是把握在一般农民手里，固然也有几个大地主，然而他们没有联络，没有团体，所以没有力量来抵抗政府的强暴，而政府每到要钱的时候，便不假思索地来一个粮赋附加；省里有了，县里没有钱的时候，也照样来一个粮赋附加，以至于区、乡、村，均如法炮制，而粮赋附加的成数，乃超过了正赋若干倍。

征收方式

粮册　桂省田赋，紊乱已极，民国五年时，曾经改定新则，每产谷一石，征银一角，旧有丁粮折耗诸名目，完全罢除，但当日清赋调查手续，可委之团保，未加覆勘，便成图册，故豪滑者非减轻产量，即完全嫁诸别人，而命农民某也应纳若干，某也应纳若干，农民既不知实在之面积，更不知应纳之税率，所以有田无粮、有粮无田、田少粮多、田多粮少的各种弊病，充满了广西的农村。在政府固未尝不以为有亩数可查，户名可核，每年皆完全纳清，当无疑问，宁知滞纳罚金之重，催科之严，所谓严刑之下，何求不得，而实际农民之负担，诚有倍蓰于此者。

赋率　然各县田赋率，又不一致，容县征收方法，以粮米二石三斗为产谷一万斤之赋率，又等于正赋六元二角九分三厘，而博白每石正额为三元九角二分，又邕宁为六元六角二分，而以亩计，每亩纳一升五合，夫亩数不清，标准不一，折价不一，固无一而非予农民以不了解而为胥吏造舞弊之机会也。

手续　苍梧征粮，向由县派粮书下乡征收，并不将花户副册抄出随带，只凭各花户揣来一纸旧粮票内所填数目，即准其照纳，随写串票，并不知该花户应有粮额若干，无副册可稽，无从根究，任其完三元或二元一元而已，又甲乡粮户，准其赴乙乡缴纳，催征员役到村催缴时，各粮户多藉口已着人到某乡局完纳，串票尚未得回，催征员役无从查考，且因此情形，买卖者多不开粮过户，而有田无粮，有粮无田之弊愈甚。

邕宁向由包商承收，虽每石应征粮价，由县府公布，然承包征收者，对于民户完纳，犹可遇勺则以合计，遇合则以升计，每多额外浮收，况政府规定以银为本位，而乡民素无银元，多以铜仙投纳，粮书则借口解费，任意抬高银价，从中取利，是以县府每年届招商收粮时，凡惯包收粮之人，皆趋之若鹜，县府不惟无须提给经征费，而承包者尚须暗送茶礼，始获充当。

各县征收情形，或各乡，设局，或派员下乡或委托团局，或商号代征，其完纳方式，均以农民旧粮票为准，例如去年纳一元者，今年应纳若干，或增或减，以每年附加之多寡而定，然农民既不知每年应纳成数，又不善于计算，宁能免征收者之浮收，至于尾数之递升，洋厘之折合，又其余事了。

附加

二十一年份田赋附加之成分，田赋附加，已经成了理财者不二法门，而认为唯一的泉源，故自省政府以至村公所，皆有其附加，不独经常政费需要附加，即临时开一次国货运动展览会，亦须附加，如富川县是，就二十一年份各县附加情形观察，则在五倍以上者，有北流一县，三倍以上者，有容县、博白、贺县等三县，两倍以上者，有桂平、岑溪、郁林、贵县、向都、同正等六县，一倍以上者七十一县，不足一倍者八县，其附加种类计有十八种之多。

每年税率之比较　省款之永远附加者，为省教育费，而县税之永远附加者，为县教育费，义务教育费及自治经费，其余各种名称税率，皆年相更迭，或一次收足，或分为数年，如省附加之团枪费，则征收两年，或现在未收，便觉附加之轻，而征收者则显形甚重，又如北流之地方经费，附加四倍，虽没有知道征收几年，但相信极对不是永远就是这样征收的，所以若拿一年的税率，来说明各县附加的轻重，虽不甚远，然总觉不大准确。兹举例以明之：(表115)

表115　广西各县田赋附加成数一览表

县别＼捐别成数	省教育	县教育	团枪费	县立中学经费	地方建设费	义务教育费	民团预备费	警饷	县公路费	自治经费	地方经费	建筑区乡村公所	教育局附加	财务局附加	中学建筑费	修筑地方分庭	电话费	建筑县府费	附加成数
邕宁县	0.3	0.2	0.5																1.0
永淳县	0.3	0.2	0.5	0.2	0.3														1.7
横县	0.3	0.1	0.5			0.2													1.1
武鸣县	0.3	0.2	0.5																1.0
那马县	0.3		0.5			0.2	0.2												1.2
隆山县		0.2	0.5	0.1				0.3											1.1
都安县	0.3	0.2																	0.5
上林县	0.3		0.5	1.0		0.125													1.925
果德县	0.3	0.2	0.5																1.0

续表

捐别成数 县别	省教育	县教育	团枪费	县立中学经费	地方建设费	义务教育费	民团预备费	警饷	县公路费	自治经费	地方经费	建筑区乡村公所	教育局附加	财务局附加	中学建筑费	修筑地方分庭	电话费	建筑县府费	附加成数
隆安县	0.3	0.4	0.5						0.3										1.5
绥渌县	0.3		0.5				0.15			0.2	1.05								1.3
上思县	0.3		0.5			0.2			1.0										1.1
扶南县	0.3		0.5	0.1		0.2													1.1
宾阳县	0.3		0.5	0.07		0.2	0.1					0.5							1.67
桂平县	0.3		0.5			0.2							0.1	0.1	1.0				2.2
平南县	0.3	0.3	0.5	0.45			0.2									0.1			1.85
藤县	0.3	0.2						0.2											0.7
苍梧县	0.3	0.5	0.5							0.4									1.7
信都县	0.3		0.5								3.8								1.18
怀集县	0.3	0.2	0.5					0.17											1.17
岑溪县	0.3	0.2	0.5	0.3		0.1	0.5	0.3		0.5									2.7
容县	0.3	0.475	0.5	0.32		0.16		0.59		0.5	0.5						0.16		3.5
北流县	0.3		0.5				0.8				4								5.6
郁林县	0.3	0.3	0.5					0.9		0.8									2.8
陆川县	0.3														0.2				0.5
博白县	0.3									0.3	2.4								3.0
兴业县		0.2	0.5			0.2		0.6			0.04								1.54
贵县	0.3	0.2	0.5	0.1			0.3			0.6									2.0
武宣县	0.3		0.5								1.5								0.95
柳州县	0.3	0.2													0.2				0.7
融县	0.3	0.2	0.5																1.0
柳城县	0.3	0.2	0.5			0.2				0.1									1.3
罗城县	0.5					0.2													0.7
三江县	0.3	0.2			0.1														0.6
忻城县	0.3	0.2	0.5						0.5										1.5
象县	0.3	0.2						0.2	1.0										0.8
来宾县	0.3		0.5	0.15		2			0.4										1.55
迁江县	0.3	0.2	0.5			0.1	0.5												1.6
宜山县	0.3	0.2	0.5																1.0
天河县	0.3		0.5	0.2		0.2													1.2

续表

县别＼捐别＼成数	省教育	县教育	团枪费	县立中学经费	地方建设费	义务教育费	民团预备费	警饷	县公路费	自治经费	地方经费	建筑区乡村公所	教育局附加	财务局附加	中学建筑费	修筑地方分庭	电话费	建筑县府费	附加成数
思恩县	0.3	0.3	0.5				0.4		0.4										1.9
河池县	0.3	0.2	0.5																1.0
宜北县	0.3	0.2	0.5					0.2											1.2
南丹县	0.3		0.5	0.2		0.3													1.3
桂林县	0.3	0.2	0.5																1.1
全县	0.3		0.5			0.2	0.5				0.4								1.9
灌阳县	0.3		0.5			0.2				0.1	0.4								1.5
兴安县	0.3	0.3	0.5				0.1			0.2									1.0
灵川县	0.3		0.5			0.2													1.0
义亭县	0.3	0.2	0.5				0.13												1.13
永福县	0.3	0.2	0.5																1.0
龙胜县	0.3		0.5			0.2													1.0
中渡县	0.3	0.2	0.5																1.0
榴江县	0.3	0.2	0.5							0.5									1.5
修仁县	0.3	0.2	0.5																1.0
荔浦县	0.3	0.2	0.5				0.4												1.4
阳朔县	0.3	0.2	0.5																1.0
蒙山县	0.3		0.5	0.2		0.2				0.2									1.4
昭平县	0.3	0.2	0.5																1.0
平乐县	0.3	0.2	0.5																1.0
贺县	0.3		0.5	女 0.14 男 0.27 中农 1.50	0.07	0.27	0.15						0.4						3.2
恭城县	0.3	0.2	0.5	0.2		0.1			1.0										1.4
富川县	0.3	0.5	0.5	0.35		0.1	0.1						0.1						1.65
钟山县	0.3		0.5	0.15		0.2													1.15
百寿县	0.3	0.2	0.5																1.0
百色县	0.3	0.2	0.5							0.5									1.5
恩隆县	0.3		0.5			0.2													1.0
恩阳县	0.3	0.2	0.5				0.5												1.5
天保县	0.3	0.3	0.5			0.2													1.3

续表

捐别/成数/县别	省教育	县教育	团枪费	县立中学经费	地方建设费	义务教育费	民团预备费	警饷	县公路费	自治经费	地方经费	建筑区乡村公所	教育局附加	财务局附加	中学建筑费	修筑地方分庭	电话费	建筑县府费	附加成数
向都县	0.3	0.2	0.5	0.4			0.1			0.5									2.0
西林县	0.3	0.2	0.5																1.0
西隆县	0.3	0.2	0.5																1.0
思乐县	0.3		0.5			0.2	0.1												1.1
明江县	0.3	0.2	0.5	0.3						0.2									1.5
宁明县	0.3					0.6												0.5	1.4
上金县	0.3		0.5		0.4	0.2													1.4
凭祥县	0.3	0.4	0.5							0.2									1.4
龙州县	0.3	0.3																	0.6
雷平县	0.3	0.2	0.5			0.2	0.5												1.7
镇边县	0.3		0.5			0.2			0.5										1.5
靖西县	0.3	0.2	0.5						0.5										1.5
龙茗县	0.3	0.4	0.5																1.2
镇结县	0.3	0.5	0.5							0.3									1.6
养利县	0.3	0.2	0.5				0.2		0.2	0.1									1.5
左县	0.3	0.8	0.5							0.1									1.7
万承县	0.3		0.5	0.2		0.6				0.3									1.9
崇善县	0.3		0.5			0.4				0.1				0.2					1.5
同正县	0.3	0.5	1.5																2.3
奉议县	0.3	0.2	0.5																1.8

表 116　广西凭祥县三年来附加成数之比较

年别/捐别	十九年	二十年	二十一年
省教育附加	0.3	0.3	0.3
公路费	0.2	0.2	
县教育费	0.4	0.4	0.4
民团养练费	1.0	1.0	
购置团枪费			0.5
自治经费			0.2
合计	1.9	1.9	1.4

凭祥县在十九及二十两年中，征收项目是相同的，但到二十一年，便变动了，减少了公路费和民团养练费，而增加了购置团枪费与自治经费，两相比较，是现在减少了五成。(表 116)

镇边县在二十年份只附加七成，而到了二十一年乃一跃而加至倍半，比上年超过了一倍；从凭祥县来看，二十一年份是减了四分之一，而镇边县乃加了一倍，由此可知各县附加税率之更动了。(表 117)

表 117 广西镇边县两年来附加成数之比较

捐别＼年别	二十年	二十一年
省教育附加	0.3	0.3
公路费	0.2	
地方教育附加	0.2	0.2
购置团枪费		0.5
镇靖公路		0.5
合计	0.7	1.5

现在我们再拿一个每年税率记载较久的邕宁来研究，看几年中变动的趋势。(表 118)

表 118 广西邕宁县 7 年来附加成数之比较

捐别＼年别	十六年	十七年	十八年	十九年	二十年	二十一年	二十二年
义务教育	0.2	0.2	0.2	0.2	0.2	0.2	0.2
公路股	1.0	1.0	1.0	1.0	1.0		
省教育费		0.3	0.3	0.3	0.3	0.3	0.3
民团费					0.5		
购办团枪						0.5	0.5
区公所区小学建筑费						0.5	
广西银行股款							0.3
合计	1.2	1.5	1.5	1.5	2.0	1.5	1.3

依据这个表内所表示的情形，就是说从十六年起到现在，田赋的附加，是逐年的进展，并且多是在一倍以上，二十年份增加到了两倍，二十一年份公路股款及民团费虽已停收，但购枪和区公所及区小学的建筑费又代替了它，二十一年份少了这笔建筑费，又多了一种银行股款，所以我们敢大胆地说，田赋附加，是政府理财的不二法门，并且已认在一倍以上的附加为合理了。

分年征收的附加，如桂平所征的桂中建筑费，象县的象修公路费，均附加一倍，征收三年。

至于征收一次的，则各县甚多，如桂平、平南、扶南、陆川、贵县、柳州、忻城、来宾、昭平等九县，都有一种或两种，可于各县田赋附加表内见之。

还有几种随着串票征收的，他是取巧，要避免田赋附加的名称，所以改为随票征收。这种税率，更不公平，因为常有少许田亩，而花名多至十余户者，则其串票亦分为十余张，而其附加便非常利害了。（表 119、表 120）

表 119　广西各县串票附加一览表

县别	名称	税率
郁林县	串票征收教育费	每票 1 角
万承县	串票征收民团费	每票 1 角
崇善县	串票征收警饷	每票 2 分
宁明县	串票征收农会经费	每票 5 分
龙茗县	串票征收师范学校	每票 2 角

表 120　广西各县区公所单独附加的成数

县别	区别	捐别	附加成数	附注
郁林县	第二区	安福路股	2.0	
兴业县	各区	团局经费	0.6	每区 7、8 成或 4、5 成不等，平均 6 成
	第一区	建筑小学	0.2	
	第二区	电话经费	0.2	
柳州县	第三区		0.5	
	第四区		0.5	
	第五区		0.5	
全县		区公所经费，小学经费	0.4	各区不等平均 4 成
灌阳县	下乡区		0.1	
富川县			0.2	

此外尚有亩捐预缴，武宣县建筑县道，凡正粮在三元以上者，征收六角，一元以上至三元者，征收四角，未满一元者，概征二；又左县于十九年春，预征翌年田赋。

区公所的附加　在省县政府之外，区公所还要附加，就二十一年份所有的是郁林、兴业、柳州、全县、灌阳等五县。

这六县的附加，是我们所知道，相信还有许多，是我们所不晓得的，因了附加是这样的重复，田赋是这样的不均（因为所有各户粮额类为民五时所指派，以后沿袭单据，逐年完纳），如果根据每亩一升半的粮额来推算，每亩总负担一定要陷入谬误，所以付之缺如，而田赋与地价的比例，也不能得到准确的概念。

总之在表面上的粮赋附加，平均是一倍至两倍，但因胥吏之舞弊，田亩之不均其实数必更倍于此。

县地方捐

桂省自民二十年政局底定后锐意革新，百废俱举，于是支出浩繁，而经费便成了最大的问题。省政府方面，虽感竭蹶，还有国税弥补，自县以下，尤觉困难，且自治建设民团教育积极进行，各级机关，次第成立，流既无从节起，乃不得不在赋税上一再附加以开其源，总而言之在田赋营业税及进出口三项上着想，但各县之情形不尽相同，故征收方式亦随之而异。同一团款，甲县加于田赋，乙县加于营业税，丙县加于进出口税。又如同一团款，既加于田赋，又加于营业税，复加于进出口税，或一费数加，或一税数加，因了两种联系的不同，所以捐税的名称，便繁复异常，而全省之中，除富川、钟山、雒容、西隆、凌云、凤山、东兰、思林、雷平、龙州、明江等十一县外，其八十三县之杂税及其附加之名称计二百零四种，而其收入之数计三百余万元。

杂捐细目

其最重叠而可知者，如粮赋之附加，业于上文述及，屠捐附加二十种，而牲畜之出口捐二十四种，其他各种杂捐，或以捐名或以货名，不能确知其某捐加于某货者百余种，大者每县全年万余元，而小者或仅数十元，其苛细扰民，可谓至极。况每种捐率各县不同，又巧立名目，以便附加，其最显著者，如屠宰捐是。

屠牛捐　桂平每头征一元两角，然卖时须抽牛飞抽六角，平南一元八角，怀集两元八角，又外加教育附加一成，苍梧每头在三百斤以上者抽十五元，而各乡犹须附加。

屠猪捐　桂平每头三角，然屠兽场又捐每只两角，平南一元五角，信都每只八角，怀集两元，又教育附加一元。

且买卖须捐，通过须捐，落地须捐，出口须捐，凡一牛一猪，自买卖贩运以至屠杀，其捐实在四五元以上。

至其苛细者，如各种的秤头捐：

地豆斗捐	每担六仙	米秤捐	每担五仙
柴秤捐	每担一仙	茹籐秤捐	每担两仙
麦麸秤捐	每担四仙		

此种捐税，虽曰出于消费者，然因市价低落捐税繁重，而商人为维护其利益，遂减轻进价，而实际之负担者，仍为生产之农民。

兹为了解各县捐税之繁苛，及农民对于每种捐税之负担与夫提供当局废除苛杂起见，故不必烦琐而将所有捐税名称及其金额，详细开列如表121。

表 121 广西各县捐税名称及其税收一览

	1	2	3	4	5	6	7	8	9	10	11	12
	原赋税加地方捐	教育粮赋附加	中学粮赋附加	师范粮赋附加	民众教育馆粮赋附加	义务教育粮赋附加	民团预办费粮赋附	警饷粮赋附加	自治经费粮赋附加	粮赋附加	粮捐	筑路粮赋附加
邕宁县										17300		
永淳县												
横县	1150					8200				3444		
武鸣县												
那马县		5600										
都安县												
上林县												
隆安县		10000										
果德县										1400		
隆山县												
宾阳县										12700		
上思县										495		
绥渌县						2520				2170		
扶南县												
桂平县										8000		
平南县										21600		
藤县										6400		
苍梧县											31500	
信都县												
怀集县		960								10635		
岑溪县										33150		
容县											5280	
北流县											288000	
郁林县												
博白县										54006		
陆川县											27000	
兴业县												
贵县												
武宣县										24000		7000
柳州县										4500		
忻城县										2500		
象县												
柳城县		6000										
罗城县		5500	5500							7700		
三江县										6650		
融县										800		
来宾县												
迁江县					1800	4000						
宜山县										8000		
思恩县												
天河县		3300		3200								
宜北县		1600						1800				
河池县										7000		
南丹县										6000		
桂林县										19480		
全县												
兴安县												
灵川县										5850		
荔浦县										11800		
阳朔县										6532		
平乐县										18750		
修仁县												
中渡县												
义宁县												
昭平县												
恭城县										2700		
永福县												
蒙山县												
龙胜县												
百寿县										4300		
贺县										48800		
榴江县												
雒阳县										14583		
百色县												
恩隆县										4000		
恩阳县										2000		
奉议县												
天保县												
向都县		2900										
西林县												
思乐县							1279					
宁明县							3500					
上金县						700						
凭祥县						2240			1220			
镇边县						2500						
靖西县												
龙茗县												
镇结县												
养利县						835			925			
左县												
万承县												
崇善县						4000			800	1280		
同正县										3850		
总计	1150	35840	5500	3300	1800	24995	4779	1800	2945	408475	35178	7000

15	11	15	16	17	18	19	20	21	22	25	21	26
粮赋过拨手续费	居猪捐	居猪附加	教育居猪附加	警饷居猪附加	居捐	另加20文居捐	教育居捐	警饷居捐	地主财务居捐	自治附加居捐	教育附加居捐	建设居捐附加
	58795											
	19685											
	25157											
						1200	5958		5958			
			2013						1068	312	2013	
					14750			8800				
					31720							
	15963											
	9000											
	15230											
			297									
			3807						3108			
	15368											
	6000											
	23825											
		1808										
					5450							
			3086									
		13442										
	48495							2410				
	6000							1319				
		210					12000					
		13500										
		18887										
	41666	6018		3000								
	16355											
	17337											
	4489	2285										
	6797											
		900										
	4000											
	10845											
	50907	5090	975									
	9793											6237
	8340			3385								
	5794											
	10095											
	12682				2976							
	11892											
	11626											
	16368	1633										
		1132										
	13280	3360										
	15670		5131									
	10044											
	2987											
			3359									
					1162							
	9556											
	1990											
	1762											
	600											
	16526											
		19200										
	7301											
700	5488											
	8625	16343										
	21887											
	9600											
	24904											
	21845											
			6200		5491							
					9350							
		1757										
	7500									540		
	10233											
					9562							
	24797		6977									
	12381											
	5370											
	549						2628					
	2528						2360					
	17786						2923					
					8087							
700	737758	105767	31845	6385	88548	1200	25874	12929	19134	852	2013	6237

26 团敛附加屠捐	27 修志局屠捐附加	28 地方屠猪牛马纱纸捐	29 屠秤捐	30 屠宰场捐	31 教育屠牛附加	32 屠牛捐	33 警费屠牛捐	34 屠牛附加	35 屠牛查验费	36 屠牛监视费	37 生牛捐	38 教育生牛捐
				1000								
						360						
											1680	
												84
											9843	
						508					2235	
903			9105									
1421						800						
						2500						
				1210		914		182				
						36072						
					30	8473						542
						260						
									999		480	
						8034	260				2240	
												2000
4500												
						1800						
						13251				940		
						2000						
						722						
								2005			400	
									67			
	975											
											1687	
						61680						
						2532		252				
						3726						
						1448					2888	
						2001		200				
						2584						
						184					615	
						1160					1320	
						307						
						766						
											1440	
											1541	
						3020						
						410						
						900		10509				
						1700						
				2600								
				1706								
						240						
						259						
				60								2450
						474						
6824	975		9105	6576	30	160085	260	13148	1066	960	36349	5076

39	40	41	42	43	44	45	46	47	48	49	50	51	52
生牛落地捐	牛罙捐	牛判捐	牛飞捐	生牛附捐	牛皮捐	残牛捐	牛皮附加	牛罙附加	牛挥捐附加	生猪捐	生猪附加	猪仔捐	金猪捐
			120										
			931										
	590												
24036													
					400								
					540				720				
		1710											
					480								
			2700										
												2750	
										1042			
											320		
			790										
				100			402						
					144								
													3276
	150												
										640			
												2467	
		741											
						460							
			1047										
										220			
				221									
		1352											
												570	
												2550	
												144	
												244	
												2140	
										1212			
24036	740	3803	5578	321	1420	460	402	—	720	3114	320	8420	3276

53 生猪牛马捐	54 教育征收牛马捐	55 生牛马猪附加	56 生马羊贩运照费	57 猪牛秤捐	58 谷米出口捐	59 出口货捐	60 牲口出口捐	61 牛市出口捐	62 生牛出口捐	63 生猪出口捐	64 教育牛马出口捐	65 茶桐油出口捐
										329		
3432												
1449						6780						
					1500							
216						1000						
4500												
						1284						
									556			
										7694		
									1354	5752		
							472	716				
											382	
			3235									
										1250		
									320	2434		
										1200		
									1172			
9714		2080										
1873					3000							
1042												
										2000		1500
										4000		
10424												
4589												
8372												
				2444								
							2200					
										120		
												1900
									2500			
1315												
1300												
2217												
					1112							
						60						
												360
6608												
		422										
1501												
1076												
						1920						
60038	—	2502	3235	2444	5612	11044	2872	716	5902	24783	382	376

66 柴禾坚炭出口捐	67 生猪出入口捐	68 牛马出入口捐	69 牲口出入口捐	70 落地入口捐	71 昼串附加	72 油糖附加	73 契税附加	74 契价附加	75 税额附加	76 谷米附加	77 硝磺附加	78 摊柜附加	79 骡柜附加	80 电灯附加	81 自治委员会附加
											4500				
					720	152	447								11200
						400									
				2214		480	80								
							50								
							10								
			1920												
							574								
							3300								
							401		177						
	29274														
							120	120							
1400															
						552	1200	565						4800	
944															
							240								
						90									
					1200	400	70					3600			
							30						3143		
							360						2220		
												200			
					360		44								
													1610		
		1350			50								1584		
													3539		
							2000								
					160		440								
							470								
						245	2400								
						240	576								
												10656			
							797								
						720									
							300								
										18000		1801			
							360								
							120							1920	
					450		30								
			730												
						1512									
						234									
		727	3800												
						130									
												216			
						221									
2344	29274	2077	5850	2214	2940	5576	14421	685	177	18000	4500	14473	12114	4720	11200

82	83	84	85	86	87	88	89	90	91	92	93	94	95	96
建设费附加	防务经费附加	警饷附加	教育油榨榨附加	下乡高小学附加	初中筹办费附加	义务教育附加	民团预办费附加	教育契税附加	团款附加	花捐	花捐警饷附加	花捐团款月费	花筵捐	花筵附加
	27418													
940										912				
		80												
	400													
	1582													
	3000													
	1431													
	2525													
	9400									2000				
										3455				
														5400
	5300													
	4800									800				
	19842									5997				
										4000				
1200										1834				
	1000									2000				
										11530				
	2400													
										15099				
	1200													
			200											
	539										1800			
	6600											340		
										11211				
								100						
	715													
	1584													
	1555								4344					
	5020													
	2400									4000				
	5165													
										12940				
					3750	8750								
	1574							1600						
	456									2554				
						804								
	2700													
	8400													
				1800		5833				3824				
	6510												781	
	618												422	
									1600					
	1444													
1400														
	3099													
	139													
	1180													
3540	130416	80	200	1800	3750	10387	—	1700	5944	82398	1800	340	1203	5400

97 妓女局票捐	98 妓女登记月费	99 柴竹捐	100 竹木附加	101 教育竹木附加	102 竹木柴炭捐	103 竹木落地捐	104 竹木筏捐	105 木排捐	106 冥锡捐	107 炮竹捐	108 冥锡炮竹捐	109 菸酒公卖牌照捐附加	110 酒饼捐	111 酒类公卖	112 酒类坐锅捐
											41084	10222			
					900						800	1380			
											3214	1680			
											2400	2200			
											288	163			
											858	300			
											400	120			
											2400	656			
												350			
											37	134	80		
												576			
											4320	960			
		14796									1524	773			
		11832							12000	6000					
											1900				
			11332	3041											
											240	160			
												1312			
300	240											1093			
												5280		2179	
											1800				
											600	1631			
											372	180			
									1200		1962				
												150			
											20				
											1413	910			
												192			
												288			
								532				288			
											5040	3120			6200
												1200			
					500	372					1400	480			
												500			
												1113			
												1000			
					252										
												670			
												144			
												300			
									96						
									100						
								630		680					
										300		480			
												2625			
							80				768	216			
												1090			
								243	948			480			
												462			
												952			
												115			
					290										
												582			
												374			
									960			656			
300	240	26628	11332	3041	1942	372	80	1405	15301	6980	93142	47537	80	2179	6200

113 教育蒸酒公卖附加	114 教育酒饼捐	115 摊铺捐	116 烟户捐	117 道士捐	118 道房捐	119 纸摊捐	120 油榨捐	121 糖榨捐	122 代押捐	123 田吨捐	124 苎麻捐	125 山纸捐	126 锡沙水捐	127 花生桐茶捐	128 桐茶油捐	129 黄豆捐
640	7003	4989		290												
					800											
		192														
															1450	
			1200	650												
																64
			574													
				500												
			4800													
										3600					
					75							252				
									192							
										11000						
						870	200									
													400		1200	
		4363														
								853								
													248		
640	7003	11320	5450	790	875	870	200	853	192	11000	3600	252	400	248	2650	64

130 茶木油捐	131 筵席捐	132 米秤捐	133 米辗捐	134 船头捐	135 公秤捐	136 演戏捐	137 货例捐	138 赌厂捐	139 户口捐	140 客栈捐	141 窑屋捐	142 菜市捐	143 渡口捐	144 驼马捐	145 公产捐	146 渔业捐	147 捕鱼捐	148 市租捐	149 蒸靛捐	150 糖捐
												1000								
											480									
									8100											
												1920								
												1015								
34192																				
						604														
	300											800								
	2404					208				720										
					2030															
									3400						450	80				
				4100	2106				14000											
							1500	820					16200				140			
																200				
																39				
	320				70															
					379															
																		120	162	
									6000											8879
												662								
	1740																			
					1766	80										100				
					980			230												
						600														
			100																	
				480															5280	
					986			644								80			704	
												1200								
										40				1649						
												600								
					1124															
											32	2279								
								257												
					1006			652												
									1824											
34192	4760	—	100	4580	10447	1492	1500	2603	33324	760	512	9476	16200	1649	450	499	140	120	6146	8879

151 乳腚纸捐	152 蚕丝捐	153 纱纸皮捐	154 鸭花捐	155 鸡鸭捐	156 营业印照捐	157 水碾牌照捐	158 铁锅厂捐	159 轮船登记捐	160 艘船捐	161 警饷摊柜捐	162 教育费	163 教育附加摊正捐	164 教育征收纱纸捐	165 团务警摆卖捐	166 油糖瓜子生猪捐
		200										1104	480		
														2492	
			40								600				
	400														
				1800					1080						
								2543							
															600
				600											
											75204				
					1200										
						209									
							340								
1341															
171															
										6934					
											2173				
				150											
				240											
1512	400	200	40	2790	1200	209	340	2543	1080	6934	77976	1104	480	2492	600

里书捐	戒烟药证	防务公司报效	屠羊乌乳猪捐	摊正捐	茶楼酒馆捐	砖瓦石灰木板捐	轮船民船入口货脚捐	屠兽营业牌照捐	糖油粉捐	百货捐	经古规例	柴火秤捐	串票捐	备用捐
			852	4722	11520	4845	10414							
								400						
				940										
									480					
										500				
											2281			
920	635	1497												
										400				1200
														560
												2447	2800	
												500		
				700										
				34										
				5109										
										112				
				658										
				3894										
920	635	1497	852	18495	11520	3845	10414	400	480	1212	2281	2947	2800	1760

水研捐	渡捐	房捐	船排捐	蔗药附加	管销	营业资本捐	学款山货捐	县中学讲义费	县立各校杂费	旅店旅管费	机关学校管费	民居商店管费	县中学电灯费	摊卖柜管费
							6750	480	5648	1920	628	4278	480	1440
			5000		2631	800								
	576	10000	8000	1683										
430														
629														
						400								
860														
48														
120														
		726												
	60													
190														
2277	636	10726	12000	1683	2631	1200	6750	480	5648	1920	628	4278	480	1440

县市场捐	各项杂捐	田亩附加捐	自治经费捐	义务教育费	中学教育费	建设费附加捐	师范学校讲习所预办费
3400							
							4950
			8692	6519		
	6940						
		7400					
	315		3400				
	1184						
	596						
					2330	
3400	9035	7400	3400	8692	6519	2330	4950

区乡村捐

我们看了这两百余种的项目，已经觉得是重重叠叠的，在农民身上朘削，但是还是县政府的，而各区各乡，又因着他的需要，还要加上一层捐税，并且因为范围小、捐项少、需要多的三种原因，所以项目更细，捐率更高，真所谓无孔不入了。

并且一般土豪劣绅，假借着办理公益的名义，任意勒捐，农民慑于威令，听其鱼肉，天高皇帝远，省政府固所未知，而县政府或知情故纵，谚曰“城中髻一尺，乡间高一丈”，其捐之重，遂不可究诘了，如柳州平川乡，仅一乡公所之经费，而该乡农民年须缴八百四十元之户口捐，则各种捐之违法征收，可想而知，惜其数字无法调查，只就民政厅视察报告中，摘录其名称，以资参考，然民政厅视察员每至一县仅数日逗留，未能遍至各乡，且视察范围甚广，其大多数之材料，敢信其得县政府片面之报告，则遗漏者，更不知凡几了。

各区乡村的捐税，共有七十六种，然每县或甲区捐而乙区不捐，或由饷捐拨充后再征收数种以弥其不足，兹为便于浏览，编成区乡村捐税索引，然后再就各县名下将索引目列入，庶一查其号数即知其所征者为何种之捐了。（表122、表123）

表122 各种税捐名称索引表

1.屠捐	20.商户捐	39.客店油烛捐	58.渡捐
2.猪台捐	21.投词捐	40.调查茶烟费	59.担捐
3.弹压捐	22.租谷捐	41.花麻地税	60.纱皮捐
4.屠捐附加	23.谷种捐	42.田屯捐	61.盐捐
5.火店稽查费	24.家口捐	43.地店租捐	62.生猪出口
6.纸担落地捐	25.货物捐	44.商业捐	63.油榨捐
7.产杂捐	26.出产捐	45.公秤捐	64.户口捐
8.团费附加	27.摊位捐	46.竹木捐附加	65.生猪捐
9.麻捐	28.番摊附加	47.巫道罚金	66.圩规
10.猪只捐	29.圳面地捐	48.赌台附加	67.鹭鸶捐
11.牛捐	30.劏猪鸭鸡捐	49.生猪牛飞捐	68.法洋捐
12.资本捐	31.牛行票捐	50.饷捐附加	69.豆米出口捐
13.田地捐	32.屠牛捐	51.米捐	70.牲口捐
14.各种所得捐	33.猪行秤捐	52.花票捐	71.圩亭捐
15.粮赋附加	34.房田捐	53.猪牛捐	72.油糖杂捐
16.防务附加	35.猪只附加	54.生牛捐	73.牛马捐
17.公产捐	36.生牛出口捐	55.竹木捐	74.鸭子捐
18.烟户捐	37.出口附加	56.生牛捐附加	75.串票捐
19.出口捐	38.苧麻公秤捐	57.肉台捐	76.猪花捐

表 123　各区乡村征收捐税种类表

县名	捐税种类	总额	附记
桂林	1.	42382	由从前团款移充更由县政府在三乡屠捐项下补助按月各100元
灵川	2.3.4.6.	17280	以旧有团款及2.3.4.6.各捐之收入为经费，由当地征收
兴安			产杂捐取销后拟改粮赋附加三成，因未准，故区公所经费无着，村街镇经费自筹，筹得者仅少数
全县	8.	30000	区公所经费由8.项下拨充村街镇将公产提充不敷另外分派捐收筹妥者10.1
灌阳	1.15.		经费由1.15.之收入及前党部经费之一部村镇街公所经费筹妥者一区不过三二村
平乐	1.2.9.10.11	20532	系团款项下拨充其来源乃1.2.9.10.11各捐
恭城	12.13.14	9456	区公所由财务局拨充 村镇街由12.13.14.等为标准
富川	1.2.	10672	其来源以1.2.收入为经费 村镇街仅二六两区有着
贺县	8.	25964	以8.移充 村镇街拟从各区粮赋附加收入不敷再行分担
昭平	2.4.11.15.16.17.18.19.20.21.22.23.24.25.26.27.	12407	由团款项下拨付来源系以上十六种
蒙山	1.4.5.16.28.29.30.31.32.33.34.35.36.37.38.39.40.41.	5187	区公所经费来源系以上各捐 村镇街向各户摊派
阳朔			区公所由团款拨充向财务局按月领取 村镇街公所未有着落
荔浦			区公所以团款拨充 村镇街由各乡公款或公团项下
修仁	1.2.27.45.		区公所由财务局拨付不敷酌收以上捐充补充
象县			区公所由财务局拨付按月领取
武宣			区公所由各区圩内贸易各项筹捐
龙胜	8.42.		各区团由以上两项捐钱拨充
义亭	4.43.44.	1884	各区由以上各捐收支并调解人民纠纷之调解费
永福	4.45.46.	4320	各区团由以上三种捐款拨充
百寿		7164	各区局均由各该区地方捐款项下筹之
中渡	1.47.48	1930	中左二区由财务局拨付 右区由以上三种筹支
榴江	4.48.49		各区由以上三种拨充

续表

县名	捐税种类	总额	附记
雒容	19.50.51		团局由以上三种收入拨充
容县	1.15.19.18.52.76.	7845	各区由以上各捐拨充
岑溪	15.16.30.32.45	75645	各区局由以上各捐拨充
苍梧	1.16.19.53.		由就地征收以上各捐拨充
信都	45.54.	2880	均赖以上各捐拨充
怀集	1.16.51.55.	6000	以55.为大宗其余以1.16.等捐
藤县	16.19.53	18600	以16.为多19.53.次之
平南		15700	团款拨充
桂平	4.16.27.34.45.51.		团局经费拨充来源系以上六种
永淳			由各区乡分担
横县		1853523	团局经费如上数
贵县		317438	同上
兴业	15.19.44.51.53.56.	180748	由以上六种拨充
北流	1.15.	500	由财务局拨付各支局由以上两种是赖
玉林	15.(现取销)		团款附加附加取销故无着落
博白			由财务局拨支
陆川			由财务局补贴少数其余自筹
邕宁	4.27.45.		由以上三种征收为经费
武鸣	4.	4350000枚 14700元	区乡皆临时按户派收(间有少数屠捐)
那马	2.45.57.	1500	由以上三种收支
隆山	45.60.61.		各区经费无着 下林正圩一乡有以上三种收入
都安	2.53.57.60.	6660	由以上四种收支
忻城		5645	由地方公款支给
迁江	4.28.62.63.64.		须自行筹给计以上五种
宾阳	28.45.54.65.		团局由财务局给支支团局须自筹计以上四种
上林			有就地筹给有由各圩负担
宜山	1.2.		本赖以上两种近闻取销
天河			各区均无
罗城	2.11.64.		由地方自筹计以上三种

续表

县名	捐税种类	总额	附记
融县	2.4.		经费计以上两种是赖不敷向地方另筹
三江	1.2.		由以上两种筹给
柳城	2.4.64.		赖以上三种筹给
柳州			
来宾			
凤山			因匪患无一定经费临时在各圩场抽猪每只两角
东兰			因匪患无一定经费临时在各圩场抽猪每只两角
南州	27.45.		六区由以上两种筹给其余各区均由各户口按照等级摊派
河池		10000	由财务局拨支不敷临时抽取
思恩	1.48.		由以上两种筹给不敷再按户分担
宜北			由财务局支拨乡镇自筹
凌云		700	以团谷款拨充
西隆		1296	由财务局支拨
西林	16.66.67.68.	864	由以上四种筹支
百色			临时筹措
恩阳			临时筹措
天保	28.45.52.53.		由财务局统一收支
奉议	4.28.	1644	北区团由财务局友付 西中北支局自行筹收计以上两种
恩隆			每月向财务局领取养练自卫续自筹
恩林	1.2.		由以上两种收支乡村甲按收猪每只赌每台各两角
果德	69.		由财务局支拨不敷时抽取69.捐补充
隆安	1.16.	6432	由财务局支拨不足时另收以上两种补充
同正		2154	此数由财务局支拨
扶南	70.	2400	拟将民参会经费移拨又收70.捐以补充
绥渌		2880	由财务局支付
上思			由财务局支付
思乐			内五区略有经费其余均无
明江			团局每月28元乡街专月贴1元1角
宁明			由省库支给款系原有团款材街未规定

续表

县名	捐税种类	总额	附记
凭祥		4354	由财务局按月友给
龙州	1.28.71.	8640	当地征收以上三种拨充
雷平	4.72.		由以上两种拨支
上金			由财务局支给
崇善			由各种附加以资收付
镇边	27.		少数由财务局支给其外征收以上之27.补充
靖西			财务局由地方捐款项下拨给
向都	1.2.		由圩市抽收以上两种开支
镇结			财务局拨支支局由团局拨支
龙茗		5856	多由财务局拨支
万承	1.12.		由圩市征收以上两种收支
养利	15.73.74.75.		由以上四种拨支
左县			成立区局仅三区少数经费由财务局支拨

夫田赋如彼之重，捐税又如此之繁，除财产收入、事业收入、行政收入，及营业纯益、债款收入，非捐税外，矿税系取之于外省，而禁烟罚金大部分为过境之税，若以四分之一为桂省人民所负担，则总计约为三千二百五十万元，如以一百八十八万另七百户计算，每户应负担十七元左右，假定每户以三人为有生产能力者，则每人实须负担五元以上。

第八编 政治

桂省年来各种事业，均有显著之进步，尤其是民团和公路的成绩，更为全国所称道；惟各种设施，多有单行法规，兹为便于叙述起见，凡自治，建设，教育，警卫之与农村有关者，分章则、计划、现状，三段言之，以见当局谋治之苦心，及地方进步之实况。

章则：地方自治

广西各县自治筹备委员会简章

第一条　在民选自治会未成立以前，设立县自治筹备委员会，协助县长筹备自治。

第二条　自治筹备委员会受县长之委托，协助下列各事项之进行：

一、划分区，乡，村“镇街”甲。

二、选任区、乡、村“镇街”甲各级公务人员。

三、整理全县财政试办预算决算。

四、筹集划分区乡村“镇街”办事费用。

五、整理区乡民团防御盗匪。

六、清查户口编订门牌整理户籍实行登记。

七、乡村电话。

八、乡村道路。

九、改良风俗。

十、劝息争讼。

十一、义仓储谷。

十二、社会救济。

十三、保护农村。

十四、保护佃农及贫农生计。

十五、公共卫生。

十六、其他受县长委托协助办理事项。

第三条　凡有下列资格之，一年满三十岁以上者，得任用为县自治筹备委员会委员：

一、曾任民团参议会会员，著有勤劳而无过误者。

二、曾任各乡区民团局董一年以上，著有勤劳而无过误者。

三、曾办地方公共事业著有成绩者。

四、曾任高小以上各教职员者。

五、曾在村治学院自治人员训练所，党政研究所毕业者。

六、初中以上毕业者。[1]

第九条　筹备委员会每月开常会一次，商推拟定筹备各事之进行方案，如有特别事项，得由正副委员长召集，开临时会议。

第十条　筹备委员会须常亲赴各区乡村“镇街”甲，叮咛恳切，详细指导各公务人员，处理各种地方事务，不得常驻会中。仅做书面工作。

第十一条　筹备委员工作之经过，每月须以书面报告正副委员长，由正副委员长按月呈报民政厅备核。

第十四条　筹备委员皆为无给职，但得由会中供给伙食。

第十五条　筹备委员会下乡费用，由县长斟酌地方情形预拟数目呈报民政厅核定。

第十六条　筹备委员会经费以裁撤民团参议会拨充，其已挪用者，由县筹还，其原无款项及不敷者，由县长筹备之。

广西各县区公所组织暂行章程

第一条　本章程依据广西各县组织大纲第十九条之规定订定之。

第二条　区公所设区长一人，总理全区，政务由县政府于审查合格人员中开列三人，呈请省政府择委之。

第三条　区公所设助理员一人，协助区长办理区公所一切事务，由区长遴选合格人员三人，呈请县府择委，并呈请省府备案。

第四条　区公所设办事员两人至四人在区长及助理员监督指挥之下，分股办理区公所事务，其办事规则另定之。

第五条　办事员由区长就规定合格人员遴选呈请县政府委任，并呈报省政府备案。掌管财物务之办事员以本区人为原则。

第六条　区公所因事务之繁简，得设雇员若干人。

第七条　区公所为维持公共安宁清查户口传达命令征收税捐及办理其他必要事项，得设区政务警察。

第八条　区公所为征收国税省税县税及区税时，得设置专任征收人员。

第九条　区公所为举办农林垦植水利等事业，需用技术人员时，须拟具计划连同预算呈请县政府核准委任之，其薪给即在事业费项下支给。

[1]　缺第四至第八条。原文如此。——编者

第十条　区公所为保管区地方财政得设立区金库或保管人，其规则另定。

第十一条　区公所一切职员除助理员得酌随区长为去留外，其余皆不能无故更换。

第十二条　区公所职员表薪给表预算表等皆另定之。

第十三条　区公所一切卷宗及公用器物新旧任应须专案移交，遇有交代不清，由关系人呈报县政府核办。

第十四条　本章程如有未尽事宜，得修改之。

第十五条　本章程自公布日施行。

广西省区长任用暂行简章

第一条　本省各县区长之任用依本简章之规定行之。

第二条　各县区长具有下列之一者得任用之：

一、曾经审查县长及县政府秘书科长资格合格者。

二、曾在中外大学或高等专门学校习政治、经济、法律、社会等学科毕业，并曾任行政司法事务半年以上经审查合格者。

三、曾在旧制中学或高中及与高中同等学校毕业，并曾办行政司法事务 2 年以上经审查合格者。

四、曾在广西地方行政人员养成所毕业经审查合格者。

五、曾在自治研究所毕业，并任行政司法职务 2 年以上经审查合格者。

六、经办行政司法事务 3 年以上确有经验审查合格者。

第三条　前条二、三、四、五、六各项所指之行政事务，凡曾任法定机关之职员，各县自治筹备委员会委员，各区团局局长、各乡长、各村长、各小学以上校长等皆属之。

第四条　学校毕业资格以提出学校毕业证书为凭，并曾任行政司法事务资格以提出委任状为凭，其年并得前后合并计算，如凭证已失散者，得请现任文职荐任以上、武职少校以上二人出具证明书证明之。

第五条　具有第二条一、二、三、四、五、六各项资格人员，应填具合格调查表，其属现在机关服务者，即呈请该管机关转呈省政府；属于各地方者，则呈由当地县政府转呈。

第六条　虽有第二条之资格而有下列情事之一者，仍不得任用：

一、年力衰弱不胜职者。

二、确有不改嗜好者。

三、土豪劣绅及共产党徒曾受刑事处分或褫夺公权尚未复权者。

第七条　区长任用依照广西各县区公所组织暂行章程第二条行之。

第八条　本简章未尽事宜得随时修正之。

第九条　本简章自公布日施行。

经费之来源及其分配

区公所经费，原定省款支给，自二十一年七月起，改由团款拨充，至村公所经费，就地筹拨。各区经费之支出，以一、二、三、三等定之。(表124、表125)

表124 广西各县区公所区长俸给预算表

等级	省款支给预算数			
	月支数		年支数	
一等区	60	000	720	000
二等区	55	000	660	000
三等区	50	000	600	000
注:本表以国币为本位				

表125 广西各县区公所人员经费概算表

职别	员名	额	附记
区长	1	1	遵照省委会决议,区长月薪由省库支给
	2	1	
	3	1	
助理员	1	1	
	2	1	
	3		
办事员	1	2—4	
	2	2—3	
	3	1	
雇员	1	2—4	
	2	1—2	
	3	1—2	
区警	1	8—16	
	2	6—12	
	3	4—8	
公役	1	1—2	
	2	1	
	3	1	

续表

职别	员名	额	附记
办公费	1	30—50 元	
	2	20—30 元	
	3	10—20 元	
注：本表以国币为本位			

乡（镇）村甲之编制

县或区按照面积地形交通及户口财力之情形，划分为若干乡或镇，在农村地方曰乡，在城市地方曰镇。每乡或镇以千户为原则，农村民户多于城市民户时，城市归并于农村为乡，城市民户多于农村民户时，农村民户归并于城市为镇。

乡（镇）按照面积、地形、交通、户口、财力之情形，划分为若干村或若干街；划分为若干甲，每甲以十户为原则。乡村甲长之待遇见表 126。

广西各县村长副训练章程

第一条　本章程依照村制大纲第七条规定之。

第二条　村长副训练应设训练所于县政府所在地。

第三条　村长副训练所设所长一人，由县长兼任；主任一人、讲演五人至七人，由所长就各机关人员或当地士绅，分别聘委兼充；应需事务员，亦由县政府人员兼充，均属义务职。

训练所规则由县政府定之。

第四条　村长副训练科目如下：

一、三民主义。

二、村制大纲及村制各项章则。

三、村长副职务须知。

四、地方自治要务。

五、与村政有关之现行法令。

六、其他关于村内行政一切应有之常识。

第五条　村长副训练期间，定为四十日，由县长先由村长入手，分班轮流训练之。训练期内，所遣职务，由村副代理，俟全县村长训练完竣，再轮流召集村副训练之。

第六条　长副每日训练时间，以七小时为限。

第七条　长副训练时应需膳宿等费，悉由村长副于应得薪费项下，自行开支，每人并纳学费两元，为印刷讲义及一切设备之需，期满后，核实公布，有余尽数发还，不足由县地方公款项下，酌予弥补。

第八条　凡应受训练之村长副，非有特别事故，经县长许可缓入下班训练者，不得托故规避，已入所者，并不得中途出所，违则由所长酌量处罚。

第九条　本章程自呈奉省政府核准之日施行，如有未尽事宜，得由民政厅随时呈报修改之。

乡村甲长之待遇

表 126　广西各县乡镇公所经费支付预算表

职别	级别	名员额	月支费预算费				年支经费预算合计		附记	
			单计		合计					
乡/镇长	1	1	5	000	5	000	60	000	一级	乡镇长每月仅备膳食 5 元 副乡镇长同上
	2	1								
	3	1								
副乡/镇长	1	1	5	000	5	000	60	000		
	2	1								
	3	1								
书记	1	1	16	000	16	000	192	000	二级	必要时得将书记裁撤将其月薪 14 元以 10 元为乡镇长副膳食费所内应缮文件得令就近学校教职员或临时雇员缮写将下余之 4 元津贴之
	2	1	14	000	14	000	168	000		
	3	1	10	000	10	000	120	000		
公役	1	1	7	060	7	000	84	000		
	2	1	7	000	7	000	84	000		
	3	1	6	000	6	000	72	000		
办公费	1		10	000	10	000	120	000	三级	必要时得将书记及公役裁撤其薪工共 16 元以 10 元为乡镇长副伙食费所内应缮写文件得令就近学校教职员或临时雇员缮写将下余之 6 元津贴之
	2		10	000	10	000	120	000		
	3		5	000	5	000	60	000		
合计	1	3_1			43	000	516	000		
	2	3_1			31	000	372	000		
	3	3_1			21	000	252	000		
注:本表以国币为本位										

广西各县区乡（镇）村（街）公所建筑准则

第一条　本省为划一区乡（镇）村（街）公所建筑起见，特订定本准则。

第二条　凡建筑区乡（镇）村（街）公所，悉依照本准则办理。

第三条　区乡（镇）村（街）公所建筑地点，以距离民居半里以外为适宜。

第四条　新建筑之区学校乡（镇）村（街）学校以与各该区乡（镇）村（街）公所合建为原则。

第五条　建筑式样及材料，悉以朴实坚固、光线充足、空气流通为主，力戒奢华，砖柱土墙均适用。

第六条　公所及学校，四围须多种花木。

第七条　各该区乡（镇）村（街）所辖区城内有旷地、荒山、庙宇、公屋等，得由各该区乡镇村街领用。

第八条　区公所、区学校合建之设计举例如下：

一、礼堂。

二、区公所学校办公处、图书馆、会客室、职员室等，建筑于头门内左右两边如图。

三、食堂、浴室、厨房、建筑于正座左右之一边如图。

四、教室及教员室一座，教室共四间如图，教员室建于教室之两边。

五、学生宿舍分两排，左右各一排，每排十间，因需要之程度得于两边平均增加或减少。

六、碉楼两座分筑于围墙之相对之两角。

七、操场一所须有平面草地一亩以上，如有旷地得扩大为公共体育场。

八、苗圃园艺一所或二所，须有畲地二亩以上为青苗莳花及实习农作之用。

九、林场一所，须领荒山二千亩以上，每岁由该区区长率领该公所员丁暨常备预备后备队等民团，实行造林，最低限度须造成百亩之公有林，同时区学校员生，亦须造成百亩之公有林，将来此项收益，指定为该区办理自治及教育等经费。

第九条　如遇训练民团或民众大会，经区公所许可，得于礼堂行之。

第十条　民团训练时，由各壮丁合力搭盖茅屋住宿，须距离公所及学校半里以外。

第十一条　区学校如已建筑在前，而且适用，自无庸与区公所合建，但苗圃、艺园、林场，须照第八条八、九两项办理。

第十二条　乡（镇）公所、乡（镇）学校合建之设计如下：

一、礼堂一座，宽十三公尺（即米突），深九公尺如图，会客得借用之。

二、办公室，阅书报室，职员宿室合建一座如图。

三、教室一座，共四间如图。

四、碉楼二座，宽一方丈，高三层二丈四尺。

五、厨房、浴室、厕所、小便处各一间，不限大小，以够为度，建于两旁，须距离正座或住室二丈以外，另以围墙围之，使自为一所。

六、操场一所，须有平面草地一亩以上。

七、苗圃艺园一所，须有畲地一亩以上为青苗莳花及实习农作之用。

八、林场一所，须领荒山五百亩以上，每岁由乡（镇）长副领率该公所员丁暨该乡（镇）预备后备等队实行造林，最低限度，须造成五十亩之公有林，同时该乡（镇）学校员生，亦须造成二十亩之公有林，学生年龄过小则责成该生家长任之，将来收益，指定为该乡（镇）办理自治及教育等经费。

第十三条　如遇训练民团或民众大会，经该乡（镇）公所许可，得于礼堂行之。

第十四条　乡（镇）学校如已建筑在前，而且适用，自无庸与乡（镇）公所合建，但苗圃、艺园、林场须照第十二条七、八两项办理。

第十五条　村（街）公所之设计如下：

一、礼堂、办公室、会客室、阅书报室、职员宿室，合建一座三间，共宽三丈六尺，深二丈二尺。

二、厨房、浴室、厕所各一间，不限大小，但厨房与浴室、厕所，须距离二丈以外。

三、村（街）学校得就地方情形酌量设计。

四、如有旷地荒山，亦得辟为操场、苗圃、艺园、林场，并无限制。

第十六条　村（街）公所及学校如无款建筑，得依照第七条借用庙宇，公屋或祠堂。

第十七条　区公所与学校，乡（镇）公所与学校合并建筑图式，由民政厅制发各县，须依式建筑，但有第十一、第十四两条情形不在此限。

第十八条　教室、礼堂及食堂图式中屋顶及楼面之结构，如无相当之材料，中间可用木柱或砖柱承之。

第十九条　各县如有第十一、第十四两条情形，及其他特别情形不能依照所发图式建筑者，得将情形呈候民政厅核饬遵行。

第二十条　本准则如有未尽事宜，由民政厅修改之。

第二十一条　本准则自公布日施行。

乡村禁约大纲

应禁除之件：(1) 聚众械斗，(2) 偷窃，(3) 偷盗田水，(4) 私开他人水坝取水，(5) 放火烧山，(6) 吸鸦片种鸦片，(7) 各种赌博，(8) 容留生面人住宿，(9) 毁坏公共建筑物（如学校道路桥梁水坝水堤等），(10) 放虫害，(11) 溺女及重男轻女，(12) 刁唆词讼，(13) 男女猥亵妨害风化，(14) 私娼馆及引诱妇女奸淫，(15) 买卖人口，(16) 女子半裸体，(17) 男女聚众唱歌墟，(18) 唱采茶师公等淫邪戏剧，(19) 私自唱戏酧神，(20) 迎神赛会建醮，

(21) 买婢女，(22) 虐待童养媳，(23) 娶妻及取媳重索嫁妆，(24) 嫁女重索聘金，(25) 早婚早娶，(26) 重利盘剥，(27) 当公共处所或人行道路便溺，(28) 奇装异服，(29) 故意不送子女入学校读书，(30) 婚丧生寿之奢侈，(31) 售卖瘟毙牛肉，(32) 放猪外出污秽道街，(33) 故意污秽井水及公共饮水，(34) 倾倒垃圾泥土填塞沟渠，(35) 倾倒污水药渣垃圾于人行道路，(36) 放牛马猪羊损害他人农林，(37) 食生姜染齿，(38) 女子嫁后不落家。

应约定之件：(1) 共同清查户口，实行出生、死亡、移动、婚娶等之人事登记，(2) 力行孝悌忠信礼义廉耻，(3) 召集壮丁训练民团，(4) 实行节俭，(5) 公共防御剿除盗贼，(6) 公共建筑墙阀闸礅楼，(7) 公共警戒放卡守路，(8) 公共工作（如修道路桥梁水利），(9) 公共种树造林，(10) 公共垦开荒地，(11) 公共筹款及财政公开，(12) 公共保护森林，及农田水利，(13) 公共办理救恤，(14) 公共防御瘟疫，(15) 公共防御扑减虫害，(16) 公共救减火灾，(17) 设立学校送子女入学读书，(18) 召集失学壮年人补习读书，(19) 设立各种月会年会及合作社，(20) 设立公共仓库，(21) 设立农林、畜牧、改良会，(22) 设立农产展览会。

广西各县设置地产交易公正人章程

第一条　本省各县为确定人民业权防止契约轇轕，应划分区域设立地产交易公正人，经理业户投税事务，并得兼办发售立契用纸。

第二条　地产交易公正人须具下列资格：

甲、年龄在三十岁以上，

乙、品行操守能得区内民众信仰，

丙、略明书算粗通文理，

丁、身家殷实或有商店一千元之担保。

第三条　地产交易公正人，由各县政府依第二条规定之资格，遴选派充呈报听备案。

第四条　地产交易公正人，由该管县政府刊发图记应用。

第五条　人民买卖或典受田屋等项之不动产，仍准照地方习惯，自觅中人接洽，但议定立契时须向各发售处购用法定契约纸，书写手续完竣，再送由该公正人加盖钤记，方得交易成立，并通知依限投税完成法律保障。

第六条　本简章颁布以前所立之未税契纸，应限两个月内一律送交地产交易公正人补行钤章，列表记明依限投税（已逾限制之白契，仍准从宽免罚）。

第七条　业户依限投税，其草契须交由该区地产交易公正人，经手代向县政府请领印契以归划一。

第八条　地产交易公正人接受业户交讫草契及税款时，须即填给收单，详细证明所收银数。此项单据，分作三联，由县政府拟定印发备用，以一联给业户凭单取契（收回后仍备缴县政府注销），一联报县政府，一联存该公正人处以备查对。

第九条　地产交易公正人，接受业户交到草契，应于五日内连同税款一并呈送县政府验明，请领印契，回区交还原户，自开始迄完结，最迟不得逾二星期。

第十条 税契应收各款数目及期限，由县政府照章撰拟布告，发交该公正人只领粘贴办事处所，俾供众党而免争执。

第十一条 业户交易如不用法定契约纸及未经地产公正人加盖图记者，作为无效，查出隐匿并予惩罚。

第十二条 地产公正人，应向该区民户随时劝告，依限投税，若不听从，一经查出隐匿不税及短写契价希图骗税者，得报由县政府传案处以税价一倍以上五倍以下之罚金。

第十三条 地产交易公正人，钤盖草契数目，每届一个月，须列表报告县政府一次（表式由县政府发给）。

第十四条 地产交易公正人不给薪水，但得收取左列之手续费用。

甲、证明手续费。照契价最高不得过百分之一（即每百元一元），此款应就地方习惯于业主给与中人酬劳费用之内划给之。

乙、代役契税手续费，照实收契税每百元四元，此款系由县政府所得八厘津贴项下划给半数四厘（即每百元四元）。不得另向业户索取。

丙、代售用纸津贴，照发售契约章程提支一成公费。

第十五条 地产交易公正人除准收取前条手续费用不得另有需索，倘敢浮收舞弊等情，除撤职外，即送交法院依法惩办。

第十六条 地产交易公正人对于奉行职务果能卓著成绩，得由县政府查取履历开具事略，呈请优奖。

第十七条 地产交易公正人如有亏款潜逃，除封屋抵价外，不足仍由担保人负其责任。

第十八条 本简章如有未尽事宜，得随时呈请修改之。

第十九条 本简章自二十二年七月一日实行。

建设

筹备农业银行（见第六编）

筹设县合作社

一、合作社以村（街）为区域单位，即由村（街）开始组织。

二、村（街）甲长，应为村（街）合作社之创始人，小学校教职员为辅助人。

三、村（街）合作社之创始，由县政府或区公所指导之。

四、合作社组织通则，由县政府颁布之。

五、按照本省农村情形，合作社应以兼营为原则。

六、各县各区指导办理，合作社人员有省政府训练分派任用。

七、村（街）合作社成立后，得联合组织乡（镇）合作社。

修筑乡村道路

第一条　乡村道路之修筑，原为运输之便利，及旅行之安适为目的，县长应负完全责任，督促县属各区妥为修理之。

第二条　区长及乡（镇）长或团局长为区内修筑乡村道路之最高负责者，于每年冬季农闲时，由区长或团局局长召集乡（镇）长开修路会议，依交通之重要，议定修筑道路之次第，准备修筑事宜，分配修筑工作及筹备款项，修建桥涵等事项。

第三条　征公路段修筑工作分配之后，由村（镇）甲或（街）长征集义务民工任修路工作。

第四条　凡十八至四十五岁男子，每年须负被征工十二天责任，如不能应征者，每日须纳工资二角五分交由甲长雇工代替。

第五条　锄头、坭箕、扁担等工具，由被征者自备。

第六条　桥梁涵洞工程为特别工程，得由乡（镇）长向区长或团局局长请示，召集地方会议，提拨公款之一部或募捐雇匠建筑之。

第七条　区长或团局局长负全区视察修补道路之责及稽核修理桥洞款项之权。

第八条　乡村（镇）甲任督工之责，指挥修建工作。

第九条　如所筑者为县公路，须依本省建筑县道章程行之。

广西各县墟街修建管理章程草案

第一条　广西各县新旧墟街之修建管理，皆依照本章程行之。

第二条　每乡村地方人民按期集合交易处所曰圩，在城市地方有固定商店市场者曰街，但其称圩为街者听之。

第三条　凡圩街之管理权属于乡公所或镇公所，其不在乡（镇）公所之所在地者，由乡（镇）公所委托所在地之村（街）公所办理之。

第四条　凡两圩街接连或两乡镇两区两县共有之圩街，须共同管理，其章程另定之。

第五条　凡圩街须具备下列各款：

一、圩街须建筑道路与乡路县道省道或水上航运衔接。

二、圩街内人行道宽度须二十六尺以上。

三、商店临人行道之前檐不得过二尺五寸。

四、须设公共摆卖什物之亭厂，宽度须二十六尺以上，亭厂须在左右人行道之中间处或人行道以外之处所。

五、人行道之两旁须开沟渠种树木。

六、圩外须择空地三亩以上栽种树木以资游息。

七、须在圩街之四周或两头设立公共厕所。

八、圩街内之道路，禁止放纵猪鸡，并须有专人扫除，凡垃圾污秽之堆积，须距离圩街外八十丈以外地方。

九、无河流溪涧之圩街，须掘水井以供饮料。

十、须筑墙闸碉楼以资警备。

十一、须设公共仓库，以备农村买卖物品之存储。

十二、须设医药店以医治疾病及改善农村卫生。

十三、须设立公共度量衡，以为买卖数量之标准。

十四、有牛只售卖之圩街，须设立完备之卖牛行厂以防牛只疾病传染，或私自盗卖。

第六条　凡旧圩街欠缺以上各项设备者，由乡镇公所拟具计划图说，呈报区公所转呈县政府勘验核准，分别次第修改，并呈报省政府备案。

第七条　凡建筑新圩街，须由乡镇公所拟具计划图说呈报区公所转呈县政府勘验核准、执行，并呈报省政府备案。

第八条　凡摆卖什物之圩街亭厂卖牛只行厂及公用之度量衡，须由乡镇公所筹款设备之，其原属私人所有者酌量给价收用。

第九条　凡圩街住户及商店，不得私设圩街亭厂或以铺前余地租赁他人摆卖什物。

第十条　凡圩街摆卖什物，须在公设之亭厂分类陈列，不得杂乱。

第十一条　凡圩街买卖什物所用之度量衡，以公共设之度量衡为标准，不得私自制造或私设收费。

第十二条　圩街征收捐费，以左列各款为限：

一、圩街亭厂摊位费。

二、公用度量衡费。

三、生牛票证费。

四、其他经县政府核准之经费。

征收以上各条捐费，须给与乡镇公所加盖图记之票证收据。

第十三条　前条各项捐费之征收率，须全乡镇全区或全县各圩街一律，由乡镇公所呈请区公所转呈县政府核准，并呈报省政府备案。

第十四条　凡圩街经费收人，一律缴交乡镇公所，由乡镇公所平均分配为全乡镇各村街费用，不得有多少歧义。

第十五条　全乡镇内各圩街，每月收人捐费若干及如何支配，须按月呈报区公所转呈县政府查核备案。

第十六条　公共仓库存储物品以谷、米、豆、粟及布匹、首饰为限，须专人负责管理，其存储票据得为借款抵押，其章程另定之。

第十七条　圩街需用地段时，得由乡镇公所依照广西全省筑路收用土地条例收用，但须呈报区公所转呈县政府核准。

第十八条　乡镇公所修建圩街，设备公共亭厂及公共度量衡款项支出时，得呈请区公所转呈县政府借贷充之。

第十九条　凡把持圩街款项妨碍圩街之修建者，由乡镇公所呈报区公所转呈县政府以侵吞公款或妨害公务分别治罪。

第二十条　凡行人之往来圩街住宿者，村街乡镇公所须详为登记，其形迹可疑者，报告区公所或县政府核办。

第二十一条　圩街内有女巫僧道三姑六婆或其他住户诱惑青年男女败坏风俗者，由村街乡镇公所依照禁约履行取缔，不服取缔者，报告区公所或县政府惩处之。

第二十二条　墟街内外严禁一切杂赌，如花会、肉票、沙票、古票、人牌、九四乌、骰子、鲤鱼、虾公等，犯者由乡镇村街公所依照禁约处罚之。

第二十三条　无区之乡镇，关于呈报事项，由乡镇公所径呈县政府。

第二十四条　本章程颁布后以前取缔各县新建墟市及迁移市场办法取销之。

第二十五条　本章程如有未尽事宜，由各政府呈报省政府修改之。

第二十六条　本章程由省政府核准公布施行。

教育

区教育行政

第十六条　各县应按照正式划定之自治区，每区设置区教育委员一人，按月给与薪俸，使其执行下列事务：

一、筹划全区教育事宜。

二、辅导全区各教育机关或学校之设施。

三、调查学龄儿童及失学人数，壮丁人数。

四、划分学区。

第十七条　各区教育委员，应于学期之终，开会讨论教育改进事宜，由县长指定区教育委员一人召集之。

第十八条　各县应照地方的交通，人口习惯等实际情形，将该县各自治区再划分若干学区。

第十九条　各县划分学区，应就村庄或街为中心，其范围以包括学龄儿童通学可能之居住地段为标准（约在五里以内）。

第二十条　学区划分后，由区教育委员于学区内各街村住民中选择热心教育者若干人，荐请县政府委任为学董，组织学董会，办理下列事务：

一、筹集保管审查本学区教育经费。

二、筹议及进行本学区教育事项。

三、承办县政府委令及区教育委托，或本学区教育人员委托事项。

第二十一条 学董会设主任及副主任各一人，主任由县政府就学董中指定，副主任由学区内学董于每年开始时互选之，副主任专负保管及审查经费之责。

第二十二条 各县教育经费之筹集，应以教育事业为单位，分别筹足永久基金或固定之常年经费为原则，并保障其独立不能挪作他用。

第二十三条 严密调查全县教育经费，及登记全县学产，并分别整理。

第二十四条 各县教育经费，由县政府组织独立机关管理之。

第二十五条 学区教育经费，由学董会管理之。

第二十六条 各学区联合设立之学校，其经费由每学区学董会推举代表组织保管委员会管理之。

计划

广西县政工作程序

第一期（民国二十二年五月起十二月底止）

1. 清查户口。
2. 派定甲长。
3. 委定村长。
4. 委定乡镇长。
5. 颁布乡镇公所组织章程（由省府办）。
6. 筹定乡镇公所办公经费（由省府办）。
7. 设立乡镇公所。
8. 修建乡镇公所（限于无可借用之乡镇）。
9. 委员区长。
10. 筹定区公所经费。
11. 成立区公所。
12. 修建区公所（限于无区公所之区）。
13. 确定区乡镇村街区域。
14. 准备训练乡镇村街甲长教材（由省府办）。
15. 分别训练乡镇村街甲长。
16. 拟定各县插花地及飞地。
17. 确定县界。
18. 全县编订门牌。
19. 确定县治。

20. 完成县政府组织。

21. 整理全县财政，编定全年预算。

22. 修建县政府（限于县府崩坏之县）。

23. 准备训练办理县政各级人员教材（由省府办）。

24. 分别训练办理县政各级公务人员（由省府办）。

25. 设立县政府办公厅。

26. 颁布县地方警察章程（由省府办）。

27. 改组县地方警察。

28. 训练民团（每村街一队以至二队，分别按村训练，由省府指挥办理）。

29. 警戒治安（如放哨看路守卡）。

30. 设立各村街学校（人口稠密毗连密切之街村，共设一校，其余每街村各设一校）。

31. 准备强迫教育之教师及其经费。

32. 准备强迫儿童教育及成人教育（由省府办）。

33. 准备成人教育及儿童教育之教材（由省府办）。

34. 架设乡村电话（有区之县，先完成区公所与县政府间之通话，无区之县，择要使乡镇公所与县政府通话）。

35. 修筑乡村通路（有区之县，使区公所与政府间通行汽车为原则，乡镇公所与县政府区公所间通行牛马车路及人行路为原则）。

36. 修筑县道（先择要二省道或某一县街接）。

37. 推广义仓储谷粜谷入仓。

38. 筹备设立农村金融机关（如借贷所合作社等）。

39. 划定县苗圃及区苗圃场所（有区之县，免设县苗圃，无荒地之县，县区并得免设）。

40. 划定县林场及区林场（有区之县，免设县林场，无荒地之县，县区并得免设）。

41. 划定县垦荒场及区垦荒场（有区之县，免设区垦荒场，无荒地之县，县区并得免设）。

42. 划定乡镇村场（无荒地之乡镇并得免设）。

43. 划定乡镇垦荒场（无荒地之乡并得免设）。

44. 准备改善农田水利畜牧人材（由省府办）。

45. 择要试办改善农田水利畜牧（由省府办）。

46. 保护森林，严厉禁止放火烧山。

47. 准备教导手工业人材及其经费。

48. 择要设立教导推广手工业机关。 49. 厉行节俭，遏止奢侈物品流行（由省府设法巡行）。 50. 准备推广测量土地人材（由省府办）。 51. 准备农村卫生人材（由省府办）。 52. 择要试办农村卫生（先在较繁盛之城市，设立公医药局）。 53. 颁布乡镇村街公约（由省府办）。 54. 推行乡村禁约，改良陋俗。 55. 推行墟街管理规则，整理市政，改善公共卫生。 56. 开始分期禁吸鸦片，由省府制定办法推行。 57. 严厉禁种鸦片。 58. 开始分期禁赌（由省府制定办法推行）。 59. 继续测量土地（由省府指定推行）。 60. 举办户籍登记（由省府制定办法推行），有公安局地方仿照登记手续继续执行，无公安局管辖地方，每半年清查出生、死亡、迁移、婚嫁，列册呈报一次。 61. 其他临时委办事件。
第二期（民国二十三年一月起至六月底止） 1. 清查户口。 2. 继续分别训练办理县政各级公务人员。 3. 训练民团。 4. 警戒治安。 5. 实行强迫儿童教育及成人教育。 6. 继续架设乡村电话。 7. 积行修筑乡村道路。 8. 继续修筑县道路。 9. 开始播种树苗。 10. 开始造林。 11. 开始垦荒。 12. 推广改善农田、水利、畜牧。 13. 推广设立教导手工业机关。 14. 厉行节俭，遏止奢侈物品流行。 15. 开仓粜谷调剂米价。 16. 推广测量土地。 17. 推广农村卫生。 18. 推广乡村禁约改良陋俗。

19. 推行墟街管理规则，整理市政改善卫生。
20. 继续禁吸鸦片。
21. 继续禁赌。
22. 继续办理户籍登记。
23. 其他临时委办事件。

广西普及国民基础教育五年计划大纲

一、主旨

（一）以政治的力量为主，经济社会的力量为辅，限在五年之内普通施行国民基础教育于全省。

（二）以国民基础教育的力量，助成本省下列各项建设。

1. 政治建设。
2. 经济建设。
3. 文化建设。
4. 社会建设。

二、方法

（一）指引全省有志青年重回田园间去、商店中去、工厂中去——学问劳动合作方法。

（二）指引全省儿童及成年民众，协助政府造成乡村建设运动及民族复兴与运动——学问劳动与政治合作方法。

三、工作　国民基础教育，分为义务教育及民众教育：

（一）义务教育

1. 六足岁至九岁之儿童，须受初级小学第一年级及第三年级之义务教育。
2. 十足岁至十六足岁之失学儿童，须补受一年义务教育。

（二）民众教育

1. 健全民团组织。
2. 促成地方自治。
3. 推进合作运动。

四、师资

（一）尽先就师范毕业者任用。

（二）就初中以上学校毕业加以短期讲习训练期满后派往服务。

（三）就具有小学教师资格志愿服务者遴选。

五、经费

（一）拨用各县原有粮赋附加二成义务教育经费。

（二）发还各县粮赋附加三成教育经费拨充。

（三）将来各县中政组经费由省库支给后原有县中经费全数拨充。

（四）其他地方教育经费。

六、进行程序

（一）学术研究　设立广西普及国民基础教育研究院。

（二）试验　在旧六道区中各选一县为普及国民基础教育试办区。

（三）推广　除试办区外，其余各县均为普及国民基础教育推广区，分三期进行，每期推广三分之一。

七、期成

（一）民国二十三年十一月广西普及国民基础教育研究院成立，自成立后，当继续研究，以期对于教育学术上有相当之贡献。

（二）二十三年二月至七月，试办区着手筹备同年八月开办，二十五年七月工作完成。

（三）二十四年二月至七月，第一期推广区着手筹备，同年八月开办，二十六年七月工作完成。

（四）二十五年二月至七月，第二期推广区着手筹备，同年八月开办，二十七年七月工作完成。

（五）二十六年二月至七月，第三期推广着手筹备，同年八月开办，二十八年七月工作完成。

广西普及国民基础教育试办区规程

第一条　广西省政府为普及国民基础教育起见，特指定适当地域为试办区。前项国民基础教育系指义务教育、民众教育而言。

第二条　试办区之设置，以县为单位，按照本省旧道属之区域，每道设置一区或数区，由省政府指定之。

试办区以外之各县，均作为普及国民基础教育推广区。

第三条　各试办区设普及国民基础教育试办区委员会（以下简称区委员会），实施全区国民基础教育，由各该区之县长教育厅委派之，指导员及教育厅选委区中热心教育者若干人组织之，并指定县长及教导员为常务委员，各试办区之教育行政人员及自治行政主任人员，应受区委员会常务委员之指挥监督办理各该区之国民基础教育事宜。

第四条　试办区应择相当地点分设国民基础教育学校，每村以（依法村划定之村）设置一校为原则，如原有一校以上者，得合并为一校，尚未设校者，得指定已改善之私塾作为代用国民基础学校，但未经划村之地域或已划村而范围过大或过少不适宜设置一校时，得依该区地方交通、人口、习惯等情形另行区划学区，每学区设置一校（划分学区办法，参照本省地方教育行政组织准则第十五条之规定）。

第五条　各村（或依第六条规定划分之学区）设学董会筹划全村（或学区）国民基础教育事宜，由该县之区教育委员于各村住民中遴选热心教育者若干人为学董，荐请区委员会转呈教育厅委任之，但各村（或本学区内）之自治行政主任人员为当然学董（参照本省地方教育行政组织准则第十六条之规定）。

第六条　试办区内六足岁至九足岁之学龄儿童，均应强迫入学受二年义务教育，十足岁至十六足岁之失学儿童，亦应强迫入学受一年义务教育，其身心不健全者，得缓受或免学，详细办法由教育厅另定之。

学龄儿童入学年龄，因地方关系，得展至七足岁至十足岁。

第七条　试办区内未具有国民基础教育相当程度之壮丁受民团训练时，应同时强迫其接受成人补习教育。

第八条　国民基础学校每办小学一班，设教师一人，由区委员会派充。

第九条　民众教育，除由小学教师民团督练官分别负责外，并设农事医药等专员巡回指导。

第十条　试办区国民基础学校课程及教材，由教育厅分别编订及选定。

第十一条　试办区实施国民基础教育所需经费，以就地提拨各该区原有教育经费及地方自治经费为原则，如必要时，得由省政府核准辅助之，其有关于地方生产建设事项所需之经费，并得由教育厅商请主管厅拨款协助之。

第十二条　区委原会委员均为义务职，其办公费，由教育厅于省教育预备费项下核支。

第十三条　区委员会及国民基础学校之规程与工作人员成绩考核办法，均由教育厅另定之。

第十四条　本规程如有未尽事宜，得由教厅提请省政府委员会决议修改之。

地十五条　本规程自公布日施行。

广西普及国民基础教育研究院开办计划

一、宗旨　以学术研究所得之结果，辅助教育行政，完成普及国民基础教育之五年计划于全省。

二、事业　暂分五类：

（一）调查。

（三）研究设计。

（四）短期讲习训练。

（五）辅导在前方（试办区及推广区服务人员并设法协助其进修）。

（六）编辑教材。

三、前条各项事业进行之原则。

（一）切合人生日用。

（二）应付目前急需。

四、人员　除院长职务由教育厅长兼任外，所有院内日常事务及各项事业，均由下列人员分任：

（一）研究专员若干人。

（二）导师若干人。

（三）研究生。

（四）学习生。

五、经费

（一）开办费二万元（不建筑新舍，此项开办费只供购备书籍仪器之用）。

（二）经常费五万元（内含调查费、研究费、短期讲习辅导费、编辑费等项）。

以上两项经费，由教育临时预备费项下开支，不足之数，由总预备费开支。

广西民团计划

第一期（自十九年十月起至二十年六月止）

（一）预布修正广西民团组织条例。

（二）成立民团总指挥部及各区指挥部。

（三）撤废各县团务局成立各县民团司令部。

（四）组织县民团参议会，完成各级民团机关组织。

（五）统筹团款。

（六）开始征调壮丁枪弹，编制常备队。

（七）各县常备队一律编练完竣。

（八）开办警卫干部训练所。

（九）筹备团丁种植水利诸工作。

第二期（自二十年七月起至二十年十二月止）

（一）继续第一期未完工作。

（二）继增常备团丁。

（三）调查户口，编甲编村，点验枪支，具体联保切结。

（四）壮丁调查清楚，编成后备队。

（五）修理各城镇乡村防御工事，肃清地方匪共土劣。

（六）查原定计划规定全省编练常备队，二百一十三队，人数共计一万九千三百五十人，嗣因各县团款不敷，呈请核减成数，或按乙种编制缩编，至二十年十二月止，实领常备队一百六十五队，一万三千二百八十五人，已退伍九十四队计五千九百七十七人，尚余七十一队七千三百零八人，延至第三期训练。

第三期（自二十一年一月起至六月止）

（一）继续第二期未完之工作，及兴筑苗圃，种植水利诸工作。

（二）斟酌常备队已往情形，重新整个组织完善。

（三）改善民团条例公布。

（四）取销民团总指挥部，归省政府办理。

（五）重新划定全省民团区（以旧道属管辖区域为原则）。

（六）公布省团务处组织规程，区民团指挥部组织规程，县民团组织规程，区民团指挥部干部训练班规程，民团常备队、预备队、后备队组织规程，民团惩罚法令，其他关于团整理之例规。

（七）分期召集各县办团人员分班授以特殊训练。

（八）规定各区县部民团各级员丁给与。

（九）筹定的款，将各县部队于七月起。一律由省库支给。

（十）拟定后备队编练计划及实施。

（十一）拟定联团连坐法规及实施。

（十二）严格选举经过训练合格之人为甲长，兼后备队排长，村长兼后备队队长。

（十三）遴选富有军事学识，及办团经验人员，为后备队督练官。

（十四）本期绩征常备队九十四队五千九百七十七人，连正在训练中之七十一队七千三百零八人，共一百六十五队，计一万三千二百八十五人，截至本期止，各县常备队留九十四队之半数（即四十队全人数），计四千二百二十人。延至第四期，上半期退伍外，其余一百一十八队九千零五十五人，限在本期内一律退伍完毕，连同前预备队九十四队。五千九百七十七人，共二百一十二队，计一万五千零三十二人，第四期以后，每三个月每县退伍一半，绩征一半，以昭划一，而资衔接，按九十四队用全省平均每县一队，依各县治安情形，用甲乙丙各种编制，各队人数，计甲种改定为九十人，乙种为七十二人，丙种四十八人。

第四期（自二十一年七月起十二月止）

（一）继续第三期未完之工作。

（二）自本期起全省划为六区，每区设指挥一，特务四队，计全省共特务队二十四队，征调团丁则以六个月为期。

（三）是期委用后备队督练官三百二十人，练成后备队一百六十队计一万四千四百人。

（四）本期应平均编成甲种常备队九十四队八千四百六十人，上半期应征四千二百三十人，下半期应征四千二百三十人，连前预备队二百十一队，则共编成三百队，计二万三千四百九十二人一律为预备队。

（五）此外尚有正在训练中之特务队二十四队二千一百六十人。

（六）各区部另设立干部训练所以养成村甲长，及后备队班长人材，其人数另定，由各常备队内抽出员额之饷项移用，以节省款。

第五期（自二十二年一月起至六月止）

（一）是期训练成后备队一千六百队，计十四万四千人，连前共成后备队三千二百队，计共二十八万八千人。

（二）本期应成常备队九十四队，各区指挥部特务队二十四队。计一百一十八队。共一万零六百二十人。连前预备队三百零六队，共四百二十四队计三万四千一百一十二人。

第六期（自二十二年七月起至十二月止）

（一）是期练成后备队一千六百队，计十四万四千人，连前共编成后备队四千八百队，共计四十三万三千人。

（二）本期应成常备队九十四队八千四百六十人，连前练成之预备队四百二十四队。共计五百十八队，计四万三千五百七十二人。

第七期（自二十三年一月起至六月止）

（一）是期练成后备队一千六百队，计十四万四千人，连前共编成后备队六千四百队，计五十七万六千人。

（二）本期应成常备队九十四队及各区指挥部特务队二十四队，计一百一十八队，一万零六百二十人。连前预备队五百十八队计五万三千一百九十二人。

第八期（自二十三年七月起至十二月止）

（一）是期编成后备队一千六百队，计十四万四千人，连前共成后备队八千队，共计七十二万人。

（二）本期应练成常备队九十四队八千四百六十人，连前编成之预备队六百三十六队，共七百三十队，计六万一千六百五十二人。

第九期（自二十四年一月起至六月止）

（一）练成后备队一千六百队，计十四万四千人；连前共成后备九千六百队计八十六万四千人。

（二）本期应成常备队九十四队，及各区指挥部特务队二十四队，计一百一十八队，一万零六百二十人，连前预备队七百三十队共八百四十八队，计七万二千二百七十二人。

第十期（自二十四年七月起至十二月止）

（一）练编后备队一千六百队，计十四万四千人，连前共成后备队一万一千二百队，计共一百万八千人

（二）本期应成常备队九十四队，八千四百六十人，连前编成之预备队八百四十八队共九百四十二队，计八万零七百二十二人。

第十一期（自二十五年一月起至六月止）

（一）编成后备队一千六百队，计十四万四千人，连前共成后备队一万二千八百队，计十五万二千人。

（二）本期应成常备队九十四队及指挥部特务队二十四队，计一百一十八队，一万零六百二十人，连前预备队九百四十二队，共一千零六十队，计九万一千三百五十二人。

第十二期（自二十五年七月起至十二月止）

（一）练成后备队一千六百队，计十四万四千人，连前共成预备队共一万四千四百队，计一百二十九万六千人。

（二）本期应当编成九十四队，八千四百六十人，连前编共成预备队一千零六十队，共一千一百五十四队，计九万八百一十二人。

第十三期（自二十六年一月起至六月止）

（一）编成后备队一千六百队，计十四万四千人，连前共成后备队一万六千队，计一百四十四万人，由第四期至本期共五年，编成后备部如上数。

（二）本期应成常备队九十四队，及各区指挥部特务队二十四队，共一百一十八队，一万零六百二十人，连前预备队一千一百五十四队计十一万零四百三十二人。

说明：

一、至十三期后，本省所有应征壮丁悉已编练成各队完毕，如实行征兵制，在各期已受训练之壮丁中，随时可以征调。

二、后备队之壮丁，既经悉数训练，所有常备队之训练，即可按轮回征练。后备壮丁，周而复始，以资深造。

三、预备队之团丁，系由常备队退伍编成，每年冬季仍定期召集训练一次。

四、至第十三期实行常备队及特务队退伍者一千一百七十二队，计十一万零二百三十一人，后备队受过训练者一万六千队，计一百二十三万人。

各县之现状

自治

组织　广西自民国十一二年筹备自治，各县设有县自治会，厥后自治停顿，改立团务总局，二十年省政刷新，团务撤销，设立民团参议会，二十一年又改为自治筹备委员会，调查户口，划分区域，依次完成各级组织，现在业经完毕；农民对于自治意义，虽不了解，但其服从性极佳，故上级命令一发，下级即遵照办理，虽不能收完全之功，然总有相当结果，如民团训练之抽调，筑路工人之召集，都能实现他们的计划，因此，不能不承认他们自治组织的健全和成绩。

例如我们调查的时候，为求节省时间起见，并怕农民不在家，不能达到挨户调查的目的，所以先告诉区公所，派人通知村长转达全村人民，使他们的户主在某日上午或下午在家等候；这样各家的户主，便都能留在家中，此种情形，在各县多是一样，并且村甲长均取得联络。不比他省只有一块空招牌，而区以下，便失了基础。

训练　较大之县，如苍梧、邕宁、柳州、桂林等，一等县在筹备自治之时，均办有自治人员训练所，于毕业后，分发至各区充当区长或助理员，而地方士绅之委用者亦复不少，小县则就旧有团务人员或中学毕业生中遴选委任。故区长人才亦极不一致，大概可分为四种：一、过去之团董，二、退伍之军官，三、有相当经验之公务员，四、自治训练所之毕业生。在桂林我见了三个区长，一个是放高利贷的商人（大墟），一个是老气横秋的团董（两江墟），一个是年事太轻的自治训练所毕业生（潮田墟），大墟失于颟顸，潮田失于躁率，到还是老气横秋的团董，较有应肆之才。柳州的区长全见了，城区的是一位老绅士阅历颇深，中道区的是一位有经验的公务员，人极干练，维新区的是一位退伍军官，尚尽职守，而大同区的是一位不脱帽好吸香烟的自治毕业生。邕宁到了四区，金城区区长是一位学究，八尺区的是个军人，但懦而无用，迁龙区的是个忠厚长者，只有中区的一位区长，本是退伍军官，周知各村情形，且理解清楚，措施得当，与苍梧第一区区长（公务员）及龙州下冻区区长（退伍军官）、柳州中道区区长四人，可称为各区之杰出人才，而尤以邕宁中区者为最。广西区长的成分，大致如此，在这个印象中所给予我们的感觉，认为尚须加以甄别与训练。

乡长村长，则又自不同，在他们的工作表现中，大致可分为两大类，一为有能力者，一为无能力者，而第一类又可分为三种：一、实心办事者，二、以才济恶者，三、态度消极者。第一种者最少，各乡中迄不多见；第二种以田南一带为多，而桂林柳江道次之；第三种则各道皆有，而在第一类中最占多数，他们的原因，以个人私德尚佳，而平时对乡里之感情亦好，所以被推为乡长或村长，但自治开始，办理之事甚多，上峰命令，急于星火，一般农民，多所推诿，如调查户口时之门牌捐、训练民团之户口捐、集中训练时给养之推派、修筑乡村道路时材料之征集、自治经费之筹募，随在均有困难，而本身之固有职业，反因之而妨碍，而乡村公所之经费，迄无着落，自行筹划，则取怨于乡里，不募则势难枵腹，以致公私交困，是以此类乡村长类皆消极。第二类又可分为两种，一、尚称勤慎者，酌收捐税以充经费，工作粗具规模，此种在第二类中占最大多数，亦可谓全省乡村长中之大多数；二、完全废弛者，地瘠民贫，办事困难，而本身又乏肆应之才，于是工作废弛，组织涣散，是以乡村长中最大之缺点，为经费之无着，与能力之缺乏，现在已轮流调入干训大队中施以军事及公民知识，和各种常识之训练，故人才方面，已有补救，而经济仍无适当办法。

经费　区长之生活费，规定由省款拨给，区公所经费，以原有各区之团款拨充，或由县政府统收统支，或由区公所自行征收，惟各区贫富不均，而团款之多寡不一，故区自为政，颇有偏颇不均之弊。现区公所之经费有着者计五十五县，乡公所之经费有着者三十二县，村公所之经费有着者二十八县。

然所谓原有之团款者，乃在各项捐税上之附加，及各县进出口货物之征收，其率较厘捐为重，其项目较厘捐为苛细，名目之多，竟有七十六种（详见第七编）。然此为区之经费，而乡之经费又须从此项捐税上附加或收户口捐，甚至有在粮赋附加者，兹就所知各县中乡公所经费之征收情形分列项目如表127：

表127　广西各县乡公所征收经费表

县名	征收项目	税率
天保县	粮赋附加	2成
	屠捐附加	每只2角
凤山县	屠捐附加	每只2角
富川县	墟市经记捐附加	
贺县	墟市经记捐附加	
	户口捐	
蒙山县	户口捐	

除此数县征收以外，余均分拨团款，惟此种征收，类不呈报备案，故民政厅中毫不知悉，而县政府但求速办以邀功，区公所只要不分团款，是以上下相蒙，或明知故纵也。例如柳州，据县政府言，乡公所经费无着，然在平川乡调查所得则有户口捐，计每月开支乡长二十元，副乡长十六元，书记十四元，公役两人各六元，再加各种杂费，月须七十元，分一元、五角、二角，三级征收，该乡距县仅十二里，未识县政府确为疏忽而不知，抑装聋作哑之不知欤？邕宁县八尺区之第六乡亦有征收，月约四十元。

村公所立经费，亦须在各货附加，或由团款拨充，亦有收户口捐与粮赋附加者，兹就调查所知者记之。（表128）

表128　广西各县村公所征收经费表

县名	征收项目	税率
蒙山县	户口捐	
恭城县	户口捐	
灌阳县	户口捐	
兴安县	户口捐	
钟山县	烟户捐	
贺县	粮赋附加	
桂林县	谷捐	百分之一
龙茗县	庙宇产业拨充	
崇善县	屠猪捐	每只二角

公所之建筑　乡村公所之建筑，已由民厅规定式样，然建筑之经费，又须取之于民，各县区乡公所，现均借用庙宇，已建筑者如柳州之大同区，其经费系由筹募而得，所谓筹募者，亦不过摊派之变相而已，邕宁由粮赋附加五成，其他各县，亦皆在筹建中。

工作　区乡村甲之组织，业已完成，此后所办事项，亦经按照县政程序拟定工作大纲。

一、确查全县人口总数。

二、计检各类职业人数。

三、检计各县学童壮丁。

四、办理户籍登记。

五、调查地价。

六、修筑县区乡村公路。

七、调查官荒民地。

八、分区限期栽种。

九、推行造林事业。

十、筹集教育款项。

十一、增设各区小学。

十二、厉行强迫教育。

十三、开办补习学校。

十四、举行清丈。

十五、筹备自治公务人员讲习所。

十六、巡回训练村甲长。

十七、指导民众四权之运用。

十八、随时办理各种举办事项。

风俗改良　桂省风俗之不良，以歌墟不落家、放火烧山等等为最盛。歌墟者，凡青年男女，在春二三月于黄昏月上之时，群趋野外，互相唱和，如情意相投，即可偕赴家中同居，或在外野合，父母之所不禁。不落家者，凡结婚后之妇女，在新婚数日后，即返母家，候怀孕后，再赴夫家，否则即长居母家，亦且为人所贱视。放火烧山者，在残冬将尽时，在山上放火，使各种植物，均化灰烬，春季雨水冲刷后，流入田中，以为肥料，故全省童山甚多。现在有风俗改良委员之设立，欲以渐挽靡风而正薄俗。

改良风俗委员会简章

第三条　本会以崇尚节俭改良风俗为宗旨。

第四条　本会采用委员制，由地方各机关法团各派代表一人，并由县政府函聘公正人士三人，共同组织之。设委员十三人，常务委员五人，财务一人，书记一人。

第五条　本会负有督促进行或检举违及改良风俗规则之责任。

息讼　各县好讼成风，故一有小愤，即不惜牺牲财产以求一日之长者，而土劣得乘机挑唆，以便从中取利，昔日各区之团局董事，以此为利薮，犹忆在柳州调查时，见一后母控其前子之杀弟者，而区公所仅批静候查明再行核办。窃以为怪，如杀人者为真，当急速送司法，如为诬告，例应反坐，且此为刑事，区公所何能受理，因以所疑质之区公所，据云，实际因生子病死，而前子欲独得家产，故后母遂不惜用金钱请讼师而诬以杀人者，并谓此种事实甚多，在当地人业以司空见惯，是以现有息讼会之设立。

息讼会简章

第一条　本会以解除人民讼累为宗旨。

第二条　本会每区成立一处，附设于各区民团局，由地方各法团负责人及公正士绅组织之。

第三条　本会采用委员制，委员五人至七人，并由委员中互推常务委员一人，常川驻会，办理日常会务；均义务职，不支薪费，但连选得连任。

第四条　本会调处事件，限于民事及非讼事件双方当事人接受本会调处后，各须具简单笔录，签名盖章画押留会备查。

第五条　当事人对于本会调处，如有认为不允者，得另向法庭申诉。

第六条　调处事件，不得征收任何费用或收受何种酬报，其有涉及本会委员及其亲属者，并应回避。

恶势力与陋规　各县封建势力，仍未铲除，其鱼肉乡民之情形，依然如昔，其荦荦大者，如凌云、西林、果德三县之民团局董，皆曾通匪有案，宜北县之局董，系由帮匪自新，其报复宿怨之情，较匪尤甚，靖西之局董诬良为匪，私捕用刑，而士劣之（类为地主）把持团局擅捕人民更难悉数，上林、思恩二县之区团局，凡接受人民诉讼，须收投诉费一元至二元，且民刑案件，擅自拘审监押，并不送县，此点即在柳州大同区（认为办理较佳者）亦复如是，而平平乡公所之门有虎头牌二，曰“公所重地，闲人莫入”，上举各端，不过略举一例以概其余而已（根据二十一年民政视察报告）。

建设

乡村的建设约分三类，（1）县乡村公路之修筑，（2）各区电话网之完成，（3）造林。

公路　根据二十一年度的调查，除省办的全省干路计三千五百五十六公里以外，县与县之间的道路，亦已建筑了一千四百零七公里，而乡村之间的道路，亦于去多冬季大举修筑，可以说是全省总动员，必定又增加了不少，所以在全省干线上经过时，可以看到许多与省道衔接的地方，建筑着一种县道区道的牌坊，表示已经与省道沟通而完成了他们建筑的工作。

然省道县道的款，虽多由粮赋附加，或加一倍，或加五倍，但多没有乡村道路修筑的负担的严重，兹摘录柳州建筑乡村道路办法以见一斑。

（1）道路路线，一经测定，其在界标内所有畲田，无论公私管业，均得收用不给价银，如系建筑物及冢墓等，由本府布告限期迁拆，倘逾限不迁者，得由该段区乡村长副等再向各主劝导，勒令即日迁拆，如敢延抗，即仰该乡村甲长副会同督率壮丁迁拆，一面呈报县府备案。

（2）道路路线所经过之区乡村，即由各该段区乡村甲长副召集开会遵照规定工程分段分组支配工作，各段务须依限完成，乡长任段长，村长任监工（在被征之村长中推行若干人），监督各该段民工工作，甲长任组长，管理指挥该段民工（由彼征之甲长中选若干人），区长则负督率及统筹一切事宜，不得以区乡界限为辞互相推诿。

(3) 就测定之县乡村道路经过之区乡村界，该区乡村甲长副切实统计壮丁分配义务筑路工作，凡年在十八岁至五十岁之男子均系应征，惟所用工具如锄头、榔头、铁针、坭箕、扁担一切等应用物为被征者自备。

(4) 应征调之壮丁，以在测定路线所经距离二十五里内之村落内之壮丁为限。

(5) 道路种类与宽度；

(一) 县道　定七公尺　合二十一市尺　当二十二英尺九七。

(二) 乡道　定四公尺　合一十二市尺　当十三英尺一三。

(三) 村道　定二公尺　合六市尺　当六英尺五六。

(6) 测量各道路所需之木桩，应由各该区乡负责备足。

(7) 路线经过之私产得向各该区乡公所登记，并呈县政府转呈财政厅豁免粮赋，但以测量所得之面积为准。

(8) 桥梁及涵洞，桥分砖拱桥、石拱桥、木板桥等，涵洞分石拱、砖拱、石箱、瓦筒等类，上项建筑费得由区长召集乡村甲长副开地方会议提拨公款一部或派捐，并呈报县府备核。

电话　全省电话分市内、长途、乡村三种，自十六年冬，开始沿公路架设长途话线与邻省衔接，迄今竣工者凡一千九百三十公里。乡村电话，由各县自备杆木，其费由粮赋附加，省方补助铅线及碍子，根据二十一年度的统计，有线八千一百九十八公里，故县与县、区与区之间，大半均已通话，设一旦有事，各县便可立时动员，再济以公路之运输，不难顷刻成军，对施政剿匪或军事行动及商业均有莫大之便利，其电杆每里（华里）八根，话线为十四号线以减少电力之抵抗，而便话音之清晰。

造林　全省公私之造林事业，在第一编中业已概括言之，至去年而提倡益力，认定一个目标，上下一致，故冬季之造林，或区有或村有，或为私人所有者乃风起云涌，极为普遍，诚农村极好之现象，所谓十年树木，不数年间，必可满坑满谷，皆蔚然成林了。顾重有感者，林垦区署之育苗，昧于各地之土壤，各地之需要，而贸贸然育之，何时宜植何树，何处宜植何树，均未计及，于是各县来领者，就苗圃所有者给之，设或不敷，或随便扣发，或任取别种抵补，例如需茶桐者或与以松杉，究竟是否合宜，则完全不问，故各县之种而萎者，比比皆是，而育苗种树之两番举动，尽掷虚化，不独徒耗公款，兼失农民信仰，似宜加以注意，以收实效。

教育

全省教育概况

广西全省的教育。自大学以至民众学校，据二十二年的调查，合计有一万二千七百七十七所，学生五十七万四千一百四十四人，经费八百二十三万八千二百四十八元。（表 129）

表 129　广西全省教育概况

类别	数量	教职员	学生	经费
高等学校	2	120	293	388256
中等学校	108	1924	22530	2286672
初等学校	11975	23990	541742	4210174
特殊学校	7	360	1776	1073682
教会学校	23	90	1300	27577
合计	12115	26484	567641	7986361
社会教育	662	971	6503	256887
总计	12777	27455	574144	8238248

从这表上的数字联想到全省人口的数字，则初级小学的学生，仅占总人口二十分之一，换言之，在二十人中始有一个受初级教育的小学生，若以户数计算，则四户始有一个小学生。再以中等学生计，则要二十四个小学生中始有一个中学生，就是要四百八十个人中始有一个中学生，以户数言，即须九十六户中始有一中学生，而大学生更如凤毛麟角了。以经费而言，则无论直接间接，每户便须负四元三角，然而四户只有一个小学生，这究竟是谁的错误？

举一个例来说，邕宁的旧有教育区，是划作十六区，城区有五千六百四十八个小学生，有八万零四百六十四元经费，其他十五区共有小学生二万零一百五十八人，经费十三万五千七百七十七元，十五区的小学生比城区多了三倍六，如果不是城区的人口占了全县五分之一，那么为什么小学生的人数占了全县小学生人数五分之一呢？并且五分之一的学生人数，用了五分之二的教育费，五分之四的小学生只用了五分之三的教育费，这是何等的不平。若使拿十五区失学儿童的人数与城区失学儿童人数来比较，必定又是十五区的占了多数，那么学费的分配，更显出不均来了，固然，村落的散漫，户口的稀少，也是一个主要原因，然而一般教育家只顾到了城市的教育，而没有想念到乡村的教育，这是无可掩饰的，所以经费便没有分配到乡村里面去，而造成了四户一个小学生的现状。

乡村教育

当调查的时候，我们为要明了整个农村中有多少识字的人数，所以将成年已受教育的和现受教育的儿童一例计算在内，计九百八十三户，中间有识字者八百零一人。（表 130）

表 130　广西五县识字人数的合计

类别＼学别＼人数	私塾	小学	中学	合计	户数	每户平均数
地主	9	13	8	30	10	3.0
自耕农	248	195	37	480	520	0.9
半自耕农	90	76	19	185	174	1.1

续表

类别＼学别＼人数	私塾	小学	中学	合计	户数	每户平均数
佃农	51	41		92	156	0.6
其他	8	6		14	123	0.1
合计	406	331	64	801	983	0.8

在这个表内，显示着受私塾教育的人数超过了全识字者的一半。私塾是过去的教育机关，而现在也还存在着，这就是说学校的设立还没有普遍，并且可以知道由小学中学之和再加上私塾中的一部分，即是现在受教育的人数约占总数之一半，而从这个结论中所得的答案，是平均2.2户中有一个识字者。

无论哪一县，都是自耕农的识字者占了多数，当然这是他的户数比较多的缘故，但与佃农及其他的户数相较，这佃农与其他的比重便格外显出渺小，这又表示了愈穷苦的人，他的受教育的机会，也就特别的少，并且经济较好的地方，连女子也可受一点教育，如苍梧之正湖村与古藤村，有女子在小学读书者十六人。（见表131—135）

表131　苍梧县四村的识字人数

类别	户数	古藤村			正湖村			沙尾村			长埇村		
		私塾	小学	中学	私塾	小学	中学	私塾	小学	中学	私塾	小学	中学
地主	3	4	7	2				4	3	4			
自耕农	79	10	18	1	36	58[1]	14	13	13		1		
半自耕农	36	18	14		5	18[2]	3	6	4		7	7	2
佃农	57	5	9			3		20	16		8	4	
其他	10	1	4			1							
合计	185	38	52	4	41	80	17	43	36	4	16	11	2
说明	1.内有女生13　2.内有女生3												

表131续

类别	户数	合计		各程度所占的%						各类村户所占识字人数的%
		人数	每户平均	私塾		小学		中学		
地主	3	24	8	8		10		6		7.0
自耕农	79	164	2.1	60		89		15		46.8
半自耕农	36	85	2.4	36		43		6		24.7
佃农	57	65	1.1	33		32				19.8
其他	10	16	0.6	1		5				1.7
合计	185	344	1.9	138	40.3	179	52	27	7.7	100.0

表 132　邕宁县 3 村的识字人数

类别	户数	凌慕村			蟠厢村			定英村		
		私塾	小学	中学	私塾	小学	中学	私塾	小学	中学
地主										
自耕农	113	10	3	4	36	10	3	33	22	1
半自耕农	36	23	14	11	6		1	1		
佃农	5									
其他										
合计	154	33	17	15	42	10	4	34	22	1

表 132 续

类别	户数	合计		各程度所占的%						各类村户所占识字人数的%
		人数	每户平均	私塾		小学		中学		
地主										
自耕农	113	122	1.1	79		35		8		68.5
半自耕农	36	56	1.6	29		15		12		31.5
佃农	5									
其他										
合计	154	178	1.2	108	60.7	50	28.1	20	11.2	100.0

表 133　柳州县五村的识字人数

类别	户数	雅中村			社湾村			边山村			穿山村		
		私塾	小学	中学	私塾	小学	中学	私塾	小学	中学	私塾	小学	中学
地主	2		1	2									
自耕农	162	14	11	2	13	8		8	1		21	9	
半自耕农	20	4											
佃农	21				3								
其他	67				4								
合计	272	18	12	4	20	8		8	1		21	9	

表 133 续

类别	户数	窑上村			合计		各程度所占的%						各类村户所占识字人数的%
		私塾	小学	中学	人数	每户平均	私塾		小学		中学		
地主	2				3				1		2		2.8
自耕农	162	3	2		92		59		31		2		86.8
半自耕农	20				4		4						3.8
佃农	21				3		3						2.8
其他	67				4		4						3.8
合计	272	3	2		106		70	64	32	30	4	4	100.0

表 134 桂林县五村的识字人数

类别	户数	大浪坪			常安村			大参村			岩岭村		
		私塾	小学	中学	私塾	小学	中学	私塾	小学	中学	私塾	小学	中学
地主	5				1	2							
自耕农	91	11	2	4	9	11					7	5	
半自耕农	78	6			4	2		5	7		2	4	
佃农	67							7	5				
其他	34							1					
合计	275	17	2	4	14	15		13	12		9	9	

表 134 续

类别	户数	雁山村			合计		各程度所占的%						各类村户所占识字人数的%
		私塾	小学	中学	人数	每户平均	私塾		小学		中学		
地主	5				3	0.6	1		2				2.2
自耕农	91	8	12	2	71	0.8	35		30		6		52.6
半自耕农	78	2	3		35	0.4	19		16				25.9
佃农	67	6	4		22	0.3	13		9				16.4
其他	34	2	1		4	0.1	3		1				2.9
合计	275	18	20	2	135	0.5	71	52.6	58	42.9	6	4.5	100.0

表 135　龙州县五村的识字人数

类别	户数	那央村			教导村			[illegible]村			北郭村		
		私塾	小学	中学	私塾	小学	中学	私塾	小学	中学	私塾	小学	中学
地主													
自耕农	75	3		1	6	1	2		3				
半自耕农	4				2		1		2				
佃农	11	1									1		
其他	7												
合计	97	4		1	8	1	3		5		1		

表 135 续

类别	户数	河抱村			合计		各程度所占的%						各类村户所占识字人数的%
		私塾	小学	中学	人数	每户平均	私塾		小学		中学		
地主													
自耕农	75	6	6	3	31	0.4	15		10		6		81.6
半自耕农	4				5	1.3	2		2		1		13.1
佃农	11				2	0.2	2						5.3
其他	7												
合计	97	6	6	3	38	0.4	19	50	12	31.6	7	18.4	100.0

对于广西现有教育的感想

教育厅所推行的国民基础教育，尚在萌芽时期，而垦殖水利试办区的需要教育，亦正在设计之中，这两种教育的方式，当然各有它的意义和优点，将来成功如何，非浅陋者所敢妄议，惟对于现在教育的状况，就观察所及者，约略言之。

教育行政　各县因区域辽阔，故各区均设有教育委员会，由局方委派一人，并加聘地方人士组织之，以主持全区之教育，而由县教育局总其成，其法至善。但各区教育委员之人选，据云大半以自治人员养成所之毕业生充之，优者为区长，次者为教育委员，再次者为区助理员，就各区所见情形，亦尚相同，如此则主持教育之人，未必为了解教育之人，其何以图改善策进行而指示其谬误，此待商榷者一。

各区教育经费既极困难，以致学校不能推广，待遇不能增加（乡村小学教师全年薪水不满百元），而影响于师资之缺乏（程度较高者，以待遇太劣，多向外发展，致现有之教员，类为小学毕业生或曾受私塾教育者），而区教学委员会经费，月需百元左右，徒靡公帑，无补教育，若撤销之而以其经费移设学校，则一区可多得十校，若以之增加薪给，或可得较好之教师，此待商榷者二。

学校教育　教育经费，大半集中了城市（见邕宁），故乡村学校遂非常简陋，教室逼仄，椅桌不完，光线空气卫生等等，更谈不到。就调查中所见者，如邕宁之蟠厢村，有小学一所，共三间，中为教室面积约六平方丈，左为教员之厨房，右为教员之寝室，无窗仅中间有一对大门，以通出人，学生约二十人，教员一人，教室中无其他设备，仅黑板一块及学生所用之桌椅数具而已。教员每月薪金毫币六元，其寝室桌上所陈列者，为木板康熙字典一部，万年历一本，写信不求人数册，所谓新知识之灌输，及平时之修养，完全变成了理想。他在黑板写的算题“有菱角四十个七个人分，每人得几个?”在这个算题上，我怀疑两点：一、“角”字的写法，未见之于字典，疑为角字之误；二、一二年级之初小学生，似不宜习小数，且其程度或亦未能至此。夫邕宁为省会所在地，且蟠厢村距城仅二十里，而师资之难，犹复如此，则僻远者又将如何，此待商榷者三。

社会教育　各县皆设立民众教育馆或流通图书馆，以为可使教育之普及，然徒法不能以自行，全在主持之得其人，读各县之报告，固未常不为之向往，凡一切办社会教育所应举办者，如民教馆、图书馆、平民夜校、民众问字处等等，莫不应有尽有，然一察其实际，则大失所望。如柳州之民众教育馆，余于二月二号前往参观，其黑板上所写以昭示群众者，有一条为“我们当如何庆祝元旦才有意义?”窃以为要唤起民众庆祝元旦的注意，当在元旦之前，不当在二月二号，是失去了时间性，若果为元旦之前之所写者，则证明此过去之一月中并未有所更换，是为不负责，总之虽费了许多经费，不过多一个空招牌，做骗人的幌子而已，似宜慎选人才，切实整顿，此待商榷者四。

在柳州边山村调查时，乡公所中忽然接到了教育局发来的流通图书二百本，于是乡公所便忙了一阵，结果一堆一堆的放在了房间里，同时我们所调查到的边山村的识字者，一共只有九人，那么这种书又给谁去看呢？并且放在房间内，谁又能来看呢？似宜审查各区实际情形，认真办理，方收成效，否则不过为工作报告上添一项工作，又何益也？此待商榷者五。

以上数点，不过为当时视察所及的一种感想，而为普意的供献，想教育当局早已鉴及，惟苟能因而改善之，或亦不无裨益。

民团

（1）沿革　广西民团已经办理了多年，民十七黄绍雄氏主政时，对于地方保卫制度，始大加刷新，开始组织“义务练”及“民团”实行征兵制，凡村内十六岁以上四十岁以下的男子，均有服练的义务。当时的编制，以壮丁五人为班，五班为排，五排为一队，由县长或地方驻军及党部施以军事训练，政治训练，负保卫地方之责。惟当时成绩亦颇有限，办理既未普遍，奉行亦不认真。同时因征发人民而施以军事训练，反感滋生。上层意旨不坚，民众观望规避，故无多大进展。至十九年，办理仍难普遍，统率亦未尽当，社会秩序，时有动摇，迨桂军由湘返桂，锐意经营内部，始注意地方武力，乃有整理民团同一编制之一切设施。

（2）现有之编制

（一）常备队分三种

甲、每队为三排九班十人共九十八人。

乙、每队为二排六班十二人共七十二人。

丙、每队为二排四班十二人共四十八人。

说明：一、上列三种之编制据地方情形之需要，经费之供给人口之多寡而定。

二、常备队之训练为四个月。人民入队之后，即从事训练担任地方警卫，入队后四个月即行退伍。在第一期退伍二个月，即办理征调，调第二期入队手续，每期着留若干（因入队者皆新兵恐一旦有事，无以应付也）。（表136）

表136 广西各省民团常备队一览表

第一区		第二区		第三区		第四区		第五区		第六区	
县别	队数	县别	队数	县别	队数	县别	队数	县别	队数	县别	队数
桂林	4	平乐	3	柳州	3	宜山	3	邕宁	3	宾阳	3
阳朔	2	荔浦	3	柳城	2	河池	2	扶南	2	武鸣	2
永福	2	修仁	2	融县	2	南丹	2	上思	2	隆安	2
古化	2	恭城	3	三江	2	思恩	2	绥远	2	果德	2
义宁	2	富川	2	中渡	2	宜北	2	左县	2	那马	2
龙胜	2	钟山	2	榴江	2	天河	2	同正	2	隆山	2
灵川	2	贺县	3	雒容	2	罗城	2	永淳	2	上林	2
兴安	2	昭平	2	象县	2	忻城	2	横县	2	都安	2
全县	3	蒙山	3	来宾	2					迁江	2
灌阳	2										

表136续

第七区		第八区		第九区		第十区		第十一区		第十二区	
县别	队数	县别	队数	县别	队数	县别	队数	县别	队数	县别	队数
苍梧	4	玉林	3	龙州	3	靖西	2	百色	3	恩隆	3
藤县	3	陆川	2	崇善	2	镇边	2	西林	2	奉议	2
平南	3	博白	3	上金	2	镇结	2	西隆	2	恩阳	2
桂平	3	兴业	2	思乐	2	龙茗	2	凌云	2	恩林	2
贵县	3	北流	3	明江	2	万承	2	凤山	2	天保	2
武宣	2	容县	3	宁明	2	养利	2	东兰	2	向都	2
信都	2	岑溪	2	凭祥	2	雷平	2				
怀集	3										
（全县总计214队）											

（二）预备队　常备队退伍队员，即为预备队，此种预备队，营业自由，行动自由，惟如离开住地至一月以上时，则须呈报，地方有警则预备队首先调用，其有优秀分子则调充区乡村甲长，兼后备队大队长、队长、排长、班长等。

（三）后备队　凡未被征为常备队队员之壮丁，统编为后备队。其编制大小与常备队同，分期轮流训练之，每期六个月常备队征调员时，即以后备队员及其他壮丁应选。

（四）特务队　各县征调壮丁，由各县民团指挥部直接训练，其职务与正式军之特务团、特务队等相同。训练期为一年，期后更征，退伍后为常备队。

(3) 统率之机关　在省政府之下设民团总指挥部，置总副指挥各一人，总指挥之下分全省为六区，每区置指挥部，设区正副指挥各一人，区统辖之县各设民团司令部，置司令一人，由县长兼任，副指挥一人（原有县民团参会选举现已裁撤），由民团总指挥部遴委。县民团司令部之固定等于其他各省之县保卫团，县司令由县长兼任，亦适等于兼县保卫团总，副司令则等于其他各省之副保卫团总。故广西训练民团在行政组织上并不须额外之政费。

（一）团员之征发　据广西民团常备队、预备队、后备队组织规定：凡广西省内住居二年以上有固定住所年在二十岁以上，四十岁以下，身体健全者，均有充当壮丁之义务，但有下列情形者，得分别缓征或免征。

一、有下列情形之一者得缓征：

现任教员者。

现在学校肄业者。

现任公务者。

有专门特殊学术技能经呈请审查准许者。

二、有下列情形之一者免征：

身体残废不堪训练者。

心神丧失者。

说明：在最初，原有“家无次丁者免征”一条，后因人民多方设法取巧避免征发，对于团务进行妨碍颇大。因将“家无次丁者免征”一句删去。

（二）户籍登记　广西户口清查，系由县长派员调查，分全县之若干区每区委派调查员一人，不支薪给，但酌给伙食伕马费。以担任调查户口之工作。登记以后，填表送呈县政府转呈省政府及民团总指挥部查核，县长并须随下乡抽查。登记时，须取具户口联保切结。清查时按最上、上、中、下各等级，征收一次户口捐。其等级如次：

一、最上户征毫洋一元。

二、上户征毫洋六角。

三、中户征小洋四角。

四、下户征收小洋一角。

五、赤贫免征收。

至于已有户籍登记者，由甲长清查，取具联保切结转递上级机关。

(4) 经费的支配　广西的民团经费，每年约三十万元，约与中央军目前两个师团一月的经费相仿。在各区乡村费用的支配，为数尚微。根本因为区乡村甲长等，就是义务职，仅充后备队的教练，支给若干津贴。此外各民团统率机关与常备队特务队官兵之给与，除士兵饷糈较一般军队为优，官佐之薪饷亦极微薄。这就是全年仅需三十万元的主要原因。这三十万的来源，则由省府拨给一部，一部分则在各县原有警卫费项下开支。

（5）训干大队　训干大队的进行，由四集团军办理，总司令部通令各县，选送受过中等教育（最低限度受过高小教育的）的民众，入队训练，期限为半年，训练期满，则酌量遣派回乡充当区乡村长，训练功课分为军事政治生产事业三类，政治类中，户籍法为最要紧，因一般民众对于填报户籍，每以多报少，以壮报老，以多报少，因为他们不懂户籍登记的意义，恐或报实了会被抽去当兵，或抽人头税，所以对于户籍登记，多是乱填乱报。故在训练大队教授户籍法，使各队员毕业后，充当区乡村长，能够向民众解释户籍登记的意义。

除了户籍法以外，关于地方自治教育卫生乡村公约等科必修科目，并注意违警法的预习。务使队员能够引导民众从事自治。

在军事类方面，则教授一切基本的军事之知识，使各队员能够训练民众，以充实自卫的力量，生产类则在每区设一个苗圃，教之选种子施肥料除害虫择土宜种植的方法，使各队员能领导民众发展生产，以充实自给的力量。综合政治军事生产三种教材的作用，就是使民众能够自治自卫自给的地步。

云南省农村调查

绪言

云南是中国最西南的一个省份，面积很大，但因地势过高，境内山脉丛叠，耕地面积仅占百分之五左右。

全省地质，大部分表面呈中生代层，下即古生代层，岩石种类，有花岗岩、绿岩、斑岩等，并有喷火岩存于各处，表现为一个多火山，所以云南称为中国地震区域之一。一般来说，地层中石灰岩实占大部，间有为水流所浸蚀，或至悉被浸蚀者，又有昔本大湖，今被淤塞而为冲积层者，然区域甚狭，不过一小部分而已。云南因地势高耸，气候温湿，风化的作用很烈，所以土壤均呈红色，为红色土壤。惟因地势与水利的关系，其壤土表面，亦因而稍异，在滇池、洱海等处，云南平原区域中因水力的冲积，表土呈灰色，土壤肥沃，适于农作。性质和表象，与红土区域的湘浙各省，颇相类似，其在南部开远以下，气候尤为温湿，土壤呈纯红色，表土疏松易于播植，适于种植甘蔗等，至高地区则表土很薄，气候尚温湿，可以种树。

全省大致可分为六区：西北部即阿墩子、中甸、维西、丽江、兰坪等县，及上帕、知子罗、菖蒲桶三设治局为一区域，这一区域，与其说属于云南，无宁说属于西康，因为居民是藏族及其他夷族较多，汉人很少，当地喇嘛教势力很大，僧侣是实际上的统治者，文字亦以藏文为普通。西南部腾越边地，即腾越、龙陵、保山等县，以及猛卯、陇州、盏达、干崖、南甸等行政区，凡澜沧江以西者，又为一区，这一区域中，居民大都为摆夷，风俗习惯，与云南内地完全殊异，土司为地方上的最高统治者，性质类似于封建领主，故一般人民均为农奴；因与缅甸毗连，所以这一区域已成为英帝国主义侵略的标的。南部思茅、宁洱（即普洱）、澜沧、景谷、缅宁等县以及车里、猛满、佛海等处又为一区，称普思沿边，这区域中，居民百分之八十为摆夷，土司及佛教僧侣（号大佛爷）势力均甚大，同时复因西南与缅甸交界，东南与安南交界，故帝国主义势力亦已深入，尤其是美国教会的活动，在有些地方已很取得人民的信仰。东南部开远（即阿迷）、蒙自、文山、马开、富州、广南、邱北等县直至河口又为一区，这区域中，除铁路沿线外，苗人居住较多，因毗连安南，且交通便利，故法人势力甚大。其临近广西一带，土司制度仍有存在。东北部马龙、东川、宣威、昭通、绥江等县又为一区，称东昭一带，这一区域中，地瘠民贫，水田较少，旱田为多，农民大多以杂粮为生，在滇越铁路未通前，云南与中原的交通，概由这一区域道出贵州，故曾有一时期商业繁盛，居民亦多。除上述五区外，最后一区，即为中部平原区，位置在滇池至洱海一带，约有二十余县；其范围大致与从前所谓滇中道者相符，居民均为汉人，区中灌溉便利，水田甚多，农作甚为发达，为全省经济政治的中心。

本会此次之调查，事前曾与云南民政、实业两厅研究商定，故按照上述分区进行。在中部平原区域，计调查有昆明、禄丰、玉溪三县；其次，在东北部计调查有马龙一县，东南部则有阿迷（即开远）一县。以全省所分区域言，则于中部平原，东北部及东南部三区，均得有抽样的代表。

就调查结果而言，昆明大致具有水田区域中农村经济之一般属性，如农村中租佃关系甚为发达，租田耕种的农民占全体中百分之七十以上，地主均在城内；农民所有田亩，自耕农均在十亩以下，半自耕农均在五亩以下；使用情形亦大致相似，半自耕农大都在十亩以下，佃农在五亩以下；租额很高，与正产相比时，不论上中下各等农田，大都超出，因此农村中贫穷状况，十分显著，半自耕农、佃农、雇农的负债率在百分之五十以上。

禄丰情形，也大致相似，不过生产工具与直接生产者脱离的病态，较昆明略好，租佃关系虽仍为农村中的主要关系，但纯粹佃农的数率仅百分之十二。农民所有田亩，自耕农大都在二十亩以下，半自耕农大都在十亩以下；使用情形亦大致相似，半自耕农大都在二十亩以下，间有经营一二百亩农田，雇工甚多的大自耕农——农业经营者，但为数不多；租额较昆明为低，农村中资金仍感枯竭，自耕农、半自耕农、佃农中，负债者平均占百分之五十，利息有高至七分者。

玉溪情形，亦无甚显著差异，地权分配及农户类别都与禄丰近似，即是说，租佃关系在农村经济结构中的重量，较昆明稍轻，纯粹佃农约百分之十七；农民所有田亩甚分碎，自耕农及半自耕农者，百分之九十左右均在五亩以下；使用情形，自受影响，使用五亩以下农田之农家成为农村中之绝对大多数；一般租额较禄丰为高，较昆明为低，平均约占正产量百分之八十。

昆明、禄丰、玉溪三县均以稻为主要作物，农田大都为水田，故上述情形，颇足代表云南中部平原区以及一般水田区域中的特性，尤以租佃关系及经营上的集约程度二者为最显著，六年以来，变动甚微，但在这极微的变动中，仍可看出地权之继续向地主方面在集中。这一区域中，地价很高，平均在七八十元至一百元上下，而最堪注意者，便是六年以来，地价的逐年上涨。

马龙的情形，就比较稍异。第一，这是以小麦为农作主体的区域，第二，经营方面也比较粗放。在那儿，纯粹的佃农更少，自耕农和半自耕农的总数占到百分之八十。地权情形，则自耕农大都在十亩以下，半自耕农大都在五亩以下。使用情形也不相上下，半自耕农使用五亩至十亩之间者最多，佃农则均在五亩以下，当地租额不高，平均的当正产量百分之三十。六年以来的动态，自耕农在逐渐没落中。地价很贱，每亩中等田，只值十二三元。马龙是确实代表了东北部贫瘠区域中的一般情形。

开远也是一个产稻及宜于种植甘蔗的地方，农村中租佃关系较昆明尤为发达，地主很多，纯粹的佃农占百分之六十三以上，一走到农村中时，几乎全是贫苦的佃农。其余有限的自耕农和半自耕农也大都只有着极有限（五亩以下）的田地，而且近年以来，这有限的自耕农还在不断的没落中。使用情形，佃农大都在五亩至十亩之间，租额很高，至少在正产量一半以上，所以佃农景况很苦，负债的百分比在佃农中也最高。

总之，在我们调查的三个区域中，租佃关系实为农村中的主要关系，土地所有与土地使用之分离的矛盾现象，在云南是十分严重。又因水田区域中均有鸦片种植，所以租额奇高，常超出正产量以上。农田的使用，范围都是狭小，大农经营比较少见，农村中资金枯竭异常，不论自耕农或佃农中，负债的成分都很高，利息尤为惊人，七八分者亦属常见，这原因除租税等一般关系居主要外，云南过去的滥发纸币，也是一个不可忽视的因子。不过究因四周多山，交通不便，市场关系不甚发达，帝国主义商品的侵略（滇越沿线除外）还不甚深入。

第一章　云南的自然环境概况

云南位置于北纬二十五度，东经一〇三度，全省占经线自西十度至西十九度，凡九度，北纬自二十一至二九占八度。东界贵州、广西，北界四川西康，南界法属安南，西界英属缅甸。东西距一千六百余里，南北距一千五百四十六里。面积约一百十一万方里，占各省区中的第二位。旧分四道：滇中道，驻昆明，县四十一；蒙自道，驻蒙自，县十八；普洱道，驻普洱，县十；腾越道，驻腾冲，县二十九；共辖县九十又九。十六年增置双城一县，十八年冬，又增置车里、五福、佛海、镇越、六顺、普文、江城等七县，共计一百另七县；此外沿边行政区域凡十五个，其职秩等于县治，而辖地广袤或且过之，实为将来设县之初步。南陲又有河口及麻粟坡两特别行政区域，皆置“对汛督办”，职掌保存国界，下辖对汛十处，直隶于省政府，地位亦与县同等。则云南可谓共有一百二十四县。

1. 气候

中国各省气候，因土地高低，及纬度等关系，差异殊甚。而云南气候，分温热寒三种不同之气候。其西北部（北纬二十七度以北），高峰达万四千尺，即最低之河谷，高度亦在七千尺以上。例如丽江县在北纬二十七度，高度达八千尺，终年寒冱，平均温度在四十五度左右，雪山千古不消，春夏纳须拥火，是为寒带区域。其在澜沧江下游，即本境之西南部，山岳高度，仅五千尺左右，其在北纬二十三度之思茅县，高度四千五百尺，平均温度在七十度左右，长年溽暑，而夏尤甚，低地与高地相反，殆全为热带性，夏季炎热潮湿，常见浓雾蔽天，愈低之地愈甚，往往瘴气流行，死亡时见，经商是地者，辄皆居山巅而避之，至冬至则渐凉，是为热带地域。其中部之昆明，北纬二十五度，位于六千尺以上之高原，平均温度五十七度，夏季在华氏表八十二度上下，冬季在三十二度左右，降至二十五度者甚罕，天气温和，四季如春，日炙如初夏，稍阴如早秋，故有“六月无三伏，一朝有四时”之谣，惟因空气稀薄，气压甚低，玻璃器械，辄易破裂，全境一年，只有干湿二季，干季自十一月至翌年五月，湿季自六月至十月；而高地虽当湿季，亦不甚湿，低度则湿度甚烈，以受孟加拉湾的影响，此为温带区域。二十一年云南昆明县气象报告如下：

云南昆明县气象台报告(二十一年)

月份	晴	云	阴	雨	平均气压	平均温度		总降雨量	总降雨时
						最高	最低		
1	12	1	11	2	765.55	12.6	5.2	11.3	6.5
2	10	10	1	8	761.91	14.1	5.3	60.4	46.0
3	17	7	3	4	759.00	19.3	9.2	31.5	12.0
4	14	10	2	4	755.30	23.3	13.3	37.0	9.5
5	9	9	6	7	753.27	25.8	16.5	49.6	21.5
6		2	6	22	752.42	23.0	17.4	438.3	96.1
7	1	2	5	23	752.67	23.1	16.6	332.1	80.7
8	1	1	8	21	753.94	23.3	17.9	240.1	75.8
9		2	11	16	754.77	20.9	15.8	164.9	58.9
10		6	9	16	760.94	19.7	13.0	101.8	45.5
11	9	10	11	13	761.89	17.4	10.6	20.3	28.0
12	15	8	5	3	764.67	12.3	4.6	2.7	5.7

2. 山脉

云南西部有横断山脉，世称奇观，盖中国山脉大抵为自西向东，而云南西部，与川边一带，则一变而为南北方向，与经度相平行，所以称做横断山脉；其地大山丛衍，高度多在万尺以上（如高黎贡山最高峰拔海万四千尺）。横断山脉，自西康南行，分三大支：（1）上承伯舒拉岭脉，纵亘狨江（即恩梅开江）与怒江之间者，为高黎贡山脉，其主峰在腾冲县北一百二十里之高黎贡山，入缅甸境。（2）上承他念他翁山脉，纵亘怒江、澜沧江之间者，为怒山山脉，主峰在维西县西北（地为怒夷所居），其脉南入缅甸境。（3）上承宁静山脉，斜倚于澜沧、金沙两江之间者，为云岭山脉，主峰在丽江县西北三十里之玉龙山，又南抱大理之洱海，为点苍、鸡足、梁王诸大山。是脉至此，又分二支：（1）南下，纵亘澜沧江、把边江（下即安南之李仙江）二江之间者，为蒙乐山脉，主峰在景东县，西北九十一里之无量山，是脉南入法领，接安南山脉，其崛起鄂嘉、景东两县界，斜倚把边江与河底江之间，并行入安南者，为哀牢山脉，则为蒙乐山脉东面分出之旁支。（2）东折，迤逦于金沙江、元江、盘江之间者，为乌蒙山脉，系南岭首部，主峰在禄劝县东北二百里之乌蒙山，其干支分走入贵州境，其自滇池西南庙儿山分出，东南迤盘、元二江之间者，为火焰山脉，六诏山脉，系勾漏首部，主峰皆在文山、广南两县交界处，其干支分走入广西境，昔为南岭一支，今则自成一系。

3. 河流

境内河流，其最主要者，为金沙、澜沧、怒江三川，各以其山脉的形势而导流，是以云岭山脉为金沙江与澜沧江之分水岭。怒山山脉为澜沧江与怒江之分水岭。高黎贡山为怒江与龙骨江（下游即恩梅开江）之分水岭。云岭主峰在丽江县西北，亦曰雪山，北临金沙江，上有十二峰，山巅积雪，经夏不消。南下至大理城东又崛起而为鸡足山，自此东行，即为乌蒙山脉，金沙江之由东南流突折而为东北流者，实为云岭山脉阻之也。兹将河流分述如下：

金沙江　金沙江，以江底产金得名；为长江上源，发源处拔海万六千尺，巴塘距水源千五百里，拔海九千尺。自巴塘以上，藏名州曲，蒙名穆鲁伊乌苏，南流入境至鹤庆县石鼓，折向北行，至永宁县西之干却，又顺流南行至鸡足山相近，因受云岭之阻，折向东北流，曲折至四川、云南边境间，会鸦盘江（小金沙江）之水东流入四川之叙州府，巴塘以下，叙州以上，三千里间，称为金沙江，水势湍急，绝少航行之利，叙州为大江航路之起点。

澜沧江　该江源出西康之杂楚河，南流入境，过维西县，东溢一支，曰漾濞江，左岸先后纳剑湖、洱海之水，至顺宁县东，复归本流，右受孟佑河、南允河，左受巴景河、罗梭江之水，经安南入海，其流经云龙、永昌之间，广仅三十余丈，其深莫测，其流如奔，上架铁索桥。澜沧江与漾濞江之分水岭高八千尺。

怒江　怒江或讹为潞江，源出西康、西藏边境之布克池，南流入境，驰行于怒山、高黎贡山之山谷间，至镇康县西，左纳枯柯河，近滇缅交界处，又纳南丁河、南板江之水，南行入海，怒江以波涛汹涌而名，其西即高黎贡山，径隘箐深，马不可骑，为西出腾越之要冲，路旁古树擎天，夹道绿竹，密似重帘，相传行人过此，不得高声嘻笑，笑则无风即雪，遇阴即降。上下贡山凡百二十里始到片马，日午过此，黑暗惊心。

狨江　即恩梅开江，源出高黎贡山，水流湍迅，合野人山之戛鸠江，会流入缅甸之伊洛瓦底江，水流益浩瀚汹涌，兵轮商轮，通行无阻，自缅甸灭于英，下游通海之道，尽为英有。

南盘江　即泸江，源出石屏县之石屏湖，及澄江县抚仙湖诸水，东流广西、贵州边境，入广西之黔江。

元江　下游即安南之富良江，源出楚雄县之紫溪山，会马龙河、白岩江之水，迤逦于哀牢山脉火焰山脉之间，入安南之富良江。

李仙江　即把边江，源出蒙乐山脉东支间，与蒙乐山脉并行，南行入安南。

湖泊，则有昆明之滇池，在昆明之西南，周三百余里，苍崖万丈，绿水千寻，风景幽秀之至，有小轮航行于昆明、昆阳之间，是为云南独一无二之水上航行，下游即普渡河，入金沙江。洱海，在大理东，水面狭长，形如人耳，故名。拔海六千五百尺，古名叶榆泽，亦曰洱水，长九十里，广十里乃至二十里，波涛万顷，澄泓一色，源出于洱源县北之罢谷山，汇山溪诸流，又合点苍山十八川而成巨浸，西南流，会于漾濞江。洱海水淡，其上渔船甚多，至其灌溉之利，与滇池相比美。其余如澄江县之抚仙湖、江川县之星云湖、河西县杞麓湖，而抚仙、星云二湖，相距不过数里，蒙自之缕海，石屏县之石屏湖，均称湖光山色，风景宜人。

4. 面积

云南全部面积，计一百十一万方里，每里以五百四十亩计之，则有五亿九千九百四十万亩，根据国府统计局材料，云南全省耕地面积，为二千七百十二万五千亩，则耕地（九十八县）面积，只占全部土地（包括山林川泽）4.525%。而云南素称山国，以其地多崇山峻岭，故耕地面积，实占少数，是无疑问，惟耕地究竟是否为二千七百十二万五千亩，是尚有探讨之必要。

第一，根据云南清丈处已清丈完竣之十县报告，清丈之结果，溢出亩积一倍乃至三倍者，则将来全省清丈完竣，全省耕地之面积，则必倍于现在所统计之数字，兹将清丈处清丈完竣之十县报告录下以供参考：

（旧有亩积＝100）

县别	旧有亩积	新测亩积	增溢亩积	增加之百分率
昆明	178000.000	431877.990	253877.990	242.62
晋宁	51000.000	123415.400	72415.400	242.00
呈贡	54000.000	253261.500	199261.500	469.00
昆阳	64191.100	200079.400	135888.300	311.13
宜良	81110.000	274544.514	193434.514	339.47
澄江	61000.481	133273.100	72272.616	218.48
富民	24920.800	66807.800	41887.000	268.09
安宁	61659.990	234544.283	172884.293	380.39
玉溪	108244.260	202571.200	94326.940	187.14
嵩明	103319.120	363242.400	259923.280	351.57
总计	787445.754	2284328.587	1496882.833	290.09

根据上表十县清丈之结果，增溢耕地290.09%，实际增加已将两倍。

第二，国府统计局所发表耕地之数字，是根据云南九十八县之报告而汇成，惟单就其中昆明等十县已清丈完竣之县份，耕地之数字亦有出入处，兹将国府统计局昆明等十县耕地数字抄录于下：

县别	亩数	县别	亩数
昆明	600000	澄江	61000
晋宁	50000	富民	56000
呈贡	59000	安宁	140000
昆阳	71000	玉溪	95000

续表

县别	亩数	县别	亩数
宜良	120000	嵩明	346000
总计	1598000		

上列十县之数字，只有昆明一县，是超过新测亩积计十七万亩，其余九县，均在新测亩积数字之下。如以此十县耕地数字1598000亩，与新测亩积2284328.587亩比较，则新测亩数增加142.95%，如果舍去昆明只以晋宁等九县来推算，国府统计局九县耕地为998000，新测九县亩积为1852450.597，则新测亩积应增加185.62%。

第三，云南现有行政区域，计有一百另七县，十五设治局，二特别区，一市区。除昆明市并入昆明县及特别区并入靖边马关不计外，国府统计局只九十八县之统计，尚缺西畴、江城、双江、车里、五福、佛海、镇越、六顺、永仁等九县；及威信、金沙、靖边、猛丁、临江、干崖、盏达、陇川、猛卯、芒遮板、泸水、阿墩子、上帕、知子罗、菖蒲桶等十五设治局之耕地统计（滇省之西南部、西北部，与英、法、缅甸、安南相毗连，居民大都夷人，故政府特置设治局以治之，为将来设县之初步），而设治局区域，其广袤且有超过内地县治者，基上三点原因，则云南耕地非全部清丈完竣后，无从知其确数，但可确知其耕地面积必超过国府统计局之材料（即二千七百十二万五千亩）。兹就国府统计局所发表云南各县耕地之数字，其已清丈者，则根据新测亩积，并根据二十二年云南民政厅户口总调查册，汇成云南各县总户农户田地表如下：

云南各县总户农户田地表

县号	县名	户数		田地亩数		
		总户数	农民户数	总亩数	水田亩数	旱地亩数
1	昆明(市)	66704	28540	431877	310951	120926
2	富民	6971	4940	66807	39416	27391
3	晋宁	9688	8428	123415	113542	9873
4	呈贡	16126	10482	253261	103077	150184
5	宜良	22242	17097	274544	183039	91505
6	易门	12254	11089	56000	37000	19000
7	安宁	10766	9689	234544	130641	103903
8	禄丰	7116	5692	62973	40932	22041
9	罗次	9759	5855	347000	322000	25000
10	嵩明	20513	17751	363242	232724	130518
11	昆阳	11030	9044	200079	143717	56362
12	武定	25696	22098	434000	217000	217000

续表

县号	县名	户数		田地亩数		
		总户数	农民户数	总亩数	水田亩数	旱地亩数
13	元谋	7759	6575	239000	70000	169000
14	禄劝	23959	17250	200000	50000	150000
15	澄江	14330	10747	133273	87520	45753
16	玉溪	28287	18386	202571	159931	42640
17	江川	13773	12492	35000	20000	15000
18	路南	18099	17915	359000	64000	295000
19	曲靖	24035	15622	250000	198000	52000
20	沾益	33732	33563	315000	290000	25000
21	陆良	33617	32151	225000	180000	45000
22	罗平	24626	14283	150000	18000	132000
23	寻甸	29925	23940	420000	252000	168000
24	宣威	58467	48692	215000	58000	157000
25	马龙	9342	8713	130000	62000	68000
26	平彝	23639	22009	335000	3000	332000
27	巧家	40369	32295	542000	216000	326000
28	昭通	46651	38393	800000	168000	632000
29	大关	23284	17625	225000	124000	101000
30	永善	34344	22427	200000	80000	120000
31	绥江	16544	8454	200000	18000	182000
32	鲁甸	14147	12732	553000	27000	526000
33	镇雄	59937	41956	1362000	613000	749000
34	彝良	35544	24881	806000	274000	532000
35	楚雄	22824	21774	199000	107000	92000
36	广通	8077	7654	160000	104000	56000
37	双柏	13355	10176	120000	59000	61000
38	牟定	17125	13700	214000	176000	38000
39	盐兴	5192	3634	110000	50000	60000
40	盐津	17798	12458	580000	80000	500000
41	蒙自	26699	21359	318000	159000	169000

续表

县号	县名	户数		田地亩数		
		总户数	农民户数	总亩数	水田亩数	旱地亩数
42	个旧	16496	6928	244000	181000	63000
43	建水	44150	17836	199000	75000	124000
44	河西	15696	5179	128000	41000	87000
45	峨山	13650	7215	105000	25000	80000
46	石屏	32218	14820	116000	85000	31000
47	通海	16466	6805	24000	8000	16000
48	开远	19636	13745	125600	25120	100480
49	文山	37833	34049	603000	90000	513000
50	马关	37197	26038	1050000	168000	882000
51	广南	51486	20543	1667000	267000	1400000
52	富州	17654	12358	512000	87000	425000
53	泸西	29919	23845	160000	100000	60000
54	师宗	9970	6979	113000	37000	76000
55	弥勒	24038	12019	1095000	756000	339000
56	邱北	13412	8342	564000	94000	470000
57	华宁	20792	16634	1080000	648000	432000
58	西畴	27429	16457	84855	50913	33942
59	曲溪	6330	4431	10000	9000	1000
60	宁洱	14044	9831	268000	214000	54000
61	景谷	17904	12621	82000	58000	24000
62	墨江	24961	19219	150000	10000	148000
63	思茅	5573	2786	144000	108000	36000
64	元江	18319	12823	94000	36000	58000
65	新平	12775	11625	152000	76000	76000
66	澜沧	37468	21656	503000	161000	342000
67	镇沅	11038	7760	29000	19000	10000
68	景东	32074	16165	179000	70000	109000
69	缅宁	16809	13511	247000	105000	142000
70	江城	5759	4147			

续表

县号	县名	户数		田地亩数		
		总户数	农民户数	总亩数	水田亩数	旱地亩数
71	双江	11466	8255			
72	车里	7559	5442			
73	五福	7166	5158			
74	佛海	5513	3859			
75	会泽	58413	40889	206000	96060	110000
76	镇越	5150	3708			
77	六顺	6634	4776			
78	滕衡	52596	36817	313000	232000	81000
79	龙陵	18725	16722	180000	80000	100000
80	保山	67045	44471	214000	161000	53000
81	大理	16192	11027	134000	131000	3000
82	顺宁	42612	34409	260000	144000	116000
83	镇康	23823	20460	102000	32300	70000
84	永平	7596	6381	138000	134000	4000
85	祥云	21067	14747	208000	146000	62000
86	洱源	11297	8857	104000	70000	34000
87	邓川	7157	4695	74000	51000	23000
88	云龙	15214	10649	183000	93000	90000
89	凤仪	10402	7666	70000	59000	11000
90	云县	22912	16038	218000	90000	128000
91	漾濞	5059	3556	38000	37000	1000
92	姚安	18099	12099	177000	114000	63000
93	华坪	14414	10089	527000	318000	209000
94	蒙化	36884	22130	276000	132000	144000
95	弥渡	17672	15699	117000	60000	57000
96	鹤庆	15309	13778	201000	181000	20000
97	剑川	13501	9450	80000	55000	25000
98	中甸	6034	5114	85000	34000	61000
99	丽江	28375	14188	208000	125000	83000

续表

县号	县名	户数		田地亩数		
		总户数	农民户数	总亩数	水田亩数	旱地亩数
100	维西	9107	6858	66000	20000	46000
101	兰坪	12409	7445	101000	34000	67000
102	大姚	14809	14512	96000	48000	48000
103	永仁	15653	10957			
104	宾川	18232	16409	225000	112000	113000
105	盐丰	5995	4196	212000	127000	85000
106	镇南	16712	11698	128000	80000	48000
107	永北	22276	15593	178000	12500	53000
108	威信设治局	7606	5324			
109	金河设治局	6380	4466			
110	靖边设治局	14769	10338			
111	猛丁设治局	3352	2346			
112	临江设治局	2072	1450			
113	干崖设治局	5475	3833			
114	盏达设治局	5111	3578			
115	陇川设治局	2272	1590			
116	猛卯设治局	4599	3219			
117	芒遮板设治局	7907	5535			
118	滤水设治局	3434	2404			
119	阿墩子设治局	1214	849			
120	上帕设治局	4316	3021			
121	知子罗设治局	3280	2296			
122	菖蒲桶设治局	1985	1390			
总计		2338272	1659364	27896183	12592603	15303680

注：1.总户数系根据云南民政厅民国二十二年户口总调查册所录。2.农民户数系按国府统计处之数字比例折算而成。3.田地总亩数系根据国府统计处所发表之数字，惟昆明、西畴等十一县，则根据云南清丈处之清丈报告。4.昆明、西畴等十一县之水旱耕地面积，按国府统计处之水旱田比例折算，其余县份则根据国府统计处之数字。

根据上表统计结果；全省农户占总户口之70.96%，全省耕地总面积（缺八县十五设治局）为27896183亩；水旱田之比例，水田占45.14%，旱田占54.86%。

第二章　云南的政治经济概况

1. 民政

云南民政总括看来，尚属进步。但与腹地省份同犯名不副实的毛病。查云南有百零七县及昆明市中，有四十八县名为完成自治，但自治的实质，并不是代表人民的利益。各区长多是由自治学校卒业的青年学子，并经政府指派。其中认真办事，肯为人民谋利者，亦尚有之。

警察行政，各县均有，条理尚欠整齐，例如警察人数不能与户口或人口为比律。枪支亦不全。

保卫团各县及各设治区均有。人数不定，枪支多于人数。但枪支甚坏，枪数约共九千余支。

除正式军队以外，县政府及其它有统计的枪支在一万五千以上，可知道云南地方之不靖，且每到村中小市镇，都可看见许多碉楼林立，作为截匪击匪的保障。

根据二十一年云南民政厅全省户口总调查统计报告书，云南的人口约11795486。其分布状况，平原每方英里约四百余人，山地约四十余人除老年及未成年外，其职业分类如下：

农人	2437684	43.74%
工人	709397	12.73%
商人	169602	3.04%
学界人	43503	0.78%
军政界人	56482	1.01%
家事人	1628281(注)	29.04%
自由业人	26093	0.19%
不正当业	40047	0.72%
无职业	352537	6.32%
废人	134989	2.42%
计	5572882	100%

注:(1)家事人即各界家中妇人;(2)此表原文为汉字,为表格阅读方便,转录为数字。

云南全省自治，已完成者计有四十八县，其西南部与西北部因地面辽阔种族语言之复杂，则设立设治局，委任佐治人员治理之，兹将云南全省自治及警卫人数列表如下：

县名	自治	警察		保卫	
		人数	枪	人数	枪
昆明市	完成	785	418	116	82
昆明县	完成	42	27		
富民		23	10	91	136
晋宁	完成	34	14	46	59
呈贡	完成	33	29	35	91
宜良		23	52	51	138
易门	完成	26	10	71	160
安宁	完成	28	10	81	25
禄丰	完成	14	14	131	92
罗次	完成	45	17	68	
嵩明	完成	23	18	31	61
昆阳	完成	21	11	57	242
武定		10	14	57	
文谋	完成	11	7	61	172
禄劝		11	10	32	85
澄江	完成	36	20		
玉溪	完成	50	52	74	206
江川		16	6	114	150
路南		34	7	21	14
曲靖		44	141	61	69
霑益		22	17	101	110
陆良		52	12	67	81
罗平	完成	14	0	70	
寻甸		52	7	28	25
宜威	完成	36	20	151	98
马龙		28	0	78	91
平彝		23	10	71	121
会泽		28	6	120	94

续表

县名	自治	警察		保卫	
		人数	枪	人数	枪
巧家		39	4	71	91
昭通		116	11	28	327
大关	完成	22	12	55	84
永善	完成	67	46	61	84
绥江		12		46	86
曾甸	完成	23	13	41	38
镇雄		22		121	61
彝良	完成	14	10	41	38
楚雄	完成	23	4	85	145
广通		27	24	31	
双柏	完成	10	9	94	258
牟定		18	17	41	43
盐兴		63	47	41	43
盐津		14	20	126	110
蒙自		46	50	55	173
个旧		78	26	325	32
建水		11	2	235	
河西		12	10	45	69
峨山	完成	22	14	41	
石屏		60	38	45	
通海	完成	14		85	
开远		34	14	65	
文山	完成	20	13	81	400
马关	完成	22		110	
广南		15	10	55	33
富州		10		45	95
泸西	完成	23	11	85	
师宗		9	5	35	136
弥勒	完成	33	10	85	33

续表

县名	自治	警察		保卫	
		人数	枪	人数	枪
邱北		19		85	
华宁		15	5	120	287
西畴		10		95	168
曲溪	完成	38	5	55	
宁洱	完成	26	14	131	90
景谷	完成	15	21	21	9
墨江		26	14	41	17
思茅		15	21	34	83
元江	完成	34	10	61	57
新平	完成	15	17	61	34
澜江	完成	20	20	55	34
镇沅				55	
景东	完成	14	8	91	109
缅宁		13		68	107
江城	完成	7	7	51	32
双江	完成			18	30
车里				20	17
五福	完成			20	13
佛海				16	6
镇越				21	3
六顺	完额			21	21
滕衡		67	67	79	101
龙陵		13	4	21	27
保山		75	15	90	250
大理		73	22	45	145
顺宁		40	19	86	170
镇康	完成	10		60	62
永平	完成	20		25	51
祥云		43	8	37	82

续表

县名	自治	警察		保卫	
		人数	枪	人数	枪
洱源	完成	19		42	120
邓川	完成	22		35	157
云龙	完成	62	29	65	
凤仪		40	22	42	128
云县		36	20	120	
漾濞	完成	14		35	167
姚安		31	12	45	123
华坪		6		71	71
蒙化		56	26	31	
弥渡		29	20	41	140
鹤庆		25	10	121	216
剑川	完成	37		61	
中甸		12	38	19	
丽江		33		109	109
维西		16	10	54	52
兰坪	完成	11	3	96	124
大姚		23		101	
永仁		12	7	51	72
盐丰	完成	24		46	
镇南		13	10	81	
永北		67		45	
宾川	完成	79	33	164	101
威信治局				52	15
金河治局				71	
靖边治局				35	17
猛丁治局				35	45
临江治局				21	24
干崖治局					
盏达治局				24	

续表

县名	自治	警察		保卫	
		人数	枪	人数	枪
陇川治局				20	
猛卯治局				45	
芒遮治局					
泸水治局				80	6
阿墩孜治局				27	33
上帕治局				11	6
知子罗治局				40	43
菖蒲桶治局				17	23
合计 123	48 完成	3719	1914	8297	9114

2. 教育

云南省之教育经费独立始于民国十八年三月。自十九年度起，逐年收入，均有增加，平均每年约滇票五百万余元（合大洋六十三万元）。该款来源是由省府决议，指定卷烟特捐作为全省教育专款，并规定该项特捐未实行整理增加收入以前，若有不敷，应由财政厅如数拨足。经费既已确定，云南教育，今后当有发达的希望。滇省的教育，在满清时已有相当基础。宣统三年教育经费即达四十万余两（国币六十万余元）。民元时。亦不下六十三万余元，至民五护法军兴，库款支绌，经费减至十四万余。民十二年以后币价低落，学务人员之精力殆大半疲于经费之奔走呼号，难有进展。民十七，滇省政府召集整理内政会议，教育厅乃提出“请划拨教育经费保障其独立”之议案。至十八年，始得圆满结果。教育经费全恃卷烟特捐共分三种征收：

（一）纸卷烟捐率分为下列十六项

项目	1	2	3	4	5	6	7	8	9	10	11	12	13	14	15	16
每 10 枝捐银数	0.01 元	0.02	0.03	0.04	0.05	0.06	0.07	0.08	0.09	0.10	0.12	0.14	0.16	0.20	0.25	0.30

（二）叶卷烟捐率分为下列两项

甲．外国或外省

一等（大枝吕宋烟）每枝纳捐一角至三角

二等（小枝吕宋烟）每十枝纳捐一角至三角

乙．本省造叶卷烟分五等

一等每百枝纳捐一角八仙至二角

二等　　　　一角六仙至一角八仙

三等　　　　　一角至一角二仙
四等　　　　　六仙至八仙
五等　　　　　四仙
（三）烟丝其烟叶捐率分为下列两项
甲．烟丝分三等
一等每担值国币一百元以上者纳费二百元
二等每担值国币五十元以上至百元者纳捐一百元
三等每担值国币五十元以下者纳捐五十元
乙．烟叶分三等
一等每担值国币一百元以上者纳捐一百元
二等　　　　　五十元以上至一百元者纳捐五十元
三等　　　　　五十元以下者纳捐二十五元
滇省教育经费之分配如下：

二十一年度教育支出预算表(单位旧滇币元)[1]

款目	预算数	备考
第一款省办学校教育费	2296470 元	大学由省库补助 194280 元
第二款各校学生奖助学金	545100 元	
第三款省办社会教育	411988 元	
第四款留学费	406440 元	
第五款县市私学	137916 元	
第六款学术文化团体补助	29700 元	
第七款经费管理费	162630 元	
第八款教育厅及附属机关费	105000 元	
第九款各县区义民教育补助	487450 元	
第十款预备费	229134 元	
合计	4811828 元	

滇省最高学府为东陆大学，校址在昆明。该校发起于民国九年。十一年筹备成立，始办预科。十四年春办文、工科。因须提高中学程度，故于十六年春办附属中学。十七年第一届本科学生毕业。民十九停办预科及中学。校制一切均遵照中央法令办理。现校内各学院分系如下：

[1] 为表格阅读方便，此表中作了数字转换。下同。——编者。

文理学院	政治经济系
	法律系
工学院	探矿冶金系
	土木工程系
教育学院	文史地组
	数理化组
	教育组
医学专修科(为将来改医学院之准备)	

全校学生约共二三百人，职员六十余人，教员六十余人。

每月经费共现金一万一千八百元（合大洋八千二百元）。

中等教育及师范机关全省共有八十所，普设于六十余县，约每两县有中学一所。

全省小学统计约如下

	高级小学	初级小学	幼稚园
省立	6 校	6 校	2 校
县立	228 校	874 校	
区立	411 校	8536 校	1 校
学生数	40245 人	407014 人	1403 人
教职员数	2743 人	15265 人	59 员

根据云南民政厅二十一年云南全省户口总调查统计报告书，成年（十九岁以上）的识字人数，仅9.3%（识字者 485541 人，不识字者 4663239 人），而十三岁至十九岁的识字者增至10.3%（内识字者 256113 人，不识字者 1266030 人）；学龄儿童识字人数又增至16.5%（已入学者 287293 人，未入学者 1450275 人），未始非教育逐渐普及之表现也。但昆明城里仍不免有私塾，乡间小学虽挂学校牌字，教员仍是教小学生读《三字经》《百家姓》《论语》《诗经》。其所以如斯者，缺乏人才为最大原因。不但小学如斯，所见中学，程度亦不甚高。据在大学教书的朋友谈，亦感觉人才的缺乏。闻教育界党派意见甚深，此诚为学术进步之大障碍，亟须改革者也。

云南省城民众教育馆

民众教育馆即文庙旧址，因陋就简，改为六部，每部设备尚属完全。游览人亦踊跃。读书室、杂志报纸阅览室，都常有不少读者。该馆历史是由民国十九年始办云南省立博物馆及民众图书馆。二十一年改名云南省立昆华民众教育馆。一切组织都是按照教育部颁行的民众教育馆组织规程办理。现已有总务、出版、阅览、陈列、健康、推广诸部。每月经常费不过国币千元。该馆的组织内容及经费如下：

<table>
<tr><td rowspan="2">名称</td><td colspan="6">职员</td><td colspan="6" rowspan="2">组织</td></tr>
<tr><td colspan="3">男</td><td colspan="3">女</td></tr>
<tr><td rowspan="2">云南省立昆华民众教育馆</td><td colspan="3">38 人</td><td colspan="3">1 人</td><td>健康部</td><td>推广部</td><td>出版部</td><td>总务部</td><td>阅览部</td><td>陈列部</td></tr>
<tr><td colspan="6">总计 39 人</td><td colspan="6">活动场所</td></tr>
<tr><td>馆址所在地</td><td colspan="6">职员资格</td><td rowspan="4">国术研究会
网球场
乒乓球室
儿童运动场
星期旅行团</td><td rowspan="4">通俗演讲会
美术研究会
民众音乐室
民众音乐研究会
民众棋弈室</td><td rowspan="4">民众生活周刊社
民众书报室
民众丛书编辑处</td><td rowspan="4">文书处
会计处
庶务处</td><td rowspan="4">普通阅报室
杂志阅览室
妇女阅览室
儿童阅览室
普通阅览室</td><td rowspan="4">科学陈列室
卫生陈列室
美术陈列室二
古物书画陈列室
实业出品陈列室</td></tr>
<tr><td>昆明市孔庙内</td><td>大学毕业者</td><td>高师毕业者</td><td>专科学校毕业者</td><td>师范学校毕业者</td><td>中学毕业者</td><td>其他</td></tr>
<tr><td>成立年月</td><td rowspan="2">3 人</td><td rowspan="2">4 人</td><td rowspan="2">9 人</td><td rowspan="2">6 人</td><td rowspan="2">9 人</td><td rowspan="2">8 人</td></tr>
<tr><td>二十一年四月</td></tr>
<tr><td>馆长</td><td colspan="6" rowspan="2"></td><td colspan="6" rowspan="2">此外尚有设计委员会及经费稽核委员会等组织</td></tr>
<tr><td>陈玉科</td></tr>
</table>

<table>
<tr><td colspan="8">经费</td></tr>
<tr><td rowspan="2">经常岁入数</td><td rowspan="2">临时费岁入数</td><td colspan="6">岁出数</td></tr>
<tr><td>职员薪俸</td><td>事业费</td><td>办公费</td><td>修缮费</td><td>推广费</td><td>出版费</td></tr>
<tr><td>96000</td><td>定数</td><td>72000</td><td>14400</td><td>9600</td><td>24000</td><td>30000</td><td>24000</td></tr>
<tr><td>来源</td><td>来源</td><td></td><td></td><td></td><td></td><td></td><td></td></tr>
<tr><td>省教育经费委员会</td><td>同上</td><td></td><td></td><td></td><td></td><td></td><td></td></tr>
</table>

3. 财政

云南的财政，在清时常受黔、川两省之协助。民国以来，虽协助中绝，尚能自给。自民国四年以后，因护国军讨袁，军需异常扩大。截至民十八，无日不在内战空气中，所以财政困难，达于极点。政府为弥缝计，铸造劣等现币，发行纸币，致使财政更加紊乱。加以政府及土匪向农村捐款，征夫，征粮，征税。小匪四出，鸡犬不宁。尚幸该省民气不开，交通不便，外国货物输入不多，风俗俭朴。自民十八以来，财政渐次整理，颇有成效。兹将二十年度收支预算照录如下（根据云南财政特刊，二十年财政厅印行）：

云南省财政厅二十年一月至六月收入统计表(单位:元)

税目		二十年收入概算	每年平均应收数	半年实收数	备考
田赋及附税		1100000.00	91666.66	268756.90	照银本位计算
牲屠税		450000.00	37500.00	785914.06	
商税		160000.00	13333.00	32537.76	
茶税		40000.00	3333.33	22370.51	
糖捐		260000.00	26666.66	43395.45	
锡税		750000.00	62500.00	167142.20	
厘金		530000.00	44166.66	144107.56	
布纱杂货附捐		700000.00	58333.33	232301.87	
煤油化妆品附捐		500000.00	41666.66	22944.72	
川盐捐		150000.00	12500.00	47832.72	
烟酒税		500000.00	41.666.66	177406.12	
契税矿税官租及各项杂收		110000.00	9166.66	130127.96	
河口俱乐捐		60000.00	5000.00	6212.62	
盐税		840000.00	70000.00	520000.00	根据盐务稽核所税收概算之数
军饷捐		800000.00	66666.00	402440.94	根据盐运使署函报预算数
禁烟罚金		4060000.00	338333.33	1442081.29	根据禁烟局呈报预算数
造币余利		480000.00	40000.00	200000.00	省令每月以纸币十万元解厅补助军政临时费,其余解整理金融委员会 省府议决拨充建设修路经费
印花税				15836.20	
个旧俱乐捐				154212.62	
消费税				812672.93	
总计	本位币	11490000.00	957499.94	5028244.43	
	纸币	57450000.00	4787499.70	25141472.17	

云南省财政厅二十年一月至六月支出统计表(照银本位计算)(单位:元)

科目		经常支出	临时支出	上年度支出	合计
党务费		51320.00	2375.00		53695.00
陆军费		1136108.49	1144487.25	17539.61	2298135.35
省政府费		27436.51	183846.93	1345.68	212692.12
民政费		109662.99	70726.57		182052.43
财政费		164126.22	20500.17		184626.39
教育费		47452.40	11440.00		58892.40
建设费		122730.74	10744.46		133475.20
农矿费		14289.33	92004.80	1112.84	107406.97
外交费		6397.44	4275.87		10673.31
司法费		39140.13			39140.13
市政费		142139.15	4706.18		146846.33
各项补助费		25393.12	4237.04		29630.16
杂费		36814.97	42284.32	1728.00	80827.29
整理金融款			2429094.58		2429094.58
交通费		22837.09			22837.09
总计	本位币	1945848.58	4020723.17	23389.00	5989960.75
	纸币	9729242.90	20103615.85	116945.00	29949803.75

注:根据云南财政厅之统计,纸币五元抵本位币一元。

据深悉云南财政者言：该省收入，每年至少在一千六百余万以上。目下财政，亦算能实现统收统支，但财政前途，仍不容许乐观。因若将来鸦片禁绝，收入顿减少半数。以交通不便，工商不发达的时期，一时要增加税收百分之五十，是万不可能的。如须彻底禁烟，则除中央补助经费，同时改良农业，振兴工业，以增加收入外，别无良法。况云南地域辽阔，约百余县，每年行政费预算至少四百四十余万元，较之江浙只及七分之一。以边疆之省，界于两大国领土之间，行政费用如此之少，可算省无可省了。现时因为政费不丰，致使边疆的吏员，难免贪污，诸事更形腐败，不可不注意也。

云南的苛捐杂税，我们调查所得不多，其性质异常复杂，因云南捐税全省颇不一律：因人而异，因地而异，因事而异，因时而异。比较普通的有：门户摊派、屠宰、酒税、人马店、馆店、斗称、戏园、小号、碾、船、押号、栈、油行、路捐、摊子、水款、牙捐、布捐、皮捐、党务、米代等类。带有地方性的有旱碾、水碾、兽毛、杉板、各项兜捐、川烟、板橘。

又有同一捐而巧立名目作几种收法者，如屠宰捐可分为官肉、牲屠、肉案、胖猪、屠案、屠宰验查等。

现政府拟将杂税取消，而附加于田赋上。上上田每亩加税至六角，中上一角一分二厘，下上四分。

云南的通货最通行的共有三种：

（一）新滇票，系云南省立富滇新银行最近所发行。目的在改良该省币制，取消旧滇币，以后拟一律通行新票，现规定每新滇币一元换该省所铸之银质半开币（每枚五角）两枚（即一元）。

（二）半开银圆系该省历年来所铸，重量三钱六分，即两枚合七钱二分。所以二枚等于一元。但因为汇水的关系，早晚时价不同，大概三个半开币可以换国币大洋一元。半开币在市面上换新滇票，虽名为一元兑三元。但收用银币的人对半开银元仍有新旧之分，此由于银之成色不同。最喜用的是清末时所铸者；以唐督以后龙主席以前的为最劣。

（三）旧滇币系唐督滇时富滇银行所发行之纸币。因政治的变迁，原来一元纸币可值半开银币一元（二枚），现时旧滇币五元；只可换半开币一元；旧滇币七元五角只能换国币一元。人民所受的损失，可想而知。

云南财政之主要收入——鸦片税

初到昆明，就看见劳动市民很多是带了一副无精打采的样子。我们坐人力车都要注意选择强壮的车夫，不然不是使你达不到目的地，就是两步一喘，三步一停。昆明市的机关，一般的商店和手艺店，日间都是开门甚迟。以昆明之微，人口不过十四万余，据说每日要销熟烟约八千余两。坐在四等的小火车里面，一个车厢里也可以发现一二个烟灯。由昆明到昆阳的小轮船，不过三小时的航程，也有人要烟灯横陈的过瘾。烟瘾之养成大约不外下列数因。

1. 富人无事做，吃烟以消闲，因而成瘾。

2. 因病吸烟治疗而成瘾。老百姓因无知识，医生又没有好的。凡一生病，都以鸦片烟为医百病之良药，因为多吸鸦片，可使知觉麻醉，如牙痛、湿气、花柳，甚至如脚指痛，都以吸鸦片烟疗之。

3. 因娱乐而吸者。社会缺少正娱媒乐。青年多流于赌与嫖。嫖赌必以吸烟补神，终致成癖。

4. 劳动阶级每因劳动过度，常吸一口烟，可得暂时的舒畅，因而成瘾者不少。

5. 由社交应酬，普及更快，致使家中妇女受害者亦不乏人。

云南因为（一）官不禁鸦片，（二）鸦片烟价廉，所以烟毒已深流入了上中下各种社会。有瘾的人虽无确实的统计，在成年的男子总有百分之三十五乃至四十。若是外省人到了云南，一旦染了此癖，则永无出云南而回家乡的希望了。

吸烟的人，无论任何人都说烟是世界上最可恶的东西。吸烟有烟瘾症者，莫不希望政府彻底禁烟。在吸烟人心里，只要市上无买烟所，当然成为不戒自戒了。反之，只要有买处，烟瘾者虽明知犯法，亦非买一点来畅快一时不可，所以各地禁烟不成，不由于人民的反对，实在于政府的敛财。

鸦片为害云南农村至为明显。大约农家的衰落十分之八是由于吸烟。凡一家农人的兴旺，全靠当家（主人）为人如何。若主人一朝将鸦片成瘾，家中一举一动，都由紧张而变成松缓了。因此田园荒芜，收入低减，而消费方面特别增加。除购烟与纳烟捐需款外，还须增加医药费。五口之家，因而家破人散，其惨不可言状。因此男则为盗，女流为娼，小则为害一方，大则为害社会。加以吸鸦片成瘾后，都不愿努力工作，得过且过，至财产用尽，则思为非作歹。有本领的则造群结党，以为绿林豪杰，无能的只好偷窃农产品或四季小菜，至使农村无不受害。农人为预防损失计，或不敢种植小菜花果；或稻谷之类不待成熟，即提前收割，以免偷盗。可见间接直接农村受其毒害，实难言其万一。如鸦片烟不禁绝，贼盗则不能消灭，地方绝无安宁的可能，为害农村前途，实可叹也。

云南当局，莫不认禁烟为目前的急务，但虽如此说，事实上却不易办到，因为云南烟一旦禁绝，财政收入则必大减少，况且除特税、附加税、地亩捐等等收入都出于鸦片外，尚有价值一两千万元的特货输出，可以从外省换来大批的洋纱布疋等，这都是云南当局看得到的，因此云南的禁烟，非中国全部禁烟有具体办法后，是不可能行的。但他们虽在此困难环境之中，还在想设法改良寓禁于征的办法：

（一）禁种，放弃多种多罚的办法，而采取限种改种的政策，以每年递减，五年完全改种他种农产品，以免农村经济之受恐慌。

（二）禁运，采统运统收政策，不使私漏。

（三）禁吸，采取公膏办法，使已成瘾者，自由戒除，日渐减少，未成瘾者，无法玩弄，不再增加。

云南鸦片税

（一）地亩捐，凡种鸦片之田亩，除纳正当粮丁以外，须再纳一种特别税，名曰地亩捐（又名禁烟罚金）。近来由禁烟局酌量情形，限定各县最高种烟亩数，每亩须纳滇币十五元，若超出所指定的亩数，须预先呈报，照章纳税，不然被区公所查出后，罚十分之三，经县长查出，罚十分之五，经禁烟局查出倍之。所以云南百零七县十五设治局，每县平均八千亩，每年的地亩捐，约在旧滇币一千四百万元以上（罚款在外）。

（二）特税，凡农民所收鸦片，不得私自输出他省或他国，须经小商人收集，运至昆明省城，经特许的商人收买，由商人报关，每百两生鸦片烟，须纳特税旧滇币百元，报关五元，公路捐二十五元，据说每年仅特税一项，约旧滇币两千万元以上，报关公路捐约六百万元以上，此外在收买鸦片时，由富滇银行放款，每百两烟土须放款滇币三百元，该放款由该特许商人在输入地（如梧州、广州、南宁、上海、香港等处），以该银行牌定的汇价偿还，因此可以避免商人操纵汇水。关于禁止私运烟土，定有章程，凡在边地三十里以内，系向边地运输者，应即截回，照现行税率罚十分之五外，勒令交保，运省城纳税存储，由特许商运出。

4. 建设

建设厅组织

建设厅成立于民国十七年，其组织详下表，主管事项原有公路、邮政、电报、农林、工、商、矿、水利、航空、新市，新村合作事业等十二项之多，改组后，即将农林、矿、工、商、水利等项划归实业厅办理，故现在的建设厅主管事项仅九项，即公路、邮电、行道树、河工、航政、新市、新村合作事业、乡道、县道等九项而已。

建设厅组织一览表

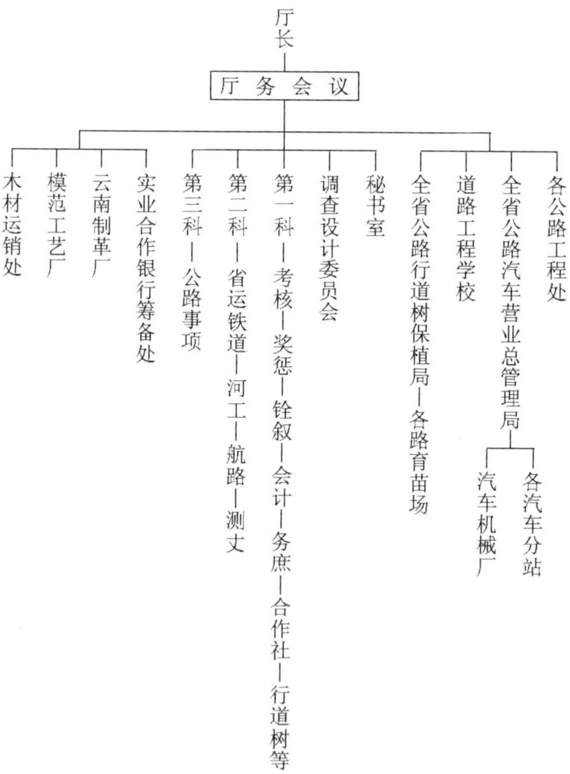

（一）公路　昆明市环城公路的宽度，普通为三丈六尺，然最宽者亦有至七丈二尺，最窄有二丈一尺者。城市以外的公路分省道、县道、乡道三种，省道宽二丈一尺，省道已拟定者有六：(1) 滇东北路即由昆明经嵩明、寻甸、会泽、鲁甸、照通至四川边界之滩头。(2) 滇东路由嵩明经霑益、宣威或经陆良、宗师、罗平达贵州边界。(3) 滇西路由昆明、安宁、禄丰、广通、楚雄、镇南、祥云、大理至丽江达西康、四川边界。(4) 昆剥路由嵩明、宜良、路南、弥勒、开远、文山、广南至剥隘达广西边界，而与百色联络。(5) 滇南路由昆明、呈贡、昆阳、玉溪、峨山、新平、墨江、普洱、思茅至打洛通缅甸边界。(6) 滇北路由昆明经富民、罗次、武定、元谋以达川边。现已成的土路，我所经过的有：1. 东北路已达羊街，2. 东路已达西靖、霑益，3. 西路已超过禄丰，4. 滇南路已达玉溪。长途汽车，每路均已设立，并且各路均有商办长途汽车，因官办长途汽车，管理欠完善，无利可得，诸种设备亦较商办者为劣，且车价油价，滇地均较上海高出一倍有余，又因汇水过高，一般人民无能利用，所以顾客甚少，加以官商竞争更不能获利矣。因之建设厅除应得之政费外，收入毫无，所以建设亦难进展。公路工程沿路虽均在动工，然人民之服征役者，大有不堪其苦之势，观一户常服征役至一百五十余工者，即知其梗概矣。加以滇省人才缺乏，技术人员不敷分配，常有筑成之路一经雨季即形崩坏。至于桥梁涵洞更成问题，除石木材料以外，其他价资俱高，而且无技术人才，建筑上不免有许多困难也，如能先将昆剥路修通，则滇货可由广西百色出口，可免法人之剥削，又北路修通。粮食药材大部分均可以由金沙江而出扬子江，是为云南最重要之公路。北路较短不成大问题，昆剥路甚长，非三五年不能竣工。行道树已着手办理，各县建设局亦均有苗圃设立。

（二）邮电　建厅之对于邮政除各县要求增设分局或代邮处转呈总局酌量增设外，其他一切事项均不能干涉，云南有邮局四十三所，代办所百九十所，民国十七年收入为 1387753 元，而支出 1553000 元，所以每年约亏补十五六万元。云南对外贸易，货物之量小者，运转上利用邮政小包为多，因为省内无转运公司并可避免法国人检查及课税的麻烦。

云南电报局直属中央，省政府仅有保荐局长之责，故局内一切行政也不便过问，现无线有线分设两局，为管理方便计只设局长一人，统管两局电务，兹将大势情形分项写于下：

1. 电政管理局　该局远在光绪十二年，线路东达川黔，西通英缅，南联法越，直接粤西，国际交通，国防耳目至为灵便。自护靖诸役之后，云南成为西南重心，所有川、黔、粤、闽、赣、湘、鄂诸省筹备军国大计，靡不由电报传达。电局几致专供军用，商电几绝，因之收入减少，交通部对于历来协济，亦因此停止，是以业务至民八以后一厥不振。至民十三，盗匪蜂起，萑苻遍地，民十四以后，电报几无百里之通；至民十七年八月由财厅拨滇币十七万元委电工学士萧君扬勋接办整理，始修理旧线；十八年又添设滇黔线，由昆明、曲靖、平彝、盘县，现已修复及新架线路长一万一千五百四十九里，设分局三十七，现在全区的收入，已达四十九万元，比较十七年之收入七万六千余元，几增七倍矣。

2. 无线电原先用长波，仅能与奉天、广东之中国电台，及天津、河内之法国电台通报，所有军政商务电报，大都由河内电台转达，电费既高，往来复滞，不惟垄断消息，抑且利权外溢，十七年改用短波后，乃由电局竭力与国内各电台联络，试验结果与南京、沪、川、黔、香港各电台直接通电，凡前由河内转之各电，至是概由上海转矣。迄今与滇台直接通报者，计有二十三台，凡从前各有线局所收由外国水线经转之京、津、港、沪各电，一律拍至省局者，现已改归无线电局经转，不惟官商电报可期迅速，而发报人责任亦减轻不少。在十七年仅有百瓦特发报机一部，十八年秋又增一部，十九年夏增二百五十瓦特发报机一部，现无线电局共有收报机四部，百瓦特发报机两部，二百五十及五百瓦特发报机各一部，故同时可与四个电台通报，不可谓非云南建设上之一大进步。

云南省最近四年收发官商数字表

电别/数额/年别	收报				发报			
	官电		商电		官电		商电	
	通数	字数	通数	字数	通数	字数	通数	字数
17年	1587	325660	6891	295122	1349	758728	4172	84253
18年	1627	299677	8698	312872	1476	154830	7055	135480
19年	1216	217452	11472	354324	1189	144613	10812	206277
20年	722	122790	14217	365905	714	84218	14782	286274
合计	5152	965579	41278	1328223	4728	1142389	36821	712284

昆明市也有电话局，不过是用单线而已，用户仅四百八十户，其中商店约一半，官署机关及私宅用户约一半。

（三）滇越铁路　云南之滇越铁路在西历一九〇一年开工，一九一〇年正式通车，现在里长，由海防到河口387公里（须十二小时三十七分），河口至阿迷220公里（须十小时十六分），全程单轨，宽一公尺，由河口至昆明有地硐百六十余，全路大小机车八十六辆，客车二百二十辆，货车九百三十余辆，民二十及二十一年之收支状况如下：

（均以安南币计算）（单位：元）

年别	客车收入	货车收入	合计	支出
20年	13313371.35	30023162.61	43336533.96	41208025.20
21年	11209393.50	29882228.10	41091621.60	37675960.08
合计	24522764.85	59905390.71	84428155.56	78883958.28

运输数

年别	客数	货物（单位：吨）
20年	3199101	417699
21年	2711390	371762
合计	5910491	789461

个碧铁道，长约百余里由滇越线之碧色黑驿经蒙自线至个旧锡矿厂，详情未悉。

（四）昆明市　昆明市的建设，昆明市全城面积仅七十五方里左右，人口约十四万三千七百人，市内建筑物在昔各街皆为有檐口之瓦房，其高度不过六七尺，居住甚感不便，至繁华之街市，如马市口、南正街、文明街等处，已改筑规模较大之楼房，城外之三市街、金马街、护国街等处，外省商人较多，其建筑多优良之西式房屋，高度两三层不等，主要交通工具是人力车，汽车全城只有两三辆，省政府主席出街多用轿，前呼后拥，颇为威严，有时亦乘汽车，该市有环城马路十八里，宽三丈六，其余宽窄不一，路之建筑或用方块石或用大片岩。

（五）工厂　云南兵工厂，规模不大，工人约一千二百人，除铜用本地产外，其余一切材料均由香港或法国输入。日出十五万步枪弹，十五万野炮弹，二十支步枪。

云南的火柴工业，民营者颇为发达，昆明、大理两处均有，共不下二十余家，但资本不过数千元乃至一两万元，制品不良，各种原料药品均购自外国，惟梗多用本地造。

云南酿造业原料多用高粱麦谷，无大规模之酿造厂，生产量亦不明，法国白兰地酒输入颇多。

模范工艺厂，可以造碾米机及压面机，有男女技工学徒二百人，设备颇好。

建设厅制革厂，于十九年成立，资本二十万元，由财政厅拨，造品为皮革、陆军用品及靴鞋等，每年出产总价值十五万元上下。

云南的水上交通甚不发达，有之亦不过在昆明附近之滇池，可以行舟，通邻县之安宁、昆阳、普宁等处耳。

航空亦时见有飞机在昆明的高空飞翔，为数只有八九架，且系军用，民间航空，目下尚谈不到。

5. 实业

实业厅组织

云南省政府的组织除建设厅以外有实业厅，原由农矿厅改组而成，其组织系统如下：

实业厅厅长
- 秘书处
  - 第一科—会计—预算—决算—统计—官产—卷宗—监印—收发
  - 第二科—农政—蚕棉牧畜—虫害渔—气候
  - 第三科—矿冶—矿物地质调查—度量衡
  - 第四科—工商业—登记商标—工商会
  - 林务处
    - 第一，二苗圃场
    - 各林场
  - 全省水利局—省会水利局
  - 第一农事试验场
  - 第一茶业试验场
  - 第一棉业试验场
  - 农事推广委员会
  - 农民信用合作社—昆明分社
  - 劝业银行—个旧分社
  - 锡务公司
  - 炼锡公司
  - 度量衡检定所筹备处

（一）实业概况　云南地居边陲，交通不便，且邻邦省份，文化俱不甚高，所以云南的商工业被外国侵害者似不如长江流域之甚，人民用洋货的成分，亦远不如长江流域之多，民四以后，常与四川、贵州、广西内战，因此公私经济俱破产至不可收拾之程度，一旦内争平息，人民得以安居乐业，内政自可纳入正轨矣。

云南之对外贸易，据年来海关的统计，每年虽有四五百万两的入超，但以鸦片烟之输出可以抵销有余。

云南之主要进口货为洋纱疋头，次为烛、胶、油、皂。至洋纱大批输入的原因，当由于棉产量少，不敷使用，每当棉花开花结实的时节，雨水太多，致棉产备受损害。所以该政府对于棉产非常注意，现已成立了棉业试验所，试种早熟棉或木棉。同时该厅对于山林培养颇知提倡，亦为调和气候促进棉产办法之一种。疋头洋纱的输入，固多为日本、英国产品，然中国货亦不少，从蒙自关输入的约半数为日英货，其余则为中国货，思茅、腾越关入口货完全系英国货，及少数日本货。在城市或交通繁盛之口岸，多点洋油灯，及有公路交通后，多用汽车，所以洋油入口不少，这种漏卮在云南只有借水力发电可以制止。该厅亦曾注意及此。

（二）云南之农业　云南平原区域之农产，比较腹地丰富，水田可以有两季收获，第一次种稻，第二次多种鸦片或蚕豆、麦、油菜、豌豆等，较瘠之田亦可种荞麦、马铃薯等，在内地十二月本属严冬时节，约在降雪时，而滇省仍满地青绿，芳香刺鼻，犹如四五月天气，冬季在昆明所吃的蔬菜，如青蚕豆、青椒、茄子等，都是在内地得不到的。兹将试验所关于种植五谷蔬菜等农产物的报告抄录如下，以示农产丰富之一般。

最近三年云南各关进口货物分类总值统计表

货别 \ 年别 / 关别	十八年			十九年		
	蒙自关	思茅关	腾越关	蒙自关	思茅关	腾越关
本色、漂色、印花、疋头	1669081	1160	417992	2834972	1268	450590
棉花、棉纱、棉线	6657329	89957	1952551	4484705	93044	1606706
麻及麻制品	1713		125	2195		366
丝货、丝夹杂质货	15777		84	39533		24
毛及毛棉制品	100481	39	22028	143706	15	9642
杂质疋头	10354		10785	9999		3997
金属及草物	123769	810	22484	161892	1734	31044
鱼介、海产	39611		40801	52064		27282
罐头食物，日用杂货	86085	386	23221	62181	180	12447
粮食、菜品、药材子仁、香料	1003079	1359	26907	224280	656	30630
糖	245550	60	1643	202315	40	2288
酒	34810		2547	22832		2040
烟草	199293	64	2030	33140	94	1321

续表

货别 \ 年别 关别	十八年			十九年		
	蒙自关	思茅关	腾越关	蒙自关	思茅关	腾越关
化学产品	172434	576	12147	178367	267	5261
染料、颜色	291853	95	22577	519370		8139
烛、胶、油、皂、蜡等	831254	658	67276	700421	1036	48416
纸张	194351	30	11882	164872	32	10400
生皮、熟皮及皮货	38130	3357	6557	88312	2271	873
骨、毛、角、筋、牙等	6103	7146	5655	4711	2697	1746
木材	150		253	8273		12
木、竹、藤	39100	1033	3425	29381	388	2813
煤、燃料	212207		10	203040		46
磁漆、搪瓷器、玻璃	105415	40	8321	202214	45	13353
水泥	77917		1019	74397		865
火柴及制造材料	157196	322	32002	135062	442	28638
杂货	951947	504	113603	990485	246	63210
总计	13294989	107596	2807925	11572719	103855	2326176

注意:(1)表列数字以统海关关平银两计算。

(2)此表系根据二十年中外贸易统计年刊卷下汇编

最近三年云南各关进口货物分类总值统计表(续)

货别 \ 年别 关别	二十年			三关统计		
	蒙自关	思茅关	腾越关	十八年	十九年	二十年
本色、漂色、印花、疋头	1759532	15517	249739	2118233	3286830	2024788
棉花、棉纱、棉线	499334	115420	1225803	8699837	6184455	1840557
麻及麻制品	4661			1838	2561	4661
丝货、丝夹杂质货	30102		115	15861	39557	30217
毛及毛棉制品	196970	112	2252	122548	153363	199334
杂质疋头	8961	168	214	21139	13996	9346
金属及草物	134607	2253	18200	147063	194670	155060
鱼介、海产	94140	510	13722	80412	79346	108372
罐头食物,日用杂货	69484	1796	10087	109692	74835	81367

续表

货别 \ 关别 \ 年别	二十年			三关统计		
	蒙自关	思茅关	腾越关	十八年	十九年	二十年
粮食、菜品、药材子仁、香料	188034	1725	25679	1031345	255566	215438
糖	217654	2699	751	247253	204643	221104
酒	73194		1997	37357	24872	75191
烟草	31925	471	642	201387	34555	33038
化学产品	184685	1725	4545	185157	183895	190955
染料、颜色	542392	35	4851	314525	527609	547278
烛、胶、油、皂、蜡等	622958	5768	46532	899188	749873	675258
纸张	158853	39	6441	206263	175304	165333
生皮、熟皮及皮货	45655	5314	728	48044	91456	51697
骨、毛、角、筋、牙等	12798	6950	2212	18904	8554	21960
木材	4035			403	8285	4035
木、竹、藤	28387	1082	2279	43558	32582	31748
煤、燃料	249653		245	212217	203086	249898
磁漆、搪瓷器、玻璃	130016	936	7445	113776	215612	138397
水泥	16942	342	1700	78936	75262	18984
火柴及制造材料	66005	1707	23037	189520	164142	90749
杂货	1193161	10324	50825	1066054	1053941	1254310
总计	6564141	174893	1700041	16210510	14038750	8439075

最近三年云南各关出口货物分类总值统计表

货别 \ 关别 \ 年别	十八年			十九年		
	蒙自关	思茅关	腾越关	蒙自关	思茅关	腾越关
动物及产品	1418533	1561	60201	1152097	2748	52821
植物产品	249537	6859	60961	228946	4417	50281
机造品	6216	6486	61802	719	7633	25732
丝、丝料及丝产品	12904		943675	6420		1165049
木、燃料、纸		150	5109		323	5657
矿砂、金属、草物及制品	8789961	5524	103245	8686675	6660	149243
杂货	452233	982	47885	715754	1022	43452

续表

货别 \ 年别/关别	十八年			十九年		
	蒙自关	思茅关	腾越关	蒙自关	思茅关	腾越关
总计	10929384	21562	1282878	10790611	22803	1492235

注意：(1)表列数字统以海关关平银两计算。

(2)此表系根据二十年中外贸易统计年刊下卷汇编(单位：斤)

最近三年云南各关出口货物分类总值统计表(续)

货别 \ 年别/关别	二十年			三关总计		
	蒙自关	思茅关	腾越关	蒙自关	思茅关	腾越关
动物及产品	1081250	9754	68625	1480295	1207666	1159629
植物产品	299587	10415	73467	317357	283644	383465
机造品	280	19039	36498	74504	34684	55817
丝、丝料及丝产品	9945	373	947459	956579	1171469	957404
木、燃料、纸	138		2872	5259	5980	3383
矿砂、金属、草物及制品	9054624	17329	109765	8898730	8842578	9181718
杂货	327793	1076	23906	501100	760228	352775
总计	10773617	57986	1262588	12233824	12305649	12094191

年别	关别	入超	每年入超
十八年	蒙自关	2365605	
	思茅关	68034	
	腾越关	1525047	3928686
十九年	蒙自关	182108	
	思茅关	81052	
	腾越关	869941	1733101
二十年	蒙自关	－4209476	
	思茅关	116907	
	腾越关	437453	355116
三关合计	十八年	3976686	
	十九年	1733131	
	二十年	－3655116	2053701

品名	产地	每亩数量	与各省及各国比		
			国别	省别	数量
小麦	晋宁	180		晋辽	132
大麦	昆明	175		山西	110
谷	富民	595		浙江	360
蚕豆	昆明	225		浙江	185
大豆	丽江	192		奉天	160
绿豆	昆明	152			
菜豆	昆明	180		奉天	140
玉蜀黍	昆明	300		奉天	261
高粱	呈贡	380			
甘薯	阿迷	3250			
马铃薯	会泽	1890			
大麻	昆明	230			
烟草	玉溪	207	美国		245
油菜	玉溪	231			
甜菜	昆明	4106			
萝葡	玉溪	4912		北平	3341
胡萝葡	昆明	1855			
菜花	昆明	1137	美国		1058
甘蓝	昆明	3154	美国		2815
菠菜	昆明	1424	日本		1235
莴苣	昆明	2495	日本		1181
白菜		3987			
青菜		4246			
葱		3125			
韭		580			
蒜		453			
芹		1415			
芋		2100			
藕		1850			
扁豆		495			

续表

品名	产地	每亩数量	与各省及各国比		
			国别	省别	数量
豇豆	玉溪	490			
茄子		3350			
辣子		1090			
南瓜		2290			
冬瓜	玉溪	3200			
黄瓜		1500			
丝瓜		1200			

观上表试验之结果，除烟叶比美国较逊外，其余各种产物俱较国内外各产地为优，惟试验地在云南平原区域，即昆明一带，土壤之肥沃与气候之适宜，故其产量较为优渥，至于边地则因地势气候之关系，出产颇不一致，盖农作物各有其特性，宜于甲地之植物或不宜于乙地故耳。例如滇南区域，因地居热带，适宜于种甘蔗，滇东区域，则山峦耸叠，水田缺少的关系，农家大都耕种杂粮，故试验所试验之农作物，只能代表平原区域之情形。

关于农人耕作方法，大致与长江流域相彷。我们调查农家所用的农具，大都亦不外水车、风箱、磨子、石臼、犁耙、锄头、镰刀、篩筐等类，其耕作方法，自可以想见了。据友人说：在大理附近，农人栽种稻秧时，辄负一石灰袋，一手将秧插入田中，一手取石灰埋入秧之周围。至于普洱思茅一带因瘴气弥漫，夷人栽秧方法，系将田耕耘后，用手播撒谷种，即视为耕种手续已完了，然后移居于山巅，以防瘴气，直至八九月间，天气清爽，瘴疠稍杀始下山，其时稻禾已熟，夷农即于满面笑容中而收割了。他若边地夷人，常将瘠地荒弃三年或五年，然后用火烧草，次年利用草灰为肥料耕种荞麦，少则三年多则五年，即循环一次，此种耕种方法，在内地甚为罕见或竟无。

至于灌溉，可分地面水、地下水、山上水三种，利用地面水较为普遍，天然河流多藉人工河引水入于田际。河床较高者，藉堤下筑洞以引水，较低者，则用畜力或人力车水（车水器有水车，兜水具二种）。

利用地下水时，则为凿井取水，惟凿井都用土法，在水源甚深及地势较高之处，往往不易充分利用。取水方法，亦沿用旧习，如搭架盘索汲水是，故时间劳力两不经济。利用抽水机者实无一有。盖云南远处西南边陲，交通不便，工业尚在萌芽，农民连抽水机的印像都没有，安能谈利用。

利用山上水，只限于有梯田的农村。因为在山中的农田，不易储水，故多用竹筒衔接于山中水源处，灌入农田，上级梯田灌完，再导之于下田，天旱时用水比较更为经济。

关于云南主要农产品之产量，根据国府主计处二十一年之估计列表如下。

种类	亩数	产量	种类	亩数	产量	种类	亩数	产量
稻	13652000	3771787000	大豆	2671000	346204000	豌豆	272000	39458000
小麦	4443000	616299000	玉蜀黍	3888000	582571000	其他之类	1630000	302308000
高粱	718000	77509000	大麦	2047000	218184000	山薯	241000	340704000
粟	143000	89037000	荞麦	538000	75910000	马铃薯	390000	442046000
根据国府统计局调查统计月报二十三年一二月合刊农业专号								

至于其他农产品如棉、丝、茶之产量情形如下：棉在云南明清时代产量尚丰，近年来产量不多，其原因以夏秋之交，雨水太多，棉桃不能开放以至于腐烂。从前曾经试种美棉，初年收获良好，但农人不悉选种之方法及气候土壤等不同关系，美种变劣，产量减少，以致一蹶不振，故人民对于衣的问题甚感困难，所需之棉纱大都从香港、上海输入，每年漏卮何止百万，该省实业当局有鉴于斯，现正积极改良棉种，成立棉业试验场种植早熟棉，并设法成立纺织厂，以求自给，一面鼓励人民，提倡国货，而塞漏卮。

全省棉花产量根据实业部二十一年云南省棉产调查表，则云南有棉田 98200 亩，产量为 356900 斤，兹将云南省棉产调查表列下：

县别	亩数	产量	县别	亩数	产量	县别	亩数	产量
宾川	61500	246000 斤	富县	1000	3000	车里	500	1500
弥渡	18000	54000	广南	2000	6000	佛海	300	950
保山	3700	11000	元谋	300	900	五福	300	950
开远	2000	6000	巧家	800	2400	镇越	300	950
文山	1000	3500	普洱	2000	6200	普文	400	1200
元江	2000	6000	永北	200	600	六顺	400	1200
曲溪	300	900	绥北	200	600	江城	400	1200
石屏	300	900	双江	300	950	总计	98200	356900

其次云南的丝，云南因湿度过高，天气变动甚烈，故养蚕者不多，产量甚少，茶叶的产量，云南最著名者为普洱茶。普洱县现今改名宁洱，该县原不产茶，因其邻县如镇越、五福、佛海、江城等处，所产之茶，集中于普洱为商场，故有斯名。至滇省茶叶产量及产销地，根据云南实业厅之调查，产量约有三百万余斤，见后表：

年来云南茶叶也是在衰颓，原因是很复杂，要之不外频年内战捐税繁重及交通阻塞，对外输出困难，造茶方法不统一，与商人之层层剥削，是茶业衰败之原因，观下列三年来红茶出口报告可知其梗概矣。

云南省茶叶产量及产销地调查表

地名	产量(斤)	销费地
景东	1150000	运至昆明、大理等处分配各地
佛海	520000	多红茶，输出西藏、缅甸、印度、安南
思茅	400000	向西康、印度推售
顺宁	320000	大理、四川
滇越	260000	缅甸、暹逻、安南、香港
景谷	200000	昆明
元江	200000	本省及香港
双江	100000	四川、缅甸、维西
澜沧	85000	昆明及缅甸、西藏等属
广南	47000	广西及安南边地
五福	35000	西藏、上海等处
云县	62000	红茶五分之一输出四川
江城	60000	安南及本省
宜良	5000	本省
大关	3000	本省

云南省三年来红茶出口之报告

关别	民十八年		民十九年		民二十年	
	数量	值	数量	值	数量	值
蒙自关	3976 担	79513 两	2901 担	66759 两	3231 担	96931 两
腾越关	195 担	3900 两	143 担	2431 两	95 担	1247 两

滇省丘陵起伏，草源广漠，各种兽类，概能繁殖，兹根据实业厅调查各县家畜家禽分布状况，列表如下：

	水牛	黄牛	马	骡	猪	驴	山羊	绵羊	鸡	鸭	鹅	鸽
河西	3000	1000	4000	200	7000	100	500	200			—	
华宁	2000	1000	4000	1500	90000	5000	7000	3000	70000	5000	600	—
马龙	16000	3000	5000	500	3000	—	10000	500			—	
牟定	4400	4100	2100	2320	2400	1080	1619	59	66000	1090	154	1700
永善	10500	2100	19000	5000	5000	2000	40000	30000			—	

续表

	水牛	黄牛	马	骡	猪	驴	山羊	绵羊	鸡	鸭	鹅	鸽
祥云	300	1620	850	1000	30000	450	7600	1180	20000	300	60	—
安宁	7300	6620	3400	1500	28860	1500	8660	—	137900	5800	—	—
玉溪	2200	800	1600	200	15000	200	2000	500	92200	85000		
广通	3800	3000	1500	800	1200	1200	2800	500	8600	8500	53	
墨江	1200	8700	540	—	15500	—	3600	—	127000	4380	280	—
文山	51000	650	486300	—	153210	—	46200	—	3631400	2100	350	
洱源	9800	360	5000	—	30000	—	6000	—	45000	20000	2000	
马关	2000	3000	300	—	4000	—	1500	—	90000	8000	300	—
中甸	2610	442	569	572	2586	364	183	1362	1612	164	—	—
车里	3650	8220	1142	—	13789	—	120	—	58560	1330	12	—
建水	1083	1567	1754	572	7858	—	2576	3285	25685	18543	634	—
蒙自	4000	5000	1000	—	12000	—	2500	500	30000	500	35000	
景谷	64000	98200	8000	8000	88900	1000	5600	2000	83500	42300	—	—
晋甸	3500	22500	7000	800	30000	20	35000	15000	50000	1000	600	
澄江	1509	1220	2000	520	199720	180	5200	3800	25959	6500	—	—
陆良	2500	2200	700	800	25000	500	1200	5500	55000	10000	—	—
会泽	420	9860	3000	—	600000	—	22000	10000	125000	—	—	—
呈贡	480	88	342	1200	3000	30	320	27	5000	200	15	—
永仁	420	2150	550	1240	9020	285	1650	520	32000	1300	2200	280
禄劝	800	14000	8800	500	8000		1068	5032	77000	15600	15000	—
康乐	1023		—	—	5804	—	605	—	22098	—	—	—
元谋	270	1315	375	292	5600	—	2400	—				
峨山	1400	1800	1200	350	4500	290	3700	50	8600	3530	530	—
五福	8200	11900	300	900	2000	—	763	529	80000	5000	—	—
盐丰	1500	500	3000	—	8000	—	763	529	1000	500	300	—
昆明	1500	500	3000	—	8000	—	3677	653	40000	10000	50	—
顺宁	1500	500	3000	—	150000	1000	2000	1000	20000	40000	2000	
嵩明	9000	8000	18000	2000	20000	—	1500	—				
双江	12000	5000	1500	2000	7000	100	—	—	20000	2000	—	—
富州	5000	3900	3000	200	30000	—	1000	—	—	—	—	—

续表

	水牛	黄牛	马	骡	猪	驴	山羊	绵羊	鸡	鸭	鹅	鸽
大理									90000	900	30	1000
景东									80000	4000	100	3000
云县									80000	—	—	—
关平									50000	1000	—	—
澜沧									40000	200	—	—

至云南特种植物，如蚱蜢连、三七、贝母等药材尤多。按民国十一年该项特产之出口额约值二十四万两，至二十二年则已起出三十八万两，不可谓非滇省农民一大收入。

1. 蚱蜢连 乃一种特别黄连，出于普思极边之土司地方，生于深山穷谷之中，人迹罕到之处，用以治热症异常有效，其数量亦多，惟难采集。

2. 三七 出于广南，年产约五千五百余斤，文山县产尤多，药可与人参同功，且无燥性，生血益神，更于妇女虚症极有功效。

3. 冬虫夏草 产于阿墩，年获三百余斤，亦滋补品也。

4. 鸡血藤 为顺宁县之特产，年产三百余斤，妇女虚症之特药。

5. 鹿衔草 产于普洱，年产五百余斤，提神清血之补品也。

6. 秦归 产于剑川，年产约二千斤。

7. 贝母 产于大理一带，年产约三千余斤。

（三）云南之林业 林务在滇省曾发生了极大的影响，所以无论政府人民对于此事都很关心，此滇省林业较腹地各处特别发达之原因也。该省总面积约 3985830000 万公亩，林地有一半以上。已有森林约 916740900 公亩，故无论走到何处，均有相当优美的山林。兹将该省最近普及森林方法，略举于次，以备热心林政者之参考：

1. 民国十九年十二月呈奉省政府核准公布施行，凡本省可供造林之公有私有土地限于十年内完成造林，公种者林利归公，私种者林利归私，自民国二十年起一律照办。

2. 民国二十年为第一期督察造林，曾委督察员七人分赴昆明附近等县督同地方官、建设局长设立林场。计现已有林场在一千六百个以上，每一林场，委一当地富有造林兴趣者一人为管理员。

3. 分划林区，每县以五区为标准，以土地广狭酌量增减，每区置林务员一人管理其一切。

4. 在昆明之双乳山、铁峰庵山、眠犬山等设置模范林以资他区之参考。

5. 规定保安林法则，凡指定为保安林者，在未有解除保安林之法令以前，绝对不许采伐及一切损害行为。

6. 兴立各种纪念林以资提倡。

森林之培植，关系于促进农业者甚大，盖农业第一须先调和气候，换言之，调和雨季，即冬春要有相当的雨，夏秋要有更多的晴天，使农作物不至因雨量之过多与不足而受损害，至云南原有森林之所以衰败者，不外下列诸因：（1）伐而不栽，（2）自然的森林为牲畜践踏，（3）愚民无知，辄酿成森林之焚烧，（4）因欠人管理，为乡民偷伐，（5）将成之林而为强有力之侵占，致使人民不愿培林。

滇省实业厅有鉴及此，最近曾劝导人民造林，凡称为村者，必须没有荒山，凡乡村荒山均可由实业厅发给执照以资造林，并保护其所有权，限定从发照之日起，即实行种林，并由地方公举一人为森林管理员，由厅加委以重职责，遇有毁坏林业情事者，将严究重惩，以资保护，兹将滇省整理林业全文录后，以示该省从事林务整理之梗概。

云南省实业厅为通令第二第三两期督察造林各县办理公造林场业权等事令文

（二十二年十月）

查本省第二期造林督察员所编个旧、蒙自、开远、昭通、大关、彝良、祥云、盐兴、盐丰九县造林场，第三期造林督察员所编泸西、义宁、弥勒、会泽、鲁甸、巧家、大理、凤仪、宾川九县造林场，已经照章分别编制填具三联表，以一联发交林场管理员收执，以一联发交建设局备案，以一联呈报本厅核查各在案。此项已经编制各造林场，亟应照章公告林场业权，监立林场界石，筹发管理员津贴，预备造林种苗，按季实施造林，特为分项饬准办理如次：

（一）公告林场业权　查已编各公私林场，按照前颁造林章程第九条之规定，呈报本厅查核登记，满一年后，如不发生纠葛，即发给执照，以资保障，在未发执照以前，应由各县县长查照存建设局之造林场编制表，将其坐落四至面积及所有权者姓名，或团体名称等项，摘录列表，分区公告，俾众周知，并召集所属各林场管理员明白宣告，转知造林场附近人民。凡已编各造林场，如有纠葛情事，应在公告林场业权六月内，呈报县政府，转呈处理或更正，幸弗自误，俟公告满期，各县县长应将办理公告林场业权情形，详细呈报本厅核办，以凭发给执照。

（二）监立林场界石　查已编各公私造林场，按照前颁造林章程第十五条之规定，由所有权者自行于场之四周，设立界石，以清界限，此项界石，应用长形石条分别镌明“某县第几造林场某人或公私团体东界、西界、南界、北界”字样，限文到一月办理竣事，由各造林场管理员呈局报县转呈本厅备案。

（三）筹发林场管理员津贴　查已编各公私造林场管理员，自奉委就职之日起，按照管理员待遇办法之规定，由林场所有权者按月议给津贴，即每一管理员，每月律贴半开现金二元，应饬各县县长召集各林场所有权者，迅即筹定管理员津贴，按月解缴建设局，不得拖延，即由建设局长每月定期召集林场管理员开会一次，考察其工作之勤惰，训练其管理之要事，其津贴即于召集时发给之，每月发给津贴之后，取具收证，造册呈报本厅备案。

（四）预备造林种苗　查已编各公私造林场移植所需之树秧，播种所需之树籽照章应由各县县长督饬建设局长及林务员等充分预备，以每年足供各林场造林之用，至树秧应设苗圃，广为培育，树籽应于成熟时，就地采购，如不足用，分向外县采购之，并于预备种苗足数时，即将种苗之名称，数量等项造表呈报本厅备案。

（五）按季实施造林　查已编各公私林场，除现有树木严厉保护外，照章每年分季实施推广造林，其分季造林日期，及造林适宜之树籽，既造林方法等项，已于造林章程第四章各条内明白规定，应饬各县县长督率建设局长、林务员暨林场管理员等照章认真遵办，并于每年每季造林，造林之后，按照上项章程第十八条之规定，据实分晰报告造林实况及成绩，本厅即以造林成绩而定考定，慎毋自误。

除分令外，合行令仰该县长分别遵照办理，仍先将奉令日期及遵办情形具报查考，勿违，切切，此令。

云南省实业厅通令第一第二第三期督察造林各县自行准备籽秧推广造林令文

（二十二年十一月）

查本省第一、第二、第三期编制各县造林场，照章应于每年春夏秋季实行推广造林，每年推广造林之数量，应以各造林场编制表所填亩数为准，以期依限完成。

凡各造林场每届造林之前，应由各县县长督率建设局长、林务员及林场管理员等，准备籽种，培养秧苗，以供分发播种之用。

所需林木之种籽，向例多由各县就地自采，亦有呈请本厅饬由林务处采集转发者，惟由省采集转发，诸多不便，或则往返需时，贻误播期或则包装邮寄愆期不到，又或大粒籽种贮藏日久，有碍发芽，不如概由各县就当地及附近产有林木籽种之处，自行采集，以便乘时播种。

兹值秋季，为柯松、飞松、圆柏、扁柏、楸木、麻栗、茶紬、桐紬等项籽种成熟之时，应饬各县县长督率所属建设局长，及林务员等，各就附近产有上项林木籽种地方，分别采集，如法贮藏，所有采得各项林木籽种之数量，列表呈报，以凭考查，其在转发各林场播种时，应否收价由各县县长自行酌办。

至于特种林产籽种，在当地不能采集，仍准照案开单呈厅发给。

除分令外，合行令仰遵照办理，此令。

云南实业厅通令处理保护森林事项随到随结并剔除流弊令文

（二十二年十一月）

查本省自推广造林以来，逐年公私所种之树，关于厉行保护，预防灾害，杜绝一切盗伐、践踏及水灾等事，此种责任，迭经令饬各地方官督率所属建设局长、林务员及林场管理员等认真担负办理，又于去岁五月内明白规定预防森林灾害及联合保护森林办法，撰印布告，以第767号训令通行饬遵，并于令内饬知："凡林务员林场管理员呈报保护林场事件，不得以讼案论，免缴讼费，及一切案费"等因：各在案。

兹查各县对于实施保护森林事项，其能切实奉行以收成效者固多，而敷衍塞责者亦所不免，迭据各县林场管理员呈报："林场发生偷树滥伐，及一切损害情事，一经报县，往往搁置不理，或则于呈报之时，勒索讼费，或则于传讯之时，一同提审，其于判处森林盗犯之罪，轻重失当，甚有孜意纵放行为。"各等情，到厅，似此玩忽林政，放弃职责，殊于保护森林前途，窒碍甚大，须知各县林务，列为地方行政考成之一，关于造林及保护事项，务各负责办理，一概遵照造林章程森林保护暂行条例及保护林场办法等项，切实奉行，期收实效。

至于各县已编林场之保护事项，注意预防工作，避免一切有害森林情事，每届春冬天干之际，尤须严密防避森林火灾，应各查照本厅第767号训令及联合保议森林办法，一律实行，并于每月召集林务员，林场管理训练一次，俾便遵循，凡遇有林场管理员呈报保护森林案件，严禁收索讼费，及一切讼案陋规，并应随到随传，随传随结，以免拖累，至对于林场管理员之召集，应用通知方式，不得票传，其于森林犯罪之处罚，属于保护范围者，依据森林保护暂行条例办理，属于刑事民事范围者，依据森林法办理，不得畸轻畸重，稍有偏袒，是为至要。

又各县林场管理员津贴，仍应遵照通案每月发给一次，即于召集训练之时发之，并按月造册具报，以凭查考。

除分令外，合行令仰遵照办理，并转饬所属林务员、林场管理员一体遵照，此令。

至限制滥伐森林，实业厅亦订有详细办法，特录后以资参考：

云南省实业厅限制滥伐森林办法

一．凡本厅所指定各县遇有采集森林情事，不论公私，均应遵照本办法办理之。

二．采伐森林应照造林运动章程第六章，采伐之规定，分为间伐、轮伐及削枝三种，兹将采伐标准列左：

甲．间伐　建筑用材于种植后每隔七年间伐一次为度。

乙．轮伐　造林满三十年后得轮伐之，轮伐面积每年不得超过全林场面积二十分之一，并须于伐后三年以内即照所伐去之面积更新种植完毕，又轮伐时每地一亩须存母树二株至三株。

丙．削枝　削枝于冬季行之，以不妨碍林木本干为度。

三．采伐森林严禁左列事项：

甲．不准砍伐保安林及风致林。

乙．不准砍伐幼树。

丙．不准砍伐成林之全部。

丁．不准挖掘树根。

四．采伐森林应于开始采伐之前三个月呈报本厅核准始得兴工。

五. 采伐森林时应由采伐者自行提存所伐树价十分之三以作采伐迹地更新造林及保护之用。

六. 采伐迹地造林须于采伐之年或其翌年开始实行以三年完成之。

七. 呈报采伐森林应备载左列各款：

甲. 采伐人姓名住址　公有森林由公家具呈，私有森林由私人具呈。如系买卖森林行为，应将买主卖主姓名住址分别载明。

乙. 采伐森林地点　应将采伐森林地方之村名山名或地名及其四至记载清楚。

丙. 采伐森林之种类数目及价值　例如采伐柯松一百株值价若干。

丁. 采伐森林之时期　预定采伐之日期及时间，例如某月日开始采伐至某月日采伐完毕。

戊. 证人及保人姓名　呈请采伐森林者，应于呈内说明证人为谁，保人为谁，并由证人及保人各自盖章或画押，证人之责任系证明所伐森林，并由纠葛侵冒及其他不法情事，保人之责任系担保伐后提价依限种植。

八. 本应核准采伐森林事件应发给采伐森林许可证。

九. 各林场管理员及地方乡管人等，得向采伐森林者取验本厅所发采伐，森林许可证，若无此证即系私自滥伐，应一面制止伐树行为，一面呈报本厅究办。

十. 伐后种植竣事应呈报本厅查验备案。

十一. 违背本办法而滥伐森林或伐后不更新种植者，应照造林运动章程及保护森林条例之罚则从重处罚。

十二. 本办法除呈报省政府备案外自公布日实行。

（四）云南之渔业　滇本山国，西半幅为高黎贡山脉及怒山之脉所割据，东半幅，为南岭及勾漏山脉所发端，因山脉概属螺旋式，故其间低谷错落，散置淡水湖，然面积有限，水产亦少，虽各县河流微有鱼虾之属，亦不足以言渔业，故严格而言，云南实无渔业可言也。虽然，就本省情况而言：此面积有限之淡水湖，亦有不少之渔民，生活其中，此种渔民，均系半农半渔生活，备极清苦！兹篇所属，即就本省微有渔业重要之区，根据实地调查，作一简略之报告耳。

一、渔区　本省湖泊之最主要者大别如下：

A. 附于澜沧江之湖泊：

1. 剑湖——位于剑川县之南。

2. 洱海——位于大理县之东。

B. 附于红河之湖泊：

1. 缕海——位于蒙自县之西北，旧有波墨、三角、长桥、鲤海四海、水形若器字。今仅存缕海。

2. 白龙潭——位于文山县之西南。

C. 附于长江之湖泊：

1. 草湖——位于中甸之北。

2. 程海——位于永北县之西南。

3. 周官海——亦名叶镜湖，位于祥云县之东。

4. 滇池——位于昆明市之西南。

5. 嘉利泽——位于嵩明之南。

6. 八仙海——位于昭通之南。

D. 附于盘江之湖泊：

1. 中涎泽——位于陆良县之东。

2. 杨宗海——亦称明湖，位于宜良之东。

3. 抚仙湖——位于澄江县之南。

4. 星云湖——位于江川县之南。

5. 杞农湖——位于通海县之北。

6. 宝秀湖——位于石屏县之西。

7. 赤瑞湖——亦曰异龙湖，位于建水之西。

8. 矣邦湖——位于泸西之南。

9. 老乌湖——位于文山之西北。

上述淡水湖，均有鱼类，惟产量以滇池、洱海、抚仙湖、中涎泽为最多。兹即就此四渔区分述其概况于下，其余各湖概从略焉。

二、滇池　滇池为国内著名淡水湖之一，属长江流域，又称昆池，亦名滇南泽，面积周约三百里，位于六千三百余尺之高地，苍崖数丈，绿水千寻，风景幽秀，昆明、晋宁、呈贡、昆阳四县环绕之水产最常见者，有下列二十种：

1. 鲤鱼　2. 白鱼　3. 金线鱼　4. 鳝鱼　5 鲇鱼　6. 鲫鱼　7. 黑鱼　8. 鲢鱼　9. 细鳞鱼　10. 红鱼　11. 花鱼　12. 海鳅　13. 扁头鱼　14. 小虾　15. 螺蛳　16. 海菜　17. 藻类　18. 小蟹　19. 龟　20. 鳖

以上二十种均为滇池中最普通之水产。就实际而言：以渔鱼为大宗，其他各种除捞海藻作海粪外，余均成一种偶然之渔获，鱼之产量，就实地调查之结果，年约六十余斤，其分配如下：

1. 昆明境内年约三万余斤。

2. 昆阳境内年约五十万余斤。

3. 呈贡境内年约六万余斤。

4. 晋宁境内年约三万余斤

除鱼产外，滇池中尚有水藻，经捞取后，晒干成饼状，用作肥田之用，计每饼重五六斤，每百斤售价十元左右，普通以个计，每百个可售价五十余元，此项藻饼，一般农民呼为海粪，因含氮甚丰，故农民乐用，在滇池中可自由捞取，亦有专从事于此项海藻肥之捞取者，其年产不详，渔妇捞取滇池中一种名为海菜之藻，腌以盐，加辣料米粉等，制为一种咸菜，以之佐食，名曰海菜酢，亦有专制以出售者，每斤价二三角。

鱼之价值，因种类及销场而不同，如在昆明市销售鲤鲫，有时一斤可售一元七八角。但在乡街仅售四五角一斤而已，估计滇池年产水产总值滇币六七十万元。

滇池内从事渔业之船，大小共约三百余艘，其分配如下：

1. 昆明县属一百余艘。

2. 昆阳县一百余艘。

3. 呈贡县属四十七艘。

4. 晋宁县属一百余艘。

就渔具而言：滇池内普通系用以麻线制成篆网、麻遮线笼、线花篮、线网、丝网、撒网、挟网，或竹制成之篾笼子、篾花篮等数种，此外尚有以及箐水乌鸦捕捉者，以用撒网捕捉者为多。

滇池之渔获物以昆明市为最大销场，各县街期附之，多以售卖鲜鱼为主。其中白鱼等则先行腌之始行出售者，但在渔期盛时——六七八九等月——其他各种鱼亦因渔获较多而有腌之者。

滇池之渔民，多系半农半渔，其专持渔业者为数甚少，盖专门从事渔鱼不能解决其最低之生活也。彼等渔获鱼时，直接赴市贩卖者固有，但往往售与居间之贩子，再由渔贩子运市销售，故渔民遂受一种剥削。此外尚须缴纳一种捐税，在昆明、呈贡二县，县政府未征收此种捐税，昆阳则征收所谓渔粮，按年由县政府征收，其额不详。

经调查后约略估计滇池有渔民二千人，其渔村分布如下表：

县别	渔户数	渔民数	著名渔村名称
昆明	百余户	五百余人	大欢楼　明家地　西坝　海坝　五甲塘　清河
昆阳	百余户	七百余人	坝硬村　亮沟村　大沟尾　大河嘴　白山村　有余村　老塘嘴　独房子
呈贡	百余户	五百余人	斗南村　红尾村　乌龙浦　安乐村　徐家沟　黄家地　老荒滩　沙堤村　江渡佛墩河泊所
晋宁	百余户	五百余人	下海埂

上表所列数字系根据各该县报实业厅之调查表，滇池渔民之生活因受农村经济破产之巨潮，日陷崩溃，急待设法挽救也。

三、洱海　洱海一名昆弥池，亦淡水湖，即古叶榆水源出洱海北之罢谷山，南流至大理，东名西洱河，汇山谷诸流及点苍十八溪而为巨津，面积二百余里，略小于滇池，以形为人耳，故称洱海。位于六千五百余尺之高地，四面为山所抱，风景过滇池，为附于澜沧之湖泊。水产有下列各种：

1. 虾　2. 蟹　3. 蚌　4. 螺　5. 谷花鱼　6. 竹钉鱼　7. 鲕　8. 鳝　9. 蚬　10. 田鸡　11. 白鱼　12. 大头鱼　13. 弓亀　14. 鲫鱼　15. 黄皮鱼　16. 白皮鱼　17. 细鳞鱼　18. 花鱼　19. 油鱼　20. 鲤鱼　21. 鳔鱼　22. 面肠鱼

上列各种水产中，有数种鱼类，颇为特异，为他处所少见。兹分述如下：

1. 弓鱼　以产洱海西北面者为佳，鳞细，长不盈尺，即杨慎称为渔魁者。

2. 花鱼　大者重十余斤，味最美，产洱河，尾鳞细，嘴尖，身有黑黄花纹。

3. 油鱼　此鱼甚不多见，因烹食时以白水煮之无须放油而油自足故名，八九月始偶见之。

4. 金鱼　鳞甲金黄，长盈尺余，唇有两须，产洱河东石峡处，不能网捕故大者难得，二三月间满腹有油味极可口。

5. 鳔鱼　长仅二三寸，脊青腹白鳞细而软，秋冬极肥，味鲜美适口

6. 面肠鱼　形似鲫鱼而腹大，剖之一肠环结于内，如切面丝，故名，秋季为渔期。

除上述六种外，尚有一种飞鱼。于无人时则跃在岸边岩石上，见人仍入水中，但与太平洋所产之飞鱼异。

洱海内之船，分大、中、小三种，大船专供装运货物，以油、盐、柴、米、牲畜、果物为大宗。自东岸至西岸，约需两小时，自上关河口至下关小河边，计水程一百二十里，顺风六小时可到，是每小时船行约二十里。逆风则无一定之到达时，普通二三日不等。小艇则专为渔业之用，总计洱海有从事渔业之船四百六十四艘。

在洱海从事渔业之渔民，据大理县政府调查，有渔户二百二十六户，计一千二百五十四丁口，除少数兼营农业外，均系专营渔业，此与滇池渔民不同之点。

洱海渔民仍以渔鱼为主，其主要渔鱼具，系以人工编成之丝网或麻网，亦有用渔莺渔取者，用网渔取时，普通投网入水中，历时一二小时，然后取网视查，用渔莺捕捉者，船盛渔莺，驶行湖面，渔莺瞥见鱼时，自船跃入水中，追捕获鱼时，即出水登舟，渔者自其口中取鱼。

洱海年产一百五十一万七千四百斤（根据大理县政府调查表），以城乡市镇各区街场为销场，鱼之售价因时期及种类而不同，普通鲜鱼平均价每斤六角至一元。年产鱼约值一百余万元，弓鱼、鳔鱼及竹钉鱼则有盐腌晒干，运输出境销售者。

大理对于鱼有渔课之征取，由建设局承办，出包与承包人，再向各渔户征收，其征收额不详。

大理渔户散居下列各渔村：北邑、西湖、东湖、小石桥、三岔河、后湖潭寺、文笔湖、海潮河、东西闸、江尾、大小排晒网、登舟子、甸东马厂、白马双廊、大唱旁、良甸村、莲花曲廊、青山挖东白石曲才村、下鸡邑、龙王庙、小邑庄、五塔户、下河、向阳大溪、上沧、海岛塔村、南村、北村、大关邑、罗久邑、下龙龛、洱滨村、太和曲、打鱼村、下庄山、曲村、南关邑、黄瓜园、满江邑、石坪村、波罗甸晒、经坡、乔甸海、骚沙村、金圭寺、白马登、洱源海口、白塔邑、潘汉、波溯邑、西城尾、赤土江；下阳溪、林邑村、小江边、古生新溪邑、石岭、弓鱼洞、波罗旁、木马邑、沙坪河、汉城深江村、马九邑，就上列渔户分布渔村之广而言，渔民恐不止上所云之一千五二百五十四丁口，渔船或亦超过调查数四百三十四艘也。

四、抚仙湖　抚仙湖位于澄江县南，所产最多之鱼及产量如下：

1. 窴窞年产约三十万余斤。

2. 青鱼年产约三千余斤。

3. 鲤鱼年产约一千余斤。

抚仙湖之水产，仍以鱼为大宗，尤以窴窞鱼为特产。此种窴窞鱼之渔取，系以湖边岩穴为鱼洞，或砌石为鱼沟，亦有挖沙滩作环沟形，拉水引鱼上沟者。

抚仙湖及明湖中无渔鱼之船只，此与其他渔区不同。盖由于湖水深彻，风浪甚大，船不能驶故也。此湖渔具，系破竹编成大口小颈腹宽而头部置倒丛须之笼，此笼构造之目的，在使鱼

易入难出，窽窅鱼在空气中之生活力异常薄弱，往往甫离水面即死者，故渔获后即以盐水腌渍，撒置竹篱晒干后出境销售，每斤平均价约一元七八角至二元。

抚仙湖之鱼，除窽窅鱼系盐腌出售外，青鱼及鲤鱼均系鲜售，每斤平均价约八九角。渔期起于二月或三月，以四至六月为渔期最盛时。

渔民数五百六十八户，约二千余人，但纯以渔业为生活者少数。多系半渔半农，或兼营商业，分居玉笥、绿冲集、点岸口、府前等乡，渔场系矣旧五村暨海口路、歧平坡、尖山、绿冲等处，岩穴水汇及沙滩。澄江县政府征取一种鱼税，每年由渔户直接赴县政府解缴，每户沟洞每年征银之钱。最近有人计划窽窅鱼制为罐头运销外埠，此计划若实现，本省利源，又当增一新途径也。

五、中涎泽　中涎泽又名云严泽，位陆良县城东南三十里，陆良人呼为东海子，周广百余里，为滇左巨津，渔业仍以渔鱼为主，水产以下列各种较多。

1鲤　2. 鳝　3. 虾　4. 油鱼　5. 白条鱼　6. 青鱼　7. 石骈头

8. 风攒子鱼　9. 风参鱼　10. 谷花鱼　11. 蚌　12. 青螺蛳　13. 白鱼

上述水产中，以鲤鱼之产额为最多，年约三万七千斤，白鱼次之，年约一万零三百斤，风攒子鱼年产五千余斤，鲫鱼、鲢鱼年各产约一千数百斤，总计中涎泽年产鱼约六万余斤，值银三万余元。

中涎泽从事渔业之船约三十余只，渔业人数七十三人，平均半渔半农，散居于陆良县属之古城河头村及师古湾等渔村，渔具普通用洒网竹罩丝网等，渔获之鱼，在陆良县城或陆良县属之马街、三岔河与东板桥等处销售，每斤平均价约三角。渔期以夏秋之交为最盛。陆良县政府征收一种渔粮，系由渔户直接上纳县政府，其额不详。

六、结论：本省渔业不兴，固由于天然环境所限，但人力未尽亦不为无因。目下渔业获额距实际产量尚远，渔民生活受种种压迫，痛苦异常，交通不便，渔获物不能运销远方，直接间接影响渔业于不进，岂非人力未尽哉。今后应如何改善渔民生活，废除奇税杂捐，普及水产知识，设立渔业警察，健全组织渔会，凡此种种均有待于倡导者也。

（五）云南之矿业　云南之矿山，多未探询，产量究有多少，尚无从计算，然以露出之矿脉推之，则知云南矿产之丰富，堪为各省之冠，奈因交通不便，人民知识浅陋及缺乏资本诸种原因，过去并不断有小规模的试开，结果类遭失败，据该省实业厅对于锡、铜、铁、铅、锌等生产量之统计，有如下表：

矿别	产量		
	十九年	二十年	廿一年
锡	6015 吨	5633 吨	6744 吨
铜	586 吨	648 吨	650 吨
铁	844 吨	948 吨	974 吨
铅	160 吨	150 吨	188 吨
锌	80 吨	70 吨	80 吨

续表

矿别	产量		
	十九年	二十年	廿一年
砒	300 吨	320 吨	300 吨
硫磺	300 吨	300 吨	374 吨
煤炭	648160 吨	708080 吨	760000 吨
金	100 两	100 两	100 两

1. 个旧锡之近况　个旧锡厂一处，年来采办者，计二千余户，矿工达二万八千余人，产额之丰，输出之巨，关系滇省财政至为重大，实为中国之优良矿厂也。该地采矿炼冶，除锡务公司采用新法外，其余概用土法，其洗矿作业遗弃之渣，有含锡百分之四十者，至锡务公司采用新法，然洗碳遗弃之渣，仍含百分之一或二，炼冶遗弃之渣，仍含锡百分之八乃至十四，其每吨炼费约合国币三百二十元，且出品成色不一，故运抵香港复须由广东商收买装造后，方能转销英美，其间即不免受其操纵，每年之损失，即粤商所获于滇锡者，约港币百万。故滇锡实有改良并减轻成本，划一成色，直接贸易之必要，该实业厅缪云台厅长有鉴于此，爰于民国二十一年聘请前充新加坡炼锡公司之工程师英人亚次迪克君来滇，经缪厅长亲偕往矿地，阅两月余之试验，证明原来制炼太差，拟于土法所用石磨，加以改良，用畜力运转，并将洗矿遗弃之渣，充分研细，再用水洗，可使含量减至千分之二，再利用廉价化学药品，循环使用以处理成分复杂之矿石，使其精纯。则所出锡即可增多，成色又能划一，再又改良炼炉之构造，使热力充分而平均，在最短时间能溶出多量之锡，使其溶渣所含之锡减五百分之二，因之价廉物美，不受间接商人之剥削而直接运销欧美矣。至其利益：（一）虽贫矿均可利用。（二）洗矿及溶矿遗弃之渣，可以收回全量十分之一之锡，以全厂计之，可收回锡八百吨，约值港币百三十万元。（三）经改良之后，制炼费低减百分之三十，全省可收回港纸百万余元。（四）免粤商之剥削，每年可增高利益港币百万元左右。

所以该厂发起云南炼锡公司，目的在集合锡业界能力共同发展个旧锡事业，资本为滇币五百万元（约合大洋六十三万元）之股份有限公司，业已成立实为滇省富源之一。

2. 云南之盐矿　云南矿盐，出产至为丰富，盐之种类，分卤盐与矿盐二种，卤盐系凿深井三五丈处，得盐水煎成，惟产量不丰，价格亦较高；矿盐系石质，由人工入矿撬挖，用水浸泡后，去其杂物而煎之，是称石盐。至于盐场行政，各区盐场由财政厅委派盐场知事，官督商煎，由盐商领照煎盐，并缴纳一切捐税。

至于云南盐井，有黑井、元永、阿陋、白井、乔后、喇鸡、石膏、益香、云龙、磨黑、按板、香盐共十二井。黑井在盐兴县，面积长约二十里，宽半里，井十三个，琅井为其分场，井四个，灶十五座。元永井以元兴、永济两井合并而成，在盐兴县之东南，面积纵五里余，横半里，盐井二。安宁井为其分场，井十三，灶六十九。阿陋井在盐兴县北，面积五十方丈，井三。白井在盐丰县，面积纵五里许，横半里许，总井有五，灶四十五座。乔后井在剑川县西南之乔后图，面积长约七里许，宽五里，有盐矿一，灶八十。喇鸡井在兰坪县西北，面积纵横一里余，井三灶八十五，丽江井为其分场，井十四，灶一百三十亿。云龙井在云龙县，盐井有六。磨黑井在普洱县营盘山，其面积东至大椿树，西至安乐寨，南至老官寨，北至磨弄寨，纵横一里余，井三，灶二十六。石膏井为其分场，井三灶六。板井在镇源县东北境，面积周围广约三里许，井五，灶一百另四座；抱母井为其分场，井二灶十四座。香盐井在景谷县，面积周广不及半里，其置梅花灶三十二座；益香井为其分场，井二灶八座。

上列各盐井，论其盐货之佳，盐味之厚，当以黑井、磨黑、喇鸡等井为最上，元永、白井、石膏、香益等次之，安宁、琅、阿陋等井为最下，兹将民国二十一年云南盐斤产量捐税产销价格，盐之成分列表于下以备参考：

盐区	盐场	每年最大产量	民廿一年产量	百斤产价百斤税捐							批价	盐源种类	盐成分		
				薪本	工资	正税	附税	军饷	公路	人马税			NaCl	H_2O	杂物
黑井区	黑井场	8779900	8388300	5.5	0.4	3.0	0.3	2.0	0.8	0.07	12.07	卤	86.13	7.24	6.45
	永元场	15627600	5496012	5.4	1.0	3.0	0.3	2.0	0.2	0.07	12.47	矿盐	63.98	3.22	32.86
	阿陋场	9540100	4622270	4.3	0.3	4.0	0.3	2.0	1.0	0.07	11.12	卤	79.21	6.50	14.21
白井区	白井场	8205900	7720300	4.5	0.4	3.5	0.3	2.0	0.6		11.34	卤	93.68	1.19	6.22
	乔后场	10176900	7795900	3.4	0.1	3.5	0.3	2.0	0.6		9.90	矿与卤	91.32	0.12	8.56
	喇鸡场	3591800	2374550	2.6	0.2	3.5	0.3	2.0	0.6		9.20	卤	93.90	3.40	4.51
	云龙场	2034600	1806600	4.2	0.4	3.5	0.3	2.0	0.6		11.14	卤	84.31	9.34	6.44
磨黑区	磨黑场	10322600	6346781	4.1	1.0	3.5	0.3	2.0	0.6		11.52	卤	89.56	4.32	6.12
	石膏场	2705000	1562148	3.0	0.8	3.5	0.3	2.0	0.6		10.20	卤	93.20	0.42	6.38
	按板场	5646300	1992970	3.5	1.3	3.5	0.3	2.0	0.6		11.20	卤	66.98	0.26	52.76
	香盐场	2983670	606449	3.1	1.0	3.5	0.3	2.0	0.6		10.50	卤	69.42	3.41	27.17
	益香场	2825462	569820	3.0	0.8	3.5	0.3	2.0	0.6		10.20	卤	87.32	4.14	8.54
合计			49233100												

第三章　各县报告

昆明县

1. 全县概况

昆明是云南省会所在地，为云南中部的一县，与宜良、呈贡、昆阳、安宁、富民、嵩明等县相毗连，拔海一千八百五十尺，位于北纬二十五度，东经一百零三度。气候温和，冬夏咸宜，寒暑表常在八十度与三十度之间。全年雨量以五、六、七三月为多。气候一日三异，变动无常，故滇谚有“四季无寒暑，有雨便是冬”之语。

主要的山脉，东有孔乳山，西棋盘山、北长虫山，分布围绕于县境，其西南部为滇池，系地层局部陷落所形成，周三百余里，金马、碧鸡二山东西夹护，相距五十余里。苍崖万丈，绿水千寻，风日明霁，水天映彻，风景幽秀之至。下流为螳螂川（即普渡河），萦迴而北，注于金沙江。滇池灌溉之田，无虑数万顷，皆膏腴沃壤，沿滇池村落，多以捕鱼为副业，小舟萍浮，依依崖下，所以昆明称为鱼稻之乡。池中有汽船航行，往来数县之境，自昆明至昆阳，每日二次，滇池属大江流域，而与盘江切近百里之间。

昆明河流，纷被四散，大多以人工开掘，引水入于农村，其主要河流有六，其水源及长度经过村落，分述如下：

盘龙江　来源自嵩明冷水涧，经部甸、黑龙潭，而入县境之小河村，至松华坝遂分支流（为金汁河）。经两树村岗头、大小马村，沿昆明东城郭，直流陈家营、叶家村、小寺、海埂村，而注滇池。此河由北向南，直流昆明中部，约长二百余里，其在上游松华坝为天然河，松华坝以下，半为天然，半为人工筑成，周年有水，惟在二月间水量较小。

金汁河　来源由瀼龙坝分盘龙江之水，经大小瓦窑村、竹园村、麦地村、龙头村、青泉村、波罗村、下河埂、老里山、小坝昙、华寺、大树营、岔街、前卫营、高家村、双桥、小板桥、七甲、六甲等，注入滇池。此河全藉人工筑成，约长六十余里，在二月间，下游河身干涸无水。

宝象河　来源自一朵云，经大东冲、宝象庵、龙泉观、大板桥、栗子园、瓦角村、高坡村、双水碾、羊普头至小板桥，左支分流入官渡、大小马村注入滇池。右支自小板桥起至织布营又分，左支经三甲名猡猡河，右支经九门里、中闸、七甲、六甲、九甲等村，直流入滇池，此河上游为天然河，下游分支则为人工河，长约一百余里。

马料河　来源自昆明之藉塘新村、黄龙潭，经呈贡县属之大冲村、倪家营、萧家营、矣直堡、官村，直流入滇池，此河为天然河，长约七十里。

海源河　来源自普吉沙河，经龙院、小屯、黄土坡、洪家营、梁家河、乾沟尾、下峯等村，直流入滇池，此河系人工河，约长五十余里。

龙须河　来源自海源寺，经龙院、梁家河、张家、黑林、铺班庄等村，直流入滇池，此河系人工筑成，约长三十余里。

上列六河，在清季时已设水利府专司其事，其修掘各河，则有岁修与数年一修之分。岁修约于二三月间农闲时期动工挖河，其海开河为昆明各河入海之总汇。修挖此河定为十年大修一次，五年小修一次，事属定例，习以为常。迨至民国以还，政局时变，军兴不已，年复一年，故修挖河道之举，政府无暇顾及，各河亦日见淤塞，一遇多雨之年，时有水患之虞。及至民十九年，始修挖海开河一次，沿河昆明、呈贡、普宁、昆阳四县会同修挖，每日四县共出伕一千二百名，为时两星期竣工，用去民工一万八千名。二十三年一月实业厅令饬修挖昆明六河，其需伕总额为九万七千名，市区担任一万二千五百名，余八万四千五百名由县区担任。其派伕方法，为征工制度，市区则按住户之人口比率，商铺以其资本大小为征伕之标准，市区大多僱伕替代或缴钱代雇，至县区担任之八万四千五百名，由县政府就自治区域所经过之河道所须之伕力，责成区公所向乡镇农户征伕，乡镇农户之被征，亦依其人口多寡而定，惟乡村内殷富之户，均由长年工人或雇工代筑，故贫苦之农家，其本身工作完了后，往往再被雇于殷户代筑河工。

昆明在民二十二年夏季时，霉雨为患，一时河水陡涨，水势汹涌，河身因淤塞排泄为难。一、二两区较为低洼，二区堤岸决裂，田庐淹没，灾情甚重。

境内土壤的性质，以黏土较多，占百分之五十，砾土占百分之三十五，壤土占百分之十五，黏土壤土以一、二两区为最多，砾土以七、八两区为最多，黏土是土质中最佳者，适宜稻作物，砾土以种杂粮，如玉蜀黍、山芋为适宜，一、二两区因地势较低，高处之肥质冲积而来，成昆明肥沃之区，故人口密度，亦以一、二区为最高。

农作物以稻为主，豆麦次之，每年二熟；稻在四月间插秧，八月收割，成熟时间约一百二十日；蚕豆在十月间下种，次年三月收获；麦在九月间下种，次年三月收割。全县土地之作物估量，据县政府之估计，夏作物：稻占百分之七十，山芋占百分之十，玉蜀黍占百分之十，黄豆、荞麦、花豆占百分之十；春作物：蚕豆占百分之三十五，春麦占百分之三十，大小麦占百分之二十，芸苔占百分之十，豌豆占百分之五。惟境内之鸦片烟田竟有二万九千七百五十亩，占夏作物面积6.91%，而县政府之估计中，鸦片烟未曾列入。烟亩税由县政府报解禁烟局，名曰禁烟罚金，每亩征收现金三元，合国币二元，则全县烟亩罚金，为现金八万九千二百五十元，合国币为五万九千五百元。罂粟于九月下种，培工甚重，至二月间开花，三月间可收浆，每亩产量，上则田六十两，中则田五十两，下则田三十两。烟田分布，亦以一、二两区为多，烟民亦以一、二两区为多。惟种烟不与正产时间相冲突。烟之价值每两现金一元，其产值占地价25%。农村内鸦片烟馆随处皆是，一榻横陈，为农村中普遍现象，稍有殷实之农户，常备烟灯以款客，烟灯税并不征收。

昆明农民生活，简单而朴实，除沿滇池之农村中，农民多以捕鱼为副业外，他处既不植棉又不育蚕，农村之副业，甚不发达。一、二两区之农妇，虽大多以织布为副业，然纱线均由城市商店取来代织者，工资极微薄，每匹上布只二三角而已。采樵、烧炭为农村普遍之副业，尤以农隙时，贫农以此为重要收入。平时农民，多以采樵为副业，除供给自己燃料外，并肩挑城市贩卖。农村有所谓"墟期"俗称"赶街子"，每遇墟期，农民以农产品米豆等物，出售于市场，易其日用品，墟场以龙头、小街子、官渡三处为最热闹，墟期三日两头、六日二头不等。

2. 土地分配

我们为求明白昆明土地分配的情形，曾在一、二、三、五、七不同的区域内，选择了严家、季管、菊花、下河埂、桃源、昭宗等六村，挨户调查得一百七十六户。在昆明所谓村者，与南方一般情形相类似，即较北方为小，而农村户口，每村大都在三四十户之间，百户以上的农村，很不多见。我们所调查的六村中，村户分类的情形，大致为：地主兼自耕农占2.27%，自耕农占22.16%，半自耕农占43.75%，佃农占29.55%，雇农占2.27%。

昆明县六村村户的分类(民二十三年)

村户类别	户数	对总户数的%
地主兼自耕农	4	2.27
自耕农	39	22.16
半自耕农	77	43.75
佃农	52	29.55
雇农	4	2.27
其他		
合计	176	100.00

在农村内地主很少发现，原因是，地主大都居住在城市的，所以这儿所调查到的地主兼自耕农，只有四户，都是将大部分农田自己耕种的，出租的农田比较微弱。

半自耕农则因生活的需要，除耕种自己一部分土地外，更租种他人的土地，在七十七户的半自耕农当中，大部分耕地系租来者占51.95%。

昆明县六村半自耕农性质的分析(民二十三年)

类别	户数	对总户数的%
大部分耕地系自有者	37	48.05
大部分耕地系租来者	40	51.95
合计	77	100.00

我们再从六年来变迁的情形来看，昆明的农村，除了少数因田产移转或分家等关系稍有变动外，农村社会并没有急剧崩溃的趋势。这种保持性的内在原因，为城市的经济，并没有新发展，农民除依农业生活外，只有其他谋生的途径的缘故。

六年之中，地主兼自耕农仍保持原有地位。自耕农变动的有三户，两户因将田产完全典出，但典田仍归自己租种，按年缴纳租谷，事实上已降为佃农。这两户自耕农的田产是很微薄的，一户占有二亩一分，一户只一亩六分。其他一户有田产三亩三分，因典出一亩而仍租种，遂降为半自耕农。其次半自耕农只有一户变动，因分家后一亩三分之旱田被原主赎去，失去所有权而降入为佃农者两户。佃农有两户变动，一户因分家后仍为佃农，一户则变为雇农，而依染业帮工为生活矣。一户因买进田产一亩，升入于半自耕农。雇农原为五户，一户因买进旱田六分半，而升入自耕农，一户因租种田一亩七分而为佃农。

各类村户变迁的结果，自耕农减少两户，半自耕农增加一户，佃农增加五户，雇农减一户。民国二十三年六村总户数因分家关系增加三户。

昆明县六村六年来各类村户的变迁

民十七年		民二十三年						
类别	户数	地主兼自耕	自耕农	半自耕农	佃农	雇农	总计	
地主兼自耕	4	4					4	
自耕农	41		38	1	2			
半自耕农	76			75	2		77 *	因分家关系增一户
佃农	47			1	47	1	49 *	因分家关系增两户
雇农	5		1		1	3	5	
总计	173	4	39	77	52	4	176	

(1) 土地所有

昆明全县面积，约五千方里，据县政府粮册上所载的田亩数共有四十三万五千余亩，其中田三十万余亩，地十三万五千余亩，内有公产、庙产、机关产、学校产、族产、私产等分别。全县公产计二万另七百零九亩，庙产一万四千亩，机关产二十八亩，学校产四千亩，族产一千亩。全县总户数为三万五千六百七十五户，计十八万四千二百七十二人，其中男九万二千一百八十九人，女九万二千另八十三人。农户约占80%。我们如将全县总田亩数，四十三万五千亩，除去公产、庙产、机关产、学校产、族产，三万九千七百三十七亩，私产只有三十九万五千二百六十三亩。再以二万八千五百四十农户除之，平均每户得十三亩八分。若以十四万七千四百十八农业人口除之，则每人平均只得二亩六分八厘。至于根据县政府所填的概况调查表中，关于私有土地分配的估计，县境内有田五百亩以上者根本没有，二百亩以上者只有五六户，一百亩以上者约十户。根据这个估计，似乎拥有多数土地的地主为数尚少，所以土地之分配，尚称平均。

但据我们抽样的六村，共一百七十六户，挨户调查的结果，有土地者占68.18%，无土地者竟占31.82%的比例观之，土地不均的现象，正严重地存在着。

其次各类村户地权分配，所有田亩总面积中，地主兼自耕农的所有占10.85%，自耕农占39.94%，半自耕农占49.21%。

昆明县六村各类村户的地权分配(民二十三年)

类别	所有田亩数	对所有田亩总数的%
地主兼自耕	48.8	10.85
自耕农	179.65	39.94
半自耕农	221.39	49.21
佃农	—	—
雇农	—	—
合计	449.84	100.00

再以各类村户户数作对比，2.27%的地主兼自耕农，在所有田亩总面积中，占10.85%。22.16%的自耕农占39.94%。43.75%的半自耕农占49.21%。这情形，似乎地主兼自耕农略占优势，半自耕农比较平均。

昆明县六村各类村户的地权分配(民二十三年)

类别	户数%	所有田亩%
地主兼自耕农	2.27	10.85
自耕农	22.16	39.94
半自耕农	43.75	49.21
佃农	29.55	—
雇农	2.27	—
合计	100.00	100.00

地主兼自耕农所有田亩的阶段分析，在户数中五亩至十亩者占25%，十亩至二十亩者占50%，二十亩至三十亩者占25%。

昆明县六村地主兼自耕农所有田亩的阶段分析(民二十三年)

所有田亩阶段	户数	对总户数的%
0.1—4.9	—	—
5—9.9	1	25
10—19.9	2	50
20—29.9	1	25
合计	4	100

自耕农所有田亩的阶段分析，五亩以内的占53.8%，五亩至十亩者占43.6%，十亩至二十亩者，占2.6%。

昆明县六村自耕农所有田亩阶段分析(民二十三年)

所有田亩阶段	户数	对总户数的%
0.1—4.9	21	53.8
5—9.9	17	43.6
10—19.9	1	2.6
合计	39	100.00

半自耕农所有田亩的阶段分析，五亩以内的占 83%，五亩至十亩者的占 14%，十亩至二十亩者占 3%。

昆明县六村半自耕农所有田亩的阶段分析(民二十三年)

所有田亩阶段	户数	对总户数的%
0.1—4.9	64	83.00
5—9.9	11	14.00
10—19.9	2	3.00
合计	77	100.00

我们再看这三种农户，在所有田亩各阶段中所求得的指数。以地主兼自耕农为基数，在五亩至十亩的阶段中，自耕农的指数，为一百七十四，半自耕农只有五十六。在十亩至二十亩阶段中，自耕农的指数甚为微小，只有五数，半自耕农则略高过自耕农而亦只有六数。而在五亩以内的阶段中，因为地主兼自耕农，没有此阶段，如以自耕农作为基数，则半自耕的指数高过于自耕农为一百五十四。一般的看来，五亩以内的农户，是半自耕农占多数，自耕农次之，自然，这是可以看出昆明的农村土地琐碎的一种实据。其次五亩至十亩阶段中，自耕农的指数虽在一百七十四，但是这种阶段内的农户耕作结果，亦仅足维持生活。而半自耕农的指数，不及自耕农之三分之一，仅作生活的成分，尚形微弱，所以租种土地以求生活之需要，是必然事实。十亩至二十亩的阶段内，地主兼自耕农占了优势，自耕农与半自耕农的指数，同样的低微。

昆明县六村地主兼自耕农、自耕农、半自耕农所有田亩阶段的比较(民二十三年)

所有田亩阶段	地主兼自耕		自耕农		半自耕农	
	对总户数的%	基数	对总户数的%	指数	对总户数的%	指数
0.1—4.9	—	—	53.8	—	83.00	—
5—9.9	25.00	100	43.6	174	14.00	56
10—19.9	50.00	100	2.6	5	3.00	6
20—29.9	25.00	100	—	—	—	—

各类村户在所有田亩阶段内的每户平均所得的田亩数。地主兼自耕农在五亩至十亩内的，每户平均得六亩；十亩至二十亩的，每户得十一亩另五厘；二十亩至三十亩的，每户得二十亩另七分；其总平均亩数，则每户平均得十二亩而分。而五亩至十亩阶段内的平均数不及总平均之一半；十亩至二十亩的，平均每户数亦差于总平均数一亩一分五厘；二十亩至三十亩的，则高过总平均数八亩五分。

昆明县六村地主兼自耕每户平均的所有田亩

阶段别	户数	所有田亩数	每户平均所有田亩数
0.1—4.9	—	—	—
5—9.9	1	6	6.00
10—19.9	2	22.1	11.05
20—29.9	1	20.7	20.70
合计	4	48.8	12.20

自耕农　在个阶段内的每户平均田亩数，五亩以内，每户得二亩四分六厘；五亩至十亩，每户得六亩九分四厘；十亩至二十亩，每户得十亩；而其总平均亩数，则每户得四亩六分。则五亩以内阶段内的平均数，相差总平均数的二亩一分四厘；五亩至十亩之每户平均亩数，则高过于总平均二亩三分四厘；十亩至二十亩之平均数高过于平均数一倍以上为五亩四分。

昆明县六村自耕农每户平均田亩数(民二十三年)

阶段别	户数	所有田亩数	每户平均所有田亩数
0.1—4.9	21	51.75	2.46
5—9.9	17	117.9	6.94
10—19.9	1	10	10
合计	4	179.65	4.6

半自耕农　各阶段内的每户平均田亩数，五亩以内的，每户得二亩另四厘；五亩至十亩，每户得六亩一分七厘；十亩至二十亩，每户得十一亩五分。而与每户总平均比较，则五亩以内的阶段平均数相差于总平均数八分五厘；五亩至十亩的，则高过总平均数三亩二分八厘；而十亩至二十亩的，更高过总平均数三倍，为八亩六分一厘。

昆明县六村半自耕农每户平均所有田亩(民二十三年)

阶段别	户数	所有田亩数	每户平均所有田亩数
0.1—4.9	64	130.49	2.04
5—9.9	11	67.9	6.17
10—19.9	2	23	11.5
合计	77	221.39	2.89

我们再以各类村户在各类阶段内的平均所有田亩的比较。五亩以内的，因为没有地主兼自耕农，假使以自耕农来作基数时，则半自耕农之指数逊于自耕农，只得八十三。五亩至十亩，自耕农的指数高过地主兼自耕农，为一百十六。半自耕农指数，亦略高于地主兼自耕农，而与自耕农相较则为低，其指数为一百零三。如果将此三类农户总平均指数来比较，自耕农只得三十八。半自耕农更低的可怜，只得二十四，所以总平均的结果，还是地主兼自耕农占了优势。

昆明县六村地主兼自耕农、自耕农、半自耕农每户平均所有田亩的比较(民二十三年)

阶段别	地主兼自耕农		自耕农		半自耕农	
	每户平均所有亩数	基数	每户平均所有亩数	指数	每户平均所有亩数	指数
0.1—4.9			2.46		2.04	
5—9.9	6.00	100	6.94	116	6.17	103
10—19.9	11.05	100	10.00	90	11.50	104
20—29.9	20.70	100				
总平均	12.20	100	4.60	38	2.89	24

但是上述是根据农村挨户调查表所得的材料，以分析的结果，求出各阶段内的平均亩数及其指数。然而与全县田亩数的每户平均分配数来比较一下，更是相差得太远，在前面已经说过，昆明的农户，每户应得十三亩八分，但是调查的结果，不是这样，上表可以显明的看出，超过全县平均数的，只有地主兼自耕农在二十亩至三十亩的阶段中。此外自耕农、半自耕农的平均数，均不能与全县分配平衡。并且各类农户的总平均数，亦未超过全县分配数。那么读者一定会发生疑问：究竟土地到哪里去了？这个答复是：（一）我们所调查的农村是纯粹的农村，（二）大多拥有土地者不住在镇市上，就是住在城里的，因为有了第二个原因，纯粹农村内调查到的土地，不会与全县分配数相平衡的，这是一个显明事实。

但是反过来说，农村内的农户，平均所有田亩的差数，是被住在城镇的地主占有着。这个差数，我们可以从六个农村一百七十六户的挨户调查所得的全体所有田亩数四百四十九亩八分四厘，来作平均分配，则每户平均所得极微，只有二亩五分六厘，如以全县每户平均数十三亩八分来作比较时，则农村内的农户所得只当前者18.55%，可见农村内的81.45%的土地，是住在城镇内的富户占有着，是无疑义的。

各类村户在各个阶段内的每人平均所有田亩数，地主兼自耕农在五亩至十亩阶段内，每人平均所得亩数只有四分三厘；十亩至二十亩，每人得一亩七分；二十亩至三十亩，每人得一亩三分；总平均数，亦只得一亩分三厘，如与全县每人平均应得亩数二亩六分八厘来比较时，则其相差数为58％。

昆明县六村地主兼自耕每人平均所有田亩(民二十三年)

阶段别	人数	所有田亩	每人平均所有田亩
0.1—4.9	—	—	—
5—9.9	14	6	0.43
10—19.9	13	22.1	1.7
20—29.9	16	20.7	1.3
合计	43	48.8	1.13

自耕农在五亩以内的阶段中，每人平均得五分八厘；五亩至十亩，每人得一亩二分半；十亩至二十亩，每人得一亩四分三厘；总平均数每人不到一亩，而与全县每人平均数来比较，则相差64.55％。

昆明县六村自耕农每人平均的所有田亩(民二十三年)

阶段别	人数	所有田亩	每人平均所有田亩
0.1—4.9	89	51.75	0.58
5—9.9	94	117.9	1.25
10—19.9	7	10	1.43
合计	190	179.65	0.95

半自耕农在五亩以内的阶段中，每人平均得三分七厘；五亩至十亩的，每人得七分五厘；十至二十亩，每人得一亩六分四厘；总平均数不到半亩，而与全县每人平均数来比较，则相差81.72％。

昆明县六村半自耕农每人平均所有田亩(民二十三年)

阶段别	人数	所有亩数	每人平均所有亩数
0.1—4.9	348	130.49	0.37
5—9.9	90	67.9	0.75
10—19.9	14	23	1.64
合计	452	221.39	0.49

（2）田产转移

上面所述土地分配系平面现象，我们要窥测农村经济的盈虚及了解农民经济的情形，对于农民土地买卖典当是不能忽视的，因为土地是农民唯一的生产工具，在经济枯竭的时候，是赖以周转流通的东西。

在六年来各类村户地权分配的增减表中，地主兼自耕农相当的增加，自耕农和半自耕农均在减少，而佃农与雇农，因其间有一户买进田产，而有向上发展的趋势。

但是二十三年的总亩数，是低落下去，虽然相差数很是微弱，证明农村土地渐落于城镇手掌中，是无可避免的事实。这六年来各类村户因受土地买卖典当与分家继承双重影响之下，其户数与土地所有均见增减，地主兼自耕农户数的百分比减少，而土地所有的百分比在增加。自耕农与半自耕农的户数和土地所有百分比均在减少。佃农的户数与土地所有百分比均增加。雇农户数百分比是减少，土地所有百分比则增加。

昆明县六村六年来各类村户地权分配的增减(以民十七年的分类为坐标)

类别	民十七年时				民二十三年时				百分比的增减	
	户数	百分比	所有田亩数	百分比	户数	百分比	所有田亩数	百分比	户数＋－	所有田亩数＋－
地主兼自耕农	4	2.31	47.10	10.40	4	2.27	48.80	10.85	－	＋
自耕农	41	23.70	184.60	40.74	41	23.30	182.30	40.53	－	－
半自耕农	76	43.93	221.39	48.86	77	43.75	217.09	48.26	－	－
佃农	47	27.17			49	27.84	1.00	0.22	＋	＋
雇农	5	2.89			5	2.84	0.65	0.14	－	＋
总计	173	100.00	453.09	100.00	176	100.00	449.84	100.00		

如其根据十七年的分类为坐标，而只取各类村户买卖典当的关系，舍弃掉分家的关系来观察这六年来每户平均所有田亩数的增减时，则以十七年的所有田亩作指数，则地主兼自耕农的指数为一百零四，自耕农九十九，半自耕农九十八，而十七年时的佃农和雇农，其间因有一户买进了农田，故其指数突然增高。

昆明县六村各类村户六年来买卖典当对于各类村户平均所有田亩的影响

(以民十七年的分类为坐标，舍弃分家关系)

类别	户数	所有田亩数		每户平均所有田亩数		
	民十七年	民十七年	民二十三年	民十七年	民二十三年	民二十三年的指数(民十七＝100)
地主兼自耕	4	47.1	48.8	11.78	12.2	104
自耕农	41	184.6	182.3	4.50	4.45	99
半自耕农	76	221.39	217.09	2.91	2.86	98
佃农	47		1.		0.02	200
雇农	5		0.65		0.13	1300

我们再以分家关系和继承的关系，舍弃掉买卖的关系，来看这六年来各类村户分家后，每户平均所有田亩的影响。地主兼自耕农和自耕农，因为没有分家的关系，其每户平均所有田亩的指数，并无高低外，半自耕农的指数则为九十九。

昆明县六村分家和继承对于各类村户平均所有田亩的影响

(以民十七年的分类为坐标,舍弃买卖关系)

<table>
<tr><td rowspan="2">类别</td><td>所有田亩数</td><td colspan="2">户数</td><td colspan="3">每户平均所有田亩数</td></tr>
<tr><td>民十七年</td><td>民十七年
(未分家前)</td><td>民二十三年
(分家后)</td><td>民十七年</td><td>民二十三年</td><td>民二十三年的指数
(民十七＝100)</td></tr>
<tr><td>地主兼自耕</td><td>47.1</td><td>4</td><td>4</td><td>11.78</td><td>11.78</td><td>100</td></tr>
<tr><td>自耕农</td><td>184.6</td><td>41</td><td>41</td><td>4.50</td><td>4.50</td><td>100</td></tr>
<tr><td>半自耕农</td><td>221.39</td><td>76</td><td>77</td><td>2.91</td><td>2.88</td><td>99</td></tr>
</table>

土地转让，是有典当与买卖二种形式。典当就是活卖，并有典田自种，与得主耕种之分。典田自种者，就是田典出后仍向得主租种，得主种者，乃脱离土地使用关系，由得主耕种。前者等于租佃关系，每年缴纳租谷，以代利息。后者于典契内载明“田无租，洋无利”之语，即是以土地使用权授于典主，典洋亦不取息。典当的手续，由典受两方邀集介绍人及中证人签订同式契约两张，一由典主收执，一由受主收执。契约内载明典田亩数，期限，典银若干等字样，并须将红契缴质于受主。如典出之田仍须自种者，则双方另书租契，载明每年应纳租额。至于所邀请之中证人，例有相当酬劳金，双方各自负担，其额数各村互有不同，大概是以典银全部百分之二致酬，或有多少不论随意致酬者。如典主自己不能书写契约时，则须请人代书，其书契人之酬金，例由典主付给。至于典旧年限，各村亦不一致，大概普通三年，最低一年，最高五年，以一年为最低限度，五年为最高限度。至于赎田问题，有未到期能否赎取，到期无力赎取二问题，未到期向受主赎取，须视双方感情关系，并稍加利息则可，否则受主方面不予允许。到期因典主无力赎回时，延长典当年限，或由受主原价转典于人。而典田之买卖权尚操之于典主，受主方面，是不能没收该田或找价等习惯。

土地买卖，手续甚为简单，双方邀集中证人，缮写杜绝契，契内书明田之坐落何处，田之等则，亩数以及四至，并款数若干。如田上栽有农作物，则言定俟收获后交田。至于中证人及写纸者酬金，依其习惯上而定，大致以田价百分之三为酬金，或随意致酬者。年来农村经济枯竭，故买者多数为军政界商人地主，农村内之农民企图扩大农场至为微细。而杜卖之田地，先经典当而后出售者，大都在七八成。可见农民在非不已时，不愿将尚有希望赎回之典田遽尔杜绝也。

农村内的抵押，系借款性质，农民如遇经济上需要而举债时，请证人书抵押契，契内书明指定某坵田为担保品，及抵押年限，兼有附契（红契）抵押者。抵押年限，最高三年，最低数月不等，利息则按清偿。

昆明土地买卖价格，系以土壤肥瘠而分上、中、下三等，其价格各村有不同。六村调查之结果，上则田平均为一百三十三元四角，中则田均为一百元，下则田平均为六十六元二角。而上则田最高者为一百十元，最低为一百另七元。中则田最高一百二十元，最低六十七元。下则田最高八十元，最低五十三元。

昆明县六村每亩农田买卖价格(民二十三年)(单位:元)

村名	上则田	中则田	下则田
严家村	107	67	40
季管营	120	80	53
菊花村	160	120	80
下河埂	160	120	80
桃源村		120	77
昭宗村	120	93	67
平均数	113.4	100	66.2

这六年来六村买卖价格的上落。严家、季管、菊花、昭宗四农田的价格，十七年与二十三年并无变动。下河埂、桃源二村农田价则上涨。十七年六村农田平均价格，上则田为一百二十五元四角，中则田为八十九元七角，下则田为五十九元七角。而以民十七年的中则田价格作基数时，二十三年下河埂的指数为一百二十九，桃源村则为一百四十一。

昆明县六村六年来每亩农田买卖价格的上落(自民十七至民二十三年)(单位:元)

村名	上则田		中则田		下则田		民 23 年的指数（民十七＝100）*
	民十七	民 23	民十七	民 23	民十七	民 23	
严家村	107	107	67	67	40	40	100
季管营	120	120	80	80	53	53	100
菊花村	160	160	120	120	80	80	100
下河埂	120	160	93	120	67	80	129
桃源村			85	120	51	77	141
昭宗村	120	120	93	93	67	67	100
平均数	125.4	133.4	89.7	100	59.7	66.2	*仅指中则田价而言

六村农田典当的价格，上则田平均为八十二元六角，中则田为六十五元七角，下则田为三十四元。如以中则田的典价对中则田的地价百分率，则最高典价占田价的89.16%，最低占田价 29%，而平均典价占田价的65.7%，故中上则田因土壤肥沃，典价普通均在田价十分之六七。

昆明县六村每亩农田的典当价格(民二十三年)(单位:元)

村名	上则田	中则田	下则田	中则田典价对中则田地价的%
严家村	67	40	27	59.7
季管营	80	60	24	75
菊花村	93	73	40	60.83
下河埂	133	107	67	89.16

续表

村名	上则田	中则田	下则田	中则田典价对中则田地价的%
桃源村		87	33	72.5
昭宗村	40	27	13	29.0
平均数	82.6	65.7	34	65.7

典当价格的上落，系随田价之上落为依据。表中以十七年的中则田典价作基数时，菊花村民二十三年的典价指数低落到七十三，下河埂、桃源二村典价，指数为一百三十四与一百三十六。

昆明县六村六年来每亩典当价格的上落(自民十七至民二十三年)(单位:元)

村名	上则田		中则田		下则田		民二十三年的指数（民十七=100）*
	民十七	民二十三	民十七	民二十三	民十七	民二十三	
严家村	67	67	40	40	27	27	100
季管营	80	80	60	60	24	24	100
菊花村	120	93	100	73	40	40	73
下河埂	107	133	80	107	47	67	134
桃源村			64	87	28	33	136
昭宗村	40	40	27	27	13	13	100
平均数	82.8	82.6	61.8	65.7	29.8	34	* 仅指中则田典价而言

抵押的价格，上则田平均数为六十三元，中则田平均数为四十二元二角，下则田为二十五元二角。中则田的抵押价格对中则田的典价百分率，严家、季管二村抵押与典当的价格是相同的，菊花村占对典价的68.49%，下河埂村占37.38%，桃源村占54.02%，昭宗村占59.26%。六村平均押价对典价百分率，则占64.23%。中则田的押价对中则田的低价所占的百分率，严家村为59.7，季管村为75，菊花村为41.67，下河埂为33.33，桃源村为39.17，昭宗村为17.2。六村总平均数为42.2。

昆明县六村每亩农田的抵押价格(民二十三年)(单位:元)

村名	上则田	中则田	下则田	中则田押价对中则田典价的%	中则田押价对中则田地价的%
严家村	67	40	27	100	59.7
季管营	80	60	24	100	75.0
菊花村	80	50	40	68.49	41.67
下河埂	64	40	28	37.38	33.33
桃源村		47	20	54.02	39.17
昭宗村	24	16	12	59.26	17.2
平均数	63	42.2	25.2	64.23	42.2

抵押价格的上落，严家、季管二村无变动，菊花村、昭宗村则在减少，下河埂与桃源二村则为增高。

昆明县六村六年来每亩农田抵押价格的上落(自民十七至二十三年)(单位:元)

村名	上则田		中则田		下则田		民二十三年的指数
	民十七	民二十三	民十七	民二十三	民十七	民二十三	(民十七=100)*
严家村	67	67	40	40	27	27	100
季管营	80	80	60	60	24	24	100
菊花村	67	80	53	50	33	40	94.34
下河埂	40	64	32	40	20	28	125
桃源村			40	47	16	20	117.5
昭宗村	33	24	20	16	13	12	80
平均数	57.4	63	40.08	42.2	22.2	25.2	*仅指中则田抵押价格而言

(3) 土地的使用

各类村户的使用田亩，在六村一百七十六户调查的结果，总田亩数八百二十七亩二分六厘，以半自耕农占全数54.63%，自耕农次之，占21.72%，佃农占18.73%，地主兼自耕农使用田亩，很是微小，只占4.92%。

昆明县六村各类村户的使用田亩(民二十三年)

类别	使用田亩数	对使用田亩总数的%
地主兼自耕	40.7	4.92
自耕农	179.65	21.72
半自耕农	451.95	54.63
佃农	154.96	18.73
合计	827.26	100.00

各类村户在其使用田亩阶段内所占户数的成分，地主兼自耕农，都在五亩至二十亩之间。

自耕农五亩以内的阶段占53.8%，五亩至十亩阶段内占43.6%，十亩至二十亩阶段内占2.6%。

昆明县六村自耕农使用田亩阶段分析(民二十三年)

使用田亩阶段	户数	对总户数的%	指数
0.1—4.9	21	53.8	
5—9.9	17	43.6	
10—19.9	1	2.6	
合计	39	100	

半自耕农在五亩以内的阶段占41.6%，五亩至十亩占42.8%，十亩至二十亩占15.6%。

昆明县六村半自耕农使用田亩阶段分析(民二十三年)

使用田亩阶段	户数	对总户数的%
0.1—4.9	32	41.6
5—9.9	33	42.8
10—19.9	12	15.6
合计	77	100.00

佃农五亩以内的阶段占78.8%，五亩至十亩占19.3%，十亩至二十亩占1.9%。

昆明县六村佃农使用田亩的阶段分析(民二十三年)

使用田亩阶段	户数	对总户数的%	指数
0.1—4.9	41	78.8	
5—9.9	10	19.3	
10—19.9	1	1.9	
合计	52	100.00	

从各类村户使用田亩的情形，可略窥昆明农场的大小程度。如果将这一百七十二使用田亩的户数，不分类别，只分析使用土地阶段内的所占的成分。则在使用五亩以内者，占54.65%；五亩至十亩者，占36.05%；十亩至二十亩者，占9.3%，而昆明农民经营之农场之微小，可见一般。

其次土地所有与土地使用的关系，地主兼自耕农的所有田亩占总数的10.83%，而使用田亩只对使用总亩数的4.92%。自耕农所有田亩占总亩数的39.95%，使用田亩占使用总数的21.72%。半自耕农所有田亩占49.22%，而使用田亩，则占使用总数的54.63%。佃农则占使用总数的18.73%。

昆明县六村各类村户地权分配与农田使用的对比(民二十三年)

类别	所有田亩数	对所有田亩总数的%	使用田亩数	对使用田亩总数的%
地主兼自耕	48.8	10.83	40.7	4.92
自耕农	179.65	39.95	179.65	21.72
半自耕农	221.39	49.22	451.95	54.63
佃农	—	—	154.96	18.73
合计	449.84	100.00	827.26	100.00

这六年来各类村户使用田亩的增减，除半自耕农减少外，一般的状况均呈增加的趋势。但是增加的成分，都是很微细的，不见激烈高涨的姿态。

昆明县六村六年来各类村户使用田亩的增减(以民十七年的分类为坐标)

类别	民十七年时				民二十三年时				百分比的增减	
	户数	百分比	使用田亩数	百分比	户数	百分比	使用田亩数	百分比	户数＋－	使用田亩数＋－
地主兼自耕农	4	2.31	39.00	4.72	4	2.27	40.70	4.92	－	＋
自耕农	41	23.70	184.60	22.37	41	23.30	187.00	22.60	－	＋
半自耕农	76	43.93	456.55	55.32	77	43.75	450.05	54.40	－	－
佃农	47	27.17	145.20	17.59	49	27.84	147.16	17.79	＋	＋
雇农	5	2.89			5	2.84	2.35	0.29	－	＋
总计	173	100.00	825.35	100.00	176	100.00	827.26	100.00		

其次各类村户的参加田间工作者，每人平均耕作亩数，可以见到劳力过剩与否。惟处高原地带之农村，因受地形上之限制，农场经营一般的微小。我们估作以五亩为每人耕作的基数。地主兼自耕农，在五亩至十亩阶段内，每人平均耕作亩数一亩一分，指数只二十二；十亩至二十亩阶段内，每人平均耕作亩数二亩九分，指数五十九；而每人总平均耕作亩数亦只二亩四分，总平均指数亦在四十一。

昆明县六村地主兼自耕农参加田间工作者每人平均耕作亩数(民二十三年)

阶段别	耕作人数	使用田亩数	每人平均耕作亩数	指数
0.1—4.9				
5—9.9	10	11.0	1.10	22
10—19.9	10	29.7	2.97	59
总计	20	40.7	2.04	41

(以五亩为基数＝100)

自耕农在五亩以内的阶段，每人平均耕作的亩数一亩一分八厘，指数二十四；五亩至十亩阶段内，每人平均二亩三分一厘，指数四十六；十亩至二十亩阶段内，每人平均耕作亩数一亩六分七厘，指数三十三；总平均每人耕作亩数，亦只一亩七分八厘，总平均指数，亦只三十六。

昆明县六村自耕农参加田间工作者每人平均耕作亩数(民二十三年)

阶段别	耕作人数	使用田亩数	每人平均耕作亩数	指数
0.1—4.9	44	51.75	1.18	24
5—9.9	51	117.9	2.31	46
10—19.9	6	10	1.67	33
总计	101	179.65	1.78	36

(以五亩为基数＝100)

半自耕农在五亩以内的阶段，每人平均耕作亩数一亩三分七厘，指数二十七；五亩至十亩阶段内，每人平均耕作亩数二亩三分半，指数四十七；十亩至二十亩阶段内，每人平均耕作亩数二亩九分三，指数五十九；总平均每人耕作亩数为二亩一分六，总平均指数四十三。

昆明县六村半自耕农参加田间工作者每人平均耕作亩数(民二十三年)

阶段别	耕作人数	使用田亩数	每人平均耕作亩数	指数
0.1—4.9	69	94.75	1.37	27
5—9.9	92	216.5	2.35	47
10—19.9	48	140.7	2.93	59
总计	209	451.95	2.16	43

(以五亩为基数=100)

佃农在五亩以内的阶段，每人平均耕作亩数九分五厘，指数十九；五亩至十亩阶段内，每人平均耕作亩数二亩一分九，指数四十四；十亩至二十亩阶段内，每人平均耕作亩数二亩七分半，指数五十五；总平均每人耕作亩数为一亩三分一，总平均指数二十六。

昆明县六村佃农参加田间工作者每人平均耕作亩数(民二十三年)

阶段别	耕作人数	使用田亩数	每人平均耕作亩数	指数
0.1—4.9	85	80.56	0.95	19
5—9.9	29	63.4	2.19	44
10—19.9	4	11	2.75	55
总计	118	154.96	1.31	26

(以五亩为基数=100)

根据上述情形，耕作指数一般的很低，劳力似在过剩状态，结果便发生离村向外觅生活的现象，观下表各农户中出外工作人数的情形便知：

昆明县六村各类村户中出外工作的人数(民二十三年)

类别	有工能作力人数	出外工作的人数	出外工作能力的%
地主兼自耕	21	—	—
自耕农	113	3	2.66
半自耕农	221	2	0.91
佃农	132	11	8.33
雇农	9	—	—
总数	496	16	3.23

佃农出外工作人数，比一般的为多，自耕农和半自耕农出外工作者也有，大都是比较贫苦的农户。

（4）雇工与耕畜

农村雇工问题，农户在栽秧，及收获的时候，需要人工的帮助，但是大都是交换工作，彼此在栽秧及收获，互相的帮忙，比较富裕的农民则雇用长工耕耘，忙时，尤须添短工。长年工资，每年普通约合国币四十元，最高亦在五十元左右；女工工资，每年普通二十七元，最高三十三元；童工工资，每年亦只十元左右。长年工人，由雇主供给衣食，童工大多牧牛。短工工资以日计。农忙时，男工工资四角，女工五角，闲时男工工资二角七分，女工四角，同时供给膳食。女工工资所以较男工为高，以其除田间工作外兼操家庭之杂务故耳。各类村户雇工的成分，地主兼自耕农，是完全雇工的，自耕农雇工占48.72%，半自耕农占10.39%，佃农占40.39%，总计雇工成分是在30.23%。

昆明县六村各类村户雇工者成分(民二十三年)

类别	户数	雇工者户数	雇工者之数所占%
地主兼自耕	4	4	100
自耕农	39	19	48.72
半自耕农	77	8	10.39
佃农	52	21	40.39
合计	172	52	30.23

地主兼自耕农，五亩至十亩阶段内，雇用短工者一户，雇工七十日。兼雇长工及短工者一户，雇用长工一人，短工一百十工。十亩至二十亩阶段内，雇用短工者两户，雇工一百日。合计雇工者四户，雇用长工一人，短工二百八十日。

自耕农，五亩以内的阶段，用雇工的户数九户，同时雇用短工一百七十五日。五亩至十亩阶段内，有雇工户数亦为九户，雇用短工三百四十三日。十亩至二十亩阶段内，用雇工者一户，雇用短工二十五日。合计用雇工者十九户，短工五百四十三日。

半自耕农，五亩以内的阶段，用短工者十二户，共用短工一百六十九日。五亩至十亩阶段内，用短工者十四户，共四百二十八日。十亩至二十亩阶段内，用短工者七户，共二百四十四日，尚有一户，雇长工一人，短工八十日。合计雇用短工者三十三户，兼雇长工及短工者一户，雇用长工一人，短工九百二十一日。

佃农多用短工，五亩以内的阶段，雇短工者十四户，共雇短工二百二十六日。五亩至十亩阶段内，雇短工者六户，共雇短工二百八十七日。十亩至二十亩阶段内，雇短工者一户，共雇短工三十日。合计雇短工者二十一户，共雇短工五百四十三日。

依雇工的情形，与上面所述，土地使用一般的减低，农民劳力似在过剩状态发生抵触，其原因：（一）栽种与收获时期，须要人工来帮助，（二）农村内除富裕者一般农民雇用人工外，常被雇于人。

各类村户的耕畜，有耕畜者对其户数所占百分率，地主兼自耕农，占75%，自耕农占30.77%，半自耕农占23.38%，佃农占0.19%。总计一百七十二农户内，有耕畜者占20.35%。

昆明县六村各类村户中有耕畜者之百分比(民二十三年)

类别	总户数	有耕畜者之户数	%
地主兼自耕	4	3	75.00
自耕农	39	12	30.77
半自耕农	77	19	23.38
佃农	52	1	0.19
合计	172	35	20.35

耕畜总数为三十五只，地主兼自耕农占11.43%，自耕农占34.29%，半自耕农占51.43%，佃农占2.85%。每户平均数，地主兼自耕农1.33%，自耕农和佃农，每户平均1头，半自耕农因有两家合养1头牛，故每户平均只0.95%，合计35只，每户平均1头。

昆明县六村各类村户的耕畜(民二十三年)

类别	耕畜数	对总数的%	每户平均数
地主兼自耕	4	11.43	1.33
自耕农	12	34.29	1.00
半自耕农	18	51.43	0.95
佃农	1	2.85	1.00
合计	35	100.00	1.00

地主兼自耕农一类农户中，共有耕畜四头，除五亩至十亩阶段内占有一头外，余尽为有田十亩至二十亩者所养。

自耕农，耕畜数十二头，五亩以内阶段，占25%，五亩至十亩阶段内占66.67%，十亩至二十亩阶段内占8.33%。

半自耕农，耕畜数十八头，五亩以内阶段占25%，五亩至十亩阶段内占58.33%，十亩至二十亩阶段内占16.67%。

佃农，耕畜数只一头，比一般的少，他们在贫苦的环境下生活着，购买牛的能力是没有的。

(5) 租佃关系

农户租种土地，须订立租契，熟识者只口头上约定，可免订契的。一般习惯，凡租种者应先缴纳押租若干，且视土壤等级立议，并无一定成规。大概上则田，每亩最高五元，中则田最高三元，下则田最高一元五角，押租于租约期满时退还。租田年限，普通大概三年，期满时，退租或续租，双方各自由。至于缴租，均以正产物纳租，分租很少，如遇灾荒歉收时，则由当地乡镇公所议定缴租办法，钱租亦很少，佃农如不纳租米，得以市价折成钱币易租。

土壤等级，有三等九级之分，租额亦凭土壤等级之高下来规定，观上则田最高纳租米三百斤，最低一百六十二斤，平均数为二百十三斤，三百斤之租田，为上上则田，一百六十二斤租田，为上下则田。中则田最高二百斤，最低一百三十五斤，平均数一百五十八斤。下则田最高一百二十六斤，最低五十斤，平均数九十七斤。各村租额，互不一致，表中如中上则田之租额，及高过上下则田，因其地势环境各有不同也。

昆明县六村每亩农田的租额(民二十三年)(米租:单位:斤)

村名	上则田	中则田	下则田
严家	300	200	120
季管	162	135	50
菊花	180	158	108
下河埂	180	158	126
桃源		127	77
昭宗	245	175	105
平均	213.4	158.8	97.7

昆明租额甚高，以夏作物全收获量尚不敷纳租，对农田租额对产量的百分率表中，菊花村，上则田米产量一百八十斤，而只够完租，中则田产量一百四十四斤，须一百五十八斤纳租，超过产量10%，下则田产量亦只足纳租。下河埂村，上则田租额，竟超出产量20%，中则旧租额，亦超过10%，下则田租额，竟超过31%。昭宗村，上则田租额，超过正产6%，中则田租额，超过正产4%，下则田以正产完全纳租。（按租额，仅指秋收时之稻作物而言，其他如豆、麦、鸦片等概不在内）。

昆明县六村每亩农田租额对产量的百分率

村名	上则田			中则田			下则田		
	出产量	额租	对出产量%	出产量	额租	对出产量%	出产量	额租	对出产量%
严家		300			200			120	
季管		162			135			50	
菊花	180	180	100	144	158	110	108	108	100
下河埂	216	180	120	144	158	110	96	126	131
桃源					127			77	
昭宗	231	245	106	168	175	104	105	105	100

地主兼自耕农出租农田的成分，很是微细，合计农田只四十八亩八分，出租的农田只占16.6%。

昆明县六村地主兼自耕农出租农田的成分(民二十三年)

所有田亩阶段别	所有田亩数	出租田亩数	出租对所有的%	出租对所有总数的%
0.1—4.9				
5—9.9	6.0	1.0	16.7	2.0
10—19.9	22.1	6.1	27.6	12.5
20—29.9	20.7	1.0	4.8	2.0
合计	48.8	8.1	16.6	—

半自耕农，租进农田的成分，以五亩以内者占多数，租田超过自有田。租进之田对使用总亩数，竟占41.12%。自然，在五亩以内的农户，自有田微少不够生产，需要租田来增加生产，是必然的事实。其次五亩至十亩阶段内，租田对自有田亦占38.05%，而租进田亩对使用总数的百分率，占9.23%。十亩至二十亩阶段内，租田对自田占11.53%，租田对使用总数，则占0.66%，合计看来，半自耕农的使用田亩，有51.01%是租来的。

昆明县六村半自耕农租进农田的成分(民二十三年)

所有田亩阶段	所有田亩数	使用田亩数	租进田亩数	使用田亩中的自有田与租田		租进对使用总数的%
				自田	租田	
0.1—4.9	130.49	316.35	185.86	41.25	58.75	41.12
5—9.9	67.9	109.6	41.7	61.95	38.05	9.23
10—19.9	23	26	3	88.47	11.53	0.66
合计	221.39	451.95	230.56	48.99	51.01	—

佃农没有自己的土地，他的田亩完全是租来的。耕种五亩以内的佃农占大多数，约占租种面积51.99%，五亩至十亩占40.91%，十亩至二十亩，占7.1%。此种农田，除大部分正产纳租外，所得到的只有副产品，所以多数是不足维持生活的，因此他们不得不去作短工、苦力或小贩。

昆明县六村佃农租进农田的成分(民二十三年)

阶段别	租进田亩数	租进对各阶段使用总数的%
0.1—4.9	80.56	51.99
5—9.9	63.4	40.91
10—19.9	11	7.1
合计	154.96	100.00
佃农的使用亩数即为租进亩数		

3. 农村副业

农村副业，于农民生计关系至巨，贫苦之农民，往往恃劳力换得代价以偿其生活。六村各类村户中，地主兼自耕农有副业者占75%，自耕农有副业者占53.85%，半自耕农有副业者占31.17%，佃农有副业者占69.23%，雇农有副业者占75%。总计一百七十六农户中，有副业者占49.43%。

各类村户，每户副业平均收入数，以地主兼自耕农为最多，每户平均每年得九十七元强(国币)。次为佃农，每户平均得四十五元八角一分。雇农每户平均得三十六元八角。半自耕农每户平均得三十五元二分。自耕农每户平均得三十元七角二分。总计八十七户有副业者，每户平均得四十元六角六分。

昆明县六村各类村户每户平均的副业收入(民二十三年)(单位:元)

类别	户数	副业收入数	每户平均收入
地主兼自耕	3	292.6	97.47
自耕农	21	645.05	30.72
半自耕农	24	840.56	35.02
佃农	36	1649.2	45.81
雇农	3	110.38	36.80
合计	87	3537.8	40.66

各类村户副业总收入之比较，地主兼自耕农占全数8.27%，自耕农占18..23%，半自耕农占23.76%，佃农占46.62%，雇农占3.12%。副业全数收入，以佃农成分最高，次之半自耕农，又次之自耕农，雇农最低。

昆明县六村各类村户副业总收入之比较(民二十三年)(单位:元)

类别	副业收入数	对总收入的%
地主兼自耕	292.6	8.27
自耕农	645.05	18.23
半自耕农	840.56	23.76
佃农	1649.2	46.62
雇农	110.39	3.12
合计	3547.8	100.00

地主兼自耕农副业的分类。打渔、打线、织布者一户，每年收入滇币一千九百元（以国币一元三角三分折合滇币十元），折合国币二百五十二元七角；织布两户，收入滇币三百元，折合国币三十九元九角。合计滇币二千二百元，折合国币二百九十二元六角。

自耕农副业分类。石匠、赶马各一户，卖柴两户，帮工三户，裁缝与织布各四户，小商人六户，合计二十一户。其中以石匠收入为最多，每年折合国币一百五十九元六角，其次小商人，折合国币一百二十六元三角五分，其次帮工，折合国币一百一十一元七角二分，裁缝一百零九元六分，织布，折合国币五十八元五角二分，赶马与卖柴各折合国币三十九元九角。

半自耕农副业分类。木匠一户，赶马两户，织布三户，采樵四户，小商人四户，帮工九户，合计有副业者二十四户。收入以小商人最多，折合国币二百二十六元一角，次之帮工，折合国币一百九十元一角九分，采樵折合国币一百五十九元六角，赶马折合国币一百一十三元五分，织布折合国币八十五元一角二分，木匠折合国币六十六元五角。计全数副业收入，折合国币为八百四十元五角六分。

佃农副业分类。木工一户，渔业及织布一户，卖柴及卖菜三户，织布三户，染业三户，小贩五户，苦力五户，帮工十五户，合计有副业者三十六户。其中收入最多者为帮工，折合国币六百五十元零三角七分，染业次之，折合国币三百零五元九角，小贩折合国币二百二十七元四角三分，苦力折合国币二百十二元八角，卖柴及卖菜，折合国币一百零六元四角，渔业及织布，折合国币九十三元一角，织布三十三元二角五分，木工折合国币十九元九角五分，总计副业收入数为一千六百四十九元二角。

雇农副业分类。打柴、染业、小贩，各一户，合计三户，收入以染业为最多，折合国币五十三元二角，次之打柴三十三元二角五分，小贩二十三元九角四分，总计副业收入为一百十元零三角九分。

云贵为高原区域，适宜于畜牧，小康之家，多畜骡、马以作交通运输之用，兼有赶马为生活者，六村各类村户的家畜表中，马合计有七十五匹，牧马事业，甚为发达，其次养猪鸡者，亦甚普遍。

昆明县六村各类村户的家畜(民二十三年)

类别	马	骡	猪	羊	鸡	鸭
地主兼自耕	3		12	1	16	
自耕农	17	1	36		76	
半自耕农	47		78		175	2
佃农	7	1	22		56	
雇农	1		3			
合计	75	2	151	1	323	2

4. 农村借贷

农村借贷，于农民本身经济上影响甚大，且年来农村经济枯竭，农民受重利盘剥者，尤为昆明农村中普遍现象，为状最惨的，莫如农民向商店借款，言定于夏作物收获时，偿还米谷，于农民损失更巨。我们从六村挨户调查的结果，负债者竟占39.2％，尤其贫苦的农民和佃农、雇农，负债的成分更多，自耕农和半自耕农，负债的成分，亦一样的严重着。

昆明县六村各类村户借贷的成分(民二十三年)

类别	总户数	负债者户数	对总户数的％	对全体总户数的％
地主兼自耕	4	1	25	0.57
自耕农	39	12	30.77	6.82
半自耕农	77	31	40.26	17.61
佃农	52	23	44.23	13.07
雇农	4	2	50	1.14
合计	176	69	39.2	—

兹将各类村户负债的成分，与所有田亩及使用田亩的关系分述于后。

地主兼自耕农，在五亩以内的阶段，有一户负债，本来他们是有土地出租的农户，情形比一般的好，尚且免不了负债，可见农村经济枯竭之一般了。

自耕农在五亩以内的阶段，负债的成分最多，占该阶段总户数38.09%，五亩至十亩负债的，占17.65%，十亩至二十亩负债的占100%。合计三十九户中，负债的竟占十二户。五亩以内的阶段，占负债总数20.51%，五亩至十亩阶段内，占7.69%，十亩至二十亩阶段内，占2.56%。

昆明县六村自耕农中负债成分与所有田亩的关系(民二十三年)

所有田亩阶段	户数	负债者户数	对户数的%	对总户数的%
0.1—4.9	21	8	38.09	20.51
5—9.9	17	3	17.65	7.69
10—19.9	1	1	100	2.56
总计	39	12	30.77	—

半自耕农，在五亩以内的阶段，负债的成分为35.94%，对总户数负债的成分是29.87%，五亩至十亩阶段内，负债的成分63.64%，对总户数负债成分9.09%，十亩到二十亩阶段内，负债的成分50%，对总户数的成分13%，合计七十七户内，有40.36%是负债的。

昆明县六村半自耕农中负债成分与所有田亩的关系(民二十三年)

所有田亩阶段	户数	负债者户数	对户数的%	对总户数的%
0.1—4.9	64	23	35.94	29.87
5—9.9	11	7	63.61	9.09
10—19.9	2	1	50	1.3
总计	77	31	40.26	—

佃农在使用田亩五亩以内的阶段，负债的成分为39.02%，五亩至十亩阶段内，负债成分60%，十亩至二十亩阶段内，负债成分100%，总计五十二户，负债户数占44.23%，对总户数的百分比，五亩以内的负债成分30.77%，五亩至十亩11.54%，十亩至二十亩1.92%。

昆明县六村佃农中负债成分与使用田亩的关系(民二十三年)

所有田亩阶段	户数	负债者户数	对户数的%	对总户数的%
0.1—4.9	41	16	39.02	30.77
5—9.9	10	6	60	11.54
10—19.9	1	1	100	1.92
总计	52	23	44.23	—

雇农半数是负有债务。

各类村户负债的数别，是看债额之中心点，自耕农十二户，负债额共计九百九十元，以二百元以上者占四百二十六元。半自耕农三十一户，负债额三千六百九十七元，二百元以上，竟占一千九百六十四元。半自耕农负债额实较一般为重。佃农二十三户，负债额一千二百五十二元，占最多者为五十元至一百元占四百二十八元。雇农负债二户，全数只七十三元，在五十元至一百元占最多的成分。总计六十九户，负债的户数，其数别逐步增加，一元至二十元者，合计只一百十五元，到二十元至五十元，则有五百四十二元，以后逐步增高，最多为二百元以上者二千六百五十七元，占全数债额43.71%。

昆明县六村各类村户负债的数别(民二十三年)

类别	负债户数	负债金额					合计
		1—20元	20—50元	50—100元	100—200元	200元以上	
地主兼自耕	1			67			67
自耕农	12	13	147	138	266	426	990
半自耕农	31	13	221	414	1085	1964	3697
佃农	23	76	174	428	307	267	1252
雇农	2	13		60			73
合计	69	115	542	1107	1658	2657	6079

再将每户平均负债额来比较，地主兼自耕农，每户平均六十七元，自耕农，每户平均八十二元半，半自耕农每户平均一百十九元二角五分，佃农每户平均五十四元四角三分，雇农每户平均三十六元五角，总平均则每户平均负债八十八元一角，而以半自耕农每户负债最重，自耕农次之，地主兼自耕农又次之，佃农和雇农更次之。

昆明县六村各类村户负债农户每户平均负债表(民二十三年)

类别	负债户数	债额	每户平均负债额
地主兼自耕	1	67	67
自耕农	12	990	82.5
半自耕农	31	3697	119.25
佃农	23	1252	54.43
雇农	2	73	36.5
合计	69	6079	88.1

农户负债数额，系历年积欠而成者。如村户历年负债情形表中，地主兼自耕农所负尚系民二十年之旧债，自耕农十七年以前之旧债总额竟有三百六十四元之多，半自耕农以民国十九、二十及二十一年三年中为最多，佃农以二十二年新债为最多，二十一年次之。雇农十九年最多。合计全数债额，十七年以前之旧债，占全额10.5%，十七年占1.88%，十八年占3.95%，十九年占22.08%，二十年占18.82%，二十一年占28.8%，二十二年占13.97%。

昆明县六村各类负债村户历年负债情形(民二十三年)(单位:元)

类别	负债户数	资产年份及额数							合计
		十七年以前	十七年	十八年	十九年	二十年	二十一年	二十二年	
地主兼自耕	1					67			67
自耕农	12	364	13	133	86	27	340	27	990
半自耕农	31	263	21	67	944	904	1090	405	3697
佃农	23	8	80	40	252	146	308	418	1252
雇农	2				60		13		73
合计	69	638	114	240	1342	1144	1751	850	6079

负债的用途，地主兼自耕农，全数用于必要生活。自耕农用于必要生活者占40.3%，次之婚丧占36.97%，建屋占21.41%，疾病占1.32%。半自耕农用于婚丧者占56.42%，次之必要生活占19.85%，经商占18.12%，农本占4.87%，建屋占0.74%。佃农用于婚丧者占70.13%，必要生活占17.09%，折租占6.39%，农本占5.35%，建屋占1.04%。雇农则完全用于必要生活。

合计来看，负债用途以婚丧为多数，占全数54.78%，次之必要生活，占全数24.46%，经商占11.02%，建屋占4.15%，农本占4.06%，折租占1.32%，疾病占0.21%。

昆明县六村各类村户负债的用途(民二十三年)(单位:元)

类别	负债户数	经商	婚丧	折租	必要生活	农本	疾病	建屋	合计
地主兼自耕	1				67				67
自耕农	12		366		399		13	212	990
半自耕农	31	670	2086		734	180		27	3697
佃农	23		878	80	214	67		13	1252
雇农	2				73				73
合计	69	670	3330	80	1487	247	13	252	6079

农村借贷性质，分抵押与信用，抵押即以田契或房屋为担保品，信用则无担保品。各类村户借贷时以抵押借款居多数，地主兼自耕农完全是抵押借款，自耕农之抵押借款亦占63.03%，余为信用借款。半自耕农押借占80.77%。佃农因无土地故借款时常以房屋作抵押，抵押借款占46.41%，信用借款占53.59%；雇农则完全为信用借款，因其无抵押品故也，合计抵押借款占70.04%，信用占29.96%。

昆明县六村各类负债村户借贷时抵押与信用的比率(民二十三年)(单位:元)

类别	抵押借款		信用借款	
	额数	%	额数	%
地主兼自耕	67	100		
自耕农	624	63.03	366	36.97
半自耕农	2986	80.77	711	19.23
佃农	581	46.41	671	53.59
雇农			73	100
合计	4258	70.04	1821	29.96

借贷利息，分物息与银息二种，物息即农产品之米谷。观物息与银息比率表，则知地主兼自耕农完全为银息。自耕农物息占9.39%，银息占90.61%。半自耕农物息占45.98%，银息占54.02%。佃农物息占58.55%，银息占41.45%。雇农物息占17.81%，银息占82.19%。合计物息占全数41.77%，银息占58.23%。

昆明县六村各类负债村户借贷时物息与银息的比率(民二十三年)(单位:元)

类别	物息		银息	
	额数	%	额数	%
地主兼自耕			67	100
自耕农	93	9.39	897	90.61
半自耕农	1700	45.98	1997	54.02
佃农	733	58.55	519	41.45
雇农	13	17.81	60	82.19
合计	2539	41.77	3540	58.23

借贷利息，分年息与月息。月息很不普遍，大多为年息，利息最重者莫如物息。在借贷利息表中，最高的竟有至五分者，米息在偿还时与米价高低关系很大，推算较为困难，而依其乡村中一年之米价平均折算。例如下河埂村，平均米价滇币一百元一斗，借贷滇币百元，须年纳米息五升，故年利为五分。银息较物息为低，普通为三分，最低两分。

昆明县六村的借贷利息(民二十三年)

村名	月息			年息		
	最高	最低	普通	最高	最低	普通
严家村				3.6	2	3
季管营				3.8	3	3
菊花村				3	2.5	3
下河埂				5	3	4
桃源村				3.5	3	3
昭宗村				4	3	3

昆明农民信用合作社，设于第一区之莲德镇，资本额旧滇币十四万元，已贷出三万元，资金来源，由社员集股，并向城商募股，办理社员借贷及农民抵押借款等，借贷数额不得超过滇币五十元，利息年息两分。

5. 田赋

昆明田赋科则，在民二十年以前，分上、中、下三等征赋，至民二十一年土地清丈完峻后，改征耕地税，土地等级。亦从新勘定，以新制三等九级征收，民二十年以前田赋征收情形，全县田赋共计粮米六千八百二十五石五斗九升九合，每石折征当地现金七元二仙，合折现金四万七千九百八十五元八角三仙五厘，惟十九、二十两年，因受虫旱水灾影响，受灾农村，概减征田赋，是以短收，查民十八年征收数为四万六千八百九十五元三角五仙，十九年征收数四万二千九百四十五元三角四仙，二十年征收数三万六千六百四十八元八角九仙。二十年以前田赋科则，分田地二目，并分上、中、下三等，兹将每亩农田正附税征收数列表于后，附税分（一）附捐，每石带征一元；（二）团费，每石带征三角；（三）村团费、使差费、修路费，每亩征收五角；附捐缴解财政厅，团费归县政府办团用；村团费使差修路费，由县政府征收分配，田赋正税对附税的比率，附税均超过正税，上则田正税对附税的比率为117.3，中则田为196.58，下则田为222，上则地为315.25，中则为375.35，下则为463.75。

昆明县每亩赋税表(单位:元)

类别	田			地		
	上则	中则	下则	上则	中则	下则
正税	0.3150	0.2808	0.2457	0.1658	0.1404	0.1128
附税	0.5585	0.5520	0.5455	0.5312	0.5270	0.5208
总数	0.8735	0.8328	0.7912	0.6998	0.6674	0.6331
附税对正税的比例	177.3	196.58	222.0	315.25	375.35	483.75

二十一年耕地清丈办理完竣，实行征收耕地税，其旧时粮目名称及附加，一律取消，其耕地税制等则，分上、中、下三等九级征收，在粮户纳税，既简单便利，税额尤为公允，耕地税系根据田亩面积，算至厘位止，每年征收耕地税，一次缴纳，不分上忙与下忙，由粮户直接到县缴纳。并为便利纳税人起见，由县政府委托各地乡镇长征收，兹将耕地税表列于下：

昆明县每亩之耕地税(单位:元)

税则	正税	税则	正税	税则	正税
上上则	0.30	中上则	0.14	下上则	0.05
上中则	0.24	中中则	0.11	下中则	0.03
上下则	0.18	中下则	0.08	下下则	0.01

二十三年经省府议决。在耕地税项下，附征八成团费，如果决定实行，则农民负担，与旧时相埒。

田赋均以当地现金征收，现金每元易旧滇币五元，每一国币（上海大洋）换旧滇币七元五角，故每一国币可易现金一元五角，故现金一元只等于国币六角六分六厘六毫，田赋如以国币折算，则上则田每亩正附税合计折合国币七角三分零一毫。

田地买卖典当之验契税，系按照土地价格征收，民国十七年之契税为土地价格百分之六。典契征百分之三。至十八年，买卖契则减至百分之四，典契仍旧。

6. 农村捐税

农村税捐，根据农民口述，分常年负担与临时负担两种。常年捐税有八种，表中所列税款，系折成国币计算。第一项烟亩罚金，即系烟亩捐，凡种植罂粟者，每亩征收当地现金三元，折合国币二元。菊花与昭宗二村种植最多，每年应缴亩捐七十四元。其次屠宰税，其税额每只自一元二角六分至一元二角九分，农民宰猪自食，亦须报缴税款，否则受罚。教育款，大多取自学田之租米，每学田之农村，如季管、下河埂二村，则须摊派教育款。自治经费，乡镇公所费本无的款，有地方公款者，用公款，否则向村民筹措。团款系乡镇民团费，全由农户摊筹。亦称门户捐。表中除菊花村、昭宗村无门户捐外，每村年须负担二十元左右之团费。凡购买马匹，例须报税，称曰马税。税额为价格百分之四及百分之十不等。牛税与马税大致相同。猪税征额亦不一律，有以其价值之百分率征收者，亦有按头征收者。表中菊花等四村，因未明征额故不列入，并非没有猪税。大凡购买一猪，须负屠宰及猪税双重税。凡军队驻防或经过，例由农村供给草料，惟各村不普遍耳。

昆明县六村各村常年负担之税捐(民二十三年)(单位:元)

村名	税捐名称								
	烟亩罚金	屠宰税	教育款	自治经费	团款	马税	牛税	猪税	军队草料
严家村	53	每只 1.26			每户 0.8	买马一匹征税 2.7	买牛一匹征税 2.7	买猪一只征 5%	27
季管营	40	每只 1.24	15	50	20	10%	10%		3
菊花村	74	每只 1.25				4%	4%	每只 0.13	
下河埂	每亩 2 元	每只 1.24	7	50	20	10%	10%		3
桃源村	57	每只 1.24			17.5	10%	10%		
昭宗村	74	每只 1.29				10%	10%		

临时负担之税捐。民国十七年至现在，云南曾募兵五次之多，然省库空虚，为应军事当局补充新兵计，率多着各县政府征募，并且按县之等级规定兵额之多少。昆明系一等县，所以每次征额亦较一般为多。县复令以各自治区域之户口多少为比例，责成区长征募之，区长更以乡镇之大小，着乡镇长分配。最终乡镇长又按村之贫富及人口之多寡责成村长征募。惟乡村农民对于当兵，率皆视为畏途，无人应征。结果村长只得集款收买，应征者给以八百元或千元旧滇币安家费，故每次募兵，村户均负担甚重，如所征之兵，不幸半途脱逃，军官必向村长坐索，而村长又须集资招募。故意刁难，谓所征之兵体力不强亦不少，而农民却敢怒而不敢言。表中六村募兵额，为半个或一个不等，自十七年至现在，严家村募兵费国币一百另六元，季管营二百元，菊花村一百八十六元，下河梗二百元，桃源村一百零六元，昭宗村最少尚出一百十元。

其次救国捐，系民二十二年一次征收，按农户等级征收，无力应征或延期不缴者，均被押于区公所，乡镇长奉行不力，则被押县政府。表中严家村曾出国币六十七元，桃源村五十三元，昭宗村六十七元，季管、菊花、下河梗三村，因未明额数，故未列入，其额数大致相同。

昆明县六村临时负担之税捐(民二十三年)(单位:元)

村名	募兵	救国捐	附注
严家村	106.0	67.0	募兵自十七年至二十一年共募兵五次
季管营	200.0		
菊花村	186.0		
下河埂	200.0		
桃源村	106.0	53.0	
昭宗村	110.0	67.0	

7. 农村教育

昆明位居省城，教育较各县发达，省立有东陆大学、省立中学、女子中学、省立农业学校等。全县计有小学二百十七所，学生人数一万零七百人，平均每校学生四十九人。全年经费旧滇币二十一万三千八百零七元，平均每校每年九百八十一元九角四分，折合国币一百三十元六角。县立中学一所，学生二百五十八人，全年经费旧滇币二万三千八百元，折合国币三千一百六十五元四角一分。县立师范一所，学生人数四十六人，全年经费旧滇币三万零六百二十二元，折合国币四千零七十二元七角三分。

农民教育情形，在被调查之一百七十户村户中，即可窥见一般。兹按村户识字人数的比较，地主兼自耕农，识字人数占13.95%，自耕农占7.9%，半自耕农占5.75%，佃农占3.42%，总计农民九百三十二人中，识字人数只有五十五人，识字的成分5.9%。

昆明县六村各类村户识字人数的比较

类别	人数	识字人数	识字人数的%	对总人数的%
地主兼自耕	43	6	13.95	0.64
自耕农	190	15	7.90	1.61
半自耕农	452	26	5.75	2.79
佃农	234	8	3.42	0.86
雇农	13			
总计	932	55	5.90	

农民识字程度，小学占94.55%（共五十二人），中学占5.45%（三人）。

8. 政治情形

昆明旧制，划东、西、南、北、中为五乡，现已改为八区，以东、西、北三乡，地面辽阔交通不便，划外东、外西、外北各设一区，全县计有十镇一百九十乡六百四十四村。

自治组织系统，系遵内政部自治组织法规定，五户为邻，五邻为闾，合数闾编为一乡，若干乡为一区，区公所组织，区长一人，助理员一人，区丁两人；区调解委员会，委员五人；乡镇公所，乡镇长副乡镇长，监察委员两人或三人；乡调解委员会，委员三人，乡长下闾长、邻长等属之。

区公所不分等级，其经费月支现金五十元，合滇币二百五十元，由财政局就地方款项下支付；区长月支薪滇币八十元，助理员五十元，区丁二人合支四十元，除薪给外，公费只滇币八十元，以总负全区的自治机关，经费之缺乏，推动自治事业，戛戛乎其难。乡镇公所，并无经费，乡长均义务职，亦不支薪，遇举办自治事务，其用款向由农户摊派。

区公所及乡镇公所，举办自治事项；可归纳自治、土地、教育、警卫、农业、其他等6项：

（一）自治　调查户口，编订门牌，办理人事登记，举办积谷，制定公约。

（二）土地　调查土地等级事项。

（三）教育　乡村教育之举办及设计事项。

（四）警卫　训练常备队，编制预备团。

（五）农业　农田水利，森林培植保护，垦牧狩猎。

（六）其他　县政府委办事项。

至于警卫方面，有公安局、常备队、预备团。公安总局一所，设分局三所，警察人数只二十五名，杂枪三十枝，其经费由财政局就地方款项下支拨，警察月给现金十元，以警力之单薄，办理全邑警务力有所不逮。

常备队，一中队分八分队，总队部设县公署，各区公所设一分队，常备队人数共计一百二十名，杂枪一百二十枝，全年经费现金一万四千元，每月由财政局支拨，队兵待遇与警察同等，预备团已成立者计有九十分队，总团长由县长任之，营连排班长，则由区长、乡镇长、闾邻长任之，团丁系义务职，由各村庄抽调而来者，所有枪械，均系乡民之铜帽枪及刀矛等。

禄丰县

1. 全县概况

禄丰县距离省会西面约二百十里，为滇西干道必经之地。大理运商来省贸易者，必经禄丰而达省会，禄丰段现已有长途汽车，昆禄交通称便。与禄丰毗连者有昆明、安宁、易门、广通、富民等县。禄丰县东之老鸦关，县西之响水关，县北之南平关，三关鼎足连锁，地势险要，实为省会之咽喉。地势较昆明略低，拔海约七百余尺；北纬二十五度，东经西十四度。气候适宜，惟在冬季时，较昆明为寒。全年雨水，以五六七三月为最多。

山脉自云岭南行至定西岭折向东南行，而入县境，经县之东为三尖山，经县之西为龙顶山，县北有五台山纵横数百里。

河流有三：(一) 东河长一百二十里，经一、二区，而向西行。(二) 西河长一百里，由北向南行，经一、三两区，与东河合流向西。(三) 南坝河长三十五里，自东向西行，经一、二两区合东西二河，三河合流向西而入邻县之易门。

境内土壤性质，壤土占50%，黏土占30%，砾土占20%。农作物，春季种植蚕豆、麦子、鸦片三种，土地之作物估量，据县政府之估计，蚕豆占50%，麦子占10%，鸦片烟占20%，空地占20%。夏作物，稻子占80%，玉蜀黍占5%，烟草占2%，马铃薯占10%，甘薯占3%。

2. 土地分配

我们选择了玉龙、董户、凤鸣、柴家、大营、土官等六村，六村挨户调查的结果，得一百六十六户。村户分类的情形，地主兼自耕农占7.83%，自耕农占31.93%，半自耕农占44.58%，佃农占12.05%，雇农占3.61%。

禄丰县六村村户的分类(民二十三年)

村户类别	户数	对总户数的%
地主兼自耕	13	7.83
自耕农	53	31.93
半自耕农	74	44.58
佃农	20	12.05
雇农	6	3.61
合计	166	100.00

在十三户的地主兼自耕农农户中，其性质大部分耕地自种者为多数，大部分出租者占少数。其成分大部分土地出租者，占38.46%，大部土地自己耕种者占61.54%。

禄丰县六村十三户地主兼自耕农性质的分析(民二十三年)

类别	户数	对总户数的%
大部分土地出租者	5	38.46
大部分土地自耕者	8	61.54
合计	13	100.00

七十四户的半自耕农，其向人租来的土地，而未超过其自有土地，即系大部分耕地系自有者，在半数以上。租来的土地，超过自有的土地，即系大部分土地系租来者，计三十五户。换过来说，半自耕农当中，还是大部分土地系自有者比较占了多数。

禄丰县六村半自耕农性质的分析(民二十三年)

类别	户数	对总户数的%
大部分土地自有者	39	52.70
大部分土地租来者	35	47.30
合计	74	100.00

我们再从这六年来十七年与二十三年，各类村户变迁的比较，以窥测禄丰县农村的实际状况。

十七年的八户地主兼自耕农，因为分家的关系增加四户，其中一户因分家后，他的耕地完全自己经营耕作，而变为自耕农，其余的十一户则仍旧为土地出租的地主兼自耕农。

至于自耕农，十七年的时候有六十一户，因为分家的关系增加了三户，但是到了二十三年只有五十一户维持自耕农地位，其余十三户的变迁原因，有两户是因出租了土地变为地主兼自耕农；有一户因土地完全出卖，并租种他人之地，遂变为佃农；有十户变为半自耕农（内有七户耕地缺少，租进了土地，这是于他自己的所有田亩是没有变动，而使用土地则增加；有一户因为典进土地又租进土地，他的所有田亩与使用田亩则在双重的情形之下增加着；有一户是卖出耕田六亩三分而同时又租进田五亩三分，有一户典出田一亩，租进田三亩，这是与卖出又租进的情形相仿的，虽则典出的田，尚有赎回的机会，但是典当是已取得百分之六十的地价，就是活卖）。

其次半自耕农，十七年有六十四户，到了现在短少了一户。原因是其中的一户他的所有田亩只有一亩地，而全家有人口八个，在生活窘迫的时候，是将这一小方地去典给于人，同时又将这地租回来耕种，每年纳一些苞谷租，他的所有田亩既是活卖了，使用土地完全是要纳租的，那末变为佃农性质。

又其次佃农，十七年的十八户佃农，到了二十三年仍旧是十八户，可以说是没有变动，则足以表示农村社会中贫苦的农民，是没有发展的机会，佃农还是佃农，年年在租田制度剥削下过他甘苦的生活。

雇农变迁的情形，其中有一户变而为自耕农，因为积蓄了历年从掮盐雇工汗血所得来的工资，典进了地五亩三分，虽则典来的地，到了期是要赎去的，可是在典期内，使用这块典地是与使用自己的土地一样的。一户雇农，亦是历年从劳力所得来的积蓄，买进了地两亩同时又租进田三分，变了半自耕农。

各类村户变动的结果，盛衰的关系，可以从十七年和二十三年的比率，显明地可以看得出来。地主兼自耕农增加了数户；而自耕农是减少了；半自耕农则随自耕农的变动而增加十户，因为他的骨子里，是包含所有田亩的缩小，使用田亩的增高，比率的增加，反映出悲观的情景。佃农的增加是受自耕农和半自耕农变动的影响而来的。雇农的比率，是减少了两户，他的变动的趋向，是好的现象，一个穷民依靠出卖劳力来维持生活，从勤俭耐劳积下来的血汗钱购置田产，是不容易的。

禄丰县六村六年来各类村户的变迁

民十七		民二十三						备注
类别	户数	地主兼自耕	自耕农	半自耕农	佃农	雇农	总计	
地主兼自耕	8	11	1				12	因分家增4户
自耕农	61	2	51	10	1		64	因分家增3户
半自耕农	64			63	1		64	

续表

民十七		民二十三						备注
类别	户数	地主兼自耕	自耕农	半自耕农	佃农	雇农	总计	
佃农	18				18		18	
雇农	8		1	1		6	8	
总计	159	13	53	74	20	6	166	

(1) 土地所有

禄丰全县面积，约八千方里，约应合四百三十二万亩，据县政府粮册上所载的田亩数田地共有六万二千九百七十三亩，其中田五万八千三百三十七亩，地四千六百三十六亩，则山占全县面积98.54%，熟田只占1.46%。从土地所有权说，有公产、庙产、族产的存在。公产计有四百三十三亩，庙产二千〇七十五亩，族产则因县政府向无统计，无从查考，公产和庙产共计有二千五百另八亩，占全县熟地面积3.98%。我们如果根据这六万二千九百七十三亩的熟地，除去二千五百零八亩的公产和庙产，则剩六万零四百六十五亩。全县户口共有七千零八十五户，农户约占八成，则农户共有五千六百六十八户，以六万零四百六十五亩来分配，每户平均得十亩六分七厘，如以人口来分配，全县人口共有四万零六百五十二人，其中农民约占八成，则农户人口有三万二千五百二十一人，每人平均得一亩八分六厘弱。据县政府的估计，拥有五百亩以上土地的农户是没有的，二百亩以上者有十四户，一百亩以上者有二十二户。照估计的情形看来，禄丰土地的分配，既没有大地主存在，分配的程度，尚称平衡。

从六村一百六十六户挨户调查的结果，有土地者与无土地者的对比，无土地者占15.66%，有土地者占84.34%。

地权分配的情形，根据一百四十户的有土地的农户，总计田亩面积一千三百六十二亩五厘。地主兼自耕农的土地有五百零四亩二分，自耕农土地有四百二十四亩三分五厘，半自耕农土地有四百三十三亩五分，以百分比来看，地主兼自耕农占37.02%，自耕农占31.15%，半自耕农占31.83%。

禄丰县六村各类村户的地权分配 1(民二十三年)

类别	所有田亩数	对所有田亩总数的%
地主兼自耕	504.2	37.02
自耕农	424.35	31.15
半自耕农	433.5	31.83
合计	1362.05	100.00

我们再将各类村户户数所占百分比与所有田亩百分比来对照时，分配不均可以看得出来。占户数7.83%的地主兼自耕农，竟占所有田亩37.02%。占户数31.93%的自耕农，占所有田亩31.15%。占户数44.58%的半自耕农，占有田亩31.83%。其中以自耕农尚属平衡，但地主兼自耕农与半自耕农之间的百分比的相差，较为悬殊。

禄丰县六村各类村户的地权分配2(民二十三年)

类别	户数%	所有田亩%
地主兼自耕	7.83	37.02
自耕农	31.93	31.15
半自耕农	44.58	31.83
佃农	12.05	—
雇农	3.61	—
合计	100.00	100.00

各类村户的所有田亩数，已见上述，我们再将其每户的所有的田亩作阶段分析，以明了每类村户土地分配的实际情形。

先看这十三户的地主兼自耕农，土地在十亩以上二十亩以下的户数有六户，占全户数46.16%，其次四十亩以上五十亩以下的户数有四户，占全户数的30.77%，其余的五亩以上十亩以下的有一户，占7.69%，二十亩以上三十亩以下的一户，占7.69%，二百亩以上三百亩以下的有一户，亦占7.69%。

禄丰县六村地主兼自耕农所有田亩的阶段分析(民二十三年)

阶段别	户数	对总户数的%
5—9.9	1	7.69
10—19.9	6	46.16
20—29.9	1	7.69
40—49.9	4	30.77
100—199.9		
200—299.9	1	7.69
合计	13	100.00

其次自耕农。五十三户自耕农的土地分配情形，在五亩以下的有二十三户，占全户数的43.4%。五亩以上十亩以下的有十三户，占24.53%。十亩以上二十亩以下的有十四户，占26.41%。二十亩以上三十亩以下的有两户，占3.77%。四十亩以上五十亩以下的只有一户。占1.89%。虽然今日之自耕农，他的田亩不算多，大多数是在二十亩以内，可是户与户之间，土地分配不均匀的状态，仍显露着。

禄丰县六村自耕农所有田亩阶段的分析(民二十三年)

阶段别	户数	对总户数的%
0.1—4.9	23	43.40
5—9.9	13	24.53
10—19.9	14	26.41
20—29.9	2	3.77
40—49.9	1	1.89
合计	53	100.0

七十四户的半自耕农，一般的看来，所有田亩的渺小，更是可怜，这是事实上证明，他们因为自己的所有田亩，不够使用，是要租种人家的土地。其在五亩以下的农户有四十一户，占了全户数55.41%。五亩以上十亩以下的有二十四户，占32.43%，十亩以上二十亩以下的有八户，占10.81%。三十亩以上四十亩以下的，只有一户，占1.35%。户与户之间分配的不平衡，显明的看出来，占55.41%的农户，只占所有田亩25.35%，而占32.43%的农户，则占所有田亩40.25%，不免有相形见绌之感。

禄丰县六村半自耕农所有田亩的阶段分析(民二十三年)

阶段别	户数	对总户数的%
0.1—4.9	41	55.41
5—9.9	24	32.43
10—19.9	8	10.81
20—29.9		
30—39.9	1	1.35
合计	74	100.0

我们再看各类村户，从其阶段内每户的平均所有田亩数。地主兼自耕农，在十亩以下的农户平均九亩九分，二十亩以下的农户平均十五亩五分，三十亩以下的农户平均二十四亩一分，五十亩以下的农户平均四十亩，三百亩以下的农户平均二百十七亩。总平均每户得三十八亩七分八厘。十亩的农户与二百十七亩的农户来比较，竟相差到二十倍。所以我们肯定地说，地主兼自耕农不一定个个都是拥有偌大的土地，其中可以分作三等的阶段，四十亩到二百十七亩的可算是上等的农户，十亩到三十的是中等的农户，十亩以下的是下等的农户。

禄丰县地主兼自耕农每户平均的所有田亩(民二十三年)

阶段别	户数	所有田亩数	每户平均所有田亩数
0.1—4.9			
5—9.9	1	9.9	9.9
10—19.9	6	93.2	15.5
20—29.9	1	24.1	24.1
30—39.9			
40—49.9	4	160.0	40.0
200—299.9	1	217.0	217.0
合计	13	504.2	38.78

自耕农分阶段的每户平均田亩数，五亩以内农户，平均每户三亩一分九厘。十亩以内的农户，每户平均七亩二厘。二十亩以内的农户，每户平均十二亩七分二厘。三十亩以内的农户，每户平均二十亩八分。五十亩以内的农户，每户平均四十亩。总平均每农户八亩。户与户之间的平均数，似有逐步增加一倍数的可能，显露出尾大不掉的姿态。而平均三亩一分九厘的农户，如果与四十亩的农户来比较，则相差到十一倍。自耕农亦可分作三等的阶段，四十亩的为上等的农户，十亩以上二十亩以下的可以作为中等的农户，十亩以下的是下等的农户。

禄丰县六村自耕农每户平均的所有田亩(民二十三年)

阶段别	户数	所有田亩数	每户平均所有田亩
0.1—4.9	23	73.4	3.19
5—9.9	13	91.25	7.02
10—19.9	14	178.10	12.72
20—29.9	2	41.6	20.8
40—49.9	1	40	40
合计	53	424.35	8

半自耕农的每户平均田亩数，五亩以内的农户，平均每户只有二亩六分八厘。五亩至十亩的农户，每户平均七亩二分七厘。十亩至二十亩的农户，平均每户十四亩二分七。三十亩至四十亩的农户，则平均每户三十四亩九分。总平均每户得五亩八分六厘。同是一个半自耕农，其田亩相差数亦有十一倍之多的，而有三十四亩九分的农户，还要租种人家的田地，这是与他的人口多少有关系，可以在下面每人平均分配表内看得出来。半自耕农亦可分为三等不同的农户，三十四亩九分的农户是列为上等农户，五亩到二十亩的是中等的农户，五亩以内的是下等的农户。

禄丰县六村半自耕农每户平均所有田亩(民二十三年)

阶段别	户数	所有田亩数	每户平均所有田亩数
0.1—4.9	41	109.9	2.68
5—9.9	24	174.5	7.27
10—19.9	8	114.2	14.27
20—29.9	—	—	—
30—39.9	1	34.9	34.9
合计	74	433.5	5.86

各类村户每户的平均所有田亩的比较，以地主兼自耕农作基数。在阶段内的指数，一般的低于地主兼自耕农，只有自耕农四十亩的一阶段中，其指数是与地主兼自耕农并立着。如果看总平均的指数，则自耕农只有二十一，半自耕农更小，只有十五，这是受了二百十七亩的地主兼自耕农的影响。半自耕农在五亩与二十亩之间的指数，是高过于自耕农。

禄丰县六村地主兼自耕农、自耕农、半自耕农每户平均所有田亩的比较

阶段别	地主兼自耕		自耕农		半自耕农	
	每户平均所有亩数	基数	每户平均所有亩数	指数	每户平均所有亩数	指数
0.1—4.9	—	100	3.19	—	2.68	—
5—9.9	9.9	100	7.02	71	7.27	73
10—19.9	15.5	100	12.72	82	14.27	92
20—29.9	24.1	100	20.8	86	—	—
30—39.9	—	100	—	—	34.9	—
40—49.9	40	100	40	100	—	—
200—299.9	217	100	—	—	—	—
总平均	38.78	100	8	21	5.86	15

我们将这次所调查的一百六十六户的总亩数，一千三百六十二亩零五厘，以一百六十六户来平均分配，每户平均八亩二分，与全县每户田亩平均数十亩六分七厘较，尚差二亩四分七厘，以全县每户平均数作基数时，则农村内的农户，占76.85%，分配情形比较昆明好得多，但是23.15%的田亩，还是在城内的富有者手中。

各类村户在其阶段内的每人平均的所有田亩数。地主兼自耕农在十亩以下的农户，每人平均三亩三分。十亩至二十亩的农户，每人平均二亩三分三厘。二十亩至三十亩的农户。每人平均一亩六分一厘。四十亩至五十亩的农户，每人平均十亩。二百亩至三百亩的农户，每人平均二亩六分二厘。总平均每人平均是三亩二分一厘。我们如果以全县田亩每人的分配数“每人一亩八分六厘”作水平线时，则只有二十亩与三十亩之间之农人，是在水平线下，其余的都在水平线上面，尤其是四十亩与五十亩之间的农人，特别的超过水平线的四倍以上。

禄丰县六村地主兼自耕农每人平均的所有田亩(民二十三年)

阶段别	人数(注)	所有田亩数	每人平均所有田亩数
5—9.9	3	9.9	3.30
10—19.9	40	93.2	2.33
20—29.9	15	24.1	1.61
40—49.9	16	160.0	10.00
200—299.9	83	217.0	2.62
合计	157	504.2	3.21

(注)农户的人口数是以每户的全人口而言,以下同。

自耕农每人平均所有田亩的情形，最多的是六亩六分六厘，最少的不到一亩，只有六分七厘，相差到十倍。而总平均亦只有一亩三分四厘，在全县分配的水平数字的下面。起过水平数的，是二十亩到五十亩的农人，其余的都不能与水平数相比较。

禄丰县六村自耕农每人平均的所有田亩(民二十三年)

阶段别	人数	所有田亩数	每人平均所有田亩
0.1—4.9	109	73.40	0.67
5—9.9	75	91.25	1.22
10—19.9	106	178.10	1.68
20—29.9	20	41.6	2.08
40—49.9	6	40.00	6.66
合计	316	424.35	1.34

半自耕农的每人平均田亩数，最多的二亩零五，最少的只有五分一，总平均亦只有八分四。与自耕农比较更形见绌。其中只有三十亩到四十亩的农人，略越出水平数，其余的都在水平数的下面。五亩到十亩的农人，相差水平数的一倍。而五亩内的农人，更相差到两倍以上。

禄丰县六村半自耕农每人平均的所有田亩(民二十三年)

阶段别	人数	所有田亩数	每人平均所有田亩
0.1—4.9	217	109.9	0.51
5—9.9	189	174.5	0.91
10—19.9	94	114.2	1.21
20—29.9			
30—39.9	17	34.9	2.05
合计	517	433.5	0.84

(2) 田地移转

我们在前面已经说过，土地是农民唯一的生产工具。农民在土地买卖典当的影响下，田产移转是与他们发生直接关系的。六年来各类村户田产的消长，肯定今日禄丰农村经济的盈虚。

在六年来各类村户地权分配的增减表中，地主兼自耕农和自耕农因为分家的关系，户数的百分比是增加，并且影响到半自耕农、佃农、雇农户数百分比的减少。至于所有田亩百分比的增减，地主兼自耕农其间有一户买进田五十亩，所以百分比是增加了，其余的七户在六年来，是没有典当和买卖的关系，仍是保存原有的田亩，以只能说是畸形的发展，没有普遍的进展。自耕农在实际上是增加田亩二十一亩三分五厘，但是十七年与二十三年的百分比，则在减少。这原因是受了地主兼自耕农增加了11%的田亩，而自耕农只增加了4.5%的田亩，故形势上看来反见微弱。如果单独对自耕农而言，则其在户数的百分比与所有田亩的百分比一致的增加情形下，是没有受到益处，换句话说，增加的户数，是要田亩同时增加来维持平衡的。

其次半自耕农，所有田亩是减少了1.07%，虽然数字上很微细，但是与地主兼自耕农比较，显有肥瘦的不同。佃农还是佃农，这六年来仍旧耕种人家的土地，没有购买田亩的能力。雇农的情形是很可观的，他们在六年前是没有土地的雇农，现在已有两户购买了田产，变为自耕农和半自耕农了。我们在总田亩看来，二十三年与十七年的田亩比较是增加了七十四亩七分五厘，增加了5.8%，但这增加的土地大部分是落在地主兼自耕农的手掌里。

禄丰县六村六年来各类村户地权分配的增减(以民十七年的分类为坐标)

<table>
<tr><th rowspan="2">类别</th><th colspan="4">民十七年时</th><th colspan="4">民二十三年时</th><th colspan="2">百分比的增减</th></tr>
<tr><th>户数</th><th>百分比</th><th>所有亩数</th><th>百分比</th><th>户数</th><th>百分比</th><th>所有亩数</th><th>百分比</th><th>户数＋－</th><th>所有亩数＋－</th></tr>
<tr><td>地主兼自耕</td><td>8</td><td>5.03</td><td>453.1</td><td>35.20</td><td>12</td><td>7.23</td><td>503.1</td><td>36.94</td><td>＋</td><td>＋</td></tr>
<tr><td>自耕农</td><td>61</td><td>38.36</td><td>467.7</td><td>36.33</td><td>64</td><td>38.55</td><td>489.05</td><td>35.9</td><td>＋</td><td>－</td></tr>
<tr><td>半自耕农</td><td>64</td><td>40.25</td><td>366.5</td><td>28.47</td><td>64</td><td>38.55</td><td>362.6</td><td>26.64</td><td>－</td><td>－</td></tr>
<tr><td>佃农</td><td>18</td><td>11.32</td><td>—</td><td>—</td><td>18</td><td>10.84</td><td>—</td><td>—</td><td>－</td><td></td></tr>
<tr><td>雇农</td><td>8</td><td>5.04</td><td>—</td><td>—</td><td>8</td><td>4.83</td><td>7.3</td><td>00.52</td><td>－</td><td>＋</td></tr>
<tr><td>总计</td><td>159</td><td>100.00</td><td>1287.3</td><td>100.00</td><td>166</td><td>100.00</td><td>1362.05</td><td>100.00</td><td></td><td></td></tr>
</table>

我们如果舍弃掉分家的关系，对这六年来各类村户买卖典当的影响于每户平均所有田亩，作一比较，以民十七年为基数，则二十三年地主兼自耕农的指数为一百十一，自耕农为一百零一，半自耕农九十九。其间以地主兼自耕农占了优势，自耕农次之，而半自耕农适得其反。

禄丰县六村买卖典当对于各类村户平均所有田亩的影响

(以民十七年的分类为坐标,舍弃分家关系)

<table>
<tr><th rowspan="2">类别</th><th>户数</th><th colspan="2">所有田亩数</th><th colspan="3">每户平均所有田亩数</th></tr>
<tr><th>民十七年</th><th>民十七年</th><th>民二十三年</th><th>民十七年</th><th>民二十三年</th><th>民二十三年的指数(民十七＝100)</th></tr>
<tr><td>地主兼自耕</td><td>8</td><td>453.1</td><td>503.1</td><td>56.64</td><td>62.89</td><td>111</td></tr>
<tr><td>自耕农</td><td>61</td><td>467.7</td><td>489.05</td><td>7.67</td><td>8.02</td><td>104</td></tr>
<tr><td>半自耕农</td><td>64</td><td>366.5</td><td>362.6</td><td>5.73</td><td>5.67</td><td>99</td></tr>
</table>

续表

类别	户数	所有田亩数		每户平均所有田亩数		
	民十七年	民十七年	民二十三年	民十七年	民二十三年	民二十三年的指数（民十七＝100）
佃农	18	—	—	—	—	—
雇农	8	—	7.3	—	0.91	—

各类村户舍弃掉买卖的关系，只对于分家和继承的关系下，每户平均田亩的影响。地主兼自耕农的指数为六十七，自耕农为九十五，半自耕农因为没有分家的关系存在，所受的影响不大，自耕农则较微小。

禄丰县六村分家和继承对于各类村户平均所有田亩的影响

（以民十七年的分类为坐标，舍弃掉买卖关系）

类别	所有田亩	户数		每户平均所有田亩数		
	民十七年	民十七年（未分家前）	民二十三年（分家后）	民十七年	民二十三年	民二十三年的指数（民十七年＝100）
地主兼自耕	453.1	8	12	56.64	37.76	67
自耕农	467.7	61	64	7.67	7.31	95
半自耕农	366.5	64	64	5.73	5.73	100
佃农	—	18	18	—	—	—
雇农	—	8	8	—	—	—

土地买卖的手续，各村是相同的，照例卖受双方是要请中证人，并书写杜绝契。书内载明田之四至，款洋若干。至于买卖时的费用，如彼此情义的关系，则由受主备酒饭以酬劳，普通是以田亩的价格百分之一二作为酬金，亦有并无规定，随意致酬者。写纸费则例由卖方负担，但为数甚微，不过半元而已。农村内出卖的田亩，先经典当者约占五六成，这是普通的情形，因为典当尚有赎回的希望。

农田的价格，各村互有不同，其于土质水利等自然环境及经济环境，是有关系的。在我们所调查各村中，上则田有的村每亩值二百四十元，有的村只值八十元，相差竟有两倍，平均每亩一百四十一元。中则田有的村每亩值一百三十三元，有的村只值六十元，平均每亩八十六元八角。下则田有的村每亩值九十三元，有的村只值三十元，平均每亩五十五元八角。

禄丰县六村每亩农田买卖价格（民二十三年）（单位：元）

村名	上则田	中则田	下则田
玉龙村	240	133	93
董户村	107	68	52
凤鸣村	200	120	80
柴家营	120	80	40

续表

村名	上则田	中则田	下则田
大营村	100	60	30
土官村	80	60	40
平均数	141	86.8	55.8

这六年来土地价格，在一致的高涨，单以中则田来比较时，以十七年的价格为基数，则二十三年中则田的指数如下：玉龙村为一百六十六，董户村为一百三十六，凤鸣村为一百二十九，柴家营为一百五十一，大营村为三百，土官村为一百五十，其间以大营村增加最速。

禄丰县六村六年来每亩农田买卖价格的上落(自民十七至民二十三年)(单位:元)

村名	上则田		中则田		下则田		民二十三年的中则田指数（民十七＝100）*
	民十七	民二十三	民十七	民二十三	民十七	民二十三	
玉龙村	120	240	80	133	50	93	166
董户村	80	107	50	68	25	52	136
凤鸣村	120	200	93	120	47	80	129
柴家营	85	120	53	80	33	40	151
大营村	40	100	20	60	10	30	300
土官村	47	80	40	60	27	40	150
平均数	82	141	56	86.8	32	55.8	*仅指中则田价而言

土地典当分两种，一是典出后直接由受主管理耕种，一是典出后仍由典主耕种，惟后者订立典契之外，另立租田契约，每年缴纳租谷。前者所谓“田无租，洋无利”之谓，土地使用权属于受主，故典洋亦不起息。典当年限，普通三年，最多五年，过期无力赎取时，则可展期，或受主方面将原价转典于人，如受典双方同意找价，重订杜绝契约，而并无于典田期满后受主可没收该田及受主要求找价等习惯。典当价格，系以地价为转移，上则田最高一百七十三元，最低五十二元，平均每亩九十五元七角，中则田最高一百二十元，最低四十七元，平均每亩六十七元二角。下则最高八十元，最低二十元，平均每亩四十元二角，如果以典价对地价的百分率，大都在六成以上。单指中则田的比率，则最高为玉龙村90.2%，最低凤鸣村66.25%，平均数为77.35%。

禄丰县六村每亩农田的典当价格(民二十三年)(单位:元)

村名	上则田	中则田	下则田	中则田典价对中则田地价的%
玉龙村	173	120	80	90.2
董户村	52	50	47	73.53
凤鸣村	120	80	40	66.67
柴家营	87	53	27	66.25

续表

村名	上则田	中则田	下则田	中则田典价对中则田地价的%
大营村	75	47	20	78.33
土官村	67	53	27	88.33
平均数	95.7	67.2	40.2	77.35

六年来典当的价格，亦随地价的高涨而上升，十七年的中则田平均典价为三十四元八角，至二十三年平均价格上升至六十七元二角，增高96%。兹以民十七年典当价格为基数，则二十三年六村典当的指数，玉龙村为二百五十五，董户村为一百二十五，凤鸣村为一百五十一，柴家营为一百三十三，大营村为二百九十四，土官村为四百零八。

禄丰县六村六年来每亩农田典当价格的上落(自民十七至民二十三)(单位:元)

村名	上则田		中则田		下则田		民二十三年的指数(民十七=100)*
	民十七	民二十三	民十七	民二十三	民十七	民二十三	
玉龙村	93	173	47	120	40	80	255
董户村	48	52	40	50	19	47	125
凤鸣村	93	120	53	80	27	40	151
柴家营	67	87	40	53	27	27	133
大营村	33	75	16	47	9	20	294
土官村	20	67	13	53	7	27	408
平均数	59	95.7	34.8	67.2	21.5	40.2	*仅指中则田典价而言

土地抵押，是农村中借款的一种担保品，与土地所有权及使用权没有发生特殊的关系。抵押的手续，亦很简单，请中证人订立抵押契，契内载明某处田为借款担保，亦并无年限，只要本利清偿，随时可以取消抵押契。抵押的价格，是视抵押者需要而定，但是不能超过典当的价格。抵押的价格，上则田最高每亩六十七元，最低二十元，平均为四十八元五角。下则田最高每亩四十七元，最低十二元，平均为二十八元三角。如果以中则田之押价对中则田的典价的百分率，玉龙村为55.8%，凤鸣村为83.7%，柴家营为75.5%，土官村为37.7%。四村平均数为72.2%。以中则田的押价对中则田的地价的百分率，则玉龙村为50.4%，凤鸣村为55.8%，柴家营为50%，土官村为33.3%，平均数为55.87%。

禄丰县六村每亩农田抵押价格(民二十三年)(单位:元)

村名	上则田	中则田	下则田	中则田押价对中则田典价的%	中则田押价对中则田地价的%
玉龙村	133	67	47	55.8	50.4
董户村					
凤鸣村	120	67	27	83.7	55.8
柴家营	67	40	27	75.5	50

续表

村名	上则田	中则田	下则田	中则田押价对中则田典价的%	中则田押价对中则田地价的%
大营村					
土官村	24	20	12	37.7	33.3
平均数	86	48.5	28.3	72.2	55.87

六年来抵押价格，是随地价高涨而上升，十七年的中则田，平均每亩抵押价格为二十五元三角，到二十三年抵押价格平均为四十八元五角，增加了百分之九十二。若以十七年抵押价格为标准时，则中则田抵押价格，在二十三年的指数，玉龙村为二百零三，凤鸣村为一百二十六，柴家营为一百，土官村为一百五十四。其间柴家营并无更动，其余的三村在一致的上升。

禄丰县六村六年来每亩农田抵押价格的上落(自民十七至民二十三)(单位:元)

村名	上则田		中则田		下则田		中则田民二十三年的指数*（民十七=100）
	民十七	民二十三	民十七	民二十三	民十七	民二十三	
玉龙村	40	133	33	67	13	47	203.00
董户村	16		13		8		
凤鸣村	93	120	53	67	27	27	126.00
柴家营	67	67	40	40	27	27	100.00
大营村							
土官村	20	24	13	20	7	12	154.00
平均数	39.3	86	25.3	48.5	13.7	28.3	*仅指中则田抵押价格而言

（3）土地使用

各类村户的使用田亩，一百六十六户调查的结果，使用田亩总数为一千五百七十四亩八分五厘。地主兼自耕农占使用总面积16.41%，自耕农占26.95%。半自耕农占50.36%，佃农占6.28%。其以半自耕农使用田亩成分最多，自耕农次之，地主兼自耕农又次之，佃农为最少。

禄丰县六村各类村户的使用田亩(民二十三年)

类别	使用田亩数	对使用田亩总数的%
地主兼自耕	258.5	16.41
自耕农	424.35	26.95
半自耕农	793.1	50.36
佃农	98.9	6.28
合计	1574.85	100.00

各类村户在其使用田亩阶段内所占户数的成分，地主兼自耕农在使用五亩以内的农家只有一户，占全户数的7.7%，五亩以上十亩以下的占38.46%，十亩以上二十亩以下占38.46%，二十亩以上三十亩以下的占7.69%。一百三十亩以上一百四十亩以下的占7.69%。其间以使用

五亩至二十亩的为最多。

禄丰县六村地主兼自耕的使用田亩阶段分析(民二十三年)

使用田亩阶段	户数	对总户数的%
0.1—4.9	1	7.70
5—9.9	5	38.46
10—19.9	5	38.46
20—29.9	1	7.69
130—139.9	1	7.69
合计	13	100.00

自耕农使用田亩在五亩以内者占43.4%，五亩以上十亩以下占24.53%，十亩以上二十亩以下占26.41%，二十亩以上三十亩以下占3.77%，四十亩以上五十亩以下占1.89%，自耕农的使用田亩，大多数是在十亩以内的农户。

半自耕农的使用田亩，在五亩以内的占10.81%，五亩以上十亩以下占44.59%，十亩以上二十亩以下占35.14%，二十亩以上三十亩以下占8.11%，三十亩以上四十亩以下的占1.35%。半自耕农的使用田亩，最多的是在五亩至十亩之间的农户，其次是十亩至二十亩的农户。

禄丰县六村自耕农使用田亩阶段分析(民二十三年)

使用田亩阶段	户数	对总户数的%
0.1—4.9	23	43.40
5—9.9	13	24.53
10—19.9	14	26.41
20—29.9	2	3.77
40—49.9	1	1.89
合计	53	100.00

禄丰县六村半自耕农使用田亩阶段分析(民二十三年)

使用田亩阶段	户数	对总户数的%
0.1—4.9	8	10.81
5—9.9	33	44.59
10—19.9	26	35.14
20—29.9	6	8.11
30—39.9	1	1.35
合计	74	100.00

佃农的使用田亩，在五亩以内的占 60%，五亩至十亩占 30%，十亩至二十亩的占 10%，

其中使用五亩以内的占多数，五亩以上的次之。

禄丰县六村佃农使用田亩的阶段分析(民二十三年)

使用田亩阶段	户数	对总户数的%
0.1—4.9	12	60
5—9.9	6	30
10—19.9	2	10
合计	20	100

我们如果将这一百六十农户的使用农田，不分类别，只分析使用田亩阶段内所占的成分，可窥见农场的大小。使用五亩以内者为四十四户，占全户数的27.5%。使用五亩至十亩的农户计五十七户，占35.63%。使用十亩至二十亩的农户，计四十七户，占29.37%。使用二十亩至三十亩的农户计九户，占5.7%。使用三十亩至四十亩的农户计一户，占0.6%。使用四十亩至五十亩的农户计一户，占0.6%。使用一百三十亩至一百四十亩的农户计一户。占0.6%。农场的大小互有参差不同者，惟大多数农场是在一亩以上二十亩以下的农户。在三十亩以上的是占少数。

其他地权分配与农田使用的对比。占所有田亩总数37.02%的地主兼自耕农，他因为出租农田的关系，使用田亩只占使用总亩数的16.41%。自耕农占所有田亩总亩数31.15%，而使用田亩占使用总亩数的26.95%。半自耕农占所有总亩数31.83%。而其使用田亩占使用总亩数的50.36%，这是因他有租进农田的关系。佃农是没有所有田亩的，他占使用田亩总亩数的6.28%。总之农村使用田亩的关系上，是有两种情形存在着，一是将农田出租于人，一是不够使用而向人租来耕种者。

禄丰县六村各类村户地权分配与农田使用的对比(民二十三年)

类别	所有田亩数	对所有田亩总数的%	使用田亩数	对使用田亩对总数的%
地主兼自耕	504.2	37.02	258.5	16.41
自耕农	424.35	31.15	424.35	26.95
半自耕农	433.5	31.83	793.1	50.36
佃农			98.9	6.28
合计	1362.05	100.00	1574.85	100.00

六年内各类村户使用田亩的增减。根据十七年的分类为坐标。地主兼自耕农使用田亩增加了18%，自耕农增加了9%，而半自耕农减少了1%弱，佃农亦增加2%强，在百分比率看来是减少。这是因为二十三年的使用总亩数增高的关系。雇农在十七年前是不使用田亩的，到了二十三年因为有两户雇农购买了田亩，他们变为使用土地的农户了。

各类村户参加田间工作者，每人平均耕种亩数，每人耕作以五亩作基数，来看农户耕作劳力过剩与否，地主兼自耕农，耕作指数最多的在使用十亩至二十亩之间的农户，超过指数，其指数为100.6。最少的是使用五亩以内的农户，指数为40，平均指数是57.4。

禄丰县六村六年来各类村户使用田亩的增减(以民十七年的分类为坐标)

类别	民十七年时				民二十三年时				百分比的增减	
	户数	百分比	使用田亩数	百分比	户数	百分比	使用田亩数	百分比	户数＋－	使用田亩数＋－
地主兼自耕	8	5.03	226.1	15.25	12	7.23	268.1	17.02	＋	＋
自耕农	61	38.36	467.7	31.55	64	38.55	510.85	32.44	＋	＋
半自耕农	64	40.25	695.0	46.89	64	38.55	689.1	43.75	－	－
佃农	18	11.32	93.5	6.31	18	10.84	96.2	6.10	－	－
雇农	8	5.04			8	4.83	10.6	0.69	－	＋
总计	159	100.00	1482.3	100.00	166	100.00	1574.85	100.00		

禄丰县六村地主兼自耕农参加田间工作者每人平均耕作亩数(民二十三年)

阶段别	耕作人数	使用田亩数	每人平均耕作亩数	指数5亩＝100
0.1－4.9	1	2.0	2.00	40.0
5－9.9	10	37.8	3.78	75.6
10－19.9	12	60.3	5.03	100.6
20－29.9	7	21.4	3.03	61.2
130－139.9	60	137.0	2.28	45.6
总计	90	258.5	2.87	57.4

自耕农耕作指数，最多的在使用四十亩至五十亩的农户，超过指数三倍为四百。最少的是使用五亩以内的农户，其指数为27.2，平均指数是59.4。(以五亩为基数)

禄丰县六村自耕农参加田间工作者每人平均耕作亩数(民二十三年)

阶段别	耕作人数	使用田亩数	每人平均耕作亩数	指数5亩＝100
0.1－4.9	54	73.4	1.36	27.2
5－9.9	34	91.25	2.68	53.6
10－19.9	45	178.10	3.96	79.2
20－29.9	8	41.6	5.20	104.0
40－49.9	2	40.0	20.00	400.0
合计	143	424.35	2.97	59.4

半自耕农耕作指数，最多的在使用三十亩至四十亩的农户，其指数为105.4，最少的仍为在五亩以内的农户，其指数为36.8。平均指数是63.8。(以五亩为基数)

禄丰县六村半自耕农参加田间工作者每人平均耕作亩数(民二十三年)

阶段别	耕作人数	使用田亩数	每人平均耕作亩数	指数 5 亩=100
0.1—4.9	17	31.3	1.84	36.8
5—9.9	88	241.2	2.75	55.0
10—19.9	105	348.9	3.32	66.4
20—29.9	32	134.8	4.21	84.2
30—39.9	7	36.9	5.27	105.4
总计	249	793.1	3.19	63.8

佃农耕作指数最多的为 90，最少的为25.2，平均指数是 44。(以五亩为基数)

禄丰县六村佃农参加田间工作者每人平均耕作亩数(民二十三年)

阶段别	耕作人数	使用田亩数	每人平均耕作亩数	指数 5 亩=100
0.1—4.9	25	31.6	1.26	25.2
5—9.9	14	40.3	2.88	57.6
10—19.9	6	27.0	4.50	90.0
总计	45	98.9	2.20	44.0

农民出外工作人数的多寡，是与农业经济盛衰是有关连的，禄丰近年来并无天灾的遭遇，在十七年以前，是受匪乱的影响，小康之农家大都逃避省会。当时土地荒芜，农产上受了重大损失，经当局剿抚兼顾，农村逐渐安定，避难出外者，亦重返故乡，处理农事。而禄丰近三年来，是丰稻之年，农产品米谷等尚有向外输出，故农村经济趋于进展现象。出外工作的人数的稀少，是在意中。观下表出外工作的人数，只占有工作能力者1.58%，其中最多的为半自耕农，出外工作有七人，地主兼自耕农和雇农各有一人出外，出外对工作能力的百分率，以雇农成分最大，半自耕农次之，地主兼自耕农更次之。

禄丰县六村各类村户中出外工作的人数(民二十三年)

类别	有工作能力人数	出外工作的人数	出外对工作能力的%
地主兼自耕	97	1	1.03
自耕农	152		
半自耕农	262	7	2.67
佃农	46		
雇农	13	1	7.69
总数	570	9	1.58

(4) 雇工与耕畜

农家在农忙时，需要人工的帮助，富有之家，且雇用长工。此类长工兼有终身为其主操作农事，其衣食住均由雇主供给，工资亦以年计，普通在农忙时，雇用短工，工资以日计，其伙食亦由雇主供给。长工工资分三等，男工，最高每年约合国币四十元，最低十三元；女工，最高二十元，最低六七元；童工，最高六七元，最低三四元；短工工资分忙时闲时，忙时男工每日三角，闲时一角五分；女工忙时一角五分，闲时一角。

各类村户雇工的成分，地主兼自耕农，完全是雇有雇工的。自耕农和半自耕农约有一半是有雇工的，佃农亦有少数僱用雇工的。

地主兼自耕农，在使用田亩阶段内雇工的情形，单雇长工的有三户，兼雇长工及短工者有七户。雇短工者三户，合计长工人数十八人，童工二人，短工日数为一千三百四十日。雇长工的最多有八人。

禄丰县六村各类村户雇工者成分(民二十三年)

类别	户数	雇工者户数	雇工者户数所占%
地主兼自耕	13	13	100.00
自耕农	53	24	45.28
半自耕农	74	35	47.30
佃农	20	3	15.00
合计	160	75	46.88

禄丰县六村地主兼自耕农雇工人数(民二十三年)

使用田亩阶段别	雇用长工者		雇用短工者		兼雇长工及短工者		
	户数	雇用长工人数	户数	雇用短工日数	户数	长工人数	短工日数
0.1—4.9	1	1	—	—	—	—	—
5—9.9	—	—	3	410	2	3	220
10—19.9	1	2	—	—	4	4	650
20—29.9	1	2*	—	—	—	—	—
130—139.9	—	—	—	—	1	8	60
合计	3	5*(童工)	3	410	7	15	930

自耕农的雇工情形，单雇长工者一户，兼雇长工及短工者九户，雇短工者十四户，合计长工九人，童工二人，短工日数为二千四百九十六日。

禄丰县六村自耕农雇工人数(民二十三年)

使用田亩阶段别	雇用长工者		雇用短工者		兼雇长工及短工者		
	户数	雇用长工人数	户数	雇用短工日数	户数	长工人数	短工日数
0.1—4.9	—	—	3	54	—	—	—
5—9.9	—	—	2	230	3	3	400
10—19.9	1	1*	9	1120	3	4	530

续表

使用田亩阶段别	雇用长工者		雇用短工者		兼雇长工及短工者		
	户数	雇用长工人数	户数	雇用短工日数	户数	长工人数	短工日数
20—29.9	—	—	—	—	2	3(童工1人)	102
40—49.9	—	—	—	—	1	1	60
合计	1	1*(童工)	14	1404	9	11	1092

半自耕农的雇工情形，雇长工者四户，兼雇长工及短工者二户，雇短工者二十九户，合计长工六人，短工二千五百六十四日。

禄丰县六村半自耕农雇工人数(民二十三年)

使用田亩阶段别	雇用长工者		雇用短工者		兼雇长工及短工者		
	户数	雇用长工人数	户数	雇用短工日数	户数	长工人数	短工日数
0.1—4.9	—	—	2	100	—	—	—
5—9.9	1	1	8	597	1	1	300
10—19.9	2	2	14	831	1	1	6
20—29.9	1	1	5	730	—	—	—
合计	4	4	29	2258	2	2	306

佃农的雇工情形，并无雇长工者，雇用短工户数三户，合计短工日数为二百三十五日。

禄丰县六村佃农雇工人数(民二十三年)

使用田亩阶段	户数	雇用短工日数
0.1—4.9	1	50
5—9.9	1	80
10—19.9	1	105
合计	3	235

耕畜在农业经营上甚为重要。云南农人耕种用牛。各类村户有耕畜者的百分率如下：地主兼自耕农，有耕畜者占76.92%。自耕农47.17%。半自耕农66.21%；佃农 30%。合计一百六十的农户，有耕畜者为九十户，占全数的56.25%。

禄丰县六村各类村户中有耕畜者之百分比(民二十三年)

有耕畜的

类别	总户数	有耕畜者户数	百分比
地主兼自耕	13	10	76.92
自耕农	53	25	47.17
半自耕农	74	49	66.21

续表

类别	总户数	有耕畜者户数	百分比
佃农	20	6	30.00
合计	160	90	56.25

其次各类村户耕畜的比率，地主兼自耕农占14.12%，自耕农占23.16%，半自耕农占51.98%，佃农占10.76%，每户平均数以佃农为最多，每户平均三头又一七。地主兼自耕农次之，每户平均二头半，半自耕农又次之，每户平均一头又八八。自耕农最少为一头又六四。合计总平均每户平均一头又九四。

禄丰县六村各类村户的耕畜(民二十三年)

类别	耕畜数	对总数的%	每户平均数
地主兼自耕	25	14.12	2.5
自耕农	41	23.16	1.64
半自耕农	92	51.98	1.88
佃农	19	10.76	3.17
合计	177	100.00	1.97

地主兼自耕农的耕畜分配情形，合计耕畜数为二十五头，使用土地在五亩以内者有两头，占全数8%，五亩至十亩者有十头，占40%，十亩至二十亩者有六头，占24%，二十亩至三十亩者有三头，占12%，一百三十亩至一百四十亩者有四头，占16%。

自耕农耕畜的分配情形，合计四十一头。使用五亩以内的占26.86%，五亩至十亩的占17.07%，十亩至二十亩占43.9%，二十亩至三十亩占7.32%，四十亩至五十亩占4.88%。

半自耕农的耕畜分配，合计耕畜九十二头。使用五亩以内占2.17%，五亩至十亩的占31.52%，十亩至二十亩的占46.74%，二十亩至三十亩的占15.22%，三十亩至四十亩的占4.35%。

佃农的耕畜分配情形，合计耕畜数十九头。使用五亩以内的占10.52%，五亩至十亩的占47.37%，十亩至二十亩的占42.11%。

(5) 租佃关系

禄丰租田制度，大多均系包租制。此种包租制有两种不同的形式存在：(1) 是地主不问年成之好坏，照额定的租额收租；(2) 是于稻熟时，佃户请地主下乡看田，如收成不好，是以年成丰歉而缴租的。故简单的说来，第一种是板租，第二种是活租。缴租以谷为主，分租是很少有的，力租制是没有。至于钱租，因佃户以谷供自己需要，无余谷缴租时，根据谷价以钱币折租，直接纳钱租是没有的。租田手续，是要写租约，惟彼此熟习，佃户信用可靠的，可以口头约定。租田年限，普通三年，最长五年。至于押租，根据六村的调查，土官村和董户村，租田是不要押租的，凤鸣村、柴家营、玉龙村、大营村，兼而有之，并不普遍。大凡有押租的，其租额较轻。

农田租额是以土壤等则而纳租的，六村的价格亦不同。总括来说：六村中农田每亩的租额，上则田最高的是凤鸣村为四百五十斤，最低的是大营村为二百二十五斤，平均三百十七斤半。中则田最高的是凤鸣村和柴家营为二百七十斤，最低的是玉龙村、董户村、土官村为一百八十斤，平均二百十一斤又十分之三。下则田最高的是玉龙村、董户村、凤鸣村、柴家营为九十斤，最低的是大营村为三十八斤，平均七十三斤又十分之八。

禄丰县六村每亩农田的租额(民二十三年)(单位:斤)(谷租)

村名	上则田	中则田	下则田
玉龙村	330	180	90
董户村	270	180	90
凤鸣村	450	270	90
柴家营	360	270	90
大营村	225	188	38
土官村	270	180	45
平均数	317.5	211.3	73.8

租额对于正产量的百分率。上则田最高为100%，最低57.6%，中则田最高100%，最低50%，下则田最高100%，最低34.5%，六村的情形，以董户村和柴家营租额最高，上中下三等的农田，其租额均在100%。

其次农户租佃的情形，除了自耕农和雇农并不租种外，地主兼自耕，半自耕农，佃农是与租佃发生关系的。以六村的地主兼自耕农出租农田的成分来看，五亩至十亩的农户，出租农田的成分是20.2%；十亩至二十亩的农户，出租农田为35.41%；二十亩至三十亩的农户，出租成分为11.2%；四十亩至五十亩的农户，出租成分为80%；二百亩至三百亩的农户，出租成分为36.87%。总计出租的农田对所有田亩的48.73%。如果出租对所有总数的百分率，则五亩至二十亩的农户，出租的成分很是微细，四十亩至三百亩的农户，出租成分比较大得多。

禄丰县六村每亩农田租额对产量的百分率(民二十三年)(单位:斤)

村名	上则田			中则田			下则田		
	出产量	租额	对出产量%	出产量	租额	对出产量%	出产量	租额	对出产量%
玉龙村	540.00	330.00	60.00	360.00	180.00	50.00	240.00	90.00	37.50
董户村	270.00	270.00	100.00	180.00	180.00	100.00	90.00	90.00	100.00
凤鸣村	540.00	450.00	83.30	360.00	270.00	75.00	240.00	90.00	37.50
柴家营	360.00	360.00	100.00	270.00	270.00	100.00	90.00	90.00	100.00
大营村	390.00	225.00	57.60	270.00	188.00	69.70	110.00	38.00	34.50
土官村	450.00	270.00	60.0	360.00	180.00	50.00	120.00	45.00	37.50

禄丰县六村地主兼自耕农出租农田的成分(民二十三年)

所有田亩阶段	所有田亩数	出租田亩数	出租对所有的%	出租对所有总数的%
5—9.9	9.90	2.00	20.20	0.40
10—19.9	93.20	33.00	35.41	6.55
20—29.9	24.10	2.70	11.20	0.54
40—49.9	160.00	128.00	80.00	25.39
200—299.9	217.00	80.00	36.87	15.87
合计	504.20	245.70	48.73	

半自耕农——租进农田的成分，五亩以内的农户，租田超过自有田。租田占使用田63.11%。这是证明土地微细的农户，自己的农田不够使用，而需要租种人家的土地。五亩至十亩的农户，租田占44.44%。十亩至二十亩的农户，租田占20.81%。三十亩至四十亩的农户，租田占5.42%。这是可以看出，土地比较多的农户，租田的成分是占少数。合计自有田占54.66%，租田占45.34%。租进农田对使用总数的百分率，亦是以5亩以内农户占多数，最少是三十亩至四十亩的农户。

禄丰县六村半自耕农租进农田的成分(民二十三年)

所有田亩阶段	所有田亩数	使用田亩数	租进田亩数	使用田亩中的自田与租田%		租进对使用总数的%
				自田	租田	
0.1—4.9	109.90	297.90	188.00	36.89	63.11	23.70
5—9.9	174.50	314.10	139.60	55.56	44.44	17.60
10—19.9	114.20	144.20	30.00	79.19	20.81	3.79
30—39.9	34.90	36.90	2.00	94.58	5.42	0.25
合计	433.50	793.10	359.60	54.66	45.34	—

佃农——佃农的使用田亩，完全是租来的，租进对使用总数的百分率，五亩以内的农户，占31.95%。五亩至十亩的农户，占40.75%。十亩至二十亩的农户，占27.3%。

禄丰县六村佃农租进农田的成分(民二十三年)

阶段别	租进田亩数*	租进对使用总数的%
0.1—4.9	31.60	31.95
5—9.9	40.30	40.75
10—19.9	27.00	27.30
总计	98.90	100.00

*佃农的使用亩数即为租进亩数

3. 农村副业

农民在农业生产之外，兼有操作副业及兼业上之收入。此种收入，于农民本身经济上占重要地位。各类村户副业及兼业的，每户平均收入数，地主兼自耕农每年每户平均收入为国币二百七十二元九角二分，自耕农为一百二十八元八角，半自耕农为八十七元一角六分，佃农为三十四元一角。合计总平均每户为一百零四元九角。

禄丰县六村各类村户平均的副业兼业收入(民二十三年)(单位:元)

类别	户数	副业兼业收入数	每户平均收入数
地主兼自耕	5	1364.58	272.92
自耕农	19	2447.20	128.8
半自耕农	29	2526.77	87.13
佃农	11	375.06	34.10
合计	64	6713.61	104.90

各类村户兼业及副业的收入比较，地主兼自耕农占全数收入的20.32%，自耕农占36.39%，半自耕农37.7%，佃农占5.59%。

其次有副兼业的村户对无副兼业村户的百分率。地主兼自耕农有副兼业的占38.46%，自耕农占35.85%，半自耕农占39.19，佃农占 55%。这很能看出佃农对于副业关系的重要，因为佃农的经济薄弱，是需要副业的收入来补助生计的。

禄丰县六村各类村户收入比较(民二十三年)(单位:元)

类别	副业兼业收入数	对总收入的%
地主兼自耕	1364.58	20.32
自耕农	2447.20	36.39
半自耕农	2526.77	37.70
佃农	375.06	5.59
合计	6713.61	100.00

禄丰县六村各类村户有副兼业对无副兼业百分比(民二十三年)

类别	户数	副业兼业户数	%
地主兼自耕	13	5	38.46
自耕农	53	19	35.85
半自耕农	74	29	39.19
佃农	20	11	55.00
合计	160	64	40.00

副业和兼业的不同，是依其性质而定的。例如公务员，经商等，则不能视为副业，只能说

是一种兼业。采樵，煮糖，雇工等与农业上发生密切关系的，则称副业。村户的副业和兼业是依这个标准而划分。

地主兼自耕农，只有兼业上的收入。其中公务员两户，年得薪金九百二十五元六角八分，经商两户，每年约赚三百九十九元；赶马一户，每年三十九元九角。

自耕农有副业者四户。兼业者十五户。副业煮糖采樵一户，每年二十六元六角，雇工三户，每年一百三十三元。兼业的分类掮盐、赶马、经商，各五户，以赶马收入最多，每年一千三百零三元四角，次之经商者八百二十四元六角，掮盐为一百五十九元六角。

半自耕农有副业者十二户。米粉业一户，每年收入二百六十六元；水碾米店一户，每年十九元九角五分；小贩二户，每年七十九元八角；雇工八户，每年五百零六元五角。兼业的分类，打铁一户，每年七十九元八角；教员一户，每年五十三元二角；厨役一户，每年三十九元九角；经商四户，每年一百九十九元五角；掮盐三户，每年一百零九元零六分；赶马六户，每年一千一百十九元八角六分；医生一户，每年五十三元二角。

佃农有副业者六户。采樵一户，每年五十三元二角；雇工五户，每年一百九十五元五角一分。兼业分类，缝衣一户，每年十三元三角；医生一户，每年十九元九角五分；庙祝一户，每年十三元三角；掮盐两户，每年七十九元八角。

其次农家饲养之牲畜，亦系副业之一种。各类村户之家畜种类及数别，共计马九十一匹，骡二头，猪四百七十只，羊一百零七只，鸡一百九十四只，鸭三十四只。

禄丰县六村各类村户的家畜(民二十三年)

类别	马	骡	猪	羊	鹅	鸭
地主兼自耕	12	1	60	18	21	8
自耕农	33	—	144	24	60	15
半自耕农	44	1	225	61	85	11
佃农	2	—	39	4	27	—
雇农	—	—	2	—	1	—
合计	91	2	470	107	194	34

4. 农村借贷

禄丰农民负债情形及高利贷之剥削与昆明相仿。我们根据调查所得的一百六十六农户，负债的有七十八户。地主兼自耕农有15.38％，是负债的。自耕农负债的成分为52.83％，半自耕农为48.65％，佃农为 50％，雇农为33.33％。合计一百六十六户当中，46.99％是负着债务的。

禄丰县六村各类村户借贷的成分(民二十三年)

类别	总户数	负债者户数	对总户数的%
地主兼自耕	13	2	15.38
自耕农	53	28	52.83
半自耕农	74	36	48.65
佃农	20	10	50.00
雇农	6	2	33.33
合计	166	78	46.99

其次各类村户负债的成分与所有田亩的关系，地主兼自耕农只有十亩至二十亩以内的农户有两户负债，其余均无债务。

自耕农——五亩以内的农户，负债的成分为47.83%，五亩至十亩的农户，负债成分为53.85%，十亩至二十亩的农户，负债成分为64.29%；二十亩至三十亩的农户，负债成分为50%，以负债的户数对总户数的百分率来看，则五亩以内的农户负债成分最重，最少还是二十亩至三十亩的农户。

禄丰县六村自耕农中负债成分与所有田亩的关系(民二十三年)

所有田亩阶段	户数	负债者户数	对户数的%	对总户数的%
0.1—4.9	23	11	47.83	20.76
5—9.9	13	7	53.85	13.21
10—19.9	14	9	64.29	16.98
20—29.9	2	1	50	1.89
40—49.9	1	—	—	—
合计	53	28	52.83	—

半自耕农——五亩以内的农户，负债的成分占48.78%，五亩至十亩的农户，负债成分占62.5%；十亩至二十亩的农户，负债成分占 25%。总计半自耕农负债的几达半数。

禄丰县六村半自耕农中负债成分与所有田亩的关系(民二十三年)

所有田亩阶段	户数	负债者户数	对户数的%
0.1—4.9	41	19	48.78
5—9.9	24	15	62.5
10—19.9	8	2	20
20—29.9	—	—	—
30—39.9	1	—	—
合计	74	36	48.65

佃农——使用五亩以内的农户，负债成分为41.67%，五亩至十亩的农户，负债的成分为

50%；十亩至二十亩的农户，负债的成分为100%，合计二十户的佃农，有一半是负债的。

禄丰县六村佃农中负债成分与使用田亩的关系(民二十三年)

使用田亩阶段	户数	负债者户数	对户数的%
0.1—4.9	12	5	41.67
5—9.9	6	3	50
10—19.9	2	2	100
合计	20	10	50

雇农负债情形，合计六户里面，有两户是负债的。

各类村户负债的数别，地主兼自耕农负债户数两户，负债额二百二十七元。但是在二百元以上者占了大多数。自耕农负债户数二十八户，债数共为一千九百五十三元（内中债额系一元至二十元者共二十九元。债额系二十元至五十元者共三百九十八元，债额系五十元至一百元者共六百八十元，债额系一百元至二百元者共六百四十六元，债额在二百元以上者共二百元）。半自耕农负债户数为三十六户，债数共为两千九百九十八元（内中债额系一元至二十元者共五十八元，债额系二十元至五十元者共五百一十四元，债额系五十元至一百元共四百八十八元，债额系一百元至二百元共八百零五元，债额在二百元以上者共一千一百三十三元）。佃农负债户数为十户，债数共为三百七十五元（内中债额系一元至二十元者占四十九元，二十元至五十元者占一百三十九元，五十元至一百元者占六十七元，一百元至二百元者占一百二十元）。雇农负债户数两户，债数共为一百一十九元（内中债额系一元至二十元者占十三元，一百元至二百元者一百零六元）。合计负债户数为七十八户，负债总额为五千六百七十二元（内中债额系一元至二十元者占全额2.63%，二十元至五十元者占19%，五十元至一百元者占21.77%，一百元至二百元者占29.57%，二百元以上者占27.03%）。

禄丰县六村各类村户负债数别(民二十三年)(单位:元)

类别	负债户数	负债金额					合计
		1—20元	20—50	50—100	100—200	200以上	
地主兼自耕	2		27			200	227
自耕农	28	29	398	680	646	200	1953
半自耕农	36	58	514	488	805	1133	2998
佃农	10	49	139	67	120		375
雇农	2	13			106		119
合计	78	149	1078	1235	1677	1533	5672

各类负债农户，每户平均的负债额，地主兼自耕农每户平均一百十三元半，自耕农每户平均六十九元七角半，半自耕农每户平均八十三元二角八分，佃农每户平均三十七元半，雇农每户平均五十九元半，统平均每户七十二元七角二分。

农户历年负债情形，地主兼自耕农系二十二年份之债务，自耕农除十八年份无债务外，历年均举债，而以二十二年及二十年份为最多。半自耕农十九年份无债款，其余各年份均有，亦以二十二年份为最多，其十八年及二十一年份为次。佃农自十九年至二十二年各年均负债，以二十一年份最多。雇农的债务是在十九年份及二十二年份，而以十九年份为最多。合计历年负债款别，十七年以前之旧债，占全数5.17%，十七年份占7.97%，十八年份占11.95%，十九年份占6.97%，二十年份占20.36%，二十一年份占17.35%，二十二年份占30.23%。

禄丰县六村负债农户每户平均负债表(民二十三年)(单位:元)

类别	负债户数	债额	每户平均负债额
地主兼自耕	2	227	113.5
自耕农	28	1953	69.75
半自耕农	36	2998	83.28
佃农	10	375	37.5
雇农	2	119	59.5
合计	78	5672	72.72

禄丰县六村各类负债村户历年负债情形(民二十三年)(单位:元)

类别	负债户数	负债年份及数额							
		十七年以前	十七年	十八年	十九年	二十年	二十一年	二十二年	合计
地主兼自耕	2							227	227
自耕农	28	160	93		279	403	348	670	1953
半自耕农	36	133	359	678		648	439	741	2998
佃农	10				10	104	197	64	375
雇农	2				106			13	119
合计	78	293	452	678	395	1155	984	1715	5672

负债的用途，地主兼自耕农用于婚丧者占88.1%，建屋占11.9%。自耕农用于婚丧者占46.47%，必要生活占18.07%，农本占7.48%，建屋占22.48%，其他占5.5%。半自耕农用于婚丧者占30.92%，必要生活占41.26%，农本占18.21%，建屋占9.61%。佃农用于婚丧者占27.73%，折租占41.07%，必要生活占27.73%，农本3.47%，雇农完全用于婚丧部分占100%。合计全额债务，用于婚丧者占39.79%，折租占2.72%，必要生活占29.87%，农本占12.43%，建屋占13.29%，其他占1.9%。从债务用途方面看来，以婚丧占第一位，举债以办婚丧，足见农村风俗之急宜改良；必要生活占第二位，建屋、农本、折租、其他等用途次之。

禄丰县六村各类村户负债的用途(民二十三年)(单位:元)

类别	负债户数	婚丧	折租	必要生活	农本	疾病	建屋	其他	合计
地主兼自耕	2	200					27		227
自耕农	28	907		353	146		439	108	1953
半自耕农	36	927		1237	546		288		2998
佃农	10	104	154	104	13				375
雇农	2	119							119
合计	78	2257	154	1694	705		754	108	5672

农村贷款分信用与抵押两种。抵押借款，系以土地、房屋作保证品。信用借款，纯凭信用关系，无保证品。

兹将各类村户借贷时抵押与信用比率列表于下：

禄丰县六村各类负债村户借贷时抵押与信用的比率(民二十三年)(单位:元)

类别	抵押借款		信地借款	
	额数	%	额数	%
地主兼自耕	27	11.89	200	88.11
自耕农	949	48.59	1004	51.41
半自耕农	2326	77.92	672	22.08
佃农	35	8.33	340	90.67
雇农	—	—	119	100.00
合计	3337	58.83	2335	41.17

地主兼自耕农信用借款占88.11%，余为抵押借款。自耕农抵押占48.59%，信用占51.44%。半自耕农抵押占77.92%，余为信用借款。佃农抵押占8.33%，余为信用借款。雇农欠债全由信用借来。全部债额，抵押占58.83%，信用占41.17%。但是农村内部借贷问题，是有这样一种情形存在着，譬如佃农和雇农，他们的不动产，只有零落不全的几椽房屋或茅房，在事实上向人举债是不容易的，要全凭自己的信用，人家才肯借给他，否则告贷无门。有的佃农与田主的关系，是世代相袭的老佃户，他们向田主比较容易通融。至于地主兼自耕农及自耕农，借贷是无困难，因为他们是有田的农家，并且可以将田契作抵押，借贷是不成问题。

借贷的利息，是有两种，一种是银利，一种是谷息，谷息就是物息，谷息普通比银息要高，并且流弊很大，因为谷价是涨落不定的，如果谷价高涨，债户方面的损失是很重的。各类村户债款的物息与银息的比率，物息在58%以上，银息反占少数，这分明是农村金融的涸竭，现金缺乏的现象。合计全额的债款，物息占77.57%，银息占22.43%。

禄丰县六村各类负债村户借贷时物息与银息的比率(民二十三年)(单位:元)

类别	物息		银息	
	额数	%	额数	%
地主兼自耕	200	88.11	27	11.89
自耕农	1550	79.37	403	20.63
半自耕农	2324	778.5	674	22.15
佃农	220	58.67	155	41.33
雇农	106	88.24	13	11.76
合计	4400	77.57	1272	22.43

利息在各村互不一致，最高竟有年利七分者，普通四分，最低二分五厘，高利贷之剥削，可想而知，年来农村金融愈涸竭，高利贷恶魔之势力愈嚣张，我们要解除高利贷盘剥之痛苦，非从举办农民贷款所，及农民信用合作社，否则根深蒂固的恶势力不易铲除的。

禄丰县六村的借贷利息(民二十三年)

村名	年息		
	最高	最低	普通
玉龙村	6 分	3 分	4 分
董户村	5 分	3 分	4 分
凤鸣村	6 分	2 分 5 厘	4 分
柴家营	7 分	3 分	4 分
大营村	6 分	3 分	4 分
土官村	6 分	3 分	4 分

5. 田赋

禄丰田赋，名目繁多，其征收税率亦不一致，兹将田赋名称，原征粮数，征收率统收数列表于下：

禄丰田赋及征收情形表

税名	原征粮额数(石)	征收率(元)	统征数(元)
地军税	5.71140	每石 5.303	30.288
垦军税	9.58340	每石 4.676	44.812
苏伍军秋	11.21055	每石 5.847	65.548
宪伍军秋	51.49133	每石 5.653	291.080
杂军秋	417.50836	每石 5.845	2440.336
丁军	6.987 两	每两 2.285	15.965

续表

税名	原征粮额数(石)	征收率(元)	统征数(元)
民税	16.64200石 45.79400	每石6.721 5.549	111.851 254.111
民秋	478.73485 194.09700	每石7.669 6.399	3671.418 1242.027
总计	1230.77289两 6.987	征率不一	8167.436

观上表田赋名称有八种之多，其田赋历史，亦无材料可考。惟大致以前云南地广人稀，当时军人解甲归农，从事开垦，故有军税、军秋等名词。民税、民秋系当地土民之田赋。其各种田赋征收税率，亦有轻重之处。至于田赋附征，与各县一律，团费每石附加三角，附粮捐每石附征一元。其中丁军一种则无附征。禄丰田赋正税收入为现金八千一百六十七元四角三仙六厘，附征团费为现金三百六十九元二角三仙一厘，附粮捐收入，现金一千二百三十元七角七仙二厘。统共正附税收入为现金九千七百六十七元四角三仙九厘，租课，系官产租于农民耕地之租息，每年收入为五十六石一斗二升二合，每石折征现金一元八角九仙，计现金一百零六元七仙一厘。

查禄丰现正开始清丈，预期今年六月以前，可办理完竣，在二十三年度，可实行征收耕地税。旧时田赋名称及附加一律取消，惟省府经议决在耕地税内附加八成团费，其负担较旧时为重，但尚未实行附加，待后考证。

田赋征收时期，每年于十月一日开征，至次年三月底为止，过期即须加征罚金，乡镇不设分柜，由粮户直接向县完纳。

田地买卖典当之验契税，在二十一年前，杜契按其买卖价格征收百分之六，典契税为百分之三，至二十二年则改为杜契征百分之四，典契征百分之二。

6. 农村捐税

农村税捐，分常年负担及临时负担二种。每年负担之税捐，计有烟亩罚金、屠宰税、教育款、自治经费、牛马税、团款、门户捐等七项。第一项烟亩罚金即烟田税，每亩征收现金三元，约折合国币两元。其间以风鸣村栽种最多，故每年应缴税捐国币二百八十三元。其次屠宰税，每只征收八角九角不等。教育款，系区立小学之经费，每年由乡村中筹措。自治经费，只董户与凤鸣二村有之，大概系乡村公所办理自治之用。牛马税，系以从价抽税，每只抽百分之五，及百分之六不一。农民购买牛马，例须报价抽税。团款，系地方民团经费，以各乡村情形不同，办理民团之村落，是有是项团款经费之负担。门户捐，各村征率互不一致，董户、柴家二村则无此税捐。

禄丰县六村常年负担之捐税(民二十三年)(单位:元)

村名	税捐名称							
	烟亩罚金	屠宰税	教育款	自治经费	牛马税	团款	门户捐	其他
玉龙村	每村 50	每只 0.8	每村 30		每只$\frac{5}{100}$	每村 183	每村 156	
董户村	16	每只 0.8		每村 15	每只$\frac{5}{100}$			
凤鸣村	283	每只 0.8	226	20	每只$\frac{6}{100}$	20	18	
柴家营	108	每只 0.8			每只$\frac{5}{100}$			
大营村	56	每只 0.8	4		每只$\frac{5}{100}$		每户月 0.08	
土官村	60	每只 0.9	18		每只$\frac{5}{100}$	18	每户月 0.02	

临时负担之税捐，分募兵及救国捐二种。禄丰自民国十七年至现在计募兵三次。募兵之标准，以乡村人口富力为准则。每村遇募兵时，由村长向农户摊款，以为应募者之安家资金，但中途逃脱，仍须集资征募，六村募兵负担以凤鸣村为最多，三次募兵负担计国币八百五十一元，但至少都在二百元以上。其次救国捐，系民二十二年省府当局因鉴外侮频仍，为准备实力计，乃有救国捐之征收，其间以土官村负担为最多。

禄丰县六村临时负担之捐税(民二十三年)(单位:元)

村名	募兵	救国捐	附注
玉龙村	306	30	民十七、十八和二十年募兵 3 次
董户村	200	80	
凤鸣村	851	40	
柴家营	395	20	
大营村	200	93	
土官村	266	332	

7. 农村教育

禄丰全县小学计有九十八所，学生人数三千八百五十五人，平均每校三十九人。经费大多由学校自筹，县政府每年补助经费为旧滇币一万一千五百六十二元，折合国币只一千五百三十八元，杯水车薪，无补实际，故设备简陋。师范学校一所，学生人数为一百二十人，全年经费县政府补助四千四百元，折合国币只五百八十五元。

农民识字人数，根据一百六十六户调查结果，地主兼自耕农识字成分为35.67%，自耕农识字成分为9.81%，半自耕农识字成分为9.09%，佃农识字成分为2.33%。总计一千零九十九农民中，识字人数为一百三十六人，其识字成分为12.37%，在平民教育尚未推行的今日禄丰，农民的教育问题，是束缚在经济的关系下，富裕的农户，是可以送子女往学校求学，贫民因为经济力薄弱，谈不到读书问题。

禄丰县六村各类村户识字人数的比较(民二十三年)

类别	人数	识字人数	识字人数的%	对总人数的%
地主兼自耕	157	56	35.67	5.1
自耕农	316	31	9.81	2.82
半自耕农	517	47	9.09	4.28
佃农	88	2	2.33	0.18
雇农	23	—	—	—
总计	1099	136	12.37	—

农民教育程度，地主兼自耕农比较充分，曾受中学程度有十人，大学程度有三人，其余的都是小学程度，只有半自耕农有三个曾受中等教育。统计识字成分，私塾占20.58%，小学占67.65%，中学占9.56%，大学占2.21%。

禄丰县六村各类村户的识字人数(民二十三年)

类别	识字人数				合计
	私塾	小学	中学	大学	
地主兼自耕	23	20	10	3	56
自耕农	1	30	—	—	31
半自耕农	4	40	3	—	47
佃农	—	2	—	—	2
总计	28	92	13	3	136

8. 政治情形

禄丰自治区域，划分四区。其自治组织系统，区公所下，乡镇公所、闾长、邻长等属之，区公所内部组织，区长一人，助理员一人，区丁二人，区设调解委员会，委员五人。乡镇公所之组织，乡镇长一人，副乡镇长一人，并设调解委员会，委员三人，监察委员二人或三人。区公所经费，系由寺庙公抽，及农村摊派而来，每年经费共为旧滇币二万五千三百八十九元六角，折合国币计三千三百七十七元，以四个区公所分配，每年每区经费计八百四十四元二角五分，每月计国币七十元三角五分。以经费言之，似较昆明为高，然自治基础在于农民知识，禄丰农民知识幼稚，如问农民地方自治情形，其对于自治意义尚不能作解，且派捐征税，农民皆厌恶之，其对于区公所之感想又如何。总之农民知识幼稚及环境等关系，办理地方自治，收效甚鲜。

全县警卫之组织，计县公安局一所，内部组织，局长一员，警长一员，见习雇员各一员，巡警二十名，伕役四名，四乡亦不设分局，警力甚为单薄，全年经费一万四千余元，由粮附带征收。

其次保卫团，团分常备队，预备队。常备队一中队计一百二十名，中队长一员，分队长二员率之，中队长月支薪旧滇币七十元，分队长月支薪六十元，队兵月饷三十元，常备队全年经费计旧滇币六万二千四百元，其经费来源本由门户捐，自二十三年一月奉省令取销，改由粮额抽收，常备枪械，计有各种杂枪四百六十二支。预备队，全县五十四乡，每乡镇成立一分队，每队三十名，凡乡镇住民年在十六岁以上四十岁以下者，均得编为团丁之义务，全县团丁计一千六百二十名，由县长任团长，区乡镇长分任营连排长等，官兵均义务职，概不支薪。乡镇之预备团，亦兼有聘请熟习军事者，担任教练官，其薪给亦当地筹派。预备团之枪械，均系土造单响毛瑟枪，计有七百余支。

玉溪县

1. 全县概况

玉溪县位于昆明滇池之南部，与江川、河西、峨山、易门、昆阳等县相毗连。在北纬二十四度与二十五度之间，东经一百零一度与一百零三度之间。全境气候温和，水利适宜，为云南富庶区域之一。

境内主要山脉系出自六诏山脉之庙儿山之余脉，其西南部与西北部，山脉绵亘，其主峰南部为凤凰山，西部为白马龙山，北部主峰为西边山、卧牛山。以形势言，西南部与东北部地势较高，中部一片平畴，其水利，境内河道，多引自山涧溪水，是以灌溉之利与昆明相埒。

境内土壤，黏土占 20%，壤土占 30%，砾土占 50%。农作物以稻、蚕豆为主，每年二熟，兹将作物名称产量及作物面积百分率列表于下：

作物次数	作物名称	全作物%	下种时期	收获时期	每亩产量
第一次作物	谷	90	清明	立秋后 10 天	上则田 700 斤
					中则田 630 斤
					下则田 420 斤
	玉蜀黍	5	立夏后 10 天	立秋时	400 斤
	黄豆	1	立夏后 10 天	立秋时	500 斤
	高粱	1	立夏后 10 天	立秋时	400 斤
	荞麦	1	忙种后	立秋	400 斤
	烟叶	1	忙种后	10 月前后	1200 担
	靛(染料)	1	忙种后	10 月前后	

续表

作物次数	作物名称	全作物%	下种时期	收获时期	每亩产量
第二次作物	蚕豆	50	9月初	翌年3月	上则田400斤
					中则田300斤
					下则田200斤
	麦子	20	9月初	翌年3月	上则田150斤
					下则田100斤
	鸦片烟	17	9月初	翌年3月	上则田80两
					下则田50两
	菜子	10	9月初	翌年3月	上则田350斤
					中则田300斤
					下则田250斤
	萝卜	1			
	马铃薯	2			1000斤

注:靛是玉溪县特产,产量正丰,自民国以来,市场为洋靛所占,几无土靛之存在,现利用提倡国货口号,该地方人,虽竭力提倡靛染,恐不易收效。

2. 土地分配

我们为求明了玉溪县的土地分配的情形，曾选择了春和、大小泷水塘、上下庄、东古城、上城境、麻线屯等六村，挨户调查，得一百二十八户。分类的结果，地主占1.56%，地主兼自耕农占3.91%，自耕农成分最多，占35.94%，半自耕农占25%，佃农占17.97%，雇农占7.81%，其他占7.81%。

玉溪县六村村户的分类(民二十三年)

村户类别	户数	对总户数的%
地主	2	1.56
地主兼自耕	5	3.91
自耕农	46	35.94
半自耕农	32	25.00
佃农	23	17.97
雇农	10	7.81
其他	10	7.81
合计	128	100.00

在农村内，地主的占少数，乃是普遍的情形，他们大都是住城内的。地主兼自耕农，则除了自己耕种自己田亩外，还将一部分土地分租与人耕种，坐收租息，但是有大部分出租与小部

分出租的区别，我们单以这五户地主兼自耕农来分其性质，则大部分土地出租的占40%，即两家，大部分土地自耕的占60%，即三家。

其次半自耕农，此种半自耕农，就是自耕农兼佃农，他们自己的土地是不够自己耕种，为了生活上的关系，乃向地主租种土地。我们在三十二户的半自耕农分析里，大部分土地系自有者，与大部分土地系租来者，占了同样的成分。

这六年变迁的情形，在十七年的时候，农户数本是一百二十五户，因为经过分家的关系，增加了三户，他们的变迁，地主和地主兼自耕农，仍保持原有的地位，没有变动。自耕农中有六户变动，因分家而增加的一户，因为租种的关系，列为半自耕农，尚有五户，因田地逐渐的卖去或者当掉，地权丧失，不得不租种人家的土地，所以变为佃农的有四户，变为其他的有一户。半自耕农，变动得还要厉害，其中有九户，他们的所有田亩，在买卖典当下失去，变为十足的佃农；一户因为买进了田亩，同时退租的关系，变为自耕农；其次佃农，与雇农，他们老是佃农与雇农，没有变动。其他有一户变为雇农，一户因为买进了田地，变为自耕农；变动的结果，我们可以概括的说，中农是在逐渐破产，小农更因破产而没落。这可以证明玉溪的农村恐慌的深刻性。

玉溪县六村六年来各类村户的变迁

民十七		民二十三								备注
类别	户数	地主	地主兼自耕	自耕农	半自耕农	佃农	雇农	其他	总计	
地主	2	2							2	
地主兼自耕	5		5						5	
自耕农	49			44	1	4		1	50	因分家关系增一户
半自耕农	40			1	31	9			41	因分家关系增一户
佃农	10					10			10	
雇农	9						9		9	
其他	10			1			1	9	11	因分家关系增一户
合计	125	2	5	46	32	23	10	10	128	

这六年来地主兼自耕农性质的变迁，没有更动，这就是说地主兼自耕农六年以来，没有将出租的土地收回自耕，没有更多的土地出租。

半自耕农性质略有变迁，大部分土地系自有者的百分率在减少，大部分土地系租来者则在增加，这是在说，半自耕农一年不如一年的趋入穷途了。

玉溪县六村半自耕农性质的变迁(以民十七年的分类为坐标)

类别	户数		百分比		百分比的增减
	民十七	民二十三	民十七	民二十三	
大部分土地系自有者	16	14	40	34.15	—
大部分土地系租来者	24	27 *	60	65.85	+
* 因分家关系增 1 户					

(1) 土地所有

玉溪全县田地，计有二十万零二千五百七十一亩，内有水田十五万九千九百三十一亩，旱田四万二千六百四十亩，至于县有官产，据县政府的统计，只有三百三十亩，其余庙产、族产因无统计，无从根据，但是庙产，大多已移作教育款产。全县的户口，为二万八千二百八十七户，其中农户为一万八千三百八十六户。全县人口为十四万零一十六人，其中男七万二千八百零七人，女子六万七千二百零七人，平均每户为4.95人；依此平均数计算，则农人应有九万一千零十一人；如果作全县土地分配的状况，除去官产，则每农户平均应得田地十一亩，每农人平均应得二亩二分。并且据县政府的调查，全县有田五百亩以上者，仅邓姓、李姓二家，二百亩以上者，有黄、刘、潘、冯四家，一百亩以上的约有五十家，土地分配从表面上看来，似乎是没有集中在少数人的现象，但是在挨户表统计的结果，无土地者与有土地者的对比，无土地者是要占33.59%，这分明说土地分配不均衡的事实，仍然存在着。

各类村户的地权分配，我们从有地权的八十五农户的统计，所有田亩总面积中，地主占1.26%，地主兼自耕农占27.85%，自耕农占24.55%，半自耕农占23.34%。

玉溪县六村各类村户的地权分配 1.(民二十三年)

类别	所有田亩数	对所有田亩总数的%
地主	3.5	1.26
地主嫌自耕	77.2	27.85
自耕农	131.8	47.55
半自耕农	64.7	23.34
合计	277.2	100.00

如果我们从户数的百分比与所有田亩的百分比来对照一下，则占1.56%的地主，占所有田亩1.26%，与占3.91%的地主兼自耕农，占所有田亩27.85%，比较相差得很多。占35.94%的自耕农，占了47.55%的所有田亩，如果与占 25%的半自耕农占所有田亩23.34%来比较，自然，又是自耕农比较占优势，总括的看来，地主兼自耕农是胜过一般的，自耕农又胜过半自耕农，地主与半自耕农的情形，不见得有多大高低。

玉溪县六村各类村户的地权分配 2.(民二十三年)

类别	户数%	所有田亩%
地主	1.56	1.26
地主兼自耕	3.91	27.85
自耕农	35.94	47.55
半自耕农	25.00	23.34
佃农	17.97	—
雇农	7.81	—
其他	7.81	—
合计	100.00	100.00

从地权分配再来分析各类村户的田亩阶段，在村中调查得的两户地主，他们的田亩是微细得很，从他们地权出租的性质上说，不得不列为地主，其实这种所谓地主，实在是贫农不能与拥有千百亩的地主一概而论的。

地主兼自耕农的田亩阶段，多数的成分，是在十亩至二十亩的阶段（三户），五亩以内的农户与三十亩至四十亩的农户成分是相等的（各一户）。

自耕农的田亩阶段，五亩以内的农户要占大多数，即86.96%（四十户），五亩至十亩与十亩至二十亩的农户，各占6.52%（各三户）。

半自耕农的田亩，五亩以内的农户，要占90.62%（二十九户），五亩至十亩的农户占6.25%（两户），十亩至二十亩的农户占3.13%（一户），这显明地表现出，他们自己的田亩不够自己耕种。

各类村户在阶段内的每户的平均田亩数，地主在五亩以内的农户，每户平均只得一亩七分五，如果与全县平均数相比较，每户应得十一亩，相差到 84%。可见这实是一家贫农。

地主兼自耕农，每户在阶段内的平均数，五亩以内的，每户平均一亩二分；十亩至二十亩的，每户平均十三亩六分六厘；三十亩至四十亩的，每户平均三十五亩，总平均每户为十五亩四分四厘，这样看来，总平均数已超过全县总平均数40.36%。

自耕农的每户平均数，在五亩以内的农户，平均不到二亩；五亩至十亩的农户，平均六亩三分三厘；十亩至二十亩的农户，平均十一亩八分三厘，总平均每户只得二亩八分七厘，与全县平均数相比较，则相差 74%。

半自耕农的每户平均的田亩数，在五亩以内，每户只得一亩四分四；五亩至十亩的，每户六亩五分；十亩至二十亩的，每户为十亩，总平均每户只二亩零二，与全县的总平均数相差81.7%。

以上这四类村户，每户平均的田亩，除了地主兼自耕农，超过全县的分配水平线以上，其余的都在水平线以下。

每户平均田亩的比较，以总平均数作成指数来看，则以地主兼自耕农为最高，次之自耕农，半自耕农又次之，地主为最低。

玉溪县六村地主、地主兼自耕农、自耕农、半自耕农每户平均所有田亩的比较(民二十三年)

阶段别	地主		地主兼自耕农		自耕农		半自耕农	
	每户平均所有亩数	基数	每户平均所有亩数	指数	每户平均所有亩数	指数	每户平均所有亩数	指数
0.1—4.9	1.75	100	1.2	69	1.93	110	1.44	82
5—9.9					6.33		6.50	
10—19.9			13.66		11.83		10.00	
20—29.9								
30—39.9			35.00					
总平均	1.75	100	15.44	882	2.87	164	2.02	115

各类村户，每人的平均所有田亩数，地主的每人平均只五分八厘，与全县每人总平均（二亩二分）相差到74%。

地主兼自耕农的每人平均数，在五亩以内的农户，他的平均数是很低，十亩至二十亩的农户，就比较的高，但还是在水平线以下，三十亩至四十亩的农户，每人平均数有三亩五分，是超过了全县的水平以上，总平均每人为二亩零九厘，尚差于全县的总平均5%。

自耕农的每人平均田亩数，五亩以内的农户，不到四分；五亩至十亩的农户，不到八分；十亩至二十亩的农户，不到一亩三分，他的总平均，每人亦只有五分一厘，与全县总平均的相差为76.8%。

玉溪县六村地主兼自耕农每人平均的所有田亩(民二十三年)

阶段别	人数	所有田亩数	每人平均所有田亩数
0.1—4.9	2	1.2	0.6
10—19.9	25	41	1.64
30—39.9	10	35	3.5
合计	37	77.2	2.09

玉溪县六村自耕农每人平均的所有田亩(民二十三年)

阶段别	人数	所有田亩数	每人平均所有田亩数
0.1—4.9	205	77.3	0.38
5—9.9	25	19	0.76
10—19.9	29	35.5	1.22
合计	259	131.8	0.51

半自耕农的每人平均数，五亩以内的农户，每人只二分三厘；五亩至十亩的农户，每人平均五分二厘；十亩至二十亩的农户，每人平均二亩，总平均每人只三分一厘，与全县总平均数相差到86%。

各类村户每人的总平均数比较，地主兼自耕农指数为三百六十，自耕农的指数为八十八，半自耕农的指数为五十三。

玉溪县半自耕农每人平均所有田亩(民二十三年)

阶段别	人数	所有田亩数	每人平均所有田亩数
0.1—4.9	178	41.7	0.23
5—9.9	25	13	0.52
10—19.9	5	10	2
合计	208	64.7	0.31

玉溪县六村地主、地主兼自耕农、自耕农、半自耕农每人平均所有田亩的比较(民二十三年)

阶段别	地主		地主兼自耕农		自耕农		半自耕农	
	每人平均所有亩数	基数	每人平均所有亩数	指数	每人平均所有亩数	指数	每人平均所有亩数	指数
0.1—4.9	0.58	100	0.6	113	0.38	65	0.23	40
5—9.9					0.76		0.52	
10—19.9			1.64		1.22		2	
30—39.9			3.5					
总平均	0.58	100	2.09	360	0.51	88	0.31	53

（2）田产移转

这六年来玉溪的农村，呈现普遍的不景气，所有田亩逐渐在缩小，各类村户地权分配的增减，从十七年到二十三年的过程中，自耕农的土地减少8.23％，半自耕农减少18.9％，地主和地主兼自耕农的土地既没有增高，又无退步，仍保持原有的情形。但是在二十三年的相对数，似乎比较十七年时为优势。各类村户，只有其他村户，本身稍稍发展一点；在土地减少方面看来，我们可说今日的玉溪农村，确是在频年破产中，因为他在六年当中，农村的土地的流出，要占7.51％。

玉溪县六村六年来各类村户地权分配的增减(以民十七年的分类为坐标)

类别	民十七年时				民二十三年时				百分比的增减	
	户数	百分比	所有田亩数	百分比	户数	百分比	所有田亩数	百分比	户数＋－	所有田亩数＋－
地主	2	1.88	3.5	1.16	2	1.83	3.5	1.27	－	＋
地主兼自耕	5	4.72	77.2	25.76	5	4.59	77.2	27.85	－	＋
自耕农	49	46.23	139.8	46.65	50	45.87	128.3	46.28	－	－
半自耕农	40	37.74	79.2	26.43	41	37.61	64.2	23.16	－	－
其他	10	9.43	—	—	11	10.10	4.0	1.44	＋	＋
总计	106	100.00	299.7	100.00	109	100.00	277.2	100.00		

根据十七年的分类为坐标，来看这六年来各类村户对于买卖典当影响下的每户平均田亩的比较。则地主和地主兼自耕农，每户的平均指数，还是一百，自耕农的指数是九十二，半自耕农的指数是八十一。

每户的平均田亩，不但在买卖典当的关系下受到影响，分家的关系，亦能影响到每户的平均数，我们舍弃掉卖买典当的关系，来看村户在分家后每户的平均田亩数。自耕农分家后的指数是九十八，半自耕农的指数是九十七，所以农村内分家的关系，是会影响到村户的原有平均田亩。

玉溪县六村各类村户六年来买卖典当对于各类村户所有田亩的影响

（以民十七年的分类为坐标，舍弃分家关系）

类别	户数	所有田亩数		每户平均所有田亩数		
	民十七年	民十七年	民二十三年	民十七年	民二十三年	民二十三年的指数（民十七＝100）
地主	2	3.50	3.50	1.75	1.75	100
地主兼自耕	5	77.20	77.20	15.44	15.44	100
自耕农	49	139.80	128.30	2.85	2.62	92
半自耕农	40	79.20	64.20	1.98	1.6	81
其他	10		4.00			

玉溪县六村分家和继承对于各类村户平均所有田亩的影响

（以民十七年分类为坐标，舍弃买卖关系）

类别	所有田亩数	户数		每户平均所有田亩数		
	民十七年	民十七年（未分家前）	民二十三年（分家后）	民十七年	民二十三年	民二十三年的指数（民十七＝100）
地主	3.50	2	2	1.75	1.75	100
地主兼自耕	77.20	5	5	15.44	15.44	100
自耕农	139.80	49	50	2.85	2.80	98
半自耕农	79.20	40	41	1.98	1.93	97

田产移转，是有买卖典当两种形式，买卖典当的手续与习惯，大致与昆明相似，并无特殊处。土地买卖的价格，视土壤的肥瘠而定的，但是亦有依当地的等级而定价格的，表中上小庄的上则田每亩只值二十七元，不能与春和村的上则田每亩值一百三十三元相比较，这是因为土壤的好坏关系，并非同是上则田其价格相差的悬殊。玉溪五村地价调查结果，上则田最高一百三十三元，最低二十七元，平均价格九十八元六角，中则田最高一百零七元，最低十六元，平均价格七十五元二角，下则田最高八十元，最低六元七角，平均价格四十四元一角。

玉溪县六村每亩农田买卖价格(民二十三年)(单位:元)

村名	上则田	中则田	下则田
春和	133	107	80
大小泷水塘	133	93	40
上小庄	27	16	6.7
东古城	133	107	67
上郑境	67	53	27
麻线屯	—	—	—
平均数	98.6	75.2	44.1

这六年来土地价格的上落，要算东古城村涨得最快，次之为春和村，单以中则田而言，春和二十三年土地价格的指数，是一百十五，东古城的指数是一百三十四。

玉溪县六村六年来每亩农田买卖价格的上落(自民十七至民二十三年)(单位:元)

村名	上则田		中则田		下则田		民二十三年的指数*(民十七=100)
	民十七	民二十三年	民十七	民二十三年	民十七	民二十三年	
春和	120	133	93	107	67	80	115
大小泷水塘	133	133	93	93	40	40	100
上小庄	27	27	16	16	6.7	6.7	100
东古城	100	133	80	107	47	67	134
上郑境	67	67	53	53	27	27	100
麻线屯	—	—	—	—	—	—	—
平均数	89.4	98.6	67	75.2	37.5	44.1	*仅指中则田价而言

其次农村内的典当价格，上则田典价，平均为六十元六角，中则田三十八元三角，下则田二十三元六角。中则田的典价对中则田的地价的百分率，各村互有不同，最高是上小庄典价对地价的66.5%，最低的是大小泷水塘为29.03%，平均的百分率是50.93%。

玉溪县六村每亩农田的典当价格(民二十三年)

村名	上则田	中则田	下则田	中则田典价对中则田地价的%
春和	107	67	40	62.62
大小泷水塘	40	27	13	29.03
上小庄	16	10.7	5.3	66.5
东古城	107	60	40	56.07
上郑境	33	27	20	50.94
麻线屯	—	—	—	—
平均数	60.6	38.3	23.6	50.93

典当价格的上落，除了春和村及东古城村相当上趋外，其余的村落，是与十七年的价格没有丝毫变动，单以中则田而言，春和二十三年的典当价格的指数，是一百二十六，其余的指数都无变更。

至于农田的抵押，本系借贷性质，无固定的可言，表中所列价格，系大致能抵押何价。上则田平均抵押价格，是四十三元四角，中则田三十元一角，下则田二十元七角；中则田抵押价格对中则田的典当价格的百分率，最高者是上小庄，抵押价格与典当相同，次之春和村，对典价的89.55%，平均抵押对典价的78.59%。中则田抵押价格对中则田地价的百分率，最高是上小庄，抵押价格当地价的66.87%，至其平均，抵押当地价的40.02%。

玉溪县六村六年来每亩农田典当价格的上落(自民十七至民二十三年)(单位:元)

村名	上则田		中则田		下则田		民二十三年的指数＊（民十七＝100）
	民十七	民二十三年	民十七	民二十三年	民十七	民二十三年	
春和	93	107	53	67	27	40	126
大小泷水塘	40	40	27	27	13	13	100
上小庄	16	16	10.7	10.7	5.3	5.3	100
东古城	93	107	60	60	40	40	100
上郑境	33	33	27	27	20	20	100
麻线屯	—	—	—	—	—	—	—
平均数	55	60.6	35.5	38.3	21	23.6	＊仅指中则田价而言

玉溪县六村每亩农田抵押的价格(民二十三年)

村名	上则田	中则田	下则田	中则田抵押价对中则田典价的%	中则田抵押价对中则田地价的%
春和	80	60	40	89.55	56.07
大小泷水塘	27	20	10.7	74.07	21.51
上小庄	16	10.7	—	100	66.87
东古城	67	40	27	66.67	37.38
上郑境	27	20	13	74.07	37.74
麻线屯	—	—	—	—	—
平均数	43.4	30.1	22.7	78.59	40.02

六年来抵押价格的上落，单以中则田而言，春和的指数是一百二十，东古城的指数是一百四十八。

玉溪县六村每亩农田抵押价格的上落(自民十七至民二十三年)(单位:元)

村名	上则田		中则田		下则田		民二十三年的指数*(民十七=100)
	民十七	民二十三年	民十七	民二十三年	民十七	民二十三年	
春和	80	80	50	60	40	40	120
大小泷水塘	27	27	20	20	10.7	10.7	100
上小庄	16	16	10.7	10.7	—	—	100
东古城	53	67	27	40	20	27	148
上郑境	27	27	20	20	13	13	100
麻线屯	—	—	—	—	—	—	—
平均数	40.6	43.4	25.5	30.1	20.9	22.7	*仅指中则田抵押价格而言

(3) 土地使用

各类村户的使用田亩，根据六村一百零六户的调查，使用总亩数共计三百九十八亩二分，平均每户使用不到四亩，使用的面积，以半自耕农的成分为最多，自耕农次之，佃农又次之，地主兼自耕农为最少，其百分比如下：地主兼自耕农占9.57%，自耕农占33.1%，半自耕农占37.85%，佃农占19.48%。

玉溪县六村各类村户的使用田亩(民二十三年)

类别	使用田亩数	对使用田亩总亩数的%
地主兼自耕	38.10	9.57
自耕农	131.80	33.10
半自耕农	150.70	37.85
佃农	77.60	19.48
合计	398.20	100.00

各类村户使用田亩，在其阶段内所占户数的成分，地主兼自耕农，五户中使用五亩以内的占40%即两户，五亩到十亩的占60%即三户。

自耕农的使用田亩阶段，在使用五亩以内的农户成分最多，要占到86.96%，五亩到十亩亩的占6.52%，十亩到二十亩的亦占6.52%。

玉溪县六村自耕农使用田亩阶段分析(民二十三年)

使用田亩阶段	户数	对总户数的%
0.1—4.9	40	86.96
5—9.9	3	6.52
10—19.9	3	6.52
合计	46	100.00

半自耕农的使用阶段，五亩以内的农户，占62.5%，五亩到十亩的占28.13%，十亩到二

十亩的占6.25%，三十亩到四十亩的占3.12%。

玉溪县六村半自耕农使用田亩阶段分析(民二十三年)

使用田亩阶段	户数	对总户数的%
0.1—4.9	20	62.5
5—9.9	9	28.13
10—19.9	2	6.25
30—39.9	1	3.12
合计	32	100.00

佃农的使用阶段，五亩以内的占78.26%，五亩到十亩的占17.39%，十亩到二十亩的占4.35%。

玉溪县六村佃农使用田亩阶段分析(民二十三年)

使用田亩数	户数	对总户数的%
0.1—4.9	18	78.26
5—9.9	4	17.39
10—19.9	1	4.35
合计	23	100.00

总合使用田亩的各村户，不分其类别，只分其使用的阶段，以窥玉溪的一般使用面积的大小。则使用五亩以内的农户，要占75.47%，五亩到十亩的占17.92%，十亩到二十亩的占5.66%，三十亩到四十亩的占0.95%，微小的情形，可见一般了。

其次是地权分配与农田使用的对比，地主是只有所有田亩而不使用土地的，地主兼自耕农，因为有出租的关系，使用的土地是要少于他的所有田亩，其所有对使用对比，所有占27.85%，使用占9.57%。自耕农的所有占47.55%，使用占33.1%，半自耕农，所有占23.34%，使用占37.85%，佃农是无所有田亩的，他们使用的成分占19.48%。

玉溪县六村各类村户地权分配与农田使用的对比(民二十三年)

类别	所有田亩数	对所有田亩总数的%	使用田亩数	对使用田亩总数的%
地主	3.5	1.26	—	—
地主兼自耕	77.2	27.85	38.1	9.57
自耕农	131.8	47.55	131.8	33.10
半自耕农	64.7	23.34	150.7	37.85
佃农	—	—	77.6	19.48
合计	277.2	100.00	398.2	100.00

这六年来各类村户使用田亩的增减，自耕农在十七年时，使用田亩为一百三十九亩八分，到了二十三年，使用数少了二亩半，只有一百三十七亩三分，半自耕农从二百零一亩二分，减到一百九十亩二分，减少十一亩，佃农和地主兼自耕农，没有增加亦无减少，只有其他村户增

加了四亩。可以说玉溪的农民，他们使用田亩的减少，是受着地权失去的影响的。

玉溪县六村六年来各类村户使用田亩的增减(以民十七年的分类为坐标)

类别	民十七年时				民二十三年时				百分比的增减	
	户数	百分比	使用田亩数	百分比	户数	百分比	使用田亩数	百分比	户数+−	使用田亩数+−
地主	—	—	—	—	—	—	—	—	—	—
地主兼自耕	5	4.39	38.1	9.37	5	4.28	38.1	9.57	−	+
自耕农	49	42.98	139.8	34.37	50	42.74	137.3	34.48	−	+
半自耕农	40	35.09	201.2	49.47	41	35.04	190.2	47.77	−	−
佃农	10	8.77	27.6	6.79	10	8.55	27.6	6.91	−	+
其他	10	8.77	—	—	11	9.39	4	1.27	+	+
总计	114	100.00	406.7	100.00	117	100.00	398.2	100.00	+	−

其次，我们再从各类村户的参加田间工作者，每人平均耕作亩数，来窥测玉溪的农人，其劳力是否过剩，每人耕作的基数，以五亩为标准，则地主兼自耕农的耕作指数，是在水平线下面，他的平均指数是四十二。

玉溪县六村地主兼自耕农参加田间工作者每人平均耕作亩数(民二十三年)

阶段别	耕作人数	使用田亩数	每人平均耕作亩数	指数
0.1—4.9	2	2.1	1.05	21
10—19.9	16	36	2.25	45
总计	18	38.1	2.12	42

自耕农的耕作指数，最高的指数是八十九，是在十亩到二十亩的阶段内；至于耕作五亩以内的农人，他的指数只有十四，相差水准约六倍，他的平均指数，亦只二十，相差水准有四倍。

玉溪县六村自耕农参加田间工作者每人平均耕作亩数(民二十三年)

阶段别	耕作人数	使用田亩数	每人平均耕作亩数	指数
0.1—4.9	112	77.3	0.69	14
5—9.9	10	19	1.9	38
10—19.9	9	35.5	3.94	89
总计	131	131.8	1.01	20

半自耕农的耕作指数，十亩以内的农人，指数不及水准的一半，十亩以上的亦相差于水准数，他的平均指数只有三十，相差水准两倍多。

玉溪县六村半自耕农参加田间工作者每人平均耕作亩数(民二十三年)

阶段别	耕作人数	使用田亩数	每人平均耕作亩数	指数
0.1—4.9	53	46.2	0.87	16
5—9.9	29	53.5	1.85	37
10—19.9	6	21	3.5	70
30—39.9	12	30	2.5	50
总计	100	150.7	1.51	30

佃农的耕作指数。五亩以内的农人只有十五，五亩到十亩的农人是三十九，十亩到二十亩的突出二百，那是少数的偶然，平均指数为二十二，亦相差水准的三倍多。

玉溪县六村佃农参加田间工作者每人平均耕作亩数(民二十三年)

阶段别	耕作人数	使用田亩数	每人平均耕作亩数	指数
0.1—4.9	56	40.6	0.73	15
5—9.9	14	27	1.93	39
10—19.9	1	10	10	200
总计	71	77.6	1.09	22

玉溪的农人耕作指数，一般的见低，其原因是基于自然的土地不够分配，及地权分配不平均两种状态下造成。所以玉溪的农人，有离村向外谋生的情形，总计三百九十个农人中，有3.59%离村的，他们各个间的出外人数的成分，要算地主兼自耕农和佃农为最高，半自耕农次之，自耕农为最少。

玉溪县六村各类村户中出外工作的人数(民二十三年)

类别	有工作能力人数	出外工作的人数	出外对工作能力的%
地主	3	—	—
地主兼自耕	21	2	9.05
自耕农	142	4	2.82
半自耕农	112	4	3.57
佃农	76	4	5.26
雇农	17	—	—
其他	19	—	—
总数	390	14	3.59

（4）雇工与耕畜

在农村内大都是互相合作，甲家在插秧或收获时，乙家帮同插秧割草，乙家在农忙时，甲家亦如此，这是农村内普遍的状况。但是比较富裕的或者人力不够的农户，他们是要雇长工及短工来帮助的。各类村户雇工的成分，地主兼自耕农，雇工的成分，占80%，自耕农占

32.61%，半自耕农占28.13%，佃农占30.44%，总计雇工的成分，占33.02%。

玉溪县六村各类村户雇工者成分(民二十三年)

类别	户数	雇工者户数	雇工者户数所占%
地主兼自耕	5	4	80
自耕农	46	15	32.61
半自耕农	32	9	28.13
佃农	23	7	30.44
合计	106	35	33.02

地主兼自耕农的雇工人数，雇用长工兼短工者两户，长工四人，短工六百二十日，雇用短工者两户，短工日数为一百四十七日。

自耕农的雇工人数，雇长工兼短工者两户，长工四人，短工四百五十日，雇短工者计十三户，短工日数八百三十九日。

半自耕农的雇工人数，雇用长工者一户，长工一人，雇长工兼短工者两户，雇用长工三人及短工二百七十二日，雇用短工者六户，短工日数为三百三十一日。

佃农的雇工人数，雇短工者七户，共计雇用短工三百五十九工。

各类村户的耕畜，有耕畜者对其户数所占的百分率，地主兼自耕农为40%，自耕农占21.74%，半自耕农占28.13%，佃农占30.43%，合计农村内有耕畜者的成分，占21.41%。

其次耕畜数的分配，各村户的耕畜数；共计为三十一头，地主兼自耕农占33.87%，佃农占24.19%，每户的平均数，以半自耕农最多，每户为1.17头，自耕农次之，佃农又次之，地主兼自耕农为最少，总平均每户1.11头。

玉溪县六村各类村户中有耕畜者之百分比(民二十三年)

类别	总户数	有耕畜者户数	%
地主兼自耕	5	2	40.00
自耕农	46	10	21.74
半自耕农	32	9	28.13
佃农	23	7	30.43
合计	106	28	21.41

玉溪县六村各类村户的耕畜(民二十三年)

类别	耕畜数	对总数的%	每户平均数
地主兼自耕	2	6.45	1
自耕农	11	35.49	1.1
半自耕农	10.5	33.87	1.17

续表

类别	耕畜数	对总数的％	每户平均数
佃农	7.5	24.19	1.07
合计	31	100.00	1.11

各类村户，在其使用阶段内，所占的耕畜成分，地主兼自耕农的耕畜，集中在十亩到二十亩的阶段内。

自耕农的耕畜，使用五亩以内的农户，占45.45％；五亩到十亩的农户，占18.18％；十亩到二十亩的农户，占36.37％。

半自耕农的耕畜，五亩以内的农户，占23.81％；五亩到十亩的农户，占38.1％；十亩到二十亩的农户，占28.57％；三十亩到四十亩的，占9.25％。

佃农的耕畜，五亩以内的农户，占46.67％；五亩到十亩的农户，占53.33％。

（5）租佃关系

玉溪的租佃关系。佃户租种农田的手续，大都订立租约，但是彼此熟悉者，只凭口头上承认而已。至于租田时的押租，并不普遍。租田年限，普通为三年，兼有五年及十年者。缴租以正产粮稻米为主，租佃制度，系行包租制，分租兼亦有之，但力租很少。

租额以土壤的好坏而定的，土壤的等级分三等，上则田的租额，约占正产量的 90％，中则田 80％，下则田 60％乃至 70％，分租，上则田佃户四成，地主六成，中则田，佃主各半，下则田佃户六成，地主四成。

在农村内出租农田的，只有地主和地主兼自耕农，地主的农田，是完全出租的，在我们所调查到的两户地主，他们所有田亩，实在很是微细，不能与拥有千百亩的地主相比拟。但是在性质上说，他是出租农田的地主，不得不用此名称，实际按他的经济程度尚不及仅足生活的一个中农。

地主兼自耕农，出租农田的成分，在五亩以内的农户，他的所有田亩只有一亩二分，出租的成分占一半，十亩到二十亩的农户，出租的成分占37.81％，三十亩到四十亩的农户，出租的成分占65.71％。合计地主兼自耕农的所有田亩只七十七亩二分，出租三十九亩一分，出租占50.65％。

玉溪县六村地主兼自耕农出租农田的成分(民二十三年)

所有田亩阶段别	所有田亩数	出租田亩数	出租对所有的％	出租对所有总数的％
0.1—4.9	1.2	0.6	50	0.78
10—19.9	41	15.5	37.81	20.08
30—39.9	35	23	65.71	29.79
合计	77.2	39.1	50.65	—

其次是租进农田的半自耕农，他的租进田成分，五亩以内的农户，自田占40.6％，而租田占59.4％，五亩到十亩的农户，自田占35.13％，租田占64.87％；十亩到二十亩的农户，自田占90.91％，租田占9.09％。这样看来，除了十亩到二十亩的农户，他的佃进成分比较少数外，

十亩以内的农户，他们的租田，大都是要超过自田，合计半自耕农的租进农田的成分，占使用总数的57.07%，换言之，自田不及使用总数的一半，可见他们需要租田来维持生活的迫切。租进的农田，在其阶段内所占的成分，要算五亩以内的农户，租进农田的成分最占多数，次之是五亩到十亩的农户，最少的是十亩到二十亩的农户。

佃农是纯粹的租户，他本身是没有所有田亩的，使用的田亩，完全是向地主租来的，二十三户佃农，租进田亩数，共计七十七亩六分，在使用五亩以内的农户，租进的成分，占全数的52.32%，五亩到十亩的农户，占34.79%，十亩到二十亩的，占12.89%，观佃农租种农田的微弱，可肯定玉溪村中租佃关系的普遍不如昆明远甚。

玉溪县六村半自耕农租进农田的成分(民二十三年)

所有田亩阶段	所有田亩数	使用田亩数	租进田亩数	使用田亩中的自田与租田%		租进对使用总数的%
				自田	租田	
0.1—4.9	41.7	102.7	61	40.60	59.40	40.48
5—9.9	13	37	24	35.13	64.87	15.93
10—19.9	10	11	1	90.91	9.09	0.66
合计	64.7	150.7	86	42.93	57.07	—

玉溪县六村佃农租进农田的成分(民二十三年)

阶段别	租进田亩数	租进对使用总数的%
0.1—4.9	40.6	52.32
5—9.9	27	34.79
10—19.9	10	12.89
合计	77.6	100.00
佃农使用亩数即为租进亩数		

3. 农村副业

农村副业，关系农家经济上至为要，我们在玉溪调查的一百二十八户，除了其他的村户各有其相当职业外，雇农的副业，是以其雇工的工作以外所兼的副业，故其收入部分，亦限于其副业的性质。各类村户，有副业与无副业的对比，地主是全有副业的，地主兼自耕农占60%，自耕农占84.78%，半自耕农占90.63%，佃农占95.65%，雇农占40%，合计一百十八户的农户中，兼副业者占83.9%。

玉溪县六村各类村户有副业与无副业的百分比(民二十三年)

类别	户数	兼副业的户数	%
地主	2	2	100
地主兼自耕	5	3	60
自耕农	46	39	84.78
半自耕农	32	29	90.63
佃农	23	22	95.65
雇农	10	4	40
合计	118	99	83.9

村户每年副业的收入，最少的是地主，每年二十六元六角，平均每户的副业收入，为五十二元六角六分。

玉溪县六村各类村户每户平均的副业收入(民二十三年)

类别	户数	副业收入数	每户平均副业收入
地主	2	53.2	26.6
地主兼自耕	3	97.09	32.4
自耕农	39	1913.87	49.1
半自耕农	29	1593.34	54.94
佃农	22	1411.13	64.15
雇农	4	144.31	36.08
其他	—	—	—
合计	99	5212.94	52.66

副业收入的比较，地主的收入占全数收入的1.02%，地主兼自耕农占1.86%，自耕农占36.71%，半自耕农占30.57%，佃农占27.07%，雇农占2.77%。

玉溪县六村各类村户的副业收入比较(民二十三年)

类别	副业收入数	对总收入的%
地主	53.2	1.02
地主兼自耕	97.09	1.86
自耕农	1913.87	36.71
半自耕农	1593.34	30.57
佃农	1411.13	27.07
雇农	144.31	2.77
总计	5212.94	100.00

副业的分类，地主的副业，是手工业的织布，此种织布工作，大都是由农妇操作，他的收

入是很微细，每年只有二十六元左右。

地主兼自耕农的副业，两户是织布，每年收入七十九元八角，平均每户不到四十元；一户是小贩，每年的收入十七元二角九分；合计三户的全年收入，计九十七元九分，每户收入三十二元四角。

自耕农的副业，经商的有三户，经商在性质上说，是与副业不同，只能说是兼业，但是在农家的经济上看来，它的作用是一样的；经商三户，全年收入四百五十六元余，平均每户收入，为一百五十二元；帮工的有十三户，收入数为六百四十五元余，平均每户收入，不到五十元；织布的有十一户，收入数一百三十六元余，平均每户收入，只十二元余；做小贩的有十二户，收入数六百七十五元余，平均每户收入五十六元左右；合计三十九家的收入数一千九百十三元八角七分，平均每户只四十九元。

半自耕农的副业，运搬一户，全年收入八十六元四角五分；臼匠一户，全年收入二十三元九角四分；织布的三户，收入五十五元八角六分，平均每户十八元；小贩九户，收入数六百十五元七角九分，平均每户六十八元；帮工十五户，收入八百十一元三角，平均每户五十四元；合计二十九户的全年收入数一千五百九十三元三角四分，平均每户为五十五元弱。

佃农的副业，织布四户，全年收入一百十五元七角一分，平均每户二十八元九角；帮工有十户，收入四百四十元二角三分，平均每户四十四元；小贩有八户，收入数八百五十五元一角九分，平均每户一百零六元；合计二十二户的收入一千零四十一元一角三分，平均每户收入六十四元。

雇农的副业织布两户，全年收入二十六元六角，平均每户收入十三元三角；小贩两户，收入数一百十七元七角一分，平均每户收入五十八元；合计四户的收入，全年一百四十四元三角一分，每户平均三十六元八分。

其次家畜的饲养，亦系农家的副业，六村农户牲畜的调查，其总数马三十七匹，骡二匹，猪五十九只，鸡二百零四只，鸭六百零四只，其中马匹以自耕农占多数，半自耕农次之，骡只半自耕农饲养，猪亦以自耕农和半自耕农饲养最多，鸡鸭以佃农最多。

玉溪县六村各类村户的家畜(民二十三年)

类别	马	骡	猪	鸡	鸭
地主	—	—	—	3	—
地主兼自耕	3	—	6	19	—
自耕农	16	—	24	77	2
半自耕农	12	2	20	11	2
佃农	6	—	9	87	600
雇农	—	—	—	—	—
其他	—	—	—	7	—
合计	37	2	59	204	604

4. 田赋

玉溪县田赋，在未实行耕地税以前，其粮额名称有三：（1）税秋粮：原征粮额数五千六百五十四石九斗四升五合三勺，征收率每石征收现金二元五角五仙，共计征收数，现金一万四千四百二十元一角一仙一厘；（2）夷粮：原征粮额数六十四石三斗八升，每石征收率，现金六元，共计征收现金三百八十元二角八仙；（3）条奏公：原征粮额数六千五百四十五两九分三厘，每两征收率，现金二元二角五仙，共计征收现金一万四千七百二十六元四角五仙九厘。以上三项统共征收现金二万九千五百三十元八角五仙；附捐方面：（1）团费：除夷粮及条奏公免抽外，每石征收现金三角，共计征收现金一千六百九十六元四角八仙四厘；（2）附粮捐：除条奏公无附粮捐外，税秋粮及夷粮，每石征收现金五千七百一十九元三角二仙五厘。共计附税现金七千四百一十五元八角九厘，以上正附税共计现金三万六千九百四十八元六角五仙九厘。租课：其名称为铺租，原征银一百零四两，每石现金一元五角，计征收现金一百五十六元。

该县于二十二年六月，全县土地清丈办理完竣，实行耕地税，其旧时田赋，包栝条粮及正杂各款既随粮附捐等一概取消，实行省定耕地税三等九级之税率征收。其纳税时间，定于每年十一月一日开征，至翌年二月底止，一次完纳，由纳税人亲赴县政府财政局缴纳为原则。财政局为便利纳税人起见，复委托乡镇长就近征收，耕地税实行，农民称便，旧时一切积弊则尽除；此为云南第一良政。但省府因鉴于办理民团经费无着，于民二十三年一月议决，耕地税附加八成团费附加，有未实行，固待证实，惟先议决于前，是必实行，兹将耕地税率列表于后：

玉溪县每亩之耕地税(单位:元)

税则	正税	税则	正税	税则	正税
上上则	0.30	中上则	0.14	下上则	0.05
上中则	0.24	中中则	0.11	下中则	0.03
上下则	0.18	中下则	0.08	下下则	0.01

查玉溪县旧有耕地亩积，为十万八千二百四十四亩二分六厘，自清丈后，新测亩积二十万零二千五百七十一亩二分，比较增出亩积87.14%（九万四千三百二十六亩九分四厘）。旧时田赋正税，为现金二万九千五百三十二元八角五仙；现在耕地正税为三万四千零六十一元一角，较原税额增加现金四千五百二十八元二角五仙，其增加比率，为15.33%强，如照旧时田赋正附税合计收入数现金三万六千九百四十八元六角五仙九厘而论，现时耕地税亦只相差现金二千八百八十七元五角五仙九厘，不足之两千余金，是可另觅弥补办法，今加征八成团费附捐，不无加重人民田赋负担之处，则今后玉溪耕地税连同附捐，全部收入应为现金六万一千三百零九元九角八仙矣。

5. 农村教育

玉溪县全县小学，计有一百零六所，男生五千四百余人，女生六百七十人，县立乡村师范一所，男生一百十人，女生十五人，此外民众补习学校十六所，男生四百人，女生四十人，教育经费，除乡师由教育局拨发外，余由当地筹款。

关于农民识字人数，我们所调查的一百二十八户内，农民识字者占9.08%，各村户识字的对比，地主识字人数，占16.67%，地主兼自耕农为29.73%，自耕农10.81%，半自耕农6.73%，佃农6.34%，雇农3.13%，其他3.13%，其识字程度，以地主兼自耕农及地主为优，这自然是比较富裕的农家，他的子弟，容易入学读书，反之，经济困难的贫农，很少有读书的机会。

玉溪县六村各类村户识字人数的比较(民二十三年)

类别	人数	识字人数	识字人数的%	对总人数的%
地主	6	1	16.67	0.14
地主兼自耕	37	11	29.73	1.53
自耕农	259	28	10.81	3.91
半自耕农	208	14	6.73	1.96
佃农	142	9	6.34	1.26
雇农	32	1	3.13	0.14
其他	32	1	3.13	0.14
总计	716	65	9.08	—

玉溪县六村各类村户的识字人数(民二十三年)

类别	识字人数			合计
	私塾	小学	中学	
地主	—	1	—	1
地主兼自耕	1	10	—	11
自耕农	—	27	1	28
半自耕农	1	13	—	14
佃农	3	6	—	9
雇农	1	—	—	1
其他	—	—	1	1
总数	6	57	2	65

村户教育程度，总计识字人数，为六十五人，其中私塾六人，小学五十七人，中学两人，受中等教育者为自耕农及其他的农户。

6. 政治情形

县政府之组织，分行政、司法、征收三科，各科设科长一人，科员若干人，并建设、教育、财政、公安四局，各局设局长一人，局员事务员若干人；每月行政经费，只旧滇币九千三百八十元（旧滇币五元折现金一元），合现金只一千八百七十六元，其分配情形，县政府一千二百元，建设局四百八十元，教育局四千元，财政局七百元，公安局三千元；玉溪系一等县，行政经费尚如此短少，其他各县行政费之微小，可想而知矣。

区公所全县计有自治区四区，四十乡六镇，四百二十余村；每区设区长一人，助理员二人，书记一人，区丁二人，区设调解委员会，委员五人；区以下为乡镇公所，设乡镇长副各一人，调解委员会，委员三人；乡镇以下，五户为邻，五邻为闾，并设闾邻长；区公所办理之事务，已举办者，调查户口，编订门牌，办理积谷，征收救国捐，协助清丈，训练民团，征募民夫筑路等项；至于经费，每月滇币四百元，只合现金八十元。

关于警卫方面，全县警察六十人，旧式老枪六十枝，警察待遇，每月滇币四十元，又常备队七十六人，经费每月滇币四千元，由财政局征收。地方捐税项下支付，团兵待遇与警察同，其编制为一中队，设中队长一人，月薪滇币百元，分队长二人，月支薪七十元，事务长一人，月薪五十五元，并有旧式枪七十枝。

马龙县

1. 全县概况

马龙县，旧时称马龙州，在昆明之东北，与霑益、曲靖、陆良、嵩明、寻甸等县相毗连。其位置东经西十三至一百零四度之间，北纬二十五度至二十六度之间。在滇越铁路未通车以前，凡由云南出中原者是为必经之道，清时我国属地缅甸国，进贡之象，亦由是处经过，故当时置象之屋，至今犹存，而今缅已属英，且有节节东侵之势，不无今昔之感。县境山脉，来自乌蒙山脉，横贯县境，山峦起伏，地势高耸。气候各季较昆明为寒，雨量以六、七、八三月为多，河流稍大者有二：

东河　源出县东水箐山谷间，西流会小龙井之水，经县城向西流入曰蟒河，而入寻甸。

龙洞河　源出县西四十五里，南流入哲家河而入路南县境。

此二水以大小计，龙洞河稍逊，然东河虽大，夏秋水涨，沿河多遭淹没之患，春日流绝，民无灌溉之功，惟自龙潭河以下，稍资灌溉，然亦不过数村而已。龙洞河，自龙洞河流出，春日不涸，秋亦不潦，所经村落，颇获灌溉之利，惜仅东南十余村受其利也。

其他之观音洞河，为东北之界河，属于县者，仅大小绿碑二三村，得资灌溉，其他皆山溪小涧，与农作无关重要。

境内土壤，因地势高峻，四野皆山，故砾土最多，占50%，次之黏土占30%，壤土占20%，昔人称马龙为四大穷州之一，因其地瘠民贫，出产不丰。

农作物以稻麦为主，一年两熟，兹将农作物出产情形列表于下：

<table>
<tr><th>作物次数</th><th>作物名称</th><th>全作物%</th><th>下种时期</th><th>收获时期</th><th>每亩产量</th></tr>
<tr><td rowspan="15">第一次作物</td><td rowspan="3">谷</td><td rowspan="3">45</td><td rowspan="3">忙种</td><td rowspan="3">霜降</td><td>上则田 240 斤</td></tr>
<tr><td>中则田 120 斤</td></tr>
<tr><td>下则田 60 斤</td></tr>
<tr><td rowspan="3">马铃芋</td><td rowspan="3">35</td><td rowspan="3">3 月</td><td rowspan="3">8 月</td><td>上则田 1000 斤</td></tr>
<tr><td>中则田 600 斤</td></tr>
<tr><td>下则田 300 斤</td></tr>
<tr><td rowspan="3">包谷(玉蜀黍)</td><td rowspan="3">13</td><td rowspan="3">5 月</td><td rowspan="3">9 月</td><td>上则田 80 斤</td></tr>
<tr><td>中则田 40 斤</td></tr>
<tr><td>下则田 20 斤</td></tr>
<tr><td rowspan="3">荞麦</td><td rowspan="3">5</td><td rowspan="3">5 月</td><td rowspan="3">9 月</td><td>上则田 80 斤</td></tr>
<tr><td>中则田 40 斤</td></tr>
<tr><td>下则田 20 斤</td></tr>
<tr><td rowspan="3">黄豆</td><td rowspan="3">2</td><td rowspan="3">5 月</td><td rowspan="3">9 月</td><td>上则田 80 斤</td></tr>
<tr><td>中则田 40 斤</td></tr>
<tr><td>下则田 20 斤</td></tr>
<tr><td rowspan="7">第二次作物</td><td rowspan="3">麦</td><td rowspan="3">70</td><td rowspan="3">9 月</td><td rowspan="3">翌年 4 月</td><td>上则田 100 斤</td></tr>
<tr><td>中则田 80 斤</td></tr>
<tr><td>下则田 40 斤</td></tr>
<tr><td>菜子</td><td>20</td><td>9 月</td><td>翌年 4 月</td><td></td></tr>
<tr><td rowspan="3">鸦片烟</td><td rowspan="3">10</td><td rowspan="3">9 月</td><td rowspan="3">翌年 4 月</td><td>上则田 40 两</td></tr>
<tr><td>中则田 30 两</td></tr>
<tr><td>下则田 15 两</td></tr>
</table>

2. 土地分配

我们选定大龙井、下西山、柳小田、桂家屯、王三屯、响水等六村代表村落，挨户调查，共得一百二十三户。统计结果，以村户的性质分类，地主兼自耕农占2.44%，自耕农占33.33%，半自耕农占39.09%，佃农占14.63%，雇农占7.32%，其他占3.26%，从表中看来，马龙的农村，以半自耕农和自耕农占多数。

马龙县六村村户的分类(民二十三年)

村户类别	户数	对总户数的%
地主兼自耕农	3	2.44
自耕农	41	33.33
半自耕农	48	39.02
佃农	18	14.63
雇农	9	7.32
其他	4	3.26
合计	123	100.00

在农村内很少发现纯粹的地主，除了少数的农户，他的耕地有一部分出租外，完全出租的地主都在城镇上。但是此种自耕又出租一部分土地的农户，六村内亦不过三户，这三户性质的分析，大部分土地出租者仅占三分之一，大部分土地自耕者，要占三分之二。可知农村内的地主势力的微弱了。

其次半自耕农的耕地性质的分析，大部分耕地系自有者，占58.33%，大部分土地系租来的，占41.67%。

马龙县六村半自耕农性质的分析(民二十三年)

类别	户数	对总户数的%
大部分耕地系自有者	28	58.33
大部分耕地系租来者	20	41.67
合计	48	100.00

这是一个农村现状，我们要看农村变迁的情态，是要从动的方面去了解。根据村户的十七年的分类，村户的变迁，除了自耕农有两户变为半自耕农，一户变为佃农外，其余的村户，仍是维持原有的现状，从自耕农的变迁情形，可以看出马龙的农村，是在逐渐的崩溃，从佃农雇农方面，他在六年中，还是没有发展的机会，亦可见农业经济的停滞。

马龙县六村六年来各类村户的变迁

民十七		民二十三						
类别	户数	地主兼自耕农	自耕农	半自耕农	佃农	雇农	其他	总计
地主兼自耕农	3	3						3
自耕农	44		41	2	1			44
半自耕农	46			46				46
佃农	17				17			17
雇农	9					9		9
其他	4						4	4
合计	123	3	41	48	18	9	4	123

(1) 土地所有

根据县政府粮册上所，全县耕地为五万六千五百四十亩零七分，荒地为一万二千五百六十二亩，全县户口九千三百四十二户，人口四万六千九百七十九人。农户约九成，公产三百二十八亩，如根据县政府粮册上所载的全县耕地，除了公产，来分配九成的农户，则九成农户数，共计八千四百零八户，全县耕地除去公产外，计有五万六千二百十六亩七分，每农户平均为六亩六分九厘弱。如以每农人分配，则九成农人为四万二千二百八十一人，每农人平均耕地为一亩三分三厘弱。私有土地分配情形，据县政府估计，田一百亩者，仅有五户，可见马龙没有拥着多数土地的地主。

地主兼自耕农性质没有变迁，半自耕农的性质稍有变迁，大部分土地系自有者，百分比在减少，大部分土地系租来者，百分比在增高。

马龙县六村半自耕农性质的变迁(以民十七年的分类为坐标)

类别	户数		百分比		百分比的增减
	民十七	民二十三	民十七	民二十三	
大部分土地系自有者	27	26	58.7	56.52	—
大部分土地系租来者	19	20	41.3	43.48	+

但是我们抽样的六村挨户调查的结果，有土地与无土地的对比，农村内无土地者，实占四分之一强。土地分配不均衡的现象，仍显明地存在着。

村户的地权分配，所有田亩总面积中，地主兼自耕农，占12.99%，自耕农占55.3%，半自耕农，占31.71%。

马龙县六村各类村户的地权分配(民二十三年)

类别	所有田亩数	对所有田亩总数的%
地主兼自耕	60	12.99
自耕农	255.5	55.30
半自耕农	146.5	31.71
合计	462	100.00

我们再从村户所占的百分比与所有田亩作对比来看，则占2.44%的地主兼自耕农，占所有田亩的12.99%，占33.33%的自耕农，占所有田亩的55.3%，占39.02%的半自耕农，占所有田亩31.71%。

马龙县六村各类村户的地权分配(民二十三年)

类别	户数%	所有田亩的%
地主兼自耕	2.44	12.99
自耕农	33.33	55.30
半自耕农	39.02	31.71
佃农	14.63	—

续表

类别	户数%	所有田亩的%
雇农	7.32	—
其他	3.26	—
合计	100.00	100.00

其次将各类村户的所有田亩在其阶段内的分析比较：三家地主兼自耕农一家的所有田亩在五亩以内一家，在二十亩到三十亩之间一家，在三十亩到四十亩之间一家。

自耕农在五亩以内的占全数的46.34%，五亩到十亩的占34.15%，十亩到二十亩的占17.07%，二十亩到三十亩的占2.44%。

马龙县六村自耕农所有田亩阶段分析(民二十三年)

所有田亩阶段	户数	对总户数的%
0.1—4.9	19	46.34
5—9.9	14	34.15
10—19.9	7	17.07
20—29.9	1	2.44
合计	41	100.00

半自耕农更不能与自耕农比拟，他的所有田亩阶段，五亩以内的要占83.33%，五亩到十亩的占14.58%，十亩到二十亩的占2.09%，他们土地微小，可见一般了。

马龙县六村半自耕农所有田亩阶段的分析(民二十三年)

所有田亩阶段	户数	对总户数的%
0.1—4.9	40	83.33
5—9.9	7	14.58
10—19.9	1	2.09
合计	48	100.00

我们再看这三种农户，在同一阶段内的指数，则五亩以下的农户，自耕农的指数为一百三十九，半自耕农为二百五十，这是说，五亩以下的农户，要算半自耕农成分为最多，自耕农次之，地主兼自耕农最少。五亩到十亩的指数，自耕农较半自耕农为高，十亩到二十亩的指数，自耕农亦较半自耕农为强。二十亩到三十亩的指数，自耕农只有七数，是不及地主兼自耕农，半自耕农则根本无此阶段的农户。三十亩到四十亩的指数，自耕农和半自耕农都无此阶段的农户。

马龙县六村地主兼自耕农半自耕农所有田亩阶段的比较(民二十三年)

所有田亩阶段	地主兼自耕		自耕农		半自耕农	
	对总户数的%	基数	对总户数的%	指数	对总户数的%	指数
0.1—4.9	33.3	100	46.34	139	83.33	250
5—9.9	—	100	34.15	—	14.58	—
10—19.9		100	17.07	—	2.09	—
20—29.9	33.3	100	2.44	7	—	—
30—39.9	33.3	—	—	—	—	—

各村户每户平均的所有田亩情形，地主兼自耕农，在五亩以内的农户，平均每户两亩；二十亩到三十亩的农户，平均每户二十四亩；三十亩到四十亩的农户，平均每户三十四亩，总平均每户为二十亩，如果与全县的分配数每户六亩六分九厘比较，则超过十三亩三分一厘。

马龙县六村地主兼自耕农每户平均所有田亩(民二十三年)

阶段别	户数	所有田亩数	每户平均所有亩数
0.1—4.9	1	2	2
20—29.9	1	24	24
30—39.9	1	34	34
合计	3	60	20

自耕农的每户平均田亩数，在五亩以内的农户，平均每户二亩二分六厘；五亩到十亩的农户，平均每户六亩五分；十亩到二十亩的农户，平均每户十三亩三分六厘；二十亩到三十亩的农户，平均每户二十八亩，总平均每户六亩二分三厘，与全县平均分配数相比较，则尚相差6.88%。

马龙县六村自耕农每户平均所有田亩(民二十三年)

阶段别	户数	所有田亩数	每户平均所有亩数
0.1—4.9	19	43.0	2.26
5—9.9	14	91.0	6.50
10—19.9	7	93.5	13.36
20—29.9	1	28.0	28.00
合计	41	255.5	6.23

半自耕农的每户平均数，五亩以内的农户，平均二亩三分四厘；五亩到十亩的农户，平均五亩七分一厘；十亩到二十亩的农户，每户平均十三亩，总平均每户三亩五厘，与全县总平均相较，尚差54.41%。

马龙县六村半自耕农每户平均所有田亩(民二十三年)

阶段别	户数	所有田亩数	每户平均所有亩数
0.1—4.9	40	93.5	2.34
5—9.9	7	40.0	5.71
10—19.9	1	13.0	13.00
合计	48	146.5	3.05

各村户每户平均田亩的比较，以地主兼自耕农作基数，五亩阶段里，自耕农的指数为一百十三，半自耕农的指数为一百十七；五亩到十亩的阶段，自耕农与半自耕农比较，则自耕农的指数，当高过半自耕农；十亩到二十亩的阶段，自耕农的指数，亦较半自耕农为高；二十到三十亩的阶段，自耕农的指数是一百十七，高过地主兼自耕；三十亩到四十亩的阶段，因自耕农及半自耕农无此种业户，所以无指数可表示，总计自耕农的指数为三十一，半自耕农的指数为十五。

马龙县六村地主兼自耕、自耕农、半自耕农、每户平均所有田亩的比较(民二十三年)

阶段别	地主兼自耕农		自耕农		半自耕农	
	每户平均所有亩数	基数	每户平均所有亩数	指数	每户平均所有亩数	指数
0.1—4.9	2	100	2.26	113	2.34	117
5—9.9			6.50		5.71	
10—19.9			13.36		13.00	
20—29.9	24	100	28.00	117		
30—39.9	34	100				
合计	20	100	6.23	31	3.05	15

村户的每人平均田亩数，地主兼自耕农在五亩以内的农户，每人平均二亩；二十亩到三十亩的农户，每人平均二亩一分八厘；三十亩到四十亩的农户，每人平均三亩七分八厘，总平均每人二亩八分五厘，如以全县的每人平均数一亩三分三厘来比较，则高过水准一倍又14.28%。

马龙县六村地主兼自耕每人平均的所有田亩(民二十三年)

阶段别	人数	所有田亩数	每人平均所有亩数
0.1—4.9	1	2	2
20—29.9	11	24	2.18
30—39.9	9	34	3.78
合计	21	60	2.85

自耕农的每人平均田亩数，在五亩以内的农户，平均每人五分二厘；五亩到十亩的农户，每人平均一亩一分四厘；十亩到二十亩的农户，平均每人一亩四分四厘；二十亩到三十亩的农户，平均每人二亩五分四厘，总平均每人一亩七厘，与全县的每人总平均来较，则相差19.55%。

马龙县六村自耕农每人平均的所有田亩(民二十三年)

阶段别	人数	所有田亩数	每人平均所有亩数
0.1—4.9	83	43	0.52
5—9.9	80	91	1.14
10—19.9	65	93.5	1.44
20—29.9	11	28	2.54
合计	239	255.5	1.07

半自耕农的每人平均数，在五亩以内的农户，每人平均四分三厘；五亩到十亩的农户，平均每人七分一厘；十亩到二十亩的农户，平均每人八分七厘，总平均每人为五分一厘，与全县总平均相比较，则相差61.65%。

马龙县六村半自耕农每人平均所有田亩(民二十三年)

阶段别	人数	所有田亩数	每人平均所有亩数
0.1—4.9	218	93.5	0.43
5—9.9	56	40	0.71
10—19.9	15	13	0.87
合计	289	146.5	0.51

(2) 田产移转

这六年中，各类村户地权分配的增减，可以看出马龙的农村近几年来在逐渐的破产，在表中，地主兼自耕农，他的所有田亩，在不减不增的情形下，确实没有变动，但因为其余的村户土地在减少，所以他的所有田亩的相对数是增加，自耕农的所有田亩的绝对数实际是减少2.09%，但其相对数亦增加，半自耕农他的所有田亩减少到3.36%，他的百分比也是减少。

马龙县六村六年来各类村户地权分配的增减(以民十七年的分类为坐标)

<table>
<tr><th rowspan="2">类别</th><th colspan="4">民十七年时</th><th colspan="4">民二十三年时</th><th colspan="2">百分比的增减</th></tr>
<tr><th>户数</th><th>百分比</th><th>所有田亩数</th><th>百分比</th><th>户数</th><th>百分比</th><th>所有田亩数</th><th>百分比</th><th>户数＋－</th><th>所有田亩数＋－</th></tr>
<tr><td>地主兼自耕</td><td>3</td><td>3.23</td><td>60</td><td>12.70</td><td>3</td><td>3.23</td><td>60</td><td>12.99</td><td></td><td>＋</td></tr>
<tr><td>自耕农</td><td>44</td><td>47.31</td><td>263.5</td><td>55.77</td><td>44</td><td>47.31</td><td>258</td><td>55.84</td><td></td><td>＋</td></tr>
<tr><td>半自耕农</td><td>46</td><td>49.46</td><td>149</td><td>31.53</td><td>46</td><td>49.46</td><td>144</td><td>31.17</td><td></td><td>－</td></tr>
<tr><td>总计</td><td>93</td><td>100.00</td><td>472.5</td><td>100.00</td><td>93</td><td>100.00</td><td>462</td><td>100.00</td><td></td><td></td></tr>
</table>

各类村户除地主兼自耕农外，六年以来都受到买卖典当的影响，二十三年每户的平均指数，自耕农为九十八，半自耕农则为九十七。

马龙县六村各类村户六年来买卖典当对于各类村户所有田亩的影响

(以民十七年的分类为坐标,舍弃分家关系)

类别	户数	所有田亩数		每户平均所有田亩数		
	民十七年	民十七年	民二十三年	民十七年	民二十三年	民二十三年的指数（民十七＝100）
地主兼自耕	3	60	60	20	20	100
自耕农	44	263.5	258	5.93	5.81	98
半自耕农	46	149	144	3.24	3.13	97

我们在农户内所调查到的农户，因为没有遇到分家的关系，所以每户的平均数，是没有受到分家和继承的影响。

田产移转，是有买卖典当的两种形式，买卖典当的手续与习惯，大致与玉溪县相同。土地买卖的价格，各村互不一致，这是土壤肥瘠的关系，六村农田的价格，上则田最高的，每亩一百元，最低二十元，平均价格每亩四十三元九角五分；中则田最高五十三元，最低十三元，平均价格每亩二十六元六角四分；下则田最高二十元，最低六元七角，平均每亩价格十一元二角三分。

马龙县六村每亩农田买卖价格(民二十三年)(单位:元)

村名	上则田	中则田	下则田
大龙井	27	17	8
下西山	100	53	13
柳小田	30.7	20	13
桂家屯	33	24	6.7
王三屯	53	33	20
响水	20	13	6.7
平均数	43.95	26.64	11.23

这六年来六村土地价格的上落，各村间互有高低，但是六村的总平均价格，上中下三等的平均价格，二十三年比十七年低落，这可以证明马龙农村经济的涸竭，我们以中则田的地价作二十三年的指数，其间大龙井的指数为一百三十一，下西山为七十九，柳小田为一百二十五，桂家屯为八十，王三屯与响水为一百。

马龙县六村每亩农田买卖价格的上落(自民十七至民二十三年)(单位:元)

村名	上则田		中则田		下则田		民二十三年的指数*（民十七＝100）
	民十七	民二十三	民十七	民二十三	民十七	民二十三	
大龙井	21	27	13	17	5	8	131
下西山	107	100	67	53	20	13	79
柳小田	27	30.7	16	20	10.7	13	125

续表

村名	上则田		中则田		下则田		民二十三年的指数*（民十七=100）
	民十七	民二十三	民十七	民二十三	民十七	民二十三	
桂家屯	40	33	30	24	9.3	6.7	80
王三屯	53	53	33	33	20	20	100
响水	20	20	13	13	6.7	6.7	100
平均数	44.66	43.95	28.66	26.64	11.95	11.23	*仅指中则田价而言

典当的价格，是要看土壤的好坏，土壤好的田地，买卖的价格既高，典当的价格，亦随之而高，反是，土壤坏的田地，典当的价值亦低，有时竟无受主，这是普遍一律的情形。所以典当的价格，是与地价为转移的。六村典当的价格，上则田最高典价为四十元，最低十三元，平均价格为二十三元；中则田最高二十元，最低六元七角，平均为十二元九角五分；下则田最高十三元，最低二元七角，平均六元四角；中则田典价对中则田的地价的百分比，最多的是王三屯，典价占地价的60.61%，最低的柳小田占地价的 20%，六村总平均典价占地价的48.61%。

马龙县六村每亩农田的典当价格(民二十三年)(单位:元)

村名	上则田	中则田	下则田	中则田典价对中则田地价的%
大龙井	16.0	8.00	2.7	47.06
下西山	40.0	20.00	6.7	37.74
柳小田	17.0	10.00	13.0	20.00
桂家屯	20.0	13.00	5.3	54.17
王三屯	33.0	20.00	6.7	60.61
响水	13.0	6.70	4.0	51.54
平均数	23.0	12.95	6.4	48.61

六年来典当价格的上落，中则田二十三年的指数，大龙井为一百十四，下西山为八十三，柳小田为九十三，桂家屯为六十五，王三屯及响水为一百，但总平均指数为八十八。平均而言，也是跌落。

马龙县六村每亩农田典当价格的上落(自民十七年至民二十三年)(单位:元)

村名	上则田		中则田		下则田		民二十三年的指数*（民十七=100）
	民十七	民二十三	民十七	民二十三	民十七	民二十三	
大龙井	13	16	7	8	2	2.7	114
下西山	47	40	24	20	8	6.7	83
柳小田	15.7	17	10.7	10	8	13	93
桂家屯	27	20	20	13	8	5.3	65
王三屯	33	33	20	20	6.7	6.7	100

续表

村名	上则田		中则田		下则田		民二十三年的指数＊（民十七＝100）
	民十七	民二十三	民十七	民二十三	民十七	民二十三	
响水	13	13	6.7	6.7	4	4	100
平均数	24.78	23	14.73	12.95	6.12	6.4	＊仅指中则田典价而言

农田抵押，本系农村借贷的一种抵押借款，并无一定的惯格，但是抵押价格，都是在典当价格的下面，至多亦不超过典当的价格，五村的抵押价格，上则田最高每亩二十元，最低十二元，平均十五元六角；中则田最高十三元，最低六元七角，平均为九元二角八分；下则田最高六元七角，最低一元三角，平均四元四角八分。中则田的押价对中则田的典价所占的百分率，以大龙井为最高，押价对典价的83.75％。最低的，王三屯对典价的40％。平均对典价的71.66％。其次中则田押价对中则田的地价所占百分率，是桂家屯最高占44.24％，最低的，王三屯占24.24％，平均占地价的34.83％。

马龙县六村每亩农田抵押的价格(民二十三年)(单位:元)

村名	上则田	中则田	下则田	中则田押价对中则田典价的％	中则田押价对中则田地价的％
大龙井	13	6.7	1.3	83.75	39.41
下西山	20	13	3.8	65	24.53
柳小田	12	8	6.7	80	40
桂家屯	20	10.7	53	82.31	44.58
王三屯	13	8	5.3	40	24.24
响水	—	—	—	—	—
平均数	15.6	9.28	4.48	71.66	34.83

抵押价格的上落，除了桂家屯，现在的押价比十七年低缩，又王三屯没有变更外，其余三村比十七年为高，总平均看来，上中下则田的押价，都比十七年为高，单以中则田二十三年的指数，大龙井为一百二十六，下四山为一百六十二，柳小田为一百十九，桂家屯为八十二，王三屯为一百，五村平均指数为一百十三。

马龙县六村六年来每亩农田抵押价格的上落(自民十七至民二十三年)(单位:元)

村名	上则田		中则田		下则田		民二十三年的指数（民十七＝100）
	民十七	民二十三	民十七	民二十三	民十七	民二十三	
大龙井	10.6	13.0	5.3	6.7	1.3	1.3	126
下西山	13.0	20.0	8.0	13.0	6.7	3.8	162
柳小田	8.0	12.0	6.7	8.0	5.3	6.7	119
桂家屯	27.0	20.0	13.0	10.7	8.0	5.3	82
王三屯	13.0	13.0	8.0	8.0	5.3	5.3	100

续表

村名	上则田		中则田		下则田		民二十三年的指数（民十七＝100）
	民十七	民二十三	民十七	民二十三	民十七	民二十三	
响水							
平均数	14.32	15.0	8.2	9.28	5.32	4.48	113

（3）土地使用

各村户的使用田亩，根据六村一百二十三户的挨户调查，除掉雇农和其他的十三村户不使用土地的农户外，使用土地的农户，共计一百十户，使用总面积，共计五百九十八亩四分；各类村户所占的使用面积，地主兼自耕农占7.27％，自耕农占42.69％，半自耕农占44.03％，佃农占6.01％。

马龙县六村各类村户的使用田亩（民二十三年）

类别	使用田亩数	对使用田亩总数的％
地主兼自耕	43.5	7.27
自耕农	255.5	42.69
半自耕农	263.5	44.03
佃农	35.9	6.01
合计	598.4	100.00

各类村户的使用田亩在其阶段内所占的户数成分，三家地主兼自耕农，在五亩以内的一家，在十亩到二十亩之间的一家，在二十亩到三十亩之间的一家。

自耕农的使用田亩阶段的成分，五亩以内的农户，占46.34％；五亩到十亩的农户，占34.15％；十亩到二十亩的农户，占17.07％；二十亩到三十亩的农户，占2.44％。

马龙县六村自耕农使用田亩阶段分析（民二十三年）

使用田亩阶段	户数	对总户数的％
0.1—4.9	19	46.34
5—9.9	14	34.15
10—19.9	7	17.07
20—29.9	1	2.44
合计	41	100.00

半自耕农的使用田亩阶段内的成分，五亩以内的农户，占41.67％；五亩到十亩的农户，占45.83％；十亩到二十亩的农户，占12.5％。

马龙县六村半自耕农使用田亩阶段分析(民二十三年)

使用田亩阶段	户数	对总户数的%
0.1—4.9	20	41.67
5—9.9	22	45.83
10—19.9	6	12.5
合计	48	100.00

佃农的使用田亩阶段的成分，完全是在五亩以下。

我们如果根据以上的使用田亩的农户，不分村户类别，只分析其使用田亩阶段，以测马龙的农户经营农场的大小，则一百十户中，在使用五亩以内的农户，计五十八户，要占全数的52.73%；使用五亩到十亩的农户，计三十六户，占32.73%；使用十亩到二十亩的农户，计十四户，占12.72%；使用二十亩到三十亩的农户，计两户，占1.82%。在使用的情形看来，马龙的农户，农场经营一般的微小，原因是受着山多田少的自然环境的限制。

其次是各类村户的地权分配与农田使用的对比，占所有田亩12.99%的地主兼自耕农，使用田亩，占使用面积的7.27%；占所有田亩55.3%的自耕农，占使用面积的42.69%；占所有田亩31.71%的半自耕农，占使用面积的44.03%；佃农是无所有田亩的，使用面积他占6.01%，总计六村的所有面积，共计四百六十二亩，而使用面积，共计为五百九十八亩四分，使用超过所有，这是说地权不在农民手中，农村向城镇不事耕种的地主那儿租来的土地，占使用总面积的29.54%。

马龙县村各类村户地权分配与农田使用的对比(民二十三年)

类别	所有田亩数	对所有田亩总数的%	使用田亩数	对使用田亩总数的%
地主兼自耕	60	12.99	43.5	7.27
自耕农	255.5	55.30	255.5	42.69
半自耕农	146.5	31.71	263.5	44.03
佃农	—	—	35.9	6.01
合计	462	100.00	598.4	100.00

依据十七年的各村户分类为坐标，我们暂且不论村户的本身变到如何程度，单独的看他在这六年来使用的田亩是否增加，抑或减少。地主兼自耕农，还是与十七年一样，自耕农减少的成分很微细，半自耕农减少的成分，为1.89%，佃农是丝毫没有增减，百分比增减，除了半自耕农二十三年的百分比是减少外，其余的村户都是增加，这是因为全体比重的关系，以致没有增减的村户，反而增加，而实际减少的自耕农，因为他减少的成分微乎其微，所以亦能影响到他的百分比增加，总之六年来的使用总面积，从六百零三亩九分，减到五百九十八亩四分，减少的比率为0.91%。

马龙县六村六年来各类村户使用田亩的增减(以民十七年的分类为坐标)

类别	民十七年时				民二十三年时				百分比的增城	
	户数	百分比	使用田亩数	百分比	户数	百分比	使用田亩数	百分比	户数＋－	使用田亩数＋－
地主兼自耕	3	2.73	43.5	7.2	3	2.73	43.5	7.27		＋
自耕农	44	40	263.5	43.63	44	40	263	43.95		＋
半自耕农	46	41.82	264.5	43.8	46	41.82	259.5	43.37		－
佃农	17	15.45	32.4	5.37	17	15.45	32.4	5.41		＋
总计	110	100.00	603.9	100.00	110	100.00	598.4	100.00		－

现在，我们再从各类村户参加田间工作者，每人平均的耕作亩数上，来测农人的劳力是否过剩。但是云南处于高原地带，山多田少的环境下农人耕作情形，一般的微小，马龙全县土地分配，平均每人只有一亩三分三厘，可见其劳力受自然上限制，不能尽量的发挥。我们以当地情形，五亩为每人耕作的标准，则地主兼自耕农，使用五亩以内的农人，他的指数是十，十亩到二十亩的农人，耕作指数为五十四，二十亩到三十亩的农人，耕作指数为一百六十，总平均每人耕作田亩三亩九分五厘，指数是七十九。

马龙县六村地主兼自耕参加田间下作者每人平均耕作亩数(民二十三年)

阶段别	耕作人数	使用田亩数	每人平均耕作亩数	指数
0.1—4.9	1	0.5	0.5	10
10—19.9	7	19	2.71	54
20—29.9	3	24	8	160
总计	11	43.5	3.95	79

(以五亩为基数＝100)

自耕农的每人平均耕作指数，在五亩以内的农人，指数是三十；五亩到十亩的农人，指数是五十一；十亩到二十亩的农人，指数是五十一；二十到三十亩的农人，指数是九十三，总平均每人耕作二亩一分三厘，指数是四十三。

马龙县六村自耕农参加田间工作者每人平均耕作亩数(民二十三年)

阶段别	耕作人数	使用田亩数	每人平均耕作亩数	指数
1—4.9	41	43	1.5	30
5—9.9	36	91	2.53	51
10—19.9	37	93.5	2.53	51
20—29.9	6	28	4.67	93
总计	120	255.5	2.13	43

(以五亩为基数＝100)

半自耕农的每人平均耕作指数，五亩以内的农人，耕作指数是二十五；五亩到十亩的农人，耕作指数是三十九；十亩到二十亩的农人，耕作指数是五十八，总平均每人耕作田亩一亩八分七厘，指数是三十七。

马龙县六村半自农参加田间工作者每人平均耕作亩数(民二十三年)

阶段别	耕作人数	使用田亩数	每人平均耕作亩数	指数
0.1—4.9	46	57.	1.24	25
5—9.9	72	140.	1.94	39
10—19.9	23	66.5	2.89	58
总计	141	263.5	1.87	37

(以五亩为基数＝100)

佃农参加田间工作者，每人平均耕作指数，使用五亩以内的农人，平均耕作指数是十八，总平均每人耕作田亩，只有九分，指数是十八。

上述各类农人的总平均耕作指数，都在标准数的下面，指数比较一般为高的，是地主兼自耕农，最低的是佃农。

在地瘠民贫的马龙的农村环境下，生产的不足，是能构成农民离村向外谋生的必然性，但是社会条件，城市工商业不发达，教育不普及，农人智识幼稚，亦是阻碍此种途径的原因。我们从六村农家调查统计的结果，自耕农出外工作的人数，占工作能力的6.06％；半自耕农出外工作者，占工作能力的4.86％；佃农出外工作人数，占工作能力的4.88％，总计六村工作能力人数三百五十三人，而出外工作人数，占4.82％。

马龙县六村各类村户中出外工作人数(民二十三年)

类别	有工作能力人数	出外工作的人数	出外对工作能力的％
地主兼自耕	11	—	—
自耕农	132	8	6.06
半自耕农	144	7	4.86
佃农	41	2	4.88
雇农	18	—	—
其他	7	—	—
合计	353	17	4.82

(4) 雇工与耕畜

马龙是地瘠民贫农产薄弱的县份，农村雇工情形，因之不很发达，远不及昆明和玉溪，我们在挨户调查农家时，雇用长工的，只限于比较殷实的农家；大部分的农家，在农忙时，彼此是交换工作。至于工资，亦较昆明、玉溪为低，长工每年工资，最多滇币一百元，折合国币十三元三角，普通约在十元左右，长工的衣食，由雇主供给，短工工资，在农忙时，每日工资滇币一元，只合国币一角三分三厘，短工的伙食，亦由雇主供给的。

各类村户雇工的成分，地主兼自耕农，雇工成分占33.33％；自耕农，雇工成分占

14.63％；半自耕农，雇工成分占2.08％；佃农，雇工成分占5.55％，总计一百十户农户，雇工的成分为8.18％。

马龙县六村各类村户雇工者的成分(民二十三年)

类别	户数	雇工者户数	雇工者户数所占％
地主兼自耕	3	1	33.33
自耕农	41	6	14.63
半自耕农	48	1	2.08
佃农	18	1	5.55
合计	110	9	8.18

地主兼自耕农，雇工的一户，是在使用二十亩到三十亩的农户，雇用长工一人。

自耕农雇工情形，在使用五亩到十亩的农户，雇用短工者两户，雇用短工一百十五日；使用十亩到二十亩的农户，雇用长工者一户，雇用长工一人，雇用短工者两户，雇用短工二百日；使用二十亩到但是亩的农户，雇用长工一人，兼雇短工一百九十日；合计雇工者六户，雇用长工两人，短工五百零五日。

半自耕农，只有使用五亩到十亩的农户，雇工者一户，雇用短工二十六日。

佃农使用五亩以内的农户，雇工者一户，雇用短工十三日。

农家的耕畜，关系于农事上至为重要。各类村户的有耕畜者所占的百分比：地主兼自耕农有耕畜者，占三分之二；自耕农有耕畜者，约占三分之二弱；半自耕农，是半数以上的农户有耕畜的；佃农有耕畜者的成分最少，有耕畜者只占11.11％，总计一百十户的农家，有耕畜者的，是有五十七户，占51.82％。

马龙县六村各类村户中有耕畜者之百分比(民二十三年)

类别	总户数	有耕畜者之户数	％
地主兼自耕	3	2	66.67
自耕农	41	27	66.34
半自耕农	48	26	54.17
佃农	18	2	11.11
合计	110	57	51.82

各村户耕畜所占的成分及每户平均数，一百十户的农家，共计有耕畜一百十二头，地主兼自耕农占全数的8.04％，自耕农占44.2％，半自耕农占45.54％，佃农占2.22％；每户平均数，地主兼自耕农有四头半，自耕农一又83％头，半自耕农一又96％头，佃农一又25％头，总平均每户耕畜数，为一又96％头。

马龙县六村各类村户的耕畜(民二十三年)

类别	耕畜数	对总数的%	每户平均数
地主兼自耕	9	8.04	4.5
自耕农	49.5	44.2	1.83
半自耕农	51	45.54	1.96
佃农	2.5	2.22	1.25
雇农	—	—	—
其他	—	—	—
合计	112	100.00	1.96

其次各村户的耕畜在使用田亩阶段内的所占的成分，地主兼自耕农的耕畜，属于使用十亩到二十亩的农户，约占55.56%；属于二十亩到三十亩的农户，约占44.44%。

自耕农的耕畜，在使用五亩以内的农户，占耕畜全数的8.08%；五亩到十亩的农户，占39.39%；十亩到二十亩的农户，占46.46%；二十亩到三十亩的农户，占6.07%。

半自耕农的耕畜，五亩以内的农户，占9.8%；五亩到十亩的农户，占47.06%；十亩到二十亩的农户，占43.14%。

佃农的耕畜完全是属使用五亩以内的农户的。

(5) 租佃关系

马龙的租佃关系，是以包租制为主，分租较少。包租制，是以秋收的正产物（米）一次缴纳为原则，如果遇到岁收欠佳的年头，由就当地的乡镇公所议定缴纳办法，或就歉收的成分为佃户纳租的成分，或由佃业双方到田察看，由佃业双方自行解决的。在年岁不歉收的时候，是依租约上或口头约定的租额而纳租，彼此都无争执；至于分租，上则田大概佃业对分，中则田佃六业四，下则田佃七业三，是以秋收的正产物为分租的主品，其余的副产，大都归佃户所有，但是也有照田上所生产的物品而分的，这不过很少数，不是普遍的情形。租额的多少，依土壤的佳劣为租额的标准，但是租田的时候，有一种押租，押租愈高，租额愈少，农村内的押租金，竟有每亩农田，押租金须滇币一百元者，所以押租是关系租额的大小，同时也有佃户代业主完纳钱粮的；租田的手续，因为农村识字人不多，大概是口头约定，用文字来订立契约的是少数，租田年限，普通是三年，最低为一年。六村的租额，同等则的农田，租额相差很大，这是有特殊的情形存在，如下西山村的租额，比一般的要高，上则田每亩租米一百三十五斤，中则田九十五斤，下则田五十五斤，原因是灌溉便利，土壤肥沃，生产量丰富，所以租额亦高，至于王三屯村的租额是很低，原因是本村大都是官产的学田，庙产的寺田，押租，上则田每亩滇币一百元，中则田亦须五十元，所以租额分外的微薄。六村的平均租额，上则田为米八十三斤又七五斤，中则田为五十四斤又一七斤，下则田为三十斤又一七斤。

马龙县六村每亩农田的租额(民二十三年)(单位:斤)

村名	上则田	中则田	下则田
大龙井	90	65	30
下西山	135	95	55
柳小田		65	36
桂家屯	80	40	20
王三屯	30	20	10
响水		40	30
平均数	83.75	54.17	30.17

其次是每亩农田的租额对正产量的百分率。六村的租额，在大致上看来，租额并不为高，如果与昆明县相比较，马龙的租额低得很多，六村上则田的租额对正产量的百分率，最高的是下西山村对产量的45%，最低的是王三屯村只对产量的10%。中则田租额对产量的百分率，下西山村为最高，占正产量的47.5%，最低的是王三屯村占正产量的10%，下则田最高的，大龙井村占正产量的37.5%，最低的是王三屯村，占正产量的10%。六村总平均，上则田租额对正产量33.5%，中则田平均租额对正产量的29.83%，下则田租额对正产量的27.86%。

马龙县六村每亩农田租额对正产量的百分率(民二十三年)(单位:斤)(指米而言)

村名	上则田			中则田			下则田		
	正产量	租额	租额对产量的%	正产量	租额	租额对产量的%	正产量	租额	租额对产量的%
大龙井	200	90	42.5	160	65	40.6	80	30	37.5
下西山	300	135	45	200	95	47.5	150	55	36.7
柳小田				260	65	25	130	36	27.7
桂家屯	200	80	40	120	40	33.3	80	20	25
王三屯	300	30	10	200	20	10	100.	10	10
响水				150	40	26.6	110	30	27.3
平均数	250	83.75	33.5	181.6	54.17	29.83	108.3	30.17	27.86

农户租佃的情形，除了自耕农和雇农并无租佃外，地主兼自耕农、半自耕农、佃农均与租佃发生密切关系的。六村的地主兼自耕农，出租农田的成分，在五亩以内的农户，出租农田成分，为75%；二十亩到三十亩的农户，出租农田的成分，为20.83%；三十亩到四十亩的农户，出租农田的成分，占29.41%；总计出租农田的成分，占27.5%。出租对所有总面积，五亩以内的农户，只占2.5%；二十亩到三十亩的农户，占8.33%；三十亩到四十亩的农户，占16.67%。

马龙县六村地主兼自耕农出租农田的成分(民二十三年)

所有田亩阶段	所有田亩数	出租田亩数	出租对所有的%	出租对所有总数的%
0.1—4.9	2	1.5	75	2.5
20—29.9	24	5	20.83	8.33
30—39.9	34	10	29.41	16.67
合计	60	16.5	27.5	

半自耕农租进农田的成分，在五亩以内的农户，自田占50.82%，租田占49.18%；五亩到十亩的农户，自田占61.54%，租田占38.46%；十亩到二十亩的农户，自田占89.66%，租田占10.34%。在租田的成分看来，是基于所有田亩的关系上，土地愈少，他的租田成分愈大，在表中五亩以内的农户，他的租田成分要比一般的为高，而五亩到十亩的农户，又比十亩到二十亩的为高。自然，租佃的重心，是系于无土地者的农户，而土地微细的半自耕农，如五亩以内的农户，他的租佃关系的比重也与佃农相差不远的。总计半自耕农的使用面积，自田占55.6%，租田占44.4%。租进对使用总面积的成分，五亩以内的农户，占租进总数的34.35%；五亩到十亩的农户，占9.49%；十亩到二十亩的农户，占0.75%，这可以看出所有田亩微细的农户，租佃的重要性。

马龙县六村半自耕农租进农田的成分(民二十三年)

所有田亩阶段	所有田亩数	使用田亩数	租进田亩数	使用田亩中自田与租田%		租进对使用总数的%
				自田	租田	
0.1—4.9	93.5	184	90.5	50.82	49.18	34.35
5—9.9	40	65	25	61.54	38.46	9.49
10—19.9	13	14.5	1.5	89.66	10.34	0.57
合计	146.5	263.5	117	55.60	44.40	

佃农的使用田亩，是全部租来的，他们的租田没有超过五亩以上的。

3. 农村副业

马龙为地瘠民贫之区，生产不丰，现金缺乏，以致农村经济呆滞，农家副业，如手工业等不及昆明、玉溪之盛，农妇织布，亦少鲜见。故马龙农人，除耕种田地外，很少副业之操作。我们在农村所调查的农户，所谓副业收入，亦大都是其兼业之收入，不是完全含有副业性质的事业。此种兼业的收入，根据一百二十三户的挨户调查统计，各类村户的每户平均收入数，地主兼自耕农每户平均收入为国币二十三元九角四分，自耕农每户平均收入为三十一元六角四分，半自耕农每户平均收入为二十元四角七分，佃农每户平均收入为二十四元二角八分，雇农每户平均收入为十三元三角，总平均每户收入数为二十四元一角五分。

马龙县六村各类村户每户平均的副业收入(民二十三年)(单位:元)

类别	户数	副业收入数	每户平均副业收入
地主兼自耕	2	47.88	23.94
自耕农	21	664.34	31.64
半自耕农	40	818.62	20.47
佃农	13	315.61	24.28
雇农	1	13.3	13.30
其他	—	—	—
合计	77	1859.75	24.15

各类村户的收入比较，总计为一千八百五十九元七角五分，地主兼自耕农占全数的2.57%，自耕农占35.72%，半自耕农占44.02%，佃农占16.97%，雇农占0.72%。

马龙县六村各类村户的副业收入比较(民二十三年)(单位:元)

类别	副业收入数	对总收入的%
地主兼自耕	47.88	2.57
自耕农	664.34	35.72
半自耕农	818.62	44.02
佃农	315.61	16.97
雇农	13.3	0.72
其他	—	—
总计	1859.75	100.00

各村户的有副业与无副业的百分比，地主兼自耕农，有副业者占66.67%，自耕农占51.22%，半自耕农占83.33%，佃农占72.22%，雇农占11.11%，总计一百二十三户农家中，有副业者占62.6%。

马龙县六村各类村户有副业与无副业的百分比(民二十三年)

类别	户数	兼副业的户数	%
地主兼自耕农	3	2	66.67
自耕农	41	21	51.22
半自耕农	48	40	83.33
佃农	18	13	72.22
雇农	9	1	11.11
其他	4	—	—
合计	123	77	62.60

各类村户的副业分类，地主兼自耕农完全系兼业的收入，其中巫医一户，每年收入为十三

元三角；教员一户，每年薪金为三十四元五角八分。

自耕农的副业分类，除帮工的十三户，按其性质系副业外，其余的系兼业的性质，其中公务员一户，每年收入为十九元九角五分；巫医一户，每年收入为十三元三角；教员两户，每年收入为九十三元一角；小贩四户，每年收入为二百二十元一角；帮工十三户，每年收入为三百十一元八角九分。

半自耕农的副业分类，卖柴三户，每年收入二十六元六角；小贩八户，每年收入为一百八十元八角八分；帮工二十九户，每年收入为六百十一元一角四分。

佃农的副业分类，烧炭一户，每年收入为三十一元九角二分；帮工十二户，每年收入为二百八十三元六角九分。

雇农的副业收入，打草席一户，每年收入十三元三角。

各村户的家畜，合计马七匹，骡一只，猪七十八只，鸡一百二十三只。

马龙县六村各类村户的家畜(民二十三年)

类别	马	骡	猪	羊	鸡	鸭
地主兼自耕	2	—	4	—	—	—
自耕农	4	—	34	—	42	—
半自耕农	1	1	37	—	64	—
佃农	—	—	3	—	17	—
雇农	—	—	—	—	—	—
其他	—	—	—	—	—	—
合计	7	1	78	—	123	—

4. 田赋

马龙县的田赋，名称有四种：(一) 民秋，原征粮额数，为五百二十九石一斗七升八合，每石征收现金九元六角，计合现金五千零八十元一仙一厘；(二) 军粮，原征粮额数，为九十八石四斗八升五合，每石征收现金五元三角八仙五厘，计合现金五百三十元三角四仙二厘；(三) 堡铺粮，原征粮额数二十石二斗九升五合，每石征收现金八元七角七仙五厘，计合现金一百七十八元八仙九厘；(四) 新粮，六石九斗七升三合，每石征收现金七元二仙，计合现金四十八元九角五仙一厘。总计正粮六百五十四石九斗三升一合，计现金五千八百三十七元三角九仙三厘。至于附加与各县一律，团费，每石征收现金三角，附粮捐，每石征收现金一元，总合正附税收入，为现金六千六百八十八元八角三厘，查马龙现正举行耕地清丈，一俟清丈办竣。二十四年度，可实行新耕地税率，旧时粮目名称，则一律取消。

5. 农村教育

马龙全县小学，共计九十四校，学生人数，约有三千九百余人，每校平均学生人数四十二人，经费来源，其大部分出自学田之租金，至于中等学校，全县无一所。

农民教育程度，在此次调查六村一百二十三户的农家统计中，地主兼自耕农，识字人数，占14.29%，自耕农识字人数，占15.48%，半自耕农识字人数，占3.46%，佃农、雇农，及其他村户则无识字人数，总计六百六十二农人中，识字人数，占7.55%。

各村户的识字程度，地主兼自耕农中识字者，完全系小学程度，自耕农识字程度，小学、中学、大学都有，其成分最多的是小学及私塾，次之中学，曾受大学教育者只一人。半自耕农的识字程度，最多的是私塾，小学次之，中学一人，六村农人识字程度的成分，私塾占28%，小学占62%，中学占8%，大学占2%。

马龙县六村各类村户的识字人数比较(民二十三年)

类别	人数	识字人数	识字人数的%	对总人数的%
地主兼自耕	21	3	14.29	0.45
自耕农	239	37	15.48	5.59
半自耕农	289	10	3.46	1.51
佃农	73	—	—	—
雇农	29	—	—	—
其他	11	—	—	—
总计	662	50	7.55	—

马龙县六村各类村户的识字人数(民二十三年)

类别	识字人数				合计
	私塾	小学	中学	大学	
地主兼自耕	—	3	—	—	3
自耕农	9	24	3	1	37
半自耕农	5	4	1	—	10
佃农	—	—	—	—	—
雇农	—	—	—	—	—
其他	—	—	—	—	—
合计	14	31	4	1	50

6. 政治情形

马龙县政府组织系统，内部分二科，并设教育、建设、财政、公安四局，县府经费，每月滇币一千六百元（各局不在内），由财政厅发给。

全县自治区域分五区，每区设区长一人，助理员一人，区丁二人；自治组织系统，区以下设乡镇公所，设乡镇长副各一人；乡镇以下，闾邻长等属之；区公所经费，每月滇币三百元。人才与经费，俱感困难，故自治事业，只具规模，而无多大成绩，自治已举办者，为户口调查，耕地清丈，办理积谷等，惟户口调查，耕地清丈为省府主办，经费与人才，亦由省负但支配，故区公所本身，只为县政府办理通常公事，至于生产、建设方面，如农事之改进、水利之兴筑、乡村道路之完成、农村教育之发展，尚未计划及之。

马龙自治区域分五区，共计五十乡，一镇，二百四十村。

关于全县警卫方面，有公安局一所，警察人数只十六名，无枪械，警察侍遇，每月滇币十六元，此外常备队一队，土兵七十六名，旧式枪械一百二十支，其士兵待遇，月支滇币十七元。

开远县

1. 全县概况

开远县旧称阿米，与蒙自、个旧、建水、曲溪等县相毗连。位置于北纬二十四度偏南，东经一百〇三偏东十三度。气候热带，且为滇越铁路大站之一，凡往来于河口与省会之运商旅客，必经是处就宿。距离省会约五百余里，火车约十二小时可达，交通称便，惟滇越铁路自河口至省城一段，沿途崇山峻岭，愈趋愈高，其最高点在拔海两千尺以上，与海防至老街（安南境）一段，沿路田畴千顷，实有高原平地之别。河口至省城一段，因山峦起伏，铁路建筑工程艰险而伟大，比诸国内铁路实为仅有，沿途石洞凡百有五十八个，铁桥著名者为“天桥”于两山岭之间架一铁桥，其桥脚支筑于石壁间，远望之如（⌒）形，亦奇观也。

阿米自铁路构通后，民智稍开，商业渐见繁盛，其商业大都为广东人及安南人所握，出产以糖著名，年约二十万斤，次为煤炭，惜以土法开采，出产不丰。

主要山脉，系云岭支脉东南行至县境，县境之北，主峰曰云龙山，高出云霄。县境河流最主要者为泸江，源出石屏县之湖泊，会合诸山涧溪之水，经建水、阿米北行，会巴盘江、澄江、抚仙湖之水，北行入南盘江，而行于广西、贵州边境，然水势湍急，不通舟楫。

境内的土壤性质，壤土占50%，砾土占30%，黏土占20%。主要农作物有稻子、甘蔗、荞麦、蚕豆，一年两熟，第一期种稻，秋收后栽豆。至于甘蔗种植时期与收割时期，约为十个月，系行换种法，第一期种蔗，第二期则种稻，第三期种蚕豆等，以为各国不同之植物，以吸收土中其所需要的营养素，颇合种栽原理。本地甘蔗大多榨汁煎糖，全年产量为二十万斤左右，行销于省城。作物面积据县政府之估计，豆占土地面积17%，甘蔗占13%，谷米占58%，荞麦占12%。

2. 土地分配

开远可以代表迤南的农村情形，是沿滇越铁路河口至省会段的一个中心点，且该县佃租制度极其兴盛，是有调查的价值。县长蒋子孝君曾毕业于北大农学院，对我们调查多所赞助。

因为时间短促，我们在开远只选择了两个代表村落，石牌坊和木花果二村，挨户调查得四十九户，虽数量上似嫌过少，但是二村的情形，足能代表全县的一个缩影。二村村户的分类，地主兼自耕农占2.04%，自耕农占10.2%，半自耕农占10.2%，佃农占63.27%，雇农占14.29%，这样看来，农村内部是佃农占绝对的多数，反证土地的所有者，大都不在农村而住在城内，土地所有权与土地使用成了分离现象，佃农与地主对立的事实严重的存在着。

开远县二村村户的分类(民二十三年)

村户类别	户数	对总户数的%
地主兼自耕	1	2.04
自耕农	5	10.20
半自耕农	5	10.20
佃农	31	63.27
雇农	7	14.29
合计	49	100.00

在农村内的地主兼自耕农只有一户。他的土地所有是大部分出租的。

半自耕农共有五户，其中四户的耕地是大部分为自有者。尚有一户，他的土地是大部分租来的。

我们再从经过六年内的变迁的情形来看，以窥测农村的实际情形。地主兼自耕农，还是保持原有的地位，自耕农在十七年时原有六户，其中有一户，将所有田亩完全典出，同时再租进这典出的耕地，一变而为向地主纳租的佃农，情形至为凄惨，至于他破产的原因，不外乎生计的不足，债台逐渐增高，不得已典田而偿债。半自耕农没有变动，亦没有向上的趋势。雇农还是雇农，他们年年出卖劳力以养生，是难有余蓄以置田产。在土地私有制度受少数人的操纵和把持的阿米环境下，是不容许他们得到土地机会，他们终身在出卖劳力得到微细的报酬，而过着食不得饱衣不得暖的非人生活，要想向前发展，是不容易的。

开远县二村六年来各类村户的变迁

民十七		民二十三					
类别	户数	地主兼自耕	自耕农	半自耕农	佃农	雇农	总计
地主兼自耕	1	1					1
自耕农	6		5		1		6
半自耕农	5			5			5
佃农	30				30		30
雇农	7					7	7
总计	49	1	5	5	31	7	49

(1) 土地所有

开远的全县面积，据县政府的估计，东西长约二百六十里，南北约八十里，共约二万零八百平方里，全县土地面积（包括山林川泽）当在一千一百二十三万二千亩，然耕地面积只十二万五千六百余亩，只占全县土地面积1.11%，耕地的缺少，在农业发展上受了重大打击。全县官产约八千余亩，庙产一千余亩，已占耕地面积0.71%。如果将耕地面积与全县农户作总分配，则全县为一万九千六百三十六户，以八成农户计，则全县农户数为一万五千七百零九户。全县耕地面积十二万五千六百亩，除了公庙产九千亩，尚有十一万六千六百亩，以全县农户来分配，每户平均所有田亩为七亩四分二厘。如以每农人来平均分配，则全县人口为九万一千二百四十人，以八成农人计算，全县农人计七万二千九百九十二人，每人平均田亩只一亩六分弱。

二村村户的分析，有土地者与无土地者的对比，无土地者要占77.55%。村中土地是被住在城里的地主占有着。

地权的分配情形，根据这十一户有土地的农户，田亩总面积为四十三亩五分，地主兼自耕农占13.79%，自耕农占29.89%，半自耕农占56.32%。

开远县二村各类村户的地权分配1.(民二十三年)

类别	所有田亩数	对所有田亩总数的%
地主兼自耕	6	13.79
自耕农	13	29.89
半自耕农	24.5	56.32
合计	43.5	100.00

我们再将各类村户所占的户数的成分与所有田亩的成分作对比时，则占户数的2.04%的地主兼自耕农，占所有田亩13.79%；占10.2%的自耕农，占所有田亩29.89%；占10.2%的半自耕农，占56.32%的所有田亩。可见占了一大部分户数的佃农和雇农，是得不到一些的土地。

开远县二村各类村户的地权分配2.(民二十三年)

类别	户数%	所有田亩%
地主兼自耕	2.04	13.79
自耕农	10.20	29.89
半自耕农	10.20	56.32
佃农	63.27	—
雇农	14.29	—
合计	100.00	100.00

我们再看各类村户的在所有田亩阶段内的成分，地主兼自耕农只有一户，尚且在五亩到十亩内的阶段，他的地权是微弱得很。

其次自耕农他的所有土地大部分是在五亩以内的有四户，其余一户是在五亩到十亩。这可见自耕农的土地也是微细得可怜。

半自耕农在五亩以内的农户，共有四户，十亩到二十亩的有一户，他们的土地也是极少的。

各类村户每户的平均田亩数，则地主兼自耕农在五亩到十亩以内的农户只得一户，有田六亩。

自耕农——五亩以内的农户，每户平均只二亩；五亩到十亩的农户，每户平均得五亩。

半自耕农——五亩以内的农户，每户平均二亩七分五厘；十亩到二十亩的农户，每户得十三亩五分。

我们将这次所调查的四十九户的总亩数四十三亩五分，每户平均只得八分八厘八毫，与全县每户平均数七亩四分二厘，相差六亩三分五厘二毫，如以全县每户平均田亩作基数时，则农村内的农户，只占应得的土地11.95%，与其说农村内的农户所有田亩都在水准以下得可怜，不如说农村内大部分之土地（几达90%）是被住在城内的地主剥夺殆尽，农村只剩许多无地的农民了。

各类村户在其阶段内每人的平均所有亩数，地主兼自耕农五亩到十亩的农户只得一户，共有七人，所有地共六亩，每人只得八分六厘。如果与全县田亩每人的分配，应得一亩六分，则相差45%。

自耕农在五亩以内的农户共有十五人，田八亩，每人平均只得五分三厘；五亩到十亩的农户，共有七人，田五亩，平均每人只得七分一厘；总平均每人得五分九厘，与全县土地每人平均的水准线，相差63.13%。

半自耕农五亩以内的农户，共有三十二人田十一亩，平均每人只得三分四厘；十亩到二十亩的农户，共有八人，田十三亩半，平均每人得一亩六分九厘；总平均每人得六分一厘，与全县每人分配数，亦相差61.88%。

（2）田产移转

我们已在前面一县讲过，土地私有制度的存在，农民受买卖典当的影响，田产的移转，是不能避免的事实，但是要看田产是在哪一方面流动，这很可以注意的。

各类村户这六年来地权分配的增减，只有自耕农的土地减少了五亩半，其余的都保持原有的状态。至于佃农和雇农，他们经过了六年的光阴，还是没有一些进步，仍是代替地主耕种。

土地买卖典当和抵押，在习惯上和手续上，开远是与禄丰、昆明情形相仿的，无庸再述。开远农田每亩的价格，分上中下三等，上则田平均数每亩一百十三元五角，中则田平均每亩八十六元五角，下则田平均每亩五十三元五角。

开远县二村每亩农田买卖价格（民二十三年）（单位：元）

村名	上则田	中则田	下则田
石牌坊	107	80	40
木花果	120	93	67
平均数	113.5	86.5	53.5

这六年来土地的价格，是在不断的上涨，尤其是上则田由七十三元五角涨到一百十三元五角。我们单以中则田作标准，石牌坊村民二十三年的指数，为一百五十一，木花果村的指数为一百七十五，处于耕地稀少的开远农户，又受着地主的操纵和垄断。土地的价格颇有高昂向上的趋势。

开远县二村六年来每亩农田买卖价格的上落(自民十七至民二十三年)(单位:元)

村名	上则田		中则田		下则田		民二十三年的指数＊(民十七＝100)
	民十七	民二十三	民十七	民二十三	民十七	民二十三	
石牌坊	67	107	53	80	33	40	151
水花果	80	120	53	93	40	67	175
平均数	73.5	113.5	53	86.5	36.5	53.5	＊仅指中则田价而言

土地典当的价格，上则田平均数为六十元，中则田平均数为四十三元，下则田平均数为二十二元，单以中则田为标准，对中则田的地价的百分率，则石牌坊的中则田典价对地价的41%，木花果村的中则田典价对地价的57%，平均数是典价对地价的50%，换言之，就是典价对地价的一半。

开远县二村每亩农田的典当价格(民二十三年)(单位:元)

村名	上则田	中则田	下则田	中则田典价对中则田地价的%
石牌坊	53	33	20	41
木花果	67	53	24	57
平均数	60	43	22	50

六年来典当价格的上落，也是跟着地价的上涨而上趋，单以中则田来说，十七年时的中则田平均每亩只能典当二十八元，现在能典到四十三元。若以十七年的中则田为基数，则石牌坊村的指数为二百零六，木花果村为一百三十三。

开远县二村六年来每亩农田典当价格的上落(自民十七至民二十三年)(单位:元)

村名	上则田		中则田		下则田		民二十三年的指数＊(民十七＝100)
	民十七	民二十三	民十七	民二十三	民十七	民二十三	
石牌坊	20	53	16	33	13	20	206
木花果	53	67	40	53	20	24	133
平均数	36.5	60	28	43	16.5	22	＊仅指中则田典价而言

至于土地的抵押，是借贷的关系，是负债者对于债权者的一种担保品，土地的所有权和使用权都不变动，但是抵押的价格，是在典当的价格下面，这是农村的普遍状况。抵押的价格，上则田平均为四十三元五角，中则田平均为二十六元五角，下则田平均为十五元五角，如果以中则田的抵押价格为标准，则石牌坊的中则田的抵押价格，占典价61%，占地价为25%，木花果村的抵押价格，占典价62%，占地价的36%，平均是占典价的62%，占地价的31%。

开远县二村每亩农田抵押的价格(民二十三年)(单位:元)

村名	上则田	中则田	下则田	中则田押价对中刹田典价%	中则田押价封中则田地价的%
石牌坊	40	20	11	61	25
木花果	47	33	20	62	36
平均数	43.5	26.5	15.5	62	31

六年来的抵押价格，亦随典价地价的高上而高上，单以中则田说十七年每亩抵价为十九元，到现在有二十六元五角。若以十七年的价格为基数时，则石牌坊的指数为一百八十二，木花果村为一百二十二。

开远县二村六年来每亩农田抵押价格的上落(民十七年至民二十三年)(单位:元)

村名	上则田		中则田		下则田		民二十三年的指数*(民十七=100)
	民十七	民二十三	民十七	民二十三	民十七	民二十三	
石牌坊	16	40	11	20	8	11	182
木花果	40	47	27	33	13	20	122
平均数	28	43.5	19	26.5	10.5	15.5	*仅指中则田抵押价格而言

（3）土地使用

各类村户的使用田亩，共计三百六十五亩七分，其中以佃农为最多，地主兼自耕农占全数0.28%，自耕农占3.55%，半自耕农占18.46%，佃农占77.71%，在表中很能表现出开远的佃农特别多，换句话说，土地是集中在少数人的手里。

开远县二村各类村户的使用田亩(民二十三年)

类别	使用田亩数	对使用田亩总数的%
地主兼自耕	1	0.28
自耕农	13	3.55
半自耕农	67.5	18.46
佃农	284.2	77.71
合计	365.7	100.00

使用田亩在其阶段内所占的成分，地主兼自耕农只有一户，尚系使用于五亩以内的土地。

其次自耕农，使用五亩以内者有四户；使用五亩至十亩的有一户。

半自耕农，使用五亩至十亩的农户，有一户；使用十亩至二十亩的农户，有四户。

佃农的使用田亩，在五亩以内的（五户）占16.13%；使用五亩至十亩的（十六户）占51.61%；使用十亩至二十亩的（六户）占19.36%；使用二十亩到三十亩的（四户），占12.9%。这样看来，佃农的使用田亩，是比一般的多。

我们如果将这四十二户使用农田的农户，不分类别，只分析使用阶段内所占的成分，可窥见农场的大小。使用五亩以内计十户，占全户数的23.81%；使用五亩至十亩的农户计十八户，占42.84%；使用十亩至二十亩的农户计十户，占23.81%；使用二十亩至三十亩的农户计四户，占9.52％。

各类村户的地权分配与农田使用的对比，占所有田亩13.79％的地主兼自耕农，使用田亩占0.28％；占所有田亩29.89％的自耕农，占使用田亩3.55％；占所有田亩56.32％的半自耕农，占使用田亩18.46％；佃农是没有所有田亩的，他的使用田亩，倒占了77.71％；这很显明的看出农村内的农户，使用的田亩，大部分是要向城内的地主租来而耕种的。

开远县二村各类村户地权分配与农田使用的对比(民二十三年)

类别	所有田亩数	对所有田亩总数的％	使用田亩数	对使用田亩总数的％
地主兼自耕	6	13.79	1	0.28
自耕农	13	29.89	13	3.55
半自耕农	24.5	56.32	67.5	18.46
佃农	—	—	284.2	77.71
合计	43.5	100.00	365.7	100.00

这六年来各类村户的使用田亩的增减，以十七年的分类为坐标，其中只有半自耕农他的使用田亩增加了四亩，其余的各类村户，还是如此，没有变动。

各类村户参加田间工作者，每人的平均耕作亩数，大多数没有超过五亩的，地主兼自耕农的平均每人耕作田亩只有二分五厘。

自耕农在五亩以内的农户，每人平均耕作一亩一分四厘；五亩至十亩的农户，每人平均耕作一亩六分七厘，总平均耕作每人一亩三分。

半自耕农在五亩至十亩的农户，每人平均耕作四亩五分；十亩至二十亩的农户，每人平均耕作三亩六分六厘；总平均每人耕作为三亩七分五厘。

佃农在五亩以内的农户，每人平均耕作一亩五分；五亩至十亩的农户，平均每人耕作二亩七分一厘；十亩至二十亩的农户，平均每人耕作三亩二分五厘；二十亩至三十亩的农户，平均每人耕作为五亩八分八厘；总平均每人耕作三亩六分七厘。

农民离村出外工作的，在开远农村尚属罕有，因为我们所调查的石牌坊和木花果二村农户当中，没有一个向外谋生的，就是雇农和佃农，他们亦没有向外谋生的人，在事实上佃农制度很发达的开远农村，没有离村的情形，是差强人意的事，其实亦确有原因存在：（一）城市的商业经济不发达，劳力无所施用；（二）离省会铁路交通便利，没有运输方面的劳动可以安置；（三）个旧的锡矿，虽是很发达，但是待遇很苦，大多不愿去谋生的。有这几种原因，所以他们是很少离村向外去谋生的，我们所调查的四十九户，是没有一个出外工作的。

（4）雇工与耕畜

农家在栽秧和收割的时候，需要人工的帮助，雇工分长年与短工，长工工资以年计，短工工资以日计。开远雇一长工，每年工资，最高国币四十元，最低二十元，普通三十三元，供给全年衣食；长年童工，最高每年六七元，最低三元，普通四元，亦供给衣食；短工工资，分忙时闲时，忙时最高三角三分，普通二角六分，闲时二角；女工亦与男工一样，均供膳食，童工忙时只一角三分，闲时只六分。

各类村户雇工的成分，地主兼自耕农和自耕农，都没有雇工，半自耕农雇工的户数有两户，佃农用雇工者九户。

半自耕农雇工人数，在使用十亩至二十亩的农户有两户，雇了六十五日短工。

佃农雇用童工者一户，计童工一人，兼雇长工及短工者亦是一户，长工一人，短工三十日，雇用短工者有七户，计二百四十日。

耕畜在农业占重要的地位，各类村户有耕畜者的所占百分率，地主兼自耕农占100%，自耕农占40%，半自耕农占100%，佃农占70.97%，合计四十二户农户中，有三十户是有耕畜的，所以有耕畜的要占71.43%。

各类村户耕畜数的比率，地主兼自耕农占5.88%，自耕农占3.92%，半自耕农占25.49%，佃农占64.71%；每户平均耕畜数，要算地主兼自耕农为最多，每户平均为三头，自耕农和半自耕农，每户平均一头，佃农每户平均一头半，合计耕牛五十一头，每户总平均为一头又十分之七。

地主兼自耕农的耕畜有三头，而且是在使用五亩以内的农户，他的耕畜，是带有出租的性质存在。

自耕农的耕畜数有两头，使用五亩以内的农户，及使用五亩至十亩的农户，各有一头。

半自耕农的耕畜，使用十亩以内的农户，有两头；使用十亩至二十亩的农户，有十一头。

佃农的耕畜分配，使用五亩以内的农户有一头；使用五亩至十亩的农户，有十五头；使用十亩至二十亩的农户，有九头；使用二十亩至三十亩的农户，有八头。

(5) 租佃关系

开远的租佃制度，分包租与分租两种，包租有谷租和钱租，分租是地佃双方均分的，我们调查的石牌坊村，谷租占95%，分租占5%，木花果村，钱租占20%，谷租占80%。租田的手续大多是写租约，期限最多五年，普通三年，至于缴纳押租，是很普遍，每亩上则田押租要国币六元，中则田四元，下则田一元三角，虽然押租于终止契约时是有发还的，亦确是地主榨取的一种手段，至于分租，有糖租、谷租之分，但是甘蔗的成本和劳力比种植稻子是高得多，亦是与谷子一样的平分，未免太不公平了。

包租的租额，是以土壤的等级而纳租的，上则田平均二百二十五斤，中则田平均一百六十二斤半，下则田平均七十五斤。

每亩农田的租额对正产量的比率，石牌坊村上则田为40%，中则田为33.3%，下则田为27.3%，木花果村，上则田为50%，中则田为46.6%，下则田为25%，一般的看来，租额尚未超过正产一半的成分。

开远县二村每亩农田租额对产量百分率(民二十三年)

村名	上则田			中则田			下则田		
	出产量	租额	对产量%	出产量	租额	对产量%	出产量	租额	对产量%
石牌坊	500	200	40	450	150	33.3	275	75	27.3
木花果	500	250	50	375	175	46.6	300	75	25

至于钱租，上则田每亩国币二十元，中则田十六元，下则田十二元。比较起来，钱租是比谷租来得凶，因为谷价是有上落的。以木花果一村的谷价而论，最高每斗（二十五市斤）合国

币二元一角二分，最低每斗只有一元六分，如果照最高时的谷价，上则田每亩租额八斗（二百斤）亦只合国币十七元，谷价在一元六分时，只有半数八元五角，则钱租超过谷租要一倍多。以地价而论，上则田每亩值国币一百二十元，则土地出租六年，就可收回全部田价，土地私有制度底下的农田，利息不可谓不厚。

农户租佃的情形，除了自耕农使用自己的土地和雇农不租种农田外，地主兼自耕农、半自耕农、佃农是与租佃发生关系的。住在村中的一户，地主兼自耕农，将他的土地大半租与别人耕种。

半自耕农的租田与自有田的比率，五亩以内的农户租田超过自有田，租田的成分为78%，自田的成分22%，可见土地微细的农户，是需要租种人家的土地；十亩至二十亩的农户，自有田的成分占77.14%，租田的成分占22.86%，这情形好像与五亩以内的农户成了反比例。合计半自耕农的使用田亩，自有田占36.3%，租田占63.7%。各阶段租进的农田对使用总数的百分率，亦以五亩以内的农户为多，占57.78%，十亩至二十亩的农户占5.93%。

佃农的使用的农田，完全是租来的，他的使用情形，使用五亩至十亩的农户占36.24%，十亩至二十亩的农户占27.45%，二十亩至三十亩的农户占31.03%。

3. 农村副业

开远农村的副业，家庭手工业是很少的，农民唯一的副业，就是在农忙时给人做雇工，或是去山中采樵，这两种可说是他们的副业。各类村户，每年的副业平均收入，亦是很微。自耕农每户平均收入国币七元三角二分，半自耕农每户平均收入十八元二角九分，佃农平均每户收入二十元六角四分，雇农平均每户收入十六元九角六分，合计每户的总平均收入为十八元三角一分。

开远县二村各类村户每户平均的副业收入(民二十三年)(单位:元)

类别	户数	副业收入数	每户平均副业收入
地主兼自耕	—	—	—
自耕农	5	36.58	7.32
半自耕农	4	73.15	18.29
佃农	26	536.66	20.64
雇农	4	67.83	16.96
合计	39	714.22	18.31

各类村户副业收入的比较，自耕农收入占全数5.12%，半自耕农占10.24%，佃农占75.14%，雇农占9.5%。

各类村户兼副业与不兼副业的对比，则自耕农完全都有副业，半自耕农有副业的占80%，佃农有副业的占83.87%，雇农有副业的占57.14%，总计两村村户，兼副业者，要占79.59%。

五户自耕农的副业，完全是采樵，计全年收入国币三十六元五角八分。

半自耕农副业的分类，采樵者三户，帮工者一户，采樵收入共为四十六元五角五分，帮工收入二十六元六角。

佃农的副业分类，帮工兼采樵者有七户，帮工部分收入合国币一百二十三元六角九分，采樵部分收入为一百三十三元；小贩一户，收入二十六元六角；打渔一户，收入三十九元九角；帮工两户，收入三十九元九角；采樵十五户，收入一百七十三元五角七分；总计收入五百三十六元六角六分。

雇农的副业收入，完全是采樵的四户，收入合国币六十七元八角三分。

其次饲养家畜，亦可作副业的收入，各类村户饲养的牲畜，计马一匹，猪一百零三只，鸡六十一只。

开远县二村各类村户的家畜(民二十三年)

类别	马	骡	羊	猪	鸡	鸭
地主兼自耕	—	—	—	2	2	—
自耕农	—	—	—	6	5	—
半自耕农	1	—	—	20	9	—
佃农	—	—	—	72	24	—
雇农	—	—	—	3	21	—
合计	1	—	—	103	61	—

4. 农村借贷

在高利贷盘剥得严重的云南，开远是不能逃出例外的。各类村户借贷的成分，地主兼自耕农占100%，自耕农负债的成分占20%，半自耕农负债成分占40%，佃农负债的成分占77.42%，雇农负债成分占57.14%，以负债的成分来看，地主兼自耕农佃农和雇农负债成分最重。

负债的数别，是可看出债额的大小，地主兼自耕农负债，是在一百元至两百元之间的。自耕农负债，是在五十元至一百元之间。半自耕农有一户在一百元至两百元之间，一户在两百元以上。佃农的负债，二十元至五十元占一百九十四元，五十元至一百元者，占七百四十五元；一百元至两百元者，占四百零六元；两百元以上者，占一千五百四十三元，雇农负债一户，是在一元至二十元之间。

开远县二村各类村之负债的数别(单位:元)

类别	负债户数	负债金额					合计
		1—20	20—50	50—100	100—200	200 以上	
地主兼自耕	1				180		180
自耕农	1			53			53
半自耕农	2				133	266	399
佃农	24		194	745	406	1543	2888
雇农	4	36	—				36

类别	负债户数	负债金额					合计
		1—20	20—50	50—100	100—200	200 以上	
合计	32	36	194	798	719	1809	3556

各类负债村户，每户平均的负债额，地主兼自耕农，平均每户负债一百八十元，自耕农每户平均五十三元，半自耕农平均每户一百九十九元五角，佃农每户平均一百二十元三角，雇农每户平均九元，总平均每户负债为一百一十一元一角。

负债农户的历年负债情形，地主兼自耕农系民二十年的债款，自耕农尚在十七年以前的旧债，半自耕农亦系十七年的旧债，佃农自十七年以前的旧债，跟着年份逐年的举债，其债额以民二十二年为最高。雇农的债款，是新近才成立的，统计历年债款的成分，十七年以前的债，占全数的22.81%；十七年占14.96%；十八年占9.37%；十九年占2.42%；二十年占18.9%。二十一年占12.54%；二十二年占18.64%。其中以十七年以前的旧债占最高的成分。

开远县二村各类负债村户历年负债情形(民二十三年)(单位:元)

类别	负债户数	负债年份及额数							合计
		十七年以前	十七年	十八年	十九年	二十年	二十一年	二十二年	
地主兼自耕	1					180			180
自耕农	1	53							53
半自耕农	2	399							399
佃农	24	359	532	346	86	492	446	627	2888
雇农	4							36	36
合计	32	811	532	346	86	672	446	663	3556

债款的用途，地主兼自耕农完全用于农本；自耕农完全用于婚丧；半自耕农用于必要生活者占16.54%，用于农本者占16.79%，用于其他者占66.67%；佃农用于婚丧者占36.39%，用于必要生活者占31.09%，用于农本占19.52%，用于建屋者占5.9%，用于其他者占7.01%；雇农用于必要生活占77.78%，用于建屋者占22.22%。总计债额的用途，婚丧占全额的31.05%，必要生活占27.9%，农本占22.81%，建屋占5.09%，其他占13.15%，其中用于婚丧占第一位，必要生活占第二位。

农村贷款，分抵押与信用两种，各类负债村户，于借贷时债款性质的比率，地主兼自耕农，自耕农以及半自耕农，完全信用借款，佃农抵押债款占56.33%，信用占43.67%；雇农抵押借款占44.44%，信用占55.56%。总计债额全部，抵押占46.2%，信用占53.8%。从表内可以看出，有土地者的借款，不用抵押品，而无土地者的佃农和雇农，要是抵押借贷，这因为有产业者而成立了信用关系，反之无产业者，就是不容易进行信用贷款，而佃雇农的抵押品，舍他所住的几椽房屋，是别无所有的。

开远县二村各类村户负债的用途(民二十三年)(单位:元)

类别	负债户数	经商	婚丧	折租	必要生活	农本	疾病	建屋	其他	合计
地主兼自耕	1					180				180
自耕农	1		53							53
半自耕农	2				66	67			266	399
佃农	24		1051		898	564		173	202	2888
雇农	4				28			8		36
合计	32		1104		992	811		181	468	3556

农村贷款的利息，有物息与银息两种，物息就是以谷子作利息的，此种谷息，如以谷价高昂时折算，则比银息要高得多，各类村户在借贷时物息与银息的比率，只有佃农占24.17%，是物息，其余的都是银息，全部债款，物息占19.63%，银息占80.37%。

利息分月息与年息，月息最高四分，最低三分，普通亦是三分，年息最高四分半，最低一分，普通三分半，年息最高竟有四分半者，可见高利贷盘剥的势力浓厚而嚣张了。

开远县二村各类负债村户借贷时物息与银息的比率(民二十三年)

类别	物息		银息	
	额数	%	额数	%
地主兼自耕			180	100
自耕农			53	100
半自耕农			399	100
佃农	698	24.17	2190	75.83
雇农			36	100
合计	698	19.63	2858	80.37

5. 田赋

田赋名称有三：(1) 民粮：原征粮额为五百二十五石八斗九升六合，每石征收现金八元四角，共计现金四千四百十七元五角二仙六厘；(2) 夷粮：原征粮额数，九百零七两二钱，每两征收现金二元五角四仙一厘，计现金二千三百零五元一角九仙五厘，(3) 练粮：原征粮额数五十二两八钱，每两征收现金一元五角六仙六厘，计现金八十二元六角八仙五厘，总计原征粮额数，为五百二十五石八斗九升六合，又九百六十两；统收折合现金六千八百零五元六角。至于附征、团费附加，除练粮无团费附征外，民粮、夷粮，每石每两征现金三角，计现金四百二十九元九角二仙九厘，附粮捐，每石征现金一元，每两征现金五角，计现金一千零五元八角九仙六厘；统共正税及附加，计现金八千二百四十一元二角三仙一厘。

该县租课，计官租一千二百九十七石九斗二升四合，每石折征现金三元，计现金三千八百九十三元七角七仙二厘。

6. 农村捐税

农村税捐，分临时负担与常年负担两种，常年负担，有烟亩罚金等六种，临时则有募兵负担与救国捐二种，根据石牌坊及木花果二村调查所得，石牌坊村屠宰税每只计国币八角，宰牛税分水牛黄牛，水牛每头国币四元，黄牛二元，平均每头须三元，骡马税，以其从价征收，凡购马征百分之三，骡百分之七，榨糖捐以亩计，每亩征收一角六厘；木花果村因种烟苗，每亩征收两元，计十三元三角，屠宰税，亦以每只征收，团款计九元三角，宰牛、骡、马、榨糖等捐，亦与石牌坊相仿。

开远县二村常年负担之捐税(民二十三年)(单位:元)

村名	税捐名称					
	烟亩罚金	屠宰税	团款	宰牛税	骡马税	榨糖捐
石牌坊		每只 0.8		每只 3	购马征 3% 购骡征 7%	每亩 0.106
花木果村	13.3	每只 0.8	9.3	每只 3	购马征 3% 购骡征 7%	每亩 0.106

至于临时负担之捐税，募兵自十七年至现在计募兵两次，石牌坊村募共负担为国币八十元，救国捐为二十六元，木花果村募兵负担一百二十元，救国捐为十八元。

7. 农村教育

开远全县小学计有一百六十三所，学生人数计五千六百一十七人，其经费，县立者，每月由县财政局支领；区立者，由区公所自行筹措。县立男女乡村师范二所，男校学生八十四名，女校学生三十八名，以男师尚称完备，理化试验品亦齐备，女师设备未完，其经费亦由县财政局支领。

农民识字人数的比较，地主兼自耕农和自耕农，是没有识字的人，半自耕农识字的成分为2.5%，佃农识字的成分为2.56%，雇农识字成分为3.7%，总计二百五十二个农人中，识字人数只有六个，其识字成分不到2%。

开远县二村各类村户的识字人数的比较(民二十三年)

类别	人数	识字人数	识字人数的%
地主兼自耕	7		
自耕农	22		
半自耕农	40	1	2.5
佃农	156	4	2.56
雇农	27	1	3.7
总计	252	6	1.98

8. 政治情形

开远自治区域分八区，每区设区公所一个，区以下，乡镇公所及闾邻长等属之，区公所经费来源。系就地筹集，即向乡村农户分摊而来。区自治之组织，区设区长一人，副区长及助理员各一人，并区丁二人。区公所兼设调解委员会，以便有纠纷先事调解。乡镇公所，设乡镇长及副乡镇长各一人，监察委员五人，并设调解委员会。区公所之职权，系秉承县政府委办之事务，并调解或决定民刑事件之处置，其已举办者：（一）调查户口，（二）编订门牌，（三）编制预备团，（四）办理积谷。惟因民智闭塞及经费人才缺少之关系，地方自治只具雏形而已。

全县警卫，县公安局一所，分局二个，警察三十名，常备队一个中队，计四十名，其警察系经省警察学校训练毕业，常备队由各乡征募而来，经费每月由县财政局就地方款项下支付。警察待遇分二等，一等警每月支饷合国币五元三角，二等警月饷四元，常备队兵士待遇亦与警察同等，至预备团，各乡镇自行举办，均系义务职，常备队枪械计有一百七十支，警察枪械计三十支。

附录

一、昆明、禄丰二县当地“亩”折合“公亩”表

(一)昆明

村名	块	所量口号亩数	宽量公尺数	折合公亩数	每口号亩合公亩数
严家	1	0.66	长 27.50m,宽 18.10m、18.00m	4.964	7.52
本村共计	1	0.66	×	4.964	7.52
季管	1	1.00	长 29.6m,宽 24.60m、23.80m	7.163	7.16
	1	0.66	长 35.40m,宽 12.40m、12.20m	4.354	6.60
本村共计	2	1.66	×	11.517	6.94
桃源	1	2.66	长 58.70,宽 25.50m、30.50m	16.436	6.18
	1	1.66	长 40.00m,宽 35.26m、33.28m	13.708	8.26
本村共计	2	4.32	×	30.144	6.98
昭宗	1	0.66	长 19.10m,宽 14.20m、14.00m	2.693	4.08
	1	0.66	长 28.50m,宽 16.30m、16.50m	4.674	7.08
本村共计	2	1.32	×	7.367	6.04
下河埂	1	0.80	长 40.00m,宽 13.00m、12.60m	5.120	6.45
	1	1.50	长 55.60m,宽 14.00m、15.40m	8.173	5.49

表

村名	块	所量口号亩数	宽量公尺数	折合公亩数	每口号亩合公亩数
本村共计	2	2.30	×	13.293	5.78
菊花	1	1.33	长 48.60m，宽 19.30m、18.90m	9.283	6.98
	1	0.66	长 23.00m，宽 21.20m、19.20m	4.646	7.04
本村共计	2	1.99	×	13.929	7.00
全县总计	11	12.25	×	81.214	6.68

(二)禄丰

村名	块	所量口号亩数	宽量公尺数	折合公亩数	每口号亩合公亩数
玉龙	1	0.33	长 20.50m 宽 10.80m、10.40m	2.173	6.585
本村共计	1	0.33	×	2.173	6.585
柴家营	1	0.33	长 25.40m，宽 7.70m、7.60m	1.943	5.888
	1	0.33	长 21.40m，宽 11.60m、11.20m	2.439	7.391
本村共计	2	0.66	×	4.382	6.689
土官	1	0.66	长 30.55m，宽 14.20m、13.50m	4.231	6.411
	1	0.16	长 15.30m，宽 9.00m、9.10m	1.385	8.656
本村共计	2	0.82	×	5.616	6.849
董户	1	0.33	长 12.25m，宽 976m、9.56m	1.180	3.576
	1	0.33	长 30.50m，宽 14.00m、12.00m	3.965	12.015
本村共计	2	0.66	×	5.145	7.795
全县总计	7	2.47	×	17.316	7.011

二、云南举行全省耕地清丈情形

（一）云南清丈处成立经过及其组织　云南全省清丈总局，成立于民国十八年，内设总办坐办以董其事，继因办法不善，乃缩小范围，改为昆明县清丈局。办理以来，将近三年，财厅所垫经费，已达滇币四十二万余元，而收效甚鲜，势将停办。及至民二十年省政府委员陆崇仁，重掌财政时，乃决心整理省耕地，以昆明清丈局改组为全省清丈处，荐刘润之为处长，隶属于财政厅，一面结束昆明清丈局，一面继续分期推进各县耕地之清丈，并开办清丈人员养成所，以造就清丈之人才。毕业学生已有十八班，均分发各县清丈处服务。该处为求贯彻清丈计划实施起见，曾于民国二十一年四月、二十二年六月、二十三年六月，召开第一、二、三次清丈会议。第一次共有决议案六十件；第二次，一百六十五件；第三次二百七十五件。兹将清丈处组织统绘图于下：

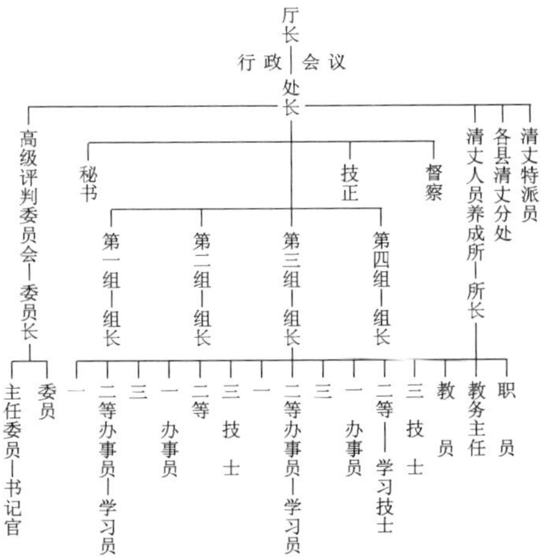

上表组织系统，于处长下分四组：第一组系办理文牍、经费、购备物品、及不属其他各组事宜；第二组办理清丈人员之罗致、训练、任用考核、进退等事；第三组办理执照、法规、册籍、表单等之编查事宜；第四组办理团算、统计事宜。至于高级评判委员会，系为评判关于清丈耕地发生业权纠纷，不服初级评判之上诉案件，以确定业权纠纷而设。

清丈处下设清丈分处，于一二县范围内成立清丈分处，以办理全区耕地清丈事宜，已将分处组织系统列表于下：

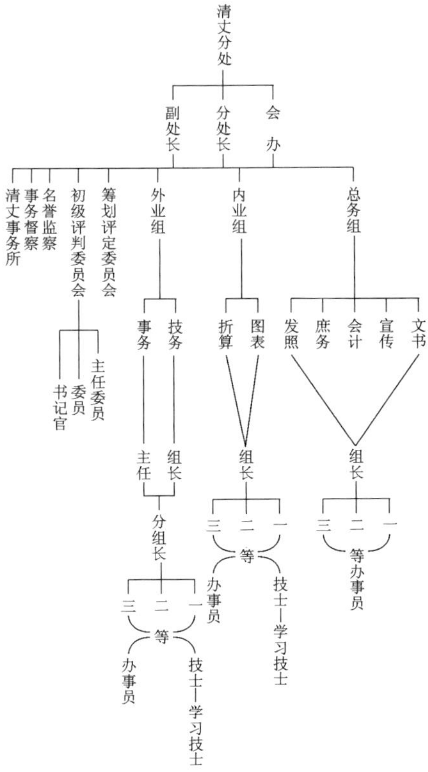

清丈分处之组织，内部分总务、内业、外业三组，并设等则评定委员会、初级评判委员会、清丈事务所等。其总务组，系办理文书、宣传、会计、庶务、发照等事；内业组，则关于分村及县耕地制图、造表、折算业户之耕地税、填就耕地执照等；外业组，则关于耕地测丈、覆丈、耕地点验、等则查定、业权登记、清丈单之填发、清丈单存根等则草案归户等。等则评定委员会，其职掌则关于耕地地价之审查、耕地等则之评定、耕地等则发现错误之覆查更正、造册统计报告等事项。初级评判委员会，其职掌关于清丈耕地时发生经界争执，及土地上之物权债权之争执，企图侵占公有田地之评判，关于邻县交界田地之纠葛，两县田地之会审会勘执行评判确定之案件，妨害清丈之普通事项，判决定案之批答公布，收售声请书，评判手续费，声请书纸费之征收及统计报告，调验证据传讯证人，以及行县拘提看管事项，发给原证评判书堂谕事项，声请陈报及案请之调查，清丈结束后移交评判未结束及执行未了之案卷。高级评判委员会负责命令执行等事项。至于清丈事务所，由区长兼充所长，办理区内之清丈接洽事项，关于评判委员会之组织及评判规程，由厅另订初级评判委员会之章程，凡二十九条，其起诉判决程序，悉按司法手续办理，但关于涉及刑事案件，则由当地县政府或司法机关办理。

（二）法规　清丈处为组织上之必要及健全起见，复制定各种单行法规，计已颁布者凡二十种，兹将法规名称抄录如下：

清丈法规
云南省财政厅清丈处组织暂行章程 修正云南省财政厅各县清丈分处组织章程 云南省财政厅征收耕地税章程 云南省财政厅征收耕地税实行细则 云南省财政厅各县清丈分处总务组织办事细则 云南省财政厅各县清丈分处外业实施细则
附补充办法
云南省财政厅各县清丈分处内业组人员办事细则 修正云南财政厅清丈发照收费暂行规则 云南省财政厅各县清丈分处颁发执照办事规则 云南省财政厅清丈耕地初级评判委员会章程 云南省财政厅清丈分处耕地等则评定委员会规则 修正云南省财政厅清丈督察规则 云南省财政厅西喀县普马清丈委员会组织简章 云南省财政厅清丈人员奖惩规则 云南省财政厅清丈分处人员请假规则 云南省财政厅清丈耕地覆丈复查规则 云南省财政厅妨害清丈惩治规则 云南省财政厅清丈人员宣誓就职规则

云南省财政厅清丈人员保障法

云南省财政厅各县清丈分处保管仪器暂行规则

兹择其法规中之重要者，全文抄录如下：

修正云南省财政厅清丈发照收费暂行规则

第一条　凡办理请丈各县，发给执照征收照费，均须遵照本规则办理之。

第二条　清丈执照，由财政厅编号盖印发交县清丈分处遵照填绘，一俟办妥，佈告定期发领。

第三条　清丈执照，应于布告期内，由各业户持清丈单到各该清丈分处请领。

第四条　清丈执照，系按号发给，每号耕地不及一亩者，亦得给照一张。

第五条　清丈照费，依下列规定征取之：

一、每田一亩，收现金六角。

二、每地一亩，收现金三角。

此外不准巧立名目，额外加征，如有以他种货币缴纳时，应遵照政府规定价格办理。

又新垦田及火田，每亩价值不及现金十五元者，其照费得酌减为每亩现金三角。

第六条　耕地税章程，十二、十三两条，所指之耕地，应俟升科时再发给执照，但业主自愿请领执照以为管业凭证时，亦得参照前条之规定，分别酌予提前给领。

第七条　征收照费时，若地积畸零，不满半亩者，以半亩计，不满一亩者，以一亩计。

第八条　清丈照费，由清丈分处于亩积公告后开始征收之，其征收方法如下：

一、凡亩积公告后，半月内将应缴照费缴清者，得坐扣百分之五。

二、凡一县清丈结束，分处撤销，尚未来领照者，应加征照费百分之五。

第九条　清丈照费，由清丈分处收到后，应即分别造册，按旬报解，不得移作他用。

第十条　征收照费之登记核算事项，应查照本厅规定会计法规办理之。

第十一条　每届发照收费时期，各业户应遵限缴费领照，倘故意规避延宕，得送交该管县政府照第五条之规定强制执行。

第十二条　在清丈期间，耕地有典当及其他借贷抵押情事者，应由当事人会同出名持单领照，但照内应填注原业主姓名。

第十三条　在清丈期间，业权发生纠葛者，以持有司法机关或清丈评判会所发刊本及清丈单者为合法领照人。

第十四条　本规则如有未尽事宜，得随时修正呈准行之。

第十五条　本规则，自呈奉核准公布之日实行。

云南省财政厅征收耕地税章程

第一条 云南省财政厅，为改革全省田赋制度起见，特定本章程办理之。

第二条 凡在本省境内之耕地（包括田地两种），不论私有公有，自本届清丈之后，均应由业主遵照本章程缴纳耕地税。

第三条 全省耕地，分为三等九则，其名称如下：

一、上等上则，简称上上则。

二、上等中则，简称上中则。

三、上等下则，简称上下则。

四、中等上则，简称中上则。

五、中等中则，简称中中则。

六、中等下则，简称中下则。

七、下等上则，简称下上则。

八、下等中则，简称下中则。

九、下等下则，简称下下则。

第四条 厘定等则，以当地最近普通买卖地价为标准，其分别如下：

一、每亩价值在一百五十元以上者，为上上则。

二、每亩价值在一百二十元以上，不满一百五十元者为上中则。

三、每亩价值在九十元以上，不满一百二十者，为上下则。

四、每亩价值在七十元以上，不满九十元者，为中上则。

五、每亩价值在五十五元以上，不满七十元者，为中中则。

六、每亩价值在四十元以上，不满五十五元者，为中下则。

七、每亩价值在二十五元以上，不满四十元者，为下上则。

八、每亩价值在十五元以上，不满二十五元者，为下中则。

九、每亩价值不满十五元者，为下下则。

计算地价，以本省通用之半开现金为本位，其有以他种货币论价者，应按照市值折合现金计算。

第五条 征收耕地税，按照等则，分别征收，其税率如下：

一、上上则耕地每亩每年纳税银三角。

二、上中则耕地每亩每年纳税银二角四仙。

三、上下则耕地每亩每年纳税银一角八仙。

四、中上则耕地每亩每年纳税银一角四仙。

五、中中则耕地每亩每年纳税银一角一仙。

六、中下则耕地每亩每年纳税银八仙。

七、下上则耕地每亩每年纳税银五仙。

八、下中则耕地每亩每年纳税银三仙。

九、下下则耕地每亩每年纳税银一仙。

税银以现金为本位

第六条　耕地有畸零时，征纳税银，不满半亩者，以半亩计，半亩以上，不满一亩者，以一亩计。

第七条　耕地税之征纳，每年一次，纳税人应于每年十一月一日起，至翌年二月底止，将本届应纳税银，一次完纳，领取凭证不得拖欠，如逾期不缴者，应加处罚，其罚则另定之。

第八条　缴纳耕地税，均由纳税人自赴经征官署完纳，不许包揽，但为纳税人之便利起见，得由经征官委托地方团体，或派员就近征收之。

第九条　经征官署，征收税款，一切手续，务须简单敏捷，不得留难迟滞。

第十条　耕地税征收之凭证，由财政厅制发，不收任何费用，凭证式样另定之。

第十一条　违背耕地税征率，或行使非厅颁之印票，而征收税款者，以违法论。

第十二条　凡初经开垦之耕地，不能种植者，不列等则，惟须测丈登记，三年以后，再行查报升科。

第十三条　凡川河沼泽，及无粮暂荒之地，应概由所属官吏，呈报登记后即行免税，以后如有开垦成熟或涸复者，再行查明升科。

第十四条　耕地等则，经清丈厘定后，每十年清丈一次。

第十五条　每县清丈完毕后，应由清丈机关，将全县耕地造具耕地区域册，及耕地花名册，呈报财政厅备案，并以一分交县署存查。

花名册内，应列耕地所有人之真实姓名，除耕地外，不得列载堂名及其他字号，如契内系堂名者，应于姓名下加即某某堂字样，并于契内一律添注明确。

第十六条　厘定等则，用分区法办理，其有特殊情形碍难分区办理者，得酌用其他方法。

第十七条　厘定等则，应由清丈机关，将等则草案，先行公告，如有业主认为错误者，得于定限内提出理由，请求覆查更正。

第十八条　本章程呈奉省政府核准后，自民国二十年起就清丈完毕各县次第推行。

第十九条　自本章程实行之日起，旧时田赋，（包括条粮及正杂各款）及随粮附捐等一概取消。

第二十条　未经清丈完毕各县，仍暂照划一田赋征数表征纳。

第二十一条　各县租课一项另案办理，不在本章程范围以内。

第二十二条　征收耕地税施行细则另订之。

第二十三条　本章程如有应行修正处，由财政厅呈准省政府修正之。

云南财政厅征收耕地税施行细则

第一条　本细则依据本省征收办地税章程第二十二条订定之。

第二条　征收耕地税，由厅委任各县财政局办理之。

第三条　征收耕地税，应根据清丈归户册所载亩积等则总数征收之。

第四条　征收耕地税，为便于征纳起见，得由财政局委任各乡乡长为经征员，就乡镇公所负责收征，但应将经征员姓名年岁住所呈报财厅备案，并应随时督促办理。

第五条　财政局应于每届开征前，召集各经征员及地方乡县，讲述征收法令，以期了解，并得派遣宣传员，分赴各乡，以文告或口头鸣锣宣传。

第六条　财政局征收耕地税，应用纳税凭证，由财厅印制，交财政局填发凭证。定为两联，第一联为存根，留财政局备查，第二联为凭证，交纳税人收执。

第七条　纳税人上纳耕地税时，经征员应随到随收，税款收清后，应由经征员缮具清单一纸，连同税款解交财政局核收，并将凭证取回，转发纳说人收执。

第八条　纳税人上纳耕地税，如愿自行到财政局上纳者听，财政局应于税款收讫后，填发纳税凭证，不得留难，如违议处，纳税人应将纳税凭证，呈交该管经征员查阅，阅毕仍索回自行收执。

第九条　自行赴财政局直接纳税之纳税人，应于次年二月以前缴清，不得展限。

第十条　每届开征前，财政局应备制征税底册一份，每乡立一账户，将经征员姓名注明，并依照归户册，将征收总额誊入，开征以后，其由纳税人，直接到局缴纳者，由局将每日已收总数记入，其由经征员征纳者，俟解交到局时，再为记入，一俟征期届满，按乡核比，如征纳已清，即行批销，其有延宕不清者，责令经征员比追。

第十一条　经征员征收税款，应妥为保管，每半月报解一次，距城较远者，每月报解一次，如有遗失，由该员负责赔偿。

第十二条　经征员征收耕地税，不得刁难阻滞，尤不得苛索任何费用，如遇有人民不谙征收手续者，须和平解释，明白开导。

第十三条　经征员对于所属区域内耕地，如有移转时，应查明呈报财政局核办，并应注意飞洒隐匿等项情弊，随查随报。

第十四条　征收耕址税，经征负务须遵章，按期将该管征纳耕地税征至七成以上，其余欠数准展限至五月底止，扫数征清，不得拖欠分厘，以重国赋。

第十五条　征收耕地税，得按照已收税额坐扣办公费百分之六，经征员坐扣百分之五，财政局坐扣百分之一，财政局长及经征员，每年应将经征税款于规定期限内，负责照额扫数解清，如违议处。

第十六条　凡人民上纳耕地税，如有不按期完纳，或逾限不缴者，由经征员查明情形呈报财政局送县核追。

第十七条 经征员如有污款潜逃情事，应勒追家属赔偿，并得查封家产备抵。

第十八条 财政局收入各经征员缴到税款，及纳税人直接上纳税款，均应分别登记，妥为保管，遵照定章，甲月之款限一月十日以前造册呈解，不准积压，如有积压，或挪移款项者，一经查觉，照例惩处。

第十九条 财政局征收耕地税时，对于所属得发文告命令。

第二十条 财政局执行职务，倘从中阻挠，妨碍征收者，得函请县政府提案，依法惩治。

第二十一条 财政局遇有耕地变迁消灭转移时，依照耕地登记章则办理，登记规则另定之。

第二十二条 本细则如有未尽事宜，得由各县财政局呈请酌予修改之。

第二十三条 本细则自呈奉核准日兹行。

修正云南省财政厅清丈期间解决业佃争执办法

（一）无条件归业方：有下列事之一者适用之：

1. 业方对所有之土地，有正当之权源，真实之契据，且能确知土地之坐落、坵数、亩积，佃方按年缴租，其契据内容，纯系租赁关系，并无永佃条件者。

2. 业方虽无契据，而有租约租簿，及历年收租事实，确能证明其所有权之存在，佃方不能提出业方权利消灭之反证，及证明其纳租行为之出于强暴胁迫者。

3. 业方虽无契据，但十年以前，确有长期管业之事实，而最近因不可抗力，或其他不得已之事由，不能行使权利，曾经起诉尚未终结者。

前项期间自推行该他清丈之日起算。

（二）无条件归佃方：有下列情事之一者适用之：

1. 业方无管业证据，或虽有证据而不确实，且无书面契约，佃方则执有管业证据，历年并纳租或虽纳租，系托其代权，而非租赁关系，经审查其佃金数额性质，确系代权。

2. 佃方自行垦殖之土地，原无租赁关系，已经取得时效而业方并未追究者。

（三）有条件归业方：照给业方不得加租，佃方有永佃权，亦不得欠租。有下列情事者适用之：

业方对所有之土地，有正当之权源，真实契据，且能确知其土地之坐落、亩积、坵数，惟租约内容，无最长期之限制，或租期届满时，业方概不撤佃亦不新定契约，一任佃方转让于佃权，经过十年而无反对之表示者。

（四）有条件归佃方：佃方向业方补价，照给佃方，如佃方以土地抵价者听。有下列情事者适用之：

业方无取得所有权之契约，虽有执照，或其他记载，而对于土地之坐落、亩积、坵数，无明白之认识，而佃方则辗转转佃，现存佃方佃权之取得，曾经支付金钱代价者。

（五）归公　存下列情事之一者适用之：

1. 业佃双方，因争执不能解决，经双方甘愿将系争土地归公者。
2. 业方所有权之取得，系出于强暴侵占，佃方则又纯系租赁关系，并未具备取得时效条件者。

附注：

1. 解决业佃争执办法，仅适用于有业佃关系之争执，苟双方当事人间，依法已无业佃关系之存在，即不能适用之。
2. 解决业佃争执办法，仅为清丈分处办理评判之一种标准，对外无庸公布。
3. 适用业佃争执办法时，若系争田在十亩以上，地三十亩以上者，须先呈厅核准。其田不及十亩地不及三十亩者，得于办理后呈报备案，但有待殊情形者，仍应先呈后办。
4. 解决业佃争执办法，第五项所谓归公云者，约包括各级政府而言（如省县区乡镇等是），至于应归何级政府，则因地因事分别办理。
5. 上项办法，由厅呈请省政府备案示遵，惟云南区域辽阔，情形复杂，以后遇有特殊情形，为本办法所不能赅括者，再行修正补充。

（三）清丈实施情形：(1) 云南清丈计划，原定分九期举行，预期民国三十五年将全省耕地清丈完竣，省当局以期间过长，曾限定于六年内完成全省清丈，惟清丈处以六年时限短促，碍难如期完成，以最迅速计，亦须于民国三十年始告完成。至于清丈区域之划分，以昆明县为中心，由近而远，分期举行。自民国十八年起，举行第一期之昆明县清丈，二十年推进第二期之呈贡、晋宁清丈。二十一年推进第三期之昆阳、宜良、嵩明、玉溪、澄江、安宁、富民、易门等八县，及西畴县之普元、马桑两甲之清丈。二十二年十月推进第四期之华宁、江川、路南、陆良、禄丰、罗次、寻甸、河西、通海、禄劝、双柏、峨山、武定、广通、曲溪等十五县。二十二年五月结束昆明、晋宁、呈贡等三县，同年十二月结束昆阳、宜良、澄江等三县，二十三年三月结束富民、安宁、玉溪、嵩明、西畴等五县。预计在二十三年底，以前四期清丈县份，可完全结束，并继续推进第五期之十八县耕地清丈。(2) 清丈工作人员及清丈经费收支情形，在推进第二期清丈时，工作人员约三百余人。至第四期（二十三年六月止）已增至一千八百余人，连同地方补助人员，共计二千数百人，至于清丈之经费，原定以照费收入作为清丈全部经费，在推进各县清丈时，则先由财政厅垫款每县清丈完竣，由耕地执照费收入项下归还。现已结束之三期十二县，清丈费共计用去现金一百二十余万元，照费收入现金一百三十余万元，收支相抵，尚有余款。(3) 清丈之成绩，昆明等十二县，其旧亩积，共约八十五万余亩，清丈结果，增至二百五十余万亩，与旧亩积比较，增两倍以上。至于耕地税，旧时田赋，十二县正税收入共约现金二十一万，清丈后耕地税收入，约现金三十万元。